KB041841

개정판

공정거래·하도급법 집행

김준하 · 김형석

박영사

추 천 사

우리나라는 시장경제를 경제질서의 기본으로 삼고 있으며, 시장경제가 정상적으로 작동하기 위해서는 시장에 자유롭고 공정한 경쟁이 유지되고 있어야 한다. 그러나 실제로는 시장에 자유롭고 공정한 경쟁을 제한하는 요소들이 많이 있어서 시장경제가 제 기능을 발휘하지 못하는 경우가 있기 때문에, 국가는 자유롭고 공정한 경쟁을 촉진하기 위하여 1981년 4월 1일부터 독점규제 및 공정거래에 관한 법률(이하 "공정거래법")을 시행하고 있다. 공정거래법은 시행된 지 40년이 지난 경제질서의 기본법으로서, 자유롭고 공정한 경쟁질서의 확립을 통하여 우리나라 경제의 선진화에 크게 기여했다는 평가를 받고 있다.

한편 우리나라 경제는 1960년대 이래 정부주도에 의한 불균형성장정책에 힘입어 단기간에 고도성장을 거듭하여 바야흐로 선진국의 문턱을 넘어서는 괄목할 만한 성과를 거두어서 세계 여러 나라의 부러움을 사고 있지만, 그 이면에는 소수 재벌 중심의 독과점적 시장구조의 고착화로 인하여 대기업과 중소기업 간의 불공정한 거래관행이 만연하고, 이른바 기울어진 운동장에서 발생하는 갑을관계로 인한 폐해가 증가하는 등 여러 가지 부작용이 나타나고 있다. 이에 국가는 각종 불공정한 거래관행을 시정하여 공정한 거래질서를 확립하기 위하여 여러 가지의 법률들을 제정하여 시행하고 있는데, 그 대표적인 것이 1985년 4월 1일부터 시행되고 있는 하도급거래 공정화에 관한 법률(이하 "하도급법")이다.

따라서 공정거래법과 하도급법은 우리나라의 경제질서에 관한 기본적인 법률이기 때문에 기업활동에 종사하는 사람들은 누구나 관심을 가지고 있는 매우 중요한 법률이라고 할 수 있다. 그러나 이 두 개의 법률은 다양한 경제활동에서 제기되는 경쟁제한과 불공정거래의 문제를 일정한 기준이나 절차에 따라 규율하고 있기 때문에 그 기준이 매우 추상적이거나 애매할 뿐만 아니라 그 절차가 까다롭고 수시로 변화하고 있기 때문에, 이를 정확히 파악하기가 매우 어렵다는 난점을 가지고 있다. 이는 일반 기업인들은 물론이고 아마 경제법을 전공하지 않은 일반 법률가들에게도 마찬가지일 것이다.

이 책은 이러한 실무상의 어려움을 해결하는 데 이바지하기 위하여 마련된 책이다. 공저자는 경제학과 법학을 전공하고 오랫동안 관련분야에 종사해 온 실무가들이다. 김준하는 대학에서 경제학을 전공하고 행정고시에 합격하여 사무관으로 공직생활을 시작한 후 22년간 공정거래위원회에 재직하면서 공정거래법과 하도급법 분야의 법집행과 정책업무를 수행한 경험을 가진 법집행의 실무가이고, 김형석은 대학에서 법학을 전공하고 사법고시에 합격하여 14년간 공정거래 관련분야에서 다양한 업무를 수행한 경험을 가진 법률전문가이다. 두 사람은 각자의 전문성과 경험을 바탕으로 하여 공정거래법과 하도급법의 집행과 관련된 공정위의 주요사례들과 법원의 판례들을 체계적으로 정리한 후, 이를 알기 쉽게 풀이하여 한 권의 책으로 엮어서 관련 업무에 종사하는 사람들이 손쉽게 이해할 수 있도록 실무해설서를 출간하게 되었다.

이 책이 여러 가지로 어려운 여건 하에서 기업활동을 전개하고 있는 기업인들이 그 과정에서 자주 발생하고 있는 공정거래법과 하도급법 관련 분쟁으로 인하여 겪게 되는 어려움을 해결하는 데에 실제적인 도움을 줌으로써, 기업활동의 원활화에 기여하는 동시에, 공정거래법과 하도급법의 실효성 제고를 통하여 우리나라 경쟁질서와 공정거래질서의 확립에 크게 기여할 수 있게 되기를 바라며, 끝으로 이 책이 관련분야에 종사하는 많은 분들에게 널리 활용됨으로써 그동안 좋은 책을 저술하느라 많은 수고를 한 저자들에게도 큰 보람과 격려가 될 수 있기를 간절히 기원한다.

2022. 1.

전 공정거래위원회 위원장, 서울대 명예교수　권 오 승

추 천 사

존경하는 김준하 전 공정거래위원회 국장과 김형석 변호사가 함께 실무가들을 위한 공정거래법과 하도급법 책을 출간하게 되어 매우 기쁩니다.

김준하 전 국장은 제37회 행정고시 이후 22년여를 공정거래위원회에 근무하면서 공정거래법과 하도급법에 관하여 통찰력을 키워온 최고의 실무가입니다. 사무관 시절부터 직접 사건조사에 임하고 신고인 내지 피해자들과 고민과 아픔을 공유하는 한편, 피심인 및 대형로펌 변호사들과 치열한 논쟁을 펼치면서 공정거래위원회 실무가로서 타의 추종을 불허하는 위치에 섰습니다. 특히 경제전문가로서 경제학적 분석을 결합하는 능력은 공정거래사건에 반드시 필요하면서도 주변에서 찾기는 어려운 것입니다. 김형석 변호사는 변호사로서 오랜 법조실무경험 외에 경남공정거래법학회 회장을 역임하면서 이 분야 전문지식과 소양을 갈고 닦아온 공정거래 전문변호사입니다.

공정거래법이나 하도급법은 법조문과 관련 판례가 방대할 뿐 아니라 전문규제당국의 일차적 권한이 막강합니다. 따라서 그 내용을 체계적으로 이해하고 사건 단계별로 해결방안을 찾기 위해서는 법조 외에 공정거래위원회 실무에 대한 이해와 경험이 필수적입니다. 최고의 공정거래위원회 실무전문가와 변호사가 만나 규제당국과 법조계의 이론과 사례들을 한 도가니에 녹여낸 이 책을 낸 것은 우리나라 실무계에 단비와 같다고 할 수 있습니다. 종래 교수들이 출간해 온 전문서들이 추상적 이론이나 법조문 해설, 그리고 법원 판례 등에 치우쳐 현장에서 벌어지는 복잡다기한 사례에 실질적 도움을 제공하는데 한계가 있는 것과 달리, 기업 간 분쟁이나 공정거래위원회 조사부터 법원 판결에 이르기까지 다양한 분쟁과 사건을 다루는 실무가들이 직접 참조할 수 있도록 사례 중심으로 구성되었기 때문입니다. 법조문에 공정거래위원회 내부규정을 더하고 법원 판례에 공정거래위원회 심결례까지 종합하여 법규정과 사건의 본질을 들여다보고 해결방향까지 시사함으로써, 현장의 실무가들이 유사한 사례에서 곧바로 해결의 단서를 찾을 수 있도록 세심한 배려를 한 것은 인상 깊습니다.

이 책이 기업의 공정거래법과 하도급법 준수노력을 증대시키고 분쟁을 해결하는 등 공정거래질서를 발전시키는 데 크게 기여할 것으로 믿고 적극 추천합니다.

2022. 1.

고려대학교 법학전문대학원 교수/전 한국경쟁법학회 회장 이 황

개 정 판 머 리 말

2022. 1월에 이 책이 나온 지도 어언 2년이 지났다. 공정거래법 전부 개정 이후에도 공정거래법과 그 시행령, 하도급법과 그 시행령이 개정되었고 공정거래위원회가 운용하는 여러 행정규칙이 제정되거나 개정되어 그 변화된 내용을 반영할 필요가 생겼다. 이 전 서문에서도 언급했듯이 공정거래분야는 경제법의 특성상 급격히 변화하는 경제상황 등에 맞추어 법령 및 행정규칙이 수시로 제·개정되기 때문에 법 적용의 대상이 되는 사업자(기업)들뿐만 아니라 법률자문·조언 등 특히 공정거래 실무를 담당하는 종사자들이 이를 정확하고 체계적으로 이해·숙지할 필요가 있음은 두말할 필요가 없다.

개정판에서는 다음과 같은 내용들이 새로이 추가되거나 보완되었다. 우선 부당한 공동행위 자진신고 제도를 운영하는 과정에서 담합 가담사업자들이 제도를 악용하는 사례에 대응하기 위해 사업자들 간에 실질적 지배관계가 존재하더라도 각각 입찰에 참여하여 담합한 경우에는 공동 감면신청이 인정되지 않도록 하는 등 자진신고 감면고시의 개정 내용을 반영하였다. 이외에도 입찰담합의 경우에는 경고조치를 할 수 있는 금액기준도 새로이 마련되었는데 이를 관련 부분에 반영하였다.

기업결합 심사지침 개정으로 새롭게 추가된 간이신고 대상 기업결합에 대해서 그 의의 및 내용을 관련 내용에 반영하였고 수직형 또는 혼합형 기업결합에 대한 안전지대에 대해서도 설명을 부가하였다. 또한 기업결합 신고요령의 개정으로 간이심사 대상 역시 추가되었는데 단순투자 활동으로서 간이심사의 대상이 되는 경우를 상세히 소개하였다.

시장지배적 지위 남용행위 규제와 관련해서는 최근 온라인 플랫폼 독과점 심사지침이 제정되어 2023. 1월부터 시행되었다. 온라인 플랫폼 독과점 심사지침에서는 온라인 플랫폼의 주요 특성을 구체적으로 제시하면서 온라인 플랫폼과 관련된 위법 행위에 대한 위법성 판단시 고려해야 할 시장획정, 시장지배력 평가 기준, 경쟁제한성 평가기준 등을 상세히 제시하고 있다. 또한 온라인 플랫폼과 관련하여 유의해야 할 경쟁제한 우려가 있는 행위 유형에 대해서도 언급하고 있는데 이러한 제반 내용을 관련 부분에 충실히 반영하였다.

대기업집단 규제와 관련해서도 최근 공정거래위원회가 제시하고 있는 동일인 판단의 기준과 동일인의 친족 범위의 변경에 대해서도 새롭게 설명을 추가하였는데 이러한 변화는 1986년 대기업집단제도 도입 이후 2세로의 경영권 승계 등 정책환경이 변화함에 따라 이에 대응하고 기업집단의 수범이 원활히 이루어질 수 있도록 합리적으로 조정하는 과정에서 개정이 이루진 것이었다. 이 내용들도 관련 부분에서 상세한 설명이 이루어질 수 있도록 반영하였다.

부당지원행위 및 특수관계인에 대한 부당한 이익 제공과 관련되어서도 최근 여러 변화가 있었는데 구체적으로 보면 자금·자산·부동산·상품용역 거래와 관련된 부당지원 행위에서 안전지대를 현실을 반영하여 변경하거나 새롭게 안전지대를 설정하여 법 적용 예측가능성이 높아지게 되었다. 대법원 판결을 반영하여 특수관계인에 대한 부당한 이익제공행위 심사지침도 개정되었는데 부당한 이익의 판단기준 등 변화된 내용을 관련 부분에 반영하였다.

하도급 분야에 있어서는 하도급대금 등 연동제를 도입하기 위한 하도급법 개정이 있었다. 관련 부분에서 연동제의 주요 내용과 연동제 도입에 따라 공정거래위원회 등이 사업자에게 제시하는 인센티브 내용, 연동제 관련 거래상 지위 남용행위 및 탈법행위에 대한 제재 내용 등을 상세히 설명하였다. 또한 기존 납품단가 조정협의제도와 새롭게 도입된 하도급대금 등의 연동제의 차이에 대해서도 충분히 이해할 수 있도록 설명을 부가하였다. 또한 새롭게 제정된 하도급대금의 결제조건 등에 관한 공시 규정 및 하도급대금의 결제조건 등에 관한 공시의무 위반사건에 대한 과태료 부과기준에 따라 공시대상기업집단 소속 원사업자가 예측하지 못한 불이익을 당하지 않도록 그 내용을 관련 부분에서 설명하였다.

공정거래 분야의 실체적인 내용 이외에도 절차면에서도 여러 변화가 있었다. 공정거래위원회의 조사절차규칙 개정으로 현장조사 공문의 적시 내용 등의 변화가 규제 대상인 사업자의 편익과 적법절차의 보장을 위해서 이루어졌고 과거 피조사인의 불만의 대상이었던 사업자의 법무팀·컴플라이언스팀 등 준법지원부서에 대한 조사기준도 명확히 마련되었다. 또한 심의 단계에서만 운영되던 의견청취절차에 더하여 조사단계에서 조사를 직접 담당하는 공정거래위원회 심사관 측에 대해서 피조사인이 의사를 원활히 전달할 수 있도록 하는 예비의견청취절차도 새롭게 도입되었다. 이러한 내용들도 관련 부분에서 상세히 설명하였다.

또한 공정거래법 개정으로 인해 공정거래 자율준수(CP) 제도가 명실공히 법제화됨에 따라 공정거래 자율준수 제도의 내용 및 확대된 인센티브 내용에 대해서도 상세히 설명하였다. CP제도 법제화로 인해 향후 기업들의 관심이 크게 높아지고 적극적으로 CP제도를 도입하는 경우가 증가할 것으로 예상되어 공정거래 준수 문화가 확산될 것으로 기대된다. 마지막으로 공정거래위원회에서 발간한 2023년판 백서를 반영하여 가장 최근에 이루어진 구체적 법 집행 사례를 소개하였고 각종 통계도 업데이트하였다.

향후에도 변화하는 공정거래 관련 제도의 내용들에 대해서는 적시성 있게 이 책에 반영하는 한편 단순한 내용의 소개보다는 제도 변화가 가지고 오는 의미와 사업자들의 대처 방향에 대해서도 충실하게 다룸으로써 경제질서의 기본법으로서 공정거래 제도와 문화가 널리 확산되는 데 이 책이 작은 기여가 되었으면 하는 희망이다.

2024. 2.

공저자 김준하·김형석

머 리 말

최근 독점규제 및 공정거래에 관한 법률(이하 '공정거래법')이 40년 만에 전면적으로 개정되어 체계나 내용면에서 큰 변화가 있었고 전부개정(全部改正)된 공정거래법에 따라 시행령 및 공정거래위원회가 운용하고 있는 각종 고시·지침·기준(이하 '행정규칙')도 큰 폭으로 개정 또는 새로 제정되었으나 아직 이를 모두 반영하여 정리하고 있는 책은 없는 상황이다. 이에 저자들은 공정거래 분야에서 오래 몸담았던 경험을 바탕으로 변경된 내용을 잘 정리하여 공정거래분야 집행을 담당하고 있는 실무담당자들이나 기업·법률사무소 등의 관련 업무 종사자들에게 조금이나마 도움이 되기를 바라는 마음에서 이 책을 집필하게 되었다.

공정거래분야는 경제법(經濟法)의 특성상 급격히 변화하는 경제상황 등에 맞추어 법령 및 관련 행정규칙이 수시로 제·개정되기 때문에 그 내용을 전체적·체계적으로 이해하기가 매우 어려운 전문분야로 인식되고 있다. 그럼에도 불구하고 공정거래 관련 법령은 시장경제를 채택하고 있는 체제에서는 경제의 기본법(基本法)으로 시장질서를 규율할 뿐만 아니라 시장에 참여하고 있는 주요 경제주체 특히 사업자(기업)들에게 직접적으로 영향을 미치는 규제이기 때문에 공적(公的)질서 확립을 위해 공정거래 집행업무를 직접 수행하는 공무원뿐만 아니라 시장에서 직접 활동하는 사업자와 이를 지원하는 법률적 업무의 종사자들 모두 그 내용을 잘 숙지하는 것이 필요하다. 이 책은 이러한 실무영역에 종사하는 사람들에게 가급적 이해가 용이하게 공정거래법령의 전반적인 내용과 실무상 유념해야 할 사항을 전달하기 위한 것에 그 목적을 두고 있다.

이 책은 공정거래법과 하도급거래 공정화에 관한 법률(이하 '하도급법')에 대한 실무해설서(實務解說書)이다. 공정거래위원회가 집행하고 있는 법은 공정거래법 등 총 13개에 달하나 경쟁 관련법의 일반법(一般法)으로서의 공정거래법과 실제 집행에서 큰 부분을 차지하고 있고 기업 등의 업무수행 과정에서 자주 접하게 되는 하도급법을 가장 기본적 분야라 판단하여 이 책에서 중점적으로 다루게 되었다. 이 책은 국내의 공정거래법령 실제적용과 관련한 실무해설서로서 연구나 강학(講學)을 목적으로 쓴 이론서가 아니다. 따라서 경쟁법 관련 용어의 자세한 정의나 이론적 분류, 외국 입법례 등 비교법적인 내용 그리고 외국 사례나 판례 등에 대해 관심이 있는 경우에는 시중에 저명한 학자들이 쓴 경쟁법 이론서·교과서들이 나와 있으니 이를 참조하기를 바란다. 이 책은 실무해설서 성격에 맞추어 나름의 몇 가지 특징을 갖고 있는데 이 책을 읽기 전 편의를 위해 간략히 그 특징을 소개하고자 한다.

첫째, 최근 전부개정된 공정거래법과 개정 하도급법을 포함하여 2021. 12. 30. 시점까지 개정 또는 제정된 각 시행령과 행정규칙을 모두 이 책에 반영하였고 관련이 있는 경우에는 해당 법령 및 행정규칙의 연혁도 포함하여 설명함으로써 공정거래업무 수행을 위해 이 책 이외의 별도의 기타 법령 등이나 자료를 찾는 수고를 최소화할 수 있도록 집필하였다. 또한 그간 공정거래위원회 심결사례나 판례들이 종전 법규를 중심으로 이루어진 것을 감안하여 필요한 경우 신·구 조문을 병기(倂記)하였다.

둘째, 이 책은 이해를 돕기 위해 사례를 통한 해설방법을 택하였다. 법령·지침 해설서의 성격에 따라 공정거래 관련 법령과 행정규칙을 일정한 체계에 맞추어 설명하면서 해당 규정에 관련되는 공정거래위원회의 실제 집행사례와 법원에서 확정된 판례를 함께 서술하여 해당 규정의 의미와 적용원리를 실제 사례를 통해 쉽게 이해할 수 있도록 저술하였다. 특히 공정거래위원회가 40여 년간 법집행을 하면서 선정한 대표 심결(審決)사례를 모두 수록하여 공정거래 집행원리를 생생하게 이해할 수 있도록 하였다.

셋째, 이 책을 통하여 공정거래 분야를 처음 접하는 사람부터 오랜 실무경험이 있는 사람들에 이르기까지 모두에게 도움이 될 수 있도록 저술하였다. 전문적인 내용을 최신 법령과 행정규칙에 맞추어 체계적으로 서술하되 기초적·부가적인 내용과 각종 법령에서 정하고 있는 정의(定義)규정을 주석(註釋) 등을 활용해 모두 소개하였고 특히 최신 공정거래집행 통계를 수록함으로써 이 책을 통해 공정거래법령과 하도급법령의 집행에 대한 완결적인 이해를 할 수 있도록 집필하였다.

넷째, 최근 논의가 활발한 온라인 플랫폼 시장(양면시장)의 획정·온라인 플랫폼 공정화법 제정 추진 등 여러 이슈와 규제당국인 공정거래위원회가 관심을 갖는 분야에 대해서도 다룸으로써 공정거래 집행업무 담당자나 기업 관계자 등이 최신 법집행 동향을 숙지하도록 하였고, 저자 중 한 사람이 공정거래위원회에서 실제 집행업무를 담당하면서 현장에서 보아왔던 여러 가지 유의사항이나 개선할 사항들을 해당 내용과 관련하여 구체적으로 서술함으로써 현장중심(現場中心)의 이해가 가능하도록 기술하였다.

저자들 중 한 사람은 25년간 공직(公職)생활 중 22년을 공정거래위원회에서 재직하면서 직접 공정거래 분야의 집행실무와 정책업무를 수행하였고, 다른 한 사람은 변호사로서 14년간 전문적인 영역에서 종사한 경력이 있고 특히 경남공정거래법학회 회장으로서 공정거래분야에서 오랫동안 다양한 경험을 축적해 왔다. 저자들은 각자의 전문 영역을 살려서 한 사람은 실무경험에 바탕을 둔 공정거래 실제 집행사례와 법령 및 행정규칙의 내용을 체계적으로 정리하는 한편, 법률전문가로서 또 한 사람은 각 내용과 관련된 모든 판례를 찾아서 분석하고 이를 법률적으로 해석·정리함으로써 이 책의 내용이 현장에서 실용적으로 쓰일 수 있도록 하였다. 그 밖에도 공정거래 분야와 법무 분야의 여러 선배·동료·후배 등 일일이 열거할 수 없을 정도로 많은 분들의 성원과 도움을 받아 이 책을 마무리할 수 있었다.

멀고 높은 산을 걸어 올라가는 과정이 단순히 평탄할 수만은 없고 무수한 굴곡을 거치는 것처럼, 인생(人生) 또한 비슷하다고 생각한다. 그러나 그러한 굴곡 자체가 중요한 것이 아니라 그 길을 걸어 나가는 과정에서 만나고 관계를 맺어나가는 사람들과의 유대(紐帶)가 인생을 풍성하게 하고 가치 있게 하는 것이라고 생각한다. 이 책이 출간되기까지 직·간접적으로 도와주시고 인연을 맺은 모든 분들께 이 자리를 빌려 깊은 감사의 말씀을 드린다.

2022. 1.

공저자 김준하·김형석 씀

차　례

제1장　부당한 공동행위 규제

제2장 기업결합 규제

제3장 시장지배적지위 남용행위 규제

제 4 장 시경제력집중 규제

제 5 장 불공정거래행위 규제

제6장 하도급거래 규제

제 7 장 공정거래 집행절차

제 1 장

부당한 공동행위 규제

제 1 장

부당한 공동행위 규제

Ⅰ. 부당한 공동행위의 금지

1. 부당한 공동행위의 의의

(1) 카르텔의 개념

[1]카르텔은 사업자들이 시장에서 경쟁을 통해서 결정되는 가격·생산량이나 거래조건 등을 합의를 통해서 공모(共謀)하여 결정하는 행위로서 경쟁제한 폐해가 가장 큰 행위로 알려져 있는데, 공모를 통한 가격 등의 결정으로 독점적 이윤 창출이라는 독과점과 유사한 경제적 효과를 가져 오면서도 정작 독과점이 갖고 있는 최소한의 긍정적 효과인 규모의 경제 또는 산업의 구조적 변화를 통한 효율성 제고효과는 전혀 수반하지도 않아서 폐해만 발생시키기 때문이다.

원래 자유시장경제에서는 시장에서 가격·생산량·거래조건 등이 정해지는데 경쟁을 거침으로서 가장 효율적인 형태로 자원배분이 이루어지게 된다. 카르텔은 시장에서 결정되어야 할 경쟁요소인 가격 등을 사업자들이 자신들의 이

1) 카르텔은 공정거래법상으로는 '부당한 공동행위'라 지칭하며, 이하에서는 카르텔, 부당한 공동행위(또는 공동행위), 담합을 같은 의미로 혼용해서 쓰기로 한다.

익을 극대화하기 위해 합의하여 결정하는 행위로서 시장기능이 정상적으로 작동하는 것을 막아 자원의 효율적 배분을 저해하고 소비자 후생을 [2]저해하는 폐해를 가져온다. 명시적으로 [3]가격이나 생산량을 담합하거나, 시장을 분할하여 각 개별기업이 해당 지역에서 자신의 이윤극대화 가격과 산출량을 독점적으로 정할 수 있도록 하는 시장분할(Market Allocation)과 같은 전형적인 담합행위는 시장에서 가격과 산출량을 결정하는 것을 저해함으로써 경쟁을 직접적으로 제한하는 폐해를 가져온다.

카르텔의 어원에서도 미루어 볼 수 있듯이 카르텔은 사업자 간 경쟁의 중단 또는 휴전(休戰)상태를 가져오는 것으로, 경쟁을 피할 수 있게 되는 담합가담사업자들 이외에는 모든 사회 구성원 전체에 피해를 주고 시장기능의 작동을 본질적으로 저해하므로 단순한 경제사범을 넘어 형사 범죄적 성격까지 갖게 됨에 따라 자유 시장경제를 채택하고 있는 세계 각국의 경쟁당국은 담합의 적발과 시정에 최우선적인 노력을 기울이고 있다.

(2) 카르텔 성립에 영향을 미치는 요소

우선 '상품의 동질성' 여부를 들 수 있다. 상품이 동질적인 경우 시장에서의 주(主) 경쟁수단은 가격이 될 수밖에 없다. 왜냐하면 제품의 차별화를 내세워 가격을 달리 책정하는 것이 어렵기 때문이다. 시장에 참여하는 사업자들의 상품이 동질적이면 유일한 경쟁수단인 가격을 담합하여 참가 사업자들의 이익을 극대화하려는 유인이 커지게 된다. 제품이 동질적인 것으로 일반적으로 알려진 철강제품이나 레미콘 시장 등에서 담합이 빈번하게 발생하는 이유가 여기에 있으며, 상품이 이질적인 경우 담합가격을 정하기가 어렵고 담합에서 이탈하는 것을 적발하기도 어렵게 된다.

'수요의 탄력성'도 담합의 성립에 영향을 미친다. 수요의 탄력성이 커서 대체성이 크다면 담합으로 가격을 인상하더라도 수요자의 이탈로 인해 담합이 성공하기 어렵게 된다. 시장에 참여하는 주요 사업자들이 담합에 참가하고 이들

---

2) OECD 분석에 따르면 카르텔로 인한 소비자 피해는 관련 매출액의 15~20%에 달하는 것으로 나타나고 있다.

3) 가격고정(Price Fixing) 또는 생산량 고정(Quantity Fixing)이라 한다. 담합의 형태로서 가격고정이나 생산량 고정은 독점기업이 결정하는 가격과 생산량 수준과 동일하게 되어 사실상 독점과 동일한 효과를 가져온다.

의 시장점유율이 [4]상당한 수준에 이르렀다 하더라도 수요의 가격 탄력성이 크다면 담합에 참가하지 않은 나머지 사업자들에게로 수요가 이전(移轉)되고, 담합 참가 사업자들에 대한 수요의 감소로 인해 담합으로 올린 가격 수준을 지속하기가 어렵기 때문이다.

당해 시장 '참가 사업자수'가 적을수록 담합이 용이해질 수 있는데 가격이나 산출량 등은 개별 사업자의 영업이익에 직접적인 영향을 미치는 변수이므로 참가 사업자들이 너무 많아지면 이에 대한 합의를 도출하는 데 있어 이해관계 조정이 어려워져서 담합이 쉽지 않게 된다. 우리나라의 경우 주요 시장이 3~7개 정도의 사업자로 구성된 과점(寡占)시장의 형태로 되어 있어 담합하기가 용이한 시장구조를 가지고 있는 상황이다.

그 외에도 당해 '시장진입에 장벽'이 있는 경우에도 담합하기가 용이해지는데 특정 시장에 참가하는 모든 사업자가 담합하여서 가격을 인상하였다 하더라도 단기간에 신규 시장진입이 활발히 이루어진다면 새로운 진입사업자로 인해 인상된 가격이 지속될 수 없으므로 담합의 효과가 오래갈 수 없게 된다. 반면에 법적·제도적·경제적·자연적 시장진입 장벽이 있다면 신규 시장진입이 어려워져서 담합의 유인이 커지게 된다.

(3) 카르텔의 폐해와 규제 필요성

시장경제의 효율성을 담보하는 관련시장 참가 사업자들 간의 경쟁은 그 자체로 사업자들의 정상이윤을 넘어서는 초과이윤을 용납하지 않고 있으며, 사업자들은 시장에서의 생존을 위해 치열한 경쟁이라는 전쟁상태에서 살아남아야 하고 이 과정이 결코 쉽지 않기 때문에 사업자들은 동종 사업자와의 경쟁상태를 회피하려는 유혹을 항상 갖게 된다.

담합은 경쟁을 피하고 참가 사업자 간에 가격과 생산량 등을 독과점 수준과 유사하게 책정함으로써 초과이윤을 높이게 되는데 그로 인해 발생하는 폐해를 구체적으로 살펴보면 우선 ① 소비자에 대해서는 담합대상 상품 또는 용역의 가격상승, 품질저하 그리고 소비자 선택권의 축소로 직접적인 피해를 야기하며, ② 국가경제 차원에서는 시장의 정상적 작동을 방해하고, 시장 독과점화

4) 시장참가 사업자들이 모두 담합에 참가하였다면 수요가 대체될 여지가 없게 되고, 경쟁제한성이 더욱 커진다고 할 수 있다.

와 유사한 효과를 초래하여 자원배분의 비효율을 가져올 뿐 아니라, ③ 담합의 당사자인 사업자들 또한 일시적으로 담합에 따른 이득을 향수(享受)할 수는 있으나 사업활동 자유의 제약, 창의성과 이에 바탕을 둔 기술개발 노력의 저하, 국제경쟁력 약화 등으로 결국 장기적으로는 경쟁력을 잃고 시장에서 도태됨으로써 스스로의 담합에 대한 피해자가 되는 결과가 초래되기 때문에 우리나라를 비롯하여 시장경제를 채택하고 있는 [5]주요국가에서는 카르텔을 가장 중요한 경쟁저해 행태로 보고 강력한 규제를 해나가고 있다.

또한 경쟁 자체가 가져오는 관련시장의 사업자들과 국민경제 전체에 미치는 긍정적인 효과를 저해하는 점에서도 담합규제 필요성을 살펴볼 수 있다. 경쟁에서 승리하기 위해서는 끝없는 혁신과 노력이 필요한 것이고 이러한 노력의 결과는 당해 사업자에게 (일시적)초과이윤을 통해 노력에 대한 보상을 부여하게 된다. 이러한 초과이윤 상태는 다시 경쟁과 혁신을 유발하는 유인이 되고 시장경제가 발전하게 되는 [6]원동력이 되어 구성원인 사업자와 소비자 모두가 종국적으로는 혁신과 발전의 수혜자가 되기 때문에 이러한 경쟁이 가져오는 선순환을 더욱 조장하기 위해서라도 경쟁을 원천적으로 제한하는 담합에 대한 규제 필요성이 커진다고도 할 수 있다.

2. 부당한 공동행위의 성립요건

[7]전부개정 공정거래법은 [8]카르텔 규제와 관련하여 제5장 '부당한 공동행위의 제한'이라는 제목 아래 부당한 공동행위(共同行爲)로서 금지되는 공동행위의 유형, 공공부문 입찰 관련 부당한 공동행위를 방지하기 위한 조치, 부당한 공동행위에 대한 시정조치 및 과징금 부과 근거, 부당한 공동행위의 자진신고

---

5) 부당한 공동행위에 대해서 우리나라 경쟁당국인 공정거래위원회는 "담합은 시장경제의 제1의 적"이라고 하고 있고 미국은 "Supreme Evil of Antitrust", 유럽연합은 "The most serious restriction of competition"라고 지칭하며 가장 경쟁제한 폐해가 큰 행위로 보고 있다.

6) 경쟁에서 이기기 위한 혁신의 노력은 기업의 창의력 발휘를 통한 신기술 및 신상품의 개발과 경영합리화 유인을 가져와 시장경제가 고도로 발전할 수 있는 바탕이 된다.

7) 독점규제 및 공정거래에 관한 법률, 이하 '공정거래법' 또는 '법'이라고 문맥에 따라 사용하기로 한다. 2020년 말 공정거래법이 전면적으로 개정되어 2021. 12. 30. 시행되었다. 전부개정에 따라 조문 체계도 40년 만에 완전히 바뀌게 되었으나, 관련 판례들이 종전 법조문을 중심으로 이루어졌으므로 규정을 설명할 때는 종전 조문을 병기하도록 한다.

8) 카르텔은 공정거래법상 '부당한 공동행위'라 지칭하고 있다.

자 등에 대한 감면 등을 규정하고 있다. 특히, 최근 공정거래법 개정으로 공동행위의 유형에 종전의 가격공동결정, 거래조건 등의 공동결정, 공급제한, 시장분할, 설비 등의 제한, 종류·규격제한, 공동회사 설립, 입찰담합, 기타 다른 사업자의 사업내용 방해행위 외에 공정거래법 시행령으로 정하는 '정보를 주고받는 행위'가 추가되게 되었다.

카르텔의 성립요건은 '합의'와 '경쟁제한성'으로 이루어지는데 규제를 담당하는 [9]공정거래위원회는 조사를 통한 직·간접 증거확보를 통해 부당한 공동행위의 성립요건인 합의와 경쟁제한성 입증에 주력하게 되고, 혐의를 받는 사업자는 합의가 없었거나 혹은 합의했더라도 경쟁제한성이 없음을 공정거래위원회 심사·심의 과정이나 법원 소송과정에서 주장하면서 다투게 된다. 또한 혐의를 받게 되는 사업자의 입장에서는 부당한 공동행위의 성립에 대한 다툼과는 별개로 당해 행위에 대해 공정거래위원회가 시정조치로서 부과하는 시정명령의 내용이나 부과하는 과징금 수준, 고발조치 등 공정거래위원회의 구체적인 '행정적 처분'에 대해서도 비례·평등의 원칙이나 신뢰보호의 원칙 등을 주장하면서 처분청인 공정거래위원회나 법원에서 그 부당성을 다툴 수 있다.

(1) 사업자

(1)-1 국내사업자

전부개정 공정거래법은 제2조 제1호에서 '사업자'는 제조업, 서비스업 또는 그 밖의 사업을 하는 자를 말하며 이 경우 사업자의 이익을 위한 행위를 하는 임원, [10]종업원, 대리인 및 그 밖의 자는 [11]사업자단체에 관한 규정을 적용할 때는 사업자로 본다고 규정하고 있다. 부당한 공동행위에 대한 규제는 기본적으로 사업자에 대한 규제이다. 사업자는 통상적으로는 상품 또는 용역의 공급자를 의미하나 예외적으로 [12]수요자라 할지라도 일정한 거래분야에서 경쟁을

9) 이하 문맥에 따라 공정거래위원회, 경쟁당국 용어를 혼용해서 사용하기로 한다.

10) 계속해서 회사의 업무에 종사하는 사람으로서 임원 외의 사람을 의미한다.

11) 사업자단체는 그 형태가 무엇이든 상관없이 둘 이상의 '사업자'가 공동의 이익을 증진할 목적으로 조직한 결합체 또는 그 연합체를 의미한다.

12) 인천제철 등 11개 고철수요업체와 한국철강협회의 고철 구매가격 공동행위에 대한 건에서 법원은 (종전)공정거래법 제19조 제1항의 취지가 부당한 공동행위를 규제하여 공정하고 자유로운 경쟁을 촉진함에 있으므로 공급자들이 아닌 수요자들이 고철구매가격을 합의하였더라도 그로 인하여 고철구매분야의 경쟁을 실질적으로 제한한 이상 위 조항이

제한하는 행위를 하였다면 부당한 공동행위의 규제대상인 사업자에 해당할 수 있다.

공동행위가 성립하려면 문언 그대로 공동의 행위가 있어야 하므로 최소 2 이상의 사업자 간의 의사 합치가 전제가 되어야 한다. 2 이상의 사업자는 특정한 시장에 참여하여 서로 경쟁관계에 있는 독립·개별적인 사업자를 의미한다. 최소 2 이상의 사업자와 관련하여 모회사와 자회사 간의 공동행위가 성립할 수 있는지가 문제가 될 수 있다. 공동행위는 경쟁사업자들이 합의를 통해 경쟁을 제한하는 행위이므로 사업자 간 독립성을 전제로 하는데, 모회사와 자회사가 동일한 관련시장에 참여하고 있고 서로 경쟁관계에 있다면 부당한 공동행위가 성립할 수도 있으나, 모회사가 특정 자회사의 지분을 100% 보유하고 있다면 자회사는 모회사의 통제에 따라 경제적인 의사결정을 한다고 봄이 상당하므로 모회사와 자회사는 법률적으로는 독립적인 사업자라 하더라도 모-자회사 간 공동행위가 성립될 수 없다고 보아야 한다.[13]

(1)-2 외국사업자: 역외적용

역외적용(域外適用: Extraterritorial Application)이란 외국에서 이루어진 위반행위에 대해서도 그것이 자국 내의 경쟁질서를 저해하는 경우에는 자국의 국내법인 경쟁법을 적용하는 경우를 의미한다. 미국의 경우에는 법원 판례를 통해 셔먼법 등의 역외적용이 인정되었는데 1945년 효과이론(Effect Doctrine)에 입각한 Alcoa 판결에 이어 1993년 Hartford Fire Insurance 판결 등으로 인정되게 되었고, 유럽연합의 경우 유럽공동체조약에 명문의 조항은 없으나 유럽법원의 실행지 이론(Place of Implementation Theory)에 의해 역외적용을 인정하고 있다.

외국법에 따라 설립되고 주된 사무소가 외국에 있는 외국 사업자도 경쟁을 제한하는 합의를 하고 그로 인한 영향이 국내시장에 미쳤다면 그 한도 내에서 공정거래법 제2조 제1호의 사업자에 해당한다고 본다. 우리나라는 2004년 공정거래법 개정을 통해 국외에서 이루어진 행위라도 국내시장에 영향을 미치는 경우에는 효과이론에 따라 공정거래법의 [14]역외적용 관할권을 규정하게 되었고

적용된다고 봄이 상당하다고 판시(서울고법 2000. 11. 16. 선고 99누5919 판결)하였고 이는 상고심에서도 그대로 인정되었다(대법원 2002. 7. 12. 선고 2000두10311 판결).

13) 경제적 동일체론이라 한다.

14) 전부개정 공정거래법은 제3조에서 국외에서의 행위에 대한 적용규정을 두고 있다.

이에 따라 외국 정부와 공정거래법의 원활한 집행을 위한 협정을 체결하고 있다. 외국 사업자에 대한 역외적용을 위해서는 문서의 송달이 필요한데 국외 사업자 등에 대해서는 국내에 대리인을 지정하도록 하여 문서를 송달하게 되며, 대리인을 지정하지 않은 경우에는 행정절차법이 정하는 통상의 방법에 따라 우편·교부 또는 정보통신망 이용 등의 방법에 의하게 된다.

(2) 경쟁제한성

(2)-1 개요

사업자들의 공동행위라 하더라도 공정거래법상 '부당하게' 경쟁을 제한하는 경우에만 위법한 행위가 되고 부당한 공동행위가 성립하려면 '경쟁제한성'이 있어야 한다. 경쟁제한성과 관련하여 법원은 경쟁의 실질적 제한이라 함은 일정한 거래분야에서 유효한 경쟁을 기대하기 어려운 상태, 즉 경쟁 자체가 감소하여 특정 사업자 집단이 그들의 의사에 따라 자유롭게 가격, 수량, 품질 기타 거래조건을 결정함으로써 시장을 지배할 수 있는 상태가 되는 것을 의미하는 것이라고 [15]판시하고 있다. 여기서 중요한 것이 시장을 지배할 수 있는 상태인데 설사 공동행위를 하여 시장에서 형성될 당초의 가격보다 낮은 가격을 합의해서 설정하여 소비자가 일시적인 이익을 봤거나, 시장 형성 가격과 비교해서 그다지 높지 않은 유사한 가격을 설정했다 하더라도 이를 따지지 않고 자의적으로 가격을 지배하는 힘을 발휘하는 것 자체를 [16]허용하지 않겠다는 것이 부당한 공동행위 규제의 근본 목적이라 할 수 있다.

가격결정이나 거래지역 제한, 입찰담합과 같은 카르텔 행위는 시장에서 결정되어야 할 가격이나 거래조건 등을 관련시장에서 경쟁관계에 있는 사업자들이 합의를 통해 정하는 것인데, 그 자체로 경쟁제한의 소지가 크다고 보기 때문에, 부당한 공동행위에 있어서 경쟁제한성 판단은 공정거래법에서 규제하고 있는 시장지배적지위 남용행위나 경쟁제한적 기업결합 행위 등에서 하게 되는 경쟁제한성 검토보다는 다소 완화된 형태로 이루어지는 것이 보통이다. 공정거래

15) 동아출판사 등 6개 출판사의 학습부교재 생산규격·판매조건 공동결정행위 건(대법원 1992. 11. 13. 선고 92누8040 판결)

16) 관련 판례로 ㈜한진중공업의 원주~강릉 철도건설 노반신설 기타공사 4개 공구 입찰 관련 4개 사업자의 부당한 공동행위에 대한 건(서울고법 2018. 10. 12. 선고 2017누62695 판결)을 들 수 있다. 상고심(대법원 2018두63570 판결)은 심리불속행 기각하였다.

위원회는 카르텔이 영향을 미쳤거나 미칠 수 있는 범위 내의 관련시장을 먼저 획정하고 관련 담합에 가담한 사업자들의 시장점유율 등을 확인한 후, 당해 담합이 가져올 수 있는 효율성 증대효과를 함께 살펴서 최종적인 경쟁제한성을 평가하게 된다. 이 경우 가격이나 산출량의 합의와 같이 성격상 경쟁제한효과만이 명백히 발생하는 경성(硬性)카르텔의 경우 특별한 사정이 없는 한 부당성(위법성)을 인정하고 있고, 공동마케팅이나 공동생산처럼 연성(軟性)카르텔에 대해서는 경쟁제한효과와 효율성 증대효과를 종합적으로 심사하여 부당성 여부를 판단하게 된다.

참고로 경성카르텔 형태의 경우라 하더라도 일정한 경우에는 위법하지 않을 수도 있는데 이와 관련하여 법원은 비록 가격담합과 같은 경성카르텔의 경우라도 예외적으로 공정거래법 제1조 목적조항에서 언급하고 있는 소비자보호나 국민경제의 발전에 도모하는 경우와 (종전)공정거래법 [17]제19조 제2항의 공동행위 예외인가 [18]사유를 부당성이 부인되는 특별한 사정에 해당한다고 [19]판시한 바가 있음을 참고할 필요가 있다.

(2)-2 관련시장 획정

(2)-2-1 의의

'관련시장'이란 부당한 공동행위의 대상이 되는 상품 또는 용역이 서로 경쟁하는 시장을 의미하는데, 특정한 공동행위의 경쟁제한성 유무 및 정도를 판단하기 위해서는 관련시장의 범위를 획정하는 과정이 필요하다. 법원도 (종전)공정거래법 제19조 제1항에 규정된 부당한 공동행위에 해당하는지 여부를 판단하기 위해서는 경쟁관계가 문제될 수 있는 일정한 거래분야에 관하여 거래의 객체인 관련 상품에 따른 시장을 구체적으로 정하여야 한다고 [20]판시하고 있다.

관련시장을 획정할 때는 거래에 관련된 상품의 가격, 기능 및 효용의 유사성, 구매자들의 대체가능성에 대한 인식 및 그와 관련한 구매행태는 물론 판매자들의 대체가능성에 대한 인식 및 그에 관련한 경영의사결정 형태, 사회적·경

17) 전부개정 공정거래법 제40조에 해당한다.

18) 전부개정 공정거래법 제40조(종전 공정거래법 제19조) 제2항에서는 ① 불황극복을 위한 산업구조조정, ② 연구·기술개발, ③ 거래조건의 합리화, ④ 중소기업의 경쟁력 향상을 들고 있다.

19) 제주도관광협회의 송객수수료 담합건(대법원 2003두11841 판결)

20) 대법원 2012. 4. 26. 선고 2010두11757 판결, 대법원 2014. 11. 27. 선고 2013두24471 판결 등

제적으로 인정되는 업종의 동질성 및 유사성 등을 종합적으로 고려하게 된다. 관련시장을 획정하게 되면 원칙적으로는 부당한 공동행위가 없었을 경우의 관련시장에서의 경쟁 상태와 부당한 공동행위로 인해 감소되었을 경쟁 상태를 상호비교해서 경쟁이 실질적으로 제한되었는지 여부를 판단하게 되고 가격·수량·품질 기타 거래조건 등의 결정에 미치거나 미칠 우려가 있었는지를 [21]구체적·개별적으로 살펴 경쟁제한성 여부를 판단하게 된다.

(2)-2-2 관련 판례

전문 경쟁당국인 공정거래위원회는 상품이나 용역의 동질성 및 판매자와 구매자의 대체 가능성을 염두에 두고 관련시장을 먼저 획정하고 부당한 공동행위의 대상이 된 상품이나 용역이 당해 관련시장에서 경쟁이 제한되었는지 여부와 정도를 검토하게 된다. 만약 경쟁당국이 별도의 객관적 시장획정을 먼저 하지 않고 바로 합의의 대상·목적·효과 등 경쟁제한성을 평가·판단하고 그 이후에 합의와 관련된 시장을 관련시장이라고 사후에 획정하게 되면 적절한 경쟁제한성 판단 절차라고는 볼 수 없게 되어 [22]법원이 공정거래위원회의 처분의 정당성을 인정하지 않을 수 있으므로 시장획정과 경쟁제한성 판단의 선후 절차가 중요하다고 할 수 있다.

시장획정과 관련한 다른 사례를 들어보면, 합의를 통해 경쟁이 제한된 상품이 아닌 다른 별도의 상품이 실행행위를 통해 담합에 포함된 경우에 그 다른 별도 상품이 어떠한 시장을 형성하고 그 시장 내에서 동 실행행위로 인해 어떠한 경쟁제한 효과를 가지는지 공정거래위원회가 제시를 해야 하며 만약 이 같은 과정이 없이 과징금 부과 등 시정조치를 하였다면 (종전)공정거래법 제19조 제1항 상의 부당한 공동행위의 성립요건 중 하나인 경쟁제한성 입증이 안 된 것이어서 [23]법원이 공정거래위원회의 처분의 정당성을 부인한 바 있다. 그러나

21) 관련 판례로 제일모직 등 교복 3사의 교복 가격 공동결정행위 건(대법원 2006. 11. 9. 선고 2004두14564 판결)을 들 수 있다.

22) 7개 비엠더블유자동차 딜러의 부당한 공동행위에 대한 건(대법원 2012. 4. 26. 선고 2010두18703 판결), 해태음료 등 5개 음료 제조·판매사업자의 부당한 공동행위에 대한 건(대법원 2013. 2. 14. 선고 2010두28939 판결)

23) 동아제약이 다국적제약사인 글락소스미스클라인과 동아제약의 항(抗)구토제인 온다론을 시장에서 철수하는 대신 글락소스미스클라인의 항구토제 조프란의 공급·판매권을 부여받기로 합의하면서 이에 더하여 바이러스성 피부병 치료제인 발트렉스 공급권도 같이 받게 된 사안에 대해 공정거래위원회는 조프란과 발트렉스 모두 공동행위의 대상으로

공정거래위원회가 관련시장을 획정할 때는 반드시 실증적인 경제분석까지 거쳐야 할 필요는 없으며 문제가 된 공동행위의 유형과 구체적 내용, 공동행위의 경제적 효과, 공동행위 대상인 상품이나 용역의 일반적인 거래현실 등에 근거해서 시장획정을 했다면 [24]법원은 그 타당성을 인정하고 있다.

(2)-3 경쟁제한성 판단기준

관련시장이 획정되게 되면 당해 공동행위 참가사업자들의 공동행위 대상 상품 또는 용역에 대한 시장점유율을 산정해서 경쟁제한성 유무를 판단하게 되는바, 공동행위 참가 사업자들의 당해 상품 등에 대한 시장점유율이 미미하다면 비록 합의를 하고 공동행위를 실제 실행했다 하더라도 경쟁제한성이 없어 공정거래법에서 규제하고 있는 '부당한' 공동행위에 해당하지 않게 된다. 우리나라의 경우 대부분의 주요 산업이 과점체제로 되어 있어 당해 시장 주요 사업자들의 시장점유율이 상당히 높은 편이고, 반드시 과점상태가 아니더라도 담합으로 인한 이득을 극대화하기 위해 당해 시장의 주요사업자가 대부분 담합에 참여하는 것이 보통이므로 담합이 적발된 경우 낮은 시장점유율로 인해 부당성이 부인된 경우는 흔치 않다. 공정거래위원회는 실무적으로 담합에 참가한 사업자들이 당해 시장에서 대개 '시장점유율 20%' 이상을 점하고 있으면 경쟁제한성 우려가 있다고 보고 있다.

시장점유율과 경쟁제한성 인정과 관련된 사례로는 천안·아산 지역에서 100%의 시장점유율을 차지하는 레미콘제조 사업자들이 가담한 부당한 공동행위에 대해 경쟁제한성을 인정한 [25]판례와, 시장점유율이 80%를 초과하는 TFT-LCD 패널제조 사업자들의 생산량 공동결정행위에 대해서 경쟁제한성을 인정한 [26]판시, 수입차시장에서 시장점유율 합계가 25.6%에 이르고 판매딜러가

보아 과징금 부과 등 시정조치를 하였으나 발트렉스 관련 합의가 관련 상품시장에서 어떻게 경쟁에 영향을 미쳤는지 근거를 제시하지 않음으로 인해 법원은 발트렉스에 대한 시정조치 부분을 취소하는 판결을 내린 바 있다. 글락소스미스클라인 및 동아제약의 부당한 공동행위 건(대법원 2014. 2. 27. 선고 2012두27794 판결)

24) 13개 비료 제조·판매사들의 부당한 공동행위 건(대법원 2014. 11. 27. 선고 2013두24471 판결)

25) 고려그린믹스(주) 외 9의 천안·아산지역 레미콘제조사업자의 부당한 공동행위에 대한 건(서울고법 2019. 9. 19. 선고 2019누32117 판결, 고법확정)

26) 에이유 옵트로닉스 코퍼레이션의 부당한 공동행위 건(서울고법 2014. 2. 13. 선고 2011누46394 판결, 고법 확정)

전부 참여한 렉서스 자동차 관련 담합사건에 대해 경쟁제한성이 인정된다고 한[27]판시를 들 수 있다. 반면, 합의에 가담한 사업자들의 관련 시장점유율이 너무 낮은 경우 설사 공동행위가 있었다 하더라도 경쟁제한성이 없어 위법성이 부정되는데, 의약품 조달시장에서 시장점유율 합계가 약 7.4% 정도인 합의 가담 사업자들에 대해 경쟁제한 효과가 있다고 보기는 어렵다고 [28]판시한 사례를 대표적으로 들 수 있다.

(2)-4 가격·거래조건 담합의 경우

시장경제에서 가장 중요한 경쟁의 요소인 가격의 결정·변경과 관련한 합의에 관해서는 특별한 사정이 없는 한 경쟁제한성이 곧바로 인정되고 있고 그 '특별한 사정'은 당해 공동행위가 법령에 근거한 정부기관의 행정지도에 따라 적합하게 이루어진 경우와 경제전반의 효율성 증대로 인하여 친경쟁적 효과가 매우 큰 경우와 같은 극히 한정적인 경우에 국한되며, 이 경우에도 사업자가 구체적으로 입증을 해야 한다. 공동행위의 부당성을 부인하는 특별한 사정의 인정과 관련하여 (종전)공정거래법 제19조 제2항에 부당한 공동행위의 [29]사전 인가제가 별도로 규정되어 있음에도 불구하고 이러한 사전 인가를 받지 않고 공동행위의 부당성을 부인하는 관련 사업자의 주장에 대해 법원은 공동행위에서 예외적으로 부당성이 부정되는 사유는 엄격하게 인정함이 상당하다고 [30]판시한 바 있다.

가격과 관련하여 가격 자체에 대한 합의가 아니라 가격 구성의 일부요소에 대한 합의라 하더라도 일정 수준 이상의 시장점유율 등을 감안하여 경쟁제한성을 인정할 수도 있는데, 이와 관련하여 법원은 항공사들의 유류할증료 담합 사건에서 유류할증료는 전체 항공화물운임의 일부이고 유류할증료 도입·변경에

---

27) 9개 렉서스자동차 딜러의 부당한 공동행위에 대한 건(대법원 2017. 1. 12. 선고 2015두2352 판결)

28) 울산대학교 의약품구매입찰 참가 7개 업체의 부당한 공동행위 건(대법원 2015. 6. 11. 선고 2013두1690, 2013두6084, 2013두6121, 2013두1676 판결, 2015. 8. 19. 선고 2013두1683 판결)

29) 전부개정 공정거래법 제40조(부당한 공동행위의 금지) 제2항에서 공동행위 인가제를 규정하고 있다.

30) 계룡건설산업의 금강살리기 1공구(서천지구) 사업입찰 관련 부당공동행위 건(서울고법 2016. 1. 20. 선고 2015누32201 판결) 상고심(대법원 2016. 5. 27. 선고 2016두34523 판결)은 심리불속행 기각하였다.

대한 합의를 통해 유류할증료가 포함된 전체 운임의 가격경쟁이 제한되었고 담합에 참여한 항공사들의 당해 시장 점유율이 50~100%인 점 등을 고려할 때 경쟁제한성과 부당성이 모두 인정된다고 [31]판시한 바 있다.

가격에 관한 합의는 부당한 공동행위의 전형적인 형태이고 그 자체로 경쟁제한성이 있는 것으로 보게 되지만, 가격 이외의 요소인 거래조건 등에 관해 합의를 했을 때 이에 대한 경쟁제한성 판단이 문제될 수 있다. 거래조건 등에 관한 합의의 경우에는 가격에 관한 합의의 경우처럼 곧바로 경쟁제한성을 인정하지 않고 사안에 따라 구체적·개별적으로 당해 시장의 경쟁상태에 미치는 영향을 면밀히 살펴서 경쟁제한성을 판단하게 된다. 특정 관련시장에서의 경쟁이 주로 가격보다는 비가격 경쟁요소를 중심으로 경쟁이 이루어지는 상황에서 거래조건 등의 합의가 이루어지는 경우에는 실질적인 경쟁제한이 될 수 있으며 실제로 [32]법원은 소주시장 담합과 관련하여 소주시장은 가격보다는 비가격경쟁이 주가 되고 있는데 소주관련 경품제공의 기준이나 지역행사 지원 등 거래조건의 합의를 통해 관련 사업자들의 사업활동을 제한하기로 한 사례에 대해 경쟁제한성을 인정한 바 있다.

(2)-5 입찰담합의 경쟁제한성

가격담합과 함께 경쟁을 제한하는 대표적인 담합 형태로 입찰담합을 들고 있는데 경쟁제한성 판단을 하기 위한 입찰담합의 시장점유율은 어떻게 보아야 할지를 생각해 볼 필요가 있다. 입찰은 특정 계약을 위한 낙찰자 선정을 특별한 사정이 없는 한 1회의 경쟁입찰 방식으로 정하는 것이어서 당해 입찰 건 자체가 하나의 시장이라고 볼 수 있고, 낙찰 받은 사업자의 경우는 해당 입찰 건에 대해서는 시장점유율이 100%라고 볼 수 있다. 법원도 입찰담합의 경쟁제한성과 관련하여 입찰 성공확률과는 상관없이 낙찰자나 투찰률을 사전에 결정하는 합의 자체가 경쟁을 제한하는 행위이고 효율성 증대효과와의 비교를 위한 시장점유율의 합계를 고려할 필요 없이 행위의 성격 자체로 특별한 사정이 없는 한 부당한 공동행위에 해당한다고 [33]판시하고 있다.

---

31) 21개 항공사의 유류할증료 담합 건(대법원 2014. 5. 16. 선고 2012두18158 판결)

32) 금복주 외 8의 부당한 공동행위 건(대법원 2014. 2. 13. 선고 2011두16049 판결)

33) 두산중공업(주)의 원주~강릉 철도건설 노반신설 기타공구 4개 공구 입찰 관련 4개 사업자의 부당한 공동행위에 대한 건(서울고법 2018. 5. 30. 선고 2017누62374 판결) 상고심(대법원 2018. 10. 25. 선고 2018두50314 판결)은 심리불속행 기각하였다.

또한 낙찰자나 투찰률을 사전에 정하는 합의가 아닌 경쟁 입찰의 외형을 작출하는 형태의 합의 또한 이러한 부당한 공동행위가 없었다면 유찰이 발생할 수 있고 재입찰 내지 재공고입찰을 통해 가격 경쟁이 일어날 수 있는 가능성 등을 배제할 수 없으므로 경쟁 입찰의 외형을 작출하는 형태의 합의에 대해서도 [34]법원은 경쟁제한성을 인정한 바 있다. 하지만 조달청의 나라장터 전자입찰과 같이 개찰 이전에는 공개되지 않는 예정가격이 있는 상황이고, 입찰참가자들 중 일부가 입찰금액을 합의하여 참가하더라도 예정가격 이상의 수준이었다면 낙찰이 원천적으로 불가능하여 당해 입찰에서 낙찰자나 낙찰가격에 아무런 영향을 미칠 수 없다는 이유로 경쟁제한성을 부인한 법원의 [35]판례도 있으므로 담합행위가 실질적으로 경쟁을 제한하는지 여부를 구체적 사안에 따라서 살펴봐야 할 필요는 있다.

경쟁입찰의 경우 사업자가 속해 있는 시장에서 시장점유율이 낮은 중소 사업자라 하더라도 당해 입찰에 관해서는 낙찰의 조건만 충족하면 사업자의 규모와 관계없이 우선하여 낙찰자가 될 수 있는 특성이 있기 때문에 단순히 소규모 사업자이거나 [36]들러리 역할을 하는 정도로 입찰담합에 참가하였다는 사정만으로는 당해 공동행위의 부당성을 부인하거나 경쟁제한성이 없는 행위라고 [37]주장할 수는 없다. 이와 관련하여 호남고속철도 제2-1공구 노반신설 기타공사 등 13개 공구 최저가낙찰제 공사 관련 부당한 공동행위에 대한 건에서 공구분할 담합이 이루어졌는데, 들러리로 참여한 사업자가 합의의 주요 내용이 공구분할이고 들러리에 대한 합의는 공구분할의 실행을 위한 부수적 행위에 불과하므로 공구분할 합의 사업자와 같은 선상에서 과징금 등 제재를 하는 것에 대해 부당하다는 주장을 한 바가 있으나, 공정거래위원회는 공구분할 합의 이후 이루어진 들러리 합의 등이 불가벌적인 사후행위에 해당한다고 볼 근거는 없으며 공구분할 합의, 낙찰예정자 합의, 들러리 응찰 및 투찰가격 합의라는 각각의 합의

34) 엘에스산전(주)의 한수원 발주 고리 2호기 승압변압기 입찰담합 건(서울고법 2018. 8. 16. 선고 2018누39524 판결) 상고심(대법원 2018두56053)은 심리불속행 기각하였다.

35) 괴산증평산림조합 외 9의 2007년 임도구조개량사업 입찰담합 건(서울고법 2008. 10. 23. 선고 2008누3465 판결)

36) 이하 문맥에 따라 참여사업자, 들러리업체 등의 용어를 혼용해서 사용하기로 한다.

37) 관련 판례로 강남화성 등 9개사의 인조잔디 다수공급자계약 2단계 경쟁 입찰 관련 부당한 공동행위에 대한 건(서울고법 2016. 1. 8. 선고 2014누61851 판결)을 들 수 있다. 상고심(대법원 2016. 6. 9. 선고 2016두35175 판결)은 심리불속행 기각하였다.

는 하나의 공동행위에 따르는 부수성 여부와는 무관하게 고유의 위법성을 가진 것으로 보아 시정조치한 바 있다.

(3) 합의

(3)-1 개요

부당한 공동행위가 성립하기 위해서는 사업자가 다른 사업자와 공동으로 가격을 결정·유지 또는 변경하는 행위 등 전부개정 공정거래법 제40조 제1항 각 호에서 정하고 있는 행위를 할 것을 합의(合意)해야 하고 이러한 합의가 관련시장의 경쟁을 부당하게 제한해야 한다. 현행 공정거래법상 공동행위는 일정 사항에 관한 경쟁을 제한하는 합의 자체로 성립하고 그 합의가 실행될 것을 요하지는 않는다. 합의의 개념 또는 의의와 관련된 여러 쟁점은 후술하기로 한다.

합의는 부당한 공동행위의 성립요건이므로 합의의 입증이 경쟁당국의 입장에서는 카르텔 적발의 첫 관문이자 가장 중요한 과제라 할 수 있고 법원이 확신할 수 있는 증거자료의 확보를 위해 조사단계에서 많은 노력을 기울이게 된다. 은밀하게 이루어지는 공모의 증거를 찾기 위해서 통상 담합조사는 관련 사업자에 대한 사전 통보 없이 전격적인 현장조사(Dawn Raid)를 통해 관련 증거를 확보하는 방식으로 실시하고 있다.

카르텔 합의를 입증하기 위한 증거는 직접증거와 간접증거로 구분되는데 직접증거는 합의사실을 기록한 합의서나 사업자의 내부보고서 등과 합의에 참가한 임·직원들의 진술이 이에 해당한다. 카르텔 조사개시가 되면 공정거래위원회 조사관들은 공정거래법에 따라 해당 사업자의 사업장에 진입하여 합의 관련 [38]문건을 우선적으로 확보하고 이를 바탕으로 문서 등의 작성에 관여한 사업자의 임직원을 소환하여 진술을 받음으로써 1차적으로 직접증거를 확보하게 된다. 간접증거는 합의를 추측할 수 있는 간접사실과 관련된 증거로서 사업자들의 가격과 같은 경쟁의 핵심적 요소가 정보교환된 사실 및 이를 위한 주기적이고 빈번한 의사연락 등이 이에 해당하고 입찰 과정을 예시로 살펴보면 입찰 참가 사업자들의 획일적인 높은 수준의 투찰률 등 합의가 아니고서는 나타날

38) 과거에는 서면 문서가 주를 이루었으나 최근에는 전산화의 발달로 인해 전자적 형태의 기록물 확보 비중이 점차 커지고 있어, 공정거래위원회는 자체 내 포렌식 분석 부서를 두고 이를 활용하고 있다.

수 없는 사업자들의 행태 등을 들 수 있다.

담합은 은밀하게 진행되는 특성이 있는 데다가 공정거래위원회의 지속적인 조사와 강도 높은 제재로 인해 합의 내용을 문서로 남기는 등의 행위는 근래에 거의 찾아보기 어려운 상황이다. 최근에는 공정거래위원회 조사를 통해 직·간접적인 담합 증거를 확보하는 것 이외에도 '죄수의 딜레마' 이론에 입각하여 1997년에 도입된 자진신고 감면을 받기 위한 담합가담 사업자의 협조를 통해서도 담합 증거확보가 활발히 이루어지고 있다. 자진신고 감면제도에 대해서는 후술하기로 한다.

(3)-2 합의의 대상

합의의 대상은 전부개정 공정거래법 제40조 제1항의 각 호의 행위가 되는데 우선 종전 카르텔규제와 관련 가장 중요하면서 빈번한 행위 중심으로 그 의의를 살펴보고 최근 법 개정으로 추가된 정보교환 행위에 대해서는 별도로 후술하기로 한다.

(3)-2-1 가격카르텔

부당한 공동행위의 가장 전형적인 유형이면서 경쟁제한성 문제가 가장 심각한 것은 [39]'가격의 결정, 유지, 변경'에 대한 합의이다. 가격은 시장을 작동하게 하는 가장 중요한 기초이므로, 사업자들의 가격에 관한 합의는 특별한 사정이 없는 한 경쟁제한성이 곧바로 인정되는 이른바 경성카르텔에 해당한다. '가격의 결정, 유지 또는 변경'에는 가격인상은 물론 가격인하 또는 유지의 합의도 포함되는바 권고가격·최저가격·최고가격 등 어떠한 명칭에도 불구하고 상품 또는 용역의 대가에 관한 합의가 이루어지면 가격담합에 해당한다. 가격합의는 가격에 대한 직접적 합의는 물론 간접적으로 가격에 영향을 미칠 수 있는 할인율, 이윤율 등 가격의 구성요소에 대한 합의를 포함하며, 일률적인 원가계산 방법을 따르게 함으로써 실질적으로 가격을 동일하게 결정, 유지 또는 변경하게 하는 행위도 포함된다.

(3)-2-2 거래조건 카르텔

[40]상품 또는 용역의 거래조건이나 그 대금 또는 대가의 지급조건을 정하는 거래조건이 단독으로 또는 가격과 더불어 경쟁의 주요한 요소에 해당하는 경우

---

39) 전부개정 공정거래법 제40조(종전 공정거래법 제19조) 제1항 제1호에 해당한다.
40) 전부개정 공정거래법 제40조(종전 공정거래법 제19조) 제1항 제2호에 해당한다.

이에 대한 합의는 부당한 공동행위가 될 수 있다. 거래조건 담합 형태에는 ① 대금지급 방법을 제한하거나 이를 결정하는 행위, ② 상품인도일로부터 대금지급 기일까지의 기간을 정하거나 어음의 만기일 등을 정함으로써 실질적으로 대금지급 기간을 결정하는 행위, ③ 수요자의 편익과는 무관하게 상품 등의 인도장소, 방법 등을 제한하거나 ④ 상품 등에 대한 A/S의 기간·내용·방법 등을 제한하는 행위 등이 포함된다.

거래조건 담합을 통해 담합 가담 사업자들의 이익을 추구하고 소비자 편익을 저해한 경우로는 롯데리아, 맥도날드 등 패스트푸드 사업자들이 서비스차원에서 실시하던 탄산음료 리필서비스를 서로 합의하여 2002. 10월부터 중단했다가 공정거래위원회의 [41]시정을 받은 사례를 들 수 있다.

(3)-2-3 공급·거래제한 카르텔

다음으로는 [42]공급·거래제한과 관련된 합의를 들 수 있다. 이는 상품의 생산·출고·운송 또는 거래의 제한이나 용역의 거래를 제한하는 행위로서, 여러 사업자가 합의하여 독과점 상태에서 전형적으로 나타나게 되는 생산량 감소를 인위적으로 만들어 초과이윤을 달성하는 행태이고 가격담합과 더불어 가장 경쟁제한성이 큰 행위로 보고 있다. 공급·거래제한 담합에는 ① 사업자별로 상품의 생산량·출고량·수송량을 할당하거나 용역조건을 제한하는 등 공동으로 그 수준을 결정하는 행위, ② 최고·최저생산량, 필요재고량 등 명칭 여하를 불문하고 담합참가 사업자들의 생산량 등 수량의 수준을 제시하는 행위, ③ 가동률·가동시간, 원료구입, 시설의 신·증설 등을 공동으로 결정함으로써 실질적으로 생산·출고·수송수량을 제한하는 행위 등 유형이 있다.

공급·거래제한 담합과 관련해서는 비타민 생산 6개 업체들이 한국을 포함한 전 세계시장을 대상으로 원료용 비타민 A, E, B5, D3 등의 판매량을 할당한 행위에 대해 공정거래위원회가 [43]시정조치한 사례를 대표적으로 들 수 있다.

(3)-2-4 시장분할 카르텔

[44]시장분할은 거래지역 또는 거래상대방을 제한하는 행위로서 이에는

41) 공정거래위원회 의결 2003-20호 참조.
42) 전부개정 공정거래법 제40조(종전 공정거래법 제19조) 제1항 제3호에서 규정하고 있다.
43) 공정거래위원회 의결 2003-098호 참조.
44) 전부개정 공정거래법 제40조(종전 공정거래법 제19조) 제1항 제4호에서 규정하고 있다.

① 공동행위 참가사업자 간에 거래처 또는 거래지역을 설정하거나 거래처 또는 거래지역을 공동으로 정하여 상호간에 침범하지 않도록 하는 행위, ② 특정한 사업자와는 거래하지 않도록 하거나 또는 특정 사업자와만 거래하도록 거래상대방을 제한하는 행위 등이 포함된다. 시장분할 담합은 특정 거래지역, 거래대상에 대해 사실상의 독점을 형성하는 효과를 가져오게 되므로 가격담합이나 공급·거래제한 담합과 마찬가지로 경쟁제한성이 큰 행위에 해당한다. 시장분할 담합과 관련해서는 18개 빙과류 도매업자가 경쟁사업자의 기존거래처를 침범하지 않기로 하는 내용의 약정을 체결한 행위에 대해 공정거래위원회가 [45]시정한 사례를 대표적으로 들 수 있다.

(3)-2-5 입찰담합

경쟁제한성이 큰 담합의 형태로서 [46]입찰담합을 빼놓을 수 없다. 입찰담합은 입찰과정에 있어 작동하는 최저가 응찰형태를 통한 가격경쟁을 본질적 핵심으로 하고 있는 입찰제도를 완전히 무력화한다는 점에서 가격담합과 유사한 정도로 경쟁제한성이 심각하다고 보고 있고 이에 따라 공정거래위원회는 입찰담합 규제만을 위한 별도의 부서를 두고 입찰담합 행위를 적발·시정하고 있다. 종전에는 입찰담합이라는 부당한 공동행위 유형을 공정거래법에서 별도로 구분하여 정하지 않고 있었으나, 공공기관이 발주하는 공사나 물자조달에서의 입찰담합이 국민의 세금이 원천인 국가예산을 낭비하게 되고 경쟁을 심각히 훼손한다는 우려에 따라 2007. 8월에 개정된 공정거래법에 의해 별도의 담합유형으로 규정하게 되었다.

입찰담합은 입찰가격 자체를 담합하거나 낙찰예정자의 사전 결정 방식, 경쟁입찰을 수의(隨意)계약으로 유도하는 방식, 수주물량 등을 합의를 통해 결정하는 방식 등 다양한 형태로 이루어질 수 있는데 이하에서 그 구체적인 형태에 대해 살펴보기로 한다.

'입찰가격 담합'에는 사업자들이 공동으로 입찰가격 등을 결정하거나 관련 사업자가 이에 응하는 행위, 사업자 간에 입찰가격을 협의하거나 그에 관한 정보를 교환·제공하는 행위, 사업자들이 예정가격을 인상시킬 목적으로 입찰을 고의적으로 유찰시키는 행위, 사업자단체가 입찰가격을 결정하여 관련 사업자

45) 공정거래위원회 의결 1998-8호 참조.
46) 전부개정 공정거래법 제40조(종전 공정거래법 제19조) 제1항 제8호에 해당한다.

에게 제공하는 행위 등이 포함된다.

'낙찰예정자의 사전결정'에는 사업자들이 수주(受注)를 희망하는 자 가운데 낙찰예정자를 미리 정하고 이에 협조하는 행위, 연고권을 주장하는 특정업체를 낙찰시키거나 이에 협조하는 행위, 공사를 교대로 수주하거나 산출내역서를 대신 작성하거나 입찰내역서를 누락시키는 등의 방법으로 특정업체의 낙찰을 밀어주는 행위, 특정업체가 산출내역서를 전문적으로 작성하는 용역업체에 다른 사업자의 산출내역서 작성을 의뢰하고 이를 다른 사업자에게 배분하는 행위, 낙찰에서 배제된 사업자가 공동으로 낙찰자 선정에 협조한 대가로 낙찰사업자에게 사례금 또는 특별회비, 부과금 등을 징수하는 행위 등이 포함된다.

'경쟁입찰 계약을 수의계약으로 유도'하는 방법으로 입찰에서의 경쟁을 제한할 수도 있다. 사업자가 공동으로 당해 입찰을 수의계약으로 유도하기 위해 예정가격보다 높게 투찰하거나 입찰참가를 거부하는 행위, 특정 사업자가 수의계약으로 수주 받도록 형식적으로 입찰에 참여하였다가 도중에 입찰을 포기하거나 다른 사업자가 입찰에 참여하는 것을 봉쇄하는 행위, 사업자가 공동으로 특정한 사업자를 부정당업자 또는 불량업자로 구분하여 발주처에 통보하거나 대외 공표함으로써 입찰참여를 방해한 후 수의계약을 유도하는 행위 등이 이에 해당한다.

사업자들이 합의하여 입찰물량을 나눠 갖기로 결정하는 '수주물량 등의 결정행위'에는 사업자들이 공동으로 수주물량을 결정하거나 입찰참가자간 수주물량 배분을 결정하는 행위, 사업자들이 공동으로 수주물량 배분 등의 결정에 비협조적인 사업자에 대해 입찰참가를 방해하거나 기타 불이익 등의 차별적 취급을 하는 행위, 단독으로 사업을 수행할 수 있음에도 일부 물량에 대해서만 응찰하여 다른 사업자와의 공동수주를 유도하는 행위 등이 포함된다.

(3)-2-6 기타 연성 카르텔

한편 공동구매, 공동연구개발, 공동마케팅 및 공동생산 같은 형태는 소위 '연성(軟性)카르텔'로 분류가 되고, 이러한 범주의 카르텔은 가격담합·공급제한·시장분할·입찰담합과 같은 '경성카르텔'에 비해 상대적으로 경쟁제한성 문제는 적은 것으로 보고 있다. 그 이유는 연성카르텔의 경우 경쟁제한효과만 발생하는 경성카르텔과는 달리 효율성 증대와 같은 일부 긍정적 효과도 동시에 발생할 수 있는 여지가 있기 때문이다. 따라서 연성카르텔의 경우 부당성 판단은 시장획정을 통한 경쟁제한성 효과와 연성카르텔이 가져오는 효율성 증대효과를 분석하고 이를 비교형량하여 경쟁제한성이 효율성 증대효과보다 큰 경우에 위법하다고 인정하게 된다. 이 경우에 효율성 증대효과에 대한 주장과 입증책임은 담합혐의를 받는 사업자가 부담하게 된다.

(3)-2-7 국제카르텔

앞서 언급한 카르텔 유형들은 주로 국내시장을 대상으로 살펴본 것들이며, 이러한 유형의 카르텔이 소수의 과점기업을 중심으로 전(全) 세계시장을 대상으로 가격고정, 물량조절, 시장분할 등의 형태로 발생하게 되는 경우는 담합의 효과가 한 개의 국가를 넘어서 다수의 국가에 영향을 미치는 점을 감안하여 '국제카르텔'이라는 범주로도 분류하고 영향을 받는 관련국들이 동시에 관심을 갖게 된다. 우리나라 공정거래위원회도 카르텔조사국 내에 국제카르텔과를 별도로 두고 외국 사업자 간 또는 국내 사업자와 외국 사업자 간 카르텔 행위가 국외에서 이루어지거나 일부 국내에서 이루어져 결과적으로 국내 관련시장의 경쟁질서에 [47]영향을 미치는 경우 공정거래법을 적용하여 외국 사업자도 포함하여 규제하고 있다.

역외적용은 속지주의(屬地主義)를 원칙으로 하는 관할권의 예외로서 관할권을 확장한 것이기는 하나, 외국 사업자의 행위에 대해 국내 공정거래법을 적용하기 위해서는 관련 법위반 사실이 국내시장에 영향을 미친 것이 전제가 되어야 한다. 따라서 법위반 주장을 위해서는 국내시장에 미친 영향을 입증하는 것이 가장 중요하며, 국내시장에 미친 영향의 정도와 관련하여 [48]법원은 국내시장에 '직접적이고 상당하며 합리적으로 예측 가능'한 영향을 미치는 경우가 이에 해당한다고 하고 있고, 이러한 시각은 미국, 유럽연합을 포함한 주요 경쟁당국에서도 공통적으로 적용되고 있다.

국제카르텔의 경우 여러 국가에 동시에 영향을 미칠 수 있고 세계 시장을 대상으로 영업을 하는 사업자들은 세계적인 다국적기업 등이 주를 이루고 있기 때문에 국제카르텔 사건은 그 규모나 중요성 면에서 각별한 주목을 받고 있다.

---

47) 소위 역외(域外)적용(Extraterritorial Application)으로 전부개정 공정거래법은 제3조에서 국외에서 이루어진 행위라도 국내시장에 영향을 미치는 경우에 공정거래법을 적용하는 것으로 역외적용을 명시하고 있다.

48) 대법원 2014. 5. 16. 선고 2012두18158 판결 참조

특히 우리나라와 같이 개방경제 체제를 택하고 있는 나라에서는 국제카르텔로 인한 경쟁제한 폐해를 직접적으로 겪을 수 있기 때문에 공정거래위원회는 국제카르텔 분야에 대해 각별한 관심을 가지고 주시하고 있다. 국제카르텔 제재와 관련하여 공정거래위원회는 국내 시장의 경쟁질서에 미치는 영향을 이유로 2021년 상반기까지 23개국 158개 사업자에 대해 약 9천억 원의 과징금을 부과한 바 있다.

국제카르텔에 대해서는 우리나라 공정거래위원회 이외에도 다른 나라 경쟁당국도 관심을 갖고 엄격한 제재를 하고 있는데 이는 자국 사업자가 아닌 외국 사업자에 대한 규제이므로 국가주의 입장에서 기인한 부분도 있을 수 있으나 국제카르텔 행위 자체가 다국적기업 중심으로 여러 국가에 걸쳐 경쟁질서에 영향을 미치는 대형카르텔에 해당하는 경우가 대부분이므로 경쟁제한성이 다른 담합행위에 비해 더 크다고 보는 데 주된 이유가 있다고 하겠다. 우리나라 사업자들이 담합혐의로 외국 경쟁당국으로부터 부과 받은 과징금 및 벌금 또한 대략 3조 4천억 원이라는 천문학적 수준에 달하고 있으며, 일부 임직원은 미국에서 징역형을 받고 복역까지 한 사례가 있을 정도로 국제카르텔에 대한 제재 강도가 중하고 제재 횟수도 적지 않은 상황이다. 국제카르텔 [49]사건으로 우리나라 기업을 제재한 국가로는 미국뿐만 아니라 유럽연합, 일본 등 주요국을 포함해서 중국, 브라질, 스페인 등이 포함된다.

(3)-3 합의 관련 쟁점

(3)-3-1 묵시적 합의

부당한 공동행위의 요건을 이루는 '합의'는 관련시장에서 경쟁을 제한할 목적으로 이루어지는 사업자들의 의사의 합치로서 성립되는데 합의는 명시적이든 묵시적(黙示的)이든 그 형태를 따지지 않고 합의가 있었던 자체로서 성립하게 된다. 따라서 합의의 형태를 문서로 표현한 합의서가 있는 경우는 물론이고 담합 가담사업자간의 구두합의가 있는 경우, 구두 등 합의과정이 없다 하더라도 담합 가담사업자들 사이의 양해 등으로 묵시적인 동의가 이루어지는 경우도 합의에 해당할 수 있다.

이와 관련하여 법원도 부당한 공동행위가 이루어지고 있는 영업을 양수한

---

49) 라이신(아미노산의 일종), 핵산조미료, 항공운송료, LCD, CRT, 자동차 등 다양한 분야에서 국제카르텔에 가담한 우리나라 사업자들이 외국 경쟁당국에 적발되었다.

사업자가 기존의 합의 사실을 받아들여 기존 합의를 실행하는 행위를 한 경우 명시적인 합의 의사표시나 합의 형성에 참여한 것은 아니더라도 기존 합의 가담자들 사이의 부당한 공동행위에 가담하겠다는 묵시적 의사합치가 있는 것이고 이와 함께 양수 사업자가 담합행위의 실행까지 이르게 된 점 등에 대해서 위법하다는 [50]판시를 함으로써 합의에는 명시적 합의뿐 아니라 묵시적 합의가 포함된다는 점을 명확히 하고 있다. 또 다른 사례를 살펴보면, 입찰담합 과정에서 명시적 합의인 투찰가격을 합의하지 않고 당해 입찰의 기술평가를 위한 핵심자료인 경쟁사의 제안서를 대신 작성하는 방법으로 입찰을 한 경우에도 [51]법원은 부당한 공동행위에 해당한다고 하면서 명시적인 합의가 없음을 이유로 이 사건 부당한 공동행위의 처분이 위법하다는 입찰담합 가담 사업자의 주장을 배척한 바 있다.

(3)-3-2 고의·인식과 합의

부당한 공동행위가 성립하려면 합의 시에 다른 사업자와 경쟁을 제한하는 목적의 부당한 공동행위에 가담한다는 특정 사업자의 인식이나 고의가 기본적으로 전제가 되어야 하나, 일정한 경우에는 다른 사업자와 직접적으로 합의한다는 인식이나 고의 여부에 불문하고 부당한 공동행위의 성립요건인 합의를 인정한 사례가 있어 주의가 필요하다. 구매입찰의 물량을 사업자 간 원만히 배분하기 위해 조합을 통해 입찰에 참여하기로 하고 복수의 조합을 설립해서 입찰담합을 한 경우, 조합에 가입한 사업자가 직접 다른 사업자와 부당한 공동행위를 위한 합의에 가담한다는 인식이 없다 하더라도 입찰담합을 진행하고 있는 조합과 의사연락을 하고 이를 통해 진행되고 있는 부당한 공동행위에 대해 당해 사업자가 어느 정도 파악하고 있는 상황이라면 다른 사업자와의 부당한 공동행위에 대한 명시적 합의가 없었다 하더라도 부당한 공동행위로서 위법하다고 법원이 [52]판시한 사례가 있다.

---

50) 온라인 음악서비스 사업자들의 부당한 공동행위에 대한 건(대법원 2013. 11. 28. 선고 2012두17773 판결)

51) ㈜희송지오텍의 지진관측장비 구매·설치공사 및 유지보수 용역입찰 관련 2개사의 부당한 공동행위에 대한 건(서울고법 2008. 8. 16. 선고 2018누38071 판결)

52) 와이피피의 한전발주 기계식 전력량계 구매입찰 관련 부당한 공동행위에 대한 건(서울고법 2015. 8. 28. 선고 2014누70626 판결, 고법 확정)

(3)-3-3 비진의 의사표시에 의한 합의

비진의 의사표시(非眞意 意思表示)는 [53]민법상 개념으로 표의자가 내심의 의사와 표시가 일치하지 않는다는 것을 알면서 의사표시를 하는 것을 의미하며 상대방이 진의 아님을 알았거나 알 수 있었을 경우를 제외하고는 표시된 대로 효력을 가지는 것이 원칙이다. 비진의 의사표시와 관련된 원칙은 담합에 있어서도 그대로 적용되는바, 어느 한쪽의 사업자가 담합과 관련하여 당초에 합의에 따를 의사 없이 비진의 의사표시로 합의를 한 경우에 상대 사업자가 이를 신뢰하고, 당해 사업자는 상대 사업자의 신뢰를 이용하여 경쟁이 제한되는 행위를 하는 경우에는 합의 성립과 관계없이 경쟁제한 효과가 그대로 발생하기 때문에 부당한 공동행위에 [54]해당한다고 보고 있음에 유의할 필요가 있다.

(3)-3-4 수평적 합의와 수직적 합의

부당한 공동행위는 기본적으로 경쟁사업자 간 경쟁을 회피할 목적으로 합의하는 것이고 경쟁사업자들의 관계는 수평적임을 감안할 때 보통 합의라고 하면 수평적 합의를 전제한다. 반면 사업자 간 수직적 관계는 특정사와 그 협력사, 영화배급업자와 영화상영업자 또는 제조사와 판매위탁사와 같이 관련 사업자들이 특정 재화나 용역을 생산·판매하는 데 있어 경쟁관계가 있는 것이 아니라 수직적인 사업상 보완관계를 이루고 있는 경우를 말하는데 공정거래법에서 부당한 공동행위로 규제하고 있는 합의가 수직적인 관계에서도 성립할 수 있는지가 문제된다.

이와 관련하여 전부개정 공정거래법 제40조 제1항 본문 전단은 사업자가 '다른 사업자'와 공동으로 부당하게 경쟁을 제한하는 행위를 합의하여서는 아니된다고 규정할 뿐, 그들 사이에 수평적 경쟁관계가 있을 것을 명시적 요건으로 하지 않고 있으므로 수직적 거래관계에 있는 사업자 간의 합의 또한 부당한 공동행위의 성립요건이 될 수 있음에 유의해야 한다. 즉 수직적 거래관계에 있는 사업자들이 특정 관련시장에서 경쟁을 제한할 목적으로 합의를 하였다면 부당한 공동행위에 해당될 수 있다고 보아야 하며, 법원도 공정거래법상 부당한 공동행위가 성립하기 위해 반드시 공동행위 참여자들 사이에 수평적 경쟁관계가

53) 민법 제107조 제1항에서 진의 아닌 의사표시에 관해 규정하고 있다.

54) 정부종합청사 신관 신축공사 관련 17개 건설사의 부당한 공동행위에 대한 건(대법원 1993. 2. 23. 선고 98두15849 판결)

있어야 한다고 볼 수는 없다고 [55]판시함으로써 동일한 입장을 취하고 있다.

(3)-3-5 합의와 실행행위

부당한 공동행위는 전부개정 공정거래법 제40조 제1항 각 호에 해당하는 행위를 할 것을 합의함으로써 성립하는 것이고 합의에 따른 행위를 실제로 하였을 것을 요하는 것은 아니다. 즉 위법성은 합의만 있으면 [56]인정될 수 있고 실제 실행행위가 없었다는 이유로 위법이 아니라고 할 수는 없다. 공정거래위원회 심결과정이나 법원 행정소송과정에서 실행행위의 유무나 정도를 쟁점으로 다투게 되는 실익은 위법 인정 여부보다는 처분의 경중과 주로 관련이 된다. 합의만 하고 실제 실행하지 않은 카르텔에 대해서 당해 사업자는 공정거래위원회나 법원에 대해 공정거래위원회가 내린 과징금 등 행정처분이 비례원칙 등에 비추어 과중하다는 주장을 할 수 있게 된다.

(3)-3-6 경영상의 판단

부당한 공동행위는 합의의 존재로써 성립한다는 점은 앞서 언급한 바대로 판례를 통해 일관되게 인정되고 있으나, 구체적·개별적 사안에 있어 특정 사업자가 다른 사업자와 경쟁을 저해하는 합의를 했다고 의심받는 경우라 하더라도 당해 행위가 당시 시장상황 등을 고려하여 검토 끝에 이루어진 '경영상의 판단'에 의한 것이라고 볼 수 있는 여지가 있는 경우에는 사안에 따라 위법성 판단이 달리 내려질 수 있는 경우가 있어 실무적으로 주목할 필요가 있다.

법원은 특정 음원사가 Non-DRM 상품에 대해서는 곡(曲)수 등을 제한하는 내용의 음원공급계약을 체결을 하였고 이러한 계약체결 형태가 다른 음원사업자들의 Non-DRM 상품 관련 계약체결 행위와 유사한 방식으로 이루어진 건에 대해, 외견상 경쟁을 제한하는 행위의 일치 등이 있음에도 불구하고 당해 특정 음원사가 당시 시장상황 등을 고려한 경영상의 판단을 별도로 한 점을 받아들여 묵시적으로나마 합의가 있었다는 점이 증명되었다고 보기는 어렵다고 [57]판

55) 부산지역 온나라시스템 4개 업체 입찰담합건(서울고법 2015. 1. 30. 선고 2014누3993, 2014누43204, 2014누1521, 2015. 4. 23. 선고 2014누3886 판결, 이들 판결은 모두 대법원에서 심리불속행 기각되었다). 유사한 판례로는 글락소스미스클라인 및 동아제약의 부당한 공동행위건(서울고법 2012. 10. 11. 2012누3028 판결)이 있고 상고심(대법원 2014. 2. 27. 선고 2012두27794 판결)은 이 부분에 대해 다시 판단하지는 않았다.

56) 대원전선(주)의 현대건설(주) 등 3개사 발주 케이블 구매입찰 담합 관련 7개 사업자의 부당한 공동행위에 대한 건(대법원 2019. 1. 18. 선고 2018누38842 판결), 포스틸 등 4개 강판제조업체의 운송비 공동결정행위 건(대법원 2001. 5. 8. 선고 2000두10212 판결 등)

시한 사례가 있다.

이러한 상황은 명시적 합의가 증거로서 현출된 경우가 아닌 묵시적 합의나 합의를 여러 정황증거나 일치된 행위 등에 의해 추정한 경우에 문제가 되는 경우로서, 경쟁당국의 입장에서는 명시적 합의가 드러나지 않았을 경우에 처분에 신중을 기해야 하고, 처분의 당사자가 될 사업자의 경우에는 공정거래위원회 심결과정이나 법원의 소송과정에서 시장상황 등을 고려한 독자적인 경영상 판단이 있었음을 구체적 증거로 제시하여 공동행위로 의심받는 행위가 위법하지 않다는 점을 주장할 수 있게 된다. 다만, 독자적인 경영상 판단과 관련하여 구체적 증거 제시 없이 단순히 당해 행위가 공공의 이익에 기여한 점이 있다고 주장하거나, 단순한 사업경영상의 필요성 또는 거래의 합리성을 주장하는 경우에는 [58]법원에서 이를 인정하지 않고 있기 때문에 유의할 필요가 있다.

(3)-4 합의와 정보교환행위

(3)-4-1 의의

경쟁사업자 간 상품 또는 용역 등에 관한 가격이나 가격 인상률, 생산량 등 사업 수행과 관련된 정보를 서로 교환하고 그 후에 가격 등의 외형상 일치 등이 나타나는 경우 이를 부당한 공동행위로 볼 수 있을지가 문제가 된다. 즉 정보교환행위와 동조적 행위(Concerted Action)가 있었을 때 부당한 공동행위 성립을 구성하는 요소인 합의가 있는 것으로 보아 위법을 인정할지 여부가 실무적으로 계속 문제되어 왔다.

정보교환행위와 관련하여 법원은 가격 등 핵심적 경쟁요소에 대해 정보교환행위를 하고 외형상 일치가 나타난 일부 경우에 대해 부당한 공동행위의 성립을 인정하기도 하였으나, 사안에 따라서는 가격 등 핵심요소에 대한 정보교환이 있었음에도 불구하고 정보교환만으로는 명시적 또는 묵시적 합의로 볼 수 없다고 판시하기도 해서, 가격 등 민감한 정보의 사전 교환 등을 합의의 유력한 증거로 보고 담합사건 처리를 해 온 공정거래위원회는 실무적으로 어려움을 겪어 왔다.

57) 13개 음원유통사업자의 부당한 공동행위에 대한 건(대법원 2013. 11. 28. 선고 2012두17421 판결)

58) 동아출판사 등 6개 출판사의 학습지 부교재 가격 등 공동결정행위 건(서울고법 1992. 4. 22. 선고 91구3248 판결, 상고심에 대해서는 이에 대해 명시적으로 설시하지는 않았다), 에쓰오일의 군납유 입찰담합건(대법원 2004. 11. 12. 선고 2002두5627 판결)

(3)-4-2 관련 판례

관련시장에서 경쟁관계에 있는 사업자들 간의 정보교환행위가 ① 과점화된 시장에서 이루어졌고, ② 해당 상품 등의 동질성 정도가 높으며, ③ 교환된 정보의 내용이 경쟁의 핵심이라 할 가격정보(가격인상 계획, 인상률 또는 인상내역 등) 등을 포함하고 있고, ④ 교환된 정보의 내용이 구체적이고 즉각적으로 경쟁사업자와 교환된 것이고, ⑤ 정보교환의 방법이 시장 등에 공개되기 이전 은밀하고 지속적으로 빈번하게 경쟁사업자와 이루어졌고, ⑥ 정보교환의 주체가 유통 등의 별도단계가 아닌 사업자의 직접적인 임직원에 의해 이루어진 것이라면 당해 정보교환행위는 경쟁제한성이 크다고 봐야 할 것이다. 그러나 법원은 정보교환과 관련된 담합 건에서 일의적인 태도를 보이지 않고 있어 그동안 아쉬움을 남겨왔다. 이하 관련 판례를 살펴본다.

유제품사업자들의 가격담합건과 관련해서 법원은 상호의존성이 강한 과점시장이더라도 사업자들이 여러 경로를 통하여 빈번하게 접촉·교류하고 이를 통하여 의도적으로 가격정보를 교환하고 이를 통해 각자 행위내용을 조정하고 그 결과로서 외형상 일치하는 행위가 나타나는 경우는 동조적 행위에 해당하여 공동행위의 합의가 존재하는 것으로 [59]판단한 바 있다. 그러나 라면 제조·판매사업자들이 오랜 기간 가격정보 등을 서로 교환하고 이를 각자의 상품에 반영하여 원 단위까지 일치하는 가격일치가 발생했음에도 정보교환행위 자체만으로는 곧바로 가격을 결정·유지하는 행위에 관한 합의로 인정할 수 없다고 판시한 [60]사례가 있었고, 가격 등 주요 경쟁요소에 관한 정보를 교환하고 행위의 일치가 있었던 생명보험회사들의 예정이율, 공시율 담합 건에 대해서 사업자 사이의 의사연결의 상호성을 인정할 수 있는 유력한 자료가 될 수 있다고 하면서도 정보교환만으로 바로 합의를 인정할 수 없다는 등의 [61]법원 판단이 내려지는 등 정보교환과 관련된 법원의 판단은 공정거래위원회 실무처리 방향과 일치하지 않은 점이 있었다.

59) 13개 유제품사업자의 시유 및 발효유 가격인상 관련 부당한 공동행위 건(서울고법 2012. 1. 12. 선고 2011누18467판결, 2012. 3. 21. 선고 2011누18719 판결, 각 고법 확정)

60) 라면 제조·판매 사업자들의 부당공동행위 건(대법원 2015. 12. 24. 선고 2013두25925, 2016. 1. 14. 선고 2014두939, 2013두26309 판결)

61) 16개 생명보험사업자들의 부당한 공동행위의 건(대법원 2014. 7. 24. 선고 2013두16951 판결)

이러한 상황에서 정보교환행위와 관련된 부당한 공동행위에 대한 효과적인 대응을 위해 공정거래위원회는 정보교환을 부당한 공동행위 합의의 일종으로 규정하는 입법을 추진하였다. 이로 인하여 [62]전부개정 공정거래법이 시행되는 2021. 12. 30. 이후에는 정보교환행위와 관련된 판례가 새롭게 정립될 것으로 예상된다. 정보교환을 통한 담합행위에 대해서는 별도로 상세히 후술하기로 한다.

(3)-5 합의와 행정지도

(3)-5-1 행정지도의 의의

[63]행정지도는 행정기관이 그 소관사무의 범위 안에서 일정한 행정목적을 실현하기 위하여 특정인에게 일정한 행위를 하거나 하지 아니하도록 지도·권고·조언 등을 하는 행정작용을 의미하고 이러한 행정지도는 행정처분이 아니라 해당 행정지도 상대방의 임의적인 협력을 전제로 행해지는 비권력적 사실행위이다. 공정거래위원회 예규인 '행정지도가 개입된 부당한 공동행위에 대한 심사지침'(이하 '행정지도 심사지침'이라 한다)에서도 행정지도를 행정주체가 스스로 의도하는 바를 실현하기 위하여 상대방의 임의적 협력을 기대하여 행하는 비권력적 사실행위로서 지시·권고·요망·주의·경고 등 다양한 용어로 시행되고 있다고 규정하고 있다.

우리나라의 경우 특정 산업부문을 장려·육성·규제하는 소관 정부부처를 중심으로 행정목적을 달성하기 위해 관련 사업자들에 대한 빈번한 행정지도가 이루어지고 있으며, 행정지도의 범위도 단순한 행정목적의 실현을 위한 사항뿐만 아니라 사업자의 자율적인 사업운영에 관한 사항까지도 포함될 정도로 광범위하게 이루어지고 있는 실정이다.

(3)-5-2 행정지도가 개입된 담합

정부 등의 소관 사업자에 대한 행정지도가 가격·산출량 등 시장경제의 작동원리나 사업자의 경영과 직결되는 부분에서 이루어지고 그 형태가 관련 사업

---

62) 2020. 12. 29. 전부개정된 공정거래법에서 관련 내용은 다음과 같다. 공정거래법 제40조(부당한 공동행위의 금지) ① 사업자는 계약·협정·결의 또는 그 밖의 어떠한 방법으로도 다른 사업자와 공동으로 부당하게 경쟁을 제한하는 다음 각 호의 어느 하나에 해당하는 행위를 할 것을 합의(이하 "부당한 공동행위"라 한다)하거나 다른 사업자로 하여금 이를 하도록 하여서는 아니 된다. 1.~8. (생략) 9. 그 밖의 행위로서 (중략) '가격, 생산량, 그 밖에 대통령령으로 정하는 정보'를 주고 받음으로써 일정한 거래분야에서 경쟁을 실질적으로 제한하는 행위

63) 행정절차법 제2조 제3호에서 규정하고 있다.

자들의 공동행위의 형태로 나타나는 경우 즉, 행정지도가 원인이 되어 이루어진 공동행위에 대한 위법성이 문제가 될 수 있다. 공정거래위원회는 행정지도를 원인으로 행해진 공동행위도 원칙적으로 위법한 것으로 보고 있으며, 다만 공동행위가 [64]전부개정 공정거래법 제116조(법령에 따른 정당한 행위)의 요건을 충족하는 경우에만 공정거래법 적용을 제외하고 있다. 행정지도가 개입된 부당한 공동행위의 심사를 위해 공정거래위원회는 행정지도 심사지침을 마련하고 있고 동 지침에 따라 사업자 간의 공동행위에 행정기관의 '법령에 따른' 행정처분이 개입된 경우에는 법령에 따른 정당한 행위로 보고 공정거래법 적용을 제외할 수 있는 것으로 하고 있으며 그 외에도 행정기관이 사업자 간 합의를 유도하는 행정지도를 한 경우 등에 대한 법집행 원칙을 세워놓고 있다. 이를 구체적으로 살펴보기로 한다.

다른 법령에서 사업자가 공정거래법 제40조 제1항 각 호에서 정하고 있는 행위를 하는 것을 구체적으로 허용하고 있거나, 행정기관이 사업자로 하여금 공정거래법 제40조 제1항 각 호에서 정하고 있는 행위를 하는 것을 행정지도할 수 있도록 규정하고 있는 경우에는 공정거래법을 적용하지 않게 된다. 다만, 이 경우에도 행정지도의 목적, 수단, 내용, 방법 등이 근거 법령에 부합하고 사업자들이 그 행정지도의 범위 내에서 행위를 한 경우에만 적용이 제외된다. 또한 행정지도에 사업자들이 [65]개별적으로 따른 경우는 부당한 공동행위로 보지 않고 있으며, 행정기관이 사업자들에게 개별적으로 행정지도를 한 경우 사업자들이 이를 기화로 공정거래법 제40조 제1항 각 호에서 정하고 있는 행위에 대한 [66]별도의 합의를 한 경우에는 부당한 공동행위에 해당한다고 보고 있다.

행정기관이 법령상 구체적 근거 없이 사업자들의 합의를 유도하는 행정지도를 한 결과 부당한 공동행위가 행해지는 경우 그 부당한 공동행위는 원칙적으로 위법한 것으로 본다. 이와 관련하여 법원도 행정지도는 비권력적 사실행

---

64) 종전 공정거래법 제58조(법령에 따른 정당한 행위)에 해당한다.

65) 행정기관이 각 사업자의 요금수준을 사실상 인가한 결과 사업자들 간에 가격 기타 거래조건이 유사하게 형성된 경우 등이 해당한다.

66) 행정지도 심사지침은 예시로 ① 행정기관이 가격 인상률을 5% 이하로 하도록 행정지도한데 대해 사업자들이 별도의 합의를 통해 가격 인상률을 5%로 통일한 경우, ② 행정지도 전에 사업자들이 가격인상 정도 등을 합의한 후 행정지도에 공동으로 대응한 경우, ③ 사업자들이 개별적으로 행정지도를 받은 후 별도로 모임을 가지고 행정지도의 수용여부, 시행절차나 방법 등을 합의한 경우 등을 들고 있다.

위에 불과한 것이어서 그에 따름이 강제되는 것이 아니므로 사업자단체로서는 독자적으로 공정거래법 위반 여부를 판단하여 행동하였어야 할 것이고, 공정거래법의 운영은 행정부 내에 있어서 독립된 지위를 가진 공정거래위원회의 권한으로 되어 있으므로 가사 원고와 소외 회사 간의 위 합의가 상공부의 행정지도에 의한 것이라 하더라도 그것만으로 위법성이 조각된다거나 또는 그 시정을 명함이 금반언의 원칙에 반하여 허용될 수 없다 할 수 없다고 [67]판시한 바 있다.

또한 농수산물공사가 도매사업자들에게 위탁수수료 내지 장려금에 대한 조건을 직접 결정하거나 공동으로 결정하도록 지시하였다 하더라도 이는 (종전)공정거래법 제58조의 취지 및 관련규정에 따르면 도매시장관리인인 농수산물공사가 도매시장법인의 권한인 위탁수수료 내지 장려금의 요율을 직접 결정하거나 지시할 권한이 없으므로 (종전)공정거래법 제58조 소정의 법령에 의한 정당한 행위라고 볼 수 없다고 [68]판시한 사례도 있다.

(3)-6 합의의 추정

(3)-6-1 의의

'합의의 추정(推定)'은 명시적 합의가 없더라도 일정한 경우에 합의가 있는 것으로 추정함으로써 부당한 공동행위의 성립을 인정하는 것을 의미하는데 공동행위의 합의는 속성상 사업자간 은밀히 이루어지는 것이 보통이므로 명시적 합의는 물론이고 묵시적 합의가 있음을 경쟁당국이 밝혀내는 것이 쉽지 않은 상황에서 경쟁제한 폐해가 크다고 알려진 부당한 공동행위 규제의 실효성을 확보하기 위해 도입된 것이 합의의 추정제도이다. 사업자들 간에 공정거래법 제40조 제1항 각호에 해당하는 행위의 외형적 일치가 있고 경쟁제한성이 입증되면 합의가 있는 것으로 추정하여 부당한 공동행위의 성립을 인정하고 있다.

2007년 공정거래법 개정 이전에는 합의의 추정이 아니라 부당한 공동행위의 추정으로서, 2 이상 사업자의 실질적 경쟁제한 행위가 있는 경우 명시적 합의가 없더라도 '부당한 공동행위로 추정'되던 것을 법 개정을 통하여 2 이상의 사업자가 공정거래법에서 정하는 어느 하나에 해당하는 행위를 하는 경우로서 해당 거래분야 또는 상품·용역의 특성, 해당 행위의 경제적 이유 및 파급효과, 사업자간 접촉의 횟수·양태 등 제반사정에 비추어 그 행위를 그 사업자들이 공

67) 서울고등법원 1992. 1. 29. 선고 91구2030 판결

68) 서울고등법원 2004. 5. 12. 선고 2003누5817 판결(원고 상고포기로 확정되었다)

동으로 한 것으로 볼 수 있는 상당한 개연성이 있는 때에는 공동행위에 대한 '합의를 한 것으로 추정'하는 것으로 내용이 변경되었다. 참고로 2020년 말 공정거래법이 전면개정되면서 합의추정과 관련된 공정거래법 제40조 제5항에 제2호가 신설되어 공정거래법이 정하는 담합행위에 필요한 정보를 주고받은 때의 경우에도 합의의 추정이 가능하게 되었다.

공동행위 합의추정과 관련된 판례를 살펴보면 법원은 공동행위의 속성상 합의를 입증해 내는 것이 쉬운 일이 아님을 전제한 후 공정거래위원회가 사업자들의 합의를 입증하는 것에 갈음하여 2 이상의 사업자가 (종전)공정거래법 제19조 제1항 각 호의 1에 해당하는 행위를 하고 있다는 사실과 그것이 일정한 거래분야에서 경쟁을 실질적으로 제한하는 행위라는 사실의 두 가지 간접사실만을 입증하면 처분을 할 수 있도록 하여 부당한 공동행위에 대한 규제의 실효성을 확보하고자 하는 것이 동 조항의 취지라고 [69]판시한 바 있다. 법원은 공정거래법상의 합의 추정조항이 기업의 경제적 자유를 침해하는 것은 아니며 부당한 공동행위에 대한 합의 추정은 명시적인 합의가 없는 경우에도 그러한 합의를 한 것으로 추정한다는 취지이며 반드시 형사처벌을 한다는 규정이 있는 것도 아니므로 이러한 추정조항이 죄형법정주의나 무죄추정원칙에 반한다고 볼 수는 없다고 [70]판시하고 있다. 또한 합의추정을 통해 부당한 공동행위의 성립을 인정하고 공정거래위원회가 과징금 부과와 같은 행정적 처분을 하는 경우에도 소송과정에서 그 처분의 부당성을 다툴 수 있도록 되어 있기 때문에 과잉금지 원칙에도 위배되지 않는다고 [71]판시한 바 있다.

(3)-6-2 합의추정 요건

2007년 공정거래법 개정 전에는 부당한 공동행위의 추정을 위해서는 사업자들의 외형이 일치되는 행위가 있고, 시장점유율 등을 중심으로 한 관련시장의 [72]경쟁제한성만 입증하면 되었기 때문에 규제가 과도하다는 비판이 있었

69) 동서식품 및 한국네슬레의 커피가격 공동결정행위 건(대법원 2002. 5. 28. 선고99두6514, 6521 병합 판결)

70) 삼성카드 외 3사의 중고차 할부금리 공동결정행위 건(대법원 2004. 10. 28. 선고 2002두7456 판결)

71) 대한제강의 위헌법률심판제청 건(대법원 2008. 9. 25. 선고 2006아35 결정)

72) 환영철강공업 등 8개사의 철근가격 공동 결정행위 건(대법원 2003. 5. 27. 선고 2002두4648)

다. 그 이후 개정 공정거래법은 합의를 추정하면서 외형의 일치와 함께 사업자들이 공동행위를 한 것으로 볼 수 있는 '상당한 개연성'을 요구하게 되었고 상당한 개연성을 입증하기 위해서는 추가적인 요소를 고려하도록 추정제도가 변경되었다. 상당한 개연성의 입증과 함께 추정의 복멸(覆滅)을 인정하고 있어서 추정제도는 종전의 법률상의 추정에서 사실상 추정에 가깝게 성격이 바뀌게 되었다.

외형의 일치 외에 추가적 요소(Plus Factors)를 요구하는 것으로 합의추정 요건이 강화됨에 따라 실무적으로는 부당한 공동행위의 합의를 입증하는 데 있어 공정거래법 추정조항을 적용하는 경우보다는 법 제40조 제1항을 직접 적용하는 경우가 일반적이게 되었다. 그 이유는 합의는 명시적 합의 외에도 묵시적 합의도 포함하고 있으며 합의의 입증에 있어서도 직접적인 방법 이외에 간접적인 증거 등으로 증명하는 것이 가능하기 때문에 굳이 불확실한 추정조항을 적용할 필요성이 적어지게 되었기 때문이다.

(3)-6-3 합의추정의 복멸

합의추정은 부당한 공동행위에 대한 규제의 실효성을 확보하고자 하는 규정이지만, 합의추정을 받는 사업자들로서는 그들의 행동의 일치가 합의에 기한 것이 아니라 각자의 독자적인 경영판단의 결과라는 사실을 입증하거나 합의에 따른 공동행위가 아니라는 점을 수긍할 수 있는 정황을 입증하여 그 추정을 복멸시킬 수 있다. 또한 행정기관의 법령에 의한 정당한 행정지도에 의해 외형의 일치 등이 나타난 경우에도 이를 근거로 합의추정을 복멸시킬 수 있다.

합의추정의 복멸과 관련하여 [73]법원은 합의추정을 복멸시킬 수 있는 경우를 자세히 설시하고 있다. 외부적으로 드러난 동일 유사한 가격책정행위가 실제로는 아무런 명시적·묵시적 합의나 상호 간의 요해 없이 '각자의 경영판단'에 따라 독자적으로 이루어졌음에도 마침 우연한 일치를 보게 된 경우, 상대방 사업자와 '공통적으로 관련된 외부적 요인'이 각자의 가격결정 판단에 같은 정도의 영향을 미침으로써 부득이 동일 유사한 시기에 동일 유사한 행동을 할 수

73) 동부제강 외 3사의 강관공장도가격 공동인상행위 건(서울고법 2000. 12. 21. 선고 98누12651 판결) 상고심(대법원 2003. 2. 11. 선고 2001두847 판결)은 이 부분에 대해 특별히 판단하지 않았다; 환영철강공업 등 8개 철근가격 공동결정행위 건(대법원 2003. 5. 27. 선고 2002두4648 판결)

밖에 없었던 경우, 과점시장의 경우 가격선도업체가 독자적인 판단에 따라 가격결정을 하고 후발업체가 이에 동조하여 '일방적으로 선도업체의 가격을 단순히 모방한 경우' 등을 추정을 복멸시킬 수 있는 사정으로 들고 있고 이러한 사정의 판단을 위해서는 당시의 경제정책적 배경 등을 종합적으로 고려하여 거래통념에 따라 합리적으로 판단해야 한다고 하고 있다.

이외에도 합의추정의 복멸과 관련된 판례로는, 국세청이 주세법, 주세사무처리규정 등에 의해 맥주 등 주류의 가격 명령권을 가지고 있고 국세청이 가격선도업체와 협의된 구체적 가격 인상내역을 다른 맥주 제조업체에 제공한 결과 다른 업체가 이를 모방한 인상을 하는 등 국세청의 법령에 의한 행정지도가 인정되는 이상 외형의 일치와 경쟁제한성에도 불구하고 합의 추정이 복멸된다고 본 [74]사례와 금융감독원장이 보험사업자들에게 보험개발원이 제시하는 순보험료와 부가보험료를 책정하여 이를 합산한 금액을 기본보험료로 신고하도록 행정지도한 사안에 대해 공동행위의 합의 추정을 복멸시킬 수 있는 정황으로 참작될 수 있다고 [75]판시한 바 있다.

3. 정보교환을 통한 담합행위

(1) 정보교환의 의의

정보교환은 경쟁사업자 간 직접 또는 제3자를 통한 교환·공표 등의 방식으로 영업과 관련된 정보를 주고받는 것을 의미한다. 종래 공정거래법은 담합의 [76]유형을 한정적으로 열거하고 있고 정보교환에 대해 따로 언급하고 있지 않아서 정보교환은 묵시적 합의 입증 또는 합의 추정을 위한 정황증거로만 활용되어 왔다.

경쟁과정에서 경쟁사업자간의 정보교환은 불확실성을 제거하여, 경쟁사업자 간 정보교환이 없었더라면 더 치열했을 경쟁의 강도와 폭을 감소시켜서 원래의 경쟁상태라면 이루어졌을 가격 인하폭을 감소시키거나, 제품 또는 서비스의 품질 개선 정도가 감소되어 소비자의 피해로 연결될 가능성이 커지고, 정보

74) 하이트맥주 외 2사의 맥주가격 공동인상행위 건(대법원 2003. 2. 28. 선고 2001두946, 2001두1239 판결)

75) 11개 손해보험사의 보험료 공동결정행위 건(대법원 2005. 1. 28. 선고 2002두12052 판결)

76) 종전 공정거래법 제19조는 제1항에서 가격결정, 거래조건 결정, 공급제한, 시장분할, 설비제한, 규격제한, 회사설립, 입찰담합, 사업방해를 담합의 유형으로 정하고 있었다.

교환이 가격담합으로 이어질 경우에는 소비자 피해와 경쟁제한성이 더욱 커질 우려가 있다. 종래 공정거래법은 합의유형에 정보교환을 별도로 규정하지 않고 있어서 정보교환 자체가 경쟁제한을 야기하더라도 이를 규율할 수 있는 법적 근거가 미비한 상태여서, 그간 법원은 정보교환이 사업자 간 합의를 인정할 수 있는 유력한 자료라고 보면서도 이 자체만으로 가격 담합 등의 묵시적 합의가 있다고 볼 수는 없다는 입장을 견지해 왔다.

(2) 외국의 집행사례

정보교환에 대한 경쟁법적 규율은 우리나라에 비해 외국에서는 비교적 활발히 이루어져 왔는데, 미국은 담합유형에 대한 제한을 두고 있지 않아서 사업자간 정보를 교환하기로 한 합의를 담합으로 규율하고 있으며 유럽연합은 합의에 이르지 않은 경쟁사업자 간 상호협력이나 조정행위 같은 동조(同調)적 행위까지 담합으로 금지하고 있고, 이러한 동조적 행위에 정보교환을 포함해서 규율하고 있다.

정보교환 규제와 관련된 실례를 살펴보면, 미국의 경우 2001년 Exxon 사건에서 Exxon 등 14개 사업자들이 경영·전문·기술직 근로자의 임금을 낮게 유지할 목적으로 임금 및 수당수준, 예산 등을 공유하여 향후 해당 근로자들에 대한 임금 책정 시 교환된 정보를 반영하겠다는 합의를 한 것에 대해, 법원은 장래 임금에 영향을 줄 수 있는 비공개정보인 임금예산까지 공유되었다는 점, 실제로 Exxon의 경우 임금이 낮게 결정된 사실이 있는 점 등을 고려하여 정보교환 합의자체가 근로시장에서의 경쟁을 제한했다고 판시한 사례가 있다. 유럽연합의 경우 2015년 Banana 사건에서, 3개 바나나 수입업자들이 미숙성 바나나 기준가격 결정에 앞서 기준가격 추세 및 전망 등을 상호교환하기로 한 것에 대해, 유럽최고재판소는 소비자가격에 직접 영향을 주지 않는 정보교환이라 하더라도 시장의 불확실성을 인위적으로 경감시켜 경쟁을 저해하는 행위이므로 목적자체가 경쟁제한적이고, 별도의 경쟁제한효과 분석도 불필요하다고 판시한 바 있다.

(3) 공정거래법 개정내용

최근 공정거래법이 전면개정되면서 종전에 집행상 문제가 있던 정보교환 행위를 명확히 규제할 수 있게 되었다. 전부개정 공정거래법 제40조 제1항에 [77]제9호를 개정하여 정보교환을 금지되는 합의의 유형에 포함시키고, 사업자간 가격 등의 외형상 일치가 존재하고 이에 필요한 정보가 교환되어 일정한 거래분야에서 경쟁을 실질적으로 제한하는 경우에는 부당한 공동행위에 대한 합의가 있는 것으로 볼 수 있도록 규정하게 되었다.

공정거래법에서 규제하는 정보의 교환은 통상적이고 일상적인 정보의 교환을 의미하는 것이 아니라 교환되었을 경우 시장의 경쟁을 제한할 우려가 있는 '경쟁요소 관련정보'를 경쟁사업자 간 교환하기로 하는 '합의'를 금지하는 것에 유의할 필요가 있다. 또한 합의추정과 관련해서도 정보교환이 있었다고 하여 바로 가격담합 등이 추정되는 것이 아니고 '가격담합 등의 합의'가 추정될 뿐이며, 당해 합의의 경쟁제한성이 별도로 입증이 되어야만 가격담합 행위 등을 제재할 수 있게 된다. 공정거래법의 위임에 따라 전부개정된 공정거래법 시행령은 정보교환담합 금지대상 정보를 ① 상품·용역 원가, ② 출고량·재고량·판매량, ③ 상품·용역 거래조건 또는 대금·대가 지급조건으로 규정하고 있고, 공정거래위원회는 정보교환과 관련하여 구체적 법위반 판단기준에 대한 가이드라인을 마련 중에 있다.

4. 부당한 공동행위 위법성 판단

(1) 개요

부당한 공동행위에 대한 위법성 판단에 관해서 간략히 살펴본다. 당해 부당한 공동행위의 성격에 따라 가격·산출량 결정·제한, 시장분할·할당과 같이 공동행위의 성격상 경쟁제한 효과만 발생시키는 것이 명백한 경우 이를 경성카르텔이라고 분류하고 있음은 전술한 바와 같다. 이와 같은 경성카르텔의 경우에는 구체적인 시장분석이 없더라도 위법한 행위로 판단하는 것이 가능하다. 반면, 공동생산·공동마케팅·공동구매 등과 같은 연성 카르텔은 중복비용의 감소·위험배분 등을 통해 효율성을 증대시킬 수도 있고, 동시에 가격상승이나 혁신의 감소와 같은 경쟁제한 효과를 발생시킬 수도 있으므로 행위 그 자체로 위

77) '그 밖의 행위로서 다른 사업자(그 행위를 한 사업자를 포함한다)의 사업활동 또는 사업내용을 방해·제한하거나 가격, 생산량, '그 밖에 대통령령으로 정하는 정보'를 주고받음으로써 일정한 거래분야에서 경쟁을 실질적으로 제한하는 행위'로 규정하고 있다.

법성을 판단할 수는 없고 경쟁제한성과 효율성 증대효과를 심사해서 이를 비교형량하여 위법성을 판단하게 된다.

(2) 경쟁제한성 판단의 단계

경쟁제한성을 분석하기 위해서는 '관련시장 획정'을 먼저 하고 당해 시장에서 담합 가담 사업자들의 '시장점유율 분석'을 하게 된다. 부당한 공동행위 심사에서의 관련시장 획정은 수요의 대체성 등을 감안한 일반적인 시장획정의 방법에 따라 이루어지며 경제분석 도구나 기법을 이용해서 이루어지는 기업결합이나 시장지배적지위 남용행위 심사 때의 엄밀하고 정치(精緻)한 수준에까지 이를 필요는 없다. 대개는 관련 시장 내에서의 시장집중도 분석 정도로서 충분하다고 보고 있다. 다만 시장점유율 등의 지표와 함께 해외경쟁 도입가능성과 신규진입 가능성, 기타 공동행위의 존속기간, 가격·산출량 등에 대한 정보의 교환수준, 재무적 이해관계의 결합수준 등을 추가로 고려해서 경쟁제한성을 평가하게 된다.

다음 단계로 공동행위에 의한 '효율성 증대효과'를 살피게 되는데 당해 공동행위 이외에는 덜 경쟁제한적인 방법으로는 효율성을 달성할 방법이 없으며, 효율성 증대효과가 가까운 장래에 확실하게 발생할 수 있어야 효율성 증대효과가 인정된다. 산출량 감축이나 시장분할 등 당해 행위로 단순히 비용만 절감하는 경우에는 효율성 증대효과를 인정하지 않고 있다. 마지막 단계로서 경쟁제한 효과와 효율성 증대효과를 서로 비교하여 효율성 증대효과가 경쟁제한 효과를 상쇄할 정도로 크지 않다면 당해 공동행위는 위법한 것으로 최종 판단하게 된다.

경쟁제한성 판단을 위해 경쟁제한효과와 효율성 증대효과를 비교형량한 사례로서, 2007년 7개 LPG공급회사의 가격담합 건에서 공정거래위원회는 LPG는 제품의 특성상 각 회사 제품 간 품질차이가 없어 가격이 유일한 경쟁요소인데 담합가담 사업자들의 합의는 그 유일한 경쟁요소를 제거하여 소비자 후생을 저해하였고 이들 참가사업자들의 시장점유율이 100%에 달해 이러한 합의의 효과가 LPG판매시장 전체에 직접적으로 영향을 미쳐서 경쟁이 완전히 소멸되는 경쟁제한 효과가 발생하였고, 가격합의로 인한 어떠한 효율성 증대효과도 존재하지 않음을 들어 시정조치를 한 예를 들 수 있다.

5. 공동행위의 인가제도

(1) 의의

산업구조조정, 연구·기술개발 등 일정한 목적 달성을 위해 관련 사업자들이 공동행위를 허용해 줄 것을 요청할 때 해당 요건을 심사하여 기준에 충족되는 경우 한정된 기간 동안 공정거래위원회가 공동행위를 인가해 주는 제도로서 1987. 4월 도입되었다. 공동행위 인가제도는 당해 공동행위의 경쟁제한 우려에도 불구하고 국민경제 전체의 이익 등을 고려해서 예외적으로 허용하는 제도이므로 공정거래위원회는 실무적으로 상당히 엄격하게 운용하고 있다. 인가실적을 보면 인가제도 시행이후 총 6건을 접수하여 [78]2건을 허용하고 [79]1건은 부분허용한 바 있다.

(2) 인가사유

종전 공정거래법은 공동행위 인가사유로 ① 산업합리화, ② 연구·기술개발, ③ 불황의 극복, ④ 산업구조의 조정, ⑤ 거래조건의 합리화, ⑥ 중소기업의 경쟁력 향상을 열거하고 있었는데 이 중 산업합리화, 산업구조 조정, 불황극복은 내용이 [80]유사하거나 중첩되고 서로 관련이 있는 측면이 있었다. 2020년 말 개정된 공정거래법은 산업합리화, 산업구조 조정, 불황극복 요건을 '불황극복을 위한 산업구조조정' 요건으로 통합하여 이제 공동행위 인가요건은 ① 불황극복을 위한 산업구조조정, ② 연구·기술개발, ③ 거래조건의 합리화, ④ 중소기업의 경쟁력 향상 4가지로 간소화되게 되었다.

---

78) 10개 밸브사업자에 대해 1988. 9월부터 1993. 9월까지, 속초시 젓갈협회 소속 5개사에 대해 2007. 6월에서 2010. 12월까지 공동행위를 허용한 바 있다.

79) 388개 레미콘 사업자 및 11개 협회에 대해서는 공동연구개발에 한정해서 2010. 2월부터 2012. 1월까지 공동행위를 허용하였다.

80) 종전 공정거래법 시행령 제24조의2는 '산업합리화'에 대해 기술향상·품질개선·원가절감 및 능률증진을, 동 시행령 제26조는 '산업구조의 조정'에 대해 현저히 저하된 생산능률 및 국제경쟁력을, 동 시행령 제25조는 '불황극복'에 대해 초과공급이 지속되고 이로 인해 가격이 평균생산비를 하회하는 경우를 들고 있어 그 내용이 서로 유사하거나 관련이 있는 점을 알 수 있다.

(3) 인가절차

공동행위 인가를 받고자 하는 사업자는 ① 참가사업자의 수, 명칭 및 사업소 소재지, ② 대표자와 임원의 주소·성명, ③ 공동행위를 하려는 사유, 그 내용 및 기간, ④ 참가사업자의 사업내용을 기재한 [81]신청서를 공정거래위원회에 제출하여야 하며, 공정거래위원회는 필요 시 공동행위 인가 전에 해당 신청내용을 공시하여 이해관계인의 의견을 들을 수 있다. 공정거래위원회는 공동행위 인가신청을 받은 경우에는 그 신청일로부터 30일 이내에 이를 결정하여야 하고 인가를 하게 되는 경우 신청인에게 인가증을 교부하도록 되어 있다.

공동행위의 인가를 받은 자가 인가사항을 변경하고자 할 때는 변경사항과 함께 인가증을 첨부하여 공정거래위원회에 변경신청을 할 수 있고, 인가를 받은 사업자가 해당 공동행위를 폐지한 경우에는 그 사실을 지체 없이 공정거래위원회에 [82]신고하여야 한다.

Ⅱ. 부당한 공동행위에 대한 제재

1. 개관

부당한 공동행위에 대한 제재는 [83]행정적 제재인 시정명령과 과징금 부과, 형사적 제재인 형벌부과가 있으며 부당한 공동행위에 대한 형벌부과는 [84]공정거래위원회의 고발을 통해 이루어진다. 행정적 제재와 형사처벌 이외에 부당한 공동행위를 통해 손해를 입은 자는 발생한 손해의 3배를 넘지 않는 범위 내에서 [85]손해배상을 청구할 수 있게 된다.

종전에는 부당한 공동행위를 비롯하여 공정거래 관련 법 위반 행위에 대한 제재는 주로 공정거래위원회의 시정명령 및 과징금 부과 등 행정제재와 위법성

---

81) 공동행위/경쟁제한행위의 인가/변경인가 신청서는 이 장 말미에 첨부하였다(102쪽 참조).

82) 공동행위/경쟁제한행위의 폐지신고서는 이 장 말미에 첨부하였다(104쪽 참조).

83) 행정적 제재는 공정거래위원회의 의결을 통한 처분을 통해 이루어지고 처분시효의 성격은 제척기간이다. 부당한 공동행위의 경우 제척기간은 공동행위 종료일로부터 7년, 조사개시일로부터 5년이다.

84) '전속고발제도'라고 하며 헌법재판소 판례도 이를 인정하고 있다.

85) 전부개정 공정거래법 제109조(손해배상책임), 제110조(기록의 송부 등), 제111조(자료의 제출), 제112조(비밀유지명령), 제113조(비밀유지명령의 취소), 제114조(소송기록 열람 등의 청구 통지 등), 제115조(손해액의 인정)에서 상세히 규정하고 있다.

이 중대한 경우에 하게 되는 고발을 통한 형사처벌 등 공적(公的) 제재가 주를 이루었으나 최근에는 국민들의 권리의식 고양에 따라 당해 부당한 공동행위로 인해 직접적 손해를 입은 개인들의 손해배상청구 소송제기 등 사적(私的) 제재가 점점 중요해지고 있는 상황이다. 결국 경쟁제한성이 커서 폐해가 심각하다고 받아들여지고 있는 담합행위의 경우 행정제재, 형사처벌, 손해배상에 이르는 3중 처벌이 앞으로 일반화될 것으로 예상되므로 사업자들의 경각심이 필요하다고 생각된다.

부당한 공동행위의 제재와 관련해서 특정한 경우 제재를 면할 수 있는 제도가 있는데 이를 자진신고 감면제도라고 하고, 이는 경쟁제한 폐해가 극심함에도 그 은밀하게 이루어지는 특성 때문에 적발이 어려운 부당한 공동행위를 효과적으로 적발·제재하기 위해 경쟁당국이 일반적으로 채택하고 있는 제도로서 이 역시 부당한 공동행위의 제재와 일정 부분 관련이 있다고 할 수 있으므로 상세히 후술하기로 한다.

부당한 공동행위의 제재와 관련된 실무적 쟁점으로는 시정명령의 성격과 관련된 사항, 부당한 공동행위의 실행과 그 지속기간 등과 관련된 과징금 부과와 관련된 사항, 공정거래위원회의 전속고발권 행사와 관련된 형사처벌과 관련된 사항, 손해배상소송으로 대표되는 사적 구제와 관련된 사항 그리고 자진신고 감면제도와 관련된 사항들이 있는바, 이하에서는 관련 사항들을 하나하나 살펴보기로 한다.

2. 시정조치

(1) 의의

전부개정 공정거래법은 제42조에서 시정조치를 규정하고 있고 이에 근거하여 공정거래위원회는 법 위반 사업자에 대해 시정조치를 위한 명령을 내릴 수 있는데 공정거래위원회는 구체적인 법 위반행위의 행태에 기초하고 문제가 된 시장상황 등을 고려해서 전문적인 재량하에 가장 적절한 형태의 시정명령을 내리게 된다. 시정명령은 사안에 따라 행위중지나 금지와 같은 부작위명령, 담합의 경우 합의가 지속되고 있으면 합의파기명령, 독자적 가격결정 명령이나 시정 받은 사실의 공표명령 등 작위명령, 특정사실 보고명령과 같은 보조적 명령까지 다양한 형태로 이루어지게 되고 과거의 위반행위에 대한 중지는 물론 가까운 장래에 반복될 우려가 있는 동일한 유형의 반복금지까지 명할 수 있다. 특히 합의파기명령은 명백한 합의가 있고 최종 심의일까지 그 합의가 종료되지 않아 부당한 공동행위가 유지되고 있으며, 공동행위가 관행화되어 있어 합의파기라는 외형적 행위를 통해 법위반 행위를 효과적으로 종료시킬 필요가 있거나 법위반 행위를 억지할 필요가 있는 경우에는 시정조치의 한 형태로 내릴 수 있게 된다.

'공표명령'의 경우 시정조치에도 불구하고 위법사실의 효과가 지속되고 피해가 계속될 것이 명백한 경우로서 직접 피해를 입은 자가 불특정 다수이거나 공표를 함으로써 피해자가 자신의 권익구제를 위한 법적 조치를 취할 수 있도록 할 필요가 있을 때 하게 되는데 공정거래위원회는 [86]예규를 통해 공표크기, 매체 수 및 게재횟수 등을 정하기 위한 법위반 점수 산정 및 공표방법 등에 대해 상세히 규정하고 있다. 부당한 공동행위의 경우라 하더라도 일정한 경우에는 시정명령 대신 '경고조치'를 하는 경우가 있는데 공정거래위원회 고시인 '공정거래위원회 회의운영 및 사건처리절차 등에 관한 규칙(이하 '사건절차규칙'이라 한다)'에는 ① 피신고인들 절반 이상의 연간 매출액이 각각 30억 원 이하인 경우, ② 위반행위의 파급효과가 1개 시(광역시는 제외한다)나 군 또는 구 지역에 한정된 경우에 경고조치를 할 수 있도록 규정하고 있다.

2022. 7. 29. 시행된 개정 사건절차규칙에 따라 입찰담합의 경우에는 기존 경고기준 이외에도 계약금액 기준이 추가되어 건설입찰의 경우 400억 원, 물품구매·기술용역 등 기타 입찰의 경우 40억 원 미만인 경우에는 경고조치를 할 수 있게 되었다.

(2) 입찰참가자격 제한

공공입찰의 경우 담합이 확인되면 공정거래위원회는 자체기준에 따라 일정점수 이상에 도달한 입찰담합 사업자에 대한 '입찰참가자격 제한요청'을 발주처에 하게 된다. 공공기관 등 발주처는 [87]국가계약법령에 따라 담합을 주도하여 낙찰 받은 자는 2년간, 담합을 주도한 자는 1년간, 사전에 낙찰자·가격·물

86) '공정거래위원회로부터 시정명령을 받은 사실의 공표에 관한 운영지침'이 이에 해당하며, 동 예규의 표준공표양식은 이 장 말미에 첨부하였다(106쪽 참조).
87) 국가계약법 시행령 제76조 제1항 제7호가 이에 해당한다.

량 등을 담합한 자는 6개월간 입찰참가를 제한하게 되는데 이러한 입찰참가자격 제한은 해당 기간 동안 공공계약물량을 원천적으로 수주할 수 없게 하여 영업에 막대한 지장을 초래하게 되므로 실질적으로 부당한 공동행위에 대한 강력한 제재의 하나로 작동하게 된다.

또한 종전 공정거래위원회의 [88]내부지침에 따라 과거 5년간 입찰담합으로 부과 받은 누적 벌점이 5점 이상인 사업자가 다시 입찰담합을 하는 경우에만 입찰참가제한요청을 할 수 있도록 되어 있던 것을 2019. 11월 지침을 개정하여 추가로 입찰담합하지 않았더라도 점수에만 도달하면 입찰참가제한요청을 할 수 있도록 규제를 강화하였다.

(3) 관련 판례

법원은 공정거래위원회의 시정명령과 관련하여, 명하려고 하는 조치의 내용과 개별 구체적인 위반행위의 행태나 문제로 된 시장의 상황 등을 고려하여 그러한 조치가 필요한지를 판단하는 일은 경쟁정책에 전문적인 지식을 가진 공정거래위원회의 전문적인 재량의 영역이라고 [89]판시하고 있다. 이에 따라 공정거래위원회는 시정조치의 필요성에 관한 재량권의 범위를 남용·일탈하는 경우가 아니라면 시정조치로서 과거의 위반행위에 대한 중지는 물론 가까운 장래에 반복될 우려가 있는 동일한 유형의 반복금지까지 명할 수 있게 된다. 실례로 건설입찰 담합과 관련하여 정부 또는 공공기관이 발주한 고속철도 건설공사에서 동일한 유형의 담합행위를 반복할 우려가 있어 반복금지를 명한 공정거래위원회의 시정명령에 대해 법원은 [90]적법하다고 판시한 바 있다.

88) 공정거래위원회 예규인 '입찰에 있어서의 부당한 공동행위 심사지침'이 이에 해당한다.
89) 삼부토건의 호남고속철도 제2-1공구 등 참가 28개 사업자의 부당한 공동행위 건(서울고법 2016. 10. 28. 선고 2014누7512 판결, 고법 확정)
90) 지에스건설 등 호남고속철도 4-2공구 노반신설 기타공사 입찰 관련 3개 건설업자의 부당한 공동행위에 대한 건(서울고법 2016 7. 8. 선고 2014누65907 판결, 고법 확정); 금호산업의 4대강 1차 턴키공사 부당공동행위 건(대법원 2015. 9. 10. 선고 2014두11199 판결); 한국삼공의 부당한 공동행위 건(서울고법 2013. 8. 23. 선고 2013누1104 판결, 고법 확정)

3. 과징금 부과

(1) 과징금 개요

(1)-1 과징금의 의의

과징금(課徵金)은 대체로 행정법상의 의무위반에 대하여 그로 인한 불법적인 이득을 박탈하거나 법규상의 이행을 강제하기 위해 행정청이 부과·징수하는 금전으로서 형사처벌에 해당하는 벌금과는 개념에 차이가 있다. 공정거래위원회가 부과하는 과징금은 행정적 제재금 외에 부당이득 환수금의 성격을 동시에 가지고 있고 행정목적 달성을 위해 공정거래위원회가 재량을 가지고 사업자별 차등부과를 할 수 있으며 법원도 과징금 부과에 있어 공정거래위원회의 재량을 인정하고 있다. 이하 과징금 부과와 관련된 법원의 판례를 살펴본다.

법원은 부당한 공동행위에 대하여 부과하는 과징금에 대해 사업자의 위법행위에 대한 행정적 제재의 성격에 부당이득 환수적 성격이 가미된 것이고 경쟁당국인 공정거래위원회가 [91](종전)공정거래법 제22조 등에서 규정하는 과징금 상한액의 범위 내에서 과징금부과에 의하여 달성하고자 하는 목적과 위반행위의 내용 및 정도, 위반행위의 기간 및 회수, 위반행위로 인해 취득한 이익의 규모 등을 고려하여 재량을 가지고 결정할 수 있다고 [92]판시한 바 있다.

공정거래위원회가 과징금의 부과를 위해 공정거래법상의 한도 내에서 별도의 과징금 부과준칙과 과징금 부과율을 정해 놓은 상태에서 부과준칙상의 부과율을 넘어서 과징금을 부과했더라도 법상 한도를 넘지 않았다면 과징금 부과준칙은 공정거래위원회의 재량기준에 불과하므로 부과준칙에 의한 부과기준율을 초과하여서라도 과징금 부과의 목적달성을 위해 과징금을 부과할 수 있다고 [93]법원은 판시하고 있고 과징금 부과에 있어서 위법행위를 시인한 자와 이를 부인한 자 사이에 어느 정도 차등을 두는 것까지 재량범위 내에서 적법하다고 [94]판시한 바 있다.

---

91) 전부개정 공정거래법 제43조에 해당한다.

92) 강관제조 4사의 가격 및 결제조건 등 공동결정행위 건(서울고법 2000. 12. 21. 선고 98누12651 판결) 상고심(대법원 2003. 2. 11. 선고 2001두847 판결)은 이 부분에 대해서는 판단하지 않았다.

93) 한국컨테이너부두공단 발주 24KV 가스절연개폐장치 제조구매 입찰참가 7개사의 부당한 공동행위에 대한 건(서울고법 2008. 1. 30. 선고 2007누15614 판결 등) 상고심(대법원 2008. 7. 24. 선고 2008두8062 판결)은 심리불속행 기각하였다.

법원은 공정거래위원회가 법 위반행위에 대하여 과징금을 부과할 것인지 여부 및 과징금을 부과할 경우 법과 시행령이 규정하고 있는 일정한 범위 안에서 과징금의 액수를 구체적으로 얼마로 정할 것인지에 관하여 재량이 있으며, 법령의 위임에 근거하여 마련된 과징금고시는 그 형식 및 내용에 비추어 공정거래위원회의 재량권 행사의 기준으로 마련된 공정거래위원회의 내부 사무처리 준칙, 즉 재량준칙이라 할 것이므로 공정거래위원회가 과징금 산정과 부과에 관해 기준을 정하고 이를 부과하는 것은 헌법과 법률에 합치되지 않거나 객관적으로 합리적이라고 볼 수 없는 특별한 사정이 없는 한 공정거래위원회의 의사가 가능한 존중되어야 한다고 [95]판시하고 있다. 또한 위반행위로 발생한 순이익보다도 과징금이 많이 부과되어서 지나치게 과중하다는 주장과 부당한 공동행위로 인해 형사처벌을 받았다는 이유로 이중처벌이라는 주장 등도 [96]법원에서 모두 배척된 바 있다.

(1)-2 과징금 부과 근거

2020년 말 공정거래법 전면개정으로 법 위반행위 유형별로 과징금 부과수준도 바뀌게 되었는데 [97]부당한 공동행위의 경우 [98]종전 관련매출액의 [99]10%, 정액과징금의 경우 20억 원 이내에서 과징금을 부과할 수 있도록 한 것을 전부개정 공정거래법은 제43조에서 관련매출액의 20%, 정액과징금 한도 40억 원까지 부과할 수 있도록 그 한도를 상향 조정하였다. 이에 따라 향후 부당한 공동행위에 대한 제재의 실효성도 높아질 것으로 전망된다. 다만, 부칙에 따라 개정법이 시행되는 2021. 12. 30. 이전에 이루어진 위반행위에 대한 과징금은 개정

94) 쇼와덴코의 흑연전극봉가격 공동결정행위 재산정 건(서울고법 2007. 9. 19. 선고 2006누29692 판결) 상고심(대법원 2008. 4. 10. 선고 2007두22054 판결)도 공정거래위원회의 과징금 납부명령은 재량권 범위 내의 행위로서 적법하다고 할 것이고 비례의 원칙 등에 위배되어 재량권을 일탈·남용하였다고 볼 수 없다고 판단하였다.

95) 현대건설(주) 등 3개사 발주 케이블 구매입찰 관련 7개 사업자의 부당한 공동행위에 대한 건(서울고법 2019. 8. 22. 선고 2018누38644 판결, 고법 확정)

96) 인천도시철도 2호선 턴키공사 입찰관련 21개 건설업자의 부당한 공동행위에 대한 건(대법원 2017. 4. 26. 선고 2016두32688 판결)

97) 부당한 공동행위에 대한 과징금 부과상한은 1996년 공정거래법 개정시에는 5%, 10억 원이었다가 2004년에 10%, 20억 원으로 변경된 후 2021년까지 유지되어 왔다.

98) 종전 공정거래법에서는 제22조에서 규정하고 있었다.

99) 담합의 특수한 형태인 입찰담합의 경우는 계약금액을 기준으로 10% 이내에서 과징금을 부과하고 과징금 부과와는 별도로 발주기관에 법위반 사실을 통보하여 입찰참가자격 제한 요청을 하고 있다.

전 규정에 근거하여 부과되는 점에 유의할 필요가 있다.

또한 공정거래위원회 고시인 '과징금부과 세부기준 등에 관한 고시(이하 '과징금고시'라 한다)는 부당한 공동행위에 대해서는 특별한 사정이 없는 한 원칙적으로 과징금이 부과되도록 규정하고 있다. 참고로 2020년 말 기준 공정거래법 위반으로 부과된 과징금은 총 2,888억 원인데 이 중 부당한 공동행위로 부과된 과징금이 1,494억 원으로 약 52%가량을 차지하고 있다. 공정거래법 개정에 따라 최근 과징금고시도 개정되어 과징금 산정기준이 상향조정되었고 부당한 공동행위 [100]과징금세부평가기준표 항목 중 경쟁제한성, 시장점유율, 지역적 범위의 평가기준은 일부 완화하여 다른 위반행위 유형에 비해 법위반 점수가 과다하게 산정되지 않도록 조정되었다.

(1)-3 과징금의 구체적 산정

공정거래위원회 고시인 '과징금부과 세부기준 등에 관한 고시'에 따라 부당한 공동행위에 대한 과징금은 '관련매출액'에 위반행위 중대성의 정도별로 부과기준율을 곱하여 기본 산정기준을 정하는데, 그 부과기준율은 ① 매우 중대한 위반행위 중 '세부평가 기준표' 산정점수 2.6 이상인 경우 15% 이상 20.0% 이하, 산정점수 2.2 이상 2.6 미만인 경우 10.5% 이상 15% 미만이고, ② 중대한 위반행위 중 산정점수 1.8 이상 2.2 미만인 경우 6.5% 이상 10.5% 미만, 산정점수 1.4 이상 1.8 미만인 경우 3.0% 이상 6.5% 미만이며, ③ 1.4 미만인 중대성이 약한 위반행위는 0.5% 이상 3.0% 미만으로 정해져 있다. 공정거래법 전면개정에 따라 부당한 공동행위 과징금 상한이 2배로 상향조정되어 과징금고시의 부과기준율도 최근 이에 맞추어 변경되었다.

부당한 공동행위와 관련된 매출액을 산정하기 곤란하거나 매출액이 없는 경우는 정액과징금을 부과할 수 있고, 위반행위 중대성의 정도별 부과기준금액의 범위 내에서 기본 산정기준을 정하는데 그 부과기준금액은 ① 매우 중대한 위반행위 중 '세부평가 기준표' 산정점수 2.6 이상인 경우 30억 원 이상 40억 원 이하, 산정점수 2.2 이상 2.6 미만인 경우 22억 원 이상 30억 원 미만이고, ② 중대한 위반행위 중 산정점수 1.8 이상 2.2 미만인 경우 15억 원 이상 22억 원 미만, 산정점수 1.4 이상 1.8 미만인 경우 8억 원 이상 15억 원 미만이며, ③ 1.4

100) 부당한 공동행위의 과징금세부평가기준표는 이 장 말미에 첨부해 놓았다(112쪽 참조).

미만인 중대성이 약한 위반행위는 1천만 원 이상 8억 원 미만으로 정해져 있다. 공정거래법 전면개정에 따라 부당한 공동행위의 정액과징금 상한도 2배 상향됨에 따라 이에 맞추어 최근 과징금고시의 부과기준금액도 조정되었다.

(2) 관련매출액

(2)-1 관련매출액의 범위

과징금은 부당한 공동행위와 관련된 상품 또는 용역의 매출액(관련매출액)이 1차적인 산정기준이 되며 관련매출액은 경쟁제한성 판단을 위해 선행적으로 수행한 관련시장 획정과 밀접한 관계가 있다. 즉 관련매출액은 합의의 내용에 포함된 상품 또는 용역의 종류와 성질·거래지역·거래상대방·거래단계 등을 고려하여 정하게 된다.

담합의 대상에 직접적으로 포함되지 아니한 제품도 담합의 영향을 받은 경우에는 관련매출액의 범위에 포함된다. 즉, 등급외(外) 제품, 불량품, OEM매출, 특수 유통경로 제품 등 명칭을 불문하고 이러한 제품들이 담합의 대상인 기준가격의 영향을 받았으며 경쟁당국이 이러한 제품들에게도 경쟁제한효과가 발생하였거나 발생할 우려가 있음을 입증한 경우에는 합의의 직접적 대상이 아니더라도 모두 관련매출액에 포함된다. 다만, 합의에 포함되지 않은 제품이 담합의 영향을 받았다고 하려면 그 해당제품의 관련시장을 획정하고 경쟁제한성을 입증하여야만 비로소 제재로서의 과징금 부과기준이 되는 관련매출액에 포함시킬 수 있다.

법원도 세탁·주방세제 담합건과 관련하여 담합의 대상이 된 세탁세제 3개 브랜드 제품과 주방세제 3개 브랜드 제품 이외에 나머지 12개 브랜드 제품들도 합의한 제품들의 기준가격 변동에 따라 영향을 받을 수 있으므로 담합의 대상에 직접적으로 포함되지 않은 12개 브랜드 제품의 매출액도 관련매출액의 범위에 포함된다고 [101]판시하거나 공동행위 대상이 되었던 제품과 대체성이 있어서 그 제품의 가격인상 때문에 수요가 증가하는 등 이유로 종전 가격을 유지할 수 없게 되는 등 간접적이지만 공동행위의 영향을 받았을 것으로 예상된다면 그러한 상품의 매출액은 관련매출액에 포함된다고 [102]판시하고 있다.

101) 엘지생활건강 등 5개 세탁·주방세제 제조업체의 부당한 공동행위에 대한 건(대법원 2009. 6. 25. 선고 2008두17035 판결)

다만, 화장지 담합사건과 관련해서는 담합대상인 엠보싱 두루마리 화장지 제품 이외에 미용화장지, 공중접객업소용 화장지, 엠보싱이 아닌 평판 두루마리 화장지의 매출액까지 포함하여 관련매출액을 산정한 것에 대해 법원은 위법하다고 [103]판시한 사례가 있다. 미용화장지, 공중접객업소용 화장지는 두루마리 화장지와는 별개의 상품시장이라고 볼 측면도 있으나 대체성이 있는 엠보싱과 평판 두루마리 화장지를 개별 상품으로 분리하여 담합의 영향을 받는 대상에서 평판 두루마리 화장지를 제외한 것은 다소 합리성이 떨어진다고 생각된다.

특수규격 등 차별화제품의 관련매출액 포함여부와 관련해서는 제재를 하는 공정거래위원회 입장에서는 합의내용의 영향을 받아서 차별화제품의 가격 등이 결정이 되었으며 차별화제품 시장에서도 경쟁제한성이 있음을 이유로 과징금부과를 할 수 있겠으나 사업자 입장에서 별도의 특별한 사정이 있다면 그 사정을 입증함으로써 위법성을 부인할 수 있다는 [104]판례가 있다.

관련매출액을 산정할 때는 회계자료를 이용하여 정하는 것이 원칙이므로 매출에누리 즉 품질불량이나 파손 등으로 대가의 일부를 공제한 금액을 제외하고 산정하는 것이 회계처리 원리와도 부합되며 법원도 동일한 [105]판단을 하고 있다. 이와 같은 논리로 부가가치세, 특별소비세 및 교육세, 입찰의 경우 관급자재 금액, 공사에 따라 발생하는 폐기물처리비, 문화재조사비 등은 합의의 대상이었다고는 볼 수 없기 때문에 관련매출액에서 제외한다.

(2)-2 입찰담합의 경우

입찰담합의 경우 계약금액이 통상 관련매출액이 되나 공사 완공일까지 변경되는 계약금액분이 있고 부당한 공동행위의 의사가 공사 완공일까지 지속된 사실이 입증되는 경우 당초 체결한 계약금액에 더하여 변경된 계약금액을 포함

102) 롯데칠성음료 등 5개 음료 제조·판매사업자의 부당공동행위 건(서울고법 2017. 2. 15. 선고 2013누11910 판결) 재상고심(대법원 2017. 6. 9. 선고 2017두190 판결)은 심리불속행 기각하였다.

103) 모나리자 등 4사의 화장지 공장도가격 공동결정행위 건(서울고법 2000. 1. 20. 선고 98누10822 판결) 상고심(대법원 2002. 5. 28. 선고 2000두1386 판결)은 이 부분에 대해서 판단하지 않았다.

104) 8개 고밀도폴리에틸렌 제조판매업자들의 부당한 공동행위 건(대법원 2011. 7. 28. 선고 2009두12280 판결), 7개 선형저밀도폴리에틸렌 제조판매업자의 부당한 공동행위 건(대법원 2011. 9. 8. 선고 2009두14880 판결)

105) 두원냉기 등의 에어콘 가격 등 공동결정행위 건(대법원 2003. 1. 10. 선고 2001두10387 판결)

한 금액이 관련매출액이 된다.[106] 최근 개정된 과징금고시에 따라 입찰담합의 관련매출액이 좀 더 구체적으로 규정되었다. 단가입찰 담합 시 관련매출액은 ① 낙찰이 되고 실제 계약체결에 이른 경우에는 공정거래위원회 심의일 현재 실제 발생한 매출액(실제 발생한 매출액이 불명인 경우에는 계약금액)이 되고, ② 낙찰은 되었으나 계약체결에 이르지 않은 경우에는 [107]낙찰금액이, ③ 낙찰이 되지 않았으나 예정가격이 있은 경우에는 [108]예정가격이, ④ 낙찰이 되지 않고 예정가격도 없는 경우에는 낙찰예정자의 응찰금액이 된다. ③의 경우에는 낙찰을 받은 제3자의 실제 매출액을 관련매출액으로 보지 않음을 주의할 필요가 있다.

입찰에 여러 사업자가 공동수급체로 참여하여 낙찰을 받은 경우에 전체계약금액이 아니라 공동수급체의 성격을 내세워 각자의 지분율에 해당하는 계약분만이 각자의 관련 매출액임을 주장할 수 있는지가 문제된다. 또한 입찰담합의 내용이 물량배분을 위한 것일 때도 담합에 참여한 사업자들이 각자의 배분물량에 해당하는 계약금액 부분만이 각자의 관련매출액임을 주장할 수도 있다. 이에 대해 법원은 공동수급체일 경우 그 구성원은 계약상의 의무위반에 대하여 연대하여 책임을 지는 등 공사계약금액 전부에 대해 사실상의 이해관계가 있음을 지적하면서 공동수급체의 전체계약금액을 관련매출액으로 본 공정거래위원회의 판단에 위법이 없다고 하였고, 물량배분의 경우에도 심지어 공정거래위원회의 종전 일부 의결에서 각자의 배분물량에 상응하는 계약금액분을 관련매출액으로 본 경우에도 불구하고 그 자체로서 행정관행이 성립되었다고 보기는 어렵다고 하면서 전체 계약금액을 관련매출액으로 [109]판단한 바 있음을 참고할 필요가 있다.

들러리 참여사의 경우에도 들러리 합의 자체가 공동행위로서 위법성을 가지기 때문에 낙찰자의 계약금액을 기준으로 합리적인 차등의 범위 내에서 과

106) 에스케이건설 등 4대강 살리기 사업 1차 턴키공사 입찰 관련 20개 건설업자의 부당한 공동행위 건(서울고법 2014. 6. 13. 선고 2012누28997 판결) 상고심(대법원 2014. 11. 13. 선고 2014두10059 판결)은 심리불속행 기각하였다.

107) 낙찰금액은 낙찰단가에 예상물량을 곱한 값으로 정해진다.

108) 예정가격은 예정단가에 예상물량을 곱한 값으로 정해진다.

109) 현대건설(주)의 한국가스공사 발주 천연가스 주배관 및 관리소 건설공사 입찰관련 23개 사업자의 부당한 공동행위에 대한 건(서울고법 2019. 6. 13. 선고 2016누31373 판결) 상고심(대법원 2019. 10. 31. 선고 2019두47384 판결)은 심리불속행 기각하였다.

징금이 부과된다. 따라서 들러리의 경우 관련 매출액이 없으므로 (종전)공정거래법 제22조의 단서에 따른 정액 과징금을 부과해야 한다거나, 계약금액을 관련 매출액으로 하더라도 담합 가담사업자 모두에게 계약금액을 기준으로 과징금을 산정하고 이를 합산하게 되면 결국 관련 매출액인 계약금액의 100분의 10을 넘을 수도 있으므로 (종전)공정거래법 제22조 본문을 위반한 것이라는 주장 등은 공정거래위원회 심결과 법원 소송과정에서 모두 이유가 없어 배척된 바 있다.

(3) 공동행위의 시기·종기

(3)-1 시기의 의의

과징금은 부당한 공동행위의 시점부터 종료한 시점까지의 기간 동안에 경쟁제한 영향을 받은 관련 상품·용역 등의 매출액을 기준으로 부과되기 때문에 과징금 부과의 첫 단계로서 공동행위의 시기(始期)와 종기(終期)를 정확히 규명해야 한다. 부당한 공동행위의 시기는 [110]합의일로부터 기산하는데 부당한 공동행위의 성립은 합의에 있기 때문에 당연한 논리적 귀결이다. 부당한 공동행위의 시기와 관련하여, 만약 합의의 내용에 장래의 특정일을 공동행위 개시일로 정했다면 과징금산정의 기초가 되는 관련매출액의 계산에 있어서의 시점은 합의일이 아니라 [111]공동행위 개시일이 되지만 합의에서 구체적으로 공동행위 개시일을 정하지 않고 단순히 합의 후 일정기간 후에 실행행위가 이루어진 경우에도 합의일이 위반행위의 개시일이 되는 점에는 [112]유의할 필요가 있다.

(3)-2 종기의 의의

부당한 공동행위의 종기는 합의에 따른 실행행위를 실제로 종료한 날이 되는데 법원도 종기와 관련하여 동일한 [113]판시를 한 바 있다. 공동행위의 실행행위가 유지가 되고 있다면 일시적인 회합 중단 등은 공동행위의 종료로 보지 않

---

110) 굴삭기 및 휠로다 제조 3개 사업자의 부당한 공동행위 건(대법원 2008. 9. 25. 선고 2007두3756 판결)

111) 동양에코의 7개 폐석면 처리사업자의 부당한 공동행위 건(서울고법 2015. 5. 14. 선고 2013누51352 판결)

112) 23개 단무지 등 절임류 제조·판매 사업자의 부당한 공동행위 건(서울고법 2011. 11. 17. 선고 2011누18702 판결, 고법 확정)

113) 쇼와덴코 등 6개 사업자의 흑연전극봉 가격공동결정행위 건(대법원 2006. 3. 24. 선고 2004두11275 판결)

고 있다. 담합의 특별한 형태인 입찰담합의 경우 종기는 입찰행위에 따라 계약 내용이 확정되는 경우는 입찰참여일이 바로 종기가 되며, 입찰 후 별도의 계약이 이루어지는 경우에는 [114]입찰계약 체결일이 종기가 된다.

실행행위가 종료되는 경우로는 사업자들이 담합으로 인한 소기의 목적 달성을 이룸으로써 실행행위를 스스로 종료하거나, 시장상황 등에 의해 가격 등이 변동되어 공동행위에 의해 형성된 가격 등이 붕괴된 경우도 있을 수 있겠으나, 대개는 담합이 일부 사업자들의 변심이나 이해관계에 의해 깨지면서 주로 발생을 하게 되고 경쟁당국인 공정거래위원회가 자진신고 또는 직권인지를 통해 담합에 대해 조사에 착수하는 경우 그 영향으로 인해 부당한 공동행위 실행행위가 종료되는 경우가 많다.

부당한 공동행위의 종기는 공정거래위원회 심결이나 법원 소송과정에서 크게 다투어지는 쟁점 중 하나인데 부당한 공동행위에 대한 과징금 부과를 위한 관련매출액의 범위와 공정거래위원회 처분시효가 공동행위의 종기와 직접적으로 관련을 갖기 때문이다. 공정거래위원회는 실무적으로 부당한 공동행위에 대한 제재를 하는 경우 합의만 이루어지고 구체적인 실행행위가 없었던 경우는 시정명령을 하는데 그치고 있으며, 합의와 함께 실행행위가 일정기간 이루어진 경우 시정명령에 더하여 법위반 기간 동안의 과징금을 부과하게 된다. 공정거래위원회가 담합의 종기를 잘못 오해하여 과징금을 부과하는 경우 법원이 이를 위법한 처분이라 본 [115]사례가 과거에 있었다.

(3)-3 합의탈퇴와 종기

부당한 “공동”행위가 성립되기 위해서는 2 이상의 사업자의 합의를 요건으로 하고 있는바 공동행위 참여사업자가 순차적으로 담합에서 탈퇴하여 종국적으로 1개 회사만 남게 되었을 경우에는 공동행위 자체가 성립될 수 없다고 볼 것이므로 종기와 관련해서는 탈퇴 후 1개 회사가 남게 되는 시점이 담합이

114) 포스코 ICT의 부당한 공동행위 건(대법원 2015. 5. 28. 선고 2015두37396 판결), 한전 전력선 구매입찰 참가 35개 전선 제조사 등의 부당한 공동행위에 대한 건(대법원 2015. 2. 12. 선고 2013두6169 판결)

115) 합의한 실행행위가 실제로 실행되지 못한 채 그대로 종료된 경우 종기를 잘못 적용해 부과한 과징금은 위법하다는 법원의 판결이 있었다. 전용몽 외 6의 7개 자동차운전전문학원 수강료 담합 건(대법원 2015. 10. 29. 선고 2012두28827 판결), 씨제이엔터테인먼트의 영화관람료 담합 건(서울고법 2009. 10. 7. 선고 2009누2483 판결)

[116]종료되는 시점이 된다.

공동행위의 종료시점은 합의 조기탈퇴, 자진신고 등에 따라 당해 담합에 참여한 사업자 간에 달라질 수 있고 이 경우 과징금은 해당 사업자별로 담합 지속기간을 고려하여 달리 부과하게 된다. [117]법원도 이와 관련하여 일부 사업자의 공동행위는 자진 신고일로부터 중단된 것으로 보더라도 나머지 사업자가 이를 모른 채 종전의 공동행위를 유지한 사안의 경우 나머지 사업자들의 공동행위는 조사 직전 일까지 이어진 것으로 구분해서 보고 있다.

부당한 공동행위는 사업자 간 경쟁을 제한하여 가격 등 시장에서 결정되어야 할 요소들을 공동행위를 통해 사업자들이 인위적으로 정하면서 독점과 같은 상태가 되어 초과이윤을 누리게 하는 것이므로 항상 동종 사업자 간에는 담합을 하고자 하는 강력한 유인이 존재하는 반면, 담합이 지속될수록 관련 사업자 간 이해가 균질하지 않고 기간의 경과에 따라 경쟁당국에 적발될 경우 제재의 위험성과 강도가 점점 커지기 때문에 지속해 오던 담합에서 이탈하려는 유인이 있어 담합에 대한 유인·결속을 중심으로 구심력과 원심력이 동시에 작용하는 특성이 있다.

합의에서 탈퇴하는 사업자들이 발생하여 담합가담자 중 일부가 공동행위를 종료하고자 하는 경우에는 명시적 또는 묵시적으로 탈퇴 의사표시를 하여야 하고 합의에 반하는 행동을 해야 하며, 담합가담자 전부가 공동행위를 종료하기 위해서는 명시적인 합의 파기와 합의에 반하는 행위를 하거나, 담합이 사실상 파기되었다고 인정할 수 있을 만한 사업자들의 행위가 일정기간 지속되어야 한다. 법원도 동일한 취지로 [118]판시하고 있다.

부당한 공동행위 혐의로 제재를 받게 되는 사업자의 입장에서는 공동행위 지속기간 이전에 특별히 합의에서 탈퇴한 특별한 사정이 있는 경우에는 다른 사업자들에 비해 상대적으로 담합 실행기간이 짧았음을 이유로 과징금 경감을 주장할 수 있다. 이때에는 공정거래위원회 심결이나 법원 소송과정에서 합의에서 조기 탈퇴한 사실과 관련한 입증을 해야 하며 이를 위해서는 명시적인 탈퇴

---

116) 대한제당의 설탕가격 담합 건(대법원 2010. 3. 11. 선고 2008두 15176 판결)

117) 엘지디스플레이 외 2개 사업자의 부당한 공동행위 건(서울고법 2014. 2. 13. 선고 2011누 46394 판결, 상고심은 심리불속행 기각하였다)

118) 엘지화학 등 5개사의 가성소다가격 공동결정행위 건(대법원 2008. 10. 23. 선고 2007두 12774 판결)

의사표시를 하였다는 사실을 입증할 증거를 제시하면 가장 좋겠으나 여의치 않는 경우 관련 상품 등의 기준가격 등을 인하하여 다른 사업자들과 반복적인 가격 경쟁을 벌인 사실로도 입증이 가능하며 법원도 이를 인정하여 합의의 사실상 파기로 본 [119]사례가 있다.

한편 반복적인 가격 경쟁 등 구체적 행위 없이 특정 사업자가 일부 사업자들에게만 공동행위에 가담하지 않겠다는 의사표시를 하거나 그런 의사표시조차 없이 공동행위를 지속해 오다가 경쟁당국의 조사가 시작되자 그 현장조사가 시작된 날 공동행위가 종료되었다고 하는 주장에 대해서는 법원에서 이를 인정하지 않는 [120]판시를 하거나, 시정명령이 각 사업자들에게 통지되는 날을 종기로 보는 것이 타당하다고 [121]판시한 바 있다.

(4) 공동행위의 개수

(4)-1 하나의 공동행위로 보는 경우

장기간에 걸친 여러 개의 담합이 하나의 공동행위로 인정되는 경우가 있는데 담합 가담 사업자들이 ① 기본적 원칙에 관한 합의를 하고 이를 실행하는 과정에서 수차례의 합의를 계속해 왔거나, ② 기본적 원칙에 대한 합의가 없더라도 장기간에 걸쳐 이루어진 여러 차례의 합의가 단일한 의사에 기하여 동일한 목적을 수행하기 위해 단절됨이 없이 계속 실행된 경우가 이에 해당된다.

법원도 부당한 공동행위의 개수와 관련하여 사업자들이 공동행위에 대한 기본적 원칙을 합의한 다음 위 합의를 실행하는 과정에서 수회에 걸쳐 회합을 가지고 구체적인 합의를 계속해 온 경우, 회합 또는 합의의 구체적 내용이나 [122]구성원의 일부 변경이 있더라도 이와 같은 일련의 합의는 전체적으로 1개의 부당한 공동행위로 보는 [123]입장을 취하고 있고, 지속적인 공동행위 기간 중에

119) 7개 폐석면 처리사업자의 부당 공동행위 건(서울고법 2015. 5. 14. 선고 2014누51352 판결, 2015. 6. 10. 선고 2013누51505 판결, 이들은 상고심에서 심리불속행 기각되었다)

120) 벽지담합 건 중 엘지하우시스 관련(대법원 2014. 7. 10. 선고 2012두21246 판결)

121) 아이앤아이스틸 등의 철근가격 인상 건(서울고법 2006. 6. 21. 선고 2004누14696 판결) 상고심(대법원 2008. 11. 13. 선고 2006두13145 판결)도 같은 취지로 판단하였다.

122) 쇼와덴코 등 6개 사업자의 흑연전극봉 가격공동결정행위 건(대법원 2006. 3. 24. 선고 2004두11275 판결)

123) 금호석유화학 등 2개사의 합성고무가격 공동결정행위 건(대법원 2009. 1. 30. 선고 2008두16179 판결)

특별한 사정으로 일부 합의된 내용과는 다른 영업활동 등이 이루어지거나 일정 기간 단절되었더라도 전체적으로 합의가 지속되고 파기되지 않는 한 하나의 부당한 공동행위라 하고 있다. 또한 설사 그러한 기본적 원칙에 관한 합의가 없더라도 장기간에 걸친 각 합의가 단일한 의사에 기하여 동일한 목적을 수행하기 위한 것으로 단절됨이 없이 계속 실행되어 왔다면 일련의 합의는 전체적으로 1개의 부당한 공동행위로 봄이 상당하다고 [124]판시하고 있다.

서로 다른 시장에 속하는 상품들을 대상으로 합의한 경우에도 1개의 부당한 공동행위가 성립할 수 있는지가 문제가 될 수 있다. 이와 관련하여 법원은 서로 다른 관련시장에 속하는 수개의 상품을 대상으로 하는 부당한 공동행위가 있는 경우 반드시 관련시장 별로 수개의 부당한 공동행위가 성립된다고 볼 만한 합리적인 근거는 없는바, 하나의 공동행위 성립과 관련된 법리는 부당한 공동행위가 서로 다른 관련시장에 속하는 수개의 상품을 대상으로 하였을 경우라도 특별한 사정이 없는 한 동일하게 적용된다고 [125]판시한 바 있다.

(4)-2 공동행위 개수

부당한 공동행위가 장기간 반복적으로 이루어진 경우 이를 하나의 공동행위로 볼지 아니면 여러 개별 단위의 공동행위로 볼지가 실무상 쟁점이 되는 이유는 공정거래법의 [126]처분시효와 당해 행위에 대한 고발이 있는 경우 진행될 형사절차에서의 [127]공소시효가 관련되어 있기 때문이다. 규제당국의 입장에서는 처분시효 이내에 행정제재를 해야 하는 부담이 있고 제재를 받는 사업자 입장에서도 처분시효나 공소시효는 관심의 대상이 될 수밖에 없다.

---

124) 엘지생활건강 등 세제 4사의 주방·세탁 가격 공동결정행위 건(대법원 2009. 6. 25. 선고 2008두16339 판결)

125) 풍농 등 13개 비료 제조·판매사의 부당한 공동행위 건(서울고법 2013. 12. 19. 선고 2012누25936 판결) 상고심(대법원 2014. 12. 24. 선고 2014두1871 판결)도 원심과 같은 취지로 판단하였다.

126) 전부개정 공정거래법 제80조 제4항은 처분시효와 관련하여 부당한 공동행위의 경우에는 공정거래위원회가 법 위반행위에 대하여 ① 조사를 개시한 경우 조사개시일로부터 5년이 지나거나, ② 조사를 개시하지 아니한 경우 위반행위의 종료일로부터 7년이 지나면 시정조치를 할 수 없도록 규정하고 있다.

127) 형사소송법은 제249조 제1항 제5호에서 5년 미만 징역 및 벌금의 경우 위반행위의 종료일로부터 5년이 지나면 공소를 제기하지 못하도록 규정하고 있는바, 부당한 공동행위의 경우 전부개정 공정거래법 제124조에 따라 3년 이하의 징역 등에 처하도록 되어 있으므로 공소시효는 5년이 된다.

사업자의 입장에서는 장기간의 담합 행위가 전체적으로 하나의 행위로 인정되는 경우에는 오래전의 담합행위까지 모두 법위반 행위에 포함되어 과징금 부과 등 공정거래위원회 제재 수준이 높아질 수 있고, 이러한 행위가 공소시효 범위 내에 있게 되어 형사처벌의 수준도 높아질 수 있기 때문에 관련 사업자들 입장에서는 민감한 사안에 해당된다. 공정거래위원회 입장에서도 가격 담합 등 경성카르텔은 공정거래위원회의 과징금부과 등 시정조치 이외에 고발을 병행하여 형사적 제재까지 이루어지도록 하는 것이 일반적인데 여러 사정으로 인해 장기간 진행된 부당한 공동행위 사건이 하나의 연속된 행위가 아니라 여러 개별 행위로 분리되는 경우 공소시효의 도과문제로 공소를 담당하는 검찰에 부담이 될 수도 있기 때문에 주의를 기울이고 있다.

(5) 과징금 고려 요소

(5)-1 가중 사유

부당한 공동행위 기간 동안의 관련매출액에 대해 산정된 과징금은 당해 사업자의 과거 위반행위의 전력, 조사방해 행위 여부 등을 고려하여 가중하는 경우가 있는데, 과징금 부과처분은 공정거래위원회의 재량행위이므로 공정거래법 목적을 달성하고 비례·평등의 원칙에 반하지 않는 한 위반행위자의 과거 위반행위 전력 등을 과징금 액수에 반영할지 여부, 어느 범위에서 어느 정도 반영할지 여부는 모두 공정거래위원회의 재량에 속한다. 과징금과 관련된 공정거래위원회의 재량과 관련하여, 건설공사 입찰담합 건에서 위반행위 전력을 고려하는 기준시점이 문제가 된 사례가 있었는데 법원은 그 기준시점을 위반행위시점으로 하든 아니면 조사개시시점으로 하든 이는 공정거래위원회의 재량사항이라고 [128]판시한 바도 있다.

(5)-1-1 과거 법위반 횟수

전부개정 공정거래법 제102조는 과징금 부과에 대해 규정하면서 제1항에서 과징금을 부과하는 경우 고려해야 할 사항으로 ① 위반행위의 내용 및 정도, ② 위반행위의 기간 및 횟수, ③ 위반행위로 취득한 이익의 규모 등을 규정하면서 명시적으로 과거 법위반 횟수를 들고 있으며, 이에 따라 공정거래위원회는

---

128) 삼성물산의 서울지하철 9호선 3단계 919공구 건설공사 입찰 관련 부당공동행위 건(서울고법 2016. 4. 8. 선고 2014누8416 판결)

과거 법위반 횟수를 과징금의 가중사유로 하고 있다. 과징금 고시는 법위반 횟수에 따른 가중치를 구체적으로 정하고 있는데 시정조치 유형별 위반횟수 가중치는 경고의 경우 0.5, 시정권고의 경우 1.0, 시정명령의 경우 2.0, 과징금의 경우 2.5, 고발의 경우 3.0의 점수가 정해져 있다.

과거 법위반 횟수가 주요한 과징금 가중사유임을 볼 때 합병, 분할약정 등이 발생했을 때 법위반 횟수가 어떻게 반영되는지도 살펴볼 필요가 있다. [129]회사합병이 있는 경우에는 피합병회사의 권리·의무는 사법상의 관계나 공법상의 관계를 불문하고 그의 성질상 이전이 허용되지 않는 것을 제외하고는 모두 합병으로 인하여 존속하는 회사에게 승계되는 것으로 보아야 하므로 과징금 가중사유인 공정거래법 위반 전력도 승계되는 것으로 보는 것이 타당하다. 또한 [130]분할약정으로 다른 사업자에게 일체의 권리의무 및 향후 발생 채무 등을 귀속시켰다 할지라도 공정거래법 위반행위가 당해 사업자의 분할행위가 있기 전에 있었다면 문제가 된 부당한 공동행위 사건의 과징금을 산정함에 있어 과거 법 위반횟수로 포함되게 된다.

(5)-1-2 조사방해 행위

종전에는 공정거래위원회의 조사에 대한 방해행위를 이유로 과징금을 가중하는 경우가 있었고 이에 대해 법원도 판례를 통해 일정 부분 재량을 인정하고 있었다. 관련 판례를 구체적으로 살펴보면, 공정거래위원회가 사업자의 조사방해 행위에 대해 과징금을 가중하는 것에 대해 [131]법원은 조사방해 행위 사실이 인정되는 한 과징금 부과는 공정거래위원회의 재량사항이므로 임의적 조정과징금을 산정하면서 10% 가중하거나, (종전)공정거래법 제22조에서 정한 상한 내에서 조사방해 행위를 가중사유로 고려하여 과징금을 가중하는 기준을 세우는 것이 재량권을 일탈·남용한 조치로 볼 수 없다고 판시하였다.

---

129) 6개 온라인음악서비스사업자의 부당한 공동행위 건(대법원 2013. 11. 28. 선고 2012두18523 판결)

130) 금호산업의 호남고속철도 제2-1공구 등 최저가낙찰제 참가 28개 사업자의 부당공동행위 건(서울고법 2016. 7. 15. 선고 2014누7499 판결) 상고심(대법원 2016. 10. 27. 선고 2016두47987 판결)은 심리불속행 기각하였다.

131) 아이엠씨 등 2개사의 영업지역 제한행위 건(서울고법 2008. 10. 8. 선고 2008누8514 판결, 고법 확정); 포스코건설 등 인천도시철도 2호선 턴키공사 입찰관련 21개 건설업자의 부당공동행위 건(서울고법 2016, 9. 7. 선고 2014누46326 판결) 상고심(대법원 2017. 2. 2. 선고 2016두54121 판결)은 심리불속행 기각하였다.

현재는 가중사유와 관련하여 과징금고시에 따라 부과할 과징금을 산정할 때 위반행위의 중대성 정도에 부과기준율을 적용한 산정기준에 1차 조정을 하면서 위반행위의 기간 및 횟수에 따라 일정한 경우 가중하는 경우와 2차 조정에서 위반 사업자의 보복조치가 있는 경우 가중하는 경우 이외에 별도로 조사방해 행위를 이유로 가중할 수 있도록 명시적으로 규정하고 있지는 않다. 그러나 위 판례의 취지 등을 종합할 때 공정거래위원회가 법률이 정한 과징금 한도 내에서 일정한 기준을 세워 적용하는 경우에는 명백한 조사방해 행위 등에 대해 과징금을 가중하는 것도 가능하다고 판단된다.

(5)-2 감경

공정거래법에서 정하고 있는 과징금부과 상한 범위 내에서 법위반 기간 동안의 관련매출액을 기준으로 산정된 과징금은 곧바로 부과되는 것이 아니라 위반 사업자의 일정한 행위나 현실적 부담능력 등을 고려하여 조정하게 되는바, 이는 과징금부과가 경쟁제한 억지 목적을 달성하기 위한 행정제재로서 공정거래위원회의 재량이 인정되는 행위이므로 전문적 경쟁법 판단기관인 공정거래위원회가 종합적으로 고려하여 결정할 수 있기 때문이다. 참고로 과징금 감경과 관련하여 종전 과징금고시에 따라 직전 3개년도 당기순이익 가중평균이 적자인 경우에는 객관적인 재무제표를 기준으로 과징금을 감경하는 것에 대해 공정거래위원회의 재량 내의 행위로서 정당하다는 [132]판시도 있었다.

과징금 부과의 재량에 관한 다른 판례로서, 부당한 공동행위 기간 중에 과징금고시가 [133]개정되어 조사협력 감경의 상한이 20%에서 30%로 변경되었음에도 불구하고 공정거래위원회가 특정 사업자에 대해 조사협력 감경을 20%로 한 것에 대해 법원은 감경 상한이 30%라 하더라도 어느 정도로 감경할 지는 공정거래위원회의 재량사항이라고 하면서 20% 감경 부과한 처분은 위법하지 않다고 [134]판시한 바도 있다.

---

132) 대성판지 등 18개 골판지 원단 제조·판매사업자의 부당한 공동행위에 대한 건(서울고법 2017. 3. 30. 선고 2016누68917 판결)

133) 과징금고시 제2009-36호는 조사협력 감경을 20%를 상한으로 규정하고 있었으나 2010. 10. 20. 시행된 개정 과징금고시 제2010-9호는 조사협력 감경 상한을 30%로 확대하였다. 과징금고시 제2017-21호는 조사협력 감경을 다시 20%로 하고 있다. 최근 개정된 과징금고시는 조사감경을 '조사·심의협조' 감경으로 명칭을 바꾸고 10% 이내에서 감경할 수 있도록 하고 있다.

134) 대우건설의 오남고속철도 제2-1공구 등 최저가낙찰제 참가 28개 사업자의 부당공동행위

과징금고시는 과징금을 감경하는 경우를 구체적으로 규정하고 있는데 과징금 산정기준에 따라 산정된 과징금을 2차 조정하면서 ① 사업자들 간에 공동행위의 합의를 하고 실행을 하지 아니한 경우, ② 조사·심의 협조가 있는 경우, ③ 소회의 약식심의 결과를 수락한 경우, ④ 위반행위를 자진시정한 경우에 대해서는 과징금의 일정비율을 감경할 수 있도록 하고 있다. 또한 2차 조정된 산정기준이 위반 사업자의 현실적 부담능력을 고려할 때 부담이 어렵다고 판단되는 경우에는 50% 범위 이내에서 감경할 수 있고, 회생절차 등 과징금고시에서 정하는 일정한 요건에 해당되는 경우에는 과징금을 면제까지 할 수 있도록 규정하고 있다. 과징금 산정과 부과에 관한 자세한 내용은 제7장 공정거래 집행절차에서 상세히 다루도록 한다.

(6) 재량권 일탈·남용

과징금 부과는 공정거래위원회의 재량행위임에도 불구하고 행정적 제재뿐 아니라 부당이득 환수의 성격을 동시에 가지고 있으므로 제재목적과 이득액을 고려하여 비례·균형 있게 부과되어야 하며 이를 벗어나게 되면 재량권 일탈·남용으로 위법한 처분이 된다. 과징금 부과 시 담합 가담 사업자 간의 이득액의 규모 및 형평성, 과징금산정의 기초가 되는 위반기간이나 관련매출액, 적용 과징금고시의 적정성 등이 정당한 과징금 부과의 전제가 된다. 이하에서는 법원이 과징금부과에 있어서 재량권의 일탈·남용의 경우라고 본 사례들을 중심으로 살펴보기로 한다.

(6)-1 이득액과의 비례·균형

입찰담합에서 담합의 내용이 낙찰자를 결정하는 것인 경우 입찰참여(들러리) 사업자도 합의로 정하게 되는데 낙찰자는 계약을 통해 담합에 따른 이익을 얻게 되지만 입찰참여자가 당해 입찰에서 받는 경제적 이득은 없다. 담합한 낙찰자에 대해서는 관련매출액인 당해 입찰의 계약금액을 기준으로 과징금을 부과하게 되지만 입찰참여 사업자에게도 동일한 기준으로 과징금을 부과할 수 있을지가 문제된다. 입찰참여 사업자도 합의에 가담한 이상 부당한 공동행위를 한 것이고 이에 따른 제재를 피할 수는 없지만 경제적 이득이 없는 상태에서 계

건(서울고법 2016. 7. 22. 선고 2014누7529 판결) 상고심(대법원 2016. 12. 15. 선고 2016두49495 판결)은 심리불속행 기각하였다.

약금액을 기준으로 낙찰자와 입찰 참여업체에 대해 일의적으로 부과하는 과징금에 대해서는 재량권 일탈·남용 문제가 발생할 수 있다.

이와 관련하여 법원은 군납유 입찰담합 사례에서 과징금 부과는 위법성의 정도나 종전의 법위반 횟수뿐 아니라 입찰담합으로 인한 이득액의 규모와도 상호 균형을 이루어야 한다고 하면서 사업자들이 참여자로서 입찰담합에 가담한 부분에 대한 과징금 액수의 산정은 입찰계약을 체결한 부분보다도 낮은 부과기준을 적용하여 사업자 간 위반행위로 인해 취득한 이익의 규모가 고려되었어야 하는데 그럼에도 불구하고 사업자간 동일한 부과기준을 적용하여 결국 과징금 부과의 행정제재적 성격과 부당이득 환수 성격 중 제재적 성격이 지나치게 강조되어 균형을 상실하였으므로 공정거래위원회의 처분은 위법하다고 [135]판시한 바 있다.

여기서 간과해서는 안 될 부분은 입찰담합에 가담하였을 뿐 낙찰을 받지 못한 사업자의 경우 그 담합으로 인해 직접적인 이익을 얻은 것은 없으나 담합 가담 사실 자체로 위법한 행위를 한 것은 분명하며 입찰담합 억지라는 행정목적 달성을 위해 당해 입찰의 계약금액을 과징금 부과기준으로 한 공정거래위원회 처분의 정당성까지 부인되는 것은 아니며 낙찰자와 참여자 간 계약금액을 기준으로 한 과징금의 부과에 있어 비례·형평까지 종합적으로 고려해야 한다는 것으로 이해해야 한다.[136]

따라서 낙찰 받지 못한 참여자라고 해서 (종전)공정거래법 제22조 단서의 매출액이 없는 경우로서 20억 원 이하의 과징금만 부과할 수 있을 뿐이라는 주장은 [137]법원에서 배척된 바 있다. 과징금의 부과는 여러 가지 사항을 종합적으로 고려하여 이루어지는 것이므로 실제로 부과되는 과징금이 입찰담합 참가자들의 부당이득 규모에만 반드시 비례하여 부과되는 것은 아니라는 법원의 [138]판시도 참고할 필요가 있다.

135) 현대오일뱅크 외 1의 군납유 입찰담합 건(대법원 2004. 10. 27. 선고 2002두6842 판결)
136) 에쓰오일의 군납유 입찰담합 건(대법원 2004. 11. 12. 선고 2002두5627 판결)
137) 현대건설의 낙동강 하구둑 배수문 증설공사 입찰관련 3개 사업자의 부당한 공동행위에 대한 건(서울고법 2016. 7. 8. 선고 2014누8041 판결) 상고심(대법원 2016. 11. 10. 선고 2016두49457 판결)은 심리불속행 기각하였다.
138) 가온전선 등 케이티 발주 UTP케이블 구매입찰 관련 9개 사업자의 부당한 공동행위에 대한 건(서울고법 2017. 4. 27. 선고 2016누79825 판결) 상고심(대법원 2017. 8. 31. 선고 2017두45360 판결)은 심리불속행 기각하였다.

입찰시 공동수급체를 구성하여 참여하였을 경우 공동수급체 내 특정 사업자의 지분이 현저히 낮은 경우에 공동수급체가 낙찰받은 전체 계약금액이 관련매출액이 된다 하더라도 현저히 낮은 지분을 가진 상황은 어느 정도 반영이 되어야 하는데 전혀 이를 고려하지 않고 과징금을 부과한 사례에 대해서도 [139]법원은 재량권을 일탈·남용하였다고 보았다.

(6)-2 기타 재량권 일탈·남용 사례

공정거래위원회가 과징금을 산정함에 있어서 위반행위기간이 아닌 기간을 포함시켜 매출액을 산정하고 그것을 과징금부과 기준매출액으로 삼은 경우, 법원은 과징금 부과 재량행사의 기초가 되는 사실인정에 오류가 있음을 들어 당해 과징금납부명령이 재량권을 일탈·남용한 것이라고 [140]판시하였다.

법원은 2007년 과징금고시 부칙에 시행 전에 종료된 행위에 대해서는 종전의 2004년 고시를 적용하도록 하고 있음에도 불구하고 유사한 다른 사안과는 다르게 2005년 과징금고시를 적용한 사례에 대해서도 재량권 일탈·남용으로 위법하다고 [141]판시한 바 있다. 과징금고시와 관련해서는 개정 과징금고시의 조사협력 감경이 종전 20%에서 30%로 확대되었음에도 20%만 감경한 적용한 사안에 대해 법원은 재량을 [142]인정하기도 하였으나 상황 적합성을 이유로 개정이 자주 발생하는 과징금고시의 성격을 인정한다 하더라도 이러한 개정이 종전 부과 관행을 벗어나 사업자에게 침익적인 방향으로 이루어지는 경우에는 평등의 원칙이나 신뢰보호의 원칙에 반해 재량권 일탈·남용의 소지가 있을 수 있으므로 유의할 필요가 있다.

군납유 입찰담합 사건에서 조사에 협조하지 않았다는 사유만으로 높은 과징금 부과율을 적용하거나, 가맹점수수료율 담합사건에서 42개 업종 중 3개 업종은 수수료를 인하하고 36개 업종은 시행을 보류한 특수한 사정이 있음에도 이러한 사정을 고려치 않아 결국 부당이득액 대비 과다한 과징금이 부과되거나,

---

139) 포스코건설의 상주시 하수관거 입찰담합 건(서울고법 2008. 10. 23. 선고 2008누8859 판결) 상고심(대법원 2009. 1. 15. 선고 2008두20734 판결)은 심리불속행 기각하였다.

140) 환영철강공업 등 8개사의 철근가격 공동 결정행위 건(대법원 2003. 5. 27. 선고 2002두4648 판결)

141) 5개 전선제조사의 부당한 공동행위 건(대법원 2013. 10. 11. 선고 2011두31413 판결)

142) 삼성물산의 낙동강하구둑 배수문 증설공사 입찰관련 부당공동행위 건(서울고법 2016. 6. 17. 선고 2014누68807 판결) 상고심(대법원 2016. 11. 10. 선고 2016두47079 판결)은 심리불속행 기각하였다.

입찰담합 참여 타 사업자의 8배에 달하는 과징금을 부과한 사례, 아스콘 구매입찰에서 얻은 이득의 2배를 상회하는 수준의 과징금을 부과한 사례 등에 대해 143)법원은 재량권이 일탈·남용되었다고 판시한 바 있다.

4. 형사적 제재

대표적 경쟁제한 행위인 담합에 대해서는 공정거래위원회가 합의에 가담한 사업자를 고발하여 형사처벌을 받도록 하고 있는데 고발대상에는 법인뿐만 아니라 임직원 개인도 포함될 수 있는바 실무자라도 합의관련 의사결정 사항에 적극적으로 참여하여 공정거래위원회가 내부적으로 정하고 있는 기준에 해당하면 적극으로 고발하고 있음에 주의해야 한다. 부당한 공동행위와 관련된 고발은 2019년 19건, 2020년 5건에 이어 2021년 8월까지 10건이 이루어졌다.

전부개정 공정거래법은 제124조에서 동법 제40조 제1항을 위반하여 부당한 공동행위를 한 자 또는 이를 하도록 한 자에 대해서 3년 이하의 징역 또는 2억 원 이하의 벌금에 처하도록 정하고 있고 징역형과 벌금은 병과(竝課)할 수 있도록 하고 있다. 또한 부당한 공동행위에 대한 공정거래위원회의 시정조치에 따르지 않는 자에 대해서는 동법 제125조에서 2년 이하의 징역 또는 1억 5천만 원 이하의 벌금에 처하도록 하고 있다.

동법 제128조는 양벌규정을 두어 법인의 대표자나 종업원 등이 부당한 공동행위 등을 한 경우에는 행위자 외에도 소속 법인 등에 대해서도 벌금형을 과하도록 규정하고 있다. 전부개정 공정거래법 제129조는 형사처벌을 하기 위한 공소를 제기하기 위해서는 공정거래위원회의 고발을 요건으로 하고 있는 전속고발제를 규정하고 있는데 이는 기본적으로 경제법 영역의 위반사항에 전문적인 규제기관인 공정거래위원회가 행정적 제재 이외에 형사벌까지 부과할 필요성이 있는지를 판단하게 하는 제도이며, 검찰총장·감사원장·중소벤처기업부

143) 현대오일뱅크 외 1의 군납유 입찰담합 재산정 건(대법원 2008. 11. 13. 선고 2006두675 판결); 비씨카드 외 11의 가맹점수수료율 공동결정행위 건(대법원 2008. 8. 21. 선고 2007두4919 판결); 포스코건설의 호남고속철도 제2-1공구 등 최저가낙찰제 참가 28개 사업자의 부당한 공동행위 건(대법원 2017. 4. 27. 선고 2016두33360 판결) 파기환송 후 고법 확정(서울고법 2017. 7. 20. 선고 2017누46969 판결); 대전·세종·충남지역 아스콘사업협동조합들의 관수 아스콘 구매입찰에 대한 부당한 공동행위에 대한 건(서울고법 2018. 8. 23 선고 2017누90188 판결) 상고심(대법원 2018. 12. 27. 선고 2018두57070 판결)은 심리불속행 기각하였다.

장관·조달청장은 사회적 파급효과, 국가재정에 끼친 영향, 중소기업에 미친 피해 정도 등 사정을 이유로 형사적 제재가 필요한 경우에는 공정거래위원회에 고발을 요청할 수 있도록 하고 있다.

5. 손해배상소송

(1) 개요

전부개정 공정거래법 제109조는 사업자 등이 동법을 위반하여 피해를 입은 자가 있는 경우에는 해당 피해자에 대하여 손해배상의 책임을 지도록 규정하고 있다. 특히 동조 제2항에서는 부당한 공동행위 등으로 인해 손해를 입은 자가 있는 경우에는 3배를 넘지 않는 범위 내에서 손해배상의 책임을 지도록 함으로써 [144]징벌적 손해배상제를 도입하고 있다. 이에 따라 소비자 등 담합 피해자들이 손해배상소송을 제기하는 경우 공정거래위원회는 조사와 심결·행정소송 과정에서 축적된 정보를 담합 피해자에게 제공하는 등 손해배상소송을 지원하고 있는데 이는 사인들의 손해배상소송 활성화로 사업자들의 담합을 억지하려는 데 그 목적이 있다.

최근에는 부당한 공동행위에 의한 피해에 대해 민사상 손해배상을 청구하는 경우가 증가하고 있는데, 공정거래위원회의 시정명령 및 과징금 부과와 같은 행정적 제재와 공정거래위원회의 고발에 따른 형사적 제재와 함께 담합 당사자에게 별도의 금전적 부담을 주는 민사적 손해배상청구는 담합을 억지·제재하는데 상당 부분 기여를 하고 있다고 평가되고 있다. 손해배상청구는 당해 부당한 공동행위로 인해 직접적 피해를 입은 소비자도 가능하며, 국가예산으로 시행되는 공공입찰담합의 경우에는 입찰의 당사자인 국가 및 공공기관 등이 국가재정 손실 등을 이유로 손해배상소송을 제기하게 된다.

공공부문의 입찰담합에 대해 조달청은 2016. 4. 11. 입찰담합 가담자에게 입찰금액의 5% 또는 계약금액의 10% 이내의 범위 내에서 손해배상청구를 할 수 있도록 입찰담합 손해배상 예정액 제도를 도입하였으며, 법무부는 2015. 9. 22. 동일한 목적 달성을 위해 국고환수송무팀을 출범시키기도 하였다. 최근 공

144) 전부개정 공정거래법 제109조는 제2항에서 부당한 공동행위(법 제40조), 불공정거래행위 및 재판매가격유지 행위에 대한 보복조치(제48조), 사업자단체의 부당한 공동행위(법 제51조 제1항 제1호)의 행위에 대해서 3배소를 인정하고 있다.

공기관 등에 의해 제기된 주요 손해배상소송 현황을 살펴보면, 군납유류 입찰담합 가담 5개사에 대해 810억 원의 손해배상을 제기한 사례와 지하철 7호선 연장공사 입찰담합 관련 12개 건설사에 대해 904억 원의 손해배상을 제기한 사례 등 손해배상액의 규모가 대폭 증가하는 추세에 있다.

공정거래법 위반으로 인한 손해배상청구를 용이하게 하기 위해 전부개정 공정거래법 제109조는 사업자 등이 고의 또는 과실이 없음을 입증한 경우에 손해배상의 책임을 지지 않도록 함으로써 피해자가 손해발생과 위법행위의 인과성을 입증하는 것이 아니라 법위반 사업자가 입증책임을 지도록 하고 있고, 동법 제110조에서는 법원이 손해배상청구의 소가 제기되었을 때 공정거래위원회에 해당 사건의 기록의 송부를 요구할 수 있도록 하고 있고, 동법 제115조는 공정거래법을 위반한 행위로 손해가 발생한 것은 인정되나 그 손해액을 입증하기 위해 필요한 사실을 입증하는 것이 매우 곤란한 경우에는 법원이 변론 전체의 취지와 증거조사의 결과에 기초하여 상당한 손해액을 인정할 수 있도록 규정하고 있다.

(2) 손해액의 산정방법

손해액의 산정방법은 공정거래법 위반행위와 관련되어 이루어지지만 대개는 부당한 공동행위 사건에서 주로 문제가 되었기 때문에 여기서 간단히 살펴보기로 한다.

'표준시장 비교방법(Yardstick Method)'은 수요·공급 조건 등의 측면에서 담합과 관련된 시장과 유사하나 담합이 없는 시장인 표준시장을 선정하여 표준시장의 가격과 담합관련 시장의 가격을 비교하여 손해액을 추정하는 방법이다. 다만, 실질적으로 이러한 표준시장을 찾는 것이 어려운 것이 한계점이고 표준시장과 담합 관련시장이 각각 경쟁상황의 시장인지 과점상태의 시장인지를 파악해서 이를 조정하는 것이 필요하다.

'전후 비교방법(Before and After Method)'은 담합과 관련된 시장에서 담합기간 동안의 가격과 담합이 없었던 기간 동안의 가격을 비교하여 손해액을 추정하는 방법이다. 다만, 기간 간의 비교 시에 담합 이외의 원가인상 요인 등 계절적 요인을 완전히 분리하기가 어렵다는 한계점이 있음을 유의할 필요가 있다.

'이중차분법(Difference-in-Difference Method)'은 담합과 관련된 시장과 비담합

시장에서 각각 시기별 가격차를 구하고 이를 다시 차감함으로써 시기별 효과를 배제한 담합의 가격인상분만을 추정하여 손해액을 산정하는 방식이다. 이 방법은 표준시장 비교방법과 전후 비교방법의 한계를 극복할 수 있는 장점이 있다.

이 외에도 담합건과 비담합건 자료를 모두 사용하고 [145]더미변수를 이용한 회귀분석 기법을 사용하는 '더미변수 접근법(Dummy Variable Approach)', 비담합건 자료만을 이용하여 담합이 없었더라면 형성되었을 가상적인 경쟁가격을 예측하는 '예측접근법(Forecasting Approach)', 담합참여 기업들의 평균생산비용을 계산하고 합리적 수준의 마진만을 더하여 경쟁가격을 추정하는 '비용기반 접근법(Cost-Based Approach)' 등이 손해액 산정과 관련하여 활용될 수 있다.

Ⅲ. 카르텔 예방·억제 및 적발 관련 제도

1. 자진신고 감면제도

(1) 개관

(1)-1 의의

자진신고자 감면제도는 카르텔에 가담한 사업자가 그 사실을 자진신고하거나 조사에 협조하는 경우 시정조치, 과징금 등의 제재를 감경 또는 면제하는 제도인데 경제학상의 이른바 '죄수의 딜레마' 이론에 따라 만들어진 제도이며 1978년 최초로 도입한 미국, 1996년 유럽연합에 이어서 바로 우리나라가 1997년에 발 빠르게 도입한 제도이다. 2005년 제도개선 이후 감경률을 최대 100%까지 함으로써 자진신고를 대폭 증가시켜 부당한 공동행위를 근절·와해시키는 데 중요한 역할을 하고 있다. 자진신고 감면제도 개선 이후 연평균 1건에 그치던 신고건수가 크게 증가하여 2015년 이후에는 대략 연간 30~40여 건에 이르고 있고 전체 카르텔 사건의 절반 이상이 자진신고 제도를 통해 적발되고 있다.

전부개정 공정거래법 [146]제44조(자진신고자 등에 대한 감면 등)는 제1항에서 ① 부당한 공동행위의 사실을 자진신고한 자, ② 증거제공 등의 방법으로 공정거래위원회의 조사 및 심의·의결에 협조한 자에 대해 [147]공정거래법에 따른 시

145) 회귀분석 산식에서 여러 요소들 중에서 담합시장에 속하면서 담합기간에 속하면 1의 값을, 그 외의 경우에는 0의 값을 갖는 변수를 의미한다.

146) 종전 공정거래법 제22조의2에 해당한다. 전부개정 공정거래법 제44조(자진신고자 등에 대한 감면 등), 제43조(과징금), 제129조(고발)가 관련된 조항들이다.

정조치나 과징금, 고발을 면제할 수 있도록 규정하고 있다. 또한 개정법은 제3항을 신설하여 담합사실을 자진신고하여 제재조치 감면 등의 혜택을 받은 자가 재판에서 조사과정과 달리 진술하는 등의 경우에는 그 감면을 취소할 수 있도록 하였고, 이에 따라 개정된 공정거래법 시행령에서는 감면의 취소사유로 ① 중요 진술·제출자료를 재판과정에서 부정하는 경우, ② 거짓자료를 제출한 경우, ③ 법정 불출석 등 정당한 이유 없이 재판에 성실하게 협조하지 않는 경우, ④ 자진신고한 공동행위 사실을 부인하는 소를 제기한 경우 등을 규정하고 있다.

전부개정 공정거래법 제44조 제1항 제2호 등에서 말하는 증거에는 직접적인 문서 증거뿐 아니라 확인서나 진술서 등 당해 공동행위 관련자들의 진술을 담은 서류 등도 포함되며, 이미 제출된 증거들의 [148]증명력을 높이거나 조사단계에서 밝혀진 사실관계의 진실성을 담보하는 데 관련되는 증거들이 모두 포함된다. 이와 관련하여 법원은 굴삭기 등의 담합 건에서 담합의 입증을 위해 필요한 증거에는 문서를 비롯한 진술 등도 포함되는 것이므로 당해 부당한 공동행위에 대하여 구두진술을 통해 조사에 협조한 사업자에 대해 감경을 하지 않은 공정거래위원회의 과징금 부과처분은 위법하다고 판시한 바도 있다.

(1)-2 제도의 기대효과

자진신고 감면제도는 연구 등을 통해 기존의 카르텔에 대한 적발효과와 장래의 카르텔에 대한 억제효과 모두가 큰 것으로 알려져 있다. 참가한 담합 가담자의 경우는 담합을 지속할 때의 이익과 탈퇴하여 자진신고 감면을 받을 때의 이익을 비교하게 되고 자진신고 감면제도가 있는 경우에는 아무래도 탈퇴의 유인이 더 커진다고 할 수 있다. 이를 담합탈퇴자 사면효과(Deviator Amnesty Effect)라 한다. 자진신고 감면제도에 따라 받게 되는 과징금의 감면액수가 크다면 다른 참가사업자보다 더 먼저 자진신고를 하는 것이 유리한 전략이 될 수 있다. 이렇게 되면 게임이론에 따라 담합가담 사업자들의 자진신고 확률이 높아지게 되어 담합방지 효과가 증가하게 되는데 이를 자진신고 경쟁효과(Race to the

---

147) 전부개정 공정거래법 제42조(시정조치), 제43조(과징금), 제129조(고발)가 각각 이에 해당한다.

148) 대우건설에 대한 조사협조자 불인정 건(대법원 2013. 5. 23. 선고 2012두8724 판결); 대우건설의 대구시 죽곡지구 공동주택 건립공사 입찰담합 건(서울고법 2012. 3. 21. 선고 2011누26239 판결) 공정거래위원회가 상고하였으나 상고심(대법원 2012두8724 판결)은 상고기각하였다.

Courthouse Effect)라고 한다.

한편으로는 담합 사면효과(Cartel Amnesty Effect)로 인해 담합조사가 시작되면 자진신고를 통해 감면을 받으면 되므로 담합에 따른 전체적인 비용이 감소하는 것으로 사업자들이 인식하게 되면 오히려 담합유인이 증가될 수도 있다. 이와 관련하여 담합에 대한 손해배상소송이 활발하지 않는 우리나라의 경우 자진신고 제도에 따른 과징금 등 감면은 소비자의 실질적 희생에 바탕하여 담합가담 사업자들의 처벌을 사실상 면제해 주는 것이라는 일부의 비판이 있는 것도 사실이다.

자진신고자 또는 조사협조자 감면제도는 부당한 공동행위를 규제하는 공정거래위원회의 조사에 대한 협조의 대가로 혜택을 부여하고, 그와 같은 혜택을 부여함으로써 공동행위에 참여한 사업자들 간의 신뢰를 약화시켜 부당한 공동행위를 중지 또는 예방하고자 시행하는 제도로서, 원심력과 구심력이 동시에 작용하는 담합 속성상 이탈하는 사업자에 의해 자진신고는 자연 발생하기도 하고 공정거래위원회의 조사 가능성이 있을 수 있다는 예견 하에 제재에 따른 불이익을 줄이기 위해 자진신고를 하기도 하는 등 사실상 카르텔 집행과정에서 최근에는 상시적으로 자진신고가 발생하고 있다.

자진신고를 할 경우 과징금을 상당부분 감면 받거나 형사처벌이 따를 수 있는 공정거래위원회의 고발대상에서 제외될 가능성이 있기 때문에 부여된 혜택이 크다고 볼 수 있으므로 사업자 간 담합이 진행되는 과정에서도 자진신고에 대한 눈치가 치열하게 전개되는 게 일반적이며 이러한 과정에서 부당한 공동행위가 스스로 붕괴되거나 향후 결성에 장애가 생기도록 하는 것이 본 제도의 취지라 할 것이다. 한편, 자진신고 감면제도를 운영하는 경쟁당국의 입장에서는 담합을 하여 일정 기간 이익을 향수한 사업자가 이익은 이익대로 누리고 미래에 대한 보험성격으로 자진신고 감면을 악의적으로 활용할 수도 있기 때문에 엄격히 제도 운영을 하고 있으며 [149]법원도 자진신고 감면의 혜택은 자진신고자 등의 협력이 반드시 집행기관의 조사를 용이하게 하는 데 적극적으로 기여한 경우로 제한된다고 판시하고 있다.

---

149) 혜영건설의 구의·자양취수장 입찰담합 건(서울고법 2012. 10. 26. 선고 2012누7563 판결) 공정거래위원회가 상고하였으나 상고심의 상고기각판결(2012두26449)로 원심 확정되었다.

(2) 감면요건

(2)-1 요건 및 개선사항

자진신고자 감면을 받기 위해서는 ① 카르텔에 참여한 사업자로서 공정거래위원회가 필요한 증거를 충분히 확보하지 못한 상태에서 카르텔 입증에 필요한 증거를 첫 번째 또는 두 번째로 제공해야 하고, ② 카르텔과 관련된 사실을 모두 진술하고 관련 자료를 제출하는 등 조사가 끝날 때까지 성실히 협조해야 하며, ③ 당해 카르텔 행위를 중단해야 하고, ④ 다른 사업자에게 그 의사에 반하여 카르텔에 참여하도록 강요하거나 이를 중단하지 못하도록 강요한 사실이 없어야 한다.[150]

자진신고 감면은 1순위자와 2순위자에 대한 감면으로 구분되는데 이를 구체적으로 살펴보면, 1순위 감면요건은 ① 담합 입증에 필요한 증거를 제공한 '최초의 자'일 것, ② 공정거래위원회가 담합 입증에 필요한 증거를 충분히 확보하지 못한 상태일 것, ③ 조사 과정에 성실하게 협조할 것, ④ 자진신고한 담합을 중단하였을 것, ⑤ 담합을 강요했거나 반복적으로 담합하지 않았을 것이고, 2순위 감면요건은 담합 입증에 필요한 증거를 제공한 '두 번째의 자'이면서 1순위 감면요건 ③, ④, ⑤요건을 충족해야 한다. 그리고 2순위의 성격상 1순위 감면요건인 ②는 해당하지 않는다.

최근 공정거래위원회 고시인 '부당한 공동행위 자진신고자 등에 대한 시정조치 등 감면제도 운영고시'(이하 '자진신고 감면고시'라 한다)가 개정되어 2순위 자진신고자가 기여한 만큼의 감면을 보장하는 방향으로 자진신고자 감면요건이 합리화되었다. 종전에는 2 이상의 자진신고자가 있는 경우 선순위 자진신고자의 감면신청이 인정되지 않으면 후순위 자진신고자가 앞선 자진신고 순위를 자동승계할 때 선순위 감면요건을 충족하여야만 선순위 감면을 받을 수 있었다. 이때 1순위 지위를 자동승계하는 2순위 자진신고자가 보강증거 제출 등의 방식으로 충실하게 조사에 기여하였음에도 불구하고 1순위 감면요건을 모두 충족하지 못하여 당초의 2순위 감면도 그리고 승계한 1순위 감면도 모두 받지 못하는 불합리한 경우가 발생하는 경우가 있었다.

이러한 상황의 발생은 1순위 감면요건 중 하나인 '공정거래위원회가 담합

---

150) 공정거래법 시행령 제51조(자진신고자 등에 대한 감면 기준 등)에서 규정하고 있다.

입증에 필요한 증거를 충분히 확보하지 못한 상태일 것'에 기인한 것인데 2순위자가 1순위 지위를 승계할 시점에는 공정거래위원회가 담합입증에 필요한 증거를 '어느 정도' 확보한 상태에 해당하게 되어 2순위자가 1순위 요건을 충족하는 것이 원천적으로 불가능하게 되기 때문이다. 이를 개선하여 향후에는 1순위 자진신고자의 감면신청이 자신의 귀책사유로 기각되는 경우, 2순위 자진신고자는 1순위 요건을 충족하게 되면 1순위 감면이, 요건 충족이 안 되는 경우에는 최소 2순위 감면은 받을 수 있도록 하여 자진신고 제도의 실효성을 높이게 되었다.

(2)-2 관련 판례

공정거래법 시행령에는 자진신고자 등이 감면 혜택을 받기 위한 요건의 하나로 조사가 끝날 때까지 성실하게 협조할 것을 규정하고 있는데 '성실하게 협조'하는 것의 범위가 문제가 될 수 있다. 이와 관련하여 사업자의 임직원이 내부적으로 조사대비 문건을 작성하였거나 각종 대응방안을 마련해 두었다는 사정만으로 성실하게 협조하지 않은 것이라고는 단정할 수 없다고 [151]판시한 사례가 있으며, 자진신고자가 심사보고서 송부 전 다른 사업자에게 감면신청 사실을 누설한 사례에서 누설로 인해 다른 사업자가 공정거래위원회 조사에 대한 대응방안을 보다 쉽게 수립할 수 있게 되고, 증거를 은닉·변조할 가능성이 있어 공정거래위원회가 자진신고 감면을 불인정한 결정에 대해 법원은 재량권 일탈·남용의 위법이 없다고 [152]판시한 바 있다.

자진신고자 또는 조사협조자의 위반행위와 관련한 증거인멸 행위 등이 자진신고나 조사협조 개시 이전에 이루어진 경우 성실협조의무 충족여부가 문제가 될 수 있다. 이에 대해 법원은 조사개시 이후 조사협조를 성실히 이행했다 하더라도 개시 전 증거인멸 행위는 공정거래위원회에 제출될 자료나 진술내용에 영향을 미치게 되어 특별한 사정이 없는 한 조사협조 행위의 성실성에 영향을 미칠 수밖에 없으므로 성실한 협조라고 보기는 어렵다고 [153]판시한 바 있다.

151) 대우건설에 대한 조사협조자 불인정 건(대법원 2013. 5. 23. 선고 2012두8724 판결)

152) 대보건설의 부당한 공동행위 관련 감면신청 기각 관련 건(대법원 2018. 7. 26. 선고 2016두45783 판결)

153) 2개 산업용 화약 제조·판매사업자의 부당한 공동행위 건(대법원 2018. 7. 11. 선고 2016두46458 판결)

(3) 감면 내용과 제한

공정거래위원회 154)조사개시 시점을 기준으로 그 이전이면 '자진신고자 감면'이, 그 이후이면 '조사협조자 감면'이 이루어지는데 자진신고자나 조사협조자 모두 1순위와 2순위자가 인정이 되고 1순위자의 경우에는 시정조치 감경 또는 면제, 과징금 면제, 고발을 면제 받을 수 있으며, 2순위자는 시정조치는 감경, 과징금은 50% 감경 그리고 고발을 면제받을 수 있는 혜택이 주어진다. 자진신고 감면을 받고자 하는 자는 155)감면신청서를 작성해서 공정거래위원회 카르텔총괄과를 방문하거나 전자우편(leniency@korea.kr) 또는 팩스(044-200-4444)를 통하여 제출할 수 있고 감면신청서에 기재할 내용은 공정거래위원회 156)고시에 상세히 규정되어 있다.

공정거래법령에 따라 공정거래위원회 내부적으로는 ① 공정거래위원회가 증거자료를 충분히 확보한 이후 증거를 제공한 자, ② 공동행위 사실을 축소 또는 자진신고 사실을 누설하는 등 성실협조 의무를 위반한 자, ③ 자진신고 이후 공동행위를 한 자, ④ 거래상 지위·시장지배력 등을 이용하여 담합한 자, ⑤ 공동행위 이후 5년 이내 공동행위를 하거나 감면 후 5년 이내에 공동행위를 한 자, ⑥ 자진신고 자체를 담합한 자, ⑦ 2개 사업자 간 담합의 경우 2순위자, ⑧ 3개 이상 사업자 간 담합의 경우 1순위 접수일부터 2년을 초과하여 신고하는 2순위자에 대해서는 자진신고자 감경을 제한하고 있으니 이에 유의할 필요가 있다.

최근 자진신고 감면고시의 개정으로 자진신고 보정(補正)범위가 개선되었는데 ① 단독 자진신고를 공동으로 자진신고한 것으로 보정하려는 경우 그 보정은 정규 보정기간인 157)75일 이내에만 가능하도록 하여, 공정거래위원회 심의 직전에 실질적으로 지배하고 있는 자회사 등을 공동 자진신고로 보정하여 심사과정에서 아무런 협조를 하지 않았던 자회사 등이 무임승차하여 혜택을 받게 되는 문제점을 개선하였고, ② 당초 신고된 담합의 범위를 넘어서는 별개의

154) 공정거래위원회 조사개시는 주로 현장조사, 자료제출요구, 사실관계 확인요구, 출석요구 형태로 이루어진다.

155) '부당한 공동행위 자진신고자 등에 대한 시정조치 등 감면신청서' 양식은 이 장 말미에 첨부하였다(107쪽 참조).

156) 부당한 공동행위 자진신고자 등에 대한 시정조치 등 감면제도 운영고시가 이에 해당한다.

157) 자진신고 감면고시 제8조는 제3항에서 정규 보정기간을 75일(15일+60일)로 정하면서 제4항에서는 보정기간 연장을 할 수 있도록 규정하고 있다.

담합에 대한 자료제출은 자료보정으로 보지 않고 별개의 자진신고로 보도록 함으로써 여러 건의 담합과 관련된 사업자가 1개 담합만 자진신고하고 상당한 기일이 지난 후 나머지 담합들을 보정 형태로 자료를 제출하면서 처음 자진신고된 시점에 모든 담합들을 자진신고하였다고 주장하는 불합리한 점을 개선하였다.

자진신고 관련 최근 입찰담합에 가담한 사업자들이 서로 실질적 지배관계가 있음을 주장하면서 공동 감면신청을 한 사례가 발생하였다. 다른 유형의 담합과는 달리 입찰담합의 경우에는 2개 이상의 사업자가 '[158]사실상 하나의 사업자'로 인정되더라도 법 적용이 제외되지 않는다는 것이 공동행위 심사기준에는 명시되어 있으나, 감면고시에서는 이러한 내용이 명시되어 있지 않은 점을 악용하여 입찰 담합에 따른 이익은 누린 후에 적발 시 실질적 지배관계 등을 주장하여 공동 감면을 신청하고 입찰 담합에 가담한 사업자들이 일거에 제재에서 면탈하려는 기도가 있었다.

입찰제도의 취지나 공동행위 심사지침과의 정합성 등을 고려할 때 감면고시에 그러한 내용이 명시되어 있지 않더라도 당연히 공동 감면이 인정될 수 없다고 보는 것이 논리정합적이나 그럼에도 불구하고 추후 불필요한 논란을 방지하기 위해 공정거래위원회는 최근 자진신고 감면고시를 재차 개정하였다. 이에 따라 사업자들 간에 실질적 지배관계가 존재하더라도 각각 입찰에 참여하여 담합한 경우에는 공동 감면신청이 인정되지 않도록 하고, 부당한 공동행위에 참여한 사업자의 수를 산정할 때 공동 감면이 인정된 사업자들은 한 개 사업자로 계산된다는 것을 명문화하였다.

(4) 추가 감면제도(Amnesty Plus)

추가감면제도는 당해 공동행위 외에 '새로운 공동행위'를 최초로 자진신고하는 경우 '당해 공동행위'에 대해 감경하는 제도이며 2005년부터 운영되고 있다. 추가 감경제도는 사정으로 인해 1순위 또는 2순위의 지위를 얻지 못한 사업자가 당해 공동행위 이외에 사업자 간 이루어지고 있는 다른 공동행위를 밝히

158) 사실상 하나의 사업자는 ① 사업자가 다른 사업자의 주식을 모두 소유한 경우 또는 ② 주식을 모두 소유하지 않은 경우에도 제반 사정을 고려하여 사업자가 다른 사업자를 실질적으로 지배함으로써 이들이 상호 독립적으로 운영된다고 볼 수 없는 경우에 인정되며, 자진신고 감면고시에서 공동 감면 신청의 대상이 되는 '실질적 지배관계'에 있는 사업자와 구체적 요건이 동일하게 되어 있다.

면 당해 공동행위에 대해 자진신고 내지는 조사협력을 한 것과 유사한 과징금 감경 등 효과가 발생하도록 하여 공동행위를 효율적으로 억제하는 효과를 달성하는 데 의의가 있다.

과징금 감경에 국한해서 구체적으로 살펴보면 공정거래위원회는 내부기준을 통해 당해 공동행위와 새롭게 신고한 공동행위 간 관련 매출액을 비교하여 새롭게 신고한 공동행위의 관련 매출액이 당해 공동행위의 관련매출액의 1배 미만이면 20% 범위 내에서 감경하고, 1배에서 2배 사이는 30%, 2배에서 4배 사이는 50%, 4배 이상의 경우에는 과징금을 면제시켜주는 혜택을 부여하고 있다. 추가감면을 받기 위해서는 공정거래위원회 고시에 따른 [159]추가감면 신청서를 작성하여 제출해야 한다.

최근에 개정된 자진신고 감면고시를 통해 추가감면에 대한 세부기준이 명확하게 마련되었는데, 추가감면을 받기 위해서는 당해 담합에 대한 조사개시일 또는 다른 담합에 대한 자진신고일 중 빠른 날 이후, 당해 담합에 대한 공정거래위원회 심의일 이전에 다른 담합에 대한 자진신고를 하여야 인정되도록 규정이 구체화되었다.

(5) 해외 입법례

자진신고자 등에 대한 감면제도(Leniency Program)는 1978년 미국에서 시작되었으며 그 후 유럽연합, 우리나라 등 각국이 도입하게 되었다. 미국은 이를 활성화하기 위해 조사개시 전의 자발적 신고에 대해서는 자동적으로 사면해 주고 조사개시 후 협조에 대해서도 기업뿐 아니라 해당 기업 임원들에 대해서도 형사소추를 면제해 주고 있다.

미국은 사업자 감면제도와 개인 감면제도로 구분하여 운영하고 있고 '사업자 감면제도'의 경우 조사 개시 전 첫 번째로 자진신고를 할 경우는 그 사업자와 그 사업자의 자진신고에 참여한 개인은 면책하고 조사 개시 후 협조는 임직원 개인은 자동면책되지 않고 개인 감면제도에 따라 면책 여부가 결정된다. '개인 감면제도'는 사업자의 1순위 자진신고로 자동면책 받게 되는 개인을 제외한 개인들을 대상으로 한 것인데, 조사개시 전 이루어져야 하고, 신고 당시 당국이 위법행위에 대한 정보를 얻지 못한 상태이어야 하며, 모든 위법사실을 진실하

159) '추가감면 신청서' 양식은 이 장 말미에 첨부하였다(110쪽 참조).

게 보고하고 지속적으로 조사에 협조하고, 다른 기업에 대해 카르텔을 강요하거나 주동한 사실이 없어야 면책을 받게 된다. 유럽연합은 1996. 7월에 자진신고 감면제도를 도입하여 시행하고 있는데 미국과 달리 감면 신청자 수에 제한을 두고 있지 않고, 1순위 자진신고자가 일정요건에 해당하면 자동적으로 완전면책되도록 제도개선을 해서 현재에 이르고 있다.

2. 신고포상금 제도

담합 해체를 용이하게 하기 위해 2004년부터 공정거래위원회는 담합 등 행위에 대한 [160]신고포상금 제도를 정식 운영하고 있다. 담합과 관련된 증거자료를 보유하고 있거나 증거자료가 있는 장소를 특정하여 제보할 수 있는 자는 공정거래위원회에 그 증거 등을 최초로 제출할 경우 최대 30억 원의 한도 내에서 그 기여 정도에 따라 신고포상금을 지급받을 수 있게 된다. 공정거래위원회의 [161]통계에 따르면 2020년에는 8건의 카르텔 신고에 대해 약 5억 2천만 원의 포상금 지급이 이루어졌으며 2015년 이후에는 연 평균 10건 이상의 신고가 활발히 이루어지고 있고 신고포상금 제도 도입 이후 2020년까지 총 114건의 카르텔 신고에 대해 총 46억 6,700만 원의 포상금이 지급되어 카르텔을 적발·억제하는데 상당한 기여를 하고 있음을 알 수 있다.

신고포상금 지급 대상자는 담합 가담자를 제외한 다른 사업자나 담합 관련 회사의 임직원 모두 가능하다. 담합 가담자는 자진신고나 조사협조의 방식으로 제재를 감면받는 절차가 마련되어 있으므로 신고포상금 지급대상에는 포함되지 않고 공무원이나 공공기관 종사자가 공무수행과정에서 알게 된 경우도 포상금 지급대상에서 제외된다. 포상금은 신고 또는 제보된 행위를 위반으로 의결한 날로부터 3개월 이내에 지급하고 있으며, 무기명 신고와 같이 예외적으로 신고인의 신원을 확인할 수 없는 경우에는 위원회의 의결일 등으로부터 6개월 이내에 [162]신고포상금 지급신청서를 공정거래위원회에 제출한 경우에 한해 포상금을 지급한다.

160) 현재 공정거래법 위반행위에 대해서는 13가지 행위유형의 신고포상금 제도가 운영되고 있다.

161) 2021년판 공정거래백서를 참조하였다.

162) 신고포상금 지급신청서를 제출하면 공정거래위원회는 포상금심의위원회를 개최하고 지급을 결정하는 경우에는 포상금 지급결정서에 따라 포상금을 지급한다. 신청서 등 관련 양식은 이 장 말미에 첨부하였다(105, 111쪽 참조).

3. 카르텔 자체 예방

(1) 담합과 사업 리스크

카르텔은 우리나라를 비롯해 시장경제를 채택하고 있는 미국, 유럽연합 등 주요국가에서는 가장 경쟁제한성이 큰 행위로 보아 강한 규제를 하고 있고, 담합의 영향이 여러 개의 국가에 걸쳐 영향을 미치게 되는 경우에는 세계 경쟁당국들이 서로 공조하여 한 국가에서뿐 아니라 동시에 관련 시장에 해당하는 국가 전체에서 국제적인 제재가 이루어지게 되는 중대한 법위반 행위에 해당한다.

특히 우리나라와 일본의 경우 사업자들이 관련 사업자단체를 조직하고 동종업종에 있다는 유대감으로 빈번히 교류하면서 사업에 필요한 정보를 공유하고 정부시책에 공동으로 사업자들의 일치된 의사를 전달하는 경향이 오랜 기간 지속되었다. 우리나라의 경우 경제발전 초기에 정부 주도하에서 일정한 시책을 확산하는 데 유용하다는 이유로 사업자단체 등의 이러한 활동을 정부에서 일정 부분 조장한 측면도 있으나, 경쟁을 바탕으로 한 민간자율 경제체제로 전환된 1990년대 이후에도 사업자들은 관성적으로 타 경쟁사업자와 밀접히 교류하면서 자신들의 경제적 이익을 위해 논의하고 담합으로 발전하는 사례가 빈번히 발생하고 있다. 이러한 만성화된 담합관행은 적발되는 경우 감내해야 하는 제재의 강도에 비추어 볼 때 사업수행에 상당히 큰 리스크를 발생시킨다고 할 수 있다.

(2) 리스크 관리

카르텔에 대한 규제가 세계적으로 강화되고 있고 제재수준도 사업자가 감내하기 어려운 수준으로 이루어지고 있으므로, 카르텔 혐의를 받게 되면 그에 대한 사업자의 적극적인 대응도 중요하겠지만, 사전에 카르텔 관련 의심을 받지 않도록 예방조치를 하는 것이 점차 중요해지고 있다. 사업자들이 사업을 영위하면서 유의해야 할 사항을 몇 가지 제시하고자 한다.

(2)-1 동종업계 접촉과 정보교환 관련

카르텔 규제가 강화되는 현시점에서는 이제 사업자들의 태도가 달라질 필요가 있으며 동종업종의 경쟁사에 대해서는 접촉금지를 원칙으로 해서 접촉으로 인한 공동행위 의심의 리스크를 원천적으로 차단할 필요가 있다. 또한 사업자단체 등을 통하거나, 개별 경쟁사 간에 순수하게 업종 관련 통상적인 정보를 수집할 목적으로 접촉한다 하더라도 가격 등 경쟁에 민감한 요소 등의 교류가 빈번한 접촉과정에서 발생할 개연성은 항상 있게 되고 이 경우에는 당초 의도와는 관련 없이 담합으로 추정되어 처벌받을 수 있음에 유의해야 한다. 따라서 사업자별로 사정에 맞게 경쟁사 접촉과 관련해서는 원칙 및 사전·사후 주의사항, 행동지침 등 가이드라인을 세밀히 마련하는 것이 필요하다.

직접적 동종 경쟁사업자 간 담합을 하지 않더라도 업계 내에서 영업 등의 원활한 수행을 위해 일상적으로 이루어지는 정보교환과 관련해서 특히 주의할 필요가 있다. 가격, 생산량 등 경쟁과 직결되는 민감 정보가 아닌 일반적인 업계 정보교환이라 하더라도 경쟁사간 그러한 정보교환행위는 사업의 불확실성을 제거하고 결국 담합으로 연결될 유인이 항상 존재하기 때문에 경쟁당국에서는 이를 예의주시하고 있음을 인식해야 한다. 따라서 동종 사업자 간 정보교환행위는 담합으로 간주될 수 있다는 생각을 항상 갖고 있는 것이 중요하며, 구체적인 사안이 발생하게 되면 당해 정보교환행위의 위법성 판단을 위해 경쟁당국은 정보의 내용, 교환된 시점 그리고 정보교환의 주체 등을 종합적으로 고려하여 판단하겠지만 교환된 정보의 내용이 가격이나 생산량 정보이거나 구체적인 거래내역, 장래의 영업 등 계획과 관련된 정보의 교환은 경쟁당국에 의해 최소한 암묵적 담합의 기초로서 받아들여질 것이기 때문에 각별한 주의가 필요하다.

(2)-2 불가피한 접촉 시 조치사항

카르텔로 의심받는 행위는 동종 사업자와의 접촉이나 관련 사업자단체의 일상적 활동과정에서 언제든지 나타날 수 있다. 접촉이나 일상적 활동과정에서 동종 경쟁사업자들이 담합과 관련한 논의를 하게 되는 경우에는 추후에 발생하게 될 리스크를 제거하기 위한 조치 또는 행동요령이 필요하다. 우선 그 자리에서 즉시 공개적으로 반대의사를 표명하고 최소한 이를 자체적으로 기록해 두는 등의 조치가 필요하다. 침묵도 묵시적인 동의라는 점을 유의하고 즉각적 공개적 반대의사를 표명한 후에는 관련 회의록에 기록을 요구하거나 사업자 내부 보고문서에라도 그 사실을 육하원칙에 의해 명료히 기술해 두고 사내·외부 법률가나 준법경영과 관련된 전문가 등과 즉시 협의하고 사후조치를 강구해 두어야 한다.

(2)-3 문서 등 작성 시 유의사항

업무수행 과정에서 작성하게 되는 문서에 대해서도 주의가 필요하다. 사내

보고문서는 해당 관련자가 자신의 업무실적 등을 강조하기 위해 업계 정보파악, 동향 등을 과장해서 작성되는 경우가 일반적이다. 이렇게 동종 사업자들과의 긴밀한 연계 등을 통해 파악된 정보라는 사실이 사내 문서에 반영되어 있는 경우 공정거래위원회 등의 조사과정에서 이러한 문서는 합의의 유력한 직접 증거로 인지될 소지가 매우 커진다.

사내 업무관련 문서뿐 아니라 언론 등 대외홍보 시에도 동일한 주의가 필요하다. 최근에는 주주 친화적인 경영 또는 투자유치 및 회사의 이미지 제고 차원에서 사업자의 영업과 관련한 대외홍보업무가 점점 중요해지고 있는바, 이때 동종 사업자들의 가격이나 생산량 동향, 미래의 계획 등을 포함한 내용의 대외홍보를 하는 경우에는 의심 받을 소지가 있으니 유의해야 한다. 따라서 홍보자료를 포함하여 업무관련 문서 작성 시에는 업무담당자가 업계에 정통하고 있음을 과장하는 문구가 포함되지 않도록 철저한 직원 교육이 필요하다. 또한 보고를 받는 상급자들도 그러한 신속한 정보 등의 입수에 대해 높게 평가할 것이 아니라 오히려 경계하는 태도를 취해서 담당자들의 행태에 제동을 걸어야 하며, 정보 취득에 있어 경쟁사와의 접촉이 있는 경우 최대한 상세하게 그 경위·출처와 당해 사업자는 무관하다는 입증자료를 준비해 두어야 향후 생길 리스크를 줄일 수 있다.

(2)-4 정기적·지속적인 예방교육

마지막으로 사업자의 자체적인 내부교육을 강조하지 않을 수 없다. 이를 위해서는 경쟁법 관련 전문가를 활용하여 위반 가능성이 큰 영업·입찰담당 부서 등에 대해 집중적이고 정기적인 교육이 필요하다. 사업활동상 경쟁사와의 접촉을 완전히 단절할 수 없는 현실 상황을 감안하여 사내 전체 직원에 대한 일정한 수준의 교육과 의사결정을 하는 대표이사를 포함한 임원급에 대해서도 정기적인 교육이 반드시 필요하다.

Ⅳ. 공정거래위원회의 최근 [163]법집행 동향

1. 개관

1981년 공정거래법 시행 이래 공정거래위원회는 카르텔을 경쟁제한 폐해가 가장 큰 행위로 보고 지속적으로 엄격한 법집행을 해 왔는데 2020년까지 과징금을 부과한 총 3,096건의 사건 중 카르텔은 785건으로 약 25.4%를 차지하지만 과징금 부과 금액에서 차지하는 비중은 총 8조 5,665억 원 중 6조 724억 원으로 약 70.9%에 달할 정도에 이르고 2020년 한 해를 기준으로 보더라도 공정거래법 위반으로 부과된 과징금 총 [164]2,888억 원 중 부당한 공동행위로 부과된 과징금은 1,494억 원으로 절반 이상의 비중을 차지하고 있다.

2022년에는 총 76건의 카르텔을 적발하여 이 중 45건에 대해 7,250억 원에 달하는 과징금이 부과되었는데 주로 국민 생활에 직접적으로 영향을 미치는 육계 신선육 가격·출고량 등의 담합과 민간 분야 철근 가격 담합이 중점적으로 처리되었다. 2021년에도 역시 국민 생활이나 국민 경제에 직접적인 영향을 미치는 고철, 콘크리트파일, 아이스크림 등 가격 담합이 처리된 바 있으며 총 69건의 카르텔을 적발하고 4,269억 원의 과징금이 부과된 바 있다. 2022년 카르텔 유형별 시정실적을 보면 입찰담합이 54건으로 가장 많고 가격담합이 그 다음으로 13건 처리되었고 지역·거래상대방 제한 담합과 생산·출고제한 담합이 뒤를 잇고 있다.

2. 최근 법집행 사례

(1) 11개 제강사 공공분야 철근 입찰담합

2012년부터 2018년까지 조달청이 정기적으로 실시하는 희망수량 경쟁방식의 철근 공공입찰에서 현대제철 등 [165]11개사들이 사전에 자신들이 낙찰받을 전체 물량을 정한 후 이를 각 업체별로 배분하고 투찰가격을 합의한 행위에 대

---

163) 공정거래위원회에서 발간한 최근 3년간 백서(2023년판, 2022년판, 2021년판)를 참고하였다.

164) 2022년 말 기준 공정거래법 이외에 소비자관련법, 하도급법 등을 적용하여 공정거래위원회가 전체적으로 부과한 과징금은 약 8,223억 원에 달한다.

165) 제강사인 현대제철, 동국제강, 대한제강, 한국철강, 와이케이스틸, 환영철강공업, 한국제강과 압연사인 동일산업, 항진제강, 동아에스앤티, 한동철강공업, 삼승철강, 화진철강, 코스틸이 이에 해당한다.

해 11개사에 대해 2,565억 원의 과징금을 부과하고 이 중 7개 제강사 및 소속 입찰담당자 9명에 대해 검찰 고발조치를 한 사례이다. 희망수량 경쟁입찰은 입찰자가 계약할 희망수량과 단가를 투찰하여 최저 가격으로 입찰한 자 순으로 입찰공고 물량에 도달할 때까지 입찰자를 낙찰자로 정하는 방식인데 11개 제강사들은 자신들이 원하는 수준의 수익을 실현할 목적으로 이 사건 입찰담합에 가담하였다.

(2) 16개 육계 신선육 담합

육계 신선육 시장은 사업자가 33개에 달하여 경쟁이 치열한 시장이고 높은 수요탄력성에 비해 공급은 비탄력적이어서 육계 신선육의 판매가격의 변동 폭이 큰 편이다. 이에 육계 신선육 판매사업자들은 경쟁을 회피하고 담합을 통해 육계 신선육 공급을 인위적으로 감축하여 판매가격을 높이려는 목적으로 2005년 11월부터 2017년 7월까지의 약 12년간 육계 신선육 판매가격 합의, 육계 생계 구매량 및 육계 신선육 출고량 합의, 육계 신선육 생산량 합의 등을 해 왔는데 공정거래위원회는 이에 대해 하림 등 17개 육계 신선육 제조·판매사업자에 대해 시정명령과 함께 약 1,731억 원의 과징금을 부과하였다.

(3) 7개 제강사 철스크랩 가격 담합

2010년부터 2018년까지 현대제철과 동국제강 등 7개 제강사들이 철스크랩 재고를 안정적으로 확보하고 구매 가격을 낮게 유지하기 위해 현대제철의 주도하에 경인권과 영남권 2개 권역으로 나누어 철스크랩(고철) 구매 가격의 변동폭과 변동시기를 공동으로 결정한 행위에 대해 시정명령과 함께 약 3,001억 원의 과징금이 부과된 사례이다.

(4) 5개 빙과류 제조판매 사업자 및 3개 유통업자의 아이스크림 가격 담합

롯데지주, 롯데제과, 롯데푸드, 빙그레, 해태제과식품 5개 아이스크림 제조판매 사업자와 부산지역 삼정물류, 태정유통, 한미유통 3개 유통업자가 수익률을 높이기 위해 상호 간 소매점 침탈 금지, 소매점에 대한 지원율 제한, 편의점 납품가격 인상, 제품별 판매가격 인상 등을 합의하고 실행한 행위에 대해 시정명령과 함께 약 1,350억 원의 과징금이 부과된 사례이다.

(5) 8개 운송사의 철강제품 운송용역 입찰담합

2001년 포스코가 철강제품 운송용역 수행 사업자 선정방식을 종전 수의계약에서 경쟁입찰로 변경하자 입찰에 따른 경쟁을 회피할 목적으로 ㈜세방 등 8개 운송사업자들이 협의체를 구성하여 18년 동안 총 19건의 입찰에서의 투찰가격과 배분 물량을 담합한 행위에 대해 시정명령과 함께 총 400억 8,100만 원의 과징금이 부과된 사례이다.

(6) 조달청 및 한국도시주택공사 발주 콘크리트 파일 입찰담합

2010년 4월부터 공공기관의 운영에 관한 법률 개정으로 콘크리트 파일 구매를 일반시장이 아닌 중소기업자만이 참여하는 입찰을 통해서만 구매할 수 있도록 되자, 동진산업 등 17개 사업자들은 구매입찰에서 납품물량을 안정적으로 확보하고 계약금액을 높여 부당이득을 취할 목적으로 6년간 입찰담합을 한 행위에 대해 시정명령과 함께 총 472억 6,900만 원의 과징금이 부과된 사례이다.

(7) 15개 의료기관 비자 신체검사료 담합

해외 이민·유학 비자 신청자는 각국 대사관이 지정한 병원에서 요구되는 항목으로 구성된 신체검사를 받아야만 하고, 각국 대사관은 지정 병원들의 가격결정에 가이드라인 제시 및 협의 등 일정부분 간여를 하고 있는 사항에서 지정 병원들이 공동으로 가격 변경안을 만들어서 대사관과 협의해온 담합을 적발하고 시정조치한 사례이다(향후 금지명령 부과).

Ⅴ. 부당한 공동행위 [166]대표사례

1. 호남고속철도 제2-1공구 노반신설 기타공사 등 13개 공구 최저가 낙찰제 공사 관련 부당한 공동행위에 대한 건(공정거래위원회 의결 제2014-203호)

(1) 행위사실

담합 관련 사업자 중 상위 7개사(현대건설, 대우건설, 삼성물산, 에스케이건설,

166) 공정거래위원회가 선정한 역대 대표심결 사례집을 참고하였다.

지에스건설, 대림산업, 현대산업개발)는 2009. 6월경 서울 모처에서 만나 향후 발주될 한국철도시설공단의 호남고속철도 제2-1 등 13개 공구 노반신설 기타 공사에 대해 각 공구별로 낙찰예정자 선정 담합을 했는데 구체적으로는 상위 7개사를 포함 [167]총 24개사를 선정하고 이를 3개 그룹으로 나누어 각 그룹에 배정될 공구를 정하고 그룹별 추첨을 통해 각 그룹에 배정된 공구에 대한 낙찰예정자를 정하기로 합의하고 입찰시 그대로 실행하였다.

이들 24개사 이외에 한신공영, 풍림산업, 두산중공업, 계룡건설산업은 13개 공구분할이 마무리된 후 이 사건 공사 입찰 [168]PQ를 신청하였으나 이 사건 담합의 낙찰예정자들로부터 들러리 투찰을 요청받고 이를 수락하여 입찰에서 들러리를 서 주었다.

(2) 공정거래위원회의 의결과 법원 판결

공정거래위원회는 이들 건설사들에 대하여 사전에 낙찰예정자, 투찰가격 등을 합의하여 결정하는 방법으로 부당하게 경쟁을 제한하는 행위, 사전에 낙찰예정자를 결정하기 위하여 입찰참가예정자들을 분류하여 그룹화하고 그룹별로 공구를 할당·배분하는 것과 같은 행위에 대해 시정명령을 하고 21개 사업자에 총 4,355억 원의 과징금을 부과하였다. 또한 이 사건을 주도한 대형 7개사 법인 및 담당임원과 낙찰사 8개사를 검찰에 고발조치 하였다.

담합 관련사 중 [169]25개사는 시정명령 및 과징금 납부명령에 대해 취소소송을 제기하였고 법원은 두산중공업과 포스코건설을 제외한 나머지 회사들에 대해서 패소판결을 내렸다. 두산중공업과 포스코건설에 대해 부과된 과징금에 대해서는 과징금 부과액이 배분된 공사금액의 전액을 박탈하거나 타 사업자 대비 약 8배에 이르는 과징금 부과 차이 등을 이유로 비례원칙을 위배한 것으로 공정거래위원회의 과징금 부과 처분이 위법하다고 판단하였다.

---

167) 상위 7개사 이외의 17개사는 두산건설, 쌍용건설, 한진중공업, 금호산업, 코오롱건설, 삼환기업, 삼부토건, 동부건설, 삼성중공업, 경남기업, 남광토건, 롯데건설, 케이씨씨건설, 한라건설, 포스코건설, 극동건설, 고려개발이다.

168) 입찰참가자격(Pre-Qualification) 심사는 국가계약법령에 따라 2006. 5월부터 추정가격 300억 원 이상 공사에 적용되었는데, 발주기관의 경쟁입찰에 참가할 자격이 있는지 여부를 사전에 심사하는 제도로서 경영상태와 공사이행능력을 심사하며, 경영상태 부문의 적격 요건을 충족한 자를 대상으로 공사이행능력 부문을 심사한다.

169) 담합 관련 사업자 중 삼성중공업, 남광토건, 쌍용건설은 소를 제기하지 않았다.

(3) 주요 쟁점

들러리 참여자들은 들러리 합의가 공구분할 합의의 실행을 위한 부수적 합의에 불과한데 과징금 부과 등 제재를 하는 것은 부당하다고 주장하였으나, 법원은 본 건 담합은 공구분할합의, 낙찰예정자합의, 들러리 합의로 구성된 하나의 담합행위라 할지라도 담합의 개수와는 상관없이 각각의 합의는 고유의 위법성을 갖고 있고 들러리 합의도 공구분할이나 낙찰예정자를 정하는 데 있어 중요한 역할을 하고 있으므로 위법성을 부인할 수 없다고 판단하였다.

들러리 참여사에 대해 해당 입찰 낙찰사의 계약금액을 관련 매출액으로 보고 과징금이 부과된 데 대해, 들러리 참여사의 경우 관련 매출액이 없는 경우에 해당하므로 공정거래법 제22조 단서에 따라 정액 과징금이 부과되어야 하며, 공구별로 입찰에 참여한 모든 사업자에 대해 계약금액을 기준으로 과징금을 부과하면 이를 합산할 경우 공정거래법이 정한 과징금 상한, 즉 계약금액의 10%를 넘게 될 수도 있어 법 위반이라고 주장하였다. 이에 대해 법원은 입찰담합의 경우는 들러리 여부와 관계없이 관련 매출액은 계약금액이 된다고 명백히 판시하였다.

당초의 공구분할에는 참여하지 않았으나 이후 들러리로 담합에 가담하게 된 포스코건설, 극동건설, 고려개발, 한신공영, 풍림산업, 두산중공업, 계룡건설산업 7개사는 당해 공동행위로 인해 취득한 이득이 없거나 적고, 위법성이 무거운 다른 담합 참여자와 비교할 때 과징금 부과가 과중하여 위법이라고 주장하였다. 이에 대해 법원은 두산중공업과 포스코건설에 대해서는 과징금의 액수의 면에서 비례의 원칙에 위배되어 재량권을 일탈·남용한 처분으로 위법하다는 판단을 하였다. 법원은 주도적 역할을 하였고 더 많은 물량을 배분받았음에도 들러리 참여 횟수가 적은 사업자와의 과징금 차이가 7~8배에 이르는 등 과도한 측면이 있거나 배분물량 대비 과징금액의 비율이 대형건설사의 경우 10~25%, 중소형 건설사의 경우 10% 이내임에도 49.7%에 이르는 비율을 부과하는 경우는 비례의 원칙에 위배되는 재량권 행사를 넘는 범위라고 판시하였다.

(4) 시사점

이 사건 판결과정에서 들러리 합의 역시 고유의 위법성을 가진다는 점이 확인되었고, 들러리 참여사에 대해서도 낙찰사의 계약금액이 관련 매출액으로 산정된다는 점이 분명해졌다. 또한 담합 가담자들이 담합으로 인해 얻게 되는 부당이득인 배분물량 대비 과징금 비율이 다른 사업자들에 비해 높을 경우는 비례의 원칙 위반으로 위법하다고 인정되었고 향후 어느 정도의 비율이 적정한지에 대해서는 좀 더 많은 사례 축적이 필요하게 되었다.

2. 4개 라면 제조·판매 사업자의 부당한 공동행위에 대한 건(공정거래위원회 의결 제2012-107호)

(1) 행위사실

국내 라면 제조·판매사업자인 농심, 삼양, 오뚜기, 한국야쿠르트는 2000년 12월 말 이후 관련 임원 모임을 통해 가격인상 합의를 하고 2001. 5~7월 1차 가격인상을 하는 등 2010. 2월까지 6차례 가격인상을 실행한바, 가격인상폭을 유사하게 하였고 주력품목의 출고가격을 동일한 금액으로 책정하였다.

라면시장은 소비자의 가격탄력성이 크고, 1990년대 말 이후 대형유통업체의 가격 협상력이 커지면서 개별 사업자가 가격인상을 하기는 어려운 상황에서 매출 및 이윤을 증대시키려는 목적으로 담합이 이루어졌다. 부당한 공동행위는 각 사업자의 시장조사 담당직원들을 통해 각 사의 제품가격, 판매목표 및 실적, 거래처 영업지원책, 판촉계획, 신제품 출시계획 등 거의 모든 경영 정보에 걸친 정보교환이 이루어졌고 사업자단체인 라면협의회를 통해서도 가격인상 정보를 포함한 각종 정보교환 및 상호입장 확인이 이루어졌다.

(2) 공정거래위원회의 의결과 법원 판결

공정거래위원회는 농심 등 4개사의 담합행위에 대해 시정명령 및 1,362억원의 과징금 부과처분을 하였으나 농심, 오뚜기, 한국야쿠르트는 공정거래위원회의 조치에 불복하여 취소소송을 제기하였다.

서울고등법원은 선발업체인 농심이 가격을 인상하면 타사들도 이를 동조하여 가격을 인상하는 과점시장의 특성을 전제하고, 사업자들이 가격 인상계획 및 내역 등 가격에 관한 핵심적인 정보를 지속적으로 교환하여 1차적인 가격인상이 있은 이후에도 6차례에까지 그 연장선상에서 같은 방법으로 가격인상을 하였고 각 사의 출고가가 원 단위까지 미세하게 일치하는 점 등을 들어 부당한 공동행위라고 [170]판시하였다. 그러나 대법원은 이 사건 1합의에 관한 증거인 관계자 진술은 모두 전문(傳聞)진술로서 대표자회의의 정황과 내용이 모두 정확하지 않아 구체적인 합의내용 특정이 어려우므로 이후의 정보교환 및 가격인상에 관한 합의가 있었더라도 그 연장선상에 있다 볼 수 없고, 과점시장에서의 상호의존성으로 인해 선두업체인 농심의 가격인상에 타 사업자는 별도 합의가 필요 없이 각자 가격을 인상하면 족한 것이며, 단순한 정보 교환만으로는 묵시적 합의가 성립한다고 볼 수도 없다는 이유를 들어 원심판결을 [171]파기하고 서울고등법원에 환송하였다.

(3) 주요 쟁점

대법원은 자진신고자의 전문진술이 형사재판에서의 기준인 합리적 의심의 여지가 없는 정도의 증명에 해당하는지 여부를 판단한 것으로 보이는데 비록 대법원이 부당한 공동행위 사건의 범죄성립 가능성을 염두에 두었거나 형사소송에서의 유죄여부를 의식하여 행정소송인 공정거래법 관련 사건에서 증거판단을 엄격히 한 점은 일응 이해되는 측면은 있으나. 기본적으로 공정거래법 위반행위는 행정적 규제와 절차의 원리에 따라 다루는 게 바람직하다는 점에서 아쉬움을 남긴다.

또한 전문진술이라 하더라도 담합 참가자의 자진신고에서 비롯된 것이고 동종업계의 낙인에도 불구하고 허위의 진술 등을 할 가능성은 현실적으로 생각하기 어려우며, 10여 년 전에 이루어진 최초의 대표자회의 등의 합의내용 등에 대한 진술이 정확하지 않다는 이유로 그 이후 이루어진 가격 등 민감정보의 교환과 일치된 가격인상 행위 등의 간접증거를 제대로 평가하지 않은 점은 법률심인 대법원이 사실심 전권사항을 너무 쉽게 파기한 것으로 보인다.

그간 대법원은 경쟁사업자들이 가격 등 주요 경쟁요소에 관한 정보를 교환한 경우에, 그 정보교환은 가격 결정 등의 의사결정에 관한 불확실성을 제거하여 담합을 용이하게 하거나 촉진할 수 있는 수단이 될 수 있으므로, 사업자 사이의 의사연결의 상호성을 인정할 수 있는 유력한 자료가 될 수 있으나 정보교

---

170) 서울고등법원 2013. 11. 8. 선고 2012누24223 판결, 서울고등법원 2013. 11. 8. 선고 2012누24353판결, 서울고등법원 2013. 12. 4. 선고 2012누24339 판결

171) 대법원 2015. 12. 24. 선고 2013두25924 판결(농심), 대법원 2016. 1. 14. 선고 2013두26309 판결(오뚜기), 대법원 2016. 1. 14. 선고 2014두939 판결(한국야쿠르트)

환 사실만으로 합의를 단정할 수는 없고 관련시장의 구조와 특성, 교환된 정보의 성질·내용, 정보교환 후의 가격·산출량 등의 외형상 일치여부 등 모든 사정을 종합적으로 고려하여 합의여부를 판단해야 한다고 판시해 왔다.

라면 담합 건에서 대법원은 가격에 관한 정보교환이 있고 가격인상의 일치 등 외형에도 불구하고 과점시장의 상호의존성 등으로 합의를 전제하지 않고도 사업자의 행동을 설명할 수 있으며, 일부 합의의 존재에 반하는 듯한 사정도 있음을 들어 상호 의사연결을 추단하기에는 부족하다고 판단하였다. 이에 대해 최소한 가격과 밀접한 정보를 교환하는 행위의 위험성과 원 단위까지 일치하는 가격의 일치 현상에도 불구하고 이를 대법원이 지나치게 안일하게 판단했다는 비판이 이어졌다.

(4) 시사점

라면 담합사건은 공정거래위원회 카르텔 법집행과 관련하여 중요한 시사점을 남겼다. 우선 행정소송에서의 증거판단이 엄격해지는 경향이 불가피한 측면이 있다 하더라도 기본적으로 행정적 제재에 기초한 행정소송에서 형사법상의 엄격한 증거법 적용을 한 것에 대해 경쟁당국은 사건의 조사 및 심결에 있어 더욱 세밀한 증거수집이 필요하게 되었다.

또한 가격과 같은 민감한 경쟁 관련 정보교환에 대해서 그 자체만으로 묵시적 합의로 볼 수 없다는 판시에 따라 공정거래위원회는 정보교환을 부당한 공동행위의 일종으로 규정하고자 하는 입법을 준비하게 되었고 2020. 12. 29. 공정거래법 전면개정(2022. 12. 30. 시행)으로 이제 사업자간 정보교환에 따른 합의는 부당한 공동행위의 한 유형으로 [172]명문화되게 되었다.

---

172) 전부개정 공정거래법 제40조(부당한 공동행위의 금지) ① 사업자는 계약·협정·결의 또는 그 밖의 어떠한 방법으로도 다른 사업자와 공동으로 부당하게 경쟁을 제한하는 다음 각 호의 어느 하나에 해당하는 행위를 할 것을 합의하거나 다른 사업자로 하여금 이를 하도록 하여서는 아니된다.

1.~8. (생략)

9. 그 밖의 행위로서 (중략) 가격, 생산량, 그 밖에 '대통령령으로 정하는 정보'를 주고 받음으로써 일정한 거래분야에서 경쟁을 실질적으로 제한하는 행위

3. 글락소그룹리미티드 및 동아제약의 부당한 공동행위에 대한 건(공정거래위원회 의결 제2011-300호)

(1) 행위사실

다국적 제약사인 글락소그룹리미티드와 그 한국 자회사인 글락소스미스클라인(이하 이 두 회사를 합쳐 GSK라 칭한다)은 항구토제 의약품 조프란의 주요성분인 온단세트론의 제조방법에 대한 제법특허를 득하고 1996년경 조프란을 국내 출시하였다. 한편 동아제약은 GSK의 제법과는 다른 온단세트론 제조방법을 개발하고 특허를 취득한 후 1998. 9월부터 온다론을 국내에 시판하고 항구토제 시장에서 GSK와 경쟁하게 되었다.

GSK는 동아제약과 특허분쟁이 발생하자 특허분쟁을 종결하고 동아제약이 기출시한 온다론을 시장에서 철수시키기 위해 관련 시장에서 동아제약과 경쟁을 하지 않는 대신 동아제약에게 조프란의 국공립병원에 대한 판매권과 미출시 신약인 항바이러스제 발트렉스의 국내 독점판매권을 부여하고 이례적 수준의 인센티브를 제공하기로 합의하였다. GSK와 동아제약은 이 합의에 따라 2000. 4. 17. 권리범위확인심판과 특허침해소송을 각각 취하하였고 동아제약은 온다론에 대한 생산·판매를 모두 중단함과 아울러 2000. 9월 온다론에 대한 품목허가를 자진 취소하였다.

(2) 공정거래위원회의 의결과 법원 판결

공정거래위원회는 오리지널 제약사인 GSK가 제네릭 제약사인 동아제약에게 상당한 수준의 경제적 이익을 제공하면서 동아제약이 기출시한 온다론의 생산·판매를 중단하고 향후에도 해당 시장에서 서로 경쟁하지 않기로 합의한 것은 특허권의 정당한 행사범위를 초과하여 당해 관련 시장인 항구토제와 항바이러스 시장에서 부당하게 경쟁을 제한한다고 보아 시정명령 및 과징금을 GSK에게는 31억 4,700만 원 동아제약에게는 21억 9,300만 원을 각각 부과하였다.

법원은 이 사건 합의와 관련하여 사업자들이 자신들의 특허권을 다투면서 경쟁제품을 출시한 동아제약에게 특허 관련 비용보다 훨씬 큰 경제적 이익을 제공하면서 그 대가로 경쟁제품을 시장에서 철수하고 특허기간보다 장기간 그 출시 등을 제한하기로 한 행위에 대해 자유로운 경쟁에 영향을 미친 것이어서 특허권의 정당한 행사라고 볼 수 없다고 [173]판시하였다. 다만, 항바이러스제인 발트렉스에 관해서는 발트렉스 관련 합의가 부당한 공동행위에 해당하기 위해서는 경쟁제한성이 입증이 되어야 하는데, 발트렉스의 관련시장이 획정되지 않았고 경쟁에 미치는 영향 등에 대해 공정거래위원회가 아무런 근거를 제시하지 않았으므로 이 부분까지 부당한 공동행위에 포함시킨 것은 위법이라 보고 발트렉스 부분에 대한 시정명령과 과징금 부과분은 파기환송하였다.

(3) 주요 쟁점

특허법은 기술의 발전을 촉진하여 산업발전에 이바지할 목적으로 지식재산권에 대해 독점을 인정하고 공정거래법은 자유로운 경쟁을 촉진하는 것을 법 목적으로 하고 있어 일견 상충되는 것으로도 보이나, 창의적인 기업활동 보장으로 국민경제의 발전을 도모한다는 점에서 궁극적으로 지향하는 바는 일치한다고도 볼 수 있다. 이 사건에서는 특허법과 공정거래법의 적용이 충돌하면서 몇 가지 쟁점이 깊이 있게 다루어졌다.

(종전)공정거래법은 [174]제59조에서 특허법 등에 의한 정당한 권리의 행사에 대해서는 적용하지 않는다고 규정하고 있고, GSK는 소송과정에서 이 규정과 함께 외국계 제약사가 국내 제약사에게 독점적 판매권을 주는 대신 경쟁하는 다른 의약품을 취급하지 않기로 약정하는 것은 거래실무에서 흔한 보편적 행위이므로 담합에 해당하지 않는다고 주장하였다. 이에 대해 법원은 본 건 합의가 특허권의 정당한 행사라고 인정되지 않는 행위에 해당한다고 하면서 특허기간 만료 이후에도 관련 경쟁제품을 출시하지 않기로 하였고, 특허권자가 침해배제를 약정하면서 침해자에게 [175]역으로 상당한 경제적 이익을 부여한 사정이 있음을 볼 때 당사자들에게 반경쟁적인 의사 등이 있었다고 추단할 수 있음을 근거로 제시하였다.

---

173) 대법원 2014. 4. 27. 선고 2012두24498 판결

174) 전부개정 공정거래법 제117조(무체재산권의 행사행위)에 해당한다. 이하 동일하다.

175) 역지불합의(Reverse Payment 또는 Pay-for-Delay Settlement)라고 하는데, 관련된 특허분쟁을 취하하면서 특허권자인 오리지널 제약사가 제네릭 제약사에게 일정 기간 동안 제네릭 의약품의 출시나 판매를 포기 또는 연기하는 조건으로 일정한 경제적 이익을 제공하는 합의를 말하며, 일반적으로 제네릭 제약사가 오리지널 제약사에게 로열티 등 경제적 대가를 지급하는 데 반하여 이와 반대로 오리지널 제약사가 제네릭 제약사에게 경제적 대가를 지급한다는 점에서 역(逆)지불이라 한다.

(종전)공정거래법 제59조의 적용제외에 대해서도 특허법 등 지식재산권법 기준이 우선이라는 견해와 공정거래법상 위법성 요건 충족 여부에 따라 지식재산권이 행사되어야 하고 따라서 (종전)공정거래법 제59조는 불필요하다는 공정거래법 기준설, 그리고 지식재산권과 공정거래법 관점을 모두 고려하자는 종합기준설 등이 나누어지고 있지만, 지식재산권의 정당한 행사가 아닐 경우 공정거래법이 적용되는 것은 당연하며 지식재산권의 정당한 행사 중 경쟁제한성이 있는 경우 공정거래법의 적용이 문제가 되는데 법원 판시과정에서 특허기간 만료 이후까지 관련 시장의 경쟁을 제한하고, 이 과정에서 제공한 경제적 이익의 규모가 큰 경우에는 특허권의 정당한 행사 범위를 넘는 것으로 명확하게 되었다.

소송과정 등에서 GSK는 동아제약은 특허침해자로서 경쟁사업자가 아니며, 특허권자와 실시권자 사이의 수직적 계약관계에 있으므로 경쟁사업자간의 담합이 아니라고 주장하였다. 이에 대해 법원은 합의의 내용이 특허기간 이후까지 경쟁을 제한하는 등 특허권의 정당한 범위를 벗어난 것이므로 동아제약이 특허침해권자라는 주장은 받아들일 수 없고, 공정거래법 제19조가 반드시 수평적 경쟁관계를 전제하는 것은 아니며 잠재적 경쟁관계에 있는 동아제약의 사업내용을 제한하는 합의를 하였으므로 부당한 공동행위에 해당한다고 판시하였다.

(4) 시사점

이 사건은 최근 미국 등에서 문제가 되고 있는 경쟁제한적인 역지불합의에 대해 공정거래위원회가 제재를 하고 법원도 이를 인정한 최초의 사례로서 특허권의 정당한 행사 범위와 이에 대한 공정거래법 적용 가능성을 분명히 했다는 점에서 의의를 갖는다. 신약의 경쟁재로서 복제약의 시장출시를 역지불합의를 통해 저지함으로써 상대적으로 고가의 신약만이 시장에서 유통되도록 하고 이에 따른 환자의 약값부담, 건강보험 재정에 악영향을 미치는 것을 방지한 의미도 있다.

특허기간 만료 이후에까지 경쟁을 제한하고, 정상적 범위를 넘는 수준의 경제적 이익을 경쟁제한 목적으로 제공하는 경우는 특허권의 정당한 행사범위를 넘는 것으로 공정거래법이 적용됨을 명확히 함으로써 공정거래법 제59조에 대한 판단기준을 제시한 점도 의미가 있다. 또한 경쟁을 제한하는 합의 내용 중 항바이러스제인 발트렉스에 대해서 공정거래위원회가 관련 시장 획정 및 경쟁제한성 검토 없이 시정조치의 대상에 포함시켰다가 패소한 부분과 관련해서는 경쟁당국의 보다 엄격한 증거조사와 검토를 법원이 요구하고 있다는 점에서 향후 법집행에도 큰 참고가 될 것으로 생각된다.

4. 11개 초박막액정표시장치(TFT-LCD) 제조·판매사업자의 부당한 공동행위에 대한 건(공정거래위원회 의결 제2011-212호)

(1) 행위사실

삼성전자, 엘지필립스, 에이유오, 씨엠오, 씨피티, 한스타 등 [176]10개사는 2001. 9월경 대만 및 한국에서 모임을 갖고 모니터용, 노트북용, TV용 주요 TFT-LCD 패널 제품에 대한 최저판매가격 및 가격인상·인하 폭과 공급초과시의 생산량 감축 등을 합의하고 실행하였다. 2001년 초반 TFT-LCD 대규모 수요자인 델이 TFT-LCD 제조업체들에게 공급가격을 낮게 책정할 것을 요구한 이후 가격 인하가 급속히 진행되자 관련 사업자들은 이에 대응하여 가격을 유지 또는 인상시키고 생산량을 조절할 목적으로 담합을 하였다.

2006. 1. 27. 미국 법무부, 3. 21 공정거래위원회, 3. 23. 유럽연합 경쟁당국에 1순위 자진신고가 이루어졌고, 2006. 7. 13 미국 법무부, 7. 17. 유럽연합 경쟁당국, 7. 27. 공정거래위원회에 2순위 자진신고가 있었고 이에 대해 미국 법무부는 자진신고자들에게 조사 실효성을 위해 조사협조 사실을 타 사업자에게 알리지 않도록 하고 이 요청은 2006. 12. 7.까지 유지되었다.

(2) 공정거래위원회의 의결과 법원 판결

공정거래위원회는 이 사건이 외국사업자가 포함되어 있긴 하지만 당해 공동행위가 국내시장에 영향을 미친다고 보고 외국법에 따라 설립되고 주된 사무소가 외국에 있는 외국 사업자도 공정거래법 제2조 제1호의 사업자에 해당한다고 보고, 담합에 가담한 10개 사업자들이 TFT-LCD 제품을 공급함에 있어 다른 사업자와 공급가격 및 생산량 등을 공동으로 결정하여 관련시장에서 경쟁을 실질적으로 제한하는 행위에 대해 시정명령과 함께 총 1,973억 원의 과징금을 부과하였다.

176) 대만삼성, 일본삼성, 대만엘지, 일본엘지가 포함되어 총 10개사이다.

사업자 중 에이유오가 정보교환은 있었지만 합의는 하지 않았고 회합별로 별개의 공동행위로 보아야 하므로 2006. 4월 이전의 공동행위는 처분시효가 도과했으며, 장기간 조사과정에서 방어권이 침해되었다는 이유 등으로 공정거래위원회의 처분에 대한 취소소송을 제기했지만 법원에서 모두 [177]기각되었다. 자진신고 2순위자가 2006. 7. 27. 이미 자진신고하였고 미국 법무부의 요청에 따라 조사협조의 외양을 피하기 위해 2006. 7. 27. 이후 실무자급의 다자회의에 참석하였으므로 자진신고일인 2006. 7. 27. 무렵에는 담합이 이미 종료된 바 공정거래위원회의 처분은 그로부터 5년을 경과한 후에 이루어져서 위법임을 주장한 사안에 대해 서울고등법원은 이를 [178]받아들였고 대법원은 공정거래위원회의 상고를 [179]기각하였다.

(3) 주요 쟁점

이 사건에서는 부당한 공동행위의 종료일 및 처분시효가 문제가 되었고, 특히 자진신고자의 경우 경쟁당국에 대한 자진신고 이외에 별도의 합의탈퇴 의사표시가 필요한지가 문제가 되었다. (종전)공정거래법 [180]제49조 제4항에 따르면 공정거래위원회는 공정거래법 위반행위가 종료한 날로부터 5년이 경과되면 제재를 할 수 없게 되어 있고 위반행위가 종료한 날은 부당한 공동행위의 경우 합의에 의한 실행행위가 종료된 날이 된다. 합의에 참가한 일부 사업자가 부당한 공동행위를 종료하기 위해서는 다른 사업자에 대하여 합의에서 탈퇴하였음을 알리는 명시적 내지는 묵시적 의사표시를 하고 독자적인 판단에 따라 담합이 없었더라면 존재하였을 수준으로 가격을 인하하는 등 합의에 반하는 행동을 하여야 한다.

여기서 자진신고자의 경우 자진신고 이외에 다른 사업자에 대한 합의 탈퇴 의사표시의 필요성이 문제가 되는데 이번 사건에서 자진신고로 충분하고 별도의 합의탈퇴 의사표시까지는 필요 없다는 것이 분명하게 되었다. 자진신고자의 자진신고일 이후의 협의 참가 등 행위에 대해 공정거래위원회는 진의 아닌 의

177) 서울고등법원 2014. 2. 13. 선고 2011누46394 판결
178) 서울고등법원 2014. 2. 13. 선고 2011누46417 판결
179) 대법원 2014. 6. 26. 선고 2014두5521 판결
180) 전부개정 공정거래법 제80조(위반행위의 인지·신고 등)에 해당한다. 이하 동일하다.

사표시에 의해 협의에 참가했다 하더라도 다른 쪽 사업자는 당해 사업자가 합의에 따를 것으로 신뢰하고 당해 사업자는 다른 사업자가 합의를 신뢰하고 행동할 것을 이용함으로써 경쟁을 제한할 수 있으므로 부당한 공동행위가 지속되었다고 하였으나, 법원은 자진신고자의 자진신고일 이후의 협의 참가는 미국 법무부의 요청에 따른 것이므로 자진신고일이 종기가 된다고 하면서 자진신고자에 대한 공정거래위원회의 제재는 처분시효 5년을 도과하였으므로 부적법하다고 판시하였다.

(4) 시사점

이 사건은 전 세계 TFT-LCD 시장에서 약 80%의 시장점유율을 보유한 사업자들이 가격 및 생산량을 담합한 행위에 대해 공정거래위원회가 미국, 유럽연합에 이어 세 번째로 조치하면서 그간 공정거래위원회가 처리한 국제카르텔 사건 중 최고의 과징금을 부과한 사례이다.

다만 국제카르텔 사건의 경우 외국 사업자들이 포함되어 있고, 외국 경쟁당국과의 공조가 필요했으며 기타 여러 조사의 어려움으로 국내 담합사건에 비해 사건처리 절차가 지연된 불가피성을 감안하더라도, 2순위 자진신고자의 경우 자진신고일 이후의 모임 참여 등의 행위를 공동행위의 연장으로 보고 제재하였으나 자진신고일이 공동행위 종기로 확인되면서 처분시효 도과로 인해 제재가 위법하게 판시된 점은 향후 법집행에서 유의해야 할 점으로 남게 되었다.

5. 3개 설탕 제조사의 부당한 공동행위에 대한 건(공정거래위원회 의결 제2007-408호)

(1) 행위사실

씨제이제일제당, 삼양사, 대한제당 설탕 제조·판매 3사는 영업임원 회의 및 본부장 회의를 통해 1991년부터 2005년까지 설탕 내수 반출비율을 종전의 원당수입 추천비율과 같은 씨제이제일제당 48.1%, 삼양사 32.4%, 대한제당 19.5%로 준수하고 그 비율에 의해 내수 설탕 반출량을 조정하기로 하였고, 1994. 2월 물가당국에 대한 가격변경 사후보고제도가 폐지된 이후에도 영업임원 회의 등을 통해 설탕의 기준가격을 지속적으로 합의하였다.

(2) 공정거래위원회의 의결과 법원 판결

공정거래위원회는 설탕 제조·판매 3사의 담합행위에 대해 시정명령 및 과징금 총 511억 3,300만 원을 부과하고 자진신고한 씨제이제일제당을 제외한 삼양사와 대한제당을 검찰에 고발하였다.

씨제이제일제당은 1994년 이전의 기준가격 합의는 규제당국의 행정지도에 의한 행위이므로 부당한 공동행위가 아니며 삼양사가 1999년 합의된 기준 물량을 일부 초과하여 반출한 것이 공동행위의 파기에 해당해서 1999년을 중심으로 공동행위가 2개로 나누어지고 첫 번째 공동행위는 처분시효가 도과하였음을 주장하였으나 법원에서 모두 [181]기각되었다.

삼양사는 공정거래위원회가 관련 매출액을 산정할 때 매출에누리를 공제하지 않은 금액을 관련매출액으로 하여 과징금을 부과한 것은 위법하다고 주장하였고 법원은 이를 [182]받아들였다. 대한제당의 경우 3개사로 이루어진 담합에서 2개 회사가 합의를 파기했다면 남은 1개사만으로는 담합이 성립할 여지가 없으므로 위반행위의 종기는 마지막 남은 대한제당이 파기의사를 대외적으로 표시한 2005. 9. 27.이 아니라 삼양사의 파기일인 2005. 9. 22.로 보아야 한다고 주장하였고, 대법원은 이를 인용하여 원심을 [183]파기하고 사건을 서울고등법원으로 환송하였다.

(3) 주요 쟁점

담합 가담 사업자들은 가격변경 사후보고제도가 있었던 1994. 2월까지는 행정지도에 의한 공동행위였으므로 위법성이 없었다고 주장하였다. 공정거래위원회는 법령에 근거가 없거나 간접 근거한 행정지도에 따른 사업자의 행위가 부당한 공동행위의 요건을 갖출 경우 원칙적으로 위법하며, 법령에 근거한 정당한 행정지도에 의한 공동행위는 (종전)공정거래법 [184]제58조에 의해 문제 삼지 않은 입장을 보이고 있다.

법원은 행정지도가 개입된 공동행위에 대해 일의적인 입장을 취하지 않고

181) 대법원 2010. 3. 11. 선고 2008두15169 판결
182) 서울고등법원 2008. 10. 23. 선고 2007누24571 판결, 상고심(대법원 2010. 2. 25 선고 2008두21362 판결)은 심리불속행 기각하였다.
183) 대법원 2010. 3. 11. 선고 2008두1517 판결
184) 전부개정 공정거래법 제116조(법령에 따른 정당한 행위)에 해당한다. 이하 동일하다.

구체적·개별적으로 판단하고 있는데 이 사건에서 법원은 공정거래법 제58조에서 말하는 법률 또는 그 법률에 의한 명령에 따라 행하는 정당한 행위라 함은 정당한 사유에도 불구하고 그 경쟁제한성 때문에 필요·최소한의 행위로 국한되어야 하며, 이 사건에서 물가당국의 행정지도 또는 원당수입추천비율을 정하는 내용의 행정지도는 (종전)공정거래법 제58조에서 말하는 법률 또는 그 법률에 의한 명령에 해당한다고 볼 수 없다고 판시하였다.

본 담합 건에서는 소송과정에서 부당한 공동행위의 시기, 행위의 수 및 종기와 같은 부당한 공동행위의 성립과 그 제재의 골간을 이루는 쟁점들에 대해 정리가 이루어졌다. (종전)공정거래법 [185]제19조 제1항에 의하면 합의만으로 부당한 공동행위가 성립하는 것이 명백하므로, 공동행위에 참가한 사업자 간의 합의가 성립한 시점이 부당한 공동행위의 시기가 된다.

행위의 수와 관련해서 법원은 사업자들 사이에서 장기간에 걸쳐 여러 종류의 합의를 수 회 계속한 경우 단일한 의사에 기하여 동일한 목적을 수행하기 위한 것으로 단절됨이 없이 계속 실행되어 왔다면 합의의 구체적인 내용이나 구성원에 일부 변화 또는 변경이 있었다 하더라도 전체적으로 1개의 부당한 공동행위로 보아야 한다고 판시한 바 있는데. 이 사건에서도 그 같은 논리가 그대로 적용되어 하나의 부당한 공동행위로 [186]판시하였다.

부당한 공동행위에서 합의에 따른 실행행위가 있는 경우 그 종기를 언제로 볼 것인가에 대한 문제와 관련하여 종래 법원은 당해 사업자가 공동행위를 탈퇴하거나 합의를 파기하기로 한 경우 또는 합의에 명백히 반하는 행위를 함으로써 더 이상 합의가 유지되고 있다고 인정하기 어려운 경우를 공동행위 종료일로 보았는데, 본 사건에서는 3개사로 이루어진 담합에서 2개사가 순차적으로 합의를 파기하고 1개의 업체만 남았을 경우에는 마지막 업체가 합의의 파기를 선언한 날이 아니라 두 번째 업체가 합의를 파기한 시점이 합의파기 시점이라고 명확히 하였으며, 부당한 공동행위가 2 이상의 사업자를 전제한다는 점에서 논리적인 판시라 할 수 있다.

그 외에 관련매출액의 범위와 관련하여 매출에누리를 뺀 순매출액이 기업회계기준에 부합하므로 이를 공제하지 않은 공정거래위원회의 과징금 부과 처

185) 전부개정 공정거래법 제40조(부당한 공동행위의 금지)에 해당한다. 이하 동일하다.
186) 대법원 2006. 3. 24. 선고 2004두11275 판결(흑연전극봉 가격담합 사건)

분은 위법하다고 하였고, 과징금 부과 비율이 점차 높아지고 있던 상황에서 일정기간 지속된 담합사건에서 무겁게 변경된 제재규정을 일괄 적용한 것이 위법하다는 주장에 대해서도 하나의 공동행위가 개정 기준이 시행될 때까지 지속되었으므로 변경된 기준을 적용하는 것이 헌법상 소급적용 금지원칙이나 비례의 원칙에 반하지 않는다고 판시하였다.

(4) 시사점

이 사건은 부당한 공동행위 관련 여러 쟁점과 함께 공정거래위원회가 운영하고 있는 담합관련 제도와 관련해서도 여러 의미 있는 시사점을 남겼다. 우선 이 사건은 신고포상금 제도를 활용하여 부당한 공동행위를 적발한 첫 사례였고 2004년도 제도 도입 이후 제보자에게 2억 1,000만 원이라는 신고포상금 사상 최대 액수가 지급되었다. 신고포상금 제도가 은밀하게 이루어지는 담합을 와해시키는 데 기여할 수 있다는 점이 입증된 사례로서 향후 법집행이 활성화될 수 있을 것으로 기대된다.

자진신고자 감면과 관련해서도 문제제기가 있었다. 씨제이제일제당은 업계 1위 사업자로 시장점유율이 50%에 육박하는데 자진신고를 이용해서 시정조치와 과징금, 형사고발까지 면제 받게 되자 이 같은 혜택이 정의의 관점에서 정당한지에 대한 [187]문제제기가 있었다. 비록 2007. 12. 27. 자진신고 감면고시 개정을 통해 담합을 강요한 자에 대해서는 감면을 배제하도록 하고 있으나 여전히 주도 또는 유력자는 감면이 가능하도록 되어 있어 논란의 여지를 남기고 있다.

공정거래위원회가 자진신고한 씨제이제일제당을 제외한 나머지 2개사만 형사고발하자 검찰은 공정거래위원회의 고발이 없었던 씨제이제일제당과 소속 임원 1명을 추가로 기소하면서 공정거래위원회의 전속고발권과 형사소송법 제233조상의 고소불가분의 원칙이 부딪히는 문제가 발생하게 되었다. 이에 대해 서울중앙지법은 씨제이제일제당과 그 소속 임원에 대해서는 공소기각 판결을 하면서 소추권자인 공정거래위원회의 고발의사가 없는 상황에서 검찰이 공소를 제기할 수는 없다고 판시하였다.

187) 2007년 10개 폴리프로필렌 제조·판매사업자의 부당한 공동행위에 대한 건에서도 적극적으로 담합을 주도한 시장점유율 1위 사업자가 자진신고로 모든 제재를 감면받아 논란이 된 적이 있었다.

2010. 7월에는 이 사건과 관련하여 설탕의 수요자인 제빵업체들이 설탕 제조·판매사업자를 상대로 설탕 값을 부당하게 인상하여 손해를 입힌 것에 대한 배상소송을 제기하였고, 향후에도 이와 같은 사적 손해배상청구가 활성화되면 담합을 억지하는 데 일조할 수 있을 것으로 기대된다.

6. 2개 시내 전화사의 부당한 공동행위에 대한 건(공정거래위원회 의결 제2005-130호)

(1) 행위사실

유선통신사업자인 케이티와 하나로텔레콤이 하나로텔레콤의 시내전화 요금을 인상하고, 유선전화에서 무선통신으로 발신하는 전화(Land to Mobile, 이하 LM이라 한다) 통화료를 케이티 수준으로 맞추며, 케이티의 매년 순증 시장점유율 1.2%를 하나로텔레콤으로 이관하는 내용의 합의를 하고 실행하였다. 이 같은 담합을 하게 된 배경은 이동전화에 의한 통화량 대체 증가로 시내통화가 감소할 것을 우려한 케이티는 하나로텔레콤과의 시내전화 요금 경쟁을 회피하여 안정적인 매출을 이루고자 하였으며, 하나로텔레콤은 후발사업자로서 시내전화 부문의 어려운 영업상황을 타개하고자 본 건 담합이 이루어졌다.

(2) 공정거래위원회의 의결과 법원 판결

공정거래위원회는 양사가 합의한 2003. 6. 23.부터 하나로텔레콤이 LM통화료를 케이티의 14.50원/10초보다 낮은 13.9원/10초로 신고하기 위해 정보통신부와 사전협의를 한 2004. 8. 16.까지 담합이 유지된 것으로 보아 시정명령과 함께 1,152억 원의 과징금을 부과하였다.

서울고등법원은 담합행위의 위법성을 인정하면서도, 공동행위의 종기와 관련해서는 하나로텔레콤이 2004. 4. 1.경 다량회선 요금할인에 관한 시내전화 서비스 약관을 변경하여 전화요금을 조정한 시점에서 담합이 종료한다고 보고, 8. 16.까지의 기간 동안의 관련매출액에 대해 과징금을 부과한 공정거래위원회 처분은 재량권 일탈·남용에 해당한다고 [188]판시하였다. 대법원은 다량회선 요금할인을 시행했다는 사정만으로는 본 건 합의가 파기되었다고 보기는 어려우

188) 서울고등법원 2007. 7. 11. 선고 2005누20230 판결, 2007. 8. 23. 선고 2005누20902 판결

므로 공정거래위원회의 주장대로 2004. 8. 16.까지 담합이 지속되었다고 봄이 상당하다고 하면서, 과징금 부과 관련 시행령의 적용에 있어 법 위반이 2004. 8. 16.까지 지속되었음에도 2004. 4. 1. 개정 공정거래법 시행령을 적용하지 않고 개정 이전 시행령을 적용한 것은 잘못이어서 과징금 납부명령을 취소한 원심의 결론은 결과적으로 정당하다고 [189]판시하였다.

(3) 주요 쟁점

담합 가담사업자들은 정보통신부가 전기통신사업법에 근거하여 본 건 합의내용과 유사한 내용의 행정지도를 한 결과 합의에 이르게 되었으므로 (종전)공정거래법 제58조에 따른 정당한 행위라고 주장하였다. 그러나 서울고등법원은 (종전)공정거래법 제58조에서 자유경쟁의 예외로 인정하고 있는 법률 또는 법률에 의한 명령에 의한 사업자의 행위는 필요최소한의 행위를 말하는 것이며, 사업자들이 근거로 들고 있는 [190]전기통신법 관련 조항도 자유경쟁의 예외를 구체적으로 인정하고 있는 조항이라고는 볼 수 없으므로 본 건 합의가 공정거래법 적용대상에서 제외될 여지는 없다고 보았고, 대법원도 같은 판단을 유지하였다.

담합 가담사업자들은 경영상 어려움에 처한 하나로텔레콤의 생존을 보장함으로써 시내전화 시장의 유효경쟁을 촉진시키기 위한 합의였으므로 경쟁제한성이 없는 행위라고 주장하였다. 그러나 법원은 본 건 합의가 시내전화 시장 점유율 100%에 이르는 양 사업자 간의 가격경쟁에 관한 합의로서 시내전화 번호이동성 제도의 시행 등으로 인한 케이티의 손실을 방지하고 이익을 극대화하기 위한 합의라는 점에서 경쟁제한성이 인정된다고 판시하였다.

(4) 시사점

본 건은 행정지도가 비공식적인 시장개입 수단으로 빈번하게 사용되고 있는 통신, 금융, 주류 등 전통적인 규제산업에 대해 경쟁제한성을 이유로 시정명령과 함께 가장 큰 규모의 과징금이 부과된 담합 사건이다. 공정거래위원회는

189) 대법원 2009. 6. 23. 선고 2007두19416 판결, 2009. 6. 23. 선고 2007두19430 판결
190) 전기통신사업법 제33조의4 정보통신부장관은 전기통신사업의 효율적인 경쟁체제의 구축과 공정한 경쟁환경의 조성을 위하여 노력하여야 한다.

이 사건을 계기로 2006. 12. 27. 행정지도가 개입된 부당한 공동행위 심사지침을 제정하여 행정지도가 개입된 카르텔에 대한 판단기준을 명확히 하여 타 법령 등에서 사업자들의 공동행위 자체를 허용하거나 행정기관이 공동행위를 유도할 수 있는 행정지도에 관한 구체적인 권한을 가진 경우가 아니라면 행정지도가 개입된 담합행위라고 하더라도 위법으로 보고 제재를 하고 있다.

7. 6개 흑연전극봉 제조사의 부당한 공동행위에 대한 건(공정거래위원회 의결 제2002-077호)

(1) 행위사실

전 세계 흑연전극봉 시장에서 약 80%의 시장점유율을 차지하고 있는 6개 외국 사업자 UCAR International Inc., SGL Carbon Aktiengesellschaft, Showa Denko K.K., Tokai Carbon Co., Ltd., Nippon Carbon Co., Ltd., SEC Corporation은 1992. 5월부터 1998. 2월까지 런던, 도쿄 등에서 수차례 모임을 갖고 한국을 포함한 전 세계 시장을 대상으로 흑연전극봉의 판매가격 및 시장분할 등을 합의하고 이를 실행하였다.

(2) 공정거래위원회의 의결과 법원 판결

공정거래위원회는 당시 공정거래법에 역외적용에 대한 명문의 규정이 없음에도 불구하고 외국법에 의해 설립된 사업자들의 합의가 외국에서 이루어졌다 하더라도 합의의 실행이 한국 내에서 이루어지고 국내시장에 영향을 미친 경우에는 관할권을 행사할 수 있다고 보고, 흑연전극봉 담합을 한 6개 외국사업자에 대해 시정명령과 함께 122억 원의 과징금을 부과하였다.

조사협조를 이유로 과징금을 대폭 감면받은 UCAR International Inc., Nippon Carbon Co., Ltd.를 제외한 나머지 4개 사는 행정소송을 제기하였는데, 서울고등법원은 Showa Denko K.K.에 대해 국내 매출액이 많다는 이유로 다른 업체의 3배에 달하는 3%의 과징금을 부과한 것은 형평에 어긋나서 재량권 일탈·남용에 해당한다고 보아 과징금 부과처분을 취소하였지만, 외국 사업자들이 외국에서 담합한 행위에 대해 행위지이론과 효과이론을 결합하여 외국 사업자들의 담합이 한국 내에서 이루어졌고 국내시장에 영향을 미쳤으므로 공정거래법이 적용된다고 [191]판시하였고 대법원은 4개사의 상고에 대해 이를 모두 [192]기각하였다.

(3) 주요 쟁점

2002년 당시 공정거래법은 역외적용에 대한 명시적인 규정이 없어서 (종전) 공정거래법 제19조를 외국 사업자에게 적용할 수 있는지가 문제가 되었다. 사업자들은 공정거래법에 역외적용 명문조항이 없고 한국의 국내시장에 직접적이고 중대한 영향을 미쳤다는 증거가 없다고 하면서 공정거래법 적용을 부정하였으나, 법원은 역외적용에 관한 효과이론과 실행지 이론에 입각하여 공정거래법 적용가능성을 인정하였다.

공정거래위원회의 조사 및 심의과정에서 사업자들의 외국 주소지에 대한 우편 송달 및 게시판을 통한 공시송달을 통해 의견서 제출을 요구하고 회의개최를 통지한 것과 관련하여 외국 사업자들은 법령에 근거가 없는 절차로서 무효라고 주장하였으나, 법원은 행정절차법에서 문서 송달방법의 하나로 우편송달을 규정하고 있어서 외국 사업자에 대해서도 그 같은 방법으로 송달하는 것이 가능하다고 판시하였다.

또한 관련 사업자들은 각각의 합의는 별개의 행위이고 2002. 4월경에는 이미 행위가 종료한 지 이미 5년이 경과하였으므로 처분시효가 도과하였다고 주장하였으나, 법원은 기본적 원칙에 대한 합의 이후 이를 실행하기 위해 수차례의 회합을 갖고 합의를 한 것은 전체적으로 하나의 공동행위를 구성하므로 주장에 이유가 없다고 판시하였다.

(4) 시사점

이 사건을 계기로 2004년 공정거래법이 개정되어 역외적용에 대한 실체법적인 근거와 절차규정이 도입되었다. 종래 국제카르텔에 대해서는 미국이나 유럽연합 등 소수의 선진국을 중심으로 규제가 이루어져 왔으나 공정거래위원회가 아시아국가 중에서 역외적용을 최초로 성공적으로 마무리함으로써 국제카르텔을 모의하거나 실행 중인 외국 사업자에게 경종을 울리는 계기가 되었다.

191) 서울고등법원 2003. 8. 26. 선고 2002누6127 판결, 2004. 8. 19. 선고 2002누6110 판결
192) 대법원 2006. 3. 23. 선고 2003두11124 판결, 2003. 3. 24. 선고 2004두11275 판결 등

8. 3개 학생복 제조사의 부당한 공동행위에 대한 건(공정거래위원회 의결 제2001-082호)

(1) 행위사실

국내 학생복 판매시장에서 50% 이상의 점유율을 차지하고 있는 학생복 제조 3사인 에스케이글로벌, 제일모직, 새한은 1998. 9월 이후 전국 총판·대리점들과 함께 전국학생복발전협의회라는 명칭의 전국 규모의 조직을 결성한 뒤 담합하여 학생복 가격을 결정하거나 학부모회 등에서 추진하는 교복 공동구매 활동 등을 방해한 행위를 하였다.

(2) 공정거래위원회의 의결과 법원 판결

공정거래위원회는 학생복 제조 3사가 전국학생복발전협의회 임원 등과의 회의를 거쳐 학생복을 재판매하는 총판·대리점들로 하여금 학생복의 판매가격을 결정한 행위와 공동구매 저지, 대리점들의 백화점 입점여부와 수수료율 등을 결정하는 행위에 대해 공정거래법 제19조 제1항을 적용하여 시정명령 및 89억 4,000만 원의 과징금을 부과하였다.

공정거래위원회의 처분에 대해 학생복 제조 3사는 행정소송을 제기하여 위법한 공동행위가 아님을 주장하였으나 법원은 이를 받아들이지 않았고 대법원 상고심에서도 원심판결에 채증(採證)법칙의 위배로 인한 사실오인이나 재량권의 일탈·남용에 관한 법리 오해의 위법이 없음을 이유로 상고를 모두 [193]기각하였다.

(3) 주요 쟁점

학생복 제조 3사는 총판·대리점의 판매가격과 자신들의 출고가격은 다르며 출고가격에 관해서는 공동행위를 한 바가 없으며, 협의 과정에서 학생복의 가격인하나 동결을 하여 소비자 편익이 증진된 사례도 있다고 하면서 가격 공동행위 성립의 부인을 주장하였다. 이에 대해 법원은 총판·대리점의 판매가격을 결정·유지하도록 합의하여 이행여부까지 점검한 것은 총판·대리점뿐만 아니라

---

193) 대법원 2004두10586, 2004두12346, 2004두14564 판결

학생복 제조 3사 사이의 경쟁까지 부당하게 제한한 것이고 가격 공동행위의 대상이 되는 가격의 의미는 일정한 수준으로 가격을 결정·유지 또는 변경하는 것으로서 가격의 인하를 포함하는 것이므로 주장에 이유가 없다고 판시하였다.

사업활동방해 행위와 관련해서 학생복 제조 3사는 공동구매에 관한 교육부 지침에 대응하기 위한 의사표시에 불과하거나 통상산업부과 중소기업청의 행정지도에 따라 사은품·판촉물 등을 제한했다거나 백화점 입점여부 등 결정행위는 백화점에 공동대응하기 위한 것이라는 주장 등을 하였으나 모두 배척되었다.

이 사건은 학생복 제조 3사 간의 수평적 공동행위와 제조사와 총판·대리점간의 수직적 공동행위가 모두 결합된 행위였다. 통상 담합은 수평적 관계에 있는 경쟁사업자들 간의 합의를 통해 이루어진다고 본다면, 수직적 공동행위를 인정할 수 있을지가 문제가 된다. 수직적 공동행위의 인정여부 대해 강학상으로는 논의를 할 수는 있겠지만, 실무적으로는 순수한 수직적 공동행위가 발생한 경우가 없고 학생복 담합사건처럼 기본이 되는 수평적 담합행위에 결합된 형태가 있는 [194]경우에 국한되므로 순수한 수직적 공동행위의 성립을 논하는 것은 큰 실익이 없다고 하겠다.

(4) 시사점

학생복 제조 3사의 담합행위에 대한 공정위의 제재에 더하여 학부모 3,525명이 학생복 제조사들을 상대로 손해배상청구 소송을 제기하여 [195]일부 승소판결이 있었는데, 이는 다수의 소비자가 담합행위를 이유로 당해 관련업체들을 상대로 집단적인 손해배상을 청구하여 일부 승소판결을 받은 최초의 사례로서 공정거래법 집행에 있어 행정처분 이외에 손해배상청구라는 사적 집행이 동시에 이루어져 담합을 억지하는 데 효과를 발휘하게 되었다는 데 의미가 크다고 할 수 있다.

2004년에는 공정거래법 개정이 이루어져 공정거래법 위반행위로 인한 손해액 입증과 관련하여 그 입증이 어려운 경우 법원이 전체 변론의 취지와 증거조사의 결과에 기초하여 상당한 손해액을 인정할 수 있는 [196]근거 조항이 마련되었다.

---

194) 영화배급업체와 영화상영업자의 영화관람료 담합 건(공정거래위원회 의결 제2008-168호)
195) 서울중앙지방법원 2005. 6. 17. 선고 2002가합590, 이 판결에 대해 학생복 제조 3사는 항소하였으나 서울고등법원은 이를 기각하였고 상고 포기로 확정되게 되었다.

9. 5개 정유사의 군납유류 입찰관련 부당한 공동행위에 대한 건(공정거래위원회 의결 제2000-158호)

(1) 행위사실

현대오일뱅크, 인천정유, 에쓰오일, 에스케이, 엘지칼텍스(이하 5개 정유사라 한다)는 1998년, 1999년 및 2000년에 국방부에서 실시한 [197]군납유류 구매입찰에 참가하면서 연도별로 각각 사전에 모임을 갖고 전체 입찰유종에 대해 유종별 낙찰예정업체, 낙찰예정업체의 투찰가 및 참여업체(들러리 업체)의 들러리 가격, 희망수량경쟁 입찰의 투찰물량을 합의하였다.

(2) 공정거래위원회의 의결과 법원 판결

공정거래위원회는 5개 정유사의 입찰담합 행위에 대해 시정명령 및 과징금을 부과하고, 조사에 협조한 에쓰오일과 엘지칼텍스를 제외한 에스케이, 현대오일뱅크, 인천정유를 검찰에 고발하였다.

과징금과 관련해서 원심결은 총 계약금액 7,128억 원의 5%를 기본으로 조사협조자인 에쓰오일과 엘지칼텍스는 3분의 1을 감경하고, 비협조자인 에스케이, 현대정유, 인천정유는 3분의 1 가중하여 부과하였는데, 재결과정에서 기본부과율을 3.25%로 낮추고 조사협조자는 0.75% 감경한 2.5%로 비협조자는 0.75% 가중한 4%로 조정하여 부과하였다.

5개 정유사 중 현대오일뱅크, 인천정유, 에쓰오일은 행정소송을 제기하였으나 패소하자 대법원에 상고하였는데, 대법원은 전체 계약금액 7,128억 원 중 3사가 각각 체결한 계약금액을 고려하지 않고 과징금을 부과한 것은 과징금의 제재적 성격이 지나치게 강조되어 계약금액의 규모가 큰 다른 사업자에 비해 비례의 원칙에 위배되어 재량권의 일탈·남용에 해당한다고 판시하였다.

공정거래위원회는 대법원 판결취지에 따라 과징금을 다시 부과하였는데 협조자인 에쓰오일은 2.5%에서 1.9%로, 비협조자인 현대오일뱅크와 인천정유는 4%에서 3%로 낮추면서 인천정유의 경우 현실적 납부능력을 고려하여 추가적으

---

196) 공정거래법 제57조(손해액의 인정)

197) 1998년, 1999년, 2000년 3개년도의 군납유류 입찰에서 총 계약금액은 7,128억 원에 이른다.

로 20% 감경하였다.

공정거래위원회의 새로운 과징금 부과처분에 대해 현대오일뱅크와 인천정유는 다시 소송을 제기하였는데, 서울고등법원은 비록 공정거래위원회가 공정거래법 제22조 등의 상한을 넘지 않는 범위 내에서 과징금을 부과했지만 비계약금액 부분에 대해서는 계약금액에 비해 절반 수준의 과징금이 부과된 전례에서 벗어났고 조사에 협조하지 않았다는 이유만으로 타 사업자와 비교해서 너무 과중한 가중을 했다는 이유 등으로 과징금 산정에 위법이 있다고 하였고 대법원도 이를 그대로 확정하였다. 결국 공정거래위원회는 현대오일뱅크와 인천정유에 조사비협조를 이유로 가중한 부분을 제외하고 다시 과징금을 부과하였다.

(3) 주요 쟁점

이 사건과 관련해서는 입찰담합의 경쟁제한성 문제보다는 과징금 산정에 대한 여러 문제가 다투어졌고 그 결과로 나온 법원의 태도는 공정거래위원회 카르텔 법집행 특히 과징금 부과와 관련해 실무상 많은 영향을 미쳤다.

들러리 업체에 대해서 계약금액을 기준으로 관련매출액을 산정한 것과 관련하여 담합 참가 사업자들은 전체 계약금액이 아니라 각각의 사업자별 계약금액을 기준으로 부과해야 하며 낙찰 받지 못한 사업자는 관련매출액이 없는 것이므로 10억 원 이하의 정액 과징금이 부과되어야 한다고 주장하였다. 이에 대해 법원은 입찰담합의 경우 계약금액 자체를 매출액과 동일시 할 수 있는 사정이 있으므로 공정거래위원회 내부지침으로 과징금부과의 기준금액을 계약금액으로 하는 것이 허용되는 것이며, 들러리 업체의 경우에도 당해 입찰담합을 성사시키는 중요한 역할을 분명히 하고 있는 것이므로 관련 규정에서 입찰계약이 체결되지 않는 경우에 해당하는 정액과징금을 부과하게 되면 입찰담합에 대한 제재로서 효과를 볼 수 없다는 점 등을 볼 때 사업자들의 주장은 이유가 없다고 판시하였다.

계약금액을 기준으로 과징금을 부과할 경우 낙찰받은 업체와 들러리 업체에 대해 동일한 기준에 의한 부과율을 적용하고 조사협조 여부에 따라 가중·감경한 처분과 관련하여 법원은 입찰계약을 체결한 사업자와 참여자로서 입찰담합에 가담한 사업자는 그로 인해 취득한 이익의 규모가 차이가 있기 때문에 그것을 고려하지 않은 과징금 부과처분은 비례의 원칙에 위배된 재량권 일탈·남용에 해당한다고 판시하였다.

이 사건에서 공정거래위원회는 조사협조자에게는 산정된 과징금을 일정 비율 경감하고 비협조자에게는 가중하였는데, 이에 대해 법원은 조사 협조 여부 및 종전 법 위반 회수를 과징금 산정의 참작사유로 할 수 있으므로 이 같은 처분 자체는 원칙적으로 가능하며 적법하다고 판시하면서도, 특정 사업자의 자금사정 등 현실적인 과징금 부담능력을 고려하지 않은 부과는 재량권 일탈·남용에 해당한다고 판시하였다.

(4) 시사점

이 사건은 입찰담합에 있어 관련매출액을 어떻게 볼지, 들러리 업체에 대해서도 계약금액을 관련매출액으로 볼 수 있는 것인지, 조사협조 등의 사정을 참작한 과징금의 가중·감경이 공정거래위원회의 재량사항에 해당하는지, 재량에 해당한다면 그 한계는 어디까지인지 등 과징금 부과에 관한 많은 쟁점이 다루어지고 명확해짐으로써 공정거래위원회의 카르텔집행에 여러 시사점을 남겼다.

다만, 조사협조 등에 대한 가중 등 공정거래위원회의 재량은 인정하면서도 사업자간 형평성 등의 이유를 들어 재량권 일탈·남용에 해당한다고 판시한 부분은 아쉽게 생각된다. 은밀한 담합을 적발하고 담합을 와해시키기 위해서는 조사에 있어 가담 사업자의 협조가 매우 중요하고 이를 끌어내기 위한 방편으로 자진신고 제도가 없는 상황에서는 과징금 경감과 같은 조치가 유일한 점을 법원이 너무 소홀히 다루었다고 생각한다.

공정거래위원회의 심결과 행정소송과는 별도로 대한민국 국방부는 별도로 본 건 입찰담합으로 인한 손해의 배상을 구하는 소송을 제기하였다. 이 사건은 군납유류 입찰담합 사건에 대해 시정명령과 과징금 부과라는 행정집행, 고발을 통한 형사상 집행, 손해배상 소송이라는 사적집행이 모두 이루어진 사례로서 향후 카르텔 법집행 방향에 대해 많은 시사점을 남겼다.

10. 4개 화장지 제조사의 부당한 공동행위에 대한 건(공정거래위원회 의결 제98-63호)

(1) 행위사실

화장지 제조사인 유한킴벌리, 쌍용제지, 모나리자, 대한펄프 4개사는 각 사의 엠보싱 두루마리 화장지 공장도 가격을 1996. 6. 1. 동시에 동일한 가격으로 인하하고, 1997. 3. 1. ~ 5. 10. 각각 동일한 가격으로 인상하였고 1997. 8. 1과 12. 23. 동일한 가격으로 각각 인상하였다.

(2) 공정거래위원회의 의결과 법원 판결

화장지 제조 4개사가 1996. 6월부터 공정거래위원회 조사로 인해 가격 차별화가 이루어진 1998. 2월 중순경까지 동일한 가격을 유지해 온 행위에 대해 공정거래위원회는 합의가 있었음을 추정하여 부당한 공동행위로 시정명령과 함께 20억 6,300만 원의 과징금을 부과하였다.

법원은 가격선도업체인 유한킴벌리의 경우 담합할 이익 동기가 없어 부당한 공동행위에 가담했다 볼 수 없다고 하였고, 1차 인하 및 1차 인상의 경우 후발업체의 단순모방에 불과하므로 합의 추정이 복멸되고, 2차 인상 및 3차 인상은 합의가 추정되며 다만, 이 경우에도 과징금 산정의 기초가 되는 관련매출액의 범위에 엠보싱 두루마리 화장지 이외의 제품 매출분이 포함되는 것은 위법하다고 [198]판시하였다.

(3) 주요 쟁점

이 사건에서 화장지 제조 4개사의 공장도 가격만 일치했고 대리점이나 유통점의 실제 거래가격은 일치하지 않았는데 이를 공정거래법 제19조 제1항 제1호의 가격을 결정·유지·변경하는 행위로 볼 수 있는지가 문제되었다. 이에 대해 법원은 공장도 가격은 실제 거래가격의 기준이 되는 가격이므로 공정거래법 제19조의 가격에 해당한다고 보면서 부당한 공동행위의 성립을 인정하였다.

이 사건은 (종전)공정거래법 제19조 제5항의 합의 추정조항을 적용한 사례였는데 행위의 외형상 일치와 실질적 경쟁제한성 이외에 추가적인 정황증거(plus factor)가 필요한지가 다투어졌다. 이에 대해 법원은 외형상 행위일치와 경쟁제한성 이외에 정황증거는 불필요하다고 판시하였다.

---

198) 서울고등법원 2001. 1. 20. 선고 98누10822 판결(모나리자), 2000. 6. 20. 선고 98누10372 판결(유한킴벌리), 2000. 6. 20. 선고 98누10839 판결(대한펄프), 2000. 12. 21. 선고 98누10815 판결(쌍용제지); 대법원 2002. 5. 28. 선고 2000두6107 판결(유한킴벌리), 2002. 5. 28. 선고 2000두6121 판결(대한펄프), 2002. 7. 12. 선고 2001두854판결(쌍용제지), 2002. 5. 28. 선고 2000두1386 판결(모나리자)

담합 가담 사업자들은 외형상의 공장도 가격 일치에도 불구하고 이는 독자적인 경영판단에 따른 것이므로 합의 추정이 복멸된다고 주장하였으나, 법원은 합의 추정이 복멸되는 경우는 과점적 시장구조에서 시장점유율이 높은 선발업체가 독자적 가격결정을 한 후 후발업체가 이를 모방하여 결정하는 경우에 해당하며, 이 사건 2차 3차 가격인상의 경우처럼 각 사의 내부 품의일자와 실제 가격인상 실행시기가 거의 동일한 시점에 이루어지고 인상가격도 1원 단위까지 동일하게 되는 경우는 합의 추정이 그대로 유지된다고 판단하였다.

실질적 경쟁제한성 판단과 관련해서도 법원은 사업자들의 시장점유율 등을 감안하여 판단하는 것이라고 하면서, 화장지 제조 4개사가 공동으로 공장도 가격을 동일하게 하는 행위는 전체 시장의 가격결정에 영향을 미치거나 미칠 우려가 있는 상태를 초래하는 이상 경쟁제한성이 인정된다고 판시하였다.

(4) 시사점

이 사건은 합의의 추정요건과 복멸, 담합대상이 되는 가격의 의미 등 부당한 공동행위의 성립과 관련된 주요 논점이 다루어졌다. 합의의 추정과 관련해서는 2007. 8. 3. 공정거래법 개정을 통해 종래 2 이상 사업자의 실질적 경쟁제한 행위가 있는 경우 명시적 합의가 없더라도 부당한 공동행위로 추정되던 것을 외관상 일치되는 행위가 있더라도 해당 거래분야 또는 상품·용역의 특성, 해당 행위의 경제적 이유 및 사업자 간 접촉의 양태 등 제반사정에 비추어 합의의 상당한 개연성이 있는 경우에만 합의가 추정되도록 강화되었다.

[별표 1]

<table>
<tr><td colspan="6">(공 동 행 위
경 쟁 제 한 행 위)의 (인 가
변경인가) 신청서</td><td colspan="3">처리기간
30일</td></tr>
<tr><td rowspan="4">신청인
(공동행위
참가사업자
대표 또는
사업자단체)</td><td colspan="2">명 칭</td><td colspan="6"></td></tr>
<tr><td colspan="2">소 재 지</td><td colspan="6">(전화번호 :)</td></tr>
<tr><td colspan="2">대 표 자 성 명</td><td colspan="6">(한 자 :)</td></tr>
<tr><td colspan="2">대 표 자 주 소</td><td colspan="6"></td></tr>
<tr><td>실 시 내 용</td><td colspan="8"></td></tr>
<tr><td>실 시 사 유</td><td colspan="8"></td></tr>
<tr><td>실 시 기 간</td><td colspan="8"></td></tr>
<tr><td rowspan="5">참 가 사 업 자</td><td rowspan="2">연번</td><td rowspan="2">명 칭</td><td rowspan="2">소 재 지</td><td colspan="2">대표자</td><td rowspan="2">사업
내용</td></tr>
<tr><td>성 명</td><td>주 소</td></tr>
<tr><td></td><td></td><td></td><td></td><td></td><td></td></tr>
<tr><td></td><td></td><td></td><td></td><td></td><td></td></tr>
<tr><td></td><td></td><td></td><td></td><td></td><td></td></tr>
<tr><td colspan="9">독점규제 및 공정거래에 관한 법률 제40조(부당한 공동행위의 금지) 및 동법 시행령 제46조(공동행위의 인가절차 등)의 규정에 의하여 위와 같이

(공 동 행 위
경 쟁 제 한 행 위)의 (인 가
변경인가)를 신청합니다.

20 . . .
신청인 ㊞

공정거래위원회 귀중</td></tr>
</table>

〈기재방법〉 [후면]

1. 실시내용은 법 제40조(부당한 공동행위의 금지)제1항에서 규정되어 있는 공동행위의 유형에 준하여 기입할 것.

2. 실시방법은 실시내용을 실현하기 위한 방법을 구체적으로 기술토록 하며 실효성을 확보하기 위한 수단을 포함할 수 있음.

3. 실시사유는 법 제40조(부당한 공동행위의 금지) 제2항 각호의 사유중 해당되는 것을 기입할 것.

4. 신청서 공간이 부족한 경우는 별지에 작성하여 첨부할 것.

5. 변경신청을 하려는 경우, 변경된 내용을 기준으로 인가신청서 전체 내용을 재작성하고 시행령 제46조 제6항의 서류를 첨부할 것.

[별표 2]

<table>
<tr><td colspan="3">(공 동 행 위
경 쟁 제 한 행 위) 폐지신고서</td></tr>
<tr><td rowspan="3">폐 지 사 업 자
대 표
(사 업 자 단 체)</td><td>①명 칭</td><td>(외 인)</td></tr>
<tr><td>②주 소</td><td>(전화번호 :)</td></tr>
<tr><td>③대 표 자 성 명</td><td>(한자)</td></tr>
<tr><td>④폐 지 년 월 일</td><td colspan="2"></td></tr>
<tr><td>⑤폐 지 사 유</td><td colspan="2"></td></tr>
<tr><td colspan="3"></td></tr>
<tr><td colspan="3">20 년 월 일 인가된 에 관한 (공 동 행 위
경쟁제한행위) (인가번호
제 호)는 이를 폐지하였으므로 독점규제 및 공정거래에 관한 법률 시행령 제47조(인가된 공동행위의 폐지)의 규정에 의하여 위와 같이 신고합니다.

20 . . .
폐지사업자 대표 ㉠

공정거래위원회 귀중</td></tr>
<tr><td colspan="3"><첨부서류>
1. 폐지한 사실을 확인하는 서류</td></tr>
</table>

[별지 제1호 서식] 〈개정 2021.12.30.〉

신고포상금 지급신청서

대상자	성 명	
	주민등록번호 (외국인등록번호)	
	주 소	
	연 락 처	
사건의 개요		
신 고 내 용		
조 치 내 용 (의결결과 등)		
신청인의 소견		

「독점규제 및 공정거래에 관한 법률 시행령」 제91조 또는 「방문판매 등에 관한 법률」 제44조, 같은 법 시행령 제51조, 「대규모유통업에서의 거래 공정화에 관한 법률」 제29조, 같은 법 시행령 제26조, 「하도급거래 공정화에 관한 법률」 제22조, 같은 법 시행령 제10조의2, 「대리점거래의 공정화에 관한 법률」 제26조의2, 같은 법 시행령 제19조의2, 「가맹사업거래의 공정화에 관한 법률」 제15조의5, 같은 법 시행령 제32조의4, 공정거래법 등 위반행위 신고자에 대한 포상금 지급에 관한 규정 제2조제1항의 규정에 의하여 포상금 지급을 신청하오니 조치하여 주시기 바랍니다.

20 년 월 일

신청인 (서명 또는 인)

공정거래위원장 귀하

〔별표 1〕표준공표양식

1. 표준공표문안

공정거래위원회로부터 시정명령을 받은 사실의 공표	공표제목
저희 **회사(△백화점, ○협회)**는 ○○기간 중 ○○에 대하여 ○○방식으로 ○○**행위**를 하여 **독점규제및공정거래에관한법률을 위반하였다는 이유로 공정거래위원회**로부터 **시정명령**을 받았습니다.	공표내용
○○○○년 ○월 ○일 ○○**주식회사** **대표(이사)** ○○○	공 표 자

2. 글자크기

글자 크기 / 구 분	공표제목	공표내용	공표자
신문 공표			
ˎ 5단 × 37cm	42P 이상	22P 이상	31P 이상
ˎ 5단 × 18.5cm	31P 이상	14P 이상	22P 이상
ˎ 5단 × 15cm	26P 이상	12P 이상	20P 이상
ˎ 5단 × 12cm	22P 이상	11P 이상	16P 이상
ˎ 3단 × 10cm	20P 이상	11P 이상	14P 이상
사업장 공표 全紙 크기 (78.8cm×109cm)	3.0cm×4.5cm 이상	2.5cm×3.5cm 이상	3.0cm×4.5cm 이상

[별지 제1호 서식]

감면신청서(제7조제1항 관련)

<table>
<tr><th colspan="6">부당한 공동행위 자진신고자 등에 대한 시정조치 등 감면신청서</th></tr>
<tr><td rowspan="7">신청인
(공동감면
신청시
별지 기재)</td><td>사 업 자 명</td><td colspan="2"></td><td rowspan="2">사 업 자
등록번호</td><td rowspan="2"></td></tr>
<tr><td>대표자 성명</td><td colspan="2"></td></tr>
<tr><td>주 소</td><td colspan="4"></td></tr>
<tr><td rowspan="2">연 락 처</td><td>전 화 번 호</td><td></td><td>휴 대 폰</td><td></td></tr>
<tr><td>팩 스 번 호</td><td></td><td>이 메 일</td><td></td></tr>
<tr><td rowspan="2">실제 신고하는
자에 관한 사항</td><td>성명</td><td></td><td>근무부서</td><td></td></tr>
<tr><td>전화번호</td><td></td><td>이메일</td><td></td></tr>
<tr><td rowspan="10">부당한
공동행위의
개요</td><td colspan="5">※ 다음 사항을 빠짐없이 기재하여 주시고, 상세 내용은 별지에 기재하여 주시기 바랍니다.</td></tr>
<tr><td>합의대상 품목</td><td colspan="4">합의의 대상이 된 상품 또는 서비스 등 품목을 기재하여 주십시오.</td></tr>
<tr><td>합의의 내용</td><td colspan="4">합의한 내용을 구체적으로 기재하여 주십시오.
예) ○○부터 ○○까지 가격을 ○% 인상하기로 합의</td></tr>
<tr><td>공동행위
참여사업자</td><td colspan="4">공동행위에 참여한 사업자명을 모두 기재하여 주십시오.</td></tr>
<tr><td>실제 회합에
참석한 사람</td><td colspan="4">공동행위와 관련된 회합에 실제로 참석한 사람의 성명, 소속회사, 직책, 연락처 등을 기재하여 주십시오.</td></tr>
<tr><td>공동행위 기간</td><td colspan="4">공동행위를 시작한 시기, 공동행위가 지속된 기간, 공동행위가 종료되었다면 종료된 시점 등을 기재하여 주십시오.
예) 1999년 1월 1일 - 2006년 12월 31일.</td></tr>
<tr><td>회합 일시 및
장소</td><td colspan="4">공동행위 가담자들이 공동행위와 관련하여 만난 일시와 장소를 빠짐없이 기재하여 주십시오.
예) 2006년 10월 1일 서울시내 ○○○ 음식점</td></tr>
<tr><td>의사연락 및
회합의 방법</td><td colspan="4">공동행위와 관련된 사항을 논의하기 위하여 다른 사업자들과 취한 의사연락의 방법(예: 이메일, 전화, 팩스 등), 회합의 방법(예: ○○○회의체 구성, 정기적 모임 등) 등을 기재하여 주십시오.</td></tr>
<tr><td>회합 횟수</td><td colspan="4">공동행위 가담자들이 만난 횟수를 기재하여 주십시오.
예) ○○년부터 ○○년까지 총 10회, 또는 매월 1회</td></tr>
<tr><td>합의 실행
여부 및
방법</td><td colspan="4">합의한 내용을 실행하였는지 여부와 어떻게 실행하였는지에 대해 기재하여 주십시오.
예) 기준 가격표를 작성하여 그대로 이행하였으며, 정기적으로 준수여부를 점검하고, 기준가격에서 벗어나는 경우에는 벌과금을 부과하고 추후 재조정</td></tr>
<tr><td>증거자료
목록</td><td colspan="5">공동행위의 입증에 필요한 증거자료의 목록을 기재합니다.
<증거자료의 예>
· 합의서, 공동행위가 이루어진 회합의 회의록, 합의결과를 기재한 내부문서 등 합의를 직접적으로 입증할 수 있는 자료
· 진술서, 확인서, 그밖에 공동행위를 할 것을 논의하거나 실행한 사실을 육하원칙에 따라 기술한 자료
· 사업자들간 의사연락을 증명할 수 있는 이메일, 전화통화 기록, 팩스 수·발신 기록, 업무수첩 기재내용 등
· 회합을 입증할 수 있는 회의장소 사용기록, 신용카드 전표,</td></tr>
</table>

<table>
<tr><td></td><td colspan="2">· 기타 공동행위 전후의 경영상태를 비교할 수 있는 자료, 내부문서, 보고서 등

목록에 기재된 증거자료는 이 신청서에 첨부되어야 합니다. 다만, 특별한 사정이 존재하는 경우에는 사후에 추가로 제출할 수 있습니다(별지 기재 가능).</td></tr>
<tr><td>공동행위 중단여부 및 관련증거 목록</td><td colspan="2">가격환원, 합의파기, 거래재개 등 공동행위로부터 벗어난 사정과 그 시점을 기재하고 이를 입증하는 자료의 목록을 기재합니다.
목록에 기재된 증거자료는 이 신청서에 첨부되어야 합니다. 다만, 특별한 사정이 존재하는 경우에는 사후에 추가로 제출할 수 있습니다(별지 기재 가능).</td></tr>
<tr><td>보정기간</td><td colspan="2">위 사항 중 일부사항이 누락된 경우 그 보정에 필요한 기한을 기재합니다. 이 기간은 이 신청서를 제출한 날로부터 15일을 초과할 수 없습니다. 다만, 부득이한 경우 심사관과 협의 하에 60일 범위 내에서 보정기간을 연장할 수 있습니다.</td></tr>
<tr><td rowspan="2">공동 감면신청시 기재사항</td><td>공동 감면신청 사유</td><td>□ 실질적 지배관계에 있는 계열회사
□ 분할 또는 영업양수도의 당사회사
※ 해당 란에 √ 표시하고, 당해 사유에 관한 설명을 기재하신 후, 이를 입증할 수 있는 자료를 첨부하여 주십시오.</td></tr>
<tr><td>공동 감면신청 요건 미충족시 감면신청인들간 순위</td><td>공동 감면신청인들이 시행령 제35조제1항제1호가목 단서 또는 동항제3호가목 단서의 요건을 충족하지 못할 경우, 공동 순위를 부여받지 못하고 개별적으로 순위를 부여받게 됩니다. 이 경우 공동 감면신청인들간 순위를 기재하여 주십시오.</td></tr>
<tr><td>외국정부에의 감면신청 여부</td><td colspan="2">위원회에 감면신청하기 이전에 외국정부에 감면신청을 한 사실이 있는지 여부와 만일 신청을 한 경우 감면 신청한 외국의 관련당국 명칭과 신청한 일시를 적시하여 주십시오.</td></tr>
<tr><td>신청 이후 주의사항</td><td colspan="2">1. 당해 공동행위 관련 사실을 완전히 진술하고 자신이 보유한 모든 관련 자료를 제출하는 등 위원회의 심의가 끝날 때까지 성실하게 협조할 것
가. 자진신고자 등이 알고 있는 당해 공동행위와 관련된 모든 사실을 지체없이 진술할 것
나. 당해 공동행위와 관련하여 보유하고 있거나 수집할 수 있는 모든 자료를 신속하게 제출할 것
다. 사실 확인에 필요한 위원회의 요구에 신속하게 답변하고 협조할 것
라. 임직원(가능하다면 전직 임직원 포함)이 위원회의 조사, 심의(심판정 출석 포함) 등에서 지속적이고 진실하게 협조할 수 있도록 최선을 다할 것
마. 공동행위와 관련된 증거와 정보를 고의로 파기, 조작, 훼손, 은폐하지 아니할 것
바. 위원회의 동의 없이 제3자에게 행위사실 및 감면신청 사실을 누설하지 아니할 것(법령에 따라 공개해야 하거나 외국정부에 알리는 경우는 예외)
2. 제출된 자료가 허위가 아닐 것
3. 감면신청 후 즉시 또는 심사관이 정한 기간 종료 후 즉시 공동행위를 중단하고 중단된 상태를 유지할 것
※ 만일 위 주의사항을 어길 경우 감면신청에 따른 감면혜택을 받지 못 할</td></tr>
</table>

수 있습니다.
상기 본인은 위 공동행위에 참여한 사업자로서 **귀 위원회의 심의가 끝날 때까지 조사에 성실하게 협조할 것을 서약**하며, 「독점규제 및 공정거래에 관한 법률」 제44조와 같은 법 시행령 제51조 및 「부당한 공동행위 자진신고자 등에 대한 시정조치 등 감면제도 운영고시」 제7조에 의거 본 신청서를 제출합니다. 년 월 일 신 청 인 : (서명 또는 날인)

접수일시

접수순위

위와 같이 접수함

공정거래위원회 제조카르텔조사과 (서명 또는 날인)

[별지 제2호 서식]

추가감면신청서(제7조제3항 관련)

부당한 공동행위에 대한 시정조치 등의 추가감면신청서							
신청인	사 업 자 명			사 업 자 등록번호			
	대표자 성명						
	주 소						
	연 락 처	전 화 번 호		휴 대 폰			
		팩 스 번 호		이 메 일			
	실제 신고하는 자에 관한 사항	성명		근무부서			
		전화번호		이메일			
당해 공동행위 목록 (추가 감면대상)	본안 의결서 번호	2순위 감면지위가 인정된 경우 감면의결서 번호	과징금 고시 상 조사협력 감경 여부 (O/X)	자진신고일 / 조사개시일 중 빠른 날	심의일 (2회이상 심의가 이루어진 경우 최종 심의일)	최종 부과 과징금	관련매출액
다른 공동행위 목록 (추가 감면사유)	본안 의결서 번호	1순위 감면지위 인정 의결서 번호		자진신고일		관련매출액	
신청 시 주의사항	1. 당해 공동행위로서 추가감면을 받기 위해서는 당해 공동행위에 대한 2순위 감경의결 또는 조사협력에 따른 과징금부과 세부기준 등에 관한 고시 상 과징금 감경이 있었어야 함(1순위 감면지위를 부여받은 경우 또는 일체의 감경을 받지 못한 경우는 추가감면을 받을 수 없음) 2. 당해 공동행위에 대해 2순위 감면지위를 부여받은 사업자의 경우, ▲과징금 고시 상 조사협조 감경여부 및 ▲최종 부과과징금은 감면의결서 기재사항을 기준으로 작성하여야 함 3. 다른 공동행위 자진신고를 이유로 추가감면을 받기 위해서는 다른 공동행위에서 1순위 감면지위를 확정받아야 하며, 다른 공동행위 자진신고는 ▲당해 공동행위 자진신고일/조사개시일 중 빠른 날 이후, ▲당해 공동행위에 대한 위원회 심의 완료 이전에 접수된 것으로 한정함 4. 관련매출액은 사건 전체의 관련매출액을 기재하되(신청인의 매출액만 적는 것이 아님), 입찰담합(법 제40조제1항제8호)의 경우 계약금액만 기재함(들러리 매출액은 미포함) 5. 추가감면 신청 시점 기준 당해 공동행위 및 다른 공동행위가 복수로 존재하는 경우는 복수의 당해 공동행위 및 다른 공동행위를 모두 기재하여야 함						

상기 본인은 위 「부당한 공동행위 자진신고자 등에 대한 시정조치 등 감면제도 운영고시」 제7조제3항에 의거 독점규제 및 공정거래에 관한 법률 시행령 제51조제1항제4호의 추가감면을 받고자 본 신청서를 제출합니다.

년 월 일

신 청 인 : (서명 또는 날인)

[별지 제3호 서식] <개정 2012.11.6.>

포상금 지급결정서

1. 대상자

성　　명		주민등록번호 (외국인등록번호)	
주　　소			
연 락 처			

2. 대상사건

사건번호		피 심 인 (피조사인)	
사 건 명			
신고내용			

3. 결정내용

주　　문	대상자　　　　　에게　포상금　　　　　원　지급
이　　유	

위와 같이 결정함

년　　월　　일

공 정 거 래 위 원 회

부당한 공동행위 세부평가기준표

참작사항 (부과수준)		비중	상(3점)	중(2점)	하(1점)
위반행위내용	경쟁제한성	0.2	공정거래법 제40조제1항 제1, 2, 3, 4, 8호 등에 해당하는 행위로서 주로 경쟁제한효과만 나타나는 경우	공정거래법 제40조제1항 제1, 2, 3, 4, 8호 등에 해당하는 행위로서 담합의 동기·목적, 관련시장의 특성(시장집중도, 진입의 용이성, 입찰 방식, 유통구조 등) 등을 종합적으로 고려할 때 경쟁제한효과가 현저하지 않은 경우	· 상(3점) 또는 중(2점)에 해당되지 않는 경우
	이행정도	0.2	· 합의 내용의 이행을 위하여 이행 감시·제재 수단을 활용하여 감시·제재한 경우	· 합의 내용의 이행을 위한 이행 감시·제재 수단이 존재하지만 실제 감시·제재하지는 않은 경우	· 합의 내용의 이행을 위한 이행 감시·제재 수단이 존재하지 않는 경우
	관련시장 점유율	0.1	· 참가사업자의 공동행위 관련 시장점유율이 75% 이상인 경우 제8호의 경우 입찰참가자 대비 공동행위에 가담한 입찰참가자의 비율(단, 여러 입찰이 하나의 공동행위를 이룰 경우 각 입찰별 비율의 산술평균)이 90% 이상인 경우	· 참가사업자의 공동행위 관련 시장점유율이 50% 이상 75% 미만인 경우 제8호의 경우 입찰참가자 대비 공동행위에 가담한 입찰참가자의 비율(단, 여러 입찰이 하나의 공동행위를 이룰 경우 각 입찰별 비율의 산술평균)이 75% 이상인 경우	· 참가사업자의 공동행위 관련 시장점유율이 50% 미만인 경우 제8호의 경우 입찰참가자 대비 공동행위에 가담한 입찰참가자의 비율(단, 여러 입찰이 하나의 공동행위를 이룰 경우 각 입찰 별 비율의 평균)이 75% 미만인 경우
위반행위 정도	관련매출액	0.2	· 위반사업자의 관련매출액이 5천억원 이상인 경우 · 제8호의 경우 건설은 계약금액이 1000억원 이상, 물품구매·기술 용역 등 그 외의 입찰은 계약금액이 100억원 이상인 경우	· 위반사업자의 관련매출액이 3천억원 이상 5천억원 미만인 경우 · 제8호의 경우 건설은 계약금액이 400억원 이상 1000억원 미만, 물품구매·기술 용역 등 그 외의 입찰은 계약금액이 40억원 이상 100억원 미만인 경우	· 위반사업자의 관련매출액이 3천억원 미만인 경우 · 제8호의 경우 건설은 계약금액이 400억원 미만, 물품구매·기술 용역 등 그 외의 입찰은 계약금액이 40억원 미만인 경우

	부당 이득 / 피해 규모	0.2	· 위반행위의 지속기간, 시장의 구조, 관련 상품의 범위 및 특성, 거래단계, 대체의 용이성, 가격인상분(입찰에서의 낙찰률)의 절대·상대적인 수준, 이익률의 절대·상대적인 수준 등을 종합적으로 고려할 때, 부당이득의 규모가 현저하거나 거래상대방·소비자 등에게 현저한 피해가 발생되는 경우	· 위반행위의 지속기간, 시장의 구조, 관련 상품의 범위 및 특성, 거래단계, 대체의 용이성, 가격인상분(입찰에서의 낙찰률)의 절대·상대적인 수준, 이익률의 절대·상대적인 수준 등을 종합적으로 고려할 때, 부당이득의 규모가 상당하거나 거래상대방·소비자 등에게 상당한 피해가 발생되는 경우	· 상(3점) 또는 중(2점)에 해당되지 않는 경우
	지역적 범위 (제8호의 경우 입찰 특성)	0.1	· 위반행위 효과가 전국에 미치는 경우 · 제8호의 경우 발주처(다만 공고기관과 수요기관이 다른 경우 수요기관을 의미한다)가 중앙정부 또는 「공공기관의 운영에 관한 법률」 제4조에 따른 공공기관인 경우	· 위반행위 효과가 2개 이상의 특별시·광역시·도 이내에 미치는 경우 · 제8호의 경우 발주처(다만 공고기관과 수요기관이 다른 경우 수요기관을 의미한다)가 지방자치단체 또는 「지방공기업법」 제49조에 따른 지방공사 및 같은 법 제76조에 따른 지방공단인 경우	· 위반행위 효과가 1개의 특별시·광역시·도 이내에만 미치는 경우 · 제8호의 경우 발주처가 민간기업인 경우

비고: 관련매출액의 대략의 범위라도 산정이 불가능한 경우 관련매출액의 비중치(0.2)는 부당이득/피해규모의 비중치에 0.1를 합산(0.3)하고 관련 시장점유율의 비중치에 0.1를 합산(0.2)하여 점수를 산정한다.

제 2 장

기업결합 규제

Ⅰ. 기업결합 규제의 의의

Ⅱ. 기업결합 신고

Ⅲ. 기업결합심사

Ⅳ. 경쟁제한 기업결합에 대한 시정조치 등

Ⅴ. 공정거래위원회의 최근 법집행 동향

Ⅵ. 기업결합 시정 대표사례 고찰

제2장

기업결합 규제

Ⅰ. 기업결합 규제의 의의

1. 기업결합의 개념과 지배관계

(1) 기업결합의 의의

(1)-1 개념

기업결합([1]M&A: Merger and Aquisition)은 독립적으로 운영되는 기업들이 특정 목적을 효과적으로 수행하기 위해 자본적·인적·조직적인 결합을 하여 공통의 지배력 하에 통합되는 것을 의미한다. 여기서 특정 목적은 경영의 효율성 향상, 추구하는 핵심 역량의 강화 또는 사업구조 조정 등을 의미하며 통상 기업결합의 의사결정은 특정 목적 실현을 위한 고도의 가치판단을 바탕으로 기업 최고위 경영층에 의해 이루어지는 가장 중요한 경영활동의 하나라고 이해되고 있다. 기업결합은 WTO 체제 출범 이후 전 세계적으로 [2]활성화되고 있고 우리나라에서

1) 기업결합의 형태는 주식취득, 합병, 영업양수, 임원 겸임, 합작회사 설립 등 다양하게 나타나고 있으나 영문 M&A는 그중 대표유형인 합병과 주식취득을 나타내는 용어이긴 하지만 사실상 모든 기업결합의 의미를 포괄하여 실무에서 광범위하게 사용되고 있다. 이하에서는 문맥에 따라 기업결합, 기업결합행위 또는 M&A를 혼용해서 사용하기로 한다.

2) 우리나라의 경우도 2000년대 이후 연간 600여 건이 넘는 기업결합이 공정거래위원회에 신고되고 있다.

도 IMF 외환위기 이후에 기업 구조조정의 수단으로 기업결합이 많이 활용되었고 현재에도 기업의 핵심역량 강화를 위한 수단으로서 활발히 이루어지고 있다.

독립된 기업이 공통의 지배력 하에 놓이게 되는 '기업결합' 개념과 특정한 기업이 특정한 기업집단의 지배하에 놓이게 되는 '계열회사 편입' 개념과의 구분이 문제될 수 있다. 계열회사 관계는 [3]동일인관련자가 지분을 30% 이상 소유하고 최다출자자이거나 임원겸임 등 지배관계가 인정되면 특정 기업집단의 계열회사로 성립되는 개념이다. 주식 취득, 임원겸임 등 일정한 기업결합 행위로 인해 계열회사로 편입되는 효과가 발생하기도 하지만 그렇지 않는 경우도 있을 수 있으므로 기업결합과 계열편입은 밀접한 관련이 있다고는 할 수 있으나 반드시 일치하는 개념은 아니라는 점에 유의할 필요가 있다.

(1)-2 기업결합 행위의 성격

기업결합 행위가 경영효율성 내지는 기업활동의 핵심역량을 강화하기 위한 목적으로 행해지는 경우 기업지배권이 가장 그 사업을 잘할 수 있는 사업자에게 이전되는 것이므로 궁극적으로는 효율적인 자원배분을 가져와서 경제발전에 기여를 하게 된다. 시장에의 자유로운 진입과 퇴출이 '기업지배권 시장'을 통해 이루어지는 것이므로 기업결합 행위는 효율적인 자원배분으로 특징되는 시장경제의 꽃이라 할 정도의 긍정적인 측면이 있다.

그러나 기업결합이 정부 등의 인위적인 개입 등에 따른 산업구조조정 일환의 목적으로 이루어지거나 기업결합이 특정 사업자의 시장지배력만을 형성·강화할 목적으로 이루어지는 경우에는 자원의 효율적 배분을 통한 후생증대 효과보다는 경쟁 사업자의 수 감소로 인해 사업자 간 담합이 용이해지거나, 시장지배적지위 남용행위 발생 등 경쟁제한의 폐해가 생길 수 있는 부정적 측면 또한 함께 내포하고 있다.

---

3) 공정거래법상 동일인은 회사를 지배하는 자를 의미하는데 공정거래법은 '기업집단'의 정의에서 동일인은 자연인 또는 회사 모두가 될 수 있다고 하고 있고, 매년 공정거래위원회가 현황을 파악해서 지정하고 있다. '동일인 관련자'는 배우자, 6촌 이내 혈족·4촌 이내 인척, 동일인이 동일인 관련자와 합하여 총출연금액의 30% 이상을 출연한 경우로서 최다출연자인 비영리법인, 동일인 및 동일인 관련자 중 1인이 설립자인 비영리법인 또는 단체, 동일인이 직접 또는 동일인 관련자를 통하여 지배적 영향력을 행사하고 있는 비영리법인 또는 단체, 동일인이 사실상 사업내용을 지배하는 회사, 동일인의 사용인 및 동일인 관련 비영리법인 또는 단체의 사용인을 의미한다. 기업집단과 소속 계열회사에 대해서는 제4장 경제력집중 규제에서 상세히 다루도록 한다.

(2) 기업결합과 지배관계

기업결합은 그 다양한 유형에도 불구하고 본질적으로는 기업지배권이 변동되는 행위라고 할 수 있다. 따라서 기업결합의 본질적 요소는 새로운 지배관계의 형성에 있고, 지배관계의 변화를 통해 당해 기업이 효율적인 경영 또는 핵심역량 강화 등 목적하는 바를 달성하려고 하는 것이다. 이때 이러한 지배관계의 변화로 인해 당초 기업결합이 의도하고 있는 효율성 증대 효과 등과 함께 대개는 사업자 수 감소 등으로 인한 경쟁제한 효과도 함께 발생하게 되는 것이므로, 공정거래위원회가 기업결합 심사나 심사에 따른 조치들을 할 때는 기업결합으로 인한 지배관계의 형성·변경에 대해 일차적으로 관심을 갖게 된다.

기업결합에 있어서 지배관계가 실제로 형성되는지의 문제는 주로 주식취득, 임원겸임, 회사신설 형태의 기업결합 경우에 발생하게 되며, 당해 행위 자체로 지배관계가 형성된다고 보는 합병 또는 영업양수의 경우는 지배관계의 형성 여부를 따져야 할 필요성이 크지 않다. 특히 주식취득의 경우에는 20% 이상이면 피취득회사에 대한 지배관계가 형성될 수 있다고 보고 있는데 공정거래법상 특정 회사에 대해 30% 이상의 주식을 취득하고 최대주주가 되는 경우에는 기업집단의 범위에도 포함되므로 기업결합에 의한 지배력 형성과 기업집단 내의 계열회사 편입은 일정부분 관련이 있게 된다. 지배관계의 형성에 대한 판단기준에 대해서는 기업결합 심사부분에서 상세히 설명하기로 한다.

특정 기업결합 이후 지배관계가 실제로 형성되었는지가 쟁점이 된 판례로는, 무학의 대선주조에 대한 경쟁제한적 기업결합행위 건에서 법원은 무학이 대선주조의 주식 중 50% 미만을 소유하고 있으나 그래도 제1대 주주의 지위에 있고, 제2대 주주인 대선주조 간에 상당한 차이가 있으며, 경영권 획득을 위한 주식 취득이라는 점을 무학 스스로 인정하고 있는 점 등을 들어 무학의 대선주조에 대한 지배관계가 형성된다고 하였고, 공정거래위원회의 시정조치 이후 대선주조의 주식 50.59%가 특정인에게 매각되어 그 특정인이 제1대 주주가 된 사정 등은 이 사건 처분 이후의 사정변경에 불과하여 이 사건 처분 당시에 지배가능성이 없었다고 볼 수는 없다고 [4]판시한 바 있다.

---

4) 서울고등법원 2004. 10. 27. 선고 2003누2252 판결, 고법 확정

2. 기업결합 규제의 필요성과 특징

(1) 기업결합 규제의 필요성

공정거래위원회는 일정한 요건에 해당하는 기업결합을 신고하도록 하고, 이에 대한 경쟁제한성 심사를 하여 경쟁을 실질적으로 제한하는 기업결합에 대해서는 공정거래법에 따라 이를 금지[5]구조적 조치)하기도 하고 효율성 증대효과와 경쟁제한성이 동시에 존재할 수 있는 기업결합에 대해서는 경쟁제한성을 제거할 수 있는 시정조치[6]행태적 조치)를 하고 있다. 앞서 설명한 기업결합의 긍정적인 측면에도 불구하고 기업결합은 기본적으로 기업지배권의 변동·형성과 함께 경쟁사업자의 수를 감소시켜 독과점 상태와 유사한 경쟁제한 효과가 발생할 우려가 있기 때문에 우리나라를 비롯한 주요 선진 시장경제 국가들은 공통적으로 경쟁제한적 기업결합을 규제하고 있다.

[7]법원도 경쟁제한적인 기업결합을 금지하는 것은 기업결합 당사 회사들이 더 이상 서로 경쟁하지 않게 됨에 따라 결합된 회사가 시장지배력을 획득 또는 강화하여 결합회사가 단독으로 또는 다른 회사와 공조하여 가격 인상 등을 통한 초과이윤을 추구하게 되고 그 결과 소비자 피해와 경제적 효율성의 저하가 초래되는 것을 방지하는 데 있다고 경쟁제한적 기업결합의 규제 취지를 설명하고 있다.

전부개정 공정거래법 제9조는 누구든지 직접 또는 특수관계인을 통하여 ① 다른 회사 주식의 취득 또는 소유, ② 임원 또는 종업원에 의한 다른 회사의 임원 지위의 겸임, ③ 다른 회사와의 합병, ④ 다른 회사의 영업의 전부 또는 주요 부분의 양수(讓受)·임차 또는 경영의 수임이나 다른 회사의 영업용 고정자산의 전부 또는 주요 부분의 양수, [8]⑤ 새로운 회사설립에의 참여를 하면서 일정

---

5) 경쟁제한적 기업결합을 불허하거나 결합당사회사의 자산 등을 매각하여 경쟁제한성을 원천적으로 제거하는 시정조치에 해당한다. 상세한 것은 후술하기로 한다.

6) 경쟁제한적 기업결합 시정조치의 방법으로 기업결합 자체는 허용하되 일정한 기간을 정해서 영업방식, 영업범위 등을 제한하여 경쟁제한성을 제거하는 시정조치이다. 상세한 것은 후술하기로 한다.

7) 서울고등법원 2004. 10. 27. 선고 2003누2252 판결, 고법 확정 (무학의 대선주조에 대한 경쟁제한적 기업결합행위 건)

8) 전부개정 공정거래법은 회사설립과 관련하여 ① 특수관계인 외의 자는 참여하지 않는 경우와 ② 상법에 의한 분할에 따른 회사설립에 참여하는 경우는 기업결합의 제한의 대

한 거래분야에서 경쟁을 실질적으로 제한하는 행위를 금지하고 있다.

'특수관계인'에 대해서는 공정거래법 시행령 제16조에서 규정하고 있는데 당해 회사의 사업내용을 사실상 지배하는 자, 동일인관련자, 경영을 지배하려는 공동의 목적을 가지고 당해 기업결합에 참여하는 자가 이에 해당한다. 공정거래법은 '누구든지'라는 표현을 쓰고 있으므로 경쟁을 제한하는 기업결합 행위의 당사자가 반드시 국내 사업자에 국한되는 것은 아니고 외국 사업자도 경쟁을 제한하는 기업결합을 할 경우 규제대상이 될 수 있다. 실례로 2010년 세계 2, 3위 철광석업체인 호주의 비에이치피빌리턴과 리오틴토가 생산조인트벤처를 설립하는 내용의 계약을 체결하고 기업결합 신고서를 제출한 건에 대해 공정거래위원회는 경쟁제한성이 있다고 판단하고 그 판단의 근거를 담은 심사보고서를 결합당사회사에게 송부하였다. 이에 대해 결합당사회사는 생산조인트벤처 기업결합을 포기하고 신고회사가 신고를 철회함으로써 심의종료 되었는데 당해 기업결합 건은 해외 기업결합에 대해 경쟁제한성을 이유로 제동을 건 사실상 최초의 사례가 되었다.

(2) 기업결합 규제의 특성

기업결합 규제는 경쟁제한 폐해가 구체적으로 나타나기 이전에 그 가능성을 근거로 시정조치를 한다는 점에서 사전규제적 성격을 갖고 있으며, 경쟁제한 폐해를 구체적으로 시정하기 위해 행태적 시정조치를 하는 경우는 폐해규제적 성격을 갖기도 한다. 또한 최근에는 경제가 글로벌화되면서 기업결합에 따른 경쟁제한 폐해가 한 국가에 그치지 않고 여러 국가에 걸쳐 영향을 주는 현상이 나타나고 있고 이렇게 국경을 넘어 세계적으로 영향을 미치는 기업결합에 대해서는 여러 국가의 경쟁당국이 동시에 심사를 하는 경우도 자주 발생하고 있다.

기업결합 규제는 경쟁제한 가능성에 대해 규제를 하는 것이기 때문에 미래의 경쟁상황에 미치는 영향에 대한 정확한 예측이 필수적이어서 경쟁법 집행과 관련된 어떠한 분야보다도 경제분석 기법이 많이 활용되는 분야이기도 하다. 이러한 경제분석 기법은 경제학을 기초로 하여 세계적으로 공통되는 원리와 개

상이 되는 회사설립행위에 포함하지 않고 있다.

념을 통해 개발되어 적용되고 있고 기업결합 규제에 사용되는 기준이나 규범 또한 국제적으로 표준화되고 있는 경향을 보이고 있다. 우리나라의 경우도 선진 경쟁당국의 일원으로서 글로벌 스탠더드에 맞추어 기업결합 심사를 진행하고 있다.

기업결합 심사는 경쟁당국인 공정거래위원회의 전문적 판단절차를 거쳐 대부분 종결되는 경우가 일반적이다. 공정거래위원회의 기업결합 심사 결과에 대해 불복하여 법원 소송까지 이어지는 경우는 다른 공정거래 집행 분야에 비해 매우 적은 편인데 그 이유는 공정거래위원회가 대체로 기업결합 자체는 승인하되, 예상되는 경쟁제한적인 폐해를 시정하는 방향으로 조치하고 있고 기업결합 자체를 금지하는 경우는 드물어서 기업결합 당사회사들의 조치에 대한 수용도가 높기 때문이다. 설사 특정 기업결합에 대해 공정거래위원회가 금지하거나 구조적 시정조치를 내리더라도 기업결합 당사회사가 이에 불복하여 소송을 하면 법원 최종판결까지 긴 시간이 소요되어 환경변화에 시급히 부응하기 위한 기업결합의 성격에는 맞지 않기 때문에 소송의 실효성이 높지 않은 것도 하나의 이유가 될 수 있다.

3. 기업결합의 종류

(1) 공정거래법 규정에 의한 분류

전부개정 공정거래법 제9조(종전 법 제7조) 제1항은 각 호에서 5가지 기업결합 유형을 제시하고 있다. 다른 회사의 주식을 취득 또는 소유하는 형태, [9]임원 또는 종업원에 의한 다른 회사의 임원지위를 겸임하는 형태, 다른 회사와 합병하는 형태, [10]다른 회사의 영업의 전부 또는 주요부분의 양수·임차 또는 경영의 수임이나 다른 회사의 영업용 고정자산의 전부 또는 주요부분을 양수하는 형태, [11]새로운 회사설립에 참여하는 형태가 그것이다. 공정거래위원회의 통계에 의하면 2020년의 경우 기업결합 중 주식취득이 약 32%(274건)로 가장 많고 회사설립(29%), 합병(16.6%) 순으로 나타나고 있다. 2000년대 중반 이후로는 주

9) 이하 '임원겸임'이라고 한다.

10) 이하 '영업양수'라고 한다.

11) 공정거래법은 회사신설과 관련해서 특수관계인만 참여하거나, 상법 제530조의 2(회사의 분할·분할합병)에 의하여 분할하는 회사에 참여하는 경우는 제외하고 있다.

식취득과 함께 합병과 회사신설이 기업결합의 대종을 이루고 있는 것으로 분석된다.

(2) 기업결합 형태의 이론적 분류

공정거래법에서 규정하고 있는 기업결합의 형태 이외에 경쟁제한의 효과 또는 기업결합 당사회사 간의 관계에 기초하여 [12]수평형 기업결합, 수직형 기업결합, 혼합형 기업결합으로 기업결합을 분류하기도 한다. 이러한 분류는 기업결합 심사의 경쟁제한성을 판별하기 위한 단계에서 실무적으로 많이 활용되는 개념으로서 공정거래위원회 고시인 '기업결합 심사기준'에서도 경쟁제한성 판단기준을 설명하면서 수평형 기업결합, 수직형 기업결합, 혼합형 기업결합이라는 용어를 사용하고 있다.

공정거래위원회의 2000년대 이후 [13]통계에 의하면 혼합형 기업결합이 기업결합 신고 건수 면에서는 가장 많고 그 다음 수평형 기업결합 건수가 뒤를 잇고 있으나 경쟁제한성이 있어서 시정조치된 건으로 보면 여전히 수평형 기업결합이 다수를 차지하고 있다. 이하 각 유형의 개념을 살펴보기로 한다.

'수평형 기업결합'은 동일 시장 또는 대체재 시장 내에서 경쟁관계에 있는 회사 간의 결합을 의미하는데, 일단 외견상으로도 경쟁사업자 수 감소를 초래하는 점에서 경쟁의 감소를 쉽게 예상할 수 있으므로 경쟁당국이 가장 관심을 갖고 보는 형태라 할 수 있다. 수평형 기업결합은 효율성 달성 등을 위한 당초의 목적이 있겠지만 기업결합의 결과로 독과점 형태 또는 사업자들 간에 공동행위에 상당하는 효과 등을 가져올 수 있고, 이러한 효과는 경쟁을 실질적으로 제한하여 폐해를 가져올 수 있는 전형적인 형태라 할 수 있다.

'수직형 기업결합'은 제조업체와 유통업체 또는 원재료 공급업체와 수요업체 관계처럼, 원재료와 상품의 생산과 유통과정에 있어서 서로 인접하는 관계에 있는 회사 간의 결합을 의미한다. 수직형 기업결합은 수평형 기업결합과는 달리 경쟁자의 수를 감소시키지는 않고 원재료와 상품이라는 상이한 거래단계에서 기업결합을 통한 유기적 결합으로 비용을 절감하고 다른 경쟁사업자와의

12) 이하 문맥에 따라 수평결합, 수직결합, 혼합결합 용어를 혼용해서 사용하기로 한다.
13) 2020년의 경우 혼합형 기업결합은 65.8%(569건), 수평형 기업결합은 28.1%(243건), 수직형 기업결합은 6.1%(53건)으로 나타나고 있다.

경쟁을 촉진시킬 수 있는 긍정적인 효과가 있어 관련 기업들 간 기업결합의 유인이 큰 형태이다. 하지만, 특정 원재료 등을 기업결합을 통해 장악함으로써 경쟁사업자가 원재료 등에 접근을 할 수 없게 하는 등의 시장봉쇄 효과가 발생한다면 경쟁제한의 문제가 발생할 수 있다.

'혼합형 기업결합'은 생산품목 간에 연관관계가 없는 회사 간의 결합으로 수평형 또는 수직형 기업결합 이외의 형태를 모두 통틀어서 지칭한다. 정부규제나 운송비, 제품의 정상적 사용을 위한 공급시간 등을 이유로 시장이 분할되어 있는 제품 등을 생산하는 기업 간에 시장확대를 목적으로 한 기업결합, 서로 다른 시장에 속하는 상품들을 생산하고 있는 기업 간 판매 상품들의 다양화 등을 이유로 한 품목확대형 기업결합 등의 형태가 이에 해당한다. 이런 경우에는 분할된 시장 또는 제품들에 대한 잠재적 경쟁저해 발생 가능성이 문제될 수 있다.

Ⅱ. 기업결합 신고

1. 기업결합 신고의 의의

(1) 신고제도의 목적

(1)-1 신고대상

전부개정 공정거래법 제11조(종전 법 제12조)는 자산총액 또는 매출액의 규모가 [14]3,000억 원 이상에 해당하는 회사 또는 특수관계인이 자산총액 또는 매출액의 규모가 300억 원 이상인 다른 회사에 대하여 기업결합행위를 하는 경우에는 공정거래위원회에 신고하도록 규정하고 있다. 다만, 공정거래법 시행령에 따라 기업결합신고대상회사와 상대회사가 모두 외국회사이거나 기업결합신고대상회사가 국내 회사이고 상대회사가 외국회사인 경우에는 위 자산총액과 매출액 기준 이외에 외국회사의 국내 매출액이 300억 원 이상인 경우에 한하여 신고의무가 발생한다.

이때 '자산총액'은 기업결합일이 속하는 사업연도의 직전 사업연도 종료일 현재의 대차대조표에 표시된 자산총액, '매출액'은 기업결합일이 속하는 사업연도의 직전 사업연도의 손익계산서에 표시된 매출액을 의미하며 신고대상이 되

14) 공정거래법 시행령 제18조(기업결합의 신고기준 및 절차)에서 자산총액과 매출액을 각각 규정하고 있다.

는 '기업결합행위'는 구체적으로 ① 다른 회사의 발행주식 총수의 20%(상장법인의 경우는 15%) 이상을 소유하게 되는 경우, ② 다른 회사의 발행주식을 20%(15%) 이상으로 소유한 자가 그 회사의 주식을 추가로 취득하여 최다출자자가 되는 경우, ③ 임원겸임의 경우, ④ 다른 회사를 합병하는 경우, ⑤ 다른 회사의 영업을 양수하는 경우, ⑥ [15]기업결합신고대상회사와 특수관계인이 상대회사 또는 그 특수관계인과 공동으로 새로운 회사설립에 참여하여 그 회사의 최다출자자가 되는 경우를 의미한다.

전부개정 공정거래법에 따라 기업결합신고대상회사가 300억 원 미만의 피취득회사(소규모피취득회사)에 대해 위 ①, ②, ④, ⑤, ⑥의 기업결합행위를 하는 경우에도 기업결합의 대가로 지급 또는 출자하는 가치의 총액이 6천억 원 이상이거나, 소규모피취득회사 또는 그 특수관계인이 국내 시장에서 월간 100만 명 이상을 대상으로 상품 또는 용역을 판매·제공하거나, 국내 연구시설 또는 연구인력을 보유·활용하여 왔으며 관련 예산이 연간 300억 원 이상인 적이 있는 경우에는 추가로 신고의무를 부과하게 되었다. 그 배경과 내용에 대해서는 후술하기로 한다.

(1)-2 신고제도의 목적

기업결합은 자원배분의 효율성을 높이는 등의 긍정적 효과와 사업자 수의 감소로 인한 경쟁제한효과를 동시에 갖게 되는 것이 보통이므로, 우리나라를 비롯한 주요국가의 경쟁당국은 일정 규모 이상의 기업결합에 대해 신고를 하도록 하고 있고 이에 대해 경쟁제한성 심사를 하는 제도를 운영하고 있으며, 우리나라도 공정거래법에 기업결합 [16]신고규정을 두고 있다.

공정거래법 제9조(종전 법 제7조)에 따라 규모를 불문하고 경쟁제한적인 기업결합은 공정거래위원회가 인지하여 규제할 수는 있으나 시중에서 일어나는 모든 기업결합을 빠짐없이 인지해서 심사한다는 것은 현실적으로 어려운 점이

---

15) '기업결합신고대상회사 또는 그 특수관계인'을 '기업결합신고회사 등'으로 '상대회사 또는 그 특수관계인'을 '상대회사 등'으로 문맥에 따라 줄여서 칭하기로 한다.

16) 기업결합 신고와 관련된 규정들을 모두 살펴보면 전부개정법 제11조(기업결합의 신고)는 신고대상, 신고기한, 사전신고대상 기업결합의 이행행위 금지, 임의적 사전심사요청, 신고의무 면제대상을, 공정거래법 시행령 제18조(기업결합의 신고기준 및 절차)는 자산총액 또는 매출액의 규모, 제출 서류 보정, 신고의무 발생일 등을 규정하고 있고 관련고시로는 '기업결합의 신고요령'이 있다.

있다. 따라서 일정한 규모 이상의 회사가 기업결합을 하는 경우 일률적으로 신고를 하게 하여 공정거래위원회가 효율적인 심사를 할 수 있게 하는 것이 기업결합 신고제도의 목적이라 할 수 있다. 기업결합 신고를 하지 않거나 허위의 신고를 하게 되면 전부개정 공정거래법 제130조(종전 법 제69조의2)에 의해 [17]과태료가 부과된다.

(2) 신고절차[18]

기업결합 신고는 우선 공정거래법상에서 정하고 있는 기업결합유형에 해당하거나 신고기준인 규모기준에 해당하는지에 따라 신고의무 발생 여부가 결정된다. 다음으로는 사전신고와 사후신고를 구분하기 위한 대규모회사(자산총액 또는 매출액 2조 원 이상) 여부를 따지게 되고 마지막으로 일반신고와 구분하여 경쟁제한성이 경미한 것으로 봐서 인터넷 신고 등 간편절차로 할 수 있는 간이신고에 해당되는지 여부를 살피게 된다. 기업결합신고 절차 흐름도는 다음과 같으며, 이하 항목별로 자세히 살펴보기로 한다.

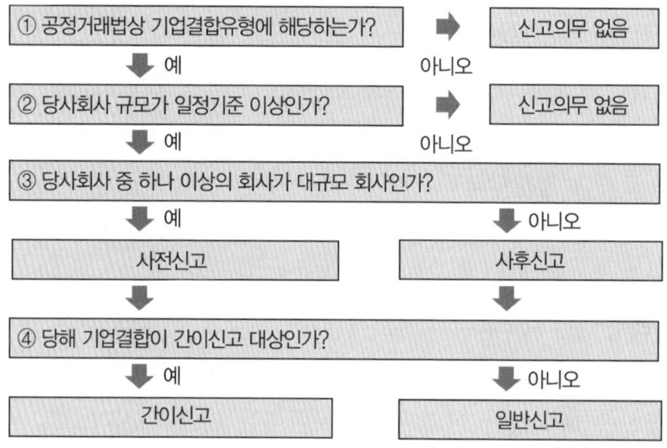

17) 구체적으로 공정거래위원회는 '기업결합 신고규정 위반사건에 대한 과태료 부과기준' 고시를 마련하여 운영하고 있다.
18) 공정거래위원회 발간 '2019년 기업결합신고 가이드북'을 참조하였다.

2. 기업결합 신고 요건

(1) 개관

(1)-1 신고기준

전부개정 공정거래법 제9조에서 규정하고 있는 기업결합의 유형에 대해 당사 회사규모(자산총액 또는 매출액)가 일방 3,000억 원, 타방 300억 원 이상인 경우 기업결합 신고 대상이 되며, 신고요령에 대해서는 공정거래위원회 고시 '기업결합의 신고요령'에서 자세히 규정하고 있다. 기업결합 신고 대상이 되는 기업결합 건에 대해 신고하지 않을 경우 공정거래법 제130조에 따라 과태료 부과 대상이 된다.

신고대상 기업결합은 일반신고대상과 간이신고대상으로 분류되는데 '간이신고' 대상은 ① 기업결합 신고의무자와 상대회사가 특수관계인인 경우, ② 상대회사 임원총수의 3분의 1 미만의 임원을 겸임하는 경우(대표이사 겸임제외), ③ 경영참여형 사모집합투자기구의 설립참여, ④ 유동화전문회사를 기업결합하는 경우, ⑤ 선박투자회사 설립에 참여하는 경우가 해당하고 신고방법은 기업결합 유형별 신고서에 간단하게 이루어진 [19]보조자료 양식을 첨부하여 인터넷으로도 신고할 수 있도록 간소하게 되어 있다.

기업결합 신고의무자가 2 이상인 경우에는 공동으로 신고하는 것이 원칙이나 공정거래법 시행령 제22조에 의하여 신고의무자가 소속된 기업집단 소속 회사 중 하나의 회사를 기업결합신고 대리인으로 정하여 신고를 할 수 있고 대리신고를 하는 경우에는 기업결합의 신고요령 별표에 따른 별도의 [20]신청서를 제출하여야 한다.

기업결합 신고요령 별표에는 각 기업결합 유형별 신고서 양식이 첨부되어 있고 신고서 작성과 관련된 실무적 참고사항을 몇 가지 살펴보면, 우선 ① 신고서 첨부서류는 기재요령을 준수하는 범위 내에서 자유롭게 변형해서 작성하는 것이 가능하고, ② 신고내용은 6하원칙에 따라 구체적으로 작성해야 하며, ③

---

19) 기업결합의 신고요령 별표6 양식 '간이신고대상 기업결합의 보조자료' 양식은 이 장 말미 205쪽에 첨부해 놓았다.

20) 기업결합의 신고요령 별표7 양식 '기업결합 신고대리인 신청서' 양식은 이 장 말미 228쪽에 첨부해 놓았다.

간략한 양식과 인터넷으로 신고가 가능한 간이신고 대상인지 여부를 먼저 파악하는 것이 실무부담을 줄이는 데 유용하며, ④ 기술해야 할 항목 중 '시장상황'은 동종 상장업체의 사업보고서 등을 활용해서 작성하면 된다.

(1)-2 거래금액 신고기준 도입

(1)-2-1 도입 배경

최근에 거대 IT기업인 페이스북이 관련시장에서 많은 이용자를 가진 왓츠앱과 인스타그램를 인수하는 과정에서 기업결합 심사와 관련한 이슈가 발생하였다. 페이스북 등 결합당사회사들은 자산총액 또는 매출액에 기반한 당사 회사규모 기준(우리나라의 경우 일방 3,000억 원, 타방 300억 원)에 미치지 않아 기업결합 신고의무가 없었는데 시장에 미치는 영향이 클 수 있는 기업결합임이 분명해 보이는데도 우리나라를 비롯한 유럽 등 각국에서는 기준미달로 심사를 할 수 없는 상황이 발생하였다.

소비자에 대한 무료서비스 등으로 매출액 등이 거의 없어 매출액 기반의 회사규모는 기업결합 심사기준에도 미달할 정도로 작을 수 있지만 성장잠재력이 큰 4차 산업혁명 분야 스타트업 기업에 대한 [21]거액인수가 기업결합 신고대상에서 제외됨으로 인해, 잠재적 경쟁사업자를 인수함으로써 시장 독과점을 형성하거나 진입장벽을 구축하여 경쟁을 제한할 우려가 있는 기업결합 건에 대해 경쟁당국이 사전에 검토하지 못하는 상황에 대한 문제제기가 있었다.

(1)-2-2 구체적 기준

이에 대응하기 위해 독일 등 국가에서는 거래금액이 일정액 이상일 경우 신고를 하도록 규정을 개정하였으며, 공정거래위원회도 공정거래법 전부개정을 통해 종전 회사규모 기준 신고기준을 보완하여 성장잠재력이 포함된 미래가치를 신고기준에 반영한 '거래금액 신고기준'을 추가하게 되었다. 거래금액 신고기준은 기업결합 당사회사의 규모가 종전 신고기준에 미달해도 ① 기업결합의 대가로 지급되는 거래금액이 일정금액 이상이고, ② 국내시장에서 상당한 수준으로 활동하는 회사와의 결합인 경우 신고의무를 부과하도록 하였고 전부개정된 공정거래법 시행령은 거래금액이 '6천억 원 이상'이면서 국내시장에서 직전

21) 페이스북의 왓츠앱 인수 거래금액은 무려 24조 원, 인스타그램 인수 거래금액은 1조 1천억 원에 달하고 있고 이러한 거액의 인수금액은 왓츠앱 등의 매출액과 관계없이 회사의 가치가 얼마나 크게 평가되고 있는지를 말해준다.

3년간 '월간 100만 명 이상'에게 상품·용역을 판매·제공하거나, 국내 '연구개발 관련 예산이 연간 300억 원 이상'인 경우로 그 기준을 구체적으로 정하게 되었다.

공정거래위원회 고시인 '기업결합의 신고요령'도 최근 개정되어 공정거래법 시행령에서 정하고 있는 기준을 구체화하고 있는데 '거래금액의 산정'과 관련해서는 ① 주식취득·소유의 경우는 취득·소유한 주식의 [22]가액과 인수하는 [23]채무의 합계액이, ② 합병의 경우는 합병 대가로 교부하는 주식의 [24]가액과 인수하는 채무의 합계액이, ③ 영업양수의 경우는 영업양수대금과 인수하는 채무의 합계액이, ④ 회사설립 참여의 경우는 합작계약상 최다출자자의 출자금액이 거래금액의 기준이 된다.

'국내활동의 상당성'과 관련한 구체적 판단기준도 개정된 고시에서 마련하게 되었는데, ① 직전 3년간 월간 100만 명 이상에게 상품·용역을 판매·제공한 경우와 관련해서는 콘텐츠·SNS 등 인터넷 기반 서비스의 경우 월간 [25]순(純)이용자 또는 순(純)방문자를 기준으로 하고, ② 국내 '연구개발 관련 예산이 연간 300억 원 이상'인 경우와 관련해서는 피취득회사의 연간 경상연구개발비 및 개발비(무형자산)로 회계처리한 금액을 합산하여 판단하게 된다.

거래금액 기반 신고기준은 전부개정 공정거래법이 공포된 날(2020. 12. 29.)로부터 1년이 지난 뒤 기업결합신고 사유가 발생한 사례부터 적용되게 되며 공정거래위원회는 이를 통해 현행 규모기반 기업결합신고 기준의 사각지대를 해소하고 기업결합으로 인한 경쟁제한적 효과 발생 우려를 사전에 차단할 수 있을 것으로 기대하고 있다.

---

22) 주식의 가액은 신규 취득주식의 취득금액과 기존 소유주식의 장부가액을 합한 금액이 된다.

23) 이때 채무는 보유하게 되는 지분의 비율에 해당하는 부분만 합산하게 된다.

24) 주당합병가액과 교부주식수를 곱한 금액이 되며, 합병교부금이 있는 경우에는 이를 포함한다.

25) 한 달 동안 해당 서비스를 이용·방문한 사람 수로서 한 명이 해당 기간 동안 여러 번 서비스를 이용·방문하였더라도 한 명으로 집계하게 된다.

(2) 유형별 신고

(2)-1 [26]주식취득

주식취득은 지배관계를 형성하거나 변경시키는 기업결합의 가장 일반적인 방법이며 실제 공정거래위원회의 통계에 의하더라도 기업결합 신고 건수 중 가장 많은 비중을 차지하고 있는 것으로 나타나고 있다는 점은 전술한 바와 같다. 다른 회사 발행주식 총수 20%(상장법인은 15%) 이상을 소유하게 되는 경우와 다른 회사의 발행주식을 이미 20%(상장법인은 15%) 이상 소유한 자가 당해 회사의 주식을 추가로 취득하여 최다출자자가 되는 경우 기업결합 신고대상이 된다. 이때 주식취득의 목적은 따지지 않으며 주식 보유에 따른 의결권 발생 등 외양이 존재하는 한 신고대상이 된다.

회사의 발행주식에는 합명회사·합자회사·유한회사의 지분을 포함하며, 지배관계의 형성·변동이 관심대상이므로 의결권 없는 주식은 제외된다. 또한 주식의 소유 또는 인수 비율의 산정이나 최다출자자가 되는지 여부를 판단함에 있어서는 당해 회사의 [27]특수관계인이 소유하고 있는 주식을 모두 합산한다. 따라서 기업집단 내 계열회사 간 주식의 일부 또는 전부 양도는 특수관계인이 소유하는 주식총수에 영향을 주지 않기 때문에 기업결합 신고가 되는 주식취득이 아니다. 계열회사가 이미 보유한 주식을 추가 취득하는 경우는 20% 미만의 상태에서 20% 이상의 소유상태가 되거나, 20% 이상을 소유하였으나 최다출자자가 아닌 상태에서 추가 취득으로 최다출자자가 되는 경우는 주식 취득에 대한 기업결합 신고의무가 발생한다.

또한 주식의 취득과 동시에 재매각하거나, 기업결합 신고기간 중 재매각하는 경우와 금융기관이 다른 회사 주식의 공모를 대행한 결과 발생한 [28]실권주(失權株)를 인수하여 6개월 이내에 재매각하는 경우와 같이 연속적으로 진행되는 주식취득의 경우에는 최종 취득자가 전체 기업결합 과정을 구체적으로 기재

26) 주식취득과 관련된 법조항은 전부개정 공정거래법 제11조 제1항 제1호, 제2호와 제9조 제1항 제1호이다.

27) 공정거래법 시행령 제16조는 특수관계인의 범위를 규정하고 있다. 특수관계인에는 ① 해당 회사를 사실상 지배하고 있는 자, ② 동일인관련자, ③ 경영을 지배하려는 공동의 목적을 가지고 해당 기업결합에 참여하는 자가 포함된다.

28) 기존 주주들이 유상증자에 참여하지 않아 인수되지 않거나 인수가 되었어도 납입기일까지 주식대금이 납입되지 않아 권리를 상실한 잔여주식을 의미한다.

하여 신고하면 되고 중간 취득자는 별도로 신고할 필요가 없다.

집합투자기구(펀드)가 다른 회사의 주식을 취득하는 경우가 있을 수 있다. 원칙적으로 펀드는 실질 소유자와 의사결정이 분리되어 있고 자산운용제한이 있어 기업결합 규제의 실익이 없다고 보아 신고대상에서는 제외되나, 사모투자전문회사(PEF: Private Equity Fund)와 같이 투자자가 특정될 정도로 소수이고 투자자가 펀드를 통해 다른 회사의 주식을 취득한다는 실질이 있는 예외적인 경우에는 신고대상이 된다.

주식취득 시 기업결합 신고방법은 기업결합 신고요령상의 주식취득신고서[29]양식을 활용하게 되는데, 신고서에는 결합당사회사의 지배관계를 파악할 수 있는 사항, 기업결합 진행절차, 기업결합의 목적, 간이심사 대상 여부, [30]주요품목의 수급 및 시장상황에 대한 설명을 기재하고 계약서, 주권교부증, 임원겸임계획서 등 입증자료를 첨부하면 된다.

(2)-2 [31]임원겸임

임원겸임을 신고대상으로 하여 경쟁제한성을 살피는 이유는 임원겸임을 함으로써 겸임회사와 피겸임회사의 시장지배력을 강화하여 독과점 등 경쟁제한 폐해를 가져오는 것을 방지하고, 부당한 공동행위보다 결속력이 강한 기업결합을 통해 가격·수량 등에 대한 공동행위를 금지하는 원칙을 회피하는 것을 사전에 방지하기 위해서이다.

[32]대규모회사의 임원 또는 종업원이 다른 회사의 임원을 겸임하는 경우에는 기업결합 신고의무가 발생하게 되는데 [33]임원은 등기임원을 의미하며 이사·대표이사·업무집행을 하는 무한책임사원·감사나 이에 준하는 자 또는 지배인 등 본점이나 지점의 영업전반을 총괄적으로 처리할 수 있는 상업사용

---

29) 기업결합의 신고요령 [별표1] 주식취득(또는 소유)의 신고서 양식에 의해 신고하며 양식은 이 장 말미 207쪽에 첨부해 놓았다.

30) 기업결합 심사의 목적은 관련 시장에서 경쟁제한성을 판단하기 위한 것이므로, 신고회사와 상대회사 모두 매출액 기준 상위 3개 품목의 시장상황을 작성해야 하고 서로 중첩되는 품목이 있는 경우는 상위 3개가 아니더라도 포함하여야 한다.

31) 임원겸임과 관련된 법조항은 전부개정법 제11조 제1항 제3호와 제9조 제1항 제2호이다.

32) 공정거래법 시행령 제18조는 대규모회사의 기준을 정하고 있는데, 대규모회사는 기업결합 신고대상회사 및 그 계열회사의 자산총액 또는 매출액의 합계가 2조 원 이상인 회사를 말한다.

33) 전부개정 공정거래법 제2조 제6호에 임원의 정의규정을 두고 있다.

인을 말한다. 따라서 비등기 임원은 그 명칭에도 불구하고 인사·기획 등 특정 분야 업무에서 종업원의 역할을 수행할 뿐 회사경영에 참여하는 역할을 수행하는 것은 아니므로 공정거래법상의 임원에 해당하지 않는다.

또한 임원겸임의 실질이 중요하기 때문에 정식 임원겸임 이외에 파견이나 휴직 등 어떤 형식을 불문하고 대규모회사의 경우에는 기업결합 신고를 해야 한다. 회사는 모르는 상태에서 대규모회사의 임직원이 다른 회사의 임원을 겸임하는 경우에는 신고 누락으로 과태료가 부과될 수 있으니 유의해야 한다. 회사 매출액 등이 증가하여 대규모회사가 되었을 경우는 대규모회사 이전의 임원겸임에 대해서는 신고할 필요가 없고 그 이후의 추가 임원겸임 또는 변동이 있는 경우에만 신고 대상이 된다.

계열회사 간 임원을 겸임하는 경우, 대규모회사가 아닌 회사의 임직원이 대규모회사의 임원을 겸임하는 경우, 사외이사가 다른 회사의 사외이사를 겸임하는 경우와 임원의 수·직위의 변동 없이 자연인만 변경되는 경우는 신고대상이 아니며, 겸임되는 회사의 주주총회 등에서 임원의 선임이 의결된 날로부터 신고의무가 발생하는 사후신고 대상이다.

[34]임원겸임 신고서 작성 시에는 상대회사의 임원겸임 전체 현황을 파악할 수 있도록 작성하여야 하는데 이를 위해서는 상대회사 임원 전체 수에서 신고회사가 몇 명을 겸임하고 기타 다른 회사가 상대회사 임원을 몇 명 겸임하는지 표기해야 하며, 임원선임과 관련된 의사회 의사록 등 입증자료를 첨부해서 제출해야 한다.

(2)-3 [35]합병

합병(Merger)은 주식인수(Aquisition)와 함께 기업지배권의 형성 또는 변경을 가져오는 대표적인 기업결합 유형에 해당한다. 기업결합을 흔히 M&A라고 부르는 이유가 이에서 기인하고 있다. 합병에 의한 기업결합은 다른 회사와 신설·흡수·분할합병을 하는 경우로 나누어질 수 있고, 합병과 관련한 기업결합신고와 관련해서는 합병 이후에 신고하는 경우 흡수합병은 존속회사가, 신설합병은

34) 공정거래위원회 고시인 기업결합의 신고요령 [별표2] 임원의 겸임 신고서는 이 장 말미 214쪽에 첨부해 놓았다.

35) 합병과 관련된 법 조항은 전부개정 공정거래법 제11조 제1항 제4호와 제9조 제1항 제3호이다.

신설회사가 신고의무를 지게 되고 합병 이전에 신고하는 경우는 흡수합병은 존속예정회사가 단독으로 신고하고 신설합병은 결합당사회사가 연명으로 신고한다. 계열회사 간 합병일 때도 비록 간이신고 대상이지만 신고를 해야 한다.

합병 신고서 작성 시에는 우선 일반신고인지 간이신고 대상인지를 검토하여 표기하고 합병등기일(사전신고의 경우는 예상 등기일), 합병계약서에 기재된 합병금액·합병비율, 재무상황을 기재하는데 신고회사가 기업집단 소속일 경우 기업집단 전체의 자산총액·매출액도 함께 기재한다. 입증자료로는 합병계약서를 첨부한다.

(2)-4 [36]영업양수

영업은 회사의 사업목적을 위하여 조직화되고 유기적 일체로서 기능하는 재산권의 집합을 말하는바, 이에는 단순한 물건 또는 권리의무뿐만 아니라 거래선, 영업상 비밀, 노하우 같은 경영조직의 사실관계를 포함한 일체의 것이 포함된다. 영업양수를 통해서도 지배권이 새롭게 형성되거나 변경될 수 있으므로 이를 기업결합 신고대상으로 하고 있다.

'영업양수'는 다른 회사의 영업의 전부 또는 주요 부분을 양수 또는 임차하거나 경영의 수임, 다른 회사의 영업용 고정자산의 전부 또는 주요 부분을 양수하는 기업결합 형태이다. 영업양수와 경영수임, 자산양수는 서로 구별되는 개념이기는 하나 기업결합 심사의 목적은 영업의 소유권 이전 여부 파악이 아니라 실질적인 경쟁제한성 여부를 판단하는 데 있으므로 영업양수와 더불어 영업 임대차, 경영수임, 자산양수도 모두 신고대상으로 하고 있다. '주요 부분'이란 양수 또는 임차부분이 독립된 사업단위로 영위될 수 있는 형태를 갖추고 있거나 양수 또는 임차됨으로써 양도회사의 매출이 상당한 감소를 초래하는 경우로서 영업양수 금액이 양도회사의 직전 사업연도 종료일 현재 대차대조표상의 자산총액의 10% 이상이거나 50억 원 이상인 경우를 말한다.

[37]영업양수와 관련된 기업결합 신고를 위해서는 우선 일반신고인지 간이신고 대상인지를 검토하여 표기하고 영업양수 신고서에 양수대상과 대금지급완

36) 영업양수와 관련된 법 조항은 전부개정 공정거래법 제11조 제1항 제4호와 제9조 제1항 제4호이다.

37) 기업결합의 신고요령 [별표4] 영업양수 신고서는 이 장 말미 220쪽에 참고로 첨부해 놓았다.

료일 또는 예상기일을 기재한다. 기업집단 소속일 경우 기업집단 전체의 자산총액과 매출액을 기재하고 양수도 계약서 또는 대금지급 영수증 등을 입증자료로 첨부한다.

(2)-5 [38]새로운 회사설립 참여

새로운 회사설립에 참여하여 최다출자자가 되는 경우는 인수비율과 관계없이 신고대상이 되는데 최다출자자라는 사실만으로도 지배권 형성·행사가 가능하기 때문이다. 이때 최다출자자인 신고회사, 회사 설립에 참여한 특정 상대회사가 당사 회사 규모 요건인 3,000억 원, 300억 원을 충족하면 나머지 모든 참여회사를 상대회사로 하여 신고하여야 한다. 최다출자자와 관련해서는 특수관계인 간 출자하는 주식을 모두 합산하게 되고, 특수관계인들이 동일한 기업집단에 속하는 경우는 그중 하나의 회사를 기업결합신고 대리인으로 정하여 신고하게 된다. 당사회사 규모요건인 3,000억 원, 300억 원을 충족하는 두 회사가 50대50으로 합작투자회사를 설립하게 되는 경우에는 두 회사 모두에게 기업결합 신고의무가 발생한다.

사모투자전문회사(PEF)는 유한책임사원(LP: Limited Partner)이 최다출자자라 하더라도 사모투자전문회사의 주요 의사결정은 무한책임사원(GP: General Partner)이 하게 되므로, 기업결합 신고요건에 해당되는 경우 신고의무자는 무한책임사원이 된다. 사모투자전문회사의 설립 시에는 유한책임사원의 경우 신고 의무가 없지만, 설립 후에 유한책임사원으로서 사모투자전문회사의 지분을 20% 이상 취득하게 되거나 사모투자전문회사 설립 후 무한책임사원으로 참여한 자가 다른 유한책임사원의 지분을 추가로 취득하여 20% 이상이 되거나 최다출자자가 되는 경우는 일반원칙에 따라 기업결합 신고를 해야 한다.

상법 제530조의2(회사의 분할·분할합병) 제1항의 규정에 의한 분할에 의한 회사설립은 기업결합 신고가 필요 없는데 당초 회사가 분할되고 분할에 의해 신설된 회사는 지배권의 변화가 있다고 볼 수 없으며 기존 경쟁구도에도 영향을 미치지 않는 것으로 보기 때문이다. 또한 특수관계인 외의 자는 참여하지 않는 공동의 회사설립의 경우에도 이는 기업결합이 아니므로 신고의무가 없다.

[39]회사설립 신고서 작성 시에는 주식대금 납입기일을 기재하고 회사 설립

38) 새로운 회사설립 참여와 관련된 법 조항은 전부개정 공정거래법 제11조 제1항 제5호와 제9조 제1항 제5호이다.

을 입증할 수 있는 의사록, 계약서, 신설회사 사업계획서 등을 첨부한다. 다만, 사모투자전문회사의 설립의 경우에는 간이신고 대상이므로 간이신고 양식에 따라 신고한다.

(3) 신고관련 회사규모

기업결합 당사회사의 직전 사업연도 자산총액 또는 매출액이 일방은 3,000억 원 타방은 300억 원을 넘는 경우 신고대상에 해당되며, 자산총액 또는 매출액의 규모는 기업결합일 전부터 기업결합 후까지 계속하여 계열사의 지위를 유지하고 있는 회사의 자산총액 또는 매출액을 모두 합산하여 산정한다. 이때 다른 기업집단 소속 회사의 주식을 50% 이상 취득하는 기업결합으로 소속 기업집단이 변동되는 경우는 합산할 때 계열관계가 사라지는 회사들의 자산총액 또는 매출액은 제외하며, 영업양도의 경우에는 계열사의 자산총액 또는 매출액을 합산하지 않는다.

[40]외국회사와 외국회사 간 기업결합, 국내회사의 외국회사에 대한 기업결합인 경우 당사회사의 자산총액 또는 매출액 규모 3,000억 원, 300억 원 이상 요건 이외에도 외국회사([41]외국회사의 계열회사도 포함된다)들의 국내매출액이 각각 300억 원 이상의 경우에만 기업결합 신고대상이 되고, 외국회사가 국내회사를 기업결합하는 경우는 별도의 국내매출액 요건은 없으며 일방·타방 3,000억 원, 300억 원 요건에만 해당하면 신고 대상이 된다.

(4) 기업결합 신고의 예외

개별법에서 중소기업 지원, 신기술 사업 육성 등 정책적 목적 달성을 위해 공정거래법상 기업결합 신고를 면제하고 있거나, 금융·통신 산업에 대한 관계 당국의 특수한 규제상황을 반영하여 관계 중앙행정기관이 공정거래위원회와 [42]사전협의를 한 사안에 대해서는 재차 공정거래위원회에 기업결합 신고를 할

---

39) 기업결합의 신고요령 [별표5] 새로 설립되는 회사의 주식인수 신고서 양식은 이 장 말미 224쪽에 참고로 첨부해 놓았다.

40) 외국회사란 외국에 주된 사무소를 두고 있거나 외국 법률에 따라 설립된 회사를 말한다.

41) 외국회사의 계열회사 판단은 공정거래법상 계열회사 판단에 따르고, 연결재무제표를 작성하는 대상회사는 계열회사에 해당하는 것으로 간주한다.

42) 금융산업의 구조개선에 관한 법률 제24조, 금융지주회사법 제16조와 제18조, 전기통신사

필요가 없다.

중소기업창업투자회사 등이 중소기업창업지원법상의 창업자 또는 벤처기업의 주식을 20% 이상 소유하거나 창업자 또는 벤처기업의 설립에 참여하여 최다출자자가 되는 경우, 신기술사업금융업자 또는 신기술사업투자조합이 기술신용보증기금법상 신기술사업자의 주식을 취득하거나 신기술사업자의 설립에 최다출자자로 참여하는 경우, 자본시장과 금융투자업에 관한 법률, 사회기반시설에 대한 민간투자법, 부동산투자회사법상의 관련 회사의 [43]주식 등을 취득하는 경우가 정책목적 달성을 위해 기업결합 신고를 면제하는 경우에 해당한다.

참고로, 자본시장과 금융투자업에 관한 법률상의 투자회사란 주식회사 형태의 집합투자기구로 정의되고 있으므로, 이러한 형태가 아닌 투자유한회사나 투자합자회사는 해당되지 않으며 따라서 사모집합투자기구(PEF)는 동 법에 따른 투자회사가 아님을 유의해야 한다.

금융회사가 다른 회사 주식을 소유하거나 금융지주회사의 자회사 편입 시에는 금융위원회가 심사·승인을 하게 되는데 이때 사전에 금융위원회가 공정거래위원회에 대해 경쟁제한성 심사를 요청하여 공정거래위원회의 검토를 받아 심사를 하게 되고 이 경우에는 추후 기업결합 신고가 필요 없게 된다. 이는 전기통신사업법에 따른 기간통신사업의 양수 및 법인합병의 경우에도 마찬가지로 적용된다.

3. 기업결합 신고기한

(1) 사후·사전신고

기업결합 신고는 당해 기업결합을 완료한 후 신고하는 '사후신고'가 원칙이지만, 결합 당사회사 중 대규모회사가 포함되어 있는 경우에는 경제와 경쟁환경에 미칠 영향을 고려하여 예외적으로 사전에 신고하도록 하고 있다. 다만, 대규모회사의 사전신고는 주식취득, 합병, 영업양수, 회사신설 참여의 경우에만 적용이 되고 대규모회사의 임원겸임의 경우는 사후신고 대상이 된다.

업법 제18조에 의해 관련 건에 대해서는 심사 시 공정거래위원회와 경쟁제한성 여부를 사전에 협의하도록 되어 있다.

43) 전부개정 공정거래법 제11조 제3항은 주식 취득이나 회사설립으로 인해 최다출자자가 되는 경우만 신고대상에서 제외하고 있으므로 예컨대 임원겸임이 있었다면 이는 신고하여야 한다.

대규모회사의 사전신고 경우라 하더라도 공정거래법은 기업결합 신고 후 30일(90일 연장가능으로 최대 120일) 이내에는 심사결과를 통지하도록 되어 있으므로 목적하고 있는 기업결합의 완료가 예측불가능하게 되는 것은 아니고, 대규모회사의 주식취득의 경우도 구주(舊株)의 장내 경쟁매매 또는 장외 공개매수 등과 같이 거래 시기나 금액을 사전에 특정하기 곤란한 경우와 회생기업 채권의 출자전환 같은 경우는 사후신고를 할 수 있도록 예외를 두고 있음을 참고할 필요가 있다.

대규모회사 이외의 자의 경우는 주식취득, 합병, 영업양수, 회사신설 참여가 완료된 시점인 주권교부일, 합병등기일, 영업양수대금 지불완료일, 주식대금 납입기일로부터 30일 이내에 사후 기업결합신고를 하면 되고, 대규모회사의 경우는 해당 행위의 발생예정과 관련된 계약일 이후 기업결합을 실제 하기 전에, 또는 주주총회 등 의결일 이후 주식대금납입기일 이전에 기업결합을 사전에 신고해야 하고 공정거래위원회의 심사결과 통지 전까지는 기업결합 [44]완료행위가 금지된다. 임원겸임의 경우는 대규모회사 등의 구분 없이 주주총회 등에서 선임이 의결된 날로부터 30일 이내에 사후에 신고하면 된다.

(2) 신고에 대한 처분기간

기업결합 신고를 하게 되면 공정거래위원회는 전부개정 공정거래법 제11조 제7항에 따라서 신고일로부터 30일 이내에 당해 기업결합의 경쟁제한성 여부를 심사하고 그 결과를 해당 신고자에게 통지해야 한다. 이러한 처분기간 제한은 기업결합이 급격한 경영상황 변동 등에 대응하기 위한 전략적 방향에서 이루어지는 경우 신고에 대한 처리 결과가 지체되어 기업이 효과적으로 대응하지 못하게 되는 위험을 최소화하는 데 그 취지가 있다.

당초 사전신고의 경우에는 30일(연장하여 최대 120일)이라는 처분기간의 제한이 있으나 사후신고의 경우는 처분기간의 제한이 별도로 없었고, 법원도 동양제철화학의 콜롬비안 케미컬즈 컴퍼니에 대한 경쟁제한적 기업결합 건에서 당해 회사의 기업결합 신고는 주식취득이 이미 완료된 후의 [45]사후신고에 해당

---

44) 기업결합 완료행위는 주식소유, 합병등기, 영업양수계약의 이행행위, 주식인수행위 등을 의미한다.

45) 종전에는 대규모회사의 신주 취득은 사후신고 대상이었으나 2012년 이후는 사전신고로

하고 이 경우에는 (종전)공정거래법 제16조(전부개정법 제14조) 제1항 후문, 제12조(전부개정법 제11조) 제7항의 규정에 의한 처분기간의 제한을 받지 않는다고[46]판시하기도 하였으나, 2012. 6. 22.부터 공정거래위원회는 사전·사후신고 구분 없이 30일 이내에 심사결과를 통지하도록 제도를 변경하였으므로 현재로서는 논의의 실익이 없어진 상황이다.

4. 임의적 사전심사와 간이신고 제도

(1) 임의적 사전심사 제도

공정거래위원회는 사업자들의 편의를 위해 [47]'임의적 사전심사' 제도를 운영하고 있는데 사전심사 요청은 기업결합 신고기한 이전일지라도 당해 기업결합행위가 경쟁을 제한하는지 여부에 대해 미리 심사를 요청하는 제도로서 일정 부분 기업결합 신고와 관련된 점이 있어서 간략히 설명하고자 한다.

임의적 사전심사를 요청했다 하더라도 당초 정해진 기업결합 신고기일 내에 본(本)신고를 해야 함은 변동이 없으나, 임의적 사전심사 완료 후 이루어진 본신고에 대해서는 15일 이내(통상적인 기업결합 신고의 처분제한 기한은 30일 이내 최장 120일)에 심사결과를 받아 볼 수 있고, 사전심사 당시의 중요 사실관계 변동이 없다면 공정거래위원회는 본심사에서 동일한 판단을 해야 하며, 임의적 사전심사 후 본신고시에는 사전심사 때 제출한 자료는 다시 제출할 필요가 없고 최근 기업결합 신고요령의 개정으로 정식 신고를 진행하는 경우에도 간이신고 제도를 이용할 수 있는 실익이 있어서 기업 실무자들이 참고해 볼 만한 제도라 할 수 있다.

임의적 사전심사는 기업결합 당사자 간에 거래를 추진하기로 양해각서 등을 체결하는 등 어느 정도 구체적인 의사의 합치가 이루어진 시점에 신청가능하며 신청방법은 기업결합 신고방법과 동일하게 이루어지는데 기업결합 신고서 양식에 필요한 사항을 기재하고 입증서류를 첨부하여 공정거래위원회에 제출하면 된다.

대규모회사의 사전신고의 경우 공정거래위원회의 심사 완료까지는 기업결

변경되었다.

46) 대법원 2009. 9. 10. 선고 2008두9744 판결

47) 전부개정 공정거래법 제11조 제9항에서 규정하고 있다.

합의 이행행위를 금지하고 있는데, 기업의 경영여건상 불가피하게 공정거래위원회의 심사결과가 나오기 전에 기업결합을 이행해야 하는 상황이 예상이 된다면 임의적 사전심사 요청제도를 활용하거나 기업결합의 기획 단계부터 공정거래위원회와 협의를 진행하게 되면 심사 소요시간을 줄일 수 있는 여지가 커지므로 결과적으로 기업결합 이행시점을 앞당겨서 불확실성을 최소화할 수 있게 된다.

(2) 간이신고 제도

기업결합의 성격상 경쟁제한성이 상대적으로 약하다고 볼 여지가 있는 기업결합 유형에 대해서는 공정거래위원회는 이를 간이신고 대상으로 하고 있고 상대적으로 간략한 기업결합 심사를 하고 있다. 간이신고 대상 기업결합 유형으로는 ① 기업결합 당사회사가 특수관계인인 경우, ② 상대회사 임원 총 수의 1/3 미만을 겸임하는 경우, ③ 사모투자전문회사·선박투자회사 설립에 참여하는 경우, ④ 유동화전문회사를 기업결합하는 경우가 이에 해당한다.

2022. 12. 30. 시행된 개정 기업결합 신고요령에 따라 간이신고 대상 기업결합도 확대되었는데 간이심사 대상이었던 특수목적 회사 설립과 관련하여 프로젝트금융투자회사(PFV: Project Fiancing Vehicle) 설립이 간이신고 대상으로 추가되었고 마찬가지로 기업결합 심사기준 개정으로 간이심사 대상으로 추가된 기관전용 사모집합투자기구 설립 후 추가 출자, 벤처투자조합의 벤처기업 투자 등에 수반되는 임원겸임도 간이신고 대상으로 추가되었다.

간이신고 대상인 경우는 기업결합 신고요령상의 '간이신고대상 기업결합의 보조자료'라는 양식을 이용해서 신고를 하게 되는데 일반적 신고양식과는 달리 기재내용이 간략화되어 있고 별도의 첨부서류가 없으며, 공정거래위원회의 홈페이지를 통한 [48]인터넷 신고도 가능하도록 간소화되어 있다.

48) 2023. 2. 1. 공정거래위원회는 기업결합 온라인 신고 시스템을 개편하여 종전 간이신고에 한정된 온라인 신고 범위를 일반신고 대상 기업결합까지 확대하였다. 기업결합 온라인 신고 시스템을 이용하면 접수증 자동발급과 함께 심사 진행사항을 조회할 수 있고 온라인으로 자료도 제출할 수 있도록 구축되어 있다.

5. 신고규정 위반사례

(1) 위반에 대한 제재

기업결합 신고를 하지 않거나 허위의 신고를 한 자 또는 사전신고 대상자가 30일이 경과하기 전에 기업결합 [49]완료행위를 한 경우는 과태료를 부과한다. 과태료 산정의 기본금액은 기업결합 당사 회사의 자산총액과 매출액 중 큰 금액을 기준으로 사전신고 의무위반의 경우에 1,500만 원에서 4,000만 원, 사후신고 의무위반의 경우에 400만 원에서 1,200만 원으로 정해져 있고 기준금액에 가중·감경사항이 반영하여 최종 과태료를 결정하게 된다.

(2) 신고위반 사례의 [50]예시

(2)-1 사모투자전문회사 설립 참여 관련

A사는 무한책임사원으로 대규모회사인 B, C, D사와 공동으로 경영참여형 사모투자전문회사 설립에 참여하기로 의결하였으나 출자금 납입기일까지 기업결합신고를 하지 않았다. 사모투자전문회사의 경우 무한책임사원에게 신고의무가 있고 상대회사가 대규모회사인 경우에는 사전신고 대상이므로 A사에게는 신고지연에 따른 과태료가 부과되었다.

(2)-2 사회기반시설 민간투자 사업자 관련

A사는 특정 지방자치단체의 하수처리시설 건설 및 운영을 위한 사회기반시설 민간투자사업 시행자인 B사를 설립하였는데, B사의 지분현황은 A사 50%, C사 20%, D사 20%, E사 10%이고 C, D, E는 대규모회사이다. C, D, E는 B사 설립 후 임원선임권에 따라 임원들을 각 1명씩 겸임시켰다. 이 경우 A사는 사회기반시설 민간투자법 관련 회사의 주식을 취득하는 것이므로 공정거래법에 따라 기업결합 신고의무가 없지만, 신고의무 면제는 주식을 취득하거나 회사설립으로 최다출자자가 되는 경우에만 해당되고 임원겸임의 경우에는 신고의무가 있으므로 별도의 기업결합 신고를 하지 않은 C, D, E사는 기업결합 신고위반으로 과태료 부과대상이 되었다.

---

49) 대규모회사가 대금 지급의 완료가 아닌 계약금 명목의 일부만 지급하였다면 이행행위 금지에는 해당하지 않는다.

50) 공정거래위원회가 발간한 '기업결합신고 가이드북(2019년)'을 참고하였다.

(2)-3 유상증자 참여 관련

대규모회사인 A사는 대규모회사가 아닌 B, C사와 함께 D사(비상장사)의 유상증자에 참여하기로 계약하였는데 계약서상 D사의 지분비율은 A사 15.3%, B사 80.3%, C사 4.39%였다.

비상장사 주식 취득의 경우 20%를 넘는 B사가 규모요건에 해당하는 경우 기업결합 신고를 원칙적으로 해야 하는데, 계약서에 정해진 날짜에 B, C사는 D사의 주식을 인수하지 못하고 대규모회사인 A사만 정해진 날짜에 지분을 취득하여 D사 지분 38.62%를 보유하게 되었다. A사는 결과적으로 20%를 넘는 주식 취득에 대해 기업결합 사전신고를 하지 않은 것이 되어 과태료 부과대상이 되었다. 이 사례를 통해 여러 회사와 동시에 주식을 취득할 경우에는 타회사 취득 일정에도 주의를 기울일 필요가 있음을 알 수 있다.

(2)-4 임의적 사전심사 후속절차 관련

대규모회사 A사는 B사의 지분 52.13%를 취득하기로 계획하고 임의적 사전심사를 요청하였고 공정거래위원회로부터 경쟁제한성이 없다는 통보를 받았다. 그 후 A사는 B사와 주식양수도 계약을 체결하고 기업결합 본신고를 하게 되었는데 본신고 2일 전에 B사에 주식대금을 지급하였다.

임의적 사전심사를 했더라도 정식신고인 본신고가 필요하고 대규모회사의 주식취득은 사전심사 대상이므로 심사가 완료될 때까지는 기업결합 이행행위를 하여서는 아니 되는데 A사는 주식대금을 지급하는 이행완료 행위를 하였으므로 과태료 부과대상이 되었다.

(2)-5 이행금지 의무 위반 관련

계열사인 A, B, C사는 D사 지분을 52% 취득하기로 계약하고 C사가 대규모회사이므로 기업결합 사전신고를 하였는데 기업결합 심사결과 경쟁제한성이 인정되어 시정조치가 의결되었다. 그 후 A사 등은 주식대금을 납입하여 이행행위를 완료하였는데 대금납입 이후 공정거래위원회의 의결서가 [51]통지되었다. 전부개정 공정거래법 제11조 제8항은 심사결과를 통지받기 전까지는 이행행위를 하여서는 아니 된다고 규정하고 있으므로, 비록 공정거래위원회의 의결일 이후

51) 공정거래위원회에서 의결이 있었다 하더라도 관련사업자에게 발송하는 의결서의 작성에는 통상 1개월가량의 시간이 소요되므로 의결한 날과 의결서가 통지된 날 사이에는 시차가 발생하게 된다.

이행행위를 했다하더라도 통지 전이므로 과태료 부과대상이 되었다.

Ⅲ. 기업결합심사

1. 개관

(1) 심사의 목적

경제학에서 독점시장은 완전경쟁시장보다 가격은 상승하고 생산량은 감소함으로써 완전경쟁시장에서 얻게 되는 사회적 후생을 감소(Deadweight Loss)시키는 것으로 알려져 있다. 기업결합은 부당한 공동행위와 마찬가지로 당해 기업결합으로 인해 사실상 독점이 형성되거나 구조적이고 영구적인 가격담합의 효과를 가져올 수 있다.

반면 기업결합에 의한 효율성 증대로 인해 가격 하락을 가져와 궁극적으로는 소비자 후생을 증가시킬 수도 있는 양면성이 있어서 기업결합에 대한 규제는 기업결합으로 인해 발생하는 경쟁제한 폐해와 기업결합이 가져오는 효율성 증대 등 긍정적인 영향을 비교형량하여 적절한 시정조치를 하는 방향으로 이루어지게 된다.

공정거래위원회는 기업결합 심사와 관련된 [52]규정을 두고 기업결합 심사를 하고 있는데, 기업결합의 경우 시장 내 참여자 수가 감소하면서 나타나는 독과점 폐해 등 경쟁제한 효과와 당해 기업결합으로 인한 경영합리화 등으로 인해 한계비용이 감소하여 효율성이 증대되는 효과가 동시에 나타나는 양면적 특성을 고려하여, 기업결합으로 발생할 가능성이 있는 단점은 극소화하고 기업결합이 당초 의도하는 장점은 극대화될 수 있도록 심사하는 것이 경쟁제한적 기업결합 심사의 목적이라 할 수 있다.

(2) 심사절차 개요

기업결합 심사는 다음과 같은 절차로 이루어진다. 우선은 '간이심사 요건'

---

52) 전부개정 공정거래법 제9조(기업결합의 제한)는 경쟁제한적 기업결합의 금지, 기업결합의 유형, 예외 인정요건, 경쟁제한성 추정요건을 규정하고 있고, 그 외 공정거래법 시행령 제16조(특수관계인의 범위), 시행령 제17조(자산총액 또는 매출액의 기준), 제18조(대규모회사의 기준), 제20조(회생이 불가한 회사와의 기업결합), 공정거래위원회 고시 '기업결합 심사기준' 등이 기업결합 심사와 관련된 규정들이다.

에 해당하는지 여부에 대한 판단이다. 간이심사 대상일 경우는 경쟁제한성이 없는 기업결합으로 우선 추정되고 심사는 종결된다. 간이심사 대상이 아닐 경우는 경쟁제한성 판단단계로 넘어가게 된다. 전술한 '간이신고'와 구별이 되는 '간이심사' 대상에 대해서는 후술하기로 한다.

'경쟁제한성 판단'은 우선 관련시장을 획정하는 것에서 출발한다. 당해 기업결합과 관련되는 상품시장 및 지리적 시장을 특정하고 해당 각각의 시장 내에서 당해 기업결합이 어떠한 영향을 미치는지를 파악하는 단계이다. 다음은 관련시장의 집중도를 평가하여 경쟁제한성을 평가하게 되는데 집중도가 높게 나온다면 경쟁제한성 소지가 커진다고 할 수 있다. 만약 경쟁제한성을 완화시키는 여러 요인들이 있어 이를 감안할 경우 전체적인 경쟁제한 정도는 약하다고 판단되면 이 단계에서 심사는 종결되게 된다.

경쟁제한성 판단 단계에서 경쟁제한성 우려가 있는 경우에는 효율성이 증가할 여지가 있는지와 기업결합 대상 회사가 회생불가회사로서 용인할 만한 사정이 있는지를 판단하게 된다. 이를 '예외적 허용여부 판단'이라 하는데 이 과정에서 경쟁제한성이 있다 하더라도 예외적으로 허용할 만한 사정이 인정되면 당해 기업결합은 승인이 되고, 예외 인정이 허용되지 않는 경쟁제한적 기업결합은 공정거래위원회가 경쟁제한 폐해를 방지하기 위한 방안을 설계하여 당해 기업결합을 금지하거나 폐해 제거를 위한 행태적인 시정조치를 하게 된다.

기업결합 심사기준에서도 심사 단계별로 구체적 기준을 제시하고 있는데 단계별로 설명하면 다음과 같다. 먼저 당해 기업결합 당사자들이 법적용 대상자에 해당하는지와 당해 기업결합이 법적용 대상이 되는 기업결합 유형인지를 검토한다. 그다음으로 당해 기업결합으로 인하여 기업결합 당사자들 간에 지배관계가 형성되는지 여부를 판단한다. 지배관계가 형성되지 않는 기업결합은 경쟁에 영향을 미치지 못하기 때문에 기업결합 심사의 대상이 되지 않는다. 다음 단계로 일정한 거래분야(관련시장)를 획정하는데 이는 경쟁제한성 판단을 위한 기초에 해당된다. 다음으로 경쟁제한성 여부를 심사하는데. 이는 기업결합 심사 과정의 가장 중요한 부분에 해당된다. 마지막으로 경쟁제한성이 있는 기업결합이라 하더라도, 일정한 예외규정이 적용될 수 있는지를 판단한다. 당해 기업결합의 효율성과 경쟁제한성을 비교형량하는 부분이다.

최근에는 기존 경쟁제한효과 검토 이외에 혁신·연구개발 과정에서의 경쟁

저해 등으로 인해 나타날 수 있는 동태적인 경쟁제한효과와 4차 산업혁명을 맞이하여 중요성이 부각되고 있는 대량으로 축적된 정보자산에 대한 기업결합 등에 대한 경쟁당국의 관심이 커지고 있다. 공정거래위원회도 '혁신기반 산업'의 기업결합에 대해 관련시장 획정, 시장집중도 산정기준, 경쟁제한효과 심사기준 등을 마련하고 있으며, '정보자산 기업결합'에 대해서도 그 비대체적인 특성이 가져오는 비가격경쟁 저해요소 등을 중점 심사 판단기준으로 하는 방안 등을 검토하여 기업결합 심사기준에 반영하고 있다.

기업결합 심사기준을 구체적으로 살펴보면, 결합당사회사가 정보자산을 활용하여 시장지배력을 형성·강화·유지하는 경우의 경쟁제한성 판단을 위해 ① 결합을 통하여 얻게 되는 정보자산이 다른 방법으로는 이를 대체하기 곤란한지 여부, ② 해당 결합으로 인하여 결합당사회사가 경쟁사업자의 정보자산 접근을 제한할 유인 및 능력이 증가하는지 여부, ③ 결합 이후 정보자산 접근 제한 등으로 인하여 경쟁에 부정적인 효과가 발생할 것이 예상되는지 여부, ④ 결합당사회사가 정보자산의 수집·관리·분석·활용 등과 관련한 서비스의 품질을 저하시키는 등 비가격 경쟁을 저해할 가능성이 높아지는지 여부 등을 함께 고려하도록 규정하고 있다.

(3) 심사업무의 성격

공정거래위원회의 기업결합 심사 과정은 공정거래위원회의 법집행 중 가장 전문적인 분야에 해당한다. 그 이유는 기업결합 분야의 시장획정은 상품시장과 지리적 시장 획정에 있어서 데이터나 시장참여자의 인식에 기반하여 부당한 공동행위나 시장지배적지위 남용행위 등의 규제에서 이루어지는 시장획정보다도 훨씬 엄밀하고 경제분석적인 방법으로 이루어지게 되고 경쟁제한성 판단 이후 시정조치를 설계하는 것도 미래의 경쟁 환경을 세밀하게 예측하여 이루어져야 하기 때문이다.

기업결합은 자본주의 시장에서 회사의 고도의 경영판단에 의해 자원배분이나 경영의 효율을 달성하기 위해 이루어지는 행위이므로 기업결합 행위를 통해 사업자가 당초 의도하는 경영상 목적 달성을 규제를 통해 저해하는 것은 바람직하지 않다. 따라서 경쟁제한성을 이유로 경쟁당국이 당해 기업결합을 불허 또는 당해 기업결합을 허용은 하되 경쟁제한성을 제거하기 위해 거래의 내용을 변경하는 시정조치를 하는 경우에는 시장경제체제에서 경제적 자유와 경쟁제한 폐해 제거라는 공익목적 달성이 조화를 이루어야 할 필요가 있다.

공정거래위원회는 기업결합과라는 담당부서를 두고 그 구성원을 경제학 박사학위 소지자 등 경제전문가로 구성하여, 기업결합 심사를 전문적으로 수행하고 있다. 공정거래위원회 업무수행을 위해서는 법적용의 해석과 집행을 위한 법학적 전문지식과 경제분석을 위한 경제적 전문지식이 동시에 요구되는데 기업결합 심사업무는 경제적 전문지식이 공정거래위원회 업무 중 가장 깊이 있게 요구되는 분야에 해당한다. 기업결합심사 업무를 수행하면서 축적된 시장획정 및 경쟁제한성 검토 등과 관련된 전문지식은 공정거래위원회의 다른 분야 업무 수행에도 큰 도움이 될 수 있기 때문에 모든 공정거래위원회 내부 직원들은 기업결합 심사업무를 경험하기를 원하고 있다.

공정거래위원회는 기업결합 심사기준을 두고 기업결합 심사를 하고 있는데, 미국·유럽연합·독일 등 대부분의 선진 경쟁당국들 또한 기업결합 심사를 위한 [53]가이드라인을 운용하고 있고 그간 OECD 등 국제기구 등을 통해 기업결합 심사 모범관행에 관한 의견수렴 작업이 꾸준히 진행된 결과 우리나라를 비롯한 세계 경쟁당국의 기업결합 심사는 대체로 유사한 방식으로 운영되고 있다. 이하에서는 기업결합 심사단계별로 그 주요내용과 유의해야 할 사항을 상세히 살펴보고자 한다.

2. 간이심사

(1) 의의

공정거래위원회 고시인 '기업결합 심사기준'은 일정한 기업결합 경우를 간이심사 대상으로 규정하여, 이러한 경우는 경쟁제한성이 없는 것으로 추정하며, 원칙적으로 신고내용의 사실 여부만을 심사하게 된다. 2010년 이후 공정거래위원회에 연간 신고되는 기업결합 건수는 600여 건에 달하는데 90% 이상은 간이심사 대상에 해당하는 것으로 나타났다. 간이심사는 기업결합 신고에 있어서 인터넷 등을 통한 신고와 간략한 첨부서류 제출로 특징되는 [54]간이신고와는 차

53) 1968년 미국이 연방독점법(Antitrust Law)에 근거하여 실질적·잠재적 경쟁자까지 포함된 기업결합 가이드라인(Horizontal Merger Guidelines)을 제정한 이후 유럽연합 등 각국에서 기업결합 심사기준을 제정하여 운영하고 있다.

이가 있는 개념임을 유의할 필요가 있다.

간이심사를 할 수 있는 대상으로는 ① 기업결합 당사회사가 [55]특수관계인인 경우, ② 당해 기업결합으로 당사회사 간 지배관계가 형성되지 않는 경우, ③ 대규모회사가 아닌 자가 혼합형 기업결합을 하거나 관련시장의 특성상 보완성 및 대체성이 없는 혼합결합을 하는 경우, ④ 경영목적이 아닌 [56]단순투자 활동임이 명백한 경우, ⑤ 임의적 사전심사를 요청하여 경쟁제한 우려가 없는 것으로 통지받은 기업결합을 정식으로 신고한 경우, ⑥ 국내시장에 영향을 미칠 우려가 없는 해외 합작법인 설립에 참여하는 경우 등이다. 이 중에서 '지배관계의 형성'과 관련해서는 후술하기로 한다.

2022. 12. 30. 시행되는 개정 기업결합 심사기준에 따라 단순투자 활동으로서 간이심사 대상인 경우가 추가되었는데 ① 기존에 설립된 기관전용 사모집합투자기구에 추가로 출자하여 새로운 유한책임사원으로 참여하는 경우와 ② 공정거래법상 신고 의무가 면제되는 벤처기업·신기술사업자 등에 대한 기업결합에 수반되는 임원겸임, ③ 일반 회사가 토지·창고·오피스건물 등 부동산을 투자 목적으로 양수하는 경우 등이 이에 해당된다.

(2) 지배관계 형성에 대한 판단기준

'주식취득'의 경우 단독의 지배관계와 공동의 지배관계 형성이 있을 수 있는데, 단독 지배관계 형성은 주식소유비율이 50% 이상인 경우를 말하며, 50% 미만이라도 각 주주의 주식소유 비율, 임원겸임 등 경영전반에 실질적 지배력을 미칠 수 있는 경우에는 지배관계가 형성된다고 판단하고 있다. 공동의 지배관계는 다른 자와 공동으로 피취득회사의 경영전반에 실질적 지배력을 미칠 수 있는 경우로서 주식보유 비율, 임원 지명권, 의결권 공동행사 약정 존재여부 등

---

54) '간이신고' 대상이 되는 기업결합은 ① 기업결합 신고의무자와 상대회사가 특수관계인인 경우, ② 상대회사 임원총수의 3분의 1 미만의 임원을 겸임하는 경우(대표이사 겸임제외), ③ 경영참여형 사모집합투자기구의 설립참여, ④ 유동화전문회사를 기업결합하는 경우, ⑤ 선박투자회사 설립에 참여하는 경우가 해당된다.

55) 경영지배의 공동목적을 가지고 기업결합에 참여하는 자는 제외한다.

56) 사모투자전문회사(자본시장과 금융투자업에 관한 법률)의 설립에 참여하는 경우, 유동화전문회사(자산유동화에 관한 법률)를 기업결합한 경우, 기타 특정 사업의 추진만을 목적으로 설립되어 당해 사업 종료와 함께 청산되는 특수목적회사를 기업결합한 경우 등이 이에 해당한다.

사항을 전반적으로 살펴서 판단하게 된다.

'임원겸임'의 경우 피취득회사 임원 총수의 3분의 1 이상을 취득회사 임직원이 겸임하게 되는 경우와 피취득회사의 대표이사 등 회사 경영전반에 실질적 영향력을 행사하는 지위 겸임의 경우에는 지배력이 있다고 판단한다.

'회사설립'의 경우는 공동의 지배관계가 형성되는데 참여회사 중 2 이상 회사가 신설회사에 대해 지배력이 있다고 인정되면 지배관계가 형성된다고 판단한다. 그 외 '합병이나 영업양수'의 경우는 그 자체로 지배관계가 형성된다고 본다.

3. 관련시장 획정

(1) 의의

(1)-1 관련시장

기업결합에서 관련시장은 당해 기업결합이 영향을 미칠 수 있는 시장으로 경쟁관계가 성립될 수 있는 상품군(商品群) 또는 지리적 시장을 의미한다. 관련시장의 획정은 경쟁이 이루어지고 있는 범위를 정하는 것으로 기업결합 심사 또는 시장지배력지위 남용행위 심사 등에서 경쟁제한 심사를 하기 위한 필수불가결한 단계에 해당한다. 다만, 경성카르텔이나 가격상승·생산량 감소와 같은 경쟁제한의 효과가 직접적으로 나타나는 행위에는 시장획정이 상대적으로 덜 엄격하게 이루어질 수 있다.

관련시장 획정에서 가장 주안점은 수요대체성에 있으며 공정거래위원회 고시인 '기업결합 심사기준'은 관련시장을 특정상품(지역)의 가격이 상당기간 어느 정도 의미 있는 수준으로 인상될 경우 당해 상품(지역)의 구매자 상당수가 이에 대응하여 구매를 전환할 수 있는 상품(지역) 전체로 규정하고 있는바, 현재 공정거래위원회는 수요 및 공급의 대체탄력성을 비롯하여 [57]임계매출감소분석, [58]Elzinga-Hogarty 테스트 등 다양한 경제분석 기법을 활용하여 관련시장을 획

57) 임계매출감소분석(Critical Loss Analysis)에서 임계매출감소율은 작지만 유의미한 가격인상(SSNIP: Small but Significant and Non-transitory Increase in Price)시에도 이윤손실을 보지않고 버텨낼 수 있는 매출감소율의 임계치를 의미하는데, 임계매출감소분석법은 임계매출감소율과 실제 매출감소율을 비교하여 이윤이 증가하는 상품 또는 지리적 시장범위를 찾아내 획정하는 방법으로서 우리나라의 경우 2006년 하이트맥주의 진로 주식취득 건에서 최초로 적용되었다.

정하고 있다. 경제적 기법 등을 활용한 관련시장 분석기법에 대한 상세한 설명은 후술하기로 한다.

(1)-2 혁신기반 산업과 관련시장

최근 연구·개발 등 혁신 경쟁이 필수적이면서도 지속적으로 일어나는 혁신기반 산업에서는 전통적인 제조·판매시장에서의 경쟁과는 구별되는 다양한 형태의 경쟁이 이루어지고 있다. 혁신기반 산업에서 일어나는 기업결합이 혁신 경쟁기업 제거 등을 통해 경쟁을 제한할 우려가 커지고 있음에도 불구하고 연구·개발 활동과 제조·판매 활동 등과 관련된 새로운 형태의 경쟁을 어떻게 보고 경쟁제한성 발생 우려에는 어떻게 대처해야 하는지 그리고 이러한 분야에 대한 관련시장을 어떻게 획정해야 실질적인 경쟁제한 우려를 인식할 수 있는지가 경쟁당국의 과제가 되고 있다.

예를 들어 신약 개발이나 첨단 IT 기술이 반영된 제품으로 독점적 지위에 있는 사업자가 연구개발 단계에 있고 거의 그 개발이 끝나 제품의 시장출시가 임박한 회사를 인수 또는 합병하는 방법으로 경쟁을 회피하고 독점적 지위를 누리려는 유인이 있을 수 있다. 이 경우에는 특정 제품시장과 연구개발 단계를 동일한 시장으로는 보기 어려운 점이 있어 종래의 시장획정 방법을 통한 경쟁제한성 판단에는 일정한 제한이 발생하게 된다.

이를 해결하기 위해 공정거래위원회는 결합 상대회사의 제조·판매활동 또는 연구·개발 활동과 근접하여 상호대체 가능한 연구·개발 활동이 이루어지는 분야인 혁신 시장을 별도의 연구·개발 시장으로 획정하거나 연구·개발·제조·판매시장으로 획정할 수 있도록 하였다. 이렇게 되면 특정제품을 제조·판매하는 회사가 그 특정제품과 경쟁할 수 있는 제품을 연구·개발하고 있는 회사를 인수하고자 할 때는 '제품·판매활동'과 '연구·개발활동'을 경쟁관계로 인식하여 하나의 시장으로 획정하고 수평형 기업결합에 해당하는 심사를 함으로써 경쟁제한성 여부를 실질적으로 판단할 수 있게 된다.

---

58) 출하이동분석이라고도 하며 LIFO(Little In From Outside: 해당 상품의 역내소비가 역내생산에 의해 이루어지고 역외업체 상품의 유입이 거의 없다는 의미이다), LOFI(Little Out From Inside: 역내 생산 상품이 역내에서 거의 소비되고 역외 유출이 거의 없다는 의미이다)의 개념을 가지고 시장획정을 하는 방식인데, 통상 LIFO와 LOFI가 0.75~0.9 사이이면 당해 지역을 관련 지역시장으로 획정하게 된다.

(1)-3 (온라인)플랫폼 사업자와 관련시장

(1)-3-1 (온라인)플랫폼의 의의

플랫폼 사업자는 여러 편익을 기초적으로 제공하는 자신의 플랫폼에 다수의 사업자와 소비자를 참여시켜서 그 사업자들과 소비자 간의 상호 경제활동으로 발생하는 수익 획득을 목적으로 활동하는 사업자를 의미하며 종전에는 신문구독 서비스와 광고서비스 시장과 관련된 신문업, 신용카드 서비스와 신용카드 가맹점 시장과 관련된 신용카드업 등을 플랫폼 사업에 해당하는 것으로 보고 있었으나 최근에는 발달한 정보통신 기술을 기반으로 한 사용자 편의 제공 등을 내세워 여러 거래분야에 새로운 온라인 플랫폼들이 급속히 도입·확산되고 있다.

온라인 플랫폼의 예로는 애플생태계를 중심으로 애플 제품 사용자들에게 각종 편의를 제공하는 동시에 다수의 사업자들이 애플생태계에서 사업활동을 하게 하고 그 사업자들이 제공하는 다양한 서비스를 이용하여 다시 애플 제품 사용자들의 사용경험을 강화하는 애플을 비롯하여, 구글·넷플릭스 등 세계적인 다국적 기업들이 온라인 플랫폼 형태의 사업을 영위하고 있으며 국내에서도 수많은 거래 분야가 카카오, 네이버, 쿠팡, 배달의 민족 등 대표적인 사업자들에 의해 온라인 플랫폼 사업형태로 재편되어 다양한 경제활동이 이루어지고 있다.

(1)-3-2 네트워크 외부효과

플랫폼 사업자가 참여하는 시장은 양면(兩面)시장이라고 하는데, 양면시장은 네트워크 외부효과(Network Externalities)가 필수적으로 발생하게 되는 시장이다. '네트워크 외부효과'란 어떤 상품 등에 대한 수요가 다른 사람들의 수요에 의해 영향을 받는 것을 말하고 이에는 해당 상품 등을 소비하는 사람이 많아질수록 효용이 높아져 그 상품 등에 대한 수요가 증가하는 긍정적 네트워크 외부효과와 해당 상품 등의 소비자가 증가할수록 수요가 감소하는 부정적 네트워크 외부효과기 있는데, 경제적으로 의미 있는 것은 긍정적 네트워크 외부효과가 발생하는 경우가 된다.

긍정적 네트워크 외부효과에도 같은 상품 등을 사용하는 소비자 수가 증가할수록 소비자들의 효용이 증가하는 '직접적 네트워크 외부효과'와 같은 상품 등을 사용하는 소비자 수가 증가할 때 그 자체로부터는 효용증가가 없으나 다른 관련시장에서 소비자 수가 증가하고 이로 인해 간접효과로 당해 시장의 효용이 증가하게 되는 '간접적 네트워크 외부효과'로 나누어질 수 있다. 직접적 네트워크 외부효과로는 [59]메신저 서비스를 대표적으로 들 수 있고 간접적 네트워크 외부효과로는 [60]대표적 영상 스트리밍 서비스인 넷플릭스를 들 수 있겠다. 직접적이든 간접적이든 네트워크 외부효과가 발생하는 분야에 대해서는 사용자 수 확보가 관건이 되므로 플랫폼 사업자들은 1차적으로 다양한 편의와 유인을 제공하여 기본 서비스 사용자를 최대한 확보하려고 하게 된다.

간접적 네트워크 외부효과가 존재할 때 획정되는 시장이 바로 양면시장이다. 개인용 PC운영체제 시장을 예로 들어보면 대표적인 개인용 PC운영체제인 윈도우의 경우 '윈도우'라는 플랫폼을 매개로 윈도우를 사용하는 개인용 PC운영체제 시장과 윈도우에서 사용될 수 있는 여러 가지 소프트웨어나 콘텐츠를 공급하는 소프트웨어·콘텐츠 시장의 양면시장이 형성되게 되고 소프트웨어나 콘텐츠 공급자가 많아질수록 윈도우 사용자의 효용이 더욱 커지게 되는 간접적 네트워크 외부효과가 발생하게 된다.

최근 온라인 플랫폼 사업의 급속한 발전으로 인해 전통적인 시장획정 이외에도 양면시장에 대한 이해와 분석이 점점 중요해지고 있고 양면시장에서 발생하는 여러 경쟁제한 이슈들의 효과적인 처리가 경쟁당국의 주요 관심사항으로 떠오르고 있다. 양면시장의 의미와 시장획정 방법에 대해서는 후술하기로 한다.

(2) 시장획정 기법

(2)-1 SSNIP 테스트

SSNIP(Small but Significant and Nontransitory Increase in Price) 테스트는 시장획정의 기본적인 방법으로 가상의 독점기업이 [61]작지만 의미 있고 [62]일시적이지 않은 가격인상을 통하여 이윤을 증대시킬 수 있는 최소 범위의 상품(또는 지역)을 관련시장으로 획정하는 방법이다.

SSNIP 테스트는 상품의 수요대체성을 중심으로 시장을 획정하는 방법으로

---

59) 특정 메신저를 사용하는 사람들이 많아질수록 범용성이 더욱 높아져 그 특정 메신저에 대한 효용에 높아지는 경우이다.

60) 대표적 영화스트리밍 서비스인 넷플릭스의 경우 시청자가 많아질수록 넷플릭스에 대한 콘텐츠 공급자가 많아져서 시청자는 더 폭넓고 다양한 시청서비스를 누릴 수 있게 된다.

61) SSNIP의 가격인상 수준은 통상 5% 정도로 보는 것이 일반적이다.

62) 일시적이지 않은 기간은 통상 1년 이상을 기준으로 한다.

서 가상의 독점기업의 상품과 대체성이 있는 상품이 하나의 관련 상품시장에 포함되게 된다. 획정된 시장에 대체재가 포함되었는지 여부는 독점기업이 가격을 인상시켰을 때 이윤이 증대했는지를 보면 알 수 있게 되는데 이윤증대가 없으면 가격인상으로 인해 밀접한 다른 대체재로 수요가 이동했다는 것을 의미하므로 획정된 시장에 그 밀접한 대체재가 포함되어 있지 않다는 것을 뜻한다. 이때는 그 대체재를 다시 관련시장에 포함시키고 이윤증대 여부를 파악한다. 이 과정을 반복해서 가격인상 시 이윤증대가 일어나게 되는 최소 범위가 최종 관련시장이 되는 것이다.

통상 기업결합심사에서는 당해 기업결합이 관련시장에서 당사회사의 시장지배력을 형성·강화시킬 것인지 여부를 판단하게 되는 것이므로 기업결합 당시의 시장가격(Prevailing Price) 수준에서 SSNIP 테스트를 하는 것이 일반적이다. 그러나 출발가격이 중요한 SSNIP 테스트를 진행할 때 시장이 이미 독과점화되어 있거나 담합 등이 있는 경우에는 이미 가격이 경쟁가격보다 높은 수준에 형성되어 있으므로 가격조정 없이 테스트를 진행하게 되면 수요가 다른 대체재로 강하게 전환되므로 시장이 지나치게 [63]넓게 획정되는 오류가 발생하게 되는 것을 유의해야 하며, 반대로 실제 시장의 경쟁가격보다 낮은 수준의 가격을 테스트의 출발로 삼게 되면 관련시장이 지나치게 좁게 획정되는 문제가 발생할 수 있다.

따라서 SSNIP 테스트가 시장획정의 기본적 방법이긴 하지만 전술한 경쟁가격의 산정문제를 비롯하여 5% 가격기준의 임의성, 가격탄력성·교차탄력성의 정확한 측정, 독점이윤 산정의 문제 등에 대해 일정한 한계점이 있음을 유념할 필요가 있다.

(2)-2. 임계매출감소 분석

임계매출감소분석(Critical Loss Analysis)은 일정한 가격인상에 따른 실제의 매출감소율의 크기와 [64]임계매출감소율의 크기를 비교하여 시장을 획정하는

63) 현재 시장이 독과점 상태여서 이미 높게 설정된 가격을 기준으로 수요대체성을 판단한 결과 관련시장이 너무 넓게 획정되어 독점력을 부인하게 되는 결과를 가져오는 오류를 '셀로판 오류(Cellophane Fallacy)'라 한다. 1955년 미국의 듀폰사 사례에서 비롯되었다.

64) 임계매출감소율은 가상의 독점기업이 X% 가격인상 시에도 이윤의 감소를 야기하지 않는 매출감소율의 최대치를 의미한다. 즉 단위당 가격인상으로 인한 가격인상효과의 크기와 가격인상으로 인한 매출감소효과의 크기가 동일하여 이윤을 변화시키지 않는 매출

방법이다. 이 분석법은 매출량 변화와 [65]마진율만 파악하면 판단할 수 있다는 용이성 때문에 SSNIP 테스트와 결합하여 시장획정 방법으로 보편적으로 사용되고 있다. 임계매출감소율은 가격인상률이 높을수록 커질 것이고, 마진율이 높을수록 작아질 것이므로 '가격인상률과는 비례', '마진율과는 반비례' 관계에 있다.

실제매출감소율이 임계매출감소율보다 크다면 가상의 독점기업은 해당 상품(지역)에서의 SSNIP를 통해 이윤이 하락하게 되므로 대체성이 있는 상품이 있다는 뜻이고 관련시장을 확대해야 할 필요가 생긴다. 반면, 실제매출감소율이 임계매출감소율보다 작다면 SSNIP를 통해 이윤이 높아진다는 것을 의미하고 대체재가 없다는 뜻이므로 관련시장 확대가 필요 없게 된다.

임계매출감소 분석에 있어서는 임계매출감소율에 영향을 미치는 마진율의 정확한 파악이 관건이 된다. 마진율이 높게 책정되면 임계매출감소율이 작아지게 되고 실제매출감소율이 작게 산정된 임계매출감소율보다 크게 될 가능성이 커져서 관련시장을 확대할 유인이 생겨서 기업결합 당사회사입장에서는 가급적 관련시장을 확대하기 위해 높은 마진율을 주장할 가능성이 크다. 따라서 경쟁당국 입장에서는 마진율 산정의 기초가 되는 영업이익과 관련해서 고정비용과 가변비용의 정확한 분리가 중요하게 된다. 기업결합 당사회사 입장에서는 가급적 높은 [66]고정비용을 주장하고 이로서 영업이익을 크게 하여 임계매출감소율을 최대한 작게 책정하려 할 것이므로 이에 대한 정확한 검증이 필요하게 된다.

(2)-3 중첩원의 합집합

중첩원(重疊圓)의 합집합(A Union of Overlapping Circles) 접근법은 주로 지리적 시장을 획정하기 위한 방법으로, 관련 상품시장에 속하는 사업자들을 중심으로 상권(商圈)의 개념에 해당하는 일정한 반경의 원을 그린 다음, 중첩되는 원들이 있고 그 중첩의 정도가 상당한 경우 이를 관련된 지리적 시장으로 판단하

감소율이라고 할 수 있다.

65) 마진율은 영업이익을 매출액으로 나눈 값인데, 실무적으로 영업이익은 매출액에서 가변비용을 공제하여 얻게 된다.

66) 실제 2003년 무학의 대선주조 주식취득건에서 고정비용과 가변비용의 분류 항목이 쟁점이 되었고 서울고등법원은 무학 측이 주장한 고정비용 분류항목 중 일부를 가변비용으로 분류하여 마진율을 낮추었고 결과적으로 임계매출감소율을 높여 관련시장을 무학 측의 주장보다 좁게 획정한 바 있다.

는 방법이다. 상권의 중첩이 상당하다면 가격인상이 있을 경우 겹치는 부분에 있는 소비자들이 기존 사업자가 아닌 다른 사업자의 상권으로 이동할 것이기 때문에 대체성이 있는 것이고 이 경우에는 관련시장이 확대될 수 있는 것이다.

중첩원의 합집합 접근방식은 주로 상권이 중요한 [67]유통업체의 지리적 시장 획정에 활용되는데 예를 들어 대형마트의 경우 각 지점으로부터 반경 5㎞(대도시권) 또는 10㎞(기타 지역)를 기준으로 동심원(同心圓) 크기를 설정하고 최초 동심원 내에 경쟁사업자가 있으면 그 지점을 중심으로 다시 동심원을 그리는 과정을 반복하여 그 합집합을 지리적 시장으로 보게 된다. 중첩원의 합집합 방식에서는 연쇄에 의해 지역시장이 무한히 확장될 가능성이 있으므로 공정거래위원회는 실무적으로 '최초의 원'에 포함된 지점을 중심으로 하는 동심원끼리만 지리적 시장으로 인정하고 있다.

중첩원의 합집합 방식에서는 사업자 주변의 소비자들의 충성도, 소비자 수, 생활권, 교통망 등을 합리적으로 감안해서 실질적인 경쟁관계를 제대로 반영할 수 있도록 해야 한다는 점에 유의해야 한다. 중첩이 크다고 하더라도 특정 사업자와 아주 가까운 부분에 거의 대부분의 소비자가 밀접해 있다면 그 사업자가 가격인상을 하더라도 다른 사업자의 상권으로 이동이 용이하지 않을 수가 있고 자연적인 경계로 인해 접근이 불편하거나 교통망 연결이 원활하지 않는 경우 등을 이유로 지도상 직선거리와 관계없이 실제적으로는 대체관계가 약할 수도 있기 때문이다.

(2)-4 Elzinga-Hogarty 테스트

Elzinga-Hogarty 테스트는 한 지역에서 다른 지역으로의 상품의 유입·유출 통계를 이용하여 지리적 시장의 범위를 획정하는 방법이다. 이 테스트는 역내 유입과 역외유출의 비중을 측정하는 지수를 통해 대체성을 가늠하는 방식으로 진행된다. Elzinga-Hogarty는 LIFO와 LOFI의 기준점으로 75%를 제시하면서 두 지수 모두 75%를 넘으면 그 지역을 그대로 관련 지리적 시장으로 획정하고, 두 지수 중 하나라도 이보다 낮으면 관련 지리적 시장을 확대하도록 [68]기준점을

67) 2006년 이랜드-까르푸 기업결합 건, 2010년 롯데쇼핑의 지에스리테일 대형마트 영업양수 건 등 유통업체의 기업결합 심사 시에 중첩원의 합집합 방식의 지리적 시장 획정이 이루어진 바 있다.

68) 2006년 하이트맥주와 진로 기업결합 건에서 관련 지리적 시장을 획정할 때 Elzinga-Hogarty 테스트 기법이 구체적으로 이용되었다.

제시하고 있다.

'LIFO(Little In From Outside)'는 역내생산을 역내소비로 나눈 값으로 특정지역의 소비가 얼마나 역내생산에 의존하는지를 나타내며 LIFO값이 작다는 것은 역내 생산량이 역내의 소비를 충족시키지 못해 해당 역내로 유입이 많이 생긴다는 의미가 된다. 이런 상황에서 역내에서 가격인상이 있는 경우에는 구매전환 가능성이 크게 된다. 따라서 이 경우에는 대체성을 고려하여 관련 지리적 시장을 확대하게 된다.

'LOFI(Little Out From Inside)'는 반대로 역내소비를 역내생산으로 나눈 값으로 특정지역의 생산물이 얼마나 그 지역에서 소비되는지를 나타내며 LOFI 값이 작다는 것은 해당 역내에서 생산물이 다 소비되지 못해 역외 유출이 이루어질 수밖에 없고 역외 유출 시에는 다른 지역의 경쟁상황을 고려해야 하는 상황이다. 이 경우에는 가격인상이 어려우므로 역시 관련 지리적 시장을 확대해야 한다.

Elzinga-Hogarty 테스트는 동질적인 상품 및 지역 간 가격차별이 없는 것을 전제로 하고 있으나 실제로는 수요층의 분리 등으로 상품이 사실상 차별화되어 있는 경우가 많은데, 테스트에 사용되는 상품의 출하량 통계 등은 상품의 차별성이 반영되어 있지 않아서 분석에 한계가 있다는 점과 유입 또는 유출과 관련된 출하량과 두 지역 간 실제 경쟁상황은 직접적인 관련이 없을 수도 있다는 점을 구체적인 시장획정 검토 시 유의할 필요가 있다.

(3) 상품·지리적 시장획정

(3)-1 상품시장 획정

관련 상품시장이란 소비자가 상품의 특성·가격·사용목적 등을 고려하여 구매를 전환할 수 있는 상품 또는 서비스의 집합을 말한다. 동일한 상품시장 내에서는 실질적·잠재적 경쟁이 이루어지게 되며, 상품시장을 획정할 때는 합리적인 대체가능성 또는 수요의 교차탄력성이 기준이 되는바, 상품의 기능·효용·가격의 유사성, 구매자 및 판매자의 대체가능성에 대한 인식 및 행태, 거래단계나 거래상대방·한국표준산업분류에 의한 상품의 거래구조 등을 살펴서 상품시장을 획정하게 된다.

상품시장 획정이 쟁점이 되었던 실제 사례를 살펴보면, 맥주 제조·판매사와 소주 제조·판매사의 기업결합이었던 2006년 하이트맥주의 진로 주식취득

건과 관련하여 결합당사회사의 경쟁사는 소주와 맥주가 보편적인 주류로서 동일한 시장으로 보아야 한다고 주장한 바 있으나, 공정거래위원회는 저도주(低度酒)와 고도주(高度酒)를 분리하여 판단한 미국·영국 등의 외국사례, 상품 특성 및 임계매출감소분석 결과 등을 반영해서 맥주와 소주를 별개의 상품시장으로 획정한 경우를 들 수 있다.

최근에는 4차 산업혁명과 관련하여 대량으로 축적된 정보자산과 관련하여 정보자산의 독점·봉쇄 우려가 있는 기업결합이 발생하는 경우 이에 대한 상품시장 획정을 어떻게 할지가 경쟁당국의 관심으로 떠오르고 있다. 전술한 바와 같이 상품의 가격인상이나 거래조건의 변경 등을 살펴보고 당해 기업결합의 경쟁제한 효과를 파악하는 종전의 기업결합 심사기준과 상품시장 획정방식으로는 경쟁제한 문제에 대처하는 데 한계가 있을 수 있으므로 정보자산을 그 자체로 주요 원재료나 주요 상품으로 보고 상품시장 획정 시 이를 반영하는 방법 등과 비대체적인 특성이 있는 대량축적 정보자산의 비가격적인 경쟁저해 요소 등을 제거하는 방법 등이 최근 기업결합 심사지침에 반영되었다.

(3)-2 지리적 시장 획정

관련 지리적 시장은 기업결합 당사회사가 상품이나 서비스를 공급하는 지역 중 경쟁조건이 동질적이어서 인접지역과 구별될 수 있는 지역을 말한다. 즉, 경쟁이 실질적으로 일어날 수 있는 지리적 범위를 의미한다. 지리적 시장 역시 상품시장과 마찬가지로 합리적 대체가능성 또는 수요의 교차탄력성이 획정의 기준이 되는바, 상품의 변질·파손성과 판매자의 생산능력·판매범위와 같은 특성, 구매자 및 판매자의 대체가능성에 대한 인식 및 행태, 시간적·경제적·법적 장애 등으로 인한 전환의 용이성 등을 살펴서 획정한다.

지리적 시장획정이 쟁점이 되었던 실제 사례를 살펴보면, 소주 제조·판매사 간의 수평형 기업결합이었던 2003년 무학소주의 대선주조 주식취득 건에서 기업결합 당사회사들은 소주가 전국적으로 유통되고 있는 점을 들어서 지리적 시장은 전국시장이라고 주장한 것에 대해 공정거래위원회와 법원은 시장진입 상황, 소비자의 지역별 선호, 실제의 매출행태 등을 고려하여 관련된 지리적 시장은 경남 및 부산의 소주시장으로 한정된다고 판단한 바 있다.

(4) 양면시장과 (온라인)플랫폼 사업자

(4)-1 양면시장의 의의

양면시장은 서로를 필요로 하면서 성격이 상이한 두 부류의 고객그룹을 연결시켜 두 그룹 간 거래가 성사되도록 하는 시장을 의미하고, 양면시장에서 그 거래가 성사되도록 편의 및 서비스를 제공하는 사업자를 플랫폼 사업자라고 한다. 플랫폼 사업자는 양면시장에서의 편의 및 서비스를 제공하는 대가로 플랫폼 이용료를 받게 되는데 이때 플랫폼 이용료는 양측 그룹 모두에게서 받을 수도 있고 사업형태나 전략상 어느 한쪽에서만 받는 경우도 있다. 최근에 발달된 IT를 기반으로 거래의 편의나 거래관련 도구를 제공하는 온라인 플랫폼 사업형태가 크게 성장하면서 양면시장에 대한 관심도 함께 높아지고 있다.

양면시장에는 전통적인 거래나 사업 분야였던 신용카드업, 신문·방송 등 미디어 업종과 함께 최근에는 인터넷 쇼핑몰 사업, PC운영체제와 같은 소프트웨어 플랫폼, 애플·구글과 같은 대형 IT생태계를 기반으로 한 플랫폼, 카카오나 네이버 등과 같은 메신저나 포털을 기반으로 한 플랫폼 등 여러 분야에서 다양한 형태로 나타나고 있다. 다양한 형태에도 불구하고 양면시장은 공통된 특징을 가지고 있는데 ① 양측으로 분리될 수 있는 상이한 고객그룹이 존재해야 하고 양측은 서로를 필요로 하고 상호 연결될 경우 효용이 높은 경우여야 한다. ② 네트워크 외부효과 중 [69]간접적 네트워크 외부효과(Indirect Network Externality)가 있는 경우이어야 하고, ③ 양측의 직접거래가 높은 거래비용으로 제약되는 상황에서 플랫폼 사업자가 제공하는 플랫폼을 매개로 간접적 네트워크 외부효과를 내부화할 수 있는 경우에 양면시장이 성립할 수 있게 된다.

단면시장과는 달리 양면시장에서는 어느 한쪽의 가격변화가 해당 수요자의 수요를 변화시키는 데 그치지 않고 다른 쪽 수요에도 영향을 미치고 이것이 다시 또 다른 쪽에 영향을 미치는 등 양측 간 추가적인 파급효과가 발생한다. 또한 양면시장에서의 플랫폼 사업자는 양측 시장 모두를 고려해서 가격을 책정하기 때문에 어느 한쪽은 무료 또는 매우 낮은 가격을 책정하고 나머지 한 쪽에 대해서만 가격을 책정하는 정책을 구사할 수도 있다. 이러한 플랫폼 전체를 고려한 가격책정에 대해 반드시 반경쟁적이라고 단정하기는 어려운 측면도 있음

69) 교차 네트워크 외부효과(Cross Network Externality)라고도 하며, 양면 중 한 측면의 사용자의 수 또는 소비량이 많아질 경우 다른 측면의 효용이 커지게 되는 현상을 의미한다.

을 고려해야 한다.

(4)-2 시장획정 방법

양면시장의 시장획정은 양측면을 모두 묶어서 하나의 시장으로 획정할 수도 있고 양측면의 각 단면을 별개의 시장으로 획정할 수 있는데 이는 각 측면에서의 대체재가 존재하는지 여부에 달려 있다. 만약 측면 A에 대해서도 별도의 경쟁 또는 대체재가 있고 측면 B에 대해서도 별도의 대체재가 있다면 A, B에 대해서는 각각의 단면으로 시장획정을 하는 것이 원칙이다. 2009년 이베이의 인터파크지마켓 주식취득 건에서 소비자는 오픈마켓과 인터넷 쇼핑몰 사이에 구매전환이 가능하므로 소비자 측면에서는 오픈마켓과 인터넷 쇼핑몰을 묶어서 하나의 시장으로 획정하였고, 판매자는 오픈마켓에서 판매하는 경우에 비해 인터넷 쇼핑몰로 판매를 전환하기 위해서는 엄격한 입점심사 등 비용과 장벽의 존재로 대체성이 약하다고 보아 판매자 측면에서는 오픈마켓과 인터넷 쇼핑몰을 별개의 시장으로 획정한 사례를 참고할 필요가 있다.

양면시장에서 시장획정을 위해 임계매출감소 분석을 할 경우에는 양면시장의 특성에서 기인한 추가적인 파급효과를 고려하여야 한다. 즉 양면시장에서는 가격이 인상될 경우 매출감소는 다른 측면의 매출감소도 연쇄적으로 발생시키므로 실제매출감소율이 더 크게 나타날 수 있다. 그러면 관련시장을 부당하게 확대하는 결과가 되어 시장지배력을 과소평가하게 될 위험성에 유의해야 한다.

4. 시장집중도 분석

(1) 개요

과거에는 시장집중도를 측정하기 위한 방법으로 상위 [70]n개사의 시장점유율의 합계치를 주로 사용해 왔다. 시장점유율 합계는 당해 시장을 직관적으로 이해할 수 있는 장점도 있으나 시장점유율의 단순한 합계치는 n개사 이외의 시장참여자에 대한 정보가 전혀 반영되지 못하고 있고, n개사간의 시장점유율 격차에 따른 영향도 제대로 반영하지 못하는 한계가 있어, 현재는 시장집중도 분석을 위해 시장점유율 합계치 방식과 함께, 당해 시장의 모든 사업자의 시장점유율의 제곱을 합산한 지수인 [71]허핀달-허쉬만 지수(HHI)를 함께 사용

70) 시장집중도와 관련해서는 통상 상위 3~5개사의 시장점유율이 관심의 대상이 되어 왔다.

71) HHI(Herfindahl-Hirschman Index): 일정한 거래분야에서 기업의 시장점유율을 각각의 %

하고 있다.

[72]공정거래법은 기업결합으로 인한 시장점유율과 관련하여 두 가지 경우에 해당하면 일정한 거래분야에서 경쟁을 실질적으로 제한하는 것으로 추정하고 있는데 이는 전통적인 시장점유율 합계 방식인 상위기업 집중률(CR_n) 개념에 따른 것이다. 경쟁제한성이 추정되는 경우는 ① 1 사업자의 시장점유율이 50% 이상 또는 3 이하 사업자의 시장점유율이 75% 이상이면서, 기업결합 당사회사 시장점유율의 합계가 당해 거래분야에서 1위가 되고, 당사회사 시장점유율의 합계와 2위인 회사의 시장점유율의 차이가 시장점유율 합계의 25% 이상인 경우와 ② 대규모회사가 중소기업의 시장점유율이 3분의 2 이상인 거래분야에서 기업결합을 하고 당해 기업결합으로 5% 이상의 시장점유율을 가지는 경우가 이에 해당한다.

기업결합 심사기준에서는 경쟁제한성의 판단을 위한 시장집중도 기준으로 공정거래법상의 상위기업 집중률과 함께 HHI를 사용하고 있다. HHI의 크기와 사업자 수는 반비례 관계에 있으므로 HHI가 높다는 것은 당해 시장에서 활동하는 사업자 수가 작다는 것을 의미한다. 공정거래법상 경쟁제한적 기업결합으로 추정되는 시장점유율에 따른 위 두 가지 요건에 해당되지 않으면서 HHI가 다음과 같은 안전지대에 속하는 경우는 경쟁제한성이 없는 것으로 추정하게 되는데, ① 수평형 기업결합의 경우는 HHI가 1,200에 미달하거나, HHI가 1,200 이상 2,500 미만이면서 HHI 증가분이 250 미만인 경우와 HHI가 2,500 이상이고 HHI 증가분이 150 미만인 경우, ② 수직형 또는 혼합형 기업결합의 경우에는 HHI가 2,500 미만이고, 당사회사 시장점유율이 25% 미만인 경우와 당사회사가 각각 4위 이하의 사업자인 경우가 이에 해당된다.

최근에 기업결합 심사기준이 개정되어 2022. 12. 30.부터 시행되게 되었는데 수직형 또는 혼합형 기업결합에 대해서는 [73]안전지대를 설정하게 되었다.

로 계산한 후 이들 점유율의 제곱을 모두 합산한 지수. 시장집중도 측정방법의 하나로, HHI의 값이 클수록 산업의 집중도가 높다. 우리나라와 미국 등에서 기업결합의 경쟁제한 여부를 판단하는데 1차적으로 이 지표를 활용한다.

72) 전부개정 공정거래법 제9조 제3항에 규정되어 있다.

73) 수직형 또는 혼합형 기업결합의 경우 일본도 각 시장에서 당사회사의 점유율이 10% 미만인 경우를 안전지대로 규정하고 있고 유럽연합의 경우에는 각 시장에서 당사회사 점유율이 30% 미만인 경우는 간이절차 대상으로 하고 있다.

종전의 일정한 거래분야에서 당사회사가 4위 이하 사업자인 경우에 더하여 당사회사의 시장점유율이 10% 미만인 경우에도 경쟁제한성이 없는 것으로 추정할 수 있도록 하였다.

(2) 분석 시 유의사항

시장집중도 분석을 통한 경쟁제한성 판단은 한계를 가지고 있는데 특히 상품들 사이에 대체성이 있는 경우에는 시장점유율만 가지고 경쟁제한효과를 곧바로 측정하는 것은 어렵다. 대체성이 큰 상품을 생산하는 사업자들의 기업결합은 단순히 사업자들의 시장점유율 합산이 보여주는 것보다 훨씬 큰 가격인상을 통해 경쟁제한이 나타날 것이므로 시장점유율과 경쟁제한성 사이에 비례적인 관련성이 있다고 보는 것이 어렵게 되는 것이다. 또한 시장집중도 분석 시에는 시장집중도 변화추이도 중요하다. 만약 최근 수년간의 시장집중도가 현저히 상승하는 경향이 있는 경우, 시장점유율 상위인 사업자의 기업결합은 경쟁제한성이 크다고 볼 소지가 있다.

앞서 언급한 혁신시장의 경우 연구개발 단계에 있고 제조·판매가 아직 이루어지지 않은 경우 매출액 등에 기반한 시장점유율 산정 및 시장집중도 파악이 곤란하게 된다. 따라서 혁신시장의 시장집중도를 파악하기 위한 대안적 기준으로서 연구개발비 지출규모, 혁신활동에 특화된 자산 및 역량의 규모, 해당 분야 특허 출원 또는 출원된 특허가 피인용되는 회수, 혁신경쟁에 실질적으로 참여하는 사업자의 수 등을 참고하여 시장집중도를 우회적으로 파악하는 것이 의미가 있게 된다.

HHI지수도 일정한 한계점을 갖는다. HHI지수는 그 전제로서 관련시장에서의 사업자들이 같은 비용구조를 갖고 있을 때에 시장집중도 관련 지수로서 의미를 갖는다. 같은 비용구조에서는 시장에 참여하는 사업자 수가 많아지면 생산량이 늘어나고 사업자 수가 줄어들면 생산량이 감소하게 된다. 시장참여 사업자가 비용구조면에서 균질할 때 예를 들어 HHI지수가 높은 경우에는 사업자 수가 작은 것이어서 시장집중도가 높다고 할 수 있게 되고 이때는 생산량이 이상적인 상태에 비해 작으므로 이를 경쟁제한성과 연결해서 평가할 수 있게 되는 것이다.

즉 HHI가 증가하면 사업자 수가 줄어들었다는 의미이고 사업자 수가 줄면

[74]생산량이 줄고 가격이 상승하여 사회후생이 줄게 되므로 시장집중도 평가지수로서 HHI와 사회후생이 연결되어 기업결합 심사가 정당화될 수 있다. 그러나 시장참여 사업자들이 비용구조면에서 상이할 경우에는 HHI와 사회후생이 일치하지 않게 되어 HHI가 시장집중도 기준으로서 한계를 가지게 되는데 예를 들어 생산비용이 낮은 효율적 기업의 한계비용이 감소하여 시장점유율이 상승하여 HHI가 증가하더라도 사회 전체적인 후생은 증가하는 경우도 가능하기 때문이다.

시장집중도 분석은 기업결합 심사에 있어 관문(關門)심사(Threshold Test)에 해당하는 정도의 의미를 갖는다고 보면 되겠다. 즉 시장집중도 분석을 통해 집중적으로 심사해야 할 기업결합 건을 선별하게 되며 선별된 건에 대해서는 이하에서 기술하게 될 경쟁제한성 평가를 하게 된다.

5. 경쟁제한성 평가

(1) 경쟁제한성 평가기법

경쟁제한성은 주로 수평형 기업결합에서 단독효과를 판단할 때 주로 보게 되는 것이며 기업결합 심사에게 가장 본질적인 부분이라 할 수 있다. 경쟁제한성을 객관적으로 평가하기 위해 정밀한 경제분석 기법이 발전하게 되었으며, 경쟁제한성 평가기법의 대표적인 것으로는 구매전환율 분석, 임계매출감소 분석, 기업결합시뮬레이션 등을 들 수 있다. 구매전환율과 임계매출감소율은 시장획정에서도 사용되는 기법에 해당한다는 점은 전술한 바와 같다. 이하 이에 대해서 상세히 설명하기로 한다.

(1)-1 구매전환율 분석

경쟁제한성 평가와 관련하여 타 경쟁사업자 제품으로의 구매전환 가능성을 살펴볼 필요가 있다. 구매전환 가능성은 [75]구매전환율(diversion ration)지표를 이용해서 측정하며 구매전환율은 A재 가격인상으로 인해 구매를 포기한 소비자

---

74) 생산량을 시장참가 사업자의 전략변수로 보고 있다는 점에서 HHI는 과점시장을 설명하는 쿠르노 모형에 기초를 두고 있음을 알 수 있다.

75) 재화 A로부터 B로의 구매전환율은 A, B에 대한 수요의 교차탄력성(비중)에 재화 A의 매출량(비중)을 곱한 값으로 계산되며, 수요의 교차탄력성은 한 재화의 가격이 변화할 때 다른 재화의 수요량이 얼마나 변화하는지를 나타내는 것으로 두 재화의 관계가 대체재, 보완재 또는 독립재인지를 알려주는 역할을 하게 된다.

중에서 B재로 구매를 전환하는 소비자의 비율을 의미한다. 기업결합하는 회사들 간 구매전환율이 높다는 것은 가격인상 가능성이 크다는 것을 의미하므로 구매전환율이 높게 나타나면 경쟁제한성 우려가 크다고 판단하게 된다. 공정거래위원회 기업결합 심사 과정에서 구매전환율을 이용한 경쟁제한성 평가는 실제로 많이 이용되었으며, 그 구체적 사례에 관해서는 후술하기로 한다.

실제 시장에서 경쟁상품이 완전히 균질한 경우는 거의 없고 상품 간 차별성이 존재하는 것이 현실이다. 구매전환율 분석은 차별적 상품시장에서 시장에 참여하는 사업자들이 가격을 변경했을 때의 분석에 유용한데, 구매전환율 분석은 가격을 시장에서의 경쟁을 위한 전략변수로 상정하는 과점시장 이론인 [76]베르트랑 모형에 뿌리를 두고 있기 때문이다. 참고로 베르트랑 모형에 의하면 차별적 상품시장에서는 과점기업들이 가격으로 경쟁을 하더라도 완전경쟁시장보다는 생산량이 적으며 가격도 조금 더 높게 형성되는데 이것이 사회후생을 바로 감소시킨다고 하기는 어렵다. 상품의 차별로 인해 소비자가 얻는 효용이 있고 베르트랑 균형에서 기업들이 얻는 초과이윤은 제품차별화에 대한 대가로 볼 수 있기 때문이다.

(1)-2 임계매출감소 분석

수평형 기업결합에서 경쟁제한성 판단을 위한 기법으로 시장획정을 위해 사용되는 기법인 임계매출감소 분석을 이용할 수도 있다. 예를 들어 임계매출감소 분석 결과 5% 가격인상 시 실제매출감소율이 임계매출감소율보다 크다면 가격인상이 불가능하다는 뜻이 되므로 당해 기업결합건의 경쟁제한성이 약하다고 평가할 수 있게 되는 것이다. 실제로 임계매출감소 분석을 통해 경쟁제한성을 판단한 사례로는 2010년 롯데면세점과 에이케이면세점 기업결합 건에서 공정거래위원회가 임계매출감소 분석결과를 근거로 당해 기업결합이 경쟁제한성이 없다고 판단하고 기업결합을 승인한 경우를 들 수 있다.

(1)-3 기업결합 시뮬레이션(Merger Simulation)

기업결합 시뮬레이션은 시장획정 없이 기업결합 이전의 시장상황을 기초

76) 베르트랑 모형(Bertrant Model)은 과점기업들이 '가격을 전략변수'로 하여 경쟁을 한다고 가정하고 있다. 만약 완전히 동질적인 상품시장에서 가격을 통한 경쟁은 사실상 완전경쟁시장과 같은 결과가 발생하게 되며 과점임에도 가격경쟁으로 초과이윤이 0가 되는 상황을 '베르트랑 역설'이라고 한다.

로 하여 기업결합 이후의 가격 상승 등 시장상황을 예측하는 방법론으로서 상품간의 대체관계를 고려한 교차탄력성을 이용하여 기업결합 후의 가격 상승을 합리적으로 예측하여 경쟁제한성을 따져 볼 수 있는 방법으로서 시장점유율에 기반한 시장집중도 분석을 보완할 수 있는 기법으로 여겨지고 있다.

기업결합 시뮬레이션은 차별적 상품과 관련된 기업결합 심사에서 특히 유용할 수 있으나 수요함수에 대한 가정 등에 따라 결과가 달라질 수 있는 한계점과 분석을 위해 사용되는 자료들이 대부분 소매단계의 자료들이어서 제조 단계의 기업결합 분석 등에는 한계가 있다는 점도 유의할 필요가 있다.

(2) 수평형 기업결합의 경쟁제한성 평가

수평형 기업결합의 경우 경쟁사업자 수 감소 등 시장의 구조적 변화로 인해서 직접적인 경쟁제한성이 문제되는 경우가 수직형 또는 혼합형 기업결합에 비해 많을 수 있다. 실제 공정거래위원회 통계에 의하더라도 경쟁제한성이 인정되어 시정조치한 경우는 수평형 기업결합이 가장 많은 비중을 차지하고 있다. 수평형 기업결합은 단독효과, 협조효과, 구매력 증대효과와 혁신저해 효과를 살펴서 경쟁제한성을 평가하는데 이하에서 하나하나 살펴보기로 한다.

(2)-1 단독효과 판단

단독효과(Unilateral effects) 검토는 기업결합 이후 시장지배력이 커진 기업결합 당사회사가 단독으로 가격통제·경쟁배제 능력 등을 보유하거나 행사할 수 있는지를 검토하는 단계이다. 기업결합 당사회사가 경쟁사업자보다 시장점유율 등이 현저히 높거나 구매자가 대항력을 갖추지 못한 경우에는 경쟁제한 가능성이 커진다고 볼 수 있다. 또한 단독효과는 동질적인 시장보다는 차별화된 시장에서 더 문제가 될 수 있는데 차별성 때문에 가격인상 여지가 더 커질 수 있기 때문이다.

기업결합 심사기준은 결합당사회사의 시장점유율 합계, 결합으로 인한 시장점유율 증가폭 및 경쟁사업자와의 점유율 격차, 결합당사회사가 공급하는 제품 간 수요대체 가능성의 정도 및 동 제품 구매자들의 타 경쟁사업자 제품으로의 구매전환 가능성, 경쟁사업자의 결합당사회사와의 생산능력 격차 및 매출증대의 용이성을 감안하여 단독효과를 판단하도록 규정하고 있다.

단독효과 검토 결과 경쟁제한성이 인정된 경우로는, 경구용 피임제 시장과 관련해서 2015년 바이엘코리아의 한국엠에스디 영업양수건 심사에서 기업결합 당사회사의 시장점유율이 82%에 달하여 단독효과로서 독자적 가격인상 등이 가능하며, 식약처의 허가 절차 등으로 인하여 가까운 시일 내 수입 등 신규진입 가능성도 작다고 보아 공정거래위원회가 시정조치를 한 사례를 들 수 있다.

(2)-2 협조효과 판단

협조효과(Coordinated effects) 검토는 당해 관련시장에서의 사업자 수 감소로 인해 사업자간에 가격·수량 등의 명시적 또는 묵시적 협조행위가 용이하게 이루어지는지를 검토하는 단계이다. 협조행위의 용이성은 상품의 동질성, 정보공유의 용이성, 상대회사의 독행(獨行)기업 여부, 공동행위 전력 등을 고려해서 판단한다. 협조효과는 동질적 상품시장의 경우에 발생하기가 용이한데, 동질적 상품일 경우 유일한 경쟁수단은 가격이므로 담합 등을 통해 가격경쟁을 피하려는 유인이 강하고 상품의 동질성으로 인해 담합 가격의 설정 및 유지가 용이하기 때문이다.

'독행기업(maverick)'은 시장에서 파괴적인 역할(disruptive role)을 수행하여 소비자에게 이익을 주는 기업 또는 협조적 행위를 파괴하는(disrupting coordinated behavior) 기업 등으로 [77]정의되며, 공정거래위원회의 기업결합 심사기준의 협조효과와 관련해서도 [78]도입되어 있다.

기업결합 심사기준에서는 협조효과의 판단기준으로 경쟁사업자 간 협조의 용이성, 이행감시 및 위반자 제재의 용이성을 보는데 '경쟁사업자 간 협조의 용이성'은 시장상황·시장거래·개별 사업자 등에 대한 주요 정보가 경쟁사업자 간에 쉽게 공유될 수 있는지 여부, 관련시장 내 상품 간 동질성 여부, 가격책정 등의 방식 또는 결과가 경쟁사업자 간에 쉽게 노출될 수 있는지 여부, 관련시장에서 과거 협조가 이루어진 사실이 있는지 여부, 당해 시장 특성상 경쟁사업자 간 협조가 쉽게 달성될 수 있는지 여부 등을 살펴서 판단한다.

'이행감시 및 위반자 제재의 용이성'은 공급자와 수요자 간 거래의 결과가

---

77) 미국 수평합병 가이드라인(2010), 유럽연합 수평합병 가이드라인(2004)에서 언급하고 있다.

78) 기업결합 심사기준에는 결합상대회사가 결합 이전에 상당한 초과생산능력을 가지고 경쟁사업자들 간 협조를 억제하는 등의 경쟁적 행태를 보여 온 사업자인 경우에도 결합 후 협조로 인해 경쟁이 실질적으로 제한될 가능성이 높아질 수 있다고 하면서 독행기업 개념을 적용하고 있다.

경쟁사업자 간에 쉽고 정확하게 공유될 수 있는지 여부, 공급자에 대해 구매력을 보유한 수요자가 존재하는지 여부, 협조 참가 가능성이 있는 사업자들이 상당한 초과생산능력을 보유하고 있는지 여부 등을 살펴서 판단한다.

협조효과 검토 결과 경쟁제한성이 인정된 경우로는, 탄합봉강·빌렛 등 시장과 관련해서 2015년 세아베스틸의 포스코특수강 주식취득 건 심사에서 사업자 수가 3개에서 2개로 감소하고 당사와 경쟁사업자의 공동행위 가능성이 큰 점을 감안하여 시정조치를 한 사례를 들 수 있다.

(2)-3 구매력 증대효과 판단

구매력 증대효과 검토는 기업결합 이후 당사회사가 원재료 시장과 같은 상부시장에서 구매자로서 지배력이 형성 또는 강화될 경우 구매물량 축소 등을 통하여 경쟁이 실질적으로 제한될 수 있는지를 고려하게 된다.

기업결합 당사회사가 하부시장에서 이미 시장점유율이 상당한 사업자이고 하부시장이 대부분 작은 시장점유율을 갖고 있는 사업자로 형성되어 있는 경우 하부시장의 다른 유력한 경쟁사업자와 기업결합을 하는 경우에는 시장에 참가하는 사업자의 수가 더 감소하게 되고 시장집중도도 높아진다. 이때 기업결합 당사회사가 원재료 시장인 상부시장에 대한 구매력이 더 커지게 되어 하부시장에게 경쟁하는 다른 군소 사업자에게 원재료에 대한 공급이 원활하지 않도록 구매력을 행사한다면 하부시장에서 실질적 경쟁제한이 발생할 수 있다.

(2)-4 혁신저해 효과 판단

혁신저해 효과 검토는 기업결합 이후 결합당사회사가 연구·개발 등 혁신활동을 감소시킬 경우 관련분야의 혁신경쟁이 저해되어 신제품 출시나 업그레이드가 지연되는 등의 폐해를 보기 위한 것으로, 결합당사회사가 중요한 혁신사업자인지 여부, 결합당사회사가 수행한 혁신활동의 근접성 및 유사성, 결합 후 혁신경쟁 참여자 수의 충분성 등을 따져서 판단하게 된다.

혁신저해 효과 검토결과 경쟁제한성이 문제된 경우로는 반도체 제조장비 시장과 관련된 2015년 어플라이드 머티어리얼즈 아이엔씨와 도쿄 일렉트론 엘티디 합병 건에 대한 심사과정에서 혁신 역량이 독보적인 3개 기업 중 상위 1, 2위 기업이 결합함으로써 결합 이후 결합 당사회사가 혁신에 투자할 유인이 크게 감소될 가능성에 대해 공정거래위원회가 문제 제기를 하고 결과적으로 당사회사가 합병계획을 자진해서 철회한 사례를 들 수 있다.

(3) 수직형 기업결합의 경쟁제한성 평가

(3)-1 수직형 기업결합의 특성

수직형 기업결합의 경우 수평형 기업결합과는 달리 시장점유율의 상승을 가져오지 않고 또한 사업자들 간 직접적인 경쟁 제한보다는 효율성을 발생시키는 경우가 많기 때문에 경쟁제한성 판단이 쉽지 않다. 따라서 수직형 기업결합에 대한 심사는 효율성과 경쟁제한성을 함께 염두에 두고 신중하게 이루어지게 된다. 수직형 기업결합은 시장의 구조적 변화를 가져올 수 있는 수평형 기업결합과는 달리 시장에 참가하는 사업자들 간 관계의 변화로 인해 기업결합 전후 사업자들의 행동양식의 변화가 가져오는 경쟁제한 여부를 판단해야 하므로 일의적으로 경쟁제한성 유무를 판단할 수는 없다.

수직형 기업결합이 가져오는 효율성 측면을 살펴보면, 우선 보완관계에 있는 사업자들 사이의 수직형 기업결합은 양측의 이윤에 해당하는 이중(二重)이윤을 내부화함으로써 가격을 낮출 수 있는 경우가 있다. 즉 수직형 기업결합 이전에 상부시장과 하부시장에서 시장지배력을 갖고 있던 두 사업자가 각각 이윤극대화에 의한 가격을 책정하던 것을 수직형 기업결합 이후 하나의 사업자가 됨에 따라 상부 사업부문에는 추가적 이윤을 부과하지 않음으로써 하부 사업부문의 가격이 낮아질 수도 있는 것이다. 또한 수직형 기업결합은 범위의 경제나 상·하위 사업 부문 간의 협력 증대로 생산의 효율성을 달성할 수도 있다. 이러한 이유로 수직형 기업결합에 대해서는 수평형 기업결합에 비해 경쟁당국이 상대적으로 관대한 심사 경향을 가지고 있는 것이 사실이다.

반면에 수직형 기업결합은 이러한 이중이윤의 내부화를 이용하여 상부시장에서 강화된 시장지배력을 바탕으로 하부시장의 경쟁사업자에게 공급하는 원재료 등 투입물의 가격을 인상함으로써 하부시장의 가격을 인상하고 산출량을 감소시켜 경쟁제한 우려를 가져올 가능성도 있다.

수직형 기업결합에 대한 경쟁제한성 판단은 우선 관문심사에 해당하는 시장집중도 분석을 통해 안전지대에 해당하는지 여부를 살핀 후에 시장봉쇄효과와 협조효과를 중심으로 판단하게 되며 수직형 기업결합의 경쟁제한성 판단을 위해서는 결합당사회사가 상부시장 또는 하부시장에서 상당한 정도의 시장지배력을 갖고 있는지 여부에 대한 판단이 전제가 된다.

이러한 시장지배력이 없다면 수직형 기업결합 이후에 경쟁사업자와의 거래를 중단한다 하더라도 경쟁사업자는 쉽게 다른 대체선을 찾을 수 있을 것이므로 시장의 경쟁상태에 별다른 영향을 미치지 못할 것이기 때문이다. 기업결합 심사기준은 [79]안전지대를 두고 있고, 전부개정 공정거래법 제9조 제3항은 시장점유율을 바탕으로 한 경쟁제한성 추정 조항을 두고 있는데 이러한 규정들을 통해 수직형 기업결합의 경쟁제한성 심사 전 당사회사의 시장지배력을 가늠해 보게 된다.

(3)-2 시장봉쇄효과 판단

시장봉쇄효과는 기업결합으로 인해 경쟁사업자의 구매선 또는 판매선에 대한 접근을 봉쇄하거나 다른 사업자의 진입을 봉쇄하는 효과를 말하는데 구매선에 대한 시장봉쇄는 투입물 봉쇄(Input Forceclosure), 판매선에 대한 시장봉쇄는 고객봉쇄(Customer Forceclosure)라고 지칭하기도 한다. 시장봉쇄효과가 발생하는지 여부는 당해 기업결합의 목적, 원재료 공급회사의 시장점유율, 경쟁사업자의 수직계열화 정도, 경쟁사업자가 대체적인 공급선 및 판매선을 확보할 가능성 등을 고려하여 판단한다.

시장봉쇄는 경쟁사업자의 신규진입을 저해하거나 경쟁사업자가 관련시장에서 퇴출되는 경우는 당연히 인정되고, 그에 미치지 못하는 경우라도 경쟁사업자가 경쟁상 불이익을 당하여 경쟁을 효과적으로 할 수 없게 될 경우까지도 포함하는 것으로 본다.

시장봉쇄효과가 경쟁제한적인 것으로 판단되더라도, 수직형 기업결합이 가져오는 효율성으로 인해 하부시장에서 가격 인하 등이 이루어지는 경우에는 소비자 후생에 미치는 영향이 중립적이거나 오히려 긍정적인 경우도 있을 수 있다. 따라서 이 경우에는 시장봉쇄효과의 경쟁제한성과 효율성 증대효과를 비교형량 할 필요가 있고 실무적으로는 경쟁제한성 검토 이후 예외인정 단계로 넘어가 효율성 증진을 검토할 수도 있겠지만 경쟁제한성 판단 단계에서 경쟁제한성과 효율성 증대효과를 동시에 검토하여 그 순(純)효과를 파악하기도 한다.

시장봉쇄효과 검토결과 경쟁제한성이 인정된 경우로는 반도체 계측장비와 공정장비 시장과 관련된 2016년 엘에이엠 리서치의 케이엘에이 텐코 합병건 심

79) 수직형 기업결합의 경우 안전지대는 상부시장이나 하부시장이 고도로 집중화된 시장이 아니고(HHI〈2500), 기업결합 당사회사의 시장점유율이 25%에 미치지 못하거나, 기업결합 당사회사가 관련시장에서 각각 4위 이하인 사업자의 경우 해당된다.

사에서 공정장비와 계측장비 간 결합이 발생할 경우 공정장비 제조업체인 엘에이엠 리서치사의 경쟁사들이 기업결합 상대회사인 케이엘에이 텐코의 계측장비 구매가 봉쇄될 우려가 높다고 보아서 시정조치를 한 사례를 들 수 있다.

(3)-3 협조효과 판단

협조효과는 기업결합 후 경쟁사업자 간 협조 가능성이 증가하는지를 보는 것인데 예를 들어 상부시장의 한 사업자가 상부시장 사업자들이 협조를 하지 못하도록 압력을 가할 수 있는 하부시장의 유력한 구매자를 인수하는 수직형 기업결합이 허용되는 경우, 상부시장에 참여하는 다른 사업자들 사이의 경쟁이 사라져서 담합을 용이하게 되는 경우를 상정해 볼 수 있다.

이러한 협조효과는 수직형 기업결합 이후 부당한 공동행위까지는 이르지 않더라도 협조적인 병행행위 등을 통해 관련 시장의 성과가 약화될 개연성이 있으면 인정될 수 있다. 협조 조건에 대해 관련 사업자들이 쉽게 공동의 이해에 도달할 수 있는 상황인지, 협조적 행위에 참여하지 않는 실제적 또는 잠재적 경쟁사업자 등에 대응할 수 있는 수단 등을 가지고 있는지 등이 협조효과 판단 기준이 될 수 있다.

만약 수직형 기업결합 이후 경쟁사업자에 대한 영업상 비밀정보 접근 등을 수단으로 상부시장 또는 하부시장에서 사업자들 간에 공동의 이해에 도달하기가 전보다 용이해지거나 독행(獨行)기업 제거라는 공동의 목표 하에 협조 이탈행위에 대한 감시가 용이하게 된다면 경쟁제한성이 우려된다고 할 수 있다.

협조효과의 경쟁제한성 여부에 대한 판단은 결합이후 가격 정보 등 경쟁사업자의 사업활동에 관한 정보입수가 용이해지는지, 결합당사회사 중 원재료 구매회사가 원재료 공급회사들로 하여금 협조를 하지 못하게 하는 유력한 구매회사였는지 여부, 과거 당해 거래분야에서 담합한 전력이 있는지 등을 따져서 판단하게 된다.

협조효과 검토결과 경쟁제한성이 인정된 경우로 2007년 포스코 및 포스틸의 포스코아 주식취득 건에서도 전기강판을 독점적으로 생산하고 있는 포스코 및 포스틸이 코어제품 시장에서 1위 사업자인 포스코아를 수직결합하는 경우 코아제품 시장의 경쟁사업자들의 전기강판에 대한 대체 공급선 확보가 곤란하게 되는 시장봉쇄효과 등으로 국내 코아제품 시장이 소수의 사업자로 재편되면서 공동행위 가능성(협조효과)이 높아질 것을 우려하여 시정조치를 한 사례를 들 수 있다.

(4) 혼합형 기업결합의 경쟁제한성 평가

(4)-1 혼합형 기업결합의 특성

혼합형 기업결합은 공정거래위원회의 통계에 의하면 기업결합 신고건수로서는 가장 많은 [80]비중을 차지하는 점에서 알 수 있듯이 기업들이 거래비용을 줄일 수 있고 사업 다각화에 따른 경영상 위험분산의 효과도 있기 때문에 경영목적을 달성하기 위한 가장 흔한 형태의 기업결합에 해당한다.

혼합형 기업결합은 범위의 경제(Economies of Scope)를 달성하기 위한 시장확대 또는 품목확대를 내용으로 이루어지므로 일반적으로 수평형 기업결합에 비해 경쟁제한성보다는 효율성 증대효과가 크다고 보는 형태이다. 범위의 경제는 여러 가지 재화를 별개의 기업에서 따로 생산하는 것보다 하나의 기업이 동시에 생산하는 것이 비용 면에서 더 유리할 때 범위의 경제가 있다고 하고 이는 각 재화의 생산에 소요되는 생산요소나 시설을 공통으로 사용하는 것이 가능하거나 특정 재화의 생산에서 나오는 부산물을 다른 재화의 생산과정에 사용할 수 있는 경우 등에 발생한다.

[81]'범위의 경제'와 관련되어 추진된 대표적 사례로는 1998년의 다임러와 크라이슬러사의 M&A를 들 수 있다. 당초 자동차 생산과 관련된 시설과 부품, 유통채널을 공통으로 이용함으로써 범위의 경제 달성을 통한 효율성 극대화를 위해 이루어졌던 본 건 M&A는 벤츠라는 고급차 생산을 주력으로 한 다임러와 대중차 생산이 주력이었던 크라이슬러 간에는 현실적으로 완전히 분리되어 있는 고급차와 대중차 각각의 생산시설·부품·유통채널의 공통사용이 불가능한 것으로 판명되었고 결국 2007년 다임러-크라이슬러가 크라이슬러를 매각함으로써 실패한 기업결합의 대표 사례로 남게 되었다.

혼합형 기업결합도 일정한 경우 경쟁제한성이 인정될 수 있는데 주로 잠재적 경쟁 및 경쟁사업자 배제효과와 진입장벽 증대효과를 중심으로 경쟁제한성 판단을 하게 된다. 경쟁제한성 판단에 들어가기 전에 시장집중도와 관련된 [82]

80) 공정거래위원회에 신고되는 기업결합 건수 중 약 60% 정도가 혼합형 기업결합이다.

81) 다임러와 크라이슬러는 각각 자동차 회사로서 외관상 경쟁사업자 간의 수평형 기업결합이라고 볼 여지도 있으나 고급차시장과 대중차 시장은 서로 관련시장이 다른 것으로 실질적으로는 혼합형 기업결합에 해당한다. 여기서는 기업결합 형태에 대한 논의보다는 '범위의 경제'에만 국한하여 사례를 살펴보도록 한다.

82) 혼합형 기업결합의 안전지대는 수직형 기업결합과 동일하다. ① HHI가 2,500 미만이고,

안전지대 해당 여부를 1차적으로 심사를 하게 됨은 앞서 살펴본 수직형 기업결합의 경우와 동일하다.

(4)-2 잠재적 경쟁 저해효과 판단

먼저 잠재적 경쟁이 저해되는지 여부는 당사회사 중 하나가 기업결합이 없었더라면 당해 시장에 진입하였을 잠재적 경쟁자인지 여부와 다른 유력한 잠재적 진입자가 있는지 여부, 신규 시장진입 시 특별한 조건이 필요한지 여부, 일정한 거래분야에서 결합당사회사의 시장점유율 및 시장집중도 수준 등을 종합적으로 고려하여 판단한다.

혼합형 기업결합에서 잠재적 경쟁저해 여부가 쟁점이 되었던 경우로는 2006년 하이트맥주의 진로 주식취득 건에서 하이트맥주는 과거 소주업체인 보배와 백학주조를 인수한 사례가 있는 등 소주시장에 진입하려는 시도를 지속적으로 해 온 사실이 고려하여 당해 기업결합 건이 소주시장의 잠재적 경쟁을 저해할 우려가 있다고 판단한 사례를 들 수 있다.

(4)-3 경쟁사업자 배제·진입장벽 증대효과 판단

경쟁사업자 배제는 당해 기업결합으로 결합당사회사의 자금력, 원재료 조달능력, 판매력 등 종합적 사업능력이 현저히 증가하여 가격·품질 이외의 요인으로 경쟁사업자를 배제할 수 있을 정도가 되는지를 고려하여 판단하고, 진입장벽 증대 여부는 시장진입을 위한 필요 최소자금 규모가 현저히 증가하는 등 신규진입이 어려울 정도로 진입장벽이 증대되는지를 고려하여 판단한다.

경쟁사업자 배제 또는 진입장벽 증대 효과 검토 결과 경쟁제한성이 인정된 경우로 2008년 이동통신시장과 유선통신시장 간의 혼합형 기업결합인 에스케이티의 하나로텔레콤 주식취득 건과 2006년 맥주시장과 소주시장의 혼합결합인 하이트맥주의 진로 주식취득 건 등의 심사에서 경쟁사업자 배제나 진입장벽 증대 우려를 기초로 당해 기업결합건의 경쟁제한성을 시정조치 한 사례들을 들 수 있다.

6. 경쟁제한성 완화요인 검토

경쟁제한성 판단 과정에서 경쟁제한성 가능성이 크다 하더라도 이를 완화

기업결합 당사회사의 시장점유율이 25%에 미치지 못하거나, ② 기업결합 당사회사가 관련시장에서 각각 4위 이하인 사업자의 경우 해당된다.

시키는 요인이 있을 경우 최종적인 경쟁제한성 판단은 달라질 수 있다. '기업결합 심사기준'에는 국제적 경쟁상황, 신규진입 가능성, 유사품 및 인접시장의 존재, 강력한 구매자의 존재를 완화요인으로 규정하고 있다.

(1) 해외경쟁 도입수준

수입이 용이해서 잠재적인 해외경쟁 도입 가능성이 큰 경우 경쟁제한 가능성을 완화시킬 수 있다. 해외경쟁 도입수준은 당해 상품의 가격, 시장개방 정도, 국제적인 유력 경쟁자의 존재 유무 등을 종합적으로 고려하여 판단한다.

해외경쟁의 도입수준이 검토된 사례로는 2004년 피아노 시장과 관련한 삼익악기의 영창악기 주식취득 건에서 기업결합이 되더라도 일본이나 중국으로부터 피아노는 충분히 수입될 수 있어서 경쟁제한성이 완화된다는 기업결합 당사회사의 주장에 대해, 관련 피아노의 가격 수준이나 상품에 대한 소비자 인식의 차이로 수입이 현실적으로 어렵거나 실제 수입비중이 낮다는 점을 고려하여 그 주장을 배척한 경우가 있었고, 2004년 광디스크 시장과 관련한 삼성전자와 도시바 간 조인트벤처 설립 건에서 광디스크의 수입비중이 40%에 달하는 등 수입이 원활히 이루어지고 있고 해외에 강력한 경쟁사업자가 있어 해외 경쟁압력이 충분하다고 판단하여 기업결합을 허용한 경우 등을 들 수가 있다.

(2) 신규진입 가능성

기업결합을 허용하더라도 1~2년 내에 당해 시장에 바로 신규진입이 이루어질 수 있다면 해당 기업결합건의 경쟁제한성은 완화될 수 있다. 신규진입의 용이성은 신규진입이 충분하여 경쟁제한 우려가 불식될 수 있을 정도의 규모로 충분히 이루어질 수 있는지와 법·제도적 진입장벽, 진입에 필요한 자금규모, 지식재산권 등을 포함한 기술적 장벽 등을 종합하여 판단하게 된다. 예를 들어서 특정 시장에 참여할 의사를 공표한 사업자가 있거나 생산시설에 중요한 변경 없이 당해 관련시장에 참여 가능한 사업자가 있는 경우는 신규진입이 용이한 것으로 볼 수 있다.

신규진입을 고려한 경우로는 2004년 영화상영 시장과 관련한 씨제이 등의 플레너스 주식취득 건에서 기업결합으로 인해 시장집중도가 높아져 경쟁제한의 우려가 있지만 타 사업자들이 구체적인 신규진입 계획을 갖고 있는 점이 고려되어 당해 기업결합이 승인된 경우가 있었고, 2008년 홈플러스-홈에버 기업결합 건에서는 지역별로 다른 대형할인점의 신규진입의 용이성 정도를 고려하여 시정조치 수준을 결정한 바 있다. 2011년 티브로드 낙동방송의 동서디지털방송 주식취득 건에서는 다채널유료방송시장에 존재하는 법적·제도적인 진입장벽 등을 종합하여 볼 때 신규진입에 의한 경쟁도입 가능성은 거의 없다고 판단한 사례 등을 들 수 있다.

(3) 유사품 및 인접시장의 존재

기능 및 효용 측면에서 유사하지만 가격 또는 기타의 사유로 별도의 시장을 구성하고 있는 상품이 있는 경우 이는 대체가능한 경쟁재가 될 수 있으므로 그 유사한 상품이 당해 시장에 미치는 영향을 고려하여 경쟁제한성을 판단하게 된다. 또한 지역별 시장이 분리되어 있더라도 지리적 근접도, 수송수단 존재 및 수송기술의 발전 가능성, 인접시장에 있는 사업자의 규모 등 인접시장이 당해 시장에 미치는 영향을 고려해서 충분히 경쟁을 가져올 수 있는 상황이라고 할 수 있다면 경쟁제한성은 완화될 수 있다.

인접시장의 존재를 경쟁제한성 완화요인으로 검토한 경우로는 2011년 이마트-킴스클럽마트 기업결합 건에서 관련 지역시장 중 이천지역과 영천지역은 인근에 대형 지역슈퍼체인과 재래시장이 존재하여 상당한 경쟁압력이 있으므로 경쟁제한 가능성이 낮다고 판단한 사례를 들 수 있다.

(4) 강력한 구매자의 존재

기업결합 후에 공급처를 기업결합 당사회사가 아닌 다른 회사로 전환할 수 있거나 신규 공급처를 발굴할 수 있는 강력한 구매자가 존재하면 결합기업의 가격인상 등 경쟁제한행위가 발생한다 하더라도 그 효과가 제한적일 수 있으므로 당해 기업결합의 경쟁제한성은 완화될 여지가 있다. 다만, 강력한 구매자가 존재하더라도 그 효과가 강력한 구매자에게만 미치는 것이 아니라 다른 구매자에게도 영향을 미칠 수 있어야 한다.

7. 예외인정 요건 검토

경쟁제한성 완화요인까지 반영된 최종적인 경쟁제한성 판단 결과 당해 기업결합이 경쟁제한적이라고 인정될 경우에도 특정한 경우에 예외적으로 허용되는 경우가 있는데, 경쟁제한성이 있더라도 효율성이 증대되는 효과가 큰 경우와 경쟁제한성이 있더라도 피취득회사가 회생불가회사임을 입증하는 경우에는 예외적으로 기업결합이 허용될 수 있다.

(1) 효율성 증대효과로 인한 예외인정

기업결합 당사회사가 경쟁제한에 따른 폐해보다 효율성 증대효과가 훨씬 커서 사회 전체적으로 이득임을 입증하는 경우는 경쟁제한적 기업결합임에도 불구하고 예외적으로 당해 기업결합을 허용할 수 있다. 이는 기업결합으로 인한 생산성 향상 등으로 가격인하나 서비스 개선이 일어나서 소비자후생이 증대하는 경우인데, 이러한 효율성 증대는 당해 기업결합 이외의 방법으로는 달성하기 어려운 효과(merger-specific efficiency)가 가까운 시일 내에 발생할 것이 명백한 경우에 한하여 인정될 수 있다.

기업결합 심사기준은 효율성 증대효과가 인정되려면 설비확장, 자체기술개발 등 기업결합이 아닌 방법으로는 효율성 증대를 실현시키기 어렵거나 또는 생산량의 감소, 서비스 질의 저하 등 경쟁제한적인 방법을 통한 비용절감이 아니어야 하는 등 당해 기업결합 외의 방법으로는 달성하기 어려워야 하고, 가까운 시일 내에 발생할 것이 명백하여야 하며, 단순한 예상 또는 희망사항이 아니라 그 발생이 거의 확실한 정도임이 입증될 수 있어야 하고, 당해 결합이 없었더라도 달성할 수 있었을 효율성 증대부분은 포함하지 않는 것으로 심사요건을 구체적으로 정하고 있다.

효율성 증대효과가 쟁점이 되었던 경우로는 2010년 씨제이오쇼핑의 온미디어 주식취득 건에서 방송채널사용사업을 영위하는 씨제이오쇼핑이 만화채널인 투니버스를 운용하는 방송채널사용사업자인 온미디어를 인수하면서 외국 영화배급사로부터 영화판권 등을 구매하는 데 있어 국내 방송채널사용사업자 간 불필요한 경쟁을 피할 수 있고 규모의 경제 달성이 가능하여 효율성 증대효과가 경쟁제한 폐해보다 크다고 주장하였으나 공정거래위원회는 당해 기업결합 특유의 효과로 인정하기 어렵고 가까운 시일 내에 발생하리라고 볼 만한 근거도 부족하다고 하면서 이를 인정하지 않은 사례를 들 수 있다.

(2) 회생불가회사 항변에 의한 예외인정

(2)-1 회생불가회사(도산기업)의 개념

회생불가회사 항변은 1930년대 미국 연방대법원이 83)판결과정에서 제시한 도산(倒産)기업의 법리(Failing Firm Doctrine)와 그 후 미국 연방거래위원회와 법무부의 1992년 '수평적 기업결합 가이드라인'에서 규정된 내용에 근거한 것이라고 알려져 있다. 도산기업의 항변이 인정되는 이유는 도산이 임박하여 관련시장에서 그 자산이 퇴출될 우려가 있는 기업과의 기업결합은 시장지배력을 생성 또는 제고하거나, 이를 행사하는 것을 촉진할 것으로 볼 수 없고, 그와 같은 상황에서는 합병 이후의 관련 시장에서의 행태가 그 합병이 불허됨으로써 당해 자산이 시장에서 퇴출되는 경우에 비해 더 나빠질 것이 없다고 보기 때문이다.

기업결합 심사기준에서는 '회생불가회사'를 재무구조가 극히 악화되어 지급불능의 상태에 처해 있거나 가까운 시일 내에 지급불능의 상태에 이를 것으로 예상되는 회사로 규정하고 있다. 구체적으로는 상당기간 대차대조표상의 자본총액이 납입자본금보다 작은 상태에 있는 회사인지 여부, 상당기간 영업이익보다 지급이자가 많은 경우로서 그 기간 중 경상손익이 적자를 기록하고 있는 회사인지 여부, 채무자 회생 및 파산에 관한 법률(흔히 '통합도산법'이라 한다)의 규정에 따른 회생절차개시의 신청 또는 파산신청이 있는 회사인지 여부, 당해 회사에 대하여 채권을 가진 금융기관이 부실채권을 정리하기 위하여 당해 회사와 위임계약을 체결하여 관리하는 회사인지 여부를 종합적으로 고려하여 판단하도록 되어 있다.

(2)-2 항변의 요건

회생불가회사는 결국은 시장에서 퇴출됨으로써 경쟁자 수 감소를 가져올 것이므로 이를 설령 허용한다 하더라도 당해 시장의 경쟁구조가 달라질 이유가 없기 때문에 예외인정을 하는 경우에 해당한다. 따라서 피취득회사를 인수할 다른 기업이 없어 생산설비 등이 시장에서 퇴출될 수밖에 없는 경우에만 제한적으로 인정이 된다. 참고로 회생불가회사 항변은 기업결합 심사 단계 중 경쟁

83) International Shoe Co. v. FTC 판결

제한성 판단이 끝난 후에 경쟁제한성이 있음에도 예외 인정을 주장할 수 있는 경우에 해당하므로 절대적 항변으로 이해되고 있다.

회생불가회사로서 예외를 인정받기 위해서는 ① 가까운 시일 내에 지급불능의 상태에 이르러야 하고, ② 당해 기업결합이 아니면 회사의 생산설비 등이 계속 활용되기가 어려워야 하며, ③ 당해 기업결합보다 경쟁제한성이 작은 기업결합이 이루어지기 어려운 세 가지 요건을 모두 충족해야 한다.

회생불가회사 항변을 이유로 예외를 인정할지 여부와 관련된 사례로 2004년 피아노시장과 관련된 삼익악기의 영창악기 주식취득 건 심사에서는 영창악기의 유동성 위기는 구조조정 퇴직금 지급에 따른 일시적인 것이어서 지급불능의 상태라고 보기는 어렵고, 영창악기를 인수할 제3자가 있어서 당해 기업결합이 가장 경쟁제한성이 작은 기업결합이라고는 단정할 수 없는 상황 등을 고려하여 회생불가회사 항변을 인정하지 않은 바 있고, 무스프탈산·가소제 시장과 관련한 2003년 동양제철화학의 고합 영업양수건 심사에서는 고합이 회생절차에 들어가 있었고 세계적 공급과잉 상태에서 다른 사업자에게 생산시설 등 매각이 실질적으로 곤란한 상황 등을 고려하여 회생불가회사 항변을 이유로 예외를 인정한 경우를 들 수 있다.

(2)-3 통합도산법상 M&A 절차와의 관계

통합도산법은 채무회사로 하여금 회생절차 개시 이후 회생계획 인가 전 및 인가 후의 영업양도, 제3자 배정 신주인수, 주식의 포괄적 교환 또는 이전, 합병, 분할, 분할합병, 새로운 회사설립 등 다양한 형태의 M&A를 내용으로 하는 회생계획을 수립할 수 있도록 하고 있는데 회생절차에서의 M&A는 채무회사의 독자생존을 전제로 하는 회생계획의 수립이나 그 수행이 불투명한 경우에 대한 대체수단으로 많이 강구되고 있으며 근래 점차 증가하는 추세에 있다.

통합도산법상 회생계획에 의한 M&A라 하더라도 공정거래법상 기업결합 신고나 심사의 대상인 이상 회생계획의 수행가능성 또는 인가 요건 충족 여부를 명확하게 하기 위해서는 공정거래위원회에 당해 기업결합을 신고하고 심사결과를 통지받아야 회생계획인가를 받을 수 있다. 따라서 시일이 촉박하거나 심사결과에 대한 예측 가능성을 높이기 위해서는 공정거래위원회에 임의적 사전심사를 요청하여 당해 기업결합의 경쟁제한성 여부 판단을 선제적으로 받는 것이 관련 업무를 차질 없이 수행하는 데 유용할 수 있다.

Ⅳ. 경쟁제한 기업결합에 대한 시정조치 등

1. 개관

(1) 시정조치의 의의

기업결합에 대한 시정조치는 해당 사업 분야에 대한 정밀한 이해를 바탕으로 신중하되 경쟁제한 폐해를 최소화하는 방향으로 정치(精緻)하게 이루어져야 하며, [84]통상 의사가 질병에 따라 다른 처방을 하는 것처럼 경쟁제한적인 기업결합에 대해서도 경쟁제한 폐해의 양태와 정도에 따라 맞춤식(Tailored)으로 하는 것이 중요하다고 인식되고 있다.

공정거래위원회는 [85]관련 공정거래법령에 따라 경쟁제한 폐해를 시정하기 위한 시정조치를 할 수 있으며 시정조치를 정한 기간 내에 이행을 하지 않을 경우 이행강제금을 부과할 수 있고, 경쟁제한적인 기업결합에 대한 시정조치를 따르지 아니한 경우에는 고발할 수 있다. 시정조치에는 경쟁제한으로 인한 효과를 상쇄하기 위한 당해 행위의 중지, 주식의 처분, 임원 사임, 영업의 양도, 경쟁제한 폐해 방지를 위한 영업방식 또는 영업범위의 제한 등 다양한 형태가 가능하다. 시정조치와 관련해서는 법원도 경쟁당국으로서 공정거래위원회의 전문성을 존중하여 어떠한 시정조치를 명할 것인지에 관해서는 공정거래위원회에 비교적 넓은 재량이 부여되어 있다고 [86]판시한 바 있다.

공정거래위원회는 경쟁제한적인 기업결합에 대해서 그 사안별로 주식처분, 자산매각과 같은 구조적(構造的) 조치를 취하거나, 경쟁제한적인 폐해를 방지할 수 있는 영업방식 마련 또는 영업범위의 제한 등 다양한 행태적(行態的)인 조치를 취하고 있는데, 공정거래위원회의 시정조치 관련 통계에 의하면 기업결합심사가 시작된 1982년 이후 2020년에 이르기까지 86건의 시정조치가 이루어졌는데 기업결합심사의 경우 대부분 경쟁제한성이 없는 경우가 많아서 이는 총 신고건수의 약 0.5% 정도에 이르는 수준이다. 2020년 기준 공정거래위원회

---

84) Merger Remedies in American and European Union Competition Law, 2003.

85) 전부개정 공정거래법에서는 제14조(시정조치 등), 제16조(이행강제금), 제125조(벌칙) 등에서 시정조치 관련 사항을 정하고 있으며, 그 외 공정거래위원회 고시 '기업결합 시정조치 부과기준', '기업결합 관련 시정조치 불이행에 따른 이행강제금 부과기준' 등을 마련하여 운영하고 있다.

86) 서울고등법원 2006. 3. 15. 선고 2005누3174 판결

는 경쟁제한 우려가 있는 3건의 기업결합에 대해 시정조치를 부과하였고 기업결합을 신고하지 않거나 지연하여 신고한 12건에 대해서는 과태료를 부과한 바 있다.

(2) 시정조치의 대상

경쟁제한적인 기업결합에 대한 공정거래위원회의 시정조치는 원칙적으로 결합당사자 모두에게 부과되는 것으로 기업결합 신고회사와 상대회사 각각이 시정조치를 이행해야 할 의무가 있다. 그러나 기업결합 신고회사는 상대회사에 대한 지배권을 보유하고 있으므로 신고회사에 대한 시정조치만으로도 족하다고 판단이 되는 경우에는 기업결합 신고회사에 대해서만 시정조치가 부과되기도 한다.

이와 관련된 판례로는 신세계의 월마트에 대한 경쟁제한적 기업결합행위 건과 관련하여 경쟁제한성을 해소하기 위해 공정거래위원회가 신세계에 대해서만 월마트 각 지점 양도명령을 한 것에 대해 [87]법원은 신세계가 당해 기업결합으로 월마트의 주식 100%를 취득하여 지배권이 인정되므로 각 지점의 법률상 소유자가 월마트라 하더라도 양도여부에 대한 결정은 월마트의 유일한 주주인 신세계에 의해 좌우될 수밖에 없어 당해 기업결합에 대한 시정명령을 신세계에 대해서만 한 것이 실체적으로나 절차적으로 잘못이 없다고 판시한 경우를 들 수 있다.

기업결합의 본질은 지배관계의 형성·변경이므로 지배관계를 갖게 된 기업결합 신고회사 또는 취득회사에 대해서만 지배관계의 형성으로 인한 경쟁제한 폐해의 시정을 내릴 수 있다고 보는 견해도 있으나, 공정거래법령 등에서는 시정조치를 신고회사에만 국한하고 있지는 않기 때문에, 지배관계 형성 밖의 상대회사라 하더라도 당해 기업결합 특유성과 관련되고, 지배관계의 주체와 더불어 행하는 경쟁제한행위도 있는 경우에는 관련된 시정조치를 할 수 있다고 보는 것이 타당하다.

---

87) 신세계의 월마트에 대한 경쟁제한적 기업결합 건(서울고등법원 2008. 9. 3. 선고 2006누30036 판결, 고법 확정)

(3) 시정조치에 대한 불복절차

당해 기업결합 건에 대한 공정거래위원회의 시정조치에 불복할 경우 해당 사업자는 공정거래위원회에 이의신청을 제기할 수 있고, 법원에 공정거래위원회의 처분에 대한 [88]소송을 제기할 수 있다. 불복절차를 제기하지 않거나 불복절차를 거친 후 최종적으로 확정된 시정조치에 대해서는 이행을 하여야 하고 이에 따르지 않으면 이행강제금이 부과되거나 형사고발 등의 제재가 있을 수 있다.

2. 구조적 조치

(1) 의의

구조적 조치는 해당 기업결합 전체를 발생할 수 없게 하거나 이미 발생한 기업결합을 원상회복 시키는 '금지조치', 결합 당사회사의 자산을 결합 당사회사로부터 분리하여 독립적인 제3자에게 매각하도록 하는 '자산매각 조치' 등을 내용으로 하고 있고 지식재산권을 제3자에게 매각하게 하는 등 '지식재산권에 대한 조치' 형태도 있다.

공정거래위원회 고시 '기업결합 시정조치 부과기준'에 의하면 경쟁제한적 기업결합에 대해서는 원칙적으로 구조적 조치를 행태적 조치에 우선하여 부과하도록 되어있다. 구조적 조치를 우선하도록 하는 이유는 경쟁상태를 복원하는데 소요되는 비용 측면에서 행태적 시정조치보다 효율적이기 때문인데, 영업조건·방식 등을 제한하는 행태적 조치의 경우 그 이행에 대한 경쟁당국의 지속적인 감시비용이 소요되기 때문이다.

(2) 관련 판례

소주시장에서 무학이 대선주조의 주식 41.21%를 취득한 사안에 대해 법원은 공정거래위원회가 무학이 대선에 대해 소유하고 있는 주식 전부를 처분하도록 구조적 조치를 내린 것은 본질적으로 공정거래위원회 재량에 속하는 사항이고, 당해 기업결합은 부당한 목적이 있으며 무학이 적은 지분으로도 대선주조에 대한 경영참가가 가능하고 이를 통해 독점력 행사 가능성이 존재한다는 점

88) 공정거래위원회의 처분에 대해 불복하고자 할 때에는 공정거래법 제54조(소의 제기), 제55조(불복의 소의 전속관할) 규정에 따라 서울고등법원에 불복의 소를 제기할 수 있다.

에서 주식 전부를 처분하도록 한 것은 재량권 남용·일탈에 해당되지 않는다고 [89]판시하였다.

피아노시장에서 삼익악기와 삼송공업이 영창악기의 주식을 취득한 사안에서 법원은 이미 실현된 기업결합에 대해서는 특별한 사정이 없는 한 그 이전 상태로의 회복조치를 취하는 것이 원칙이며, 결합당사회사가 주장하는 가격인상률 제한(행태적 조치) 등은 경쟁제한으로 인한 폐해 시정에 한계가 있는 점 등을 종합하면 주식매각 및 생산설비 반환명령을 공정거래위원회가 내린 것은 재량권을 일탈·남용했다고 볼 수는 없다고 [90]판시하였다.

동양제철화학의 콜롬비안 케미컬즈 컴퍼니에 대한 경쟁제한적 기업결합 건에서도 법원은 경쟁제한적인 기업결합에 대해서는 구조적 조치가 원칙이라는 점을 강조하면서, 어떠한 시정조치를 명할 것인지에 대해서는 공정거래위원회가 넓은 재량을 가지고 있다고 전제하고 당해 기업결합은 시장점유율 합계가 63%를 초과하게 되어 경쟁제한의 폐해가 심각할 것으로 보이고 이를 시정하기 위해서는 결합 전의 상태로 원상회복을 명하거나 일부 생산설비를 매각하는 등으로 새로운 경쟁사업자를 출현시키는 것이 가장 효율적인 수단이라고 할 만하므로 다른 행태적 시정조치는 이러한 경쟁제한성을 해소하기에는 현저히 부족할 것으로 보이고 따라서 공정거래위원회가 구조적 시정조치를 한 것은 적절하다고 [91]판시하였다.

한편 공정거래위원회의 구조적 시정조치에 대해 법원이 받아들이지 않은 경우도 있는데, 신세계의 월마트에 대한 경쟁제한적 기업결합 건에서는 법원은 공정거래위원회가 월마트 지점에 대한 양도명령을 내리면서 당해시장에서 매출액 기준 상위 3사를 양도대상에서 제외하고 일정한 매각기간 내에 이를 이행하도록 한 시정명령은 이미 4~5개 업체가 과점체계를 형성하고 있는 우리나라 할인점 업계 상황에서는 공정거래위원회가 정한 매각기간 내에 양도대상자를 찾기가 어려워 신세계가 불리한 매각조건을 감수할 수밖에 없어 상당한 경제적 손실을 입을 가능성을 들어 공정거래위원회의 처분이 비례의 원칙에 위배된다

89) 무학의 대선주조에 대한 경쟁제한적 기업결합행위 건(서울고등법원 2004. 10. 27. 선고 2003누2252 판결, 고법 확정)

90) 삼익악기의 영창악기에 대한 경쟁제한적 기업결합행위 건(대법원 2008. 5. 29. 선고 2006두6659 판결)

91) 대법원 2009. 9. 10. 선고 2008두9744 판결

고 [92]판시하였다.

3. 행태적 조치

'기업결합 시정조치 부과기준'에 따라 구조적 조치를 부과하는 경우가 불가능한 경우에 한하여 행태적 조치가 부과된다. 행태적 조치는 일정 기간을 정하여 결합당사회사의 영업조건, 영업방식, 영업범위 또는 내부 경영활동 등을 일정하게 제한하는 시정조치로서 정해진 일정 기간 동안 시정조치 이행내용을 공정거래위원회가 점검하고 감시하게 된다.

경쟁제한 폐해를 시정하기 위해서는 구조적 조치가 우선되어야 하나 현실적으로는 행태적 조치가 더 빈번하게 이루어지고 있으며, 이러한 행태적 조치는 지속적인 감시비용이 수반되고 환경변화에 따른 적합성 문제가 발생할 소지가 있는 등 한계점을 내포하고 있음을 이해할 필요가 있다.

4. 이행강제금

경쟁제한적 기업결합의 경우는 1회성인 과징금 부과 등 제재보다는 전문 경쟁당국인 공정거래위원회가 경쟁상태의 회복에 필요하다고 판단한 내용에 대한 실질적 이행이 경쟁상태의 회복 자체에 중요할 수 있으므로 이행강제금 부과가 효과적이라고 할 수 있다.

[93]공정거래법령에 따라 시정조치를 이행하지 않는 자에 대해서는 시정조치에서 정한 기간의 종료일로부터 30일 이내에 이행강제금을 부과할 수 있는데, 이행강제금은 ① 주식취득 또는 회사설립의 경우에는 취득 또는 소유한 주식의 장부가격과 인수하는 채무의 합계액에 대해, ② 합병은 합병의 대가로 교부하는 주식의 장부가격과 인수하는 채무의 합계액에 대해, ③ 영업양수의 경우에는 영업양수금액에 대해 매 1일당 1만분의 3을 곱한 금액을 초과하지 않는 범위 내에서 부과하고, ④ 임원 겸임의 경우는 1일당 200만 원을 넘지 않는 범위 내에서 부과된다.

---

92) 신세계의 월마트에 대한 경쟁제한적 기업결합 건(서울고등법원 2008. 9. 3. 선고 2006누30036 판결, 고법 확정)

93) 전부개정 공정거래법 제16조(이행강제금), 공정거래법 시행령 제24조(이행강제금 부과·징수 등) 등이 관련 규정에 해당한다.

이행강제금이 부과된 실제 사례 중 하나로 2013년 현대에이치씨엔의 포항종합케이블방송사 주식취득 건 시정조치와 관련하여 수신료 인상 금지명령이 부과되었고 결합당사회사가 일정 기간 동안 이를 이행하지 않아 이행강제금 13억 4,240만 원이 부과된 바 있는데, 이에 대해 법원은 수신료 인상금지라는 부작위 의무 부과와 관련해서 일정한 기간 동안 부작위 의무를 불이행한 후 의무 불이행을 중단하게 되면 행태적 시정조치를 통해 달성하고자 했던 경쟁제한 폐해방지는 그 목적을 달성할 수 없으므로 당해 불이행기간에 대해 이행강제금을 부과하는 것은 정당하다고 [94]판시한 바 있고, 이외에 2002년 코오롱의 고합 영업양수건 시정조치와 관련하여 이 역시 일정기간 이행이 이루어지지 않아 이행강제금 1억 6,680만 원이 부과된 경우가 있다.

5. 합병 또는 설립 무효의 소 제기

전부개정 공정거래법은 제14조 제2항에서 경쟁제한적인 기업결합을 금지하는 공정거래법 제9조에 위반되는 합병이나 회사의 설립이 있는 때에는 공정거래위원회가 당해 합병이나 설립 무효의 소를 제기할 수 있도록 하고 있다. 또한 기업결합 사전신고의 경우 공정거래법 제11조 제7항의 기간 내에 공정거래위원회로부터 심사결과를 통지받기 전에 주식의 소유 또는 인수, 합병등기, 영업 양수 계약의 이행행위 등을 실행한 경우에도 공정거래위원회가 합병 또는 설립 무효의 소를 제기할 수 있다. 하지만 실제 공정거래위원회가 소를 제기한 경우는 아직까지는 없는 상황이다.

6. 고발조치

전부개정 공정거래법 제125조에 따라 경쟁제한적 기업결합에 대한 시정조치에 응하지 아니한 자에 대해서는 2년 이하의 징역 또는 1억 5천만 원 이하의 벌금이 부과될 수 있다. 최근 경제 행위에 대한 형벌 규제가 정비될 필요가 있다는 인식하에 기업결합은 경쟁제한성과 효율성을 동시에 가질 수 있는 특성을 갖고 있는 점을 고려하여 종전 공정거래법에서 경쟁제한적 기업결합 행위를 한 자에 대해 3년 이하의 징역 또는 2억 원 이하의 벌금에 처하도록 규정하던

94) 서울고등법원 2017. 10. 11. 선고 2016누81255 판결

것을 전부개정 공정거래법에서는 경쟁제한적 기업결합 행위에 대한 형벌을 삭제하는 방향으로 개정되어 기업결합 시정조치 불이행에 대한 형사적 제재만 남게 되었다.

Ⅴ. 공정거래위원회의 최근 법집행 동향

1. 제도개선 추진 상황

(1) 기업결합 신고기준 개정

현재의 결합당사회사의 자산총액과 매출액 규모에 기반한 기업결합 신고기준이 인수대상회사의 미래성장 잠재력은 잘 반영하지 못하는 한계가 있어 이를 해결하기 위해 거래금액 신고기준을 도입하는 내용의 전부개정 공정거래법이 시행되게 되었다.

이러한 제도개선은 2012년 페이스북이 인스타그램을 약 1조 1,000억 원에 인수한 것과 2014년 페이스북이 왓츠앱을 약 22조 원에 인수한 경우에서 보듯 페이스북은 인수대상기업의 높은 성장잠재력을 보고 거액에 인수하였지만, 당시 인수대상 기업들은 무료로 관련 서비스를 제공하고 있어서 매출액이 미미하였고 이로 인해 우리나라를 포함한 대다수 국가에서 기업결합 신고대상에 해당하지 않아 신고가 이루어지지 않은 사례가 발생하였고 향후에도 이러한 유형의 기업결합에 대해서 경쟁당국의 경쟁제한 심사가 제약될 수 있다는 우려 때문에 추진되게 되었다.

거래금액 신고기준은 전술한 바와 같이 인수대상기업의 자산총액 또는 매출액이 300억 원에 미달하더라도 거래금액이 일정액 이상이고, 인수대상기업이 국내 시장에서 상당한 수준으로 활동하는 경우에는 기업결합 신고의무를 부과하는 것으로 되어 있고, 공정거래법·시행령의 개정과 개정내용에 대한 기업결합 심사지침에의 반영으로 향후에는 국내 시장에 미치는 영향력이 큰 거액의 스타트업 기업인수로 인한 경쟁제한 우려를 경쟁당국이 사전에 심사할 수 있을 것으로 보인다.

(2) 온라인 플랫폼 기업결합 심사기준 개정

최근 온라인 플랫폼 중심의 거래가 활발히 이루어지고 있는 가운데 카카오, 네이버 등 주요 온라인 플랫폼 기업들은 사업영역의 확장·성장의 주요전략으로 [95]M&A를 적극적으로 활용하여 기존 서비스에 새로운 사업을 연결하는 방식으로 급속히 사업영역을 확대시키고 있는 상황이지만, 현행 기업결합 심사기준상 당해 기업결합들은 대부분 안전지대에 해당하여 심층적인 심사가 이루어지지 못하고 있는 상황이다.

기업결합 심사기준의 개정방향은 종전의 심사기준이 개별 상품·서비스의 대체성 위주로 시장을 획정하는 방식으로 이루어져서 온라인 플랫폼 기업이 다양한 사업연계로 지배력을 강화하는 현상을 실질적으로 규율하기 어려운 상황을 개선하는 방향으로 이루어질 예정이며, 공정거래위원회는 전문가 간담회와 연구용역을 통해 온라인 플랫폼 기업에 적합한 시장획정 방식, 안전지대, 유형별 경쟁제한성 판단기준 등에 대한 기준을 마련 중에 있다.

2. 기업결합 관련 법집행 동향

(1) 기업결합 동향

공정거래위원회는 2010년대 중반 이후 매년 600여 건 이상의 기업결합을 심사하고 있는데 2022년도에는 총 1,027건을 심사하였고 기업결합의 거래금액은 총 325조 5,000억 원이다. 기업결합 금액은 2016년 593조 6,000억 원을 정점으로 해마다 조금씩 감소하는 경향을 보이고 있다. 전체 기업결합 건 중 국내 기업에 의한 기업결합은 대략 85% 정도이고 나머지는 외국 기업에 의한 기업결합이다. 2022년의 경우 1,027건 중 외국 기업에 의한 결합은 151건에 이르고 있다.

비계열사 간 기업결합이 대략 75% 정도에 이르고 나머지는 계열사 간 기업결합이다. 기업결합의 수단별로 보면 주식취득의 형태가 가장 많고 그 뒤로 회사설립, 합병, 영업양수, 임원겸임의 형태로 이루어지고 있고, 유형별로는 혼합형 기업결합이 약 60%, 그다음 수평형 기업결합이 30% 정도이고 나머지는 수

95) 공정거래위원회 통계에 의하면 2018년 9건, 2019년 5건, 2020년 7건 정도였던 온라인 플랫폼 기업들의 기업결합 건수가 2021년에는 상반기에만 14건에 이르고 있는 것으로 나타나고 있으나 이 중 11건이 간이심사 대상이었고 안전지대 해당 건이 8건에 이르고 있다.

직형 기업결합의 형태로 이루어지고 있다.

(2) 법집행 동향

최근에 코로나19 등 요인에 의해 구조조정 성격의 기업결합이 증가할 가능성에 대비해 공정거래위원회는 경쟁제한성을 면밀히 살피면서도 절차는 신속히 진행하여 구조조정에 장애가 발생하지 않도록 하고 있는바, 구체적으로는 대한항공의 아시아나항공 인수건과 같은 국민적 관심사항에 대한 심사에 역량을 집중하고 있다. 또한 글로벌 경제의 성장세 약화에 따라 기업결합이 기업의 중요한 성장전략이자 사업재편의 수단으로 활용될 가능성이 점차 커지고 있는 상황을 반영하여 글로벌 기업결합에도 주의를 기울이고 있다.

이외에도 신(新)성장산업에서 혁신 경쟁이 활성화되도록 기업결합 심사에 주안점을 두고 있고, 중소기업 창업투자회사의 벤처투자에 대한 임원겸임이나 사모투자전문회사의 설립 등 경쟁제한 우려가 상대적으로 작은 기업결합에 대해서는 기업결합 신고의무 면제 등 제도개선도 추진하고 있다.

(3) 최근 법집행 사례

(3)-1 대한항공의 아시아나항공 주식취득 건

대한항공이 2020. 11. 17. 아시아나항공의 주식 63.88%를 취득하는 내용의 계약을 체결하고 2021. 1. 14. 기업결합 신고를 하였는데 관련 시장 획정 결과 국내선 총 22개 시장, 국제선 총 65개 시장에서 중첩이 발생하는 것으로 분석되었다. 대한항공과 아시아나항공은 2019년도 기준 항공 여객 부문에서 국내시장 1, 2위 사업자이고 세계시장에서는 각각 44위 및 60위에 위치하고 있고 당해 기업결합으로 인해 대한항공 계열인 국내시장 4위 사업자 진에어와 아시아나항공 계열인 국내시장 6위 에어부산과 8위 사업자인 에어서울의 결합도 발생하게 된다.

당해 기업결합으로 인해 항공 여객 운송업, 항공 화물 운송업, 공항별 운항정비업 등에서는 수평형 기업결합이, 항공 여객 및 화물 운송업과 항공기 정비업 등에서는 수직형 기업결합이, 항공기 정비업, 조종사 훈련서비스업, 기내면세품 판매업 등에서는 혼합형 기업결합이 발생하게 된다. 공정거래위원회는 기업결합 심사 결과 여객 부문인 국내선 총 22개 중복노선 중에서 14개 노선, 국제선 총 65개 중복노선 중에서 26개 노선에서 경쟁을 제한할 우려가 있다고 판단하고 시정조치를 내렸다. 우선 구조적 시정조치로 경쟁 제한성이 있는 노선에 신규 항공사 진입과 기존 항공사 증편을 위해 당사회사가 보유한 국내공항 슬롯을 반납하고 국제노선 11개에 대해서는 당사회사의 운수권을 반납하도록 하였고, 행태적 시정조치로 각 노선에 대한 운임 인상 제한, 공급 축소 금지 등 소비자 피해 방지를 위한 조치를 병행하도록 하였다. 2023년 11월 기준 우리나라를 비롯한 중국·대만·영국·튀르키예·베트남 등에서는 당해 기업결합이 승인되었으며 미국·유럽연합·일본에서는 기업결합 심사가 진행 중에 있다.

(3)-2 KT스카이라이프의 현대HCN·현대미디어 주식취득 건

KT의 자회사인 KT스카이라이프가 현대HCN·현대미디어의 주식 100%를 취득하는 경우 디지털 유료방송시장, 방송채널사용사업(PP)시장, 지상파채널 재전송권 거래시장, 홈쇼핑방송채널 전송권 거래·구매시장, 초고속인터넷시장, 유선전화 시장 등 여러 시장에서 수평형 및 수직·혼합형 기업결합이 발생한다. 공정거래위원회는 이 시장들 중 당해 기업결합으로 인해 디지털 유료방송시장 등에서 수평형 기업결합으로 인해 경쟁제한성이 있다고 판단하였으나 OTT 이용 증가 등 국내 유료방송시장 환경이 크게 변화하고 있는 점을 감안하여 소비자피해 가능성을 차단하는 행태적 시정조치를 통한 조건부 승인을 하게 되었다. 2024. 12. 31.까지 지속되는 행태적 시정조치는 케이블TV 수신료의 물가인상률 초과 인상 금지, 소비자 선호채널 임의감축 금지, 신규가입 등시 불이익 조건부과 금지, 고가형 상품전환 강요 금지 등이 주요내용을 이루고 있다.

Ⅵ. 기업결합 시정 96)대표사례 고찰

경쟁제한적인 기업결합에 대한 시정 사례는 대부분 공정거래위원회의 처분에 의한 것이고, 공정거래위원회의 시정조치에 불복하여 법원에 소를 제기한 경우는 손에 꼽을 정도로 다른 공정거래법 위반 건에 비해 그 수가 많지 않은 상황이다. 이는 경쟁제한적 기업결합에 대한 공정거래위원회 처분의 성격에서 기인한 바가 큰데, 시장경제에서 자원배분의 효율성을 달성하거나 경영상 고도의 판단에 기한 기업결합에 대해서는 원칙적으로 허용을 하고 있고, 일부 경쟁

96) 공정거래위원회는 출범한 1981년부터 2021년 동안 심결한 사례 중 대표사례 50선을 선정하였고, 선정된 대표사례에 포함된 기업결합 건의 내용을 참조하였다.

제한성이 있는 기업결합에 대해서도 불허하는 것보다는 허용은 하되 경쟁제한성을 제거하는 방향으로 시정조치를 설계하여 부과하기 때문에 기업결합 당사회사들은 공정거래위원회 심사와 심의단계에서 확정된 시정조치에 대해 법원에서 불복할 필요성이 다른 경쟁제한적인 행위보다 상대적으로 [97]적기 때문이다. 또한 경영상 고도의 판단에 따라 시장 상황에 대응하기 위한 기업결합의 경우 시의성이 무엇보다 중요한데 법원의 재판절차는 기본적으로 상당한 시일이 소요되는 한계를 반영한 탓도 있을 것으로 생각된다.

그런 이유로 이하에서는 공정거래위원회 심사나 의결단계에서 논의된 주요사례 중심으로 설명하고 [98]법원판결에 대한 부분은 법원에 대한 소송제기로 법원의 판단이 있었던 사안에 한하여 언급하기로 한다.

1. 딜리버리히어로에스이의 우아한형제들 인수 건(공정거래위원회 의결 제2021-032호)

(1) 행위사실

딜리버리히어로에스이는 2019. 12. 13. 우아한형제들의 의결권있는 주식 80%를 취득하는 내용의 계약을 체결하였는데 결합당사회사들은 [99]요기요와 배달의민족이라는 배달앱 서비스를 중첩적으로 영위하므로, 본 건 결합으로 국내 배달앱 서비스 시장에서 수평형 기업결합이 발생하고, 결합당사회사가 영위하는 '배달앱 서비스와 음식 배달대행 서비스' 및 신고회사가 영위하는 배달앱 서비스와 상대회사가 영위하는 [100]공유주방 서비스 간에는 혼합형 기업결합이 발생한다.

---

97) 우리나라의 경우 기업결합 건과 관련하여 대법원 판결까지 난 건은 2건이고, 경쟁법 집행의 역사가 긴 미국의 경우에도 연방대법원의 판결이 난 기업결합건은 단 1건에 불과하다.

98) 서울고등법원에 제소한 사례는 2001년 코오롱의 고합 영업양수도 건, 2003년 무학의 대선주조 주식취득 건, 2006년 신세계의 월마트코리아 인수 건, 2006년 이랜드리테일의 한국까르프 주식취득 건이 있으며, 대법원에서 확정된 사례는 2004년 삼익악기의 영창악기 주식취득 건, 2006년 동양제철화학의 콜럼비안 케미컬즈 컴퍼니 주식취득 건이다.

99) 요기요와 배달의민족은 국내 배달앱 시장에서 1, 2위에 해당한다.

100) 음식업 사업을 영위하기 위한 시설과 장비를 모두 갖추고 있는 주방 시설물로서 음식점을 개업하고 싶은 사람은 월 임대료만 지불하고 해당 공간을 이용하여 배달음식점 영업을 할 수 있는 서비스이다.

(2) 공정거래위원회 의결

공정거래위원회는 당해 기업결합 건을 심사한 결과, 수평결합이 발생하는 국내 배달앱 서비스 시장과 서울·경기 등 전국에 걸친 관련 지역시장 내에서 음식 배달대행 시장, 서울 지역 공유주방 시장에서 경쟁제한의 우려가 크다고 판단하고, 기업결합 자체는 승인하되, 배달의민족을 인수하게 될 딜리버리히어로에스이에게 요기요를 운영하는 자회사의 지분 100%를 전부 매각하라는 구조적 조치를 부과하고, 지분 매각이 완료될 때까지 요기요의 경쟁력이 유지될 수 있도록 현상유지 명령을 부과하였다.

(3) 주요 쟁점

(3)-1 관련 시장획정 관련

결합당사회사는 배달앱 서비스 외에 직접 전화주문 시장 등도 소비자 입장에서는 대체가능한 수단이므로 이들을 모두 포함하여 관련 시장획정이 이루어져야 한다고 [101]주장하였다.

이에 대해 공정거래위원회는 직접 전화주문 서비스와는 달리 배달앱은 고객의 위치를 기반으로 전국 음식점의 정보를 비교·검색할 수 있고 검색·주문·결제에 이르는 전(全) 과정을 한 번에 할 수 있게 통합되어 있으며, 이용후기 등을 통한 양방향 소통 기능이 있고, 실제 소비자 대상 설문조사의 결과도 직접 전화주문과 배달앱 서비스 간에는 대체가능성이 있다고 보기는 어려운 것으로 나타나 결합당사회사의 주장을 배척하였다.

관련 상품시장의 획정을 위해 실시한 경제분석에 의하더라도 관련 상품시장의 후보군을 [102]배달앱인 배달의민족과 요기요로 일단 상정하고 SSNIP에 기반한 임계매출감소분석을 실시한 결과 실제 가격탄력성이 임계 가격탄력성보다

---

101) 기업결합심사에서 시장획정은 경쟁제한심사를 하기 위한 전(前) 단계로서 시장획정이 좁게 이루어지면 경쟁제한 가능성이 높아지고 넓게 시장획정이 이루어지면 경쟁제한성 가능성이 낮아질 수 있기 때문에 기업결합을 추진하는 당사회사들은 통상 경쟁당국에 대해 넓은 시장획정을 주장하게 된다.

102) 배달앱은 음식점에는 중개나 광고수수료를 부과하고, 소비자에게는 할인혜택을 지급하는 방식으로 운영되고 있어서 음식점 측면과 소비자 측면이 동시에 존재하는 양면시장(Two-Sided Platform)이다. 이 경우 임계매출분석은 각 시장 모두에 대해 이루어지는데 소비자측면에서는 쿠폰할인을 5~10% 줄이는 방식으로, 음식점 측면은 수수료를 5% 인상하는 방식으로 SSNIP가 이루어졌다.

낮은 것으로 나타나 직접 전화주문 시장을 포함할 필요 없이 배달앱만의 시장 획정이 틀린 것이 아니라는 결과가 나타났다.

(3)-2 경쟁제한성 관련

거래금액 기준 70% 점유율을 차지하고 있는 상대회사의 배달의민족과 20% 이상의 점유율인 신고회사의 요기요가 결합하게 되면 결합당사회사의 시장점유율은 90% 이상이 되고, 결합 후 2위 사업자가 되는 '카카오주문하기'와의 시장점유율 격차가 결합당사회사 시장점유율 합계의 100분의 25 이상을 훨씬 상회하게 되므로 경쟁제한성이 있다고 판단하였다.

소비자들의 배달앱 이용행태 등을 조사한 결과 배달의민족과 요기요는 상호 간의 수요대체성 및 구매전환 가능성이 매우 높고, 당해 결합으로 인해 음식점 들에 대해서는 수수료 인상이, 소비자들에 대해서는 할인쿠폰제공 감소 가능성이 경제분석 등을 통해 확인되었다.

결합당사회사들은 배달앱 시장이 잠재적 경쟁 진입 가능성이 큰 동태적 시장임을 주장하면서 네이버, 쿠팡이츠 등의 경쟁압력을 주장하였으나, 공정거래위원회는 네이버의 배달앱 시장 진출 가능성은 불확실하고 쿠팡이츠는 서울 강남지역 중심의 성장세가 있긴 하나 전국적 규모의 배달앱 시장 내 경쟁구도에 영향을 미칠 정도는 아니라고 판단하여 그 주장을 배척하였다.

그 외에도 당해 기업결합이 음식 배달대행 시장에 영향을 미칠 우려와 전국 소재 음식점들에 대한 매출·영업정보, 고객 정보 등 정보자산이 집중되면서 기존 무료로 제공되던 각종 통계 데이터 등 정보의 품질이 저하되거나 유료로 전환될 가능성 등 정보자산의 결합에 따른 영향도 고려되었다.

(3)-3 시정조치의 적정성 여부

기업결합 신고회사는 요기요 운영 자회사의 지분 전부를 매각하도록 한 구조적 시정조치는 당초의 기업결합 목적인 효율성 달성을 할 수 없게 하고 유사한 건으로서 기존 공정거래위원회가 판단하였던 이베이의 지마켓 인수건 시 행태적 시정조치를 부과한 것에 비해 과도한 조치라는 주장을 하였으나, 공정거래위원회는 결합 당사회사가 의도한 효율성은 신고회사의 AI기반 물류 기술력과 상대회사의 거래규모 등으로 충분히 달성가능하며, 이베이-지마켓 오픈 마켓의 사례는 경쟁가능 사업자인 인터파크, 11번가가 존재하고 포털의 유입비중이 커서 당해 기업결합건과는 차이가 있어서, 구조적 시정조치가 타당하다고 판단하였다.

(4) 시사점

배달의민족은 유니콘 기업을 달성한 국내 성공적인 스타트업 기업으로 당해 기업결합은 국내 스타트업 기업의 성공적인 엑시트 사례가 될 수 있는 중요한 상황에서, 당해 기업결합이 추진될 경우 예상되는 배달업 시장의 1, 2위 사업자의 결합으로 인한 경쟁제한 우려 동시에 해소해야 하는 공정거래위원회는 플랫폼 시장, 양면시장이라는 혁신적 동태적 시장에 대해 객관적인 근거를 통한 적절한 판단을 해야 했다.

본 사례는 경제분석 및 소비자 등에 대한 설문조사 등 과정을 거쳐 당해 기업결합은 승인함으로써 스타트업 기업의 엑시트는 지원하되, 피인수회사의 자산이 아닌 인수회사 딜리버리히어로에스이의 국내법인인 딜리버리히어로코리아의 지분 전부 매각이라는 효과적인 구조적 시정조치를 내림으로써 경쟁제한 우려도 해소한 공정거래위원회의 고심이 반영된 사례라고 평가된다.

2. 에스케이텔레콤의 씨제이헬로비전 인수에 대한 건(공정거래위원회 의결 제2016-213호)

(1) 행위사실

2015년 에스케이텔레콤은 씨제이헬로비전 주식 약 30%를 취득하는 주식매매계약을 체결하면서 씨제이헬로비전과 에스케이브로드밴드를 소멸회사로 하고 씨제이헬로비전을 존속회사로 하는 합병계약을 체결한 후 이를 공정거래위원회에 신고하였는데 이 결합으로 에스케이텔레콤은 씨제이헬로비전의 지분 78.33%를 갖는 최대주주가 된다. 결합당사회사는 유료방송시장, 이동통신 소매·도매 시장 등 여러 시장에서 사업을 영위하고 있어서 당해 기업결합은 수평형, 수직형, 혼합형 기업결합을 모두 발생시킨다.

(2) 공정거래위원회 의결

공정거래위원회는 당해 기업결합이 초래하는 유료방송시장에서 수평형 기업결합, 이동통신 소매시장에서의 수평형 기업결합, 이동통신 도매시장에서의 수직형 기업결합에서 경쟁제한성이 크게 나타나는 것으로 판단하고 당해 기업결합을 불허하였다.

(3) 주요 쟁점

(3)-1 관련 시장획정 관련

에스케이텔레콤은 이동통신사업자로서 IPTV 서비스를 제공하고 있고, 씨제이헬로비전은 케이블 TV 서비스를 제공하고 있는데, IPTV는 디지털 TV 서비스로, 케이블 TV는 아날로그 TV 서비스로 통상 분류되고 있기 때문에 결합당사회사들은 디지털 TV와 아날로그 TV는 다른 상품이므로 [103]별개의 시장으로 획정되어야 한다고 주장하였다. 이에 대해 공정거래위원회는 IPTV와 케이블TV에 대한 가입자들의 인식, 2015년도 방송시장 경쟁상황평가에서 시장 획정한 사례 등을 근거로 이를 하나의 시장으로 획정하였다.

지역시장과 관련해서는 결합당사회사들은 전국사업자 간의 결합이고 방송법상의 규제체계가 전국 단위의 시장점유율 기준이라는 점 등을 들어 전국시장으로 획정되어야 한다고 주장하였다. 이에 대해 공정거래위원회는 유료방송시장은 씨제이헬로비전이 유료방송사업을 영위하고 있는 23개 방송구역별 지역시장으로 획정되고, 초고속 인터넷 서비스 시장 등 나머지 상품시장은 가격이나 상품의 구성 등이 전국적으로 유사하고 사업운영의 지역적 범위에 대한 법적·제도적 규제도 없으므로 전국시장으로 판단하였다.

(3)-2 경쟁제한성 관련

유료방송시장 경쟁제한성과 관련 결합당사회사들은 [104]UPP값이 음(陰)으로 나온다는 경제분석 결과를 제시하면서 가격인상 유인이 없다고 주장하였으나, 공정거래위원회는 당해 기업결합건의 경우 씨제이헬로비전의 케이블 TV가격 인상 시 에스케이브로드밴드의 IPTV로 전환하는 고객은 IPTV 이외에 에스케이브로드밴드의 초고속 인터넷 서비스도 구매해야 하는 등의 이유가 있으므로, UPP계산 산식의 마진율을 조정하고, 씨제이헬로비전의 경우 아날로그 케이블 TV 상품과 디지털 케이블 TV 상품이 모두 있는 점을 고려하여 전환율 등을 조

---

103) 당해 기업결합건의 경우 IPTV와 케이블TV가 별개의 시장이라고 한다면 이는 경쟁관계에 있는 서비스의 결합이 아닌 사업 등의 확장을 위한 혼합형 기업결합이라서 경쟁제한성 우려가 작다고 주장할 여지가 있게 된다.

104) UPP(Upward Pricing Pressure)는 차별화된 시장에서 결합 후 당사기업의 가격인상 가능성을 분석하는 방법으로 UPP는 구매전환율과 마진율의 곱으로 계산하며 UPP가 양(+)의 값을 가지면 가격인상 유인이 있다고 해석한다. 2010년 미국 수평합병 가이드라인에 도입된 이후 우리나라 공정거래위원회도 이를 채택하여 기업결합심사에 활용하고 있다.

정한 결과 UPP값이 일관되게 양(陽)으로 나오는 점을 들어 이러한 주장을 받아들이지 않았다.

이동통신 소매시장의 가격인상 등 단독효과 가능성과 관련하여 결합당사회사는 기업결합을 해도 시장점유율 상승이 1.5%에 그치고, 규제당국의 요금규제 등으로 가격인상 등을 쉽게 할 수 없으며, 케이티나 엘지유플러스 같은 이동통신 소매시장에서 강력한 경쟁자가 있어 당해 기업결합건의 경쟁제한성이 크지 않다고 주장하였으나, 공정거래위원회는 씨제이헬로비전은 가장 많은 가입자를 확보한 알뜰폰 사업자로 이동통신사업자들을 실질적으로 견제하는 [105]독행기업(maverick)으로서의 역할을 해 온 점과 시장집중도 등을 볼 때 당해 기업결합으로 경쟁압력이 크게 감소할 것이라고 판단하였다.

수직형 기업결합인 이동통신 도매시장과 관련하여 당해 기업결합건으로 결합당사회사는 알뜰폰 가입자의 28.45%를 확보함에 따라 에스케이텔레콤의 경쟁사업자들은 하부시장인 알뜰폰 시장에서 이동통신 도매서비스의 판매가 봉쇄되는 결과를 맞을 수도 있게 되어 경쟁제한성이 있다고 판단하였다.

(4) 시사점

당해 기업결합심사 건은 이동통신사업 분야 1위인 에스케이텔레콤과 종합유선방송 시장 1위인 씨제이헬로비전에 대한 것이어서 시장에 미치는 영향이 컸었고 사회적 관심이 높은 사안이었다. 이동통신사들의 IPTV 서비스 출범이후 기존 유선방송사들은 합병과 융합서비스 등 마련으로 종합유선방송으로 변신하면서 경쟁의 격화가 예견되는 상황에 발생한 수평적 기업결합 건이어서 경쟁제한성 평가 결과에 많은 관심이 모아졌다.

기업결합 심사기법과 관련해서도 기존 UPP 산식을 당해 기업결합 건 특성에 맞게 구매전환율, 마진율 등을 보완하여 적용함으로써 단독효과를 보다 엄밀하게 평가하고자 했다. 한편으로는 협조효과 분석과 관련된 독행기업의 개념을 당해 기업결합 건에서 단독효과와 관련하여 의욕적으로 적용한 점 등은 평가와 비판을 함께 받기도 하였다.

---

105) 공정거래위원회는 씨제이헬로비전이 '시장점유율은 작지만 수요자의 이익을 위해 가격인하, 혁신 등을 주도하며 시장의 경쟁을 활성화하는 사업자'인 독행기업에 해당한다고 판단하였다.

3. 마이크로소프트의 노키아 영업양수 건(공정거래위원회 의결 제2015-316호)

(1) 행위사실

마이크로소프트는 노키아의 38개 자회사 주식을 취득하고 노키아 본사의 이동통신 기기 및 서비스 사업 관련 자산을 양수하기로 하는 계약을 체결하고 공정거래위원회에 기업결합 신고를 하였고 2014. 8월 시정방안을 제출하면서 동의의결을 신청하였다.

(2) 공정거래위원회 심사

(2)-1 동의의결 제도 개요

동의의결 제도는 1915년 미국에서 Consent Order라는 이름으로 처음 도입된 이후 유럽연합에서도 Commitment Decision이란 이름으로 운용되고 있다. 우리나라는 2011년 도입되어 활용되다가, 기업결합심사 과정과 관련해서는 마이크로소프트의 노키아 영업양수 건에서 최초로 활용되었다.

공정거래법에서 [106]규정하고 있는 동의의결 제도는 공정거래위원회의 조사나 심의를 받고 있는 사업자가 스스로 경쟁제한 우려 등의 자발적 해소, 소비자 피해구제, 거래질서의 개선 등을 약속하는 시정방안을 제출하고 공정거래위원회가 이러한 시정방안이 충분하다고 인정하는 경우 공정거래법 위반 여부를 판단함이 없이 사건을 종결하는 제도를 말한다.

공정거래법상 동의의결 제도는 해당 행위가 공정거래법 제40조 제1항에 따른 부당한 공동행위이거나 동법 제129조 제2항에 따른 고발요건에 해당하는 경우를 제외하고는 적용이 가능한데, 우선 사업자의 자발적인 신청이 있어야 하며 동의의결 신청과 함께 시정방안을 제출하여야 한다. 동의의결 신청이 있으면 공정거래위원회는 동의의결 절차 개시여부를 검토하여 개시가 결정되면, 공정거래위원회의 [107]심사관은 신청인과 협의를 거쳐 잠정 동의의결안을 작성하

106) 전부개정 공정거래법 제89조(동의의결)에서 규정하고 있다.

107) 공정거래위원회 관련 사건을 조사하고 법 위반에 해당된다고 판단하면 공정거래위원회에 제재를 해 줄 것을 요구하는 역할을 수행하며 통상 공정거래위원회 본부 사건일 경우 해당 국(카르텔조사국, 시장감시국, 기업거래국 등 사건조사 부서)의 국장이 심사관이 되며, 공정거래위원회가 개최되면 대심구조 하에서 사업자의 위법행위를 소추하는 역할

고 30일 이상의 기간을 정하여 잠정 동의의결안에 대한 이해관계인의 의견을 듣고 검찰총장과 서면협의를 하게 된다.

의견수렴기간이 끝나면 심사관은 최종 동의의결안을 공정거래위원회에 제출하여 심의 후에 확정하게 된다. 만약 공정거래위원회에서 동의의결이 받아들여지지 않거나 동의의결 신청이 기각되는 경우에는 기존의 조사 또는 심의 절차가 재개된다. 동의의결 이후 사업자가 동의의결을 이행하지 않는 경우 공정거래위원회는 이행강제금을 부과할 수 있으며 제출된 이행계획의 이행 여부를 점검하고 신청인에게 그 이행과 관련된 자료의 제출을 요청할 수 있다.

(2)-2 동의의결 내용

당해 기업결합 건은 결합당사회사가 동의의결을 신청하여 받아들여진 경우이기 때문에 공정거래위원회 경쟁제한성 판단과 관련된 심결은 이루어지지 않았다. 따라서 공정거래위원회와 동의의결 신청자 간 협의로 마련되고 공정거래위원회에서 확정된 최종 동의의결 시정방안 내용을 중심으로 살펴보기로 한다.

공정거래위원회는 당초 신고된 기업결합 내용을 검토하면서 관련 상품시장은 모바일 단말기 시장과 모바일 운영체제 및 소프트웨어 시장, 모바일 특허기술 시장으로 획정하였고 지리적 시장은 세계시장으로 획정하였다. 경쟁제한 가능성과 관련하여 마이크로소프트가 안드로이드 운영체제에서 채택한 특허기술을 상당수 보유하고 있어 이를 토대로 경쟁 단말기 제조업체에 대한 특허료 인상 등을 통해 모바일 운영체제 공급을 잠재적으로 봉쇄할 우려인 잠재적 봉쇄효과와 당해 결합이후 결합당사회사가 가격·거래조건 등을 상호조절하여 경쟁수준을 낮출 우려가 있는 잠재적 협조효과가 문제되었다.

잠재적 봉쇄효과와 관련한 자진시정 방안의 내용으로 우선 표준특허와 관련해서는 라이선스시 [108]FRAND 조건 준수, 한국 제조사 등이 생산한 스마트폰 등에 대해 표준특허 침해를 이유로 한 판매금지 명령 등 청구 금지, 라이선스시 상대방 특허 라이선스 요구행위 금지 등이 마련되었고, 비표준특허와 관련해서는 관련 라이선스 계속 제공, 현행 특허사용료 인상금지, 향후 5년간 관련

을 담당하게 된다.

108) FRAND(Fair, Resonable And Non-Discriminatory), 표준특허(SEP: Standard Essential Patents)는 관련 산업의 사업자들이 표준화기구를 통해 표준을 선정하게 되는데 선정된 표준기술은 시장에서 독점력을 행사할 수 있게 되므로 이를 제한하기 위해 도입된 의무로 이해하면 된다.

특허 양도금지, 한국 제조사 등이 생산한 스마트폰 등에 대해 비표준특허 침해를 이유로 한 판매금지 명령 등 청구 금지 등이 마련되었다. 잠재적 협조효과와 관련한 자진시정 방안의 내용으로 신청인은 사업제휴계약을 수정하여 스마트폰 등 관련 경쟁상 민감 영업정보 교환 조항 등 삭제, 민감 영업정보 교환 금지하는 내용 등을 마련하였다.

(3) 시사점

당해 기업결합은 2010년대 초중반 격변하던 스마트폰 시장의 구조와 경쟁상황이 관련된 주요한 사례였다. 기존 PC시장에서의 지위와는 달리 윈도우 폰을 내세운 스마트폰 시장에서 고전하던 마이크로소프트와 격변하던 스마트폰 시장에서 경쟁력을 잃어 가던 노키아와의 기업결합이 가져올 경쟁제한성 문제에 대해 많은 논의가 이루어졌다.

비록 동의의결로 시정방안이 마련되어 경쟁제한성 여부에 대한 판단이 이루어지지는 않았지만 스마트폰 운영체제에서 광범한 특허를 가진 양사가 스마트폰 등 단말기 시장에 영향을 미칠 우려에 대해 수직형 기업결합에서의 봉쇄효과와 비표준특허의 남용 가능성 등에 대해 심도 있는 검토가 이루어진 점에서 향후 기업결합 심사에 많은 영향을 미친 사례라 할 수 있다.

관련 지역시장이 세계시장이었던 당해 기업결합 건에 대해 관련이 된 각국의 경쟁당국은 각각 기업결합 심사를 하였고, 마이크로소프트, 노키아를 자국기업으로 두고 있는 미국과 유럽연합은 이 사건 기업결합을 조건 없이 승인한 반면, 우리나라·중국·대만 경쟁당국은 조건부 승인의 결론을 냈는데 이는 당해 관련제품인 스마트폰 등의 글로벌 국제분업 하에서 각 나라의 입장이 다른 데에서 기인한 것으로 보이며, 경쟁법 집행에 있어 산업정책적 고려가 정당한지에 대한 논란을 가져올 수가 있어 향후 이에 대한 성찰이 필요해 보인다. 특히 중국이 경쟁법을 도입한 이후 그 법집행이 불투명하고 예측 가능성이 어렵다는 비판이 외부에서 제기되고 있고 자국 산업보호 목적을 지나치게 강조하여 운영함으로써 경쟁법 집행을 왜곡하고 있다는 의심도 받고 있어, 우리나라도 이에 유의해서 균형 있는 경쟁법 집행이 이루어지도록 노력해야 할 것으로 생각된다.

4. 삼성테스코의 홈에버 인수에 대한 건(공정거래위원회 의결 제2008-285호)

(1) 행위사실

대형마트 홈플러스를 운영하는 삼성테스코는 2008. 5월 대형마트인 홈에버를 운영하는 이랜드리테일 주식의 91.2%를 취득하는 주식매매 계약을 체결하고 공정거래위원회에 기업결합 신고를 하였다. 당해 주식취득으로 인해 결합당사회사의 대형마트 점포가 동일한 지역시장에 속하는 곳에서 수평형 기업결합이 발생하게 되었다.

(2) 공정거래위원회 의결

공정거래위원회는 5개 지역시장에서 경쟁제한성이 있다고 판단하였지만, 점포 매각 등의 구조적 조치를 부과하지 않고 경쟁제한 폐해를 시정하기 위한 행태적 조치를 부과하기로 결정하고, 5개 지역의 점포에 대해서는 개별 점포별로 가격 책정을 하는 상품가격을 주변의 경쟁사 점포 등 특정 비교대상 점포의 평균가격 수준 이하로 유지하고, 소비자가 조치대상 점포의 상품가격이 비교대상 점포의 가격 등 보다 높다고 신고하는 경우 그 차액의 2배를 보상하도록 하는 제도를 도입하는 내용의 시정명령을 내렸다.

당해 기업결합에서 공정거래위원회는 대형마트를 대형마트의 특성, 소비자 등의 인식 등을 고려하여 다른 유통업태와 구별되는 별개의 시장으로 획정하고 지리적 시장과 관련해서는 본사 중심의 전국적 유통망 운영, 구매 및 매장관리 등 의사결정이 이루어지는 전국시장과 15개 지역의 지역시장으로 획정하여 검토한 결과 전국시장은 경쟁제한성이 없지만 지역시장에서는 총 5개 지역에 경쟁제한성이 발생한다고 판단하였다. 예외인정과 관련해서는 결합당사회사가 효율성 증대효과 주장에 대한 구체적 근거를 제출하지 못했고 회생불가회사 요건에도 해당되지 않아 예외인정은 하지 않았다.

(3) 주요 쟁점

대형마트를 별개의 상품시장으로 획정하기 위해 공정거래위원회는 대형마트는 [109]집합상품 또는 묶음상품(Cluster)이 판매·구매되는 시장으로 구매전환율 조사 등을 통해 상품시장 획정을 뒷받침하였다. 즉 A라는 대형마트가 없어지는 겨우 소비자는 대형마트에서 구매하던 상품들을 기존의 슈퍼마켓, 문구점, 잡화점 등 관련 시장에서 각각 구매할지 아니면 다른 대형마트에 가서 종전처럼 묶음 구매를 할지에 대한 구매전환율 분석결과 87.3%가 대형마트로 전환이 이루어지는 걸로 나타났다.

지역시장 획정과 관련해서 공정거래위원회는 우선 5km를 지역시장 획정의 기준으로 했는데 소비자들이 통상 대형마트 구매전환을 할 경우의 거리에 해당한다는 점과, 점포 회원들이 반경 5km 이내 거주하는 비율이 70% 이상인 점포가 홈플러스의 경우 33개 중 31개에 달하는 점, 대형마트들이 실제로 운영하는 최저가 보상제의 비교 대상이 반경 5km 이내의 대형마트라는 점 등을 고려하였다. 여기에 중첩원의 합집합 접근법을 사용하여 관련 상품시장에 속하는 사업자를 중심으로 일정한 반경의 원을 그리고 그 안에 위치한 다른 사업자를 기준으로 또다시 동일 반경의 원을 그려 그 전체를 하나의 지역시장으로 봄으로써 경쟁압력이 주는 실질적인 범위를 파악하였다.

(4) 시사점

홈플러스와 홈에버라는 대형마트의 수평형 기업결합에 대해 심사하는 과정에서 공정거래위원회는 집합상품 시장 개념, 중첩원의 합집합 개념, [110]구매전환율 개념 등 그동안 기업결합 심사경험에서 축적된 다양한 지식과 분석기법을 이용해서 심사를 하였다. 경쟁제한 우려가 있는 수평형 기업결합에 대한 시정조치에 관련해서도 구조적 조치는 내리지 않았는데, 기존 유통채널의 급속한 현대화로 대형마트 시장에 대한 경쟁압력이 증가하고 있는 점과 당해 기업결합으로 인해 대형마트 시장에서 강력한 2위 사업자를 갖게 됨에 따라 대형마트 시장에서 독보적인 1위 사업자를 견제할 여건이 조성되는 점까지도 반영하여 행태적 시정조치를 내린 점도 평가할 가치가 있다.

---

109) 집합상품시장에서 상품이 묶음으로 거래되는 이유는 소비자와 판매자가 묶음 거래를 통해 상호 이득을 얻기 때문이다. 1997년 미국의 Staples와 Office Depot 기업결합 건에서 상품시장을 집합상품을 다루는 사무용품·문구류 전문할인매장으로 획정한 전례가 있다.

110) 공정거래위원회는 구매전환율을 적용하여 지역시장 내 각 대형마트 간 경쟁관계를 검토하였고 그 결과를 바탕으로 경쟁제한성이 인정되는 5개 지역에 대해 시정조치를 하였다.

5. 하이트맥주의 진로 인수에 대한 건(공정거래위원회 의결 제2006-009호)

(1) 행위사실

맥주 제조와 함께 소주를 생산·판매하는 하이트주조를 계열사로 보유하고 있는 하이트맥주가 2005. 8월 소주를 제조하는 진로의 주식 52.1%를 취득하기로 하는 내용의 양해각서를 체결한 건에 대해 공정거래위원회의 기업결합 심사가 이루어지게 되었다. 맥주시장과 소주시장 간에는 혼합형 기업결합이, 하이트주조의 소주와 진로의 소주 간에는 수평형 기업결합이 발생하는 사안이었다.

(2) 공정거래위원회 의결

수평형 기업결합의 경우 경쟁제한성이 없어 문제되지 않았고, 맥주시장과 소주시장의 혼합형 기업결합에 대해 공정거래위원회는 기업결합 후 가격인상이 가져오게 될 소비자 후생의 감소를 방지하기 위해 가격제한조치를 부과하였고, 유통망 지배력 강화를 통해 나타나게 되는 끼워팔기 등 경쟁제한 우려를 방지하기 위해 구체적인 예방대책을 수립할 것과 영업 관련 인력 및 조직을 분리하여 운영하라고 행태적 시정조치를 부과하였다.

(3) 주요 쟁점

상품시장 획정과 관련해서는 맥주와 소주의 시장이 별도로 획정된다고 보았다. 맥주는 저도주, 소주는 고도주라는 상품의 특성이 있고, 임계매출감소분석에서도 별개의 시장으로 획정할 수 있음이 나타났으며, 미국·유럽연합 등에서 도수에 따라 주류를 별개의 상품시장으로 획정한 사례가 참고 되었다. 임계매출감소분석과 관련해서는 결합당사회사는 소주와 맥주가 별개의 시장으로 구분되는 결과를, 경쟁사인 오비맥주는 소주와 맥주가 동일한 시장이라는 결과를 제출하였는데, 공정거래위원회는 오비맥주의 분석은 주류할인점이라는 작은 표본을 사용하였고 마진율을 과대 추정하는 등의 오류가 있어 받아들이지 않고 소주와 맥주를 별개의 상품시장으로 획정하였다.

경쟁제한성 판단과 관련하여, 기업결합 당사회사가 주류 유통망에 대한 영향력이 커져서 종합적 사업능력의 현저한 증대로 가격과 품질 이외의 요인으로 경쟁사업자를 배제할 가능성이 증대된다고 보았으며, 신규진입의 경우에도 주류도매상 확보가 어려워져 추가적인 장애요소를 극복해야 하는 문제가 있고, 대규모 회사인 하이트맥주의 존재로 시장점유율 50% 이상인 진로가 소주시장의 가격선도업체임에도 일정한 제약을 받고 있었던 점을 고려하면 당해 기업결합으로 잠재적 경쟁이 저해가 될 우려가 있다고 판단하였다. 이외에도 결합당사회사 상호 간에 미치던 가격인상 억지력이 사라지고 진로인수에 따른 투자비용 회수 등을 위한 맥주와 소주의 가격 인상 가능성 등이 문제라고 판단하였다.

결합당사회사는 경쟁사업자 배제 우려와 관련하여 주류 도매상 등 유통망은 다수의 주류 제조사와 거래할 수 있는 혼판(混販)제도가 정착되고 있고, 주류수요는 최종 소비자에 의해 결정되므로 주류 도매상에 대한 압력행사로 판매확대를 할 수는 없으며 끼워팔기 우려에 대해서도 이는 사후규제할 사항이라고 주장하였으나 받아들여지지 않았다.

진입장벽 증대와 관련해서도 결합당사회사는 주류는 소비자가 선택하는 사항일 뿐 주류 도매상이 진입장벽이 되지는 않고, 주류 중개업자나 할인매장 등 유통 대체수단이 존재하므로 유통망에 대한 영향력 강화는 문제되지 않는다고 주장하였으나 공정거래위원회는 이를 배척하였다.

잠재적 경쟁 저해 가능성에 대해서도 결합당사회사는 소주시장에서는 하이트맥주보다 두산, 대선주조 등의 자산총액, 매출액이 더 크다는 주장을 하였고, 가격 인상 우려에 대해서도 국세청의 행정지도 때문에 자유로운 주류 가격 인상이 불가능하다고 주장하였으나 역시 받아들여지지 않았다.

예외인정과 관련하여 우선 효율성 증대효과로 하이트맥주가 제시하는 금액은 경쟁제한 폐해보다 크다는 명백한 증거가 없고 진로 인수를 희망하는 사업자들이 존재하는 점 등을 들어 회생불가 회사와의 기업결합에도 해당되지 않는다고 판단하였다.

(4) 시사점

당해 기업결합에 대한 시정조치는 혼합형 기업결합에 대한 최초의 시정조치라는 점에서 의미를 갖는다. 기업결합 신고의 3분의 2 이상을 차지하는 혼합형 기업결합은 통상 경쟁제한성이 작은 것으로 인식되고 있으나 당해 기업결합은 맥주와 소주 간의 혼합형임에도 불구하고 주류 도매상 등 주류 유통망의 특수한 사정 등이 감안되어 경쟁제한성이 [111]인정되었다.

또한 시장획정에 있어 임계매출감소분석이라는 경제분석을 통해 한 점은 평가되나, 결합당사회사인 하이트맥주가 제출한 결과와 경쟁사업자인 오비맥주가 제출한 결과가 상반되게 나옴으로써, 경제분석에 사용된 자료의 적절성과 함께 필요나 목적에 따라 경제분석을 자신의 입장을 뒷받침하는 수단으로 활용할 수 있다는 우려도 함께 제기되어 경제분석 결과에 대한 철저한 검증 등 향후 법집행에도 유의할 필요성을 남기게 되었다.

6. 삼익악기의 영창악기 인수에 대한 건(공정거래위원회 의결 제2004-271호)

(1) 행위사실

피아노 제조사인 삼익악기와 삼익악기의 계열사인 삼송공업이 2004. 3월 피아노 제조사인 영창악기의 유상증자에 참여하는 방식으로 영창악기 주식 48.13%를 취득하고 기업결합을 신고하였다. 피아노 시장에서 경쟁사업자인 삼익악기와 영창악기의 기업결합은 수평형 기업결합에 해당되고 특히 피아노 종류 중 하나인 업라이트 피아노시장은 삼익악기와 영창악기가 복점(複占)을 이루고 있었는데 당해 기업결합으로 인해 독점에 가까운 지위를 차지하게 되었다.

(2) 공정거래위원회 의결 및 법원 판결

피아노 시장은 업라이트 피아노, 그랜드 피아노, 디지털 피아노로 구분되는데 그 기능과 가격이 서로 달라 수요대체성이 없으므로 별도의 시장으로 획정된다. 공정거래위원회는 기업결합 후 업라이트 피아노는 92%, 그랜드 피아노는 64.6%, 디지털 피아노는 63.4%의 시장점유율을 갖게 되어 단독적 가격인상 등 경쟁제한성이 추정된다고 판단하고 삼익악기 및 삼송공업에 대해 시정명령일로부터 일정 기간 이내에 영창악기 주식 전부를 제3자에게 매각하고, 영창악기로부터 매입한 설비를 영창악기에 양도하도록 구조적 시정조치를 부과하였다.

---

111) 혼합형 기업결합에 대해 경쟁제한성을 인정한 해외 사례로는 항공기 엔진 시장에서 지배적 지위를 갖는 GE와 항공전자장치 시장에서 선도적이었던 Honeywell 간 기업결합사례가 있는데 유럽연합은 당해 혼합형 기업결합이 '포트폴리오 효과'를 가져서 경쟁제한성이 있다고 판단하였다.

당해 기업결합 건에 대해서 법원은 공정거래위원회의 경쟁제한성 판단과 시정조치의 적정성에 대해 위법함이 없다고 판시하였다. 서울고등법원과 대법원 판결을 거치면서 관련시장 획정, 경쟁제한성 판단, 효율성 항변, 회생불가회사 항변 및 시정조치의 적법성 등 기업결합 심사 전반에 걸친 기본적 법리 설시가 이루어져서 당해 기업결합 건 심사는 큰 의미를 갖게 되었다. 앞서 설명한 바처럼 기업결합 심사는 대부분 공정거래위원회 심사단계로 종결되고 법원까지 가서 다투는 사례가 극소하므로 당해 기업결합 사건에 대한 법원의 판단은 하나의 기준으로서 향후 공정거래위원회 기업결합 심사에도 중요한 영향을 미치게 되었으므로 주요쟁점에서 사안별로 상세히 살펴보도록 한다.

(3) 주요 쟁점

(3)-1 상품시장 획정

대법원은 관련시장 획정에 대해 관련 상품시장은 일반적으로 서로 경쟁관계에 있는 상품들의 범위를 말하는 것으로서, 구체적으로는 거래되는 상품의 가격이 상당 기간 어느 정도 의미 있는 수준으로 인상될 경우 그 상품의 대표적 구매자가 이에 대응하여 구매를 전환할 수 있는 상품의 집합을 의미하고, 그 시장의 범위는 거래에 관련된 상품의 가격, 기능 및 효용의 유사성, 구매자들의 대체가능성에 대한 인식 및 그와 관련한 구매행태는 물론, 판매자들의 대체가능성에 대한 인식 및 그와 관련한 경영의사의 결정행태, 사회적·경제적으로 인정되는 업종의 동질성 및 유사성 등을 종합적으로 고려하여 판단하여야 할 것이며, 그 외에도 기술발전의 속도, 그 상품의 생산을 위하여 필요한 다른 상품 및 그 상품을 기초로 생산되는 다른 상품에 관한 시장의 상황, 시간적·경제적·법적 측면에서의 대체의 용이성 등도 함께 고려하여야 한다고 [112]판시하였다.

결합당사회사들은 중고 피아노가 신품 피아노와 비교해서 음질이나 성능면에서 큰 차이가 없다는 점을 들어 중고 피아노도 관련상품 시장에 포함되어야 한다고 주장하였으나 대법원은 관련시장에 대한 법리와 함께 중고 피아노와 신품 피아노 간 상품용도, 가격, 판매자와 구매자층 등에서 차이가 있고 공급측면 및 수요측면에서 상호 간 대체가능성을 인정하기 어렵다고 본 고등법원의

112) 대법원 2008. 5. 29. 선고 2006두6659 판결

판단이 정당하다고 판시하였다.

(3)-2 경쟁제한성 판단

대법원은 또한 수평형 기업결합에서의 실질적 경쟁제한성을 판단함에 있어서는 기업결합 전후의 시장집중 상황, 해외 경쟁의 도입수준 및 국제적 경쟁상황, 신규진입의 가능성, 경쟁사업자 간의 공동행위 가능성, 유사품 및 인접시장의 존재 여부 등을 종합적으로 고려하여 개별적으로 판단하여야 한다는 기본원칙을 제시하였는데, 이는 공정거래위원회의 기업결합 심사기준에서 제시하고 있는 경쟁제한성 판단 기준을 그대로 채택한 것이었다. 경쟁제한성에 대한 법리와 함께 당해 기업결합의 경우 시장점유율의 합계가 실질적 경쟁제한성 추정요건에 해당하는 점, 신규진입 가능성이나 해외 경쟁 도입 가능성이 적은 점, 독점화로 인한 소비자 선택 감소와 가격인상 등의 가능성 등을 들어 관련시장에서 경쟁을 실질적으로 제한한다고 판시하였다.

결합당사회사들은 일본산 피아노 시장점유율이 급격히 증가하고 있고 중국산 피아노도 향후 가격 경쟁력을 바탕으로 국내에 단기간 내에 진입할 수 있기 때문에 기업결합 후에도 결합당사회사의 시장지배력이 충분히 억제되고 있고, 이러한 사정이 경쟁제한성 판단에 반영되어야 한다고 주장하였다.

이에 대해 대법원은 일본산 피아노는 결합당사회사가 사실상 독점지위를 갖는 업라이트 피아노시장에서는 그 비중이 매우 낮고, 업라이트 피아노가 그랜드 피아노나 디지털 피아노 시장에 비해 전체 비중이 커서 유효한 경쟁압력이라고 보기는 어렵고, 중국산 피아노는 당시 점유율이 매우 낮고 소비자 선호의 차이가 있어 역시 경쟁압력이 될 수 없다는 공정거래위원회와 서울고등법원의 판단에 잘못이 없다고 판시하였다.

예외인정과 관련한 효율성 항변에서 결합당사회사는 미국 현지법인 및 국내 대리점 통합, 중국시장 점유율 확대, 자재비 절감 등의 효율성이 있다고 주장하였으나, 대법원은 결합당사회사가 주장하는 효율성은 기업결합 특유의 효과로 보기 어렵고, 국내 소비자 후생과 직접적인 관련성 등이 없으므로 받아들이기 어렵다고 판단한 공정거래위원회의 주장을 받아들였다. 예외인정과 관련한 회생불가회사 항변에서 대법원은 영창악기의 자금사정이 좋지 않다는 점은 인정하면서도 회사정리계획 추진 시 영업이익의 흑자전환이 가능하며, 영창악기를 인수하려는 제3자가 존재하므로 영창악기의 설비가 당해 시장에서 계속 활용되기 어려운 경우 등에 해당된다고 볼 수 없다는 공정거래위원회 주장을 받아들였다.

(3)-3 시정조치 적정성

결합당사회사들은 영창악기 주식 제3자 매각과 같은 구조적 시정조치는 과도하여 재량권을 일탈·남용한 것이라고 주장하였으나, 서울고등법원은 어떠한 시정조치를 명할 것인지에 대해서는 공정거래위원회에 비교적 넓은 재량이 부여되어 있고, 이미 실현된 기업결합에 대해서는 특별한 사정이 없는 한 결합 전 상태로의 회복 조치를 취하는 것이 원칙이라고 하면서 공정거래위원회의 시정조치가 적법하다고 판단하였고, 대법원은 구조적 시정조치가 원칙이라고까지는 하지 않았지만 공정거래위원회가 법에서 규정한 범위 내에서 시정조치를 명하였고 재량권을 일탈·남용하였다고 할 수 없다고 판시하였다.

(4) 시사점

당해 기업결합 건은 대법원 판단까지 이루어진 최초의 건으로 시장획정, 경쟁제한성 판단, 효율성 판단 및 회생불가회사 항변, 시정조치 적정성에 이르기까지 기업결합 심사의 핵심적 법리를 법원이 설시함으로써 기업결합 심사에 큰 영향을 미쳤다. 또한 구 기업결합 심사기준에서 제시된 경쟁제한성 판단 기준을 거의 그대로 법원이 받아들임으로 인하여 공정거래위원회 고시인 기업결합 심사기준의 규범력이 인정된 것도 의미가 있다고 할 수 있다.

7. 현대자동차의 기아자동차 인수에 대한 건(공정거래위원회 의결 제99-43호)

(1) 행위사실

현대자동차, 현대산업개발, 인천제철, 현대할부금융은 1999. 1월 기아자동차와 아시아자동차공업의 지분 51%에 해당하는 신주를 인수하기로 하고 공정거래위원회에 기업결합 심사를 요청하였다.

(2) 공정거래위원회 의결

공정거래위원회는 관련 상품시장을 승용차, 버스, 트럭 시장으로 획정하고, 지리적 시장은 국내시장으로 획정하면서 승용차와 버스 시장은 경쟁제한성은 추정되지만 당시 법령에 규정된 산업합리화 효과와 국제경쟁력 강화 효과가 경쟁제한의 폐해보다 크다고 인정하여 예외로 인정하고 승인하였고, 트럭시장은 예외인정을 하지 않고 경쟁제한 폐해를 시정할 수 있도록 행태적 시정조치를 부과하였는데 그 내용은 1999. 4. 1.부터 2002. 3. 31.까지 현대자동차 및 기아자동차가 생산·판매하는 적재량 1톤 이상 5톤 이하의 화물운송용 차량의 국내가격 인상율을 외국에 수출하는 동일규격의 차량 가격 이하로 유지하라는 시정명령이었다.

(3) 주요 쟁점

상품시장 획정과 관련해서 공정거래위원회는 결합당사회사가 결합하는 시장을 승용차, 버스, 트럭 시장으로 획정하고 당사회사 모두 3개 시장에서 경쟁하는 관계에 있으므로 수평형 기업결합에 해당한다고 보았다. 전체 자동차 시장으로 보면 결합당사회사의 시장점유율 합계는 63%가 되고, 승용차, 버스, 트럭시장으로 시장을 나누어서 획정하게 되면 각 관련시장에서 시장점유율 합계는 55.6%, 74.2%, 94.5%가 된다.

관련 상품시장을 자동차 전체로 보든 승용차, 버스, 트럭 시장으로 나누어 보든 시장점유율의 합계는 경쟁제한성 추정요건에 해당되어 큰 의미가 없다고도 할 수 있으나 상품의 기능 및 효용의 유사성, 상품가격의 유사성, 구매자 및 판매자의 대체가능성 인식 등을 종합해 보면 승용차, 버스, 트럭으로 상품시장을 획정한 것은 어느 정도 타당성을 갖는다고 볼 수 있다.

경쟁제한성 판단과 관련하여 공정거래위원회는 국내 자동차 시장에서 수입차의 시장점유율이 1%에 못 미치는 점 등을 들어 해외경쟁의 도입수준은 미흡하다고 평가하였고, 자동차 산업은 설비투자비용이 큰 장치산업이고 국내시장이 초과공급 상태이어서 신규진입은 용이하지 않다고 판단하였다. 공정거래위원회는 승용차와 버스는 시장점유율의 합계가 50%를 넘고 앞서 언급한 대로 해외경쟁 도입수준이 낮으며 신규진입도 어려워 경쟁제한성이 있다고 인정하면서도, 대우자동차가 경쟁사업자로서 승용차, 버스 시장에서 각각 36.8%, 25.8%의 시장점유율을 가지고 있는 점과 승용차와 버스의 수출비중이 높아 경쟁제한 폐해가 완화될 수 있음을 들어 이에 대한 기업결합을 허용하였다.

이에 대해 유일한 경쟁사업자가 있다는 이유로 경쟁제한 폐해를 억제하는 요인으로 인정한 것에 대해 완전독점을 가져오는 기업결합을 제외한 모든 기업결합을 같은 논리로 주장할 수 있게 되는 결과를 가져와 경쟁당국으로서의 책임을 포기했다는 강한 비판이 제기되기도 하였다. 또한 국내시장의 경쟁압력과 상관없는 승용차, 버스의 해외수출을 언급해서 이를 경쟁제한 폐해 완화 사유로 든 것도 적절하지 못했다는 비판도 제기되었다.

승용차와 버스 시장의 효율성 증대효과와 관련하여 공정거래위원회는 효율성 증대를 위해 전 세계적으로 자동차 회사 간에 인수·합병이 이루어지고 있는 점과 기업결합의 결과로 총 260만 대의 생산능력을 갖추어 규모의 경제를 실현할 수 있을 것으로 기대되는 점, 생산비용의 절감 등을 이유로 인정하였으나, 이에 대해 효율성 증대효과에 대한 구체적인 계량화 시도도 없이 바로 경쟁제한 폐해를 상회하는 수준이라는 판단을 내린 것에 대한 비판이 제기되기도 하였다.

회생불가회사 항변과 관련하여서도 공정거래위원회는 기아자동차가 지급불능상태에 처한 점과 법정관리 과정에서 자생적 회생이 어렵다고 판단되어 제3자의 신주인수방식으로 국제경쟁입찰이 추진된 사실 등을 감안하여 회생불가 항변을 인정하였으나, 이에 대해서도 다수의 인수희망자가 있어서 당해 기업결합보다 경쟁제한성이 약한 방법이 없다고 단정할 수 없는 점 등을 근거로 공정거래위원회의 판단을 비판하는 견해가 제기되기도 하였다.

(4) 시사점

현대자동차의 기아자동차 인수 건은 경쟁제한성이 있음에도 예외인정을 통해 기업결합을 승인한 사례로서 향후 당해 기업결합에 따른 경쟁제한효과에도 불구하고 기업결합 당사회사가 효율성 증대효과를 입증함으로써 공정거래위원회의 승인을 받을 수 있는 일종의 선례가 되었다는 데 의미가 있다고 할 수 있다.

경쟁제한으로 인한 폐해가 예상되는 상황에서 당시 구조조정의 필요성이 사회적으로 큰 관심사항이었던 점과, 국내 자동차 산업의 국제경쟁력 향상 등도 고려해야 하는 등 여러 조건을 충족시키기 위해 공정거래위원회의 고민이 많았던 기업결합 심사 건이었음은 부인하기 어렵다. 그러나 당해 기업결합에 대해 공정거래위원회가 승용차와 버스 부문은 조건 없이 승인하고, 트럭 부문에 대해서만 가격인상제한 조치를 부과하는 시정조치를 한 것에 대해 국내 자동차 시장에서 현대자동차 그룹의 독점적 지위를 고착시키는 근본 원인을 공정거래위원회가 제공한 것이라고 비판하는 목소리가 있는 것 또한 사실이다. 당해 기업결합 심사 당시 승용차 시장에서 현대자동차와 기아자동차의 시장점유율 합계가 55.6% 정도이던 것이 현재 70% 이상의 수준으로 높아지게 된 상황에서 그 비판은 충분히 이해될 수 있는 측면이 있다.

또한 당해 기업결합으로 인해 현대·기아 자동차의 국제 경쟁력 상승으로 규모나 사업실적 면에서 괄목할 만한 성장을 이루었고, 기업결합 이후 영업실적도 현저히 상승하기 시작해서 순이익률이 종전 2%대에서 최근에는 10%에 이르고 있는 점과 이러한 기업의 성장에도 불구하고 성장의 과실이 소비자 후생과 연결되었는지는 의문을 가지는 견해들이 많이 있다.

이러한 비판들을 감안하여 공정거래위원회는 기업결합 후 시장지배적 사업자가 된 현대자동차와 기아자동차가 관련된 수직형 기업결합 사건의 심사에서는 시장봉쇄와 관련하여 엄격한 태도를 취하여 예외 없이 시정조치를 하고 있는 점도 눈여겨볼 만한 것이라 할 수 있다.

[별표 6] (전면)

간이신고대상 기업결합의 보조자료

간이신고사유[1]	
기업결합사유[2]	

신고회사 주주현황[3]				상대회사 주주현황[3]				
주 주 명			주식소유비율(%)	주 주 명			주식소유비율(%)	
							취득전	취득후
신고인관련	동 일 인			상대회사 관련	동 일 인			
	계열회사				계열회사			
	회사외의 자				회사외의 자			
기타				기타				

계열회사 현황[4]							
회사명	설립일	주요업종(국내매출 품목)	납입자본금	자본총계	자산총액	매출액(국내매출액)	주요주주(%)

신고회사 주요 품목[5]					
품목		품목		품목	
품목명	매출액[6]	품목명	매출액	품목명	매출액

상대회사 주요 품목					
품목		품목		품목	
품목명	매출액	품목명	매출액	품목명	매출액

관련자료나 통계의 출처[7]	

상대회사 임원 현황[8]				
임원성명	직위	임원 또는 종업원겸임내용		
		회사명	직위	겸임일

[별표6] (후면)

기재요령

(1) 간이신고사유 : 본 고시 Ⅱ.(신고대상기업결합의 분류)를 참고하여 사유를 기재

(2) 기업결합사유 : 필요 시 별지에 기재

(3) 신고회사 및 상대회사(회사설립의 경우는 그 설립에 참여하는 다른회사를 의미. 이하 동일) 주주현황 : 계열회사, 회사외의 자, 기타가 다수인 경우에는 1%이상 소유자를 각각 기재(필요한 경우 별지 사용)
  ① 계열회사라 함은 영 제4조(기업집단의 범위)의 기준에 의해 동일인이 사실상 사업내용을 지배하는 회사를 말함
  ② 회사외의 자라 함은 개인, 비영리법인, 단체를 말함
  ③ 국내 상장회사인 경우에는 기재하지 아니함(다만, 사업보고서 작성 이후 변동사항이 있을 경우 변동사항은 기재)

(4) 계열회사 현황 : 신고회사와 상대회사별로 각각 작성하되, 외국 소재 계열회사는 국내 매출액이 없을 경우 회사명, 소재지, 주요업종만 기재
  ① 신고회사를 포함하여 기재
  ② 직전 사업년도말을 기준으로 작성
  ③ 금액은 백만원 단위로 기재
  ④ 금융·보험회사의 경우 자본총액 또는 자본금중 큰 금액을 자산총액으로 하고, 영업수익을 매출액으로 기재
  ⑤ 국내매출품목 및 국내매출액은 외국회사의 경우에만 기재
  ⑥ 국내 상장회사인 경우에는 기재하지 아니함(다만, 사업보고서 작성 이후 변동사항이 있을 경우 변동사항은 기재)

(5) 주요품목 : 직전사업년도 매출액기준(외국회사의 경우 국내 매출액기준으로 함) 상위 3개품목을 기준으로 작성. 다만, 상대회사와 동일 또는 유사한 품목(용역포함)을 생산하는 경우에는 당해품목의 매출액이 작더라도 반드시 포함

(6) 매출액 : 직전사업년도말 기준으로 작성(필요한 경우 물량기준으로 작성가능)

(7) 관련자료나 통계의 출처 : 인용한 자료·서적명, 출판사 및 발표날짜 등을 기재

(8) 상대회사 임원 현황: 상대회사 임원 총수의 1/3 미만의 임원을 겸임하여 간이신고 대상이 되는 경우에만 작성

「별표1」 ☞ 기재요령 및 첨부서류는 뒷면참조

주식취득(또는 소유)의 신고서				신고유형[(1)]	□ 일반신고 □ 간이신고
(2) 신고인	회사명(또는성명)		대표자 성명	(한글) (한자)	설립일 / 상장일
	주 소		연락처(대리인)	담당자 : 전화 : 팩스 :	
	사업자번호[(3)]				
	재무상황[(4)] (단위:백만원)	납입자본금		자본총계	
		경상이익		당기순이익	
		자산총액(기업집단전체)	( )	매출액(기업집단전체)	( )
				국내매출액(기업집단전체)[(5)]	( )
	주요사업				
상대회사	회사명		대표자 성명	(한글) (한자)	설립일 / 상장일
	주 소		연락처(대리인)	담당자 : 전화 : 팩스 :	
	재무상황[(4)] (단위:백만원)	납입자본금		자본총계	
		경상이익		당기순이익	
		자산총액(기업집단전체)	( )	매출액(기업집단전체)[(5)]	( )
				국내매출액(기업집단전체)[(5)]	( )
	주요사업				
	소규모 피취득 회사[(6)]	거래금액[(7)]			
		국내활동수준[(8)]	□ 직전 3년간 국내 시장에서 월 100만 명 이상을 대상으로 상품 또는 용역을 판매·제공한 적이 있는 경우 □ 직전 3년간 국내 연구시설 또는 연구 인력을 보유·활용해 왔고 국내 연구시설, 연구인력 또는 국내 연구활동 등에 대한 연간 지출액이 300억원 이상인 적이 있는 경우		

주식취득내용	주 주		주식 소유비율 (%) 취득 전	취득 후	총취득금액	취득일(계약일)[(11)]
	신고인 관련	당해신고인				
	특수관계인	계열회사[(9)]				
	특수관계인	회사 외의 자[(10)]				
	계					

「독점규제 및 공정거래에 관한 법률」 제11조(기업결합의 신고) 및 동법시행령 제18조부터 제20조의 규정에 의하여 위와 같이 신고합니다.

20 . . . 신고회사(12) 대표자 (인)

공 정 거 래 위 원 회 귀 중

※ 신고관련 문의 : 공정거래위원회 시장구조개선정책관실 기업결합과

※ 기업결합신고를 하지 아니하거나 허위의 신고를 하는 경우에는 「독점규제 및 공 정거래에 관한 법률」 제130조(과태료)에 의거 1억원이하의 과태료에 처해질 수 있습니다.

※ 붙임 : 기업결합 신고 첨부서류 각 1부

기재요령

(1) 신고유형 : 해당란에 ✔표시

(2) 신 고 인 : 신고인이 다수인 경우에는 신고인별로 별지에 기재. 신고인이 회사외의 자인 경우에는 해당란만 명기

(3) 사업자번호 : 신고회사의 사업자번호를 기재, 신고인이 개인인 경우는 생년월일을 기재

(4) 재무상황 : 영 제15조에 정한 기준에 따라 기재. (기업집단전체)란에는 당해 신고인이 속하는 기업집단전체의 자산총액 및 매출액을 기재

(5) 국내매출액 : 외국회사인 경우에 기재 (기업집단전체)란에는 당해 신고인(또는 상대회사)의 국내매출액과, 당해 신고인(또는 상대회사)과 기업결합일 이전에도 계열회사이고 기업결합일 이후에도 계열회사로 있게 되는 회사의 국내매출액을 합한 금액을 기재

(6) 소규모피취득회사 : 상대회사가 신고대상 자산총액 또는 매출액 규모에 해당하지 아니하지만 법 제11조 제2항 제1호 및 제2호의 요건에 모두 해당하는 경우에만 작성

(7) 거래금액 : 신규 취득주식의 취득금액에 기존 소유주식의 장부가액을 합산하고, 피취득회사의 부채총계에 발행주식총수 중 취득회사가 소유·취득하는 주식의 비율을 곱하여 계산한 채무인수액도 합산

(8) 국내활동수준 : 해당란에 ✔표시

(9) 계열회사 : 영 제4조의 기준에 의해 동일인이 사실상 사업내용을 지배하는 회사를 말함

(10) 회사외의 자 : 개인, 비영리법인, 단체를 말함

(11) 취득일(계약일) : 영 제17조제1호 각목의 기준에 따라 기재.

(12) 신고대리인이 신고하는 경우에는 신고대리인 및 그 대표자를 각각 기재

첨부서류 (별표1 관련)

1. 일반신고의 경우

가. 신고회사의 주주현황(신고일 현재 기준)

<table>
<tr><th colspan="4">주 주</th><th rowspan="2">소유주식수</th><th rowspan="2">주식소유비율(%)</th></tr>
<tr><th colspan="3">구 분</th><th>성명 또는 명칭</th></tr>
<tr><td rowspan="4">신고인관련</td><td colspan="2">동일인</td><td></td><td></td><td></td></tr>
<tr><td rowspan="2">특수 관계인</td><td>계열회사</td><td></td><td></td><td></td></tr>
<tr><td>회사외의자</td><td></td><td></td><td></td></tr>
<tr><td colspan="3">계</td><td></td><td></td></tr>
<tr><td rowspan="3">기 타</td><td colspan="2">법인</td><td></td><td></td><td></td></tr>
<tr><td colspan="2">개인</td><td></td><td></td><td></td></tr>
<tr><td colspan="3">계</td><td></td><td></td></tr>
<tr><td colspan="3">합 계</td><td></td><td></td><td>100.00</td></tr>
</table>

주 1) 계열회사, 회사외의 자, 법인, 개인 등이 다수인 경우 1%이상 소유자를 각각 기재
주 2) 국내 상장회사인 경우에는 기재하지 아니함(다만, 사업보고서 작성 이후 변동사항이 있을 경우 변동사항은 기재)

나. 상대회사의 주주현황(신고일 현재 기준)

<table>
<tr><th colspan="4">주 주</th><th rowspan="2">소유주식수</th><th colspan="2">주식소유비율(%)</th></tr>
<tr><th colspan="3">구 분</th><th>성명 또는 명칭</th><th>취득전</th><th>취득후</th></tr>
<tr><td rowspan="4">신고인관련</td><td colspan="2">동일인</td><td></td><td></td><td></td><td></td></tr>
<tr><td rowspan="2">특수 관계인</td><td>계열회사</td><td></td><td></td><td></td><td></td></tr>
<tr><td>회사외의자</td><td></td><td></td><td></td><td></td></tr>
<tr><td colspan="3">계</td><td></td><td></td><td></td></tr>
<tr><td rowspan="4">상대회사관련</td><td colspan="2">동일인</td><td></td><td></td><td></td><td></td></tr>
<tr><td rowspan="2">특수 관계인</td><td>계열회사</td><td></td><td></td><td></td><td></td></tr>
<tr><td>회사외의자</td><td></td><td></td><td></td><td></td></tr>
<tr><td colspan="3">계</td><td></td><td></td><td></td></tr>
<tr><td rowspan="3">기 타</td><td colspan="2">법인</td><td></td><td></td><td></td><td></td></tr>
<tr><td colspan="2">개인</td><td></td><td></td><td></td><td></td></tr>
<tr><td colspan="3">계</td><td></td><td></td><td></td></tr>
<tr><td colspan="3">합 계</td><td></td><td></td><td>100.00</td><td>100.00</td></tr>
</table>

주 1) 계열회사, 회사외의 자, 법인, 개인 등이 다수인 경우 1%이상 소유자를 각각 기재
주 2) 국내 상장회사인 경우에는 기재하지 아니함(다만, 사업보고서 작성 이후 변동사항이 있을 경우 변동사항은 기재)

다. 계열회사 현황 : 신고회사와 상대회사별로 아래 양식에 의하여 각각 작성하되, 외국 소재 계열회사는 국내 매출액이 없을 경우 회사명, 소재지, 주요업종만 기재

(단위 : 백만원)

회사명	설립일	상장일	주요업종 (국내매출품목)	납입자본금	자본총계	자산총액	매출액 (국내매출액)	당기 순이익	주요주주(%)
합계									

주1) 신고회사 및 상대회사를 각각 포함하여 기재
주2) 직전 사업년도말을 기준으로 작성
주3) 금융·보험회사의 경우 자본총액 또는 자본금중 큰 금액을 자산총액으로 하고, 영업수익을 매출액으로 기재
주4) (국내매출품목) 및 (국내매출액)은 외국회사의 경우에만 작성
주5) 국내 상장회사인 경우에는 기재하지 아니함(다만, 사업보고서 작성 이후 변동사항이 있을 경우 변동사항은 기재)

라. 관련시장 현황(신고회사 및 상대회사별로 각각 작성하되 주요품목이 중복되는 경우에는 중복 작성 불필요)
(1) 주요품목의 수급 등 시장상황 : 별첨 양식에 의거 작성·첨부
(2) 주요품목의 주요 특성, 기능 및 용도
(3) 주요품목 관련 경쟁상황 : 회사가 파악한 범위 내에서 성실히 작성

마. 기업결합의 개요서(신고인의 의견 또는 입장을 기재할 것)
(1) 기업결합의 내용 및 기업결합의 사유
(2) 기업결합심사기준상 간이심사 대상 여부 및 그 사유
(3) 기업결합에 따른 지배관계 형성 여부 및 그 사유
(4) 상품시장과 지리적 시장의 획정 및 그 사유
(5) 경쟁제한 여부에 대한 견해
(6) 기업결합에 따른 효율성 증대효과

바. 주식취득관련 입증자료(계약서, 주권교부증, 주식대금 납입 영수증 등) 1부
사. 임원겸임계획서 : 신고인 및 신고인의 특수관계인이 주식취득 또는 소유 회사에 대하여 임원겸임을 계획하고 있는 경우에는 성명, 신고인관련 계열회사에서의 직위, 주식취득 또는 소유회사에서의 직위, 신고인과의 특수관계인 해당내용 등을 기재
아. 신고회사 및 상대회사의 등기사항전부증명서 및 공인회계사 감사보고서 각각 1부(등기사항전부증명서: 당사회사가 전자정부법 제21조 제1항에 의한

행정정보의 공동이용에 동의한 경우에는 제출할 필요가 없음, 감사보고서 : 상장회사는 제출할 필요가 없으나, 외국회사는 외국법률에 의한 상장여부를 불문하고 제출하여야 함)

자. (삭제)

차. 경영참여형 사모집합투자기구(PEF)의 주식취득시 추가 서류

(1) 당해 PEF가 이미 출자한 회사(피투자회사)의 영위 업종, 피투자회사에 대한 당해 PEF의 출자비율(주식소유비율 등) 및 지배관계 형성 여부(출자비율, 임원겸임 상황 등을 고려하여 실질적인 지배관계 형성 여부를 설명)

(2) 당해 PEF에 대한 사원(무 · 유한책임사원)의 출자비율 및 사원의 영위 업종

(3) 당해 PEF에 대한 사원들의 지배관계 및 무한책임사원의 계열회사 현황(영위업종 기재 포함)

2. 간이신고의 경우

가. 주식취득 관련 입증자료(계약서, 주권교부증, 주식대금 납입 영수증 등) 1부

나. 별표6 「간이신고대상 기업결합의 보조자료」 제출

(전면)

<table>
<tr><th colspan="6">주요품목의 수급등 시장상황</th></tr>
<tr><td>회사명</td><td colspan="5"></td></tr>
<tr><td>품목명[1]</td><td></td><td>당해제품
매출액[2]</td><td>(국내)
(수출)</td><td>표준산업분류번호
(5단위기준)</td><td></td></tr>
<tr><td colspan="6">주요 경쟁사업자 및 시장점유율(%)[3]</td></tr>
<tr><td colspan="3">기업결합당시의 2년전 현황</td><td colspan="3">기업결합당시의 직전년도 현황</td></tr>
<tr><td>사업자명</td><td>매출액</td><td>시장점유율</td><td>사업자명</td><td>매출액</td><td>시장점유율</td></tr>
<tr><td>(1)
(2)
(3)
·
(수입)
계</td><td></td><td></td><td>(1)
(2)
(3)
·
(수입)
계</td><td></td><td></td></tr>
<tr><td colspan="6">국내 및 해외 진입장벽 여부</td></tr>
<tr><td colspan="3">국내 · 외 진입장벽[4]</td><td colspan="3">수입제도</td></tr>
<tr><td colspan="3">ㅇ 법적 · 제도적 진입장벽여부 :

ㅇ 지역제한 여부 :

ㅇ 최근 5년간 진입사례 :</td><td colspan="3">ㅇ수입제한여부 :

ㅇ최근 5년간 수입비중 :

ㅇ실행관세율[5] : (관세명 :)</td></tr>
<tr><td colspan="2">관련자료 · 통계의 출처 [6]</td><td colspan="4"></td></tr>
</table>

기재요령 (후면)

(1) 품목명 : 신고회사 및 상대회사의 매출액기준(외국회사인 경우에는 국내 매출액 기준으로 함) 상위 3개품목별로 각각 작성하되, 3개품목에 대한 제조공정, 특성, 용도, 가격등 제품설명을 기재(다만,「기업결합 심사기준」 II. 9.의 "혼합형 기업결합" 에 해당하는 경우에는 각각 상위 1개 품목만 작성하되, 그 밖의 생산품목에 대해서는 품목명과 전년도 매출액만 기재). 다만, 신고인과 상대회사가 동일한 품목(용역포함)을 생산하는 경우에는 당해제품의 매출액이 작더라도 반드시 포함

(2) 당해제품 매출액 : 외국회사인 경우에는 국내 및 수출 구분없이 당해제품의 전체매출액을 기재

(3) 주요경쟁사업자 및 시장점유율 : 국내시장점유율이 5%이상인 사업자는 모두 기재하고, 나머지 사업자는 기타로 기재하되 업체수를 표시, 시장점유율은 다음과 같이 산정(다만 당해 상품의 지리적 시장이 국내보다 더 넓다고 본 경우에는 확장된 시장을 기준으로 하여 '별지' 에 추가로 작성하여 제출할 것)

$$\text{시장점유율} = \frac{\text{당해회사의 당해상품의 국내판매액(수입판매액 포함)}}{\text{당해상품의 국내 총판매액(수입판매액 포함)}}$$

(4) 국내 · 외 진입장벽 : 관련법에 의한 인 · 허가, 지역제한 등 진입장벽과 관련있는 관계법령 및 관계 규정, 최근 5년간 시장진입 사례가 있을 경우 생산규모와 소요비용 · 기간효과적인 생산규모와 소요비용 · 기간, 기타 시장진입에 실질적인 영향을 미치는 제반 요소 등을 기재

(5) 실행관세율 : 잠정, 덤핑방지, 할당관세등 실제 적용되고 있는 관세율 및 관세명칭을 기재

(6) 관련자료 · 통계의 출처 : 인용한 자료 · 서적명, 출판사 및 발표날자 등을 기재. 다만, 국내에 근거할 자료가 없는 경우 회사 내부조사 자료도 사용 가능

(7) 기타 다음 사항에 대하여는 별지 작성
  (가) 신고회사의 자국 및 세계 시장 매출액, 점유율, 가격 및 생산능력
  (나) 신고회사그룹의 국제적 영업활동 내역
  (다) 기업결합 완료후 예상되는 소유 및 지배구조, 재무구조
  (라) 기업결합 주요단계에 대한 설명, 기업결합에 필요한 자금의 조달내역
  (마) 관련시장에서의 원재료 의존관계등의 수직적 결합정도(당사자, 경쟁자)
  (바) 신고대리하는 경우 신고대리인 및 그 대표자의 이름, 직위, 주소, 전화번호, 팩스번호

※ 상기 양식에 의한 작성이 곤란하거나 부적절한 경우에는 적절히 수정하여 작성하는 것도 가능

「별표 2」☞ 기재요령 및 첨부서류는 뒷면 참조

임원의 겸임 신고서					신고유형[1]	□ 일반신고 □ 간이신고	
신고회사	회 사 명			대표자 성 명	(한글) (한자)	설립일 상장일	
	주 소				연락처 (대리인)	담당자 : 전화 : 팩스 :	
	사업자번호[2]						
	재무상황[3] (단위: 백만원)	납입자본금			자본총계		
		경상이익			당기순이익		
		자산총액 (기업집단전체)	( )		매 출 액 (기업집단전체)	( )	
					국내매출액 (기업집단전체)[4]	( )	
	주요사업						
상대회사	회사명			대표자 성 명	(한글) (한자)	설립일 상장일	
	주 소				연락처 (대리인)	담당자 : 전화 : 팩스 :	
	재무현황[3] (단위: 백만원)	납입자본금			자본총계		
		경상이익			당기순이익		
		자산총액 (기업집단전체)	( )		매 출 액 (기업집단전체)	( )	
					국내매출액 (기업집단전체)[4]	( )	
	주요사업						
임원겸임 내용	겸임자 성명	신고회사에서의 직 위		상대회사에서의 직 위		임원겸임일	

「독점규제 및 공정거래에 관한 법률」 제11조(기업결합의 신고) 및 동법시행령 제18조부터 제20조까지의 규정에 의하여 위와 같이 신고합니다.

20 . . . 신고회사[5] 대표자 (인)

공 정 거 래 위 원 회 귀 중

※ 신고관련 문의 : 공정거래위원회 시장구조개선정책관실 기업결합과

※ 기업결합신고를 하지 아니하거나 허위의 신고를 하는 경우에는 「독점규제 및 공정거래에 관한 법률」 제130조(과태료)에 의거 1억원이하의 과태료에 처해질 수 있습니다.

※ 불임 : 기업결합 신고 첨부서류 각 1부

기재요령

(1) 신고유형 : 해당란에 ✔표시

(2) 사업자번호 : 신고회사의 사업자번호를 기재, 신고인이 개인인 경우는 생년월일을 기재

(3) 재무상황 : 영 제15조에 정한 기준에 따라 기재. (기업집단전체)란에는 당해 신고인이 속하는 기업집단전체의 자산총액 및 매출액을 기재

(4) 국내매출액 : 외국회사인 경우에 기재. (기업집단전체)란에는 당해 신고회사(또는 상대회사)의 국내매출액과, 당해 신고회사(또는 상대회사)와 기업결합일 이전에도 계열회사이고 기업결합일 이후에도 계열회사로 있게 되는 회사의 국내매출액을 합한 금액을 기재

(5) 신고대리인이 신고하는 경우에는 신고대리인 및 그 대표자를 각각 기재

첨부서류 (별표2 관련)

1. 일반신고의 경우

가. 주주현황 : 신고회사 및 상대회사별로 아래양식에 의하여 별지에 기재

<table>
<tr><td colspan="3">주 주</td><td rowspan="2">소유주식수</td><td rowspan="2">주식소유비율(%)</td></tr>
<tr><td colspan="2">구 분</td><td>성명 또는 명칭</td></tr>
<tr><td rowspan="2">당해회사 관련</td><td>동일인
계열회사
회사외의자</td><td></td><td></td><td></td></tr>
<tr><td colspan="2">계</td><td></td><td></td></tr>
<tr><td rowspan="3">기 타</td><td>법인</td><td></td><td></td><td></td></tr>
<tr><td>개인</td><td></td><td></td><td></td></tr>
<tr><td colspan="2">계</td><td></td><td></td></tr>
<tr><td colspan="2">합 계</td><td></td><td></td><td></td></tr>
</table>

주 1) 계열회사, 회사외의 자, 법인, 개인 등이 다수인 경우 1%이상 소유자를 각각 기재
주 2) 국내 상장회사인 경우에는 기재하지 아니함(다만, 사업보고서 작성 이후 변동사항이 있을 경우 변동사항은 기재)

나. 임원현황 : 아래양식으로 회사별로 별지에 기재

<table>
<tr><td rowspan="2">임원성명</td><td rowspan="2">직위</td><td colspan="3">임원겸임 당사회사와의 임원 또는 종업원겸임내용</td><td rowspan="2">임원겸임당사회사의 동일인과의 관계</td></tr>
<tr><td>회사명</td><td>직위</td><td>겸임일</td></tr>
<tr><td></td><td></td><td></td><td></td><td></td><td></td></tr>
</table>

다. 계열회사 현황 : 신고회사와 상대회사별로 아래양식에 의하여 각각 작성하되, 외국 소재 계열회사는 국내 매출액이 없을 경우 회사명, 소재지, 주요업종만 기재

회사명	설립일	상장일	주요업종 (국내매출품목)	납입 자본금	자본총계	자산총액	매출액 (국내매출액)	당기 순이익	주요주주(%)
합계									

주1) 신고회사 및 상대회사를 각각 포함하여 기재
주2) 직전 사업년도말을 기준으로 작성
주3) 납입자본금등은 백만원 단위로 기재
주4) 금융·보험회사의 경우 자본총액 또는 자본금중 큰 금액을 자산총액으로 하고, 영업수익을 매출액으로 기재
주5) (국내매출품목) 및 (국내매출액)은 외국회사의 경우에만 작성
주6) 국내 상장회사인 경우에는 기재하지 아니함(다만, 사업보고서 작성 이후 변동사항이 있을 경우 변동사항은 기재)

라. 관련시장 현황 : 앞의 주식취득의 신고서 양식 첨부서류 참조
마. 기업결합의 개요서 : 앞의 주식취득의 신고서 양식 첨부서류 참조
바. 임원선임 의사록 사본 1부
사. 신고회사 및 상대회사의 등기사항전부증명서 및 공인회계사 감사보고서 각각 1부(앞의 주식취득의 신고서 양식 첨부서류 참조)
아. 경영참여형 사모집합투자기구(PEF)의 임원겸임시 추가서류 : 앞의 주식취득의 신고서 양식 첨부서류 참조

2. 간이신고의 경우

가. 별표 6 「간이신고대상 기업결합의 보조자료」
나. 임원선임 의사록 사본 1부

「별표3」 ☞ 기재요령 및 첨부서류는 뒷면참조

합병 신고서				신고유형[1]		□ 일반신고 □ 간이신고	
합병당사회사[2]	甲회사	회 사 명		대표자 성 명	(한글) (한자)	설립일 상장일	
		주 소		연락처		담당자 : 전화 : 팩스 :	
		사업자번호[3]					
		재무상황[4] (단위:백만원)	납입자본금		자본총계		
			경상이익		당기순이익		
			자산총액 (기업집단전체)	( )	매 출 액 (기업집단전체)	( )	
					국내매출액[5] (기업집단전체)	( )	
		주요사업					
	乙회사	회사명		대표자 성 명	(한글) (한자)	설립일 상장일	
		주 소		연락처 (대리인)		담당자 : 전화 : 팩스 :	
		재무상황[4] (단위:백만원)	납입자본금		자본총계		
			경상이익		당기순이익		
			자산총액 (기업집단전체)	( )	매 출 액 (기업집단전체)	( )	
					국내매출액[5] (기업집단전체)	( )	
		주요사업					
		소규모 피취득 회사[6]	거래금액[7]				
			국내활동수준[8]	□ 직전 3년간 국내 시장에서 월 100만 명 이상을 대상으로 상품 또는 용역을 판매·제공한 적이 있는 경우 □ 직전 3년간 국내 연구시설 또는 연구 인력을 보유·활용해 왔고 국내 연구시설, 연구인력 또는 국내 연구활동 등에 대한 연간 지출액이 300억원 이상인 적이 있는 경우			
합병후 존속하거나 신설되는 회사		회사명		대표자 성 명	(한글) (한자)	설립 일자	
		주 소		연락처 (대리인)	전화 : 팩스 :		
		재무상황[4]	납입자본금		자산총액		
		주요사업					
합병계약일			합병등기일		합병금액		

「독점규제 및 공정거래에 관한 법률」 제11조(기업결합의 신고) 및 동법시행령 제18조부터 제20조까지의 규정에 의하여 위와 같이 신고합니다.

20 . . . 신고회사[9] 대표자 (인)

공 정 거 래 위 원 회 귀 중

※ 신고관련 문의 : 공정거래위원회 시장구조개선정책관실 기업결합과

※ 기업결합신고를 하지 아니하거나 허위의 신고를 하는 경우에는 「독점규제 및 공정거래에 관한 법률」 제130조(과태료)에 의거 1억원이하의 과태료에 처해질 수 있습니다.

※ 붙임 : 기업결합 신고 첨부서류 각 1부

기재요령

(1) 신고유형 : 해당란에 ✔표시

(2) 합병당사회사 : 흡수합병의 경우 "甲"에 합병주도회사(존속회사 또는 존속예정인 회사), "乙"에 피합병회사를 기재하고, 신설합병의 경우 "갑", "을"에 합병회사명을 각각 기재. 다만, 신고회사가 다수인 경우에는 회사별로 별지에 기재

(3) 사업자번호 : 신고회사의 사업자번호를 기재, 신고인이 개인인 경우는 생년월일을 기재

(4) 재무상황 : 영 제15조에 정한 기준에 따라 기재. (기업집단전체)란에는 당해 신고인이 속하는 기업집단전체의 자산총액 및 매출액을 기재

(5) 국내매출액 : 외국회사인 경우에 기재. (기업집단전체)란에는 당해 합병당사회사의 국내매출액과, 당해 합병당사회사와 기업결합일 이전에도 계열회사이고, 기업결합일 이후에도 계열회사로 있게 되는 회사의 국내매출액을 합한 금액을 기재

(6) 소규모피취득회사 : 상대회사가 신고대상 자산총액 또는 매출액 규모에 해당하지 아니하지만 법 제11조 제2항 제1호 및 제2호의 요건에 모두 해당하는 경우에만 작성

(7) 거래금액 : 피합병회사 또는 소멸회사의 주주에게 교부하는 주식의 총발행가액과 인수채무의 합계액. 합병교부금이 있는 경우 합산

(8) 국내활동수준 : 해당란에 ✔표시

(9) 신고대리인이 신고하는 경우에는 신고대리인 및 그 대표자를 각각 기재

「별표 4」☞ 기재요령 및 첨부서류는 뒷면참조

<table>
<tr><td colspan="6">영업양수 신고서</td><td colspan="2">신고유형[1]</td><td colspan="2">□ 일반신고
□ 간이신고</td></tr>
<tr><td rowspan="9">양수회사</td><td rowspan="2">회사명</td><td colspan="3" rowspan="2"></td><td rowspan="2">대표자 성 명</td><td rowspan="2">(한글)
(한자)</td><td>설립일</td><td colspan="2"></td></tr>
<tr><td>상장일</td><td colspan="2"></td></tr>
<tr><td>주 소</td><td colspan="4"></td><td rowspan="2">연락처 (대리인)</td><td colspan="3" rowspan="2">담당자 :
전화 :
팩스 :</td></tr>
<tr><td>사업자번호[2]</td><td colspan="4"></td></tr>
<tr><td rowspan="4">제무상황[3]
(단위:백만원)</td><td>납입자본금</td><td colspan="2"></td><td>자본총계</td><td colspan="4"></td></tr>
<tr><td>경상이익</td><td colspan="2"></td><td>당기순이익</td><td colspan="4"></td></tr>
<tr><td rowspan="2">자산총액
(기업집단전체)</td><td colspan="2" rowspan="2">( )</td><td>매 출 액
(기업집단전체)</td><td colspan="4">( )</td></tr>
<tr><td>국내매출액[4]
(기업집단전체)</td><td colspan="4">( )</td></tr>
<tr><td>주요사업</td><td colspan="8"></td></tr>
<tr><td rowspan="10">양도회사</td><td rowspan="2">회사명</td><td colspan="3" rowspan="2"></td><td rowspan="2">대표자 성 명</td><td rowspan="2">(한글)
(한자)</td><td>설립일</td><td colspan="2"></td></tr>
<tr><td>상 장 일</td><td colspan="2"></td></tr>
<tr><td>주 소</td><td colspan="5"></td><td>연락처 (대리인)</td><td colspan="2">담당자 :
전화 :
팩스 :</td></tr>
<tr><td rowspan="4">제무상황[3]
(단위:백만원)</td><td>납입자본금</td><td colspan="2"></td><td>자본총계</td><td colspan="4"></td></tr>
<tr><td>경상이익</td><td colspan="2"></td><td>당기순이익</td><td colspan="4"></td></tr>
<tr><td rowspan="2">자산총액
(기업집단전체)</td><td colspan="2" rowspan="2">( )</td><td>매 출 액</td><td colspan="4"></td></tr>
<tr><td>국내매출액[4]</td><td colspan="4"></td></tr>
<tr><td>주요사업</td><td colspan="8"></td></tr>
<tr><td rowspan="2">소규모 피취득 회사[5]</td><td>거래금액[6]</td><td colspan="7"></td></tr>
<tr><td>국내활동수준[7]</td><td colspan="7">□ 직전 3년간 국내 시장에서 월 100만 명 이상을 대상으로 상품 또는 용역을 판매·제공한 적이 있는 경우
□ 직전 3년간 국내 연구시설 또는 연구 인력을 보유·활용해 왔고 국내 연구시설, 연구인력 또는 국내 연구활동 등에 대한 연간 지출액이 300억원 이상인 적이 있는 경우</td></tr>
<tr><td colspan="2" rowspan="4">영업양수내용</td><td colspan="2">형 태[8]</td><td>양 수 대 상</td><td>양 수 금 액</td><td>영업양수 계약일</td><td colspan="3">대금지급완료일</td></tr>
<tr><td>영업의 양수·임차</td><td></td><td></td><td></td><td></td><td colspan="3"></td></tr>
<tr><td>영업용 고정 자산의 양수</td><td></td><td></td><td></td><td></td><td colspan="3"></td></tr>
<tr><td>경영의수임</td><td></td><td></td><td></td><td></td><td colspan="3"></td></tr>
<tr><td colspan="10">「독점규제 및 공정거래에 관한 법률」 제11조(기업결합의 신고) 및 동법 시행령 제18조부터 제20조까지의 규정에 의하여 위와 같이 신고합니다.

20 . . . 신고회사[9] 대표자 (인)
공 정 거 래 위 원 회 귀 중</td></tr>
</table>

※신고관련 문의 : 공정거래위원회 시장구조개선정책관실 기업결합과

※기업결합신고를 하지 아니하거나 허위의 신고를 하는 경우에는 「독점규제 및 공정거래에 관한 법률」 제130조(과태료)에 의거 1억원이하의 과태료에 처해질 수 있습니다.

※ 불임 : 기업결합 신고 첨부서류 각 1부

기재요령

(1) 신고유형 : 해당란에 ✔표시

(2) 사업자번호 : 신고회사의 사업자번호를 기재, 신고인이 개인인 경우는 생년월일을 기재

(3) 재무상황 : 영 제15조에 정한 기준에 따라 기재. (기업집단전체)란에는 당해신고인이 속하는 기업집단전체의 자산총액 및 매출액을 기재

(4) 국내매출액 : 외국회사인 경우에 기재. (기업집단전체)란에는 당해 양수회사의 국내매출액과 계열회사의 국내매출액을 합한 금액을 기재

(5) 소규모피취득회사 : 상대회사가 신고대상 자산총액 또는 매출액 규모에 해당하지 아니하지만 법 제11조 제2항 제1호 및 제2호의 요건에 모두 해당하는 경우에만 작성

(6) 거래금액 : 영업양수의 대가로 지급하기로 한 금액과 인수하기로 한 채무의 금액을 합산

(7) 국내활동수준 : 해당란에 ✔표시

(8) 형태 : 해당되는 곳에 ○ 표시

(9) 신고대리인이 신고하는 경우에는 신고대리인 및 그 대표자를 각각 기재

첨부서류 (별표4 관련)

1. 일반신고의 경우

가. 주주현황 : 신고회사 및 상대회사별로 아래양식에 의하여 별지에 각각 작성

주 주			소유주식수	주식소유비율(%)
구 분		성명 또는 명칭		
당해회사 관련	동일인 계열회사 회사외의자			
	계			
기 타	법인			
	개인			
	계			
합 계				

주 1) 계열회사, 회사외의 자, 법인, 개인 등이 다수인 경우 1%이상 소유자를 각각 기재
주 2) 국내 상장회사인 경우에는 기재하지 아니함(다만, 사업보고서 작성 이후 변동사항이 있을 경우 변동사항은 기재)

나. 계열회사 현황 : 신고회사와 상대회사별로 아래양식에 의하여 각각 작성하되, 외국 소재 계열회사는 국내 매출액이 없을 경우 회사명, 소재지, 주요업종만 기재

회사명	설립일	상 장 일	주요업종 (국내매출품목)	납입자본금	자본총계	자산총액	매출액 (국내매출액)	당기순이익	주요주주(%)
합계									

주1) 신고회사 및 상대회사를 각각 포함하여 기재
주2) 직전 사업년도말을 기준으로 작성
주3) 납입자본금등은 백만원 단위로 기재
주4) 금융·보험회사의 경우 자본총액 또는 자본금중 큰 금액을 자산총액으로 하고, 영업수익을 매출액으로 기재
주5) (국내매출품목) 및 (국내매출액)은 외국회사의 경우에만 작성
주6) 국내 상장회사인 경우에는 기재하지 아니함(다만, 사업보고서 작성 이후 변동사항이 있을 경우 변동사항은 기재)

다. 신고회사가 기업집단소속으로 사업을 영위할때는 기업집단 전체의 주요사업내역을 별지 작성
라. 관련시장 현황 : 앞의 주식취득의 신고서 양식 첨부서류 참조
마. 기업결합의 개요서 : 앞의 주식취득의 신고서 양식 첨부서류 참조
바. 영업양수 관련 입증자료(계약서, 영업양수 대금 지불증빙서 등) 1부
사. 신고회사와 상대회사의 등기사항전부증명서 및 공인회계사 감사보고서

각각 1부(앞의 주식취득의 신고서 양식 첨부서류 참조)

2. 간이신고의 경우

가. 별표6 「간이신고대상 기업결합의 보조자료」
나. 영업양수관련 입증자료(계약서, 영업양수 대금지불 증빙서 등) 1부

「별표5」 ☞ 기재요령 및 첨부서류는 뒷면참조

새로 설립되는 회사의 주식인수 신고서						신고유형[1]	□ 일반신고 □ 간이신고
[2] 신고인	회 사 명 (또는성명)		대표자 성 명	(한글) (한자)		설립일	
						상장일	
	주 소				연락처 (대리인)	담당자 : 전화 : 팩스 :	
	사업자번호[3]						
	재무상황[4] (단위:백만원)	납입자본금		자본총계			
		경상이익		당기순이익			
		자산총액 (기업집단전체)	( )	매 출 액 (기업집단전체)	( )		
				국내매출액[5] (기업집단전체)	( )		
	주요사업						
상대회사[6]	회사명		대표자 성 명	(한글) (한자)		설립일	
						상장일	
	주 소		연락처 (대리인)	담당자 : 전화 : 팩스 :			
	사업자번호[3]						
	재무상황[4] (단위 :백만원)	신고인 부문과 동일					
	주요사업						
	소규모 피취득 회사[7]	거래금액[8]					
		국내활동수준[9]	□ 직전 3년간 국내 시장에서 월 100만 명 이상을 대상으로 상품 또는 용역을 판매·제공한 적이 있는 경우 □ 직전 3년간 국내 연구시설 또는 연구 인력을 보유·활용해 왔고 국내 연구시설, 연구인력 또는 국내 연구활동 등에 대한 연간 지출액이 300억원 이상인 적이 있는 경우				

예 정 주식인수내용	주 주			예정주식 소유비율 (%)	총취득금액	회사설립참여 의결일	주식대금 납입기일
	신고인 관련	당해 신고인					
		특수 관계인	계열회사[10]				
			회사외의자[11]				
	계						

「독점규제 및 공정거래에 관한 법률」 제11조(기업결합의 신고) 및 동법시행령 제18조부터 제20조까지의 규정에 의하여 위와 같이 신고합니다.

20 . . . 신고회사[12] 대표자 (인)

공 정 거 래 위 원 회 귀 중

기재요령

(1) 신고유형 : 해당란에 ✔표시

(2) 신고인 : 신고인이 다수인 경우에는 신고인별로 별지에 기재. 신고인이 회사외의 자인 경우에는 해당란만 명기

(3) 사업자번호 : 신고회사의 사업자번호를 기재, 신고인이 개인인 경우는 생년월일을 기재

(4) 재무상황 : 영 제15조에 정한 기준에 따라 기재. (기업집단전체)란에는 당해 신고인이 속하는 기업집단전체의 자산총액 및 매출액을 기재

(5) 국내매출액 : 외국회사인 경우에 기재. (기업집단전체)란에는 당해신고인의 국내매출액과 계열회사의 국내매출액을 합한 금액을 기재

(6) 상대회사 : 새로운 회사설립에 참여하는 각 회사(신고인 제외)들을 해당 항목별로 '별지' 에 기재하여 첨부

(7) 소규모피취득회사 : 상대회사가 신고대상 자산총액 또는 매출액 규모에 해당하지 아니하지만 법 제11조 제2항 제1호 및 제2호의 요건에 모두 해당하는 경우에만 작성

(8) 거래금액 : 합작계약상의 출자금액을 기재

(9) 국내활동수준 : 해당란에 ✔표시

(10) 계열회사 : 영 제4조(기업집단의 범위)의 기준에 의해 동일인이 사실상 사업내용을 지배하는 회사를 말함

(11) 회사 외의 자 : 개인, 비영리법인, 단체를 말함

(12) 신고대리인이 신고하는 경우에는 신고대리인 및 그 대표자를 각각 기재

첨부서류 (별표5 관련)

1. 일반신고의 경우

가. 새로 설립되는 회사의 주주현황

<table>
<tr><th colspan="3">주 주</th><th rowspan="2">예정소유주식수</th><th rowspan="2">소유주식비율(%)</th></tr>
<tr><th colspan="2">구분</th><th>성명또는명칭</th></tr>
<tr><td rowspan="4">신고인 관련</td><td colspan="2">당해신고인</td><td></td><td></td><td></td></tr>
<tr><td>특수 관계인</td><td>계열회사</td><td></td><td></td><td></td></tr>
<tr><td></td><td>회사외의 자</td><td></td><td></td><td></td></tr>
<tr><td colspan="2">계</td><td></td><td></td><td></td></tr>
<tr><td rowspan="3">기타</td><td colspan="2">법인</td><td></td><td></td><td></td></tr>
<tr><td colspan="2">개인</td><td></td><td></td><td></td></tr>
<tr><td colspan="2">계</td><td></td><td></td><td></td></tr>
<tr><td colspan="3">합 계</td><td></td><td></td></tr>
</table>

주 1) 계열회사, 회사외의 자, 법인, 개인 등이 다수인 경우 1%이상 소유자를 각각 기재

주 2) 국내 상장회사인 경우에는 기재하지 아니함(다만, 사업보고서 작성 이후 변동사항이 있을 경우 변동사항은 기재)

나. 신고회사 및 상대회사의 주주현황(상기 양식), 기업집단 소속으로 사업을 영위할 때는 기업집단 전체의 주요 사업내역을 별지 작성

다. 계열회사 현황 : 신고회사와 상대회사별로 아래양식에 의하여 각각 작성하되, 외국 소재 계열회사는 국내 매출액이 없을 경우 회사명, 소재지, 주요업종만 기재

회사명	설립일	상장일	주요업종 (국내매출 품목)	납입 자본금	자본총계	자산총액	매출액 (국내 매출액)	당기 순이익	주요주주 (%)
합계									

주1) 신고회사를 포함하여 기재

주2) 직전 사업년도말을 기준으로 작성

주3) 납입자본금등은 백만원 단위로 기재

주4) 금융·보험회사의 경우 자본총액 또는 자본금중 큰 금액을 자산총액으로 하고, 영업수익을 매출액으로 기재

주5) (국내매출품목) 및 (국내매출액)은 외국회사의 경우에만 작성

주6) 국내 상장회사인 경우에는 기재하지 아니함(다만, 사업보고서 작성 이후 변동사항이 있을 경우 변동사항은 기재)

라. 관련시장 현황 : 앞의 주식취득의 신고서 양식 첨부서류 참조

마. 기업결합의 개요서 : 앞의 주식취득의 신고서 양식 첨부서류 참조

바. 회사설립관련 입증자료(의사록, 주식대금 납입 영수증 등) 1부

사. 새로 설립된 또는 설립예정인 회사의 개요 : 회사명, 대표자, 주소, 재무현황(납입자본금, 자산총액, 자본총계), 영위할 업종 및 주력제품

아. 임원겸임계획서 : 신고인 및 신고인의 특수관계인이 신설회사에 대하여 임원겸임을 계획하고 있는 경우에는 임원성명, 신고인관련 계열회사에서의 직위, 신설회사에서의 직위, 신고인과의 특수관계인 해당내용 등을 기재

자. 신고회사와 상대회사의 등기사항전부증명서 및 공인회계사 감사보고서

각각 1부(앞의 주식취득의 신고서 양식 첨부서류 참조)
차. 신설회사의 사업계획서 1부
카. 경영참여형 사모집합투자기구(PEF)가 다른 회사설립 참여시 추가서류 : 앞의 주식취득의 신고서 양식 첨부서류 참조

2. 간이신고의 경우
가. 별표6 「간이신고대상 기업결합의 보조자료」
나. 회사설립 관련 입증자료(의사록, 주식대금 납입 영수증 등) 1부

「별표 7」

<table>
<tr><th colspan="6">기업결합신고대리인 신청서</th></tr>
<tr><td rowspan="4">신고
대리인</td><td>회사명</td><td colspan="2"></td><td>대표자
성명</td><td>(한글)
(한자)</td></tr>
<tr><td>주소</td><td colspan="2"></td><td>연락처</td><td>(전화)
(팩스)</td></tr>
<tr><td rowspan="2">재무상황</td><td>납입자본금</td><td></td><td>자본총계</td><td></td></tr>
<tr><td>자산총액</td><td></td><td>매 출 액</td><td></td></tr>
<tr><td rowspan="2">신고대리
대상회사</td><td>회사명</td><td>대표자</td><td>주소</td><td>전화</td><td>대표자직인</td></tr>
<tr><td></td><td></td><td></td><td></td><td></td></tr>
</table>

「독점규제 및 공정거래에 관한 법률」 제11조제11항 및 동법시행령 제21조에 의하여 위와 같이 기업결합신고대리인을 신청합니다.

20 . . .

신고대리인 대표자 (인)

공정거래위원회 귀중

제 3 장

시장지배적지위 남용행위 규제

Ⅰ. 개관
Ⅱ. 시장지배적지위의 요건
Ⅲ. 시장지배적지위의 남용행위
Ⅳ. 지식재산권 남용
Ⅴ. 시장지배적지위 남용행위의 위법성 판단
Ⅵ. 시장지배적지위 남용행위에 대한 제재
Ⅶ. 공정거래위원회의 최근 법집행 동향
Ⅷ. 시장지배적지위 남용 대표사례 고찰

제3장

시장지배적지위 남용행위 규제

Ⅰ. 개관

1. 독과점 규제의 의의

(1) 독과점의 발생과 효율성

(1)-1 완전경쟁 시장의 의의

시장이 완전경쟁 상태에 있을 때는 수요와 공급이 일치하는 지점에서 가격과 생산량이 결정되고 한계비용과 한계수입이 일치하여 자원이 최적분배가 되는 것으로 경제학에서는 설명하고 있다. 완전경쟁 시장에서는 시장에 참여하는 사업자(기업) 그 누구도 가격에 영향을 미칠 수는 없으며 한계비용과 한계수입이 일치하므로 초과이윤을 장기적으로 누릴 수 없게 된다. 단기적으로 초과이윤이 생긴다 하더라도 경쟁으로 인한 신규 시장진입이 곧바로 발생하여 공급이 증가하고 가격이 하락하면서 기업은 초과이윤이 0인 정상이윤만을 얻게 되므로 비효율적인 기업은 도태되고 가장 효율적인 기업만이 생산활동을 하게 되어 완전경쟁 시장에서의 균형점(Optimum Equilibrium)에서는 사회전체의 후생이 극대화된다고 알려져 있다.

완전경쟁 시장이 되기 위해서는 몇 가지 조건이 필요한데 ① 시장에 참여하는 경제주체가 시장가격에 영향을 미치지 못하는 가격수용자(Price Taker)이어야 하고, ② 각 기업이 생산하는 제품이 동질적이어야 하는데 제품의 차별성이 있으면 차별성을 바탕으로 일정부분 시장지배력이 생성될 수 있기 때문이다. ③ 관련시장에서의 진입과 탈퇴가 자유로워서 누구든지 장기적 초과이윤을 얻는 것이 불가능해야 하고, ④ 생산자와 소비자 등 모든 경제주체가 완전한 정보를 가지고 있어서 일물일가(一物一價)의 법칙이 적용되어야 한다. 이러한 조건을 갖춘 완전경쟁 시장을 현실에서 찾는 것은 거의 불가능한데 그럼에도 불구하고 완전경쟁 시장의 개념을 살펴볼 필요가 있는 것은 독과점 등 현실에서 발생하는 불완전 경쟁시장의 비효율성을 판단하는 기준이 되기 때문이다.

완전경쟁 시장과 시장성과가 유사하면서 실제에서 볼 수 있는 가장 일반적인 시장형태는 독점적 경쟁시장(Monopolistic Competition Market)이라 할 수 있다. 독점적 경쟁시장에서는 완전경쟁 시장처럼 당해 시장에 수많은 사업자가 경쟁을 하고 있지만 각 개별 사업자는 조금씩 차별화된 제품을 시장에 공급하고 있고 차별화된 한도 내에서 일정부분 독점적 지배력 또는 시장지배력을 갖게 된다. 그리고 차별화에 따라 제한된 범위의 초과이윤도 얻게 되나 장기에 가서는 신규 시장진입으로 정상이윤만을 얻게 된다.

(1)-2 독과점의 발생 원인

완전경쟁 상태는 이상적이긴 하나 이론적인 상태에 불과하며 실제 경제에서는 독과점의 존재로 인해 여러 경쟁제한 폐해가 발생하고 있는 것이 현실이다. 독과점은 규모의 경제로 인해 대규모 투자가 필요한 분야인 전기, 통신, 철도 같은 공공재 분야에서 발생하는 자연독점을 대표적으로 들 수 있지만, 공공분야가 아니라 하더라도 대규모 투자가 필요한 중후장대 산업분야에서는 언제든 발생할 수 있다고 할 수 있다.

[1]'독점시장(Monopoly)'은 공급자가 유일하며 신규진입이 봉쇄되어 있어 실제적 경쟁 또는 잠재적 경쟁이 나타나지 않는 시장을 의미한다. 독점의 원인으로는 자연독점이 나타나는 경우, 한 기업이 특정 원료 등에 대한 독점 소유권을 보유하고 있는 경우, 특허권에 의한 경우, 정부면허에 의한 경우 등을 들 수 있다.

1) 공급자 중심의 독점개념과는 달리 구매자(수요자)가 특정 재화의 시장공급량을 모두 수요하는 경우에는 수요독점(Monopsony)이라 하고 수요독점 구조에서는 구매자 지배력이 형성되며 주로 생산요소 시장에서 많이 발생한다.

'과점시장(Oligopoly)'은 소수의 기업이 지배하고 있는 시장구조로서 당해 시장의 과점 사업자들은 다른 기업의 반응을 고려해서 의사결정을 해야 하는 상황이 되어 과점시장에서 시장참여자의 행태는 상호의존성 또는 전략적 행동에 대한 이해와 분석을 바탕으로 살펴보게 된다. 상호의존성 등을 중심으로 과점시장을 설명하는 이론으로 [2]꾸르노 모형, [3]스탁켈버그 모형, [4]베르트랑 모형 등을 들 수 있고 이러한 모형들은 기업결합심사와도 관련이 있어서 제2장에서도 설명한 바 있다.

대규모 투자로 규모의 경제를 달성한 기업은 생산단가인 평균비용을 크게 낮출 수 있기 때문에 후발 경쟁사업자는 독과점 기업이 이미 낮은 평균비용으로 선점을 하고 있는 그 분야에서 실질적 경쟁을 하고 사업을 유지하는 것이 거의 불가능해지면서 경쟁사업자가 사실상 사라지게 되어 1개 내지는 극소수의 기업만 남게 되는 독과점 현상이 고착화되게 된다. 또한 생산요소를 많이 투입하여 생산량을 늘릴수록 수익이 증대하는 효율이 높은 기업이 당해 시장에 있는 경우에도 경쟁사업자들이 점차 도태되어 마찬가지의 상황이 발생할 수 있다.

(1)-3 독과점과 효율성

독과점의 효율성과 관련해서 [5]유용한 개념으로는 규모에 대한 수익(Returns to Scale)과 규모의 경제(Economies of Scale)를 들 수 있다. 규모에 대한 수익은 모든 생산요소의 투입량을 동일한 비율로 변화시켰을 때 생산량이 어떻게 변화하는지를 나타내는 것이다. 생산요소 투입량보다 생산량이 더 증가한다면 이를

2) 꾸르노 모형(Cournot Model)은 동질적인 재화를 가정하고 과점기업들이 생산량을 전략변수로 사용한다는 가정으로 과점시장을 분석하는 모형이다.

3) 스탁켈버그 모형(Stackelberg Model)은 과점기업들이 생산량을 전략변수로 사용하기는 하지만, 다른 기업의 생산량을 주어진 것을 보는 것이 아니라 자신이 생산량을 먼저 정하는 선도자가 유리할지 다른 기업의 생산량을 보고 자신의 생산량을 결정하는 추종자가 되는 것이 유리할지를 비교하여 행동한다는 이론이다. 꾸르노 모형의 수정형태라고 할 수 있다.

4) 베르트랑 모형(Bertrand Model)은 과점기업들이 가격을 전략변수로 사용한다고 가정하는 이론으로 동질적인 재화를 가정하는 꾸르노 모형과는 달리 차별화된 상품 시장분석에 주로 사용된다.

5) 규모에 대한 수익, 규모의 경제 이외에도 범위의 경제(Economies of Scope) 개념이 있는데 범위의 경제는 여러 가지 재화를 별개의 기업에서 따로 생산하는 것보다 하나의 기업에서 동시에 생산하는 것이 비용 면에서 더 유리할 경우에 범위의 경제가 있다고 한다. 범위의 경제 문제는 주로 기업결합과 관련해서 논의되는 개념이고 제2장 기업결합 규제에서 자세히 언급한 바 있다.

규모에 대한 수익체증이라고 하며, 만약 규모에 대한 수익체증 기업이 있다면 당해 기업은 생산량을 늘릴수록 경쟁사업자에 비해 유리해지기 때문에 시장지배력을 갖는 독과점 기업이 될 가능성이 커진다고 할 수 있다. 또한 규모의 경제가 있는 기업의 경우에는 대개는 규모에 대한 수익 면에서 체증적인 경우가 많게 되므로 규모의 경제 또한 [6]독과점을 자연스럽게 나타나게 하는 원인이 되게 된다.

독과점은 결국 시장경제 체제에서 자연스럽게 발생할 수 있는 현상이라고 보아야 하며 규모의 경제 등을 핵심으로 하는 독과점 기업은 평균비용을 낮출 수 있어 다수의 기업이 생산하는 것보다 사회 전체적으로는 비용이 절감될 수 있고, 독과점 이윤은 대규모 자본축적을 가능하게 하여 이를 기반으로 한 기술혁신이 더욱 활성화될 수 있어 사회 전체적으로 이득이 될 수 있는 점 등 독과점 자체의 효율성을 부인할 수는 없다.

특히 독과점과 기술혁신은 서로 밀접한 관련을 가지고 있다고 할 수 있는데 독과점이 대규모 자본축적을 기반으로 기술혁신을 유도할 수 있는 측면은 앞서 언급한 바가 있고, 기술혁신에 대해 국가가 일정기간과 범위 내에서 독과점을 부여하고 있는 특허권 제도를 통해서도 독과점과 기술혁신의 밀접한 관련을 알 수 있게 된다.

(2) 독과점의 폐해

독과점은 앞서 살펴본 바대로 경제적으로 효율적인 측면이 있고 시장경제에서 자연스럽게 발생할 수 있는 성격을 갖고 있음에도 불구하고 관련시장에서 경쟁이 사라지거나 제한됨에 따라 발생되는 여러 가지 본질적인 문제를 가지고 있는데 하나하나 살펴보기로 한다.

(2)-1 자원배분의 왜곡

우선 독과점 기업은 가격에 영향을 미칠 수 있으므로 완전경쟁 상태의 기업처럼 시장에서 형성된 가격을 받아들이는 것이 아니라 우하향(右下向)하는 한계수입곡선을 갖게 된다. 이에 따라 한계수입과 한계비용이 만나는 지점에서 결정되는 가격은 완전경쟁 시장의 가격보다는 높게 형성이 되고, 산출량은 완

---

6) 규모의 경제로 인해 자연스럽게 관련 시장이 독점화되는 것을 자연독점(Natural Monopoly)라 한다.

전경쟁 시장의 산출량보다는 낮은 수준에서 결정이 되며, 이 지점에서 독과점 기업의 이윤은 최대가 되게 된다. 경제학에서는 높은 가격과 낮은 산출량으로 대표되는 독과점 기업의 균형점에서는 사회적 순손실이 발생하게 되어 완전경쟁 시장과는 달리 자원배분의 비효율성이 발생한다고 하고 있다.

독과점 기업이 존재하거나 외부불경제 등 [7]외부효과가 있는 경우 발생하는 사회후생의 손실을 [8]자중손실(Deadweight Loss)이라 하는데 독과점 기업이 존재하는 경우에는 완전경쟁 시장에서는 소비자잉여로 돌아갈 부분을 독과점 기업이 독점이윤의 형태로 일부 차지하게 되고 나머지 소비자잉여는 감소하게 됨에 따라 자중손실이 발생하고, 외부불경제가 있는 경우에는 사회적 비용보다 기업의 사적(私的) 비용이 낮은 것으로 인식되어 과잉생산이 일어나서 과잉생산에 따른 사회적 비용증가로 자중손실이 발생하게 된다.

독점규제에 대한 정당성의 근거로 자중손실 개념을 이용할 때는 유의할 점이 있다. 독점의 형성과정에서 당해 기업이 기술혁신 등을 통해 새로운 시장을 형성하고 그 결과 독점력을 취득한 것이라면 이때의 자중손실을 독점의 폐해라고 바로 단정하는 것은 곤란하다. 독점기업이 없었더라면 독점시장에서 발생하는 제한된 소비자의 잉여부분조차도 애초에 없게 되는 것이기 때문에 독점의 폐해를 분석할 때는 장기적이고 동태적인 관점에서 독점력의 형성을 봐야 하고, 특정기업이 경쟁제한적 행위를 통해서 독점력을 갖게 된 경우에만 자중손실이 독점의 폐해로서 의미를 갖게 된다고 보아야 한다.

(2)-2 생산 비효율성과 기술혁신 저해

다음으로는 생산의 비효율성이다. 완전경쟁 시장에서는 주어진 시장가격 하에서 비용절감을 하지 못한 기업은 소비자의 선택을 받지 못해 바로 시장에서 도태되므로 생산효율을 달성하기 위한 치열한 경쟁이 벌어질 수밖에 없는

---

7) 외부효과(Externalities)는 특정 경제주체의 활동이 시장기구를 통하지 않고 제3자의 경제활동에 영향을 미치는 것으로 제3자에 이득 또는 손해 등의 발생에도 불구하고 그에 대한 대가를 지급받거나 비용을 지불하지 않게 됨으로서 사회적 비효율성이 발생하는 현상을 지칭한다. 외부효과는 사회적 편익·비용과 자신의 편익·비용이 일치하지 않기 때문에 발생하게 된다. 사회에 긍정적 영향을 미치는 외부경제와 달리 사회에 비용을 발생시키는 외부불경제의 경우 시장기능으로는 해결이 어려우므로 정부 등이 개입하여 조세 등의 방법을 통해 이를 감소시키는 노력을 하게 된다.

8) 자중(自重)손실 또는 사중(死重)손실이라 함은 원래 선박이나 화물차량 등 대형운송수단 자체의 무게로 인해 실제 화물의 적재중량과의 차이로 인한 손실을 의미하는 개념이다.

반면, 독과점 기업은 가격에 영향을 미칠 수 있는 힘을 바탕으로 생산비용을 내부적으로 절감하는 대신 소비자에게 전가시킬 수 있어서 완전경쟁 시장에 비해 생산비용 자체가 높아지는 비효율이 발생할 수 있다. 독과점의 형성 시에는 규모의 경제로 인한 낮은 평균비용을 토대로 독과점력 획득이 가능하지만 일단 독과점이 형성되고 나면 비용절감 노력이 둔화되어 오히려 생산비용이 올라갈 수 있는 역설이 발생하게 되는 것이다.

기술혁신에 있어서도 독과점은 대규모 자본 축적으로 기술혁신을 촉진할 수도 있지만 독과점이 가져다 주는 초과이윤에 안주하면서 기술혁신의 유인을 잃고 오히려 독과점을 유지하기 위해 기술혁신을 바탕으로 한 신규 시장진입자를 시장에서 배제하는 행위를 하거나 기술혁신과 관련된 특허권 등을 사들인 후 이를 사장(死藏)시키는 등 기술혁신을 저해할 수도 있게 된다.

(2)-3 지대추구 행위

지대추구(地代追求: Rent Seeking) 행위는 경제 주체들이 자신의 이익을 위해 로비·약탈·방어 등 비생산적인 활동에 경쟁적으로 자원을 낭비하는 경제적 낭비 현상을 지칭한다. 독과점 기업들은 기존에 형성된 독과점으로 인한 초과이윤을 지속적으로 누리기 위해 생산성과 관련된 본연의 사업활동 이외에 신규사업자가 진입하지 못하도록 각종 진입장벽을 쌓으려는 유인을 갖게 되는데, 법적·제도적 장벽을 인위적으로 만들기 위해 정치권에 로비를 하거나 잠재적 시장진입자에 대한 각종 불공정한 행위를 통해 이들의 진입을 저지시키는 등 사업활동 이외의 활동에 자원을 낭비하면서 사회적 손실을 초래할 수 있다.

(3) 우리나라 독과점의 형성

우리나라의 경우 주요 산업이 독과점 형태로 고착화되어 있는 경우가 많은데 이는 서구 시장경제 국가와는 달리 독과점 형성과정상 차이에서 비롯되었다. 서구 선진국들의 경우 독과점은 앞서 설명한 바와 같이 규모의 경제로 인한 대규모 투자와 이를 통한 기술혁신 등을 통한 시장 선점 등을 통해 독과점이 정상적인 시장경제 체제 내에서 자연스럽게 생성된 산물인 반면, 우리나라의 경우는 1960년대 경제발전 초기에 정부 주도하의 경제개발이 이루어지면서, 기업경영에 필요한 자금대여, 정부의 인위적인 사업조정, 전략사업 육성을 위한 사업기회의 부여, 원재료 배정, 각종 인·허가, 유치(幼稚)산업 보호를 위한 수입제한 등을 통해 소수의 기업집단을 중심으로 수출주도형 경제체제를 구축하게 되었고 이 같은 과정에서 주요 산업 분야가 3~5개 이내의 독과점 기업이 지배하는 시장구조가 고착화하게 되었다.

산업의 대표 챔피언을 육성해서 국제 경쟁력을 확보하고 수출 중심의 성장정책을 통해 우리나라 경제가 비약적으로 발전하여 선진국 대열에 들어선 현시점에서 평가할 때 분명 정부주도·수출중심의 경제체제는 경제발전이라는 긍정적 결과를 가져온 것이 사실이나, 이로 인해 파생된 독과점 자체의 분명한 한계로 인한 여러 경쟁제한적 폐해를 함께 해결해야 하는 정책적 과제도 안게 되었다.

(4) 독과점 규제의 필요성과 성격

경쟁법을 운영하고 있는 선진 시장경제국가들은 독과점의 효용성은 인정하면서도 그 폐해에 대해서는 각별한 관심을 가지고 있어서 경쟁법 운용의 가장 우선 순위로 대부분 독과점 규제를 채택하고 있고 이는 우리나라 공정거래위원회의 경우도 마찬가지에 해당한다. 참고로 통상 선진 경쟁당국이 공통적으로 꼽고 있는 3대 주요 경쟁법 규제는 카르텔규제, 기업결합 규제 그리고 독과점 규제에 해당하는 시장지배적지위 남용행위 규제가 이에 해당한다.

시장지배적지위 남용행위 규제, 즉 [9]독과점 규제는 독과점 자체를 부인하거나 제재하는 것이 아니다. 즉 독과점 형성 자체는 시장경제 체제에서 규모의 경제나 기술혁신에 따른 자연스러운 형태이거나 우리나라 등 일부 국가에서 정부주도하의 경제개발 과정에서 정책적 목적으로 생성된 형태라고 봐야 하므로, 독과점의 형성 자체를 규제하는 것이 아니라 독과점 기업이 시장에 부정적인 성과나 폐해를 가져와 사회 전체적인 후생손실이 발생하거나 발생할 우려가 있는 경우 사후적으로 그러한 행위를 시정하게 되는 [10]사후 폐해규제의 성격을 가지게 된다.

우리나라 공정거래법도 시장지배력지위의 남용에 대해 여러 근거조항을

9) 우리나라 공정거래법은 독과점 규제를 시장지배적지위 남용규제로 지칭하고 있으므로 이하에서는 주로 '시장지배적지위 남용'이라는 표현을 주로 사용하기로 한다.

10) 독과점 형성에 대한 사전규제의 성격을 가지는 것은 경쟁당국이 주요규제 분야로 보고 있는 기업결합 규제가 이에 해당한다고 할 수 있다.

두고 중점적으로 규제하고 있다. 우선 공정거래법은 제1조에서 사업자의 '시장지배적지위의 남용' 등을 방지하여 공정하고 자유로운 경쟁을 촉진함으로써 창의적인 기업활동을 조성하고 소비자를 보호함과 아울러 국민경제의 균형 있는 발전을 도모하는 것을 목적으로 한다고 하면서 시장지배적지위 남용행위를 여러 경쟁제한 행위 중 첫째로 언급하고 있다. 전부개정 공정거래법은 제1장 총칙에 이어 바로 다음인 제2장 시장지배적지위의 남용금지에서 독과점적 시장구조의 개선(동법 제4조), 시장지배적지위의 남용금지(동법 제5조), 시장지배적사업자의 추정(동법 제6조), 시정조치(동법 제7조), 과징금(동법 제8조)의 관련조항을 둠으로써 독과점 규제의 중요성을 강조하고 있다. 이하에서 상세히 설명하기로 한다.

2. 시장지배력과 시장지배적지위

독점력 또는 '시장지배력'은 시장의 가격에 영향을 미쳐서 완전경쟁 상태의 가격보다 높은 독점가격을 형성하고 낮은 평균비용이나 진입장벽 등으로 경쟁사업자 또는 잠재적 경쟁사업자의 시장진입을 저지할 수 있는 힘을 의미한다. 이러한 시장지배력은 초과이윤 등 이윤극대화를 달성할 수 있는 주요한 수단이므로 사업자들이 치열한 경쟁과정을 통해 달성해야 할 최종목표라고도 볼 수 있으므로 시장지배력 자체나 사업자들이 시장지배력을 확보하기 위해 노력하는 것을 부정적으로 볼 수는 없다. 사업자가 시장지배력을 갖는 상태를 '시장지배적지위'라고 하며 공정거래법에 의한 독과점 규제의 전제조건으로 특정 사안에서 사업자가 시장지배적지위를 갖는지에 대한 판단을 우선적으로 하게 된다.

공정거래위원회의 입장에서는 시장지배력이 평균비용 하락을 가져와 사회전체의 후생을 높이거나 기술혁신을 유발하는 등 친경쟁 효과를 발생시키지 않고 시장지배력이 남용이 되어 경쟁제한적인 효과를 발생시키는 상황 또는 일부 시장지배력의 효율성에도 불구하고 경쟁제한 효과가 효율성을 압도하게 경우 등에 관심을 가지고 있고, 시장지배력 자체를 부정적으로 보는 것은 아니나 시장지배력이 시장경제 체제에서 시장에 순응하는 것이 아니라 시장을 지배하는 것이어서 그 자체가 시장경제 체제에서는 이례적일 수밖에 없으므로 시장지배적지위를 가진 사업자의 행위에 대해 항상 주시를 할 수밖에 없게 된다.

이에 따라 실무적으로 시장지배력은 주로 시장지배력의 부정적 측면에 초점을 맞춰 관련시장에서 가격상승·산출량 감소, 상품·용역의 다양성 제한, 혁신 저해 등 경쟁제한효과를 유발할 수 있는 시장에서의 영향력을 의미하는 것으로 좁혀서 다루고 있고, 경쟁당국은 시장지배력 형성이나 보유 자체를 문제삼는 것은 아니지만 위와 같은 경쟁제한 우려가 있는 시장지배력을 시장에서 부당하게 사용하는 행위에 대해 관심을 가지고 이를 주요 규제의 대상으로 하고 있다.

3. 시장지배적지위 남용행위 규제 필요성

우리나라 공정거래법은 1980년 공정거래법 제정부터 시장지배적지위 남용행위 금지 규정을 두고는 있었지만 거의 법집행이 이루어지지 않았고 따라서 관련 법리의 형성도 거의 없었다가 2000년대 이후 민간 중심의 자율경제체제가 활성화되면서 이에 따라 공정거래위원회의 시장지배적지위 남용행위에 대한 법집행도 서서히 이루어지게 되었다. 경제성숙도 등의 사정으로 시장지배적지위 남용행위에 대한 규제는 공정거래법상 다른 규제에 비해 그 [11]집행실적이 많은 편은 아니다. 그러나 공정거래법 서두에서 가장 먼저 언급되어 있는 것처럼 대표적인 경쟁제한적 행위로서의 상징성이 있으며 우리나라를 비롯한 각국 경쟁당국에서 가장 관심을 두는 분야임에는 분명하다.

일반적으로 독과점적 시장구조는 그 효율성에도 불구하고 경쟁시장에 비하여 자원배분의 왜곡을 초래하여 사회후생이 극대화되는 데 지장을 초래하게 된다. 가격에 영향을 미칠 수 있는 독과점은 수요와 공급에 의해 가격과 산출량이 결정되는 시장경제 시스템의 정상적 작동을 저해할 수 있으므로 세계 각국의 경쟁당국은 공통적으로 독과점 규제 또는 시장지배적지위 '남용행위'를 규율하고 있다.

시장지배적지위 남용행위에 대한 규제는 단계적으로 이루어지는데 우선 특정 행위와 관련하여 관련 사업자가 ① 시장지배적지위를 갖고 있는지 여부에 대한 판단과 시장지배적지위에 해당할 경우 당해 행위가 ② 남용행위에 해당하는지에 대한 판단으로 이루어지게 된다. 시장지배력의 획득은 사업자 입장에서

---

11) 2000년대 중반 이후 마이크로소프트, 인텔, 퀄컴 등 글로벌 다국적기업들에 대한 시장지배적지위 남용행위들을 본격 규제하면서 이에 대한 판례도 서서히 형성되고 있는 상황이다.

는 경쟁의 과정을 통하여 달성하여야 할 목표라고 볼 수 있으며 경영혁신과 기술개발을 촉진하는 유인이 될 수 있어서 시장지배력에 대한 규제의 핵심은 시장지배력 자체에 대한 것이 아니라 시장지배력을 남용하는 행위를 규제함으로써 경쟁법의 기반이 되는 시장경제 시스템을 보호하면서도 치열한 경쟁의 승자가 되기 위한 사업자들의 동기를 억제하지 않는 것에 있다.

Ⅱ. 시장지배적지위의 요건

1. 관련시장 획정

(1) 의의

시장지배력은 관련시장에서 가격상승·산출량 감소, 상품·용역의 다양성 제한, 혁신 저해 등 경쟁제한효과를 유발할 수 있는 영향력을 의미하는 것이므로 그 영향력이 발휘되는 대상인 관련시장에 대한 개념 정립이 일차적으로 필요하다. 관련시장 또는 일정한 거래분야라는 용어는 경우에 따라 혼용해서 쓰기도 하지만 통상 '일정한 거래분야'라는 개념이 '관련시장'보다는 좀 더 포괄적이고 넓은 개념으로 쓰인다고 할 수 있다.

'일정한 거래분야'는 경쟁관계에 있거나 경쟁관계가 성립될 수 있는 거래분야를 말하며 거래대상, 거래지역, 거래단계, 거래상대방 등에 따라 구분될 수 있다. 이 중에서 거래대상(상품·용역)과 거래지역(지리적 범위)에 따라 일정한 거래분야를 획정하는 것을 '관련시장 획정'이라 하여 가장 많이 사용되는 시장획정 방식이고, 통상 일정한 거래분야를 획정한다고 하면 상품·용역시장과 지리적 시장 개념으로 관련시장을 획정하는 것을 의미한다.

물론, 관련시장 획정에 따라 일정한 거래분야를 정하는 것 이외에도 사안에 따라서는 거래단계에 따라 일정한 거래분야를 제조·도매·소매 등으로 획정하는 경우와 거래상대방에 따라 구매자(판매자)의 특성 또는 상품이나 용역의 특수성에 의하여 특정한 구매자군(판매자군)이 존재하는 경우에는 이러한 구매자군(판매자군)별로 일정한 거래분야를 획정하는 것이 의미 있는 시장획정이 될 수 있음에도 유의할 필요가 있다.

시장지배적지위 남용행위 판단을 위해서는 우선 관련시장 획정이 전제되어야 한다. 관련시장 획정은 기업결합과 시장지배적지위 남용행위에 대한 심사의 경우에 특히 중요하고 이에 따라 정밀한 분석이 이루어지게 되는데, 기업결합과 시장지배적지위와 관련된 행위는 효율성과 경쟁제한성을 동시에 가지고 있는 경우가 많아 정확하게 관련시장의 범위를 획정하고 그 관련시장 내에서 실제 발생하였거나 발생할 것으로 예상되는 효율적 측면과 경쟁제한적 측면에 대한 심사가 필요하기 때문이다.

관련시장 획정의 중요성과 관련한 판례를 살펴보면 포스코의 시장지배적지위 남용행위 건에서 특정사업자가 시장지배적지위에 있는지 여부를 판단하기 위해서는 경쟁관계가 문제될 수 있는 일정한 거래분야에 관하여 거래의 객체인 관련 상품에 따른 시장과 거래의 지리적 범위인 관련 지역에 따른 시장을 구체적으로 정하고 그 시장에서 지배가능성이 인정되어야 한다고 [12]판시한 경우를 들 수 있다.

(2) 유의할 사항

관련시장 획정은 통상 작지만 상당하고 일시적이지 않은 가격인상(SSNIP: Small but Signigicant and Non-transitory Increase in Price)이 있었을 때 이윤을 유지할 수 있는 최소의 상품 그룹과 최소의 지역으로 확정하게 된다. 관련시장은 어떻게 획정되는지에 따라 당해 사업자가 시장지배력이 있는지의 유무가 달라질 수 있으므로 시장지배적지위 남용행위 규제에 있어 매우 중요한 첫 단계라 할 수 있다.

통상 관련시장이 실제보다 넓게 획정이 되면 그 범위 내에서 대체가능한 상품 또는 용역이 생길 수 있고 경쟁사업자 수가 많아지는 것으로 되기 때문에 특정 사업자가 시장지배력이 있다고 판단되기가 어렵게 되고, 반면에 관련시장이 실제보다 좁게 획정이 되면 대체가능한 상품·용역이나 경쟁사업자가 없게 될 수가 있어 당해 시장에서 시장지배력이 있는 것으로 쉽게 인정되게 된다.

시장지배적지위 남용규제를 위해 당해 행위의 당사자인 사업자가 독점력 또는 시장지배력을 이미 보유하고 있는지 여부를 판단하기 위한 [13]SSNIP 테스

---

12) 대법원 2007. 11. 22. 선고 2002두8626 판결, 같은 취지의 판결로는 엔에치엔의 시장지배적지위 남용행위 등에 대한 건(대법원 2014. 11. 13. 선고 2009두20366 판결)이 있다.

13) 시장획정 방법으로서의 SSNIP 테스트는 제2장 기업결합 규제에서 상세히 설명한 바 있

트를 하는 경우에는 앞서 설명한 SSNIP 테스트 자체의 오류를 피하기 위해서 '경쟁적 수준으로 조정된 가격'을 적용하여 테스트를 진행해야 하는 것이 중요하다. 물론 현실적으로 경쟁가격의 수준을 정확히 파악하는 것은 일정한 한계가 있음도 인식할 필요가 있다.

관련시장 획정과 관련하여 1956년 미국 연방대법원의 듀퐁 판례가 많이 인용되고 있는데 본 판례는 관련시장 획정의 잘못으로 시장지배력 판단에 오류가 생긴 사례를 들 때 주로 언급되고 있다. 셀로판 포장지 생산에서 독점력을 가진 듀퐁이 시장지배력을 남용했는지가 문제된 사안에서 연방대법원은 종이나 알미늄 같은 다른 유연성 포장재를 셀로판 포장지의 대체재로서 인정하고 이들 유연성 포장재 시장까지 관련시장에 포함시켜 넓게 획정하는 바람에 넓게 획정된 당해 관련시장에서는 듀퐁이 시장지배력이 없는 것으로 판단하게 된 사례이다. 미국 연방대법원의 판결은 나중에 여러 [14]비판을 받게 되었고 '셀로판 오류'라고 지칭되면서 관련시장 범위를 잘못 획정한 사례로 거론되게 되었다. 이하에서는 관련시장을 상품·용역시장과 지리적 시장 그리고 최근 온라인 플랫폼 사업의 부상으로 관심이 높아진 양면시장 등으로 나누어 살펴보기로 한다.

(3) 상품·용역시장

(3)-1 의의

일정한 거래분야로서 상품·용역시장은 거래되는 특정 상품의 가격이나 용역의 대가가 상당기간 어느 정도 의미 있는 수준으로 인상 또는 인하될 경우 당해 상품이나 용역의 대표적 구매자(판매자)가 이에 대응하여 구매(판매)를 전환할 수 있는 상품이나 용역의 집합을 의미한다. 상품시장과 관련하여 법원이 포스코의 시장지배적지위 남용행위 건에서 관련 상품에 따른 시장은 일반적으로 시장지배적 사업자가 시장지배력을 행사하는 것을 억제하여 줄 경쟁관계에 있는 상품들의 범위를 말하는 것이라고 [15]판시한 것을 참고할 만하다. 특정 상품

다.

14) 관련하여 제기된 비판은 크게 2가지로 우선 이미 독점가격으로서 시장가격보다 높게 형성되어 있는 경우에는 그 독점가격을 SSNIP의 출발점으로 삼고 일정비율 가격인상이 이루어진 것으로 분석하게 되면 과장된 가격수준으로 인한 대체성이 크게 나타나므로 관련시장 획정이 실제보다 넓게 나타난다는 점과, 대체가능성에 대한 판단이 공급측면에 대한 고려 없이 수요측면에서만 국한해서 이루어졌다는 점이 주로 거론되었다.

이나 용역이 동일한 거래분야에 속하는지 여부는 상품이나 용역의 기능 및 효용의 유사성, 구매자들의 대체가능성에 대한 인식 및 그와 관련한 구매행태, 판매자들의 대체가능성에 대한 인식 및 그와 관련한 경영의사결정 행태와 한국표준산업분류 등에 의해 판단하게 된다.

통상 상품시장을 넓게 혹은 좁게 획정하느냐에 따라 시장지배력의 인정여부가 달라질 수 있기 때문에 실제 시장지배적지위 남용 관련 사건이 다루어질 때에는 관련시장 획정이 중요한 쟁점으로 다투어지는데 혐의를 받게 되는 사업자의 경우는 가급적 관련시장을 넓게 주장할 가능성이 크고 규제당국인 공정거래위원회 입장에서는 시장지배력 입증을 위해 관련시장을 가급적 좁게 책정하려는 유인이 있게 된다.

(3)-2 관련 판례

상품이나 용역의 기능, 구매자의 대체가능성에 대한 인식의 차이가 클 경우 하나의 관련시장으로 보기 어렵다는 법원의 판례가 있다. 인터파크지마켓의 시장지배적지위 남용행위 건에서 법원은 오픈마켓의 운영자는 인터넷사이트 내에 가상(假想)의 장터를 판매자에게 제공하는 데 그치지만 종합쇼핑몰의 운영자는 자신의 인터넷사이트에서 자신의 책임 하에 직접 상품을 판매하는 형태라서 거래형태가 전혀 다른 점과 구매자들의 입장에서도 오픈마켓과 종합쇼핑몰에서 거래되는 상품의 종류, 품질 및 가격 등의 차이가 있음을 인식하고 각자의 기호나 구매하고자 하는 상품의 종류에 따라 시장유형을 선택하고 있음을 고려할 때 오픈마켓 운영시장과 종합쇼핑몰 운영시장을 하나의 관련시장으로는 볼 수 없다고 [16]판시한 바 있다.

또한 광고시장과 관련해서도 위 사건에서 법원은 오픈마켓은 인터넷사이트 내의 가상의 장터에서 판매자들과 구매자들 사이의 거래가 이루어지고 오픈마켓 운영시장의 수요자는 자체쇼핑몰이 없는 소규모 입점업체인 반면, 포털사이트 등 광고시장은 자신의 사이트에서 오픈마켓, 종합쇼핑몰의 사이트로 안내하는 서비스만 제공할 뿐 자신의 포털사이트 내에서 판매가 이루어지지 않고 포털사이트 등 광고시장의 수요자는 오픈마켓이나 종합쇼핑몰의 운영자이므로

15) 대법원 2007. 11. 22. 선고 2002두8626 판결

16) 서울고등법원 2008. 8. 20. 선고 2008누2851 판결, 상고심(대법원)도 원심과 같은 취지로 판단하였다.

오픈마켓 광고시장과 포털사이트 광고시장은 제공하는 용역이 전혀 다를 뿐만 아니라 수요 및 공급의 대체가능성도 낮아 이들을 하나의 관련시장으로 볼 수는 없다고 판시하였다.

엔에치엔의 시장지배적지위 남용행위 등에 대한 건에서 법원은 인터넷포털이 검색·이메일 등 커뮤니케이션, 온라인카페 등 커뮤니티, 뉴스·게임·금융·스포츠 등 각종 콘텐츠, 온라인 쇼핑 등 전자상거래 서비스를 제공하는 것에 근거하여 공정거래위원회가 이 사건 관련시장을 '인터넷포털서비스 이용자시장'으로 획정한 것에 대해, 문제가 된 인터넷포털 사업자의 광고제한행위는 동영상콘텐츠 공급업체와의 관계에서 발생한 것으로 동영상콘텐츠는 인터넷포탈에만 의존해서 제공할 수 있는 것이 아니라 통상의 인터넷검색서비스를 통해서도 충분히 가능한 점, 즉 대체성을 고려하지 않고 관련 상품시장을 인터넷포털서비스 이용자시장으로만 한정하여 획정한 것은 부당하다고 [17]판시한 바 있다.

(4) 지리적 시장

(4)-1 의의

일정한 거래분야로서 [18]지리적 시장은 다른 모든 지역에서의 가격은 일정하나 특정 지역에서만 상당기간 어느 정도 의미 있는 가격인상(가격인하)이 이루어질 경우 당해 지역의 대표적인 구매자(판매자)가 이에 대응하여 구매(판매)를 전환할 수 있는 지역전체를 의미한다. 지리적 시장과 관련하여 법원은 포스코의 시장지배적지위 남용행위 건에서 관련 지역에 따른 시장은 일반적으로 서로 경쟁관계에 있는 사업자들이 위치한 지리적 범위를 말하는 것이라고 [19]판시한 바 있다.

특정 지역이 동일한 거래분야에 속하는지 여부는 부패성·변질성·파손성 같은 상품이나 용역의 특성 및 생산능력·판매망의 범위와 같은 판매자의 사업능력, 운송비용, 구매자의 구매지역 전환가능성에 대한 인식 및 그와 관련한 구매자들의 구매지역 전환행태, 판매자들의 구매지역 전환가능성에 대한 인식 및

17) 대법원 2014. 11. 13. 선고 2009두20366 판결

18) 지리적 시장 또는 지역시장 모두 동일한 의미이며 문맥에 따라 혼용해서 사용하기로 한다.

19) 대법원 2007. 11. 22. 선고 2002두8626 판결

그와 관련한 경영의사결정 행태, 시간적·경제적·법적 측면에서의 구매지역 전환의 용이성 등으로 판단하게 된다.

통상 상품시장과 마찬가지로 지역시장도 넓게 획정하게 되면 경쟁관계에 있는 사업자 수가 많아지므로 특정 사업자의 시장지배력이 약해지는 것으로 평가되고 반대로 지역시장을 좁게 획정하면 시장지배력이 큰 것으로 평가된다. 따라서 관련 지역시장이 국내시장인지 세계시장인지 여부와 같은 지리적 시장의 범위가 특정 사안에서는 쟁점이 될 수 있다.

(4)-2 관련 판례

퀄컴의 시장지배적지위 남용행위 등에 대한 건에서 법원은 공정거래위원회가 원고의 시장지배적지위 남용행위를 통해 봉쇄하려는 표적인 시장이 모뎀칩 및 RF(Radio Frequency)칩에 관한 국내 공급시장인 이상 국내시장을 기준으로 경쟁제한성 유무를 평가한 것에는 잘못이 없으며, 설령 관련 지역시장을 세계시장으로 획정하더라도 원고 퀄컴의 시장지배적지위를 인정하는 것에는 아무런 문제가 없다고 [20]판시한 바 있다.

포스코의 시장지배적지위 남용행위 건에서도 지역시장의 범위가 쟁점이 되었는데 법원은 국내에서 열연코일의 가격이 상당기간 어느 정도 인상되더라도 이에 대응하여 국내 구매자들이 동북아시아 지역으로 열연코일의 구매를 전환할 가능성은 없다는 이유에서 공정거래위원회가 열연코일에 관한 동북아시아시장을 관련 지역시장에 포함시킬 수 없다고 인정한 결론은 옳다고 [21]판시하였다.

티브로드강서방송의 시장지배적지위 남용행위 건에서 법원은 유료방송시장의 거래구조는 종합유선방송사업자와 같은 플랫폼사업자와 TV홈쇼핑사업자 사이에 형성되는 프로그램 송출서비스 시장과 플랫폼사업자와 시청자 사이의 프로그램 송출 시장으로 구분되고, 문제가 되는 프로그램 송출서비스의 지역시장을 공정거래위원회가 강서구로 획정한데 대해 TV홈쇼핑사업자는 지역별로 인가를 받은 전국의 플랫폼사업자와 거래하는 것이 가능하므로 프로그램 송출서비스와 관련된 지역시장은 전국시장으로 획정되어야 한다고 [22]판시한 바 있다.

---

20) 퀄컴 인코포레이티드 외 2의 시장지배적지위 남용행위 등에 대한 건(대법원 2019. 1. 31. 선고 2013두14726 판결), 파기환송심에서 원고는 소취하하였다.

21) 대법원 2007. 11. 22. 선고 2002두8626 판결

(5) 양면시장

(5)-1 (온라인)플랫폼 사업과 양면시장

양면(兩面)시장은 플랫폼을 두고 서로 다른 이용자 그룹이 존재하는 시장을 의미한다. 플랫폼은 서로 다른 이용자 그룹이 거래 등 경제적 작용을 할 수 있도록 제공되는 물리적 또는 가상적 집합체를 의미하는데 최근에는 IT 기술의 발전에 따라 IT에 기반한 온라인 플랫폼 사업이 각 거래영역에서 활성화되고 있다. 양면시장을 가진 플랫폼 사업은 서로 다른 이용자 그룹이 존재하고 두 그룹이 직접 거래를 함에 있어서는 일정 수준 이상의 비용이 발생하는 상황에서 플랫폼을 이용하게 되면 서로 다른 이용자 그룹이 거래비용을 절감할 수 있는 거래분야에서 주로 효용을 발휘하게 된다.

양면시장은 신문구독자 시장과 광고시장의 양면을 가지고 있는 신문, 신용카드이용자 시장과 신용카드 가맹점 시장을 가지고 있는 신용카드, 이메일·뉴스·검색 등 포털서비스이용자 시장과 광고·수수료 시장을 가지고 있는 포털, 음식점 배달 이용자 시장과 음식점 수수료 시장을 가지고 있는 배달앱 등 전통적 플랫폼 분야부터 IT기술을 이용한 온라인 플랫폼 분야까지 광범위한 거래시스템에서 관련된 시장형태로 현재 주목받고 있다.

양면시장을 가진 플랫폼에서는 당해 사업자가 양면시장의 각 측면의 시장에 대해 각각 다른 가격을 책정하는 것을 통해 효율성을 높일 수 있는데 대개는 한쪽 측면의 시장에서는 저가 또는 거의 무료의 수준으로 사용자를 유치하고 다른 측면의 시장에서는 저가 또는 무료의 사용자들에 대한 비용까지 포함된 가격을 책정하여 운영하는 것이 보통이다. 양면시장에서 플랫폼 사업자는 한쪽 측면의 시장에서 고객이 많아지면 많아질수록 다른 측면 시장에서의 사업을 영위하기가 더 유리해지고 이를 기반으로 수익을 창출할 수가 있는데, 이와 같이 양면시장의 한쪽 측면 고객집단의 규모가 커질수록 반대쪽 측면 고객집단의 효용이 더 커지는 것을 간접적 네트워크 외부효과 또는 교차 네트워크 외부성이라 한다.

최근 IT기술의 발전과 함께 양면시장에서 사업을 영위하는 온라인 플랫폼 사업자가 다수 출현하고 있고 이러한 온라인 플랫폼 사업들은 당초에는 무료

22) 대법원 2008. 12. 11. 선고 2007두25183 판결

서비스 등을 내세워 한쪽 측면의 시장에 다수의 이용자를 유치하여 고착(Lock-in)한 후 이를 자산으로 다른 측면 시장에서 광고나 수수료 등으로 수익을 창출하면서, 일단 어느 정도 시장지배력이 확보된 순간에는 양면시장 각각에 대해서 시장지배력을 남용하거나 각종 불공정거래행위 등 경쟁제한 행위를 할 우려가 있다는 문제가 제기되고 있어, 최근 공정거래위원회는 온라인 플랫폼 사업자에 대한 규제에 관심을 기울이고 있다.

(5)-2 양면시장과 관련시장 획정

여기서는 주로 시장획정과 관련한 문제에 국한해서 양면시장을 살펴보도록 한다. 양면시장에서의 시장획정은 양면시장 전체를 하나의 시장으로 획정할 수도 있고 두 개의 나누어진 시장으로도 획정할 수 있는바, 이는 사안에 따라 구체적·개별적으로 이루어지게 된다. 이때 당해 시장에서의 대체성이 다른 한쪽의 시장의 대체성에도 영향을 미치는지 여부가 주로 관건이 된다. 양면시장에서 시장획정 방법은 일의적이지 않으며 결국은 문제되는 사안이 발생하였을 때 당해 양면시장의 성격, 수익구조, 이용자 구조 및 현황, 상호의존성 여부 등을 종합적으로 살펴서 관련시장 획정 시 오류에 빠지지 않도록 유의해야 한다.

즉 한쪽 측면의 시장에서 낮은 가격 또는 거의 무료인 가격을 설정한 것만 강조해서 보게 되면 약탈가격 책정이라고 볼 여지도 있을 수 있으나 양면시장을 전체적으로 보게 되면 기업의 이윤극대화를 위한 정당한 가격책정일 수도 있다. 한편으로는 낮은 가격 또는 무료로 책정한 한쪽 측면의 시장이 결국 다수의 이용자를 유치하기 위한 미끼에 불과하고 다수 이용자가 확보되는 순간 이를 이용하여 양면시장에서 시장지배력을 남용할 소지도 동시에 존재하게 됨을 항상 유념할 필요가 있다.

양면시장에서 시장획정 기법으로 임계매출감소 분석을 이용할 때는 양면시장의 각 시장 간 상호작용으로 인한 사항을 감안해야 한다. 즉 양면시장의 경우 한 측면 시장의 가격이 인상되어 수요가 감소하면 다른 측면의 수요가 함께 감소할 수가 있다. 이 경우에는 가격상승에 따라 추가적인 이윤감소가 발생하게 되므로 실제보다 임계매출감소율은 더 낮게 나오고, 실제매출감소율은 더 높게 책정되어 관련시장을 더 확대해야 한다는 결론에 성급하게 이를 수 있다. 따라서 양면시장의 획정 시에는 양 측면 시장 간의 상호작용을 감안하여 실제매출감소율 등을 조정하여 판단할 필요가 있다.

(6) 기타 시장획정 관련

(6)-1 부분시장 개념

상품이나 용역시장의 하위 단계에서 특별히 구분되는 시장획정이 가능할 경우 이를 부분시장(submarket)이라 지칭한다. 부분시장 개념이 필요한 예로서 석유판매 시장을 들 수 있는데 통상적으로는 당해 석유제품을 상품시장으로 획정하고 유통이 전국적인 단위에서 일어나면 지리적 시장을 전국시장으로 획정하게 될 것이다. 그러나 제주도와 같이 육지와 격리되어 수송비 등 물류비용 체계가 내륙과는 현저히 다른 경우에는 제주도에 유통되는 특정 석유제품의 대체성은 다를 수 있어 가격체계도 달리 정해질 수 있고 지리적 시장 또한 제주도라는 지역으로 국한해서 획정할 수도 있다. 이 경우에 석유판매시장의 부분시장으로서 제주도에서 경쟁이 벌어지는 '제주도 석유제품 시장'으로 시장획정이 가능할 수 있다. 그러나 특정 사안이 발생했을 때 시장획정은 당해 사안의 구체적·개별적 특수성을 감안해서 관련시장을 획정하면 될 뿐이기 때문에 굳이 부분시장 개념이 필요치 않다는 견해도 있다.

(6)-2 주상품과 부차적 상품 시장

주(主)상품 시장과 구별되는 부차적 상품 시장이 있는 경우 관련시장 획정을 어떻게 할지가 문제될 수 있다. 대표적으로 주상품인 컴퓨터 프린터 시장과 부차적 시장 또는 후속시장(aftermarket)인 프린터 토너 시장을 예로 들 수 있다. 주상품과 부차적 상품이 경쟁법상 문제되는 경우는 대개 주상품 시장에서는 고객을 고착시키기 위해 저렴한 가격을 책정하고 주상품에 부차적으로 사용해야 하는 후속시장 상품 가격은 주상품의 원가 등 비용과 이윤까지 고려하여 높게 책정하면서 주상품 시장 또는 부차적 상품시장에서 경쟁제한 행위를 하였을 경우가 해당된다.

주상품·부차적 상품과 관련된 관련시장 획정방법은 ① 주상품과 부차적 상품을 하나의 통합 시스템으로 보아 시장을 획정하는 방법, ② 주상품과 각 주상품별로 특화된 부차적 상품들을 각각 별도로 획정하는 다중(多重)시장 방법, ③ 주상품 시장과 호환가능한 부차적 상품시장으로 나누는 이중(二重)시장 방법으로 구분될 수 있다. 이 중에서 주로 문제되는 경우는 호환이 어려운 다중시장의 경우인데 만약 주상품 시장에 고착이 발생하고 당해 주상품에만 사용가능하도록 부차적 상품이나 서비스가 제한된 상태에서는 경쟁제한성이 인정될 가능성이 높아질 수 있다.

(6)-3 집합(군집)시장

일반적으로 상품시장은 단일 품목의 상품 또는 용역으로 획정되지만 다수 품목의 상품 또는 용역들이 그 기능이나 효용 면에서 아무런 대체성이 없음에도 불구하고 묶음으로 판매되고 소비자들은 이를 일괄구매함으로써 탐색이나 거래비용을 줄이는 경우가 있다. 이 경우 이들 다수 품목의 상품이나 용역을 하나의 상품시장으로 획정할 수 있게 되고 이 같은 시장을 집합시장 또는 군집시장(Cluster Market)이라 부른다.

대형마트의 경우가 대표적인 사례인데 소비자들은 대형마트에서 여러 종류의 상품들을 일괄구매하게 되고 개별 상품의 가격보다는 대형마트 전체의 가격 수준이나 제품의 다양성이 다른 대형마트와 비교하는 기준이 된다. 집합시장의 경우 특정 공급자로부터 여러 상품이나 용역을 일괄구매하는 것이 다수의 공급자로부터 개별적으로 상품이나 용역을 구입하는 경우보다 유리한 경우 발생하는 편의성이 크다면 집합시장으로 관련시장을 획정하는 것이 의미가 있을 수도 있다.

집합시장과 관련된 판례를 살펴보면 현대모비스의 시장지배적지위 남용행위 건에서 법원은 원고의 대리점은 개별 품목별로 정비용 부품을 공급받는 것이 아니라 일련의 정비용 부품 전체에 관한 수급권을 부여받는 형태로 원고와 거래하는 점과 현대·기아차용 정비용 부품이 100만 종이 넘어 원고 등과 그 부품도매상 사이에서 각 부품별로 개별적인 거래가 이루어진다고 보기 어려운 점을 들어 이 사건 관련 상품시장은 전체 차량 정비용 부품시장 또는 현대·기아차용 전체 정비용 부품시장으로 정할 수 있다고 [23]판시한 사례를 들 수 있다.

2. 시장지배적사업자

(1) 의의

공정거래법상 시장지배적사업자는 시장지배력을 가진 사업자, 즉 독과점 사업자를 의미한다. 전부개정 공정거래법은 제2조 제3호 정의규정을 통해 시장지배적사업자를 일정한 거래분야의 공급자나 수요자로서 단독으로 또는 다른

---

23) 대법원 2014. 4. 10. 선고 2012두6308 판결

사업자와 함께 상품이나 용역의 가격·수량·품질 기타의 거래조건을 결정·유지 또는 변경할 수 있는 시장지위를 가진 사업자로 정의하고 있다.

위 정의에서 '단독으로 또는 다른 사업자와 함께'의 의미는 1개 사업자가 독점상태이거나 수개의 사업자가 이미 과점의 형태로 시장이 형성되어 있는 경우를 의미한다. 독과점상태가 아닌 상태에서 수 명의 사업자가 독과점력을 행사하는 공동의 시장지배가 인정되는지 여부가 문제될 수 있다. 주로 유럽연합에서 공동의 시장지배를 일정한 요건 하에 인정하고 있고 우리나라의 경우도 3사 75%의 시장지배력 추정규정이 있음을 들어 인정가능하다는 견해도 있으나 다음의 법원 판례 등을 볼 때 우리나라에서는 아직 명시적으로 인정되는 것으로 보기는 어렵다.

법원은 비씨카드 외 14개사의 시장지배적지위 남용행위 건에서 공정거래법상의 시장지배적사업자 정의와 관련하여 공정거래법이 시장지배적지위의 남용금지 규정과 함께 사업자들의 부당한 공동행위를 제한하는 규정과 사업자단체의 일정한 행위를 금지하는 규정을 두고 있는 점에 비추어 개별적으로 시장을 독점 또는 과점의 형태로 지배하고 있지 아니한 여러 사업자들이 집단적으로 통모하여 독과점적 지위를 형성한 경우 이들 사업자들도 시장지배적사업자에 포함된다는 취지로는 볼 수 없다고 [24]판시한 바 있다.

(2) 판단 고려요소

종전에는 시장지배적사업자를 공정거래위원회가 지정해 왔으나 현재는 특정 사안이 발생했을 때 사후적으로 관련 사업자의 시장지배력을 판단하고 있다. 시장지배적사업자를 판단함에 있어서는 시장점유율, 진입장벽의 존재 및 정도, 경쟁사업자의 상대적 규모 등을 종합적으로 고려하고 있고 판례도 시장지배적사업자의 판단기준에 대해 동일한 내용의 [25]판시를 한 바 있다.

'진입장벽의 존재 및 정도'는 법적·제도적 장벽, 대규모 장치산업의 경우 필요자금 규모, 특허권 등 생산기술조건, 입지조건이나 원재료 조달조건 등을 의미하고, '경쟁사업자의 상대적 규모'는 설령 시장점유율이 30% 정도에도 못

---

24) 서울고등법원 2003. 5. 27. 선고 2001누15193 판결, 상고심(대법원 2005. 12. 9. 선고 2003두6283 판결)도 같은 취지로 판단하였다.

25) 포스코의 시장지배적지위 남용행위 건(대법원 2007. 11. 22. 선고 2002두8626 판결)

미친다 하더라도 경쟁사업자들이 대부분 군소사업자인 경우에는 사안에 따라 시장지배적사업자로 인정될 가능성이 있음을 의미한다. 그 외에도 경쟁사업자간 공동행위 가능성이 높거나, 원재료에 대한 수요독점자의 경우에는 당해 원재료를 이용한 제품시장에서 시장지배적사업자일 가능성이 높아진다. 시장지배력의 자세한 판단기준에 대해서는 후술하기로 한다.

3. 시장지배적사업자 추정제도

(1) 의의

전부개정 공정거래법 제6조는 시장지배적사업자의 추정을 규정하고 있는데 연간 매출액 또는 구매액이 40억 원 이상인 사업자 중 1개 사업자의 시장점유율이 50% 이상이거나 3개 이하의 사업자의 시장점유율 합계가 75% 이상인 경우는 시장지배적사업자로 추정하며, 3개 이상의 사업자의 시장점유율 75% 요건에서 시장점유율이 10% 미만인 사업자는 시장지배적사업자 추정에서 제외하고 있다. 참고로 최근 공정거래법 개정으로 2024. 8. 7.부터는 시장지배적사업자 추정제외 매출액 등 기준이 40억 원에서 80억 원 미만으로 조정되었다.

'연간 매출액 또는 구매액'은 해당 사업자가 시장지배적지위 남용행위의 종료일이 속하는 사업연도의 직전 사업연도 1년 동안에 공급하거나 구매한 상품 또는 용역의 금액을 말하며, 이때 상품 또는 용역에 대한 간접세는 제외된다.

'시장점유율'은 시장지배적지위 남용행위 종료일이 속하는 사업연도의 직전 사업연도 1년 동안에 국내에서 공급 또는 구매된 상품 또는 용역의 금액 중에서 당해 사업자의 상품 또는 용역이 점하는 비율을 말하며, 금액기준으로 산정하기 어려운 경우에는 물량기준 또는 생산능력기준으로 산정할 수 있고, 시장지배적사업자의 추정과 관련해서는 당해 사업자와 그 계열회사를 하나의 사업자로 보고 시장점유율 등을 산정하게 된다. 법원도 시장점유율에 대해서 공정거래법령에서 규정하는 내용과 동일한 [26]판시를 한 바 있다.

시장점유율을 산정할 때에는 당해 사업자와 계열회사를 하나의 사업자로 보고 시장점유율을 서로 합산하여 산정하게 되는데, 실제 사안에서 하나의 사업자로 보는 것이 적정한지가 문제된 사례가 있었다. 비씨카드 외 14개사의 시

26) 인터파크지마켓의 시장지배적지위 남용행위 건(대법원 2011. 6. 10. 선고 2008두16322 판결)

장지배적지위 남용행위 건에서 공정거래위원회는 비씨카드와 12개 회원은행을 하나의 사업자로 보아 시장점유율을 합산하였는데 법원은 12개 회원은행이 공정거래법상 시장지배적사업자를 추정할 때 시장점유율을 합산하도록 되어 있는 계열회사의 지위에 있는 것은 아님에도 불구하고 하나의 사업자로 봐서 시장점유율을 합산한 것은 부당하다고 [27]판시한 바 있다.

시장점유율에 기초하여 시장지배적사업자를 추정하는 것은 일정한 한계도 있음을 알 필요가 있다. 시장점유율이 추정에 있어 기초가 되는 지표임에는 분명하지만, 시장지배적지위 남용행위를 판단함에 있어서는 특정 시점에서의 시장점유율 이외에 시간의 경과에 따른 시장점유율의 변화추이에도 관심을 가질 필요가 있기 때문이다. 만약 어떠한 관련시장에서 주요 경쟁사업자들의 시장점유율이 시간의 경과에 따라 그 변화 폭이 크다면 이는 시장에의 자유로운 진입을 전제로 경쟁이 활성화되고 있음을 나타낼 수도 있기 때문이다. 또한 시장점유율은 관련시장에서의 시장점유율을 의미하는 것이기 때문에 앞서 설명한 관련시장의 정확한 획정이 전제가 됨도 유의할 필요가 있다.

(2) 관련 판례

시장점유율을 근거로 시장지배적사업자로 추정을 인정하거나 부인한 판례를 살펴본다. 인터파크지마켓의 시장지배적지위 남용행위 건에서 법원은 원고가 국내 오픈마켓 운영시장에서 계열사를 포함한 시장점유율이 39.5%에 이르고 상위 3개사의 시장점유율을 합하게 되면 91.4%에 이르기 때문에, 원고는 국내 오픈마켓 운영시장에서 시장지배적사업자로 추정된다고 [28]판시한 사례가 있다.

에스케이텔레콤의 시장지배적지위 남용행위 건에서도 법원은 원고의 전체 이동통신서비스의 매출액 비율은 58.5%, MP3 핸드폰을 통한 이동통신서비스의 매출액 비율은 60.2%에 달하고 있고 정보통신부가 1997년 PCS사업자 허가 이후 이동통신분야에 신규사업자 진입을 허용하고 있지 않음 등을 볼 때 원고는 MP3 핸드폰을 디바이스로 하는 이동통신서비스 시장에서의 시장지배적사업자의 지위에 있다고 [29]판시하였다.

---

27) 대법원 2005. 12. 9. 선고 2003두6283 판결
28) 대법원 2011. 6. 10. 선고 2008두16322 판결
29) 서울고등법원 2007. 12. 27. 선고 2007누8623 판결, 상고심(대법원 2011. 10. 13. 선고

공정거래법에서 정하는 시장지배적사업자 추정의 시장점유율 기준에 실제 미달함을 이유로 시장지배적사업자를 부인한 판례로는 비씨카드 외 14개사의 시장지배적지위 남용행위 건에서 법원은 신용카드 시장의 상위 3개사는 엘지카드, 삼성카드 및 국민카드인데 이들 상위 3개사 시장점유율은 53.8%에 불과하여 공정거래법이 정한 시장점유율의 합계 100분의 75에 미달하며, 비씨카드와 12개 회원은행들은 상위 3개사에도 포함되지 아니할 뿐 아니라 그 시장점유율 또한 10% 미만이므로 원고들은 이 사건 카드시장의 이자율과 수수료율 등 거래조건을 결정, 유지 또는 변경할 수 있는 시장지위를 가진 시장지배적사업자로 볼 수는 없다고 [30]판시하였다.

부당한 시장획정으로 잘못 계상된 매출액을 근거로 시장지배력을 추정한 것을 부인한 사례가 있다. 엔에치엔의 시장지배적지위 남용행위 등에 대한 건에서 법원은 공정거래위원회가 이 사건 관련시장을 '인터넷포털서비스 이용자 시장'으로 획정한 것에 대해 문제가 된 광고제한행위는 동영상콘텐츠 공급업체와의 관계에서 발생한 것으로 동영상콘텐츠는 인터넷포탈에 반드시 의존해서 제공할 수 있는 것이 아니라 통상의 인터넷검색서비스를 통해서도 충분히 가능한 점, 즉 대체성을 고려하지 않고 관련 상품시장을 인터넷포털서비스 이용자 시장으로 획정한 것은 부당하다고 하면서 아무런 근거 없이 게임관련 매출액, 전자상거래 매출액 등이 포함된 포털사업자의 전체매출액을 관련 상품시장에서의 시장지배력 추정기준으로 삼은 것 또한 부당하다고 [31]판시하였다.

공정거래법상 시장지배적사업자 추정요건에 해당하는 시장점유율은 가지고 있으나 특정 거래에 있어 거래상대방이 협상력을 보유하고 있거나 관련 상품시장에서 유력한 경쟁사업자와의 치열한 경쟁이 있음을 이유로 시장지배적지위를 부인할 수 있는지가 문제될 수 있다. [32]인텔의 시장지배적지위 남용행위 건에서 인텔은 삼성 등 세계적인 규모의 PC제조업체들에 대해 CPU의 가격 등 거래조건을 마음대로 정할 수 없고 오히려 리베이트를 지급해 왔으며, CPU 시

2008두1832 판결)도 원심과 같은 취지로 판단하였다.

30) 대법원 2005. 12. 9. 선고 2003두6283 판결

31) 대법원 2014. 11. 13. 선고 2009두20366 판결

32) 공정거래위원회는 인텔의 리베이트 제공행위가 공정거래법상 시장지배적지위 남용행위 중 경쟁사업자 배제행위에 해당하는 것으로 보고 시정명령과 함께 266억 원의 과징금을 부과하였다.

장에서 AMD라는 강력한 경쟁자의 존재로 가격이 지속적으로 하락하는 등 인텔이 독자적으로 관련 상품의 가격 등 거래조건을 마음대로 결정·유지·변경할 수 없어서 시장지배적사업자의 지위에 있지 않다고 주장하였으나 법원은 인텔의 시장점유율이 국내 시장의 경우 평균 95.8%, 세계시장의 경우 70%를 상회하고 있고 AMD는 아직 인텔에 비해 시장점유율, 생산능력, 자금력 등이 현저히 뒤처져 있으며, CPU 시장은 특허권 등 고도의 생산기술과 생산에 필요한 최소자금규모가 상당히 커서 진입이 쉽게 일어날 수 없는 점을 볼 때 원고가 주장하는 사정만으로는 시장지배적사업자 지위에 있다는 법률상 추정이 번복될 수 없다고 [33]판시한 바 있다.

4. 시장지배력의 판단기준

(1) 시장점유율

시장점유율은 사업자가 속해 있는 관련시장에서 판매량, 매출액 등을 기준으로 계산된 사업자의 시장점유율을 의미하며 허핀달-허쉬만 지수(HHI)와 더불어 시장집중과 관련된 지수이다. 시장점유율은 관련시장을 어떻게 획정하는지에 따라 달라질 수 있는데 결국은 대체가능한 상품을 어디까지로 보는지에 따라 시장점유율이 달라질 수 있다는 의미이다. 전부개정 공정거래법은 제6조에서 시장지배적 사업자의 추정에 대해 규정하면서 상위기업 집중률 개념을 사용하고 있다. 상위기업 집중률은 시장점유율 상위 n개 기업이 시장에서 차지하는 비율을 의미하고 직관적인 이해와 계산이 용이하다는 장점이 있으나 관련시장의 일부 참여 기업(상위 n개)만 반영이 되고 나머지 기업들은 제외가 되는 한계가 있다.

1개 사업자의 시장점유율이 50% 이상, 3개 이하의 사업자의 시장점유율의 합계가 75% 이상에 해당하는 사업자는 시장지배적사업자로 추정할 수 있다. 3개 이하 사업자의 경우 시장점유율 10% 미만의 사업자는 추정에서 제외한다. 공정거래법 시행령은 제2조에서 시장점유율을 시장지배적지위 남용행위 금지규정에 위반한 혐의가 있는 행위의 종료일이 속하는 사업연도의 직전 사업연도 1년 동안에 국내에서 공급 또는 구매된 상품 또는 용역의 금액 중에서 당해 사

---

33) 서울고등법원 2013. 6. 19. 선고 2008누35462 판결, 고등법원에서 확정되었다.

업자가 국내에서 공급 또는 구매한 상품 또는 용역의 금액이 점하는 비율을 의미한다고 규정하고 있고 시장점유율을 금액기준으로 산정하기 어려운 경우에는 물량기준 또는 생산능력 기준으로 산정할 수 있다고 하고 있다.

(2) 진입장벽의 존재 및 정도

당해 시장에 대한 신규진입이 가까운 시일 내에 용이하게 이루어질 수 있는 경우에는 시장지배적사업자일 가능성이 낮아질 수 있는데, 신규진입의 가능성은 법적·제도적인 진입장벽의 유무, 필요 최소한의 자금규모, 특허권 기타 지식재산권을 포함한 생산기술조건, 입지조건, 원재료조달조건, 유통계열화의 정도 및 판매망 구축비용, 제품차별화의 정도, 수입의 비중 및 변화추이, 관세율 및 각종 비관세장벽 등을 고려하여 판단한다.

최근 3년간 당해 시장에 신규진입한 사업자, 당해 시장에 참여할 의사와 투자계획 등을 공표한 사업자, 현재의 생산시설에 중요한 변경을 가하지 아니하더라도 당해 시장에 참여할 수 있는 등 당해 시장에서 상당시간 어느 정도 의미 있는 가격인상이 이루어지면 중대한 진입비용 또는 기존사업에 대한 퇴거비용의 부담 없이 가까운 시일 내에 당해 시장에 참여할 것으로 판단되는 사업자 등이 있는 경우에는 신규진입이 용이한 상태로 판단할 수 있다.

진입장벽과 관련해서 우리나라의 경우는 수입가능성에 대해 고려할 필요성이 크다. 우리나라는 대외개방형 시장경제체제를 채택하고 있어 자유로운 수출입이 활성화되어 있어서 국내시장에 유통되는 상품에는 외국 수입품이 포함되어 있는 경우가 대부분이거나 현재 유통되고 있지는 않더라도 대체가능한 외국 수입품의 즉각적인 수입이 가능한 경우가 많다. 법원도 포스코의 시장지배적지위 남용행위 건에서 시장지배력을 판단할 때에는 현재 및 장래의 수입 가능성이 미치는 범위 내에서는 국외에 소재하는 사업자들도 경쟁관계에 있는 것으로 포함시켜 시장지배 여부를 정함이 상당하다고 [34]판시한 바 있다.

(3) 경쟁사업자 및 거래상대방의 상대적 규모

경쟁사업자의 규모가 상대적으로 큰 경우에는 시장지배적사업자일 가능성이 낮아질 수 있는데, 경쟁사업자의 규모는 경쟁사업자의 시장점유율·생산

34) 대법원 2007. 11. 22. 선고 2002두8626 판결

능력·원재료 구매비중 또는 공급비중·자금력 등을 고려해서 판단한다. 당해 시장에 대량구매 사업자나 대량공급 사업자가 존재하는 경우에는 시장지배적 사업자일 가능성이 낮아질 수 있는데, 거래상대방으로서 대량구매 사업자나 대량공급 사업자는 거래에 있어 협상력(Bargaining Power)을 가지고 있으므로 시장지배력을 행사하기가 어렵게 되기 때문이다. 참고로 대량구매 사업자나 대량공급 사업자라 함은 사업자의 구매액이나 공급액이 당해 시장의 국내 총공급액에서 차지하는 비율이 시장지배적사업자의 추정요건에 해당되는 시장점유율을 가진 사업자를 의미한다.

(4) 경쟁사업자 간의 공동행위의 가능성

사업자 간의 가격·수량 기타의 거래조건에 관한 명시적·묵시적 공동행위가 이루어지기 용이한 경우에는 시장지배적사업자일 가능성이 높아질 수 있다. 당해 사업자가 시장에서 군소사업자에 불과한 경우보다는 유력한 사업자일 경우에는 경쟁을 제한하기 위한 부당한 공동행위에 가담할 유인과 가능성이 커지는데 그 이유는 공동행위 참가한 사업자들의 시장점유율이 클 경우 시장의 가격 등에 영향을 미치는 것이 용이하고 더 큰 이익을 얻을 가능성이 커지기 때문이다.

사업자 간의 공동행위 가능성은 ① 최근 수년간 당해 거래분야에서 거래되는 가격이 동일한 거래분야에 속하지 않는 유사한 상품이나 용역의 평균가격에 비해 현저히 높았는지 여부, ② 국내에서 거래되는 가격이 수출가격이나 수입가격에 비해 현저히 높은지 여부, ③ 당해 거래분야에서 거래되는 상품이나 용역에 대한 수요의 변동이 작은 경우로서 경쟁관계에 있는 사업자가 수년간 안정적인 시장점유율을 차지하고 있는지 여부, ④ 경쟁관계에 있는 사업자가 공급하는 상품의 동질성이 높고 경쟁관계에 있는 사업자 간의 생산·판매 및 구매조건이 유사한지 여부, ⑤ 경쟁관계에 있는 사업자의 사업활동에 관한 정보수집이 용이한지 여부, ⑥ 과거 부당한 공동행위가 이루어진 사실이 있었는지 여부 등을 고려하여 평가한다.

(5) 유사품 및 인접시장의 존재

기능 및 효용 측면에서 유사하나 가격 또는 기타의 이유로 별도의 시장이 존재하고는 있으나 거리상으로 인접하여 특정 사업자의 상품과 대체성이 높은 시장이 존재하는 경우에는 시장지배적 사업자일 가능성이 낮아질 수 있다. 그 이유는 당해 사업자가 가격 인상 등을 통해 시장지배력을 행사하려고 하는 경우 비록 시장이 분리되어 있더라도 상품 등의 유사성이나 거리상 인접성 때문에 즉각적인 대체가 일어나 경쟁이 발생할 가능성이 크기 때문이다.

유사품 시장을 검토하는 경우에는 생산기술의 발달가능성, 판매경로의 유사성 등 그 유사상품이나 용역이 당해 시장에 미치는 영향을 살펴봐야 하고, 거래지역별로 별도의 시장을 구성하고 있다고 보는 경우에도 시장 간의 지리적 근접도, 수송수단의 존재여부, 수송기술의 발전가능성, 인접시장에 있는 사업자의 규모 등 인근 지역시장이 당해 시장에 미치는 영향을 고려하여 시장지배력을 종합적으로 판단하게 된다.

(6) 시장봉쇄력

계열회사를 포함한 당해 사업자의 원재료 구매비율이나 공급비율이 시장지배적사업자를 추정할 수 있는 시장점유율 요건에 해당되면 시장지배적사업자일 가능성이 높아질 수 있다. 특정 사업자가 상방시장에서 원재료를 독점적으로 공급하는 위치에 있는 경우 하방시장에서 자신의 계열회사에게만 그 원재료 공급단가 등을 유리하게 공급하여 하방시장의 여러 경쟁사업자들을 봉쇄할 수가 있는데 이 경우 그 특정사업자는 시장지배력을 남용했다고 볼 가능성이 커지게 된다. 반대로 특정 사업자가 하방시장에서 유력한 사업자로서 원재료 구매에 대한 영향력이 큰 경우에도 마찬가지로 시장지배력 남용 가능성이 생기게 된다.

(7) 자금력 등 기타 고려요인

당해 사업자의 자금력이 다른 사업자에 비해 현저히 크다면 시장지배적사업자일 가능성이 높아질 수 있다. 자금력은 특정 사업자의 영업능력과 어느 정도 비례관계에 있기 때문에 자금력 또는 영업능력이 월등한 사업자는 당해 관련시장에서 시장을 지배할 역량을 갖기가 쉽게 된다. 자금력 평가 시에는 자본 또는 부채의 동원능력, 매출액, 이윤, 순이익률, 현금흐름, 자본시장에의 접근가능성, 계열회사의 자금력 등을 고려하게 된다. 기타 사업자가 거래선을 당해 사업자로부터 다른 사업자에게로 변경할 수 있는 가능성, 시장경쟁에 영향을 미치는 당해 사업자의 신기술 개발 및 산업재산권 보유여부 등도 시장지배력을 판단하는 중요한 요소가 될 수 있다.

5. 시장지배력의 전이(Leveraging)

(1) 의의

시장지배력의 전이(轉移)는 특정 상품시장에서 특정 사업자가 가지는 시장지배력이 원재료나 부품 등 다른 시장에까지 영향을 미치는 상태를 의미하는데 예를 들어 스마트폰, 태블릿, PC 등 전자기기를 제조·판매하는 특정 제조사가 해당 상품시장에서 시장지배력을 가지는 경우에 당해 사업자의 시장지배력이 디스플레이 패널과 같은 부품 또는 원자재시장에도 영향력을 미치는 경우를 상정해 볼 수 있다.

시장지배적사업자가 자신이 지배하는 시장뿐만 아니라 그 이전 또는 다음 단계의 인접시장에서 자신의 지배력을 전이하여 그 시장에서 다른 사업자의 활동을 부당하게 방해하는 경우도 시장지배적지위의 남용에 해당하므로, 시장지배력의 전이가 발생하는 경우의 관련시장 획정은 통상의 시장획정과는 다를 수 있음에 유의를 할 필요가 있다. 즉 사안에 따라 해당 사업자가 속한 일정한 거래분야의 시장 이외에 시장지배력의 전이로 영향을 미쳤다고 볼 만한 부품 또는 원재료 등의 다른 시장 또한 관련시장의 범위에 포함시켜 획정할 필요도 있는 것이다. 이렇게 시장획정을 함으로써 시장지배력에 대한 평가가 정확해질 수 있고 그에 따른 시정조치도 정확하게 내려질 수 있게 된다.

(2) 관련 판례

포스코의 시장지배적지위 남용행위 건에서 법원은 경쟁제한의 효과가 문제되는 관련시장은 시장지배적사업자 또는 경쟁사업자가 속한 시장뿐만 아니라 그 시장의 상품 생산을 위하여 필요한 원재료나 부품 및 반제품 등을 공급하는 시장 또는 그 시장에서 생산된 상품을 공급받아 새로운 상품을 생산하는 시장도 포함될 수 있다고 [35]판시한 바 있다.

35) 대법원 2007. 11. 22. 선고 2002두8626 판결

에스케이텔레콤의 시장지배적지위 남용행위 건에서 법원은 에스케이텔레콤이 에스케이텔레콤 MP3 핸드폰 사용자가 MP3 음악을 듣기 위해서는 원고가 운영하는 멜론사이트의 음악파일만 구매·재생할 수 있도록 MP3 핸드폰에 DRM을 설치한 것과 관련하여 에스케이텔레콤은 이동통신시장에서 시장지배적사업자의 지위에 있고 위와 같은 방법으로 자신의 시장지배력을 MP3 파일다운로드 시장에 전이시켜서 자신이 운영하는 멜론사이트가 유리해지도록 하여 다른 MP3 파일다운로드 시장 참가 사업자의 사업을 방해하였다고 [36]판시하면서 시장지배력의 전이를 인정한 바 있다.

시장지배력의 전이를 판단하기 위해서는 양 시장의 거래내용, 특성, 시장지배적지위 남용행위의 규제 목적 등 여러 사정을 종합적으로 고려해야 하는데 이와 같은 여러 사정을 고려해서 시장지배력의 전이를 부인한 판례로는, 티브로드강서방송의 시장지배적지위 남용행위 건에서 법원은 원고는 종합유선방송사업자로서 일반 이용자들이 유선방송을 시청하게 되는 프로그램송출 시장과 홈쇼핑사업자들에 대해 유선방송을 통해 홈쇼핑을 송출하도록 서비스를 제공하는 프로그램송출서비스 시장을 운영하고 있고 비록 강서구 지역의 프로그램송출 시장에서는 시장지배적지위를 가진다고 볼 수는 있으나 홈쇼핑사업자의 입장에서는 전국에 산재한 다수의 종합유선방송사업자와 송출서비스 관련 거래를 하는 것이 가능한 상황을 고려하면 프로그램송출 시장에서 시장지배적사업자인 원고의 시장지배력이 프로그램송출서비스 시장으로 전이된다고 볼 만한 근거가 없다고 [37]판시한 경우를 들 수 있다.

---

36) 서울고등법원 2007. 12. 27. 선고 2007누8623 판결, 상고심(대법원 2011. 10. 13. 선고 2008두1832 판결)도 원심과 같은 취지로 판단하였다. 다만 대법원은 사업활동방해 행위는 인정하면서도 DRM의 설치가 그 필요성을 감안할 때 경쟁제한 효과에 대한 의도나 목적을 가지고 이루어졌다고 보기는 어렵다고 하면서 위법성은 인정하지 않았다. 이에 대해서는 상세히 후술하도록 한다.

37) 대법원 2008. 12. 11. 선고 2007두25183 판결

Ⅲ. 시장지배적지위 남용행위

1. 개관

(1) 의의

시장지배적지위 남용행위는 시장지배력을 갖고 있거나 시장지배력을 가진 것으로 추정되는 사업자가 공정거래법에서 금지하고 있는 유형의 행위를 하고 당해 행위가 관련시장에서 경쟁을 제한하는 경우를 의미한다. 따라서 시장지배적지위의 남용행위를 판단하기 위해서는 ① 특정한 행위의 존재, ② 시장지배력의 유무, ③ 시장지배력이 영향을 미치는 관련시장, ④ 관련시장에서의 경쟁제한성의 유무가 확인되어야 한다.

위 요건에 따른 시장지배적지위 남용행위의 위법성이 인정되기 위해서는 당해 행위가 부당하게 이루어져야 한다. 부당성은 제품·서비스의 우월함이나 기술개발, 보다 신속한 제품 공급 등 장점을 동반하는 경쟁과는 무관하게 경쟁사업자를 배제하거나 소비자 이익을 침해하는 경우를 의미하는데 시장지배적지위 남용행위의 부당성(위법성) 요건에 대해서는 후술하기로 한다.

전부개정 공정거래법은 제80조에서 동법에 위반되는 사실에 대해 누구든지 공정거래위원회에 신고할 수 있도록 규정하고 있고, 공정거래위원회 고시인 '공정거래위원회 회의 운영 및 사건절차 등에 관한 규칙'(이하 '사건절차규칙'이라 한다)은 별도의 양식을 정하여 공정거래법 등의 위반행위를 신고할 수 있도록 하고 있다. 이에 따라 시장지배적지위 남용행위에 대해서는 누구든지 공정거래위원회에 [38]신고하는 것이 가능하다.

시장지배적지위 남용행위는 공정거래위원회 규제분야 중 시장지배력 추정을 위한 시장점유율, 관련시장 획정, 경쟁제한성 판단 등에 있어 매우 전문적인 분야에 해당하므로 통상의 신고인이 신고내용과 증거자료를 갖추어 신고하는 것이 용이한 것은 아니다. 따라서 시장지배적지위 남용행위 규제는 신고보다는 공정거래위원회가 직권으로 인지하여 조사하여 규제하는 것이 더 일반적이다.

---

38) 시장지배적지위 남용행위에 대한 신고양식은 이 장 말미에 참고로 첨부해 놓았다(326쪽 참조).

(2) 불공정거래행위와의 관계

(2)-1 법조의 적용

시장지배적지위 남용행위 중 사업활동방해, 신규진입제한, 경쟁사업자 배제는 공정거래법상 금지하고 있는 불공정거래행위 유형 중 거래거절행위, 경쟁사업자 배제행위, 끼워팔기, 구속조건부 거래 등과 성질이 유사한 면이 있다. 따라서 특정행위가 발생했을 때 이를 시장지배적지위 남용행위로 규율해야 할지 불공정거래행위로 규율해야 할지가 문제가 된다. 법위반 관련 사업자가 시장지배적사업자가 아닌 경우에는 당연히 불공정거래행위 금지 규정이 적용되는 것이지만, 위반 사업자가 시장지배적사업자인 경우에는 경합적용의 문제가 발생하게 된다.

공정거래위원회 입장에서는 독과점 규제가 경쟁법상 갖는 중요성을 의식해서 특정행위의 적용 법규가 경합될 경우는 시장지배적지위 남용행위 규정을 우선 적용하는 것으로 천명하고 있으나 판례는 경합 또는 중복적용이 가능하다고 판시하고 있다. 이에 따라 실무적으로는 관련시장의 획정을 통한 시장지배력과 당해 시장에서의 경쟁제한성 등을 입증해야 하는 시장지배적지위 남용행위 적용이 소송과정에서 패소할 가능성에 대비하여 법규정이 경합되는 행위의 경우에는 공정거래저해성을 중심으로 입증하는 불공정거래행위 규정을 보조적으로 적용하고 있다. 다만, 경합적으로 적용하는 경우에 유사하게 보이는 행위일지라도 시장지배적지위 남용행위의 부당성과 불공정거래행위의 부당성은 상이하므로 각각 별도로 입증하는 것이 원칙이며 시장지배적지위 남용행위와 불공정거래행위의 부당성 판단에 관련된 법원 판례는 후술하기로 한다.

규제대상인 사업자의 입장에서는 특정행위가 시장지배적지위 남용행위와 불공정거래행위 규제 중 어떤 규제를 받느냐에 따라 제재의 수준이 달라질 수 있어 중요한 문제에 해당한다. 공정거래위원회의 대표적 제재 유형인 과징금 부과를 보더라도 시장지배적지위 남용행위의 경우는 관련매출액의 6%까지 부과할 수 있는 반면에 불공정거래행위는 과징금 부과의 상한이 관련매출액의 4%까지로 차이가 있음을 알 수 있다.

(2)-2 관련 판례

포스코의 시장지배적지위 남용행위 건에서 법원은 공정거래법상 시장지배적지위 남용행위인 거래거절과 불공정거래행위로서의 거래거절행위는 그 규제 목적 및 범위를 달리하고 있으므로 시장지배적사업자의 거래거절행위의 부당성은 불공정거래행위로서의 거래거절행위의 부당성과는 별도로 독자적으로 평가·해석해야 한다고 [39]판시하고 있다.

에쓰오일의 배타조건부 거래행위 건에서도 법원은 공정거래법상의 시장지배적 사업자의 배타조건부 거래행위와 불공정거래행위로서의 배타조건부 거래행위는 그 규제목적 및 범위를 달리하고 있으므로 시장지배적 사업자의 배타조건부 거래행위의 부당성의 의미는 불공정거래행위로서의 배타조건부 거래행위의 부당성과는 별도로 독자적으로 평가·해석하여야 한다고 [40]판시하고 있다.

현대모비스의 경쟁사업자 배제행위 및 배타조건부 거래행위 건에서 법원은 시장지배적지위 남용행위와 불공정거래행위 금지 규정의 경합적용에 관해 판시하고 있는데, 원고가 자신의 대리점을 상대로 순정품 취급을 강제하고 비순정품 거래를 통제한 것은 시장지배적지위를 계속 유지하기 위해 인위적으로 시장질서에 영향을 가하려는 의도나 목적으로 이루어졌고, 이 사건 배타조건부 거래행위로 인하여 경쟁부품업체가 시장에서 배제되거나 신규진입에 실패할 가능성이 커지고, 소비자는 정비용 부품을 더 싸게 살 기회를 갖지 못하여 소비자 후생이 감소할 수밖에 없는 점 등을 근거로 볼 때 시장지배적지위 남용행위와 불공정거래행위에서의 부당성에 관한 법리를 오해한 잘못이 없다고 [41]판시하였다.

2. 배제남용과 착취남용

시장지배적지위 남용행위 중 '배제(排除)남용'은 경쟁자를 시장에서 배제할 우려가 있는 행위로서 시장지배적지위를 유지·강화하기 위한 남용행위 또는 실재적·잠재적 경쟁자를 배제하여 시장의 경쟁상황을 악화시키는 남용행위를 말하며 공정거래법상으로는 사업활동방해, 신규진입제한, 경쟁사업자배제 행위가 포함된다. 배제남용은 시장지배적지위 남용행위의 전형으로서 경쟁제한성 폐해가 극단적으로 나타나는 것으로 보고 있기 때문에 우리나라를 비롯한 주요 경쟁당국들은 시장지배적지위 남용행위와 관련해서는 주로 배제남용 행위에 관

39) 대법원 2007. 11. 22. 선고 2002두8626 판결
40) 대법원 2013. 4. 25. 선고 2010두25909 판결
41) 대법원 2014. 4. 10. 선고 2012두6308 판결

심을 두고 규제의 중점을 두고 있다.

시장지배적지위 남용행위 중 '착취(搾取)남용'은 거래상대방이나 소비자에게 돌아가야 할 이익이나 후생을 사업자가 시장지배력을 이용하여 착취하는 행위로서 이는 경쟁시장에서는 얻기 어려운 이익을 시장지배력을 이용해서 획득하는 행위를 의미한다. 착취남용은 주로 거래상대방 또는 소비자에게 부당한 거래조건을 강요하거나 부당한 가격을 책정하는 방법 등으로 이루어지며, 우리나라 공정거래법상으로는 가격남용, 출고조절, 소비자이익 저해행위가 포함된다. 착취남용은 배제남용과는 달리 주요 경쟁당국에서 법집행이 거의 이루어지고 있지 않은데 기준이 되는 정상적인 시장에서의 가격, 생산량 등을 알기도 어렵고 가격이나 생산량에 정부가 개입하는 것이 시장경제 원리상 적절하지 않을 수도 있다는 인식에 기인한다.

이론적 구분인 배제남용과 착취남용 개념은 별론으로 하고 전부개정 공정거래법은 제5조에서 시장지배적지위 남용행위의 유형으로 ① 상품의 가격이나 용역의 대가를 부당하게 결정·유지 또는 변경하는 행위, ② 상품의 판매 또는 용역의 제공을 부당하게 조절하는 행위, ③ 다른 사업자의 사업활동을 부당하게 방해하는 행위, ④ 새로운 경쟁사업자의 참가를 부당하게 방해하는 행위, ⑤ 부당하게 경쟁사업자를 배제하기 위하여 거래하거나 소비자의 이익을 현저히 해칠 우려가 있는 행위를 규정하고 있으며, 공정거래법 시행령 제9조는 시장지배적지위 남용행위의 유형 또는 기준을 상세히 정하고 있다. 이하에서는 공정거래법령상의 시장지배적지위 남용행위 유형을 중심으로 살펴보기로 한다.

3. 가격남용행위

(1) 의의

시장지배적사업자가 [42]'상품의 가격이나 용역의 대가'를 부당하게 결정·유지 또는 변경하는 행위로서 정당한 이유 없이 가격을 수급의 변동이나 공급에 필요한 비용의 변동에 비하여 현저하게 상승시키거나 근소하게 하락시키는 경우를 의미한다. 이때 비용은 동종 또는 유사업종의 통상적인 수준의 것으로 한다. 가격남용행위는 '착취남용'에 해당하며 가격남용행위의 위법성을 판단하

42) 상품의 가격이나 용역의 대가를 줄여서 '가격'이라고 약칭하기로 한다.

기 위해서는 우선 당해 사업자에 대한 시장지배력이 인정되어야 하고, 현저한 수준의 가격남용에 해당하는 행위가 있어야 하며 당해 행위가 부당하게 경쟁을 제한할 의도나 목적이 입증되어야 한다.

가격남용행위의 개념과 관련하여 '상품의 가격이나 용역의 대가'는 원칙적으로 현금결제에 적용되는 가격을 기준으로 하지만 거래관행상 다른 가격이 있는 경우에는 그 가격을 적용하며, '부당한 가격'이란 시장에서 자유롭고 공정한 경쟁의 결과로 나타나는 경쟁가격에 비해 불합리하게 높은 가격을 의미한다.

'수급의 변동'은 당해 품목의 가격에 영향을 미칠 수 있는 수급요인의 변동을 의미하며 이때 상당기간 동안 당해 품목의 수요 및 공급이 안정적이었는지를 고려하게 되며, '공급에 필요한 비용의 변동'은 가격결정과 상관관계가 있는 재료비, 노무비, 제조경비, 판매비와 일반관리비, 영업외 비용 등의 변동을 의미한다.

'동종 또는 유사업종'은 원칙적으로 당해 거래분야가 기준이지만 당해 거래분야 판단에 있어 필요한 경우에는 유사시장이나 인접시장을 포함하게 되며, '통상적인 수준'에 관한 판단은 각각의 비용항목과 전체비용을 종합하되 당해 사업자의 재무상황, 비용의 변동추세, 다른 사업자의 유사항목 비용지출상황 등을 고려하게 된다.

'현저하게 상승시키거나 근소하게 하락'하는 경우는 최근 당해 품목의 가격변동 및 수급상황, 당해 품목의 생산자물가지수, 당해 사업자의 수출시장에서의 가격인상률, 당해 사업자가 시장에서 가격인상을 선도할 수 있는 지위에 있는지 여부 등을 종합적으로 고려하여 판단한다.

(2) 규제의 한계

가격남용행위 규제를 위해서는 가격 또는 비용의 산정과 부당성 입증이 필요한데 이러한 가격 또는 비용의 정확한 산정과 입증이 용이하지 않고 가격의 설정은 시장경제하에서 경쟁상황 등 여러 요인을 고려하여 기업이 결정하는 핵심 요소임을 고려할 때 설정된 상품 또는 용역의 가격에 대해 공권력이 가격남용이라고 규제하는 경우에는 기업의 근간인 경제적 자율성을 침해할 수도 있다는 비판과 우려가 많다. 그 결과로 다른 나라 경쟁당국은 물론 우리나라도 가격

남용행위에 대한 집행실적이 [43]많지 않은 실정이고 관련 판례도 축적되어 있지 않은 상태이다.

4. 출고조절행위

(1) 의의

시장지배적 사업자가 상품의 판매 또는 용역의 제공을 부당하게 조절하는 행위로서 ① 정당한 이유 없이 최근의 추세에 비추어 상품 또는 용역의 공급량을 현저히 감소시키거나, ② 정당한 이유 없이 유통단계에서 공급부족이 있음에도 불구하고 상품 또는 용역의 공급량을 감소시키는 경우를 의미한다. 출고조절과 관련하여 공정거래위원회가 시장지배적지위 남용행위로 규제한 사례는 3건 정도로 많지 않으며 모두 IMF 외환위기 이후 환율 및 원자재 가격 폭등과 일시적 가(假)수요 등이 원인이 되어 이루어진 행위들에 해당한다.

출고조절행위의 개념과 관련하여 '최근의 추세'는 공급량을 제품별, 지역별, 거래처별, 계절별로 구분하여 판단하되, 제품의 유통기한, 수급의 변동요인, 공급에 필요한 비용의 변동요인을 감안하고, '공급량을 현저히 감소시키는 경우'에 대해서는 시장출하물량의 현저한 감소 후 일정기간 이내에 해당 품목의 가격인상, 당해 사업자의 해당 품목에 대한 매출액 또는 영업이익의 증가, 당해 사업자의 기존제품과 유사한 제품출하, 원재료를 생산하는 사업자가 자신은 동 원재료를 이용하여 정상적으로 관련 제품을 생산하면서 타 사업자에 대해서는 동 원재료 공급을 감소시켰는지 여부를 고려하며, '유통단계의 공급부족'은 성수기를 제외한 각 유통단계를 중심으로 판단한다.

출고조절행위의 부당성에 대한 판단기준은 시장지배적사업자가 행한 출고조절행위가 가격인상을 의도하거나 가격하락을 인위적으로 방지할 의도와 목적으로 이루어지거나 출고조절행위로서 가격에 중대한 영향이 발생하거나 수급차질이 생기는 등 경쟁제한효과가 발생하는 경우로서 출고량과 재고량을 따져서 조절된 양이 현저할 경우에만 인정될 수 있으며, 출고조절행위가 있었다 하더라도 사업자의 합리적인 기업경영행위에 해당할 때에는 부당성을 인정하지 않는다.

---

43) 가격남용행위 규제사례는 제과3사의 부당한 가격결정 사건(공정거래위원회 의결 제92-1호), 현대자동차 및 기아자동차의 시장지배적지위 남용행위에 대한 건(공정거래위원회 의결 제99-130호) 정도에 그친다.

(2) 관련 판례

상품의 공급량을 부당하게 조절하였는지 여부에 대한 판단과 관련해서 남양유업의 출고조절행위 건에서 법원은 조제분유의 경우 출고되더라도 바로 소비자에게 판매되는 것이 아니고 각 거래처에서의 재고기간 또는 진열기간을 거쳐 소비자에게 판매되는 것이므로 일정 기간 동안의 당해 사업자의 출고량과 재고량만으로 당해 사업자의 의도적인 출고조절여부를 판단하는 것은 부당하고 직영대리점이나 판매회사 등 관련 회사 창고 전부의 출고량과 재고량을 기준으로 판단하여야 하고 이 사건에서는 출고량 감소와 재고량 증가가 현저하지 않음을 들어 위법성을 부인하는 [44]판시를 하였다.

출고조절행위의 부당성과 관련해서 제일제당의 대두유제품 출고조절행위 건에서 법원은 상품의 판매 등을 조절하는 행위가 부당한지 여부는 당해 상품의 수급 등 유통시장의 상황, 생산능력, 원자재 조달사정 등 사업자의 경영사정에 비추어 그 조절행위가 통상적인 수준을 현저하게 벗어나서 가격의 인상이나 하락의 방지에 중대한 영향을 미치거나 수급차질을 초래할 우려가 있는지 여부에 따라 판단한다고 [45]판시하였다.

제일제당의 대두유제품 출고조절행위 건에서 법원은 당시 국가 부도위기로 원료의 수급전망이 불투명한 상황에서 원고의 대두유 보유량이 1달치 분에 불과하여 대두유에 대한 폭발적인 가수요에 부응하고 나면 재고가 소진될 형편이어서 원고가 통상의 수요예측에 기초한 연초 계획물량의 한도 내로 출고량을 다소 조절하고 재고를 약간 증대시킨 것으로 이는 사업자로서 최악의 상황에 대비한 합리적인 기업경영행위라고 할 수 있으므로 시장지배적사업자의 지위남용행위에 해당하지 않는다고 [46]판시하였다.

출고조절행위와 관련하여 당해 행위와 관련된 회사들이 모자관계에 있는 경우 법위반의 책임소재가 문제된 경우가 있었다. 신동방의 대두유제품의 출고조절행위 건에서 법원은 대두유 제조회사인 신동방과 판매회사인 해표는 모자회사 관계에 있고 제조회사가 판매회사를 실질적으로 지배하고 있는바, 판매회

---

44) 서울고등법원 1999. 10. 7. 선고 99누13 판결, 상고심(대법원 2001. 12. 24. 선고 99두11141 판결)도 원심과 같은 취지로 판단하였다.

45) 대법원 2002. 5. 24. 선고 2000두9991 판결

46) 대법원 2002. 5. 24. 선고 2000두9991 판결

사는 제조회사의 수족으로 판매조절행위를 한 것으로 보이고 그렇지 않다고 하더라도 제조회사와 공모하여 이와 같은 판매조절행위를 한 것으로 충분히 볼 수 있으므로 제조회사가 책임을 부담하여야 한다고 [47]판시하였다.

5. 사업활동 방해행위

(1) 의의

시장지배적사업자가 다른 사업자의 사업활동을 부당하게 방해하는 행위로서 직접 또는 간접으로 다음과 같은 행위를 함으로써 다른 사업자의 사업활동을 어렵게 하는 경우이다. ① 정당한 이유 없이 다른 사업자의 생산활동에 필요한 원재료 구매를 방해하는 행위, ② 정상적인 관행에 비추어 과도한 경제상의 이익을 제공하거나 제공할 것을 약속하면서 다른 사업자의 사업활동에 필수적인 인력을 채용하는 행위, ③ 정당한 이유 없이 다른 사업자의 상품 또는 용역의 생산·공급·판매에 필수적인 요소의 사용 또는 접근을 거절·중단하거나 제한하는 행위들이 포함된다.

'원재료 구매 방해행위'는 정당한 이유 없이 다른 사업자의 생산활동에 필요한 부품·부재료를 포함하는 원재료 구매를 방해하는 행위로서 당해 사업자가 원재료 구매를 필요량 이상으로 현저히 증가시키거나 원재료 공급자로 하여금 당해 원재료를 다른 사업자에게 공급하지 못하도록 강제 또는 유인하는 것을 의미한다.

'필수적인 인력 채용행위'는 정상적인 관행에 비추어 과도한 경제상의 이익을 제공하거나 이를 약속하면서 다른 사업자의 사업활동에 필수적인 인력을 채용하는 행위로서 당해 업체에서 장기간 근속한 기술인력, 특별양성 기술인력, 특별대우 기술인력, 중요산업정보 숙지 기술인력 등이 필수적인 인력에 해당될 수 있으며 기술인력에는 다수의 장기근속·특별양성 기능공이 포함된다. '필수요소 사용거절, 중단 및 제한행위'에 대해서는 목차를 바꾸어 자세히 설명하기로 한다.

시장지배적지위 남용행위와 관련하여 시장지배력을 판단하기 위한 시장점유율 산정 시 당해 사업자 외에 계열회사의 시장점유율을 합산하도록 되어있는

---

47) 서울고등법원 1999. 3. 29. 선고 99누3524 판결, 상고심(대법원 1999. 11. 3. 선고 99두10964 판결)도 원심과 같은 취지로 판단하였다.

점 등을 고려할 때 시장지배적지위 남용행위는 당해 사업자의 계열회사 등의 행위도 포함된다고 볼 것이므로 특정 사업자가 특수관계인이나 계열회사 또는 다른 자로 하여금 시장지배적지위 남용행위를 하게 하는 경우에도 간접적이지만 시장지배적지위 남용행위에 해당하게 된다.

(2) 필수요소 관련

'필수요소 사용거절, 중단 및 제한행위'는 정당한 이유 없이 다른 사업자의 상품 또는 용역의 생산·공급·판매에 필수적인 요소의 사용 또는 접근을 거절·중단하거나 제한하는 행위로서 필수요소 사용의 거절·중단·제한행위 유형으로는 필수요소에 대해 접근이 불가능할 정도의 부당한 가격이나 조건을 제시, 기존 사용자에 비해 현저히 차별적인 가격이나 배타조건 등 불공정한 조건을 제시하는 경우 등을 대표적으로 들 수 있다.

필수요소 사용거절, 중단 및 제한행위는 필수설비이론(Essential Facility Theory)를 수용하여 입법화한 것으로 특정사업 영위에 필수적인 장비를 독점적으로 소유 또는 통제하고 있는 사업자는 다른 사업자가 특정사업을 영위하기 위하여 정당한 대가를 지급하고 그 설비를 이용하고자 할 경우 이를 거절할 수 없다는 이론이다. 필수설비로는 네트워크·인프라 설비·자연독점적 성격의 기간설비 등을 예로 들 수 있다.

필수요소로 인정되려면 당해 요소를 사용하지 않고서는 생산 또는 판매가 사실상 불가능해지거나 당해 거래분야에서 중대한 경쟁상 열위상태가 지속되어야 하고 특정 사업자가 당해 요소를 독점적으로 소유 또는 통제하고 있어야 하며, 당해 요소를 재생산하거나 대체하는 것이 사실적·법률적 또는 경제적으로 불가능한 경우에 해당되어야 한다.

다만, 필수요소 사용의 거절·중단·제한행위라 하더라도 필수요소 투자에 대한 정당한 보상이 현저히 저해되거나, 기존 필수요소 제공 서비스의 질이 현저히 저해되거나, 기술표준의 불합치 등으로 필수요소 제공이 기술적으로 불가능하거나, 제공으로 인해 생명 또는 신체상의 안전 위험이 초래되는 경우 등은 정당한 사유로 봐서 거절·중단·제한을 인정하고 있다.

필수설비와 관련된 판례로는, 한국여신전문금융협회 및 7개 신용카드회사들의 사업활동방해 공동행위 건에서 법원은 필수설비는 그 시설을 이용할 수 없으면 경쟁상대가 고객에게 서비스를 제공할 수 없는 시설을 말하는 것으로서 경쟁상대의 활동에 불가결한 시설을 시장지배적 기업이 전유하고 있고 그것과 동등한 시설을 신설하는 것이 사실상 불가능하거나 경제적 타당성이 없어 그러한 시설에의 접근을 거절하는 경우 경쟁상대의 사업수행이 사실상 불가능하거나 현저한 장애를 초래하게 되는 시설이라고 [48]판시한 바 있다.

6. 기타 사업활동 방해행위

(1) 특정사업자에 대한 부당한 거래거절

(1)-1 의의

부당하게 특정사업자에 대하여 ① 거래를 거절하거나, ② 거래하는 상품 또는 용역의 수량이나 내용을 현저히 제한하는 행위를 의미한다. 법원도 포스코의 시장지배적지위 남용행위 건에서 시장지배적 사업자의 지위남용행위의 한 유형으로서 거래거절행위는 시장지배적 사업자가 부당하게 특정 사업자에 대한 거래를 거절함으로써 그 사업자의 사업활동을 어렵게 하는 행위라고 동일한 취지로 [49]판시하고 있다. 시장지배적사업자의 거래거절행위는 그 자체만으로 위법이 되는 것은 아니고 경쟁제한성이 입증되어야 되며, 단순히 거래거절 상대방이 피해를 입었다거나 피해의 정도가 크다고 해서 바로 관련시장에서 경쟁제한성이 있다고 판단하는 것은 아니다.

시장지배적사업자의 '거래거절'행위의 부당성이 인정되려면 시장지배적사업자가 당해 시장에서 ① 독점을 유지·강화할 의도나 목적이 있어야 하고 당해 행위가 관련시장에서 ② 경쟁제한의 효과가 발생하였거나 발생할 우려가 있어야 하며 단순히 거래거절 상대방이 피해를 입었다거나 피해의 정도가 크다고 해서 바로 관련시장에서 경쟁제한성이 있다고 판단하는 것은 아니다. 또한 '거래하는 상품 등의 수량이나 내용을 현저히 제한하는 행위'와 관련해서는 당해 행위로 인해 사업활동방해를 받은 ③ 상대 사업자의 범위도 부당성 판단의 기준이 될 수 있다. 이하에서는 관련된 판례를 살펴보기로 한다.

---

48) 서울고등법원 2003. 4. 17. 선고 2001누5851 판결, 상고심은 가입비에 대하여 원심을 파기하는 취지의 판결을 하였으나, 다만 이 사건 공동이용망이 필수설비에 해당한다는 점은 인정되었다.

49) 대법원 2007. 11. 22. 선고 2002두8626 판결

(1)-2 관련 판례

(1)-2-1 독점의 의도·목적

포스코의 시장지배적지위 남용행위 건에 대한 [50]판결(이하 '포스코 판결'이라 한다)은 주관적 요건으로서의 시장에서의 자유로운 경쟁을 제한함으로써 인위적으로 시장질서에 영향을 가하려는 '의도·목적'이 위법행위의 성립에 필요하다고 하면서 그 판단기준을 구체적으로 제시하였는데 구체적으로 살펴보면, 법원은 시장지배적 사업자의 거래거절행위가 그 지위남용행위에 해당하려면 공정거래위원회가 그 거래거절이 상품의 가격상승, 산출량 감소, 혁신저해, 유력한 경쟁사업자 수의 감소, 다양성 감소 등과 같은 경쟁제한의 효과가 생길만한 우려가 있는 행위로서 그에 대한 의도와 목적이 있었다는 점을 입증해야 한다고 하였다. 포스코 판결 이후 시장지배적지위 남용행위의 의도·목적의 입증이 충분치 않다고 하여 부당성을 부인한 판례가 이어지게 되었다.

에스케이텔레콤의 시장지배적지위 남용행위 건에서 이동통신서비스 업체인 에스케이텔레콤이 자신의 MP3 핸드폰과 자신이 운영하는 음악사이트 멜론의 음악파일에 자체개발한 DRM을 탑재하여 자신의 MP3 핸드폰 사용자로 하여금 멜론 이외의 사이트에서 구매한 음악을 듣기 위해서는 별도의 컨버팅 과정 등을 거치도록 한 사안에서 법원은 이동통신시장에서의 원고의 시장지배력이 MP3 음악파일 다운로드 서비스 시장에까지 전이되었다는 점은 인정하면서도, DRM이 불법다운로드를 방지함으로써 인터넷 음악서비스 사업자들의 수익과 저작권자를 보호하기 위한 것으로 정당한 이유가 있다는 점, 원고의 DRM이 법령상의 필수설비에 해당한다고 보기 어려운 점 등을 들어 현실적으로 경쟁제한 효과가 일정한 정도로 나타났지만 사업활동방해 행위의 부당성을 인정하기는 어렵다고 [51]판시하였다.

현대자동차의 시장지배적지위 남용행위 건에서 법원은 현대자동차가 판매대리점들에 대하여 일방적으로 판매목표를 설정하고 실적부진 대리점을 관리하는 등 판매목표를 사실상 강제하였다 하더라도 그 판매목표가 직영대리점에 비하여 지나치게 높게 설정되어 판매 대리점들이 불리한 위치에서 영업을 하였다고 볼 만한 뚜렷한 자료가 없고, 판매목표 설정 이유가 매출신장으로 인한 이윤

50) 대법원 2007. 11. 22. 선고 2002두8626 판결

51) 대법원 2011. 10. 13. 선고 2008두1832 판결

극대화에 있었고 판매 대리점의 퇴출이나 경쟁력 약화를 목적으로 한 행위가 아닌 점 등을 비추어 볼 때 현대자동차가 직영판매점과 판매 대리점의 자유로운 경쟁을 제한함으로써 인위적으로 시장질서에 영향을 가하려는 의도나 목적 아래 판매목표를 강요했다고 보기는 어렵고, 위와 같은 행위를 객관적으로 경쟁제한의 효과가 생길 만한 우려가 있는 행위로 볼 수도 없다고 [52]판시하였다.

티브로드강서방송의 시장지배적지위 남용행위 건에서 법원은 원고의 채널변경행위에 의하여 우리홈쇼핑이 입게 된 매출감소 등 구체적인 불이익 이외에 현실적으로 경쟁제한의 결과가 나타났다고 인정할 만한 사정에 이르지 못했다고 하면서 원고가 시장에서의 독점을 유지·강화할 의도나 목적, 즉 시장에서의 자유로운 경쟁을 제한함으로써 인위적으로 시장질서에 영향을 가하려는 의도나 목적을 갖고 객관적으로도 그러한 경쟁제한의 효과가 생길 만한 우려가 있는 행위로 평가될 수 있는 불이익 강제행위를 했다고 보기는 어렵다고 [53]판시하였다.

(1)-2-2 경쟁제한성

포스코의 시장지배적지위 남용행위 건에서 법원은 냉연강판 시장에 새로 진입한 현대하이스코가 포스코의 자동차 냉연강판용 열연코일 공급거절로 불이익을 받았다는 사실과 관련하여 법원은 현대하이스코가 포스코 이외에 수입 등의 방법으로 열연코일을 확보할 수 있었고 이를 통해 지속적으로 순이익을 올리는 등 정상적인 사업활동을 영위하여 왔던 사실과 이 사건 거래거절로 인해 국내에서 냉연강판의 생산량이 감소하거나 가격이 상승하는 등 경쟁제한 효과가 나타났다고 볼 만한 자료도 없음을 비추어볼 때 현대하이스코가 거래거절에 의하여 신규참여가 실질적으로 방해되는 것으로 평가될 수 있는 경우 등에 이르지 않는 한 그 거래거절 자체만을 가지고 경쟁제한의 우려가 있는 부당한 거래거절이라고 하기는 부족하다고 판시하였다.

또한 경쟁제한의 효과가 생길만한 우려가 있는 행위와 관련해서는 경쟁제

52) 대법원 2010. 3. 25. 선고 2008두7465 판결

53) 당해 시장지배적지위 남용행위는 기타 사업활동 방해에 해당하는 전형적인 착취남용행위이고 본질은 티브로드강서방송이 자신의 독점력을 이용하여 그 거래상대방인 우리홈쇼핑에 비선호채널 배정이라는 경제적인 불이익을 가한 사안이었고 당해 행위로 인한 경쟁사업자 배제문제는 제기도 되지 않았는데 배제남용에 해당하는 위법성 판단기준을 법원이 제시한 것에 대해 이를 비판하는 견해도 제기되었다.

한효과가 현실적으로 나타나지 않은 이상 거래거절의 경위 및 동기, 거래거절 행위의 태양, 관련시장의 특성, 거래거절로 인하여 그 거래상대방이 입은 불이익의 정도, 관련시장에서의 가격 및 산출량의 변화여부, 혁신저해 및 다양성 감소 여부 등 여러 사정을 종합적으로 고려하여야 한다고 판시하였다.

(1)-2-3 상대 사업자의 범위

현대자동차의 시장지배적지위 남용행위 건에서 법원은 현대자동차가 판매 대리점에 대하여 거점이전 및 인원채용을 제한한 사업활동 방해행위에 대해 이로 인하여 전체 400여 개의 판매 대리점 중 100여 개의 판매 대리점이 영업활동을 방해받게 되었다고 하면서 국내 승용차 판매시장 및 5톤 이하 화물차 판매시장에서 직영판매점과 판매 대리점의 자유로운 경쟁을 제한함으로써 인위적으로 시장질서에 영향을 가하려는 의도와 목적을 갖고 객관적으로도 그러한 경쟁제한의 효과가 생길 만한 우려가 있는 행위로 평가될 수 있으므로 부당성이 인정된다고 [54]판시하였다.

반면 기아자동차의 시장지배적지위 남용행위 건에서 법원은 기아자동차가 판매 대리점에 대하여 거점이전을 제한한 사업활동 방해행위에 대해 이로 인하여 3개 판매 대리점이 영업활동을 방해받게 되었음은 인정하면서도 이와 같은 행위로 인해 상품가격 상승, 산출량 감소, 혁신저해, 유력한 경쟁사업자 수 감소, 다양성 감소 등과 같은 경쟁제한 효과가 발생했다고 볼 아무런 증거가 없고, 원고가 시장에서의 독점을 강화·유지할 의도나 목적을 가지고 위와 같은 방해행위를 하였다고 볼 증거가 없다는 이유로 부당성이 인정되지 않는다고 [55] 판시한 바 있다.

(2) 불이익강제

부당하게 거래상대방에게 불이익이 되는 거래 또는 행위를 강제하여 사업활동을 어렵게 하는 행위를 의미한다. 판례는 불이익강제 행위가 시장지배적지위 남용행위가 되기 위해서는 실제 경쟁제한 효과가 당해 관련시장에서 발생한 경우는 그 의도나 목적을 추정할 수 있지만 그렇지 않은 경우는 경쟁제한 효과와 관련된 의도나 목적이 입증되어야 한다고 하고 있다. 이하 관련 판례를 살펴본다.

---

54) 대법원 2010. 3. 25. 선고 2008두7465 판결
55) 대법원 2010. 4. 8. 선고 2008두17707 판결

티브로드강서방송의 시장지배적지위 남용행위 건에서 법원은 시장지배적 사업자의 불이익강제행위가 지위남용행위에 해당하기 위해서는 당해 불이익강제 행위가 경쟁제한의 효과가 생길 만한 우려가 있는 행위로서 그에 대한 의도와 목적이 있었다는 점이 입증되어야 하고, 불이익강제 행위로 인하여 현실적으로 경쟁제한효과가 나타난 경우에는 그 행위 당시에 경쟁제한을 초래할 우려가 있었고 그에 대한 의도나 목적이 있었음을 추정할 수가 있지만, 그렇지 않은 경우에는 불이익강제 행위의 경위 및 동기, 행위의 태양, 관련시장의 특성, 당해 행위로 거래상대방이 입은 불이익의 정도, 관련시장에서의 가격 및 산출량의 변화여부, 혁신저해 및 다양성 감소 여부 등 여러 사정을 종합하여 불이익강제 행위가 경쟁제한의 효과가 생길 만한 우려가 있는 행위로서 그에 대한 의도나 목적이 있었는지를 판단하여야 한다고 [56]판시하였다.

엔에치엔의 시장지배적지위 남용행위 등에 대한 건에서도 법원은 원고가 동영상 콘텐츠의 선(先)광고를 제한하는 행위를 하여 콘텐츠 공급업체의 광고수익이 줄어들 가능성이 있다는 사정은 구체적 불이익에 불과하고 현실적으로 경쟁제한의 결과가 나타났다고 인정할 만한 사정에 이르지 못하고 경쟁제한의 의도나 목적이 있었다고 보기도 어렵다고 하면서 동영상 콘텐츠 업체 입장에서는 선광고가 자신에게 불이익하다면 다른 인터넷 포털사업자를 선택할 수 있기 때문에 원고가 시장에서의 독점을 유지·강화할 의도나 목적을 가지고 객관적으로 경쟁제한의 효과가 생길 만한 우려가 있는 행위로 평가될 수 있는 불이익강제 행위를 했다고 보기는 어렵다고 [57]판시하였다. 마이크로소프트 사례도 대표사례로 들 수 있는데 이에 대해서는 상세히 후술하기로 한다.

(3) 그 외의 유형

그 외의 기타 사업활동방해 유형으로는 부당한 조건 또는 차별적 행위, 대여자금 회수행위, 절차이행 방해행위, 사법적·행정적 절차이용 방해행위 등이 있는데 사업자가 자신의 시장지배력을 유지·강화할 의도와 목적을 가지고 이러한 행위를 하여야 하고 그 행위가 경쟁제한 우려가 있는 경우에는 기타의 사업활동방해로서 위법성이 인정될 수 있다.

---

56) 대법원 2008. 12. 11. 선고 2007두25183 판결
57) 대법원 2014. 11. 13. 선고 2009두20366 판결

① '부당한 조건 또는 차별적 취급행위'는 거래상대방에게 정상적인 거래관행에 비추어 타당성이 없는 조건을 제시하거나 가격 또는 거래조건을 부당하게 차별하는 행위를 의미한다. 대표적인 사례로 퀄컴의 차별적 로열티 부과행위를 들 수 있는데 이에 대해서는 상세히 후술하기로 한다. ② '대여자금 회수행위'는 거래상대방에게 사업자금을 대여한 후 정당한 이유 없이 대여자금을 일시에 회수하는 행위를 의미하고, ③ '절차이행 방해행위'는 다른 사업자의 계속적인 사업활동에 필요한 소정의 절차(관계기관 또는 단체의 허가, 추천 등)의 이행을 부당한 방법으로 어렵게 하는 행위를 의미한다. ④ '사법적·행정적 절차 이용 방해행위'는 지식재산권과 관련된 특허침해소송, 특허무효심판, 기타 사법적·행정적 절차를 부당하게 이용하여 다른 사업자의 사업활동을 어렵게 하는 행위를 의미한다.

7. 신규진입 제한행위

새로운 경쟁사업자의 시장 참여를 부당하게 방해하거나 신규진입을 어렵게 하는 행위로서 직접 또는 간접으로 ① 정당한 이유 없이 거래하는 유통사업자와 배타적 거래계약을 체결하는 행위, ② 정당한 이유 없이 기존사업자의 계속적인 사업활동에 필요한 권리 등을 매입하는 행위, ③ 정당한 이유 없이 새로운 경쟁사업자의 상품 또는 용역의 생산·공급·판매에 필수적인 요소의 사용 또는 접근을 거절하거나 제한하는 행위 등을 의미한다.

그 외에 정당한 이유 없이 신규진입 사업자와 거래하거나 거래하고자 하는 사업자에 대하여 상품의 판매 또는 구매를 거절하거나 감축하는 행위, 경쟁사업자의 신규진입에 필요한 소정의 절차(관계기관 또는 단체의 허가, 추천 등)의 이행을 부당한 방법으로 어렵게 하는 행위, 당해 상품의 생산에 필수적인 원재료(부품, 부자재 포함)의 수급을 부당하게 조절함으로써 경쟁사업자의 신규진입을 어렵게 하는 행위, 지식재산권과 관련된 특허침해소송, 특허무효심판 기타 사법적·행정적 절차를 부당하게 이용하여 경쟁사업자의 신규진입을 어렵게 하는 행위 등도 포함될 수 있다.

8. 경쟁사업자 배제행위

(1) 개관

부당하게 경쟁사업자를 배제하기 위하여 거래하거나 소비자의 이익을 현저히 해칠 우려가 있는 행위로서 ① 부당하게 상품 또는 용역을 통상거래가격에 비하여 낮은 대가로 공급하거나 높은 대가로 구입하여 경쟁사업자를 배제시킬 우려가 있는 경우, ② 부당하게 거래상대방이 경쟁사업자와 거래하지 아니할 것을 조건으로 그 거래상대방과 거래하는 경우를 의미한다.

'낮은 대가의 공급 또는 높은 대가의 구입'여부에 대한 판단은 통상적인 거래가격과의 차이의 정도, 공급 또는 구입의 수량 및 기간, 당해 품목의 특성 및 수급상황 등을 종합적으로 고려하고, '경쟁사업자를 배제시킬 우려'에 대한 판단은 당해 행위의 목적, 유사품 및 인접시장의 존재여부, 당해 사업자 및 경쟁사업자의 시장지위 및 자금력 등을 종합적으로 고려하게 된다.

(2) 부당염매 또는 부당고가 매입

시장지배적지위 남용행위로서 부당염매(廉賣)는 경쟁사업자를 시장에서 축출하기에 충분할 정도로 낮게 가격을 설정하는 행위를 의미하며, 당해 행위가 공급자의 입장에서 일어나는 부당염매와 수요자의 입장에서 일어나는 부당고가 매입은 행위의 주체에만 차이가 있을 뿐 경쟁사업자 배제 등으로 인한 경쟁제한 효과는 동일하다고 할 수 있다.

싸게 파는 행위, 즉 염매는 일견 소비자에게 유리한 점이 있기도 하고 비효율적인 한계 기업들을 시장기능에 의해 퇴출시키는 경쟁촉진적인 측면이 있으므로 염매행위의 부당성 판단은 낮은 가격이 경쟁의 결과인지 아니면 부당하게 경쟁자를 배제하려는 행위인지 여부를 구분하는 것에서 시작된다. 시장지배적지위 남용행위로서의 부당염매는 경쟁자를 제거할 목적으로 비용보다 낮은 가격으로 상품을 공급한 이후 일단 시장지배력 또는 독점력을 확보한 이후에는 가격을 다시 올려서 결국 소비자 및 거래상대방에게 피해를 주는 배제남용행위에 해당하기 때문에 경쟁제한성 우려가 크다고 봐서 경쟁당국이 관심을 갖는 행위유형이다.

경쟁사업자를 배제하기 위한 부당염매의 요건으로는 우선 시장지배적사업자의 지위가 확인되거나 추정되어야 하고, 설정한 가격이 평균총비용 또는 평균가변비용보다 낮은 약탈적 수준으로 이루어져야 하며, 일시적 또는 상대방에 대응하기 위한 가격책정이 아니라 약탈목적의 명확한 인식 또는 의도에 기인한 판매정책 등에 의해 이루어져야 하며, 경쟁사업자가 축출된 이후에는 그동안의 손실을 회복할 가격인상 등이 이루어질 우려가 합리적으로 예측되는 경우에 공정거래법상 규제대상인 부당염매행위가 된다.

(3) 배타조건부 거래

(3)-1 의의

배타조건부 거래는 거래상대방이 경쟁사업자와 거래하지 아니할 것을 조건으로 하는 행위를 의미한다. 배타조건부 거래행위에 해당하는지를 판단하기 위해서는 경쟁사업자의 대체거래선 확보의 용이성, 당해 거래의 목적·기간·대상자 및 당해 업종의 유통관행 등을 종합적으로 고려하게 되는데 통상 배타적 구매의무 기간이 길수록 봉쇄효과 우려가 커지게 된다.

'경쟁사업자와 거래하지 아니할 조건'과 관련하여서는 인텔의 시장지배적지위 남용행위 건에서 법원이 경쟁사업자와 거래하지 아니할 조건은 시장지배적사업자가 거래상대방이 경쟁사업자와 거래를 전혀 하지 아니하도록 하는 경우뿐 아니라 거래상대방이 경쟁사업자와는 자신의 총 거래 중 일정비율 이하로만 거래하도록 거래상대방의 자유로운 거래를 제한하는 경우도 포함된다고 [58]판시한 것을 유의할 필요가 있다.

퀄컴 인코포레이티드 외 2의 시장지배적지위 남용행위 등에 대한 건에서도 법원은 '경쟁사업자와 거래하지 아니할 조건'은 시장지배적사업자에 의하여 일방적·강제적으로 부과된 경우에 한하지 않고 거래상대방과의 합의에 의하여 설정된 경우도 포함된다고 하면서 조건의 이행자체가 법적으로 강제되는 경우만으로 한정되지 않고 조건의 준수에 이익이 제공됨으로써 사실상의 강제력 내지 구속력이 있게 되는 경우도 경쟁사업자와 거래하지 아니할 것을 조건으로 거래하는 행위에 해당한다고 [59]판시하였다.

---

58) 서울고등법원 2013. 6. 19. 선고 2008누35462 판결, 고등법원에서 확정되었다.

59) 대법원 2019. 1. 31. 선고 2013두14726 판결, 파기환송심(서울고등법원 2019. 5. 20. 선고 2019누42 판결)은 원고가 소를 취하하였다.

배타조건부 거래와 관련해서는 로열티 리베이트 문제가 있다. 로열티 리베이트(Loyalty Rebate)는 특정 구매행위에 대한 대가로서 일정기간 동안 정해진 구매량, 구매비율, 구매증가율 등을 충족시키는 경우 공급자가 제공하는 리베이트를 의미한다. 통상 사업자가 자신의 상품 등에 대한 수요를 촉진시키기 위해 많이 이용하고 있는데, 시장지배적사업자가 로열티 리베이트를 활용할 경우에는 배타적 구매의무가 있는 배타조건부 거래가 되면서 시장에서의 경쟁을 제한하는 봉쇄적 효과가 발생할 수 있다. 시장지배적사업자의 리베이트 제공행위와 관련하여 공정거래위원회는 퀄컴 사건 등에서 시장지배적지위 남용행위로서 배타조건부 거래행위 규정을 적용한 바 있는데 이에 대해서는 상세히 후술하기로 한다.

(3)-2 부당성 판단 관련 고려사항

경쟁사업자 배제의 한 형태인 배타조건부 거래행위의 부당성도 마찬가지로 시장에서의 독점을 유지·강화할 목적, 즉 시장에서의 자유로운 경쟁을 제한함으로써 인위적으로 시장질서에 영향을 가하려는 목적을 가지고 객관적으로도 그러한 경쟁제한의 효과가 생길 만한 우려가 있는 행위로 평가될 수 있는 배타조건부 거래행위를 하였을 때 그 부당성이 인정될 수 있다.

또한 배타조건부 거래는 경쟁제한적 효과와 경쟁촉진적 성격을 동시에 가지고 있으므로 위법성 판단에 있어 이 양자를 비교형량해서 판단할 필요가 있다. 배타조건부 거래가 물품구입처 또는 유통경로 차단, 경쟁수단의 제한을 통해 경쟁사업자를 시장에서 배제할 우려가 있는 경우에는 경쟁제한성이 있다고 볼 수 있고 행위자의 시장점유율 및 업계순위가 높은 경우, 배타조건부 거래상대방의 수 및 시장점유율이 높은 경우, 경쟁사업자가 대체 구입처 또는 대체 유통경로를 확보하는 것이 용이하지 않는 경우, 배타조건부 거래 실시기간이 긴 경우에도 경쟁제한 우려가 커진다고 볼 수 있다.

한편으로는 원천기술 개발이나 판촉활동 등 대규모 투자가 필요한 분야에서 투자에 기여하지 않은 경쟁자들이 무임승차를 하지 못하게 하기 위한 배타조건부 거래는 공공성을 가진 상품이나 재화의 경우 과소공급을 방지하는 효과를 발생시킬 수 있고 유통업자가 하나의 제조업자 상품만 취급하도록 하는 경우에는 해당 상품에 대한 전문성 증가로 판매를 증진시키는 등 효율성을 제고할 수 있는 측면도 있음을 유의할 필요가 있다.

(3)-3 관련 판례

퀄컴 인코포레이티드 외 2의 시장지배적지위 남용행위 등에 대한 건에서 법원은 배타조건부 거래행위가 부당한지 여부를 구체적으로 판단할 때에는 그 행위에 사용된 수단의 내용과 조건, 배타조건을 준수하지 않고 구매를 전환할 경우에 구매자가 입게 될 불이익이나 그가 잃게 될 기회비용의 내용과 정도, 행위자의 시장에서의 지위, 배타조건부 거래행위의 대상이 되는 상대방의 수와 시장점유율, 배타조건부 거래행위의 의도 및 목적과 아울러 소비자 선택권이 제한되는 정도, 관련거래의 내용, 거래당시의 상황 등 제반사정을 종합적으로 고려해야 한다고 하면서 퀄컴이 엘지전자, 삼성전자, 팬텍 모두에게 리베이트를 제공하였고 해당기간 동안 관련상품들의 시장점유율이 98~100%, 96~100%로 유지된 사실 등을 볼 때 시장봉쇄효과가 발생하여 경쟁사업자들의 시장진입이 저지되었고 소비자 선택기회 저하, 제품의 다양성 감소 등이 발생하였으므로 당해 행위가 부당하다고 인정한 바 있다.

인터파크지마켓의 시장지배적지위 남용행위 건에서 법원은 지마켓에 입점하여 상품을 판매하는 사업자들 중 엠플온라인에도 입점해 있던 7개 사업자들에게 엠플온라인에서의 판매가격 인상, 거래중단 등을 요청하고 그렇게 하지 않는 경우 지마켓 메인화면에 노출된 상품을 빼버리겠다고 위협한 행위는 거래상대방이 경쟁사업자와 거래하지 아니할 것을 조건으로 그 거래상대방과 거래하는 경우에 해당한다고 하면서도, 부당성과 관련해서는 엠플온라인의 퇴출 원인이 경쟁제한에 따른 것인지 다른 신규 사업자의 시장진입에도 부정적인 영향을 미쳤는지가 명백하지 않다는 이유로 부당성을 부정하는 [60]판시를 하였다.

농협중앙회의 시장지배적지위 남용행위 건에서 법원은 농협중앙회가 국내 비료제조회사에게 식량작물용 화학비료의 전속거래를 요구하는 등 부당한 배타조건부 거래를 한 사안에 대해 시장지배적지위 남용행위로서의 배타조건부 거래행위는 거래상대방이 경쟁사업자와 거래하지 아니할 것을 조건으로 그 거래상대방과 거래하는 경우이므로 통상 그러한 행위 자체에 경쟁을 제한하려는 목적이 포함되어 있다고 볼 수 있는 경우가 많을 것이라고 [61]판시한 바 있다.

---

60) 대법원 2011. 6. 10. 선고 2008두16322 판결, 환송심(서울고등법원 2012. 1. 19. 선고 2011누19200 판결)에서도 부당성이 부정되었다.

61) 대법원 2009. 7. 9. 선고 2007두22078 판결

(4) 가격압착·이윤압착

'가격압착(Price Squeeze)'이란 제조만을 담당하는 사업자가 자신의 제품을 판매를 담당하는 자회사나 계열회사에게는 싸게 공급하고, 독립된 다른 사업자에게는 제품을 비싸게 공급하여 당해 제품판매시장에서의 공정한 경쟁을 저해하는 경우를 의미한다. '이윤압착(Margin Squeeze)'은 원재료 생산과 제품생산이 수직적으로 통합된 사업자가 상방시장인 원재료시장에서 시장지배적지위를 갖는 경우 하방시장에 공급하는 원재료의 가격을 높게 책정하는 방식으로 자신과 경쟁하는 하방시장에서의 경쟁사업자의 사업활동을 방해 또는 배제하거나, 자신이 생산하는 하방의 제품시장에는 원재료를 싸게 공급하여 상방시장에서의 시장지배력을 하방시장에로 전이시키는 경우를 의미한다. 시장지배적지위 남용행위 중 가격남용이 착취남용에 해당하는 반면 이러한 가격압착·이윤압착 행위는 자신의 시장지배력을 유지·강화할 의도와 목적을 가지고 이루어지는 경우에는 경쟁사업자를 배제하는 행위에 해당되어 중점 규제대상이 된다.

9. 소비자이익 저해행위

(1) 의의

소비자이익 저해행위는 직접적인 가격인상이나 출고조절을 통한 간접 가격인상 행위에 한정되지 않고 소비자의 선택권을 제한하거나 소비자의 이익을 저해하는 부당한 거래조건의 부과 등 여러 가지 수단을 통해 발생할 수 있다. 따라서 소비자이익 저해행위 규정은 가격남용이나 출고조절로 포섭할 수 없는 시장지배적지위의 남용행위를 규율하기 위한 보충적 성격을 갖는다.

소비자이익 저해행위와 관련하여 공정거래법 시행령 등에서 구체적으로 행위 유형 등이 규정되어 있지 않음을 이유로 법률의 명확성 원칙에 반하고 수범자의 예측가능성을 침해하므로 공정거래법상의 소비자이익 저해행위 규정을 직접 적용하는 것은 불가하다는 견해가 있다. 그러나 경쟁법 이론 및 각국의 판례상 착취남용의 유형과 판단기준이 상당한 정도로 형성되어 있으므로 예측가능성을 침해할 우려는 그리 크지 않다고 보아야 하고 공정거래위원회도 마이크로소프트 사건에서 소비자이익 저해행위 규정을 직접 적용한 사례가 있다.

티브로드강서방송 건에서 공정거래법상의 소비자이익 저해행위가 법규의 명확성의 원칙에 위배되는지가 구체적으로 쟁점이 되었다. 법원은 이에 대해 시장지배적사업자의 소비자이익을 저해하는 남용행위의 요건에 대한 판단은 공정거래법의 입법목적을 고려하고 공정거래법에서 규정하고 있는 여러 유형의 시장지배적지위 남용행위 등과 비교하는 등 체계적·종합적 해석을 통해 구체화될 수 있으므로 명확성의 원칙에 위반한다고 볼 수 없다고 [62]판시하였다.

(2) 위법성 요건

소비자이익 저해행위의 위법성 요건은 시장지배적 사업자의 소비자이익을 저해할 우려가 있는 행위의 존재, 소비자이익 저해 정도의 현저성 및 그 행위의 부당성이 있어야 한다. 법원도 씨제이헬로비전의 시장지배적지위 남용행위의 건에서 소비자이익 저해행위의 위법성 요건에 대해 동일한 취지의 [63]판시를 하고 있다.

소비자이익을 현저히 저해할 우려가 있는지 여부는 당해 상품이나 용역의 특성, 당해 행위가 이루어진 기간, 횟수, 시기, 이익이 저해되는 소비자의 범위 등을 살펴 당해 행위로 인하여 변경된 거래조건을 유사시장에 있는 다른 사업자의 거래조건과 비교하거나 당해 행위로 인한 가격상승의 효과를 당해 행위를 전후한 시장지배적사업자의 비용변동의 정도와 비교하는 등의 방법으로 구체적·개별적으로 판단한다. 유사시장에 있는 다른 사업자와의 거래조건 등과 구체적 비교 등이 없이 특정 행위로 변경된 거래조건만을 가지고 당해 행위가 소비자이익을 현저히 저해했다고는 할 수 없으며 법원도 티브로드강서방송 외 4의 시장지배적지위 남용행위 건에서 동일한 취지의 [64]판시를 하고 있다.

위 판례에서 법원은 위법성 요건의 판단 순서도 제시하고 있는데 티브로드강서방송 등이 아파트 등 공동주택을 대상으로 3,300원 이하에 공급하던 단체계약 상품의 공급을 일방적으로 폐지한 사안에 대해 시장지배적지위 남용행위로서 소비자이익 저해행위의 위법성 판단은 시장지배적사업자의 소비자이익 저해행위가 현저한지를 먼저 판단하고 그 다음 이를 기초로 부당성이 있는지를 판단해야 하는데, 공정거래위원회가 이 사건 행위로 인한 소비자이익의 저해정도가 현저하다는 점을 명확히 하지 아니한 상태에서 그 행위의 부당성만을 판

62) 대법원 2008. 12. 11. 선고 2007두25183판결
63) 대법원 2010. 2. 11. 선고 2008두16407 판결
64) 서울고등법원 2010. 10. 6. 선고 2010누15881 판결(파기환송심)

단한 것은 잘못이라고 판시한 것을 참고할 필요가 있다.

시장지배적사업자의 소비자이익 저해행위가 있었다 하더라도 부당성이 있어야 위법한 행위가 된다. 소비자이익 저해행위가 부당하려면 통상의 시장지배력 남용행위의 부당성 입증과 동일하게 시장에서의 독점력 유지·강화를 의도하거나 목적으로 하고 당해 관련시장에서 객관적인 경쟁제한 효과가 생길 만한 우려가 있는 행위로 평가되어야 한다.

다만 티브로드강서방송 외 4의 시장지배적지위 남용행위 건에서 법원은 소비자이익 저해행위와 관련하여 시장지배적사업자의 소비자 이익을 저해할 우려가 있는 행위가 존재하고, 그로 인한 소비자 이익의 저해정도가 현저하다면, 통상 시장지배적사업자가 과도한 독점적 이익을 취하고자 하는 행위로서 부당하다고 볼 경우가 많을 것이라고 [65]판시한 바가 있다.

Ⅳ. 지식재산권 남용

1. 지식재산권과 공정거래법

(1) 지식재산권의 성격

지식재산권은 다른 생산요소와 결합하여 제조비용의 절감과 신상품의 개발을 통해 궁극적으로 소비자후생을 증대시킬 수 있고, 지식재산권에 대한 보호와 보상은 기술 혁신의 유인을 가져와서 연구개발에 대한 투자가 촉진되는 친경쟁적 효과를 가질 수 있다. 반면에 지식재산권이 갖고 있는 본원적인 배타적 독점력으로 인해 관련 법령에서 부여하고 있는 지식재산권의 행사 범위를 넘어서는 남용행위는 가격상승·산출량 감소와 같은 독과점에서 나타나는 폐해와 함께 혁신을 저해하는 등 경쟁제한성을 가질 수 있는 이중적인 측면을 가지고 있다.

(2) 공정거래법과의 관계

특허 등의 지식재산 제도는 혁신적인 기술 등에 대한 정당한 보상을 통해 새로운 기술혁신의 유인을 제공함으로써 창의적인 기업활동을 장려하고 결과적

65) 대법원 2010. 5. 27. 선고 2009두1983 판결

으로 관련 산업은 물론 국민경제의 발전에 기여를 하도록 하는 데 목적이 있고, 공정거래법은 공정하고 자유로운 경쟁을 촉진함으로써 창의적인 기업활동을 조성하고 국민경제의 균형있는 발전을 목표로 한다고 규정하고 있으므로 궁극적으로는 창의적인 기업활동의 보장으로 인한 국민경제 발전이라는 공통의 목표를 가지고 있다고 볼 수 있다.

혁신적 기술에 대한 보상으로 주어진 특허권 등의 독점적 사용수익권은 관련시장에서 일정한 이익을 실현함으로써 구체화되는데 왜곡된 시장구조로 인해 혁신적인 기술이 합당한 보상을 받지 못하거나, 그러한 기술 자체의 개발과 이용이 어려워지게 되면 기술혁신의 유인이 사라지게 되어 지식재산권의 보호를 통한 국민경제의 발전이라는 본래의 목적달성이 어려워지는 결과가 발생할 수 있다.

공정거래법은 공정하고 자유로운 경쟁을 통해서 시장경제가 정상적으로 작동하게 하는 데 목적이 있으므로 공정거래법 적용을 통해 시장기능이 제대로 작동하게 되면 기술혁신 등의 노력에 상응한 합당한 보상이 시장을 통해 이루어지고, 이러한 보상은 다시 기술혁신을 촉진하는 유인이 될 수 있으므로, 시장의 자유로운 경쟁과 공정한 거래질서는 지식재산 제도 자체의 목적달성을 위한 기본전제가 될 수 있다.

따라서 지식재산권을 남용하여 관련 기술의 이용과 새로운 기술 혁신을 부당하게 제한하는 행위는 공정거래법 목적과 지식재산권 제도의 근본취지에도 벗어나게 되므로 공정거래법 적용대상이 될 수 있다. 지식재산권의 행사가 정당한 것인지 여부는 특허법 등 관련 법령의 목적과 취지, 당해 지식재산권의 내용, 당해 행위가 관련 시장의 경쟁에 미치는 영향 등 제반사정을 종합적으로 고려하여 판단하게 된다.

2. 경쟁제한적인 지식재산권 행사

(1) 의의

지식재산권의 정당한 행사는 관련 법률에 따라 부여받은 지식재산권의 배타적 사용권 범위 내에서 행사하는 것을 의미하며, 이 경우에는 공정거래법[66]규정에 따라 공정거래법 적용이 배제된다. 그러나 외형상 지식재산권의 정당한 행사로 보이더라도 그 실질이 지식재산 제도의 취지를 벗어나 제도의 본질적 목적에 반하는 경우에는 정당한 지식재산권 행사로 볼 수 없고 공정거래법 적용대상이 될 수 있다.

지식재산권을 행사하면서 단독으로 행하는 거래거절, 차별취급, 현저하게 과도한 [67]실시료(實施料) 부과는 일반불공정거래행위에 해당할 수도 있고 사업자가 시장지배력을 갖춘 경우에는 시장지배적지위 남용행위에 해당할 수도 있으나 편의상 여기서는 시장지배적지위 남용행위 규제와 관련하여 다루도록 한다. 또한 지식재산권의 부당한 행사는 시장지배적지위 남용행위, 불공정거래행위 이외에도 공정거래법에서 금지하고 있는 부당한 공동행위, 사업자단체금지행위, 재판매가격유지행위 등에도 해당될 수 있음은 유의할 필요가 있다.

(2) 지식재산권과 시장지배적지위 남용

시장지배력은 관련시장에서 가격상승·산출량 감소, 상품·용역의 다양성 제한, 혁신 저해 등 경쟁제한효과를 유발할 수 있는 영향력을 의미하는데 지식재산권에 배타적 독점력이 부여된다고 하여 지식재산권의 보유자가 곧바로 시장지배력이 있다고 추정되는 것은 아니다. 시장지배력 여부는 지식재산권의 존재뿐만 아니라 해당 기술의 영향력, 대체기술의 존재 여부, 관련 시장의 경쟁상황 등을 종합적으로 고려하여 판단한다.

[68]표준필수특허와 같이 일정기간 관련 기술을 대체하는 것이 불가능하고 상품 생산을 위해서는 [69]실시허락(實施許諾)을 필수적으로 받아야 하는 경우, 그 보유자는 관련 시장에서 시장지배력을 보유할 개연성이 높다고 볼 수 있다. 그

66) 종전 공정거래법 제59조(무체재산권의 행사행위)이며 전부개정 공정거래법 제117조에 해당한다.

67) 실시(實施)란 물건의 발명인 경우에는 그 물건을 생산·사용·양도·대여 또는 수입하거나 그 물건의 양도 또는 대여의 청약을 하는 행위이며, 방법의 발명인 경우에는 그 방법을 사용하는 행위, 물건을 생산하는 방법의 발명인 경우에는 그 방법에 의해 생산한 물건을 사용·양도·대여 또는 수입하거나 그 물건의 양도 또는 대여의 청약을 하는 행위를 의미한다. 실시료는 실시에 따른 대가를 말한다.

68) 표준필수특허란 표준기술을 구현하는 상품을 생산하거나 서비스를 공급하기 위해서는 필수적으로 실시허락을 받아야 하는 특허로서 실시자에게 공정하고 합리적이며 비차별적인(FRAND: Fair Resonable And Non-Discriminatory) 조건으로 실시허락할 것이라는 자발적인 확약이 요청되는 특허를 의미한다.

69) 실시허락이란 특허권자가 특허발명에 대하여 전용실시권, 통상실시권 등을 부여하는 것을 말하며 그 밖에 환매조건부 양도와 같이 실시권 부여와 실질적으로 유사한 효과를 발생시키는 경우를 포함한다.

러나 지식재산권 보유자가 시장지배력을 가지고 있다고 하여 그 사실만으로 곧바로 지식재산권의 행사가 공정거래법에 위반되는 것은 아니다.

지식재산권 행사가 경쟁제한효과와 효율성 증대효과를 동시에 발생시키는 경우에는 양 효과의 비교형량을 통해 공정거래법 위반여부를 심사하며, 해당 행위로 인한 효율성 증대효과가 경쟁제한효과를 상회하는 경우에는 위법하지 않은 행위로 판단할 수 있다. 부당한 지식재산권 행사란 지식재산권의 경쟁제한효과가 효율성 증대효과를 상회하는 경우를 의미하게 된다.

3. 부당한 지식재산권 행사 판단기준

(1) 지식재산권 관련시장 획정

지식재산권의 관련시장 획정방법은 시장지배적지위 남용행위나 기업결합행위 검토에서 요구되는 일정한 거래분야에 대한 판단기준과 유사하다. 즉 통상적인 상품·용역이 거래되는 상품시장과 지역시장 중심으로 판단을 하게 되며, 그 외에도 실시허락 계약 등의 형태로 관련 기술이 거래되는 기술시장과 새로운 또는 개량된 상품이나 기술·공정을 위한 특정한 연구개발과 관련된 혁신시장 등을 고려할 수 있다.

지식재산권 행사와 관련된 '상품시장'을 획정할 때에는 해당 지식재산권과 관련된 기술을 바탕으로 생산된 상품이 거래되는 시장, 해당 상품 생산에 필요한 원재료, 부품, 생산설비 등이 거래되는 시장, 해당 상품을 투입요소로 하여 생산된 상품이 거래되는 시장, 그 밖에 해당 지식재산권의 행사로 인해 영향 받을 수 있는 상품시장을 폭넓게 고려하게 된다.

지식재산권 관련 기술이 실시허락 등의 형태로 거래되는 '기술시장'을 획정할 때는 일반적인 시장획정 방법과 마찬가지로 경쟁관계에 있거나 경쟁관계가 성립될 수 있는 일정한 거래분야를 판단하되, 기술의 거래는 운송제약이 적어 지역시장 범위가 확대될 수도 있다는 점, 기술 전용가능성이 있는 경우에는 향후 거래될 가능성이 있는 분야도 관련시장에 포함될 수도 있다는 점, 표준기술 채택으로 대체기술로의 전환이 어려운 경우에는 한정된 범위의 거래분야만을 관련시장으로 획정할 수 있다는 점, 기술 시장의 점유율 산정이 어려운 경우에는 해당 기술을 활용한 상품의 시장점유율을 참고로 할 수도 있다는 점 등이 고려대상이 된다.

지식재산권 행사에 대한 경쟁제한효과가 상품시장과 기술시장 분석만으로 충분치 않는 경우에는 '혁신시장'을 고려할 수 있는데, 혁신시장은 일반적인 시장획정과 마찬가지로 당해 지식재산권 행사로 인해 영향을 받는 연구개발 및 이와 경쟁관계에 있거나 경쟁관계가 성립할 수 있는 새로운 또는 개량된 상품이나 기술공정의 창출을 위한 연구개발을 중심으로 획정할 수 있다. 혁신시장의 경쟁상황 평가를 위해서는 매출액 중심의 시장점유율은 산정이 어렵거나 시장의 경쟁상황을 반영하기에 적절하지 않을 수 있으므로 이때는 혁신과 관련된 특정자산, 연구개발비용, 관련상품 등을 통해 시장점유율을 추산할 수 있다. 그 외에 관련 연구개발을 수행하기 위해 필요한 역량과 유인을 가진 사업자의 수, 구매자들이나 시장참여자들의 평가 등도 고려할 수 있다.

(2) 경쟁제한 효과와 효율성 증대효과

지식재산권 행사가 관련시장에 미치는 경쟁제한 효과는 관련시장의 가격상승 또는 산출량 감소, 상품·용역의 다양성 제한, 혁신저해, 봉쇄효과, 경쟁사업자의 비용상승 효과 등을 발생시키거나 발생시킬 우려가 있는지를 종합적으로 고려하여 판단한다. 일반적으로 지식재산권을 행사하는 사업자가 시장지배적사업자이거나, 해당 지식재산권이 필수생산요소와 같은 유력한 기술로 인정되는 경우, 지식재산권 행사와 관련된 사업자들이 경쟁사업자인 경우, 지식재산권 행사로 공동행위 가능성이 증대하거나 신규 시장진입 가능성이 감소하는 경우는 관련시장의 경쟁이 제한될 가능성이 크다고 볼 수 있다.

효율성 증대효과가 경쟁제한 효과보다 큰 경우에는 위법하지 않은 행위로 판단할 수 있는데, 이때 효율성 증대효과는 해당 지식재산권 행사보다 경쟁제한효과가 더 작은 방법이 더 이상 없는 경우라야 하고, 사업자의 내부비용 절감에만 그치는 것이 아니라 소비자 후생증대와 국민경제의 효율성 증대에 기여할 수 있는 것이라야 한다. 다만, 이러한 효율성 증대효과는 통상적인 경쟁제한성 평가 시와는 달리 지식재산권 행사 즉시 발생할 것을 요하지는 않으며 기술혁신의 촉진을 통한 상품가격의 하락, 품질 제고, 소비자선택권 확대 등을 통해 향후 관련시장의 효율성 제고에 기여할 수 있는 부분을 포함하며 이때 효과의 발생이 막연히 기대되는 수준에 그쳐서는 아니 되고 해당 효과가 발생할 것이라는 고도의 개연성이 입증될 필요가 있다.

4. 지식재산권 행사와 남용유형

(1) 특허권의 취득

그랜트백(Grantback)은 실시허락 계약체결 시 실시권자가 실시허락과 관련된 기술을 개량하는 경우 개량된 기술을 특허권자에게 양도하거나 실시허락하는 것을 의미한다. 개량기술을 다른 사업자에게도 이전시킬 수 있는 비배타적인 그랜트백의 경우에는 특허권자에게 개량기술에 대한 특허취득 또는 실시라는 보상을 줌으로써 추가 혁신을 촉진시킬 수 있고 기술개량에 대한 위험을 특허권자와 실시권자 사이에서 분담할 수 있는 장점이 있다.

그러나 그랜트백이 특허권자에게만 배타적으로 이루어지도록 되어 있고, 특허권자가 시장지배적사업자의 지위에 있으면서 그랜트백의 범위가 실시허락된 특허기술과 상관없는 부분까지 포함되거나, 그랜트백에 대한 실시료가 무료인 경우 등에는 개량기술에 대한 특허권의 취득인 그랜트백이 경쟁을 제한할 소지가 있게 된다.

(2) 특허관련 소송

특허침해소송 등 법적 절차는 특허권자의 중요한 권리보장 수단이다. 혁신의 노력에 대한 정당한 보상이 특허권에 주어져야 하고 특허권에 대한 침해를 법적으로 구제받을 수 있는 장치가 담보되어야 특허권이 온전히 보호를 받을 수 있게 된다. 정당한 특허침해소송은 특허권에 내재된 권리로서 설령 소송에서 패소했다고 해서 특허침해소송 남용으로 추정되는 것은 아니다.

특허침해소송은 소송의 특성 상 소송당사자에게 상당한 시간과 비용을 소요하게 하는데, 만약 특허침해소송이 원래의 특허권 보장을 위한 구제의 수단이 아니라 다른 목적으로 남용이 된다면 다른 사업자의 사업활동을 방해하는 효과를 초래할 수 있다. ① 특허가 기만적으로 취득된 것임을 알면서도 기만적으로 취득한 특허에 근거하여 특허침해 소송을 제기하는 행위, ② 해당 특허가 무효라는 사실을 알면서도 특허침해소송을 제기하는 행위, ③ 특허침해가 성립되지 않는다는 사실이 사회통념상 객관적으로 명백한데도 소송절차를 이용하여 다른 사업자의 사업활동을 방해할 악의적인 의도로 특허침해소송을 제기하는 행위 등은 특허권의 남용행위로 판단될 수 있다.

(3) 실시허락

(3)-1 실시허락의 대가

특허권자가 이룩한 기술적 성과에 대해서는 정당한 보상을 제공하는 것이 당연하고 이러한 보상체계는 새로운 기술혁신을 촉진하게 되므로, 특허권자가 자신이 보유한 특허에 대해 상대방에게 실시허락을 하고 그 대가를 요구하는 실시료 부과행위는 정당한 권리행사에 해당한다. 그러나, 다음과 같은 행위들이 부당하게 이루어지는 경우는 특허권의 정당한 권리 범위를 벗어난 것으로 판단할 수 있다. 이에는 ① 다른 사업자와 공동으로 실시료를 결정·유지 또는 변경하는 행위, ② 거래상대방 등에 따라 실시료를 차별적으로 부과하는 행위, ③ 실시허락된 기술 이외에 경쟁사업자의 기술이 사용된 부분까지 포함하여 실시료를 부과하는 행위, ④ 특허권 소멸 이후 기간까지 포함된 실시료를 부과하는 행위, ⑤ 특허권자가 명시적인 계약 없이 특허료 산정방식을 일방적으로 결정 또는 변경하는 행위 등이 포함된다.

실시료를 차별적으로 부과함에 따라 관련시장에서 경쟁사업자 수가 감소하고 진입장벽이 강화되는 등 경쟁제한 효과가 발생한 사례가 있었다. 디지털 이동통신 기술관련 특허를 보유하고 휴대폰 모뎀칩을 직접 생산하는 사업자가 자신의 특허가 통신관련협회에서 표준기술로 선정되어 당해 시장에서 상당한 시장지배적지위를 갖게 된 상황에서 당해 모뎀칩 시장에 신규진입자가 등장하자 자신의 모뎀칩 이용여부에 따라 실시료를 차별적으로 부과하였다. 이러한 실시료의 차별적 부과로 휴대폰 제조업자들은 실시료를 할인받기 위해 다른 사업자로부터 모뎀칩을 구입하려는 시도를 포기하게 되었고 그 결과로 표준기술로 선정된 모뎀칩 생산 사업자의 시장지배적지위가 유지·강화될 수 있었던 사안에 대해 이는 특허권의 정당한 권리행사 범위를 벗어난 것으로 판단하였는데 관련 내용은 후술하기로 한다.

(3)-2 실시허락의 거절

특허제도는 특허권자에게 해당 특허 실시에 대한 배타적 독점권을 부여하고 있으므로 특허권자가 부여된 독점권의 범위 내에서 실시허락을 하여 이익을 누릴 수도 있고 자신의 독점적 권리에 지장을 초래한다고 판단하는 경우에는 실시허락을 거절할 수도 있는데 이는 모두 특허권자의 정당한 권리행사에 해당한다. 그러나, 다음과 같은 행위들이 부당하게 이루어지는 경우는 특허권의 정당한 권리 범위를 벗어난 것으로 판단할 수 있다. 이에는 ① 다른 경쟁사업자와 공동으로 특정사업자에 대하여 실시허락을 거절하는 행위, ② 특정한 사업자에 대해서만 실시허락을 거절하는 행위, ③ 특허권자의 다른 부당한 행위의 실효성을 확보하기 위해 실시허락을 거절하는 행위 등이 포함된다.

부당성 판단 시에는 실시허락 거절의 의도나 목적이 경쟁제한과 관련되어 있는지 여부, 당해 기술이 필수요소에 해당하는지 여부, 특정 사업자가 당해 기술을 독점적으로 소유 또는 통제하고 있는지 여부, 대체기술 확보가 사실상, 법률상 또는 경제적으로 불가능한지 여부, 실시허락 거절행위로 인해 경쟁제한효과가 이미 발생하였거나 발생할 우려가 있는지 여부 등이 고려될 수 있다.

(3)-3 실시범위의 제한

특허권자는 통상적인 실시허락 이외에도 정당한 범위에서 실시허락을 거절할 수 있을 뿐만 아니라, 다른 사업자에게 실시수량·지역·기간 등 이용범위를 한정하여 실시를 허락할 수도 있는데 이는 모두 특허권자의 정당한 독점권의 행사에 해당한다. 그러나, 다음과 같은 행위들이 부당하게 이루어지는 경우는 특허권의 정당한 권리 범위를 벗어난 것으로 판단할 수 있다. 이에는 ① 실시수량·지역·기간 등을 제한하면서 거래조건 등을 부당하게 합의하는 경우, ② 거래상대방에 따라 차별적으로 실시범위를 제한하는 행위 등이 포함된다.

(3)-4 실시허락 시의 조건부과

특허권자는 자신에게 배타적으로 부여된 특허권을 실시허락하면서 해당 특허발명의 효과적 구현, 계약상품의 안전성 제고, 기술의 유용방지 등을 위해 특허권의 범위에서 실시허락 시 합리적인 조건을 부과할 수도 있는데 이는 특허권의 정당한 권리행사 범위에 포함된다. 그러나 해당 특허권과 무관한 분야에 대해 부당하게 조건을 부과하는 행위는 특허권의 정당한 권리범위를 벗어난 것으로 볼 수 있는데 이에는 ① 계약상품의 판매가격 또는 재판매가격을 제한하는 행위, ② 제품의 품질 등 보증을 위해 불가피한 경우가 아닌 원재료 등의 구매상대방 제한행위, ③ 정당한 실시범위의 제한이 아닌 계약상품의 판매상대방 제한행위, ④ 특허권자의 영업비밀 보호를 위한 불가피한 경우가 아닌 경쟁상품 또는 경쟁기술의 거래제한 행위, ⑤ 특허발명의 실시를 위해 직접 필요하지 않은 상품 또는 기술을 함께 구입하도록 하는 행위(끼워팔기), ⑥ 무효인 특허의 존속 등을 위해 관련 특허의 효력을 다투는 것을 금지하는 행위, ⑦ 계약

상품 또는 계약기술의 개량과 관련한 연구활동을 제한하거나 실시권자가 독자적으로 취득한 지식·경험, 기술적 성과를 특허권자에게 제공하도록 하는 행위, ⑧ 특허권이 소멸된 후에 해당 특허발명을 실시하는 것을 제한하는 행위, ⑨ 일방적인 계약해지 행위 등이 포함된다.

특히 끼워팔기와 관련해서 다수의 특허들을 함께 실시허락하는 패키지 실시허락(Package Licensing)은 관련 기술에 대한 탐색비용과 특허권자와의 교섭비용 절감, 특허침해에 따른 소송위험 감소, 연구개발 투자의 불확실성 제거 등 관련시장의 효율성을 높여 친경쟁적인 효과를 발생시킬 수도 있다. 그럼에도 불구하고 불필요한 특허를 함께 구입하도록 강제하는 끼워팔기는 문제가 될 수 있고 특히 표준필수특허의 실시허락을 조건으로 불필요한 비표준필수특허까지 함께 실시하도록 하는 경우에는 부당한 행위로 판단될 수 있다.

특허와 무관한 계약체결을 강요하여 결국 특허권의 정당한 권리범위를 벗어난 사례로는, 분수(噴水)설치 공법에 대해 필수이용기술의 위치에 있는 특허를 보유한 사업자가 자신의 특허기술이 공공입찰 참여를 위한 필수조건이라는 점을 이용하여 입찰에 참가하는 다른 사업자에게 특허기술의 실시를 허락하면서 낙찰받은 공사계약을 자신과 다시 도급계약하도록 조건을 부과하였는데, 이처럼 실시허락계약을 체결하면서 특허와는 무관한 부대공사까지 포함된 계약의 도급을 강요한 당해 특허보유 사업자의 행위는 특허권의 정당한 권리범위를 벗어난 것으로 판단된 바 있다.

(4) 특허풀과 상호실시허락

(4)-1 특허풀

특허풀(Patent Pool)이란 복수의 특허권자가 각각 보유하는 특허를 취합하여 상호간에 또는 제3자에게 공동으로 실시하는 협정을 의미한다. 특허풀은 보완적인 기술을 통합적으로 운영함으로써 탐색비용, 교섭비용 등을 절감하고 침해소송에 따른 기술이용의 위험을 감소시켜 관련시장의 효율성을 제고하고 친경쟁적 효과를 발생시킬 수 있다. 그러나 특허풀도 특허풀의 구성기술, 실시형태, 운영방식에 따라 부당한 행위로 판단될 수 있다. '특허풀의 구성기술'이 상호간 대체관계인 경우에는 보완관계와는 달리 부당한 공동행위의 가능성을 증대시킬 우려가 있고, 또한 특허풀에 공동실시에 필수적이지 않은 특허 또는 무효인 특허가 포함된 경우에는 해당 특허풀과 관련된 권리행사를 부당한 것으로 판단할 가능성이 커지게 된다. 이러한 특허풀은 실시권자의 비용을 증가시키고 무효인 특허를 부당하게 존속시킬 우려가 있게 된다.

특허풀 관련기술의 독립적인 실시를 금지하고 '일괄실시만 허용'하는 경우는 실시권자의 선택을 제한하여 비용을 증가시키고 단독으로 실시되는 경쟁기술을 배제할 위험이 있다. 또한 특허풀 구성 참여 사업자에게만 배타적으로 실시를 허용하는 경우 특허풀에 속하지 않은 경쟁사업자를 배제할 수 있어 부당한 행위에 해당할 가능성이 크다

'특허풀의 운영방식'과 관련해서는 특허풀 운영과정에서 관련된 가격·수량 등의 조건에 부당하게 합의하는 행위, 특허풀에 참여하지 않은 사업자에 대한 실시거절·차별적인 조건으로 거래하는 행위, 다른 사업자가 독자적으로 취득한 지식과 경험·기술적 성과 등을 부당하게 공유하도록 하는 행위, 특허풀에 무효인 특허 또는 공동실시에 필수적이지 않은 특허를 포함시켜 일괄실시를 강제하는 행위, 각 특허의 실시료의 합산보다 현저히 높은 일괄실시료를 부과하는 행위 등은 부당한 것으로 판단될 수 있다.

(4)-2 상호실시 허락

상호실시 허락(Cross License)은 복수의 특허권자가 각각 보유하는 특허에 대하여 서로 실시를 허락하는 협정으로 특히 특허분쟁과정의 합의 수단으로 이용되는 경우가 많다. 상호실시 허락도 특허풀과 마찬가지로 기술이용 촉진과 거래비용 절감 등으로 친경쟁적 효과를 발생시킬 수도 있다. 그러나 상호실시 허락도 일정한 경우에는 특허권의 정당한 권리범위를 벗어나서 부당한 행위에 해당하는 것으로 판단될 수 있는데 상호실시 운영과정에서 관련된 가격·수량 등의 조건에 부당하게 합의하는 행위, 상호실시에 참여하지 않은 사업자에 대한 실시를 거절하거나 차별적인 조건으로 거래하는 행위, 다른 사업자가 독자적으로 취득한 지식과 경험·기술적 성과 등을 부당하게 공유하도록 하는 행위 등이 이에 해당한다.

(5) 표준기술 관련 특허권의 행사

(5)-1 부당한 표준기술특허권의 행사

표준기술은 기술간 호환성을 높여 경제적 효용성을 창출하고 관련기술의

이용과 개발을 촉진시킨다는 점에서 가치가 있으나, 관련시장에서 표준기술은 막대한 영향력을 행사할 수 있게 되고 일단 표준으로 선정된 기술은 다른 기술로 대체하는 데에 상당한 전환비용이 소요되어 이러한 영향력이 장기간 지속될 수 있어 문제를 발생시킬 수 있다. 특히 표준기술이 배타적·독점적 특성을 갖는 특허권으로 보호받는 경우에는 심각한 경쟁제한 문제가 발생할 수 있기 때문에 많은 [70]표준화기구들은 FRAND 조건으로 실시허락할 것을 사전에 협의하도록 하고 있다.

FRAND 확약은 표준필수특허에 대한 [71]특허억류(Patent hold-up)를 통한 지식재산권의 부당한 행사를 방지하기 위한 표준화기구의 조치에 해당된다. 이러한 조치는 과거 지배적 기술특허를 보유한 사업자가 이를 이용해 관련 산업을 독점한 경험을 거울로 삼아 인위적인 표준화로 인한 하부시장의 독점화를 방지하면서 네트워크 효과와 규모의 경제에 따른 효율성을 도모하고 특허권자에게도 기술개발에 대한 정당한 대가를 지불함으로써 혁신활동을 보장하는 데 그 목적이 있다.

표준필수특허권의 행사가 표준화절차를 악용하거나 표준기술로 채택된 이후 부당한 조건을 제시하는 등의 행위는 특허권의 정당한 권리범위를 벗어난 것으로 판단할 수 있는데, 이에는 ① 표준기술 선정과정 협의에서 거래가격·수량·기술개량의 제한 등의 조건에 부당하게 합의하는 행위, ② 실시조건의 사전협상 회피 목적 등으로 자신이 출원 또는 등록한 특허정보를 공개하지 않는 행위, ③ 독점력 강화나 경쟁사업자 배제 목적으로 FRAND 조건을 회피·우회하는 행위, ④ 실시허락을 부당하게 거절하는 행위, ⑤ 실시조건을 차별하거나 비합리적 수준의 실시료를 부과하는 행위, ⑥ 실시권자의 특허권 행사를 부당하게 제한하는 조건을 부과하거나 ⑦ 실시권자 보유 비표준필수특허에 대한 상호실시허락의 조건을 부과하는 행위 등이 포함될 수 있다.

기술표준화 과정에서 특허를 미공개한 행위와 관련하여, 컴퓨터 중앙처리장치와 비디오장치 간의 정보전달기술과 관련된 특허권을 보유한 사업자가 관

70) 대부분의 표준화기구들은 특허권자가 독점적 지위를 일정부분 포기하고 누구에게나 공정하고 합리적이며 비차별적인 조건으로 기술의 사용을 허용(라이선스)하겠다는 FRAND 확약을 하여야만 표준화기구의 표준으로 선정하고 있다.

71) 특허억류는 특허를 사용할 수밖에 없는 조건을 이용하여 부당한 조건을 강요하는 행위를 의미한다.

련 표준화기구에서 자신이 보유한 특허기술이 표준으로 선정되도록 하는 과정에서 표준화기구 회원들이 해당 기술과 관련된 특허존재여부를 당해 사업자에게 확인하는 절차에서는 관련특허를 보유하고 있지 않다고 허위사실을 표명한 후 자신의 기술이 표준으로 채택되자 비로소 특허가 있음을 주장하면서 과도한 실시료를 요구한 사례가 있었다. 이와 같이 표준화절차를 악용해 관련 시장의 지배력을 획득한 후 이를 토대로 과도한 실시료를 부과하는 행위는 기술이용의 촉진을 이루고자 한 기술표준화의 취지에도 반하고 표준채택 이후 대체기술 개발이 어려워지는 것에 따른 관련시장의 경쟁을 제한하는 행위로서 특허권의 정당한 권리범위를 벗어난 것으로 판단할 가능성이 크게 된다.

(5)-2 표준필수 특허권자의 침해금지청구

표준필수 특허권자는 특허권에 따르는 정당한 권리로서, 자신의 특허권 침해를 방지하고 이로 인한 손해의 회복을 위하여 침해금지청구와 손해배상청구를 할 수 있다. 이 중 침해금지청구는 침해행위로 인한 상품의 생산, 사용, 판매 또는 수입의 금지를 구하는 것으로서 사후적인 손해배상청구보다 강력한 권리보장의 수단이 된다. 그러나 FRAND 조건으로 실시허락할 것을 확약한 표준필수 특허권자가 경쟁사업자를 배제하거나 잠재적 실시권자에 대하여 과도한 실시료를 부과하거나 부당한 조건을 부과하기 위해 성실한 협상의무를 이행하지 않고 침해금지청구를 하는 행위는 특허권의 정당한 권리범위를 벗어난 것으로 관련시장의 경쟁을 제한할 우려가 있는 것으로 판단할 가능성이 커진다. 다만 잠재적 실시권자가 법원 등의 결정을 거절하거나 FRAND 조건으로의 실시계약 체결을 거부하거나 잠재적 실시권자의 파산 등으로 인하여 손해배상을 기대하기 어려워 침해금지청구만이 유일한 구제수단일 경우에는 경쟁제한 우려가 있는 특허권의 행사에 해당하지 아니한다.

(6) 특허분쟁 과정에서의 합의

특허권자와 이해관계인은 특허분쟁이 발생하는 경우 소송 등의 법적 절차 이외에도 당사자 간 합의를 통해 특허의 효력, 특허침해 여부에 대한 분쟁을 해소할 수 있다. 이러한 합의는 소송비용과 기술이용의 위험을 감소시킬 수 있다는 장점이 있어 특허권자의 권리보장을 위한 효율적인 분쟁해결수단이 될 수 있다. 그러나 무효인 특허의 독점력을 지속시키고 경쟁사업자의 신규진입을 방해하여 소비자후생을 저해할 수 우려가 있는 부당한 합의가 특허분쟁 과정에서 이루어지는 경우 특허권의 정당한 권리범위를 벗어난 것으로 판단할 수 있다. 특히 ① 합의당사자가 경쟁관계에 있거나 합의의 목적이 경쟁제한과 관련되는 경우, ② 특허권이 만료된 이후의 기간까지 관련 사업자의 시장진입을 지연시키는 경우, ③ 특허와 직접적으로 관련되지 않은 시장에서 관련 사업자의 시장진입을 지연시키는 경우, ④ 무효인 특허를 인지하고도 진행한 합의나 객관적으로 무효임이 명백한 특허에 대한 합의는 부당한 것으로 판단할 가능성이 커지게 된다.

특허무효심판 취하와 시장진입 지연에 대한 합의와 관련하여 사례를 들어보면, 사업자 A는 B약의 제조특허를 보유한 사업자이고 사업자 C는 B약의 복제약 출시를 검토하면서 A의 특허가 무효라고 판단하고 특허무효심판을 제기하였다. 이에 A는 C가 특허무효심판을 취하하고 해당 특허권 만료 후 1년까지 B약을 대체할 수 있는 복제약을 출시하지 않는다는 조건을 받아들인다면 대가를 지급하겠다면서 C에게 합의를 요청하였다. 이 경우 특허권이 만료된 이후의 기간까지 복제약 출시를 지연시키는 합의는 특허권자의 권리보장의 범위를 벗어난 것으로 관련시장의 경쟁을 제한하기 위한 것일 가능성이 크다. 경쟁사업자의 수를 감소시키고 가격인상을 초래하는 등 관련시장의 경쟁을 제한하는 이러한 합의는 특허권의 정당한 권리범위를 벗어난 것으로 판단할 수 있다. 당해 사례는 실제 다루어졌던 사례로서 상세히 후술하기로 한다.

(7) 특허관리전문회사의 특허권 행사

[72]특허관리전문회사는 개인·중소기업·연구기관과 같이 특허권을 행사할 역량이 부족하거나 스스로 특허를 상업화할 의사가 없는 자의 특허를 매입 또는 관리하는 등의 방법으로, 특허권자들이 정당한 보상을 받을 수 있도록 함으로써 발명의 유인을 제공하고 당해 특허를 필요로 하는 사업자에게는 특허권이 이전될 수 있도록 중개인의 역할을 함으로써 특허기술의 거래를 활성화하는 역할을 수행하며 이러한 특허기술 거래 중개행위는 친경쟁적 효과를 발휘할 수 있다.

72) 특허관리전문회사는 제3자로부터의 특허권 매입을 통해 특허 포트폴리오를 구축하고 이를 기반으로 다른 기업에 대한 실시허락이나 특허소송을 통해 수익을 실현하는 것을 주된 사업방식으로 한다.

특허관리전문회사는 대개 제조활동을 직접 하지 않기 때문에 관련시장에서 시장참여자의 지위에 있을 수 있는 일반 특허권자보다 특허권을 남용할 가능성이 상대적으로 적으나 그랜트백, 특허침해소송, 실시허락, 특허풀과 상호실시허락, 표준기술특허권의 행사, 특허분쟁합의 등의 과정에서 특허권의 정당한 권리범위를 벗어난 행위를 할 수도 있다.

특허관리전문회사의 성격상 실시료를 불합리하게 부과할 가능성이 있으며, 종전 특허권자에게 적용되던 FRAND 조건의 적용을 부인하거나, 컨소시움 형태의 특허관리전문회사의 경우 컨소시움에 참여하지 않은 사업자들을 차별하거나, 특허권 관련 중요정보를 은폐 또는 누락하는 등의 방법으로 특허소송을 제기하거나 특허침해 경고장을 발송하는 행위 등이 특히 문제될 수 있다. 특허권자가 특허관리전문회사에게 특허권을 이전한 후 특허관리전문회사로 하여금 특허권 남용행위를 하도록 한 경우에는 특허권자가 원칙적으로 법위반 주체가 되나, 관여 정도 등을 종합적으로 고려하여 특허관리전문회사도 일정한 경우에는 법위반의 대상이 될 수 있다.

Ⅴ. 시장지배적지위 남용행위의 위법성 판단

1. 위법성 요건

(1) 경쟁제한 효과의 판단

시장지배적지위 남용행위가 위법하려면 먼저 당해 사업자가 ① 시장지배적사업자에 해당하는지 여부가 전제가 되어야 한다. 시장지배적사업자이거나 시장지배적사업자로 추정되면 다음으로는 시장지배력과 연관이 되는 ② 관련시장을 획정하게 되고 그 다음 단계로 당해 관련시장에서 ③ 경쟁제한이 발생했거나 발생할 우려가 있는 행위가 있어야 하며, 이때 경쟁제한효과 판단기준을 적용해서 당해 행위의 ④ 경쟁제한성 또는 부당성을 판단하게 된다. 이하에서는 먼저 어떠한 경우에 경쟁제한 효과가 발생했다고 보는지에 대해 살펴보도록 한다.

(1)-1 가격상승 또는 산출량 감소

시장지배적사업자가 행한 일정한 행위가 당해 관련시장에서 상품 또는 용역의 가격을 상승시키거나 산출량을 감소시키는 결과를 초래하거나 가격상승 또는 산출량 감소의 우려가 나타나는 경우, 그 해당 행위는 경쟁제한적 행위에 해당할 수 있다. 가격상승 또는 산출량 감소는 독과점에서 가장 전형적으로 발생하는 경쟁제한의 모습이기 때문이다.

가격상승 또는 산출량 감소를 판단하기 위해서는 일정한 거래분야와 인접시장에 속한 상품 또는 용역의 가격상승과 산출량 감소가 나타날 우려가 있는지와 실제 발생하고 있는지를 고려하게 되고 이때 이러한 효과가 나타나기 까지는 상당한 기간이 소요될 수 있음도 감안해야 한다. 이러한 가격상승 또는 산출량 감소는 시장지배적지위 남용행위의 직접적 결과일 수도 있고 당해 행위가 가져오는 봉쇄효과나 경쟁사업자의 비용상승에서 비롯된 결과일 수도 있다.

(1)-2 상품·용역의 다양성 제한

시장지배적사업자가 행한 일정한 행위가 당해 관련시장에서 상품이나 용역의 다양성을 제한하는 경우에는 당해 관련시장에서 상품이나 용역을 공급하는 경쟁사업자의 수가 감소하였다는 의미가 될 수 있는데 경쟁관계에 있는 사업자 수가 감소하였다는 것은 당해 관련시장에서 경쟁이 이전보다 제한되었다는 것을 나타내는 하나의 지표가 될 수 있다.

상품이나 용역의 다양성 제한 여부를 판단하기 위해서는 시장지배적사업자가 공급하는 제품과 경쟁관계나 보완관계에 있는 다른 저렴한 상품 등을 구매할 기회가 제한 또는 축소되는지를 보게 되는데, 당해 행위로 인해 유력한 경쟁사업자의 수가 감소하는 경우에도 상품·용역의 다양성이 제한될 수 있으며 혁신저해 등 다른 경쟁제한효과로 인해 상품·용역 다양성이 제한될 수도 있다.

시장지배력을 남용하여 상품이나 용역의 다양성이 감소된 사례로서는 키위를 판매·공급하는 유력한 사업자가 대형마트와 배타적 거래계약을 체결하는 방법으로 경쟁사업자가 더 낮은 가격의 키위를 대형마트에서 판매하지 못하게 하여 대형마트를 이용하는 소비자들이 구매할 수 있는 키위의 다양성을 제한한 경우를 들 수 있다.

(1)-3 혁신저해

시장지배적사업자가 행한 일정한 행위가 당해 관련시장에서 혁신을 저해하는 결과를 가져오거나 혁신저해의 우려가 있는 경우에는 당해 행위가 경쟁을 제한하는 행위에 해당할 수 있다. 경쟁을 기본으로 한 시장에서는 시장에서 우위를 차지하기 위해 사업자 간 끊임없는 혁신을 통한 경쟁이 이루어지고 이러한 과정에서 소비자들은 질 좋은 상품 등을 보다 값싸게 소비할 수 있는 소비자 후생을 누릴 수 있게 된다. 그러나 시장지배적사업자의 일정한 행위가 자신의 시장지배력을 유지·확대하기 위해 경쟁자의 혁신을 저해하거나 저해할 우려가 있는 결과를 가져오는 경우에는 경쟁제한에 따른 폐해가 발생하게 된다.

혁신저해 여부를 판단하기 위해서는 소비자에게 유익한 연구·개발·서비스·품질 등의 혁신유인이 당해 행위로 인해 저해되는지 여부를 보게 되는데 혁신저해는 시장지배적지위 남용행위의 직접적 결과일 수도 있고 봉쇄효과, 경쟁자의 비용상승 등 다른 경쟁제한효과의 결과에서 나타날 수도 있다.

시장지배적사업자가 자신의 시장지배력을 유지·강화하기 위해 혁신을 저해한 사례로는 PC운영체제 시장의 시장지배적사업자가 PC운영체제와 별개 제품인 응용소프트웨어 프로그램을 PC운영체제와 결합하여 판매함으로써, 독립 응용소프트웨어 프로그램 개발자들의 소프트웨어 개발유인을 축소시킨 경우를 예로 들 수 있다.

(1)-4 봉쇄효과

시장지배적사업자의 일정한 행위가 당해 관련시장에서 경쟁사업자에 대한 봉쇄효과를 초래하거나 초래할 우려가 있는 경우에는 유력한 경쟁사업자의 수를 감소시키고 시장의 경쟁압력을 저하시켜 가격상승, 산출량 감소, 상품·용역의 다양성 제한, 혁신 저해 등의 경쟁제한효과를 초래할 수 있다.

봉쇄효과 여부에 대한 판단은 시장지배적지위 남용행위로 인하여 경쟁사업자의 시장진입 또는 확대기회가 봉쇄되거나 봉쇄될 우려가 있는지를 살피게 되는데, 봉쇄효과의 크기는 당해 행위로 특정 시점에서 경쟁사업자의 접근이 곤란해진 정도와 함께, 당해 봉쇄효과로 잠재적 경쟁사업자를 포함한 경쟁사업자의 성장 및 신규진입 등에 미칠 중요성, 시장점유율의 변화추이, 다른 사업자와 거래 시 평판에 미칠 영향 등 동태적 측면까지 고려하여 판단한다. 봉쇄효과가 시장에 나타나기까지는 상당한 기간이 소요될 수 있음도 고려해야 한다.

시장지배적사업자가 자신의 시장지배력을 유지·강화하기 위해 봉쇄효과가 발생하는 행위를 한 사례로는 화학비료 유통시장에서 상당한 점유율을 가진 회사가 화학비료 제조업체들과 배타조건부 거래계약을 체결하여 자신에게만 화학비료를 공급하도록 하여 자기 이외의 경쟁 비료판매업체들이 당해 유통시장에서 봉쇄되는 되는 결과를 초래한 경우를 예로 들 수 있다.

(1)-5 경쟁사업자의 비용상승 효과

시장지배적사업자의 일정한 행위가 당해 관련시장에서 경쟁사업자의 비용을 인위적으로 상승시키는 결과를 초래하거나 상승의 우려를 가져오는 경우에는 경쟁사업자의 당해 관련시장에서 경쟁력이 떨어져서 시장지배적사업자에 대한 경쟁의 압력이 저하되고 그 결과로 일정한 거래분야 또는 인접시장의 가격상승, 산출량 감소, 상품·용역의 다양성 제한, 혁신 저해 등 경쟁제한효과를 초래할 수 있다.

경쟁사업자의 비용상승 효과를 판단하기 위해서는 당해 행위로 인해 경쟁사업자에게 효율적인 유통·공급경로가 차단되거나 생산·유통에 필요한 적정한 자원 확보가 방해되거나 또는 인위적인 진입장벽이 형성되는 등의 사유로 인해 경쟁사업자가 이러한 장애를 극복하는 데 상당한 비용과 기간이 소요되는지 여부를 주로 고려한다.

시장지배적사업자가 자신의 시장지배력을 유지·강화하기 위해 경쟁사업자의 인위적인 비용상승을 초래한 사례로는 자동차제조회사가 자신이 직접 운영하는 직영판매점과 경쟁관계에 있는 독립적인 판매대리점의 거점이전 승인을 지연·거부하거나 판매인원 채용등록을 지연·거부함에 따라 직·간접적으로 판매대리점의 비용상승을 발생시킨 경우를 예로 들 수 있다.

(2) 경쟁제한 의도 또는 목적

시장지배적사업자의 경쟁제한행위가 있다고 해서 바로 위법성이 인정되는 것은 아니다. 위법성이 인정되려면 당해 경쟁제한행위가 단지 거래상대방에게 불편을 초래하거나 불이익을 주는 것에 그치지 않고 가격상승이나 산출량 감소와 같은 경쟁제한으로 인해 발생되는 제반 효과를 시장에서 인위적으로 발생시킬 '의도나 목적'이 입증되어야 한다.

앞서 살펴본 여러 판례에서 알 수 있듯이 시장지배적지위 남용행위의 위법성 요건으로서 경쟁제한의 의도 또는 목적에 대해 법원은 상당히 엄격한 입장을 취하고 있다. 시장지배적지위 남용행위의 외양이 있다 하더라도 그 행위가 당해 사업자의 정상적인 사업경영활동에 해당될 수 있다고 보는 경우에는 대부분 위법성을 인정하지 않고 있으며 심지어는 일부 경쟁제한 효과가 발생하였지만 당해 행위의 의도나 목적이 경쟁제한 효과와 직접적으로 연결되지 않는 이유 등을 들어 시장지배적지위 남용행위의 부당성을 부인한 사례도 있다.

따라서 시장지배적지위 남용행위를 규제하는 공정거래위원회의 입장에서는 당해 행위의 의도나 목적을 입증하는 것이 실무적으로 상당히 어렵고 부담이 되는 것이 사실이다. 이는 시장지배적지위 남용행위에 대한 법집행이 소극적으로 이루어지는 결과로 이어지고 있는데, 공정거래위원회가 연간 처리하고 있는 사건유형을 전체적으로 살펴보면 시장지배적지위 남용행위 규제 건은 1년에 1~2건 정도에 그치고 있음을 통해 그 실태를 짐작할 수 있다. 독과점 규제 또는 시장지배적지위 남용행위에 대한 규제는 경쟁당국의 가장 중요한 역할에 해당함에도 법원의 엄격한 입장으로 인해 활발한 법집행이 이루어지고 있지 않은 것은 매우 아쉬운 현실이며, 법집행 당국인 공정거래위원회가 법집행을 강화할 수 있도록 더욱 자원을 투입하고 노력해 나갈 필요가 있다.

(3) 부당성

시장지배적사업자가 일정한 행위를 하고 당해 행위가 경쟁제한효과를 발생시킬 것을 의도하거나 발생시킬 목적으로 이루어진 후에 실제로 당해 관련시장에서 경쟁제한효과가 발생하였거나 발생할 우려가 큰 경우에 부당성이 인정되어 당해 시장지배적지위 남용행위의 위법성을 인정할 수 있게 된다. 어떠한 경우에 경쟁제한 효과가 나타난 것으로 보는지에 대해서는 전술한 바와 같다.

경쟁제한성이 있는지 여부는 시장지배적지위 남용행위의 부당성을 판단하는 기준이 된다. 포스코의 시장지배적지위 남용행위 건에서 공정거래위원회는 포스코의 거래거절행위가 거래 상대방인 현대하이스코에게 상당한 경제적 불이익을 야기했고 이에는 정당한 사업상 사유가 없다고 보아 부당하다고 판단하였는데, 법원은 시장지배적지위 남용행위에서의 부당성은 거래 상대방에게 돌아간 단순한 경제적 불이익만으로는 충분치 않고 시장에서의 경쟁제한성을 의미하는 것이라고 [73]판시하였다. 이 같은 법원의 부당성에 대한 판단기준은 종전의 부당성 판단과 관련한 경쟁자침해설을 배격하고 경쟁제한설을 채택한 것으로 이후의 공정거래위원회의 시장지배적지위 남용행위 집행에도 영향을 미치게 되었다.

73) 대법원 2007. 11. 22. 선고 2002두8626 판결

앞서 설명한 시장지배적사업자의 시장지배력을 유지·강화하기 위한 의도 또는 목적의 입증과 함께 부당성 입증에 있어서 경쟁제한성 여부를 명확히 제시하도록 요구하는 법원의 태도로 인해 시장지배적지위 남용행위 위법성 입증은 공정거래법상 다른 유형의 행위에 대한 위법성 입증에 비해 상당히 어려워지게 되었고 이에 대응하기 위해 실무적으로는 시장지배적지위 남용행위와 불공정거래행위의 유형이 유사한 점을 이용하여 시장지배적지위 남용행위와 관련된 사안이 발생하게 되면 불공정거래행위 관련 규정을 경합하여 적용함으로써 법원에서 완전패소가 되는 경우는 최소한 방지하려고 노력하고 있다.

그러나 이러한 실무관행은 시장지배적지위 남용행위 규제의 중요성을 감안할 때 정공법은 될 수 없고, 결국은 공정거래위원회가 여러 제약에도 불구하고 가용인력 등 자원을 좀 더 시장지배적지위 남용행위 규제에 투입하고 도전적으로 법집행을 해 나가면서 법원의 판단을 지속적으로 받아보는 방법으로 대응해 나가는 것이 바람직한 것으로 보인다. 시장경제의 효율적인 작동을 저해할 수 있는 독과점 행위에 대해서는 경쟁당국이 더욱 적극성을 가지고 노력해야 할 것으로 생각된다.

2. 위법성 판단의 기술적 방법

(1) 의의

시장지배적사업자가 좋은 품질의 제품을 더 낮은 가격을 시장에 공급함으로써 시장점유율을 확대시켰다면 이는 성과경쟁을 통한 효율성 증대로서 시장성과에 바탕을 둔 긍정적인 측면에 해당하지만, 경우에 따라서는 경쟁사업자를 제거하기 위한 목적으로 평균비용 이하의 낮은 가격을 시장에 제시하였다면 이는 배제남용을 위한 것으로 시장지배적지위 남용행위에 해당할 수도 있게 된다.

문제는 시장지배적사업자의 특정한 행위에 따른 결과가 성과경쟁에 따른 것인지 배제남용을 목적으로 한 행위인지를 구분하는 것이 현실적으로 쉽지 않다는 데 있다. 따라서 성과경쟁과 배제남용을 구분하기 위한 여러 기술적 기준과 방법들이 제시되어 왔다. 실제 시장지배적지위 남용행위가 발생시키는 경쟁제한 효과는 다양하게 나타날 것이므로 실제 적용에 있어서는 아래의 각 기준들을 일의적으로 적용하기보다는 개별적 사안에 맞춰서 적용하는 것이 적절할 것으로 생각한다.

(2) 기술적 방법

'소비자후생 테스트(Consumer Welfare Test)'는 시장지배적지위 남용행위가 가져오는 효율성 효과와 소비자 후생을 비교하여 당해 행위의 위법성을 판단하는 방법이다. 논리적으로는 수긍이 가나 현실에서는 효율성 효과와 소비자 후생의 크기 측정이 쉽지 않고 효과의 형량은 성격상 정태적 크기가 대상이 되므로 동태적인 효과의 측정은 제외되는 등의 한계가 있다.

'불균형성 테스트(Disproportionality Test)'는 시장지배적지위 남용행위가 가져오는 경쟁촉진효과와 경쟁제한효과를 비교하여 경쟁제한효과가 압도적으로 더 큰 경우에는 위법으로 인정하는 방법이다. 효율성 효과와 소비자 후생을 비교하는 소비자후생 테스트와 유사한 점이 있으나 소비자후생 테스트는 효율성 효과와 소비자 후생을 정확하게 측정해야 하는 반면, 불균형성 테스트는 정확한 산술적 측정 없이 위법을 판단하는 것이 가능한 장점이 있다. 그러나 이 경우에도 경쟁제한효과와 경쟁촉진효과를 비교해서 한쪽이 크다는 점을 경쟁당국에서 입증해야 하는 점은 여전히 쉽지 않다는 한계가 있다.

'이윤희생 테스트(Profit-Sacrifice Test)'는 시장지배적지위 남용행위를 한 사업자가 염매 등을 통해 자신의 이윤을 희생시킨 행위가 지극히 비합리적이어서 경쟁을 제한하기 위한 목적이 아니라면 설명할 수 없는 경우에 당해 행위가 위법하다고 보는 방법이다. 객관적인 지표에 해당하는 평균비용 이하로 가격책정을 하는 경우에는 경쟁사업자를 배제할 목적으로 당해 행위를 한 것이고 경쟁사업자가 배제된 후에는 가격을 인상하여 독과점 이익을 누리게 된다고 보게 된다. 그러나 이윤희생 없이도 경쟁사업자를 배제할 수 있는 경우가 있으므로 모든 경우의 배제행위에 적용하는 것은 한계가 있다.

'경제적 비합리성 테스트(No-Economic-Sense Test)'는 시장지배적지위 남용행위를 한 사업자의 행위가 당해 관련시장에서 경쟁을 제한하여 경쟁사업자를 배제시킬 목적이 아니라면 도저히 합리적으로 설명할 수 없는 경우에 당해 행위가 위법하다고 보는 방법이다. 공정거래위원회 실무에서 자주 사용하는 방식이기는 하나, 사업자의 다양한 경제적 의사결정에 의한 행위는 경제적 합리성 관점에서 모두 설명할 수는 없다는 점과 반대로 모든 행위가 경제적 합리성에 기반한 것이라는 주장 역시도 동일한 사안에서 주장하기에 따라 가능하다는 점에서 역시 한계를 갖는다.

'동등효율 경쟁자 테스트(Equally Efficient Competitor Test)'는 시장지배적사업자가 관련시장에서 자신과 동등한 효율을 가진 경쟁사업자를 배제하는 경우 이를 위법한 것으로 보는 방식이다. 관련시장에서 정상적인 경쟁이 이루어지고 있다면 최소한 자신과 동등한 효율을 가진 사업자를 당해 시장에서 배제하는 것은 이론적으로 불가능하다. 이러한 상황에서 동등한 효율을 가진 경쟁사업자를 배제하는 결과가 일어났다면 당해 행위는 위법한 것일 수밖에 없다는 결론을 내게 되는 것이다. 하지만 배제된 사업자가 신규 시장참여자일 경우에는 당장은 시장지배적사업자만큼 효율성이 없을 수도 있어 동등효율 경쟁자 테스트에 의한 위법은 인정할 수 없게 되지만, 시장에 참여하는 사업자 수도 경쟁상황에서는 여전히 중요한 만큼 이러한 경우가 포섭되지 않는 점에서는 한계점을 갖는다고 볼 수 있다.

Ⅵ. 시장지배적지위 남용행위에 대한 제재

1. 행정적 제재

(1) 시정조치

(1)-1 개요

전부개정 공정거래법 제7조에 따라 공정거래위원회는 남용행위를 한 시장지배적사업자에게 가격인하, 해당 행위의 중지, 시정명령을 받은 사실의 공표 또는 그 밖에 필요한 시정조치를 할 수 있다. 시정조치는 현재의 법위반 행위를 중단시키고, 향후 유사행위의 재발을 방지·억지하며 왜곡된 경쟁질서를 회복시키고 공정하고 자유로운 경쟁을 촉진시키는 것을 목적으로 하며 이러한 목적달성을 위해 ① 시정조치는 실효성이 있어야 하고, ② 관련행위와 연관성이 있어야 하며, ③ 명확하고 구체적이어서 이행을 점검·확보할 수 있어야 하고, ④ 위반행위의 내용과 정도에 비례하여 이루어지게 된다. 시정조치는 전문 경쟁당국인 공정거래위원회가 위법 상태를 시정하기 위해 적정하다고 판단되는 다양한 형태의 조치가 가능하며 이에는 폭넓은 재량이 인정된다.

시장지배적지위 남용행위를 한 회사가 합병 또는 분할 등으로 회사가 변경되는 경우 종전 공정거래법에는 존속회사나 신설회사에 대해 시정조치를 부과할 수 있는 명문의 규정이 없었다. 2021. 12. 30. 시행된 전부개정 공정거래법은 합병이나 분할 시에도 존속회사나 신설회사에 대해 시정조치를 부과할 수 있는 근거를 마련하였는데, 공정거래위원회의 시정조치도 과징금 부과와 같은 침익적 성격의 행정처분에 해당하므로 이에 대한 구체적 근거를 마련한 것은 적절하다고 생각된다.

전부개정 공정거래법은 남용행위를 한 회사인 시장지배적사업자가 합병으로 소멸한 경우에는 합병 후 존속하거나 합병에 따라 설립된 회사가 한 행위로 보아 시정조치를 할 수 있고, 분할되거나 분할합병된 경우에는 분할되는 회사, 분할 또는 분할합병으로 설립되는 새로운 회사, 분할되는 회사의 일부가 다른 회사에 합병된 후 그 다른 회사가 존속하는 경우 그 다른 회사 중 어느 하나에 해당하는 회사의 행위로 보고 시정조치를 할 수 있도록 [74]규정하고 있다.

(1)-2 관련 판례

시정조치와 관련하여 공정거래위원회의 재량을 인정한 판례로는 현대모비스의 시장지배적지위 남용행위 건에서 법원은 공표명령과 통지명령에 관하여 이들 공표명령과 통지명령은 목적·효과·대상 면에서 차이가 있고 이 사건 위반행위를 시정하기 위한 각 필요성이 또한 인정된다고 하면서 공정거래위원회의 재량을 인정하고 있고 따라서 위법 상태의 시정을 위해 공표명령과 통지명령을 시정조치로 부과한 것은 과잉금지원칙이나 비례원칙에 반하지 않는다고 [75]판시한 바 있다.

퀄컴 인코포레이티드 외 2의 시장지배적지위 남용행위 건에서도 법원은 공정거래위원회가 CDMA2000 방식 모뎀칩의 국내공급시장을 전제로 그 모뎀칩 구매와 관련한 배타조건부 리베이트 제공행위와 조건부 로열티 할인 병행행위 등 일련의 행위를 금지하는 시정명령을 부과한 데 대하여 일련의 행위에 대한 부당성이 인정되는 이상 위법성을 시정하기 위한 공정거래위원회의 관련 시정명령은 적법하다고 [76]판시하였다.

---

74) 전부개정 공정거래법 제7조는 종전 법 제5조의 규정에서 합병·분할에 관한 제2항과 제3항을 신설하였으며 신설된 항들은 시장지배적지위 남용행위뿐 아니라 기업결합, 경제력집중 억제, 부당한 공동행위, 불공정거래행위, 사업자단체 금지행위 규정에서 준용하도록 하였다.

75) 대법원 2014. 4. 10. 선고 2012두6308 판결

76) 대법원 2019. 1. 31. 선고 2013두14726 판결, 파기환송심(서울고등법원 2019. 5. 20. 선고

(2) 과징금

(2)-1 개요

과징금은 사업자의 경쟁관련 법위반 행위에 대해 부당한 이익을 환수하면서 당해 행위에 대한 억지의 목적으로 가하는 제재금이라는 이중의 성격을 지니고 있으며 관련 법위반 행위가 ① 경쟁질서를 크게 저해하거나, ② 소비자 등에 미치는 영향이 큰 경우, ③ 위반행위에 의해 부당이득이 발생한 경우 등에는 과징금이 원칙적으로 부과되게 된다. 특히 과징금고시에 따라 시장지배적지위 남용행위 위반의 경우에는 특별한 사정이 없는 한 원칙적으로 과징금을 부과하도록 되어 있다.

전부개정 공정거래법은 제8조에서 시장지배적지위 남용행위에 대한 과징금 부과규정을 두고 있는데, 시장지배적사업자가 남용행위를 한 경우에는 [77]매출액 등의 6%를 초과하지 않는 범위 내에서 과징금을 부과할 수 있고, 매출액이 없거나 매출액의 산정이 곤란한 경우 등에는 20억 원을 초과하지 않는 범위 내에서 과징금을 부과할 수 있도록 되어 있다.

매출액이 없거나 매출액의 산정이 곤란한 경우와 관련하여 공정거래법 시행령 제15조는 ① 영업을 개시하지 아니하거나 영업중단 등으로 인하여 영업실적이 없는 경우, ② 위반기간 또는 관련 상품이나 용역의 범위를 확정할 수 없어 관련 매출액에 상당하는 금액의 산정이 곤란한 경우, ③ 재해 등으로 인하여 매출액산정자료가 소멸 또는 훼손되는 등 객관적인 매출액의 산정이 곤란한 경우 등을 들고 있다.

시장지배적지위 남용행위에 대한 과징금은 1996년 공정거래법 개정에서 매출액의 3%, 10억 원으로 정해진 이후 줄곧 변동이 없다가 [78]미국·유럽연합 등 주요 선진국에 비해 과징금 부과기준율이 너무 낮고 특히 정액(定額)과징금의 경우 지난 25년간 우리나라의 경제규모가 커진 상황을 전혀 반영하지 못해

2019누42 판결)은 원고가 소취하하였다.

77) 공정거래법 시행령 제13조(과징금의 산정방법)는 관련매출액을 위반사업자가 위반기간 동안 일정한 거래분야에서 판매한 관련 상품이나 용역의 매출액 또는 이에 준하는 금액이라고 규정하고 있다.

78) 미국의 경우 관련매출액의 20%를 기본벌금으로 하여 각종 가중·감경을 거쳐 벌금범위를 결정하고, 유럽연합의 경우 직전 사업연도 기준 관련매출액의 최대 30% 이내의 부과기준율과 위반행위에 가담한 연도수를 곱해 기본제재금을 결정하고 있다.

공정거래법 위반을 억지하는 데 미흡하다는 의견에 따라 2021. 12. 30. 시행된 전부개정 공정거래법에서는 6%, 20억 원으로 상향조정되었다. 다만, 공정거래법 부칙에 따라 2021. 12. 30. 이전에 이루어진 위반행위에 대해서는 종전의 3%, 10억 원의 기준이 적용된다. 징벌적 손해배상제나 집단소송제 등 [79]민사적 제재수단이 활성화되어 있지 않은 우리나라의 경우 과징금 부과를 통한 법위반 억지력 확보가 중요하므로 이번 전면개정에서 과징금부과수준을 상향한 것은 시의적절하다고 생각된다.

(2)-2 과징금 산정기준

시장지배적지위 남용행위의 과징금은 '관련매출액'에 부과기준율을 곱하여 기본 산정기준을 정하는데 과징금고시 별표의 '세부평가 기준표'에 따라 산정된 [80]점수를 기초로 하여 부과기준율이 나누어지고, 그 부과기준율은 ① 매우 중대한 위반행위 3.5% 이상 6.0% 이하, ② 중대한 위반행위 1.5% 이상 3.5% 미만, ③ 중대성이 약한 위반행위 0.3% 이상 1.5% 미만으로 정해져 있다. 공정거래법 전면개정에 따라 시장지배적지위 남용행위 과징금 상한이 종전 관련매출액의 3%에서 6%를 초과하지 않도록 2배로 상향조정되어 이에 맞추어 과징금고시의 부과기준율도 이에 맞춰 최근에 개정되었다.

시장지배적지위 남용행위와 관련된 매출액을 산정하기 곤란하거나 매출액이 없는 경우는 정액과징금을 부과할 수 있고 이 경우의 과징금고시상의 부과기준금액은 ① 매우 중대한 위반행위 12억 원 이상 20억 원 이하, ② 중대한 위반행위 4억 원 이상 12억 원 미만, ③ 중대성이 약한 위반행위 5천만 원 이상 4억 원 미만으로 정해져 있다. 공정거래법 전면개정에 따라 시장지배적지위 남용행위의 정액과징금 상한도 10억 원에서 20억 원으로 상향되었다. 이에 맞추어 과징금고시의 정액과징금 부과기준금액도 최근에 개정되었다.

(2)-3 관련 판례

과징금 산정과 관련된 판례를 살펴보면, 현대자동차의 시장지배적지위 남용행위 건에서 법원은 현대자동차가 판매대리점에 대하여 거점이전 및 인원채

---

79) 미국의 경우 징벌적 손해배상제, 집단소송제도, 증거개시제도 등 민사제도를 기반으로 경쟁법 집행의 90% 이상이 민사적으로 이루어지고 있다.

80) 시장지배적지위 남용행위에 대한 세부평가기준표는 이 장 말미에 참고로 첨부해 놓았다 (327쪽 참조).

용을 제한한 사안과 관련하여 관련매출액은 원고의 직영판매점 매출액을 기준으로 하되, 개별 판매대리점에 대한 사업활동 방해행위로 인하여 전체 직영판매점의 매출액이 직접 또는 간접적으로 영향을 받았다고 보기 어려운 점을 고려하여 그중에서도 특히 사업활동 방해를 받은 개별 판매대리점과 경쟁관계에 있어 그 직접 또는 간접적인 영향을 받았다고 볼 수 있는 인근 직영판매점의 매출액으로 봄이 상당하다고 [81]판시한 바 있다.

퀄컴 인코포레이티드 외 2의 시장지배적지위 남용행위 등에 대한 건에서 법원은 관련상품인 CDMA2000 방식 모뎀칩과 관련하여 리베이트를 제공하거나, 관련상품에 대해 로열티 할인방식으로 거래를 하였거나 그 거래방식과는 관계없이 국내 휴대폰 제조사가 국내시장에서 구매한 CDMA2000 방식 모뎀칩에 영향을 끼쳤으므로 당해 위반기간 동안 퀄컴이 국내시장에서 판매한 CDMA2000 방식 모뎀칩 매출액 전체가 관련매출액이라고 [82]판시하였다.

2. 민사적 제재

시장지배적사업자가 지위남용행위를 함으로써 피해를 입은 자가 있는 경우에는 그 피해자에 대하여 [83]공정거래법상의 손해배상책임을 진다. 다만, 사업자 또는 사업자단체가 고의 또는 과실이 없음을 입증한 경우에는 그러하지 아니하다. 따라서 시장지배적지위 남용행위로 인한 피해자가 손해발생과 위법행위와의 인과성을 입증하는 것이 아니라 법위반 사업자 또는 사업자단체가 고의·과실에 대한 입증책임을 지게 된다.

공정거래법 위반으로 인한 손해배상청구를 용이하게 하기 위해 전부개정 공정거래법 제109조는 사업자 등이 고의 또는 과실이 없음을 입증한 경우에만 손해배상의 책임을 지지 않도록 하고 있고, 동법 제110조에서는 법원이 손해배상청구의 소가 제기되었을 때 공정거래위원회에 해당 사건의 기록의 송부를 요구할 수 있도록 하고 있으며, 동법 제115조는 공정거래법을 위반한 행위로 손해가 발생한 것은 인정되나 그 손해액을 입증하기 위해 필요한 사실을 입증하는

81) 대법원 2010. 3. 25. 선고 2008두7465 판결
82) 대법원 2019. 1. 31. 선고 2013두14726 판결, 파기환송심(서울고등법원 2019. 5. 20. 선고 2019누42 판결)은 원고가 소취하하였다.
83) 전부개정 공정거래법 제109조는 사업자 등이 동법을 위반하여 피해를 입은 자가 있는 경우에 해당 피해자에 대하여 손해배상의 책임을 지도록 규정하고 있다.

것이 매우 곤란한 경우에는 법원이 변론 전체의 취지와 증거조사의 결과에 기초하여 손해액을 인정할 수 있도록 규정하고 있다.

3. 형사적 제재

시장지배적사업자가 시장지배적지위 남용행위를 한 경우에는 공정거래법에 따라 3년 이하의 징역 또는 2억 원 이하의 벌금에 처하며, 공정거래위원회의 시정조치 등에 응하지 아니한 경우에는 2년 이하의 징역 또는 1억 5천만 원 이하의 벌금에 처한다. 또한 이러한 벌칙에는 양벌규정이 적용되어 법인의 대표자나 법인 또는 개인의 대리인, 사용인 그 밖의 종업원이 그 법인 또는 개인의 업무에 관하여 위반행위를 하면, 그 행위자를 벌하는 외에 그 법인 또는 개인에게도 해당조문의 벌금형을 과한다.

형사적인 소추를 위해서는 [84]전속고발제에 따라 공정거래위원회의 고발이 있어야 한다. 시장지배적지위 남용행위가 성립하려면 해당 사업자가 시장지배적사업자의 지위에 있는지 여부, 남용행위가 발생한 관련시장의 획정, 당해 관련시장에서의 경쟁제한성 여부를 파악하기 위한 시장구조 및 거래내용 분석 등이 필요하고 이에는 경쟁당국으로서의 공정거래위원회의 전문적인 판단이 선행되어야 당해 행위의 부당성이 입증가능하기 때문이다. 따라서 경쟁법 집행은 특정 행위가 있으면 관련 법조를 적용하는 일반 형사법 집행과는 차이가 있어 대부분의 선진 경쟁당국은 전속고발제를 운영하고 있음을 이해할 필요가 있다.

시장지배적지위 남용행위에 대한 규제 건 자체가 앞서 설명한 것처럼 많지 않은 실정이고 고발과 관련해서도 현재까지 공정거래위원회 고발에 의해 시장지배적지위 남용행위에 대해 형사처벌이 내려진 사례는 아직 없는 상황이다.

Ⅶ. 공정거래위원회의 최근 법집행 동향

1. 개관

시장지배적지위 남용행위 규제는 공정거래법상 다른 법위반 유형에 비해 그 집행실적이 많지 않다. 시장지배적지위 남용행위 규제는 공정거래법 제정

84) 전부개정 공정거래법은 제129조에서 전속고발제를 규정하고 있고, 공정거래위원회 예규인 고발지침에서 고발의 기준 등에 대한 상세한 규정을 두고 있다.

당시부터 규정되었으나 실제 법집행은 2000년대 민간중심의 자율적 시장경제체제로 전환된 이후인 2000년대 중반 이후부터 본격적으로 이루어지게 되었다. 2010년 7건 집행 이후 최근 3년간을 보면 2019년 2건, 2020년 1건, 2021년 3건 정도로 사건처리가 이루어졌고 2022년도에는 처리실적이 없는 것으로 나타나고 있다.

독과점 시장에서 시장지배적사업자가 다른 사업자와의 경쟁을 부당하게 차단하거나 소비자이익을 부당하게 자신에게로 이전하는 행위는 국민경제에 미치는 폐해가 크다는 인식하에 시장지배적지위 남용행위에 대한 조사와 시정은 사건처리 수와 관련 없이 공정거래위원회의 가장 중요한 본원적 업무 중 하나에 해당한다. 향후 적극적인 법집행을 기대해 본다.

최근에는 양면시장을 중심으로 한 온라인 플랫폼 사업자들이 IT서비스를 기반으로 속속 등장하고 있고 배타조건부거래, 끼워팔기 등을 통해 신규 경쟁사업자의 시장진입을 저지하거나 소비자의 이익을 저해할 우려가 높아지고 있어서 공정거래위원회는 종래의 시장지배적지위 남용행위에 대한 감시활동을 강화해 나가면서 별도의 ICT분야 전담팀을 구성하여 온라인 플랫폼사업자들의 경쟁제한 행위에 대해 모니터링을 하고 있는 상황이다.

2. 온라인 플랫폼 독과점 심사지침 제정 및 시행

(1) 의의

공정거래위원회는 온라인 플랫폼 독과점 심사지침(이하 '온라인 플랫폼 심사지침')을 제정하여 2023. 1. 12.부터 시행하였는데 이는 온라인 플랫폼 분야의 기존 법 집행 사례를 토대로 현행 공정거래법에서 규정하고 있는 독과점 남용행위의 심사기준을 구체화한 것으로 온라인 플랫폼 분야의 특성을 고려한 시장획정, 시장지배력 평가 기준 등을 제시하고 있다.

온라인 플랫폼 심사지침은 온라인 플랫폼의 주요 특성으로 ① 교차 네트워크 효과, ② 규모의 경제, ③ 데이터의 중요성 등을 명시하고 이로 인해 초기에 다수 이용자를 선점한 플랫폼에 더 많은 이용자가 집중되는 쏠림효과(tipping effect)가 나타날 수 있음을 설명하면서 그 과정에서 이용자의 편익 증가, 비용절감, 서비스 품질 개선 등 효율성 증대효과가 발생할 수도 있으나 시장의 진입장벽이 강화되어 신규 플랫폼의 진입이 어려워지는 등 독과점적 구조가 고착화될 우려도 있음을 구체적 사례를 통해 설명하고 있다. 또한 온라인 플랫폼 사업자가 무료로 서비스를 제공하는 경우에도 광고노출, 개인정보 수집 등을 통해 수익을 창출할 수 있으므로 명목상 '무료'라 하더라도 플랫폼 사업자와 이용자 간 가치의 교환(거래)이 존재할 수 있다는 점을 명확히 하고 있다.

교차 네트워크는 온라인 플랫폼을 이용하는 특정 집단 이용자 수 증가가 해당 플랫폼을 이용하는 다른 집단 이용자들의 편익에 영향을 미치는 것을 주요 특징으로 하는데, 앱마켓을 이용하는 소비자의 수가 증가하면 동일 앱마켓을 이용하는 앱 개발자의 편익 및 개발자 수가 증가하고 이는 다양한 앱을 비교하여 구매할 수 있게 된 소비자의 편익 및 소비자 수가 다시 증가하게 되는 사례를 예시로 들 수 있다. 규모의 경제는 고정비용이 크고 이용자 수 증가에 따른 추가비용은 매우 적어 이용자 수가 증가할수록 평균 비용이 현저하게 낮아지는 것을 주요 특징으로 하는데, 모바일 운영체제 관련 기술 개발, 서비스 개선 등은 막대한 연구개발 비용 및 인력이 소요되지만 이러한 비용은 이용자 수 증가에 비례하지 않으므로 이용자 수가 많을수록 비용이 효율화되는 사례를 예시로 들 수 있다. 데이터의 중요성은 데이터가 생산, 물류, 판촉 등 사업 전 영역에 활용되어 사업자의 데이터 수집·보유·활용능력이 경쟁력을 좌우하게 되는 것을 주요 특징으로 하는데, 검색엔진의 경우 이용자의 검색 데이터를 학습하고 피드백을 반영하는 과정을 거쳐 개선되기 때문에 이용자의 수와 관련된 데이터가 많을수록 경쟁우위에 있게 되는 사례를 예시로 들 수 있다.

(2) 위법성 판단 시 고려사항

온라인 플랫폼 심사지침은 위법성 판단 시 시장획정, 시장지배력 평가, 경쟁제한성 평가와 관련한 고려사항을 구체적으로 제시하고 있다. 우선 시장획정과 관련해서는 온라인 플랫폼의 다면적 특성을 고려하여 각 면을 여러 개의 시장으로 구분하여 획정할지 각 면을 포괄하여 하나의 시장으로 획정할지 여부에 대한 판단기준을 제시하고 있으며, 무료 서비스일지라도 플랫폼 사업자와 이용자 간 가치의 교환으로 볼 여지가 있으면 관련 시장을 획정할 수 있도록 하고 품질 또는 비용을 변수로 고려하여 대체가능한 서비스의 범위를 판단할 수 있도록 하고 온라인 플랫폼의 동태적 특성도 시장획정시 감안하도록 규정하고 있다.

온라인 플랫폼 사업자가 시장지배적 사업자인지 여부를 판단하기 위해서는 교차 네트워크 효과, 규모의 경제, 범위의 경제 등으로 시장에 진입장벽이 존재하는지 여부를 살피고, 온라인 플랫폼 사업자가 다수 이용자를 연결하는 중개자 역할을 하면서 주요 이용자 집단에 대한 접근성을 통제할 수 있는 영향력을 행사하는지 여부 즉, 문지기(gatekeeper)로서의 영향력을 살피게 되며, 각 사업자들의 데이터 수집·보유·활용 능력 및 그 격차와 경쟁사업자가 데이터에 접근할 수 있는 가능성 등을 살피게 되며 현존하는 서비스뿐만 아니라 향후 새로운 서비스의 출현 가능성 등도 종합적으로 고려하여 시장지배력을 평가하게 된다.

온라인 플랫폼 사업자의 특정 행위에 대한 경쟁제한성 평가는 기본적으로 경쟁제한 효과와 효율성 증대효과를 비교형량하여 이루어지게 된다. 통상적인 경쟁제한성 평가요소 이외에 온라인 플랫폼의 특성을 반영하여 가격·산출량 외에도 서비스 다양성 감소, 품질 저하 및 이용자 비용 상승, 혁신저해 우려 등도 고려하게 되며, 현재 지배력을 보유한 시장뿐만 아니라 이와 연계된 다른 상품·서비스 시장의 경쟁상황에 미치는 효과와 온라인 플랫폼의 다면적 특성, 혁신에 미치는 효과 등을 추가로 고려하여 경쟁제한성 여부를 판단하게 된다.

(3) 경쟁제한 우려가 있는 행위 유형

온라인 플랫폼 심사지침은 경쟁제한 우려가 있는 주요 행위 유형을 제시하고 있는데 ① 멀티호밍(multi-homing) 제한, ② 최혜대우(MFN: Most Favored Nation) 요구, ③ 자사우대(self-preferencing), ④ 끼워팔기가 구체적으로 이에 해당한다. 멀티호밍 제한은 자사 온라인 플랫폼 이용자의 경쟁 온라인 플랫폼 이용을 직·간접적으로 방해하는 행위이고 최혜대우 요구는 자사 온라인 플랫폼상의 거래조건을 타 유통채널 대비 동등하거나 유리하게 적용하도록 요구하는 행위인데 이 같은 행위들은 온라인 플랫폼 시장의 독점력을 유지·강화함으로써 경쟁을 제한할 우려가 있다. 또한 자사우대는 자사 온라인 플랫폼상에서 자사 상품 또는 서비스를 경쟁사업자의 상품·서비스 대비 직·간접적으로 우대하는 행위이고 끼워팔기는 온라인 플랫폼 서비스와 다른 상품 또는 서비스를 함께 거래하도록 하는 행위인데 이러한 행위들은 온라인 플랫폼 시장의 독점력을 지렛대(leverage)로 연관시장까지 독점화를 기도하는 행위로서 경쟁을 제한할 우려가 크다.

3. 주요 법집행 사례

(1) 카카오모빌리티의 시장지배적지위 남용행위

카카오모빌리티가 가맹택시 서비스를 운영하면서 가맹기사에 대해 우선적으로 배차하거나 수익성이 낮은 1㎞ 미만 호출을 배차에서 제외하는 등 자신의 가맹기사를 우대한 행위에 대해 공정거래위원회는 이러한 행위들이 카카오모빌리티가 시장지배적 지위를 남용하여 택시가맹 서비스 시장과 일반호출 시장에서의 경쟁을 제한하였다고 판단하고 시정명령과 함께 약 217억 원의 과징금을 부과하였다.

(2) [85]구글 엘엘씨 등의 앱마켓 관련 시장지배적지위 남용행위

구글 엘엘씨 등이 자신이 운영하는 앱마켓인 구글플레이의 경쟁 앱마켓인 원스토어를 배제하기 위해 특정 대형게임사가 당초 구글플레이와 원스토어에 동시에 출시하기로 한 게임에 대해 구글에 독점 출시하도록 유인을 제공하고 그 외에도 국내 모바일 게임시장을 대상으로 자신의 앱마켓에 독점 출시를 하도록 조건부 지원전략을 수립하는 등 배타조건부 거래행위를 한 것에 대해 공정거래위원회는 시정명령과 함께 421억 원의 과징금을 부과하기로 결정하였다.

(3) 구글 엘엘씨 등의 모바일 OS 관련 시장지배적지위 남용행위

구글이 모바일 OS 및 앱마켓 시장에서의 독점적 지위를 남용하여 거래상대방인 삼성전자 등 기기제조사에게 안드로이드 [86]변형OS 탑재 기기를 출시하지 못하게 함으로써 경쟁 OS의 시장진입을 방해하고 혁신을 저해한 행위에 대해 시정명령과 함께 과징금 2,249억 원이 부과되었다. 구글의 구체적인 법위반행위는 기기제조사에게 필수계약을 체결하면서 파편화금지계약(AFA: Anti-Fragmentation Agreement)을 반드시 같이 체결하도록 강제한 행위인데 파편화금지계약에는 기기제조사가 출시하는 모든 기기에 다른 사업자가 개발한 안드로

85) 구글 엘엘씨, 구글코리아, 구글아시아퍼시틱 피티이 엘티디가 구체적인 시정조치 대상이다.

86) 안드로이드 변형OS는 포크OS라고 하는데 이러한 포크OS는 안드로이드의 경쟁 OS가 된다. 구글은 2008년 안드로이드 최초 버전을 출시한 이래 오픈소스 라이선스 방식을 채택하였으므로 변형된 포크OS가 출현하는 것은 당연한 것이었으나 이 사건에서 구글은 포크OS 출현을 인위적으로 제한하기 위해 기기제조사에게 AFA 체결을 강제하게 되었다.

이드 변형OS를 일체 탑재하지 못하도록 하여 안드로이드 변형OS 병행생산 자체를 금지하는 내용과 안드로이드 변형OS 기기용 앱개발에 필요한 도구(SDK)를 제3자에게 배포하지 못하도록 함으로써 안드로이드 변형OS 기기가 출시되더라도 사용할 수 있는 앱이 만들어질 수 없도록 이중 잠금장치를 하는 내용이 들어있다. 이러한 계약으로 구글은 경쟁사업자의 시장진입을 차단하고 기기제조사의 혁신활동을 방해함으로써 공정거래위원회의 시정조치를 받게 되었다.

Ⅷ. 시장지배적지위 남용 [87]대표사례 고찰

1. 네이버의 부동산·쇼핑 부문 시장지배적지위 남용행위 등에 대한 건(공정거래위원회 의결 제2021-019호, 제2021-027호)

(1) 행위사실

(1)-1 부동산 부문

부동산정보 서비스는 부동산114, 부동산뱅크 등 사업자들이 공인중개사 등으로부터 매물을 직접 전송받아 매물정보를 자체적인 플랫폼에 노출시키는 서비스로서 이용자들은 부동산 매물을 직접 다니면서 확인하지 않고 온라인상에서 매물과 관련된 다양한 정보를 쉽게 획득할 수 있는 장점이 있어 1990년대 말부터 성장하기 시작했다. 한편 네이버는 자신의 포탈에 네이버부동산이라는 서비스를 열고 부동산정보 서비스를 제공하는 부동산정보업체로부터 매물정보를 받아 네이버부동산에 게시하고 검색하는 서비스를 제공하고 있다.

네이버는 부동산 매물정보를 다수 이용자에게 노출하여 검색·비교할 수 있는 전문검색 서비스를 제공하면서, 네이버에게 부동산 매물정보를 제공하는 부동산정보업체가 자신의 후발 경쟁업체에 해당하는 카카오와 제휴하여 부동산 매물정보를 제공할 수 없도록 방해하였는데 부동산정보업체가 제공한 매물 중 확인매물정보 또는 매물확인을 위해 검증을 의뢰한 모든 매물정보에 대해서 제3자에게 제공을 금지하는 계약조항을 추가하는 방법으로 제휴시도를 무산시켰다. 이러한 행위로 인해 결국 카카오는 부동산매물정보시장에서 사업을 철수하게 되었다.

---

87) 공정거래위원회가 발간한 심결사례 50선을 참조하였다.

(1)-2 쇼핑 부문

네이버는 자사 오픈마켓을 출시하면서 자사 오픈마켓 상품이 11번가, 지마켓, 옥션 등 경쟁 오픈마켓 상품에 비해 네이버쇼핑의 [88]비교검색결과에서 더 상위에 많이 노출되도록 검색알고리즘을 조정·변경하였는데, 구체적으로는 페이지 당 자사 오픈마켓 상품노출 비율을 인위적으로 보장하는 방식을 도입하거나, 자사 오픈마켓 상품에 적용되는 판매지수에 추가 가중치를 부여하여 노출 비율을 높이거나, 다양성을 명분으로 동일몰 로직을 적용하면서 경쟁 오픈마켓은 전체단위로, 자사 오픈마켓은 입점업체 단위로 차별적 기준을 적용하여 결과적으로 경쟁 오픈마켓 노출은 인위적으로 줄이는 방법 등이 사용되었다. 이러한 노출 알고리즘 조정·변경으로 오픈마켓 시장에서 네이버의 점유율이 급격히 상승하게 되었다.

(2) 공정거래위원회 의결

공정거래위원회는 부동산 부문 네이버의 배타조건부 거래행위가 시장지배적지위 남용행위 중 경쟁사업자 배제행위와 불공정거래행위 중 구속조건부거래행위에 각각 해당한다고 보고 시정명령과 함께 과징금 10억 3,200만 원을 부과하였다. 공정거래위원회는 네이버가 매물건수, 트래픽 어느 기준에 의해서도 업계 1위의 사업자로서 전체 부동산 매물건수 기준 40% 이상, 순방문자수와 페이지뷰 기준 70% 수준의 시장점유율을 차지하고 있으므로 당해 관련시장에서 시장지배적 사업자로 판단하였다. 또한 배타조건부 거래행위 성격상 자체에 경쟁을 제한하려는 의도 및 목적이 포함되어 있고, 이 건 행위는 거래상대방인 부동산정보업체의 [89]멀티호밍 유인을 차단하여 경쟁사업자를 봉쇄할 우려가 있는

88) 온라인 비교쇼핑서비스는 종합몰, 오픈마켓, 소셜커머스 등 다양한 온라인 쇼핑몰 사업자로부터 상품에 대한 정보를 제공받은 후 특정상품을 검색하는 소비자에게 해당 정보를 제공하여 상품을 최적의 조건으로 구매할 수 있도록 하는 서비스로 네이버쇼핑 이외에 다음, 다나와, 에누리 등의 사업자가 참여하고 있고 네이버의 이용자 트래픽을 고려할 때 네이버의 비교쇼핑서비스는 오픈마켓을 비롯한 온라인 쇼핑사업자들 입장에서는 포기할 수 없는 중요한 소비자 유입경로에 해당된다.

89) 멀티호밍(Multi-homing)은 사업자가 거래 상대방을 복수로 선택하여 거래를 하는 것이 가능한 방식으로 대개 거래 상대방은 플랫폼사업자를 대상으로 하게 된다. 게임 온라인 판매를 상정해 보면, 게임제작사들은 자신의 게임을 온라인 플랫폼을 통해 판매를 할 때 Seam, Epic, GoG와 같은 여러 게임 온라인판매 플랫폼 사업자와 거래가 가능한데 이때 멀티호밍이 가능하다고 할 수 있다. 이와 대비되는 것이 싱글호밍(Single-homing)인데 앞

점, 실제로 경쟁사업자의 시장확대 기회가 저지되고 네이버의 시장지배력이 강화된 점 등을 고려하여 경쟁제한 우려 및 효과가 인정된다고 판단하였다.

공정거래위원회는 쇼핑 부문 네이버의 검색 알고리즘 조정행위가 시장지배적지위남용행위 중 사업활동 방해행위와 불공정거래행위 중 차별적 취급행위 및 부당한 고객유인행위에 각각 해당한다고 보고 시정명령과 함께 과징금 266억원을 부과하였다. 공정거래위원회는 네이버가 국내 비교쇼핑서비스 시장에서 시장점유율 70% 이상을 차지하는 압도적인 지위를 가지고 있으며, 오픈마켓 시장의 경쟁을 제한할 의도와 목적을 가지고 이 사건 행위를 함으로써 비교쇼핑서비스 시장에서의 시장지배력이 오픈마켓 시장으로 전이되어 오픈마켓 시장에서의 경쟁이 제한되는 효과 내지 우려가 발생한다고 판단하였다. 공정거래위원회의 처분에 대해 네이버는 취소소송을 제기하여 현재 소송이 진행 중에 있다.

(3) 주요 쟁점

부동산 부문에서 시장지배적지위와 관련하여 네이버는 부동산매물정보는 이용자에게 무료로 제공되는 것이고 부동산정보업체의 입점비 등을 인상한 바가 없어 시장지배력과는 무관하다고 주장하였으나, 공정거래위원회는 서비스 무료제공과 시장지배력의 유무는 관련이 없으며 부동산정보업체의 입점비를 인상하지 않은 것은 당해 시장에서 시장지배력을 유지하고 일반검색서비스 시장에서의 지위를 더욱 강화하기 위한 것이라 하면서 그 주장을 배척하였다.

부동산 부문에서 네이버는 부동산정보업체와의 계약기간이 6개월에 불과하여 그 기간이 끝나면 거래처 선택이 자유롭다고 주장하였으나, 공정거래위원회는 부동산 매물의 특성상 6개월 정도의 시간이면 그 효용가치가 급격히 떨어지고 부동산정보업체의 멀티호밍 유인을 차단하였으므로 경쟁제한 효과가 있다고 판단하였다.

네이버는 부동산 확인매물시스템에 의한 검증 및 관련 영업방법에 대한 특허권자임을 내세워 이 사건 행위는 지식재산권의 정당한 행사에 해당한다고 주장하였으나, 공정거래위원회는 확인매물시스템 등에 대한 특허권은 절차와 방

서 예를 들어 설명하면 특정 게임제작사가 자신의 게임을 특정 게임 온라인 플랫폼에서만 이용자가 구입할 수 있도록 전속계약을 맺는 방식이다. 이 경우에는 다른 플랫폼에 대한 봉쇄효과가 나타날 수 있다.

법에 대한 것으로 부동산매물정보 자체에 대한 것은 아니며 네이버의 검증서비스를 거쳤다 하더라도 매물정보는 각 부동산정보업체가 노력과 비용을 들여 수집한 것이므로 네이버가 매물정보 자체에 대해 배타적 권한을 갖게 되는 것은 아니라고 판단하였다.

쇼핑 부문에서 네이버의 거래상대방의 범위에 관하여 네이버는 오픈마켓이 거래상대방이라고 주장하였으나 공정거래위원회는 경쟁 오픈마켓과 오픈마켓 입점사업자가 모두 거래상대방이라고 판단하였다. 오픈마켓 입점사업자는 네이버쇼핑에 상품을 노출할지 여부를 스스로 선택하며, 네이버쇼핑을 통해 상품판매가 발생할 경우에 판매금액의 일정비율을 수수료로 부담한다. 네이버의 검색 알고리즘 조정에 따라 오픈마켓 입점사업자가 판매하는 상품의 노출순위가 변경되므로 차별행위의 효과가 귀속되는 주체는 오픈마켓 입점사업자가 된다고 보았다.

쇼핑부문의 경쟁제한성 여부와 관련하여 네이버는 소비자에게 만족스런 검색결과를 제공하기 위한 조치였고, 네이버쇼핑을 통한 오픈마켓 사업자의 거래액 등이 증가한 점을 볼 때 이 사건 행위로 인한 피해도 없다고 주장하였다. 이에 대해 공정거래위원회는 알고리즘 변경과정에서 소비자 만족과는 무관하게 자사 오픈마켓 관련부서의 요청에 따라 노출비율을 보장하였고, 오픈마켓 사업자의 거래액 증가는 전자상거래 발전에 따른 것에 불과하고 비교쇼핑사이트를 통한 소비자유입비중이 높은 점을 볼 때 네이버의 행위가 시장에 미치는 영향이 크다고 판단하였다.

(4) 시사점

최근 온라인 플랫폼의 영향력이 커짐에 따라 세계 주요 경쟁당국은 온라인 플랫폼 사업자가 자신에게 유리하게 규칙을 설정하거나 거래상대방이 경쟁사업자와 거래하는 것을 방해하는 방식으로 경쟁을 저해할 가능성에 대해 주시를 하고 있으므로 향후 이에 대한 규제의 수위도 높아질 것으로 예상된다.

네이버의 부동산 및 쇼핑 부문의 시장지배적지위 남용행위에 대한 규제는 소비자선택권 차원에서 의미를 갖는 사건이면서 최근 관심이 높아지고 있는 온라인 플랫폼 사업자에 대한 제재라는 점에서 의의를 갖는다고 할 수 있다. 향후 법원의 판결을 기대해 본다.

2. 퀄컴 인코포레이티드 등의 시장지배적지위 남용행위 등에 대한 건 (공정거래위원회 의결 제2017-025호)

(1) 행위사실

퀄컴은 이동통신 표준필수특허를 보유하면서 모뎀칩셋을 생산하는 사업자로서 경쟁 모뎀칩셋 제조사들에게는 표준필수특허 라이선스를 거절하거나 제한하였고(행위1), 휴대폰 제조사들에게는 모뎀칩셋 공급과 특허 라이선스 계약을 연계하여 모뎀칩셋 공급을 볼모로 FRAND 확약을 우회하여 라이선스 계약을 체결하면서(행위2) 일방적인 실시료 부과, 무상 [90]크로스 그랜트, 패키지 실시허락(포괄 라이선스) 등 부당한 조건을 부과(행위3)하였다.

(2) 공정거래위원회 의결 및 법원판결

공정거래위원회는 퀄컴의 위와 같은 행위가 각각 공정거래법상 시장지배적지위 남용행위 중 다른 사업자의 사업활동에 대한 부당한 방해행위와 불공정거래행위 중 거래상지위 남용행위에 위반된다고 판단하고 시정명령과 함께 1조원에 달하는 과징금을 부과하였다. 시정명령의 내용은 모뎀칩셋 제조사가 요청하는 경우 특허 라이선스 계약협상에 성실히 임하도록 하면서 판매처 제한, 모뎀칩셋 사용권리 제한 등 부당한 계약조건 요구를 금지하고 휴대폰 제조사에 대해 모뎀칩셋과 연계한 특허 라이선스 계약을 강요하는 행위를 금지하면서 관련 계약조항의 수정·삭제를 명하고 휴대폰 제조사와 특허 라이선스 계약 체결시 부당한 계약조건 강요를 금지하고 휴대폰 제조사가 요청하는 경우 기존의 특허 라이선스 계약에 대해 재협상하도록 명하였다.

서울고등법원은 경쟁 모뎀칩셋 제조사에 대해 표준필수특허 라이선스를 제한·거절한 행위(행위1)와 휴대폰 제조사에게 모뎀칩셋 공급을 볼모로 라이선스 계약을 강제하는 행위(행위2)는 위법하다고 판단하였고, 휴대폰 제조사에게 부당한 라이선스 조건을 제시한 행위(행위3)는 독자적인 경쟁제한효과를 인정하기 어렵다고 하면서 그 부분에 대한 공정거래위원회 처분을 취소하는 [91]판시를 하였다.

90) 무상 크로스 그랜트는 휴대폰 제조사가 보유한 특허를 정당한 대가 지불 없이 무상으로 퀄컴의 모뎀칩셋에 라이선스하도록 한 행위이다.

91) 서울고등법원 2019. 12. 4. 선고 2017누48 판결, 이 판결에 대해 양 당사자가 모두 상고를 제기하여 대법원에서 소송이 계속 중에 있다.

(3) 주요 쟁점

시장지배적지위의 유무와 관련해서 퀄컴은 관련시장에 대해 SSNIP 테스트와 같은 분석도 없이 공정거래위원회가 관련시장을 표준필수특허 라이선스 시장으로 획정한 것은 위법하며, 자신의 표준필수특허는 FRAND 확약으로 실시료를 독립적으로 결정할 수 없으므로 시장지배적사업자에 해당하지 않는다고 주장하였다. 이에 대해 법원은 관련시장 획정에 반드시 SSNIP 테스트와 같은 경제적 분석이 필요한 것은 아니며, 관련시장에서 퀄컴이 100% 시장점유율을 가지고 있으며, 이러한 상황에서 FRAND 확약이 있다고 해서 시장지배적 지위가 부정되기는 어렵다고 판시하였다.

퀄컴은 자신이 모뎀칩셋 제조사에게는 라이선스를 제공하지 않고 휴대폰 단계에서만 라이선스를 제공한 것은 이동통신업계의 관행에 따른 것이라고 주장하였으나 법원은 FRAND 협약에 따라 모든 실시희망자에게 FRAND 조건으로 표준필수특허 라이선스를 제공하는 것이 정상적인 거래관행에 부합하며, 퀄컴을 제외한 이동통신 특허권자들은 모뎀칩셋을 비롯한 부품단계에서 라이선스를 이미 제공하고 있다고 하면서 퀄컴의 주장을 배척하였다.

퀄컴은 행위1과 관련하여 자신이 특허공격을 할 것이라는 것은 이론적 우려에 불과하므로 경쟁제한성이 없다고 주장하였으나 법원은 경쟁 모뎀칩셋 제조사들이 특허공격의 위험에 따른 사업의 불확실성으로 연구개발이나 설비확대가 제한되고 상당수 경쟁 모뎀칩셋 사업자들이 퇴출되어 다양성이 감소된 점 등을 근거로 경쟁제한효과 및 우려를 인정하였다.

퀄컴은 FRAND 확약에서 제조 등 다양한 활동에 라이선스를 부여할 의무가 있다는 의미는 부품단계를 의미하는 것이 아니기 때문에 부품에 해당하는 모뎀칩셋 제조사에게 라이선스를 부여하지 않은 것은 FRAND 확약 위반이 아니라고 주장하였으나, 법원은 제조는 부품을 포함한 모든 시스템 또는 기기를 만드는 것을 의미하므로 퀄컴의 주장은 이유가 없다고 판시하였다.

퀄컴은 자신으로부터 라이선스를 받지 않은 휴대폰 제조사에게 모뎀칩셋을 판매하지 않은 것은 자신의 특허권을 보호하기 위한 정당한 수단이라고 주장하였으나, 법원은 퀄컴이 휴대폰 제조사에게 모뎀칩셋을 판매한 이상 이른바[92]특허소진의 법리에 따라 해당 모뎀칩셋에서 구현되는 특허에 대해 퀄컴은 특허침해를 주장할 수 없게 되므로 라이선스 계약을 체결하게 한 것은 불이익을 강제한 것이라고 보았다.

퀄컴은 행위2에 대해 공정거래위원회가 배제남용이라고 하면서도 경쟁제한 효과를 증명하지 못했다고 주장하였으나, 법원은 단일 공급자 시장에서도 시장지배적지위를 남용하여 상품가격 상승, 산출량 감소, 혁신저해 등의 경쟁제한 효과가 생기거나 생길 우려가 있는 경우 위법하다고 할 수 있으며, 반드시 경쟁사업자가 존재하는 시장에서 경쟁사업자가 배제되어야만 경쟁제한효과가 발생하는 것은 아니라고 판시하였다.

(4) 시사점

이 사건은 이동통신 표준필수특허 라이선스 및 모뎀칩셋 시장에서 시장지배적지위를 갖는 퀄컴이 장기간 부당하게 독점적 지위를 유지·확장할 수 있도록 구축한 사업모델에 대해 세계의 다수 경쟁당국이 조사를 진행 중인 상황에서 우리나라 공정거래위원회가 퀄컴의 시장지배적지위 남용행위를 시정하기 위한 조치를 선도적으로 하면서 1조 원이 넘는 역대 최고의 과징금을 부과했다는 점에 의미가 있다고 할 수 있다.

3. 네이버·다음의 시장지배적지위 남용행위 등 관련 동의의결에 대한 건 (공정거래위원회 의결 제2014-103호, 104호)

(1) 행위사실

네이버와 다음은 인터넷 검색서비스를 제공하면서 정보검색결과에 자신이 운영하는 쇼핑, 부동산, 영화, 책, 음악 전문서비스를 나타나게 하는 방식으로 운영하여 이용자들이 이들 전문서비스를 클릭하여 연결된 해당 사업자의 매출이 발생하면 이에 대한 수수료를 취득하였고, 자신들의 키워드 광고를 판매·관리하는 광고대행사를 대상으로 전분기 매출액을 기준으로 기존 광고주에 대한 이관(移管)한도를 설정하고 한도를 초과하면 [93]이관을 허가하지 않는 영업정책을 실시하였다.

---

92) 특허권자가 특허발명이 실질적으로 구현된 물건을 적법하게 양도하는 경우 해당 특허권은 목적을 달성하여 소진되고, 양수인이 그 물건을 이용하는 행위에 대해서 특허권의 효력이 미치지 않는다는 이론이다.

93) 광고대행사가 광고주를 모집하는 방식으로 신규모집과 이관이 있는데 이 중 이관은 네이버 등에 직접 광고를 의뢰하던 기존 광고주로부터 광고대행권을 획득하여 광고대행사가 네이버 등과 광고거래를 하는 것을 의미한다.

(2) 공정거래위원회 동의의결

공정거래위원회가 위 행위에 대한 조사를 하고 공정거래위원회 전원회의 심의를 준비하는 과정에서 네이버와 다음은 동의의결을 신청하였고, 공정거래위원회는 심의를 중지하고 동의의결을 개시하여 이해관계자 의견 수렴 등을 거쳐 최종 [94]동의의결안을 확정하고 이행하도록 하는 결정을 내렸다.

동의의결 대상행위는 공정거래법상 시장지배적지위 남용행위 중 사업활동방해행위와 불공정거래행위 중 부당고객유인행위 혐의를 받는 정보검색결과와 전문서비스를 구분 없이 제공하는 행위와 시장지배적지위 남용행위 중 사업활동방해행위와 불공정거래행위 중 구속조건부거래와 사업활동방해행위 혐의를 받는 키워드 광고대행사 간 광고주 이관을 제한하는 행위이다.

공정거래위원회가 결정한 최종 동의의결 이행안의 내용을 살펴보면, 경쟁질서회복 방안으로서 검색 시 나타나는 결과에 네이버와 다음의 전문서비스에서 제공되는 정보임을 구분하여 표시하도록 하고 경쟁사업자의 사이트를 연결시킬 수 있는 링크도 만들도록 하였다. 또한 검색결과에 키워드광고가 정보검색결과가 아닌 광고임을 명확하게 표시하도록 하였다. 광고주 이관 제한 영업정책은 폐지하도록 하였다.

소비자 등 피해구제방안으로서 총 1,040억 원 규모의 기금을 마련하여 소비자 및 중소사업자에게 혜택이 돌아가도록 분쟁조정 등을 위한 공익법인 설립, 소비자 후생제고를 위한 상생지원 사업 집행 등을 하도록 하였다. 동의의결 이행안의 실효성 확보를 위해 매 1일당 200만 원(다음은 50만 원)의 이행강제금을 부과할 수 있도록 하였다. 공정거래위원회의 동의의결 결정으로 이 사건은 공정거래위원회의 심의나 법원 소송 없이 종결되었다.

(3) 주요 쟁점

이 사건의 쟁점은 주로 동의의결 요건이 충족되는지 여부에 대한 것이었다. [95]공정거래법은 해당행위가 공정거래법상 부당한 공동행위에 해당되지 않

94) 동의의결은 경쟁당국이 법 위반행위의 조사과정에서 발견한 위반행위 우려에 대하여 사업자가 스스로 원상회복, 소비자·거래상대방 피해구제 등 타당한 시정방안을 마련하면, 공정거래위원회가 그 타당성을 검토하여 인정하는 경우 이해관계자 등의 의견수렴을 거쳐 위법여부를 확정하지 않고 시정조치 방안을 결정하고 사건을 종결하는 제도이다. 동의의결의 근거와 절차는 전부개정 공정거래법 제89조, 제90조, 제91조에 규정하고 있다.

아야 하고 고발요건에 해당되지 않아야 하며, 신청인이 제출한 시정방안이 경쟁질서나 거래질서를 회복하고 소비자와 다른 사업자 등을 보호할 수 있어야 하며, 법 위반으로 판단될 경우에 예상되는 시정조치 및 그 밖의 제재와 균형을 맞추는 경우 동의의결 절차를 진행할 수 있도록 하고 있다.

공정거래위원회는 당해 행위가 시장지배적지위 남용행위 또는 불공정거래행위에 해당하여 부당한 공동행위가 아니며, 행위별 위반정도가 중대하고 명백하여 경쟁질서를 현저히 저해하는 경우 하게 되는 고발요건에도 해당하지 않는다고 판단하였다. 신청인이 제출한 시정방안도 공정거래법상 요구되는 사항들을 모두 충족하는 것으로 판단하고 해당 행위와 관련된 원사건 심의절차를 중단하고 동의의결을 결정하였다.

(4) 시사점

이 사건은 2011년 공정거래법에 동의의결이 [96]도입된 이후 동 제도를 사건절차에 도입한 최초의 사례에 해당한다. 온라인 검색시장과 같은 IT 기반의 혁신시장의 경우 끊임없는 기술개발과 새로운 형태의 사업유형이 발생하는 특성이 있어서 이 같은 혁신동력을 살리면서도 발생하는 경쟁제한 우려를 해소하는 방식으로 동의의결 방식이 적절할 수가 있다. 당해 행위와 관련된 사업자들이 마련한 시정방안으로 경쟁제한 우려가 해소되고 소비자 및 중소사업자에게 실질적 혜택이 돌아가는 방향으로 사건이 종결된 것에 의의가 있다 할 수 있다.

4. 인텔코퍼레이션 등의 시장지배적지위 남용행위에 대한 건(공정거래위원회 의결 제2008-295호)

(1) 행위사실

인텔은 CPU 시장의 경쟁사업자인 AMD(Advanced Micro Devices)를 배제하기 위해 국내 PC 시장의 1, 2위 사업자인 삼성전자, 삼보컴퓨터에게 AMD가 제조한 CPU를 구매하지 않는 조건으로 각종 리베이트를 제공하였는데, 구체적으로는 2002. 5월부터 2005. 6월까지 삼성전자에게 리베이트를 제공하였고 2003년

95) 전부개정 공정거래법 제89조(동의의결)에서 규정하고 있다.
96) 동의의결제도의 시행은 2012. 4월이다.

3분기부터 2004년 4분기까지 홈쇼핑 채널에서 판매되는 PC의 AMD CPU를 인텔 CPU로 전환하는 조건으로 삼보컴퓨터에게 리베이트를 제공하였다.

(2) 공정거래위원회 의결 및 법원판결

공정거래위원회는 인텔의 리베이트 제공행위가 공정거래법상 시장지배적지위 남용행위 중 경쟁사업자를 배제하기 위한 배타조건부 거래행위에 해당한다고 판단하고 시정명령과 함께 266억 원의 과징금을 부과하였다.

공정거래위원회는 인텔이 국내 PC CPU시장의 95.8%의 시장점유율을 가진 시장지배적사업자에 해당되며, 인텔의 리베이트 제공이 경쟁사업자의 제품을 사용하지 않는 조건으로 지급된 것으로 국내 PC 제조회사들의 거래상대방 선택의 자유를 저해하여 관련시장의 경쟁을 저해하였고, AMD가 인텔의 리베이트를 감안하여 가격경쟁을 하기 위해서는 PC제조회사들에게 자신의 CPU를 무료로 공급하여도 불가능할 정도에 이른다는 경제분석 결과와 경쟁사업자인 AMD의 실제 시장점유율이 크게 하락한 사실을 들어 당해 시장지배적지위 남용행위가 부당하다고 판단하였다. 서울고등법원은 인텔의 공정거래위원회 처분취소 청구소송에서 인텔에게 패소판결을 내렸고 그 후 인텔의 대법원 상소 포기로 당해 사건은 종결되었다.

(3) 주요 쟁점

인텔의 시장지배적지위 남용행위 건에서 인텔은 삼성 등 세계적인 규모의 PC제조업체들에 대해 CPU의 가격 등 거래조건을 마음대로 정할 수 없고 오히려 리베이트를 지급해 왔으며, CPU 시장에서 AMD라는 강력한 경쟁자의 존재로 가격이 지속적으로 하락하는 등 인텔이 독자적으로 관련 상품의 가격 등 거래조건을 마음대로 결정·유지·변경할 수 없어서 시장지배적사업자의 지위에 있지 않다고 주장하였으나 법원은 인텔의 시장점유율이 국내 시장의 경우 평균 95.8%, 세계시장의 경우 70%를 상회하고 있고 AMD는 아직 인텔에 비해 시장점유율, 생산능력, 자금력 등이 현저히 뒤처져 있으며, CPU 시장은 특허권 등 고도의 생산기술과 생산에 필요한 최소 자금규모가 상당히 커서 진입이 쉽게 일어날 수 없는 점을 볼 때 원고가 주장하는 사정만으로는 시장지배적사업자 지위에 있다는 법률상 추정이 번복될 수 없다고 판시하였다.

또한 법원은 경쟁사업자와 거래하지 아니할 조건은 시장지배적사업자가 거래상대방이 경쟁사업자와 거래를 전혀 하지 아니하도록 하는 경우뿐 아니라 거래상대방이 경쟁사업자와는 자신의 총 거래 중 일정비율 이하로만 거래하도록 거래상대방의 자유로운 거래를 제한하는 경우도 포함된다고 판시하였다.

(4) 시사점

인텔 사건은 국제적인 관심사건으로서 미국, 유럽연합, 일본 등 주요경쟁당국에서 경쟁법 집행이 이루어지고 있었고, 우리나라 공정거래위원회도 조사를 개시하여 위법성 판단을 내렸는데 심결과정에서 로열티 리베이트 제공행위의 위법성 판단기준으로서 리베이트 제공의 목적, 제공의 규모, 기간 및 관련시장에서의 거래당사자 고착 또는 경쟁사업자 배제효과 등을 종합적으로 고려한다는 점을 구체적으로 제시하였고, 이러한 기준에 따라 경제분석이 이루어져 경쟁제한 효과의 입증을 뒷받침하였다는 데 의의가 있다.

5. 마이크로소프트 등의 시장지배적지위 남용행위에 대한 건(공정거래위원회 의결 제2006-42호)

(1) 행위사실

마이크로소프트는 2000. 2월부터 윈도우서버 운영체제(윈도우서버 2003 등)에 윈도우 미디어서비스(Windows Media Service) 4.1을, 2003. 4월부터 WMS 9를 결합판매하였고, 1999. 7월에 윈도우98SE에 윈도우 미디어 플레이어(WMP)를 결합하여 판매한 이후 후속 PC 운영체제인 윈도우2000, 윈도우Me, 윈도우XP에도 WMP를 결합판매하였고, 2000. 9월부터 윈도우Me에 메신저를 결합하기 시작하여 윈도우XP에 이르기까지 자신의 메신저를 PC운영체제와 함께 결합하여 판매하였다.

(2) 공정거래위원회 의결 및 법원 판결

공정거래위원회는 마이크로소프트의 3가지 결합판매행위가 공정거래법상 시장지배적지위 남용행위 중 사업활동방해행위, 소비자이익 저해행위에, 불공정거래행위 중 끼워팔기에 해당하여 위법하다고 판단하고 부분적인 응용소프트웨어 분리를 내용으로 하는 시정명령과 함께 324억 9,000만 원의 과징금을 부과하였다.

공정거래위원회는 법위반의 이유로 서버운영체제 시장에서 78%의 시장점유율을 가진 마이크로소프트가 서버운영체제 시장에서의 지배력을 미디어서비스 시장에 전이함으로써 경쟁업체들이 [97]선점했던 국내 미디어서비스 시장을 [98]독점화하였고, 국내 PC운영체제 시장에서 99%의 시장점유율을 가진 마이크로소프트가 PC운영체제 시장에서의 지배력을 미디어플레이어 및 메신저 프로그램 시장에 전이함으로써 관련시장에서의 경쟁을 현저히 [99]저해한 점을 들었다. 공정거래위원회의 처분에 대해 마이크로소프트는 서울고등법원에 취소소송을 제기하였으나 판결 선고 전 마이크로소프트가 소를 전부 취하함에 따라 종결되어 이 사건 처분에 대한 법원의 판단은 내려지지 않았다.

(3) 주요 쟁점

마이크로소프트는 급속히 발전하는 IT산업 환경 하에서 제품의 기술적 통합은 자연스런 현상으로서 효율성 제고효과가 큰 기술혁신에 해당하므로 경쟁제한적인 끼워팔기가 아니라고 주장하였다. 그러나 공정거래위원회는 마이크로소프트의 결합판매는 기술혁신이 아니라 이미 개발되어 널리 사용되던 미디어플레이어, 메신저 등 부(副)상품을 자신이 독점하던 운영체제에 결합함으로써 소비자의 선택권을 제한하고 불필요한 하드웨어 자원을 차지하였다고 하면서 이러한 주장을 받아들이지 않았다.

마이크로소프트는 미국 연방항소법원이 마이크로소프트의 소프트웨어 결합판매에 대해 합리원칙을 적용하였으므로 공정거래위원회도 본 건 결합판매의 위법성을 판단할 때 당연위법의 원칙이 아닌 합리의 원칙에 따라야 한다고 주장하였다. 그러나 공정거래위원회는 시장지배적지위남용의 경쟁제한성 판단은 경쟁사업자를 배제하고 독점이윤을 얻기 위한 것 이외에는 사업상 어떠한 합리적 이유도 없다는 점을 입증의 주요근거로 삼아 당해 행위가 시장지배적지위

---

97) 고화질 미디어서비스 시장은 2002년 국내 벤처기업들이 90%의 시장점유율을, 저화질 미디어서비스 시장은 리얼네트웍스가 90%의 시장을 점유하고 있었다.

98) 결합판매 이후 2004년 기준 고화질, 저화질 미디어서비스 시장은 마이크로소프트가 90%를 점유하게 되었다.

99) 미디어플레이어 시장은 2000년 말 마이크로소프트가 37% 점유율이었으나 2004. 8월 60% 이상으로, 메신저 시장은 13%에서 65.2%로 마이크로소프트의 시장점유율이 급격히 상승하였고 경쟁사업자였던 리얼네트웍스와 다음메신저 등은 점유율이 크게 하락하게 되었다.

남용행위로서 경쟁제한성이 있다고 판단하였다. 마이크로소프트의 결합판매로 인하여 미디어플레이어와 메신저 시장에서 봉쇄가 발생하고 이로 인해 서버나 PC 운영체제 시장에서도 마이크로소프트의 시장지배력이 더욱 강화되는 경쟁제한효과가 발생한다고 보았다.

마이크로소프트는 미디어서비스·플레이어와 메신저는 별개의 제품이 아니라고 주장하였으나 공정거래위원회는 서버나 PC운영체제는 시스템소프트웨어이고 미디어플레이어와 메신저는 응용프로그램으로서 성격의 차이가 있고 이들 응용프로그램만 별도로 개발하여 판매하는 독립업체들이 다수 존재하는 점을 들어 이를 배척하였다.

마이크로소프트는 미디어서비스·플레이어와 메신저는 무료로 제공되는 것이기 때문에 강제성이 없다고 주장하였으나 공정거래위원회는 이들 제품의 가격이 서버나 PC 운영체제에 포함되어 판매되었다고 보아 이를 받아들이지 않았다.

(4) 시사점

이 사건을 통해 공정거래위원회는 시장지배적지위 남용행위에 대한 위법성 판단기준을 시장성과를 저해하는 경쟁제한효과에 중점을 두고 판단을 하였고, 다국적 기업의 단독행위에 대해 글로벌 스탠더드 기준에 맞는 위법성 판단과 경제분석을 하게 되어 공정거래위원회의 법집행 수준이 향상되는 계기가 되었다.

사건심의 과정에서 마이크로소프트는 파장을 우려하여 공정거래위원회와 화해(Settlement)를 적극적으로 시도하였는데 이는 미국식의 현실적 사건종결 가능성을 제기하였고 후에 미국과의 자유무역협정 체결을 맞아 미국식의 동의의결제가 도입되는 계기가 되었다.

6. 포스코의 시장지배적지위 남용행위에 대한 건(공정거래위원회 의결 제2001-086호)

(1) 행위사실

포스코는 현대하이스코가 1999. 2월 냉연강판공정 완공을 전후하여 시험가동 또는 제품생산을 위하여 1997. 8월부터 2001. 2월까지 수차례에 걸쳐 냉연강판용 열연코일의 공급을 요청하였음에도 이를 거절한 사실이 있다.

(2) 공정거래위원회 의결

공정거래위원회는 열연코일 시장에서 포스코는 79.8%의 시장점유율(나머지 20.2%는 수입물량)을 가지는 시장지배적사업자에 해당하며, 포스코가 열연코일 시장에서의 시장지배력을 이용하여 현대하이스코에게 열연코일의 공급을 거절함으로써 [100]냉연강판 시장에서 경쟁자인 현대하이스코의 사업상 곤란을 초래하는 행위는 시장지배적지위 남용행위 중 사업자의 거래거절에 의한 사업활동 방해로 판단하고 시정명령과 함께 16억 원의 과징금을 부과하였다.

(3) 법원의 판결

서울고등법원은 공정거래위원회의 처분이 위법하지 않다고 하면서 포스코에 대해 패소 판결을 내렸지만, 대법원은 시장지배적지위 남용행위의 부당성이 인정되기 위해서는 주관적 요건으로서 시장에서의 독점을 유지·강화할 의도나 목적이 인정되어야 하고 객관적 요건으로서 경쟁제한의 효과가 생길 만한 우려가 있는 행위여야 한다고 하면서 공정거래위원회의 시장지배적지위 남용행위에 대한 부당성 입증이 불충분하다는 이유로 공정거래위원회에 대해 패소 판결하였다.

특히 대법원은 부당성 요건 중 주관적 요건으로서의 의도·목적과 관련하여, 거래거절로 인해 실제로 상품의 가격상승, 산출량 감소, 혁신저해, 유력한 경쟁사업자 수 감소, 다양성 감소 등과 같은 경쟁제한효과가 나타났음이 입증된 경우에는 주관적 요건인 목적이나 의도가 사실상 추정된다고 할 수 있지만, 그렇지 않은 경우에는 거래거절의 경위 및 동기, 행위태양, 관련시장의 특성, 상대방의 불이익 정도, 관련시장에서의 가격 및 산출량의 변화여부 등 여러 사정을 종합적으로 고려하여 객관적 요건인 경쟁제한의 우려와 주관적 요건인 의도나 목적이 있었는지 여부를 판단해야 한다고 판시하였다.

이와 같은 대법원의 판시에 대하여 시장지배적사업자의 거래거절에 대한 부당성 판단에 있어 유럽연합이 경쟁제한효과를 초래할 우려 이외에 중소기업 보호 등 소수자 권익보호의 관점에 있어 다소 규제의 폭을 넓게 운용하고 있는 점을 감안할 때 우리나라 대법원의 판결은 지나치게 주관적 의도를 강조한 것

100) 2000년 기준 냉연강판 시장 현황은 포스코가 58.4%, 동부제강 13.7%, 현대하이스코 11.1%, 연합철강 7.9%의 시장점유율을 보이고 있었다.

이라는 비판이 있기도 했으나, 일반불공정거래행위와는 차별되는 시장지배적지위 남용행위의 부당성은 엄격한 경쟁제한성 위주로 판단되어야 한다고 하면서 대법원의 판단을 지지하는 입장도 상당수 있는 상황이다. 대법원 판결이 있는 이상 향후 공정거래위원회가 시장지배적지위 남용행위를 규제함에 있어서는 경쟁제한성에 기반을 둔 엄격한 부당성 입증이 요구되고 있다고 할 수 있다.

결국 경쟁법 집행의 목적이 경쟁자보호가 아니라 경쟁 그 자체의 보호에 있다는 점을 상기하면 경쟁법 집행당국으로서의 공정거래위원회가 이러한 대법원의 태도에 다소 불만이 있을 수는 있으나 장기적으로는 공정거래위원회의 시장분석 등 집행능력이 향상될 여지가 있으므로 긍정적인 측면도 있다고 생각한다.

대법원이 당해 시장지배적지위 남용행위에 대해 부당성이 없다고 판단한 이유를 살펴보면, 우선 포스코의 거래거절로 인해 현대하이스코가 입은 불이익 이외에 현실적으로 경쟁제한의 결과가 나타났다고 인정할 만한 증거가 없는 점, 포스코의 거래거절에도 불구하고 현대하이스코는 일본으로부터 열연코일을 수입하여 냉연강판을 생산·판매하여 왔으며, 냉연강판 공정이 완공된 2001년 이후부터는 지속적으로 순이익을 올리는 등 정상적인 사업활동을 해 온 점, 포스코의 거래거절 이후 국내에서 냉연강판의 생산량이 줄었다거나 가격이 상승하는 등 경쟁이 제한되었다고 볼 만한 자료가 없다는 점 등을 근거로 들고 있다.

(4) 시사점

포스코 판결은 시장지배적지위 남용행위의 부당성 요건을 명확하게 함으로써 공정거래위원회의 시장지배적지위 남용행위 집행에 큰 영향을 미친 시금석으로서의 의미를 갖게 되었다. 이후 공정거래위원회는 시장지배적지위 남용행위에 대한 경쟁제한성 입증 노력을 한층 더 기울이게 되었고 인텔, 마이크로소프트, 퀄컴과 같은 세계적 다국적기업에 대한 시장지배지위 남용행위를 조사하고 규제할 수 있는 역량을 확보하게 됨으로써 선진 경쟁당국으로서의 위상을 갖는 계기가 되었다.

신고서 양식(시장지배적지위 남용행위)

<table>
<tr><td rowspan="7">신고인</td><td colspan="2">성명(*)</td><td colspan="2"></td><td>생년월일(*)</td><td></td></tr>
<tr><td rowspan="2">사업자인 경우</td><td>사업자명</td><td colspan="2"></td><td rowspan="2">사업자등록번호</td><td></td></tr>
<tr><td>대표자 성명</td><td colspan="2"></td><td></td></tr>
<tr><td colspan="2">주소(*)</td><td colspan="4"></td></tr>
<tr><td rowspan="2">연락처</td><td>전화번호(*)</td><td colspan="2"></td><td>휴대폰</td><td></td></tr>
<tr><td>팩스번호</td><td colspan="2"></td><td>이메일</td><td></td></tr>
<tr><td colspan="3">피신고인과의 관계</td><td colspan="3"></td></tr>
<tr><td rowspan="6">피신고인</td><td>사업자명(*)</td><td colspan="3"></td><td>대표자 성명</td><td></td></tr>
<tr><td>주소 또는 전화번호(*)</td><td colspan="3"></td><td>관련부서 및 담당자</td><td></td></tr>
<tr><td colspan="2">사업내용 또는 영위업종</td><td colspan="4"></td></tr>
<tr><td colspan="2">피신고인의 연간 매출액</td><td colspan="4"></td></tr>
<tr><td colspan="2">피신고인의 시장점유율</td><td colspan="4"></td></tr>
<tr><td colspan="6"></td></tr>
<tr><td>신고내용(*)</td><td colspan="6">☞ 신고서와 함께 제공되는 「시장지배적지위남용 · 재판매가격유지행위 신고서 작성안내」에 따라, 신고하고자 하는 내용을 가급적 6하 원칙에 맞게 기재하시고, 기재할 공간이 부족하면 별지에 작성하여 첨부해 주시기 바랍니다.</td></tr>
<tr><td>증거자료</td><td colspan="6">[ ] 있음 (☞ 신고내용을 증명하는데 도움이 되는 증거 자료가 있으면 첨부하여 주십시오.)
[ ] 없음</td></tr>
<tr><td>신고인 신원 공개 동의 여부</td><td colspan="6">[ ] 공개
[ ] 비공개
[ ] 사건 조치 후 공개</td></tr>
</table>

「독점규제 및 공정거래에 관한 법률」 제80조 제2항, 동법 시행령 제71조 및 「공정거래위원회 조사절차에 관한 규칙」 제7조 제1항에 의하여 위와 같이 신고합니다.

년 월 일

신 고 인 : (서명 또는 인)

공정거래위원회위원장 귀하

시장지배적 지위 남용행위

참작사항 \ 부과수준		비중	상(3점)	중(2점)	하(1점)
위반행위 내용		0.5	· 현저한 가격상승·산출량 감소·품질 저하가 나타났거나 나타날 우려가 있는 경우 · 현저한 봉쇄효과 또는 경쟁사업자(잠재적 사업자포함) 배제효과가 나타났거나 나타날 우려가 있는 경우 · 경쟁사업자 수 감소 또는 잠재적 사업자 신규진입 저지효과가 현저한 수준으로 나타났거나 나타날 우려가 있는 경우 · 경쟁제한효과만 있거나 효율성증대 효과가 거의 없는 경우	· 상당한 가격상승·산출량 감소·품질 저하가 나타났거나 나타날 우려가 있는 경우 · 상당한 봉쇄효과 또는 경쟁사업자(잠재적 사업자 포함) 배제효과가 나타났거나 나타날 우려가 있는 경우 · 경쟁사업자 수 감소 또는 잠재적 사업자의 신규진입 저지효과가 상당한 수준으로 나타났거나 나타날 우려가 있는 경우 · 경쟁제한효과에 비해 효율성증대효과가 현저히 적은 경우	· 상(3점) 또는 중(2점)에 해당되지 않는 경우
위반행위 정도	부당이득/피해규모	0.2	· 위반행위의 지속기간, 시장의 구조, 관련 상품의 범위 및 특성, 거래단계, 대체의 용이성, 가격인상분의 절대·상대적인 수준, 이익률의 절대·상대적인 수준 등을 종합적으로 고려할 때, 부당이득의 규모가 현저하거나 다른 사업자·소비자 등에게 현저한 피해가 발생되는 경우	· 위반행위의 지속기간, 시장의 구조, 관련 상품의 범위 및 특성, 거래단계, 대체의 용이성, 가격인상분의 절대·상대적인 수준, 이익률의 절대·상대적인 수준 등을 종합적으로 고려할 때, 부당이득의 규모가 상당하거나 다른 사업자·소비자 등에게 상당한 피해가 발생되는 경우	· 상(3점) 또는 중(2점)에 해당되지 않는 경우
	시장점유율	0.1	· 위반사업자의 시장점유율이 50% 이상인 경우 또는 1위 사업자	· 위반사업자의 시장점유율이 30% 이상 50% 미만이고, 관련 시장내 상위 3사업자의 시장점유율이 75% 이상인 경우	· 상(3점) 또는 중(2점)에 해당되지 않는 경우
	관련매출액	0.1	· 관련매출액이 3천억원이상인 경우	· 관련매출액이 2천억원이상 3천억원 미만인 경우	· 관련매출액이 2천억원 미만인 경우
	지역적 범위	0.1	· 관련시장이 전국적인 또는 그 이상의 시장인 경우로서 위반행위 효과가 전국적으로 미치는 경우	· 관련시장이 전국적인 시장이나, 위반행위 효과가 일부 지역에 한정되는 경우	· 관련시장이 특정 지역에 한정되는 경우

비고: 관련매출액의 대략의 범위라도 산정이 불가능한 경우 관련매출액의 비중치(0.1)는 부당이득/피해규모의 비중치에 합산(0.3)하여 점수를 산정한다.

제4장

경제력집중 규제

Ⅰ. 개관

Ⅱ. 대규모기업집단 시책

Ⅲ. 부당지원행위 금지

Ⅳ. 특수관계인에 대한 부당한 이익제공 금지

제 4 장

경제력집중 규제

Ⅰ. 개관

1. 경제력집중 억제의 의의

(1) 경제력집중의 의의

경제력은 자본, 생산기술, 토지와 같은 경제적 자원을 기초로 생성된 힘을 말하는데 경제력이 강한 기업은 특정 시장에서 다른 경쟁사업자에 비해 우위에 있을 수 있으며 경제력이 극단적으로 강해지면 독점력 또는 시장지배력이 되어 시장에서 가격이나 생산량을 임의로 정해 자신의 이윤을 극대화할 수도 있게 된다. 경제력집중이란 개념은 특별히 법령에 따라 정해진 것은 없으며, 통상 경제력이 소수의 경제주체에게 집중되는 것으로 이해되고 있고 시장집중·일반집중·소유집중으로 구분하여 경제력집중을 설명하기도 한다. 또한 우리나라에서 경제력집중이라는 용어는 통상의 기업보다는 기업집단 혹은 [1]재벌로 일컬어지

---

1) 재벌(財閥)은 주로 혈연(血緣)을 중심으로 지배력을 행사하는 기업집단을 의미하나 법상 용어는 아니며, 공정거래집행 분야에서는 대규모기업집단이라는 용어를 사용하고 있고 이에는 재벌에 해당하는 동일인이 자연인인 기업집단과 동일인이 자연인이 아니라 기업집단 지배구조의 정점에 있는 회사가 되는 기업집단이 모두 포함된다. 재벌이라는 용어는 가치중립적이지 않을 수 있으므로 문맥상 필요한 경우에만 사용하도록 하고 대규모기업집단이라는 표현을 주로 사용하기로 한다. 참고로 실무에서는 '대기업규모집단'이라

는 경제주체에 경제력이 집중되는 문제를 다루는 데 주로 사용되고 있다.

'시장집중(市場集中)'은 대개 서구 자본주의 국가나 경쟁법에서 주로 논의되는 개념으로 특정 개별시장에서의 집중을 의미한다. 시장집중의 수준을 파악하기 위한 지수로는 앞서 설명한 상위 n개의 기업의 시장점유율을 합한 CR_n과 허핀달-허쉬만(HHI) 지수가 있다.

'일반집중(一般集中)'은 개별시장과 관계없이 국민경제 전체에서 소수의 상위 기업이 차지하는 비중을 가리키는데, 우리나라의 경우 세간에서 흔히 5대 그룹 비중이니 30대 그룹 비중이니 하면서 언급하는 경우 등이 이에 해당한다. 시장집중과 일반집중 개념이 같은 것은 아니지만 우리나라의 경우 일반집중이 높아지는 경우 개별시장에서의 시장집중도도 높아지는 경향이 있어 개별시장의 경쟁저해성이 문제될 수 있다.

'소유집중(所有集中)'은 기업집단이나 기업에서 동일인 또는 세칭 [2]총수 등 특정인과 그 가족이 차지하는 부의 집중을 의미한다. 기업의 경영권과 관련된 의결권 있는 주식이 동일인 등 소수 주주에게 편중되는 현상인데, 주식 등 지분의 매매·소유가 자유로운 시장경제 하에서 소유집중의 문제 자체는 국가가 개입할 사항은 아니다. 우리나라의 경우 재벌이라 일컬어지는 기업집단의 동일인 일가가 5% 미만의 작은 지분으로 순환출자와 같은 방법으로 40~50%의 의결권을 행사함에 따라 기업집단 전체를 지배하고 있는 실제소유와 행사하는 지배권과의 괴리가 심각하기 때문에 소유집중 자체보다는 왜곡된 '지배집중(支配集中)'이 문제라고 보는 시각도 있다.

(2) 우리나라 경제력집중의 특징

경제력집중 현상은 시장경제에서 기업 간 경쟁을 하는 과정에서 자연스럽게 생길 수 있는 현상이다. 효율성을 바탕으로 경쟁에서 우위를 가지는 경제주체가 당연히 그 노력에 대한 보상으로 경제적 자원을 더 많이 획득하여 축적하게 되고, 이를 통해 더 많은 소득 또는 부를 창출하기 때문에 끝없는 경쟁과 혁

는 용어와 '대기업집단'이라는 용어가 혼용되어 쓰이고 있다.

2) 총수(總帥)라는 용어도 법상 용어는 아니며 공정거래법에서는 기업집단의 동일인 중 자연인인 경우가 당해 기업집단의 총수에 해당하게 된다. 총수 역시 가치중립적 용어가 아니므로 문맥상 필요한 경우에만 한정해서 사용하도록 한다.

신이 일어나게 되고 경쟁과 혁신은 시장경제가 지속적으로 발전할 수 있는 원동력이 된다. 반면 경제력집중으로 우위를 갖게 된 기업이 시장에서 가격과 거래조건으로 경쟁하지 않고 독점력을 남용하게 되면 시장경제의 효율성이 오히려 저하되는 문제가 발생한다.

서구 선진자본주의 국가들의 경제력집중은 치열한 경쟁을 통해서 기업이 성장하고 이렇게 성장된 기업들은 주식회사 제도 등을 통해 대규모 자본축적을 하면서 소유와 경영이 분리된 형태로 운영되는 과정에서 자연스럽게 발생한 측면이 있는 반면 우리나라에서 경제력집중은 경제개발 초기단계에서 이루어진 국가주도의 경제성장정책의 결과로 나타나게 되었다는 점에 그 차이가 있고 이러한 인위적 경제력집중 과정에서 서구 다른 국가에는 없는 여러 특수한 문제가 발생하게 되었다.

우리나라는 경제력집중이 과거 저개발국 상황에서 국가주도의 경제성장정책을 추진하면서 일어나게 되었는데 당시 정부는 경제개발과 관련하여 특정 기업집단(재벌)들에게 정책금융, 세제혜택, 보조금 지급, 인·허가 혜택 등을 부여하면서 단기간의 압축적인 경제성장을 추진하였다. 경제개발 초기 민간으로부터의 자본 동원이 어려웠던 상황에서 이들 기업집단에게 차관(借款)을 통한 자본 등을 제공하고 이를 발판으로 기업집단의 외형을 성장시켜 수출주도 경제의 대외 경쟁력을 확보하게 하는 과정에서 기업집단들에 의한 경제력집중이 일어나게 되었다.

(3) 경제력집중 억제의 필요성

이러한 사정 때문에 우리나라에서는 정상적인 경쟁의 산물로 경제력집중이 나타났을 때의 긍정적 측면보다는 일반집중이 심화됨에 따라 시장집중이 일어나고 개별 시장에서는 독과점이 형성되어 시장집중에 의한 폐해가 일어나는 한편, 왜곡된 지배집중으로 총수 일가가 기업집단 경영을 전횡하면서 총수일가의 사적이익을 추구하고 경영에 대해서는 실질적 책임을 지지 않는 문제가 발생하게 되고 종국적으로는 시장경제 전체의 성장과 효율성에 장애를 초래하는 상황에까지 이르게 되어 규제의 필요성이 대두되게 되었다.

우리나라에서의 경제력집중 문제는 선진 자본주의 국가에서는 보기 드문 특수한 상황에서 비롯되고 그 폐해가 크기 때문에 통상 경쟁법을 운용하는 국가에서는 찾아보기 힘든 경제력집중 억제와 관련된 규제체계를 갖게 되었고 이러한 규제체계는 공정거래법에 반영이 되어, 공정거래법은 제1조 목적에 '과도한 경제력집중을 방지'를 명시하면서 동법에 '제4장 경제력집중의 억제'라는 별도의 장까지 두어 경제력집중 억제를 위한 여러 가지 시책을 규정하고 있다.

경제력집중 억제 시책은 주로 대규모기업집단에 대해 이루어지게 되므로 대규모기업집단 시책이라고도 하며 출자규제, 행태규제, 시장감시를 통한 규제가 이루어지고 있다. ① '출자규제'에는 상호출자금지, 신규 순환출자금지, 금융·보험사 의결권 제한, 지주회사 행위제한이 포함되고, ② '행태규제'는 채무보증 제한, 부당내부거래 및 특수관계인에 대한 부당이익제공 금지가 포함되며, ③ '시장감시'는 공시제도를 통해 이루어지는 규제로서 이에는 기업집단현황 공시, 비상장회사 중요사항 공시, 대규모내부거래 공시가 포함된다.

현재 대규모기업집단 시책은 기업경영에 대한 시장의 자율감시 체계가 강조되면서 경쟁당국의 직접적인 규제보다는 시장 자율감시 기능을 활용하는 방향으로 규율체계가 개편되는 추세에 있으며, 이에 따라 공정거래위원회는 2009. 3월 대표적인 사전규제라 할 수 있는 출자총액제한제도를 폐지하는 대신 기업집단현황 공시제도를 도입하고 있다. 이하에서는 경제력억제를 위한 시책을 하나하나 살펴보기로 한다.

2. 대규모기업집단 지정제도

(1) 기업집단의 의의

(1)-1 기업집단의 개념

전부개정 공정거래법 제2조는 제11호에서 [3]기업집단을 동일인이 사실상 그 사업내용을 지배하는 회사의 집단이라고 정의하면서 동일인이 회사인 경우는 그 동일인과 동일인이 지배하는 하나 이상의 회사의 집단, 동일인이 회사가 아닌 경우(자연인인 경우)는 그 동일인이 지배하는 2 이상의 회사의 집단이라고 하고 있다. 2 이상의 회사가 동일한 기업집단에 속하게 되는 경우 이들 회사를 서로 상대방의 계열회사라고 한다. 공정거래법상 경제력집중 억제는 규제대상

3) 우리나라의 경우 삼성그룹, 현대차그룹, 엘지그룹, 에스케이그룹 등과 같이 '그룹'으로 불리는 경제주체에 해당하고 시중에서는 동일인이 자연인인 이들 그룹을 재벌이라고 칭한다.

인 기업집단의 정의에서 출발한다.

'동일인(同一人)'은 공정거래법에 특별한 정의는 없으나 특정 기업집단을 대표하여 그 기업집단과 동일시 할 수 있는 사람 또는 회사를 지칭하는 용어이며, 동일인이 자연인일 경우는 둘 이상의 회사를 실질적으로 지배하고 있는 사람이고, 동일인이 회사인 경우는 그 집단 내에서 정점에 있는 회사로서 집단소속 회사들을 실질적으로 지배하는 회사를 의미하며, 통상 재벌이라고 불리는 기업집단의 경우 동일인은 자연인으로서 '재벌총수'라고 일반적으로 지칭하기도 한다.

공정거래위원회는 동일인을 판단하기 위한 5가지 기준을 마련하고 있는데 ① 기업집단 최상단회사의 최다출자자, ② 기업집단의 최고위직위자, ③ 기업집단의 경영에 대해 지배적 영향력을 행사하고 있는 자, ④ 기업집단 내·외부적으로 대표자로 인식되는 자, ⑤ 동일인 승계 방침에 따라 기업집단의 동일인으로 결정된 자를 기준으로 판단하게 된다. 특히 기업집단 최상단회사의 최다출자자 판단 시에는 자연인이 아닌 계열회사 또는 기관투자자일 경우 최상단회사에 대한 직접 지분 이외에 국내외 계열회사를 통해 소유하고 있는 간접 지분도 합산하여 자연인인 중 최다출자자가 기준을 충족하게 되고 기업집단의 경영에 대해 지배적 영향력을 행사하고 있는 자는 대표이사 등 임원의 임면, 조직 변경, 신규 사업투자 등 주요 의사결정이나 업무집행에 지배적인 영향력을 지속적으로 행사하는 자가 기준을 충족하게 되는 점을 유의할 필요가 있다.

동일인 판단 시에는 각 기준에 해당하는 자연인이 누구인지를 고려하되, 각 기준에 해당하는 자가 상이할 경우에는 위 5가지 기준을 종합적으로 고려하여 동일인을 판단하게 된다. 만약 기준에 부합하는 적절한 자연인이 존재하지 않는다고 판단될 경우에는 기업집단의 국내 최상단회사 또는 비영리법인이 동일인이 될 수 있다.

1986년 대규모기업집단제도가 도입된 이후 근래 2세로의 경영권 승계, 다양한 지배구조 기업집단 출현, 기관투자자의 경영참여 확대 등과 같은 정책환경이 변화함에 따라 동일인 판단과 함께 동일인 변경사유의 필요성도 생기고 있다. 이를 감안하여 동일인이 사망한 경우뿐만 아니라 동일인의 의식불명 등 일신상의 사유, 상당한 지분의 매각, 의결권 행사의 포괄적 위임, 재직 중이던 주요 직위에서의 사임 등 동일인이 더 이상 지배력을 행사하지 않는다고 볼만한 사정이 발생한 경우에는 동일인을 변경할 수 있도록 하고 있다.

동일인 개념과 더불어 [4]'동일인관련자'라는 용어도 공정거래법령에서 사용하고 있는데, 이에는 ① 동일인의 배우자, ② 4촌 이내의 혈족·3촌 이내의 인척, ③ 동일인 및 동일인관련자가 [5]지배력을 갖고 있는 비영리법인 또는 단체, ④ 동일인이 지배하는 계열회사, ⑤ 계열회사의 임원 등 사용인이 포함된다. 공정거래법 시행령 제4조는 이 중에서 ①과 ②를 친족(親族)이라고 하고 있다.

종전에는 동일인의 친족 범위를 6촌 이내의 혈족·4촌 이내의 인척으로 하고 있었으나 국민 인식에 비해 친족 범위가 넓고 핵가족 보편화 등에 따라 이들을 모두 파악하는 것도 쉽지 않아 기업집단의 수범 의무가 과도하다는 지적에 따라 공정거래법 시행령을 [6]개정하여 친족 범위를 4촌 이내의 혈족, 3촌 이내의 인척으로 축소하되 혈족 5~6촌 및 인척 4촌은 동일인이 지배하는 회사의 주식을 1% 이상 소유하고 있는 경우에만 예외적으로 친족의 범위에 포함되도록 하여 대규모기업집단의 친족 수가 대폭 [7]감소할 것으로 예상된다. 또한 공정거래법 시행령 개정 전에는 혼인 외 출생자의 생부·생모가 동일인의 친족에 포함되지 않았으나 개정 이후에는 동일인이 인지한 혼인 외 출생자의 생부·생모도 동일인의 친족에 포함하도록 하였다.

동일인관련자는 동일인이 기업집단을 지배하는 데 있어 자기의 의사에 따라 영향력을 미칠 수 있는 주체들을 일컫는 말로서 동일인과 동일인관련자가 합쳐져서 기업집단의 지배에 최종적인 영향력을 행사할 수 있게 된다. 또한 전부개정 공정거래법 제9조는 [8]특수관계인에 대한 규정이 있으나 이는 기업결합과 주로 관련되는 규정이고 경제력집중과 관련된 규정에서 특수관계인을 지칭할 때는 '동일인과 그 친족'을 의미하는 것으로 주로 사용된다.

---

4) 공정거래법 시행령 제4조(기업집단의 범위)에서 동일인관련자를 규정하고 있다.

5) 동일인 및 동일인관련자가 지배력을 가지고 있는 비영리법인 또는 단체는 동일인이 단독 또는 동일인관련자와 합하여 총출연금액의 100분의 30 이상을 출연한 경우로서 최다출연자가 되거나, 동일인 및 동일인관련자 중 1인이 설립자인 비영리법인 또는 단체를 의미한다.

6) 공정거래법 시행령 제4조(기업집단의 범위) 제1항 제1호 가목이 개정되었다.

7) 2022. 5월 기준 총수 있는 66개 기업집단 친족 수가 10,026명에서 5,059명으로 절반 가까이 감소하는 것으로 파악되고 있다.

8) 공정거래법 시행령 제16조는 기업결합과 관련하여 특수관계인의 범위를 규정하고 있다. 이에는 ① 해당 회사를 사실상 지배하고 있는 자, ② 동일인관련자, ③ 경영을 지배하려는 공동의 목적을 가지고 기업결합에 참여하는 자로 규정하고 있다.

기업집단과 더불어 우리나라에서는 재벌이라는 용어도 혼용해서 쓰이고 있는데 다른 나라에서도 찾아볼 수 있는 기업집단과는 달리 우리나라의 재벌이라는 기업집단 형태는 혈연이라는 요소가 근간을 이루면서 총수로 대표되는 동일인과 그 친족의 영향과 의사에 기업집단 운영이 결정적으로 좌우된다는 특징을 갖고 있으며 기업집단 형태의 경제주체가 갖는 경제적 장점보다는 총수 일가의 전횡과 군림, 무책임 경영 등으로 대표되는 부정적 측면을 묘사할 때 자주 사용되고 있다.

(1)-2 기업집단의 범위

경제력집중 억제를 위해서는 규제대상인 기업집단의 개념정립과 함께 어디까지를 기업집단으로 볼 지에 대한 범위의 획정이 필요하다. 전부개정 공정거래법은 제2조 제11호에서 기업집단은 동일인이 대통령령으로 정하는 기준에 따라 사실상 그 사업내용을 지배하는 회사의 집단을 말한다고 하면서 ① 동일인이 회사인 경우는 그 동일인과 그 동일인이 지배하는 하나 이상의 회사의 집단이고, ② 동일인이 회사가 아닌 경우는 그 동일인이 지배하는 둘 이상의 회사의 집단이라고 기업집단을 규정하고 있다.

공정거래법의 위임에 따라 공정거래법 시행령은 제4조에서 동일인이 사실상 그 사업내용을 지배하는 회사들인 기업집단의 범위에 대해 구체적으로 규정하고 있다. 우선 지분율을 기준으로 [9]동일인이 단독으로 또는 동일인관련자와 합하여 당해회사의 의결권 있는 발행주식 30% 이상을 소유하고 최다출자자인 회사는 사실상 지배관계가 형성되는 것으로 보아 기업집단에 포함된다.

또한 동일인이 지배적인 영향력을 미칠 수 있는 회사들이 기업집단에 포함되게 되는데 이에는 ① 동일인이 대표이사를 임면하거나 임원의 50% 이상을 선임할 수 있는 회사, ② 동일인 등을 통하여 당해 회사의 조직변경 또는 신규투자사업 등 주요의사결정이나 업무집행에 지배적인 영향력을 행사하고 있는 회사, ③ 동일인이 지배하는 회사와 당해 회사 간 임원겸임이 있거나 인사교류가 이루어지는 경우, ④ 통상적인 범위를 넘어서 동일인 등과 자금·자산·상품·용역 등의 거래를 하고 있거나 상호 채무보증 기타 동일한 기업집단으로 인식되는 영업상의 표시행위를 하는 경우 등이 해당된다.

9) '동일인과 동일인관련자'는 '동일인 등'으로 간략히 표기하기로 한다.

(1)-3 기업집단으로부터의 제외

(1)-3-1 개요

공정거래법 시행령은 제5조 제1항에서 기업집단으로부터 제외되는 경우를 규정하고 있고 이에 따라서 형식적으로는 기업집단의 범위에 해당하더라도 동일인이 특정 회사의 사업내용을 지배하지 않는 경우에는 이해관계자의 요청에 따라 당해 회사를 기업집단의 범위에서 제외되는 것이 가능한데, 이에는 ① 출자자간 합의·계약에 의해 사실상 [10]동일인 측이 경영을 하지 않는 회사, ② 친족독립경영회사, ③ 임원독립경영회사, ④ [11]파산절차 또는 회생절차가 진행 중인 회사, ⑤ [12]채권단과 약정을 체결한 기업이 해당한다.

또한 기업집단의 범위에 해당되지만 동일인의 지배여부와 관계없이 기업집단에서 제외될 수 있는 회사로는 ① 민간투자사업법인으로서 정부 등이 20% 이상 지분을 소유하고 있는 회사, ② 최다출자자가 임원의 구성이나 사업운용 등에 지배적 영향력을 행사하지 않는 [13]회사, ③ [14]산학연협력기술지주회사·신기술창업전문회사, ④ [15]벤처기업 또는 매출액 대비 연구개발투자비 비율이 5% 이상인 중소기업 등이 이에 해당된다.

공정거래위원회는 이해관계인에 의한 친족 또는 임원 독립경영 인정신청에 대해서는 심사결과를 30일 이내에 통지하여야 하고, 각각의 인정기준을 충족하지 않게 되는 경우에는 독립경영 인정을 취소하게 된다. 기업집단의 제외와 관련해서 편법이나 탈법의 우려 등으로 인해 사회적으로 관심이 높은 친족독립경영회사와 임원독립경영회사의 경우는 별도로 자세히 살펴보기로 한다.

(1)-3-2 친족독립경영 인정

친족독립경영 인정은 동일인의 친족이 독립적으로 경영하고 있다고 인정

---

10) '동일인 측'은 동일인의 친족과 동일인이 지배력을 행사하는 회사의 임원 등을 말한다.

11) '채무자 회생 및 파산에 관한 법률'에 의한 절차가 진행 중인 회사를 의미한다.

12) '기업구조조정 투자회사법'에 의한 약정체결기업을 의미한다.

13) 동일한 업종을 영위하는 둘 이상의 회사가 사업구조조정을 위하여 합병 등으로 설립한 회사와 '사회기반시설에 대한 민간투자법'에 따라 민간투자사업을 추진하는 회사에 한정된다.

14) 회사설립등기일부터 10년 이내의 회사이면서 동일인이 지배하는 회사와 출자 또는 채무보증 관계가 없는 회사만 해당한다.

15) 이때 중소벤처기업은 동일인이 지배하는 회사에 출자하거나 채무보증 관계가 없어야 한다.

되는 회사를 동일인이 지배하는 기업집단의 범위에서 제외하고, 당해 친족 및 그와 공정거래법 시행령 [16]제4조 제1호 각목의 어느 하나에 해당하는 관계에 있는 자를 동일인관련자의 범위에서 제외하는 것을 의미한다.

친족독립경영회사는 다음의 '친족독립경영 인정기준'을 모두 갖춘 회사로서 동일인의 친족이 당해 회사를 독립적으로 경영하고 있다고 인정되는 회사를 의미하고 그 기준에는 ① 동일인 등이 기업집단으로부터 제외를 요청한 각 친족측계열회사에 대하여 소유하고 있는 주식의 합계가 각 회사 발행주식 총수의 3%(비상장사 등의 경우에는 10%) 미만일 것, ② 독립경영자 및 독립경영자의 동일인관련자가 동일인이 지배하는 각 회사에 대하여 소유하고 있는 주식의 합계가 각 회사 발행주식 총수의 3%(비상장사 등의 경우에는 15%) 미만일 것, ③ 비친족측계열회사와 친족측계열회사 간에 임원의 상호 겸임이 없을 것, ④ 비친족측계열회사와 친족측계열회사 간에 [17]채무보증이나 자금대차가 없을 것, ⑤ 비친족측계열회사와 친족측계열회사 간, 비친족측 계열회사와 [18]독립경영친족 간, 친족측계열회사와 동일인 간 거래에서 부당내부거래·부당한 거래단계 추가행위·특수관계인에 대한 부당한 이익제공행위로 인해 공정거래위원회로부터 시정조치 받은 사실이 기업집단 범위에서 제외된 날을 기준으로 직전 3년 및 직후 3년간 없을 것이 해당된다.

친족독립경영 인정을 받기 위해서는 이해관계자가 정해진 자료를 공정거래위원회에 제출하고 공정거래위원회는 친족독립경영 인정기준 충족 여부에 대한 심사를 하게 되는데 ① 상호 주식소유 요건은 주주명부 또는 주식보유사실확인원 및 주식보유변동확인원을 기준으로 명의와 관계없이 실질적인 소유관계를 기준으로 판단하고, ② 임원겸임관계는 신청일 현재 법인등기사항증명서에 등재된 임원을 기준으로 판단하며, ③ 채무보증 등 관계는 신청일 현재 공인회계사의 확인을 받은 채무보증실적확인서 및 자금대차실적확인서를 기준으로 판단하고, ④ 거래관계는 신청일 현재 공인회계사의 확인을 받은 세부거래내역확인서 및 공정거래법위반내역확인서를 기준으로 판단하게 된다.

---

16) 공정거래법 시행령 제4조 제1호 각목은 '동일인 관련자'의 범위에 대한 규정으로 문맥에 따른 혼선을 피하기 위해 규정을 적었다.

17) 전부개정 공정거래법 제24조에서 채무보증 금지의 예외로 규정하고 있는 '조세특례제한법'에 따른 합리화 기준에 따라 인수되는 회사의 채무와 관련된 채무보증을 의미한다.

18) 친족측 계열회사를 독립적으로 경영하는 자를 의미한다.

전부개정된 공정거래법 시행령에 따라 친족독립경영에 대한 사후관리가 강화되었는데 종전 시행령에서 부당내부거래 방지 등을 위해 친족측 계열회사에 대해 그 분리가 결정된 시점부터 3년 간 동일인 측 회사와의 거래현황 자료를 공정거래위원회에 제출하도록 하고 있던 것을 분리가 결정된 이후 3년 이내에 새롭게 지배력을 확보한 회사에 대해서도 자료를 제출하도록 하였고, 독립경영결정이 취소 또는 청산 등으로 친족측이 지배하는 회사가 없게 되는 경우로서 분리된 친족이 동일인 관련자에서 제외되어 대규모기업집단 소속회사가 특수관계인에 대한 부당한 이익제공 규제 적용대상에서 제외되었던 경우에는 그 분리되었던 친족을 당초대로 동일인의 친족으로 복원하도록 하여 규제의 사각지대를 해소하였다.

(1)-3-3 임원독립경영 인정

임원독립경영 인정은 동일인이 사업내용을 지배하는 각 회사의 임원이 별도로 지배하는 회사가 임원겸임·출자·채무보증 등의 측면에서 해당 대규모기업집단과 무관하다고 인정되는 경우 동일인이 지배하는 기업집단의 범위에서 제외하고, 당해 임원과 공정거래법 시행령 제4조 제1호 각목의 어느 하나에 해당하는 관계에 있는 자를 동일인 관련자의 범위에서 제외하는 것을 의미한다.

임원독립경영회사는 동일인 및 동일인 관련자의 [19]임원이 독립적으로 경영하고 있으면서 다음의 '임원독립경영 인정기준'을 모두 갖춘 회사를 의미하는데 그 기준에는 ① 동일인이 지배하는 기업집단으로부터 제외를 요청한 임원측 계열회사가 동일인 등의 임원 관계에 있기 전부터 사실상 사업내용을 지배하는 회사일 것, ② 임원측계열회사에 대하여 동일인 및 동일인 관련자가 출자하고 있지 아니할 것, ③ 동일인이 지배하는 각 회사인 비임원측계열회사에 대하여 독립경영임원 및 독립경영임원의 임원인 자가 출자하고 있지 아니할 것, ④ 비임원측계열회사와 임원측계열회사 간에 독립경영임원 외에 임원의 상호 겸임이 없을 것, ⑤ 비임원측계열회사와 임원측계열회사 간에 채무보증이나 자금대차가 없을 것, ⑥ 동일인이 지배하는 기업집단으로부터 제외를 요청한 날을 기준으로 직전 1년간의 각 비임원측계열회사(임원측계열회사)의 총매출 및 총매입 거래액 중에서 전체 임원측계열회사에(비임원측계열회사) 대한 매출 및 매입 거래

19) 법인인 경우에는 임원, 개인인 경우에는 상업사용인 및 고용계약에 의한 피용인을 말한다.

액이 차지하는 비율이 각각 50% 미만일 것을 포함한다.

이 중 ③과 관련해서는 출자금지 요건이 지나치게 [20]엄격하여 대규모기업집단이 전문적 경험과 역량을 갖춘 기업인을 활용하는 데 한계가 있어서, 공정거래법 시행령 전부개정을 통해 그 요건을 완화하여 특정인이 대규모기업집단 소속회사의 '비상임이사'로 선임되는 경우에 한정하여, 선임 이전부터 보유하고 있던 동일인의 비임원측계열회사 지분을 3%(비상장사의 경우는 15%) 미만까지는 출자가 가능하도록 허용하였다.

임원독립경영 인정을 받기 위해서는 이해관계자가 정해진 [21]자료를 공정거래위원회에 제출하고 공정거래위원회는 임원독립경영 인정기준 충족 여부에 대한 심사를 하게 되는데 회사지배 시점은 신청일 현재 법인등기사항증명서에 기재된 회사성립연월일 또는 독립경영임원이 비임원측계열회사의 임원이 되기 이전 시점을 기준으로 한 주주명부를 기준으로 판단하고, 상호 주식소유 요건, 임원겸임관계, 채무보증 및 자금대차 관계, 거래관계는 친족독립경영 인정의 경우와 동일한 판단근거에 의해 이루어진다.

최근 공정거래위원회 예규인 '독립경영 인정제도 운영지침'이 개정되어 독립경영확인서 작성 시 독립경영자 관련자로 종전 임원 배우자, 혈족 6촌, 인척 4촌 전부를 기재하도록 함에 따라 기업집단 동일인과 관련이 없는 관련자까지 기업집단 소속회사에 대한 주식보유를 제한하던 것을 임원의 친족이면서 동일인 관련자에도 해당되는 자만을 범위에 포함시켜 임원독립경영이 보다 활성화되도록 [22]개선이 이루어졌다.

(2) 대규모기업집단 지정제도

(2)-1 개요

공정거래법은 경제력집중 억제를 위해 모든 기업집단을 규제하는 것이 아

---

20) 2018. 4월 제도가 도입된 이후 2020년 말 기준 친족독립경영 건수가 33건인데 비해 임원독립경영 건수는 8건에 불과하였다.

21) 공정거래위원회 예규인 '독립경영 인정제도 운영지침'은 '독립경영 인정 신청서'(별지2호), '독립경영 확인서'(별지3호) 등 양식을 정해 놓고 있다. 이 장 말미에 참고로 첨부해 놓았다(442, 445쪽 참조).

22) 임원독립경영 신청 시 제출하던 '공정거래 위반여부 확인서'는 폐지하고, '거래내역 확인서'도 거래가 존재하는 기업집단 측 소속회사의 내역만을 집단 대표회사가 일괄 제출하도록 간소화되었다.

니라 일정한 규모 이상에 해당하는 대규모기업집단만 규제하고 있다. 종전에는 기업집단의 자산순위를 기준으로 30대 기업집단을 규제 대상으로 하기도 하였으나 현재는 기업집단 소속 국내 회사들의 직전사업연도 [23]자산총액의 합계액이 5조 원 이상인 '공시대상기업집단' 또는 10조 원 이상인 [24]'상호출자제한기업집단'을 대규모기업집단으로 지정하고 이들에 대해서만 규제를 하고 있고, 2022. 5. 1. 기준 지정된 공시대상기업집단은 [25]76개(2,886개 계열회사), 상호출자제한기업집단은 47개이다.

다만, 금융전업(專業) 기업집단 또는 금융·보험사가 동일인인 기업집단, 채무자 회생 및 파산에 관한 법률에 의한 회생절차 또는 기업구조조정촉진법에 의한 관리절차가 진행 중인 회사의 자산총액 합계액이 기업집단 전체 자산총액의 50% 이상인 기업집단, 공공기관 운영에 관한 법률에 따른 공공기관, 지방공기업법에 따른 지방직영기업, 지방공사·지방공단이 동일인인 기업집단은 경제력집중 억제 규제대상인 기업집단 지정대상에서 제외된다.

2021년 공정거래법 시행령 전부개정에 따라 금융전업집단 외에 [26]PEF전업집단과 PEF 관련회사만으로 구성된 기업집단도 경제력집중 억제 규제대상인 대규모기업집단에서 제외하게 되었는데, PEF(Private Equity Fund)는 투자대상기업의 가치를 높인 후 되팔아서 수익을 남기는 것이 목적이어서 성격상 기업지배가 일시적이고 이에 따라 경제력 집중 우려가 크지 않음을 고려하여 제외되게 되었다.

2020년 말 공정거래법 개정으로 상호출자제한기업집단 지정 기준을 종전에 자산총액 10조 원 이상으로 지정하던 것을 자산총액이 국내총생산액의 0.5% 이상인 기업집단을 상호출자제한기업집단으로 지정하도록 변경되었다. 자산총액 기준의 경우 경제여건 변화로 매번 변경 시마다 사회적 합의 비용이 발생하고 변경주기 및 변경금액에 대한 기업집단 측의 예측가능성이 떨어지는 문제를

23) 자산총액은 대차대조표상 자산총액을 합산하되, 금융보험사는 자본금 또는 자본총액 중 큰 금액을 그 회사의 자산총액으로 간주한다.

24) 상호출자제한기업집단 지정 기준은 2002년 자산총액 2조 원 이상, 2009년 5조 원 이상, 2017년 10조 원 이상으로 변경되어 왔고 최근 기준이 다시 변경되었다. 관련 내용은 후술하기로 한다.

25) 76개 공시대상기업집단 중 자연인인 동일인(총수)이 있는 기업집단은 58개이다.

26) 기관전용 사모집합투자기구(PEF) 관련회사와 피투자회사로만 구성된 기업집단을 의미한다.

해결하기 위한 입법이다. 새로운 지정기준은 국내총생산액의 0.5%가 10조 원을 초과하는 해의 다음 해부터 적용되는데 2021년도 명목 국내총생산액이 2,000조 원을 넘었으므로 이것이 확정치로 발표되는 2023년도 이후인 2024년도 지정부터 적용될 것으로 보인다.

(2)-2 지정의 효과

공정거래위원회는 매년 5월 1일 대규모기업집단을 지정하는데, 대규모기업집단의 지정과 관련하여 동일인 등에 대하여 지정을 위해 필요한 [27]자료제출을 요청할 수 있고 자료를 미제출하거나 허위자료를 제출하는 경우는 2년 이하의 징역 또는 1억 5,000만 원 이하의 벌금에 처해질 수 있다. 또한 대규모기업집단 지정제도의 정확성 제고를 위해 계열회사 누락행위에 대한 신고포상금제도가 도입되어 있다. 공정거래위원회가 매년 지정한 대규모기업집단은 중소기업·금융·노동·세제 분야 등 타 정부부처의 소관 정책집행 시에도 원용되게 된다.

상호출자제한기업집단, 공시대상기업집단 지정으로 공정거래법상 경제력집중 억제를 위한 대규모기업집단시책의 규제 대상회사가 확정이 되며, 공시대상기업집단은 기업집단현황 공시, [28]비상장회사 중요사항 공시, 대규모내부거래 공시, 특수관계인에 대한 부당한 이익제공 금지 규제를 받게 되며, 상호출자제한기업집단은 이에 더하여 상호출자 금지, 신규 순환출자 금지, [29]금융·보험사 의결권 제한, [30]채무보증 금지 규제를 받게 된다.

(2)-3 지정 이후의 변동 관리

대규모기업집단으로 지정된 이후 새롭게 기업집단의 범위에 해당되거나, 해당되지 않게 된 회사가 발생하거나 발견되면 이를 반영해야 하는데, 관련 대규모기업집단은 이러한 소속회사 변동사항에 대해 변동사유 발생일로부터 30일 이내에 공정거래위원회에 신고를 하여야 하고 공정거래위원회는 이와 관련하여 심사에 필요한 자료를 요청할 수 있고 그 심사결과를 해당 회사에 통지하도록 되어 있다.

[31]공정거래법령은 공정거래위원회의 요청을 받은 자가 정당한 이유 없이

---

27) 전부개정 공정거래법 제31조 제4항에서 규정하고 있다.
28) 대규모기업집단 소속 비상장·비금융회사가 적용대상이 된다.
29) 대규모기업집단 금융·보험사가 적용대상이 된다.
30) 대규모기업집단 비금융회사가 적용대상이 된다.
31) 전부개정 공정거래법 제33조(계열회사의 편입·통지일의 의제), 공정거래법 시행령 제36

자료제출을 거부하거나 허위의 자료를 제출함으로써 공시대상기업집단 소속 회사로 편입되어야 함에도 불구하고 편입되지 아니한 경우에는, 지정 당시 편입되지 아니한 회사의 경우 지정·통지를 받은 날, 지정 이후 편입되지 아니한 회사의 경우에는 편입할 사유가 발생할 날이 속하는 달의 다음 달 1일에 그 공시대상기업집단의 소속회사로 편입·통지된 것으로 본다고 규정하고 있다.

매년 지정된 대규모기업집단이라도 연도 중 지정제외되는 경우가 있는데, 회생절차 또는 관리절차 진행 중인 회사의 자산총액 합계가 기업집단 전체 자산총액의 50% 이상이고, 이들 외 자산이 공시대상기업집단의 경우 3조 5,000억 원, 상호출자제한기업집단의 경우 7조 원 미만인 경우와 소속회사 변동으로 기업집단 소속 국내 회사들의 자산총액 합계액이 공시대상기업집단의 경우 3조 5,000억 원, 상호출자제한기업집단의 경우 7조 원 미만으로 감소한 경우는 지정에서 제외된다.

Ⅱ. 대규모기업집단 시책

1. 출자 규제

(1) 계열회사 간 상호출자 금지

(1)-1 의의

계열회사 간 상호출자를 하게 되면 실질적인 자본의 증가 없이 장부상 자본금만 증가시키게 되고 이러한 가공자본(架空資本)의 형성으로 동일인이 자신의 돈은 들이지 않고 기업집단에 대한 지배력을 강화시킬 수 있게 되어 실제소유와 지배력 간에 심각한 괴리를 발생시키고 경제력집중의 한 측면인 지배(소유)집중 문제가 발생한다. 이러한 소유와 지배의 괴리는 기업집단 운영에 따른 과실(果實)은 향수(享受)하면서 경영 실패에 대한 책임은 지배주주가 지지 않고 계열회사의 소수주주에게 부담시키는 결과가 되고 또한 상호출자로 얽혀 있는 한 계열회사가 도산하게 되는 경우 그 영향이 기업집단 전체로 파급되는 심각한 문제를 일으키게 된다.

계열회사 간 상호출자 금지는 계열회사 간에 가공자본 형성을 통한 계열확

조(공시대상기업집단 및 상호출자제한기업집단의 지정 등) 제8항에서 구체적으로 규정하고 있다.

장을 억제하고 소유지배구조의 왜곡 방지를 위해 1987년에 도입되었고, 이 규제의 적용대상은 상호출자제한기업집단 소속 계열회사이며 금융·보험회사도 포함된다. 상호출자 금지는 상법에도 규정되어 있지만 상법상 제도는 50% 이상의 지분율을 가진 모·자회사 관계에 있는 회사 간에만 적용되므로 대규모기업집단 소속 계열회사 간 낮은 지분율로 행해지는 상호출자를 규제할 수 없는 문제가 있었다. 따라서 계열회사 간 출자를 지렛대로 동일인이 기업집단 전체를 지배하는 소유·지배구조를 개선하고 경제력집중을 억제하기 위해 공정거래법은 대규모기업집단을 대상으로 상호출자를 금지하게 되었다.

(1)-2 상호출자 금지의 내용

[32]공정거래법은 상호출자제한기업집단 소속회사는 자기의 주식을 소유하고 있는 동일 기업집단 계열회사의 주식취득 또는 소유를 금지하고 있으며, 회사의 합병 또는 영업전부의 양수로 인한 경우와 담보권의 실행 또는 대물변제 수령으로 인한 경우 등 불가피한 경우는 예외로 인정하고 있으나 이 경우에도 6개월에 한해서 예외가 인정되므로 6개월 이내에는 양 회사 중 하나는 상대회사 주식을 처분하도록 되어 있다.

또한 상호출자제한기업집단 소속 회사로서 벤처투자 촉진에 관한 법률에 따른 중소기업창업투자회사는 국내 계열회사의 주식을 취득 또는 소유하는 것이 금지된다. 이는 중소기업창업투자회사가 본래 목적에서 벗어나 계열회사를 지배하는 수단으로 사용되는 것을 방지하기 위함이다. 한편 공정거래법령에 따라 상호출자규제를 면탈하려는 탈법행위를 금지하고 있는데 탈법행위의 유형으로는 특정금전신탁을 이용한 상호출자, 타인의 명의를 이용한 상호출자 등을 들 수 있다.

계열회사 간 상호출자 금지를 위반하게 되면 공정거래법에 따라 당해 행위의 중지, 주식처분 등 시정조치를 받게 되는데 주식처분명령을 받은 경우는 명령을 받은 날로부터 당해 주식에 대해 의결권 행사를 할 수 없게 된다. 이에 더하여 위반행위로 취득한 주식가액의 10% 이내에서 과징금이 부과되거나 3년 이하의 징역 또는 2억 원 이하의 벌금이 부과될 수도 있다.

---

32) 전부개정 공정거래법 제21조(상호출자의 금지등) 제1항, 제2항에서 규정하고 있다.

(2) 신규 순환출자 금지

(2)-1 개요

(2)-1-1 순환출자 관련 개념

'순환출자'는 아래의 도식에서처럼 3개 이상의 계열출자로 연결된 계열회사 모두가 계열출자회사 및 계열출자대상회사가 되는 계열출자 관계로 정의되는데 3개 이상의 기업이 순차적으로 다음 회사에 지분을 출자하여 주식을 보유하는 [33]환상형 순환출자를 의미한다. 1987년 상호출자 금지가 도입되자 이를 우회하기 위한 수단으로 순환출자 방식을 기업집단들이 활용하게 되었는데 순환출자는 결국 앞서 설명한 상호출자와 동일한 문제를 갖게 된다.

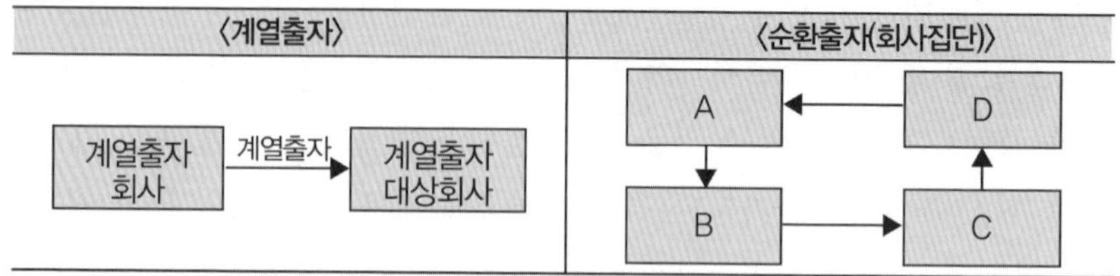

* 화살표: 계열출자회사가 계열출자대상회사의 주식을 취득 또는 소유하는 것을 의미

'순환출자의 형성'이란 아래의 도식에서처럼 주식의 취득 또는 소유를 통하여 상호출자제한기업집단 소속 회사 간에 새로운 순환출자가 만들어지는 경우를 말하며, 이때 새로운 순환출자고리인지 여부는 구성회사를 기준으로 판단하게 된다.

[순환출자를 형성하는 계열출자 사례]

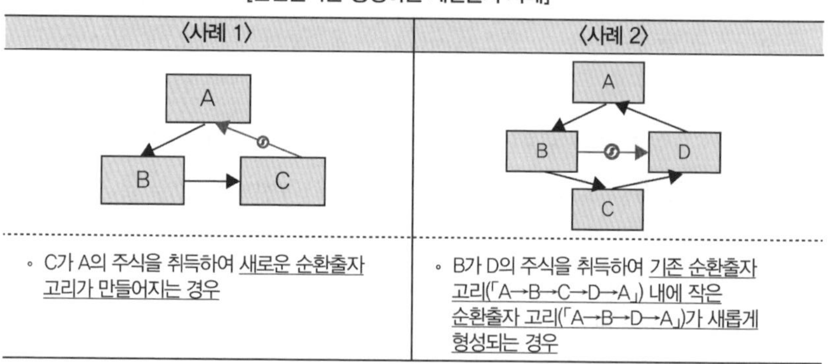

〈사례 1〉
A
B
C
◦ C가 A의 주식을 취득하여 새로운 순환출자 고리가 만들어지는 경우
〈사례 2〉
A
B
D
C
◦ B가 D의 주식을 취득하여 기존 순환출자 고리(「A→B→C→D→A」) 내에 작은 순환출자 고리(「A→B→D→A」)가 새롭게 형성되는 경우

* ⊘: 새롭게 만들어지는 계열출자

33) 환상형(環狀型) 순환출자에서 순환출자 관계에 있는 계열회사의 집단을 '순환출자고리'라고 하며, '순환출자회사집단'이라고 부르기도 한다.

'순환출자의 강화'란 상호출자제한기업집단 소속 회사 중 순환출자 관계에 있는 계열회사의 계열출자대상회사에 대한 기존 계열출자에 출자가 추가되는 것을 의미한다.

순환출자는 여러 폐해를 가져오게 되는데 대표적으로는 ① 적은 자금으로 더 많은 가공자본과 의결권을 형성해 많은 계열회사를 지배함으로써 소유구조의 악화 및 경제력집중의 심화를 가져올 수 있고, ② 순환출자를 활용해서 동일인의 자녀들이 자신의 돈을 들이지 않고 많은 회사를 물려받는 편법적인 경영권 승계가 가능할 수 있으며, ③ 순환출자로 인해 한계기업의 구조조정이 저해되고 개별기업의 부실이 기업집단 전체로 전이될 수 있는 문제가 발생하게 된다. 이 같은 문제를 해결하기 위해 2014. 7. 25. 신규 순환출자 금지제도가 시행되게 되었다.

[순환출자를 강화하는 계열출자 사례]

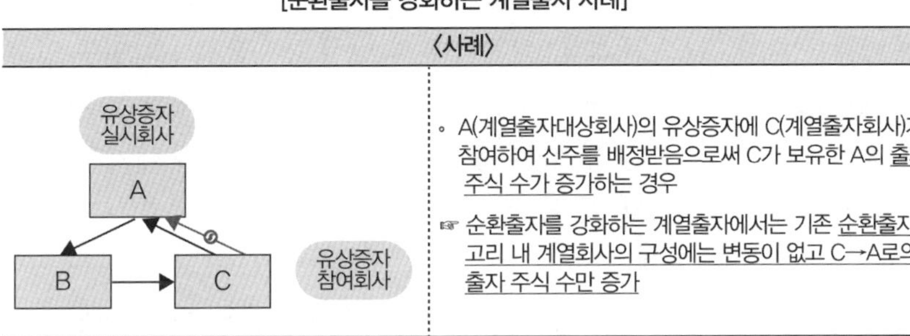

(2)-1-2 신규 순환출자 금지의 내용

계열회사 간 신규 순환출자 금지 규제는 계열회사 간 순환출자를 통한 소유지배구조 왜곡, 부실 계열회사 지원 등을 통한 무분별한 기업집단 확장을 방지하기 위해 2014년 도입된 출자규제이고, 적용대상은 상호출자제한기업집단 소속 계열회사이며 금융·보험회사도 포함된다.[34]공정거래법은 상호출자제한 기업집단 소속회사는 '신규 순환출자를 형성'하거나 '기존 순환출자를 강화'하는 추가출자를 금지하고 있으며, 기존 순환출자는 공시의무 부과를 통해 자발적인 해소를 유도하고 있다.

기존 순환출자 고리 내에 있는 계열회사 간의 합병에 의한 계열출자는 적

34) 전부개정 공정거래법 제22조(순환출자의 금지)에서 규정하고 있으며 종전 공정거래법 제9조의 2에 해당한다.

용제외하고 있고 기존 순환출자 고리 내 소멸법인과 고리 밖 존속법인 간의 합병에 의한 계열출자는 고리 밖에 있던 존속법인이 고리 내로 편입되어 순환출자 구성회사가 달라지므로 이 경우에는 순환출자의 형성에 해당이 되어 규제대상이 된다. 공정거래위원회는 [35]예규를 통해 합병에 의한 계열출자에 대한 금지 규정 적용여부에 대해 상세히 규정하고 있다.

또한 공정거래 관련 법령에 따라 신규 순환출자 규제를 면탈하려는 탈법행위도 금지되는데 탈법행위의 유형으로는 특정금전신탁을 이용한 순환출자, 자기의 계산으로 타인의 명의를 이용한 신규 순환출자 등을 들 수 있다.

(2)-2 순환출자 금지의 예외

기업의 사업구조 개편 등 정상적 기업활동과 관련하여 불가피하게 발생하는 경우에 대해서는 위반 발생일로부터 일정기간 유예기간을 주고 있다. ① 회사의 합병·분할, 영업전부의 양수, 주식의 포괄적 교환 이전, 담보권의 실행 또는 대물변제 수령의 경우는 6개월, ② 주주배정 방식 증자참여시 실권주 인수의 경우는 1년, ③ 워크아웃 자율협약 절차개시 부실징후기업에 대한 동일인의 재산출연 등의 경우에는 3년의 유예기간을 인정하고 있는데 각 유예기간 내에는 순환출자를 해소하도록 하고 있다.

(2)-3 위반에 대한 제재

신규 순환출자 금지를 위반하는 경우에는 공정거래법에 따라 당해 행위의 중지, 주식처분 등 시정조치를 받게 되는데 주식처분명령을 받은 경우는 명령을 받은 날로부터 당해 주식에 대해 의결권 행사를 할 수 없게 된다. 이에 더하여 위반행위로 취득한 주식가액의 10% 이내에서 과징금이 부과되거나 3년 이하의 징역 또는 2억 원 이하의 벌금이 부과될 수도 있다.

(2)-4 기존 순환출자 의결권 제한

현행 공정거래법상으로는 상호출자제한기업집단 지정을 예상하는 기업집단이 지정 직전에 급격히 순환출자를 늘리는 경우는 규제가 불가능하여 가공자본을 통한 지배력 확장 문제를 해소하기는 불충분하다는 우려가 제기되어 2020년 말 공정거래법이 개정되어 2021. 12. 30.부터 상호출자제한기업집단으로 신규 지정된 기업집단이 지정 전부터 보유한 기존 순환출자에 대하여는 의결권을

35) 공정거래위원회 예규인 '합병 관련 순환출자 금지규정 해석지침'이 이에 해당한다.

제한하게 되었다. 참고로 2022년 말 기준 4개의 공시대상기업집단에서 10개의 순환출자를 보유하고 있는 것으로 나타나고 있다.

(3) 금융·보험회사 의결권 제한

(3)-1 의의

우리나라 주요 대규모기업집단은 기업집단 내에 금융업 또는 보험업을 영위하는 회사를 소유하면서 이들 회사의 자산으로 계열회사의 주식을 취득 또는 소유하는 방법으로 기업집단에 대한 지배력을 형성·강화해 왔다. 그러나 금융·보험회사의 자산은 고객예탁금이나 보험료 등으로서 고객자산임에도 이를 계열회사 주식 취득에 이용함으로써 금융·보험회사의 재무건전성에 악영향을 미칠 뿐 아니라 금융·보험회사를 대규모기업집단의 사금고(私金庫)로 전락시켰다는 비판에서 보듯 심각한 경제력집중 문제를 야기하게 되었다.

금융·보험회사의 의결권 제한 규제는 대규모기업집단에 의해 소속 금융·보험회사가 사금고화되는 것을 막고 금융·보험회사를 통한 지배력 강화나 확장을 방지하기 위한 목적으로 1987년에 도입되었다. 금융·보험회사 영업의 본질이 자산운용에 있으므로 자산운용의 주요한 수단인 주식취득 자체를 금지하지는 않고, 대신에 금융·보험회사의 주식취득 행위가 계열회사에 대한 지배력 강화·확대 수단으로 변질되지 않도록 의결권 행사만 제한하는 것이 그 취지이다.

(3)-2 의결권 제한의 내용

[36]공정거래법은 금융·보험회사가 취득하거나 소유하고 있는 국내 계열회사 주식에 대하여 원칙적으로 의결권을 행사하는 것을 금지하고 있고 규제의 적용대상은 상호출자제한기업집단 소속 금융·보험회사인데 금융업 또는 보험업을 영위하는 회사의 범위는 통계법 제17조 제1항의 규정에 의해 통계청장이 고시하는 한국표준산업분류상 금융 및 보험업에 속하는 업종이 된다.

다만 ① 금융·보험회사가 기업집단의 지배력 형성·강화가 아닌 자신의 영업을 영위하기 위하여 계열회사의 지분을 소유하거나, ② 보험자산의 효율적인 운영 관리를 위하여 관계법령에 의한 승인을 얻어 주식을 취득하거나 소유한 경우, ③ [37]상장 등록 계열회사 주식에 대하여 임원임명·정관변경·다른 회사

36) 전부개정 공정거래법 제25조(금융회사·보험회사 및 공익법인의 의결권 제한)에서 규정하고 있다.

로의 합병 및 영업양도에 대하여 결의하는 경우 다른 특수관계인 지분과 합하여 발생주식 총수의 15%까지는 경영권 방어 차원에서 의결권행사를 예외를 인정하고 있다.

③과 관련하여 적대적인 M&A와 직접 관련이 없는 계열회사 간 합병 및 영업양도에도 금융·보험회사의 의결권 행사를 예외로 인정하고 있는 점을 이용하여 고객자본을 활용하여 회사에게는 불리하지만 동일인 등에게는 유리한 합병비율 찬성 등 사익편취의 부작용이 있다는 우려가 제기되었다. 이에 따라 2020년 말 공정거래법 개정이 추진되었고, 2021. 12. 31.부터는 특수관계인 합산 15% 한도 내에서 금융·보험회사가 예외적으로 의결권을 행사할 수 있는 사유인 '다른 회사로의 합병 및 영업양도'에서 계열회사를 제외하게 되었다.

금융·보험회사의 의결권 제한 규제를 위반하는 경우에는 공정거래법에 따라 당해 행위의 중지, 기타 법 위반상태를 시정하기 위한 필요한 조치 등 시정조치를 받게 되고, 3년 이하의 징역 또는 2억 원 이하의 벌금이 부과될 수도 있다. 그러나 금융·보험회사 의결권 제한 규제의 경우는 위반사례가 많지 않다. 이는 동 제도가 이미 개별기업에 대한 규제라고 하기보다는 보편화된 시장준칙으로 인식되고 있기 때문으로 보인다.

(4) 공익법인 의결권 제한

상속세 및 증여세법 [38]시행령에서는 공익법인을 종교 보급·교화, 학교·유치원, 사회복지, 의료, 법정기부금을 가지고 운영하는 사업 등 공익사업을 영위하는 법인으로 정의하고 있는데, 2020년 기준으로 지정된 공시대상기업집단 64개가 총 184개의 상속세 및 증여세법상의 공익법인을 보유하고 있고 그중 68개 공익법인은 128개 계열회사에 출자하고 있는 것으로 나타나고 있다.

기부 등을 통한 공익법인의 사회공헌 활동에도 불구하고, 대규모기업집단 소속 공익법인이 [39]세금혜택을 받으면서 동일인 등의 지배력 확대수단으로 악용된다는 지속적인 우려 제기에 따라 상호출자제한기업집단 소속의 상속세 및 증여세법상의 공익법인에 대해 취득 또는 소유하고 있는 국내 계열회사 주식에

---

37) 상장사에 대한 적대적 M&A 가능성에 대한 우려로 2002. 1월에 도입되었다.

38) 상속세 및 증여세법 시행령 제12조(공익법인 등의 범위)가 이에 해당한다.

39) 상속세 및 증여세법은 공익법인이 계열회사 주식을 출연 받을 경우 이를 기부로 보고 총 발행주식의 5%까지 세금을 부과하지 않는다.

대한 의결권 행사를 원칙적으로 제한하는 [40]규제가 2020년 말 공정거래법 개정으로 도입되었고 2022. 12. 30.부터 시행되게 되었다.

다만, ① 공익법인이 100% 지분을 보유한 회사에 대해서는 의결권 행사를 허용하고, ② 상장회사의 경우 임원임면, 정관변경, [41]합병 및 영업양도 등의 사유에 대한 의결권 행사는 특수관계인과 합산하여 15% 한도까지만 의결권을 행사할 수 있도록 허용하고 있는데 전부개정 공정거래법 부칙에 따라 제한 없이 행사하던 의결권을 법 시행일인 2022. 12. 30.부터 3년간에 걸쳐 단계적(30%→25%→20%→15%)으로 축소하도록 하였다.

(5) 지주회사 제도

(5)-1 개요

(5)-1-1 지주회사와 자회사

공정거래법상 지주회사란 주식의 소유를 통해 국내 회사의 사업내용을 지배하는 것을 주된 사업으로 하는 회사를 말하며 자산총액이 5,000억 원 이상이어야 하고 자회사 [42]주식가액의 총액이 지주회사 자산총액의 50% 이상인 회사를 말한다. 지주회사의 지배를 받는 회사를 자회사라고 한다.

지주회사는 피지배회사의 영위하는 사업 성격에 따라 일반지주회사와 금융지주회사로 구분하고, 자회사에 대한 지배 이외 별도의 사업을 수행하는지 여부에 따라 순수지주회사와 사업지주회사로 구분되며, 체계 내 단계에 따라 최상위지주회사와 중간지주회사로 구분하기도 한다. 2022년 12월 말 기준으로 공정거래위원회에 신고된 공정거래법상 지주회사는 총 168개 사이며, 이 중 일반지주회사는 158개 금융지주회사는 10개이다.

자회사는 지주회사에 의해 그 사업내용을 지배받는 회사를 말하며, 손자회사는 자회사에 의해 그 사업내용을 지배받는 회사를 의미한다. 이때 자회사 또는 손자회사에 대한 지배력은 지주회사 또는 자회사의 계열회사이거나 지주회사 또는 자회사가 소유하는 주식이 동일인 및 동일인관련자 중 최다출자자가

40) 전부개정 공정거래법 제25조(금융회사·보험회사 및 공익법인의 의결권 제한)에 제2항을 신설하여 공익법인의 의결권을 제한하게 되었다.

41) 계열회사 간 합병 및 영업양도의 경우는 제외한다.

42) 자회사 주식가액은 상법 제344의3조(의결권의 배제·제한에 관한 종류주식)의 규정에 의한 의결권 없는 주식을 포함하여 산정하고, 주식회사의 외부감사에 관한 법률에 의한 기업회계기준에 따라 작성한 대차대조표상의 가액으로 한다.

소유하는 주식과 같거나 많은 경우 인정된다.

구체적으로 살펴보면, 지주회사가 단독으로 50% 이상 출자하거나 단독으로는 50% 미만 출자지만 최다출자자이고 피출자회사가 계열회사인 경우, 그리고 피출자회사가 계열회사이면서 피출자회사에 대해 보유하고 있는 주식이 특수관계인이 보유하는 주식보다 많거나 같은 경우에 자회사에 해당되게 된다. 반면, 피출자회사가 지주회사의 계열회사가 아니거나, 계열회사지만 특수관계인 중 1인이 지주회사보다 피출자회사의 주식을 더 많이 보유한 경우에는 자회사에 해당하지 않는다.

(5)-1-2 행위제한 규제의 의의

지주회사 제도는 과도한 지배력 확장을 방지하기 위한 장치가 작동한다는 전제하에서 단순하고 투명한 출자구조로 인해 시장 및 기업 내부감시가 용이하여 독립적이고 투명한 경영이 가능하다는 점과, 출자고리가 [43]단순하여 개별사업의 위험을 개별회사에만 국한시킬 수 있어 부실한 자회사를 정리하거나 신규사업 진출 등 기업구조 조정·변경이 용이해져서 기업경쟁력을 제고시킬 수 있고 외국투자자로부터의 자본유치에도 유리한 장점이 있다.

이에 따라 지주회사에 대해서는 세제상 혜택을 부여하여 그 설립·전환에 인센티브를 부여하고 있는데 지주회사가 자회사로부터 받는 배당수익금에 대해서는 [44]익금불산입을 통해 법인세를 감경해 주고 있으며, 지주회사 전환을 위한 주식교환 및 현물출자에 대해 해당 주식처분 시까지 양도소득세에 대한 [45]과세이연을 해 주고 있다.

지주회사는 지배를 목적으로 하는 회사이므로 공정거래법 집행 초기에는 지주회사 체제를 이용한 경제력집중을 우려하여 설립전환을 금지(1987년)하기도 하였으나, 결합제무제표 도입과 같은 기업경영에 대한 감시체계가 갖추어지고 외환위기 이후 외자유치 및 기업구조조정 수단으로서 필요성이 제기됨에 따라

43) 지주회사 체제에서는 계열회사 간 교차·방사·순환형 출자가 금지되고 '수직적 출자'만 허용된다.

44) 법인세법 제18조의3에 따라 지주회사의 경우 보유지분율이 상장법인 40% 초과, 비상장법인 80% 초과의 경우는 익금불산입률이 100%이고, 상장법인 30% 초과 40% 이하, 비상장법인 50% 초과 80% 이하의 경우는 익금불산입률이 90% 등으로 일반법인의 익금불산입률 30% 또는 50%보다 법인세 감경혜택이 더 많이 부여되고 있다.

45) 조세특례제한법 제38조의2 제1항, 제2항에서 규정하고 있다.

1999년에는 지주회사 설립·전환 자체는 허용하되, 과도한 지배력 확장 등 부작용을 방지하기 위해 지분율, 부채비율 요건 등 행위제한 규제를 도입하게 되었다.

(5)-2 지주회사 설립·전환 신고

공정거래법은 지주회사를 설립·전환하는 경우에는 일정한 기간 내에 공정거래위원회에 신고하도록 의무를 부여하고 있다. 상호출자제한기업집단에 속하는 회사를 지배하는 동일인 또는 당해 동일인의 특수관계인이 지주회사를 설립·전환하고자 하는 경우에는 지주회사의 행위제한 규정 적용시점까지 [46]채무보증을 해소하여야 한다.

공정거래법 시행령 제25조는 지주회사의 설립·전환에 대한 신고기한을 정하고 있는데 ① 지주회사를 설립하는 경우에는 설립등기일부터 30일 이내에, ② 다른 회사와의 합병 또는 회사의 분할을 통하여 지주회사로 전환하는 경우에는 합병등기일 또는 분할등기일부터 30일 이내에, ③ 다른 법률에 따라 공정거래법에 의한 신고가 제외되는 회사의 경우에는 다른 법률에서 정하고 있는 제외기간이 지난 날로부터 30일 이내에, ④ 다른 회사의 주식취득, 자산의 증감 및 그 밖의 사유로 인하여 지주회사로 전환하는 경우에는 자산총액 산정 기준일로부터 4개월 이내로 되어 있다.

공정거래위원회의 고시인 '지주회사의 설립·전환의 신고 및 지주회사 등의 주식소유현황 등의 보고에 관한 요령'(이하 '지주회사신고·보고요령'이라 한다)에 따라 지주회사 설립·전환 신고를 위해서는 소정의 [47]양식에 지주회사 설립·전환사유서, 주주현황, 계열회사현황, 소유주식명세서, 대차대조표, 법인등기부등본과 자회사·손자회사·증손회사의 주주현황, 소유주식명세서, 직전 사업연도 감사보고서 등을 첨부하여 공정거래위원회에 제출하여야 한다.

지주회사로 설립·전환된 이후에도 주식소유현황 등의 보고 의무가 발생하는데 지주회사는 당해 지주회사, 자회사, 손자회사, 증손회사의 주식소유 현황, 재무현황 등 사업내용에 대한 보고서를 사업연도 종료 후 4개월 이내에 제출하여야 한다. 지주회사·자회사·손자회사·증손회사의 주주현황, 소유주식명세서,

---

46) 전부개정 공정거래법 제19조는 채무보증 해소의 범위에 대해 지주회사와 자회사 간의 채무보증, 지주회사와 다른 국내 계열회사 간의 채무보증, 자회사 상호 간의 채무보증, 자회사와 다른 국내 계열회사 간의 채무보증을 규정하고 있다.

47) 지주회사의 설립·전환 신고서 양식은 참고로 이 장 말미에 첨부해 놓았다(440쪽 참조).

직전 사업연도의 감사보고서와 계열회사현황을 지주회사신고·보고요령에 따라 제출하도록 되어 있다.

보고의무가 있는 지주회사가 채무보증제한 대규모기업집단 소속회사인 경우에는 직전 사업연도 중 새로이 편입한 자회사에 대하여 직전 사업연도 종료일을 기준으로 새로이 편입한 자회사가 계열회사로부터 받거나 제공한 채무보증명세서와 편입되기 전 최근 1년간 계열회사에 제공한 채무보증 및 제공받은 채무보증의 해소실적을 함께 제출하도록 되어 있다.

전부개정 공정거래법에 따라 일반지주회사의 [48]기업형 벤처캐피탈 설립·보유를 허용함에 따라 사업자들이 CVC의 자금조달 및 투자 등에 부과되는 행위제한 규제를 준수하고 있는지 모니터링할 수 있도록 일반지주회사가 CVC 주식을 취득한 시점, 매 사업연도 종료일로부터 4개월 이내에 투자내역, 투자조합별 출자자 내역, CVC 투자대상 기업의 주식·채권 등 매각내역, 투자·출자내역 관련 증빙서류를 제출하도록 '지주회사신고·보고요령'이 최근 개정되었다.

(5)-3 지주회사 등의 행위제한

(5)-3-1 행위제한의 내용

지주회사에 대해서는 부채비율이 200%로 제한되고, 자회사 지분을 비상장사의 경우 발행주식 총수의 40%, 상장회사 또는 공동출자법인의 경우는 20% 미만으로 소유하는 것이 금지되며, 자회사 이외의 계열회사 주식소유가 금지되고, 일반지주회사의 금융회사 주식소유가 [49]금지되며, [50]비계열회사 주식을 당해회사 발행주식 총수의 5%를 초과하여 보유하는 행위가 금지된다. 이때 자회사, 손자회사 및 증손회사의 발행주식 총수에는 의결권 없는 주식을 포함한다.

지주회사의 행위제한 규정 적용시점은 ① 지주회사 설립의 경우에는 설립등기일, ② 다른 회사의 합병 또는 회사의 분할을 통하여 지주회사로 전환하는 경우에는 합병등기일 또는 분할등기일, ③ 다른 법률의 규정에 따라 지주회사 적용이 제외되었다가 제외기간이 경과되어 지주회사로 전환하는 경우에는 제외기간 종료일의 다음날, ④ 다른 회사의 주식취득, 자산의 증감 등으로 인하여

48) 중소기업창업투자회사 및 신기술사업금융전문회사 등 기업형 벤처캐피탈을 이하 'CVC' (Corporate Venture Capital)라고 약칭하기로 한다.

49) 금융지주회사의 경우에도 일반회사의 주식소유가 금지된다.

50) 단 이 경우에도 비계열사 주식가액 합계액이 자회사 주식가액 합계액의 15% 미만인 지주회사에 대해서는 적용을 제외한다.

지주회사로 전환하는 경우에는 당해 사업연도의 종료일의 다음날이 된다.

자회사에 대해서는 손자회사 지분을 비상장사의 경우 발행주식 총수의 40%, 상장회사 또는 공동출자법인의 경우는 20% 미만으로 소유하는 것이 금지되며, 손자회사 외 계열회사 주식소유가 금지되고, 일반지주회사의 자회사는 금융회사를 지배하는 것이 금지된다. 손자회사는 [51]증손회사 외의 계열회사 주식소유가 금지되며, 일반지주회사의 손자회사는 금융회사를 지배하는 것이 금지된다.

자회사의 행위제한 규정 적용시점은 ① 지주회사가 설립 또는 전환될 당시에 소유하고 있는 자회사의 경우에는 지주회사 행위제한 규정 적용시점과 동일하고, ② 지주회사가 다른 회사의 주식을 취득하여 지주회사의 자회사가 되는 경우에는 공정거래법 시행령 제18조에서 정하고 있는 [52]주식취득으로 인한 '기업결합일', ③ 지주회사가 자회사를 설립하는 경우에는 자회사의 설립등기일이 된다. 자회사의 행위제한 규정 적용시점은 손자회사와 증손회사의 경우에도 동일하게 적용된다.

지주회사 등의 현행 행위제한 규정을 요약하면 다음 [53]그림과 같다.

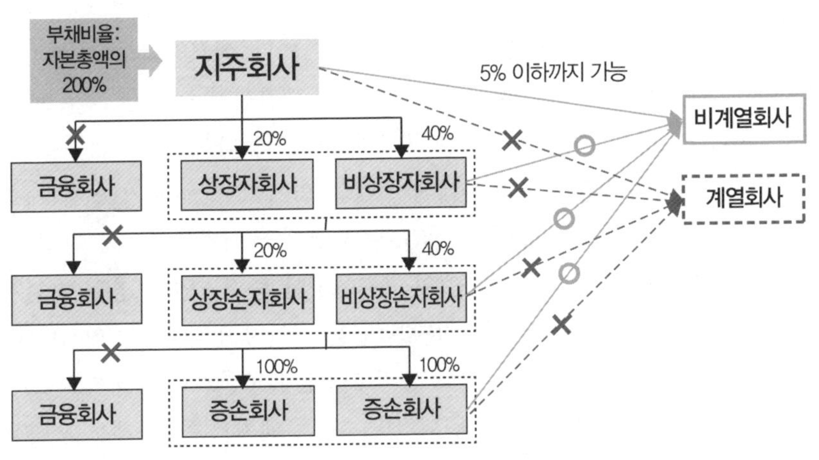

51) 손자회사는 증손회사의 주식 100%를 보유해야 한다.

52) 주식취득 등으로 인한 '기업결합일'은 주식양수의 경우에는 주권을 교부받은 날(주권이 발행되어 있지 않은 경우에는 주식대금 지급한 날, 합의·계약 등에 의해 의결권 등 주식에 관한 권리가 실질적으로 이전되는 날), 신주를 유상취득하는 경우에는 주식대금 납입기일의 다음 날, 주식 이외의 지분취득의 경우에는 지분양수의 효력이 발생하는 날, 감자 또는 주식소각 등으로 주식소유비율이 증가하는 경우에는 증가가 확정되는 날이 된다.

53) 공정거래위원회 2021년 대규모기업집단 설명회 자료에서 원용하였다.

(5)-3-2 벤처지주회사 관련

벤처기업에 대한 투자와 인수가 실질적으로 활성화되도록 2020년 공정거래법 개정을 통해 벤처지주회사의 설립요건과 행위제한 규제를 대폭 완화하게 되었다. 종전 지주회사의 비계열회사에 대한 주식취득은 5% 한도로 제한되어 있어 벤처기업을 자회사로 인수하는 데 한계가 있었고, 일반지주회사가 필요에 의해 손자회사 단계에서 벤처지주회사를 설립하려면 벤처지주회사는 자회사 지분을 100% 보유해야 하는 어려움이 있었다.

벤처지주회사 활성화를 위해 자회사 지분요건은 현행 20%를 유지하되, 기존 지주회사가 벤처지주회사를 자·손자회사 단계에서 설립하는 경우 지분보유 특례를 적용하여 자회사 단계에서 설립 시에는 상장·비상장 모두 20%, 손자회사 단계에서 설립 시에는 상장·비상장 모두 50%만 보유하면 가능하도록 하였다. 그리고 비계열사 주식취득 제한 5%를 폐지하여 자유로운 벤처 투자가 이루어질 수 있도록 하였다.

또한 공정거래법 시행령 개정을 통해 벤처지주회사에 대한 설립기준을 완화하여 종전 자산총액기준 5천억 원, [54]벤처자회사 지주비율 50% 이상이었던 것을 자산총액 300억 원 이상 5천억 원 미만이거나 벤처자회사 지주비율 30% 이상 50% 미만인 경우에도 공정거래위원회에 사전신청을 하는 경우 벤처지주회사 지위를 인정해 주는 사전신청 제도가 도입되었다.

또한 벤처지주회사의 자회사에 벤처기업 외에 R&D 규모가 연간 매출액의 5% 이상인 중소기업도 포함할 수 있도록 하였고 벤처지주회사의 자회사인 벤처기업과 R&D 규모가 연간 매출액의 3% 이상인 중소기업의 경우 기업가치를 실현시키는데 상당한 기간이 필요하다는 점을 감안하여 대규모기업집단 소속회사로의 계열편입을 유예하는 기간도 종전 7년에서 10년으로 확대함으로써 벤처지주회사 제도의 유용성을 높이게 되었다. 다만, 벤처지주회사제도를 악용하여 특수관계인에게 부당한 이익을 제공하는 것을 방지하기 위해 공시대상기업집단의 동일인 일가가 자·손자·증손회사의 지분을 보유하고 있는 경우에는 벤처지주회사가 될 수 없도록 보완장치도 마련하게 되었다.

---

54) 자회사 주식가액 중 중소벤처기업의 주식가액이 차지하는 비중을 말하며 30% 이상인 경우에도 벤처지주회사 설립은 가능하나 2년 이내에 50%를 충족하도록 되어 있다.

(5)-4 운영 건전성 강화제도

지주회사를 원칙적으로 허용하되 일정한 행위규제를 도입하여 제도를 운영해 왔지만, 동일인 등이 여전히 적은 자본으로 지주회사를 통해 과도하게 지배력을 행사하는 행태로 인해 경제력집중 우려는 지속적으로 제기되고 있는 상황이다. 공정거래위원회 실태조사 결과를 보면 자·손자회사 등과의 내부거래 비중이 여전히 높고 브랜드수수료·임대료 등과 같은 배당외 수익도 지주회사가 과도하게 수취하고 있으며, 지주회사의 출자부담이 있는 자회사 대신 손자·증손회사를 중심으로 지배력을 확대하는 경향도 있는 것으로 나타나고 있다.

이에 대응하기 위해 2020년 말 공정거래법이 전면개정되었고 시행일인 2021. 12. 30.부터는 지주회사의 자회사와 손자회사의 지분율이 상장회사는 20%에서 30%로, 비상장회사는 40%에서 50%로 상향하되. 신규로 설립되거나 전환된 지주회사 또는 종전 지주회사가 신규로 편입하는 자회사와 손자회사에 대해서 적용하도록 하였다. 종전 지주회사가 법 시행일 전에 지배하던 자·손자회사는 합병·분할·분할합병 등에 따라 설립 또는 존속되는 자·손자회사가 되는 경우에도 기업구조조정 촉진을 위해 종전 규정을 적용하도록 하였다. 이러한 지주회사 자·손자회사 지분율 상향에 대해 주식매입 비용이 추가로 발생하여 기업부담이 되고, 지주회사 전환을 유도해 오던 종전 정책방향과 배치된다는 비판도 일부 제기되기도 하였다.

또한 공시대상기업집단 소속회사의 중요사항 공시 등에 관한 규정을 개정하여 공시대상기업집단에 속하는 지주회사와 자·손자·증손회사 간 경영컨설팅

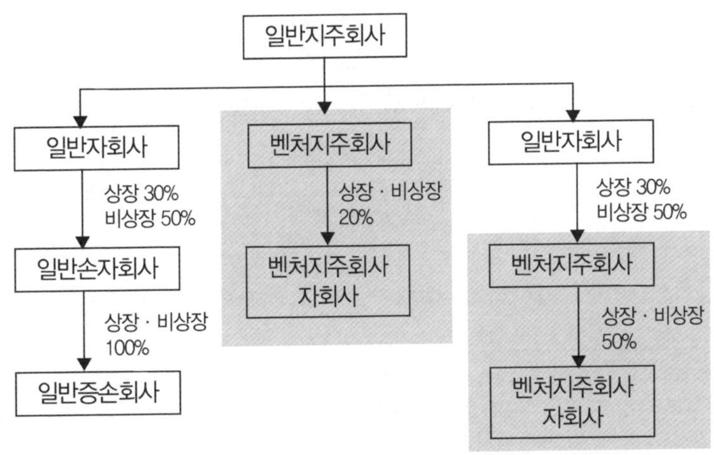

및 부동산 임대차 거래현황에 대한 공시의무를 부과하여, 경영관리 및 자문용역 거래현황과 관련해서 경영관리 및 자문계약 건수, 계약기간, 연간지급·수취하는 용역대금, 용역대금 산정방식, 거래상대방 선정방식 등을 공시하여야 하고, 부동산 임대차 거래현황과 관련하여 임대차 계약대상 부동산 소재지 및 면적, 임대기간, 연간 임대료, 대금지급조건 등을 공시하도록 함으로써 배당외 수익에 대한 시장감시가 가능하도록 제도가 보완되었다.

공정거래법 개정 이후 변경된 행위제한 규정내용은 앞의 [55]그림과 같다.

(5)-5 위반에 대한 제재

당해 행위의 중지, 주식처분 등 시정조치와 위반 사유별 산정된 금액의 10%를 초과하지 않는 범위 내에서 과징금이 부과될 수 있으며, 행위제한규정 위반의 경우 3년 이하의 징역 또는 2억 원 이하의 벌금, 신고 또는 자료제출 의무위반의 경우에는 1억 원 이하의 벌금이 부과될 수도 있다.

(5)-6 일반지주회사의 CVC 보유 허용

공정거래법은 일반지주회사가 금융·보험회사의 주식을 소유하는 행위를 금지하는 이른바 [56]금산(金産)분리 규정을 두고 있다. 이에 따라 일반지주회사는 금융회사에 해당하는 CVC를 보유하는 것이 불가능한데 그동안 기업들의 유동자금이 벤처기업 등 혁신적이고 생산성 높은 투자처로 유입되도록 할 필요성이 꾸준히 제기되어 왔다. 이에 따라 2020년 말 개정된 공정거래법은 일반지주회사가 CVC를 현 벤처캐피탈 형태인 '중소기업창업투자회사' 또는 '신기술사업금융전문회사' 형태로 보유할 수 있도록 허용하면서, 타인 자본을 통한 지배력 확대, 특수관계인의 사익편취 등 부작용 차단을 위한 안전장치를 마련하게 되었다.

이에 대한 내용을 구체적으로 살펴보면, 일반지주회사는 CVC를 지분 100% 보유한 완전자회사 형태로 설립할 수 있으며 금산분리 원칙의 예외를 최소화하기 위해 금융회사인 CVC의 투자 이외의 여신 등 다른 금융업은 금지하고, CVC의 부채비율은 200%로 제한하게 된다. 펀드 조성 시 CVC 자기자금 및 계열회사의 출자는 허용하되, 외부자금은 기업 내 유보자금의 투자유도 취지에 맞추어 펀드조성액의 40%로 제한하고, 벤처지주회사의 자회사의 경우와 동일하게 CVC

55) 공정거래위원회 2021년 대규모기업집단 설명회 자료에서 원용하였다.

56) 금산분리 규정은 타인자본을 통한 지배력 확대, 금융기관의 사금고화, 금융·산업간 시스템 리스크 전이 등을 방지하기 위한 목적으로 도입되었다.

가 투자한 중소벤처기업에 대한 계열편입 유예기간도 10년으로 확대하였다.

다만, 대규모기업집단의 지배력 확장을 방지하기 위해 공시대상기업집단 소속회사, CVC 계열회사 및 CVC 소속 기업집단 동일인 및 특수관계인이 지분을 보유한 기업에 대한 투자는 금지된다. 또한 CVC 투자로 가치가 상승한 벤처기업 지분을 동일인 및 특수관계인이 취득 또는 소유하지 못하도록 하여 지배력 확대에 악용이 되지 않도록 하였다.

2. 행태 규제

(1) 채무보증 제한

(1)-1 의의

우리나라의 경우 대규모기업집단 소속 계열회사들이 국내 금융기관으로부터 여신을 받을 때 다른 계열회사의 채무보증을 이용하는 관행이 지속되어 왔었는데, 이러한 채무보증 관행으로 인해 대규모기업집단 소속 계열회사들은 쉽게 여신을 받을 수 있게 되어 경제력집중의 문제가 생기고, 부실한 계열회사에 대한 채무보증은 한계기업에 대한 퇴출을 어렵게 해서 자원배분의 효율을 저해하며 계열회사들의 동반부실을 가져와 연쇄도산의 위험을 초래하게 되었다. 계열회사 간 채무보증이 가져오는 이러한 문제점 때문에 1993년 계열회사 간 채무보증 제한이 도입되었고 처음에는 채무보증의 한도를 규제해 오다가 1998. 4월에는 신규 채무보증을 금지하기에 이르렀다.

공정거래법은 제2조 제18호에서 채무보증의 개념을 정의하고 있는데, 채무보증은 국내 금융기관으로부터의 여신과 관련하여 기업집단에 속하는 회사가 국내 계열회사에 대하여 행하는 보증을 말하고 국내 금융기관에는 은행, 한국산업은행, 중소기업은행, 보험회사, 자본시장과 금융투자업에 관한 법률에 따른 투자매매업자·투자중개업자 및 종합금융회사 등이 포함된다. '국내 금융기관'과 관련된 여신이므로 외국 금융회사의 여신이나 국내 금융기관이 매개되지 않은 다른 기업으로 부터의 차입 등에 대해 행하는 보증은 이에 해당되지 않는다. '국내 계열회사'에 대한 채무보증으로 정하고 있으므로 해외법인 간 또는 해외법인과 국내법인 간 보증은 해당되지 않는다. 또한 여신은 대출 또는 회사채무에 대한 지급보증을 말하고, 보증은 인적담보를 의미하며 저당권 설정과 같은 물적담보는 해당되지 않는다.

(1)-2 적용제외 및 예외 사유

계열회사 중 금융·보험회사가 국내 금융기관에 대해 행하는 채무보증도 해당되지 않으며 조세특례제한법에 따른 합리화 기준에 따라 인수되는 회사의 채무 관련 보증과 기업의 국제경쟁력 강화 등과 관련된 채무보증은 채무보증 제한 규제대상에서 [57]제외하고 있다.

현재 시장에서 계열회사 보증을 통한 자금조달은 가급적 자제하려는 경영 관행이 정착된 것으로 파악되고 있는데, 1998년 제도 시행 이후 제한대상 채무보증과 법상 허용하고 있는 제한 제외대상 채무보증은 매년 감소하는 추세에 있음을 통해 이를 알 수 있다. 참고로 2022년 기준 제한대상 채무보증액은 8개 집단 9,641억 원 규모로 나타나고 있다.

(1)-3 위반에 대한 제재

공정거래법령은 국내 금융기관에 대한 자기 계열회사의 채무를 면하게 함이 없이 동일한 채무를 부담하는 병존적 채무인수와 다른 회사로 하여금 자기의 계열회사에 대하여 채무보증을 하게 하는 대신 그 다른 회사 또는 그 계열회사에 대하여 채무보증을 하는 기업집단 간 교차보증을 탈법행위로 규정하고 있다. 계열회사 간 채무보증 제한 규제를 위반하면 관련 채무보증의 취소 등 시정명령, 법 위반 채무보증액의 10% 이내의 과징금 부과, 3년 이하의 징역 또는 2억 원 이하의 벌금이 부과될 수 있다.

(2) [58]특수관계인에 대한 부당한 이익제공 금지

(2)-1 의의

[59]종전 공정거래법은 공시대상기업집단 소속 회사가 특수관계인 또는 특수관계인이 지분을 보유한 회사(비상장회사의 경우 20% 이상, 상장회사의 경우 30% 이상)에 대해 부당한 이익을 제공하는 것을 금지하고 있었다. 근래에는 대상 회사의 지분율 조정, 상장회사의 비상장회사로 전환, 자회사 설립 등의 방법으로 규제를 우회하면서 규제대상에서 벗어난 회사를 통해 더 높은 비중의 내부거래

57) 전부개정 공정거래법 제24조(계열회사에 대한 채무보증의 금지)에서 규정하고 있다.

58) 특수관계인에 대한 이익제공 금지에 대한 상세한 내용은 목차를 바꾸어 후술하기로 하고 여기서는 간단히 규제의 전체적인 내용만 살펴보기로 한다.

59) 공정거래법 제23조의2(특수관계인에 대한 부당한 이익제공 등 금지)에 규정되어 있었다.

가 이루어지게 됨에 따라 경제력집중에 대한 우려가 지속적으로 제기되어 왔다.

이러한 우려를 해소하기 위해 공정거래법 개정이 추진되었고 2020년 말 공정거래법 전부개정안이 국회를 통과함에 따라 시행일인 2021. 12. 30.부터는 규제대상인 특수관계인 지분 상장회사 30%, 비상장회사 20% 기준이 상장·비상장회사 구분 없이 20%로 일원화되고 20% 이상 지분보유 회사의 자회사 중 특수관계인이 50%를 초과하여 지분을 보유한 자회사까지도 규제대상에 [60]포함되게 되었다. 2020년을 기준으로 현황을 살펴보면, 규제대상 회사는 214개이고 내부거래 비중은 12.1%이다.

(2)-2 규제의 내용

금지유형으로는 상당히 유리한 조건으로 거래하는 행위, 회사가 직접 또는 자회사를 통해 수행할 경우 상당한 이익이 될 사업기회 제공행위, 합리적 고려나 비교 없이 상당한 규모로 거래하는 행위가 포함된다. 다만 상당히 유리한 조건의 거래라 할지라도 정상가격 대비 7% 미만이면서 해당연도 거래총액이 50억 원 미만인 거래는 제외되고, 합리적 고려 없는 상당한 규모의 거래라 하더라도 해당연도 거래총액이 200억 원 미만이면서 지원객체 평균매출액의 12% 미만인 거래는 제외된다.

특수관계인에 대한 부당한 이익제공 금지 규제를 위반할 경우 지원주체에 대해서는 전부개정 공정거래법에 따라 시정명령, 3개년 평균매출액의 10% 또는 40억 원 이내의 [61]과징금, 3년 이하 징역 또는 2억 원 이하의 벌금이 부과될 수 있고, 지원객체에 대해서는 시정명령, 과징금이, 지시 또는 관여자에 대해서는 시정명령과 3년 이하 징역 또는 2억 원 이하의 벌금이 부과될 수 있다. 또한 특수관계인에 대한 부당한 이익제공 금지와 관련해서는 2017년에 신고포상금 제도가 도입되었는데 위반행위에 대한 조치수준과 신고 시 제출된 증거수준을 고려하여 최대 20억 원 한도로 지급된다.

60) 전부개정 공정거래법 제47조에 규정되어 있다.

61) 종전 공정거래법은 과징금 상한이 3개년 평균매출액의 5%, 정액과징금은 20억 원이었다.

3. 시장감시 제도

(1) 기업집단현황 공시

(1)-1 의의 및 공시대상

기업집단현황 공시는 소액주주나 채권자들과 같은 대규모기업집단의 이해관계자에게 기업집단과 관련된 일반현황, 소유지배구조, 거래현황 등 기업집단 전반의 정보를 일목요연하게 제공함으로써 기업집단의 투명성과 신인도를 높이기 위한 목적으로 2009. 7월 도입된 제도이다. 공시대상회사는 공시대상기업집단에 속하는 회사이고 금융업 또는 보험업을 영위하는 회사와 직전 사업연도 말일 현재 자산총액이 100억 원 미만인 회사로서 청산 중이거나 1년 이상 휴업 중인 회사는 공시대상에서 제외한다.

(1)-2 공시사항 및 시기

공시해야 할 중요사항을 자세히 살펴보면, 공시대상기업집단에 속하는 회사의 ① 일반현황(회사개요·재무현황·손익현황·해외계열회사 현황·계열회사 변동내역), ② 임원 및 이사회 등의 운영현황, ③ 주식소유현황(특수관계인·최대주주·국내 계열회사 간), ④ 특수관계인 간 자금·자산 및 상품·용역을 제공하거나 거래한 현황, ⑤ 순환출자 현황, ⑥ 지주회사 등이 아닌 계열회사 현황(지주회사 등의 자산총액 합계액이 기업집단 소속회사의 자산총액 합계액의 50% 이상인 경우로 한정), ⑦ 소속 금융·보험사가 취득 또는 소유하고 있는 국내 계열회사 주식에 대한 의결권 행사 여부가 포함된다. 또한 전부개정 공정거래법에 따라 공시대상회사에게 공익법인과의 자금, 자산, 상품·용역거래 현황을 연 1회 공시하도록 하여 정보이용자의 편리성을 강화하도록 하였다.

공시대상기업집단 소속 국내 계열회사는 주주를 동일인, 친족, 국내 계열사, 해외 계열사로 구분하여 각각의 지분율을 공시하고, 자신이 최다 출자자인 해외 계열사의 명칭, 소재국, 지분율을 공시하도록 되어 있는데, 특수관계인이 해외 계열회사에 출자한 것과 해외 계열회사 간 출자를 통해 최종적으로 국내 계열회사에 출자된 것을 전체적으로 파악하기 어려워서 해외 계열회사를 통한 특수관계인의 국내 계열회사 지배력 강화 우려를 불식시키지 못했다.

이를 해결하기 위해 2020년 말 공정거래법 개정을 통해 공시대상기업집단의 동일인에게 국내 계열회사에 직·간접 출자한 해외 계열사의 주식소유 및 순환출자 현황, 특수관계인이 단독으로 또는 다른 특수관계인과 합하여 20% 이상 지분을 직접 보유한 해외 계열회사의 [62]지분현황에 대한 공시의무를 [63]부과하게 되었다.

최근 전부개정된 공정거래법 시행령은 동일인이 국외 계열회사의 일반현황, 주주현황, 계열회사 출자현황 등을 공시하도록 하고 국내 계열회사 주식을 직접 소유하고 있는 국외 계열회사의 주식을 하나 이상의 출자를 통해 연결하여 소유(간접 출자)하고 있는 회사도 공시대상에 포함시키며, 동일인의 의식불명, 실종선고, 성년후견 개시, 소재국 법률에서 주주명부 제공을 금지하는 등의 경우에는 공시의무를 면제하고 있다.

기업집단 일반현황과 임원 및 이사회 등 운영현황은 연 1회(매년 5월 말), 주식소유현황과 특수관계인 간의 거래현황은 분기 1회(2, 5, 8, 11월 말) 공시하도록 되어있고 기타 공시항목들에 대해서도 그 빈도 및 시기가 공정거래위원회 고시인 '공시대상기업집단 소속회사의 중요사항 공시 등에 관한 규정'(이하 '중요사항 공시규정'이라 한다)에 상세히 규정되어 있다.

(1)-3 위반에 대한 제재

공시대상회사는 공시사항을 공시하지 않거나 지연하여 공시하거나, 주요내용을 누락 또는 허위로 공시하는 경우 전부개정 공정거래법 제37조에 의해 시정조치를 받거나 동법 제130조에 의해 과태료 부과처분을 받을 수 있다. 과태료 부과는 공정거래위원회 고시인 '공시대상집단 소속회사의 중요사항 공시 등에 관한 규정 위반사건에 관한 과태료 부과기준'(이하 '중요사항공시 과태료부과기준'이라 한다)에 따라 기본금액에 임의적 조정금액을 반영하여 부과 과태료를 정하는 방식으로 이루어지는데, 공정거래법 시행령 제65조 제1항에 따라 정해진 [64]별표 9는 기업집단 현황공시 의무위반에 대한 과태료 기본금액을 정해 놓고 있다.

---

62) 해외 계열회사의 지분현황에는 해외 계열회사의 명칭, 소재국, 발행주식 총수 및 특수관계인 소유 주식 수를 포함한다.

63) 전부개정 공정거래법 제28조(기업집단현황 등에 관한 공시)에서 제2항을 신설하여 공시의무를 부과하고 있다.

64) 별표 7 '과태료 부과기준'은 참고로 이 장 말미에 첨부해 놓았다(448쪽 참조).

(2) 비상장회사 등의 중요사항 공시

(2)-1 의의 및 공시대상

상장회사의 경우 '자본시장과 금융투자업에 관한 법률'(이하 '자본시장법'이라 한다) 등에 의한 기업공시제도를 통해 기업내부관계에 대한 정보가 투자자 및 이해관계자에게 이미 제공되고 있으나, 비상장회사의 경우 그런 의무가 없어서 기업집단 내의 상장회사와 복잡한 출자로 얽혀 있음에도 불구하고 현황이 노출되지 않아 투명성을 저해한다는 비판이 있었다. 이 같은 문제를 해소하기 위해 공정거래법은 공시대상기업집단 소속 비상장회사의 소유지배구조, 재무 및 경영활동과 관련한 중요한 변동사항을 공시하도록 의무를 부과하게 되었다.

다만, 금융·보험회사의 경우 관계 법령에 의해 공시가 이루어지고 있으므로 제외하며 직전 사업연도 말일 현재 자산총액이 100억 원 미만인 회사로서 청산중이거나 1년 이상 휴업 중인 회사는 중요사항 공시의무에서 제외하고 있었다. 최근 공정거래법 시행령 개정으로 동일인 및 그 친족의 지분율이 20% 미만이면서 자산총액이 100억 원 미만인 비상장회사는 시장감시의 필요성이 적음을 인정하여 중요사항 공시의무에서 제외하고 동일인 및 그 친족의 지분율이 20% 이상인 회사가 50%를 초과하여 주식을 소유한 회사는 자산총액이 100억 원 미만이더라도 공시대상에 포함시켜, 기업부담을 완화해 주면서 특수관계인에 대한 부당한 이익제공 위험은 예방하도록 관련 내용에 변화가 있었다.

(2)-2 공시사항 및 시기

공시대상기업집단 소속 비상장회사는 공시사유 발생일로부터 7일 이내에 ① 최대주주와 자본시장법상 주요주주의 주식보유현황 및 그 변동사항(법인 발행주식 총수의 1% 이상 변동이 있는 경우), [65]임원의 변동 등 회사의 소유지배구조와 관련된 중요사항, ② 자산의 취득(자산총액의 10% 이상의 경우), 주식의 취득(자기자본의 5% 이상의 경우), 증여(자기자본의 1% 이상의 경우), 담보제공(자기자본의 5% 이상의 경우), 채무인수·면제(자기자본의 5% 이상의 경우) 등 회사의 재무구조에 중요한 변동을 초래하는 사항, ③ 영업양도·양수, 합병·분할, 주식의 교환·이전, 해산, 회생절차의 개시·종결 등 회사의 경영활동과 관련된 중요사항, ④ 기타 대규모내부거래가 이루어진 경우 거래의 목적 및 대상, 거래의 상대방,

65) 임원변동의 경우는 분기마다 공시하면 된다.

거래의 금액 및 조건, 거래상대방과의 동일한 거래유형의 총거래 잔액 등도 함께 공시하여야 한다.

다만, 이 경우에도 동일인의 사망·의식불명·실종선고를 비롯하여 해외 계열회사 소재국의 법률에서 회사의 주주명부 제공을 금지하는 등 합리적 사유가 있는 경우는 공시를 면제하는 것을 현재 검토하고 있고, 공시사항이 자본시장법 상의 신고·공시사항과 중복되는 경우 자본시장법에 따라 신고·공시하면 공정거래법상의 공시의무를 이행한 것으로 보며 이 경우에도 공정거래법상의 공시의무사항에도 해당되는 것임을 표시하여야 한다.

(2)-3 위반에 대한 제재

비상장사 등이 공시사항을 공시하지 않거나 지연하여 공시하거나, 주요 내용을 누락 또는 허위로 공시하는 경우 전부개정 공정거래법 제37조에 의해 시정조치를 받거나 동법 제130조에 의해 과태료 부과처분을 받을 수 있다. 과태료 부과는 공정거래위원회 고시인 '공시대상집단 소속회사의 중요사항 공시 등에 관한 규정 위반사건에 관한 과태료 부과기준'(이하 '중요사항공시 과태료부과기준'이라 한다)에 따라 기본금액에 임의적 조정금액을 반영하여 부과 과태료를 정하는 방식으로 이루어지는데, 공정거래법 시행령 제65조 제1항에 따라 정해진 [66]별표 7은 비상장사 등의 공시 의무위반에 대한 과태료 기본금액을 정해 놓고 있다.

(3) 대규모 내부거래 이사회 의결 및 공시

(3)-1 의의 및 공시대상

기업집단의 계열회사 간 내부거래는 효율성을 증대시킬 수도 있지만, 기업집단 밖의 독립된 다른 회사와의 공정한 경쟁을 저해할 수 있어서 경제력집중이 심화될 우려가 있다. 이를 방지하기 위해 2000년에 [67]공시대상기업집단에 속하는 회사가 일정한 규모 이상의 내부거래를 특수관계인 등을 상대방으로 하여 하는 경우에는 이사회의 의결을 거치도록 하고 이를 공시하도록 제도가 도입되었다. 이사회 의결과 공시를 통해 소액주주·채권자 등 이해관계인에 의한

66) 별표 7 '과태료 부과기준'은 참고로 이 장 말미에 첨부해 놓았다(448쪽 참조).

67) 전부개정 공정거래법은 제31조에서 자산총액이 5조 원 이상인 기업집단을 '공시대상기업집단'으로 지정하도록 하고 있다.

자율적인 감시를 가능하게 함으로써 부당내부거래를 사전에 예방하고 내부거래가 절차적으로 공정성을 바탕으로 이루어질 수 있도록 유도하고 있다.

전부개정 공정거래법 제26조과 동법 시행령 제17조의8은 대규모 내부거래의 이사회 의결 및 공시에 대해 규정하고 있으며 공정거래법 개정으로 공익법인에게도 내부거래 등에 대한 이사회 의결 및 공시의무를 부과함에 따라 순자산총계·기본순자산 중 큰 금액의 5% 이상이거나 50억 원 이상인 자금·유가증권·자산, 동일인 및 동일인 친족 출자 계열회사와의 상품·용역거래도 공시를 하여야 한다.

[68]이사회 의결 및 공시대상이 되는 내부거래는 ① 특수관계인을 상대방으로 하거나 특수관계인을 위해 자금, 유가증권, [69]자산을 제공 또는 거래하는 행위, ② 동일인 및 동일인 친족이 20% 이상의 지분을 가진 계열회사를 상대방으로 상품·용역을 제공 또는 거래하는 행위, ③ 거래금액이 그 회사 자본총계 또는 자본금 중 큰 금액의 5% 이상이거나 50억 원 이상인 거래가 해당된다.

금융업 또는 보험업을 영위하는 공시대상기업집단에 속하는 회사가 [70]약관에 의한 정형화된 거래행위를 하려는 경우와 당해 회사의 일상적인 거래분야에서의 거래행위의 경우에는 이사회 의결을 거치지 않고 할 수 있다. 그리고 이러한 거래에 대한 권리의 행사 또는 의무의 이행에 따라 발생하는 부수적인 거래로서 새로운 거래관계가 성립하지 않는 행위와 거래당사자가 거래금액·거래단가·이자율 등 거래조건을 결정할 수 없는 행위는 대규모 내부거래로 보지 않는다.

공정거래위원회 고시인 '대규모 내부거래에 대한 이사회 의결 및 공시에 관한 규정'(이하 '대규모 내부거래 공시규정'이라 한다)은 거래금액 산정의 기준에 대해 정하고 있는데 ① 자금, 유가증권 및 자산거래는 실제 거래하는 금액으로 하고 담보제공의 경우에는 담보한도액, 부동산임대차거래의 경우에는 연간 임대료와 계약기간 동안의 보증금을 연간임대료로 환산한 금액, 보험계약은 보험

68) 상법 제393조의2에 따라 설치된 이사회 내의 위원회 위원 중 사외이사가 3명 이상 포함되고 사외이사의 수가 위원 총수의 3분의 2 이상인 경우에는 '위원회의 의결'을 이사회 의결로 갈음할 수 있다.

69) 자산은 자금과 유가증권을 제외한 유동자산 및 투자자산·유형자산·무형자산 등의 고정자산을 말하며 제공 또는 거래하는 행위에는 담보를 제공하거나 제공받는 행위와 부동산 임대차거래를 포함한다.

70) 약관에 의한 금융거래행위의 경우에도 분기별로는 당해 분기 종료 후 익월 10일까지 거래대상, 거래상대방, 거래금액, 거래조건 등 주요내용을 공시하여야 한다.

료 총액을 기준으로 하고, ② 상품·용역거래는 분기에 이루어질 거래금액의 합계액으로 하고 있다.

상장회사는 이사회 의결 이후 1일 이내에 비상장회사는 7일 이내에 공시하여야 하는데, 거래의 목적 및 대상, 거래의 [71]상대방, 거래의 금액 및 조건, 거래상대방과의 동일 거래유형의 총거래 잔액 등을 공시하여야 한다.

(3)-2 위반에 대한 제재

이사회 의결 및 공시의무를 불성실하게 이행하는 경우에는 전부개정 공정거래법 제130조에 따라 과태료가 부과될 수 있는데 ① 이사회의 의결을 거치지 아니하고 대규모 내부거래를 하는 행위, ② 공시한 사항 중 주요내용이 변경되었음에도 다시 이사회 의결을 하지 아니하는 행위, ③ 대규모 내부거래를 하였음에도 공시하지 아니하거나 지연하여 공시하는 행위, ④ 대규모 내부거래에 대한 주요내용을 누락하거나 허위로 이사회 의결 또는 공시하는 행위 등이 포함된다.

대규모 내부거래에 대한 이사회 의결과 공시 의무 위반에 대한 과태료는 공정거래법 시행령 제65조 제1항에 따라 정해진 [72]별표 7의 과태료 기본금액에 거래금액에 따라 차등을 둔 일정비율을 적용한 금액인 기준금액을 산정하고 가중·감경을 반영한 임의적 조정금액을 산정한 후에 최종 부과 과태료가 결정되는 방식으로 정해진다.

기준금액 산정을 위한 거래금액별 비율은 ① 100억 원 이상인 경우는 100%, ② 80억 원 이상 100억 원 미만인 경우는 90%, ③ 60억 원 이상 80억 원 미만인 경우는 80%, ④ 40억 원 이상 60억 원 미만인 경우는 70%, ⑤ 20억 원 이상 40억 원 미만인 경우는 60%, ⑥ 20억 원 미만인 경우는 50%로 정해져 있다.

임의적 조정을 위한 가중사유로는 ① 공시의무를 회피하기 위해 고의적으로 분할하여 거래한 경우 50%, ② 최근 5개년 간 공시의무 위반건수가 4회 이상 6회 이하인 경우 10%, 7회 이상인 경우 20% 가중하고, 감경사유로는 거래내용이 최초와 동일성을 유지하면서 계약기간이 자동연장된 경우, 중개금융거래에 해당하는 경우, 위반의 정도가 [73]경미한 경우 등이 포함된다.

---

71) 특수관계인이 직접적인 거래상대방이 아니더라도 특수관계인을 위한 거래인 경우에는 당해 특수관계인을 포함한다(공정거래법 시행령 제17조의8 제4항 제2호).

72) 별표 7 '과태료 부과기준'은 참고로 이 장 말미에 첨부해 놓았다(448쪽 참조).

부과 과태료는 위반 행위별 기준금액에 임의적 조정금액을 가산하거나 차감하여 결정하고 부과 과태료의 합계액은 행위 당시의 자본금 또는 자본총액 중 큰 금액의 10% 또는 10억 원을 초과할 수 없도록 되어 있다.

(4) 기타 주식소유 현황 등의 신고

공시대상기업집단에 속하는 회사는 해당 회사 주주의 주식소유현황, 재무상황 및 다른 국내회사 주식의 소유현황을 공정거래위원회에 신고하여야 한다. 신고회사는 회사의 명칭·자본금 및 자산총액 등 회사의 개요, 계열회사 및 특수관계인이 소유하고 있는 당해 회사의 주식 수, 해당 회사의 국내회사 주식소유현황을 기재한 신고서를 매년 5월 31일까지 공정거래위원회에 제출하여야 한다. 이때 신고서와 함께 당해회사의 소유주식 명세서, 계열회사와의 상호출자현황표, 당해 회사의 직전사업연도의 감사보고서를 첨부하여 제출한다.

또한 공시대상기업집단에 속하는 회사는 주식취득 등으로 소속회사의 변동사유가 발생한 경우에는 30일 이내에 그 변동내용을 기재한 신고서를 공정거래위원회에 제출하여야 한다. 변동내용에는 주식을 취득하거나 주식소유비율이 증가한 경우, 임원 선임을 한 경우, 새로운 회사설립에 참여한 경우, 기타 주요주주와의 계약·합의 등에 의해 해당 소속회사의 경영에 대해 실질적인 영향력을 행사할 수 있게 된 경우가 포함된다.

2020년 말 공정거래법 전부개정에 따라 공정거래법 제29조가 신설되어 공시대상기업집단에 속하는 공익법인도 계열회사의 주식거래 및 일정한 규모 이상의 내부거래에 대하여 이사회 의결 및 공시의무가 부과되었고, 이에 따른 공정거래법 시행령 전부개정으로 이사회 의결 및 공시의무의 대상이 되는 '거래금액'은 순자산총계 또는 [74]기본순자산 중 큰 금액의 5% 이상이거나 50억 원 이상인 거래로 '거래상대방'은 동일인 및 그 친족이 20% 이상의 지분을 보유한 회사로 정하게 되었다.

---

73) '경미한 경우'는 ① 공시대상으로 신규지정된 이후 30일 이내에 위반한 경우와 ② 공시지연 일수가 3일 이하인 경우를 의미한다.

74) 기본순자산은 기획재정부 고시인 '공익법인 회계기준'에 따라 사용·처분에 영구적 제약이 있는 순자산을 의미한다. 순자산총계는 기본순자산, 보통순자산, 순자산조정의 합계로 계산된다.

4. 법위반 제재의 유형

(1) 시정조치

전부개정 공정거래법 제37조는 지주회사와 그 자·손·증손회사의 행위제한 규정 위반, 상호출자제한기업집단의 지주회사 설립제한, 일반지주회사의 중소기업창업투자회사 및 신기술사업금융전문회사의 주식 소유와 관련된 규제, 상호출자의 금지, 순환출자의 금지, 순환출자에 대한 의결권 제한, 계열회사에 대한 채무보증의 금지, 금융·보험회사 및 공익법인의 의결권 제한, 대규모내부거래의 이사회 의결 및 공시, 비상장회사 등의 중요사항 공시, 기업집단현황 등에 관한 공시, 특수관계인인 공익법인의 이사회 의결 및 공시, 탈법행위의 금지를 규정하고 있는 공정거래법 조항을 위반하거나 위반할 우려가 있는 행위에 대해서는 시정조치를 취할 수 있도록 규정하고 있다.

시정조치에는 해당 행위의 중지, 주식의 전부 또는 일부의 처분, 임원의 사임, 영업의 양도, 채무보증의 취소, 시정명령을 받은 사실의 공표, 공시의무의 이행 또는 공시내용의 정정 및 그 밖에 법 위반상태를 시정하기 위하여 필요한 조치가 포함될 수 있다. 또한 공정거래법 제37조 제2항은 상호출자제한기업집단이 지주회사를 설립·전환하는 과정에서 자회사 및 국내 계열회사 등에 대해 채무보증을 해소하지 않고 합병 등을 하는 경우에는 해당 회사의 합병 또는 설립 무효의 소를 제기할 수 있도록 하고 있다.

(2) 과징금 부과

경제력집중 억제규정 위반행위의 과징금은 '위반액'에 위반행위 중대성 정도별 부과기준율을 곱하여 기본 산정기준을 정하는데 그 부과기준율은 ① 매우 중대한 위반행위 15.0% 이상 20% 이하(종전 10%), ② 중대한 위반행위 8% 이상 12% 이하(종전 8%), ③ 중대성이 약한 위반행위 5%(종전 5%로 동일)로 정해져 있다. 공정거래법 전면개정에 따라서 경제력집중 억제규정 위반에 대한 과징금 상한이 종전 10%에서 20%로 상향되었다. 따라서 과징금고시상의 부과기준율도 최근 상향조정되었다. 다만, 부칙에 따라 개정법이 시행되는 2021. 12. 30. 이전에 이루어진 위반행위에 대한 과징금은 개정 전 규정에 근거하여 부과되는 점에 유의할 필요가 있다. '위반액'은 지주회사의 행위제한 규정 위반의 경우 전부개정 공정거래법 제38조에 각각 정해져 있는 금액, 상호출자·순환출자금지의 경우는 위반행위로 취득한 주식의 취득가액, 채무보증금지의 경우는 위반하여 행한 채무보증액 등을 의미한다.

(3) 형사적 제재

(3)-1 개요

경제력집중 억제와 관련된 규정위반으로 공정거래위원회가 고발하는 경우는 형사적 제재가 따르게 되기 때문에 기업집단의 관련업무 담당자들은 주의를 기울일 필요가 있다. 이하에서는 공정거래법상 형사적 제재와 관련된 근거 규정과 최근 제정되어 2020. 9. 8.부터 시행된 공정거래위원회 예규인 '기업집단 관련 신고 및 자료제출의무 위반행위에 대한 고발지침(이하 '고발지침'이라고 약칭하기로 한다)'의 내용을 살펴보기로 한다.

전부개정 공정거래법 제36조는 지주회사와 그 자·손·증손회사의 행위제한 규정 위반, 상호출자제한기업집단의 지주회사 설립제한, 상호출자의 금지, 순환출자의 금지, 계열회사에 대한 채무보증의 금지, 금융·보험회사 및 공익법인의 의결권 제한과 관련된 공정거래법상의 규정을 회피하려는 행위를 금지하고 있고, 이를 위반하여 탈법행위를 한 자에 대해서는 공정거래법 제124조에 따라 3년 이하의 징역 또는 2억 원 이하의 벌금에 처할 수 있도록 규정하고 있다. 위 고발지침상 내용은 아래에서 설명하기로 한다.

(3)-2 신고 및 자료제출 관련 고발기준

최근 공정거래위원회가 특정 기업집단의 신고·자료제출 의무위반과 관련하여 고발한 경우에 대해, 종전 관례에 맞지 않거나 기준이 일의적이지 않아 불확실성을 초래한다는 비판이 제기되었다. 이 같은 문제점을 해소하기 위해 공정거래위원회는 예규로서 고발지침을 제정·시행하게 되었다. 위 고발지침의 적용대상이 되는 행위로는 ① 지주회사 설립·전환의 신고의무 위반(법 제17조), ② 지주회사 사업내용 보고의무 위반(법 제18조 제7항), ③ 주식소유현황 신고의무 위반(법 제30조 제1항), ④ 채무보증현황 신고의무 위반(법 제30조 제2항), ⑤ 지정자료 제출의무 위반(법 제31조 제4항)이 이에 해당한다.

고발기준은 행위자의 의무위반에 대한 인식가능성과 의무위반의 중대성을 종합적으로 고려하도록 되어 있고 인식가능성과 중대성은 각각 '현저'한 경우,

'상당'한 경우, '경미'한 경우의 3단계로 구분하도록 되어 있다. 고발의 적용기준은 ① 인식가능성이 현저한 경우는 고발, ② 인식가능성이 상당한 경우로서 중대성이 현저한 경우에는 고발, ③ 인식가능성이 상당한 경우로서 중대성이 상당하거나 경미한 경우는 고발하지 않지만 [75]일정한 경우에는 고발, ④ 인식가능성이 경미한 경우에는 고발하지 않지만 [76]일정한 경우에는 수사기관에 통보하도록 정하고 있다. 이하 인식가능성과 중대성의 단계에 대해 구체적으로 살펴보기로 한다.

인식가능성이 '현저한 경우'는 행위자가 행위 당시 의무위반에 대한 인식이 있었음이 객관적으로 인정되는 경우로서 이에 대한 예시로는 ① 위반행위가 계획적으로 실행된 경우, ② 제출자료에 허위 또는 누락이 있다는 사실을 보고받고 승인 내지 묵인한 경우, ③ 공정거래위원회의 자료제출 요청을 정당한 이유 없이 거부한 경우 등을 들 수 있다.

인식가능성이 '상당한 경우'는 행위자가 행위 당시 의무위반에 대한 인식이 있었음이 객관적으로 인정되지는 않으나 행위의 내용·정황·반복성 등에 비추어 의무위반에 대한 인식가능성이 상당한 경우로서 이에 대한 예시로는 ① 지정자료 제출 시 제출의무자 또는 대리인 본인이 지분을 대다수 소유한 회사를 누락하거나 허위기재한 경우, ② 친족관계·거래관계·출자관계 등에 비추어 행위자가 제출자료에 허위 또는 누락이 있다는 사실을 인식할 수 있는 가능성이 상당한 경우, ③ 최근 3년 내 기간 동안 동일한 위반행위로 공정거래위원회로부터 경고 이상의 조치를 받은 사실이 있는 경우 등을 들 수 있다.

인식가능성이 '경미한 경우'는 행위자의 단순 과실 등 행위의 내용·정황·반복성 등에 비추어 의무위반에 대한 인식가능성이 상당하지 않는 경우로서 이에 대한 예시로는 ① 행위 당시 행위자의 의무위반 인식가능성을 추단하기 어려운 경우, ② 행위 당시 행위자가 의무위반 가능성을 인지하지 못하였다는 사실이 객관적인 자료 등을 통해 입증된 경우, ③ 일부 자료를 오기하였으나 함께 제출한 다른 자료를 통하여 사실확인이 가능하여 이를 허위로 제출할 실익이

75) 대상 기업집단의 자산총액 규모 및 공시대상기업집단 해당여부, 행위자의 의무위반 자진신고 여부, 자료제출 경험의 정도, 조사에의 협조 여부 등을 고려할 때 고발이 필요한 경우를 의미한다.

76) 행위자의 의무위반 인식가능성 유무에 대한 사실확인이 곤란한 경우를 의미한다.

없는 경우 등을 들 수 있다.

중대성이 '현저한 경우'는 행위자의 의무위반으로 인하여 법에서 추구하는 경제력집중 방지의 목적·근간이 크게 훼손된 경우로서 이에 대한 예시로는 ① 허위·누락된 신고 및 자료제출 내용과 관련되는 중대한 행위제한 규정 위반(이를 기초로 공정거래위원회가 과징금 부과 또는 고발한 경우)이 병행하여 이루어진 경우, ② 지정자료를 허위·누락 제출함으로써 상호출자제한기업집단 또는 공시대상기업집단 지정에서 제외된 경우 등을 들 수 있다.

중대성이 '상당한 경우'는 중요정보를 허위·누락 제공하거나 신고·보고 의무를 장기 지연하는 등 행위자의 의무위반으로 인하여 법에서 추구하는 경제력집중 방지의 목적·근간이 상당히 훼손된 경우로서 이에 대한 예시로는 ① 지정자료 제출 시 계열회사가 누락된 경우로서 상호출자제한기업집단 또는 공시대상기업집단 지정 여부에는 영향을 미치지 않는 경우, ② 지주회사 설립전환 신고·사업내용 보고 시 지주회사 자회사·손자회사·증손회사가 누락된 경우, ③ 대규모기업집단 계열 편입신고, 지주회사 설립전환 신고·사업내용 보고를 1년 이상 지연한 경우, ④ 지정자료 제출 또는 주식소유현황 자료제출 시 동일인관련자가 소유한 주식현황을 누락하거나 사실과 다르게 제공한 경우 등을 들 수 있다.

중대성이 '경미한 경우'는 행위자의 의무위반으로 인하여 법에서 추구하는 경제력집중 방지의 목적·근간이 훼손되었다고 보기 어렵거나 그 정도가 상당하지 않은 경우로서 이에 대한 예시로는 ① 경제력집중 억제시책의 운용에 미치는 영향이 크지 않은 부가적 정보를 누락·오기한 경우, ② 신고·보고를 지연하였으나 신고·보고 의무시한으로부터 1년이 경과하기 전에 내용상의 허위·누락 없이 신고·보고의무를 이행한 경우 등을 들 수 있다.

Ⅲ. 부당지원행위 금지

1. 개관

(1) 부당지원행위의 의의

(1)-1 부당지원행위의 개념

[77]공정거래법은 ① 특수관계인 또는 다른 회사에 가지급금·대여금·인력·부동산·유가증권·상품·용역·무체재산권 등을 제공하거나 상당히 유리한 조

건으로 거래하는 행위 또는 [78]② 다른 사업자와 직접 상품·용역을 거래하면 상당히 유리함에도 불구하고 거래상 실질적인 역할이 없는 특수관계인이나 다른 회사를 매개로 거래하는 행위를 통하여 특수관계인 또는 다른 회사를 지원하는 행위를 부당지원행위로 규정하고 이를 금지하고 있다.

공정거래법은 부당지원행위를 제45조(불공정거래행위의 금지)에서 불공정거래행위의 유형 중 하나로 정하고 있어서 그 적용대상은 형식적으로는 일반불공정거래행위 규제 대상인 모든 사업자에 해당한다. 그러나 공정거래위원회는 그 동안의 부당지원행위 규제는 사업자 중 주로 대규모기업집단에 대해서 법집행을 해 왔기 때문에 편의상 경제력집중 억제와 관련해서 내용을 다루기로 한다. 또한 공정거래위원회 법집행 실무적으로는 '부당지원행위 규제'라는 용어와 '부당내부거래 규제'라는 용어를 혼용해서 사용하기도 하고 있다.

(1)-2 계열회사를 위한 차별금지와의 구별

공정거래법상 불공정거래행위 유형 중 차별적 취급 금지와 관련하여 동 법 시행령은 세부유형으로 정당한 이유 없이 자기의 계열회사를 유리하게 하기 위하여 가격·수량·품질 등의 거래조건이나 거래내용에 관하여 현저하게 유리하거나 불리하게 하는 행위를 계열회사를 위한 차별로 정하고 이를 금지하고 있는데, 동 행위와 부당지원행위 규제와의 관계가 문제될 수 있다.

계열회사를 위한 차별금지는 비계열회사와의 거래를 전제로 하고 있는 점, 불공정거래행위 심사지침에서 '현저성'을 법위반 요건으로 들고 있는 점에 비해서, 부당지원행위는 반드시 [79]비계열회사와의 거래를 전제하지 않고 있으며 법위반 요건도 현저성보다는 완화된 '상당성' 요건으로 되어있는 점에 차이가 있다고 할 수 있다.

---

77) 종전 공정거래법 제23조 제1항 제7호는 제5장 불공정거래행위 및 특수관계인에 대한 부당한 이익제공의 금지에 포함되어 있었으나, 전부개정 공정거래법은 제6장(불공정거래행위, 재판매가격유지행위 및 특수관계인에 대한 부당한 이익제공의 금지) 제45조(불공정거래행위의 금지) 제1항 제9호에서 규정하고 있다.

78) 흔히 '통행세 거래'라고 불리기도 한다. 부당한 거래단계 추가·경유를 통한 지원행위를 일컫는 말로써 용어 자체가 중립적인 것은 아니므로 문맥상 꼭 필요한 경우에만 한정적으로 사용하기로 한다.

79) 부당한 지원행위의 심사지침(공정거래위원회 예규)은 지원객체를 지원주체의 지원행위로 인한 경제상 이익이 귀속되는 특수관계인 또는 다른 회사로 정의하고 있으며 이때 다른 회사는 지원주체의 계열회사에 한정되지 않는다고 하고 있다.

(1)-3 부당한 거래단계 추가·경유를 통한 지원행위 규제

2013. 8월 공정거래법 개정에 의하여 부당한 거래단계 추가·경유를 통한 지원행위가 별도의 항목으로 규정되게 되었다. 계열회사 간의 내부거래는 경우에 따라서는 거래비용의 감소, 영업비밀에 대한 보안유지 등 기업집단 내에서 그 거래목적의 합리성 및 의사결정의 자율성을 인정할 여지가 있는 거래도 있을 수 있다. 그러나 거래상 실질적인 역할이 없는 특수관계인이나 다른 회사를 매개로 거래하는 행위를 통하여 특수관계인 또는 다른 회사를 지원하는 행위는 거래자체에 대한 합리적 효용이나 이유를 전혀 찾아볼 수 없고 거래 일방에게 피해와 불편을 발생시키며 지원객체에게 각종 부당한 이익을 귀속시키는 행위에 불과하다. 따라서 이러한 문제의식 하에서 법 개정이 이루어졌다.

법원도 부당한 거래단계 추가·경유를 통한 지원행위 규제와 관련된 사건에서 당해 거래가 별다른 역할 없이 일종의 통행세만을 챙긴 결과를 초래하였고, 이는 기업이 자기의 경쟁력이나 경영상 효율과는 무관하게 계열회사의 보조·지원이라는 수단을 통하여 경쟁상의 우위를 확보하게 되어 자기의 근면과 창의성을 바탕으로 가격·기술·품질·서비스 등의 경쟁력을 확보한 기업들 간의 공정한 경쟁이 왜곡되고 경제적 효율에 기초한 기업의 퇴출 또는 진입이 저해됨으로써 경쟁과정에 의한 자원분배의 선순환의 고리가 깨지게 되고 그 결과 경제의 비효율성이 발생되어 국민경제의 균형적 발전도 저해될 우려가 있다고[80] 판시한 바 있다.

(2) 부당지원행위의 폐해

우리나라 대규모기업집단은 그 성장 과정에서 기업집단 내의 계열회사 간 지원행위를 관행적으로 광범위하게 하여 왔다. 계열회사 간 지원행위는 대규모기업집단 전체적으로는 안정된 경영을 가능하게 함으로써 기업집단 체제의 효율성을 달성할 수 있는 유효한 수단이었으며 이를 통한 기업집단 전체의 경쟁력으로 국내외의 유력한 경쟁사업자들과 치열한 경쟁을 할 수 있었고 이를 통해 우리나라 경제성장을 견인하는 데 일정 부분 기여를 한 점은 인정할 여지가 있다.

그러나 한편으로는 대규모기업집단 계열회사 간의 지원행위는 그 자체로

80) 대법원 2014. 2. 13. 선고 2013두17466 판결

태생적인 문제를 갖고 있는바, 기업집단 내의 우량한 계열회사가 상대적으로 부실한 계열회사를 지원하게 됨으로써 부실한 계열회사의 자연스런 퇴출과정을 통한 자원의 선순환을 저해하게 되어 시장경제의 효율적 작동을 저해하는 요소로 작용하게 되었다.

또한 부실 계열회사가 퇴출되지 않고 기업집단의 보조를 받아 시장 내에서 다른 사업자와 경쟁함으로써 가격 및 품질에 의한 경쟁이 아닌 기업집단의 힘을 빌린 지원에 의한 불공정한 경쟁상황이 발생하게 되어 당해 시장에서 독립적이거나 비계열인 사업자들이 제대로 경쟁할 수 없게 되었고, 이로 인해 대규모 기업집단에 의한 시장집중도와 일반집중도가 크게 높아지게 되는 경제력집중의 문제가 발생하게 되었다. 뿐만 아니라 지원과정에서 동일인 등 특수관계인 지분이 높은 계열회사에 대한 지원행위 등을 통해 종국적으로 동일인 등의 대규모 기업집단 전체에 대한 지배력을 강화시키는 형태도 나타나게 되어 소유집중 내지는 지배집중의 문제도 크게 부각되게 되었다.

이 같은 문제를 해결하기 위해 '부당한' 지원행위에 해당하는 경우는 [81]공정거래법에 의해 규제함으로써 대규모기업집단의 계열회사 등에 의한 정상적 내부거래는 기업집단 체제의 효율성을 감안하여 허용하고, 부당한 지원행위에 해당하는 내부거래 등은 엄격히 규제함으로써 부당한 지원행위가 가져오는 폐해를 억지하고 있다. 이와 관련하여 법원도 부당지원행위를 금지하는 입법취지에 대해 이는 공정한 거래질서의 확립과 아울러 경제력집중의 방지에 있다고 [82]판시한 바가 있다.

2. 부당지원행위의 성립요건

(1) 지원주체

지원주체는 공정거래법에서 규정하는 지원행위를 한 사업자(事業者)를 의

81) 1996년 공정거래법 개정 시에 부당지원행위 규제가 처음 도입되었고, 이에 따라 공정거래위원회는 1998. 5월부터 현대, 삼성, 에스케이, 엘지, 대우에 대해 대대적인 부당지원행위 직권조사를 여러 차에 걸쳐서 실시하였고 이때 내려진 공정거래위원회의 처분에 대한 법원 판결이 최근까지 속속 확정됨에 따라 부당지원행위 규제의 법문상 의미와 위법성 판단 기준이 점차 정립되게 되었다.

82) 대법원 2004. 10. 14. 선고 2001두2881 판결, 파기환송 후 고등법원에서 확정되었다(서울고등법원 2005. 11. 16. 선고 2004누22765 판결).

미하므로 자연인(自然人)인 [83]특수관계인은 포함되지 않는다. 또한 모든 사업자가 지원주체가 될 수 있으므로 원칙적으로 사업자의 규모는 문제될 수 없으나 공정거래위원회의 실무 집행은 대규모기업집단의 부당지원행위를 중심으로 이루어져 왔으므로 주로 '대규모기업집단 소속 사업자'가 주로 법적용이 되는 지원주체에 해당한다고 할 수 있다.

부당지원행위는 지원객체에게 상당히 유리한 경제적 이익을 부여하는 행위지만 지원주체 또한 부당지원행위를 통한 경제력집중에 따른 이익을 누린다고 할 수 있으며, 법원도 대규모기업집단 소속 계열회사들이 기업집단 전체의 이익을 위해 계속적으로 지원을 주고 받으면서 계열의 유지·확장을 위한 수단으로 부당지원행위를 이용함으로써 중·장기적으로 볼 때 부당지원행위는 경제력집중을 통하여 결국 지원주체에게도 상당한 부당이득을 발생시킨다고 [84]판시함으로써 이를 명확히 하고 있다.

전부개정 공정거래법은 제45조에서 지원주체인 부당지원행위를 하는 사업자 이외에 계열회사 또는 다른 사업자로 하여금 부당지원행위를 행하도록 하는 것도 금지하고 있으므로 경제상 이익을 제공하는 주체는 지원주체에 한정되는 것은 아니다. [85]법원도 현대자동차 등 부당지원행위 건과 대우 1차 부당지원행위 건에서 이를 명확히 하고 있다.

(2) 지원객체

(2)-1 의의

지원객체는 지원주체의 지원행위로 인한 경제상 이익이 귀속되는 특수관계인 또는 다른 회사를 말하며, 이때 다른 회사는 지원주체의 계열회사에 한정

83) 공정거래법 시행령은 제16조에서 주로 기업결합과 관련하여 특수관계인의 범위를 정하고 있으나 '특수관계인' 개념은 기업결합뿐 아니라 경제력집중 억제 규제 및 부당지원행위 규제와 관련해서도 같이 사용되고 있다. 시행령상 특수관계인의 범위는 ① 당해회사를 사실상 지배하고 있는 자, ② 동일인관련자, ③ 경영을 지배하려는 공동의 목적을 가지고 당해 기업결합에 참여하는 자로 정해져 있다.

84) 대법원 2004. 10. 14. 선고 2001두2881 판결, 파기환송 후 고등법원에서 확정되었다(서울고등법원 2005. 11. 16. 선고 2004누22765 판결).

85) 서울고등법원 2009. 8. 19. 선고 2007누30903 판결, 원고 상고취하로 상고심(대법원)은 이 부분을 판단하지 않았다; 대법원 2004. 10. 14 선고 2001두2881 판결, 파기환송 후 고등법원에서 확정되었다(서울고등법원 2005. 11. 16. 선고 2004누22765 판결).

되지 않는다. 특수관계인이 포함되므로 지원주체와 달리 지원객체는 자연인도 될 수 있고, 회사의 규모를 따지지 않기 때문에 대규모기업집단 소속일 필요도 없다. 또한 모회사와 자회사 간의 부당지원행위일지라도 서로는 법률상 독립적인 주체이므로 법적용 대상이 된다.

특수관계인은 주로 동일인과 동일인관련자 중 친족이 이에 해당되는데 종전 공정거래법 규정은 부당지원행위를 불공정거래행위 중 한 가지 유형으로 규정하면서 불공정거래행위의 위법성 요건인 '공정한 경쟁을 저해할 우려'가 있는 경우에만 금지하고 있어, '공정한 경쟁을 저해할 우려'에 대한 입증의 어려움이 있었고, 이를 보완하기 위해 공정거래법에 [86]별도의 규정으로 특수관계인에 대한 부당한 이익제공 등 금지를 두게 되었다.

지원객체와 관련된 판례를 살펴본다. 법원은 대우 1차 부당지원행위 사건에서 공정거래법이 지원객체의 하나로 '다른 회사'라고만 규정하고 있을 뿐 다른 제한을 두지 않고 있는 점 및 부당지원행위 금지제도의 입법취지 등에 비추어 보면 부당지원행위의 객체인 다른 회사는 반드시 대규모기업집단의 계열회사에 한정되는 것이 아니라고 [87]판시하였고, 엘지 1차 부당지원행위 사건 중 엘지반도체 외 18개사의 부당지원행위 건에서 모회사가 주식의 100%를 소유하고 있는 자회사도 법률적으로는 별개의 독립한 거래주체이므로 '다른 회사'에 해당하므로 모회사와 완전자회사 사이의 지원행위도 공정거래법상 규율대상이 된다고 [88]판시하였다.

한국산업은행 부당지원행위 건에서 법원은 부당지원행위의 객체를 정하고 있는 (종전)공정거래법 제23조 제1항 제7호의 '특수관계인 또는 다른 회사'의 개념에서 자회사를 지원객체에서 배제하는 명문의 규정이 없으므로 모회사와 자회사 사이의 지원행위도 (종전)공정거래법 제23조 제1항 제7호의 규율대상이 된다고 [89]판시하였다.

완전 자회사가 아닌 지배주주의 형태로 지분을 보유하고 있는 자회사간에

86) 종전 공정거래법 제23조의2에서 규정하고 있으며, 전부개정 공정거래법 제47조에 해당한다.

87) 대법원 2004. 10. 14. 선고 2001두2881 판결, 파기환송 후 고등법원에서 확정되었다(서울고등법원 2005. 11. 16. 선고 2004누22765 판결).

88) 대법원 2004. 11. 12. 선고 2001두2034 판결

89) 대법원 2011. 9. 8. 선고 2009두11911 판결

도 부당지원행위 규제가 적용되는데, 서울신문사가 발행주식 총수 중 53.44%를 보유하고 있는 스포츠서울21을 저리 임대보증금 수령을 통해 지원한 행위에 대해 (종전)공정거래법 제23조 제7호의 부당지원행위가 아니라고 할 수 없다고 [90]판시한 바 있다.

(2)-2 지원객체와 관련시장의 관계

부당지원행위 규제의 목적은 개별시장에서의 공정한 거래질서가 저해되는 것을 방지하고 경제력집중을 억제하는 것에 있는바, 개별시장에서의 공정거래 저해성 판단은 지원객체가 속한 시장을 대상으로 이루어지게 되는데 이때 지원객체가 직접적으로 속한 시장 이외에 잠재적 시장진입 가능성 등 간접적으로 속한 시장도 포함되는 점에 유의할 필요가 있다.

이와 관련하여 대우건설의 태천개발 부당지원행위 건에서 법원도 대우건설이 대우로부터 공사도급인의 지위를 인수할 시점에 태천개발의 온천장 공사는 약 40% 이상 진행되어 태천개발은 온천운영시장에의 잠재적 사업자에 해당하고 당해 부당지원행위로 인해 당해 시장에서 공정한 거래가 저해되었다고 하면서, 부당지원행위는 지원행위로 인하여 지원객체가 속한 시장에서의 공정한 거래를 저해할 우려가 있으면 성립하는 것이므로 지원객체가 지원행위 당시 일정한 거래분야의 시장에 직접 참여하고 있을 필요까지는 없다고 [91]판시한 바 있다.

(3) 지원행위

(3)-1 의의

공정거래위원회의 예규인 '부당한 지원행위의 심사지침(이하 '부당지원심사지침'이라 한다)'은 지원행위를 지원주체가 지원객체에게 직접 또는 간접으로 제공하는 경제적 급부의 정상(正常)가격이 그에 대한 대가로 지원객체로부터 받는 경제적 반대급부의 [92]정상가격보다 높거나(무상제공 또는 무상이전의 경우를 포함

---

90) 서울고등법원 2004. 7. 15. 선고 2002누1092 판결, 상고심(대법원)은 심리불속행 기각하였다.

91) 대법원 2005. 5. 27. 선고 2004두6099 판결

92) '정상가격'이란 지원주체와 지원객체 간에 이루어진 경제적 급부와 동일한 경제적 급부가 시기, 종류, 규모, 기간, 신용상태 등이 유사한 상황에서 특수관계가 없는 독립된 자간에 이루어졌을 경우 형성되었을 거래가격 등을 말하고, '지원금액'은 지원주체가 지원객체에게 제공하는 경제적 급부의 정상가격에서 그에 대한 대가로 지원객체로부터 받는 경제적 반대급부의 정상가격을 차감한 금액을 말한다.

한다) 상당한 규모로 거래하여 지원주체가 지원객체에게 과다한 경제상 이익을 제공하는 작위 또는 부작위로 정의하고 있다. 또한 지원주체가 다른 사업자와 상품이나 용역을 거래하면 상당히 유리함에도 불구하고 거래상 역할이 없거나 미미한 지원객체를 거래단계에 추가하거나 거쳐서 거래하는 행위를 통하여 과다한 경제상 이익을 제공하는 것과 거래상 지원객체의 역할이 있다고 하더라도 그 역할에 비하여 과도한 대가를 지원객체에게 지급하는 행위를 통하여 과다한 경제상 이익을 제공하는 것도 부당지원행위에 포함하고 있다.

따라서 지원행위는 거래조건을 통한 지원, 거래규모를 통한 지원 그리고 거래단계 추가 등을 통한 지원으로 크게 구분된다고 할 수 있고, 구체적으로는 가지급금 또는 대여금 등 자금거래, 유가증권·부동산·무채재산권 등 자산거래, 부동산 임대차, 상품·용역 거래, 인력제공, 거래단계 추가·경유 거래의 형태로 나타난다. 또한 지원행위의 성립여부에 대해 법원은 정상가격을 비교기준으로 고려한 급부와 반대급부 사이의 차이, 지원성 거래규모와 지원행위로 인한 경제상 이익, 지원기간, 지원횟수, 지원시기, 지원행위 당시 지원객체가 처한 경제상황 등을 종합적으로 고려하여 구체적·개별적으로 판단한다고 [93]판시하고 있다.

부당지원행위 규제는 1997. 4. 1. 종전 공정거래법 제23조 제1항 제7호(전부개정 공정거래법 제45조 제1항 제9호에 해당한다)의 규정이 시행되면서 시작되었는데 시행일 이전에 지원행위가 있었던 경우에는 그로 인한 경제상 이익의 제공이 시행일 이후까지 계속되었다고 하더라도 변제기를 연장하거나 금리를 변경하는 등과 같이 새로운 지원행위라고 볼 만한 다른 특별한 사정이 없는 한 지원행위에 해당하지 않는 것으로 부당지원심사지침은 밝히고 있다.

이와 관련된 법원 판례를 살펴보면, 대우 1차 사건에서 법원은 지원주체의 지원객체에 대한 자금의 제공 또는 거래가 부당지원행위에 관한 규정이 시행되기 전에 있었고 규정이 시행된 이후에도 적극적으로 변제기를 연장하는 것 등과 같이 새로운 지원행위라고 볼 만한 다른 특별한 사정이 없는 이상 부당지원행위에 해당한다고 할 수 없다고 [94]판시한 바 있고, 현대중공업 외 17개사 부당

93) 대법원 2007. 1. 25. 선고 2004두7610 판결

94) 대법원 2004. 10. 14. 선고 2001두2881 판결, 파기환송 후 고등법원에서 확정되었다(서울고등법원 2005. 11. 16. 선고 2004누22765 판결). 공정거래법상 부당지원행위 규제는 1996. 12. 30.에 도입되었고 그 이전에 있었던 부당한 자금지원 행위 관련한 판례이다.

지원행위 건에서는 1998. 1. 1. 추가약정 체결을 통해 수수료지급 지체책임을 면책시킨 사실을 볼 때 새로운 자금지원행위라고 볼 만한 사정이 있으므로 부당지원행위라고 [95]판시하였고, 삼성에스디아이 외 6의 부당지원행위 건에서도 법원은 1997년 말에 상환기간을 1년 연장한 것은 새로운 자금지원행위에 해당된다고 [96]판시한 바 있다.

(3)-2 지원행위와 정상가격

비교기준이 되는 '정상가격(正常價格)'이란 그 거래 당사자 사이에 이루어진 경제적 급부와 동일한 경제적 급부가 시기, 종류, 규모, 기간 등이 동일 또는 유사한 상황에서 특수관계가 없는 독립된 자 사이에 이루어졌을 경우 형성될 거래가격 등을 의미한다. 지원행위의 성립을 입증하려면 당해 행위와 직접 관련된 정상가격을 찾는 것이 가장 기초적이고 중요한 사항이 된다고 할 수 있다.

당해 거래와 동일한 실제 사례를 찾을 수 없어 부득이 유사한 사례에 의하여 정상가격을 추단하는 경우에는 단순히 제반 상황을 사후적·회고적인 시각에서 판단한 결과 거래 당시 기대할 수 있었던 최선의 가격이나 당해 거래가격보다 더 나은 가격으로 거래할 수도 있었을 것이라 하여 이를 기준으로 정상가격을 추단해서는 아니 된다. 이 경우 당해 거래와 비교하기에 적합한 유사한 사례를 선정한 후, 그 사례와 당해 거래 사이에 가격에 영향을 미칠 수 있는 거래조건 등의 차이가 존재하는지 살펴 그 차이가 있다면 이를 합리적으로 조정하는 과정을 거쳐 정상가격을 추단하여야 한다. 다만 비교사례가 전혀 없는 경우에는 지원행위 성립여부를 판단하기 위하여 정상가격 특정이 반드시 필요하지 않을 수도 있다. 법원도 정상가격과 관련하여 동일한 취지의 [97]판시를 한 바 있다.

95) 대법원 2007. 1. 25. 선고 2004두7610 판결, 파기환송 후 고등법원에서 확정되었다(서울고등법원 2007. 6. 28. 선고 2007누3895 판결).

96) 대법원 2006. 12. 22. 선고 2004두1483 판결

97) 대법원 2016. 3. 10. 선고 2014두8568 판결

3. 위법성 판단기준

(1) 부당성

(1)-1 부당성 판단기준

(1)-1-1 개요

지원행위에 대한 부당성은 원칙적으로 지원주체와 지원객체의 관계, 지원행위의 목적과 의도, 지원객체가 속한 시장의 구조와 특성, [98]지원성거래규모와 지원행위로 인한 경제상 이익, 지원기간, 지원횟수, 지원시기, 지원행위 당시 지원객체의 경제적 상황, 중소기업 여타 경쟁사업자의 경쟁능력과 경쟁여건의 변화정도, 지원행위 전후의 지원객체의 시장점유율 추이 및 신용등급의 변화정도, 시장개방의 정도 등을 종합적으로 고려하여 해당 지원행위로 인하여 지원객체가 직접 또는 간접적으로 속한 시장에서 경쟁이 저해되거나 경제력 집중이 야기되는 등으로 공정한 거래를 저해할 우려가 있는지 여부에 따라 판단한다.

사업자가 아닌 특수관계인에 대한 지원행위의 부당성은 특수관계인이 해당 지원행위로 얻은 경제상 급부를 계열회사 등에 투자하는 등으로 인하여 지원객체가 직접 또는 간접적으로 속한 시장에서 경쟁이 저해되거나 경제력집중이 야기되는 등으로 공정한 거래를 저해할 우려가 있는지 여부에 따라 판단하게 된다. 지원행위의 부당성은 공정한 거래질서라는 관점에서 판단하게 되며 지원행위에 단순한 사업경영상의 필요 또는 거래상의 합리성 내지 필요성이 있다는 사유만으로는 부당성을 부인할 수 없다. 또한 공정한 거래를 저해할 우려는 공정한 거래를 저해하는 효과가 실제로 구체적인 형태로 나타나는 경우뿐만 아니라 나타날 가능성이 큰 경우를 의미하며 현재는 그 효과가 없거나 미미하더라도 미래에 발생할 가능성이 큰 경우를 포함한다.

(1)-1-2 관련 판례

대우 1차 부당지원행위 건에서 법원은 자금지원행위가 부당성을 갖는지 여부는 오로지 공정한 거래질서라는 관점에서 평가되어야 하며, 단순한 사업경영상의 필요 또는 거래상의 합리성 내지 필요성만으로는 부당지원행위의 성립요건으로서의 부당성 및 공정거래저해성이 부정된다고 할 수는 없다고 [99]판시하였다.

---

98) 지원성거래규모는 지원주체가 지원객체에게 지원행위를 한 기간 동안 해당 지원행위와 관련하여 이루어진 거래(무상제공 또는 무상이전을 포함한다)의 규모를 의미한다.

99) 대법원 2004. 10. 14. 선고 2001두2881 판결, 파기환송 후 고등법원에서 확정되었다(서울

에스케이씨앤씨 사건에서도 법원은 지원행위가 부당성을 갖는지를 판단함에 있어서는 지원주체와 객체와의 관계, 지원행위의 목적과 의도, 지원객체가 속한 시장의 구조와 특성, 지원성 거래규모와 지원행위로 인한 경제상 이익 및 지원기간, 지원행위로 인하여 지원객체가 속한 시장에서의 경쟁제한이나 경제력집중의 효과 등은 물론 중소기업 및 여타 경쟁사업자의 경쟁능력과 경쟁여건의 변화정도, 지원행위 전후의 지원객체의 시장점유율 추이, 시장개방의 정도 등을 종합적으로 고려하여야 한다고 100)판시하였다.

대우건설의 태천개발 부당지원행위 건에서 법원은 지원주체의 지원행위가 지원객체가 직·간접적으로 속한 관련 시장에서의 공정한 거래를 저해할 우려가 있는지에 대한 판단은 지원행위를 하게 된 동기와 목적, 거래의 관행, 당시 지원객체의 상황, 지원행위의 경제상 효과와 귀속 등을 종합적으로 고려하여 판단하여야 한다고 101)판시한 바 있다.

또한 법원은 지원행위를 하게 된 동기와 목적, 거래 관행, 당시 지원객체의 상황, 지원행위의 경제적 효과 귀속 등을 종합적으로 고려하여 지원주체의 주된 의도가 지원객체가 속한 관련 시장에서 공정한 거래를 저해할 우려가 있는 것이라고 판단될 경우에 부당지원행위의 지원의도가 인정되며, 이러한 지원 의도는 여러 상황을 종합하여 객관적으로 추단할 수 있다고 102)판시한 바 있다.

(1)-2 부당성 입증책임

'공정한 거래를 저해할 우려'에 대한 입증책임은 공정거래위원회에 있으며 공정거래위원회가 운영하는 예규인 '부당한 지원행위의 심사지침'에서 정하고 있는 방법이나 절차의 위배가 있다고 해서 바로 부당지원행위에 해당한다고 할 수는 없고, 부당성과 관련되어 지원객체가 직접적 또는 간접적으로 속한 시장에서 경쟁을 저해하거나 경제력집중을 야기하는 등으로 공정한 거래를 저해할 우려가 있는지를 공정거래위원회가 입증을 하여야 한다. 법원도 동일한 취지의 103)판시를 하고 있다.

고등법원 2005. 11. 16. 선고 2004누22765 판결).

100) 대법원 2004. 3. 12. 선고 2001두7220 판결, 파기환송 후 고등법원에서 확정되었다(서울고등법원 2004. 11. 4. 선고 2004누8448 판결).

101) 대법원 2005. 5. 27. 선고 2004두6099 판결

102) 대법원 2005. 5. 27. 선고 2004두6099 판결

103) 대법원 2004. 9. 24. 선고 2001두6364 판결

관련된 판례를 살펴보면 법원은 삼성에스디에스의 특수관계인 지원행위 건에서 신주인수권부사채를 특수관계인에게 저가로 매각하였다는 사정만으로는 부당성이 입증되지 않고 이를 계열회사에 투자하는 등으로 다른 회사가 자신이 속한 관련시장에서의 경쟁을 저해하게 되는 결과 경제력집중의 폐해가 나타나서 공정한 거래를 저해할 우려가 있다는 점이 입증되어야 한다고 [104]판시하였다.

또한 부당지원행위에서 '부당'은 지원객체가 직접 또는 간접적으로 속한 시장에서 경쟁이 저해되거나 경제력이 집중되는 등으로 공정한 거래를 저해할 우려가 있다는 의미로 해석해야 한다고 [105]판시하고 있으며 특수관계인에 대한 부당지원행위도 특수관계인들이 지원받은 자산을 계열회사에 투자하는 등으로 관련 시장에서의 공정한 거래를 저해할 우려가 있다는 사실을 입증해야 한다고 하였다.

(1)-3 부당성 조각사유

지원행위에 '행정지도'가 있었던 경우 부당성이 인정될 수 있을지가 문제될 수 있다. 금호산업 외 3의 부당지원행위 건에서 법원은 금융감독원이 행정지도를 통해 지원행위와 관련된 각 거래행위를 하게 했다는 주장에 대해 금융감독원의 행정지도는 '부실금융기관 대주주의 경제적 책임부담기준'에 따라 경영을 정상화하라는 취지에 불과하고 지원주체가 지원객체에게 정상금리보다 현저히 낮은 금리로 자금을 제공하라는 취지는 아니었으며, 공정한 거래질서라는 관점에서 볼 때 이와 같은 행정지도로 인하여 지원행위의 부당성이 조각된다고 보기는 어렵다고 [106]판시한 바 있다.

'다른 법령에 의한 정당한 행위'는 공정거래법 적용이 제외되는바, 현대자동차 외 6의 부당지원행위 건에서는 주식매매 행위와 관련해서 사업자가 [107]법

104) 대법원 2004. 9. 24. 선고 2001두6364 판결

105) 대법원 2004. 9. 24. 선고 2001두6364 판결

106) 대법원 2008. 6. 26. 선고 2006두8792 판결, 파기환송 후 고등법원에서 확정되었다(서울고등법원 2009. 1. 22. 선고 2008누18399 판결).

107) 법인세법 제52조(부당행위계산의 부인) ① 납세지 관할 세무서장 또는 관할지방국세청장은 내국법인의 행위 또는 소득금액의 계산이 특수관계인과의 거래로 인하여 그 법인의 소득에 대한 조세의 부담을 부당하게 감소시킨 것으로 인정되는 경우에는 그 법인의 행위 또는 소득금액의 계산(이하 "부당행위계산"이라 한다)과 관계없이 그 법인의 각 사업연도의 소득금액을 계산한다.

인세법 제52조 등에 따른 불이익을 피하기 위한 목적의 행위였으므로 이는 법에 따른 정당한 행위로서 부당지원행위의 규제 대상이 아니라는 주장에 대해, [108]법원은 (종전)공정거래법 제58조의 적용제외는 자유경쟁의 예외를 적용하고 있는 조항이므로 필요·최소한으로 예외가 인정되어야 한다고 하면서 원고의 주장을 배척한 바 있다.

(1)-4 부당성 인정사례

부당한 지원행위에 해당하는 경우로는 [109]① 지원객체가 해당 지원행위로 인하여 일정한 거래분야에 있어서 유력한 사업자의 지위를 형성·유지 또는 강화할 우려가 있는 경우, [110]② 지원객체가 속하는 일정한 거래분야에 있어서 해당지원행위로 인하여 경쟁사업자가 배제될 우려가 있는 경우, [111]③ 지원객체가 해당 지원행위로 인하여 경쟁사업자에 비하여 경쟁조건이 상당히 유리하게 되는 경우, ④ 지원객체가 속하는 일정한 거래분야에 있어서 해당 지원행위로 인하여 지원객체의 퇴출이나 타 사업자의 신규진입이 저해되는 경우, [112]⑤ 관련 법령을 면탈 또는 회피하는 등 불공정한 방법, 경쟁수단 또는 절차를 통해 지원행위가 이루어지고, 해당 지원행위로 인하여 지원객체가 속하는 일정한 거

108) 대법원 2007. 12. 13. 선고 2005두5963 판결, 파기환송 후 고등법원에서 확정되었다(서울고등법원 2008. 3. 19. 선고 2007누34424 판결).

109) 이에 대한 예시로서 중소기업들이 합하여 절반 정도의 시장점유율을 갖는 시장에 참여하는 계열회사에 대하여 동일한 기업집단 소속 회사들이 정당한 이유 없이 자금·자산·상품·용역·인력 지원행위를 하여 해당 계열회사가 시장점유율이 5% 이상이 되거나 시장점유율 기준 3위 이내의 사업자에 들어가게 되는 경우를 들 수 있다.

110) 예를 들어 지원객체가 지원받은 경제상 이익으로 해당 상품 또는 용역의 가격을 경쟁사업자보다 상당기간 낮게 설정하여 경쟁사업자가 해당 시장에서 탈락할 우려가 있는 경우 또는 기업집단 내 계열회사 간 거래가 이루어지는 분야에서 기업집단 외부의 경쟁사업자가 진입하기 어려워 지원주체의 지원행위로 지원객체가 자신의 경쟁력과 무관하게 별다른 위험부담 없이 안정적인 사업활동을 영위함으로써 사업기반이 공고하게 되는 반면, 해당 기업집단 외부의 다른 경쟁사업자들은 지원주체와 같은 대형 거래처와 거래할 기회가 봉쇄되는 경우를 들 수 있다.

111) 예를 들어 지원객체가 해당 지원행위로 인하여 자금력, 기술력, 판매력, 제품이미지 개선 등 사업능력이 증대되어 사업활동을 영위함에 있어서 경쟁사업자에 비하여 유리하게 되는 경우, 지원주체의 지원행위를 통해 지원객체가 사업기반을 강화시킴과 동시에 재무상태를 안정적으로 유지·강화하게 되는 경우를 들 수 있다.

112) 이에 대한 예시로서 증권회사가 '유가증권인수업무규정'상 계열 증권사의 회사채 인수금지규정을 면탈하기 위해 다른 증권사를 주간사로 내세우고 자신은 하인수(下引受) 회사가 되어 수수료를 받는 방법으로 경제상 이익을 얻고 이로 인하여 다른 증권회사와의 공정하고 자유로운 경쟁을 저해한 경우를 들 수 있다.

래분야에서 경쟁이 저해되거나 경제력집중이 야기되는 등으로 공정한 거래가 저해될 우려가 있는 경우 등을 들 수 있다.

법원이 구체적으로 부당성을 인정한 경우로 지원금액이 당기순이익의 10%를 초과하고 지원객체의 재무구조를 현저히 개선시킨 경우, 3년 연속 순손실인 업체에 자산총액의 10.9%에 달하는 지원행위를 한 경우, 지원객체의 시장점유율 증가나 부채비율의 개선을 초래한 경우, 대규모 신주인수로 지원객체가 관련시장에서 퇴출되는 것을 면하게 한 경우, 현저히 낮은 환율로 외환을 매각하거나 운용자금을 저리로 예치하여 지원객체의 자금력을 제고시킨 경우, 지원객체가 생존이 어려운 상황에서 그 후순위사채 고가인수·대규모 자금제공·기업어음 매입·주식 고가매수를 한 사례 등을 들 수 있다.

(1)-5 부당성 부인사례

부당한 지원행위에 해당하지 않는 경우로는 [113]① 대규모기업집단 계열회사가 기업구조조정을 하는 과정에서 구조조정 대상회사나 사업부문에 대하여 손실분담을 위해 불가피한 범위 내에서 지원하는 경우, ② '대·중소기업 상생협력 촉진에 관한 법률'에 의하여 위탁기업체가 사전에 공개되고 합리적이고 비차별적인 기준에 따라 수탁기업체(계열회사 제외)를 지원하는 경우, [114]③ 기업구조조정 과정에서 일부 사업부문을 임직원 출자형태로 분사화하여 설립한 '중소기업기본법'상의 중소기업에 대하여 해당 회사 설립일로부터 3년 이내의 기간 동안 자생력 배양을 위하여 지원하는 것으로 다른 중소기업의 기존 거래관계에 영향이 적은 경우, ④ 정부투자기관·정부출자기관이 공기업 민영화 및 경영개선계획에 따라 일부 사업부문을 분사화하여 설립한 회사에 대하여 분사 이전의 시설투자자금 상환·연구기술 인력활용 및 분사 후 분할된 자산의 활용

113) 예를 들어 지원객체에 대하여 기존에 채무보증을 하고 있는 계열회사가 그 채무보증금액의 범위 내에서 지원객체의 채무를 인수하는 경우와 지원객체에 대하여 기존에 지분을 보유하고 있는 계열회사가 지분비율에 따라 지원객체가 실시하는 유상증자에 참여하는 경우를 들 수 있다.

114) 예를 들어 소요부품을 자체 생산하던 사업부문을 분사화한 회사에 대한 지원으로서 분사화된 회사와 경쟁관계에 있는 다른 중소기업의 기존 거래선을 잠식하지 않는 경우, 제품을 생산하여 다른 회사에 공급하던 사업부문을 분사화한 회사에 대한 지원으로서 분사화된 회사가 기존 거래선과의 공급관계만을 계속하여 유지하는 경우, 생산한 제품의 대부분을 수출하던 사업부문을 분사화한 회사에 대한 지원으로서 분사화된 회사가 제품의 대부분을 계속하여 수출하는 경우 등을 들 수 있다.

등과 관련하여 1년 이내의 기간 동안 자생력 배양을 위하여 불가피하게 지원하는 경우로서 기존 기업의 거래관계에 영향이 적은 경우, ⑤ '금융지주회사법'에 의한 완전지주회사가 완전자회사에게 자신의 조달금리 이상으로 자금지원을 하는 경우, ⑥ 개별 지원행위 또는 일련의 지원행위로 인한 지원금액이 5천만 원 이하로서 공정거래저해성이 크지 않다고 판단되는 경우, ⑦ '장애인고용촉진 및 직업재활법'에 따른 장애인 고용의무가 있는 사업주가 동법상의 장애인 표준사업장의 발행주식 총수 또는 출자총액의 50%를 초과소유하여 실질적으로 지배하고 있는 장애인 표준사업장에 대하여 자생력 배양을 위해 합리적인 범위 내에서 지원하는 경우, ⑧ '사회적 기업 육성법'에 따라 고용노동부장관의 인증을 받은 사회적 기업의 제품을 우선 구매하거나 사회적 기업에게 각종 용역을 위탁하거나, 사회적 기업에게 시설·설비를 무상 또는 상당히 유리한 조건으로 임대하는 등의 방법으로 지원하는 경우 등을 들 수 있다.

부당성을 부인한 판례들을 살펴본다. 삼양식품의 내츄럴삼양에 대한 부당지원행위 건에서 지원주체가 상품매입액의 11%에 이르는 판매장려금을 지급하였고 이로 인해 지원객체의 재무상황이 호전된 것과 관련하여 법원은 그러한 사정을 인정하더라도 지원객체가 포함된 시장에서 10개 상위 사업자가 10% 내외의 시장점유율을 비슷하게 유지하면서 경쟁이 이루어지고 있는 점을 들어 동 지원행위가 경쟁을 저해하거나 경제력집중을 야기했다고 보기는 어렵다고 [115]판시하였다.

에스케이 기업집단 계열회사의 부당지원행위 건에서 법원은 IT서비스의 경우 정상가격 책정은 동일하거나 유사한 유지보수 서비스가 이루어지는 것을 전제로 이루어져야 하는데, 지원객체가 지원주체에게 제공한 유지보수의 서비스 수준이나 범위가 오히려 상대적으로 높은 수준이었다고 판단되므로 정상가격보다 현저히 높은 유지보수비를 지급하였다고 보기는 어렵다고 [116]판시하였다.

지원금액이 미미하다는 이유로 부당성을 부인한 사례로는 지원금액이 900만 원 수준인 경우와 지원금액이 자산총액의 0.5% 남짓인 경우, 책임감리용역 발주행위에 따른 지원금액이 추정순이익의 2.42%에 해당한 경우 등에서 법원은

115) 서울고등법원 2015. 10. 16. 선고 2014누5615 판결, 상고심(대법원)은 심리불속행 기각하였다.

116) 대법원 2016. 3. 10. 선고 2014두8568 판결

관련시장에서의 공정경쟁을 저해할 우려가 있다고 보기는 어렵다고 [117]판시한 바 있고, 공익성을 이유로 부당성을 부인한 경우로는 민영화를 달성하기 위한 수의계약체결 행위, 적자상태의 고속도로 휴게시설을 운영하기 위한 공익적 필요에 의해 임대료를 면제한 행위 등에 대한 [118]판시가 있었다.

(2) 상당성

(2)-1 상당성과 정상가격

지원행위의 위법성이 성립하려면 '부당성'과 함께 '상당성'이 성립해야 한다. 이는 부당지원행위 금지를 규정하고 있는 전부개정 공정거래법 제45조 제1항 제9호에서 '부당하게' 특수관계인 또는 다른 회사를 지원하는 행위를 금지하면서 그에 해당하는 행위로 ① 특수관계인 또는 다른 회사에 가지급금·대여금·인력·부동산·유가증권·상품·용역·무체재산권 등을 제공하거나 '상당히' 유리한 조건으로 거래하는 행위, ② 다른 사업자와 직접 상품·용역을 거래하면 '상당히' 유리함에도 불구하고 거래상 실질적인 역할이 없는 특수관계인이나 다른 회사를 매개로 거래하는 행위로 표현하고 있음을 통해 알 수 있다.

상당성 요건과 관련하여 거래조건을 통한 지원의 경우에는 실제 거래가격과 정상가격 간의 차이가 어느 정도일 경우에 상당한 차이라고 할 수 있는지가 문제가 되고, 거래규모를 통한 지원의 경우에는 어느 정도 규모의 거래가 상당한 규모에 해당하는지가 문제가 될 수 있다. 결국 공정거래위원회가 시정조치를 한 부당지원행위에 대한 법원의 판단을 통해 그 기준을 가늠할 수밖에 없다. 참고로 종전 '현저히' 유리한 조건의 적용제외 기준이 거래조건을 통한 지원의 경우 정상가격과의 차이가 10% 미만이었음도 고려할 필요가 있다.

공정거래법 시행령 제57조는 특수관계인에 대한 부당한 이익제공 등 금지를 규정하면서 별표 3에 특수관계인에게 부당한 이익을 귀속시키는 행위의 유

---

117) 조선일보사 외 2의 부당지원행위 건(대법원 2005. 9. 15. 선고 2003두12059 판결, 파기환송 후 고등법원에서 확정되었다(서울고등법원 2006. 4. 13. 선고 2005누23628 판결); 중앙일보사의 부당지원행위 건(대법원 2005. 5. 13. 선고 2004두2233 판결), 파기환송 후 고등법원에서 확정되었다(서울고등법원 2006. 4. 20. 선고 2005누10547 판결); 한국토지공사의 부당지원행위 건(대법원 2006. 5. 26. 선고 2004두3014 판결); 한국투자증권의 부당지원행위 건(대법원 2008. 6. 12. 선고 2006두7751 판결)

118) 한국도로공사의 부당지원행위 건(대법원 2007. 3. 29. 선고 2005두3561 판결, 대법원 2006. 6. 2. 선고 2004두558 판결)

형 또는 기준을 정하고 있는데, 상당히 유리한 조건의 거래를 규정하면서 시기, 종류, 규모, 기간, 신용상태 등이 유사한 상황에서 특수관계인이 아닌 자와의 정상적인 거래에서 적용되거나 적용될 것으로 판단되는 조건과의 차이가 100분의 7 미만이고, 거래당사자 간 해당 연도 거래총액이 50억 원(상품·용역의 경우에는 200억 원) 미만인 경우에는 상당히 유리한 조건에 해당하지 않는 것으로 보고 있으므로 이를 통해 상당성을 유추할 수도 있다.

상당성을 판단하기 위해서는 정상가격을 먼저 정하여야 하는데 부당지원행위의 심사지침에서도 규정하고 있듯이 [119]정상가격은 시기, 종류, 규모, 기간, 신용상태 등이 유사한 상황에서 특수관계가 없는 독립된 자 간에 이루어졌을 경우 형성되었을 거래가격 등을 의미하므로 실제 공정거래위원회의 집행 실무에서는 정상가격을 어떻게 보느냐 하는 문제가 가장 중요하고도 어려운 문제이다. 법원은 정상가격 입증에 있어 다소 엄격한 입장을 취하고 있으므로 규제를 하는 공정거래위원회 입장에서는 최대한의 유사한 상황을 찾아서 정상가격 입증을 해야 한다.

(2)-2 관련 판례

법원은 공정거래위원회가 정상가격을 추단할 때는 단순히 사후적·회고적인 시각에서 판단하는 것이 아니라 적합한 유사 사례를 선정하고 그 사례와 당해 거래에서의 거래조건 등에서 차이가 존재하는지를 살펴 그 차이가 있다면 이를 합리적으로 조정하는 과정을 거쳐서 추단하여야 하고, 정상가격이 이와 같은 합리적 과정을 거쳐 산출되었다는 입증책임은 처분의 적법성을 주장하는 공정거래위원회에 있다고 [120]판시한 바 있다. 이하에서는 법원이 정상가격과 관련하여 판단한 사례들을 살펴본다.

씨제이씨지브이(주)의 부당한 지원행위에 대한 건에서 법원은 공정거래위원회가 동일한 비교대상을 찾는 것이 불가능한 상황에서 스크린광고 영업대행 사업자의 계약조건을 조사하는 방법으로 유사사례를 선정하였고 그 유사사례와 이 사건 거래 사이에 영향을 미칠 수 있는 거래조건의 존재를 살펴 이를 합리적

119) 법원도 동일한 입장을 취하고 있다. 현대자동차 등 부당지원행위 건(대법원 2012. 10. 25. 선고 2009두 15494 판결)

120) 대법원 2015. 1. 29. 선고 2014두36112 판결, 파기환송 후 서울고등법원에서 확정되었다(서울고등법원 2015. 10. 7. 선고 2015누33441 판결).

으로 조정하는 과정을 거쳐 산출한 수치 중 원고에게 가장 유리한 16%를 정상수수료율로 산정한 것에 대해 정상수수료율이 합리적으로 입증되었다고 [121]판시한 바 있다.

반면, 한국남동발전 외 4개사 등 한국전력공사 소속회사의 부당지원행위에 대한 건에서 법원은 공정거래위원회가 한전산업개발과 유사한 업체와의 용역계약 등을 통해 합리적으로 정상가격을 추산하지 않고 하나의 참고가격만을 제시하여 원고들의 한전산업개발과의 거래가격과 비교한 것과 관련하여 이러한 참고가격이 정상가격으로 볼 수 있을 정도로 합리적으로 추산되었다고 볼 만한 아무런 증거가 없다고 [122]판시하였다.

한국수력원자력 등 한국전력공사 소속회사의 부당지원행위에 대한 건에서도 법원은 공정거래위원회가 한전KDN의 재발주 입찰에서의 낙찰가격을 정상가격으로 본 것에 대해, 입찰에서의 낙찰가격은 입찰참가자의 입찰당시의 상황, 입찰시기나 규모 등에 따라 입찰가격이 달라질 수 있으므로 곧바로 해당 상품의 정상적인 시장가격이라고는 볼 수 없다고 [123]판시한 바 있다.

4. 부당지원행위 유형

(1) 부당한 자금지원행위

(1)-1 의의 및 유형

지원주체가 지원객체와 가지급금 또는 대여금 등 자금을 정상적인 거래에서 적용되는 대가보다 '상당히 낮거나 높은 대가'로 제공 또는 거래하는 행위와 가지급금·대여금 등 자금을 '상당한 규모'로 제공 또는 거래하는 행위를 통하여 과다한 경제상 이익을 제공하는 것은 부당한 지원행위에 해당한다. 자금거래에 의한 지원행위는 회계처리상 계정과목을 가지급금 또는 대여금으로 분류하고 있는 경우에 국한하지 않고 지원주체가 지원객체의 금융상 편의를 위하여 직접 또는 간접적으로 현금 기타 자금을 이용할 수 있도록 경제상 이익을 제공하는 일체의 행위를 의미한다.

---

121) 서울고등법원 2017. 10. 25. 선고 2017누37653 판결, 고등법원 확정

122) 서울고등법원 2015. 12. 3. 선고 2015누40356 판결, 상고심(대법원)은 심리불속행 기각하였다.

123) 서울고등법원 2016. 1. 22. 선고 2015누40585 판결, 상고심(대법원)은 심리불속행 기각하였다.

자금거래에 의한 지원행위가 지원객체에게 상당히 유리한 조건의 거래인지 여부는 실제적용금리와 개별정상금리 또는 일반정상금리 사이의 차이는 물론 지원성 거래규모와 지원행위로 인한 경제상 이익, 지원기간, 지원횟수, 지원시기, 지원행위 당시 지원객체가 처한 경제적 상황 등을 종합적으로 고려하여 구체적·개별적으로 판단하고, 부당지원 행위 성립과 관련하여 종전 '부당지원 심사지침'은 지원주체와 지원객체 간의 자금거래에 의한 실제적용금리와 개별정상금리 또는 일반정상금리와의 차이가 7% 미만으로서 개별 지원행위 또는 일련의 지원행위로 인한 지원금액이 1억 원 미만인 경우에는 지원행위가 성립하지 않는 것으로 판단할 수 있다고 규정하고 있었으나 2022. 12. 9. 시행된 개정 부당지원 심사지침에서는 자금지원 안전지대를 지원금액 1억 원 미만 기준에서 거래당사자 간 해당 연도 자금거래 총액 30억 원 미만 기준으로 변경하였다. 종전 지원금액 개념이 정상가격, 지원성 거래규모 등이 파악된 후에야 알 수 있어서 사전 예측이 어려웠던 사정을 감안하여 객관적이고 예측이 가능한 자금거래 총액 개념으로 수정하게 되었다. 다만, 무상제공과 같이 거래총액이 적더라도 지원 효과가 클 수 있는 경우가 있을 수 있어서 정상 금리와의 차이 7% 미만 기준은 그대로 유지하였다.

자금지원행위는 지원객체가 실제로 경제상 이익을 얻었는지 여부와 관계없이 자금을 제공 또는 거래하는 행위가 있으면 즉시 성립하는바, 현대 1차 사건에서 법원은 부당한 자금지원행위의 규제대상은 지원의도에 기한 자금의 제공 또는 거래행위나 자금을 회수하지 아니하는 행위 그 자체이고 자금지원행위로 인하여 지원객체가 얻게 되는 이익은 이러한 행위로 인한 경제상 효과에 불과하다고 [124]판시한 바 있다.

자금지원행위의 구체적인 형태로는 지원주체가 지원객체에게 금융회사로부터 차입금리보다 저리로 자금을 대여하는 경우, 계열금융회사에게 콜자금을 시중 콜금리보다 저리로 대여하는 경우, 상품·용역거래와 무관하게 선급금 명목으로 지원객체에게 무이자 또는 저리로 자금을 제공하는 경우, 주식매입을 하지 않으면서 증권예탁금 명목으로 계열증권회사에 일정기간 자금을 저리로 예탁하는 경우, 지원주체가 제3자인 은행에 정기예금을 예치한 다음 이를 다시

---

124) 대법원 2004. 4. 9. 선고 2001두6197 판결, 파기환송 후 재상고심에서 확정되었다(대법원 2008. 7. 1. 선고 2006두14735 판결).

지원객체에 대한 대출금의 담보로 제공함으로써 지원객체로 하여금 은행으로부터 낮은 이자율로 대출받도록 하는 경우 등이 포함된다.

부당한 자금지원의 형태와 관련하여 대우 1차 사건에서 법원은 자금을 변제기 이후에도 회수하지 않는 부작위행위도 자금지원행위에 포함되며, 지연이자를 지급받기로 약정하였다 하더라도 달리 볼 것이 아니라는 [125]판시를 한 바 있고, 에스케이엠의 동산씨앤지 부당지원행위 건에서 법원은 지원주체가 3개 은행에 정기예금을 예치한 다음 이를 다시 동산씨앤지에 대한 대출금의 담보로 제공함으로써 지원객체가 낮은 이자율로 금원을 대출받는 경제상 이익을 제공한 것에 대해 부당지원행위의 규제대상이 된다고 [126]판시한 바 있다.

(1)-2 정상금리와 부당성 판단

(1)-2-1 개요

개별정상금리는 다음의 방법에 따라 순차적으로 산출하게 되는데, ① 지원주체와 지원객체 사이의 자금거래와 시기, 종류, 규모, 기간, 신용상태 등의 면에서 동일한 상황에서 그 지원객체와 그와 특수관계가 없는 독립된 자 사이에 자금거래가 이루어졌다면 적용될 금리, ② 위와 같이 완전히 동일한 경우가 아닌 경우 유사한 상황에서 적용될 금리, ③ 지원주체와 지원객체 사이의 자금거래와 시기, 종류, 규모, 기간, 신용상태 등의 면에서 동일 또는 유사한 상황에서 특수관계가 없는 독립된 자들 사이에 자금거래가 이루어졌다면 적용될 금리를 순차적으로 사용하게 된다.

공사대금 미회수, 기간이 특정되지 않은 단순대여금 등 지원시점에 만기를 정하지 않은 경우에는 지원객체의 월별 평균차입금리를 개별정상금리로 보고, 위 방법에 의해 산정이 어려운 경우에는 개별정상금리가 시중은행의 매월 말 평균 당좌대출금리(이하 '일반정상금리'라 한다)보다 낮지 않을 것으로 보는 것이 합리적인 상황에 한정하여 해당 자금거래의 실제적용금리와 일반정상금리를 비교하여 지원행위 여부를 판단한다.

부당한 자금지원의 경우 부당성 또는 상당성을 판단하기 위해서는 정상금리가 쟁점이 된다. 법원은 부당지원행위와 관련된 시기 등과 직접 연관되는 개

---

125) 대법원 2004. 10. 14. 선고 2001두2881 판결, 파기환송 후 고등법원에서 확정되었다(서울고등법원 2005. 11. 16. 선고 2004누22765 판결).

126) 대법원 2006. 10. 27. 선고 2004두3274 판결

별정상금리 산정이 중요하다고 보면서, 정상금리보다 낮은 금리로 자금을 지원한 행위와 관련하여 공정거래위원회가 개별정상금리 산정이 어려워서 유사한 사례 등을 통한 일반정상금리를 기준으로 삼는 경우에는 개별정상금리가 일반정상금리보다 낮을 수 있는 특별한 사정이 없다는 점을 공정거래위원회가 입증을 하도록 요구하고 있다.

(1)-2-2 정상금리 관련 판례

대한주택공사의 부당지원행위 건에서 법원은 정상가격에 대한 입증책임은 공정거래위원회에 있다고 하면서, 정상가격을 추단하는 경우에는 통상의 거래당사자가 당해 거래 당시의 일반적인 경제 및 경영상황과 장래 예측의 불확실성까지도 모두 고려하여 보편적으로 선택하였으리라고 보이는 현실적인 가격을 규명해야 하며, 단순히 제반 상황을 사후적, 회고적인 시각으로 판단하여 거래가격보다 더 나은 가격으로 거래할 수도 있었을 것이라 하여 이를 기준으로 추단하여서는 안 된다고 127)판시하였다.

대우 2차 사건에서 법원은 정상금리를 지원주체와 지원객체 사이의 자금거래와 시기, 종류, 규모, 기간, 신용상태 등의 면에서 동일 또는 유사한 상황에서 그 지원객체와 특수관계가 없는 독립된 금융기관 사이에 자금거래가 이루어졌다면 적용될 금리라고 하면서, 당해 자금거래시점과 관계없는 일정기간의 평균금리를 공정거래위원회가 정상금리로 적용한 것에 대해 금리는 금융시장에서 수시로 변동하기 때문에 위 평균금리는 특정시점에서 이루어진 자금거래의 정상금리로는 볼 수 없다는 128)판시를 한 바 있다.

씨티은행의 부당지원행위 건에서 법원은 공정거래위원회가 개별정상금리로 본 금융2채 BBB 관련 금리는 원고가 계열회사인 씨티파이낸셜에게 금원을 대여하면서 적용하였던 금리로서 특수관계가 없는 독립된 자 사이의 자금거래에 적용되는 금리가 아니며, 금융2채 BBB 관련 금리보다 실제적용금리가 소폭 낮다고 해서 실제적용금리가 개별정상금리보다 현저히 낮아진 것으로 단정하기는 어렵다고 하면서, 씨티파이낸셜과 동일 또는 유사한 신용등급을 가진 회사가 이 사건 대여행위와 시기, 규모, 만기 등의 면에서 동일 또는 유사한 대출을

127) 대법원 2008. 2. 14. 선고 2007두1446 판결, 파기환송 후 고등법원에서 확정되었다(서울고등법원 2008. 5. 15. 선고 2008누6068 판결).

128) 대법원 2004. 10. 14. 선고 2001두2935 판결

받은 적이 있는지를 살펴보고 그 대출행위의 금리를 정상금리로 봐야 한다고 [129]판시하였다.

웅진씽크빅 등 6개사의 부당지원행위 건에서 법원은 웅진홀딩스가 자신의 예금 600억 원과 주식 100만 주를 담보로 제공함으로써 웅진폴리실리콘이 은행으로부터 무담보 대출금리보다 낮은 5.50~5.87%로 대출받을 수 있도록 한 자금지원에 대해, 공정거래위원회가 유사한 사례가 없다는 이유로 개별정상금리가 일반정상금리를 하회하지 않을 것으로 인정되는 특별한 사정에 대해 입증하지 않고, 지원행위와 관련하여 실제 적용된 금리와 일반정상금리를 비교하여 지원금액을 산정한 것은 위법하다고 [130]판시하였다.

현대중공업 외 17개사의 부당지원행위 건에서 법원은 공정거래위원회가 어음할인금리 10%를 정상금리로 보았으나 공정거래위원회가 개별정상금리가 일반정상금리를 하회하지 않을 것으로 인정되는 특별한 사정에 대해 입증 없이 일반정상금리인 어음할인금리를 정상금리로 삼아 지원금액을 산정할 수는 없다고 [131]판시하였다.

에스케이씨앤씨 부당지원행위 건에서 법원은 공정거래위원회가 정상금리로 적용한 기업어음 평균할인금리는 정상금리의 산정을 위한 참고자료로 삼을 수는 있으나 기업어음 평균할인금리가 당해 기간 지속적으로 하락하는 추이를 반영하지 않고 지원기간 동안의 정상금리로 적용한 것은 부당하다고 [132]판시하였다.

(1)-3 지원금액 관련 판례

지원금액은 지원주체가 지원객체에게 제공하는 경제적 급부의 정상가격에서 그에 대한 대가로 지원객체로부터 받는 경제적 반대급부의 정상가격을 차감한 금액을 말하며, 지원주체와 지원객체 간 자금거래에 적용된 실제적용금리가 개별정상금리와 차이가 있는 것으로 보이지만 개별정상금리의 구체적 수준을

---

129) 대법원 2009. 5. 28. 선고 2008두7885 판결, 파기환송 후 고등법원에서 확정되었다(서울고등법원 2009. 11. 19. 선고 2009누14097 판결).

130) 대법원 2014. 6. 12. 선고 2013두4255 판결

131) 대법원 2007. 1. 25. 선고 2004두7610 판결, 파기환송 후 고등법원에서 확정되었다(서울고등법원 2007. 6. 28. 선고 2007누3895 판결).

132) 대법원 2004. 3. 12. 선고 2001두7220 판결, 파기환송 후 고등법원에서 확정되었다(서울고등법원 2004. 11. 4. 선고 2004누8448 판결).

산정하기 어려운 경우에는 지원성 거래규모를 기준으로 지원금액을 산정하게 된다. 구체적인 자금지원 행위와 관련하여 지원금액을 법원이 어떻게 보고 있는지를 이하에서 살펴본다.

서울신문사의 스포츠서울21 지원행위 건에서 법원은 지원금액이란 지원객체가 유사한 상황에서 특수관계가 없는 독립사업자와 정상적인 방법으로 거래를 하였다면 부담하였을 가격이 기준이 되므로 공정거래위원회가 지원금액을 산정함에 있어서 지원객체인 스포츠서울21이 부담할 부가가치세액을 포함하여 계산한 것은 적법하다고 133)판시하였다.

대우 1차 부당지원행위 건에서 법원은 스피디코리아가 원고 대우에게 한 번도 이자지급을 하지 않은 것을 볼 때 24억 2,900만 원을 스피디코리아에게 대여한 것은 그 대여금에 대한 적정 이자액 상당의 과다한 경제상 이익을 제공한 것이고 이는 부당한 자금지원행위에 해당한다고 134)판시하였고 같은 사건에서 계열사 임직원들의 자동차 구입대금을 무이자로 융자한 경우 지원객체가 받은 경제상 이익은 금융상 이익과 같다고 볼 수 있다고 하였다.

대우 3차 부당지원행위 건에서 대우가 외국환은행을 통하여 외환을 매각하고 대우중공업이 지점들로부터 이를 매입하는 방법으로 현물환거래를 하면서 거래 당시의 시장환율보다 달러당 11.12~25.90원 낮은 환율로 거래한 사안에 대해 법원은 정상환율인 시장환율과 거래환율과의 차액이 지원금액에 해당하여 대우중공업에게 68억 7,300만 원의 경제상 이익을 준 것은 부당지원에 해당한다고 135)판시하였다.

현대중공업의 부당지원행위 건에서 법원은 공정거래위원회가 물품대금 지연이자를 미수령한 지원행위의 지원금액을 산정하면서 지원객체인 현대석유화학의 연체대출금리를 기준으로 산정한 것은 지원행위의 내용이 그 공급대금을 지연수령하여 그 기간 동안 그 대금 상당의 자금을 이용할 수 있게 해 준 것이라면 그 대금을 이용하는 데 필요한 대출금리인 상사이율(商事利率) 6%를 기준으로 산정해야 한다면서 공정거래위원회의 조치가 위법하다고 136)판시하였다.

---

133) 서울고등법원 2004. 7. 15. 선고 2002누1092 판결, 상고심(대법원)은 심리불속행 기각하였다.

134) 대법원 2004. 10. 14. 선고 2001두2881 판결, 파기환송 후 고등법원에서 확정되었다(서울고등법원 2005. 11. 16. 선고 2004누22765 판결).

135) 대법원 2004. 10. 14. 선고 2001두6012 판결

(1)-4 부당성 부인 판례

엘지반도체 외 18개사의 부당지원행위 건에서 법원은 부당지원행위에 대한 규정 시행 전 이미 지원할 의도로 제공한 자금을 당해 규정 시행 후 단순히 회수하지 아니하는 행위만으로는 자금지원행위에 해당하지 않으며 그 이후에 변제기를 연장하는 것 등과 같이 새로운 자금지원행위와 동일시할 수 있을 정도의 특별한 사정이 있어야 부당한 자금지원행위에 해당한다고 137)판시하였고 현대 1차 부당지원행위 건에서도 선급금 명목으로 지원한 금원을 규정이 시행된 이후에 단순히 회수하지 아니한 행위는 부당지원행위에 해당되지 않는다고 138)판시하였다.

현대중공업 외 17개사의 부당지원행위 건에서 법원은 연계대출은 금융당국의 승인 하에 이루어진 우회적인 정부지원의 수단으로 볼 수 있는 점 등을 볼 때 연계대출이 허용된 배경, 연계대출의 금리결정 방식과 적용범위, IMF 초기 금리 차이가 발생하게 된 원인 및 그 이후의 사정 등을 종합하여 고려하면 이 사건 연계대출이 적지 않은 규모이고, 그 금리 역시 시중의 금리보다 다소 저리이긴 하지만 이 사건 연계대출 행위가 공정한 거래를 저해할 우려가 있는 부당한 지원행위라고 볼 수는 없다고 139)판시하였다.

한국도로공사의 부당지원행위 건에서 법원은 정부의 공기업 민영화 정책에 따른 민영화 과정에서 고속도로관리공단의 인수자인 계룡건설의 임대차보증금 조달의 어려움을 분담하기 위하여 행하여진 임대차보증금 대여행위는 정상이율과의 차이가 0.75%에 불과하고 민영화 등의 사정을 고려할 때 부당한 자금지원행위라고 보기는 어렵다고 140)판시하였다.

136) 대법원 2006. 4. 14. 선고 2004두3298 판결
137) 대법원 2004. 11. 12. 선고 2001두2034 판결
138) 대법원 2004. 4. 9. 선고 2001두6203 판결, 파기환송 후 고등법원에서 확정되었다(서울고등법원 2006. 8. 9. 선고 2004누8431 판결).
139) 대법원 2007. 1. 25. 선고 2004두7610 판결, 파기환송 후 고등법원에서 확정되었다(서울고등법원 2007. 6. 28. 선고 2007누3895 판결).
140) 대법원 2007. 3. 29. 선고 2005두3561 판결

(2) 부당한 자산지원 행위

(2)-1 의의 및 유형

지원주체가 지원객체에게 유가증권·부동산·무체재산권이나 기타 자산을 정상적인 거래에서 적용되는 대가보다 '상당히 낮거나 높은 대가'로 제공 또는 거래하는 행위와 자산을 '상당한 규모'로 제공 또는 거래하는 행위를 통하여 과다한 경제상 이익을 제공하는 것은 부당한 지원행위에 해당된다. 자산지원의 형태로는 기업어음·주식·회사채·사모사채·전환사채·부도 유가증권 고가매입, 부동산 저가매도 또는 고가매수, 무체재산권 무상양도 등이 있으며 금융관련 법규위반을 회피하기 위해 금융회사를 통하여 실권주를 높은 가격으로 우회인수하거나 기타 탈법적인 방법으로 지원주체가 인수하는 경우 등도 포함된다. 이하에서는 공정거래위원회의 법집행을 통해 나타난 구체적인 사례들을 살펴본다.

'기업어음 고가매입'과 관련해서는 지원객체가 발행한 기업어음을 낮은 할인율을 적용하여 고가로 매입한 행위, 계열회사들의 부도 직전에 현저히 낮은 할인율로 신규 어음을 인수해 준 행위, 위탁자의 지시에 의해 운용되는 특정금전신탁을 이용하여 은행으로 하여금 정상할인율보다 낮은 할인율로 지원객체 발행의 기업어음을 매입하도록 한 행위, 지원주체의 자금사정이 좋지 않았음에도 지원객체 지원을 위해 사업목적과 무관하게 추가 대출을 받은 행위 등이 부당한 자산지원행위로 판단되었다.

'주식 고가매입·우회인수'와 관련해서는 증권회사가 대규모기업집단 내의 다른 회사로 하여금, 주식환매계약을 체결하여 거래 상대방의 주식매수청구권 행사에 따라 지원객체의 주식을 고가로 매입하도록 중개한 행위, 청산위기에 있는 해외펀드에 대한 출자행위로 그 펀드의 주주인 계열회사의 투자손실을 방지한 행위, 계열회사의 실질적인 주식가격이 액면가에 현저히 미치지 못함에도 불구하고 유상증자에 참여하여 액면가로 주식을 인수한 행위, 제3자 배정방식의 유상증자에서 고가로 주식을 인수한 행위, 일반공모방식의 유상증자에 참여하여 기준 주가보다 높은 발행가에 주식을 인수한 행위, 지원객체가 보유 중인 퇴출 직전의 기업 주식을 고가로 매입한 행위, 실권주 발생 시 전액을 인수하는 총액인수방식으로 유상증자에 참여한 행위, 종합금융회사의 실권주를 인수하여 종합금융회사로 하여금 그 자금으로 지원객체의 실권주를 고가에 인수하도록 연계한 행위 등이 부당한 자산지원 행위로 판단되었다.

'사모사채 고가매입'과 관련해서는 계열회사가 발행한 무보증 사모사채를 공모사채 발행수익률보다 뚜렷이 낮은 금리로 대규모 인수한 행위, 금융회사의 특정금전신탁에 가입하고 동 금융회사로 하여금 위탁자의 계열사가 발행한 사모사채를 저리에 인수하도록 한 행위 등이 부당한 자산지원 행위로 판단되었다.

'후순위사채 고가매입'과 관련해서는 후순위사채는 유통성이 떨어지는 채권이어서 그 이율이 통상 이율보다 상당 수준 높아야 하는데도 불구하고 그 보다 낮은 이율로 매입한 행위, 현저히 낮은 수익률로 발행된 후순위사채를 대규모로 매입하여 준 행위 등이 부당한 자산지원 행위로 판단되었다.

'전환사채의 고가매입·저가주식 전환'과 관련해서는 지원객체의 경영난을 해소하기 위해 계열회사들이 무보증전환사채를 저리로 인수한 행위, 인수한 전환사채의 전환권을 행사한 행위 등이 부당한 자산지원 행위로 판단되었다.

(2)-2 정상가격과 부당성 판단

(2)-2-1 개요

자산지원 행위에 있어서 정상가격은 해당 거래와 시기, 종류, 규모, 기간 등이 '동일한 상황'에서 특수관계가 없는 독립된 자 사이에 실제 거래한 사례가 있는 경우에는 그 거래가격을 정상가격으로 한다. 만일 동일한 실제사례를 찾을 수 없는 경우에는 해당 거래와 '유사한 사례'를 선정하고 유사사례와 거래조건 등의 차이가 있는지를 봐서 차이가 있다면 '합리적으로 조정'하는 과정을 거쳐 정상가격을 산정한다.

유사사례도 찾을 수 없다면 부득이 통상의 거래 당사자가 거래 당시의 일반적인 경제 및 경영상황 등을 고려하여 보편적으로 선택하였으리라고 보이는 현실적인 가격을 규명하여 정상가격을 산정하고, 지원주체와 지원객체 간의 자산거래에 적용된 실제 거래가격이 정상가격보다 상당히 낮거나 높은 것으로 보이지만 정상가격의 구체적 수준을 산정하기 어려운 경우에는 '지원성 거래규모'를 기준으로 [141]지원금액을 산정한다.

자산지원 행위의 부당성은 실제 거래가격이 해당 자산거래와 시기, 종류, 규모, 기간 등이 동일 또는 유사한 상황에서 특수관계가 없는 독립된 자 사이에

141) 지원금액과 관련하여 부당지원심사지침은 후순위채의 경우 지원주체가 매입한 후순위사채의 액면금액을, 유상증자시 발행된 주식의 경우 지원주체의 주식 매입액을 지원금액으로 보도록 별도로 정하고 있다.

이루어졌다면 형성되었을 거래가격에 비하여 상당히 낮거나 높은 경우에 성립하며, 거래가격 간의 차이는 물론 지원성 거래규모와 지원행위로 인한 경제상 이익, 지원기간, 지원횟수, 지원시기, 지원행위 당시 지원객체가 처한 경제적 상황 등을 종합적으로 고려하여 구체적·개별적으로 판단한다. 142)법원도 또한 이를 같이 보고 있다.

종전에는 자산 지원행위의 경우 별도의 안전지대를 정하고 있지 않았으나 부당지원 심사지침 개정으로 자금지원행위와 동일하게 정상가격과의 차이가 7% 미만이면서 거래당사자 간 해당 연도 거래총액 30억 원 미만인 경우를 안전지대로 규정하게 되었다.

(2)-2-2 정상금리 관련 판례

개별정상금리가 일반정상금리를 하회하지 않을 것으로 인정되는 특별한 경우에는 일반정상금리를 정상금리로 적용할 수 있는데, 현대 1차 부당지원행위 건에서 법원은 현대자동차 외 18개사가 대한알루미늄공업 및 현대리바트의 무보증전환사채를 저리로 인수한 사안에서 한국은행이 발표하는 매월 말 평균 당좌대출금리(일반정상금리)는 기업어음 대출금리 등 일반대출금리보다 일반적으로 높기 때문에 개별정상금리를 산정하기 어렵다는 이유만으로 바로 일반정상금리를 정상금리로 적용할 수는 없지만, 본 사안의 경우 지원객체들은 완전자본잠식상태에서 장기 기업어음 발행이 사실상 어려운 상황이어서 이 사건 무보증전환사채를 계열회사 이외의 제3자가 인수하는 것은 객관적으로 불가능한 것으로 보이므로 이 경우에는 당해 기업의 당좌대출금리를 정상금리로 적용할 수 있다고 143)판시하였다.

일반정상금리인 시중은행 평균 당좌대출금리를 정상금리로 인정한 유사한 사례로 현대 1차 부당지원행위 건에서 법원은 구체적인 개별정상금리를 합리적으로 산정하기 어려운 상황에서 지원객체인 한라계열사들이 부도에 직면해 있는 점 등을 고려해 개별정상금리가 일반정상금리를 하회할 것으로 보기는 어려우므로 일반정상금리를 정상금리로 적용할 수 있다고 144)판시하였고 현대중공

142) 대우 1차 사건(대법원 2004. 10. 14. 선고 2001두2881 판결), 현대 1차 사건(대법원 2004. 4. 9. 선고 2001두6197 판결), 한국산업은행 부당지원행위 건(대법원 2011. 8. 7. 선고 2009두11911 판결)

143) 대법원 2004. 4. 9. 선고 2001두6197 판결, 파기환송 후 고등법원에서 확정되었다(대법원 2008. 7. 1. 선고 2006두14735 판결).

업의 부당지원행위 건에서도 동일한 취지로 [145]판시하였다.

현대중공업 외 17개사의 부당지원행위 건에서 법원은 개별정상금리는 지원주체와 지원객체 사이의 자금거래와 정상할인율로 삼고자 하는 자금거래의 시기, 종류, 규모, 기간, 신용상태 등을 종합적으로 고려하여 판단하여야 할 것이지, 단순히 거래규모가 적다는 사정만으로 그 자금거래의 할인율을 개별정상금리로 삼을 수 없는 것은 아니라고 하면서, 대한알루미늄공업과 울산종합금융과의 거래실적이 같은 기간 대한알루미늄공업의 총 거래실적의 2.41%에 불과하다고 하여 울산종합금융의 할인율을 정상할인율로 못 볼 바는 아니라고 [146]판시하였다. 또한 같은 건에서 법원은 지원객체인 금강이 이 사건 기업어음을 지원주체인 현대전자산업이 아닌 제3자에게 발행한 바가 없으므로 중개기관을 통하여 발행·인수된 신용등급이 동일한 다른 회사 발행 기업어음의 할인율을 개별정상할인율로 삼은 것에 잘못이 없다고 판시하였다.

삼성생명보험 외 3의 부당지원행위 건에서 지원주체인 삼성전자는 경수종금이 발행한 기업어음을 매입하였고, 경수종금은 지원객체인 새한이 발행한 기업어음을 매입한 이 사건에서 법원은 기업어음을 중개기관을 통하여 인수한 경우 정상금리와 비교할 실제적용금리는 지원객체의 기업어음을 경수종금이 매입한 할인율로 하여야 할 것이고 삼성전자가 경수종금 발행 기업어음을 매입한 금리로 적용할 것은 아니라고 [147]판시하였다.

대우 2차 부당지원행위 건과 현대 2차 부당지원행위 건에서 법원은 지원객체가 특수관계가 없는 제3자와 거래하거나, 제3자가 인수한 기업어음에 적용된 할인율을 개별정상금리로 볼 수 있다고 [148]판시하였다.

에스케이 외 8의 부당지원행위 건에서 에스케이 등 9개사가 에스케이증권 기업어음을 고가로 인수한 사안에 대해 법원은 공정거래위원회가 에스케이증권과 특수관계 없는 자와의 사이에 에스케이증권 발행의 기업어음을 실제 거

---

144) 대법원 2004. 4. 9. 선고 2001두6197 판결, 파기환송 후 고등법원에서 확정되었다(대법원 2008. 7. 1. 선고 2006두14735 판결).

145) 대법원 2006. 4. 14. 선고 2004두3298 판결

146) 대법원 2007. 1. 25. 선고 2004두7610 판결, 파기환송 후 고등법원에서 확정되었다(서울고등법원 2007. 6. 28. 선고 2007누3895 판결).

147) 대법원 2007. 10. 26. 선고 2005두3172 판결

148) 대법원 2004. 10. 14. 선고 2001두2935 판결; 대법원 2004. 4. 9. 선고 2001두6203 판결, 파기환송 후 고등법원에서 확정되었다(서울고등법원 2006. 8. 9. 선고 2004누8431 판결).

래한 사례가 포착되지 않는다는 이유로 곧바로 일반정상금리를 정상할인율로 적용하였으나 이는 타당하지 않다고 하면서, 증권회사가 작성한 금리기준표상 지원객체 회사의 신용등급 최저할인율을 기준으로 할 수 있다고 [149]판시하였다.

엘아이지손해보험의 부당지원행위 건에서 법원은 이 사건 사모사채는 만기가 6년인 반면 공모보증사채의 만기는 3년으로서 상당한 차이가 있음에도 공정거래위원회가 위 공모보증사채의 수익률을 정상금리로 판단한 것은 위법하다고 [150]판시하였고 삼성생명보험 외 3의 부당지원행위 건에서도 동일한 취지의 [151]판시가 있었다.

(2)-3 자산지원 관련 판례

법원이 부당한 자산지원 유형에 해당된다고 판단한 사례들을 살펴본다. 신주(新株)를 시가보다 높은 가격으로 인수하는 경우에 비록 신주인수가 출자행위의 성격을 가지고 있음에도 불구하고 발행회사에게 경제상 이익을 제공하게 되는 경우 부당지원행위의 규제대상이 될 수 있다. 에스케이네트웍스 외 2의 에스케이해운 유상증자 참여 건에서 [152]법원은 이를 인정한 바 있다.

현대자동차 외 6의 부당지원행위 건에서 법원은 현대자동차가 이 사건 주식을 경영권 프리미엄을 주고 장외매입한 후 기아자동차에게 경영권 프리미엄 없이 시가로 장내매각한 행위는 자금을 지원한 효과를 발생시켜 기아자동차에게 과다한 경제상 이익을 제공한 지원행위라고 [153]판시하였다.

현대중공업 외 17개사의 부당한 지원행위 건에서 법원은 전환사채의 저가전환행위로 지원객체의 경제상 이익을 제공하는 경우에도 부당지원행위의 규제대상이라고 하면서, 전환사채 인수행위에 대한 관련 당국의 제재처분이 있었더라도 공정거래위원회가 과징금 산정 시 반드시 이를 참작해야 하는 것은 아니라고 [154]판시한 바 있다.

---

149) 서울고등법원 2008. 1. 24. 선고 2006누29142 판결, 재상고심(대법원)은 심리불속행 기각하였다.

150) 대법원 2006. 9. 14. 선고 2004두3267 판결, 파기환송 후 고등법원에서 확정되었다(서울고등법원 2006. 12. 21. 선고 2006누22745 판결).

151) 대법원 2007. 10. 26. 선고 2005두3172 판결

152) 대법원 2005. 4. 29. 선고 2004두3281 판결

153) 대법원 2007. 12. 13. 선고 2005두5963 판결, 파기환송 후 고등법원에서 확정되었다(서울고등법원 2008. 3. 19. 선고 2007누34424 판결).

(3) 부동산 임대차를 통한 지원행위

(3)-1 의의 및 유형

지원주체가 지원객체에게 부동산을 무상으로 사용하도록 제공하거나 정상 임대료보다 '상당히 낮은 임대료로 임대'하거나 정상임차료보다 '상당히 높은 임차료로 임차'하는 행위와 부동산을 '상당한 규모'로 임대차하는 행위를 통하여 과다한 경제상의 이익을 제공하는 경우는 부당한 지원행위에 해당된다. 부당한 임대차를 통한 지원행위가 성립하려면 임대차 행위 이외에 실제 경제상 이익이 지원객체에게 발생하여야 한다. 법원도 동일한 취지의 155)판시를 하고 있다.

부당지원에 관한 규정이 시행되기 이전에 체결한 임대차계약의 경우에는 부당성이 있다 하더라도 법 적용대상이 아니며, 단순히 임대차계약을 유지하는 행위도 법 적용대상이 되는 지원행위가 아니다. 삼성에스디아이 등 4개사가 삼성물산과 국제경영연수원 임대차 계약을 체결한 사안에서 법원은 동일한 취지의 156)판시를 한 바 있다.

부동산 임대차를 통한 지원행위 유형으로는 지원객체에게 공장·매장·사무실을 무상 또는 낮은 임대료로 임대하는 경우, 임대료를 약정 납부기한보다 지연하여 수령하면서 지연이자를 받지 않거나 적게 받는 경우, 지원객체로부터 부동산을 임차하면서 고가의 임차료를 지급하는 경우, 지원주체가 지원객체 소유 건물·시설을 이용하면서 특수관계가 없는 독립된 자가 지불하는 것보다 임차보증금 또는 임차료를 추가적으로 지급하는 경우 등을 들 수 있다.

(3)-2 정상임대료와 부당성 판단

정상임대료는 해당 부동산의 종류, 규모, 위치, 임대시기, 기간 등을 참작하여 유사한 부동산에 대하여 특수관계가 없는 독립된 자 사이에 형성되었을 임대료로 하되, 이를 합리적으로 산정하기 어려운 경우에는 부동산 정상가격의 50%에 임대일수와 일수에 해당하는 정기예금이자율을 곱한 값을 해당기간의

---

154) 대법원 2007. 1. 25. 선고 2004두7610 판결, 파기환송 후 고등법원에서 확정되었다(서울고등법원 2007. 6. 28. 선고 2007누3895 판결).

155) 현대자동차 외 6의 부당지원행위 건(대법원 2007. 12. 13. 선고 2005두5963 판결, 파기환송 후 고등법원에서 확정되었다)

156) 대법원 2006. 12. 22. 선고 2004두1483 판결, 파기환송심에서 공정거래위원회의 처분 직권취소로 원고들이 소취하하여 이 부분은 종료되었다.

정상임대료로 보고, 임대보증금을 포함하는 임대차계약의 경우에는 해당기간의 임대보증금에 임대일수와 일수에 해당하는 정기예금이자율을 곱한 값을 임대료로 본다.

임대차를 통한 부당지원행위의 위법성을 입증하기 위해서는 정상임대료 산정이 전제가 되며 이는 정상가격 산정과 마찬가지로 동일하거나 유사한 경우의 임대료에서 임대료계약에 따르는 여러 상황과 조건을 합리적으로 조정하는 절차를 거쳐 산정해야 한다. 엘에스 및 엘에스산전 부당지원행위 건에서 법원은 지원주체의 과거 동일한 계약유형에서 정상임대료를 추산하여 볼 수 있음에도 공정거래위원회가 이와 전혀 다른 유형의 리스계약의 일반정상금리를 기준으로 정상임대료를 산정한 것은 합리적인 정상임대료 산정으로 볼 수 없다고 157)판시하였다.

부동산 임대차를 통한 지원 행위의 부당성은 실제 임대료가 해당 부동산의 종류, 규모, 위치, 임대시기, 기간 등을 참작하여 유사한 부동산에 대하여 특수관계가 없는 독립된 자 사이에 형성되었을 임대료에 비하여 상당히 낮거나 높은 경우에 성립하며, 임대료 간의 차이는 물론 임대차 거래규모와 지원행위로 인한 경제상 이익, 지원기간, 지원횟수, 지원시기, 지원행위 당시 지원객체가 처한 경제적 상황 등을 종합적으로 고려하여 구체적·개별적으로 판단한다.

따라서 단순히 임대보증금 등이 낮다는 사실만으로 부당지원행위가 성립하는 것은 아니며, 대한주택공사의 부당지원행위 건에서도 임대 당시의 양 당사자의 사정, 주변시세 등을 종합 고려하여 임대보증금 등을 책정했다면 단순히 주변시세나 감정가격에 비하여 낮다고 하여 부당하다고는 할 수 없다고 법원은 158)판시하고 있다.

종전에는 부동산 지원행위의 경우 별도의 안전지대를 정하고 있지 않았으나 부당지원 심사지침 개정으로 자금지원행위와 동일하게 정상가격과의 차이가 7% 미만이면서 거래당사자 간 해당 연도 거래총액 30억 원 미만인 경우를 안전지대로 규정하게 되었다.

---

157) 서울고등법원 2018. 4. 12. 선고 2017누55673 판결, 상고심(대법원)은 심리불속행 기각하였다.

158) 대법원 2008. 2. 14. 선고 2007두1446 판결, 파기환송 후 고등법원에서 확정되었다(서울고등법원 2008. 5. 15. 선고 2008누6068 판결).

(3)-3 관련 판례

현대자동차 외 6의 부당지원행위 건에서 법원은 공정거래위원회가 상업용 건물의 1층의 임대차보증금은 통상 다른 층에 비해 높을 개연성이 있음에도 불구하고 전 층에 대한 임대료를 임대면적으로 나누어 산출한 금액과 단순비교하여 과징금 부과처분을 한 것은 부당하다고 [159]판시하였다.

엘에스 및 엘에스산전 부당지원행위 건에서 법원은 임대인과 임차인 모두 화재보험에 가입할 유인이 있고 보험료를 누가 부담할 것인지는 원칙적으로 당사자가 정할 문제이므로 보험료 공제를 통한 임대료 감액은 부당지원에 해당하지 않는다고 [160]판시하였다.

부동산 임대차를 통한 지원행위와 관련하여 위법성을 인정한 법원 판례를 살펴보면, 서울신문사의 스포츠서울21 지원행위 건에서 법원은 사업자가 임대보증금을 수령하지 않고 보증금에 대한 정상 임대수익률보다 낮은 이율에 해당하는 금액으로 사무실을 다른 회사에 임대한 경우에는 지원행위에 해당한다고 하면서, 스포츠서울21은 사무실 임대보증금만큼의 자금을 차입할 필요성이 없어지므로 그에 따른 금융비용 부담을 완화시키고 경영여건을 개선시킴으로써 스포츠신문시장에 있어서 유력한 사업자로서의 지위를 형성·유지 또는 강화시킬 우려가 있는 행위로서 부당한 지원행위에 해당한다고 [161]판시하였다.

중앙일보가 중앙일보미디어인터내셔널과 중앙방송에 자신이 임차한 건물을 저가로 전대(轉貸)한 사건에서 법원은 임차한 건물을 자신의 임차가격보다 훨씬 낮은 가격으로 전대한 행위는 현저히 유리한 조건의 거래에 해당한다고 [162]판시하였다.

한국철도공사 소속 2개사의 부당지원행위 등에 대한 건에서 법원은 한국철도공사가 코레일에 철도주차장을 위탁하면서 임대료를 받지 않고 현저히 낮은 수준의 영업료를 받는 방식으로 철도주차장의 관리·운영을 위탁한 행위는 부

159) 대법원 2007. 12. 13. 선고 2005두5963 판결, 파기환송 후 고등법원에서 확정되었다(서울고등법원 2008. 3. 19. 선고 2007누34424 판결).

160) 서울고등법원 2018. 4. 12. 선고 2017누55673 판결, 상고심(대법원)은 심리불속행 기각하였다.

161) 서울고등법원 2004. 7. 15. 선고 2002누1092 판결, 상고심(대법원)은 심리불속행 기각하였다.

162) 대법원 2005. 5. 13. 선고 2004두2233 판결, 파기환송 후 고등법원에서 확정되었다(서울고등법원 2006. 4. 20. 선고 2005누10547 판결).

당지원행위에 해당한다고 [163]판시하였다.

엘에스 및 엘에스산전 부당지원행위 건에서 법원은 임대료 지급기한을 정상 지급기한 30일보다 4배 긴 120일로 지급기한을 정하였는데, 그렇게 기한을 정한 사례가 없고 실질적으로 그 기간만큼 정상임대료에 상당하는 자금을 무이자로 준 것과 같으므로 지원객체에게 현저히 유리한 조건으로 지원한 거래에 해당한다고 [164]판시하였다.

(4) 상품·용역거래를 통한 지원행위

(4)-1 의의 및 유형

지원주체가 지원객체와 상품·용역을 정상적인 거래에서 적용되는 대가보다 '상당히 낮거나 높은 대가'로 제공 또는 거래하는 행위와 '상당한 규모'로 제공 또는 거래하는 행위를 통하여 과다한 경제상 이익을 제공하는 경우 부당한 지원행위에 해당된다. 종전에는 '부당한 자금지원행위 등'에 포함하여 규제해 왔으나 2007년 공정거래법 개정으로 상품·용역거래를 통한 지원행위가 별도로 [165]명문화되게 되었다.

지원주체가 지원객체와 상품·용역을 정상적인 거래에서 적용하는 대가보다 '상당히 낮거나 높은 대가로 제공 또는 거래하는 행위',를 통하여 과다한 경제상 이익을 제공하는 구체적인 형태로는 지원객체에 대한 매출채권회수를 지연하거나 상각하여 회수불가능 채권으로 처리하는 경우, 외상매출금·용역대금을 약정기한 내에 회수하지 않거나 지연하여 회수하면서 이에 대한 지연이자를 받지 않는 경우, 지원객체가 생산·판매하는 상품을 구매하는 임직원에게 구매자금을 대여하거나 융자금을 알선해 주고 이자의 전부 또는 일부를 임직원 소속 계열회사의 자금으로 부담하는 경우, 지원객체가 운영하는 광고매체에 정상 광고단가보다 높은 단가로 광고를 게재하는 방법으로 광고비를 과다 지급하는 경우, 주택관리업무를 지원객체에게 위탁하면서 해당 월의 위

163) 서울고등법원 2016. 10. 21. 선고 2015누42628 판결, 상고심(대법원)은 심리불속행 기각하였다.

164) 서울고등법원 2018. 4. 12. 선고 2017누55673 판결, 상고심(대법원)은 심리불속행 기각하였다.

165) 이런 연유로 2007년도 이전 판례는 상품·용역거래를 통한 부당지원행위도 부당한 '자금지원행위'로서 의율하고 있다.

탁수수료 지급일보다 지원객체로부터 받는 해당 월의 임대료 등 정산금의 입금일을 유예해 주는 방법으로 지원객체로 하여금 유예된 기간만큼 정산금 운용에 따른 이자 상당의 수익을 얻게 하는 경우, 지원객체가 지원주체와의 상품·용역거래를 통하여 비계열회사 간 거래 또는 다른 경쟁사업자들의 거래와 비교하여 거래조건이 유사함에도 높은 매출총이익률을 시현하는 경우 등이 포함된다.

지원주체가 지원객체와 상품·용역을 '상당한 규모로 제공 또는 거래하는 행위'를 통하여 과다한 경제상 이익을 제공하는 구체적인 유형으로는 지원주체가 지원객체에게 각종 물류업무를 비경쟁적인 사업양수도 또는 수의계약 방식을 통하여 유리한 조건으로 대부분 몰아주는 경우 등이 포함된다.

(4)-2 정상가격과 부당성 판단

급부와 반대급부 간 상당성을 판단함에 있어 기준이 되는 정상가격은 유사한 상황에서 특수관계가 없는 독립된 자 간에 이루어졌을 경우 형성되었을 거래가격을 말하며, 법원도 동일한 취지의 [166]판시를 하고 있으며 정상가격보다 높은 대가를 지급하여 과다한 경제상 이익을 제공했는지에 관해서는 공정거래위원회가 입증해야 한다.

정상가격의 산정절차는 해당 거래와 시기, 종류, 규모, 기간 등이 동일한 상황에서 특수관계가 없는 독립된 자 사이에 실제 거래한 사례가 있는 경우에는 그 거래가격을 정상가격으로 하고, 동일한 실제사례를 찾을 수 없는 경우에는 해당 거래와 유사한 사례를 선정하고 유사사례와 거래조건 등의 차이가 있는지를 봐서 차이가 있다면 합리적으로 조정하는 과정을 거쳐 정상가격을 산정하게 된다.

지원주체와 지원객체 간의 상품·용역 거래에 적용된 실제 거래가격이 정상가격보다 상당히 낮거나 높은 것으로 보이지만 정상가격의 구체적 수준을 합리적으로 산정하기 어려운 경우에는 지원성 거래규모를 기준으로 지원금액을 산정하게 된다.

상품·용역거래를 통한 지원행위의 부당성은 실제 거래가격이 해당 상품·용역 거래와 시기, 종류, 규모, 기간 등이 동일 또는 유사한 상황에서 특수관계

166) 웅진씽크빅 등 6개사의 부당지원행위 건(대법원 2014. 6. 12. 선고 2013두4255 판결)

가 없는 독립된 자 사이에 이루어졌다면 형성되었을 거래가격에 비하여 상당히 낮거나 높은 경우와 상당한 규모의 경우는 거래물량으로 인한 규모의 경제 등 비용절감효과가 지원객체에게 과도하게 귀속되거나 지원주체와 지원객체 간의 거래물량만으로 지원객체의 사업개시 또는 사업유지를 위한 거래규모 확보로 지원객체의 사업위험이 제거되는 경우에 인정될 수 있다.

이 경우에도 부당성은 지원성 거래규모 및 급부와 반대급부의 차이, 지원행위로 인한 경제상 이익, 지원기간, 지원횟수, 지원시기, 사업자의 경쟁능력 등을 종합적으로 고려하여 구체적·개별적으로 판단하고 상당한 규모에 대한 부당성 판단의 경우에는 효율성 증대효과 등 정당성 여부도 검토하여야 하며 상품·용역 거래가격이 단순히 높거나 낮다는 이유만으로 부당한 지원행위라고 할 수는 없고 관련 거래 발생시점의 여건, 거래당사자 경제적 상황 등을 종합적으로 고려한다.

상당한 규모에 의한 지원행위 여부의 판단은 거래대상의 특성상 지원객체에게 거래물량으로 인한 규모의 경제 등 비용절감효과가 있음에도 불구하고 동 비용 절감효과가 지원객체에게 과도하게 귀속되는지 여부와 지원주체와 지원객체 간의 거래물량만으로 지원객체의 사업개시 또는 사업유지를 위한 최소한의 물량을 초과할 정도의 거래규모가 확보되는 등 지원객체의 사업위험이 제거되는지 여부를 고려하게 된다.

상당한 규모로 거래하여 과다한 경제상 이익을 제공한 것인지 여부는 지원성 거래규모 및 급부와 반대급부의 차이, 지원행위로 인한 경제상 이익, 지원기간, 지원횟수, 지원시기, 지원행위 당시 지원객체가 처한 경제적 상황 등을 종합적으로 고려하여 구체적·개별적으로 판단해야 하며, 법원도 현대중공업 외 17개사의 부당지원행위 건, 한국산업은행 부당지원행위 건 등을 통해 동일한 취지의 [167]판시를 하고 있다.

종전에는 상품·용역 거래를 통한 지원행위의 경우 별도의 안전지대를 정하고 있지 않았으나 부당지원 심사지침 개정으로 상품·용역의 실제 거래가격과 정상가격의 차이가 정상가격의 7% 미만이고 해당 연도 거래총액 100억 원 미만인 경우와 해당 연도 거래총액 100억 원 미만이면서 거래상대방 평균 매출

---

167) 대법원 2007. 1. 25. 선고 2004두7610 판결, 파기환송 후 고등법원에서 확정되었다(서울고등법원 2007. 6. 28. 선고 2007누3895 판결); 대법원 2011. 9. 8. 선고 2009두11911 판결

액의 12% 미만인 경우를 안전지대로 정하게 되었는데 상품·용역 거래의 경우 통상 거래가 장기간 지속되며 거래규모가 상대적으로 크다는 점이 고려되었다.

(4)-3 관련 판례

상품·용역 거래가격이 단순히 높거나 낮다는 이유만으로 부당한 지원행위라고 할 수는 없고 관련거래 발생시점의 여건, 거래당사자 경제적 상황 등을 종합적으로 고려하는데, 법원도 현대자동차 등 부당지원행위 건에서 현대자동차가 현대하이스코로부터 자동차용 강판을 구매하면서 포스코나 동부제강이 생산한 자동차용 강판보다 비싼 가격으로 구매하였다고 하더라도, 각 제강사들의 원재료인 열연코일 등의 조달비용의 차, 국내외 수급상황 등을 고려할 때 이를 현대하이스코에 대한 지원행위로 단정할 수는 없다고 [168]판시한 바 있다.

상품·용역거래와 관련하여 부당지원행위에 해당한다고 판시한 사례는 매우 많으므로 이하에서는 간단히 유형만 살펴보기로 한다. 이미 발생하였거나 장래 발생할 용역거래에 대한 비용을 무상지원하는 경우, 무보증회사채 발행시 전량을 계열증권사로 하여금 [169]하인수(下引受)하도록 하고 용역에 대한 대가 명목으로 하인수 수수료를 지급한 행위, 비합리적 지급기준으로 자회사에게만 특별판매장려금을 제공한 행위, 계열회사와 상호 경쟁관계에 있음에도 광고를 대신해 준 행위, 계열회사에게 인쇄비를 과다하게 지급하거나 인쇄비로 수령한 어음의 지급기일이 도래하였음에도 인쇄비를 수령하지 아니한 행위, 분양대금, 물품대금 또는 용역대금을 미수령하고 지연이자도 징수하지 아니한 행위, 기성공사대금 또는 공사대금을 지연회수하거나 미수령한 행위, 계열회사 자동차를 구매하는 임직원에게 구매자금을 무이자로 대출한 행위, 부족한 사업운영자금을 보전해 주기 위한 의도로 정산금을 지연회수하여 이자 상당의 수익을 얻게 한 행위, 계열회사에게 전산개발용역비, 물품구매 위탁수수료를 과다하게 지급하는 행위, 별도의 자회사를 설립하여 직원들의 전출을 유도하는 과정에서 용역수수료 산정기준이 되는 월노임 단가를 현저히 높게 책정하여 지급한 행위, 특별한 이유 없이 수의계약으로 경쟁입찰에 의한 낙찰률보다 높게 계약을 체결

168) 대법원 2012. 10. 25. 선고 2009두15494 판결

169) 자기 계열회사가 발행하는 무보증사채에 대하여 대외적으로 다른 증권회사를 간사회사로 선정하지만 대내적으로는 계열회사인 증권회사가 당해 무보증사채 전량을 간사회사로부터 다시 인수하는 것을 의미한다.

한 행위, 구매대금의 지급방식을 일괄적으로 계열회사의 법인카드로 변경한 행위, 계열회사와 운송계약을 체결하여 물류업무의 대부분을 몰아준 행위, 더 낮은 견적금액을 제출한 회사가 있었음에도 계열회사와 계약을 체결하고 그 후 계열회사가 시공능력이 있는 회사들에게 일괄 하도급을 준 경우 등에 대한 판시가 있었다.

(5) 인력제공을 통한 지원행위

(5)-1 의의 및 유형

지원주체가 지원객체와 인력을 정상적인 거래에서 적용되는 대가보다 '상당히 낮거나 높은 대가'로 제공 또는 거래하는 행위와 인력을 '상당한 규모'로 제공 또는 거래하는 행위를 통하여 과다한 경제상 이익을 제공하는 것은 부당한 지원행위에 해당된다. 정상적인 거래에서 적용되는 대가보다 상당히 낮거나 높은 대가와 관련해서는 지원객체가 지원주체 또는 해당 인력에 대하여 지급하는 일체의 급여·수당 등 실제 지급급여가 해당 인력이 근로제공의 대가로서 지원주체와 지원객체로부터 지급받는 일체의 급여·수당 등보다 상당히 적을 때에 성립한다.

구체적인 형태로는 업무지원을 위해 인력을 제공한 후 인건비는 지원주체가 부담하는 경우, 인력파견계약을 체결하고 인력을 제공하면서 지원주체가 퇴직충당금 등 인건비의 전부 또는 일부를 미회수하는 경우, 지원객체의 업무를 전적으로 수행하는 인력을 지원주체 회사의 고문 등으로 위촉하여 지원주체가 수당이나 급여를 지급하는 경우, 지원주체가 자신의 소속인력을 지원객체에게 전적·파견시키고 급여의 일부를 대신 부담하는 경우 등이 포함된다.

(5)-2 정상급여와 부당성 판단

정상급여와 관련해서는 해당 인력이 지원객체와 지원주체 양자에게 근로제공을 하고 있는 경우에는 그 양자에 대한 근로제공 및 대가지급의 구분관계가 합리적이고 명확한 때에는 해당 인력이 지원객체와 지원주체로부터 지급받는 일체의 급여·수당 등의 금액에서 해당 인력의 지원주체에 대한 근로제공의 대가를 차감한 금액을 정상급여로 간주하고, 그 구분이 합리적이거나 명확하지 않는 경우에는 해당 인력이 지원객체와 지원주체로부터 지급받는 일체의 급여·수당 등에서 지원객체와 지원주체의 해당 사업연도 매출액 총액 중 지원객체의 매출액이 차지하는 비율에 의한 분담금액을 정상급여로 간주하게 된다. 다만, 인력제공과 관련된 사업의 구분이 가능한 경우에는 그 사업과 관련된 매출액을 지원객체와 지원주체의 매출액으로 할 수 있다.

인력제공을 통한 지원행위의 부당성은 지원객체가 지원주체 또는 해당 인력에 대하여 지급하는 일체의 급여·수당 등 실제지급급여가 해당 인력이 근로제공의 대가로서 정상적으로 지급받는 급여보다 상당히 적은 경우에 해당될 수 있으며, 실제지급급여와 정상지급급여의 차이 이외에도 지원행위로 인한 경제상 이익, 지원기간, 지원횟수, 지원시기, 사업자의 경쟁능력 등을 종합적으로 고려하여 구체적·개별적으로 판단한다.

인력제공의 부당성 여부와 관련된 판례로는 하나로통신의 엠커머스 인력지원행위 건에서 법원은 지원금액이 지원객체 매출액의 3% 정도로 차지하는 비중이 작고, 지원객체의 매출액이 전체 시장규모에서 차지하는 비중도 0.62%로서 미미하다면 이 사건 인력지원행위로 인하여 엠커머스가 속한 무선인터넷시장에서 경쟁이 저해되거나 경제력집중이 야기되는 등으로 공정한 거래가 저해될 우려가 있다고 하기는 어렵다고 [170]판시한 사례를 들 수 있다.

종전에는 인력 지원행위의 경우 별도의 안전지대를 정하고 있지 않았으나 부당지원 심사지침 개정으로 자금지원행위와 동일하게 정상가격과의 차이가 7% 미만이면서 거래당사자 간 해당 연도 거래총액 30억 원 미만인 경우를 안전지대로 규정하게 되었다.

(6) 부당한 거래단계 추가·경유를 통한 지원행위

(6)-1 의의 및 유형

지원주체가 다른 사업자와 상품이나 용역을 거래하면 '상당히 유리'함에도 불구하고 거래상 역할이 없거나 미미한 지원객체를 거래단계에 추가하거나 거쳐서 거래하는 행위를 통하여 과다한 경제상의 이익을 제공하는 것은 부당한 지원행위에 해당한다. 또한 거래상 지원객체의 역할이 있다고 하더라도 그 역할에 비하여 과도한 대가를 지원객체에게 지급하는 행위를 통하여 과다한 경제상 이익을 제공하는 것도 부당한 지원행위에 해당한다.

---

170) 대법원 2005. 10. 28. 선고 2003두13441 판결

구체적인 형태로는 통상적인 직거래관행 및 기존의 거래형태와 달리 지원객체를 통해 제품을 간접적으로 구매하면서 실제 거래에 있어 지원객체의 역할을 지원주체가 수행하거나 지원주체와 지원객체의 역할이 중복되는 등 지원객체가 거래에 있어 실질적인 역할을 하지 않는 경우, 지원주체가 직접 공급사로부터 제품을 구매하는 것이 상당히 유리함에도 불구하고 거래상 실질적인 역할이 없는 지원객체를 중간 유통단계로 하여 간접 구매하는 경우, 지원주체가 자신에게 납품하는 회사로 하여금 제품생산에 필요한 중간재를 거래상 실질적인 역할이 없는 지원객체를 통해 구매하도록 하는 경우가 포함된다.

(6)-2 정상가격과 부당성 판단

지원주체가 지원객체를 거래단계에 추가하거나 거쳐서 거래하는 경우의 정상가격은 통상적으로 지원주체 또는 지원객체와 유사한 사업을 영위하는 사업자가 다른 사업자와 직접 거래하는 것이 일반적인 거래관행인 경우, 지원주체가 특수관계에 있는 지원객체를 배제한 채 다른 사업자와 직거래를 했을 경우 형성되었을 가격이 된다.

거래단계 추가·경유를 통한 거래행위가 당해 거래의 결정에 있어 필요최소한의 분석·검증을 거치지 않는 등 정상적인 경영판단이라고 보기 어려운 경우에 해당하거나, 과거 거래행태와 비교했을 때 이례적인 거래일 경우, 불필요한 거래단계 추가가 지원주체에게 불리한 조건의 거래방식일 경우, 지원주체가 역할이 미미한 지원객체를 거래단계에 추가하거나 거쳐서 거래함으로써 지원객체에게 불필요한 유통비용을 추가적으로 지불한 것으로 볼 수 있는 경우, 지원주체가 다른 사업자와 직접 거래를 할 경우는 더 낮은 가격으로 거래하는 것이 가능한 경우에는 부당성이 인정될 수 있다.

부당한 거래단계 추가·경유를 통한 지원행위와 관련된 판례로는 롯데피에스넷의 부당지원행위 건에서 법원은 롯데피에스넷이 현금자동입출금기를 구매하는 과정에서 제조사인 네오아이씨피로부터 직접 구매하지 않고 롯데알미늄을 거쳐 구매하도록 한 것은 부당지원행위에 해당한다고 [171]판시한 사례를 들 수 있다.

---

171) 대법원 2014. 2. 13. 선고 2013두17466 판결

5. 부당지원행위에 대한 제재

(1) 개관

전부개정 공정거래법 제49조에 따라 부당한 지원행위를 한 사업자 및 사업자로 하여금 부당지원행위를 강제한 사업자, 부당지원행위를 받은 특수관계인 또는 회사에 대해서는 부당한 이익제공행위의 중지 및 재발방지를 위한 조치, 해당 보복조치의 금지, 계약조항의 삭제, 시정명령을 받은 사실의 공표 및 그 밖에 필요한 시정조치를 명할 수 있다.

공정거래위원회가 부과하는 시정명령은 공정거래위원회의 재량행위로서 위법상태의 시정을 위해 전문 경쟁당국인 공정거래위원회가 가장 적합하다고 판단하는 형태로 부과되는 것이고, 법원도 이와 관련하여 시정명령은 지나치게 구체적인 경우 매일 매일 다소간의 변형을 거치면서 행해지는 수많은 거래에서 정합성이 떨어져서 결국 무의미한 시정명령이 되므로 그 본질적인 속성상 다소간의 포괄성·추상성을 띤다고 하면서, 지원주체와 지원객체, 지원행위의 종류와 유형 및 그 내용 등에 있어서 관계인들이 인식할 수 있는 정도로 구체적이고 명확하게 명시하였다면 시정명령은 적법하다고 [172]판시한 바 있다.

동법 제50조에 따라 지원주체 및 지원객체에게 관련매출액의 10% 또는 관련매출액이 없거나 산정하기 곤란한 경우에 부과되는 정액과징금의 경우 40억 원을 초과하지 않는 범위 내에서 과징금을 부과할 수 있다. 과징금 산정의 기준 등에 대해서는 상세히 후술하기로 한다.

전부개정 공정거래법 제48조는 공정거래법에 따른 분쟁조정 신청, 신고, 공정거래위원회 조사에 대한 협조를 한 사업자에게 그 행위를 한 것을 이유로 거래의 정지 또는 물량의 축소, 그 밖에 불이익을 주는 행위를 하거나 계열회사 또는 다른 사업자로 하여금 이를 하도록 하는 행위를 금지하고 있는데 이를 위반하면 시정명령, 관련매출액의 4% 또는 정액과징금 10억 원을 초과하지 않는 범위 내에서 과징금을 부과할 수 있도록 하고 있고 형사적 제재도 따를 수 있음에 유의해야 한다.

---

172) 대법원 2004. 4. 9. 선고 2001두6197 판결, 파기환송 후 재상고심에서 확정되었다; 대법원 2004. 4. 9. 선고 2001두6203 판결, 파기환송 후 고등법원에서 확정되었다(서울고등법원 2006. 8. 9. 선고 2004누8431 판결).

동법 제124조는 부당지원행위를 한 지원주체에 대해 3년 이하의 징역 또는 2억 원 이하의 벌금에 처할 수 있도록 하고 있으며, 동법 제48조(보복조치의 금지)를 위반한 경우에도 동일한 수준의 형사적 제재를 가할 수 있도록 규정하고 있다.

(2) 과징금 부과

(2)-1 과징금의 성격과 부과기준

과징금은 공정거래법 위반사항에 대해 공정거래위원회가 부과하는 금전적 제재에 해당하며 행정적 제재금이면서 동시에 부당이득 환수금의 성격을 가진다. 과징금 부과는 전문 규제당국인 공정거래위원회가 법위반 억지 및 제재를 위해 기준을 정하여 부과하는 재량행위에 해당하게 되나 이 경우에도 비례·형평의 원칙에 부합되어야 한다.

이러한 과징금의 성격과 관련된 판례로 대우 1차 부당지원행위 건에서 법원은 부당지원행위에 대한 과징금은 행정상 제재금으로서의 기본적 성격에 부당이득환수적 요소도 부가되어 있다고 하면서, 과징금 부과에 의하여 달성하고자 하는 목적과 위반행위의 내용 및 정도, 위반행위의 기간 및 횟수, 위반행위로 인해 취득한 이익의 규모 등을 감안하여 공정거래위원회가 재량을 가지고 결정할 수 있다고 [173]판시한 바 있다.

부당지원행위에 대한 과징금부과 처분에 대해 공정거래법상 형사처벌도 받으면서 과징금 부과처분까지 받게 되면 이중처벌에 해당한다는 주장과 행정소송에서 최종 위법여부가 판단되기도 전에 과징금이 부과되는 것은 무죄추정의 원칙에도 반한다는 주장에 대해서 헌법재판소는 과징금은 부당내부거래 억지라는 행정목적을 실현하기 위하여 그 위반행위에 대하여 제재를 가하는 행정상의 제재금으로서의 기본적 성격에 부당이득 환수적 요소도 부가되어 있는 것이므로 이를 국가형벌권 행사로서의 '처벌'에 해당한다고는 할 수 없으므로, 공정거래법 형사처벌과 아울러 과징금 병과를 예정하고 있더라도 이중처벌금지원칙에 위반될 수 없고, 과징금은 형사처벌이 아닌 행정상의 제재이고 행정소송에 관한 판결이 확정되기 전에 행정청의 처분에 대하여 공정력과 집행력을 인

173) 대법원 2004. 10. 14. 선고 2001두2881 판결, 파기환송 후 고등법원에서 확정되었다(서울고등법원 2005. 11. 16. 선고 2004누22765 판결).

정하는 것은 이 사건 과징금에 국한되는 것이 아니라 우리 행정법체계에서 일반적으로 채택되고 있는 것이므로, 과징금 부과처분에 대하여 이를 확정판결 전의 형벌집행과 같은 것으로 보아 무죄추정의 원칙에 위반된다고 할 수 없다고 [174]판시한 바 있다.

과징금고시에 따라 '부당한 지원행위'의 과징금은 '위반액'에 중대성의 정도별 부과기준율을 곱하여 기본 산정기준을 정하는데 그 부과기준율은 ① 매우 중대한 위반행위 120% 이상 160% 이하, ② 중대한 위반행위 50% 이상 75% 이하, ③ 중대성이 약한 위반행위 20%로 정해져 있다. 전부개정 공정거래법에 따라 과징금고시의 부과기준율도 최근 상향조정되었다.

과징금고시에 따라 '보복조치'에 대한 과징금은 위반행위 중대성의 정도별 부과기준율을 곱하여 기본 산정기준을 정하는데 그 부과기준율은 ① 매우 중대한 위반행위 2.4% 이상 4.0% 이하, ② 중대한 위반행위 0.8% 이상 2.4% 미만, ③ 중대성이 약한 위반행위 0.1% 이상 0.8% 미만으로 정해져 있다. 이 역시 전부개정 공정거래법에 따라 최근 상향조정되었다.

(2)-2 재량성과 관련된 판례

현대 1차 부당지원행위 건에서 법원은 공정거래위원회가 제정한 '과징금 산정방법 및 부가지침'(1997. 4. 29. 제정) 중 과징금부과기준은 상위법령에 위임의 근거가 없으므로 부당지원행위에 대한 과징금의 구체적인 부과액의 산정을 위한 공정거래위원회 내부의 사무처리준칙에 불과하다고 보아야 할 것이지만, 구체적인 사안에서 과징금부과기준을 적용한 결과가 비례의 원칙이나 형평의 원칙에 반하지 않는 이상 다른 불공정거래행위보다 중한 과징금부과기준을 규정하고 있다는 것만으로는 과징금부과기준이 무효라고 할 수는 없다고 [175]판시하였다.

현대 계열분리 사건에서 법원은 공정거래위원회의 '부당한 지원행위의 심사지침(1997. 7. 29. 제정되고 1999. 2. 10. 개정되기 전의 것)이 공정거래위원회 내부의 사무처리준칙에 불과하고 법규명령으로서의 성질을 가지는 것은 아니나, 이 사건 심사지침의 방식으로 실제적용금리와 정상금리를 비교한 것은 수긍할 수

174) 부당내부거래 과징금의 위헌제청 건(헌법재판소 2003. 7. 24. 선고 2001헌가25 결정)

175) 대법원 2004. 4. 9. 선고 2001두6197 판결, 파기환송 후 재상고심에서 확정되었다(대법원 2008. 7. 1. 선고 2006두14735 판결).

있는 합리성이 있고 이 사건의 개별정상금리를 정의함에 있어서 이 사건 심사지침의 문언을 원용하고 있다는 이유만으로 위 심사지침이 법규성을 가지는 것을 전제로 하는 것은 아니라고 [176]판시하였다.

에스케이네트웍스 외 2의 에스케이해운 부당지원행위 건에서 법원은 신주인수 당시 시행되지 아니하던 공정거래법 시행령에 의해 과징금 액수를 산정하지 않고 공정거래위원회 내부의 사무처리준칙인 '과징금산정방법 및 부과지침' 중 과징금부과기준에 따라 과징금 액수를 정한 것이 비례의 원칙이나 형평의 원칙에 반하지 않는 이상 과징금을 산정한 것이 위법하다고 할 수는 없다고 [177]판시하였다.

(2)-3 부과처분의 적법성 관련 판례

부당지원행위에 대한 공정거래위원회의 과징금부과 처분에 대해 법원이 재량내의 범위로서 과징금 부과가 정당하다고 판시한 사례부터 먼저 살펴본다. 현대중공업 외 7의 부당지원행위 건에서 법원은 광고의 가격은 게재면, 게재일자, 게재내용 등을 고려하여 책정되는 점에 비추어 그 정상가격을 산정하기가 어려운 것으로 보이므로 규정에 따라 당해 지원성 거래규모의 100분의 10 이내에서 과징금을 부과한 조치는 정당하다고 [178]판시하였고, 에스케이네트웍스 외 2의 부당지원행위 건에서도 동일한 취지로 [179]판시하였다.

현대증권의 부당지원행위 건에서 법원은 공정거래위원회가 지원성 거래규모의 일부를 2분하여 지원금액을 산정한 후 지원행위의 주도자와 소극적 참여자를 구분하여 과징금을 산정한 것은 관계 법령에 정하여진 범위 내의 것이고 특별히 과중하여 재량권의 일탈·남용이라고 볼 수 없다고 [180]판시하였다.

에스케이네트웍스 외 2의 에스케이해운 부당지원행위 건에서 법원은 공정거래위원회가 이 사건 각 처분 훨씬 전에 이미 위 신주인수행위가 있었다는 점과 그것이 부당지원행위에 해당함을 알면서도 아무런 조치를 취하지 않았다고 보이지는 아니하므로, 이 사건 신주인수행위가 있었던 날로부터 2년 6개월이

---

176) 대법원 2004. 4. 23. 선고 2001두6517 판결, 파기환송 후 고등법원에서 확정되었다(서울고등법원 2005. 5. 25. 선고 2004누8455 판결).

177) 대법원 2005. 4. 29. 선고 2004두3281 판결

178) 서울고등법원 2007. 9. 13. 선고 2007누2519 판결

179) 대법원 2007. 7. 27. 선고 2005두10866 판결

180) 대법원 2006. 7. 6. 선고 2004두2998 판결

지난 후에 이루어졌다는 사정만으로 과징금 부과처분 등이 재량권을 일탈·남용하였다고 볼 수는 없다고 [181]판시하였다.

다음은 부당지원행위 과징금 부과와 관련해서 재량 일탈·남용 등의 이유로 법원이 위법하다고 판시한 사례들을 살펴본다. 삼양식품의 부당지원행위에 대한 건에서 공정거래위원회가 과거 3년 동안의 동일한 유형의 법 위반을 이유로 과징금산정을 가중하였는데, 종전의 행위가 확정판결로 공정거래법 위반행위에 해당하지 아니하는 것으로 밝혀졌음에도 이를 가중요소로 고려한 것은 중대한 사실을 오인하여 재량기준을 위반한 결과가 된다고 [182]판시하였다.

현대증권의 부당지원행위 건에서 법원은 공정거래위원회가 매매대금의 90%가 모두 지원성 거래규모에 해당한다고 본 것에 대해, 계약당일 계약금으로 10% 대금이 수수되는 것은 정상적인 거래조건이므로 지원성 거래규모는 이를 제외한 나머지 80% 상당의 금액으로 보아야 함에도 매매대금 90%를 전제로 부과한 과징금 납부명령은 위법하다고 [183]판시하였다.

현대중공업 외 7의 부당지원행위 건에서 법원은 임대차계약의 목적물 중 다른 입주자가 사용하는 공동이용부분에 대해서는 지원금액에서 해당 부분을 제외하여야 함에도 그렇게 하지 않은 것과 윤전기 추가임대료를 수령하지 않은 경우 이로 인하여 지원객체가 얻은 경제상 이익은 윤전기 추가임대료 채권을 면제하거나 포기하였다는 등의 특별한 사정이 없는 한 윤전기 추가임대료 전액이 아니라 그에 대한 이자상당액이 경제상 이익인데 이에 근거하지 않은 과징금 산정은 지원금액의 산정에 관한 충분한 심리를 다하지 않았거나 법리를 오해한 위법이 있다고 [184]판시하였다. 또한 부당지원금액을 산정함에 있어 광고대행사를 통하지 않고 직거래로 전환하게 되면 발생하게 되는 비용을 고려하지 않고 원고들이 지급한 광고대행수수료 전액을 지원금액으로 봐서 과징금을 산정한 것도 재량권 일탈·남용으로 위법하다고 판시하였다.

한국철도공사 소속 2개사의 부당지원행위 등에 대한 건에서 법원은 지원성 거래의 대상이 된 개별 철도주차장의 개수를 특정하지 않고 개별위탁거래에서

181) 대법원 2005. 4. 29. 선고 2004두3281 판결
182) 서울고등법원 2016. 10. 14. 선고 2015누70074 판결, 고등법원에서 확정되었다.
183) 서울고등법원 2004. 2. 3. 선고 2001누2562 판결, 상고심은 이 부분을 판단하지 않았다.
184) 대법원 2007. 1. 11. 선고 2004두350 판결, 파기환송 후 고등법원에서 확정되었다(서울고등법원 2007. 9. 13. 선고 2007누2519 판결).

발생한 지원금액을 산정하지도 아니하고 지원금액의 산출이 어렵거나 불가능한 경우에 해당한다는 전제에서 곧바로 거래금액의 10%를 지원금액으로 보아 이를 기초로 하여 과징금을 산정한 것은 위법하다고 [185]판시하였다.

6. 공정거래위원회의 최근 법집행 동향

(1) 기업집단 [186]한국타이어의 부당 내부거래 사건

(1)-1 지원행위 배경

한국타이어는 자신에게 [187]타이어몰드를 장기간 납품한 업체인 한국프리시전웍스(이하 [188]'MKT'라 한다) 인수를 추진하였고 한국타이어는 특수관계인인 조현범이 29.9%, 조현식이 20.0%의 지분을 보유하는 MKT홀딩스를 설립하여 MKT를 인수하였다. 한국타이어는 MKT가 계열 편입된 이후 거래물량을 크게 늘렸는데 이로 인하여 비계열사에 대한 발주물량이 줄어들게 되어 비계열사들의 불만이 커지자 한국타이어는 MKT의 이익보전을 위해 발주물량 증가 이외의 방법을 모색할 필요가 있었다.

(1)-2 법위반 내용

한국타이어는 2012년부터 타이어몰드의 제작 난이도, 사이즈별로 가격을 세분화하는 단가 정책을 수립하였는데 한국타이어가 MKT로부터 매입하는 타이어몰드에 대해서는 판매단가 기준 판매관리비 10%, 이윤 15%를 보장하고 실제 제조원가보다 제조원가를 30%이상 부풀려 반영함으로써 MKT가 매출이익율 40% 이상을 실현할 수 있도록 설계한 신단가표를 시행하였다. 신단가표 시행과 함께 가격 인상 폭이 큰 타이어몰드는 주로 MKT에 발주하고 상대적으로 가격 인상 효과가 작은 타이어몰드는 비계열사에 발주하는 발주정책도 함께 마련하였다.

한국타이어는 신단가표를 적용함에 따라 자신에게는 과도한 가격인상 부담이 있음을 알면서도 MKT의 영업이익 보전을 위해 부당 지원행위를 장기간

---

185) 서울고등법원 2016. 10. 21. 선고 2015누42628 판결, 상고심(대법원)은 심리불속행 기각하였다.

186) 한국타이어앤테크놀로지가 정식 명칭이다.

187) 타이어몰드는 타이어의 패턴·디자인·로고 등을 구현하기 위한 틀을 의미한다.

188) 한국프리시전웍스의 사명이 사건 당시 엠케이테크놀로지(MKT)였으므로 간략히 MKT라 하기로 한다.

실행하였고 MKT는 기존 단가에 비해 매출액이 16.3% 증가하였고 영업이익률이 13.8%에서 32.5%로 증가하고 국내 타이어몰드 시장점유율도 43.1%에서 55.8%로 높아지게 되었다. MKT가 얻은 이익은 주주인 특수관계인에게 지급된 배당금의 원천이 되어 동일인 2세 조현범, 조현식에게 총 108억 원의 배당금이 지급되었다.

(1)-3 공정거래위원회 조치내용

한국타이어와 MKT가 상당히 유리한 조건으로 타이어몰드를 거래한 행위는 부당지원행위 및 특수관계인에 대한 부당한 이익제공행위에 해당한다고 보아 공정거래위원회는 시정명령과 함께 행위주체인 한국타이어에게 48억 1천만 원, 행위객체인 MKT에게 31억 9천만 원의 과징금을 부과하고 한국타이어와 특수관계인 조현범을 검찰에 고발하였다.

(2) 이랜드리테일의 부당 내부거래 사건

(2)-1 지원행위 배경

지원객체인 이랜드월드는 의류 제조 및 도소매 판매업을 영위하는 회사로서 동일인 박성수 및 특수관계인 등이 99.72%의 지분을 소유하고 있으며 기업집단 이랜드 소유·지배구조의 최상단에 위치하고 있는 회사이다. 이랜드월드는 2010년 이후 무리한 인수합병을 추진하면서 차입금 비중이 높아져 유동성 문제가 발생하기 시작했고 그 후 기업 신용등급 하락으로 금융기관들이 이랜드월드 차입금의 조기상환을 요구하기 시작함에 따라 자금 사정이 더욱 악화되었다.

(2)-2 법위반 내용

이랜드월드는 지원주체 이랜드리테일의 지분 74.6%를 보유하고 있는 최대주주의 지위에 있었으므로 자신의 자금 사정을 해결하기 위해 이랜드리테일로 하여금 부당 지원행위를 하도록 하였다. 이랜드리테일은 이랜드월드가 소유한 부동산 2곳을 총 670억 원에 인수하는 계약을 체결하면서 전체 계약금액의 84%에 달하는 560억 원을 이례적으로 지급하였고 대규모 자산 거래임에도 불구하고 취득하게 될 부동산 활용 방안에 대한 검토 및 이사회 의결도 없이 거래가 진행되었다. 이러한 변칙적인 자금지원 행위로 인해 이랜드월드는 당시 재무 및 신용 상황으로는 신규 차입이 사실상 어려웠음에도 불구하고 560억 원에 이르는 상당한 규모의 자금을 181일 동안 차입할 수 있었고 동시에 차입 기간의 이자비용에 해당되는 약 13억 7,000만 원의 경제상 이익도 제공받았다.

또한 이랜드리테일은 의류브랜드 SPAO를 이랜드월드에게 양도하는 내용의 자산 양수도 계약을 체결하고 2014. 7. 1. 자산 이전을 완료하였으나 양도대금 약 511억 원을 2017. 6. 19.까지 분할 상환하도록 유예하면서 지연이자를 전혀 수령하지 않음으로써 이랜드월드는 이 거래를 통해 미지급금액에 해당하는 유동성을 공급받는 효과를 누릴 수 있었고 지연이자에 해당하는 35억 원 이상의 경제상 이익을 받게 되었다. 이 외에도 이랜드리테일은 2013. 11. 11.~ 2016. 3. 28. 기간 동안 이랜드월드 대표이사의 인건비 185백만 원을 대신 지급하는 등 인력 지원행위도 이루어졌다.

(2)-3 공정거래위원회 조치내용

공정거래위원회는 부동산 계약금 명목의 변칙 자금지원 행위, 자산양수도 대금 지연회수를 통한 자금지원 행위, 대표이사 인건비 대납을 통한 인력지원 행위가 공정거래법에서 금지하고 있는 부당지원행위 및 특수관계인에 대한 부당한 이익제공 행위에 해당한다고 보고 시정명령과 함께 지원주체 이랜드리테일에게 20억 6,000만 원, 지원객체 이랜드월드에게 20억 1,900만 원의 과징금을 부과하였다.

(3) 기업집단 삼성의 부당 내부거래 사건

(3)-1 지원행위 배경

2012년 말 웰스토리(당시 에버랜드)가 제공하는 급식 품질에 대한 삼성전자 직원들의 불만이 급증하자 웰스토리는 식재료비를 추가 투입하였고 이로 인해 웰스토리의 [189]직접이익률은 기존 22%에서 15% 수준으로 감소하게 되었다. 웰스토리의 수익 악화가 우려되자 삼성전자 미래전략실은 2012. 10월 웰스토리가 최적의 이익을 확보할 수 있는 방안을 강구할 것을 지시하여 웰스토리가 안정적으로 이익을 시현할 수 있는 계약구조 변경안을 마련하게 되었다.

(3)-2 법위반 내용

삼성전자, 삼성디스플레이, 삼성전기 삼성에스디아이 4개사는 위 계약구조 변경안에 따라 2013년 4월부터 2021년 6월까지 사내급식 물량 전부를 웰스토리

189) 직접이익률은 매출액에서 식재료비·인건비·소모품비 등 직접비를 뺀 직접이익을 매출액으로 나눈 비율로 급식업을 영위하는 사업자가 수주 여부를 결정하는 영업기준이 된다.

에게 수의계약 방식으로 몰아주면서, 식재료비 마진 보장, 위탁수수료로 인건비의 15% 추가 지급, 물가·임금 인상률 자동 반영 등을 통해 웰스토리가 어떤 상황에서도 높은 이익을 시현할 수 있도록 지원하였다.

2013년부터 2019년까지 웰스토리가 삼성전자 등 4개사와의 단체급식 거래를 통해 얻은 총 영업이익은 4,859억 원에 달하고 직접이익률은 25.27%, 영업이익률은 15.5%에 이르게 되어 같은 기간 상위 경쟁사업자들의 평균 영업이익률 3.1%를 현저히 상회하게 되었다. 이 과정에서 2014년과 2018년 삼성전자가 추진했던 구내식당 경쟁입찰도 중단시킴으로서 웰스토리가 안정적으로 영업을 영위할 수 있도록 지원이 이루어졌다.

(3)-3 공정거래위원회 조치내용

위 부당지원행위에 대해 공정거래위원회는 시정명령과 함께 지원주체인 삼성전자 등 4개사에는 138,954백만 원, 지원객체인 웰스토리에 대해서는 95,973백만 원의 과징금을 부과하고 지원행위를 주도한 삼성전자와 당시 삼성전자 미래전략실장을 고발조치 하였다.

Ⅳ. 특수관계인에 대한 부당한 이익제공 금지

1. 개관

종래의 부당지원행위 금지 규제에도 불구하고 일부 대규모집단에서는 소속 계열사들의 특수관계인 또는 이들의 지분이 높은 비상장 계열회사와 집중적인 거래를 통해 물량을 몰아주는 행위, 유망한 사업기회를 제공하는 행위, 수익성 높은 비상장 계열회사 주식의 저가양도 행위 등을 통해 대규모집단의 동일인 및 친족들이 사익을 추구하고 있다는 비판이 꾸준히 제기되어 왔다.

대규모기업집단에서 동일인 및 친족 등 특수관계인에게 지원행위를 하는 경우는 지원객체인 동일인 및 친족이 직·간접으로 속한 시장을 규명하고, 그 시장에 대한 공정거래저해성을 입증하는 것이 실무적으로 어려워서 부당지원행위 규제를 적용하는 것이 한계가 있었는데 이는 부당지원행위가 공정거래법상 일반불공정거래행위의 한 유형으로 규정되어 있고, 일반불공정거래행위의 경우[190]'공정거래저해성'을 위법성의 요건으로 하고 있는 데 기인하고 있다.

또한 정상가격과의 차이가 없거나 정상가격 산정이 곤란한 일감몰아주기와 대규모기업집단의 계열회사들이 유리한 사업기회를 동일인 또는 그 친족이 지배하는 비상장계열회사에 부여함으로써 그 사업기회를 동일인 또는 그 친족이 이용하여 지배하고 있는 비상장계열회사의 경제적 가치를 크게 상승시켜 추후 이를 상장시킨 후 막대한 가치를 취득하고 이를 토대로 기업집단의 승계를 편법·우회적으로 해 온 행위에 대해서도 이를 기존 규정으로는 제대로 규제를 할 수가 없었고 이 또한 주된 비판의 대상이 되어 왔다.

반면, 특수관계인에 대한 부당한 이익제공 문제가 대두되고 있는 상황에도 불구하고 법원은 특수관계인 개인에 대한 부당한 지원행위 등을 통하여 부의 세대 간 이전이 가능해지고 특수관계인들을 중심으로 경제력이 집중될 기반이나 여건이 조성될 여지가 있다는 것만으로는 부족하고, 특수관계인들이 지원받은 자산을 계열회사에 투자하는 등으로 관련시장에서의 공정한 거래를 저해할 우려가 있다는 점에 대한 별도입증이 필요하다고 엄격하게 [191]판시를 하고 있었다.

이 같은 괴리를 해결하기 위해 2013. 8월 공정거래법 개정을 통해 불공정행위를 규율하는 기존 조항과는 별도로 특수관계인에 대한 부당한 이익 제공행위를 금지하는 [192]규정을 신설하여 동일인 등의 사익편취 행위를 직접적으로 규제하게 되었다. 2014. 2월 개정 공정거래법 시행이후 공정거래위원회는 특수관계인에 대한 부당한 이익 제공 금지를 위반한 8건에 대해 시정조치를 하였고 이 중 3건은 고등법원 판결이 선고되었으나 아직까지 대법원 판결까지 확정된 사례는 없어 법 문언의 해석이나 부당성 판단에 대한 기준은 확립되지는 못한 상태이다. 향후 대법원의 판단을 지켜볼 필요가 있다.

---

190) 공정거래저해성은 경쟁제한성과 불공정성을 포함하는 개념으로서 '경쟁제한성'은 특정한 행위로 인해 관련시장에서 경쟁이 감소되는 것을 의미하고, '불공정성'은 경쟁수단 또는 거래내용이 정당하지 않음을 의미한다. 공정거래저해성에 대해서는 제5장 불공정거래행위 규제에서 상술하기로 한다.

191) 대법원 2004. 9. 24. 선고 2001두6364 판결, 대법원 2006. 9. 8. 선고 2004두2202 판결, 대법원 2007. 10. 26, 선고 2005두1862 판결 등

192) 종전 공정거래법 제23조의2(특수관계인에 대한 부당한 이익제공 등 금지)는 전부개정 공정거래법 제47조에 해당한다. 특수관계인에 대한 부당한 이익제공 등 금지는 통상 '사익편취행위 금지'라고 하기도 한다. 이하에서는 문맥에 따라 혼용해서 사용하기로 한다.

2. 요건 및 부당성 판단기준

(1) 제공주체·객체 및 규제범위

특수관계인에 대한 부당한 이익제공 행위의 [193]제공주체는 동일인이 자연인인 [194]공시대상기업집단 소속 회사이고, 제공객체는 특수관계인 또는 특수관계인 회사로서 이익제공행위의 상대방을 의미하며 ① 동일인 또는 동일인의 친족, ② 동일인 또는 그 친족이 20% 이상의 지분을 보유한 계열회사, ③ 그 계열회사가 발행주식 총수의 50%를 초과하는 지분을 보유한 자회사가 해당된다. 특수관계인에 대한 부당한 이익제공 행위의 제공주체와 제공객체는 부당지원행위의 지원주체와 지원객체에 비해서 그 범위가 한정된다고 할 수 있다.

제공객체 중 계열회사와 관련하여 특수관계인에 대한 부당한 이익제공 행위의 규제 범위는 공정거래법 개정을 통해 확대되었는데 당초 규정이 처음 도입되었을 때는 법적용을 받는 계열회사의 지분율 요건이 상장회사의 경우 30%, 비상장사 20%였으나 2020년 말 전면개정을 하면서 상장·비상장 구분 없이 20%가 되고, 20% 이상 지분보유 회사의 50% 지분 초과 자회사까지 포함되면서 그 적용 범위가 넓어지게 되었다.

(2) 제공객체와 특수관계인의 의무

전부개정 공정거래법 제47조 제3항은 특수관계인에 대한 부당한 이익제공에 해당할 우려가 있음에도 불구하고 제공객체가 해당 거래를 하거나 사업기회를 제공받아서는 안 된다고 규정하고 있는데, 위법여부의 판단은 이익제공행위가 부당한 이익제공행위에 해당할 수 있음을 인식할 수 있었는지 여부에 달려 있다. 제공객체가 인식하고 있거나 인식할 수 있었는지 여부에 대한 판단은 전문가가 아닌 일반인의 관점에서 사회통념에 비추어 해당 행위가 부당한 이익제공행위에 해당할 우려가 있음을 인식할 수 있을 정도면 충분하다고 보고 있다.

---

193) 사익편취행위 지원주체의 요건은 사익편취 금지규정 신설 당시 '상호출자제한기업집단에 속하는 회사'로 규정되어 있었으나, 2017. 7월 공정거래법 개정으로 '공시대상기업집단에 속하는 회사'로 변경되었다.

194) 공정거래법 시행령 제36조(공시대상기업집단 및 상호출자제한기업집단의 지정 등)는 공시대상기업집단을 해당 기업집단에 속하는 국내 회사들의 직전 사업연도 자산총액의 합계액이 5조 원 이상인 기업집단으로 정하고 있다.

동법 제47조 제4항은 [195]특수관계인이 부당한 이익제공을 하거나 제공받도록 지시하거나 해당 행위에 관여하는 것을 금지하고 있는데, 금지의 내용은 특수관계인인 동일인 또는 그 친족이 부당한 이익제공행위를 하도록 지시하거나 해당 행위에 관여한 것으로 충분하고 실제 부당한 이익이 지시 또는 관여한 자에게 귀속될 필요는 없으며, 지시 또는 관여 여부는 구체적으로 특수관계인이 제공주체의 의사결정에 직접 또는 간접적으로 관여할 수 있는 지위에 있었는지 여부, 해당 행위를 구체적으로 지시하였는지 여부 등을 종합적으로 고려하여 판단한다.

(3) 요건 및 부당성 판단

특수관계인에 대한 부당한 이익제공 등 금지 규정은 회사가 공시대상기업집단 지정통지를 받거나 [196]계열회사 편입통지를 받은 날로부터 적용한다. 규제적용 대상이 되는 제공주체 및 제공객체 해당 여부는 해당 이익 제공행위 당시를 기준으로 판단하고, 특수관계인 지분율은 [197]직접 [198]지분만 포함하여 산정하되, 실질적인 소유관계를 기준으로 판단하여 차명보유·우회보유의 경우 직접 지분으로 본다. 또한 부당한 이익제공 행위는 제공주체와 제공객체 간 직접거래뿐만 아니라 직접거래를 회피하기 위해 제3자를 매개로 한 간접거래로도 가능하므로 이도 규제 대상이 될 수 있다.

[199]부당성 판단은 특수관계인에게 직접 또는 간접으로 부당한 이익이 귀속되었는지 여부를 기준으로 판단하며, 일반불공정거래행위의 일종으로 규정되어 있는 부당지원행위와 달리 '공정거래 저해성'을 입증할 필요는 없는 것으로 하

195) 전부개정 공정거래법 제47조 제4항의 특수관계인은 특수관계인 중에서 '동일인 및 그 친족'에 한정하는 의미로 본다.

196) 전부개정 공정거래법 제32조는 계열회사 등의 편입 및 제외 등을 규정하고 있는데 이 중 '계열회사 편입'은 공시대상기업집단의 계열회사 편입여부를 공정거래위원회가 요청 또는 직권에 의해 심사하여 통지하는 경우를 말한다.

197) 직접 보유한 지분만을 의미하며, 2단계 이상의 소유관계를 통해 간접적으로 영향력을 행사하는 지분은 포함하지 않는다.

198) 특수관계인의 지분보유비율을 계산할 때에는 보통주, 우선주, 자사주, 상환주식, 전환주식, 무의결권주식 등 주식의 종류 및 의결권제한 여부를 불문하고 계열회사가 발행한 모든 주식을 기준으로 계산한다.

199) 2020. 2. 25. 제정된 공정거래위원회 예규 '특수관계인에 대한 부당한 이익제공행위 심사지침'에서 규정하고 있다.

고 있으나, 법원은 관련된 사건에서 부당성은 사익편취를 통한 경제력집중이 발생할 우려가 있는지를 기초로 판단해야 한다고 [200]판시하고 있거나 부당성을 판단하는 기준은 이익의 부당성으로서 이익의 규모는 고려하되 특수관계인에 대한 이익의 귀속에 합리적인 이유가 있는지 여부라고 [201]판시하는 등 고등법원 단계에서는 부당성 판단기준이 일치하지 않았다. 그러나 최근 사익편취 관련 대법원 판결이 확정됨에 따라 공정거래위원회는 특수관계인에 대한 부당한 이익제공행위 심사지침을 개정하여 2023. 5. 22.부터 시행하게 되었다. 동 심사지침에서는 '부당한 이익'의 판단기준으로 제공주체·객체 간의 관계, 행위의 목적·의도 및 경위, 귀속이익의 규모 등을 종합적으로 고려하여 사익편취의 부당성을 판단하도록 규정하고 있다. 또한 종전 지침에 사익편취 행위는 '공정거래 저해성'을 요구하지 않는다고 정하고 있었으나 대법원 판례에 맞추어 부당성 입증을 위해서는 '이익제공행위를 통하여 그 제공객체가 속한 시장에서 경쟁이 제한되거나 경제력이 집중되는 등으로 공정한 거래를 저해할 우려가 있을 것까지 요구하는 것은 아니다'라고 내용을 정비하였다.

3. 금지 유형

[202]공시대상기업집단에 속하는 국내 회사는 동일인 및 그 친족, 동일인이 단독으로 또는 다른 특수관계인과 합하여 발행주식총수의 [203]20% 이상의 주식을 소유한 국내 계열회사와 그 국내 계열회사가 단독으로 50%를 초과하는 주식을 소유한 국내 계열회사와 상당히 유리한 조건의 거래, 사업기회 제공, 상당히 유리한 조건의 현금·금융상품 거래, 합리적 고려 없는 상당한 규모의 거래를 통해 특수관계인에게 부당하게 이익을 귀속시키는 행위를 하여서는 아니 된다.

이익제공행위는 제공주체와 제공객체 사이의 행위를 통하여 이루어지며, 양자 간에 직접 또는 간접적인 방법으로 이루어질 수 있다. 따라서 제공주체와

200) 한진 사건(서울고등법원 2017. 9. 1. 선고 2017누37153 판결)

201) 효성 사건(서울고등법원 2021. 1. 28. 선고 2018누52497 판결)

202) 동일인 및 그 친족 등에 대한 부당한 이익제공, 즉 사익편취를 규제하기 위한 목적이므로 성질상 동일인이 자연인인 기업집단으로 한정해서 적용한다.

203) 종전 공정거래법은 동 법 시행령을 통하여 주권상장법인의 경우는 100분의 20, 비상장법인의 경우는 100분의 30으로 규정하였으나, 2020년 말 개정된 전부개정 공정거래법은 상장·비상장을 구분하지 않고 100분의 20으로 강화하였다.

제공객체 사이에 직접적인 상품거래나 자금거래 행위 형식을 피하기 위해 제3자를 매개하여 상품거래나 자금거래 행위가 이루어지고 이로 인하여 특수관계인에게 실질적으로 경제상 이익이 직접 또는 간접적으로 귀속되는 경우에도 이익제공행위의 범위에 포함된다.

제3자를 매개로한 행위의 예시로 ① 제공주체가 제3자 발행의 기업어음을 매입하고 그 제3자로 하여금 제공주체의 매입행위와 동일 또는 유사한 시점에 그 매출금액의 범위 내에서 제공객체 발행의 기업어음을 제공객체에게 상당히 유리한 조건으로 매입하도록 하는 행위, ② 제공주체가 제3자인 은행에 정기예금을 예치한 다음 이를 다시 제공객체에게 대한 대출금의 담보로 제공함으로써 제공객체로 하여금 은행으로부터 낮은 이자율로 금원을 대출받도록 하는 행위, ③ 제공객체가 발행한 전환사채에 관하여 제공주체가 제3자인 [204]대주단(貸主團)에 제공주체 소유의 부동산을 담보로 제공하고 위 전환사채에 관하여 대주단과 [205]TRS(Total Return Swap) 계약을 체결하여 대주단으로 하여금 위 전환사채를 인수하도록 하는 행위 등을 들 수 있다.

부당한 이익을 제공하는 대규모기업집단 소속 회사뿐만 아니라 그 거래 또는 사업기회 제공의 상대방인 특수관계인이나 계열회사도 사익편취에 해당할 우려가 있는 거래를 하거나 사업기회를 제공받는 행위를 하지 못한다. 또한 특수관계인은 누구에게든지 사익편취행위나 이를 제공받는 행위를 하도록 지시하거나 해당행위에 관여할 수 없다.

(1) 상당히 유리한 조건의 거래

(1)-1 의의

정상적인 거래에서 적용되거나 적용될 것으로 판단되는 조건보다 상당히 유리한 조건으로 거래하는 행위는 금지된다. '상당히 유리한 조건'이라 함은 정

---

204) 특정업체에 돈을 대여한 대주들의 모임을 의미하며 통상 채권금융회사들이 대주단을 구성하는 경우가 많다.

205) 신용파생상품의 일종으로 주식 또는 채권 등의 신용위험과 시장위험을 이전하는 상품을 의미하며 위 예시에서는 제공주체가 TRS 계약에 따라 제공객체가 발행한 전환사채 가격 하락 시 손실분을 대주단에게 지급하는 방식으로 가격변동에 따른 위험부담을 지고, 부동산 담보제공으로 제공객체의 채무불이행 사태도 책임을 지는 형태로 부당한 이익제공이 이루어지게 된다. 기업집단 '효성'사건에서 문제가 된 행위이다.

상적인 거래에서 적용되는 대가보다 사회통념이나 거래관념상 일반인의 인식범위를 넘어서는 유리한 조건을 말하고 '상당히 유리한 조건의 거래'에는 제공주체가 직접 제공객체와 상당히 유리한 조건의 거래를 하는 경우는 물론이고, 제공주체가 제3자를 매개하여 제공객체와 상당히 유리한 조건의 거래를 하고 그로 인하여 특수관계인에게 부당한 이익이 귀속되는 경우도 포함된다.

다만, 시기, 종류, 규모, 기간, 신용상태 등이 유사한 상황에서 특수관계가 없는 독립된 자 간의 정상적인 거래에서 적용되거나 적용될 것으로 판단되는 조건과의 차이가 7% 미만이고 거래당사자 간 연간 총거래금액이 주로 회사 간 거래대상인 상품·용역의 경우에는 200억 원 미만, 동일인 등 개인과도 거래가 가능한 자금·자산이 50억 원 미만인 경우에는 상당히 유리한 조건에 해당하지 않는 것으로 본다. 적용제외 기준과 관련해서는 거래당사자 간 해당연도 거래총액을 문제성 거래규모에 한정하지 않고 거래당사자 간 이루어진 모든 거래규모를 포함하는데 매출액·매입액까지 포함하여 판단하게 된다.

(1)-2 정상가격과 상당성 판단

상당성을 판단하기 위한 정상가격의 산정은 당해 거래와 동일한 상황에서 특수관계가 없는 독립된 자 간의 거래가격을 먼저 파악하고 그 다음 유사사례에서 거래조건 등의 차이를 합리적으로 조정한 가격을 순차적으로 적용한다. 유사사례도 없는 경우는 거래 당시의 일반적인 경제 및 경영 상황 등을 고려하여 보편적으로 선택하였을 현실적 가격을 규명하는 단계로 넘어간다. 현실적 가격 규명은 자산·상품·용역의 규모, 거래, 거래상황 등을 참작하여 국제조세조정에 관한 법률 제8조(206)정상가격의 산출방법) 및 상속세 및 증여세법 제4장(재산의 평가)에서 정하는 방법을 준용할 수 있다.

상당히 유리한 조건인지 여부는 급부와 반대급부 사이의 차이는 물론 거래규모와 이익제공행위로 인한 경제상 이익, 제공기간, 제공횟수, 제공시기, 제공행위 당시 제공객체가 처한 경제적 상황 등을 종합적으로 고려하여 구체적·개별적으로 판단한다.

206) 정상가격의 산출방법에는 비교가능제3자가격방법, 재판매가격방법, 원가가산방법, 이익분할방법, 거래순이익률방법 등이 있다.

(1)-3 구체적 유형

(1)-3-1 자금거래

'상당히 유리한 조건의 자금거래'는 제공주체가 제공객체와 가지급금 또는 대여금 등 자금을 정상적인 거래에서 적용되는 대가보다 상당히 낮거나 높은 대가로 제공하거나 거래하는 행위를 말하며 제공주체가 제공객체의 금융상 편의를 위하여 직접 또는 간접으로 자금을 이용할 수 있도록 경제상 이익을 제공하는 일체의 행위가 포함된다.

상당히 유리한 조건의 자금거래는 실제적용금리가 개별정상금리보다 낮거나 높은 경우에 성립하는데 개별정상금리는 다음의 방법을 순차적으로 적용해서 판단하게 된다. ① 제공객체가 제공받은 방법과 동일한 수단을 통해 동일한 시점에 독립적인 방법으로 차입한 금리, ② ①방법과 같은 방식이면서 '유사한 시점'에 차입한 금리 또는 유사시점 이전에 변동금리 조건으로 차입한 자금이 있는 경우에는 그 금리, ③ 신용상태가 유사한 회사가 동일시점에 독립적인 방법으로 차입한 금리, ④ 제공객체가 제공받은 방법과 유사한 수단을 통해 동일 또는 유사한 시점에 독립적인 방법으로 차입한 금리, ⑤ 제공객체가 동일 또는 유사한 시점에 다른 수단으로 차입한 경우에는 그 금리를 개별정상금리 산정의 기준으로 한다.

공사대금 미회수, 기간이 특정되지 않은 단순대여금 등 이익제공 시점에 만기를 정하지 않은 경우에는 제공객체의 월평균 차입금리를 개별정상금리로 보고, 개별정상금리 산정이 불가능한 경우에는 해당 자금거래의 실제적용금리와 [207]일반정상금리를 비교하여 상당히 유리한 조건인지를 판단한다.

(1)-3-2 자산·상품·용역 거래

'상당히 유리한 조건의 자산·상품·용역 거래'는 제공주체가 제공객체와 부동산·유가증권·무체재산권 등 자산 또는 상품·용역을 정상적인 거래에서 적용되는 대가보다 상당히 낮거나 높은 대가로 제공하거나 거래하는 행위를 의미한다. 부동산 저가임대·고가임차·저가매도·고가매수, 기업어음·주식·회사채·후순위채·전환사채 고가매입, 주식 우회인수, 전환사채의 저가주식 전환, 신주인수권부사채의 저가매각, 부도 유가증권 고가매입, 무체재산권 무상양도, 매출

207) 시중은행의 매월 말 평균 당좌대출금리를 의미한다.

채권·외상매출금·용역대금·주택관리정산금·임대료 미회수 또는 지연회수, 제공객체 상품·용역 구매 임직원에게 구매자금 등 대여, 광고비 과다지급 등 다양한 형태가 있을 수 있다.

상당히 유리한 조건의 자산·상품·용역 거래는 정상가격에 비해 낮거나 높은 경우에 성립하는데 정상가격은 다음의 방법을 순차적으로 적용하여 판단한다. ① 해당거래와 시기, 종류, 규모, 기간 등이 동일한 상황에서 특수관계가 없는 독립된 자 간에 실제 거래한 사례가 있는 경우 그 거래가격, ② 유사한 거래사례와 이익제공행위 사이에 차이를 합리적으로 조정하는 과정을 거친 가격, ③ 통상의 거래 당사자가 거래 당시의 일반적인 경제 및 경영상황 등을 고려하여 보편적으로 선택하였으리라고 보이는 현실적인 가격을 정상가격의 기준으로 한다.

(1)-3-3 인력거래

'상당히 유리한 조건의 인력거래'는 제공주체가 제공객체와 인력을 정상적인 거래에서 적용되는 대가보다 상당히 낮거나 높은 대가로 제공하거나 거래하는 행위를 말한다. 업무지원을 위해 인력을 제공한 후 인건비는 제공주체가 부담한 경우, 인력파견계약을 체결하고 인력을 제공하면서 제공주체가 퇴직충당금 등 인건비의 전부 또는 일부를 미회수한 경우, 제공객체의 업무를 전적으로 수행하는 인력을 제공주체 회사의 고문 등으로 위촉하여 제공주체가 수당이나 급여를 지급한 경우 등이 이에 해당될 수 있다.

해당 인력이 제공객체와 제공주체 양자에서 근로제공을 하고 있는 경우에는 해당 인력이 제공객체와 제공주체로부터 지급받는 일체의 급여·수당 등의 금액에서 해당 인력의 제공주체에 대한 근로제공의 대가를 차감한 금액을 정상급여로 간주하며, 제공객체와 제공주체로부터 지급받는 금액의 구분이 명확하지 않는 경우에는 제공객체와 제공주체로부터 지급받는 일체의 급여·수당 등의 금액에서 제공객체와 제공주체의 해당 사업연도 매출총액 중 제공객체의 매출액이 차지하는 비율에 의한 분담금액을 정상급여로 간주한다.

(2) 사업기회의 제공

(2)-1 의의와 유형

회사가 직접 또는 자신이 지배하고 있는 회사를 통하여 수행할 경우 회사에 상당한 이익이 될 사업기회로서 회사가 수행하고 있거나 수행할 사업과 밀접한 관계가 있는 사업기회를 제공하는 행위는 금지된다.

'자신이 지배하고 있는 회사'의 개념은 동일인 또는 동일인 관련자가 30% 이상 소유하고 최다출자자인 경우의 지분율 요건과 동일인이 대표이사·임원 50% 이상 선임 등 회사 경영에 지배적인 영향력을 행사하는 지배력 요건을 충족하는지 여부에 따라 판단하게 된다.

현재 '수행하고 있는 사업기회'에는 사업기회 제공 당시 실제 회사가 수행하여 수익을 일으키고 있는 사업뿐만 아니라 회사가 사업개시를 결정하고 이를 위해 설비투자 등 준비행위를 하고 있는 사업이 포함되고, '수행할 사업'은 사업수행 여부에 대해 외부적 행위를 하지 않았더라도 내부적 검토 내지는 내부적 의사결정이 이루어진 사업을 포함한다.

'수행하고 있거나 수행할 사업과 밀접한 관계'가 있는 사업기회인지 여부는 제공주체 자신 또는 자신이 지배하는 회사의 본래 사업과의 유사성, 본래 사업 수행과정에서 필연적으로 수반되는 업무인지 여부, 본래 사업과 전·후방으로 연관 관계에 있는 사업인지 여부, 회사재산의 공동사용 여부 등을 종합적으로 고려하여 판단하고, 사업기회를 제공받은 회사의 사업과의 관련성은 원칙적으로 기준이 되지 않는다.

'상당한 이익이 될 사업기회'는 사업기회 제공당시를 기준으로 현재 또는 가까운 장래에 상당한 이익이 될 수 있는 사업기회로서 그 해당여부는 제공객체가 아닌 제공주체인 회사 자신 또는 자신이 지배하는 회사를 기준으로 판단하고 제공객체에게 보다 더 이익이 될 수 있는지 여부, 제공객체가 해당 사업을 수행하는데 필요한 전문성과 능력을 더 잘 갖추고 있다는 등의 사정은 원칙적으로 상당한 이익의 판단과 직접 관련되지 않는다. 사업기회 제공 당시에는 이익을 내지 못하는 영업권이라 하더라도 사후적으로 많은 영업이익을 낼 것이라는 합리적 예측이 가능한 경우에는 상당한 이익이 될 사업기회에 해당할 수 있다.

사업기회의 제공 방법으로는 사업양도·위탁, 자회사 주식양도 등 적극적 수단을 통해 제공객체에게 사업기회를 직접적으로 제공하는 방식뿐 아니라 유망한 사업기회를 스스로 포기하여 제공객체가 이용할 수 있도록 하는 등 소극적인 방법으로 제공객체가 사업기회를 이용할 수 있도록 하거나 제공객체의 사업기회 취득을 묵인하는 방법이 모두 포함한다.

(2)-2 적용제외 기준

공정거래법상 금지되는 사업기회의 제공에 해당하지 않는 경우로는 우선 회사가 해당 사업기회를 수행할 능력이 없는 경우를 들 수 있다. 해당 사업기회가 회사에게는 법적으로 진출이 금지된 사업인 경우에는 '법률적 불능'으로 법 적용에서 제외되며, 사업기회 검토 당시에 회사의 재정적 능력이 현저히 악화된 상태인 경우에는 '경제적 불능'으로 법 적용에서 제외된다.

다음으로는 사업기회 제공에 대한 정당한 대가를 지급받은 경우인데 정당한 대가는 해당 사업기회의 시장가치를 기준으로 판단하게 되고, 해당 사업기회의 시장가치는 사업기회 제공이 이루어지는 당시를 기준으로 사업기회의 종류, 규모, 거래상황 등을 종합적으로 고려하여 판단한다. 대가의 지급에는 현금 또는 현금 대용증권 외에도 해당 사업의 부채를 인수하는 등 소극적인 방법으로 대가를 지급하는 경우를 포함한다. 정당한 대가가 지급되었는지를 판단할 때에는 사업기회 제공 내지 대가 지급에 앞서 해당 사업기회의 가치를 객관적이고 합리적으로 평가하는 과정을 거쳤는지 여부 등을 고려할 수 있다.

마지막으로 적용제외 사유가 되는 그 밖에 합리적인 사유로 사업기회를 거부한 경우는 사업기회의 가치와 사업기회를 수행함에 따른 경제적 비용 등에 대하여 객관적이고 합리적인 평가를 거쳐 사업기회를 거부한 경우를 의미하는데, 이때 사업기회 거부가 합리적인지 여부는 사업기회를 제공한 회사의 입장에서 평가하고 제공주체의 사업기회 거부가 기업집단 차원에서 볼 때 합리적이었다는 등의 사정은 원칙적으로 적용제외 평가기준이 되지 않는다.

(3) 상당히 유리한 조건의 현금·금융상품 거래

특수관계인과 현금이나 그 밖의 금융상품을 정상적인 거래에서 적용되는 대가보다 상당히 낮거나 높은 대가로 제공하거나 거래하는 행위는 금지된다. 거래의 대상이 되는 금융상품의 성격에 따라 앞서 살펴본 상당히 유리한 조건의 자금거래 또는 자산거래와 관련된 규정이 준용된다. 다만, 특수관계인이 아닌 자와의 정상적인 거래에서 적용되거나 적용될 것으로 판단되는 조건과의 차이가 7% 미만이고, 거래당사자 간 해당연도 거래총액이 50억 원 미만인 경우에는 상당히 유리한 조건에 해당하지 않는 것으로 본다.

(4) 합리적 고려·비교 없는 상당한 규모의 거래

(4)-1 의의

사업능력, 재무상태, 신용도, 기술력, 품질, 가격 또는 거래조건 등에 대한 '합리적인 고려나 다른 사업자와의 비교 없이' 상당한 규모로 거래하는 행위는 금지된다. 통상 '일감몰아주기'라고 불리는 행위로서 거래상대방 선정 및 계약 체결 과정에서 사업능력, 재무상태, 신용도, 기술력, 품질, 가격, 거래규모, 거래시기 또는 거래조건 등 해당 거래의 정보를 충분히 수집·조사하고 이를 객관적·합리적으로 검토하거나 다른 사업자와 비교·평가하는 등 해당 거래의 특성상 통상적으로 행하여지거나 행하여질 것으로 기대되는 거래상대방의 적합한 선정과정 없이 상당한 규모로 거래하는 행위를 의미한다.

'합리적인 고려'와 관련해서는 시장조사 등을 통해 시장참여자에 대한 정보를 수집하고, 주요 시장참여자로부터 제안서를 제출받는 등 거래조건을 비교하여 합리적 사유에 따라 거래상대방을 선정하는 과정을 거친 경우에는 합리적 고려나 비교가 있었던 것으로 본다. 경쟁입찰을 거친 경우에는 원칙적으로 합리적 고려·비교가 있는 것으로 보지만 시장참여자에게 입찰 관련정보를 제대로 알리지 않거나 낙찰자 선정사유가 불합리한 경우 등 실질적인 경쟁입찰로 볼 수 없는 경우에는 이에 해당하지 않는다. 수의계약을 체결한 경우라도 위 합리적 고려에 해당하는 과정을 거친 점이 객관적으로 확인되는 경우에는 합리적 고려·비교가 있었던 것으로 볼 수 있다.

여기서 유의할 점은 일감몰아주기에 해당하지 않기 위해서는 합리적 고려와 비교 양자를 요구하는 것이 아니라는 점이다. 합리적 고려나 다른 사업자와의 비교 중 한 가지만 충족하면 일감몰아주기에 해당한다고 할 수는 없으며 다만 통상적으로 이루어지는 적합한 선정 과정은 거칠 것이 요구된다.

'상당한 규모'로 거래하였는지 여부는 제공객체가 속한 시장의 구조와 특성, 거래 당시 제공객체의 경제적 상황, 제공객체가 얻은 경제상 이익, 여타 경쟁사업자의 경쟁능력 등을 종합적으로 고려하여 구체적·개별적으로 판단한다.

(4)-2 적용제외 기준

(4)-2-1 개요

거래당사자 간 상품·용역의 연간 거래총액이 거래상대방의 [208]평균매출액의 12% 미만이고 200억 원 미만인 경우에는 상당한 규모에 해당하지 아니하는 것으로 본다. 이 범위에 해당하려면 [209]거래총액 요건과 거래비중 요건을 모두 충족해야 하는데 해당연도 거래총액은 적으나 거래상대방의 평균매출액에서 차지하는 비중이 높거나 거래상대방의 평균매출액에서 차지하는 비중은 적으나 해당연도 거래총액이 많은 경우에는 적용제외에 해당하지 않는다.

합리적 고려나 비교 없는 상당한 규모의 거래의 경우에는 거래총액 및 거래비중에 따른 적용제외 이외에도 별도의 적용제외 사유를 인정하고 있는데 기업의 효율성 증대, 보안성, 긴급성 등 거래의 목적을 달성하기 위하여 불가피한 경우에는 예외적으로 허용하고 있다. 이하 상세히 살펴보기로 한다.

(4)-2-2 효율성에 따른 적용제외

효율성 증대효과가 있는 거래란 전·후방 연관관계나 산업연관성 등에 기초하여 다른 자와의 거래로는 달성하기 어려운 비용절감 또는 판매량 증가나 품질개선·기술개발 등의 효율성 증대효과가 있음이 명백하게 인정되는 거래를 말하고 해당 이익제공행위가 없었더라도 달성할 수 있었을 효율성 증대부분은 포함하지 않는다. 종전에는 '다른 자와의 거래로는 달성하기 어려운' 효율성 증대효과라는 의미를 경쟁입찰을 하거나 여러 사업자로부터 제안서를 제출받는 등의 절차를 거치는 것 자체가 비효율을 유발할 정도로 효율성 증대효과가 객관적으로 명백한 경우를 의미한다고 보았으나 최근 관련 지침의 개정으로 다른 사업자로는 달성하기 어려운 효율성 증대가 '명백할 것'으로 요건을 정비하였다.

효율성 증대효과가 있는 거래의 유형은 공정거래법 시행령 별표 4에서 구체적으로 적시하고 있다. ① 상품의 규격·품질 등 기술적 특성상 전후방 연관관계에 있는 계열회사 간 거래로서 해당 상품의 생산에 필요한 부품·소재 등을 공급 또는 구매하는 경우인데 특수관계인에 대한 부당한 이익제공행위 심사지침에는 그 예시로서 이미 공급된 물품의 부품교환 또는 시설확충 등을 위하여 거래하는 경우로서 해당 물품을 제조·공급한 자 외의 자로부터 제조·공급을 받게 되면 호환성이 없거나 현저한 비용·시간·노력이 소요되어 사실상 호환성

208) 평균매출액은 각 연도의 평균매출액을 직전 3년을 기준으로 산정하여 각 연도의 거래총액과 비교하게 된다.

209) 거래총액은 제공주체와 제공객체 간에 이루어진 전체 상품·용역의 거래규모를 포함하여 계산하며, 제공객체의 매출액 및 매입액을 합산한 금액을 의미한다.

을 확보하기 어려운 경우를 제시하고 있다. ② 회사의 기획·생산·판매 과정에 필수적으로 요구되는 서비스를 산업연관성이 높은 계열회사로부터 공급받는 경우, ③ 주된 사업영역에 대한 역량 집중, 구조조정 등을 위하여 회사의 일부 사업을 전문화된 계열회사가 전담하고 그 일부 사업과 관련하여 그 계열회사와 거래하는 경우, ④ 긴밀하고 유기적인 거래관계가 오랜 기간 지속되어 노하우 축적, 업무이해도 및 숙련도 향상 등 인적·물적으로 협업체계가 이미 구축되어 있는 경우, ⑤ 거래목적상 거래에 필요한 전문지식 및 인력보유 현황, 대규모·연속적 사업의 일부로서의 밀접한 연관성 또는 계약이행에 대한 신뢰성 등을 고려하여 계열회사와 거래하는 경우가 이에 해당하는데 특수관계인에 대한 부당한 이익제공행위 심사지침에는 계열회사가 특허권, 실용신안권, 디자인권 등의 지식재산권이나 독자적 기술을 보유하고 있어 외부업체와 거래할 경우 거래목적을 달성하기 어려운 경우를 제시하고 있다.

(4)-2-3 보안성에 따른 적용제외

보안성이 요구되는 거래란 다른 자와 거래할 경우 필수시설의 구축·운영, 핵심기술의 연구·개발이나 핵심적인 경영정보 등이 유출되어 경제적으로 회복하기 어려운 피해를 초래하거나 초래할 우려가 있는 거래를 말한다. 다만, 보안성이 요구되는 거래의 외형에 해당하더라도 보안장치를 사전에 마련하여 정보보안을 유지할 수 있는지, 시장에서 독립된 외부업체와의 거래사례가 있는지 등을 종합적으로 고려하여 불가피한 경우에 해당하는지를 판단하게 된다. '경제적으로 회복하기 어려운 피해'란 특별한 사정이 없는 한 금전으로는 보상할 수 없는 유형 또는 무형의 손해로서 금전보상이 불가능하거나 금전보상으로는 충족되기 어려운 현저한 손해를 의미한다.

보안성이 요구되는 거래의 유형도 공정거래법 시행령 별표 4에서 구체적으로 규정되어 있다. [210]① 전사적(全社的) 자원관리시스템, 공장, 연구개발시설 또는 통신기반시설 등 필수시설의 구축·운영, 시장에 보급되지 않은 핵심기술

210) 예시로 새롭게 개발되어 아직 관련 보안기술이 시장에 보급되지 아니한 필수시설·핵심시설의 관리·보안이 필요한 경우, 핵심적 영업비밀에 접근가능한 전사적 자원관리시스템, 기밀보호구역 등의 관리를 직접적으로 수행하는 경우, 방산업체로서 군수지원시스템 등을 운영함에 따라 국가안보에 관한 비밀정보 취급이 필수적인 상황에서 비계열회사인 시스템통합업체와 거래할 경우 비밀취급 인가를 받는 것이 현저히 곤란하거나 비밀정보가 외국 등 외부로 유출될 우려가 있는 경우 등을 들 수 있다.

의 연구·개발·보유 등과 관련된 경우,[211]② 거래과정에서 영업·판매·구매 등과 관련된 기밀 또는 고객의 개인정보 등 핵심적인 경영정보에 접근 가능한 경우가 이에 해당된다.

(4)-2-4 긴급성에 따른 적용제외

긴급성이 요구되는 거래는 경기급변, 금융위기, 천재지변, 전산시스템 장애 등 회사 외적요인으로 인한 긴급한 사업상 필요에 따른 불가피한 거래를 말한다. 다만, 거래상대방 선정과정에 있어서 합리적 고려나 비교를 할 만한 시간적 여유가 없는 상황에서 대체거래선을 찾는 데에 소요되는 기간 동안만 긴급성이 지속된다고 인정하고 있다.

'회사 외적요인'은 불가항력적 요인으로서 외부의 힘에 의해 사건이 발생한 경우를 의미한다. 회사 스스로 긴급한 상황을 자초하거나 회사 내부적으로 긴급한 사업상 필요가 있다는 이유만으로는 긴급성 요건에 해당하지 않는다.

'긴급한 사업상의 필요'는 거래상대방 선정과정에 있어 합리적 고려나 다른 사업자와의 비교를 할 만한 시간적 여유가 없는 상황을 의미하며 단기간에 장애를 복구하여야 하는 경우 등 상품의 성격이나 시장상황에 비추어볼 때 거래상대방을 선정하는 데 상당한 시일이 소요되어 생산, 판매, 기술개발 등 경영상 목적을 달성하는 데 차질이 발생하는 경우가 이에 해당한다.

특수관계인에 대한 부당한 이익제공행위 심사지침에는 외부업체의 지급불능, 법정관리, 기업 워크아웃 신청 등으로 사업자를 긴급하게 변경할 필요가 있는 상황에서 적합한 대체사업자가 없거나 대체사업자를 찾는 데 상당한 시일이 소요되어 거래목적을 달성하기 어려운 경우와 전산망이나 대규모 클라우드 서비스 시설에 화재 등 사고로 장애가 발생하여 이를 방치할 경우 소비자에 대한 서비스 제공이나 기업의 사업 수행에 방해가 될 수 있어 신속한 대처가 필요한 경우를 예시로 들고 있다.

공정거래법 시행령 별표 4는 긴급성이 요구되는 거래로서 경기급변, 금융위기, 천재지변, 해킹 또는 컴퓨터 바이러스로 인한 전산시스템 장애 등 회사

---

211) 예시로 신상품 개발 및 출시와 관련하여 비계열회사를 통한 운송 시 해당 상품의 기술 또는 디자인 등 공개되기 전까지 극비에 붙여야 할 중요정보가 외부로 유출될 우려가 있는 경우, 인재채용을 위한 시험지의 보관·운송 등 거래과정에서 철저한 보안정책이 요구되는 경우 등을 들 수 있다.

외적요인으로 인한 긴급한 사업상 필요에 따른 불가피한 거래를 규정하고 있는데 구체적인 유형으로는 ① 상품생산을 위한 핵심소재·부품·설비 등을 외국 또는 외국기업으로부터 상당부분 수입하고 있는 상황에서 그 외국에서 천재지변이 발생하거나 그 외국정부가 수출규제조치를 시행함으로써 정상적인 공급에 차질이 발생한 경우, ② 물류회사들의 전면적인 운송거부 내지 파업상황에서 긴급하게 물량수송이 필요한 경우, ③ 상품의 결함으로 소비자의 생명 또는 신체에 위해가 발생할 우려가 있어 해당 상품을 시장에서 신속하게 수거할 필요가 있는 경우, ④ 랜섬웨어·디도스해킹 등 긴급 전산사고가 발생하여 회사의 영업비밀이나 다수 고객들의 개인정보가 유출되거나 될 우려가 있는 상황에서 피해방지를 위해 긴급하게 계열회사인 시스템통합업체와 거래할 필요가 있는 경우 등을 들 수 있다.

4. 위반에 대한 제재

특수관계인에 대한 부당한 이익제공 금지 규정을 위반한 사업자에 대하여 공정거래위원회는 당해 행위의 중지 및 재발방지를 위한 조치, 계약조항의 삭제, 시정명령을 받은 사실의 공표 및 기타 시정을 위해 필요한 조치 등의 시정조치를 명할 수 있고, 매출액의 10%(매출액이 없는 경우 등에는 40억 원 이내)의 과징금을 부과할 수 있다. 또한 위반 사업자는 3년 이하의 징역 또는 2억 원 이하의 벌금 등 형벌에 처해질 수도 있다.

특수관계인에 대한 부당한 이익제공행위의 과징금은 '위반액'에 중대성의 정도별 부과기준율을 곱하여 기본 산정기준을 정하는데 그 부과기준율은 ① 매우 중대한 위반행위 120% 이상 160% 이하, ② 중대한 위반행위 50% 이상 75% 이하, ③ 중대성이 약한 위반행위 20%로 정해져 있다. '위반액'은 특수관계인에 대한 부당한 이익제공 금지의 경우는 위반하여 거래 또는 제공한 [212]위반금액을 의미한다. 공정거래법 전면개정에 따라 과징금 상한이 관련매출액의 5%에서 10%로, 매출액이 없는 경우 등에 부과하는 정액과징금은 20억 원에서 40억 원으로 2배 상향되었고 이에 따라 과징금고시의 부과기준율도 최근에 상향조정되었다.

212) 위반금액 산출이 어렵거나 불가능한 경우에는 그 거래 또는 제공규모의 10%에 해당하는 금액이 위반액이 된다.

5. 법적용 사례

(1) 기업집단 현대 계열회사의 특수관계인에 대한 부당한 이익제공 행위 등에 대한 건 (공정거래위원회 의결 제2016-189호)

(1)-1 행위사실

기업집단 현대 소속 현대증권은 제록스와의 직거래가 가능함에도 실질적 역할이 없는 계열회사 HST(동일인 등 지분율 90%)와 복합기 임대차 계약을 체결하였다. 그 계약의 내용은 계열회사 HST가 제록스로부터 대당 월 임대료 168,300원에 복합기를 임대하여 10%의 마진율을 붙인 187,000원에 현대증권에게 다시 임대하는 내용이다.

(1)-2 공정거래위원회 의결

공정거래위원회는 매개회사인 HST의 거래단가가 동일기종의 거래단가보다 높고 제록스와 계열회사 HST, 계열회사 HST과 현대증권 간 계약이 단가를 제외한 모든 조항이 동일하게 되어 있는 점 등을 볼 때 HST사가 특별한 역할을 수행하지 않아 상당히 유리한 조건에 해당한다고 판단하였다.

공정거래위원회는 이 사건 거래가 (종전)공정거래법 제23조의2 제1항 제1호의 적용대상에서 제외되려면 해당거래가 정상적인 거래에서 적용되는 조건과 차이가 7% 미만이고, 양 당사자 간의 연간 거래총액이 상품·용역의 경우 200억 원 미만이어야 하는데 이 사건 거래의 경우 행위가 시작된 2012년 2월 이후 현대증권과 HST 간 연간 거래금액은 200억 원 미만이나, 정상적인 거래에서 적용되는 거래금액과 이 사건 행위로 인한 거래금액의 차이가 13.3% 이었으므로 적용제외 요건에는 해당하지 않는다고 판단하였다.

공정거래위원회는 현대증권과 HST에 대해 시정명령과 함께 과징금을 각각 4,100만 원씩 부과하였다. 공정거래위원회 처분에 대해 피심인들은 소송을 제기하지 않아 공정거래위원회 처분은 그대로 확정되었다.

(1)-3 시사점

이 사건은 동일인 일가 지분율이 90%에 달하는 HST를 지원하기 위해 종전의 거래단계에서 아무런 역할을 하지 않는 HST를 끼워 넣어 부당한 이익을 수취하게 한 전형적인 행위이다. 명백한 공정거래법 위반행위에 대해 피심인들도 취소소송 등 불복절차를 진행하지 않았고 공정거래위원회 처분이 그대로 확정되게 되었다.

(2) 기업집단 대림 소속 계열회사들의 특수관계인에 대한 부당한 이익제공행위에 대한 건(공정거래위원회 의결 제2019-217호)

(2)-1 행위사실

기업집단 대림 소속 대림산업은 호텔브랜드 GLAD를 개발한 후 동 브랜드를 동일인 일가가 지분을 100% 소유한 계열회사인 에이플러스디가 상표권을 출원 등록하여 취득하게 하였고, 자신이 소유한 여의도호텔을 GLAD 브랜드를 사용하여 시공한 후 여의도호텔 임차운영사인 오라관광이 에이플러스디와 GLAD 브랜드 사용계약을 체결하도록 하였다.

오라관광은 자신의 소유 제주그랜드호텔, 논현동호텔에도 GLAD 브랜드를 사용하기로 하고 매달 에이플러스디에게 과다한 브랜드 사용료와 마케팅분담금을 지급하였는데 에이플러스디는 오라관광에 아무런 브랜드마케팅 서비스를 제공한 바가 없었다.

(2)-2 공정거래위원회 의결

공정거래위원회는 대림산업이 기업집단 대림의 호텔브랜드인 GLAD 브랜드를 소유·사용·수익할 수 있는 사업기회를 에이플러스디에게 제공한 행위를 공정거래법상 특수관계인에 대한 사업기회 제공행위에 해당되는 것으로 판단하였다. 그리고 오라관광이 에이플러스디에게 과도한 GLAD 브랜드 수수료를 지급한 행위를 특수관계인에게 상당히 유리한 조건으로 부당한 이익을 제공한 행위로 보았고, 에에플러스디는 특수관계인에 대한 부당한 이익제공행위에 해당할 우려가 있음에도 불구하고 이를 제공받는 행위로 보았다.

공정거래위원회는 대림산업에 대해서는 4억 300만 원, 오라관광에 대해서는 7억 3,300만 원, 에이플러스디에 대해서는 1억 6,900만 원의 과징금을 부과하고 대림산업, 오라관광 등을 형사고발하였는데, 대림산업 등이 공정거래위원회 의결사항에 대해 소를 제기하지 않아 처분이 확정되었다.

(2)-3 주요쟁점

피심인측은 GLAD 브랜드는 에이플러스디에 의해 개발된 것이라 주장하였으나, 공정거래위원회는 GLAD 브랜드를 위탁 개발한 JOH와의 계약은 에이플러스디가 아니라 대림산업이 체결하였고 대가도 대림산업이 지불한 점을 들어 그 주장을 배척하였고, 제공된 사업기회는 오라관광의 호텔운영업과 관련있는 것이 아니라 에이플러스디의 호텔개발사업과 관련이 있다고 주장하는 것에 대해서도 공정거래위원회는 기존 브랜드사업자의 경우에서도 알 수 있듯이 호텔브랜드 사업은 해당 브랜드를 사용하는 호텔을 운영하는 과정에서 이루어지는 점을 들어 피심인의 주장을 받아들이지 않았다.

또한 피심인은 대림산업은 호텔시공, 오라관광은 호텔운영, 에이플러스디는 호텔브랜드개발로 기업집단 차원에서 역할을 분담한 것이어서 오라관광은 합리적 사유로 사업기회를 거부한 것에 해당한다고 주장하였으나 공정거래위원회는 합리적 사유의 거부는 사업기회를 제공한 회사의 입장에서 평가해야 하는 것이라 하면서 역시 이를 배척하였다.

피심인은 에이플러스디가 오라관광에 대해 브랜드, 브랜드 마케팅 서비스, 브랜드 스탠다드 제공을 정당하게 하고 대가를 받은 것이었다고 주장하였으나 사실관계 확인 결과 브랜드만 제공하는 것에 그친 것으로 드러나서 결국 오라관광으로부터 받은 대가가 상당히 유리한 조건의 거래에 해당되는 것으로 판단하였다.

(2)-4 시사점

이 사건은 특수관계인에 대한 사업기회의 제공을 통해 부당한 이익을 제공한 행위에 대해 공정거래법이 적용된 최초의 사례라는 점에 의의가 있다. 또한 대규모기업집단의 브랜드 사용거래에 따른 대가 지급이 너무 과도하다는 여론에도 불구하고 브랜드 사용료는 현실적으로 정상가격 산정이 불가능한 경우가 많아 규제가 어려운 상황에서 브랜드와 관련된 심결례가 나오게 된 점에서 의미가 있다고 할 수 있다.

(3) 하이트진로 및 삼광글라스의 부당지원행위 등에 대한 건(공정거래위원회 의결 제2018-110호)

(3)-1 행위사실

기업집단 하이트진로의 소속 계열회사인 하이트진로는 동일인 등 지분이 80.1%에 달하는 서영이앤티에 하이트진로의 인력을 전적(轉籍)·파견하고 그 급여 일부를 보전하는 등 인력지원행위를 하였고, 제조사로부터 직접 구매하던 맥주용 공캔을 아무런 역할이 없는 서영이앤티를 구매단계 중간에 끼워 넣어 거래하게 하여 서영이앤티 전체 매출액의 65.5%에 달하는 맥주용 공캔 거래 매출을 올릴 수 있게 하였고 서영이앤티가 100% 지분을 가지고 있는 서해인사이트 주식 전부를 비계열사인 K사에게 매각할 수 있도록 지원하였는데, 향후 8년 이내 K사가 주식매수대금을 회수할 수 있도록 서영이앤티의 영업이익률이 5% 이상 유지되도록 하겠다고 약속하는 방법으로 주식매각을 지원하였다.

기업집단 오씨아이 소속 계열회사인 삼광글라스는 매출의 60~70%를 하이트진로에 의존하는 기업인데, 삼광글라스는 맥주용 공캔의 원료인 알루미늄 코일과 글라스락캡 구매 시 아무런 역할이 없는 서영이앤티를 중간에 끼워 넣어 서영이앤티를 지원하였다.

(3)-2 공정거래위원회 의결 및 법원 판결

공정거래위원회는 하이트진로의 인력지원 행위·공캔 거래 시 서영이앤티를 매개회사로 거래하는 행위·주식매각 지원행위, 하이트진로와 삼광글라스의 알루니늄 코일과 글라스락캡 거래 시 서영이앤티를 매개회사로 거래하는 행위가 부당지원행위와 특수관계인에 대한 부당한 이익제공을 금지하는 공정거래법을 위반하였다고 판단하고 하이트진로, 서영이앤티, 삼광글라스에게 시정명령과 함께 과징금 부과 처분을 하였다.

공정거래위원회는 위 행위들의 위법성과 관련, 이 사건 지원행위는 그룹 지배구조의 정점에 오르는 과정에서 재정위기 상황에 처한 서영이앤티를 지원하려는 일관된 목적 아래 연속적으로 이루어진 점, 직거래가 관행이던 상품 거래단계에 아무런 역할도 없는 서영이앤티가 추가되어 상대방의 거래처 선택이 제한되고 그 분야 사업경험이 전혀 없던 서영이앤티가 자신의 경쟁력과 무관하게 관련시장에서 유력한 사업자 지위를 확보한 점, 이에 따라 서영이앤티가 스스로의 사업능력과 무관하게 재정위기에서 벗어나 경쟁사업자보다 유리한 금융, 사업상 혜택까지 받은 점을 고려하면 이 사건 지원행위의 공정거래저해성이 인정된다고 판단하였다.

하이트진로, 서영이앤티, 삼광글라스가 제기한 이 사건 처분 취소소송에서 서울고등법원은 서영이앤티와 삼광글라스의 청구는 모두 기각하였고, 하이트진로의 지원행위 중 주식매각 지원과 관련해서는 서해인사이트 주식매각 가격이 현저히 높은 수준인지 여부가 증명되지 않았다고 판단하여 이 사건 처분 중 하이트진로에 대한 부분만 취소하였고 현재 대법원에서 상고심이 진행 중에 있다.

(3)-3 주요 쟁점

삼광글라스는 부당지원행위 규정은 계열회사 사이의 내부거래에 한하여 발생하는 것이므로 기업집단 하이트진로와는 무관한 삼광글라스는 부당지원행위 규정 적용대상이 아니라고 주장하였으나, 이미 대법원 판결 등에 의해 부당지원행위의 객체인 다른 회사는 반드시 대규모기업집단의 계열회사에 한정되는 것이 아님은 명백하므로 그 주장에는 이유가 없다고 하겠다. 오히려 비계열사인 삼광글라스가 역할이 없는 서영이앤티를 거래단계에 끼워 넣음으로써 기존에 거래를 담당하던 중소 협력사업자들이 명백한 피해를 입게 되었으며 정작 삼광글라스 자신은 하이트진로로부터 납품물량 및 단가 면에서 여러 혜택을 받게 되는 등 계열회사 간 부당한 거래단계 추가·경유를 통한 지원행위보다 공정거래 저해성이 더 크다고 볼 여지가 있다. 향후 대법원의 최종 판단을 지켜볼 필요가 있다.

하이트진로와 서영이앤티는 인력지원의 경우 8년간 5억 원에 불과하여 과다한 경제상 이익이 아니고, 공캔 거래의 경우 하이트진로와 비교가능한 오비맥주의 공캔 가격보다 오히려 저렴하므로 현저히 유리한 조건의 거래에 해당하지 않는다고 주장하였다. 이에 대해 서울고등법원은 이 사건 지원금액이 서영이앤티의 2002년 당기순이익의 3%에 해당하는 점 등을 이유로 지원행위의 성립과 함께 공정거래저해성도 인정하였고, 공캔 거래의 경우도 하이트진로와 오비맥주의 공캔은 규격이 달라 비교대상이 아니고 정상가격을 추단하려면 하이트진로가 자사 공캔 제품을 제품 제조사와 거래관행에 맞게 직접 거래했을 경우 형성되는 가격으로 봐야 한다고 하면서 원고들의 주장을 배척하였다.

(3)-4 시사점

이 사건은 비계열사 사이의 부당한 거래단계 추가·경유를 통한 지원행위가 시정조치된 첫 사례이다. 종전 기업집단 내부의 계열회사 간에서 이루어지던 통행세 거래와는 달리 기업집단을 달리하는 기업 간에 서로의 이해관계에 따라 통행세 거래를 하게 됨에 따라 당초 거래단계에 포함되어 있던 중소 협력사업자들은 통행세 거래에 따른 각종 부작용와 피해를 직접적으로 겪게 되어서 공정거래저해성이 더 심각했던 사안이라 할 수 있다. 주식매각 지원행위를 제외한 나머지 부당지원행위에 대해서 모두 공정거래위원회의 처분이 정당하다고 대법원 상고심 판결을 기다리고 있는바 그 결과를 지켜볼 필요가 있다.

[별지 제1호서식]

지주회사의 설립 · 전환 신고서

[ ] 일반지주회사
[ ] 금융지주회사

※ 첨부서류 및 작성방법은 뒤 쪽을 참고하시기 바라며, [ ]에는 해당되는 곳에 √표를 합니다.

(앞 쪽)

지주회사 현황	상 호		대 표 자			
	회사 설립일 (상장일)		지주회사 설립(전환)일			
	주 소		연 락 처			
	법인등록번호		사업자등록번호			
지주회사의 재무상황① (백만 원)	자본총액(A)		자회사 주식가액(C)②			
	부채총액(B)		자산총액(D)			
	B/A(%)		C/D(%)			
	벤처지주회사 해당 여부	[ ] 해당 [ ] 미해당	벤처자회사 주식가액(E) ③		E/C(%)	

자회사 현황	구 분		수	자산총액 합계액
	상장 여부	주권상장법인		
		주권비상장법인		
	영위 업종	금융업 · 보험업④		
		비금융업 · 보험업		

손자회사 현황	구 분		수	자산총액 합계액
	상장 여부	주권상장법인		
		주권비상장법인		

증손회사 현황	구 분		수	자산총액 합계액
	상장 여부	주권상장법인		
		주권비상장법인		

설립(전환) 유형⑤	

「독점규제 및 공정거래에 관한 법률」 제17조(지주회사의 설립 · 전환의 신고) 및 같은 법 시행령 제26조에 따라 위와 같이 신고합니다.

년 월 일

신고인 (인)

공정거래위원회 귀중

<table>
<tr><td>신고인
첨부서류</td><td>1. 지주회사에 관한 서류
가. 설립·전환 사유서 1부.
나. 주주 현황 1부.
다. 계열회사 현황 1부.
라. 소유주식명세서 1부.
마. 대차대조표 1부.
바. 법인등기부등본 1부.(신고인이 행정기관간 정보공유에 동의하지 않는 경우에만 제출)
사. 이사회 또는 주주총회를 통해 벤처지주회사로 설립·전환하기로 의결하였음을 입증할 수 있는 서류 1부.(벤처지주회사인 경우에만 제출)

2. 자회사에 관한 서류
가. 주주 현황 1부.
나. 소유주식명세서 1부.
다. 직전 사업연도의 감사보고서 1부.
라. 금융지주회사가 영 제28조에 따라 소유하고 있는 자회사인 경우에는 해당 자회사의 주요 사업내용 및 직전 사업연도의 거래처별 거래내역 1부.

3. 손자회사에 관한 서류
가. 주주 현황 1부.
나. 소유주식명세서 1부.
다. 직전 사업연도의 감사보고서 1부.

4. 증손회사에 관한 서류
가. 주주 현황 1부.
나. 소유주식명세서 1부.
다. 직전 사업연도의 감사보고서 1부.</td></tr>
<tr><td>담당
공무원
확인사항</td><td>1. 법인등기부등본(신고인이 행정기관간 정보공유에 동의하는 경우)</td></tr>
<tr><td colspan="2">행정정보 공동이용 동의서</td></tr>
<tr><td colspan="2">본인은 이 건 업무처리와 관련하여 담당 공무원이 「전자정부법」 제36조제1항에 따른 행정정보의 공동이용을 통하여 담당 공무원 확인사항을 확인하는 것에 동의합니다.
신고인 (서명 또는 인)</td></tr>
<tr><td colspan="2">작성방법</td></tr>
<tr><td colspan="2">① 재무상황: 지주회사의 재무상황은 지주회사 설립전환일 현재의 재무제표에 의거 기재
② 자회사 주식가액: 기업회계기준에 따라 작성된 대차대조표상의 가액으로 기재
③ 벤처자회사 주식가액: 벤처지주회사에 해당되는 경우만 작성하되, 연간 매출액 대비 연간 연구개발비의 비율이 3% 이상 중소기업 또는 벤처기업인 자회사의 주식가액 합계액을 기재
④ 금융업 보험업의 범위: 통계법에 따라 고시된 한국표준산업분류에 따름
⑤ 설립(전환) 유형: 지주회사 설립·전환 유형을 기재 [설립인 경우에는 "설립"으로 기재하고, 전환인 경우에는 "전환(인적분할)", "전환(물적분할)", "전환(합병)", "전환(자회사 주식가액 증가)", "전환(자산증가)" 등으로 괄호안에 지주회사 요건을 갖추게 된 사유까지 포함하여 기재]</td></tr>
</table>

[별지 제2호 서식] 독립경영 인정 신청서

I. 개요

1. 기업집단(동일인) :

2. 독립경영자:

3. 독립경영자 관련자

3-1. 친족	(총 명)
3-2. 계열회사	(총 개)
3-3.비영리법인	(총 개)
3-4. 임원	(총 명)
3-5. 기타	

4. 신청사유

5. 연락처 :

II. 독립경영자측 계열회사 일반현황

1. 회사일반현황

(단위 : 백만원)

회 사 명		자산총액	
대 표 자		자본총액	
설 립 일		납입자본금	
영위업종		매 출 액	
소 재 지		당기순이익	

2. 주주현황

(단위 : 주, %)

주주명		주식수	지분율
동일인 및 동일인 관련자			
독립경영자 및 독립경영자 관련자			
합 계			

3. 임원현황

직 위	성 명	주민등록번호	겸임여부

4. 거래현황(백만원, %)

구분		금액	비율
매출	동일인측 계열회사		
매입	동일인측 계열회사		

5. 동일인측 계열회사와의 자금대차 현황 :

6. 동일인측 계열회사와의 채무보증 현황 :

III. 독립경영자측 비영리법인 일반현황

1. 법인 일반현황

(단위 : 백만원)

법 인 명		법인형태	
설 립 일		자산규모	
설 립 자		출 연 금	
이 사 장		소 재 지	

2. 출연자 현황

(단위 : 백만원, %)

출연자명		출연금액	비율
동일인 및 동일인 관련자			
독립경영자 및 독립경영자 관련자			
기 타			
합 계			

3. 소유주식명세

(단위 : 주, %)

발행회사명		주식수	지분율
동일인 및 동일인 관련자			
독립경영자 및 독립경영자 관련자			
기 타			

4. 임원현황

직 위	성 명	생년월일

[별지 제3호 서식] 독립경영 확인서

독립경영 확인서

기업집단 OOO의 동일인 OOO는 <별첨1>의 계열회사가 본인이 지배하는 기업집단의 범위에 포함되지 않고, <별첨1>의 계열회사 및 <별첨2>의 친족, 비영리법인 및 임원이 동일인 관련자에 해당되지 않음을 확인합니다.

독립경영자 OOO은 <별첨1>의 계열회사를 동일인 OOO으로부터 독립적으로 경영하고 있고, <별첨1>의 계열회사 및 <별첨2>의 친족, 비영리법인 및 임원이 본인과 독점규제 및 공정거래에 관한 법률 시행령 제4조 제1호 각목의 관계에 있음을 확인합니다.

년 월 일

기업집단 OOO 동일인 OOO (인)

독립경영자 OOO (인)

별첨 : 1. 계열회사 명단
2. 친족, 비영리법인 및 임원 명단
3. 인감증명서 각 1부

<별첨1>

독립경영 계열회사 명단

(OOOO년 OO월 OO일 현재*)

명칭	법인등록번호	사업자등록번호	상장/ 비상장	비고**

별첨 : 등기사항전부증명서, 사업자등록증***

* 자료작성일 기재

** 임원독립경영의 경우, 각 계열회사별로 독립경영임원이 동일인측 계열회사의 임원이 되기 전부터 사실상 사업내용을 지배하는 회사에 해당하는지 여부에 관하여 구체적으로 기재

*** 계열회사별로 각 1부씩 제출

<별첨2>

독립경영자 친족, 비영리법인 및 임원 명단

(OOOO년 OO월 OO일 현재*)

구분	성명	생년월일**	비고***
독립경영자			
친족			
임원			
비영리법인			

별첨 : 비영리법인의 등기사항전부증명서, 사업자등록증 또는 고유번호증****

* 자료작성일 기재

** 비영리법인의 경우 법인등록번호와 사업자등록번호를 모두 기재

*** ① 친족독립경영의 경우 독립경영자 및 친족은 동일인과의 촌수 및 관계를 자세히 기재하고 임원은 소속회사 및 직책을 기재, ② 임원독립경영의 경우 친족은 독립경영으로 동일인관련자로부터 분리를 요청하는 친족만을 기재하되 독립경영자와의 촌수 및 관계를 자세히 기재하고, 독립경영자 및 임원은 소속회사 및 직책을 자세히 기재

**** 비영리법인별로 각 1부씩 제출

[별표 9] 과태료의 부과기준(공정거래법 시행령 제94조제3호 관련)

1. 일반기준
   가. 공정거래위원회는 다음의 어느 하나에 해당하는 경우 제2호의 개별기준에 따른 과태료 금액의 4분의 3 범위에서 감경할 수 있다. 다만, 과태료를 체납하고 있는 위반행위자에 대해서는 그렇지 않다.
      1) 위반의 내용 · 정도가 경미하다고 인정되는 경우
      2) 그 밖에 위반행위의 정도, 동기와 그 결과 등을 고려하여 감경할 필요가 있다고 인정되는 경우
   나. 공정거래위원회는 다음의 어느 하나에 해당하는 경우 제2호의 개별기준에 따른 과태료 금액의 2분의 1 범위에서 가중할 수 있다. 다만, 가중하는 경우에도 법 제130조제1항에 따른 과태료 금액의 상한을 초과할 수 없다.
      1) 위반행위가 고의나 중대한 과실에 의한 것으로 인정되는 경우
      2) 위반의 내용 · 정도가 중대한 경우
      3) 그 밖에 위반행위의 정도, 위반행위의 동기와 그 결과 등을 고려하여 가중할 필요가 있다고 인정되는 경우

2. 개별기준
   가. 법 제26조 및 제29조의 위반행위에 대한 과태료

<table>
<tr><th colspan="4">위반 유형</th><th rowspan="2">과태료금액
(단위: 만원)</th></tr>
<tr><th>이사회 의결여부</th><th>공시 여부</th><th>공시기한 준수 여부</th><th>주요내용의 누락이나 거짓 공시 여부</th></tr>
<tr><td rowspan="4">이사회 의결을 거친 경우</td><td>공시하지 않은 경우</td><td></td><td></td><td>5,000</td></tr>
<tr><td rowspan="3">공시한 경우</td><td rowspan="2">공시기한까지 공시한 경우</td><td>주요내용을 누락하거나 거짓 공시한 사항을 공시기한이 지난 후 과태료 처분 사전통지서 발송일 전날까지 보완한 경우</td><td>500
(공시기한을 넘긴 날의 다음 날부터 보완을 마친 날까지 1일마다 10만원씩 가산하되, 2천만원을 초과할 수 없다)</td></tr>
<tr><td>주요내용을 누락하거나 거짓 공시한 경우</td><td>2,000</td></tr>
<tr><td>공시기한을 넘긴 경우</td><td>주요내용을 누락하거나 거짓 공시하지 않은 경우(과</td><td>500
(공시기한을 넘긴 날의</td></tr>
</table>

			태료 처분 사전통지서 발송일 전날까지 보완한 경우를 포함한다)	다음 날부터 보완을 마친 날까지 1일마다 10만원씩 가산하되, 5천만원을 초과할 수 없다)
			주요내용을 누락하거나 거짓 공시한 경우	5,000
이사회 의결을 거치지 않은 경우	공시하지 않은 경우			7,000
	공시한 경우		주요내용을 누락하거나 거짓 공시하지 않은 경우	5,000
			주요내용을 누락하거나 거짓 공시한 경우	7,000

나. 법 제27조 및 제28조의 위반행위에 대한 과태료

위반 유형			과태료금액 (단위: 만원)
공시 여부	공시기한 준수 여부	주요내용의 누락이나 거짓 공시 여부	
공시하지 않은 경우			1,000
공시한 경우	공시기한까지 공시한 경우	주요내용을 누락하거나 거짓 공시한 사항을 공시기한이 지난 후 과태료 처분 사전통지서 발송일 전날까지 보완한 경우	100 (공시기한을 넘긴 날의 다음 날부터 보완을 마친 날까지 1일마다 5만원씩 가산하되, 5백만원을 초과할 수 없다)
		주요내용을 누락하거나 거짓 공시한 경우	500
	공시기한을 넘긴 경우	주요내용을 누락하거나 거짓 공시하지 않은 경우(과태료 처분 사전통지서 발송일 전날까지 보완한 경우를 포함한다)	100 (공시기한을 넘긴 날의 다음 날부터 보완을 마친 날까지 1일마다 5만원씩 가산하되, 1천만원을 초과할 수 없다)
		주요내용을 누락하거나 거짓 공시한 경우	1,000

제 5 장

불공정거래행위 규제

Ⅰ. 개관
Ⅱ. 유형에 따른 위법성 판단기준
Ⅲ. 경쟁제한성 불공정거래행위
Ⅳ. 불공정성 불공정거래행위
Ⅴ. 특수 불공정거래행위
Ⅵ. 위반에 대한 제재
Ⅶ. 공정거래위원회의 최근 법집행 동향
Ⅷ. 불공정거래행위 대표사례 고찰

제5장

불공정거래행위 규제

Ⅰ. 개관

1. 의의

불공정거래행위는 부당한 공동행위, 기업결합행위, 시장지배적지위 남용행위와 더불어 공정거래위원회의 주요한 법집행 분야에 해당된다. 부당한 공동행위가 수 개의 사업자 간에서 발생하는 공조(共助)행위인 데 비해 불공정거래행위는 공동의 거래거절과 같은 형태가 있긴 하지만 기본적으로는 단독(單獨)행위에 해당하고 경쟁제한성 면에 있어서는 수직적 제한형태에 해당한다.

전부개정 공정거래법 제80조에 의하면 누구든지 이 법에 위반되는 사실을 공정거래위원회에 [1]신고할 수 있도록 되어 있는데, 불공정거래행위는 실제 경제활동에서 가장 빈번하게 발생하는 행위이기 때문에 공정거래위원회에 가장 많이 신고되는 법위반 행위 유형이면서 공정거래위원회 사건처리 비중 면에서

1) 공정거래위원회 고시인 '공정거래위원회 조사절차에 관한 규칙'은 별지 4에서 불공정거래행위 신고서 양식을 정하고 있다. 신고서 양식은 이 장 말미에 참고로 첨부해 놓았다(575쪽 참조). 최근 개정 신고서에는 분쟁조정 희망 의사나 조정성립 여부를 확인하는 항목이 있어서 신고 전에 분쟁조정 제도를 활용하여 신속한 처리와 함께 실질적인 금전적 피해 구제도 받을 수 있도록 하고 있다.

도 최근까지 가장 큰 비중을 차지하여 왔다. 또한 사업자 간 거래상지위에 차이가 있는 현실에서 중소·영세사업자는 주로 지위상 열위에 있는 경우가 많아 거래상대방과 실질적으로 대등한 거래관계를 형성·유지하는 것이 어려워서 당해 관련시장에서 경쟁이 실질적으로 제한되는 상황에 노출되거나, 공정하지 못한 거래내용이나 수단 등을 감수할 수밖에 없는 경우가 많이 발생한다. 거래당사자 간 힘의 불균형에서 오는 각종 불공정거래행위가 당사자 간의 문제에 그치지 않고 경쟁질서에 영향을 미치게 되는 경우에는 이를 시정하기 위한 공정거래위원회의 역할이 불가피하게 된다.

불공정거래행위는 경제성장에 따른 거래규모가 커짐에 따라 지속적으로 문제가 되어왔고, 특히 특정분야의 불공정한 거래관행이 크게 부각되어 사회의 요구와 관심이 커질 때마다 별도의 입법을 통해 전문적인 규제를 하는 경향을 보이고 있다. 예를 들어서 1984년 제정된 '하도급거래의 공정화에 관한 법률', 2002년 제정된 '가맹사업거래 공정화에 관한 법률', 2011년 제정된 '대규모유통업법', 2015년 제정된 '대리점거래의 공정화에 관한 법률'은 당초 공정거래법상 불공정거래행위의 유형 중 거래상지위 남용에 해당되어 개별 고시 등으로 규제되고 있던 분야들이 개별법으로 독립하게 된 것이다. 이들 개별법들은 불공정거래행위 규제와 관련하여 공정거래법의 특별법적인 지위를 갖는다고 할 수 있다.

2. 규제 체계

(1) 관련 규정

우리나라는 공정거래법과 시행령에 따라 불공정거래행위의 유형을 미리 정하고 이에 해당하고 공정거래저해성이 인정되면 위법으로 보는 형태를 취하고 있다. 이는 일본의 예를 따른 것으로 불공정거래행위의 유형을 미리 정해 놓음으로써 위법 가능성이 있는 행위 유형을 사전에 알 수 있어 법 적용의 예측가능성을 높일 수 있는 장점은 있으나 동시에 계속 발전하는 거래관계에 있어 새로운 유형의 거래와 그에 따른 불공정거래행위 유형이 나타나는 경우에는 즉각적으로 포섭하여 규제하기 어렵다는 한계도 가지고 있다.

전부개정 공정거래법 제45조(종전 공정거래법 제23조) 제1항에서는 불공정행위의 유형 10가지를 열거하고 있고 불공정거래행위의 유형 또는 기준을 시행령에서 정하도록 하고 있어서 이에 따라 공정거래법 시행령 제55조 제1항(불공정거래행위의 지정)에 의한 시행령 별표 2에서는 10개의 유형을 세분화하여 총 29개의 불공정거래행위 유형을 규정하고 있다.

불공정거래행위의 유형 또는 기준을 법률에서 정하지 않고 시행령에서 정하도록 한 것이 포괄위임 금지 또는 명확성 원칙에 위반되는 것이 아닌지가 문제될 수 있다. 신문고시 위헌신청 건에서 헌법재판소는 이와 관련하여, 불공정거래행위는 각종의 경제적 거래에서 복잡다양하게 이루어지며 또한 그 형태도 부단히 변동되고 있음에 비추어 그 행위 형태와 기준에 관한 규정도 이에 맞추어 시기적절하게 효과적으로 대처할 수 있어야 한다고 하면서 불공정거래행위의 유형과 기준을 미리 법률로서 자세히 정하지 아니하고 이를 명령에 위임한 것은 부득이한 것으로 인정되며 법률의 위임과 대통령령의 재위임이 헌법적 한계를 준수하고 있음이 명백하다고 [2]판시한 바 있다.

공정거래법 시행령은 특정분야 또는 특정행위에 적용하기 위한 불공정거래행위의 유형 또는 기준에 대한 세부기준을 정할 수 있는데 이에 따라 고시 또는 예규의 형태로 '대규모소매업에 있어서의 특정불공정거래행위의 유형 및 기준 지정고시', '병행수입에 있어서의 불공정거래행위의 유형고시', '신문업에 있어서의 불공정거래행위 및 시장지배적지위 남용행위의 유형 및 기준', '특수형태 근로종사자에 대한 거래상 지위남용행위 심사지침'을 마련하여 운영하고 있다. 이러한 특수분야의 불공정거래행위에 대해서는 후술하기로 한다.

(2) 시장지배적지위 남용행위와의 관계

공정거래법상 불공정거래행위 유형과 시장지배적지위 남용행위 유형 중 유사하거나 겹치는 형태가 있다. 전부개정 공정거래법은 제5조에서 시장지배적지위의 남용금지를 규정하면서 상품 등의 가격을 부당하게 결정·유지 또는 변경하는 행위, 상품 등의 제공을 부당하게 조절하는 행위, 다른 사업자의 사업활동을 부당하게 방해하는 행위, 새로운 경쟁사업자의 참가를 부당하게 방해하는 행위, 부당하게 경쟁사업자를 배제하는 행위 및 소비자 이익을 현저히 저해하는 행위를 들고 있는데 이 중에서 '사업활동 방해행위'와 '경쟁사업자 배제 행위'는 후술할 불공정거래행위 유형 중 다양한 유형의 사업활동 방해행위와 부

2) 헌법재판소 2002. 7. 18. 선고 2001헌마605 결정

당염매 등을 통한 경쟁사업자 배제행위 등과 서로 유사하여 이 경우에 어떤 법조항을 적용할지가 문제가 될 수 있다.

시장지배적지위 남용행위 규제와의 관계와 관련하여, 공정거래위원회 예규인 '불공정거래행위 심사지침'에서는 불공정거래행위가 시장지배적지위 남용행위에도 해당하는 경우는 시장지배적지위 남용행위 규제를 우선 적용함을 명시하고 있으나, 공정거래위원회 실무적으로는 특정행위가 불공정거래행위와 시장지배적지위 남용행위에 모두 해당되는 경우에는 양 조항을 병합적으로 적용함으로써 특히 시장지배적지위 남용행위 위법성이 인정되지 않을 경우에 발생할 수 있는 완전패소의 위험에 대응하는 경향을 보이고 있다. 다만 이와 관련하여 법원은 법조를 경합적으로 적용하는 경우에 불공정거래행위 규제와 시장지배적지위 남용행위 규제가 규제목적 및 범위를 달리하므로 위법성 성립요건도 별도로 평가·해석되어야 한다는 입장을 보이고 있다.

3. 불공정거래행위의 유형

공정거래법은 제45조(종전 공정거래법 제23조)에서 다음과 같이 불공정거래행위 유형을 열거하고 있고, 이러한 행위들이 공정한 거래를 해칠 우려가 있는 경우 위법하다고 규정하고 있다.

법 제45조(불공정거래행위의 금지) ① 사업자는 다음 각 호의 어느 하나에 해당하는 행위로서 공정한 거래를 해칠 우려가 있는 행위(이하 '불공정거래행위'라 한다)를 하거나, 계열회사 또는 다른 사업자로 하여금 이를 하도록 하여서는 아니 된다

1. 부당하게 거래를 거절하는 행위
2. 부당하게 거래의 상대방을 차별하여 취급하는 행위
3. 부당하게 경쟁자를 배제하는 행위
4. 부당하게 경쟁자의 고객을 자기와 거래하도록 유인하는 행위
5. 부당하게 경쟁자의 고객을 자기와 거래하도록 강제하는 행위
6. 자기의 거래상의 지위를 부당하게 이용하여 상대방과 거래하는 행위
7. 거래의 상대방의 사업활동을 부당하게 구속하는 조건으로 거래하는 행위
8. 부당하게 다른 사업자의 사업활동을 방해하는 행위

9. 부당하게 다음 각 목의 어느 하나에 해당하는 행위를 통하여 특수관계인 또는 다른 회사를 지원하는 행위
   가. 특수관계인 또는 다른 회사에 대하여 가지급금·대여금·인력·부동산·유가증권·상품·용역·무체재산권 등을 제공하거나 상당히 유리한 조건으로 거래하는 행위
   나. 다른 사업자와 직접 상품·용역을 거래하면 상당히 유리함에도 불구하고 거래상 실질적인 역할이 없는 특수관계인이나 다른 회사를 매개로 거래하는 행위
10. 그 밖의 행위로서 공정한 거래를 해칠 우려가 있는 행위

공정거래법에서 열거하고 있는 10가지 유형에 대해 시행령 제55조 제1항 관련 별표 2 '불공정거래행위의 유형 및 기준'에서는 공정거래법상의 제1호 내지 9호까지의 유형을 세분화하여 총 29가지의 유형을 규정하고 있다. 다만 제10호 '기타의 불공정거래행위'에 대해서는 아직 시행령에서 별도로 구체화하여 규정하고 있지 않고 있다.

기타의 불공정거래행위가 구체적으로 규정되어 있지 않은 것과 관련하여, 텐커뮤니티의 불공정거래행위 건에서 법원은 (종전)공정거래법 [3]제23조 제1항 제8호는 제1호 내지 제7호와 유사한 유형의 불공정거래행위를 규제할 필요가 있는 경우에 이를 대통령령으로 정하여 규제하도록 한 수권규정에 해당하므로, 시행령에 제8호와 관련된 불공정거래행위의 유형 및 기준이 정하여져 있지 아니한 이상, 원고인 텐커뮤니티가 회원들만의 정보공유를 통해 비회원들과의 부동산 거래를 차단하도록 한 행위가 공정한 거래를 저해할 우려가 있는 행위라고 하여 이를 제8호의 '기타의 불공정거래행위'로 의율할 수는 없다고 [4]판시한 사례를 참고할 필요가 있다.

---

3) 공정거래위원회 사건과 관련하여 그간 형성된 판례는 종전 공정거래법 조문을 언급하고 있다. 따라서 혼선을 방지하기 위해 판례를 설명할 때는 종전 공정거래법 조문을 그대로 인용하기로 한다. 종전 공정거래법 제23조 제1항 제8호는 전부개정 공정거래법 제45조 제1항 제10호에 해당한다.

4) 대법원 2008. 2. 14. 선고 2005두1879 판결, 파기환송후 고법(서울고등법원 2008. 5. 28. 선고 2008누6051 판결)에서 확정되었다.

Ⅱ. 유형에 따른 위법성 판단기준

1. 공정거래저해성

공정거래법에 열거된 개별행위 유형이 법위반에 해당되는지 여부를 판단하는 기준은 당해 행위가 [5]'공정한 거래를 해칠 우려'가 있는지 여부이며 이러한 공정거래저해성은 공정거래법 제45조 제1항 각호에 규정된 '부당하게'와 동일한 의미에 해당하는데 '공정거래저해성'은 경쟁제한성과 불공정성을 포함하는 것으로 본다.

'경쟁제한성'은 당해 행위로 인해 시장경쟁의 정도 또는 잠재적 경쟁사업자를 포함한 경쟁사업자의 수가 유의미한 수준으로 줄어들거나 줄어들 우려가 있음을 의미한다. 또한 '불공정성(unfairness)'은 경쟁수단 또는 거래내용이 정당하지 않음을 의미하는데 '경쟁수단의 불공정성'은 상품 또는 용역의 가격과 질 이외에 바람직하지 않은 경쟁수단을 사용함으로써 정당한 경쟁을 저해하거나 저해할 우려가 있음을 의미하고, '거래내용의 불공정성'은 거래상대방의 자유로운 의사결정을 저해하거나 불이익을 강요함으로써 공정거래의 기반이 침해되거나 침해될 우려가 있음을 의미한다.

2. 유형별 위법성 판단기준

공정거래법 시행령 제55조 제1항 관련 별표 2의 '불공정거래행위의 유형 및 기준'에 열거된 불공정거래행위 중 ① '경쟁제한성'과 주로 관련된 행위는 거래거절(공동의 거래거절·기타의 거래거절), 차별적 취급(가격차별·거래조건차별·[6]계열회사를 위한 차별·집단적 차별), 경쟁사업자 배제(부당염매·부당고가매입), 거래강제행위 중 끼워팔기, 구속조건부거래(배타조건부거래·거래지역 또는 거래상대방의 제한)이고, ② '경쟁수단의 불공정성'과 주로 관련된 행위는 부당한 고객유인(부당한 이익에 의한 고객유인·위계에 의한 고객유인·기타의 부당한 고객유인), 거래강제(사원판매·기타의 거래강제), 사업활동방해(기술의 부당이용·인력의 부당유

---

5) '공정한 경쟁을 해칠 우려'를 문맥에 따라 '공정거래저해성'이라고 표기하기로 한다.

6) 계열회사를 위한 차별은 경쟁제한성 외에 경제력집중 우려도 위법성 판단 시 고려하게 된다. 불공정거래행위 중 부당지원행위 역시 경쟁제한성과 경제력집중 우려를 위법성 판단기준으로 삼고 있으며 부당지원행위에 대해서는 제4장에서 상세히 설명한 바 있다.

인·채용·거래처 이전방해·기타의 사업활동방해)이고, ③ '거래내용의 불공정성'과 주로 관련되는 행위는 거래상지위 남용행위(구입강제·이익제공강요·판매목표 강제·불이익제공·경영간섭)가 해당되게 된다.

시행령 별표 2는 불공정거래행위를 열거하면서 '정당한 이유 없이'와 '부당하게'라는 표현을 각 행위별로 사용하고 있는데 이에 대한 구별의 문제가 있을 수 있다. 이는 입증책임의 문제로 귀결된다고 보면 되는데 '정당한 이유 없이'를 요건으로 하는 행위(공동의 거래거절, 계열회사를 위한 차별, 부당염매 중 계속적 염매)에 대해서는 당해행위의 외형이 있는 한 원칙적으로 공정거래저해성이 있는 것으로 보며, 정당한 이유가 있는지에 대해서는 당해 행위의 사업자가 입증해야 한다.

'부당하게'를 요건으로 하는 나머지 유형의 행위들은 당해 행위의 외형이 있다고 하여도 그 사실만으로는 공정거래저해성을 인정하지 않고 경쟁제한성·불공정성과 효율성 증대효과·소비자후생 증대효과를 비교·형량하여 경쟁제한성·불공정성의 효과가 보다 큰 경우에만 위법으로 보게 된다. 이러한 유형의 행위들의 위법성에 대한 입증책임은 공정거래위원회에 있다.

3. 경쟁제한성 판단기준

공정거래위원회 예규인 불공정거래행위 심사지침(이하 '심사지침'이라 한다)은 공정거래저해성 중 경쟁제한성에 대한 판단기준을 상세히 기술하고 있다. 심사지침은 위법성 판단기준으로서의 경쟁제한성이 적용되는 행위 유형을 단독의 거래거절(기타의 거래거절), 차별적 취급, 부당염매 행위로 하면서 경쟁제한성을 주로 경쟁사업자 배제효과를 중심으로 살피고 있다.

경쟁사업자 배제효과가 경쟁제한성을 갖는 경우는 주로 [7]시장력(market power)을 가진 사업자가 경쟁사업자를 배제하는 경우에 나타나게 되며, 다수의 사업자가 경쟁하는 시장에서 특정사업자가 배제되더라도 시장경쟁의 성과에 변화가 없다면 경쟁제한효과는 없는 것으로 보고 있다.

---

7) 시장력은 사업자가 시장의 가격이나 거래조건 등 시장경쟁의 성과에 어느 정도 영향을 미칠 수 있는 힘을 의미하며 대개 관련시장에서 시장점유율이 30% 이상인 경우 인정하고 있다. 1개사 50%, 3개사 75%를 기준으로 시장지배력을 추정하는 시장지배적사업자의 시장지배력과는 다소 차이가 있는 개념이다.

경쟁제한효과를 판단하기 위해서는 우선 관련시장 획정이 이루어져야 하고 당해 관련시장 내 행위자의 시장력 보유여부를 판단하여야 한다. 시장력은 시장점유율이 30% 이상인 경우에 주로 인정되나 시장점유율이 20~30% 사이인 경우도 시장집중도·경쟁상황·상품 특성 등을 감안하여 시장력이 인정되는 경우가 있을 수 있다. 시장점유율이 10% 정도인 경우에는 다수 참여자들이 동일한 행위를 하여 그 효과가 누적적으로 발생하는 누적적 봉쇄효과에 한하여 시장력을 인정하게 된다.

시장력이 있다고 판단되면 당해 행위의 경쟁제한성 효과와 효율성 효과를 비교형량하여 효율성 증대효과보다 경쟁제한성이 큰 경우에만 부당성이 인정된다. 효율성 증대효과 입증을 위해서는 기술적 진보나 생산·유통 비용절감 등 효율성의 존재와 당해 행위보다 덜 경쟁제한적인 방법이 없다는 사실 등을 통해 효율성 증대에 따른 이익이 경쟁제한 폐해보다 크다는 사실을 입증해야 한다.

4. 안전지대

불공정거래행위에 대한 위법성 심사 시에는 안전지대(Safety Zone)를 두어 이에 해당하는 유형에 대해서는 공정거래위원회가 원칙적으로 심사를 하지 않고 있다. 안전지대는 사업자의 시장점유율 등에 비추어 통상적으로 공정거래저해성이 미미할 것으로 인정되는 경우 불공정거래행위의 외형에 해당되는 행위가 있다고 하더라도 공정거래위원회가 효율적인 법집행을 위해서 원칙적으로 심사를 개시하지 않는 심사면제 대상을 의미하나 심사가 필요한 경우에는 공정거래위원회가 심사를 할 수도 있다.

안전지대는 시장점유율을 중심으로 보게 되므로 '경쟁제한성'을 위주로 심사하는 불공정거래행위의 유형에만 적용되며, 경쟁수단의 불공정성 또는 거래내용의 불공정성을 위주로 심사하는 유형에는 적용되지 않고, 불공정거래행위의 한 유형으로 규정되어 있는 부당지원행위는 거래질서와 경제력집중에 영향을 미칠 수 있는 당해 행위의 중대성을 감안하여 안전지대를 적용하지 않는다.

안전지대 적용과 관련된 판례로는, 한국교육방송공사의 재판매가격유지행위 등 건에서 법원은 원고인 한국교육방송공사가 자신의 시장점유율이 10% 미만이므로 불공정거래행위 심사지침상 안전지대에 해당한다고 주장하나, 학습참고서 시장에서 원고의 시장점유율 산정이 현저히 곤란하고 위 심사지침은 안전지대에 해당하는 사업자의 행위라도 심사를 개시할 수 없는 것은 아니라고 규정하고 있으므로 주장에 이유가 없다고 [8]판시한 바 있다.

Ⅲ. 경쟁제한성 불공정거래행위

1. 거래거절

거래거절은 '경쟁제한성'을 위주로 위법성을 판단하게 된다. 원칙적으로 사업자는 거래의 개시 또는 계속할 것인지 여부와 누구와 거래할 것인지를 자유로이 결정할 수 있다. 그러나 거래의 개시나 계속을 거절함으로써 다른 사업자의 사업활동이 현저히 곤란하게 되어 그 결과 당해 시장에서 경쟁의 정도가 감소하거나, 거래거절이 공정거래법상 금지된 행위의 실효성을 확보하기 위한 수단으로 활용될 경우 이는 관련시장에서의 경쟁을 제한하고 시장의 효율성 저하를 초래하게 되므로 이를 금지하고 있다. 안전지대에 따라 공정거래위원회는 원칙적으로 시장점유율 10% 미만인 경우와 시장점유율 산정이 불가능한 경우로서 당해 사업자들의 연간매출액 합계액이 50억 원 미만인 경우는 심사면제 대상으로 하고 있다.

(1) 공동의 거래거절

(1)-1 법적용 대상 행위

'정당한 이유 없이' 자기와 경쟁관계에 있는 다른 사업자와 공동으로 특정 사업자에 대하여 거래의 개시를 거절하거나 계속적인 거래관계에 있는 특정사업자에 대하여 거래를 중단하거나 거래하는 상품 또는 용역의 수량이나 내용을 현저히 제한하는 행위를 의미하며, 공동의 거래거절이 공정거래법상 공동행위의 요건을 충족하는 경우에는 부당한 공동행위 관련 규정이 우선적으로 적용된다. '특정사업자'에 대한 거래거절이므로 일반 '소비자'는 거래거절의 대상이 아니며, 자기의 생산 또는 판매정책상 합리적 기준을 설정하여 그 기준에 맞지 않는 '불특정' 다수의 사업자와 거래를 거절하는 행위 또한 원칙적으로 적용대상이 아니다.

---

8) 서울고등법원 2011. 1. 12. 선고 2009누37366 판결, 고법에서 확정되었다.

(1)-2 위법성 판단

공동의 거래거절의 위법성은 경쟁제한성 위주로 판단하므로 관련시장 획정이 먼저 이루어져야 하며, 당해 관련시장에서 경쟁이 제한되는지 여부를 판단하게 된다. 관련시장에는 행위자가 속한 시장 또는 거래거절의 상대방이 속한 시장이 포함된다. 공동의 거래거절은 행위의 외형상 공정거래저해성이 추정되기 때문에 당해 행위의 사업자는 정당한 이유에 대해 입증을 해야 공정거래저해성이 없는 것으로 인정되며, 정당한 이유로는 ① 재고부족이나 거래상대방의 채무불이행 가능성 등이 있는 경우, ② 특정사업자가 대체거래선을 용이하게 찾을 수 있는 경우, ③ 사업자들이 사전에 거래자격 기준을 정하고 그 기준에 미달하는 사업자와의 거래개시를 거절하는 경우, ④ 기타 당해 행위로 인한 효율성 증대효과나 소비자후생 증대효과가 현저히 큰 경우 등이 해당될 수 있다.

공동의 거래거절의 경우는 단독의 거래거절에 비해 위법 우려가 커서 외형상 존재만으로 공정거래저해성이 추정된다고 할 수 있는데, 이와 관련하여 법원도 국민은행 외 6개사가 하나은행이 CD공동망을 통해 삼성카드의 가상계좌서비스 제공을 하지 못하도록 거래거절한 사안에서 거래거절의 상대방이 자신의 경쟁자인 경우에는 거래거절이 경쟁자를 제압, 배제하는 목적으로 이루어진 것이어서 그로 인하여 상대방이 용이하게 다른 거래처를 찾을 수 없게 되는 등으로 거래기회가 박탈되거나 다른 거래처를 찾을 수 있다 하더라도 거래조건이 불리하여 사업활동이 곤란해질 우려가 있는 경우 등에는 부당한 거래거절로서 공정한 경쟁을 저해할 우려가 있다고 할 것인데, 거래거절을 공동으로 하는 경우에는 거절당한 특정사업자가 거래기회의 박탈로 시장에서 축출될 우려가 크고 공동거래거절에 참여한 사업자도 거래상대방 선택의 자유에 제한을 받게 되므로 공동의 거래거절은 시장에서의 경쟁을 직접적으로 제한하는 행위로서 원칙적으로 공정한 경쟁을 저해할 우려가 있는 점에서 위법성이 인정되고, 예외적으로 정당한 이유가 있는 경우에만 면책된다고 [9]판시하였다.

공동의 거래거절 행위라 하더라도 당해 사업자가 정당한 이유를 주장할 수 있고 이러한 주장이 인정되면 공동의 거래거절 행위에도 불구하고 위법성이 조각될 수 있다. 법원은 위 판결에서 하나은행이 삼성카드에 대하여 가상계좌서

9) 서울고등법원 2003. 10. 23. 선고 2002두1641 판결, 상고심(대법원 2006. 5. 12. 선고 2003두14253 판결)은 이러한 원심판결에 위법이 없다고 판시하였다.

비스를 제공하고 이를 통하여 사실상의 현금서비스 제공을 예금인출의 형태로 할 수 있도록 하면서, 원고들이 예금잔액 조회 및 예금인출서비스 공유를 목적으로 구축한 CD공동망을 이용할 수 있게 해 달라는 거래를 거절한 것은 정당한 사유가 있어서 공정한 거래를 저해할 우려가 없다고 판시하면서 그 사유로 첫째, CD공동망은 참가은행들 간의 예금인출서비스 공유를 목적으로 구축된 것이고 참가은행들 간의 현금서비스는 제휴은행들과 별도로 구축된 현금서비스망을 통해 제공되고 있는 것인데 하나은행의 거래를 허용하게 되면 현금서비스보다 더 저렴한 예금인출 수수료만을 지급하면서 이 사건 CD공동망을 이용할 수 있게 되어 참가은행보다 부당하게 경쟁우위에 설 가능성이 있고, 둘째, 삼성카드 등의 전문계 카드사들은 종전과 같이 개별 참가은행들과 이용계약을 체결하고 이용건당 수수료를 지급하는 방법으로 CD공동망을 현금서비스에 이용할 수 있으므로 원고들의 공동의 거래거절로 인하여 거래기회가 박탈되었다고 할 수 없으며, 셋째, 전문계 카드사들이 이 사건 가상계좌서비스와 같은 방법으로 CD공동망을 사용하게 되면 시스템 부하급증으로 시스템 보수와 유지에 더 많은 비용이 발생하고 은행들이 전문계 카드사와 개별적으로 체결한 현금서비스 이용계약에 따라 받아온 수수료 수입을 모두 상실하게 되는 결과 등을 들었다.

(2) 기타의 거래거절(단독의 거래거절)

(2)-1 법적용 대상 행위

'부당하게' 특정사업자에 대하여 거래의 개시를 거절하거나 계속적인 거래관계에 있는 특정사업자에 대하여 거래를 중단하거나 거래하는 상품 또는 용역의 수량이나 내용을 현저히 제한하는 행위를 의미하며 공동의 거래거절행위와 마찬가지로 '특정사업자'에 대한 거래거절이므로 일반 '소비자'는 거래거절의 대상이 아니다. 또한 자기의 생산 또는 판매정책상 합리적 기준을 설정하여 그 기준에 맞지 않는 '불특정' 다수의 사업자와 거래를 거절하는 행위는 원칙적으로 적용대상이 아니다.

(2)-2 위법성 판단

기타의 거래거절의 위법성은 경쟁제한성 위주로 판단하므로 관련시장 획정이 먼저 이루어져야 하며, 당해 관련시장에서 경쟁이 제한되는지 여부를 판단하게 된다. 관련시장에는 행위자가 속한 시장 또는 거래거절의 상대방이 속한 시장이 포함된다. 기타의 거래거절은 개별적 또는 단독의 거래거절을 의미하는 것으로 기본적으로 거래처 선택의 자유를 고려할 때 외형 자체로 위법성이 추정되는 공동의 거래거절 행위와는 달리 행위 자체는 위법이 아니며, 부당하게 거래거절이 이루어졌을 때만 위법하게 된다.

이와 관련된 판례로서 현대오일뱅크의 인천정유에 대한 석유판매 대리점 계약해지에 대한 공정위의 무혐의 처분 취소청구 건에서 헌법재판소는 거래거절을 위법하다고 평가하기 위해서는 당해 행위가 거래거절의 행위요건에 해당하는 것만으로는 부족하고 시장에서의 경쟁제약, 배제효과와 같은 특별한 위법요소로서의 부당성이 부가적으로 인정되어야 한다고 하면서 구체적으로는 시장상황, 당사자의 거래상 지위, 당해 행위가 상대방의 사업활동 및 시장의 거래질서에 미치는 영향 등을 종합적으로 고려하여야 한다고 [10]판시한 바 있다.

경쟁제한성 판단과 관련된 요소로는 거래거절 대상이 되는 상품·용역이 거래상대방의 사업영위에 필수적인지 여부, 거래상대방이 대체거래선을 큰 거래비용 없이 용이하게 찾을 수 있는지 여부, 당해 행위로 관련시장에서 사업자 수 감소 등 경쟁제한효과가 발생했는지 여부, 당해 행위로 관련시장에 신규 시장진입이 곤란하게 되었는지 여부, 당해 행위가 공정거래법상 금지된 행위인 부당공동행위나 재판매가격유지행위 등을 강요하기 위한 수단으로 활용되었는지 여부 등을 들 수 있다.

단독의 거래거절 행위라 하더라도 일방 사업자가 거래상지위를 가지고 있고 이를 남용하여 거래상대방에게 불이익을 줄 목적으로 거래거절을 하거나 거래상대방의 사업활동을 심각하게 곤란하게 할 목적으로 거래거절이 이루어지는 경우에는 거래상지위 남용행위 또는 사업활동 방해행위에 해당될 수 있으며 이 경우에는 관련시장을 중심으로 한 경쟁제한성 분석을 하지 않고 '불공정성'만을 기준으로 법 위반여부를 판단할 수 있다.

이와 관련된 판례로는 하이트맥주의 거래상지위남용 건에서 법원은 거래거절이 특정사업자의 거래기회를 배제하여 그 사업활동을 곤란하게 할 우려가 있거나, 오로지 특정사업자의 사업활동을 곤란하게 할 의도를 가진 유력사업자에 의하여 그 지위남용행위로서 행하여지거나, 법이 금지하고 있는 거래강제

10) 헌법재판소 2004. 6. 24. 선고 2002헌마496 결정

등의 목적달성을 위하여 그 실효성을 확보하기 위한 수단으로 부당하게 행하여진 경우에는 공정거래저해성이 있다고 [11]판시한 바 있다.

단독의 거래거절은 '거래개시거절'과 '계속적인 거래관계에 있는 사업자에 대한 거래거절'로 나누어지는데 양자는 부당성 인정에서도 달리 볼 여지가 있다. 즉 '거래개시거절'은 자유 시장경제에서 거래처 선택의 자유가 보장되어야 하는 점을 감안하면 그 행위로 인해 사업수행 자체가 불가능한 경우가 아니라면 위법성이 인정되기는 어렵다고 할 수 있다. 한국항공우주산업의 부당한 거래거절 행위에 대한 건에서도 법원은 동일한 취지의 [12]판시를 한 바 있다.

단독의 거래거절 행위의 부당성은 공정거래위원회가 입증을 하게 되는데 당해 사업자는 거래거절의 합리적인 사유를 들어서 부당성을 부인할 수 있고 이 경우에는 경쟁제한성이 있음에도 불구하고 위법하지 않은 것으로 판단될 수 있다. 거래거절의 합리적 사유로는 ① 생산 또는 재고물량의 부족, ② 거래상대방의 귀책사유나 자신의 도산위험, ③ 당해 행위로 효율성 증대효과나 소비자후생 증대효과가 현저히 큰 경우 등을 들 수 있다.

(2)-3 법위반 유형과 관련 판례

그간 판례 등을 통해 형성되었거나 공정거래위원회 법 집행과정에서 나타난 주요 법위반 사례를 살펴보면, ① 합리적 이유 없이 거래거절이 행해지고 그 결과 당해 시장에서 사업자의 사업활동이 곤란하게 되고 경쟁의 정도가 실질적으로 감소되는 경우, ② 자기 또는 자기와 밀접한 관계에 있는 사업자와 독점적으로 거래하는 사업자와는 거래하면서 경쟁사업자와도 거래하는 사업자에 대해서는 합리적 이유 없이 거래를 중단하거나 제한함으로써 관련시장에서 경쟁의 감소를 초래하는 행위, ③ 합리적 이유 없이 자기로부터 원재료를 공급받는 판매업자나 대리점에게 후방시장에서 자기와 경쟁관계에 있는 사업자에게 원재료 공급을 거절하게 함으로써 관련시장에서 경쟁의 감소를 초래하는 행위, ④ 자신이 활동하는 시장에 새로이 진입하고자 하는 특정사업자에 대하여 합리적 이유 없이 원재료 공급을 중단하거나 중단하도록 강요함으로써 관련시장에서 경쟁의 감소를 초래하는 행위, ⑤ 자기가 공급하는 원재료를 사용하여 완성품을

11) 대법원 2004. 7. 9. 선고 2002두11059 판결

12) 서울고등법원 2017. 8. 18. 선고 2015누778 판결, 상고심(대법원 2018. 2. 8. 2017두503 판결)은 심리불속행 기각하였다.

제조하는 자기와 밀접한 관계가 있는 사업자의 경쟁자를 당해 완성품 시장에서 배제하기 위해 당해 경쟁사에 대하여 종래 공급하고 있던 원재료의 공급을 중단하는 행위, ⑥ 합리적 이유 없이 원재료 제조업자가 자신의 시장지위를 유지·강화하기 위하여 원재료를 직접 생산·조달하려는 완성품 제조업자에 대해 원재료 공급을 거절하는 행위, ⑦ 합리적 이유 없이 할인점이나 온라인 판매업자 등 특정한 유형의 판매업자에 대하여 거래를 거절함으로써 거래거절을 당한 사업자가 오프라인 판매업자 등에 비해 경쟁상 열위에 처하게 되는 경우, ⑧ 자기와 거래하기 위해서는 자기가 지정하는 사업자의 물품·용역을 구입할 것을 의무화하고 그에 응하지 않음을 이유로 거래개시를 거절함으로써 당해시장에서 경쟁에 영향을 미치는 행위 등을 들 수 있다.

(2)-3-1 부당성을 인정한 판례

거래거절 행위가 '경쟁사업자를 배제'하려는 목적에서 이루어진 경우는 그 자체로 경쟁제한성이 있으므로 위법한 거래거절 행위가 될 수 있는데, 듀폰의 우진설비에 대한 거래거절행위 건에서 법원은 국내시장에서 ETFE 코팅재료 공급에 있어서 유력사업자인 듀폰이 주요 거래처인 팹텍이 한국시장 진출을 계획하면서 그동안 듀폰이 국내시장에서 거래해 오던 우진설비에 대해 제품공급 중단을 요청하자 듀폰이 우진설비를 위한 코팅재료 생산을 전면중단한 것은 주요거래처인 팹텍이 한국 및 아시아시장에서 경쟁사업자인 우진설비를 배제하기 위한 목적의 거래중단 요청에 응해 이루어진 것이어서 위법하다고 [13]판시하였다.

산재의료관리원이 시행한 전자입찰에서 낙찰받은 케이에스팜이 유일한 공급업자인 유케이케미팜에게 납품해야 할 3개의 제품을 공급해 달라는 요청에 대해 유케이케미팜이 이미 공급계약을 체결한 한송약품과 협의해야 한다는 이유로 공급을 거절한 사건에서 법원은 산재의료관리원 입찰에서 탈락한 한송약품이 케이에스팜에 대한 공급을 저지하려는 것에 대해 유케이케미팜이 동조하였고 거기에는 아무런 정당한 사유가 없으며, 독점적인 공급자인 유케이케미팜이 거래개시를 거절함으로써 특정 사업자의 거래기회가 배제되고 사업활동이 곤란하게 되어 공정하고 자유로운 경쟁이 저해될 우려가 있다고 [14]판시하였다.

13) 서울고등법원 2004. 11. 25. 선고 2003누1709 판결, 상고심(대법원 2005. 5. 27. 선고 2005두746 판결)은 이러한 원심판결에 위법이 없다고 판시하였다.

'독점적 지위 유지'를 목적으로 하는 거래거절 행위는 경쟁제한성이 있다고 본 판례로는 한일사의 동아약품에 대한 의약품공급 거절행위 건에서 법원은 원고는 의약품공급선 확보에 투입한 자본, 기술 등의 비용을 반영함으로써 독점취급 품목에 대한 공급가격을 보상받을 수 있음에도 불구하고 자신의 독점취급 품목에 대한 시장가격을 원고의 의도대로 유지하겠다는 경쟁저해적인 목적을 위한 수단으로 거래거절을 한 것은 거래처 선택의 자유를 벗어난 부당한 거래거절행위에 해당한다고 [15]판시하였다.

'가격경쟁을 봉쇄하거나 신규 시장참여자의 진입을 저지'할 목적으로 이루어진 거래거절 행위는 경쟁제한성이 있어 위법성이 인정된다는 판례로는 하이트맥주의 거래거절 및 거래개시 거절행위 건에서 법원은 하이트맥주가 청해에 대해 가격인하 판매를 중지할 것을 적극적으로 요구하는 등 부산 및 경남지역 주류도매업에서 가격경쟁을 봉쇄하기 위한 수단으로 거래거절을 하였고, 주류도매업에 신규 진입하고자 하는 태성에 대해서도 기존 도매상들의 매출 및 이윤을 보장해 주는 대신 태성의 진입으로 인한 가격경쟁을 봉쇄하려는 의도로 거래거절이 이루어져 원고가 부산·경남지역에서 항구적으로 80% 이상의 독점적 시장점유율을 보장받게 되어 반경쟁적이라고 [16]판시하였다.

(2)-3-2 부당성을 부인한 판례

거래거절 행위가 있다하더라도 거래상대방이 '다른 거래처와 거래'를 할 수 있는 등 거래기회가 박탈되었다고 보기 어렵거나 오히려 더 유리한 조건으로 거래할 수 있는 등의 사정이 있으면 부당성을 인정하기가 어렵게 된다. 에스케이씨의 삼본제업에 대한 비디오리더 테이프 원재료 공급거절행위 건에서 법원은 거래거절의 부당성 판단은 거래거절의 결과 거래상대방이 입게 되는 영업상의 이익의 침해 또는 자유로운 영업활동의 제약의 내용과 정도, 상대방의 선택가능성 등과 같은 제반사정을 두루 고려하여 결정하여야 하며, 만일 거래거절 행위에도 불구하고 거래상대방이 더 유리한 조건으로 다른 거래처와 거래할 수 있다면 그와 같은 경우 거래거절이 있었다 하더라도 이는 법에서 규제하는

14) 서울고등법원 2007. 12. 20. 선고 2006누30777 판결, 상고심(대법원 2008. 5. 15. 선고 2008두1474 판결)은 심리불속행 기각하였다.

15) 대법원 1996. 6. 25. 선고 96누2019 판결

16) 서울고등법원 2006. 4. 27. 선고 2005누2744 판결, 상고심(대법원 2006. 8. 31. 선고 2006두9924 판결)은 심리불속행 기각하였다.

거래거절에 해당한다고 볼 수는 없다고 [17]판시하였다.

디엠씨면사의 한국 내 십자수실 공급업체인 황실유럽자수가 아름다운집에게 면사공급을 거절한 사안에서도 법원은 황실유럽자수는 아름다운집에 대해 대리점 가격보다 저렴하게 면사공급을 해 왔는데 아름다운집이 제3의 외국면사를 함께 수입하여 별도의 국내유통망을 구축하려고 한 것에 대해 거래거절을 한 것으로 영업권과 영업이익을 보호하기 위한 이유가 있고, 아름다운집도 거래거절 직후에 바로 제3국의 외국면사를 수입·판매하면서 사업을 영위하였으므로 황실유럽자수의 거래거절로 인해 다른 거래처를 찾을 수 없게 되었거나 다른 거래처와의 거래조건이 매우 불리하여 사업활동이 곤란해질 우려가 생겼다고는 할 수 없으므로 불공정한 거래거절 행위에 해당된다고 보기는 어렵다고 [18]판시하였다.

거래거절 상대방의 거래기회가 배제되었다고 볼 수 없는 경우에는 거래거절의 위법성이 인정되지 않는데, 한국코카콜라의 범양식품에 대한 원액공급거절 건에서 법원은 한국코카콜라와 범양식품 간 보틀러 계약은 1996. 6. 1.로 만료되고 더 이상 연장할 수 없는 것이 명시되어 있고, 범양식품은 자회사의 음료사업을 인수하여 독자적인 콜라음료를 개발·판매하고 있는 상황이었으므로 범양식품의 콜라생산 자산매각 협상이 가격차로 인해 결렬되었다 하더라도 이 사건 거래거절이 범양식품의 자산을 인수하려는 목적 하에 그 실효성을 확보하기 위한 수단으로 이루어진 것이라고 단정할 수도 없고, 한국코카콜라가 범양식품의 사업활동을 곤란하게 할 의도로서 거절행위를 하였다거나 혹은 범양식품의 거래기회가 배제되었다고 단정하기도 어려우므로 부당한 거래거절행위에 해당한다고 할 수는 없다고 [19]판시하였다.

한국부동산정보통신이 서울 노원지역 부동산중개업자들이 설립한 서울동북지역정보운영위원회의 부동산거래정보방 가입신청을 거절한 것과 관련하여 법원은 서울동북지역정보운영위원회 소속 노원지역 부동산중개업자들이 다른 부동산거래정보망에 가입하여 정상적인 영업을 영위하고 있는 점 등을 볼 때

17) 서울고등법원 2001. 1. 30. 선고 2000누1494 판결, 상고심(대법원 2001. 6. 12. 선고 2001두1628 판결)은 이러한 원심판결에 위법이 없다고 판시하였다.

18) 대법원 2005. 5. 26. 선고 2004두3038 판결

19) 대법원 2001. 1. 5. 선고 98두17869 판결, 파기환송 후 고법(서울고등법원 2001. 6. 5. 선고 2001누1989 판결)에서 확정되었다.

부당한 거래거절에 해당되지 않는다고 [20]판시하였다.

거래거절 행위의 저변에 사업경영상의 필요성이 있는 경우 부당성이 부인될 수 있는지가 문제될 수 있다. 앞서 언급한 현대오일뱅크의 공정위 처분 취소청구 건에서 헌법재판소는 사업경영상의 필요성이 인정된다는 사정만으로는 위법성이 부인되는 것은 아니라고 판시하면서 다만 위법성 판단 시에는 위법성을 부인하는 근거행위의 의도나 목적을 추단케 하는 간접사실은 될 수 있다고 하였다.

사업경영상의 필요성과 관련한 다른 판례를 살펴보면, 하이트맥주의 거래거절 및 거래개시 거절행위 건에서 법원은 사업경영상의 필요성은 개별적 거래거절이 상대방 사업활동에 미치는 영향의 정도에 따라 달라질 수 있다고 하면서, 상대방 사업활동의 원활한 수행이 방해되는 경우로부터 상대방 사업활동이 현저히 제약되는 경우, 상대방 사업활동 계속이 곤란하게 되는 경우까지의 단계를 상정해 볼 수 있다고 [21]판시하였다. 결국 상대방 사업활동이 얼마나 영향을 받았는지가 위법성 판단에 영향을 미칠 수 있다.

경영위기 극복 등 사업경영상의 필요성이 인정되어 부당한 거래거절에 해당되지 않는다고 판시한 사례로는 인천정유의 판매대리점 계약 존속확인소송에서 법원은 현대오일뱅크의 판매대리점이었던 인천정유에 대해 현대오일뱅크가 계약갱신 거절당시 누적된 적자로 신용등급 하락 등 경영위기를 맞고 있었고 이러한 상황에서 판매대리점 계약이 종료되면 인천정유의 제품을 매수할 의무를 면하게 되어 당시 초과공급 상태로 인해 내수시장 가격의 60% 정도의 가격에 수출하였던 물량도 내수시장으로 돌릴 수 있게 되어 상당한 이익을 얻을 수 있다는 판단 하에 계약갱신 거절을 한 행위는 이를 전체적으로 부당한 행위라고 보기는 어렵다고 [22]판시하였다.

---

20) 대법원 2007. 3. 30. 선고 2004두8514 판결

21) 서울고등법원 2006. 4. 27. 선고 2005누2744 판결, 상고심(대법원 2006. 8. 31. 선고 2006두9924 판결)은 심리불속행 기각하였다.

22) 대법원 2008. 2. 14. 선고 2004다39238 판결, 먼저 있었던 현대오일뱅크의 인천정유에 대한 석유판매대리점 계약해지에 대한 공정위 무혐의 처분 취소청구 건에서 헌법재판소는 거래관계를 당장 종료하지 않으면 안 될 사업상의 필요성이 있다고 보기는 어렵다고 하였으나, 그 후 공정거래위원회의 추가 및 보완조사를 거쳐 다시 내린 무혐의 처분에 대해 대법원은 공정거래위원회의 처분이 부당하지 않다고 판시하여 헌법재판소와 배치되는 결과가 나왔다.

거래하는 상품 또는 용역의 수량이나 내용을 현저히 제한하는 행위도 거래거절의 유형에 해당하는데 '채권확보대책의 일환'으로 상품 등의 수량을 제한하는 것은 불공정거래행위에 해당하지 않는다는 판례가 있었다. 쌍용정유의 우림석유에 대한 불공정거래행위 건에서 법원은 쌍용정유가 우림석유에 대해 석유류제품 공급물량감축, 외상기간단축 등 거래조건을 변경하는 등의 행위를 한 것은 무담보 거래 및 외상기일 연장특혜를 제공하다가 그 외상대금의 증대에 따른 채권확보대책의 일환으로 조치를 취한 것이고 이는 거래당사자들 사이에 대리점계약이 존속함을 전제로 법적 대응을 한 것으로 보여질 뿐이므로 부당한 거래거절 또는 사업활동방해라고 단정하기는 어렵다고 [23]판시하였다.

하이트맥주가 호남합동체인으로부터 현금결제 조건으로 맥주를 공급하여 달라는 요청을 받고도 맥주공급을 거절한 사안에서도 법원은 호남합동체인이 맥주대금 지급을 위하여 발행해 주기로 한 어음을 발행해 주지 않고 8억 원 상당의 어음금도 지급하지 않는 등의 이유로 거래를 중단하고 채권을 회수하여 손해를 방지하기 위한 조치로 보이므로 공정한 거래를 저해할 우려가 있는 거래거절 행위에 해당하지 않는다고 [24]판시하였다.

'영업정책'에 따라 거래개시를 거절한 것은 부당한 거래거절에 해당되지 않는데, 한국휴렛팩커드의 부당한 거래거절행위 건에서 법원은 원고는 협력업체 이외의 판매업자에게는 제품을 공급하지 않고 있고, 비협력업체인 스캐너프라자가 제시한 가격도 협력업체에 공급하는 가격보다 낮은 수준이어서 공급요청을 거절한 행위에 대해서 부당한 거래거절에 해당되지 않는다고 [25]판시하였다.

유사한 사례로 벨벳의 시장지배적지위 남용행위 등에 대한 건에서 법원은 공정거래법령에서 규정하고 있는 기타의 거래거절은 단독 사업자의 특정사업자에 대한 거래의 거절을 말하며, 단독 사업자가 자기의 생산 또는 판매정책상 적정한 기준을 정하여 그 기준에 맞지 않는 불특정다수 사업자와의 거래를 거절하는 행위는 원칙적으로 부당한 거래거절 행위에 해당하지 않는바, 원고의 거래거절 대상 제품이 동물약국이나 도매상의 사업영위에 필수적인 제품이라거나 원고의 행위로 이들 사업자의 사업활동이 경쟁에서 퇴출될 만큼 곤란하게 되었

---

23) 대법원 1998. 9. 8. 선고 96누9003 판결
24) 대법원 2004. 7. 9. 선고 2002두11059 판결
25) 대법원 2006. 1. 13. 선고 2004두2264 판결

다고 보기도 어려운 이상 위법한 행위로 단정할 수는 없다고 [26]판시하였다.

2. 차별적 취급

시장경제 하에서 원칙적으로 사업자는 가격 등 거래조건, 거래내용을 자유로이 설정할 수가 있지만, 사업자가 단독으로 또는 공동으로 거래지역이나 거래상대방에 따라 가격 등 거래조건·거래내용을 차별적으로 설정함으로써 자기가 속한 시장 또는 거래상대방이 속한 시장에서의 정상적인 경쟁을 저해할 경우에는 시장의 효율성 저하를 초래할 수 있으므로 이를 금지하고 있다.

(1) 가격차별

(1)-1 법적용 대상 행위

'부당하게' 거래지역 또는 거래상대방에 따라 현저하게 유리하거나 불리한 가격으로 거래하는 행위를 의미하며, '가격'은 상품 또는 용역의 가격뿐만 아니라 할인율 등 가격에 직접 영향을 미치는 거래조건이 포함된다. 가격차별의 대상인 상품 또는 용역은 성질상으로 동질성이 요구되고 거래상대방에는 사업자와 소비자가 모두 포함된다. 통상적으로 비용의 차이나 시장수요의 차이를 충족시키기 위한 가격차별은 경쟁제한을 위한 행위가 아니므로 법적용 대상 행위가 아니다.

법원은 부당한 가격차별 규제에 대하여, 가격차별로 인하여 차별취급을 받는 자들의 경쟁력에 영향을 미치고 경쟁자의 고객에게 유리한 조건을 제시하여 경쟁자의 고객을 빼앗는 등 경쟁자의 사업활동을 곤란하게 하거나 거래상대방을 현저하게 불리 또는 유리하게 하는 등 경쟁질서를 저해하는 것을 방지하고자 함에 그 취지가 있다고 [27]판시하고 있다.

(1)-2 위법성 판단

가격차별 행위의 위법성은 '경쟁제한성'을 중심으로 판단하게 되는데 경쟁제한성 판단을 위해서는 우선 관련시장 획정이 선행되어야 한다. 가격차별의 관련시장은 행위자가 속한 시장과 거래상대방이 속한 시장이 모두 포함된다.

---

26) 서울고등법원 2018. 1. 19. 선고 2017누39862 판결, 상고심(대법원 2018. 6. 15. 선고 2018두36080 판결)은 심리불속행 기각하였다.

27) 한국공항공사의 거래상 지위남용행위 건(대법원 12. 8. 선고 2003두5327 판결)

행위자가 속한 시장의 경쟁제한성은 행위자의 시장에서의 지위를 유지·강화하거나 할 우려가 있는지 여부, 경쟁사업자의 배제의도 여부, 가격차별에 의한 가격이 상품 또는 용역의 제조원가나 매입원가를 하회하는지 여부, 가격차별이 지속적인지 여부 등을 종합적으로 고려하여 판단하고 거래상대방이 속한 시장의 경쟁제한성은 당해 시장에서 거래상대방 또는 거래상대방의 경쟁사업자들이 배제되거나 배제될 우려가 있는지 여부, 거래상대방의 거래처 전환이 용이한지 여부, 가격차별에 의한 가격이 상품 또는 용역의 제조원가나 매입원가를 하회하는지 여부, 가격차별이 지속적인지 여부 등을 종합적으로 고려하여 판단한다.

가격차별이 있어도 거래수량의 크기, 운송비, 상품의 부패성 등에 근거하여 한계비용이나 시장상황을 반영하는 경우, 당해 행위로 인한 효율성 증대효과 또는 소비자후생 증대효과가 경쟁제한성을 현저히 상회하는 경우 등은 합리적인 사유가 있다고 보아 위법하지 않다고 판단할 수 있다. 또한 공정거래위원회는 심사지침에 따라 가격차별을 한 사업자의 시장점유율이 10% 미만인 경우와 시장점유율 산정이 사실상 불가능한 경우로서 당해 사업자의 연간매출액이 50억 원 미만인 경우를 심사면제 대상으로 하고 있다.

(1)-3 법위반 유형과 관련 판례

그간 판례 등을 통해 형성되었거나 공정거래위원회 법 집행과정에서 나타난 주요 법위반 사례를 살펴보면, ① 사업자가 경쟁이 심한 지역에서 자신의 시장지위를 강화하기 위해 합리적 이유 없이 타 지역에 비해 현저히 낮은 가격을 설정함으로써 당해 지역에서 경쟁사업자를 배제할 우려가 있는 경우, ② 자신의 시장지위를 강화하기 위하여 자기가 공급하는 2가지 이상의 상품·용역을 동시에 구매하는 거래상대방에 대해 시장점유율이 높지 않은 상품·용역의 가격에 대해서는 현저히 유리한 조건의 거래를 함으로써 시장점유율이 높지 않은 상품·용역시장에서의 경쟁을 저해하는 행위, ③ 유력한 사업자가 합리적인 이유 없이 특정사업자를 가격 면에서 현저히 우대한 결과 특정사업자가 그의 경쟁사업자보다 경쟁상 우위에 서게 되어 정상적인 경쟁이 저해되는 경우, ④ 과점적 시장구조 하에서 용역서비스를 제공하는 사업자가 거래상대방에게 수수료를 부과함에 있어서 매출액 규모, 원가요소 등을 고려하지 않은 채 특정업태에 종사한다는 이유만으로 현저하게 유리 또는 불리한 취급을 하여 경쟁업태에 속하는 사업자에 비해 경쟁상 우위 또는 열위에 서게 하는 행위, ⑤ 시장점유율이 상당한 사업자가 대부분의 거래상대방에 대해서는 구입량에 따라 누진적으로 할인율을 적용하는 반면, 소수의 거래상대방에 대해서는 합리적 이유 없이 통상 적용하는 최대할인율보다 더 높은 할인율을 적용함으로써 사업자들 간의 경쟁력 차이를 초래하는 행위 등이 포함된다.

외환은행의 차별적 취급행위 건에서 법원은 가격차별이 부당성을 갖는지 유무를 판단함에 있어서는 가격차별의 정도, 가격차별이 경쟁사업자나 거래상대방의 사업활동 및 시장에 미치는 경쟁제한의 정도, 가격차별에 이르게 된 경영정책상의 필요성, 가격차별의 경위 등 여러 사정을 종합적으로 고려하여 그와 같은 가격차별로 인하여 공정한 거래가 저해될 우려가 있는지 여부에 따라 판단하여야 한다고 [28]판시하였다.

경영정책에 따라 일정한 기준에 의해 가격차별이 이루어지고 그러한 가격차별 관행이 당해 시장에서 통용되고 있는 수준일 경우에는 위법성이 인정되기 어렵다. 이와 관련한 판례로서 외환은행의 차별적 취급행위 건에서 법원은 신용카드사업자인 원고가 백화점 업종과 대형할인점 업종의 가맹점 수수료율에 1% 내지 1.1% 차이를 둔 것은 현저한 가격차이가 존재하는 경우로 볼 수는 있으나, 그러한 차이가 백화점과 대형할인점의 이윤율, 수요의 가격탄력성 등을 고려한 원고의 경영정책에 따른 것이고, 다른 신용카드사업자들도 원고와 비슷한 수준으로 업종별 차별화된 수수료율을 적용하고 있는 점 등을 고려할 때 공정한 경쟁을 저해하는 불공정거래행위에 해당한다고 볼 수는 없다고 [29]판시하였다.

(2) 거래조건차별

(2)-1 법적용 대상 행위

'부당하게' 특정사업자에 대하여 수량·품질 등의 거래조건이나 거래내용에 관하여 현저하게 유리하거나 불리한 취급을 하는 행위로서, 가격 이외의 거래조건에 대한 차별행위가 대상이 된다. 수량할인과 같이 가격에 직접 영향을 미치는 조건은 제외되며 계약의 이행방법, 대금의 결제조건 등 거래내용면에서의 차별을 의미한다.

---

28) 대법원 2006. 12. 7. 선고 2004두4703 판결

29) 대법원 2006. 12. 7. 선고 2004두4703 판결

롯데쇼핑의 시장지배적지위 남용행위 건에서 법원은 거래조건차별의 성립요건에 대하여, 거래조건차별에 해당하기 위해서는 특정사업자에 대한 거래조건이나 거래내용이 다른 사업자에 대한 것보다 유리 또는 불리하여야 할 뿐만 아니라 그 유리 또는 불리한 정도가 현저하여야 하고, 또 그렇게 차별취급하는 것이 부당한 것이어야 한다고 [30)]판시한 바 있다. 다만 이 사건과 관련하여 공정거래위원회가 롯데쇼핑의 특정사업자에 대한 거래조건 차별행위가 다른 사업자보다 불리한 것이 아니라 원고 자신의 사업부인 롯데엔터테인먼트에 대한 거래조건보다 불리하다는 이유로 처분을 한 것은 공정거래법이 정하고 있는 거래조건차별의 요건을 충족하지 않는다고 하였다.

단순히 외형상 거래조건의 차이가 있더라도 실제 발생하는 법률효과가 차이가 없다면 차별적취급행위로 볼 수 없다는 판례가 있는데, 한국토지공사의 부당지원행위 등 건에서 법원은 한국토지공사가 대한주택에 대해서는 공급가격이 10% 이상 상승할 경우 그 협약의 해제를 청구할 수 있도록 하고 해제 시 수납한 선수금에 법정이자를 가산하여 반환한다는 계약조항을 설정한 반면, 다른 건설회사에 대해서는 협약해제 조항만 두고 선수금 반환규정을 두지 않아 외형상은 거래조건의 차이가 있는 듯이 보이나 협약해제를 하게 되면 위약금 귀속 없이 선수금 및 이에 대한 법정이자를 가산하여 반환해 줄 법률적 의무가 한국토지공사에게 있으므로 이를 두고 차별적취급행위에 해당한다고 할 수는 없다고 [31)]판시하였다.

(2)-2 위법성 판단

거래조건차별의 위법성은 당해 사업자가 속한 시장 또는 거래상대방이 속한 시장에서의 '경쟁이 제한되는지 여부'를 중심으로 판단하며, 거래조건차별을 한 사업자의 시장점유율이 10% 미만인 경우 또는 [32)]당해 사업자의 연간매출액 50억 원 미만인 경우는 심사면제 대상이 된다.

법위반에 해당될 수 있는 거래조건차별 행위로는 ① 사업자가 경쟁이 심한 지역에서는 합리적 이유 없이 타 지역에 비해 현저히 유리한 대금결제 조건을

30) 서울고등법원 2017. 2. 15. 선고 2015누39165 판결, 상고심(대법원 2017. 7. 11. 선고 2017두39372 판결)은 심리불속행 기각하였다.

31) 대법원 2006. 5. 26. 선고 2004두3014 판결

32) 시장점유율 산정이 사실상 불가능하거나 현저히 곤란한 경우에는 정액기준을 적용하고 있다.

설정함으로써 당해 시장에서 경쟁사업자를 배제할 우려가 있는 경우, ② 사업자가 경쟁사업자의 상품·용역 또는 수입품을 병행취급하는 대리점(판매업자)에 한하여 합리적 이유 없이 자기의 상품·용역의 제공시기, 배송회수, 결제방법 등을 현저하게 불리하게 취급함으로써 당해 대리점의 사업활동을 곤란하게 하거나 대리점 간 경쟁을 저해하는 행위 등이 포함된다.

(3) 계열회사를 위한 차별

(3)-1 법적용 대상 행위

계열회사를 위한 차별은 '정당한 이유 없이' 자기의 계열회사를 유리하게 하기 위하여 가격·수량·품질 등의 거래조건이나 거래내용에 관하여 현저하게 유리하거나 불리하게 하는 행위를 의미하고, 거래상대방은 사업자로 특정되어 있지 않으므로 소비자도 포함된다.

계열회사를 위한 차별행위는 행위 그 자체로 공정한 경쟁을 저해할 우려가 있는 것으로 볼 수 있고 '정당한 이유'가 있는 경우에만 위법성을 부인할 수 있으므로 정당한 이유에 대한 입증책임은 법적용 대상 행위를 한 사업자에게 있다고 할 수 있다. 법원도 대한주택공사가 계열회사를 위하여 선급금을 차별적으로 지급한 건에서 계열회사를 위한 차별의 경우 이러한 형태의 차별은 경쟁력이 없는 기업집단 소속 계열회사들을 유지시켜 경제의 효율을 떨어뜨리고 경제력집중을 심화시킬 소지가 커서 다른 차별적 취급보다는 공정한 경쟁을 저해할 우려가 많으므로 외형상 그러한 행위유형에 해당하면 일단 공정한 거래를 저해할 우려가 있는 것으로 보되 정당한 사유에 대한 입증책임을 행위자에게 부담하도록 하겠다는 데에 규제 취지가 있다고 동일한 취지로 [33]판시한 바 있다.

차별의 '현저성'은 관련시장의 범위 내에서 다른 사업자와의 비교를 통해서 판단되어야 하고 관련시장 범위 밖까지 확대해서 판단해서는 안된다. 이와 관련된 판례로는 에스케이티의 계열회사를 위한 차별적 취급행위 건에서 에스케이티의 계열회사인 에스케이지 경쟁사업자들의 거래분야인 사업자모델단말기 시장에 국한해서 차별의 현저성이 평가되어야 하고, 이를 넘어서서 차별적 효과의 범위 밖에서 일어난 별도의 거래분야인 유통모델 시장까지 포함해서 판

---

33) 대법원 2001. 12. 11. 선고 2000두833 판결

단해서는 아니 된다고 [34]판시한 사례를 들 수 있다.

계열회사를 위한 차별행위가 성립하기 위해서는 주관적 요건인 '자기의 계열회사를 유리하게 하기 위한 목적·의도'를 입증해야 하는데 법원은 주관적 목적·의도와 관련하여 경쟁제한 의도뿐만 아니라 경제력집중 의도도 필요하다는 입장을 보이고 있다. 위 판례에서 법원은 특정사업자가 자기의 이익을 위하여 영업활동을 한 결과가 계열회사에 유리하게 귀속되었다는 사실만으로는 계열회사를 유리하게 하기 위한 의도를 인정하기에 부족하고, 차별행위의 동기, 그 효과의 귀속주체, 거래의 관행, 당시 계열회사의 상황 등을 종합적으로 고려하여 사업자의 주된 의도가 계열회사가 속한 일정한 거래분야에서 경쟁을 제한하고 기업집단의 경제력집중을 강화하기 위한 것이라고 판단되는 경우에 한하여 인정된다고 판시하였다.

(3)-2 위법성 판단

계열회사를 위한 차별의 위법성은 '경쟁제한성'과 '경제력집중' 우려를 위주로 판단하는데, 가격 등 거래조건·거래내용 등에 관하여 계열회사에 대해 현저하게 유리하거나 계열회사의 경쟁사업자에 대해서 현저하게 불리하게 취급하였을 경우에는 원칙적으로 경쟁제한성 또는 경제력집중 우려가 있는 것으로 본다.

계열회사를 위한 차별행위는 외형만으로 위법성이 추정되나 당해 사업자가 정당한 이유를 소명하였을 경우에는 그 타당성을 판단하여 정당한 이유가 있다고 인정이 되면 법 위반으로 보지 않을 수 있다. 정당한 이유로는 당해 행위로 인한 효율성 증대효과나 소비자후생 증대효과가 경쟁제한효과를 현저히 상회하는 경우 등을 들 수 있다.

계열회사를 위한 차별행위도 안전지대를 두고 있는데, 유리한 취급을 받은 계열회사의 시장점유율이 10% 미만인 경우와 시장점유율 산정이 사실상 불가능하거나 현저히 곤란한 경우로서 당해 계열회사의 연간매출액이 50억 원 미만인 경우에는 당해 시장에서의 경쟁제한효과가 미미하다고 보아 원칙적으로 심사면제 대상으로 하지만, 경제력집중 우려가 있는 경우에는 심사면제 대상에 해당되지 않는다.

---

34) 대법원 2004. 12. 9. 선고 2002두12076 판결

법적용 대상 행위의 위법성 판단과 관련하여 법원은 씨제이씨지브이와 씨제이이앤엠의 시장지배적지위 남용행위 등에 대한 건에서 공정거래법상 계열회사를 위한 차별행위가 성립하기 위해서는 거래조건 또는 거래내용에 관한 현저한 차별행위가 존재하여야 하고, 이러한 행위가 계열회사를 유리하게 할 목적에서 비롯되어야 하며, 해당 행위가 정당한 이유 없이 시장에서 공정한 거래를 저해할 우려가 있어야 한다고 [35]판시하였다.

계열회사를 위한 차별의 위법성 평가와 관련하여 사업경영상 또는 거래상의 필요성 등을 이유로 위법성을 부인할 수 있는지가 문제될 수 있다. 법원은 에스케이티의 계열회사를 위한 차별적 취급행위 건에서 단순한 사업경영상 또는 거래상의 필요성 내지 합리성이 인정된다는 사정만으로 곧 위법성이 부인되는 것은 아니라고 하면서도, 다른 사유와 함께 공정거래저해성의 유무를 판단함에 있어서 고려되어야 하는 요인의 하나는 될 수 있다고 판시하였다. 당해 사안과 관련해서는 에스케이티가 자신의 이동통신서비스 가입자 수를 증가시키기 위해 이동통신서비스와 밀접한 관련이 있는 계열회사 에스케이지의 사업자모델 단말기에 대해서만 할부채권을 매입하고 삼성전자 등 다른 제조사 단말기에 대해서는 그렇게 하지 않은 결과 계열회사가 초과이익을 얻었을 뿐 계열회사를 유리하게 할 의도가 인정되지 않는 등 원고의 경영상 필요성 주장을 받아들여 공정거래저해성이 없다고 판시하였다.

(3)-3 법위반 유형과 관련 판례

그간 판례 등을 통해 형성되었거나 공정거래위원회 법 집행과정에서 나타난 주요 법위반 사례를 살펴보면, ① 계열회사와 비계열회사의 제품 간에 품질이나 거래조건에 있어서 차이가 없음에도 불구하고 정당한 이유 없이 계열회사의 제품을 비계열회사의 견적단가보다 현저히 비싸게 구입하는 행위, ② 사업자가 자기의 계열회사·비계열회사와 동시에 거래하면서 정당한 이유 없이 계열회사에 비해 비계열회사에 대한 결제조건을 현저히 불리하게 하는 행위, ③사업자가 자기의 계열회사와 비계열회사에 동시에 임가공을 의뢰하면서 정당한 이유 없이 계열회사에 지급하는 임가공단가를 비계열회사의 경우에 비해 현저히 유리하게 지급하는 행위, ④ 계열회사가 경쟁입찰에서 유리한 지위에 설 수 있

35) 서울고등법원 2017. 2. 15. 선고 2015누44280 판결, 상고심(대법원 2017. 7. 11. 선고 2017두39303 판결)은 심리불속행 기각하였다.

도록 하기 위해 계열회사의 경쟁사업자에게는 보다 불리한 가격이나 거래조건으로 원재료를 공급하는 행위 등이 포함된다.

계열회사를 위한 차별이 부당하다고 인정한 사례로는 대한주택공사가 자회사인 뉴하우징에 대해서는 계약조건에 지체상금 부과조항을 두지 않고, 민간주택관리업체에게는 동 조항을 둔 것에 대해 이 같은 차별을 둘 합리적 이유가 없으며 자회사인 뉴하우징은 원고의 행위로 경영활동에 유리한 환경이 조성되어 원고의 위와 같은 행위는 자기의 자회사를 유리하게 하기 위해 부당하게 거래상대방을 차별취급하는 행위에 해당한다고 [36]판시하였다.

현대자동차가 계열회사인 현대카드의 결제한도는 1천만 원으로 상향조정하고 비계열 신용카드사의 한도는 6백만 원으로 설정한 행위로 인해 원고의 전체 카드결제액에서 현대카드의 카드결제액에서 차지하는 비중 및 발급실적이 현저히 증가하는 등 대형가맹점의 지위를 이용하여 현대카드를 유리하게 할 목적으로 이 사건 차별행위가 행해져서 이는 전체 신용카드 시장에서의 공정한 경쟁을 저해할 우려가 있는 행위에 해당한다고 [37]판시하였다.

계열회사를 위한 차별행위가 부당하지 않다고 한 구체적 사례로는 현대자동차 등이 현대캐피탈에 대하여 자동차 할부금리를 낮게 설정한 사안에서 법원은 자동차제조사들이 특정 할부금융사와 거래하는 것은 거래비용의 절감과 마케팅 전략수행 상 필요한 측면이 있고 다른 자동차제조사들도 이와 같이 특정 할부금융사와 오토할부약정을 체결하고 있는 점을 볼 때 현대캐피탈과 사이에서만 오토할부약정을 체결한 것 자체를 현대캐피탈을 유리하게 하기 위한 것이라고는 할 수 없고, 현대캐피탈의 할부금리를 정산금리보다 1% 이상 낮춘 것은 당시 시장금리 하락 기조에 대응하고 타 자동차제조사의 할부금리 인하가 예상되어 이에 앞서 할부금리를 인하함으로써 자동차시장 점유율 하락에 대비할 필요성도 있었던 점들을 고려할 때 현대캐피탈의 할부금리를 낮게 하고 이로 인해 현대캐피탈의 점유율이 상승한 것만 가지고는 현대캐피탈이 속한 일정한 거래분야에서 경쟁을 제한하고 기업집단의 경제력집중을 강화하기 위한 것이라 보기는 어렵다고 [38]판시하였다.

---

36) 대법원 2007. 1. 26. 선고 2005두2773 판결
37) 대법원 2007. 2. 23. 선고 2004두14052 판결
38) 대법원 2007. 2. 23. 선고 2004두14052 판결

대한주택공사가 계열회사에게만 선급금을 지급한 행위에 대해서 법원은 당해 사안을 살펴볼 때 정부가 부실기업인 계열회사의 경영정상화 촉진을 위해 원고에게 수의계약 승인과 함께 금융지원명령을 한 것에 기인한 것이며, 계열회사가 도산하는 경우 아파트건설 중단으로 인한 집단민원 및 대량실직, 하도급업체의 연쇄도산 등을 방지하기 위한 공익적 목적과 1조 원이 넘는 지급보증을 한 대한주택공사의 동반도산을 예방하기 위해 불가피하게 이루어진 행위로 봄이 상당하므로 정당한 이유가 있는 행위로서 계열회사를 위한 차별행위로는 볼 수 없다고 [39]판시하였다.

영화상영업을 영위하는 씨제이씨지브이가 계열 영화배급사인 씨제이이앤엠이 배급한 영화에 대해 영화상영회차를 많이 배정하여 차별취급했다는 사안에 대해 법원은 영화는 재화의 특성상 수요의 불확실성이 커서 현실화된 수요에 신속히 대응하여 상영회차 등을 조절할 필요성이 있어서 계열회사 영화에 다소 상영회차가 많이 배정되었다는 사정만으로는 계열회사 차별취급에 해당한다고 보기는 어려우며, 전체 예고편 중 평균 30% 수준을 씨제이이앤엠의 작품으로 편성한 것도 씨제이이앤엠의 배급시장에서의 점유율이 27.2%인 점을 고려할 때 현저한 차별행위라고 할 수 없다고 [40]판시하였다.

(4) 집단적 차별

(4)-1 법적용 대상 행위

집단으로 특정사업자를 '부당하게' 차별적으로 취급하여 그 사업자의 사업활동을 현저하게 유리하거나 불리하게 하는 행위로서 부당한 공동행위와는 달리 합의가 없어도 성립될 수 있고, 집단적 차별에 참가하는 사업자가 반드시 현실적 또는 잠재적 경쟁관계에 있을 필요도 없다. 집단적 차별에는 가격 등 거래조건, 거래내용 등의 차별이 포함되며, 실제로 차별행위가 행해져야 한다. 집단적 차별 대상은 '특정사업자'이므로 불특정 다수의 사업자와 소비자는 집단적 차별에 대상에 포함되지 않는다.

39) 대법원 2001. 12. 11. 선고 2000두833 판결
40) 서울고등법원 2017. 2. 15. 선고 2015누44280 판결, 상고심(대법원 2017. 7. 11. 선고 2017두39303 판결)은 심리불속행 기각하였다.

(4)-2 위법성 판단

집단적 차별의 위법성은 행위자가 속한 시장과 거래상대방이 속한 시장에서의 '경쟁이 제한되는지 여부'를 중심으로 판단하게 되는데 행위자의 시장에서의 지위를 유지·강화하거나 경쟁사업자를 배제하거나 할 우려가 있게 되는 경우 위법성이 인정될 수 있으며, 집단으로 행해지는 행위의 성격상 위법성으로 인정될 가능성이 일반적인 가격차별이나 거래조건차별의 경우보다 커진다고 볼 수 있다. 집단적 차별의 경우에도 집단적 차별을 한 사업자들의 시장점유율 합계가 10% 미만인 경우에는 안전지대에 포함되며, 시장점유율 산정이 사실상 불가능하거나 현저히 곤란한 경우로서 당해 사업자들의 연간 매출액 합계액이 50억 원 미만인 경우에는 안전지대에 포함되어 심사면제 대상이 된다.

위법성이 인정될 수 있는 집단적 차별 행위로는 ① 복수의 사업자가 특정 사업자에 대해 동시에 합리적인 이유 없이 가격차별 또는 거래조건차별 등을 행하는 경우, ② 합리적 이유 없이 복수의 판매업자와 제조업자가 공동으로 판매단계에서 경쟁관계에 있는 특정사업자에 대하여 차별적으로 높은 가격을 책정함으로써 그의 사업활동을 곤란하게 하고 그 결과 당해 시장에서의 경쟁에 영향을 미치는 행위, ③ 복수의 제조업자가 공동으로 덤핑판매를 하거나 온라인판매를 한다는 이유만으로 특정 판매업자에 대하여 공급가격을 다른 판매업자에 비하여 비싸게 책정함으로써 사업활동을 현저히 불리하게 하고 다른 판매업자를 경쟁상 우위에 서게 하는 행위 등을 포함한다.

3. 경쟁사업자 배제

(1) 부당염매

(1)-1 법적용 대상 행위

사업자가 상품 또는 용역을 현저히 낮은 가격으로 공급함으로써 경쟁사업자를 시장에서 배제시킨 후 독점적 지위를 구축하여 종국적으로는 독점가격 책정이 가능해질 경우, 이는 경쟁을 저해하고 궁극적으로 소비자후생의 저하를 초래할 수 있으므로 금지된다. 공정거래법상 금지대상인 부당염매(廉賣)는 자기의 상품 또는 용역을 공급함에 있어서 '정당한 이유 없이' 그 공급에 소요되는 비용보다 현저히 낮은 대가로 계속하여 공급(계속적 염매)하거나 기타 부당하게 상품 또는 용역을 낮은 대가로 공급함(일시적 염매)으로써 자기 또는 계열회사의 경쟁사업자를 배제시킬 우려가 있는 행위를 의미한다.

'계속적 염매'는 상당기간에 걸쳐 반복적으로 공급비용보다 현저히 낮은 수준으로 상품 또는 용역의 공급이 이루어지는 것을 말하며, 공급비용보다 현저히 낮은 수준인지 여부는 제조원가나 매입원가를 기준으로 한다. 제조원가는 재료비, 인건비, 기타 제조경비, 일반관리비를 포함하여 산정한다. 매입원가는 실제 구입가격을 기준으로 하되, 계열회사관계나 제휴관계와 같은 특수한 사정이 존재하는 경우에는 일반사업자 간 거래가격을 고려하여 수정된 가격을 기준으로 산정할 수 있다.

'일시적 염매'는 일회 또는 단기간(1주일 이내)에 걸쳐 현저히 낮은 대가로 상품 또는 용역의 공급이 이루어짐을 의미한다. 현저히 낮은 대가에 해당되는지 여부는 제조원가나 매입원가를 기준으로 판단한다. 부당염매의 대상은 사업자로 특정하고 있지 않기 때문에 소비자도 포함되며, 경쟁사업자를 배제할 목적으로 이루어지는 것이기 때문에 판촉전략의 일종인 유인염매나 시장상황 등에 대응하기 위한 할인특매와는 구별이 된다.

시장경제에서 사업자가 자신의 제품 또는 용역의 가격을 낮게 설정하여 가격으로 경쟁하는 것은 시장경제의 본질에 해당하는 것으로 가격경쟁을 통해 소비자는 질 좋은 상품 또는 용역을 낮은 가격으로 소비할 수 있게 됨으로써 사회후생이 극대화된다. 또한 사업자들의 가격경쟁은 사업자들로 하여금 생산성을 향상시키고 조직관리, 유통구조 개선 등의 노력을 통해 원가를 절감하도록 유도하기 때문에 자원의 최적 분배 또는 효율적 분배라는 측면에서도 바람직한 것이므로 가격을 낮게 설정하는 것 자체는 문제가 될 수 없다.

그러나 사업자가 낮은 가격을 설정하는 행위가 당해 시장에서 자신의 경쟁사업자 또는 잠재적 경쟁사업자를 배제하려는 목적 하에 이루어진다면 이에서 비롯될 향후 독점적 지위를 누릴 시장에서 당해 사업자는 높은 수준의 가격을 설정하고 공급량을 줄일 것이므로 소비자피해가 발생하게 되며, 사회 전체적으로도 후생이 감소하고 자원의 효율적 배분이 저해될 것이다. 경쟁제한성을 가지는 부당염매 행위를 공정거래법령으로 규제하는 이유는 바로 여기에 있다고 할 수 있다.

경쟁사업자를 배제할 목적으로 이루어지는 부당염매는 그 자체로 경쟁제한성이 큰 행위에 해당할 수 있으며 배제의 대상이 되는 '경쟁사업자'는 시장에서 사업을 운영하고 있는 경쟁사업자뿐만 아니라 시장진입이 예상되는 잠재적 경쟁사업자도 포함하는 의미이다. 법원도 현대정보기술의 인천광역시 시행 용역입찰에 부당염매 응찰 건에서 부당염매의 규제 취지를 설시하면서 공정거래 법령 상의 부당염매와 관련된 경쟁사업자는 통상 현실적으로 경쟁관계에 있는 사업자를 가리킨다고 할 것이지만, 부당염매를 규제하는 취지가 경쟁제한성을 방지하는 데 있다고 볼 때, 시장진입이 예상되는 잠재적 사업자도 경쟁사업자의 범위에 포함된다고 [41]판시하였다.

같은 판례에서 '경쟁사업자를 배제시킬 우려'에 대한 설시도 이루어졌는데, 법원은 경쟁사업자를 배제시킬 우려는 실제로 경쟁사업자를 배제할 필요는 없고 여러 사정으로부터 그러한 결과가 초래될 추상적 위험성이 인정되는 정도로 족하다고 할 것이며, 당해 염매행위의 의도, 목적, 염가의 정도, 행위자의 사업규모 및 시장에서의 지위, 염매의 영향을 받는 사업자의 상황 등을 종합적으로 살펴 개별적으로 판단해야 한다고 판시하였다.

법원은 같은 판례에서 계속거래상의 부당염매와 구분되는 '기타 부당하게 이루어진 염매'는 상품 또는 용역을 단순히 낮은 가격으로 공급한 것만으로 위법하다고 보기는 어렵고 그 행위 자체로 공정한 거래를 저해할 우려가 있을 만큼 부당하게 이루어져야 위법성이 인정되며, 부당상의 유무는 당해 염매행위의 의도, 목적, 염가의 정도, 반복가능성, 염매대상 상품 또는 용역의 특성과 그 시장상황, 행위자의 시장에서의 지위, 경쟁사업자에 대한 영향 등 개별사안에서 드러난 여러 사정을 종합적으로 살펴 그것이 공정한 거래를 저해할 우려가 있는지 여부에 따라 판단하여야 한다고 판시하였다.

현대정보기술의 인천광역시 시행 용역입찰에 부당염매 응찰 건의 경우 현대정보기술이 최소한의 인건비조차 반영되지 않은 저가입찰행위를 하였으나, 신규시장에 먼저 진입하여 기술과 경험을 축적할 목적으로 입찰에 참가하였던 점, 용역사업이 1회성 사업이어서 원고가 이 사건 용역을 저가로 낙찰받았다고 해서 경쟁사업자들이 향후 위 신규시장에서 배제될 우려가 없는 점 등을 고려할 때 원고의 저가입찰행위를 부당성을 지닌 행위로 보기는 어렵다고 법원은 판시하였다.

---

41) 대법원 2001. 6. 12. 선고 99두4686 판결

(1)-2 위법성 판단

부당염매는 당해 상품 또는 용역이 거래되는 시장에서 자기 또는 계열회사의 경쟁사업자를 배제함으로써 '경쟁제한이 발생하는지 여부'를 위주로 판단한다. 경쟁사업자 배제 우려는 당해 염매행위로 인하여 경쟁사업자가 시장에서 배제될 가능성이 있으면 족하고 실제 경쟁사업자가 시장에서 배제될 것까지는 요구하지 않는다.

계속적 염매행위는 그 자체로 경쟁사업자를 배제할 우려가 있는 것으로 보고, 당해 사업자가 정당한 이유를 소명하는 경우 그 타당성이 인정되는 경우에만 법 위반으로 보지 않는다. 정당한 이유로 인정될 수 있는 경우로는 당해시장에 신규진입이 원활한 경우, 하자제품·유통기한 임박제품·계절상품 등의 처리 등을 위한 경우, 초과공급에 대응하기 위한 경우, 신규진입 등을 위해 한정된 기간 동안 홍보목적으로 행한 경우, 파산·지급불능 등의 사유와 관련된 경우, 효율성 증대효과나 소비자후생 증대효과가 경쟁제한효과보다 현저히 큰 경우 등이 해당될 수 있다.

일시적 염매행위는 부당성이 있는 경우에만 법 위반이 될 수 있는데, 주로 당해 상품 또는 용역시장에서 경쟁사업자를 배제시킬 우려가 있는지 여부가 초점이 된다. 일시적 염매행위의 동기가 경쟁사업자를 배제하고 시장에서의 독과점을 구축하는 데 있는 경우, 당해 행위로 경쟁사업자가 사업활동을 유지하는데 현저히 어려움이 있거나 부도 등의 위기에 처할 우려가 있는 경우는 부당성이 있다고 볼 가능성이 크며 신규시장진입 등이 원활한 경우에는 법 위반의 가능성이 작아지게 된다.

부당염매의 경우에도 부당염매를 한 사업자의 시장점유율이 10% 미만인 경우에는 당해 시장에서의 경쟁제한효과가 미미하다고 보아 원칙적으로 심사면제 대상으로 한다. 다만, 시장점유율 산정이 사실상 불가능하거나 현저히 곤란한 경우로서 당해 사업자의 연간매출액이 50억 원 미만인 경우는 안전지대에 해당하여 심사면제대상으로 하고 있다.

부당염매에 해당될 수 있는 행위 유형으로는 ① 규모의 경제 등 이유로 당해시장에의 신규진입이 단기간 내에 용이하지 않은 상황에서 경쟁사업자를 퇴출시키기 위한 목적으로 제조원가에 못 미치는 가격으로 계속하여 상품 또는 용역을 공급하는 행위, ② 시장에서 유력한 사업자가 신규진입을 시도하는 사업자를 저지하기 위해 제조원가를 하회하는 가격으로 상품 또는 용역을 일정 기간 계속적으로 판매하는 행위, ③ 합리적 이유 없이 공공기관 물품구매입찰에서 사업자가 자신이 타 사업자로부터 공급받은 가격보다 낮은 가격으로 응찰하여 낙찰됨으로써 다년간 공급계약을 체결하고 동 물품을 공급하는 행위 등이 포함된다.

(2) 부당고가매입

(2)-1 법적용 대상 행위

사업자가 경쟁사업자를 당해 시장에서 배제할 목적으로 경쟁사업자가 필요로 하는 상품·원재료의 상당량을 고가로 매입할 경우 이는 시장에서의 정상적인 경쟁을 저해하게 되므로 금지하고 있다. 공정거래법상 금지하고 있는 부당고가매입은 '부당하게' 상품 또는 용역을 통상거래가격에 비하여 높은 대가로 구입하여 자기 또는 계열회사의 경쟁사업자를 배제시킬 우려가 있는 행위로서 고가매입의 상대방은 사업자에 한하고 소비자는 포함되지 않는다. 인위적으로 제품이나 원재료의 품귀를 발생시켜 경쟁사업자를 배제하기 위해서는 매점되는 상품 또는 용역의 물량이 전체 공급량에서 차지하는 비중이 중요하고, 고가매입이 계속하여 이루어질 필요는 없다.

(2)-2 위법성 판단

부당고가매입의 위법성은 당해 상품 또는 용역의 품귀를 가져와서 자기 또는 계열회사의 '경쟁사업자를 배제시킬 우려'가 있는지 여부를 중심으로 판단하며, 고가매입의 대상이 되는 상품 또는 용역이 경쟁사업자의 사업영위에 필수적인지 여부, 대상 상품 또는 용역의 대체가능성 또는 대체가능할 경우에 소요되는 비용의 크기, 고가매입으로 인한 경쟁사업자의 사업활동 곤란가능성 또는 그 정도 등이 고려요소가 된다.

고가매입의 경우 부당한 경우에만 위법성이 인정될 수 있으므로 원재료 등의 품귀가능성에 대비하거나 제품의 안정적 생산 확보 등을 위한 경우, 효율성 증대효과나 소비자후생 증대효과가 경쟁제한효과를 현저히 상회하는 경우 등에는 위법한 것으로 보지 않을 수 있다. 부당고가매입을 한 사업자의 시장점유율이 10% 미만인 경우에는 당해 시장에서의 경쟁제한효과가 미미하다고 보아 원칙적으로 심사면제대상으로 한다. 다만, 시장점유율 산정이 사실상 불가능하거나 현저히 곤란한 경우로서 당해 사업자의 연간매출액이 50억 원 미만인 경우는 안전지대에 해당하므로 심사면제대상으로 하고 있다.

부당고가매입에 해당될 수 있는 행위로는 ① 합리적 이유 없이 제품의 생산·판매에 필수적인 요소를 통상거래가격에 비하여 높은 대가로 매점하여 자기 또는 계열회사의 경쟁사업자가 시장에서 배제될 수 있을 정도로 사업활동을 곤란하게 하는 행위, ② 신규 시장진입자를 저지하기 위한 목적으로 그 사업자가 필요로 하는 상품 또는 용역을 통상거래가격보다 높은 가격으로 매점함으로써 시장진입을 어렵게 하는 행위 등이 포함될 수 있다.

부당고가매입과 직접적으로 관련된 판례는 없으나 위법성 판단기준은 부당염매와 관련해서 법원이 판시한 내용과 동일한 기준으로 판단할 수 있다. 즉, 경쟁사업자를 배제시킬 우려와 관련해서는 실제로 경쟁사업자를 배제시키는 것 이외에도 배제가 초래될 만한 추상적 위험성이 있는 경우도 해당되며, 경쟁사업자에는 실제 경쟁사업자 외에 시장에 진입할 잠재적 사업자도 포함되고, 부당성이 인정되려면 단순히 높은 대가의 지급만으로는 불충분하고 경쟁을 제한하는 공정거래저해성이 입증될 필요가 있다.

4. 구속조건부거래

(1) 배타조건부거래

(1)-1 법적용 대상 행위

구속조건부거래의 한 유형인 배타조건부거래는 수직적·비가격 거래제한행위로서 사업자가 거래상대방에 대해 자기 또는 계열회사의 경쟁사업자와 거래하지 못하도록 함으로써 거래처 선택의 자유를 제한하고 구매·유통경로의 독점을 통해 경쟁사업자의 시장진입을 곤란하게 하여 시장에서의 경쟁을 제한하고 소비자의 후생을 저해할 우려가 있으므로 공정거래법에 의해 금지되고 있다.

'부당하게' 거래상대방이 자기 또는 계열회사의 경쟁사업자와 거래하지 아니하는 조건으로 그 거래상대방과 거래하는 행위로서 이루어지는 배타조건의 내용에는 거래상대방에 대해 직접적으로 경쟁사업자와의 거래를 금지·제한하는 것 이외에 자신이 공급하는 품목에 대한 경쟁제품을 취급하는 것을 금지·제한하는 것도 포함된다. 경쟁사업자와 거래하지 아니하는 조건에는 기존거래의 중단뿐만 아니라 신규거래를 개시하지 않을 조건도 포함된다. 배타조건부거래의 거래상대방은 사업자에 한하고 소비자를 포함하지 않으며, 배타조건의 형식에는 계약에 의한 명시적인 경우 이외에 경쟁사업자와 거래하게 되는 경우 가하는 [42]불이익으로 인해 사실상 구속성이 인정되는 경우도 포함된다.

불공정거래행위로서의 배타조건부거래는 시장지배력과는 상관없이 관련시장에서의 경쟁을 제한하거나 그 거래상대방에 대해 거래처 선택의 자유 등을 제한함으로써 공정한 거래를 저해할 우려가 있는 행위를 규제하는 데 취지가 있으며, 이 점에서 시장지배적지위 남용행위 중 배타조건부거래와 차이가 있다고 할 수 있다. 에쓰오일의 배타조건부 거래행위 건에서 법원은 동일한 취지의 [43]판시를 하고 있다.

(1)-2 위법성 판단

배타조건부거래의 위법성은 관련시장에서의 '경쟁제한성'을 중심으로 살펴보게 된다. 당해 관련시장에서 자기 또는 계열회사의 경쟁사업자가 시장에서 배제되거나 배제될 우려가 있는지를 판단할 때는 경쟁사업자의 대체적 물품구입처 또는 유통경로 확보의 용이성, 경쟁사업자의 경쟁수단 침해성 정도, 배타조건부거래 대상의 되는 상대방의 수 및 시장점유율, 행위자의 시장에서의 위치, 당해행위의 기간, 당해행위의 의도 및 목적 등을 종합적으로 고려한다.

경쟁제한성이 있더라도 당해 상품 또는 용역의 기술성·전문성 등의 이유로 A/S활동 등에 있어 배타조건부거래가 불가피하거나, 타 브랜드와의 서비스 경쟁촉진 등 소비자후생 증대효과가 경쟁제한효과를 현저히 상회하거나, 유통업체의 무임승차 방지·판매 및 조달비용 절감 등 효율성 증대효과가 경쟁제한효과를 현저히 상회하는 경우에는 법 위반으로 보지 않을 수 있다.

배타조건부거래를 한 사업자의 시장점유율이 10% 미만인 경우에는 당해 시장에서의 경쟁제한효과가 미미하다고 보아 원칙적으로 심사면제 대상으로 한다. 또한 시장점유율 산정이 사실상 불가능하거나 현저히 곤란한 경우로서 당해 사업자의 연간 매출액이 50억 원 미만인 경우에도 안전지대에 해당하여 심사면제대상으로 한다.

---

42) 불이익에는 위반 시 거래중단이나 공급량 감소, 채권회수, 판매장려금 지급중지 등 당해 배타조건이 사실상 구속적이라고 볼 만한 모든 불이익 유형이 포함된다.

43) 대법원 2013. 4. 25. 선고 2010두25909 판결

(1)-3 법위반 유형과 관련 판례

위법 소지가 있는 배타조건부거래 유형에는 ① 경쟁사업자가 유통망을 확보하기 곤란한 상태에서 시장점유율이 상당한 사업자가 자신의 대리점에 대해 경쟁사업자의 제품을 취급하지 못하도록 하는 행위, ② 경쟁사업자가 대체거래선을 찾기 곤란한 상태에서 수요측면에서 영향력을 가진 사업자가 거래상대방에 대해 경쟁사업자에게는 공급하지 않는 조건으로 상품이나 용역을 구입하는 행위, ③ 시장점유율이 상당한 사업자가 다수의 거래상대방과 업무제휴를 하면서 경쟁사업자와 중복제휴를 하지 않는 조건을 부과하는 경우, ④ 구입선이 독자적으로 개발한 상품 또는 원재료에 대하여 경쟁사업자에게 판매하지 않는다는 조건으로 구입선과 거래하는 행위, ⑤ 시장점유율이 상당한 사업자가 거래처인 방문판매업자들에 대해 경쟁사업자 제품의 취급증가를 저지하기 위해 자신의 상품판매를 전업으로 하여줄 것과 경쟁사업자 제품을 취급 시에는 자신의 승인을 받도록 의무화하고 이를 어길 시에 계약해지를 할 수 있도록 하는 경우, ⑥ 시장점유율이 상당한 사업자가 자신이 공급하는 상품의 병행수입에 대처하기 위해 자신의 총판에게 병행수입업자와 병행수입품을 취급하고 있는 판매업자에 대해서는 자신이 공급하는 상품을 공급하지 말 것을 지시하는 행위, ⑦ 석유정제업체가 주유소 등 석유판매업자의 의사에 반하여 석유제품 전량(全量)구매를 강제하는 등 석유판매업자가 경쟁사업자와 거래하는 행위를 사실상 금지하는 계약을 체결하는 행위 등이 포함된다.

에쓰오일의 배타조건부 거래행위 건에서 법원은 불공정거래행위로 규정하고 있는 배타조건부 거래행위의 부당성은 당해 행위가 물품의 구입 또는 유통경로의 차단, 경쟁수단의 제한을 통하여 자기 또는 계열회사의 경쟁사업자 등을 관련시장에서 배제하거나 배제할 우려가 있는지를 비롯한 경쟁제한성을 중심으로 그 유무를 평가하되, 거래상대방의 자유로운 의사결정이 저해되었거나 저해될 우려가 있는지 등도 아울러 고려할 수 있다고 하였고, 부당성을 판단할 때에는 대체적 물품구입처 또는 유통경로가 차단되는 정도, 경쟁사업자가 경쟁할 수 있는 수단을 침해받는지 여부, 행위자의 시장점유율 및 업계순위, 배타조건부 거래행위의 대상이 되는 상대방의 수와 시장점유율, 배타조건부 거래행위의 실시기간 및 대상이 되는 상품 또는 용역의 특성, 배타조건부 거래행위의 의도 및 목적과 아울러 배타조건부 거래계약을 체결한 거래당사자의 지위, 계약

내용, 계약체결 당시의 상황 등을 종합적으로 고려하여야 한다고 판시하였다.

에쓰오일 사건의 경우 원고인 에쓰오일이 주유소사업자에게 시장점유율 확대 및 경쟁사업자의 시장진입을 봉쇄하기 위한 목적으로 전량공급조건계약을 체결하여 경쟁사업자에 대한 봉쇄효과가 발생하였으므로 경쟁제한성이 인정된다고 판시하였다.

(2) 거래지역 등 제한

(2)-1 법적용 대상 행위

거래상대방에게 거래지역이나 거래처를 제한함으로써 당해 지역 또는 거래처에 대한 독점력을 부여하고 이로 인해 경쟁이 저해되고 소비자후생을 저하시킬 우려가 있는 경우도 구속조건부거래로서 금지하고 있다. 금지대상이 되는 행위는 상품 또는 용역을 거래함에 있어서 그 거래상대방의 거래지역 또는 거래상대방을 부당하게 구속하는 조건으로 거래하는 행위로서 '가격 이외의 조건'을 구속한다는 점에서 재판매가격유지행위와 구별이 되며, 사업자가 자신의 계산과 위험부담 하에 위탁매매인에게 판매대상 등을 지정하는 위탁매매관계와도 구별이 된다.

거래지역 또는 거래상대방 제한은 사업자에 대한 것으로 소비자는 포함되지 않는다. 또한 거래상대방의 거래상대방을 제한하는 행위도 대상이 되며, 거래상대방이 요구에 의한 구속이거나 합의에 의한 구속과는 상관없이 거래상대방이 사실상 구속을 받는 것으로 행위는 성립한 것으로 본다.

(2)-2 위법성 판단

거래지역 또는 거래상대방 제한의 위법성은 관련시장에서의 '경쟁을 제한하는지 여부'를 위주로 하여 브랜드 내 경쟁제한효과와 브랜드 간 경쟁촉진효과를 비교형량하여 판단한다. 지역제한 위배 시 제재가 가해지는 등 구속성이 엄격한 지역제한제의 경우, 행위자의 시장점유율이 높은 경우, 재판매유지행위 등 타 불공정행위와 병합하여 행해지는 경우, 소비자 선택권이 침해되는 경우 등은 경쟁제한 소지가 커진다고 할 수 있다.

경쟁제한성이 있다고 판단되더라도 거래지역 또는 거래상대방 제한의 효율성 증대효과나 소비자후생 증대효과가 경쟁제한효과를 현저히 상회하는 경우에는 법 위반으로 보지 않을 수 있다. 거래지역 또는 거래상대방 제한의 경우에도 안전지대가 적용되어 행위 사업자의 시장점유율이 10% 미만이거나 당해 사업자의 연간매출액 50억 원 미만의 경우를 심사면제 대상으로 하고 있다

(2)-3 법위반 유형과 관련 판례

법 위반에 해당될 수 있는 거래지역 또는 거래상대방 제한행위에는 ① 독과점적 시장구조 하에서 시장점유율이 상당한 제조업자가 대리점마다 영업구역을 지정 또는 할당하고 그 구역 밖에서의 판촉 내지 판매활동을 금지하면서 이를 위반할 경우 계약해지를 할 수 있도록 하는 경우, ② 독과점적 시장구조 하에서 시장점유율이 상당한 제조업자가 대리점을 가정용과 업소용으로 엄격히 구분하고 이를 어길 경우에 대리점계약을 해지할 수 있도록 하는 행위, ③ 제조업자가 재판매가격유지의 실효성 제고를 위해 도매업자에 대해 그 판매선인 소매업자를 한정하여 지정하고 소매업자에 대해서는 특정 도매업자에게서만 매입하도록 하는 행위 등이 포함된다.

샘표식품의 구속조건부 거래행위에 대한 건에서 법원은 원고인 샘표식품의 대리점들이 전국을 읍면동 단위까지 상세히 분할하여 거의 중복됨이 없이 영업구역을 나누고 있는 상황은 대리점들 사이에 자연발생적으로 이루어진 것이라고 보기가 어렵고, 원고가 강제력을 동원하여 그 영업구역의 준수를 강요한 사실이 인정되는 이상 영업구역의 지정주체가 누구인지는 원고의 구속조건부 거래행위의 성부에 영향을 미치지 않는다고 [44]판시하였다.

한미약품의 부당한 고객유인행위 건에서 법원은 원고인 한미약품이 도매상들에 대하여 지정납품처가 아닌 곳에의 납품을 금지하고 이를 어기는 도매상들을 적발하여 각서를 징구하거나, 경고장 발송, 거래정리 등의 조치를 한 것에 대해 원고의 이러한 행위는 도매상들에 대하여 실질적인 구속력이 있었으므로 이는 구속조건부거래에 해당한다고 [45]판시하였다.

한국교육방송공사의 재판매가격유지행위 건에서 법원은 원고인 한국교육방송공사가 도매서점의 판매지역 및 거래상대방을 할당하고 이를 위반한 도매서점에 대하여 재계약을 거부한 행위는 구속조건부거래에 해당한다고 [46]판시하였다.

---

44) 서울고등법원 2016. 8. 26. 선고 2015누45931 판결, 상고심(대법원 2016. 12. 29. 선고 2016두52590 판결)은 심리불속행 기각하였다.

45) 대법원 2010. 11. 25. 선고 2009두9543 판결

46) 서울고등법원 2011. 1. 12. 선고 2009누37366 판결, 고법에서 확정되었다.

에스케이텔레콤의 구속조건부 거래행위 건에서 법원은 원고인 에스케이텔레콤이 삼성전자와의 단말기 거래에 있어서 삼성전자의 원고용 유통모델의 비율을 각 개별모델별로 총 공급대수의 20% 이내로 제한하는 운영기준을 만들어 서로 합의하여 시행하였는데, 당시 화이트리스트 제도로 인해 이동통신사가 단말기의 식별번호등록을 거부할 경우 제조사는 사실상 그 단말기를 판매할 수 없었는데 원고는 삼성전자에 대해 합의에 반해 유통모델을 초과공급할 경우 그 초과공급된 단말기의 식별등록을 보류하는 방법으로 이 사건 합의의 준수를 강제한 사실이 인정되어 이는 구속조건부거래에 해당한다고 [47]판시하였다.

필립스전자의 재판매가격유지행위 및 구속조건부 거래행위에 대한 건에서 법원은 원고인 필립스전자가 대리점들에게 오픈마켓에서 원고의 소형가전 제품 5개 제품에 대한 판매를 하지 못하도록 한 것은 상대적으로 고가인 위 제품들이 오픈마켓에서 가격경쟁으로 저렴하게 판매됨에 따라 다른 유통채널에서도 판매가격이 인하되는 것을 막기 위한 것으로 오픈마켓에서의 상표 내 경쟁을 근본적으로 차단하여 오프라인 등 다른 유통채널과의 가격경쟁도 제한되어 구속조건부 거래에 해당한다고 [48]판시하였다.

5. 끼워팔기(거래강제)

(1) 의의

거래강제행위로서 끼워팔기는 브랜드 간 수직적 제한행위에 해당한다. 끼워팔기는 사원판매와 기타의 거래강제와 함께 거래강제 행위에 해당하지만 위법성 판단에 있어 사원판매와 기타의 거래강제는 경쟁수단의 불공정성을 중심으로 하는 데 비하여 끼워팔기는 '경쟁제한성'에 초점을 맞추고 있어 끼워팔기만 여기서 다루도록 하고 사원판매와 기타의 거래강제행위는 후술하는 Ⅳ. 불공정성 불공정거래행위에서 다루기로 한다.

끼워팔기는 자기가 공급하는 상품 또는 용역 중 거래상대방이 구입하고자 하는 상품 또는 용역(이하 '주(主)된 상품'이라 한다)을 공급하는 사업자가 상대방이 구입하고자 하지 않거나 상대적으로 덜 필요로 하는 상품 또는 용역(이하 '종(從)된 상품'이라 한다)을 구입하도록 해야 하고 이를 위해서는 당해 행위의 당사

47) 대법원 2017. 5. 31. 선고 2014두4689 판결
48) 대법원 2017. 6. 19. 선고 2013두17435 판결

자인 사업자는 거래상에 있어 상대방보다 '어느 정도 우위'에 있는 경우에 성립한다. 법원도 동일한 취지의 [49]판시를 하면서 주된 상품을 공급하는 사업자의 지위가 거래 상대방이 종된 상품을 구입하도록 하는 상황을 만들어낼 정도의 지위를 갖는 것으로 족하고 반드시 시장지배적 사업자일 필요는 없다고 하였다.

(2) 법적용 대상 행위

거래상대방에 대하여 자기의 상품 또는 용역을 공급하면서 정상적인 거래관행에 비추어 '부당하게' 다른 상품 또는 용역을 자기 또는 자기가 지정하는 사업자로부터 구입하도록 하는 행위가 대상이 된다. 끼워팔기의 대상이 서로 다른 별개의 상품 또는 용역에 해당되는지 여부는 이들이 시장에서 통상 별도로 거래되는지 여부와 더불어 그 상업적 용도나 기능적 특성, 소비자 인식태도, 경우에 따라서는 제품통합과 기술혁신의 추세 등을 종합적으로 고려하여 판단한다. 또한 끼워팔기에는 상품 또는 용역을 판매하는 경우 외에 임대하는 경우도 포함되고 거래상대방에는 사업자뿐만 아니라 소비자도 포함된다.

한국토지공사의 부당지원행위 등에 대한 건에서 법원은 끼워팔기는 주된 상품을 상대방에게 공급하는 것과 연계하여 종된 상품을 정상적인 거래관행에 비추어 '부당하게' 자기 또는 자기가 지정하는 다른 사업자로부터 상대방이 구입하도록 하는 행위를 말한다고 판시하고 있다.

(3) 위법성 판단

끼워팔기의 위법성은 '경쟁제한성'을 중심으로 판단하는데, 종된 상품을 구입하도록 한 결과가 거래상대방의 자유로운 선택의 자유를 제한하는 등 가격과 품질을 중심으로 한 공정한 거래질서를 저해할 우려가 있는지를 중점적으로 보게 된다. 끼워팔기가 발생한 거래에서 종된 상품 또는 용역 시장의 경쟁사업자가 배제되거나 배제될 우려가 있는 경우에는 경쟁제한성이 인정될 가능성이 커지게 된다. 주된 상품과 종된 상품이 별개의 상품인지 여부는 밀접불가분한 구성요소인지 여부, 통상적으로 주된 상품과 종된 상품을 하나의 단위로 판매 또는 사용되는지 여부, 주된 상품과 종된 상품에 대한 별도의 충분한 구매수요의

49) 한국토지공사의 부당지원행위 등에 대한 건(대법원 2006. 5. 26. 선고 2004두3014 판결)

존재여부 등을 고려하여 판단한다.

끼워팔기의 경쟁제한성 판단 시에는 주된 상품과 종된 상품을 같이 구입하도록 강제하는지 여부가 고려되는데 강제성 여부는 거래상대방의 입장에서 판단하며 거래상대방이 주된 상품에 대한 거래처 전환가능성이 적은 경우에는 강제성이 클 가능성이 있고, 거래처 전환을 하더라도 주된 상품의 공급량 감소 등으로 사업활동에 큰 영향이 있어서 사실상 거래처 전환을 할 수 없는 경우에도 강세성이 인정될 수 있다.

끼워팔기가 통상적인 거래관행인 경우에는 특별히 장래의 경쟁을 제한하지 않는 한 원칙적으로 위법한 것으로 보지 않는다. 대표적인 예시로 프린터와 잉크, 자동차와 타이어 등이 이에 해당한다고 할 수 있고, 끼워팔기로 인한 효율성 증대효과나 소비자후생 증대효과가 경쟁제한효과를 현저히 상회하는 경우 등에도 위법한 것으로 보지 않을 수 있다.

(4) 법위반 유형과 관련 판례

법 위반 소지가 있는 끼워팔기의 유형으로는 ① 인기 있는 상품 또는 용역을 판매하면서 인기 없는 것을 함께 구입하도록 하거나, 신제품을 판매하면서 구(舊)제품이나 재고품을 함께 구입하도록 강제함으로써 관련시장에서 경쟁의 감소를 초래하는 행위, ② 고가의 기계나 장비를 판매하면서 합리적 이유 없이 인과관계가 떨어지는 유지·보수 서비스를 자기로부터 유료로 제공받도록 강제함으로써 관련시장에서의 경쟁의 감소를 초래하는 행위, ③ 특허권 등 지식재산권자가 라이선스 계약을 체결하면서 다른 상품이나 용역의 구입을 강제함으로써 관련시장에서 경쟁의 감소를 초래하는 행위 등이 포함될 수 있다.

한국토지공사가 비인기(非人氣)토지의 판매가 저조하자 비인기토지의 매입 시 인기(人氣)토지에 대한 매입우선권을 부여함으로써 비인기토지를 매입하지 않고서는 사실상 인기토지를 매입할 수 없게 만든 사안에서 법원은 공공부문 택지개발사업의 40% 이상을 점하고 있는 원고가 위와 같은 끼워팔기에 해당하는 연계판매행위를 할 경우 주택사업자들의 선택의 자유를 제한하는 등 공정한 거래를 침해할 우려가 있다고 하면서 이는 공정거래법에서 금지하고 있는 끼워팔기에 해당한다고 판시하였다.

페르마에듀의 거래강제행위 건에서도 법원은 수학 및 특목고 분야에서 최상의 지위를 가지고 있는 원고가 교육청이 정하는 수강료상한제를 회피할 목적으로 수강생들의 높은 충성도를 이용해서 오프라인 수강 시 온라인강의를 의무적으로 수강하게 하는 끼워팔기를 한 행위는 소비자의 효용을 감소시키고 학생들의 자유로운 선택을 침해하는 것으로서 정상적인 거래관행에 비추어 부당한 행위라고 [50]판시하였다.

반면, 한국생필체인의 거래강제행위 등에 대한 건에서 법원은 원고가 가맹점들에 대하여 주류의 구매액에 대한 일정비율 이상의 일반잡화 구입을 강제하기로 한 행위는 원고회사의 설립목적에 따른 운영방침과 가맹규약 등에 근거하고 있고 연쇄화사업의 건실한 발전과 건전한 유통질서의 확립을 위하여서는 위와 같은 조치의 필요성이 있는 점 등을 볼 때 끼워팔기의 부당성을 인정하기 어렵다고 [51]판시하였다.

골프존의 거래강제행위 및 거래상 지위남용행위에 대한 건에서도 법원은 스크린골프 시뮬레이터를 판매하면서 프로젝터를 함께 구입하도록 한 행위에 대해 스크린골프를 하기 위해서 프로젝터는 필수적으로 구비되어야 하는 장비로서 주된 상품의 기능에 반드시 필요한 상품을 끼워파는 행위는 공정거래법상 부당한 끼워팔기에 해당하지 않는다고 [52]판시하였다.

Ⅳ. 불공정성 불공정거래행위

'불공정성(unfairness)'은 앞서 설명한 바처럼 경쟁수단의 불공정성과 거래내용의 불공정성을 포함한 개념이다. '경쟁수단의 불공정성'과 관련된 불공정거래행위 유형은 상품 또는 용역의 가격과 질 이외에 바람직하지 않은 경쟁수단을 사용함으로써 정당한 경쟁을 저해하거나 저해할 우려가 있는 행위로서 '부당한 고객유인', '거래강제', '사업활동방해'가 이에 해당하고, '거래내용의 불공정성'과 관련된 불공정거래행위 유형은 거래상대방의 자유로운 의사결정을 저해하거나 불이익을 강요함으로써 공정거래의 기반이 침해되거나 침해될 우려가 있는

50) 서울고등법원 2009. 11. 12. 선고 2009누5635 판결, 고등법원에서 확정되었다.

51) 서울고등법원 1993. 6. 24. 선고 92구20257 판결, 상고심(대법원 1995. 2. 3. 선고 93누15663 판결)은 이러한 원심판결에 위법이 없다고 판시하였다.

52) 서울고등법원 2016. 11. 23. 선고 2014누62052 판결, 상고심(대법원 2017. 4. 13. 선고 2016두64999 판결)은 심리불속행 기각하였다.

행위로서 '거래상 지위남용'이 이에 해당한다. 이에 대해 순차적으로 설명하기로 한다.

1. 부당한 고객유인

(1) 개요

시장에서 소비자의 선택을 받기 위해서 사업자들이 상품 또는 용역의 '가격과 품질'을 경쟁수단으로 할 때 소비자 입장에서는 더 싸고 품질 좋은 물건을 구입할 수 있게 되는 것이므로 사회후생이 커지게 된다. 그러나 시장에서 경쟁이 이루어진다고 하더라도 그 경쟁수단이 가격이나 품질에 의한 것이 아니라 부당한 이익의 제공이나 위계, 거래방해 등의 방법으로 경쟁사업자의 고객을 유인하는 방법으로 이루어지는 경우에는 바람직한 경쟁질서를 저해하고 소비자가 품질 좋고 저렴한 상품 또는 용역을 선택하는 것을 방해하는 것이므로 공정거래법은 이를 금지하고 있다.

부당한 고객유인행위는 여러 분야에서 일어날 수 있지만 과거에 주로 제약업 분야와 신문판매업 분야에서 많이 발생했었고, 특히 신문업에서의 부당고객유인행위를 포함한 불공정거래행위는 공정거래위원회의 고시인 '신문업에 있어서의 불공정거래행위 및 시장지배적지위 남용행위의 유형 및 기준'(이하 '신문업 불공정행위기준'이라 한다)을 두고 별도로 규제하고 있다.

(2) 부당한 이익에 의한 유인

(2)-1 법적용 대상 행위

정상적인 거래관행에 비추어 부당하거나 과대한 이익을 제공 또는 제공할 제의를 하여 경쟁사업자의 고객을 자기와 거래하도록 유인하는 행위를 의미하며 경쟁사업자의 고객에는 경쟁사업자와 거래를 한 사실이 있거나 현재 거래관계를 유지하고 있는 고객뿐만 아니라 잠재적으로 경쟁사업자와 거래관계를 형성할 가능성이 있는 고객이 포함된다.

이익제공의 상대방에는 소비자뿐만 아니라 사업자도 포함되고 이익제공 또는 제의의 방법에는 제한이 없으며 표시·광고를 포함한다. 제공되는 이익에는 리베이트의 제공이나 가격할인 등 고객에게 유리하도록 거래조건의 설정·변경, 판촉지원금 내지 판촉물의 지급, 경쟁사업자의 제품을 자사제품으로 교환

시 자사제품의 과다한 제공 등 적극적 이익제공과 함께 원래 부과되어야 할 요금·비용의 감면, 납부기한 연장, 담보제공 의무나 설정료의 면제 등 소극적 이익제공 등 모든 경제적 이익이 포함된다.

부당한 이익에 의한 고객유인 행위는 주로 제약사들의 병원에 대한 리베이트 제공과 관련하여 많이 이루어져 왔다. 제약사들은 자신의 제품을 병원에서 처방하도록 하기 위해 병원에 대해 현금 및 기부금 제공, 병원비품 등 물품제공, 의약품 운반비용 지원, 수금할인, 골프 및 식사접대, 항공권 제공, 학회지원, 시판 후 조사 지원 등 다양한 이익을 제공해 왔는데, 이러한 부당한 이익제공 행위는 결국 병원들이 가격 경쟁력이 있는 의약품보다 부당한 이익을 제공하는 제약사의 의약품을 선택함으로써 시장에서의 경쟁을 제한하고 건강보험 재정의 악화를 초래하게 되어 지속적으로 문제가 되어 왔다.

법원도 케이엔라이프의 부당한 고객유인행위 등에 대한 건에서 부당한 이익에 의한 고객유인 행위를 금지하는 취지에 대해 부당한 이익제공으로 인하여 가격, 품질, 서비스 비교를 통한 소비자의 합리적인 상품선택을 침해하는 것을 방지하는 한편, 해당 업계 사업자 간의 가격 등에 관한 경쟁을 통하여 공정한 경쟁질서 내지 거래질서를 유지하기 위한 것이라고 [53]판시한 바 있다.

(2)-2 위법성 판단

이익제공 또는 제공제의가 경쟁질서를 저해하는 '불공정한 경쟁수단'에 해당되는지 여부를 중심으로 위법성을 판단하게 되며, 정상적인 거래관행에 비추어 부당하거나 과대한 이익제공에 해당하는지 또는 관련 법령에서 금지하고 있는 경제적 이익제공에 해당하는지와 잠재적 경쟁사업자를 포함한 경쟁사업자의 고객을 자기와 거래하도록 유인할 가능성 등이 위법성 판단 시 주요 고려사항이 될 수 있다.

부당한 이익제공만 법 위반이 될 수 있으므로 이익제공 행위가 있더라도 효율성 증대효과나 소비자후생 증대효과가 경쟁수단의 불공정성으로 인한 공정거래저해효과를 현저히 상회하는 경우 등에는 법 위반에 해당되지 않을 수 있다.

---

53) 서울고등법원 2018. 11. 22. 선고 2018누54899 판결, 상고심(대법원 2019. 4. 25. 선고 2018두67633 판결)은 심리불속행 기각하였다.

(2)-3 법위반 유형과 관련 판례

그간 공정거래위원회의 법 집행과 판례 등에 의해 구체화된 부당한 이익에 의한 유인에 해당할 수 있는 행위를 살펴보면 ① 자기와 거래하도록 하기 위해 자신의 상품 또는 용역을 구입하는 고객에게 음성적인 리베이트를 지급하거나 지급할 제의를 하는 행위, ② 경쟁사업자의 고객을 자기와 거래하도록 소개·의뢰·추천하는 자에게 리베이트 등의 이익을 제공하거나 제공하겠다는 제의를 함으로써 고객을 유인하는 행위, ③ 사업자가 다른 특정 사업자로부터 수주(受注)하거나 거래를 개시하기 위해 금품 등 음성적인 경제적 이익을 제공하는 행위 등이 포함될 수 있다.

한미약품의 부당한 고객유인행위 등에 대한 건에서 법원은 제약사가 의약품을 판매하는 과정에서 수요자인 병원에 대해 정보제공활동과 설득활동은 필수불가결한 것이라고는 하면서도, 의사가 의약품을 선택하는 데에 그 품질과 가격의 우위에 근거하지 않고 제약업체가 제공하는 부적절한 이익의 대소에 영향을 받게 된다면 소비자의 이익이 현저히 침해되고 의약품 시장의 경쟁도 제한되므로 제약회사의 판매촉진활동은 투명성, 비대가성, 비과다성 등의 판단기준 하에 정상적인 거래관행에 비추어서 부당성 여부를 가려야 한다고 [54]판시하였다.

케이엔라이프의 부당한 고객유인행위 등에 대한 건에서 법원은 원고가 경쟁 상조회사의 다수 고객을 상대로 하여 고객이 계약을 해지하고 자신과 신규로 상조거래 계약을 체결하는 것을 조건으로 최대 36회 차분까지 납입금 지급의무를 면제하는 이관(移管)할인방식에 의한 영업방식을 사용한 것에 대해 이 같은 행위에 따른 부담은 상조시장 전체의 부담으로 돌아가 시장의 비효율성을 초래하며, 고객들이 서비스의 내용과 질 등을 기초로 합리적인 선택을 하는 데 지장을 초래하고 상조시장 전체의 경쟁질서에 미치는 영향을 고려할 때 부당한 고객유인행위에 해당한다고 [55]판시하였다.

---

54) 대법원 2010. 11. 25. 선고 2009두9543 판결

55) 서울고등법원 2018. 11. 22. 선고 2018누54899 판결, 상고심(대법원 2019. 4. 25. 선고 2018두67633 판결)은 심리불속행 기각하였다.

(3) 위계에 의한 유인

(3)-1 법적용 대상 행위

부당한 표시·광고 외의 방법으로 자기가 공급하는 상품 또는 용역의 내용이나 거래조건 기타 거래에 관한 사항에 관하여 실제보다 또는 경쟁사업자의 것보다 현저히 우량 또는 유리한 것으로 고객을 오인시키거나 경쟁사업자의 것이 실제보다 또는 자기의 것보다 현저히 불량 또는 불리한 것으로 고객을 오인시켜 경쟁사업자의 고객을 자기와 거래하도록 유인하는 행위를 의미한다. 기만 또는 위계(僞計)에 의한 유인행위는 '표시나 광고 이외의 방법'으로 고객을 오인시키거나 오인시킬 우려가 있는 행위를 말하며, 표시나 광고에 의한 오인 행위는 공정거래법이 아닌 별도의 표시·광고의 공정화에 관한 법률로 규제하게 된다.

위계에 의한 유인의 대상이 되는 고객에는 부당한 이익에 의한 고객유인과 마찬가지로 현재의 고객 외에 경쟁사업자의 고객이 될 가능성이 있는 잠재적 고객까지 포함되고, 기만 또는 위계의 상대방은 소비자뿐만 아니라 사업자도 포함된다. 이와 관련된 판례로서 한국오라클의 부당한 고객유인행위 건에서 법원은 위계에 의한 고객유인행위의 객체가 되는 상대방, 즉 경쟁사업자의 고객은 경쟁사업자와 기존의 거래관계가 유지되고 있는 상대방에 한정되지 아니하고, 새로운 거래관계를 형성하는 과정에서 경쟁사업자의 고객이 될 가능성이 있는 상대방까지도 포함된다고 [56]판시한 바 있다.

같은 판례에서 위계로 인하여 '오인'될 우려와 관련하여 법원은 위계에 의한 고객유인행위가 성립하기 위해서는 위계 또는 기만적인 유인행위로 인하여 고객이 오인될 우려가 있음으로 충분하고, 반드시 고객에게 오인의 결과가 발생하여야 하는 것은 아니라고 하면서 여기에서 오인은 고객의 상품 또는 용역의 선택 및 결정에 영향을 미치는 것을 의미한다고 판시하였다.

상품 또는 용역의 내용이나 거래조건 기타 거래에 관한 사항에 대해 기만 또는 위계의 방법을 사용한 행위가 대상이 되며, 상품 또는 용역의 내용에는 품질, 규격, 제조일자, 원산지, 제조방법, 유효기간 등이 포함된다. 거래조건에는 가격, 수량, 지급조건 등이 포함되고, 기타 거래에 관한 사항에는 국산품 혹은 수입품인지 여부, 신용조건, 업계에서의 지위, 거래은행, 명칭 등이 포함된다.

---

56) 대법원 2002. 12. 26. 선고 2001두4306 판결

(3)-2 위법성 판단

위계에 의한 유인의 위법성은 기만 또는 위계가 가격과 품질 등에 의한 바람직한 경쟁질서를 저해하는 '불공정한 경쟁수단'에 해당되는지 여부를 위주로 판단하며, 오인 또는 오인의 우려는 거래관계에 놓이게 될 고객의 관점에서 판단하고 오인의 결과까지 발생할 필요는 없고 구매의사결정에 영향을 미칠 가능성만 있으면 충분하다. 위계로 인하여 경쟁사업자의 고객이 오인할 우려가 있다고 하더라도 자기에게로 거래처 전환가능성이 없으면 이는 단순한 비방에 불과하고 부당한 고객유인에는 해당되지 않는다. 다른 불공정거래행위와는 달리 위계에 의한 고객유인행위는 위계가 가지고 있는 그 속성상 그 행위에도 불구하고 합리성이 있음을 주장하여 부당성을 부인할 수 있는 예외는 인정될 수 없다.

(3)-3 법위반 유형과 관련 판례

그간 공정거래위원회 법 집행과 판례 등에 의해 인정되어 온 위계에 의한 고객유인행위 유형으로는 ① 사업자가 타 사업자 또는 소비자와 거래함에 있어 표시광고 이외의 방법으로 사실과 달리 자기가 공급하는 상품 또는 용역의 가격이나 품질, 성능, AS조건 등이 경쟁사업자의 것보다 현저히 우수한 것으로 거래상대방을 오인시켜 자기와 거래하도록 하는 행위, ② 할인판매를 한다고 선전하면서 예상수요를 충족시키기에 현저히 부족한 수량만을 할인판매 대상으로 하여 고객을 유인하는 소위 미끼상품 판매행위, ③ 사업자가 자신과 경쟁사업자의 영업현황, 제품기능, 기술력 등에 대해 사실과 다른 허위의 비교분석 자료를 작성하여 발주자에게 제출함으로써 당해 사업을 수주하는 행위, ④ 경쟁사업자의 부도 임박·정부지원 대상제외 등의 근거 없는 사실을 유포하여 고객을 자기와 거래하도록 유인하는 행위, ⑤ 영업사원들이 경쟁사업자의 제품을 근거 없이 비방하면서 고객을 유인하는 행위 등이 포함될 수 있다.

위계에 의한 고객유인의 위법성 판단기준은 에스케이텔레콤, 엘지전자, 엘지유플러스의 부당한 고객유인행위에 대한 건에서 법원이 설시한 바 있다. 법원은 위계에 의한 고객유인행위에 해당하는지를 판단할 때에는 그 행위로 인하여 보통의 거래경험과 주의력을 가진 일반 소비자의 거래여부에 관한 합리적인 선택이 저해되거나 다수 소비자들이 궁극적으로 피해를 볼 우려가 있게 되는 등 널리 업계 전체의 공정한 경쟁질서나 거래질서에 미치게 될 영향, 파급효과의 유무 및 정도, 문제된 행위를 영업전략으로 채택한 사업자의 수나 규모, 경쟁사업자들이 모방할 우려가 있는지 여부, 관련되는 거래의 규모, 통상적인 거래의 형태, 사업자가 사용한 경쟁수단의 구체적 태양, 사업자가 해당 경쟁수단을 사용한 의도, 그와 같은 경쟁수단이 일반 상거래의 관행 등에 비추어 허용되는 정도를 넘는지, 계속적·반복적인지 여부 등을 종합적으로 살펴야 한다고 [57]판시하였다.

한국오라클의 부당한 고객유인행위 건에서 법원은 원고가 서울대학교병원의 통합의료정보시스템 재구축사업의 개발자로 내정된 삼성에스디에스에게 자신의 DBMS제품과 경쟁사인 사이베이스사의 제품을 비교하는 자료를 제출하면서, 경쟁사의 제품의 불리한 점만을 발췌하여 수록하고, 기능에 있어서도 객관적 검증이나 출처 없이 경쟁사업자의 제품들은 대부분의 기능이 없는 것처럼 기재하고, 경쟁사업자의 제품을 이용할 경우 자주 전산장애가 발생될 수 있는 것 같은 인상을 주는 내용을 기재한 것은 개발자의 선택에 영향을 미쳐서 경쟁을 제한하는 위계 또는 기만적인 방법에 의해 유인한 행위에 해당한다고 [58]판시하였다.

휴대폰의 출고가를 부풀린 후, 이동통신 서비스에 가입하는 경우 보조금을 지급하여 소비자가 할인을 받아 저렴하게 단말기를 구입하는 것으로 오인시킨 행위에 대해서도 법원은 출시단계부터 출고가를 높게 책정한 후 이를 재원으로 보조금을 지급하여 단말기를 할인해 주는 방식으로 영업을 한 원고들의 행위는 실질적인 할인혜택이 없음에도 소비자를 오인시켜 합리적 선택을 방해하고 정상적인 단말기 출고가 및 이동통신 요금에 대한 경쟁이 촉진되는 것을 저해하는 행위라고 [59]판시하였다.

(4) 기타 부당한 유인

(4)-1 법적용 대상 행위

경쟁사업자와 그 고객의 거래에 대하여 계약성립의 저지, 계약불이행의 유인 등의 방법으로 거래를 부당하게 방해함으로써 경쟁사업자의 고객을 자기와 거래하도록 유인하는 행위로서 거래방해의 수단으로는 부당한 이익의 제공이나

57) 대법원 2019. 9. 26. 선고 2014두15047, 2014두15740, 2015두59 판결
58) 대법원 2002. 12. 26. 선고 2001두4306 판결
59) 대법원 2019. 9. 26. 선고 2014두15047, 2014두15740, 2015두59 판결

위계를 제외한 모든 수단이 포함될 수 있다. 거래방해에는 거래성립의 방해와 거래계속의 방해가 있다.

거래방해의 상대방은 경쟁사업자 또는 경쟁사업자의 고객이며, 고객에는 사업자와 소비자가 모두 포함된다. 이때 경쟁사업자의 고객에는 경쟁사업자와 거래를 한 사실이 있거나 현재 거래관계를 유지하고 있는 고객뿐만 아니라 잠재적으로 경쟁사업자와 거래관계를 형성할 가능성이 있는 고객이 포함된다.

(4)-2 위법성 판단

기타의 부당한 고객유인 행위의 위법성은 거래방해 행위가 바람직한 경쟁질서를 저해하는 '불공정한 경쟁수단'에 해당되는지 여부를 위주로 판단하며, 거래방해가 고객을 유인하여 경쟁사업자와 거래를 중단시킴으로써 자신과 거래할 가능성이 있는지를 고려하게 된다. 거래방해는 거래를 곤란하게 하는 것으로 족하며 실제로 경쟁사업자와 고객 간의 거래가 개시되지 못하거나 기존의 거래관계가 종료되었을 것을 요하지는 않는다.

기타의 부당한 고객유인이 불공정한 경쟁수단에 해당한다고 하더라도 효율성 증대효과나 소비자후생 증대효과가 경쟁수단의 불공정성으로 인한 공정거래저해효과보다 현저히 클 경우 등에는 법 위반으로 인정되지 않을 수 있다.

기타의 부당한 고객유인 행위의 구체적 형태로는 ① 경쟁사업자와 고객 간의 거래를 방해하기 위한 목적으로 경쟁사업자와 고객 간 계약의 성립을 저지하거나 계약해지를 유도하는 행위, ② 합리적 이유 없이 자신의 시장지위를 이용하여 판매업자에 대해 경쟁사업자의 제품을 매장 내의 외진 곳에 진열하도록 강요하는 행위 등이 해당될 수 있다.

2. 거래강제

(1) 사원판매

(1)-1 법적용 대상 행위

부당하게 자기 또는 계열회사의 임직원으로 하여금 자기 또는 계열회사의 상품이나 용역을 구입 또는 판매하도록 강제하는 행위를 의미한다. 임원이란 이사·대표이사·업무집행사원·감사나 이에 준하는 자 또는 지배인 등 본점이나 지점의 영업전반을 총괄적으로 처리하는 상업사용인을 말하며 직원이란 계속하여 회사의 업무에 종사하는 자로서 임원 외의 자를 말한다. 임직원에는 정규직,

계약직, 임시직 등 고용의 형태를 묻지 않으며 판매영업을 담당하는 임직원은 원칙적으로 사원(社員)판매 관련규정 적용대상이 아니다.

사원판매 규제의 취지와 관련하여 대우자판의 거래강제행위 건에서 법원은 사원판매를 불공정거래행위로 규정하고 있는 것은 회사가 그 임직원에 대하여 가지는 고용관계상의 지위를 이용하여 상품·용역의 구입 또는 판매를 강제함으로써 공정한 거래질서를 침해하는 것을 방지하는 데 있다고 [60]판시하였다.

사업자들은 매출확대 등을 위해 임직원을 상대로 자기 회사 상품의 구매자 확대를 위해 노력할 것을 촉구하도록 독려하는 것이 일반적이므로 이와 같은 행위는 바로 사원판매에 해당하는 것은 아니며, 임직원에게 직접 자기회사 상품 등을 구입하도록 강제하거나 적어도 이와 동일시 할 수 있을 정도의 강제성을 가지고 상품의 판매량을 할당하고 이에 미달하면 그 상품의 구입부담을 지우는 등의 행위가 있어야만 사원판매에 해당하게 된다. 한국일보사의 사원들에 대한 신문구매강요행위 건에서 법원도 동일한 취지의 [61]판시를 하고 있다.

(1)-2 위법성 판단

사원판매의 위법성은 당해 행위가 바람직한 경쟁질서를 저해하는 '불공정한 경쟁수단'에 해당되는지 여부를 위주로 판단하는데, 사업자의 임직원에 대한 사원판매 행위의 강제성이 있거나 사원판매가 경쟁사업자의 고객을 자기 또는 계열회사와 거래하도록 하기 위한 수단으로 사용되는 경우 위법 가능성이 커진다고 할 수 있다.

강제성이 인정되는 경우로는 목표량 미달 시 인사고과에서 불이익을 가하거나 판매목표 미달분을 억지로 구입하도록 하거나, 목표달성 여부를 고용관계의 존속이나 비정규직에서 정규직으로의 전환과 결부시키는 경우와 개인별 판매목표를 설정하고 실적을 체계적으로 관리하면서 임원이나 최고경영층에 주기적으로 보고하는 경우 등이 이에 해당된다. 그러나, 목표량 달성 시 상여금 등 인센티브를 제공하는 경우로서 임직원의 판단에 따라 목표량 미달과 각종 이익 중에서 선택가능성이 있는 경우와 별도의 불이익 없이 단순히 자기회사 상품 등의 목표를 할당하고 이를 달성할 것을 촉구한 행위 등의 경우에는 원칙적으

60) 대법원 2001. 2. 9. 선고 2000두6206 판결, 재상고심(대법원 2002. 8. 28. 선고 2002두5085)은 심리불속행 기각하였다.

61) 대법원 1998. 3. 27. 선고 96누18489 판결

로 강제성이 인정되지 않는다.

사원판매로 인한 효율성증대효과나 소비자후생 증대효과가 경쟁수단의 불공정성으로 인한 공정거래저해 효과를 현저히 상회하거나 부도발생 등 불가피한 사유가 인정되는 경우에는 부당성을 부인할 수 있으나 사원판매의 속성상 부당성을 부인할 수 있는 예외사유는 제한적으로만 인정된다.

(1)-3 법위반 유형과 관련 판례

사원판매로서 법위반 소지가 있는 행위로는 ① 자기 또는 계열회사의 상품 또는 용역을 임직원에게 일정 수량씩 할당하면서 판매실적을 체계적으로 관리하거나 대금을 임금에서 공제하는 행위, ② 비영업직 임직원에게 자기 또는 계열회사의 상품 또는 용역의 판매에 관한 판매목표를 설정하고 미달성시 인사상의 불이익을 가하는 행위, ③ 비영업직 임직원에게 자기 또는 계열회사의 상품 또는 용역의 판매에 관한 판매목표를 설정하고 최고 경영자 또는 영업담당 이사에게 주기적으로 그 실적을 보고하고 공식적 계통을 통해 판매독려를 하는 경우, ④ 자신의 계열회사에게 자신이 생산하는 상품 또는 용역의 일정량을 판매하도록 할당하고 당해 계열회사는 임직원에게 협력업체에 대해 판매할 것을 강요하는 행위 등이 포함된다.

대우자판의 거래강제행위 건에서 법원은 사원판매의 위법성과 관련하여 사원판매에 해당하기 위해서는 문제된 행위의 태양과 범위, 대상상품의 특성, 행위자의 시장에서의 지위, 경쟁사의 수효와 규모 등과 같은 구체적 상황을 종합적으로 고려할 때 당해 행위가 거래상대방인 임직원의 선택의 자유를 제한함으로써 가격과 품질을 중심으로 한 공정한 거래질서를 침해할 우려가 있어야 한다고 판시하였다. 법원은 대우자판이 임직원 및 쌍용자동차로부터 전입한 사원들에게 자사 자동차를 구입하도록 한 사안에 대해 부당한 사원판매에 해당한다고 판시하였다. 같은 판례에서 부당한 사원판매가 되기 위해서 인정되어야 하는 공정거래 저해성에 대해서 법원은 실제로 공정한 경쟁을 저해한 사실이 있어야 할 필요는 없고 그 우려가 있는 것만으로 충분하며 그 우려의 정도는 추상적인 위험성 또는 가능성만으로 충분하고 구체적인 위험성을 필요로 하지 않는다고 판시하였다.

자사 상품의 판매확대를 위해 노력을 촉구하고 독려한 행위는 사원판매에 해당하지 않는다고 전술한 바 있다. 조선일보의 사원들에 대한 신문구매강요행위 건에서 법원은 원고가 '창간 73주년 기념 가족확장대회'라는 이름 아래 자사 및 계열회사의 임직원 1인당 5부 이상 신규구독자를 확보하도록 촉구하고 실적을 집계하고 목표 달성 임직원에게는 상품을 수여하는 등의 계획을 시행한 것은 강제성이 있는 사원판매 행위에 해당하지 않는다고 [62]판시하였다.

한겨레신문의 사원들에 대한 신문구매 강요행위 건에서도 법원은 원고가 1인당 판매목표를 정하고 초과달성한 임직원에게 포상한 사실은 있으나 판매실적이 부진한 임직원에 대하여 강제로 신문을 구독하게 하는 등 불이익을 준 적이 전혀 없는 점 등을 볼 때 사원판매 행위에 해당하지 않는다고 [63]판시하였다.

(2) 기타의 거래강제

(2)-1 법적용 대상 행위

정상적인 거래관행에 비추어 부당한 조건 등 불이익을 거래상대방에게 제시하여 자기 또는 자기가 지정하는 사업자와 거래하도록 강제하는 행위로서 거래상대방에는 사업자뿐만 아니라 소비자도 포함되며 강요에는 명시적·묵시적 강요와 직접적·간접적 강요행위가 모두 포함된다.

(2)-2 위법성 판단

기타의 거래강제의 위법성은 당해 행위가 바람직한 경쟁질서를 저해하는 '불공정한 경쟁수단'에 해당되는지 여부를 중심으로 판단하며, 당해 사업자가 불이익을 줄 수 있는 지위에 있는지 여부, 당해 불이익이 정상적인 거래관행에 비추어 부당한지 여부, 거래상대방의 거래관계 전환이 용이한지 여부 등을 고려한다. 단순히 자기 또는 자기가 지정하는 사업자와 거래할 경우 인센티브를 제공하는 경우에는 강제성이 없는 것으로 본다. 정상적인 거래관행에 비추어 볼 때 부당한 불이익의 유형으로는 특별한 사유 없이 공급량이나 구입량을 축소하는 행위, 대금지급 지연, 거래의 중단 또는 미개시, 판매장려금 축소 등을 들 수 있다.

기타의 거래강제의 효율성 증대효과나 소비자후생 증대효과가 경쟁수단의 불공정성으로 인한 공정거래저해 효과를 현저히 상회하는 등 예외적인 경우에

---

62) 대법원 1998. 3. 27. 선고 96누18489 판결, 파기환송 후 고법(서울고등법원 1998. 7. 28. 선고 98누8775 판결)에서 확정되었다.

63) 대법원 1998. 5. 12. 선고 97누14125 판결

는 부당성을 부인할 수 있다.

(2)-3 법위반 유형과 관련 판례

기타의 거래강제 행위로서 위법할 수 있는 행위로는 ① 사업자가 자신의 계열회사의 협력업체에 대해 자기가 공급하는 상품 또는 용역의 판매목표량을 제시하고 이를 달성하지 않을 경우 계열회사와의 거래물량 축소 등 불이익을 가하겠다고 하여 판매목표량 달성을 강제하는 행위, ② 사업자가 자신의 협력업체에 대해 자신의 상품판매 실적이 부진할 경우 협력업체에서 탈락시킬 것임을 고지하여 사실상 상품판매를 강요하는 행위 등이 포함된다.

한국교육방송공사의 거래강제행위 건에서 법원은 원고가 교재 총판에 대하여 전체 매출액의 약 40%를 차지하는 수능 비연계교재의 매출실적에 대한 평가지표 배점을 높게 설정하고 평가결과가 좋지 않은 총판에 대해서는 계약을 종료하거나 경고조치를 한 행위는 수능 연계교재 시장에서의 우월한 지위를 이용하여 수능 비연계교재의 판매를 확대하기 위한 것으로 이는 통상적인 거래관행에 반하는 행위로서 원고가 자신의 거래상 지위를 이용하여 불합리한 평가기준을 설정하고 그에 따르지 않을 경우 불이익을 제공하는 불공정한 거래행위에 해당한다고 [64]판시하였다.

반면, 대우건설의 거래강제행위 건에서 법원은 원고가 특정 법무사를 지정하여 등기업무를 위임할 것을 사실상 강제하였으나 등기비용의 40%가 절감되어 소비자의 후생증대에 기여하였으며 지정법무사를 이용하지 않는 경우에는 농협으로부터 원고 등에 대한 연대보증 채권을 포기하는 동의서 등을 받아 제출하면 다른 법무사의 등기신청이 가능하도록 한 점 등을 비추어 볼 때 부당성이 인정되기 어렵다고 [65]판시하였다.

---

64) 서울고등법원 2016. 11. 30. 선고 2016누44744 판결, 상고심(대법원 2017. 3. 30. 선고 2016두64357 판결)은 심리불속행 기각하였다.

65) 서울고등법원 2007. 9. 13. 선고 2006누27900 판결, 상고심(대법원 2007. 12. 13. 선고 2007두20492 판결)은 심리불속행 기각하였다.

3. 사업활동방해

(1) 기술의 부당이용

(1)-1 법적용 대상 행위

사업자가 다른 사업자의 기술을 부당하게 이용하는 방법으로 다른 사업자의 사업활동을 심히 곤란하게 할 정도로 방해하는 경우는 가격과 질, 서비스에 의한 경쟁을 저해하는 '경쟁수단이 불공정한 행위'에 해당되므로 공정거래법에서는 이를 금지하고 있다. 이때 '다른 사업자'는 경쟁사업자에 한정되지 않는다.

'기술'이란 특허법 등 관련 법령에 의해 보호되거나 '비밀로 관리'된 생산방법·판매방법·영업에 관한 사항 등을 의미한다. 종전에는 기술의 비밀관리성 요건을 '합리적 노력'에 의해 비밀로 유지된 자료로 정하고 있었으나, 부정경쟁방지법·중소기업기술보호법·하도급법 등에서 영업비밀이나 기술자료 요건을 완화해 온 기조에 맞추어 최근 공정거래위원회 예규인 '불공정거래행위 심사지침'에서도 기술의 비밀관리성 요건에서 합리적 노력을 제거하는 방향으로 개정되게 되었다.

(1)-2 위법성 판단

기술의 부당이용의 위법성은 당해 행위가 바람직한 경쟁질서를 저해하는 '불공정한 경쟁수단'에 해당되는지 여부를 위주로 하여 기술이용의 부당성 여부, 사업활동의 곤란 정도 등을 고려하여 판단한다. 기술이용의 부당성 여부는 기술이용의 목적 및 의도, 특허법 등 관련 법령 위반여부, 통상적인 업계관행 등을 고려하고, [66]사업활동의 곤란 정도는 단순히 매출액이 감소되었다는 사실만으로는 부족하고 매출액의 상당한 감소, 거래상대방의 감소 등으로 현재 또는 미래의 사업활동이 상당히 곤란하게 되거나 될 가능성이 있어야 인정된다. 다른 사업자의 기술을 무단으로 이용하여 생산이나 판매활동에 심각한 곤란이 야기되었다면 법 위반 가능성이 높다고 할 수 있다.

기술의 부당이용이 불공정한 경쟁수단에 해당된다고 판단되더라도 합리적인 사유가 있거나 효율성증대 및 소비자후생 증대효과가 현저하다고 인정되는 경우에는 법 위반으로 보지 않을 수 있다.

---

66) 서울고등법원 2011. 6. 2. 선고 2009누15557 판결, 상고심(대법원 2013. 11. 14. 선고 2011두16667 판결)은 이러한 원심판결에 위법이 없다고 판시하였다.

(2) 인력의 부당유인·채용

(2)-1 법적용 대상 행위

사업자가 다른 사업자의 인력을 부당하게 유인·채용하는 방법으로 다른 사업자의 사업활동을 심히 곤란하게 할 정도로 방해하는 경우는 가격과 질, 서비스에 의한 경쟁을 저해하는 '경쟁수단이 불공정한 행위'에 해당되고 공정거래법에서는 이를 금지하고 있다. 이때 '다른 사업자'는 경쟁사업자에 한정되지 않는다.

(2)-2 위법성 판단

인력 부당유인·채용의 위법성은 당해 행위가 바람직한 경쟁질서를 저해하는 '불공정한 경쟁수단'에 해당되는지 여부를 위주로 판단하는데, 인력유인·채용의 부당성 여부와 사업활동의 곤란정도를 고려한다. 인력유인·채용의 부당성은 당해 행위의 의도 및 목적, 해당 인력이 사업활동에서 차지하는 비중, 당해 행위에 사용된 수단, 통상적인 업계의 관행, 관련 법령 등에 의해 판단하고, 사업활동의 곤란정도는 매출액의 상당한 감소 및 거래상대방의 감소 등으로 인해 현재 또는 미래의 사업활동이 상당히 곤란하게 되거나 될 가능성이 있는 경우에 인정된다.

인력의 부당유인·채용이 불공정한 경쟁수단에 해당된다고 판단되더라도 합리적인 사유가 있거나 효율성증대 및 소비자후생 증대효과가 현저하다고 인정되는 경우에는 법 위반으로 보지 않을 수 있다.

인력 유인·채용의 위법성이 인정될 수 있는 경우로는 ① 다른 사업자의 핵심인력 상당수를 과다한 이익을 제공하거나 제공할 제의를 하여 스카우트함으로써 당해 사업자의 사업활동이 현저히 곤란하게 되는 경우, ② 경쟁관계에 있는 다른 사업자의 사업활동을 방해할 목적으로 필요하지도 않는 다른 사업자의 핵심인력을 대거 스카우트하여 사업활동을 현저히 곤란하게 하는 행위 등이 포함된다.

(3) 거래처이전 방해

(3)-1 법적용 대상 행위

사업자가 다른 사업자의 거래처의 이전을 부당하게 방해하는 방법으로 다른 사업자의 사업활동을 심히 곤란하게 할 정도로 방해하는 경우는 가격과 질, 서비스에 의한 경쟁을 저해하는 '경쟁수단이 불공정한 행위'에 해당되고 공정거래법에서는 이를 금지하고 있다. 이때 '다른 사업자'는 경쟁사업자에 한정되지 않는다.

(3)-2 위법성 판단

거래처이전 방해가 바람직한 경쟁질서를 저해하는 '불공정한 경쟁수단'에 해당되는지 여부를 위주로 판단하는데, 거래처이전 방해의 부당성 여부와 사업활동이 심히 곤란하게 되는지 여부를 고려한다. 거래처이전 방해의 부당성은 당해 행위의 의도 및 목적, 사용된 수단, 통상적인 거래관행, 이전될 거래처가 사업영위에서 차지하는 중요성, 관련 법령 등을 고려하여 판단하고, 사업활동의 곤란정도는 매출액의 상당한 감소 및 거래상대방의 감소 등으로 인해 현재 또는 미래의 사업활동이 상당히 곤란하게 되거나 될 가능성이 있는 경우에 인정된다.

법 위반에 해당할 수 있는 유형으로는 거래처이전 의사를 밝힌 사업자에 대하여 기존에 구입한 물량을 일방적으로 반품처리하거나 담보해제를 해주지 않는 행위 등을 들 수 있고, 거래처이전 방해가 불공정한 경쟁수단에 해당된다고 하더라도 합리적 사유가 있거나 효율성증대 및 소비자후생 증대효과가 현저하다고 인정되는 경우에는 법 위반으로 보지 않을 수 있다.

(4) 기타 사업활동방해

(4)-1 법적용 대상 행위

기술의 부당이용, 인력의 부당유인·채용, 거래처 이전 방해 외의 부당한 방법으로 다른 사업자의 사업활동을 심히 곤란하게 할 정도로 방해하는 행위를 의미하며, 방해의 수단과 관계없이 자기의 능률이나 효율성과 무관하게 다른 사업자의 사업활동을 방해하는 모든 행위를 포함한다. 이때 '다른 사업자'는 경쟁사업자에 한정되지 않는다.

다른사업자의 사업활동을 심히 곤란하게 되는지 여부에 관하여 법원은 한국엠에스디의 부당고객유인행위 건에서 단순히 매출액이 감소되었다는 사정만으로는 부족하고 부도발생 우려, 매출액의 상당한 감소 등으로 인해 현재 또는 미래의 사업활동이 현저히 곤란하게 되었거나 될 가능성이 있어야 한다고 [67]판시한 바 있다.

---

67) 서울고등법원 2011. 6. 2. 선고 2009누15557 판결, 상고심(대법원 2013. 11. 14. 선고 2011두16667 판결)은 이러한 원심판결에 위법이 없다고 판시하였다.

(4)-2 위법성 판단

사업활동방해가 바람직한 경쟁질서를 저해하는 '불공정한 경쟁수단'에 해당되는지 여부를 위주로 판단하되, 사업활동방해의 부당성 여부와 사업활동이 심히 곤란하게 되는지 여부를 고려한다. 사업활동방해의 부당성은 당해 행위의 수단, 의도 및 목적, 통상적인 거래관행, 관련 법령 등을 고려하여 판단하고, 사업활동의 곤란정도는 매출액의 상당한 감소 및 거래상대방의 감소 등으로 인해 현재 또는 미래의 사업활동이 상당히 곤란하게 되거나 될 가능성이 있는 경우에 인정된다.

기타의 사업활동방해가 불공정한 경쟁수단에 해당된다고 판단되더라도 이와 관련하여 합리적인 사유가 있거나 효율성증대 및 소비자후생 증대효과가 현저하다고 인정되는 경우에는 법 위반으로 보지 않을 수 있다.

(4)-3 법위반 유형과 관련 판례

기타의 사업활동방해로서 법 위반에 해당될 수 있는 행위 유형으로는 ① 사업영위에 필요한 특정시설을 타 사업자가 이용할 수 없도록 의도적으로 방해함으로써 당해 사업자의 사업활동을 곤란하게 하는 행위, ② 경쟁사업자의 대리점 또는 소비자에게 경쟁사업자의 도산이 우려된다든지 정부지원 대상에서 제외된다는 등의 근거 없는 허위사실을 유포하여 경쟁사업자에게 대리점계약의 해지 및 판매량 감소 등을 야기하는 행위, ③ 타 사업자에 대한 근거 없는 비방전단을 살포하여 사업활동을 곤란하게 하는 행위 등이 포함된다.

사업활동방해의 성립과 관련하여 하이트진로음료의 사업활동 방해행위 건에서 법원은 원고인 하이트진로음료가 경쟁사업자와 전속계약을 맺고 있는 대리점에 대해 사업활동방해를 한 행위의 위법성 판단과 관련하여 그 방해 수단을 사용한 사업자가 단순히 경쟁사업자와 대리점의 기존 계약관계를 알고 있었던 것에 불과한지, 아니면 더 나아가 경쟁사업자와 기존 대리점 계약관계의 해소에 적극 관여하거나 그 해소를 유도하였는지 여부, 그로 인하여 경쟁사업자의 사업활동이 어려워지게 된 정도 역시 중요하게 고려해야 한다고 [68]판시한 바 있다.

한성자동차의 오토월드에 대한 병행수입저지행위 건에서 법원은 벤츠 국

68) 대법원 2018. 7. 11. 선고 2014두40227 판결

내 상표전용권자인 한성자동차가 병행수입업자인 오토월드의 사업활동을 방해했는지 다투어진 사안에서 한성자동차가 국내 상표전용권이 침해되었음을 이유로 벤츠를 통해 커미션을 청구하였고 이에 오토월드가 이를 거절하자 벤츠 캐나다 판매법인이 오토월드에 자동차판매를 중단한 것인바, 위 중단원인은 오토월드가 자신의 판단하에 수지타산을 고려하여 커미션 지불과 관련된 캐나다 판매법인의 청구를 거절하여 계약이 결렬됨에 기인한 것이지 원고의 벤츠사를 통한 커미션 청구가 직접적인 원인이라고 보기는 어렵다고 69)판시하였다.

국보 외 10의 사업활동방해 건에서 법원은 원고들이 선사와 각 컨테이너전용장치(CY) 운영계약을 체결함에 있어, 화주의 자가운송을 허용한다거나 화주의 자가운송시 운송관리비를 면제하여 준다는 약정을 하지 않은 상태에서 자가운송사업자들에 대하여 각 운송관리비를 징수한 행위는 시장경제의 가장 기본적인 수익자부담원칙에 부합하는 것으로서 사업활동방해에 해당하지 않는다고 70)판시하였다.

4. 거래상 지위남용

(1) 개관

공정거래법은 불공정거래행위의 한 유형으로 사업자가 자기의 거래상의 지위를 부당하게 이용하여 상대방과 거래하는 행위를 규정하고 있다. 사업자가 거래상 우월적 지위가 있음을 이용하여 열등한 지위에 있는 거래상대방에게 일방적으로 구입강제 등 각종 불이익을 부과하거나 경영에 간섭하는 것은 경제적 약자를 착취하는 행위로서 거래상대방의 자생적 발전기반을 저해하고 공정한 거래기반을 침해하므로 이를 금지하고 있다.

거래상 지위남용의 입법취지와 관련하여 전북개발공사의 거래상 지위남용행위 건에서 법원은 현실의 거래관계에서 경제력에 차이가 있는 거래주체 간에도 상호 대등한 지위에서 법이 보장하고자 하는 공정한 거래를 할 수 있게 하기 위하여 상대적으로 우월한 지위에 있는 사업자에 대하여 그 지위를 남용하여 상대방에게 거래상 불이익을 주는 행위를 금지시키고자 하는 데 그 취지가 있

69) 대법원 2002. 2. 5. 선고 2000두3184 판결
70) 서울고등법원 2010. 1. 27. 선고 2008누30429 판결, 상고심(대법원 2012. 5. 10. 선고 2010두4896 판결)은 이러한 원심판결에 위법이 없다고 판시하였다.

다고 [71]판시한 바 있다.

'상대방'과 거래하는 행위이므로 상대방에는 사업자뿐만 아니라 사업자가 아닌 자도 포함될 수 있다고 봐야 하며 법원도 동일하게 거래상 지위남용 행위의 대상이 되는 거래는 사업자 간의 거래에 한정되는 것이 아니라고 [72]판시하고 있다. 8개 손해보험사의 거래상 지위남용행위 건에서도 법원은 손해보험회사와 피보험자가 책임질 사고로 대물손해를 입은 피해차주 사이에도 보험계약에 따른 보험회사의 대물손해배상 의무가 있고, 손해배상채무가 이루어지는 과정에서도 불공정거래행위가 얼마든지 발생할 여지가 있는 점 등에 비추어 볼 때 원고들과 피해차주들 사이에는 피보험자를 매개로 한 거래관계가 존재한다고 [73]판시한 바 있다.

거래상지위에 있는 사업자가 거래상대방에 대해 거래를 함에 있어 자발적인 동의에 기초하여 행위를 하였을 경우의 위법성이 문제될 수 있다. 이 경우에는 결국 자발적인 동의의 실체에 대해 합리적 추단을 통해 실질적인 자발성이 있었는지를 판단해야 하고 실질적인 자발성이 인정되지 않으면 법 위반의 소지가 있다고 할 수 있다. 법원도 한국까르푸의 거래상지위 남용행위 건에서 대형할인점업자가 요청한 대금감액, 인건비부담, 광고비부담 등에 대한 납품업자의 동의의 자발성 판단여부는 대형할인점업자의 거래상 우월적 지위의 정도, 납품업자의 거래의존도, 거래관계의 지속성, 시장상황, 납품업자의 거래상대방 변경 가능성, 납품업자가 입은 불이익의 내용과 정도 등을 정상적인 거래관행이나 경험칙에 비추어 합리적으로 추단할 수밖에 없다고 [74]판시하고 있다.

(1)-1 민사행위와의 구별

'거래개시 단계'에서 거래상대방이 자신이 거래할 사업자를 선택할 수 있었고 계약내용을 인지한 상태에서 자신의 판단하에 거래를 선택하였다면 이는 사법(私法)의 적용을 받는 민사(民事)행위로서 공정거래법상 거래상 지위남용에

71) 서울고등법원 2003. 6. 3. 선고 2002누10768 판결, 상고심(대법원 2003. 11. 27. 선고 2003두10299 판결)은 심리불속행 기각하였다.

72) 팬택여신투자금융 외 18의 거래상 지위남용행위 건(대법원 2006. 11. 9. 선고 2003두15225 판결)

73) 대법원 2010. 1. 14. 선고 2008두14739 판결, 파기환송후 고법(서울고등법원 2010. 7. 7. 선고 2010누3598 판결)에서 확정되었다.

74) 대법원 2003. 12. 26. 선고 2001두9646 판결

해당하지 않는다.

'거래계속 단계'에서는 사업자가 거래상대방에 대해 거래상 지위를 가지고 있는지 여부가 민사행위와의 구별 기준이 된다. 만약 거래상 지위를 가지지 않는다면 각종 불이익을 가하더라도 이는 공정거래법 적용대상에 해당하지 않는다. 또한 거래상 지위를 갖는다고 하더라도 거래상 지위와 무관하게 양 당사자간 권리의무 귀속관계, 채권채무관계 등과 관련하여 계약서 및 관련법령 내용 등의 해석 자체에 대해 다툼이 있는 경우에는 공정거래법의 적용대상이 되지는 않으나 현실적으로는 계약 및 법령 등의 내용 해석에 대한 다툼이라 하더라도 거래상 지위를 이용해서 부당하게 자신에게 유리한 방향으로 주장할 수 있으므로 사안에 따라 구체적·개별적으로 살펴볼 필요가 있다.

이와 관련된 판례를 살펴보면 한국전력공사의 거래상 지위남용행위 건에서 법원은 원고가 지연배상금을 미지급한 행위는 지급할 의무가 인정됨에도 정상적인 거래관행 등에 비추어 정당한 이유 없이 그 지급을 거절한 것이므로 공정거래법 적용대상이 된다고 하면서, 우월적 지위 등에 있는 자가 계약서 및 관련 법령내용 등의 해석에 관하여 다투는 것 자체가 정상적인 거래관행 등에 비추어 순수한 민사상의 분쟁에 불과하다고 인정되는 경우가 아닌 한 그러한 다툼은 결국 공정한 거래질서를 저해하는 것이라고 [75]판시한 바 있다. 유사한 판례로 한국씨티은행의 거래상 지위남용행위 건에서도 법원은 계약의 해석에 관하여 다툼이 있는 민사 사안이라는 이유만으로 공정거래법의 적용이 배제되어야 한다고 볼 수 없고 구체적·개별적으로 살펴봐야 한다고 [76]판시한 바 있다.

(1)-2 거래상지위

(1)-2-1 거래상지위의 성립

거래상지위는 거래에 있어 상대방보다 우월한 지위를 의미하며 단순히 우월한 지위 이외에도 상대방의 거래활동에 상당한 영향을 미칠 수 있는 지위도 거래상 지위에 해당한다. 거래상지위가 인정되기 위해서는 '계속적인 거래관계'가 존재하여야 한다. 계속적 거래를 하는 경우에는 통상 특화된 자본설비, 인적자원, 기술 등에 대한 투자가 이루어지고 고착화 현상이 발생하게 되며, 이로

75) 서울고등법원 2007. 9. 5. 선고 2007누9046 판결, 상고심(대법원 2007. 12. 13. 선고 2007두20287 판결)은 심리불속행 기각하였다.

76) 대법원 2009. 10. 29. 선고 2007두20812 판결

인해 거래상 우월적 지위가 생기게 되어 상대방은 불이익한 거래조건 등을 수용할 수밖에 없는 상황이 된다.

거래상 지위는 상대방의 자신에 대한 '거래의존성'에 크게 영향을 받게 되는데 거래상대방이 자신과 전속(專屬)거래를 하도록 되어 있는 사업자라면 거래상대방에 대해 우월적 지위에 있을 수 있다. 또한 거래상 지위는 '거래상대방을 대체'할 가능성에도 영향을 받는다. 만약 상대사업자가 자신 외에 다른 사업자와 거래를 할 수 있고 이에 큰 비용이 소요되지 않는다면 거래상 지위가 성립되기 어렵다. 사업자 간의 '경제력 또는 사업능력의 차이'가 큰 경우 거래상 지위가 발생하기 용이하다. 사업능력차의 경우 사업자의 전체 사업능력을 기준으로 판단하지만 사업자들이 여러 관련 시장에 참여하고 있는 경우에는 당해 관련시장에 대한 사업능력의 크기가 기준이 될 수 있다.

(1)-2-2 관련 판례

전북개발공사의 거래상지위 남용행위 건에서 법원은 거래상지위에 대해 거래당사자의 일방이 우월한 지위에 해당하는지 여부는 당사자가 처하고 있는 시장상황, 당사자 간의 전체적 사업능력의 격차, 거래의 대상인 상품의 특성 등을 모두 고려하여 최소한 상대방의 거래활동에 상당한 영향을 미칠 수 있는 지위에 있는지에 따라서 판단하여야 한다고 [77]판시하였다.

거래상지위의 인정 여부는 거래당사자의 경제력 또는 사업능력에 달려있고 당해 거래가 아니더라도 다른 거래상대방과 쉽게 거래할 수 있는 기회 여부 등을 고려해서 판단한다. 경기도시공사의 거래상지위 남용행위 건에서 법원은 거래상대방은 원고가 거래상지위가 있다고 주장하고 있으나 원고보다 거래상대방이 오히려 경제력 또는 사업능력에서 우위에 있고, 거래상대방의 원고에 대한 거래의존도는 약 0.67%에 불과하며 거래상대방이 다른 거래처를 선택할 기회가 충분하므로 원고가 거래상지위가 있다고 보기는 어렵다고 [78]판시하였다.

한국미니스톱의 거래상지위 남용행위 건에서 법원은 한국미니스톱과 VAN사인 아이티엔 간에는 규모에 따른 사업능력의 격차, 아이티엔의 원고에 대한

77) 서울고등법원 2003. 6. 3. 선고 2002누10768 판결, 상고심(대법원 2003. 11. 27. 선고 2003두10299 판결)은 심리불속행 기각하였다.

78) 서울고등법원 2016. 9. 28. 선고 2016누34563 판결, 상고심(대법원 2017. 2. 1. 선고 2016두56417 판결)은 심리불속행 기각하였다.

높은 매출의존도 등을 볼 때 한국미니스톱은 아이티엔과의 관계에서 상대적으로 우월한 지위 또는 적어도 상대방의 거래활동에 상당한 영향을 미칠 수 있는 지위를 갖고 있다고 [79]판시하였다.

엘지전자의 거래상지위 남용행위 건에서도 법원은 원고인 엘지전자가 영업전문점에 대해 거래상지위가 있다고 하면서 엘지전자는 관련시장에서 시장점유율 약 53%의 대규모 사업자인 반면 영업전문점은 자본금, 전체 매출규모 등에 비추어 사업능력의 격차가 크고 배타적 거래계약으로 인해 다른 회사제품을 위한 영업활동을 할 수 없어서 거래처를 변경하여 다른 빌트인 가전제품 제조업체의 영업전문점으로서 영업을 계속하기 어려운 점 등을 고려하면 원고는 영업전문점에 대하여 상대적으로 우월한 지위 또는 적어도 영업전문점의 거래활동에 상당한 영향을 미칠 수 있는 지위에 있다고 [80]판시하였다.

골프장사업자는 평일회원에 대해 상대적으로 우월한 지위에 있다고 한 판례도 있는데 금보개발의 거래상지위 남용행위 건에서 법원은 평일회원은 다른 골프장을 이용할 때에는 이용이 곤란하거나 추가비용이 발생하는 등에 비추어 볼 때 남부CC에 대한 거래의존도가 높다고 할 수 있고, 남부CC를 탈퇴하고 반환받는 입회비로는 남부CC에 버금가는 골프장의 평일회원권을 구입하는 것이 어려우므로 원고는 평일회원에 대하여 상대적으로 우월한 지위에 있다고 [81]판시하였다. 삼공개발의 거래상지위남용행위 건에서도 법원은 골프장사업자는 회원들에 대해 거래상지위가 있다고 동일한 취지의 [82]판시를 하였다.

한국물류의 납품업체에 대한 거래상지위 남용행위 건에서 법원은 한국물류와 거래하는 유통업체들의 구매력이 상당하여 제조업체의 입장에서는 한국물류와 거래함으로써 유통업체들에게 상품을 납품하기 용이한 점 등을 고려하면 한국물류는 적어도 납품업체의 유통업체들에 대한 상품납품 등 거래활동에 상당한 영향을 미칠 수 있는 지위에 있는 사업자에 해당한다고 [83]판시하였다.

---

79) 서울고등법원 2016. 9. 2. 선고 2015누51547 판결, 상고심(대법원 2016. 12. 27. 선고 2016두52996 판결)은 심리불속행 기각하였다.

80) 서울고등법원 2015. 10. 21. 선고 2014누49790 판결, 상고심(대법원 2016. 3. 10. 선고 2015두57383 판결)은 심리불속행 기각하였다.

81) 대법원 2015. 9. 10. 선고 2012두18325 판결, 파기환송 후 고법(서울고등법원 2015. 12. 18. 선고 2015누1832 판결)에서 확정되었다.

82) 대법원 2004. 1. 16. 선고 2003두11537 판결

83) 대법원 2004. 5. 27. 선고 2004두34 판결

나래앤컴퍼니의 거래상지위 남용행위 건에서 법원은 나래앤컴퍼니는 대규모 통신사업자인데 비하여 대리점 우정은 사업규모면에서 큰 차이가 있고 대리점 우정의 사업성패가 나래앤컴퍼니의 지원여부에 따라 결정되는 점 등을 종합할 때 나래앤컴퍼니는 거래상 우월적 지위에 있다고 [84]판시하였다.

씨제이헬로비전의 판매목표 강제행위 건에서 법원은 씨제이헬로비전은 전국 11개 지역에 종합유선방송사업자를 보유하고 있는 복합종합유선방송사업자이고 11개 종합유선방송사업자 중 하나인 가야방송이 관할하는 지역 내 4개 협력업체들은 가야방송의 포괄적인 지도·감독아래 서비스 유지보수 등 업무를 위탁수행하고 수수료를 받고 있고 가야방송 이외에 다른 사업자와 새로운 계약에 의한 사업활동이 쉽지 않은 점 등을 고려할 때 씨제이헬로비전은 협력업체들에 대하여 상대적으로 우월한 지위 또는 적어도 협력업체들과의 거래활동에 상당한 영향을 미칠 수 있는 지위를 갖고 있음이 인정된다고 [85]판시하였다.

조선일보가 신문지국에 대하여 계약과 관련된 분쟁의 관할법원을 일방적으로 지정한 사안에서 법원은 조선일보는 자본금 등이 110억 원에 이르는 등 대규모 사업자인 데 비해 지국은 전국의 영업구역을 분할한 1,525개의 소규모 판매사업체로서 조선일보의 발행물만 취급하여 판매하는 사정을 고려하면 신문판매계약을 체결함에 있어 조선일보의 거래상 우월적 지위가 인정된다고 [86]판시하였다.

파스퇴르유업의 거래상지위 남용행위 건에서 법원은 원고 파스퇴르유업의 전속대리점은 원고와 지속적인 거래관계를 유지할 필요가 있어서 거래과정에서 사실상 원고의 요구를 거절하기 어려운 점이 있어 원고는 전속대리점에 대하여 거래상 지위가 있다고 [87]판시하였다. 전속거래와 관련한 유사한 판례로는 쌍용자동차의 거래상지위 남용행위 건에서 법원은 자동차제조업자는 사업활동을 전적으로 자동차제조업자에 의존하고 있는 자동차판매 대리점에 대해 거래상 지

84) 대법원 2002. 10. 25. 선고 2001두1444 판결
85) 대법원 2011. 5. 13. 선고 2009두24108 판결
86) 서울고등법원 1998. 7. 28. 선고 98누8775 판결, 상고심(대법원 1998. 3. 27. 선고 96누18489 판결)은 이러한 원심판결에 위법이 없다고 판시하였다. 법원은 관할법원을 원고가 지정하도록 한 계약조항자체는 우월적 지위의 남용이 아니라고 판시하였다.
87) 서울고등법원 2001. 6. 28. 선고 2000누9221 판결, 상고심(대법원 2000. 6. 9. 선고 97누19427 판결)의 파기환송 취지에 따른 판결이다.

위를 보유하고 있다고 [88]판시하였다.

한국전기통신공사의 한국제어계측에 대한 거래상지위 남용행위 건에서 법원은 원고 한국전기통신공사는 전기통신사업을 독점적으로 영위하는 사업자로서 전기통신설치 등에 관련한 독점적 수요자의 위치에 있으므로 제조위탁거래를 함에 있어 불리한 납품기한 설정 등을 하더라도 전기통신 관련제품의 생산·유통업자는 원고 이외에 거래처를 선택할 여지가 거의 없으므로 거래상 우월적 지위가 인정된다고 [89]판시하였다.

대한도시가스의 거래상지위 남용행위 건에서 법원은 대한도시가스는 서울 4개구와 경기 6개 지역에서 도시가스를 독점적으로 공급하고 있는 사업자이고 거래상대방인 지역관리소 사업자들은 대한도시가스에 총수입의 60~65%를 의존하고 있는 점에 비추어 보면 대한도시가스는 거래상 지위에 있다고 봄이 상당하다고 [90]판시하였다.

가맹사업자인 제너시스가 가맹점에 대하여 광고전단지 비용을 일방적으로 전가하는 등의 행위를 한 사안에 대하여 법원은 가맹계약자는 영업행위의 일체를 가맹사업자인 원고 제너시스에 의존하며 가맹사업 참여시 상당액의 투자를 하여 가맹계약을 해지하는 경우 상당한 손실을 입게 되는 점을 고려할 때 원고는 가맹계약자의 거래활동에 상당한 영향을 미칠 수 있는 지위에 있다고 [91]판시하였다.

제너시스비비큐의 거래상지위 남용행위 건에서 법원은 가맹지역본부는 원고 제너시스비비큐로부터 독립한 별개의 사업체이지만 원고와 전속계약을 체결하여 같은 업종은 물론 타 업종을 영위할 수 없고 수익구조에서 원고에게 전적으로 의존하고 있는 점 등을 볼 때 원고는 가맹지역본부에 대하여 거래상의 지위에 있다고 [92]판시하였다.

팬택여신투자금융 외 18의 거래상지위 남용행위 건에서 법원은 할부금융

---

88) 서울고등법원 2008. 7. 10. 선고 2008누596 판결, 상고심(대법원 2011. 6. 9. 선고 2008두13811 판결)은 이러한 원심판결에 위법이 없다고 판시하였다.
89) 대법원 1997. 8. 26. 선고 96누20 판결
90) 대법원 2005. 11. 10. 선고 2005두5987 판결
91) 대법원 2005. 6. 9. 선고 2003두7484 판결
92) 서울고등법원 2012. 4. 25. 선고 2011누26727 판결, 상고심(대법원 2012. 9. 27. 선고 2012두12082 판결)은 심리불속행 기각하였다.

업을 영위하는 사업자들은 주택매매와 관련하여 매도인에게 그 대금을 직접 지급하는 방식으로 매수인에게 이를 대여하고 이 과정에서 대출금액, 담보제공여부, 이자율 등 거래조건의 중요한 부분을 결정할 수 있어 매수인에 대해서는 대출금 거래에 있어 상대적으로 우월한 지위 또는 적어도 상대방의 거래활동에 상당한 영향을 미칠 수 있는 지위에 있다고 [93]판시하였다. 유사한 판례로 한국씨티은행의 거래상지위 남용행위 건에서도 법원은 은행은 대출고객들에 대하여 상대적으로 우월한 지위에 있다고 [94]판시하였다.

국민카드의 거래상지위 남용행위 건에서 법원은 원고인 국민카드가 신용카드업 시장에서 점유율 16.7%를 차지하는 데 비하여 제휴은행들은 신용카드업 시장의 후발주자로 참여하면서 원고와 가맹점 공동이용 등 업무제휴계약을 맺고 있는데 총 가맹점중 원고의 가맹점 비율이 91.2%에 이르고 있어, 원고가 비록 전체적인 사업능력에 있어서는 은행들에 비해 우월하다 할 수는 없으나 신용카드업 시장만 놓고 보면 원고가 제휴은행들과의 거래활동에 상당한 영향을 미칠 수 있는 지위에 있다고 [95]판시하였다.

8개 손해보험사의 거래상지위 남용행위 건에서 법원은 원고인 손해보험사에 비해 피해차주들은 법률지식의 부족으로 원고들의 보험금 지급내용에 대하여 충분히 다투지 못하고 원고들의 주도하에 결정된 보험금 산정금액에 따를 수밖에 없었던 사실을 볼 때 원고들은 대물보험사고의 피해차주들에 대하여 거래상 지위가 있다고 [96]판단하였다.

현대백화점의 거래상지위 남용행위 건에서 법원은 원고인 현대백화점은 2007년 기준 업계 2위인 21% 시장점유율을 차지하고 있고 백화점은 일반소비자의 관점에서 볼 때, 일정한 품질이 보장되는 상품만을 거래한다는 인식을 가지고 있어서 납품업자는 백화점 입점을 자신의 상품을 홍보하고 그 품질을 인정받기 위한 중요한 수단의 하나로 인정하고 있는 점이 일반적인 상황인 점, 거래가 단절되는 경우 인테리어 비용 등 투자비용의 회수가 곤란하고 대체거래선 확보가 용이하지 않음을 종합하여 볼 때 원고는 거래상 우월한 지위에 있는 것

93) 대법원 2006. 11. 9. 선고 2003두15225 판결
94) 대법원 2009. 10. 29. 선고 2007두20812 판결
95) 대법원 2006. 6. 29. 선고 2003두1646 판결
96) 서울고등법원 2010. 7. 7. 선고 2010누3598 판결, 재상고심(대법원 2010. 1. 14. 선고 2008두14739 판결)은 이러한 원심판결에 위법이 없다고 판시하였다.

으로 판단된다고 [97]판시하였다. [98]동보올리브 백화점의 거래상지위 남용행위 건과 [99]신세계의 거래상지위 남용행위 건에서도 법원은 동일한 취지로 판시하였다.

농업협동조합중앙회의 거래상지위 남용행위 건에서 법원은 농약제조업체들은 원고인 농업협동조합중앙회가 계통구매하는 비중이 30에서 40%에 이르러 원고에 대한 거래의존도가 매우 크고 계통구매가 차단되는 경우 안정적인 대체거래선 확보가 어려우며, 원고와 농약제조업체들 사이의 사업능력에 현저한 차이가 있는 점 등을 고려할 때 원고는 적어도 농약제조업체들의 거래활동에 상당한 영향을 미칠 수 있는 지위에 있는 사업자에 해당한다고 [100]판시하였다.

롯데쇼핑의 시장지배적지위 남용행위 건에서 법원은 원고인 롯데쇼핑의 영화관람객 점유율이 30% 정도 되는 이상 배급사들의 의존도가 높을 수밖에 없고 대체거래선 확보가 용이하지 않으므로 원고가 배급사들과의 거래활동에 상당한 영향을 미칠 수 있어서 거래상 지위가 있다고 [101]판시하였다. 유사한 판례로 메가박스의 거래상지위 남용행위 건에서도 법원은 극장사업자는 극장광고업자에 대하여 우월한 지위가 있다고 판시하였다.

(1)-3 특수형태 근로종사자의 경우

특수형태 근로종사자의 경우 거래관계에 있어 통상 열위의 지위에 있는 경우가 많아서 '불공정거래행위 심사지침'과는 별도로 공정거래위원회 예규로 '특수형태 근로종사자에 대한 거래상 지위남용행위 심사지침'(이하 동 지침이라고 지칭한다)을 별도로 마련하여 사업자들의 법 위반행위를 규율하고 거래상지위 남용행위를 사전에 예방하고 있다.

특수형태 근로종사자란 계약의 형식에 관계없이 근로자와 유사하게 노무를 제공하는데도 노동관계법이 적용되지 않아 보호할 필요가 있는 자로서, 주

97) 대법원 2011. 10. 13. 선고 2010두10464 판결

98) 서울고등법원 2010. 5. 18. 선고 2009누28546 판결, 상고심(대법원 2010. 7. 29. 선고 2010두10853 판결)은 심리불속행 기각하였다.

99) 서울고등법원 2010. 4. 8. 선고 2009누548 판결, 상고심(대법원 2011. 10. 27. 선고 2010두8478 판결)은 이러한 원심판결에 위법이 없다고 판시하였다.

100) 서울고등법원 2011. 8. 18. 선고 2010누34707 판결, 상고심(대법원 2012. 1. 12. 선고 2011두23054 판결)은 심리불속행 기각하였다.

101) 서울고등법원 2017. 2. 15. 선고 2015누39165 판결, 상고심(대법원 2017. 7. 11. 선고 2017두39372 판결)은 심리불속행 기각하였다.

로 하나의 사업 또는 사업장에 그 운영에 필요한 노무를 상시적으로 제공하고 보수를 받아 생활하고, 노무를 제공함에 있어 타인을 사용하지 않는 자를 의미하는데 구체적으로는 보험설계사, 건설기계 운전자, 방문강사, 골프장캐디, 택배원, 대출모집인, 신용카드회원 모집인, 대리운전업자, 방문판매원, 제품 방문점검원, 가전제품 설치수리원, 수출입컨테이너·시멘트·철강재·위험물질 운송인, 소프트웨어기술자가 이에 해당된다.

특수형태 근로종사자에 대해서는 그 보호의 취지상 특수형태 근로종사자에 대한 거래상 지위남용행위 심사지침을 우선 적용하지만, 동 지침에 해당하지 않는다고 해서 공정거래법 시행령상 불공정행위에도 위반되지 않는 것은 아니며, 특히 특정행위가 동 지침에도 해당되고 동시에 시장지배적지위 남용금지에도 해당되는 경우에는 시장지배적지위 남용금지 규정을 우선적으로 적용한다. 동 지침 이외에도 노동관계법으로서 특수형태 근로종사자 보호를 위한 다른 법률의 적용이 경합되는 경우는 노동관계법이 우선 적용되게 된다.

특수형태 근로종사자에 대한 거래상지위 남용행위의 위법성 판단기준은 일반불공정거래행위로서 거래상지위 남용행위의 위법성 판단기준을 토대로 하되, 추가 고려요소로서 ① 사업자의 특수형태 근로종사자에 대한 지시감독 관련 구속조건들이 최종 상품·용역의 품질을 확보하기 위해 합리적이고 불가피한 것인지 여부, ② 대가 등 거래조건이 유사한 업무를 수행하는 근로자로서 사용자로부터 직접 고용된 자의 경우와 비교해서 부당하게 차이가 있는지 여부, ③ 사업자에 대한 경제적 종속성으로 인해 거래를 회피하거나 부당조건을 거절할 수 없었는지 여부 등을 포함하여 판단한다.

(1)-4 위법성 판단기준

거래상지위 남용행위는 사업자가 거래상대방에 대해 ① 거래상 지위를 가지고 있는지 여부, ② 거래내용의 공정성을 침해하는지 여부, ③ 별도의 합리성을 고려할 여지가 있는 행위인지 여부를 종합적으로 고려하여 판단한다. '거래상 지위여부'는 앞서 살펴본 바와 같고, '거래내용의 공정성' 여부는 당해 행위를 한 목적, 거래상대방의 예측가능성, 당해업종에서의 통상적인 거래관행, 관련법령 등을 종합적으로 고려하여 판단한다. '합리성이 있는 행위'인지 여부는 당해 행위로 인한 효율성 증대효과나 소비자후생 증대효과가 거래내용의 불공정성으로 인한 공정거래저해 효과를 현저히 상회하는지 여부, 기타 합리적인 사유가 있는지 여부 등을 종합적으로 고려하여 판단하게 된다. 이하에서는 거래상지위 남용에 해당하는 행위유형별로 위법성 요건을 살펴보기로 한다.

(2) 구입강제

(2)-1 법적용 대상 행위

구입강제 행위는 거래상대방이 구입할 의사가 없는 상품 또는 용역을 구입하도록 강제하는 행위를 의미하며 구입요청을 거부하여 불이익을 당하였거나 객관적으로 구입하지 않을 수 없는 사정이 인정되는 경우에는 구입강제가 있는 것으로 본다. 구입강제의 상대방은 원칙적으로 사업자에 한정되며 소비자는 포함되지 않지만, 불특정 다수의 소비자에게 피해를 입힐 우려가 있거나 유사한 위반행위 유형이 계속적·반복적으로 발생하는 등 거래질서와의 관련성이 인정되는 경우에는 소비자도 대상이 될 수 있다. 구입이 강제되는 상품 또는 용역은 사업자 자신의 것일 수도 있고 다른 사업자의 것일 수도 있다.

부관훼리의 거래상지위 남용행위 건에서 법원은 구입강제 행위와 관련하여 거래상대방이 구입할 의사가 없는 상품 또는 용역이라 함은 행위자가 공급하는 상품이나 역무뿐만 아니라 행위자가 지정하는 사업자가 공급하는 상품이나 역무도 포함하고, 구입하도록 강제하는 행위라 함은 상대방이 구입하지 않을 수 없는 객관적인 상황을 만들어 내는 것을 포함한다고 [102]판시한 바 있다.

(2)-2 위법성 판단

구입강제의 위법성은 사업자가 거래상대방에 대해 거래상 지위를 가지고 있는지 여부, 거래내용의 공정성을 침해하는지 여부, 합리성이 있는 행위인지 여부를 종합적으로 고려하여 판단하는데, 거래내용의 공정성 여부는 당해 행위를 한 목적, 거래상대방의 예측가능성, 당해업종에서의 통상적인 거래관행, 관련법령 등을 종합적으로 고려하여 판단하고 합리성이 있는 행위인지 여부는 당해 행위로 인한 효율성 증대효과나 소비자후생 증대효과가 거래내용의 불공정

102) 대법원 2002. 1. 25. 선고 2000두9359 판결, 원고인 부관훼리가 해상운송업 시장에서의 우월한 지위를 이용하여 육·해상 복합운송을 해야 하는 화주에게 자기가 지정한 육상운송업체를 이용하도록 강제하고 다른 육상운송업체를 이용하는 화주에게는 자신의 해상운송 컨테이너를 배정하지 않는 방법으로 구입을 강제한 사안이다.

성으로 인한 공정거래저해 효과를 현저히 상회하는지 여부 등을 종합적으로 고려하여 판단하게 된다.

(2)-3 법위반 유형과 관련 판례

위법할 우려가 있는 구입강제 유형으로는 ① 합리적 이유 없이 신제품을 출시하면서 대리점에게 재고품 구입을 강요하는 행위, ② 합리적 이유 없이 계속적 거래관계에 있는 판매업자에게 주문하지도 않은 상품을 임의로 공급하고 반품을 허용하지 않는 행위, ③ 합리적 이유 없이 자신과 지속적 거래관계에 있는 사업자에 대해 자기가 지정하는 사업자의 물품용역을 구입할 것을 강요하는 행위, ④ 합리적 이유 없이 도·소매업자 또는 대리점에게 과다한 물량을 할당하고, 이를 거부하거나 소화하지 못하는 경우 할당량을 도·소매업자 또는 대리점이 구입한 것으로 회계처리하는 행위 등이 포함된다.

특수형태 근로종사자에 대한 구입강제로서 법 위반이 될 소지가 있는 행위 유형으로는 ① 특수형태 근로종사자의 거래관계에 영향을 미칠 수 있는 사업자가 자기 또는 관계회사의 제품구입을 강요하는 행위, ② 구입할 의사가 없음을 표명하였거나 표명하지는 않았어도 구입의사가 없다는 점이 명백한 상황에서 사업자가 구입을 거듭 강요하거나 일방적으로 상품 등을 송부하는 경우, ③ 구입하지 않을 경우 향후의 거래에 영향을 준다는 등의 압력을 행사하면서 강제성이 있는 행위를 한 경우 등이 포함된다.

구입강제의 위법성을 인정한 판례를 살펴보면, 건국대학교의 건국유업 건국햄의 거래상지위 남용행위 건에서 법원은 원고인 건국유업 등이 매출의존도가 높은 전속대리점의 지위에 있는 대리점들에 대해 구입할 의사가 없는 신제품, 리뉴얼제품, 비인기제품 등을 주문시스템에 일방적으로 입력하여 공급한 것은 원고가 거래상지위에 있고 계약을 이행하지 않을 경우 불이익과 손해가 상당한 수준이 될 수 있으므로 구입강제에 해당한다고 103)판시하였다.

티브로드홀딩스의 거래상지위 남용행위 건에서 법원은 원고인 티브로드홀딩스는 종합유선방송업자로서 홈쇼핑사업자에 대해 거래상 지위가 있고, 원고가 자신과 거래관계가 있는 홈쇼핑사업자들에게 자신의 계열회사의 골프장 회원권을 구입할 것을 요청한 것은 일부 요청을 받아들이지 않은 홈쇼핑사업자가

103) 서울고등법원 2018. 8. 23. 선고 2018누38583 판결, 고법에서 확정되었다.

있다고 하더라도 구입강제 행위에 해당한다고 [104]판시하였다.

메가박스의 거래상지위 남용행위 건에서 법원은 원고인 메가박스가 거래상의 우월한 지위를 이용하여 거래상대방인 극장광고업자에게 '웰컴 투 동막골'의 예매율을 높이기 위해 영화표를 구매하도록 한 행위는 구입강제 행위에 해당한다고 [105]판시하였다.

대림자동차공업의 거래상지위 남용행위 건에서 법원은 원고인 대림자동차공업이 원고 소속 직원들을 통해 대리점에 대해 대리점의 주문단계에서 대리점주들이 원하는 물량을 초과하는 물량을 주문할 것을 강요한 후 본사 주문시스템에 강요된 주문물량을 입력하는 방식으로 구입을 강제하는 행위는 위법하다고 [106]판시하였다.

법원이 구입강제행위의 위법성을 부인한 사례로는, 현대모비스의 거래상지위 남용행위 건에서 법원은 원고인 현대모비스가 부품대리점에 대해 수작업으로 부품을 할당한 거래 중에는 대리점이 자발적으로 유선이나 팩스 등을 통해 주문한 물량 등이 포함되어 있고, 월단위 매출실적을 평가하는 원고 본사정책에 맞추기 위해 협의매출이라는 방식으로 부품을 사전공급하였는데 협의매출에 대해서는 실제 수요에 따라 반품이 원활하게 이루어진 사정 등을 고려할 때 원고의 구입강제라고 보기는 어렵다고 [107]판시하였다.

씨엔엠의 거래상지위 남용행위 건에서 법원은 원고인 씨엔엠이 13개 방송채널사용사업자에 대해 거래활동에 상당한 영향을 미칠 수 있는 지위에 있는 점은 인정되나, 원고가 이 사건 광고방송시간의 구매를 요청하면서 그에 상응하는 불이익을 준 직접적인 증거가 없는 등 원고가 방송채널사용사업자들로 하여금 광고방송시간을 구매하지 않을 수 없는 객관적인 상황을 만드는 방법으로 구입강제행위를 하였다고 인정하기는 부족하다고 [108]판시하였다.

---

104) 서울고등법원 2014. 8. 21. 선고 2013누32511 판결, 상고심(대법원 2014. 11. 18. 선고 2014두12581 판결)은 법정기간 내 상고이유서 미제출로 기각되었다.

105) 서울고등법원 2010. 12. 15. 선고 2009누39065 판결, 상고심(대법원 2011. 4. 28. 선고 2011두1207 판결)은 심리불속행 기각하였다.

106) 서울고등법원 2017. 8. 18. 선고 2015누45528 판결, 상고심(대법원 2018. 1. 25. 선고 2017두62327 판결)은 심리불속행 기각하였다.

107) 서울고등법원 2019. 6. 12. 선고 2018누47631 판결, 상고심(대법원 2019. 10. 17. 선고 2019두46060 판결)은 심리불속행 기각하였다.

108) 대법원 2014. 2. 13. 선고 2012두10772 판결

씨제이헬로비전의 거래상지위 남용행위 건에서도 법원은 원고인 씨제이헬로비전이 9개 복수방송채널사용사업자에 대하여 거래활동에 상당한 영향을 미칠 수 있는 지위는 인정하면서도, 원고가 발행하는 잡지의 광고지면 구입 요청과 관련해 불응한 사업자들에게 불이익을 가한 사실이 없고 잡지의 광고를 통한 원고와 복수방송채널사용사업자 간에 공동마케팅의 필요성이 있었던 점 등을 종합하여 볼 때 원고가 이 사건 잡지의 광고지면을 구입하지 않을 수 없는 객관적 상황을 만들어 내는 등으로 자신의 거래상 지위를 부당하게 이용하여 구입강제를 하였다고 인정하기에는 부족하다고 [109]판시하였다.

(3) 이익제공강요

(3)-1 법적용 대상 행위

거래상대방에게 자기를 위하여 금전·물품·용역 기타의 경제상 이익을 제공하도록 강요하는 행위로서, 경제상 이익에는 경제적 가치가 있는 모든 것이 포함된다. 이익제공강요의 주체는 사업자의 계열회사가 거래상지위를 이용하여 강요하는 행위도 포함되며, 경제상 이익을 적극적으로 요구하는 행위뿐만 아니라 자신이 부담하여야 할 비용을 거래상대방에게 전가하여 소극적으로 경제적 이익을 누리는 행위도 포함된다. 이익제공 강요의 상대방은 원칙적으로 사업자에 한정되나, 불특정 다수의 소비자에게 피해를 입힐 우려가 있거나 유사한 위반행위 유형이 계속적·반복적으로 발생하는 등 거래질서와의 관련성이 인정되는 경우에는 소비자도 포함될 수 있다.

(3)-2 위법성 판단

이익제공 강요의 위법성은 사업자가 거래상대방에 대해 거래상 지위를 가지고 있는지 여부, 거래내용의 공정성을 침해하는지 여부, 합리성이 있는 행위인지 여부를 종합적으로 고려하여 판단하는데, 거래내용의 공정성 여부는 당해 행위를 한 목적, 거래상대방의 예측가능성, 당해업종에서의 통상적인 거래관행, 관련법령 등을 종합적으로 고려하여 판단하고 합리성이 있는 행위인지 여부는 당해 행위로 인한 효율성 증대효과나 소비자후생 증대효과가 거래내용의 불공정성으로 인한 공정거래저해 효과를 현저히 상회하는지 여부 등을 종합적으로

109) 대법원 2014. 3. 27. 선고 2012두5589 판결

고려하여 판단하게 된다.

(3)-3 법위반 유형과 관련 판례

공정거래위원회 법 집행 또는 법원 판례에 따라 인정된 위법 가능성이 있는 이익제공 강요행위로는 ① 합리적 이유 없이 수요측면에서 지배력을 갖는 사업자가 자신이 구입하는 물량의 일정 비율만큼을 무상으로 제공하도록 요구하는 행위, ② 합리적 이유 없이 사업자가 상품 또는 용역의 공급업체에 대해 거래와 무관한 기부금 또는 협찬금이나 기타 금품·향응 등을 요구하는 행위, ③ 합리적 이유 없이 회원권 시설운영업자가 회원권의 양도양수와 관련하여 실비보다 과다한 명의개서료를 징수하는 행위, ④ 합리적 이유 없이 대형소매점 사업자가 수수료매장의 입점업자에 대해 계약서에 규정되지 아니한 입점비, [110]POS 사용료 등 비용을 부담시키는 행위 등이 포함된다.

특수형태 근로종사자에 대한 이익제공강요로서 법 위반이 될 소지가 있는 행위 유형으로는 ① 특수형태 근로종사자가 계약조건에 부합되도록 이미 제공한 용역에 대해 사업자가 필요비용을 부담하지 않고 재공급을 강요하는 행위, ② 특수형태 근로종사자에게는 전혀 이익이 되는 것이 없는데도 사업자가 행사·광고 등을 실시하면서 특수형태 근로종사자에게 그 비용의 전부 또는 일부를 협찬하도록 강요하는 행위, ③ 정당한 이유 없이 사업자가 특수형태 근로종사자로부터 매출액의 일정 비율을 수수료로 받거나 별도의 비용을 징수하는 행위, ④ 사업자가 계약내용과는 전혀 무관한 업무를 특수형태 근로종사자에게 강요하는 행위 등이 포함된다.

남양유업의 거래상지위 남용행위 건에서 법원은 원고인 남양유업이 대리점과 위탁판매 계약 시 진열판촉사원의 투입에 대한 설명이나 검토기회 부여 없이 일방적으로 결정한 후 대리점에 대해 비용분담을 요구한 것은 거래상지위를 이용한 이익제공 강요행위에 해당한다고 [111]판시하였다.

삼공개발의 거래상지위 남용행위 건에서 법원은 원고인 골프장사업자가 회원권을 양수한 자에 대하여 과도한 명의개서료를 징수한 것은 회원들에 대하

110) POS(Point of Sales): 상점의 전자식 금전등록기 등을 컴퓨터에 연결하여 상품데이터를 관리하는 시스템으로 판매장의 매상 정보를 바로 파악할 수 있어 재고관리나 상품관리를 효율적으로 할 수 있는 시스템을 의미한다.

111) 대법원 2015. 1. 30. 선고 2014누1910 판결

여 상대적으로 우월한 지위를 부당하게 이용하여 이익제공을 강요한 행위에 해당한다고 112)판시하였다.

반면, 메가박스의 거래상지위 남용행위 건에서 법원은 극장사업자가 극장광고업자와의 일련의 계약에서 디지털영사기 총 49대를 무상으로 제공할 의무를 극장광고업자가 부담하게 된 사안에서 거래상의 지위에 상대적인 차이가 있다고 하더라도 디지털영상사업으로 인한 광고매출확대 등을 통한 이익증진에 공통의 이해관계를 가지는 면도 있는 점 등 일련의 디지털영상사업에 관한 협력에 비추어 당해 행위가 거래상지위의 남용행위에 해당하지 않는다고 113)판시하였다.

(4) 판매목표강제

(4)-1 법적용 대상 행위

자기가 공급하는 상품 또는 용역과 관련하여 거래상대방의 거래에 관한 목표를 제시하고 이를 달성하도록 강제하는 행위로서 대상 상품 또는 용역은 사업자가 직접 공급하는 것이어야 한다. 상품의 경우 판매량의 할당이, 용역의 경우 가입자나 회원확보가 문제된다. 또한 판매목표 강제는 계약서 규정에 의한 것뿐만 아니라 계약체결 후 구두로 이루어지는 경우도 포함되며, 판매목표 강제의 상대방은 속성상 사업자에 한정된다.

목표를 제시하고 이를 달성하도록 강제하는 행위는 사업자가 일방적으로 상대방에게 목표를 제시하고 이를 달성하도록 강제하는 경우뿐만 아니라 상대방과의 계약의 형식으로 목표를 설정하는 경우와 상대방이 목표를 달성하지 않을 수 없는 객관적인 상황을 만들어 내는 것을 포함한다. 씨제이헬로비전의 판매목표 강제행위 건에서 법원도 동일한 취지의 114)판시를 한 바 있다.

(4)-2 위법성 판단

판매목표 강제의 위법성은 사업자가 거래상대방에 대해 거래상 지위를 가지고 있는지 여부, 거래내용의 공정성을 침해하는지 여부, 합리성이 있는 행위

112) 서울고등법원 2003. 9. 2. 선고 2002누19758 판결, 상고심(대법원 2004. 1. 16. 선고 2003두11537 판결)은 심리불속행 기각하였다.

113) 서울고등법원 2010. 12. 15. 선고 2009누39065 판결, 상고심(대법원 2014. 4. 28. 선고 2011두1207 판결)은 이러한 원심판결에 위법이 없다고 판시하였다.

114) 대법원 2011. 5. 13. 선고 2009두24108 판결

인지 여부를 종합적으로 고려하여 판단하는데, 거래내용의 공정성 여부는 당해 행위를 한 목적, 거래상대방의 예측가능성, 당해업종에서의 통상적인 거래관행, 관련법령 등을 종합적으로 고려하여 판단하고 합리성이 있는 행위인지 여부는 당해 행위로 인한 효율성 증대효과나 소비자후생 증대효과가 거래내용의 불공정성으로 인한 공정거래저해 효과를 현저히 상회하는지 여부 등을 종합적으로 고려하여 판단하게 된다.

강제성 인정과 관련해서는 목표 수준의 과다여부, 실제 거래상대방이 목표 달성을 했는지 여부는 관련이 없으며, 목표를 달성하지 못했을 때 대리점계약 해지나 판매수수료 미지급 등 불이익이 부과되면 강제성이 인정될 가능성이 크지만 목표를 달성한 경우에 장려금을 지급하는 형태로 운용될 경우에는 강제성이 있다고 보기는 어렵다. 다만, 판매장려금이 정상적인 유통마진을 대체하는 방법으로 이루어지는 경우는 강제성이 인정될 수 있다.

(4)-3 법위반 유형과 관련 판례

법위반에 해당될 수 있는 판매목표강제 행위로는 ① 자기가 공급하는 상품을 판매하는 사업자 및 대리점에 대하여 판매목표를 설정하고 미달성시 공급을 중단하는 등의 제재를 가하는 행위, ② 자기가 공급하는 용역을 제공하는 사업자 및 대리점에 대하여 회원이나 가입자 수를 할당하고 이를 달성하지 못할 경우 대리점 계약의 해지나 수수료지급의 중단 등의 제재를 가하는 행위, ③ 대리점이 판매목표량을 달성하지 못하였을 경우 반품조건부 거래임에도 불구하고 반품하지 못하게 하고 대리점이 제품을 인수한 것으로 회계처리하여 추후 대금지급 시 공제하는 행위, ④ 대리점이 판매목표량을 달성하지 못하였을 경우 본사에서 대리점을 대신하여 강제로 미판매 물량을 덤핑 판매한 후 발생손실을 대리점의 부담으로 하는 행위, ⑤ 거래상대방과 상품 또는 용역의 거래단가를 사전에 약정하지 않은 상태에서 거래상대방의 판매량이 목표에 미달되는 경우에는 목표를 달성하는 경우에 비해 낮은 단가를 적용함으로써 불이익을 주는 행위 등이 포함된다.

특수형태 근로종사자에 대한 판매목표 강제로서 법 위반이 될 소지가 있는 행위 유형으로는 ① 학습지교사와 같은 특수형태 근로종사자에게 과다한 회원유치 목표를 부여한 후 목표를 채우지 못한 자에게 일방적으로 계약을 해지하거나 그에 준하는 불이익을 주는 등의 제재를 가하는 행위, ② 보험설계사와 같은 특수형태 근로종사자에게 영업목표를 설정하고 목표달성실적을 인사고과 및 보수산정 및 지급에 일방적으로 반영하는 행위, ③ 신용카드회원 모집인 등과 같은 특수형태 근로종사자에게 과도한 모집 건수 목표를 정하고 이를 달성하지 못하는 경우 달성한 경우에 비해 현저하게 적은 수수료를 지급하거나 계약기간 중 일방적으로 위탁계약을 취소하는 행위, ④ 대리기사 등과 같은 특수형태 근로종사자에게 과도한 콜 수행횟수 등 목표를 부과하고 이를 달성하지 못하는 경우 일방적으로 계약을 해지하거나 배차를 현저하게 제한하는 등 제재를 가하는 행위 등이 포함된다.

씨제이헬로비전의 판매목표 강제행위 건에서 법원은 판매목표 강제행위에 해당하는지 여부는 당해 행위의 의도와 목적, 효과와 영향 등과 같은 구체적 태양과 상품의 특성, 거래의 상황, 해당 사업자의 시장에서의 우월적 지위의 정도 및 상대방이 받게 되는 불이익의 내용과 정도 등에 비추어 볼 때 정상적인 거래관행을 벗어난 것으로서 공정한 거래를 저해할 수 있는지 여부를 판단하여 결정하여야 한다고 115)판시하였다. 씨제이헬로비전이 협력업체들에 대해 신규가입자 유치목표를 설정하고 이를 달성하지 못할 경우 업무위탁수수료를 감액하여 지급한 사안에서 법원은 신규가입자 유치업무는 그 특성상 유치실적에 비례하여 인센티브를 제공하는 방식에 따라야 함에도 영업실적이 월간목표에 미달한다는 이유로 그 미달비율에 따라 영업수수료를 감액하는 방식으로 지급한 것은 협력업체들의 자유로운 의사결정을 저해하거나 불이익을 강요함으로써 공정한 거래를 저해할 우려가 있는 행위라고 판시하였다.

반면 쌍용자동차의 거래상지위 남용행위 건에서 법원은 자동차제조판매업자가 대리점에 선출고(先出庫)를 요청하고 목표달성을 촉구하는 공문 등을 보낸 사안에 대해 법원은 이러한 요청에 특별한 제재나 불이익이 없었고 대리점의 판매목표 달성을 촉구하는 행위에 불과하므로 판매목표 강제행위가 성립하지 않는다고 116)판시하였다.

115) 대법원 2011. 5. 13. 선고 2009두24108 판결

116) 서울고등법원 2008. 7. 10. 선고 2008누596 판결, 상고심(대법원 2011. 6. 9. 선고 2008두13811 판결)은 이러한 원심판결에 위법이 없다고 판시하였다.

(5) 불이익제공

(5)-1 법적용 대상 행위

구입강제, 이익제공 강요, 판매목표 강제 외의 방법으로 거래상대방에게 불이익이 되도록 거래조건을 설정 또는 변경하거나 그 이행과정에서 불이익을 주는 행위를 의미하며, 거래조건에는 각종의 구속사항, 저가매입 또는 고가판매, 가격조건, 대금지급방법 및 시기, 반품, 제품검사방법, 계약해지조건 등 모든 조건이 포함된다.

거래의 이행과정에서의 불이익제공은 적극적으로 거래상대방에게 불이익이 되는 행위를 하는 작위뿐만 아니라 소극적으로 자기가 부담해야 할 비용이나 책임 등을 이행하지 않는 부작위에 의해서도 성립할 수 있다. 다만, 불이익이 금전상의 손해인 경우에는 손해의 존재는 물론 손해액까지 명확하게 확정될 수 있어야 하며, 그렇지 않은 경우는 민사절차에 의해 이 문제가 우선적으로 해결되어야 거래상지위 남용규정을 적용할 수 있게 된다.

불이익제공의 상대방은 원칙적으로 사업자이나 불특정 다수의 소비자에게 피해를 입힐 우려가 있거나 유사한 위반행위 유형이 계속적·반복적으로 발생하는 등 거래질서와 관련성이 인정되는 경우는 소비자도 포함될 수 있다. 이와 관련된 판례로서 금보개발의 거래상지위 남용행위 건에서 법원은 '거래상대방'은 사업자나 경쟁자로 국한되지는 않으나 적어도 거래질서와의 관련성은 필요하다고 하면서, 특히 상대방이 일반 소비자인 경우에는 거래상지위를 가지는 사업자의 불이익 제공행위 등으로 인하여 불특정 다수의 소비자에게 피해를 입힐 우려가 있거나, 유사한 위반행위 유형이 계속적·반복적으로 발생할 수 있는 등 거래질서와의 관련성이 인정되는 경우에 한하여 공정한 거래를 저해할 우려가 있는 것에 해당한다고 [117]판시하였다.

불이익제공행위에 대한 규제의 취지와 관련한 판례로는, 한국공항공사의 거래상지위 남용행위 건에서 법원은 거래과정에서 거래상의 지위를 이용하여 일방당사자가 그보다 열등한 지위에 있는 타방당사자의 자유의사를 구속하여 일방적으로 상대방에게 불이익이 되도록 거래조건을 설정하거나 변경하는 등 상대방에게 일방적으로 불이익을 주게 되는 경우에는 공정한 경쟁의 기반을 침

117) 대법원 2015. 9. 10. 선고 2012두18325 판결, 파기환송 후 고법(서울고등법원 2015. 12. 18. 선고 2015누1832 판결)에서 확정되었다.

해할 우려가 있기 때문에 이를 규제하고자 함에 그 취지가 있다고 [118]판시한 바 있다.

(5)-2 위법성 판단

불이익제공의 위법성은 사업자가 거래상대방에 대해 거래상 지위를 가지고 있는지 여부, 거래내용의 공정성을 침해하는지 여부, 합리성이 있는 행위인지 여부를 종합적으로 고려하여 판단하는데, 거래내용의 공정성 여부는 당해 행위를 한 목적, 거래상대방의 예측가능성, 당해업종에서의 통상적인 거래관행, 관련법령 등을 종합적으로 고려하여 판단하고 합리성이 있는 행위인지 여부는 당해 행위로 인한 효율성 증대효과나 소비자후생 증대효과가 거래내용의 불공정성으로 인한 공정거래저해 효과를 현저히 상회하는지 여부 등을 종합적으로 고려하여 판단하게 된다.

(5)-3 법위반 유형

'거래조건의 설정·변경'과 관련하여 위법성 우려가 있는 행위로는 ① 계약서 내용의 해석과 관련하여 갑의 일방적인 해석에 따라야 한다는 조건을 설정하고 거래하는 경우, ② 원가계산상의 착오로 인한 경우 갑이 해당 계약금액을 무조건 환수 또는 감액할 수 있다는 조건을 설정하고 거래하는 경우, ③ 계약유효기간 중에 정상적인 거래관행에 비추어 부당한 거래조건을 추가한 새로운 대리점 계약을 일방적으로 체결한 행위, ④ 계약서상에 외부기관으로부터 계약단가가 고가라는 지적이 있을 경우 거래상대방이 무조건 책임을 지도록 한다는 조건을 설정하고 거래하는 경우, ⑤ 계약서에 규정되어 있는 수수료율, 지급대가 수준 등을 일방적으로 거래상대방에게 불리하게 변경하는 행위, ⑥ 계약기간 중에 자기의 점포 장기임차인에게 광고선전비의 부과기준을 일방적으로 상향조정한 행위 등이 포함된다.

위법할 우려가 있는 '불이익제공 행위'로는 ① 설계용역비를 늦게 지급하고 이에 대한 지연이자를 장기간 지급하지 않아 거래상대방이 사실상 수령을 포기한 경우, ② 하자보수 보증금율을 준공검사 시 일방적으로 약정한 요율보다 대폭 상향조정하여 징구한 행위, ③ 반품조건부로 공급한 상품의 반품을 받아주지 아니하여 거래상대방이 사실상 반품을 포기한 경우, ④ 사업자가 자기

118) 대법원 2005. 12. 8. 선고 2003두5327 판결

의 귀책사유로 이행지체가 발생한 경우에도 상당기간 지연이자를 지급하지 않아 거래상대방이 사실상 수령을 포기한 경우, ⑤ 합리적 이유 없이 사업자가 물가변동으로 인한 공사비 인상요인을 불인정하거나 자신의 책임으로 인해 추가로 발생한 비용을 지급하지 않는 행위, ⑥ 자신의 거래상 지위가 있음을 이용하여 거래상대방에 대해 합리적 이유 없이 거래거절을 하여 불이익을 주는 행위 등이 포함된다.

특수형태 근로종사자 관련 '거래조건의 부당변경'과 관련하여 위법할 소지가 있는 행위로는 ① 사업자가 정당한 이유 없이 계약과 다르게 거래조건을 변경하거나 이를 요구하는 행위, ② 건설기계 기사 등에 대해 사업자가 수급과 관계없이 계약으로 정한 대가변경 없이 계약 외 용역제공을 요청하거나 용역사양 변경을 요구하는 행위, ③ 계약서상 지급대가 수준 및 지급기준 등을 일방적으로 불리하게 변경하는 행위 등이 포함된다.

특수형태 근로종사자에 대한 '불이익제공'으로서 법 위반이 될 소지가 있는 행위 유형으로는 거래조건의 부당설정과 관련하여 ① 건설기계기사 등에 대해 기본계약 존속의 명목 하에 보상 없이 용역을 제공하도록 하는 행위, ② 보험설계사 등에 대해 계약감소에 대한 책임을 일방적으로 부과하는 거래조건을 설정하는 행위, ③ 보험설계사 등에 대해 계약해제 시 인수금 또는 반환예치금을 반환하면서 그 시기를 부당하게 장기간으로 설정하는 행위, ④ 택배기사 등에 대해 업무수행 중 발생한 사고에 과실이 없는데도 그 책임을 모두 부담시키는 행위, ⑤ 택배기사 등에 대해 업무수행 중 발생한 사고에 대한 손해배상금 산정을 사업자가 일방적으로 계산할 수 있도록 거래조건을 설정하는 행위 등이 포함된다.

특수형태 근로종사자 관련 '기타 불이익제공'과 관련하여 위법할 소지가 있는 행위로는 ① 골프장 경기보조원 등에 대해 사업자가 예상치 못한 손실을 전가하거나 규칙위반 등을 이유로 업무와 관련 없는 노무제공을 강요하는 등 경제상 불이익을 주는 행위, ② 골프장 경기보조원 등에 대해 사업자 영업장 내방 고객의 분실에 대해 귀책사유가 없음에도 책임을 전가하는 행위, ③ 건설기계 기사 등에 대해 해당 용역의 성과물이 완료되었음에도 검수를 자의적으로 늦추는 등 계약상 지급기일에 대가를 지불하지 않는 경우, ④ 건설기계 기사 등에 대해 해당 용역에 대한 성과물의 사용시기를 예정보다 지연하고 이를 이유로 대가의 지급을 늦추는 행위, ⑤ 학습지 교사 등에 대해 회원탈퇴요청서 처리를 거부하거나 처리기한을 과도하게 장기간으로 설정하여 그 기간 동안의 회비나 구독료를 특수형태 근로종사자가 부담하도록 하는 행위, ⑥ 학습지 교사 등에 대해 소비자를 임의로 사업자가 입회처리하고 그 회원의 회비를 대신 부담시키는 행위, ⑦ 특수형태 근로종사자의 귀책사유가 없음에도 용역의 대가지급을 지연시키는 행위, ⑧ 대리운전 기사 등에 대해 선호하지 않는 지역 콜 발생시 목적지를 불분명하게 표시한 콜 정보를 발송하고 해당 배차를 취소하면 수수료를 부과하는 행위, ⑨ 대리운전 기사 등에 대해 자신의 프로그램 외의 프로그램을 사용하면 계약을 일방적으로 해지하거나 배차를 현저하게 제한하는 등 제재를 가하는 행위 등이 포함된다.

(5)-4 관련 판례

(5)-4-1 위법성 성립 관련

하이트맥주의 거래상지위 남용행위 건에서 법원은 불이익제공행위에 해당하기 위해서는 상대방에게 다소 불이익하다는 점만으로는 부족하고 구입강제, 이익제공강요, 판매목표강제 등과 동일시 할 수 있을 정도로 일방 당사자가 자기의 거래상의 지위를 부당하게 이용하여 그 거래조건을 설정 또는 변경하거나 그 이행과정에서 불이익을 준 것으로 인정되고, 그로써 정상적인 거래관행에 비추어 상대방에게 불이익을 주어 공정거래를 저해할 우려가 있어야 한다고 [119]판시하였다.

에쓰오일의 배타조건부 거래행위 건에서도 법원은 부당성의 유무를 판단함에 있어서는 당해 행위의 의도와 목적, 효과와 영향 등과 같은 구체적 태양과 상품의 특성, 거래의 상황, 해당 사업자의 시장에서의 우월한 지위의 정도 및 상대방이 받게 되는 불이익의 내용과 정도 등에 비추어 볼 때 정상적인 거래관행을 벗어난 것으로서 공정한 거래를 저해할 우려가 있는지 여부를 판단하여 결정하여야 한다고 [120]판시하였다. 하이트맥주의 거래상지위 남용행위 건에서도 법원은 동일한 취지의 판시를 한 바 있다.

한국공항공사의 거래상지위 남용행위 건에서 법원은 사업자가 제3자에 대한 거래조건의 설정 또는 변경이나 이행과정에서 제3자에게 이익을 제공함으로

119) 대법원 2004. 7. 9. 선고 2002두11059 판결
120) 대법원 2014. 4. 25. 선고 2010두25909 판결

써 거래상대방이 제3자에 비하여 상대적으로 불이익한 취급을 받게 되었다고 하여 사업자가 거래상대방에게 불이익을 제공한 것으로 볼 수는 없다고 [121]판시하였다.

한국미니스톱의 거래상지위 남용행위 건에서 법원은 원고인 한국미니스톱이 VAN사인 나이스와 아이티엔과의 거래조건 변경을 요구한 것은 거래관행에 비해 원고에게 현저히 불리했던 부분을 해소하기 위한 것으로 거래상대방인 나이스와 아이티엔이 중대하거나 부당한 불이익을 입었다고 보기는 어렵다고 [122]판시하였다.

골프존의 거래강제행위 및 거래상지위 남용행위에 대한 건에서 법원은 원고인 골프존이 보상규정을 마련해 놓고 있는바, 이를 적용하지 않고 임의로 보상처리를 하였다고 볼 근거가 없는 한 보상규정을 공개하지 않았다고 하여 그 자체로 위법하거나 점주들에게 불이익을 제공하였다고 볼 수는 없다고 [123]판시하였다.

(5)-4-2 거래조건 설정·변경 관련

한국일보사의 일방적 계약해지 및 면책조항설치행위 건에서 법원은 원고인 한국일보사가 지국설치계약을 체결하는 과정에서 위 계약해지 조항을 둔 행위는 정상적인 거래관행에서 벗어나 공정한 거래를 저해할 우려가 있는 것으로서 우월적 지위를 남용하여 불이익을 제공한 행위에 해당한다고 판시하였다.

팬택여신투자금융 외 18개사의 거래상지위 남용행위 건에서 법원은 원고들이 약정 당시 정해진 주택할부금융 대출이자율은 당해 거래기간 동안 일방당사자가 임의로 변경하지 않는다는 것임에도 일방적으로 대출금리를 인상한 행위는 자기의 거래상의 지위를 부당하게 이용하여 자기들이 부담하여야 할 조달금리 상승으로 인한 손해를 거래상대방인 매수인들에게 불이익이 되도록 거래조건을 변경한 것으로 공정한 거래를 저해할 우려가 있는 행위에 해당한다고 [124]판시하였다.

---

121) 대법원 2005. 12. 8. 선고 2003두5327 판결

122) 서울고등법원 2016. 9. 2. 선고 2015누51547 판결, 상고심(대법원 2016. 12. 27. 선고 2016두52996 판결)은 심리불속행 기각하였다.

123) 서울고등법원 2016. 11. 23. 선고 2014누62052 판결, 상고심(대법원 2017. 4. 13. 선고 2016두64999)은 심리불속행 기각하였다.

124) 서울고등법원 2003. 11. 25. 선고 2002누17196 판결, 상고심(대법원 2006. 11. 9. 선고

대한도시가스의 거래상지위 남용행위 건에서 법원은 원고인 대한도시가스가 지역관리소 사업자의 책임수납 수수료율을 일방적으로 인하한 것과 관련하여 거래상지위의 남용행위를 규제하는 법의 취지는 우월한 지위 또는 적어도 상대방의 거래활동에 상당한 영향을 미칠 수 있는 지위에 있는 사업자가 일방적으로 자신에게 유리한 결정을 하고 이를 강제함으로써 상대방에게 거래상 불이익을 주는 행위를 금지시키고자 하는 데 있으므로, 거래상의 지위를 배경으로 합리적 협의절차를 거치지 않은 이 사건 수수료율 인하조치는 그 타당성을 인정하기 곤란하다고 [125]판시하였다. 유사한 판례로 한국도로공사가 고속도로 휴게소 임차인에 대해 수수료율을 일방적으로 인하한 사안에서도 법원은 동일한 취지의 [126]판시를 하였다.

서울도시철도공사의 광고대행업자인 광인기업에 대한 거래상지위 남용행위 건에서 법원은 원고인 서울도시철도공사가 광고대행사 광인에 대해 광고대행료 증액조정 등을 명시하지도 않고 월광고대행료를 징수해 온 것은 거래상 비교우위에 있던 원고가 정상적인 거래관행을 벗어나 거래상대방의 불이익이 되도록 거래조건을 변경함으로써 불공정거래행위를 한 것이라고 [127]판시하였다.

한국전기통신공사의 한국제어계측에 대한 거래상지위 남용행위 건에서 법원은 원고인 한국전기통신공사가 거래상대방에게 자신의 수요기간만을 고려하여 기한 내에 이행을 완료하는 것이 사실상 불가능할 정도로 단기간의 납품기한을 설정하고 납품기간이 도과하였다는 이유로 바로 다음날 계약해제 통고를 한 것과 과다한 지체상금을 부과한 것은 거래상 지위가 우월함을 이용하여 부당하게 상대방에게 불이익이 되도록 거래조건을 설정한 행위와 이행과정에서 불이익을 주는 행위에 해당한다고 [128]판시하였다.

반면, 하이트맥주의 거래상지위 남용행위 건에서 법원은 원고인 하이트맥주가 거래상대방의 부도 전력과 변제해야 할 채무가 22억 9천만 원에 이르게 되자 향후 공급하는 맥주에 한하여 거래조건을 변경하였는데 이러한 행위는 거

2003두15225 판결)은 이러한 원심판결에 위법이 없다고 판시하였다.

125) 서울고등법원 2005. 5. 18 선고 2004누3849 판결, 상고심(대법원 2005. 11. 10. 선고 2005두5987 판결)은 이러한 원심판결에 위법이 없다고 판시하였다.

126) 대법원 2007. 3. 29. 선고 2005두3561 판결

127) 대법원 2002. 5. 31. 선고 2000두6213 판결

128) 대법원 1997. 8. 26. 선고 96누20 판결

래상대방의 자력악화에 따른 채권확보를 위한 경영상의 정당한 이유가 있어 불공정거래행위에 해당하지 않는다고 [129]판시하였다.

팬택여신투자금융 외 18의 거래상지위 남용행위 건에서 법원은 원고인 할부금융사가 대출금리 변경에 대한 별도약정 없이 약관에 따라 대출금리를 인상한 것은 거래상대방에게 불이익이 되도록 거래조건을 설정 또는 변경하거나 그 이행과정에서 불이익을 주는 행위로서 공정한 거래를 저해할 우려가 있는 행위에 해당한다 할 수 없다고 [130]판시하였다.

아산병원의 거래상지위 남용행위 건에서 법원은 원고인 아산병원이 선택진료신청서를 통하여 환자의 주(主)진료과 의사가 진료지원과의 의사를 지정할 수 있도록 포괄위임하는 방식으로 선택진료제도를 운용한 것은 정상적인 거래관행을 벗어난 것으로서 공정한 거래를 저해할 우려가 있다고 보이지 않는다고 [131]판시하였다.

한국도로공사의 거래상지위 남용행위 건에서 법원은 원고인 한국도로공사가 시공사에 대해 휴지(休止)기간을 총 공사기간에서 제외한 것은 불리한 거래조건을 설정하였다고 볼 수 없다고 하면서 예정된 공기에 공사를 완성하지 못한 시공사들은 공사 지체상금의 부담을 지는데 휴지기간의 설정이 반드시 시공사에게 불리한 것이라 할 수 없고, 연차별 공사도급계약을 체결하기 전에 계약상대방과 휴지기간의 설정에 대한 협의과정을 거친 점 등을 볼 때 불공정거래행위가 아니라고 [132]판시하였다.

(5)-4-3 이행과정상 불이익제공 관련

롯데쇼핑의 대규모소매업에 있어서의 거래상지위 남용행위 건에서 법원은 서면계약서 미교부행위 및 물류대행수수료 등 거래조건에 관한 사항을 서면계약서에 포함시키지 않은 행위, 사전 서면약정 없이 종업원을 파견 받은 행위는 납품업자들의 입장에서 원고와 지속적 거래관계를 유지하기 위해서 이를 수용한 것이므로 거래상지위 남용행위로서 불이익제공행위에 해당한다고 [133]판시하였다.

129) 대법원 2004. 7. 9. 선고 2002두11059 판결
130) 대법원 2006. 11. 9. 선고 2003두15225 판결
131) 대법원 2013. 6. 13. 선고 2011두7861 판결
132) 대법원 2018. 1. 25. 선고 2017두58076 판결
133) 대법원 2016. 5. 27. 선고 2013두35020 판결

고려대병원의 거래상지위 남용행위 건에서 법원은 원고인 고려대병원이 진료지원과에 대해서는 선택진료를 신청하지 않은 환자들에게까지 선택진료신청이 있었던 것으로 간주하고 선택진료를 실시한 후 그에 따른 선택진료비를 징수한 것은 정상적인 거래관행을 벗어나는 것으로서 공정한 거래를 저해할 우려가 있는 불이익제공행위에 해당한다고 [134]판시하였다. 또한 같은 판례에서 선택진료의사 요건을 갖추지 못한 의사, 국외연수 등으로 부재중인 의사, 선택진료의사로 지정되지 아니한 의사 등이 선택진료를 시행한 것은 불이익제공행위에 해당한다고 판시하였다.

한국물류의 납품업체에 대한 거래상지위 남용행위 건에서 법원은 원고인 한국물류의 부주의 등으로 훼손된 상품에 대해 귀책사유가 없는 납품업체에게 반품을 하는 것은 원고가 자신의 거래상지위를 부당하게 이용하여 거래상대방에게 불이익을 준 행위로서 공정한 거래를 저해할 우려가 있는 행위에 해당한다고 [135]판시하였다.

한국까르푸의 부당반품행위 건에서 법원은 직매입거래의 경우 납품업자의 귀책사유가 없는 경우에는 이를 직매한 원고인 한국까르푸가 그 책임과 부담으로 재고품 내지 파손품을 처리하여야 할 것임에도 불구하고 납품업자에게 반품하는 것은 그 거래상의 지위를 부당하게 이용한 불공정거래행위에 해당한다고 [136]판시하였다.

농업협동조합중앙회의 거래상지위 남용행위 건에서 법원은 원고인 농업협동조합중앙회가 시중 농약판매상들이 계통구매 농약제품을 계통구매가격보다 저가로 판매하는 경우 이로 인하여 원고에게 발생되는 손해의 일정부분을 농약제조업체들에게 부담시키거나 미판매 재고를 농약제조업체들에게 반품한 행위는 거래상지위를 이용하여 거래조건을 설정하고 거래상대방에게 불이익을 준 것으로서 정상적인 거래관행을 벗어나 공정한 거래를 저해할 우려가 있는 행위에 해당한다고 [137]판시하였다.

---

134) 대법원 2013. 6. 13. 선고 2011두18137 판결

135) 서울고등법원 2003. 11. 25. 선고 2002누18878, 상고심(대법원 2004. 5. 27. 선고 2004재두34 판결)은 이러한 원심판결에 위법이 없다고 판시하였다.

136) 서울고등법원 2001. 3. 15. 선고 99누8901 판결, 상고심(대법원 2001. 8. 22. 선고 2001두3204 판결)은 심리불속행 기각하였다.

137) 서울고등법원 2011. 8. 18. 선고 2010누34707 판결, 상고심(대법원 2012. 1. 12. 선고 2011

서울도시철도공사의 광고대행업자인 광인에 대한 거래상지위 남용행위 건에서 법원은 원고인 서울도시철도공사가 마곡역이 개통되지 않아 광고를 게재할 수 없어 위 역 광고물량에 해당하는 계약이행보증금은 귀속부분에서 감액되어야 할 것임에도 불구하고 정당한 이유 없이 보증금 전액을 귀속시킨 행위는 거래상 열위에 있던 광인에게 일방적으로 불이익을 가한 것으로 불공정거래행위에 해당하고, 서울도시철도공사가 설치한 광고틀에 대한 비용 자체에 대해서는 수차례 회동을 통한 협의가 있었으므로 비용부담을 협의 없이 통고한 행위, 개통일로부터 3년간의 영업기간이 보장되어 있었던 이 사건 광고대행계약에 있어서 개통지연으로 인한 영업기간의 단축은 당초부터 문제가 되지 아니하므로 어떠한 손해를 입은 것이 없는바, 이는 불공정거래행위에 해당하지 않는다고 [138]판시하였다.

나래앤컴퍼니의 거래상지위 남용행위 건에서 법원은 원고인 나래앤컴퍼니가 대리점 업무수행에 필수불가결한 고객관리용 전산망을 채무이행 등을 촉구하기 위한 수단으로 단절시킨 행위는 거래상대방에게 불이익을 제공하는 거래상 지위남용행위에 해당한다고 [139]판시하였다.

파스퇴르유업의 거래상지위 남용행위 건에서 법원은 원고인 파스퇴르유업이 대리점주 회의불참 등을 이유로 특정인의 전속대리점의 계약갱신을 거절하면서 대리점지위 양도승인까지 하지 않아 특정인은 권리금 회수기회를 상실하고 각종 비품을 싸게 처분하여야 하는 경제적 손실을 감수하게 된 것에 대해 거래상 우월적 지위에 있는 원고가 그 지위를 이용하여 부당하게 상대방에게 불이익을 준 것이라고 [140]판시하였다.

국민카드의 거래상지위 남용행위 건에서 원고인 국민카드사가 제휴은행들이 신용카드업을 영위하는 데 핵심적 경쟁수단인 가맹점수수료율을 자기 가맹점에 대해 동일하게 적용하도록 하고 이를 따르지 않을 경우 업무제휴계약을 해지할 수 있도록 통보함으로써 제휴은행들로 하여금 가맹점 수수료율을 변경하도록 한 행위는 제휴은행들의 시장에서의 경쟁력을 필요 이상으로 제한하는

두23054 판결)은 심리불속행 기각하였다.

138) 대법원 2002. 5. 31. 선고 2000두6213 판결

139) 대법원 2002. 10. 25 선고 2001두1444 판결

140) 대법원 2000. 6. 9. 선고 97누19427 판결

것으로서 정상적인 거래관행을 벗어나 공정한 거래를 저해할 우려가 있는 부당한 행위에 해당된다고 [141]판시하였다.

관악의 거래상지위 남용행위 건에서 법원은 원고인 골프장사업자가 일반회원들에 대해 우월한 거래상지위를 가진 것을 이용하여 회원의 날에 비회원팀을 입장시키고 골프장 3인 플레이 입장객에게 위약금을 징수한 사안에서 이는 상대방에게 부당하게 불이익을 주어 공정한 거래를 저해하는 행위에 해당한다고 [142]판시하였다.

한국전력공사의 거래상지위 남용행위 건에서 법원은 원고인 한국전력공사가 인·허가지연, 지역주민 공사방해 등의 사유로 공사지연이 된 것은 원고의 귀책사유로 인한 것임에도 불구하고 공사를 수행하는 6개사가 지연보상금 지급을 요청한 것에 대해 미지급함으로써 6개사가 불이익을 입게 된 것은 공정한 거래를 저해할 우려가 있는 부당한 행위라고 [143]판시하였다.

한국컨테이너부두공단의 거래상지위 남용행위 건에서 원고인 한국컨테이너부두공단이 야간작업이 필수적인 대안설계를 입찰에서 채택하고서도 그에 따른 감리비용을 거래상대방에게 전가한 것은 원고의 거래상지위를 부당하게 이용하여 현대건설 등에게 불이익제공행위를 한 것이라고 [144]판시하였다.

지엠대우오토앤테크놀로지의 거래상지위 남용행위 건에서 법원은 원고인 지엠대우오토앤테크놀로지가 자신에게 매출의 상당부분을 의존하고 있는 5개 범퍼전문점에 대한 계약을 계약기간이 만료되기도 전에 해지한 것은 부당한 불이익을 주는 거래상지위 남용행위에 해당한다고 [145]판시하였다.

대한주택공사의 거래상지위 남용행위 건에서 법원은 원고인 대한주택공사가 주택건설 관련 각종 공사 및 물품구매시장에서 대규모 수요자의 위치에 있어 거래상지위가 있는 상황에서 65건의 공사를 추진하면서 시공업체의 귀책사유가 아닌 공사기간 연장으로 인해 발생한 간접비용을 지급하지 않은 것은 자

---

141) 대법원 2006. 6. 29. 선고 2003두1646 판결

142) 서울고등법원. 2008. 8. 20. 선고 2008누5713 판결, 고법에서 확정되었다.

143) 서울고등법원 2007. 9. 5. 선고 2007누9046 판결, 상고심(대법원 2007. 12. 13. 선고 2007두20287 판결)은 심리불속행 기각하였다.

144) 서울고등법원 2007. 8. 16. 선고 2006누16207 판결, 상고심(대법원 2007. 12. 27. 선고 2007두18833 판결)은 심리불속행 기각하였다.

145) 서울고등법원 2008. 10. 23. 선고 2007누26324 판결

신의 거래상의 지위를 부당하게 이용한 행위에 해당한다고 [146]판시하였다.

8개 손해보험사의 거래상지위 남용행위 건에서 법원은 원고인 손해보험사가 피해차주들에게 대차료, 휴차료 및 시세하락 손해보험금 등 간접손해보험금을 지급하지 않거나 다수의 피해차주들이 간접손해보험금을 청구하지 않도록 방치해 두는 행위는 개별 피해차주에게 불이익을 준 것으로 통상의 거래관행에 반할 뿐만 아니라 앞으로도 동일한 사안에서 같은 상황의 반복이 예견됨으로써 공정한 거래를 저해할 우려가 있다고 [147]판시하였다.

국민은행의 거래상지위 남용행위 건에서 법원은 원고인 국민은행이 자신의 거래상 지위를 부당하게 이용하여 2002. 12월부터 2005. 6월까지 시장금리가 약 30% 하락하였음에도 대출금리를 고정하거나 소폭 인하하였고, 대출금리가 고정된 기간 이 사건 대출상품의 평균계좌 수가 367,504개에 이르고 평균대출잔액이 7조 8,916억 원에 달하는 점 등에 비추어 보면 고객들에게 불이익을 제공한 점이 인정된다고 [148]판시하였다. 같은 사건에서 구체적 약정 없이 조기상환수수료를 고객들로부터 징수한 행위도 부당한 불이익에 해당된다고 인정되었다.

한국철도시설공단의 거래상지위 남용행위 건에서 법원은 원고인 한국철도시설공단이 시공사에 대해 간접비 미청구 동의서를 작성하여 제출하도록 한 행위는 거래상 우월적 지위에 있었음을 고려할 때 거래상대방에게 불이익을 제공한 행위에 해당한다고 [149]판시하였다.

리앤한의 거래상지위 남용행위 건에서 법원은 리앤한이 대리점주와 폐점협상 과정에서 인테리어 비용 보상문제로 갈등이 발행하자 이 사건 대리점주의 공급요청에도 불구하고 3개월에 걸쳐 기존 공급량의 10% 남짓한 상품을 공급한 것은 원고가 폐점예정인 대리점에 대한 재고관리 차원을 넘어서 대리점주의 영업방해를 하려는 의도를 갖고 있었다고 볼 여지도 있으므로 이 사건 공급제

146) 대법원 2007. 1. 26. 선고 2005두2773 판결, 파기환송 후 고법(서울고등법원 2007. 4. 11. 선고 2007누3901 판결)에서 확정되었다.

147) 서울고등법원 2010. 7. 7. 선고 2010누3598 판결, 상고심(대법원 2010. 1. 14. 선고 2008두14739 판결)의 파기환송 취지에 따른 판결이다.

148) 대법원 2010. 3. 11. 선고 2008두4695 판결, 파기환송 후 고법(서울고등법원 2010. 6. 16. 선고 2010누9473 판결)에서 확정되었다.

149) 서울고등법원 2017. 1. 18. 선고 2016누37241 판결, 상고심(대법원 2017. 5. 16. 선고 2017두35998 판결)은 심리불속행 기각하였다.

한행위는 정상적인 거래관행을 벗어난 것으로서 공정한 거래를 저해할 우려가 있는 불이익제공 행위에 해당한다고 [150]판시하였다.

반면, 임대인의 거래상지위 남용행위 건에서 법원은 비록 월세의 인상률 자체가 과다하다고 하더라도 인상 후의 임대료 전체수준이 시세에 비추어 높은 것이 아니라면 그와 같은 인상을 부당하다고는 단정할 수 없어 불공정거래행위에 해당하지 않는다고 [151]판시하였다.

서울지하철공사의 거래상지위 남용행위 건에서 법원은 원고가 거래상대방과 계약상 물건의 인도시기에 관한 해석을 둘러싸고 다툼이 있어 거래상대방이 청구하는 대금의 일부지급을 거부하는 행위는 원고가 거래상의 우월적 지위를 이용하여 정상적인 거래관행에 비추어 거래상대방에게 불이익을 주는 행위에 해당한다고는 볼 수 없다고 [152]판시하였다.

코스트코코리아의 거래상지위 남용행위 건에서 법원은 직매입거래의 경우라도 납품업체가 빠른 자금회전, 상품의 인지도 확보 등 자신의 이익을 위하여 반품을 요구하는 경우가 있을 수 있고 이와 같이 반품이 이루어진 경우에는 납품업체의 반품요구가 매입자의 부당한 강요에 의하여 이루어졌다는 등의 특별한 사정이 없는 한 반품이라는 외관만을 기하여 이를 부당한 반품이라고 할 수는 없다고 [153]판시하였다.

한국까르푸의 거래상지위 남용행위 건에서 법원은 원고인 한국까르푸가 야채류를 납품받으면서 신선도를 유지하여 신속히 판매해야 하는 야채류의 특성상 판매과정에서 파손, 훼손 또는 신선도가 떨어진 제품을 발견하는 경우에 불량분만큼 납품이 이루어지지 않은 것으로 처리하여 대금을 감액한 것은 손실공동분담 차원에서 납품업체의 동의하에 이루어진 것으로 볼 수 있는 이상 이 사건 대금감액행위는 거래상지위 남용행위에 해당하지 않는다고 [154]판시하였다.

삼환까뮤의 거래상지위 남용행위 건에서 원고인 삼환까뮤가 발주한 하도

---

150) 서울고등법원 2018 6. 29. 선고 2017누57464 판결

151) 서울고등법원 2003. 9. 23. 선고 2002누19079 판결, 상고심(대법원 2003. 12. 26. 선고 2003두11698 판결)은 심리불속행 기각하였다.

152) 대법원 1993. 7. 27. 선고 93누4984 판결

153) 서울고등법원 2000. 5. 9. 선고 99누9614 판결, 상고심(대법원 2000. 9. 30. 선고 2000두4415 판결)은 심리불속행 기각하였다.

154) 대법원 2003. 12. 26. 선고 2001두9646 판결

급공사 입찰에서 담합을 통해 낙찰받은 거래상대방에게 입찰담합을 이유로 하도급계약을 해제한 것은 적법한 해제권 행사이고 거래상지위를 부당하게 이용하여 거래상대방에게 불이익을 주는 불공정한 거래행위에 해당한다고 보기 어렵다고 [155]판시하였다.

한국공항공사의 거래상지위 남용행위 건에서 법원은 한국공항공사가 실시한 점포입찰에서 수의계약자에 비하여 상대적으로 높은 임대료율을 제시하여 낙찰 받아 입점한 업체에 대하여 수의계약업체 정도로 임대료를 감액하지 않은 사안에서 한국공항공사가 입점업체에게 불이익을 제공한 것으로는 볼 수 없다고 [156]판시하였다.

대한주택공사의 거래상지위 남용행위 건에서 법원은 원고인 대한주택공사가 물품납품업자들과 물품구매계약을 체결하면서 계약이행이 완료된 때 일부 납품대금을 지급하거나 공사지연시 위약금을 부과하는 것은 정상적인 거래관행에 비추어 상대방에게 부당하게 불이익을 주어 공정거래를 저해할 우려가 있다고 볼 수는 없다고 [157]판시하였다.

농업기반공사의 거래상지위 남용행위 건에서 법원은 원고인 농업기반공사가 기성대금을 예산배정이 지연되었다는 사유로 지연지급하면서 지연이자를 지급하지 않아 상대방에게 다소 불이익하게 거래조건을 설정하거나 그 이행과정에서 불이익을 준 사실을 인정할 수 있으나 당해 행위가 구입강제, 이익제공강요, 판매목표강제 등과 동일시 할 수 있을 정도로 거래상의 지위를 부당하게 이용하여 불이익을 준 행위라고는 할 수 없다고 [158]판시하였다.

전북개발공사의 거래상지위 남용행위 건에서 법원은 공사기간이 연장되었으나 거래상대방인 삼호토건은 그로 인하여 어떤 불이익을 받았다거나 손해를 입었다고 생각하지 않아 간접비를 원고에게 청구하지 않았으므로 원고가 간접비를 지급하지 않은 것이 정상적인 거래관행을 벗어난 것으로 공정한 거래를 저해할 우려가 있는 행위라고 보기는 어렵다고 [159]판시하였다.

155) 대법원 2000. 6. 9. 선고 99두2314 판결
156) 대법원 2005. 12. 8. 선고 2003두5327 판결
157) 대법원 2001. 12. 11. 선고 2000두833 판결
158) 대법원 2005. 1. 28. 선고 2002두9940 판결
159) 서울고등법원 2003. 7. 24. 선고 2002누10768 판결, 상고심(대법원 2002. 11. 27. 선고 2003두10299 판결)은 심리불속행 기각하였다.

한국토지공사의 부당지원행위 등 건에서 법원은 원고인 한국토지공사가 시공업체가 신청하지 않은 간접비용이나 정당한 절차에 의하여 삭감한 간접비용을 지급하지 아니한 행위는 자신의 거래상의 지위를 부당하게 이용하여 상대방에게 불이익을 준 행위에 해당한다고 볼 수 없다고 [160]판시하였다.

한국컨테이너부두공단의 거래상지위 남용행위 건에서 법원은 원고인 한국컨테이너부두공단이 거래상대방에게 기성금을 7일 지연지급하면서 지연이자를 미지급한 행위에 대해 지연이자가 소액이고 원고가 상당히 오랜 기간 동안 당해 거래상대방에게 기성금의 지급을 지연한 적이 없는 점 등을 종합하여 볼 때 민사상 계약위반에 해당될 수 있음은 별론으로 하고 공정거래를 저해할 우려가 있는 것으로는 보이지 않는다고 [161]판시하였다.

에쓰오일의 배타조건부 거래행위 건에서 법원은 원고인 에쓰오일이 주유소에 경질유 제품을 공급하면서 공급 시 가격을 확정하지 않고 월말에 사후 정산한 행위에 대해 원고가 정산가격을 할증하는 경우는 극히 예외적이었고 오히려 해당 상권 내에서 다른 경쟁 정유사들의 가격동향을 살펴 경쟁사보다 높지 않은 가격으로 최종가격을 결정해 왔으므로 원고와 거래하는 주유소들이 다른 경쟁사에 비해 높은 가격으로 경질유를 구매하였을 가능성이 낮아서 실제 어떤 불이익을 입었다고 보기는 어렵다고 [162]판시하였다.

투텍쿄와의 거래상지위 남용행위 건에서 법원은 원고인 투테쿄와가 거래상대방의 채무불이행을 이유로 대리점 계약을 해지한 사안에서 거래상대방에게 불이익을 주어 공정거래를 저해할 우려가 있는 행위라고 보기 어렵다고 하였고, 계약해지행위는 '불이익제공'이 정하는 행위유형에 해당하지 않고 '기타의 거래거절'로 의율해야 한다고 [163]판시하였다.

롯데쇼핑의 시장지배적지위 남용행위 등에 대한 건에서 법원은 원고인 롯데쇼핑과 거래상대방인 배급사간에는 영화티켓의 할인권 발행과 관련하여 할인금액의 부담에 대한 사전합의가 있었던 것으로 보이고, 이 사건 할인권 발행행

160) 대법원 2006. 5. 26. 선고 2004두3014 판결
161) 서울고등법원 2007. 8. 16. 선고 2006누16207 판결, 상고심(대법원 2007. 12. 27. 선고 2007두18833 판결)은 심리불속행 기각하였다.
162) 대법원 2013. 4. 25. 선고 2010두25909 판결
163) 서울고등법원 2009. 12. 4. 선고 2008누20118 판결, 상고심(대법원 2010. 3. 25. 선고 2009두23389 판결)은 심리불속행 기각하였다.

위로 인하여 매출이 증대되어 이는 배급사에게도 이익이 되므로, 원고의 영화 할인권 발행행위가 배급사에게 일방적으로 불이익한 것으로 볼 수는 없다고[164]판시하였다.

(6) 경영간섭

(6)-1 법적용 대상 행위

거래상대방의 임직원을 선임·해임함에 있어 자기의 지시 또는 승인을 얻게 하거나 거래상대방의 생산품목·시설규모·생산량·거래내용을 제한함으로써 경영활동을 간섭하는 행위는 거래내용의 공정성을 해치는 행위로서 금지된다. 경영간섭과 관련하여 거래상대방은 사업자만 해당하고 소비자는 포함되지 않는다.

신세계의 거래상지위 남용행위 건에서 법원은 경영간섭행위 중 '거래내용 제한'의 의미에 대해 설시하고 있다. 경영간섭 중 하나의 형태로서 거래내용을 제한한다는 것은 거래상대방이 판매가격을 변경하도록 요구하거나 판매품목을 승인하고 조정하는 행위, 거래상대방의 지급대금수준과 결제조건을 계약조건에 포함시키는 행위, 거래상대방이 징수하는 수수료율을 직접 결정하는 행위 등과 같이 거래상대방의 의사에 반하여 거래내용을 결정하거나 영향력을 행사함으로써 거래상대방의 경영활동에 부당하게 관여하는 일정한 행위를 필요로 한다고[165]판시한 바 있다.

(6)-2 위법성 판단

경영간섭의 위법성은 사업자가 거래상대방에 대해 거래상 지위를 가지고 있는지 여부, 거래내용의 공정성을 침해하는지 여부, 합리성이 있는 행위인지 여부를 종합적으로 고려하여 판단하는데, 거래내용의 공정성 여부는 당해 행위를 한 목적, 거래상대방의 예측가능성, 당해업종에서의 통상적인 거래관행, 관련법령 등을 종합적으로 고려하여 판단하고 합리성이 있는 행위인지 여부는 당해 행위로 인한 효율성 증대효과나 소비자후생 증대효과가 거래내용의 불공정

164) 서울고등법원 2017. 2. 15. 선고 2015누39165 판결, 상고심(대법원 2017. 7. 11. 선고 2017두39372 판결)은 심리불속행 기각하였다.

165) 서울고등법원 2010. 4. 8. 선고 2009누548 판결, 상고심(대법원 2011. 10. 27. 선고 2010두8478 판결)은 이러한 원심판결에 위법이 없다고 판시하였다.

성으로 인한 공정거래저해 효과를 현저히 상회하는지 여부 등을 종합적으로 고려하여 판단하게 된다.

경영간섭 행위라도 의결권의 행사나 채권회수를 위한 것으로서 법적 근거가 있거나 합리적인 사유가 있는 경우로서 투자자 또는 채권자로서의 권리를 보호하기 위해 필요하다고 인정되는 경우에는 당해 수단의 합목적성과 대체수단의 유무 등을 고려하여 법위반으로 보지 않을 수도 있다.

(6)-3 법위반 유형과 관련 판례

법위반 소지가 있는 경영간섭 행위로는 ① 합리적 이유 없이 대리점의 거래처 또는 판매내역 등을 조사하거나 제품광고 시 자기와 사전협의하도록 요구하는 행위, ② 금융기관이 채권회수에 아무런 곤란이 없음에도 불구하고 자금을 대출한 회사의 임원선임 및 기타 경영활동에 대하여 간섭하거나 특정임원의 선임이나 해임을 대출조건으로 요구하는 행위, ③ 상가를 임대하거나 대리점계약을 체결하면서 당초 계약내용과는 달리 취급품목이나 가격, 요금 등에 관하여 지도를 하거나 자신의 허가나 승인을 받도록 하는 행위, ④ 합리적 이유 없이 대리점 또는 협력업체의 업무용 차량의 증가를 요구하는 행위 등이 포함된다. 건설기계 기사 등 특수형태 근로종사자 관련 경영간섭과 관련하여 위법할 소지가 있는 행위로는 ① 사업자가 부당하게 거래내용, 거래지역, 거래상대방을 제한하는 행위, ② 사업자가 부당하게 업무용 차량의 증가를 요구하는 행위 등이 포함될 수 있다.

롯데쇼핑의 거래상지위 남용행위 건에서 법원은 원고인 롯데쇼핑이 85개 납품업체들로부터 경쟁사업자인 신세계백화점의 시스템에 접속할 수 있는 권한을 제공받아 주기적으로 매출정보를 취득하고 신세계백화점의 매출액이 높은 품목은 할인행사를 하도록 특별관리방안을 마련하여 시행한 사실과 관련하여 이는 납품업체들의 자유로운 의사결정을 저해하는 등 거래내용을 제한함으로써 경영활동을 간섭하였다고 [166]판시하였다.

반면 신세계의 거래상지위 남용행위 건에서는 신세계도 롯데와 동일하게 자신의 납품업체들로부터 경쟁사업자인 롯데백화점의 매출정보를 취득하기는 했지만 협력업체들에게 판촉행사나 할인행사를 강요하는 등의 행위는 없었으므

166) 대법원 2011. 10. 13. 선고 2010두8522 판결

로 위법하지 않다고 [167]판시하였다.

한국도로공사의 부당지원행위 등 건에서 법원은 원고인 한국도로공사가 고속도로 휴게소의 상품 및 유류가격을 인하하도록 지시한 것은 인하된 휴게소의 상품 및 유류가격이 시중가격에 비해 낮지 않은 적정한 가격으로 보이고, 고속도로 휴게시설은 진출입이 제한되어 고립된 시장이라는 장소적 특성으로 인하여 그 공공성과 편의성을 유지해야 할 필요성이 있는 점을 고려할 때 거래상의 지위를 이용하여 가격인하를 종용함으로써 그들의 거래내용을 제한한 측면이 있다고 하더라도 이를 부당하다고 볼 수는 없다고 [168]판시하였다.

인천국제공항공사의 거래상지위 남용행위 건에서 법원은 원고인 인천국제공항공사가 거래상대방에게 20개 품목의 가격조정을 요청하고 판매가격 특별점검을 한 행위에 대해 가격조정 요청에 대해 사업자들이 6개 품목의 가격인하에만 응한 것에 비추어 가격조정이 강제된 것으로 보기는 어렵고, 판매가격 특별점검도 임대차계약에 근거하여 이루어진 것이어서 불공정하다고 보기는 어렵다고 [169]판시하였다.

(7) 계속적 재판매거래의 경우

공급업자가 판매업자에 대해 거래상 우월한 지위를 가진 상황에서 공급업자가 판매업자에게 계속적으로 상품을 매입거래, 위·수탁거래 등의 방법으로 공급하고 판매업자가 당해 상품을 재판매·위탁판매 등을 하는 계속적 재판매거래 등에 있어서는 거래상지위 남용행위가 특별히 문제될 가능성이 크기 때문에 공정거래위원회는 '계속적 재판매거래 등에 있어서의 거래상지위 남용행위 세부유형 지정고시'를 통해 이를 별도로 규제하고 있다.

(7)-1 구입강제

거래상지위를 가진 공급업자가 ① 판매업자가 주문하지 않은 상품을 일방적으로 공급하고 이를 구입한 것으로 정산하거나 이에 준하여 회계처리하는 행위, ② 판매업자로 하여금 유통기한 임박상품, 신제품, 판매부진 제품 등을 일정

167) 서울고등법원 2010. 4. 8. 선고 2009누548 판결, 상고심(대법원 2011. 10. 27. 선고 2010두8478 판결)은 이러한 원심판결에 위법이 없다고 판시하였다.

168) 대법원 2006. 6. 2. 선고 2004두558 판결

169) 서울고등법원 2017. 8. 16. 선고 2016누41967 판결, 상고심(대법원 2018. 1. 17. 선고 2017두61362 판결)은 심리불속행 기각하였다.

수량 이상 반드시 구입 또는 인수하도록 하는 행위, ③ 기타 구입의사 없는 상품 등을 구입하도록 강제하는 행위는 계속적 재판매거래에 있어 구입강제에 해당할 수 있다.

(7)-2 이익제공 강요

거래상지위를 가진 공급업자가 판매업자에게 경제상 이익제공을 강요하는 행위를 하는 경우 위법할 수가 있는데 이에는 ① 판매촉진행사를 하면서 소요되는 비용을 사전에 판매업자와 약정하지 않고 판매업자에게 부담하도록 강요하는 행위, ② 공급업자가 실질적으로 채용·관리하는 자의 인건비의 전부 또는 일부를 판매업자에게 부담하도록 강요하거나, 판매업자에게 고용된 인원을 파견 받아 자기의 사업장 등에서 근무하도록 강요하는 행위, ③ 판매업자에게 거래와 무관한 기부금, 협찬금 등 경제상 이익을 제공하도록 강요하는 행위 등이 포함된다.

(7)-3 판매목표 강제

거래상지위를 가진 공급업자가 자기가 공급하는 상품과 관련하여 거래상대방에게 판매목표를 제시하고 이를 달성하지 못하였다는 이유만으로 계약을 중도해지, 제품공급 중단, 지급의무가 있는 금원의 전부 또는 일부의 미지급 등의 불이익을 주거나 줄 것을 나타내어 판매목표를 강제하는 경우 위법할 수 있다.

(7)-4 불이익 제공

거래상지위를 가진 공급업자가 거래조건의 설정 및 변경과 관련하여 계약기간 중 부당한 거래조건을 추가한 새로운 계약을 일방적으로 체결하는 행위, 계약의 해지 시 손해배상을 청구할 수 없도록 하는 행위, 판매업자의 귀책사유에 따른 변상 발생시 부당한 변상기준을 일방적으로 설정하는 행위, 계약에 관해 공급업자의 일방적인 해석에 따라야 한다는 조건을 설정하는 행위 등과 반품과 관련하여서도 자신의 귀책사유로 인한 것임에도 반품을 거부하거나, 판매업자의 귀책사유로 인한 반품 시에 운송비 등 반품에 소요되는 비용을 판매업자에게 전가시키는 행위를 하는 경우 위법할 소지가 있다.

거래상지위를 가진 공급업자가 거래과정에서 상품의 공급 또는 영업의 지원 등을 부당하게 중단 또는 거절하거나 현저히 제한하는 행위를 하거나 판매장려금을 부당하게 삭감하거나 지급하지 않는 행위 등을 하거나 기타 거래의 이행과정에서 불이익을 주는 행위를 할 경우에도 위법할 소지가 있다.

(7)-5 경영간섭

거래상지위를 가진 공급업자는 판매업자의 동의 없이 경영활동을 간섭하는 경우 위법할 수 있는데, 이에는 자신의 판매촉진행사에 판매업자가 반드시 참여하도록 요구하는 행위, 판매업자 소속 임직원의 선임·해임, 근무조건이나 판매원의 계약체결·해지, 영업지역, 거래조건 등을 일방적으로 정하여 이행을 요구하는 행위, 판매업자의 거래처 현황, 매출내역 등 사업상 비밀에 해당하는 정보를 제공하도록 요구하는 행위, 판매업자의 거래상대방·영업시간·거래지역 등을 공급업자가 일방적으로 정하여 이행을 요구하는 행위 등이 포함된다.

Ⅴ. 특수 불공정거래행위

1. 대규모소매업 분야

(1) 의의

대규모소매업자는 일반 소비자가 일상적으로 사용하는 상품을 다수 사업자로부터 구입하여 소매하는 자로서 직전 사업연도 매출액이 1,000억 원 이상인 사업자와 매장면적의 합계가 3,000㎡ 이상의 점포를 소유한 사업자를 의미하며 통상 대형할인점 등이 이에 해당한다. 대형할인점은 구매에 있어 시장력을 가지고 있어 납품, 대금지급 등에 있어 거래상지위를 남용할 개연성이 크므로 별도의 고시를 두어 위반가능성이 있는 행위 등을 규정하고 있다.

공정거래법 제45조(종전 공정거래법 제23조)에서 정하고 있는 거래상지위 남용행위와 관련하여 특히 대규모소매업에서의 불공정거래행위의 유형 및 기준을 정하기 위해 공정거래위원회 고시로 ‘대규모소매업에 있어서의 특정불공정거래행위의 유형 및 기준 지정고시’를 두고 있고 대규모소매업자의 주문제조거래가 ‘하도급거래공정화에 관한 법률’에 따른 하도급거래에 해당되는 경우에는 하도급 관련 규정을 우선 적용하게 된다.

(2) 행위 유형

(2)-1 부당반품

거래상지위가 있는 대규모소매업자는 주문제조거래 또는 직매입거래에 있어서 특정한 경우가 아니고는 납품업자로부터 매입한 상품의 전부 또는 일부를 반품하는 행위를 할 수 없다. 반품이 허용되는 특정한 경우로는 ① 납품업자의 귀책으로 인한 오손·훼손·하자에 대해 정당한 기간 내 반품하는 행위, ② 납품받은 상품이 주문한 물품과 다른 경우 정당한 기간 내 반품하는 행위, ③ 반품으로 인한 손실을 대규모소매업자가 부담하는 경우, ④ 특정기간이나 계절 동안만 주로 판매되는 상품의 일부를 정당한 기간 내에 반품하는 행위, ⑤ 신·구 상품의 교체 등 납품업자가 자신의 이익을 위해 요청한 반품에 대해 이를 반품하는 행위 등이 해당될 수 있다.

(2)-2 부당감액

거래상지위가 있는 대규모소매업자는 납품업자의 귀책으로 인한 오손(汚損)·훼손·하자 등이 있는 경우와 주문한 상품과 다른 상품을 납품받은 경우 정당한 금액 범위 내의 감액을 제외하고는 상품을 매입한 후에 상품의 대금을 감액하는 행위를 할 수 없다.

(2)-3 부당한 지급지연

거래상지위가 있는 대규모소매업자가 납품업자로부터 상품을 수탁하여 판매하거나 점포임차인의 상품판매대금을 수령하여 관리하는 경우 정당한 이유 없이 상품판매대금을 지연하여 지급하는 행위는 금지된다.

(2)-4 부당한 강요행위

거래상지위가 있는 대규모소매업자가 거래관계에 있는 납품업자 등에 대해 ① 할인특매, 염가판매 등의 특별행사를 하기 위해 납품업자에게 통상적인 납품가격보다 현저히 낮은 가격으로 납품하도록 강요하는 행위, ② 할인판매 등의 특별판매행사에 납품업자 등이 참여하도록 강요하는 행위, ③ 납품업자 등에게 상품이나 상품권 등의 구입을 강요하는 행위는 금지된다.

(2)-5 부당한 수령거부

거래상지위가 있는 대규모소매업자는 납품업자와 주문제조거래 계약을 체결한 후 납품업자의 귀책사유가 없음에도 불구하고 당해 상품의 전부 또는 일부의 수령을 지연·거부하는 행위를 할 수 없다.

(2)-6 판촉비용 등의 부당강요

거래상지위가 있는 대규모소매업자는 특정한 경우를 제외하고는 납품업자 등에게 판촉비용을 부담시키는 행위를 할 수 없는데 특정한 경우는 대규모소매업자와 납품업자가 각각 당해 판촉행사를 통해 얻을 이익과 판촉비용의 분담에 대한 서면약정 체결 하에 판촉이 이루어지는 경우와 납품업자 등이 부담하는 판촉비용이 납품업자 등의 판매촉진이나 비용절감에 기여하는 경우가 해당된다. 다만, 납품업자 스스로의 필요에 의한 판촉의 경우는 특별한 제한이 없다.

거래상지위가 있는 대규모소매업자가 납품업자 등으로부터 종업원을 파견받아 자기의 업무에 종사시키거나 자신의 종업원의 인건비를 납품업자 등에게 부담시키는 행위는 금지된다. 다만, 파견 받은 납품업자 등의 종업원에 대한 인건비를 대규모소매업자가 부담하거나 납품업자가 자신의 이익을 위해 특수한 판매기법 등을 가진 자신의 종업원을 자발적으로 파견하는 경우 등은 예외로 인정된다.

(2)-7 부당한 경제상이익 수령

거래상지위가 있는 대규모소매업자는 납품업자 등으로부터 납품업자 등의 이익과 관련 없는 금전·역무 기타 경제상 이익을 수령할 수 없다. 다만, [170]직매입거래의 경우는 계약을 통해 합리적 조건을 명시하고 그에 따라 판매장려금을 수령하는 것은 허용된다.

(2)-8 사업활동방해 등

거래상지위가 있는 대규모소매업자는 납품업자 등과의 거래를 자기에게만 한정하거나 배타적거래를 강요하는 등 다른 사업자와의 거래를 부당하게 방해하는 행위를 하거나 납품업자 등으로부터 경쟁사업자의 경영자료를 부당하게 취득하는 등 경영에 간섭하는 행위를 하는 것이 금지된다.

(2)-9 부당한 계약변경 등 불이익제공

거래상지위가 있는 대규모소매업자는 특정한 경우를 제외하고는 계약기간 중에 계약조건을 변경하는 행위가 금지된다. 특정한 경우는 상품 재구성의 목적 등으로 다수 매장의 위치·면적 등을 동시에 변경하는 경우와 납품업자 등에게 직접적으로 이익이 되는 경우 등이 해당된다. 또한 점포임차인이 인테리어를 한 후 그 비용회수에 필요한 상당한 기간이 경과하지 아니한 때에는 인테리어 비용보상 없이 거래를 거절하거나 매장의 위치 등을 변경시키는 행위를 할 수 없다.

---

170) '직매입거래'는 대규모소매업자가 납품업자로부터 직접 상품을 매입하여 판매하는 거래형태를 말한다. 이에 대해 '특정매입거래'는 대규모소매업자가 납품업자로부터 상품을 외상매입하여 판매하고 재고품은 반품하는 위·수탁거래형태를 의미한다.

2. 병행수입 분야

(1) 의의

수입품의 경우 [171]독점수입권자가 수입하여 국내에 유통시키는 상품 이외에 [172]병행수입업자가 해외에서 동일한 [173]진정(眞正)상품을 수입하여 국내에 유통시키는 경우 수입상품 간 경쟁으로 인해 소비자들은 저렴한 가격으로 소비를 할 수 있게 되어 후생을 증진시키는 효과가 있다. 그러나 독점수입권자는 자신의 이익을 위해 이러한 병행수입상품에 대해 진정상품의 구입이나 유통단계에서 여러 가지 불공정한 행위를 하여 경쟁을 제한할 우려가 있으므로 공정거래위원회는 '병행수입에 있어서의 불공정거래행위의 유형 고시'를 통해 이를 규제하고 있다.

(2) 행위 유형

(2)-1 진정상품 구입방해

독점수입권자가 외국상표권자로 하여금 해외거래처에 제품공급을 못하게 하여 병행수입업자가 진정상품을 구입할 수 없게 하는 행위는 거래지역 또는 거래상대방 제한에 위반되거나 기타의 사업활동방해 행위에 해당할 수 있다.

(2)-2 병행수입품 취급제한

독점수입권자가 자기의 판매업자에게 부당하게 병행수입품을 취급하지 않는 조건으로 거래하는 행위는 배타조건부 거래행위에 해당할 수 있다.

(2)-3 차별적 취급

독점수입권자가 독점수입상품을 판매함에 있어 자기의 판매업자 중 병행수입품을 취급하는 판매업자에 대해서는 현저하게 불리한 가격으로 거래하거나 거래조건·거래내용에 관하여 부당하게 차별적 취급을 하는 경우에는 가격차별 또는 거래조건 차별에 해당할 수 있다.

---

171) 독점수입권자는 외국상표권을 자신이 직접 또는 계열회사를 통해 소유하거나 수입대리점 또는 외국상표권자로부터 전용사용권을 설정받은 자를 의미한다.

172) 병행수입은 독점수입권자에 의한 수입 이외에 제3자가 다른 유통경로를 통해 외국상품을 국내 독점수입권자의 허락 없이 수입하는 것을 의미한다.

173) 진정상품은 상표가 외국에서 적법하게 사용할 수 있는 권리가 있는 자에 의하여 부착되어 배포된 상품을 의미한다.

(2)-4 제품공급 거절 및 중단

독점수입권자가 독점수입상품을 판매함에 있어서 병행수입품을 취급하는 사업자와는 거래개시를 거절하거나 그동안 계속 거래하여 오던 자기의 판매업자 중 병행수입품을 취급한 사업자에 대하여 부당하게 제품의 공급을 중단하는 경우는 위법한 행위에 해당할 수 있다.

(2)-5 소매업자에 대한 판매제한

독점수입권자가 자기의 판매업자로 하여금 부당하게 병행수입품을 취급하는 소매업자에게 독점수입품을 판매하지 못하게 하는 경우 거래지역·거래상대방제한, 거래상지위 남용, 경영간섭 등에 해당하여 위법할 소지가 있다.

3. 신문업 분야

(1) 의의

신문판매와 신문에 게재되는 광고판매에 있어 고객유인, 끼워팔기 또는 거래강제 등 다양한 불공정거래행위가 발생함에 따라 신문업에서 부당고객유인행위를 포함한 불공정거래행위는 공정거래위원회의 고시인 '신문업에 있어서의 불공정거래행위 및 시장지배적지위 남용행위의 유형 및 기준(이하 '신문고시'라 한다)'에 의해 별도로 규제를 하게 되었다.

(2) 행위 유형

(2)-1 무가지 및 경품류 제공

신문고시는 무가지와 경품류 제공을 제한하면서 다음에 해당하는 경우 부당고객유인행위로 보는데 ① 신문발행업자가 신문판매업자에게 1개월 동안 제공하는 무가지와 경품류를 합한 가액이 같은 기간에 당해 신문판매업자로부터 받는 유료 신문대금의 20%를 초과하는 경우, ② 신문판매업자가 독자에게 1년 동안 제공하는 무가지와 경품류를 합한 가액이 같은 기간에 당해 독자로부터 받는 유료 신문대금의 20%를 초과하는 경우, ③ 신문발행업자가 직접 독자에게 1년 동안 제공하는 무가지와 경품류를 합한 가액이 같은 기간에 당해 독자로부터 받는 유료 신문대금의 20%를 초과하는 경우가 이에 해당한다.

신문업에서의 무가지 및 경품류 제공의 제한 등을 담은 신문고시가 자유로운 경제활동을 제한하여 위헌이라는 주장에 대해 헌법재판소는 신문판매업자에 대한 이러한 행위제한은 무가지와 경품 등의 과다한 살포를 통하여 경쟁상대 신문의 구독자를 탈취하고자 하는 신문업계의 과당경쟁상황을 완화시키고 신문 판매·구독시장의 경쟁질서를 정상화하는 데 주목적이 있고, 신문고시에 의한 신문판매업자 규제는 신문업에 있어서의 시장의 지배와 경제력의 남용을 방지하기 위한 경제적 규제로서 헌법 제119조 제2항에 의하여 정당화될 수 있는 정도에 해당한다고 [174]판시한 바 있다.

(2)-2 부당한 고객유인행위

신문고시가 일반적으로 금지하고 있는 부당한 고객유인행위로는 ① 신문판매업자가 구독계약기간이 종료된 후 구독중지의사를 표시한 자에게 신문을 7일 이상 계속 투입하는 행위, ② 신문발행업자 또는 신문판매업자가 직접 또는 제3자를 통하여 신문대금 대신지급, 과도한 가격할인 등 경품류 제공 이외의 방법으로 경쟁사업자의 고객을 자기와 거래하도록 유인하는 행위, ③ 신문발행업자가 폐기되는 신문부수도 독자에게 배포되는 신문부수에 포함·확대하여 광고주를 오인시킴으로써 자기에게 광고게재를 의뢰하도록 유인하는 행위, ④ 신문발행업자가 고객에게 자기의 신문에 그 고객에게 유리한 기사를 게재하는 등의 이익을 주겠다고 하여 광고게재의뢰를 유인하는 행위가 포함된다.

(2)-3 거래상 지위남용행위

신문고시는 신문업과 관련한 거래상지위 남용행위와 관련하여 ① 신문발행업자가 신문판매업자에게 사전협의 없이 그의 의사에 반하여 판매목표량을 늘리도록 강요하는 행위, ② 신문발행업자가 신문판매업자에게 공급부수·단가, 판매지역 등을 사전협의 없이 부당하게 결정하거나 변경하는 행위, ③ 신문발행업자가 원재료구입처 등 거래상대방에게 기자재 제공강요, 특정 행사에 금전·물품·용역 기타 경제상 이익제공을 강요하는 행위, ④ 신문발행업자가 광고제재의뢰를 받지 않고 일방적으로 광고를 게재한 후 광고대가 지급을 강요하는 행위, ⑤ 신문발행업자가 계속적 거래관계 고객에게 사전협의 없이 합리적 근거 없는 높은 광고단가로 부당하게 광고대가지급을 강요하는 행위를 금지하고 있다.

---

174) 헌법재판소 2002. 7. 18. 선고 2001헌마605 결정

(2)-4 차별적 취급행위

신문고시는 ① 신문발행업자가 신문판매업자에게 신문을 공급함에 있어 부당하게 거래지역 또는 거래상대방에 따라 현저하게 유리하거나 불리한 조건으로 거래하는 행위와, ② 신문판매업자가 광고물배달을 의뢰받는 경우 의뢰하는 자에 따라 정상적인 가격이나 거래조건에 비해 부당하게 현저히 유리하거나 불리한 조건으로 거래하는 행위를 차별적 취급행위로서 금지하고 있다.

(2)-5 거래강제행위

신문고시는 ① 자기의 임직원에게 자기, 특수관계인 또는 계열회사가 발행하는 신문, 잡지 또는 다른 출판물을 구입 또는 판매하도록 강요하는 행위, ② 사원을 아주 낮은 보수 또는 무보수로 채용한 뒤 그 사원이 수주한 광고대가의 일부를 보수로 지급하는 조건으로 광고상품의 판매를 강요하는 행위, ③ 신문발행업자가 광고게재를 유도할 목적으로 고객에게 광고게재를 의뢰하지 않으면 자기의 신문에 불리한 기사를 게재하는 등의 불이익을 주겠다는 의사를 표시하거나 불이익을 주는 행위, ④ 신문발행업자가 신문판매업자에게 신문을 공급하면서 자기, 특수관계인 또는 계열회사가 발행하는 신문, 잡지 또는 다른 출판물을 구입하도록 하는 행위를 거래강제행위로서 금지하고 있다.

(2)-6 배타조건부 거래행위

신문발행업자가 신문판매업자에게 부당하게 사전계약 또는 합의에 의하지 않고 다른 신문발행업자의 신문을 판매하지 못하게 하는 행위는 거래의 상대방의 사업활동을 부당하게 구속하는 조건으로 거래하는 행위에 해당할 수 있다.

(2)-7 거래거절

신문발행업자가 신문판매업자에 대하여 계약서상 신문공급의 제한 또는 해약사유나 사전합의에 의하지 않고 부당하게 신문공급을 중단하거나 또는 현저히 제한하거나 계약을 해지하는 행위는 부당하게 거래를 거절하는 행위에 해당할 수 있다.

Ⅵ. 위반에 대한 제재

1. 행정적 제재

(1) 시정조치

(1)-1 의의

사업자가 공정거래법 제45조(종전 공정거래법 제23조) 제1항에 위반하는 행위를 한 경우에 공정거래위원회는 해당 사업자, 특수관계인 또는 회사에 대하여 불공정거래행위 등의 중지 및 재발방지를 위한 조치, 계약조항의 삭제, 시정명령을 받은 사실의 공표 기타 시정을 위해 필요한 조치를 명할 수 있다. 공정거래위원회는 불공정거래행위를 시정하기 위해 필요한 조치를 함에 있어 전문 경쟁당국으로서 폭넓은 재량을 부여받고 있으나 재량의 범위를 일탈·남용하거나 비례의 원칙에 위배되는 경우에는 위법한 시정조치가 된다. 또한 공정거래위원회가 시정명령을 내리는 경우에는 그 대상이 되는 행위들의 내용을 구체적으로 명확하게 특정을 하여야만 적법한 시정명령 처분이 된다.

공정거래위원회는 고시인 '공정거래위원회 회의운영 및 사건처리절차 등에 관한 규칙'을 통해 일정한 경우 시정명령에 대신하여 경고조치를 할 수 있도록 규정하고 있는데, ① 피신고인의 연간 매출액이 75억 원 미만인 경우, ② 위반행위의 파급효과가 1개 시(광역시는 제외한다)나 군 또는 구 지역에 한정된 경우, ③ 위반행위가 신고인에게 한정된 피해구제적 사건인 경우가 이에 해당한다.

(1)-2 관련 판례

공정거래위원회의 시정명령과 관련하여 에쓰오일의 배타조건부 거래행위 건에서 법원은 공정거래법에 의한 시정명령이 지나치게 구체적인 경우 매일 다소간의 변형을 거치면서 행해지는 수많은 거래에서 정합성이 떨어져 결국 무의미한 시정명령이 되므로 그 본질적인 속성상 다소간의 포괄성·추상성을 띨 수 밖에 없다고 하면서 시정명령 내의 '거래상대방의 의사에 반하여'라는 문언은 그 의미가 불명확한 것은 아니라고 [175]판시한 바 있다.

공정거래법 위반행위로 인정된 행위와 동일한 유형의 행위로서 가까운 장

175) 대법원 2013. 4. 25. 선고 2010두25909 판결

래에 반복될 우려가 있다면 그러한 유형의 행위의 반복금지까지 시정명령의 내용으로 할 수 있는바, [176]유한양행의 부당한 고객유인행위 건과 [177]녹십자의 부당한 고객유인행위 건에서 법원은 동일한 취지의 판시를 한 바 있다.

시정조치에 대해 공정거래위원회에 재량이 부여된 것과 관련, 페르마에듀의 거래강제행위 건에서 법원은 공정거래위원회가 온라인강의를 끼워 파는 위법상태를 시정하기 위한 조치의 일환으로 원고로 하여금 인터넷홈페이지에 2년간 별지 기재문안을 게재하도록 한 문안게재 명령은 비례의 원칙 또는 과잉금지의 원칙에 반하지 않는다고 [178]판시하였다.

공표명령과 관련하여 조선일보의 신문구매강요행위 건에서 법원은 공정거래위원회의 시정명령과 이에 대한 공정거래위원회의 처분에 대한 공표명령은 각각 독립한 처분이므로 시정명령에 불복하지 아니하여도 공표명령에 대한 취소를 구할 수 있다고 [179]판시하였다.

현대자동차 외 1의 계열회사 현대카드를 위한 차별행위 건에서 법원은 전제가 되는 시정명령 중 일부가 위법하여 취소되었다면 공표명령의 크기 역시 조정되어야 한다고 [180]판시하였다.

공정거래위원회의 시정조치와 관련하여 에스케이텔레콤, 엘지전자, 엘지유플러스의 부당한 고객유인행위에 대한 건에서 법원은 공정거래위원회가 원고들이 판매하는 일체의 단말기에 대한 모델별 출고가와 공급가의 차이내역을 공개·보고하도록 시정명령한 것에 대해 원고들과 제조사 사이에 출고가에 관한 협의가 있었는지 여부 등을 전혀 고려하지 않은 채 이 사건 위반행위와 관련이 없는 단말기까지 공개명령과 보고명령의 대상에 포함시키는 것은 위반행위의 내용과 정도에 비례하지 않는다고 [181]판시하였다.

또한 공정거래위원회가 시정명령 등 행정처분을 하기 위해서는 그 대상이 되는 행위의 내용이 구체적으로 특정되어야 하며, 이랜드리테일의 거래상지위

---

176) 대법원 2010. 11. 25. 선고 2008두23177 판결

177) 대법원 2010. 12. 9. 선고 2009두3507 판결, 파기환송 후 고법(서울고등법원 2011. 5. 18. 선고 2010누44230 판결)에서 확정되었다.

178) 서울고등법원 2009. 11. 12. 선고 2009누5635 판결, 고법에서 확정되었다.

179) 대법원 1998. 3. 27. 선고 96누18489 판결, 파기환송 후 고법(서울고등법원 1998. 7. 28. 선고 98누8775 판결)에서 확정되었다.

180) 대법원 2007. 2. 23. 선고 2004두14052 판결

181) 대법원 2019. 9. 26. 선고 2014두15047, 2014두15740, 2015두59 판결

남용행위 건에서 법원은 이익제공강요 및 불이익제공의 내용이 구체적으로 명확하게 특정되어야 하고, 그러하지 아니한 상태에서 이루어진 시정명령 등 행정처분은 위법하다고 182)판시하였다.

유사한 취지의 판례로 서울도시철도공사의 광고대행업자인 광인기업에 대한 거래상지위 남용행위 건에서 법원은 원고인 서울도시철도공사가 지하철의 개통지연 및 미영업역 발생 등으로 인하여 발생한 광고대행사의 경상관리비를 광고대행료에 반영하여 주지 않음으로써 불이익을 제공하였다고 하는 것에 대해 공정거래위원회가 시정명령을 하기 위해서는 거래상대방에게 발생한 불이익의 내용이 객관적으로 명확하게 확정되어야 하고, 불이익이 금전상의 손해인 경우에는 법률상 책임 있는 손해의 존재는 물론 손해액까지 명확하게 확정되어야 한다고 183)판시하였다.

이랜드리테일의 거래상지위 남용행위 건에서 법원은 이랜드리테일이 납품업자들에 대하여 광고선전비 등 각종 명목의 비용을 납품대금에서 공제하거나 현금 또는 상품으로 수령한 사안에서 공정거래위원회가 이랜드리테일이 수령한 비용명목 및 업체 수, 비용별 합계액만을 기재하고 그 비용을 제공한 업체명, 비용제공의 시기, 업체별 비용부담액수 등 구체적인 내용이 전혀 적시하지 않은 시정명령을 내린 것은 그 대상이 되는 행위들의 내용이 구체적으로 명확하게 특정되었다고 할 수 없다고 184)판시하였다.

(2) 과징금부과

(2)-1 의의

공정거래위원회는 불공정거래행위가 있는 경우 해당 사업자에 대하여 관련 매출액의 100분의 4를 곱한 금액을 초과하지 아니하는 범위 안에서 과징금을 부과할 수 있다. 다만, 매출액이 없는 경우 등에는 10억 원을 초과하지 않는 범위 내에서 과징금을 부과할 수 있다. 종전 공정거래법 제23조의2에 의해 100분의 2와 5억 원 범위 내에서 부과하던 것을 전부개정 공정거래법에서는 경제규모가 확대된 상황을 반영하고 법 위반 억지력 제고를 위해 과징금 상한을 2배로

182) 대법원 2007. 1. 12. 선고 2004두7146 판결
183) 대법원 2002. 5. 31. 선고 2000두6213 판결
184) 대법원 2007. 1. 12. 선고 2004두7146 판결

상향하게 되었다. 다만, 부칙에 따라 개정법이 시행되는 2021. 12. 30. 이전에 이루어진 위반행위에 대한 과징금은 개정 전 규정에 근거하여 부과되는 점에 유의할 필요가 있다.

과징금은 행정제재로서의 성격과 함께 부당이득 환수의 성격도 가지고 있는바, 불공정행위 등으로 인해 얻은 이득액의 규모와 비교해서 지나치게 균형을 잃은 경우는 재량권 일탈·남용에 해당한다. 대우자판의 거래강제행위 건에서 법원은 대우자판이 사원판매 행위로 얻은 이익이 5천만 원임에 비해 과징금이 19억 원인 경우에는 액수 면에서 비례의 원칙에 위배되는 재량권 일탈·남용이라고 [185]판시하였다.

과징금고시에 따라서 불공정거래행위에 대한 과징금은 '관련매출액'에 위반행위 중대성의 정도별 부과기준율을 곱하여 기본 산정기준을 정하는데 그 부과기준율은 ① 매우 중대한 위반행위 2.4% 이상 4.0% 이하, ② 중대한 위반행위 0.8% 이상 2.4% 미만, ③ 중대성이 약한 위반행위 0.1% 이상 0.8% 미만으로 정해져 있다. 공정거래법 전면개정에 따라 불공정거래행위 과징금 상한이 2배로 상향조정되어 최근 과징금고시의 부과기준율도 이에 맞춰 조정되었다. 중대성 구분은 과징금고시 별표에 따른 [186]'세부평가 기준표'에 따라 산정된 점수를 기준으로 하게 된다.

불공정거래행위와 관련된 매출액을 산정하기 곤란하거나 매출액이 없는 경우는 정액과징금을 부과할 수 있고, 위반행위 중대성의 정도별 부과기준금액의 범위 내에서 기본 산정기준을 정하는데 그 부과기준금액은 ① 매우 중대한 위반행위 6억 원 이상 10억 원 이하, ② 중대한 위반행위 2억 원 이상 6억 원 미만, ③ 중대성이 약한 위반행위 5백만 원 이상 2억 원 미만으로 정해져 있다. 공정거래법 전면개정에 따라 불공정거래행위의 정액과징금 상한도 2배로 상향되었다. 이에 맞추어 최근 과징금고시의 부과기준금액도 상향조정되었다.

(2)-2 관련 판례

농업협동조합중앙회의 거래상지위 남용 건에서 법원은 공정거래위원회가 행정상의 제재적 성격을 가지고 있는 과징금을 부과하면서 과거 3년간 6회의

---

185) 서울고등법원 2002. 5. 9. 선고 2001누3053 판결, 재상고심(대법원 2002. 8. 28. 선고 2002두5085 판결)은 심리불속행 기각하였다.

186) 불공정거래행위에 대한 세부평가 기준표는 이 장 말미에 참고로 첨부해 놓았다(576쪽 참조).

공정거래법 위반으로 조치를 받은 점을 들어 임의적 가중사유로 삼은 것에 대해 비례·평등의 원칙에 위배되지 않았다고 [187]판시하였다.

파마킹의 부당한 고객유인에 대한 건에서 법원은 원고가 처방보상비 등의 지급을 하지 않는 등 자진시정을 한 사실이 인정되는바, 공정거래위원회가 이러한 자진시정에 대한 감경을 하지 아니한 것은 재량권의 일탈·남용에 해당한다고 [188]판시하였다.

파스퇴르유업의 불공정거래행위 건에서 법원은 과징금 부과처분 당시까지 부과관청이 확인한 사실을 기초로 일의적으로 확정되어야 하므로, 공정거래위원회가 원고의 동일한 법령위반행위에 대하여 새로운 부과기준자료를 발견하였다 하여 이를 기준으로 산정한 과징금액과 당초의 과징금액의 차이를 또다시 부과한 것은 위법하다고 [189]판시하였다.

샘표식품의 구속조건부 거래행위에 대한 건에서 법원은 원고인 샘표식품이 특약점을 상대로 원고의 특정제품에 대하여 원고대리점들의 영업구역을 침범하지 않을 것을 강제한 사실이 인정되는바, 특약점과 거래한 매출액까지 관련매출액의 범위에 포함시킨 것은 적법하다고 [190]판시하였다.

남양유업의 거래상지위 남용행위 건에서 법원은 유통기한 임박제품이나 회전율이 낮은 제품 등 일부물량에 대해서만 구입강제가 인정되므로, 일부 대리점, 일부 물량에 대한 구입강제가 전체대리점 또는 전체물량에 영향을 미쳤는지 여부에 대한 증거가 부족하고 구입강제 물량도 특정되지 않았으므로 26개 품목 전체물량을 기준으로 공정거래위원회가 관련매출액을 산정한 것은 위법하다고 [191]판시하였다.

제너시스바비큐의 거래상지위남용 건에서 법원은 '바른터'의 대표이사가 이 사건 행위로 불이익을 입은 바가 없다고 주장하므로 바른터 관련 부분은 관

---

187) 서울고등법원 2011. 8. 18. 선고 2010누34707 판결, 상고심(대법원 2012. 1. 12. 선고 2011두23054 판결)은 심리불속행 기각하였다.

188) 서울고등법원 2018. 9. 19. 선고 2017누45768 판결, 상고심(대법원 2019. 1. 31. 선고 2018두60656 판결)은 심리불속행 기각하였다.

189) 대법원 1999. 5. 28. 선고 99두1571 판결

190) 서울고등법원 2016. 8. 26. 선고 2015누45931 판결, 상고심(대법원 2016. 12. 29. 선고 2016두52590 판결)은 심리불속행 기각하였다.

191) 서울고등법원 2015. 1. 30. 선고 2014누1910판결, 상고심(대법원 1015. 6. 11. 선고 2015두38962 판결)은 심리불속행 기각하였다.

련매출액에서 제외되어야 한다고 주장하는 원고인 제너시스바비큐에 대하여 관련매출액은 이 사건 불공정행위에 의한 수수료 감액이 있었던 기간의 물품대금액수로 보아야 하고 거래상대방의 의사표시에 따라 좌우될 수는 없다고 [192]판시하였다.

녹십자의 부당한 고객유인행위 건 등에서 법원은 지속적·반복적으로 행해진 부당한 고객유인행위가 본사차원에서 수립된 거래처 일반에 대한 판촉계획의 실행행위로 볼 수 있으면 해당 의약품에 대한 거래처 전체의 매출액을 관련매출액으로 볼 수 있으나 그렇지 않다면 개별적인 부당한 고객유인행위와 관련된 매출액만을 관련매출액으로 보아야 한다고 [193]판시하였다.

중외제약의 부당한 고객유인행위 건에서는 본사차원의 판촉계획에 따른 실행행위로 부당한 고객유인행위가 이루어졌으므로 당해 의약품 거래처 전체의 매출액이 관련매출액에 해당한다고 [194]판시하였고 파마킹의 부당한 고객유인에 대한 건에서도 동일한 취지의 [195]판시가 이루어졌다.

한국철도시설공단의 거래상지위 남용행위 건에서 법원은 공사대금 감액단가가 적용된 부분은 원고가 시공사와 체결한 전체계약금액이 아니라 원고의 요청에 따른 추가공사부분에 한정되므로 관련매출액은 위반행위로 영향을 받은 추가공사부분에 한정된다고 [196]판시하였고, 공사비 감액의 관련매출액과 관련하여 설계변경으로 추가된 계약금액이 명확하게 특정되지 않은 한국토지주택공사의 거래상지위 남용행위 건에서는 전체 계약금액을 관련매출액으로 산정한 공정거래위원회의 관련매출액 산정이 적법하다고 [197]판시하였다.

---

192) 서울고등법원 2012. 4. 25. 선고 2011누26727 판결, 상고심(대법원 2012. 9. 27. 선고 2012두12082 판결)은 심리불속행 기각하였다.

193) 대법원 2010. 12. 9. 선고 2009두3507 판결, 파기환송 후 고법(서울고등법원 2011. 5. 18. 선고 2010누44230 판결)에서 확정되었다.

194) 대법원 2010. 11. 25. 선고 2009두3286 판결

195) 서울고등법원 2018. 9. 19. 선고 2017누45768 판결, 상고심(대법원 2019. 1. 31. 선고 2018두60656 판결)은 심리불속행 기각하였다.

196) 서울고등법원 2017. 1. 18. 선고 2016누37241 판결, 상고심(대법원 2017. 5. 16. 선고 2017두35998 판결)은 심리불속행 기각하였다.

197) 서울고등법원 2018. 11. 9. 선고 2017누68471 판결, 상고심(대법원 2019. 3. 14. 선고 2018두65781 판결)은 심리불속행 기각하였다.

2. 민사적 제재

공정거래법 제109조는 손해배상책임을 규정하고 있는바, 사업자 또는 사업자단체는 불공정거래행위로 인해 피해를 입은 자가 있는 경우에 해당 피해자에 대하여 손해배상의 책임을 지고 법원은 고의 또는 손해 발생의 우려를 인식한 정도, 위반행위로 인한 피해규모, 위반행위로 취득한 경제적 이익 등을 고려하여 배상액을 결정하게 된다.

3. 형사적 제재

공정거래법에 위반하여 불공정거래행위를 한 자 또는 동법에 의한 시정조치에 응하지 아니한 자에 대해서는 2년 이하의 징역 또는 1억 5천만 원 이하의 벌금에 처한다. 이 경우 징역형과 벌금형은 이를 병과(竝課)할 수 있다. 불공정거래행위에 대해 형벌까지 부과하는 것은 다른 나라의 경우와 비교해 볼 때 매우 이례적이라서 이를 비판하는 견해도 있다. 또한 공정거래법상의 보복조치 금지를 위반한 자에 대해서는 3년 이하의 징역 또는 2억 원 이하의 벌금에 처하도록 규정하고 있다.

4. 보복행위의 금지

불공정거래행위로 인해 피해를 본 거래상대방은 공정거래위원회에 신고를 할 수는 있으나 현실적으로는 거래상 지위의 열위 때문에 불공정행위를 한 사업자의 보복조치가 두려워 이를 하지 못하는 경우가 많다. 이에 따라 공정거래법은 제48조(보복조치의 금지)에서 불공정거래행위와 관련하여 분쟁조정을 신청하거나 공정거래위원회에 신고하는 경우와 공정거래위원회 조사에 협조하는 경우에 그것을 이유로 거래의 정지 또는 물량의 축소, 그 밖에 불이익을 주는 행위를 하거나 계열회사 또는 다른 사업자로 하여금 이를 행하는 것을 금지하고 있다.

또한 보복조치 금지를 위반하는 경우에는 과징금을 부과할 수 있도록 하고 있고, 보복조치에 대한 과징금은 과징금고시에 따라 위반행위 중대성의 정도별 부과기준율을 곱하여 기본 산정기준을 정하는데 그 부과기준율은 ① 매우 중대한 위반행위 2.4% 이상 4.0% 이하, ② 중대한 위반행위 0.8% 이상 2.4% 미만,

③ 중대성이 약한 위반행위 0.1% 이상 0.8% 미만으로 정해져 있다.

보복조치와 관련된 매출액을 산정하기 곤란하거나 매출액이 없는 경우는 정액과징금을 부과할 수 있고, 위반행위 중대성의 정도별 부과기준금액의 범위 내에서 기본 산정기준을 정하는데 그 부과기준금액은 과징금고시에 따라 ① 매우 중대한 위반행위 6억 원 이상 10억 원 이하, ② 중대한 위반행위 2억 원 이상 6억 원 미만, ③ 중대성이 약한 위반행위 5백만 원 이상 2억 원 미만으로 정해져 있다.

Ⅶ. 공정거래위원회의 최근 법집행 동향

1. 개관

불공정거래행위에 대한 공정거래위원회의 시정은 2015년까지는 각 행위 유형별로 볼 때 가장 많은 비중을 차지하였으나 2016년 이후로는 연간 100여 건 이하로 건수가 줄어들어 최근 3년간 사건처리 실적을 보면 2020년 38건, 2021년 52건, 2022년 32건을 시정한 것으로 나타나고 있다. 사건처리의 감소추세에도 불구하고 불공정거래행위 사건은 처리 건수의 절대숫자면에서나 거래상 열위의 영세 사업자의 입장에서 구체적 시정을 통한 거래질서 회복을 기대할 수 있다는 점을 볼 때 공정거래위원회가 다루고 있는 법 위반 관련 유형 중 가장 중요한 부분을 차지하고 있다고 평가할 수 있으며, 다양한 별도의 입법으로 분화되어 전문적·체계적인 규제를 통해 '공정성'을 직접적으로 체감할 수 있게 하는 중요한 역할을 하고 있다.

불공정거래행위와 관련해서는 최근 사회적으로 각 분야의 불공정거래행위에 대한 규제의 요구가 점차 커지고 있으며 이에 대응하기 위하여 종전 공정거래법 상의 불공정거래행위로 규제해 오던 것을 별도의 입법을 통해 특별하게 규제를 하고 있는 것이 최근의 뚜렷한 특징이라 할 수 있다.

하도급분야의 경우 당초 공정거래법상의 불공정거래행위 중 거래상지위 남용행위의 한 형태로 '하도급거래상의 불공정거래행위 지정고시'에 의해 규율하던 것을 1984년 '하도급거래 공정화에 관한 법률'을 제정하여 하도급사업자의 권익을 중점적으로 보호하면서 거래질서의 공정화를 기하고 있다.

가맹본부가 영세한 가맹점주에 대해 거래상지위를 남용하여 부당한 영업시간 강요, 가맹계약 중도해지 시 과도한 위약금 요구, 잦은 점포환경 개선요구, 기타 불공정한 거래행위를 빈번하게 함에 따라 2002년도에는 '가맹사업거래의 공정화에 관한 법률'을 제정하여 이를 규제하게 되었다.

2000년대에 들어와 대형할인점의 등장으로 대규모유통업자의 거래상지위 남용이 문제가 되어 2011년에 '대규모유통업법'이 제정되어 대규모유통업자가 납품업자에게 부당반품, 판매촉진비용 부담전가, 부당감액 등 각종 불공정한 거래행위를 하게 되는 경우 이를 별도로 규제하게 되었고, 2015년에는 공급업자와 대리점 사이에 이루어지는 상품 또는 용역의 재판매 또는 위탁판매거래 과정에서 발생하는 불공정거래행위를 특별히 규제하기 위해 '대리점거래의 공정화에 관한 법률'이 제정되게 되었다.

2. 온라인 플랫폼 공정화법 제정 추진

(1) 추진 배경

최근에 IT기술에 기반한 온라인 플랫폼 사업이 활성화되어 기술혁신과 소비자 편익 증진 등 긍정적인 효과와 함께 여러 가지 불공정한 거래행위 행태가 사회적 문제로 대두됨에 따라 공정거래위원회는 '온라인 플랫폼 공정화법' 제정을 추진 중에 있다. 관련 법률은 정부안과 함께 다수의 의원입법이 국회에 계류 중에 있다. 이하에서는 정부안을 중심으로 그 주요내용을 살펴보기로 한다.

온라인 플랫폼을 중심으로 다양한 사업활동이 활발히 이루어지고 있고 특히 근래에는 코로나19로 인해 비대면 거래가 각광을 받게 됨에 따라 많은 중소사업자들의 온라인 플랫폼 의존도가 높아지고 있는 실정이다. 그러나 온라인 플랫폼 사업자와 이를 이용하는 중소사업자 간 거래의존도 관계 형성으로 인한 힘의 불균형이 발생하여 각종 불공정거래행위가 빈번하게 나타나고 있는 것이 현실이다. 이에 대응하기 위한 온라인 플랫폼 공정화법은 시장규칙은 세우되 온라인 플랫폼 분야 특유의 역동성과 혁신성이 저해되지 않도록 직접규제를 최소화하고 자율적 거래관행의 개선과 분쟁예방에 초점을 두는 방향으로 제정이 추진되고 있다.

(2) 주요 내용

온라인 플랫폼 공정화법의 적용범위는 중개수익 1,000억 원 또는 중개 거래금액 1조 원 이상의 온라인 플랫폼 [198]중개사업자가 대상이다. 불공정거래행위 가능성이 낮은 소규모 플랫폼 및 스타트업의 혁신 동력 제고를 위해 법 적용대상 규모기준이 당초 정부안인 100억 원, 1,000억 원 기준에서 10배로 상향조정되었다. 또한 국내·외 플랫폼 사업자 모두를 규율대상으로 하여 형평성을 고려하였다.

입점업체의 권리·의무 관계에 중요한 항목을 계약서 [199]필수 기재사항으로 규정하고 계약서 제공을 의무화하며 일방적인 서비스 제한 등으로 인한 입점업체의 피해를 예방하기 위해 플랫폼 사업자에게 계약해지·변경 및 서비스 제한 시 [200]사전통지 의무를 부과하는 것이 주요 내용이다. 다만, 플랫폼 사업자의 부담을 최소화하기 위해 서명·전자서명·기명날인 이외에 약관동의 방식을 통한 계약체결도 인정할 방침으로 있다.

온라인 플랫폼 거래에서 자주 발생하는 공정거래법상 거래상지위 남용행위 유형은 동 법에 그대로 이관하여 규정함으로써 ① 구입강제, ② 경제상 이익 제공 강요, ③ 불이익 제공, ④ 경영간섭, ⑤ 부당한 손해전가 행위에 대해 실효적으로 규제를 할 수 있도록 하고 있고, 현재의 공정거래법에 따른 거래상 우월적 지위 판단기준이 주로 오프라인 거래를 전제로 설정되어 있어서 온라인 플랫폼 중개거래에 직접 적용하기에 한계가 있는 점을 고려하여 공정거래위원회의 별도 고시로 거래상 우월적 판단기준 마련을 준비 중에 있다. 온라인 플랫폼 거래에서의 불공정행위에 대한 제재와 관련해서는 플랫폼 산업의 혁신을 지속시켜 나가기 위해 형벌을 최소화하여 보복행위와 시정명령 불이행에 한정하여 부과하는 방향으로 검토가 이루어지고 있다.

또한 상생문화 확산을 통한 자율적 거래관행 개선 및 분쟁예방을 위해 표

198) 온라인 플랫폼 공정화법의 규율대상은 '중개 거래 플랫폼'에 한정되는바, 플랫폼 중개사업자는 입점업체로부터 이용대가(수수료 등)를 받고 입점업체와 소비자 간의 거래 중개 서비스를 제공하는 사업자를 의미한다.

199) 필수 기재사항으로는 중개서비스 계약의 기간·변경·갱신·해지, 중계서비스 내용·기간·대가, 중개서비스 개시·제한·중지·변경, 상품 노출순서·기간 및 거래상 손해분담 기준 등이 포함된다.

200) 사전통지는 서비스 제한·중지의 경우 7일 전, 계약 해지의 경우 30일 전 등을 검토하고 있다.

준계약서 보급, 공정거래협약, 서면실태조사 등의 근거를 마련하고 다수의 영세 입점업체가 신속히 피해구제를 받을 수 있도록 분쟁조정협의회 설치근거와 동의의결제를 도입하고 있다. 이와 함께 정부 내 플랫폼 정책의 일관성을 위해 공정거래위원회와 과학기술정보통신부, 방송통신위원회간의 관계부처 협의 의무제가 도입될 예정이다.

Ⅷ. [201]불공정거래행위 대표사례 고찰

1. 통신 3사와 휴대폰제조 3사의 부당한 고객유인행위에 대한 건(공정거래위원회 의결 제2012-105호 외 5건)

(1) 행위사실

이동통신 3사인 에스케이, 케이티, 엘지유플러스는 각각 휴대폰 제조 3사인 삼성, 엘지전자, 팬택과 협의하여 휴대폰 출고가를 부풀려 소비자에게 보조금으로 지급할 재원을 마련하고, 휴대폰 구매 시 이동통신서비스 가입을 조건으로 보조금을 지급함으로써 소비자로 하여금 고가의 휴대폰을 저렴하게 구입하는 것으로 오인시켜 자신의 휴대폰을 구입하도록 유인하였다.

휴대폰 출고가는 이동통신사가 휴대폰 제조사로부터 구입한 휴대폰을 대리점에 출고하는 가격으로서 통상 휴대폰 출시 때 출고가가 일반소비자에게 공개되기 때문에 출고가는 휴대폰의 성능·품질 등을 나타내는 척도가 된다. 이동통신사 및 휴대폰 제조사는 휴대폰 가격을 책정할 당시부터 휴대폰이 실제로 판매되는 가격에 장려금을 포함하여 높은 출고가를 설정하였고, 소비자는 고가의 출고가가 형성된 휴대폰을 이동통신사의 보조금을 받아 싸게 구입한다는 착시효과로 인해 높은 요금을 지불해야 하는 이동통신서비스에 고착되는 효과가 발생하게 되었다.

(2) 공정거래위원회 의결 및 법원 판결

공정거래위원회는 위 행위가 위계에 의한 고객유인행위에 해당한다고 보고 시정명령 및 과징금 453억 3,000만 원을 부과하였다. 시정명령으로는 가격

201) 공정거래위원회가 발간한 대표심결사례 50선(1981~2021)을 참조하였다.

부풀리기를 통한 위계에 의한 장려금 지급 금지명령과 정책비 내역 공개명령을 부과하였다.

공정거래위원회의 처분에 대해 서울고등법원은 위 행위가 위계에 의한 고객유인행위에 해당한다고 보았고 시정명령 중 행위중지명령과 과징금 부과명령도 적법하다고 판시하였다. 다만, 정책비 내역 공개명령은 문제가 된 장려금 여부와 관계없이 모든 장려금 내역을 공개하는 것은 비례의 원칙에 위배된다는 점 등을 이유로 위법하다고 보았다. 대법원도 서울고등법원의 판단을 그대로 수용하였다.

(3) 주요 쟁점

위법한 위계에 의한 유인행위에 해당하기 위해서는 부당한 표시·광고 외의 방법으로 ① 자기가 공급하는 상품 또는 용역의 내용이나 거래조건 기타 거래에 관한 사항에 관하여, ② 실제보다 또는 경쟁사업자의 것보다 현저히 우량 또는 유리한 것으로 고객을 오인시키거나 경쟁사업자의 것이 실제보다 또는 자기의 것보다 현저히 불량 또는 불리한 것으로 고객을 오인시켜, ③ 경쟁사업자의 고객을 자기와 거래하도록 유인하여야 하고, ④ 공정거래저해성이 인정되어야 한다.

'자기가 공급하는 상품 또는 용역'과 관련하여 휴대폰 제조사들은 자신들은 휴대폰을 이동통신사에게 판매할 뿐, 출고가는 이동통신사가 대리점에 출고할 때 적용하는 가격으로서 자신들이 대리점에 공급하는 상품 또는 용역이 아니라고 주장하였으나, 법원은 출고가 결정시에 휴대폰 제조사와 이동통신사가 협의해서 결정하고 있었고 불공정거래행위에서의 거래란 개별적 계약 자체를 의미하는 것이 아니라 그보다 넓은 의미로서 사업활동을 위한 수단일반 또는 거래질서를 의미하는 것이므로 자신이 직접 공급하는 단계에서의 거래조건뿐만 아니라 이후 유통단계에서의 거래조건 형성에 책임이 있는 부분도 포함된다고 판시하였다.

이 사건 관련 사업자들은 보조금 또는 장려금 지급이 결국 소비자가격을 낮추는 것이므로 소비자후생에 도움이 되고 따라서 공정거래저해성이 없다고 주장하였다. 이에 대해 법원은 소비자는 고가의 단말기를 저렴하게 구입하는 것처럼 오인하게 되므로 소비자의 합리적 선택이 방해되고 가격과 품질에 의한 경쟁이 촉진되는 것을 저해하였으므로 이는 불공정한 경쟁수단에 의한 것으로서 공정거래저해성이 있다고 판시하였다.

(4) 시사점

위계에 의한 고객유인에 대한 심결례 및 법원 판결이 많지 않은 상황에서 이 사건은 불공정거래행위의 한 유형으로서 경쟁수단의 불공정성을 위법성 판단기준으로 삼고 있는 위계에 의한 유인행위의 성립과 위법성 판단이 이루어진 대표사례가 되었다는 점에 의의를 찾을 수 있다.

이 사건을 통해 가계의 통신비 지출 부담이 문제가 되고 있던 상황에서 부풀려진 고가의 휴대폰을 보조금을 통해 싸게 구입할 수 있는 것처럼 착시를 유도하고, 이를 바탕으로 고가의 이동통신서비스 요금제에 가입하도록 하는 관행에 제동을 걸고, 이후 보조금 분리공시제 등의 논의를 촉발하는 계기가 되었다.

2. 8개 대형종합병원들의 거래상지위 남용행위에 대한 건(공정거래위원회 의결 제2010-011호 외 7건)

(1) 행위사실

8개 대형종합병원인 서울아산병원, 신촌세브란스병원, 삼성서울병원, 서울대병원, 가천길병원, 여의도성모병원, 수원아주대병원, 고대안암병원은 2005. 1. 1.부터 2008. 6. 30.까지 주(主)진료과의 선택진료 신청환자에게 진료지원과의 선택진료를 자동적용할 수 있도록 약정하거나 아무런 약정 없이 진료지원과에 선택진료를 적용하고 환자에게 비용을 징수하였고, 의료법상 선택진료 자격이 없는 의사 등 비적격자들의 진료행위에 대해 선택진료비를 징수하였으며, 법정 환자부담분 이외에 치료재료비를 추가징수한 사실이 있다.

선택진료제도는 의료법에 근거하여 의료기관에서 환자 등이 특정의사를 선택하여 진료를 받을 수 있도록 하는 제도로서, 일정한 자격을 지닌 의사의 진료에 대하여 추가비용 징수를 허용하는 제도이다. 선택진료는 ① 면허취득 후 15년이 경과한 치과의사 및 한의사, ② 전문의 자격인정을 받은 후 10년이 경과한 의사, ③ 대학병원 또는 대학부속 한방병원의 조교수 이상인 의사가 수행할 수 있다.

(2) 공정거래위원회 의결 및 법원 판결

공정거래위원회는 8개 대형종합병원들의 선택진료비 및 치료재료비 부당 징수행위가 공정거래법상의 거래상지위 남용행위 중 불이익제공에 해당한다고 보고 시정명령과 함께 30억 4,000만 원의 과징금을 부과하였다.

법원은 8개 대형종합병원들이 환자들에 대해 거래상지위를 가진 것으로 인정하고 선택진료 임의적용 행위가 환자의 선택권을 제한하는 거래조건에 해당한다고 하였다. 다만, 진료지원과의 선택진료에 대한 포괄위임문구에 대해서는 불이익제공에 해당하지 않는다고 판시하였다. 비적격자 선택진료 행위에 대해서는 모두 위법성을 인정하였다. 대법원도 당해 행위의 위법성에 대해서는 서울고등법원과 동일하게 판단하였다.

(3) 주요 쟁점

거래상지위 여부와 관련하여 대형종합병원들은 선택진료를 원하지 않는 환자는 다른 종합병원을 이용할 수 있다는 점을 들어 거래상지위에 있지 않다고 주장하였으나, 법원은 통상 대형종합병원의 선택진료 의사는 각 분야를 대표하는 경우가 많아서 이를 대체하여 다른 의사를 선택할 여지가 많지 않고, 대형종합병원을 찾은 환자의 경우 대개 치료가 급박하거나 위중한 경우가 많아 선택진료 문제로 다른 병원으로 이동이 쉽지 않은 점, 대형종합병원과 일반환자 사이의 정보비대칭 등을 고려할 때 거래상지위가 인정된다고 판시하였다.

선택진료 신청서를 통해 주진료과 의사가 진료지원과 의사를 지정할 수 있도록 포괄위임한 것에 대해 대형종합병원들은 진료지원과목 의료행위의 특성과 정상적인 거래관행을 고려할 때 포괄적 위임은 불이익제공에 해당하지 않는다고 주장하였다. 이에 대해 법원은 환자 등의 의사에 따라 주진료과 의사에게 진료지원과목에 대한 선택진료를 지정할 수 있도록 운영하는 것은 환자 등의 의사선택권을 의료현실에 맞게 보장하는 것이고 의료서비스의 특성과 거래 상황 등을 종합적으로 볼 때 정상적인 거래관행을 벗어난 것으로 공정한 거래를 저해할 우려가 있다고 보기는 어렵다고 판시하였다.

선택진료 요건을 갖추지 못한 의사나 부재중·비지정 의사의 선택진료행위와 관련하여 대형종합병원들은 불이익제공의 의도 내지 목적이 존재하지 않았다고 주장하였으나, 법원은 처음부터 자격을 갖추지 못한 의사로 하여금 선택진료를 하도록 한 후 선택진료비를 징수하는 것은 환자의 의사선택권을 침해함을 넘어 건전하지 못한 의료수익 추구행위라 할 것이므로 정당한 거래관행으로 볼 수 없다고 판시하였다.

(4) 시사점

당해 사건은 대형종합병원들의 건전하지 못한 의료수익 추구 관행을 적발하여 시정하였고 이후 불공정거래행위로 피해를 입은 소비자들의 집단분쟁조정 신청 등으로 이어져 공정거래위원회 법 집행의 실효성을 높이는 계기가 되었다는 점에서도 의의를 찾을 수 있다.

3. 17개 제약사의 부당한 고객유인행위에 대한 건(공정거래위원회 의결 제2009-117호 등)

(1) 행위사실

17개 제약회사들은 자신이 판매하는 전문의약품의 처방을 증대시킬 목적으로 요양기관 또는 보건의료 전문가에게 현금·상품권 및 기자재 등 물품, 골프 및 유흥비, 세미나·학회 또는 병원 행사비, 종합병원에 대한 연구원 파견·지원, 제약회사가 의약품을 병·의원에 납품 시 채택명목으로 제공하는 금품류(통상 '랜딩비'라 칭한다), 시판 후 조사명목의 현금, 병원 광고비 등의 경제상 이익을 제공하였다.

의약품은 제품의 최종선택권이 비용지불자인 환자에게 있는 것이 아니라 이를 처방하는 의사에게 있기 때문에 제약회사들은 의사 또는 의료기관을 대상으로 마케팅을 실시해야 하고 의사와의 관계를 지속시키려는 유인이 있다. 이 과정에서 제약회사들은 자사 의약품의 처방유지 및 증대를 위해 과다한 리베이트 경쟁을 관행적으로 하여 왔다.

(2) 공정거래위원회 의결 및 법원 판결

공정거래위원회는 1·2차 조사를 통해 위 행위가 부당한 이익에 의한 고객유인행위라고 판단하고 17개 제약회사에 대해 시정명령과 함께 총 402억 원의 과징금을 부과하였다.

법원은 부당한 이익에 의한 고객유인 행위의 위법성을 인정하였고, 다만 과징금 산정과 관련해서는 지원행위의 대상이 된 의약품의 전체매출액이 관련 매출액이 아니라 지원행위의 직접적 상대방인 병·의원에 대한 매출만이 관련 매출액이 된다고 판시하였다.

(3) 주요 쟁점

경제적 이익의 부당성과 관련하여 제약업계의 자율규약에서 제공이 허용되고 있는 리베이트가 부당한지가 쟁점이 되었다. 이에 대해 법원은 '정상적인 거래관행이란 바람직한 경쟁질서에 부합되는 해당업계의 통상적인 거래관행을 의미하는 것으로서 현실의 거래관행과 항상 일치한다고 볼 수는 없고 부당하거나 과대한 이익이란 관계법령에 의하여 금지되거나 정상적인 거래관행에 비추어 통상적인 수준을 넘어서는 이익을 의미 한다'라고 언급하면서 당해 행위는 제약업계의 거래관행이더라도 부당한 고객유인에 해당한다고 판시하였다.

당해 행위가 고객유인성을 갖고 있는지 여부에 관해서 법원은 이 사건에서 문제된 제약회사들의 구체적인 개개의 지원행위는 모두 의사나 의료기관 등을 상대로 의약품의 처방증대 또는 판매증진을 위한 의도로 행해진 것이므로 경쟁사업자의 고객을 유인할 가능성이 있다고 판시하였다.

(4) 시사점

제약회사의 부당한 이익제공에 의한 고객유인행위에 대한 공정거래위원회의 제재 이후 의약품시장 관련 제도개선이 이루어져 2010. 4월에는 의료기관이나 약국이 의약품을 보험상한금액보다 낮은 가격으로 구매했을 경우에 그 차액의 일정금액을 인센티브로 제공하는 저가구매 인센티브제도인 시장형 실거래가(實去來價)상환제도가 도입되었다. 또한 리베이트를 제공한 제약회사 이외에 리베이트를 받은 의료기관, 약국 등도 처벌할 수 있는 쌍벌제(雙罰制)가 의료법, 약사법, 의료기기법 개정을 통해 도입되게 되었다.

4. 8개 손해보험사의 거래상지위 남용행위에 대한 건(공정거래위원회 의결 제2008-013호)

(1) 행위사실

8개 손해보험사들은 2003. 1. 1.부터 2006. 12. 31.까지의 기간 동안 발생한 자동차보험 대물사고와 관련하여 피해차주에게 자동차보험표준약관상 손해보험사에게 대·휴차료 지급의무가 있었음에도 불구하고 일부만 지급하고 약 316만 건의 대·휴차료 보험금 약 228억 7,600만 원을 지급하지 않았고, 자동차보험표준약관상 시세하락 손해보험금을 지급할 의무가 있는 건에 대해서도 그 일부인 564건, 약 2억 3,700만 원을 지급하지 않았다.

(2) 공정거래위원회 의결 및 법원 판결

공정거래위원회는 위 행위가 거래상의 지위를 부당하게 남용하여 피해자에게 불이익을 제공한 행위에 해당한다고 판단하여, 시정명령과 함께 과징금 총 21억 9,300만 원을 부과하였다.

서울고등법원은 손해보험사들과 피해차주 사이에는 직접적인 거래관계가 없으므로 이를 전제로 한 공정거래위원회의 처분은 위법하다고 판시하였으나, 대법원은 손해보험사와 피해차주들 사이에는 피보험자를 매개로 한 거래관계가 존재한다고 하면서 공정거래위원회 처분이 정당하다고 판시하였다.

(3) 주요 쟁점

이 사건은 손해보험사와 피해차주 간 거래관계가 성립하는지 여부가 쟁점이 되었다. 고등법원은 직접적인 계약관계가 아님을 들어 거래관계를 부인하였으나 대법원은 거래의 개념을 보다 넓은 의미로 사업활동을 위한 수단 일반 또는 거래질서로 이해한 후 보험회사가 피해차주에게 대물손해를 배상하여야 할 의무도 위 보험계약에 근거하고 있고 불법행위로 인한 손해배상채무가 이행되는 과정에서도 채무자인 손해보험사의 불공정거래행위가 얼마든지 발생할 여지가 있다는 점 등을 들어 손해보험사와 피해차주들 사이에는 피보험자를 매개로 한 거래관계가 존재한다고 판시하였다.

(4) 시사점

이 사건에 대한 공정거래위원회의 제재를 계기로 그간 손해보험사들이 대차료, 시세하락손해보험금 등 간접손해보험금이 있다는 사실을 피해자에게 적극 홍보하지도 않고 피해차주가 약관상 지급기준을 잘 알지 못하는 점을 이용하여 간접손해보험금을 제대로 지급하지도 않은 관행이 개선되게 되었다.

또한 법원 판결과정에서 불공정거래행위에서의 '거래' 개념을 명확히 하여 직접적인 거래관계가 존재하지 않더라도 법률에 의해 거래관계상 의무를 이행하는 것과 동일시 할 수 있는 사안의 경우에도 불공정거래행위를 인정할 수 있게 된 점과 다수의 피해차주에게 간접손해보험금을 적극적으로 알리고 지급하지 않은 부작위 행위에 대해서도 불이익제공을 인정한 점에 의의가 있다고 할 수 있다.

5. 현대자동차 및 기아자동차의 차별적 취급행위에 대한 건(공정거래위원회 의결 2002-200호)

(1) 행위사실

현대자동차와 기아자동차는 계열회사인 현대캐피탈과 전속적인 할부금리 정산약정을 체결하고 현대캐피탈이 자동차 할부금융시장 내에서 경쟁력을 강화할 수 있도록 하기 위하여 2002. 4. 8.부터 계열회사인 현대캐피탈을 이용하는 고객에 대해서만 낮은 할부금리를 적용하여 다른 할부금융 사업자들을 차별하였다.

현대자동차는 계열회사인 현대카드가 발급한 현대M카드 이용고객에 대해서만 결제한도를 높게 해주어 고객들로 하여금 현대M카드를 이용하도록 유인함으로써 계열회사인 현대카드와 다른 신용카드사들을 차별하였다.

(2) 공정거래위원회 의결 및 법원 판결

공정거래위원회는 위 행위가 공정거래법령상의 계열회사를 위한 차별에 해당한다고 판단하고 시정명령과 함께 총 75억 원의 과징금을 부과하였다.

서울고등법원은 공정거래위원회의 처분 중 신용카드 결제한도 관련 차별행위에 대한 시정명령 이외 모든 처분을 취소하였는데, 그 이유로 차별적 취급행위의 거래상대방은 직접의 거래상대방과 간접의 거래상대방을 모두 포함한다 하더라도 다른 할부금융사들은 현대자동차나 기아자동차와 아무런 거래관계가 없으므로 차별적 취급행위의 대상이 될 수 없다는 점을 들었다. 이에 대해 대법원은 서울고등법원이 차별취급 자체가 존재하지 아니한다고 판단한 부분은 위법이라고 하면서도, 현대자동차와 기아자동차의 할부금리 인하행위의 목적이 계열회사를 유리하게 하기 위한 것이 아니라 경영상의 필요성 등이 인정되어 공정한 거래를 저해할 우려가 있는 행위라고 보기는 어려우므로 원심의 판단과는 관련 없이 공정거래위원회의 상고를 기각하여 확정되었다.

(3) 주요 쟁점

계열회사를 위한 차별행위는 거래상대방에 대한 차별행위 중 하나에 해당하므로 복수의 거래상대방을 전제로 하고 있다. 즉 거래상대방인 계열회사와 거래상대방인 비계열회사 간의 차별이 문제가 되는 것이다. 위에서 본 바와 같이 거래상대방에 직접·간접적 거래관계를 모두 포함하더라도 서울고등법원은 비계열인 다른 할부금융사들은 거래상대방이 아니라고 본 반면, 대법원은 자동차를 할부로 구매하는 고객을 매개로 계열회사인 현대캐피탈과 비계열인 다른 할부금융사들은 현대자동차와 기아자동차와 실질적 거래관계가 존재한다고 판시하였다.

주관적 요건인 계열회사를 유리하게 할 목적·의도의 판단과 관련하여 공정거래위원회는 주관적 요건에 해당한다고 판단하였으나, 대법원은 당해 행위의 주된 목적이 계열회사를 위한 것이라 볼 수 없다고 판단하였다. 법원은 현대자동차와 기아자동차가 사회적으로 자동차할부금리가 너무 높다는 비판에 부응하기 위해 할부금리를 인하하였다고 볼 수 있는 점과 경쟁 할부금융사들도 자동차할부금리 인하를 예정하고 있었다는 점 등을 계열회사를 유리하게 할 의도·목적을 단정할 수 없게 만든 근거로 들었다.

정당한 이유의 판단과 관련하여 대법원은 전속 할부금융사를 통해 민감한 영업비밀 교환이 가능하고 시장에 대응하는 판촉전략을 수립할 수 있는 사업경영상의 필요성을 하나의 고려사항으로 하고 당시 경쟁 할부금융사들의 할부금리인하 움직임 등에 대응하기 위해 할부금리를 인하한 것으로 볼 수 있는 점 등을 들어 현대자동차와 기아자동차의 행위는 공정한 거래를 저해할 우려가 있는 행위라고 단정할 수는 없다고 판단하였다.

(4) 시사점

이 사건에서는 법원의 판결을 통해 계열회사를 위한 차별의 위법성 성립요건의 개념이 명확하게 되었다는 데 의미를 찾을 수 있다. 특히 거래상대방의 기준과 계열회사를 위한 차별행위의 경우 주관적 요건에 대한 판단기준, 정당성 인정사유로서 사업경영상의 필요성의 의미 등에 대한 상세한 설시가 이루어져 향후 법 집행에 큰 영향을 미치게 되었다.

6. 현대정보기술의 부당염매행위에 대한 건(공정거래위원회 의결 제98-39호)

(1) 행위사실

현대정보기술은 1997. 10. 8. 인천광역시 지역정보화시스템 통합용역의 공개입찰에서 입찰예정가 9,744만 원의 3%에 못 미치는 금액인 290만 원으로 응찰하여 낙찰을 받고 1997. 10. 15. 인천광역시와 계약을 체결하였다.

(2) 공정거래위원회의 의결 및 법원 판결

공정거래위원회는 당해 행위가 공정거래법령상의 부당염매행위에 해당한다고 보아 시정명령과 함께 2,900만 원의 과징금을 부과하였다.

법원은 시스템통합사업자들인 현대정보기술 등 입찰참가 사업자들이 지역정보화시스템 통합용역이라는 신규시장에 먼저 진입하여 기술과 경험을 축적할 목적으로 모두 입찰예정가격에 훨씬 못 미치는 입찰금액으로 입찰에 참가했던 점, 이 사건 용역사업은 계속성 사업이 아니라 1회성 사업이라서 저가로 낙찰받았다 하더라도 현대정보기술의 경쟁사업자들이 향후 위 신규시장에서 배제가 될 우려가 없다는 점 등을 들어 부당성을 지닌 행위라고 볼 수는 없다고 판시하였다.

(3) 주요 쟁점

이 사건은 계속거래상의 부당염매와 대비되는 기타거래상의 부당염매에 해당하는 사건으로서 이 경우 부당염매의 성립요건으로서의 '낮은 대가'의 수준에 대한 판단이 요구되었다. 이에 대해 공정거래위원회는 현대정보기술이 응찰한 가격은 엔지니어링기술진흥법에 따라 산출한 최소한의 인건비에도 비치지 못함을 들어 '낮은 대가'에 해당한다고 판단하였으나 대법원은 이에 대해 구체적인 기준을 제시하지는 않았다.

경쟁사업자와 관련해서 대법원은 당해 시장에서 실질적인 경쟁사업자 이외에 시장진입이 예상되는 잠재적 사업자도 경쟁사업자의 범위에 포함된다고 설시하였으며, 경쟁사업자를 배제할 우려에 관해서는 실제로 경쟁사업자를 배제할 필요는 없고 여러 사정으로부터 그러한 결과가 초래될 추상적 위험성이 인정되는 정도로 족하다고 판시하였다.

부당성과 관련해서는 당해 염매행위의 의도, 목적, 염가의 정도, 반복가능성, 염대대상 상품 또는 용역의 특성과 그 시장상황, 행위자의 시장에서의 지위, 경쟁사업자에 대한 영향 등을 종합적으로 고려할 때 공정한 거래를 저해할 우려가 없어 부당성이 없다고 판시하였다.

(4) 시사점

이 사건은 부당염매의 주요 논점들이 판결을 통해 다루어지면서 위법성 판단기준을 최초로 밝혔다는 점에서 의의가 있다. 1회성 입찰에서는 성질상 향후 관련된 시장에서 경쟁사업자의 배제가 이루어질 수 없기 때문에 부당염매로 인정되기는 어려워 보이며 경쟁당국의 입장에서는 시장지배적지위 남용행위와 불공정거래행위의 한 형태로 규정되어 있는 부당염매행위의 적용에 대한 향후 법집행에 신중을 기할 수밖에 없는 계기가 되었다.

7. 한국코카콜라의 거래거절행위에 대한 건(공정거래위원회 의결 제97-133호)

(1) 행위사실

미국코카콜라와 한국코카콜라는 1971. 5월 범양식품에게 대구, 경상북도, 대전 충청남북도 지역 내에서 독점적으로 코카콜라의 상표를 부착하여 판매할 권리를 허여하면서 코카콜라 제품 생산에 필요한 음료원제를 독점적으로 판매·공급하는 보틀러 계약을 체결·유지하여 오다가, 1991. 5. 21. 새로운 보틀러 계약을 체결하면서 1996. 6. 1. 별도의 통보 없이 계약이 종료되는 조항을 두게 되었다. 이후 1996. 11월 범양식품에게 코카콜라사업 관련 자산을 한국코카콜라보틀링에게 양도하도록 하는 자산인수안을 제안하였다가 협상이 결렬되었고 1997. 4. 1.자로 범양식품과의 보틀러 계약을 종료하고 음료원제의 공급을 중단한 사실이 있다.

(2) 공정거래위원회 의결 및 법원 판결

공정거래위원회는 위 행위가 공정거래법령상의 기타의 거래거절(단독의 거래거절)에 해당하는 것으로 보아 시정명령을 부과하였다.

공정거래위원회 처분에 대해 서울고등법원은 원고인 한국코카콜라가 범양식품에 대한 독점적 음료원제 공급권을 가지고 있는 우월적 지위를 이용하여 자산인수 협상과정에서 자신의 가격과 인수조건을 관철시키기 위한 경쟁제한적 목적이 있었고 이 사건 거래거절행위는 그러한 목적 달성을 위한 실효적인 수단으로 사용되었다고 보아 부당한 거래거절행위에 해당한다고 판시하였다. 그러나 대법원은 단독의 거래거절의 경우 그 거래거절이 특정사업자의 거래기회를 배제하여 그 사업활동을 곤란하게 할 의도를 가진 유력사업자에 의하여 그 지위 남용행위로서 행해지거나 법이 금지하고 있는 거래강제 등의 목적 달성을 위하여 실효성을 확보하기 위한 수단으로 부당하게 행해진 경우라야 공정한 거래를 저해할 우려가 있다고 하면서 위 행위는 이에 해당하지 않는다고 판시하였다.

(3) 주요 쟁점

부당성과 관련하여 대법원은 당초 계약이 1996. 6. 1.로 만료되고 더 이상 연장될 수 없음이 명시되어 있었던 점, 범양식품이 한국코카콜라와의 자산인수안 협상이 결렬되고 음료원제의 공급이 중단된 이후에 자회사 음료사업을 인수하여 독자적인 콜라음료를 개발, 판매하고 있었던 점 등을 들어 한국코카콜라의 음료원제 공급 중단행위가 자신이 제안한 유리한 가격과 거래조건을 관철하여 자산인수계약을 체결하려는 실효적 수단으로 행해진 것으로 보기는 어렵다고 보아 거래거절행위의 부당성을 부인하였다.

(4) 시사점

이 사건은 대법원을 통해 단독의 거래거절이 부당한 불공정거래행위에 해당하기 위한 위법성 판단기준을 최초로 정립하였다는 점에서 의의가 있다. 다만, 이 경우에도 법원은 '특정사업자의 사업활동을 곤란하게 할 의도를 가진 유력사업자에 의하여 그 지위 남용행위로서 행하여진 경우'라는 표현을 사용함으로써 시장지배적지위 남용행위로서의 다른 사업자의 사업활동을 부당하게 방해하는 행위로서의 거래거절과 불공정거래행위로서의 거래거절에 대한 규정 적용의 문제는 그대로 남게 되어 법집행의 명확성을 위해서는 향후 공정거래위원회의 심결과 법원 판례가 좀 더 축적되어야 하는 상황이 되었다.

■ 공정거래위원회 조사절차에 관한 규칙 [별지 제4호 서식]

불공정거래행위 신고서 [ ] (혹은) 분쟁조정 신청서 [ ]

※ 공정거래법 시행령 제91조 제1항에서 정한 법위반 행위를 신고하고 이를 입증할 수 있는 증거를 최초로 제공할 경우, 포상금 예산의 범위 내에서 관련 규정에 따라 포상금이 지급될 수 있습니다.(공정거래법 등 위반행위 신고자에 대한 포상금 지급에 관한 규정 참조)
※ (*)표시항목은 필수사항이니 반드시 기재하여 주시고, 나머지 사항은 효율적인 심사를 위하여 가능한 기재해 주시기 바랍니다.
※ 불공정거래행위 신고와 분쟁조정 신청을 함께 하는 경우는 분쟁조정절차가 종료될 때까지 피신고(청)인에게 시정조치 혹은 시정권고를 하지 아니합니다.

구분	항목	세부항목	내용	항목	내용
신고(청)인	성명(*)			생년월일(*)	
	사업자인 경우	사업자명		사업자등록번호	
		대표자 성명			
	주소(*)				
	연락처	전화번호(*)		휴대폰	
		팩스번호		이메일	
	피신고(청)인과의 관계				
피신고(청)인	사업자명(*)			대표자 성명	
	주소 또는 전화번호(*)				
				관련부서 및 담당자	
	사업내용 또는 영위업종				
	피신고(청)인의 연간 매출액				
	피신고인(청)의 시장점유율				
신고(청)내용(*)	☞ 신고(청)서와 함께 제공되는「불공정거래행위 신고서 및 분쟁조정 신청서 작성안내」에 따라, 신고(청)하고자 하는 내용을 가급적 6하 원칙에 맞게 기재하시고, 기재할 공간이 부족하면 별지에 작성하여 첨부해 주시기 바랍니다.				
증거자료	[ ] 있음 (☞ 신고내용을 증명하는데 도움이 되는 증거 자료가 있으면 첨부하여 주십시오.) [ ] 없음				
신고인 신원공개 동의여부	[ ] 공개 [ ] 비공개 [ ] 사건 조치 후 공개				

「독점규제 및 공정거래에 관한 법률」 제76조 제1항, 제80조 제2항, 동법 시행령 제65조 제1항, 제2항, 제71조 및 공정거래위원회 조사절차에 관한 규칙」 제7조 제1항에 의하여 위와 같이 신고(청)합니다.

년 월 일

신 고 인 : (서명 또는 인)

<불공정거래행위 세부평가 기준표>

<table>
<tr><th colspan="2">부과수준
참작사항</th><th>비중</th><th>상(3점)</th><th>중(2점)</th><th>하(1점)</th></tr>
<tr><td colspan="2">위반행위 내용</td><td>0.4</td><td>· 행위의 의도·목적, 당해행위에 이른 경위, 관련업계의 거래관행 등을 고려할 때 부당성(경쟁수단의 불공정성을 포함한다)이 현저한 경우
· 거래상대방에 대한 거래조건이나 서비스가 현저한 수준으로 악화되었거나 악화될 우려가 있는 경우</td><td>· 행위의 의도·목적, 당해행위에 이른 경위, 관련업계의 거래관행 등을 고려할 때 부당성(경쟁수단의 불공정성을 포함한다)이 상당한 경우
· 거래상대방에 대한 거래조건이나 서비스가 상당한 수준으로 악화되었거나 악화될 우려가 있는 경우</td><td>· 상(3점) 또는 중(2점)에 해당되지 않는 경우</td></tr>
<tr><td rowspan="4">위반행위정도</td><td>부당이득/피해규모</td><td>0.2</td><td>· 위반행위의 유형, 관련시장 및 거래의 성격, 거래기간, 거래당사자간 관계, 거래방식 등을 종합적으로 고려할 때, 부당이득의 규모가 현저하거나 거래상대방 등에게 현저한 피해가 발생되는 경우</td><td>· 위반행위의 유형, 관련시장 및 거래의 성격, 거래기간, 거래당사자간 관계, 거래방식 등을 종합적으로 고려할 때, 부당이득의 규모가 상당하거나 거래상대방 등에게 상당한 피해가 발생되는 경우</td><td>· 상(3점) 또는 중(2점)에 해당되지 않는 경우</td></tr>
<tr><td>평균매출액</td><td>0.1</td><td>· 3개년 평균 매출액이 1천5백억원 이상인 경우</td><td>· 3개년 평균 매출액이 3백억이상 1천5백억원 미만인 경우</td><td>· 3개년 평균 매출액이 3백억원 미만인 경우</td></tr>
<tr><td>관련매출액</td><td>0.2</td><td>· 위반행위로 인한 관련매출액 등이 1천억원 이상인 경우</td><td>· 위반행위로 인한 관련매출액 등이 300억 이상 1천억원 미만인 경우</td><td>· 위반행위로 인한 관련매출액 등이 300억원 미만인 경우</td></tr>
<tr><td>지역적 범위</td><td>0.1</td><td>· 위반행위 효과가 전국에 미치는 경우</td><td>· 위반행위 효과가 2개 이상의 특별시·광역시·도 이내에 미치는 경우</td><td>· 위반행위 효과가 1개의 특별시·광역시·도 이내에만 미치는 경우</td></tr>
</table>

*관련매출액의 대략의 범위라도 산정이 불가능한 경우 관련매출액의 비중치(0.2)는 부당이득/피해규모의 비중치에 0.1를 합산(0.3)하고 평균매출액의 비중치에 0.1를 합산(0.2)하여 점수를 산정한다.

제 6 장

하도급거래 규제

Ⅰ. 개관
Ⅱ. 적용대상 사업자와 적용대상 거래
Ⅲ. 계약체결 단계에서의 규제
Ⅳ. 계약이행 단계에서의 규제
Ⅴ. 목적물 인수단계에서의 규제
Ⅵ. 대금지급 및 거래종료 단계에서의 규제
Ⅶ. 발주자 및 수급자의 의무
Ⅷ. 하도급법 위반에 대한 제재
Ⅸ. 기타 하도급 관련 제도
Ⅹ. 공정거래위원회의 최근 법집행 동향

제6장

하도급거래 규제

Ⅰ. 개관

1. 하도급거래의 의의

(1) 도급과 하도급

[1]도급(都給)이란 당사자 일방이 어느 일을 완성할 것을 약정하고 상대방이 그 일의 결과에 대하여 보수를 지급할 것을 약정함으로써 그 효력이 생기는 계약으로 타인을 위하여 노무를 제공하는 것을 내용으로 하는 노무공급계약의 일종이라 할 수 있다. 약정한 일의 완성 책임을 지는 자를 수급자(受給者)라 하고 일정한 일의 결과에 보수를 지불할 책임을 지는 자를 도급자라 한다. 수급자와 도급자 쌍방 간의 의사의 합치에 따라 도급계약이 성립하며 그 성립에 있어 반드시 계약서 작성을 요하는 것은 아니다.

도급거래는 약정한 일의 완성 결과에 따라 대가가 지급되는 것이므로 목적물의 인도와 대가지급이 동시에 이루어지는 통상의 매매거래와는 성격이 다르다. 또한 약정한 일의 완성까지는 대개 일정한 시간의 경과를 필요로 하며 도급자의 수급자에 대한 보수 지불은 약정한 일의 결과에 대한 확인 후 이루어지게

1) 민법 제664조에서 규정하고 있다.

된다. 이러한 도급의 예는 건설공사계약, 조선계약, 화물·여객 운송계약 등에서 전형적인 예를 찾아볼 수 있으며 일반적 거래분야에서 광범위하게 사용되는 거래행위라 할 수 있다.

도급은 약정한 일의 완성을 목적으로 하는 것이지만 일 완성 자체를 반드시 수급자 자신의 노무로 해야 하는 것은 아니며 제3자에게 맡겨 일을 할 수도 있다. 도급자와 수급자 당사자의 의사에 의해 금지되지 않는 한 수급자는 다시 제3자에게 도급을 줄 수 있고, 이를 [2]하도급(下都給) 또는 하청(下請)이라 한다. 이때 수급자는 원사업자(原事業者)가 되고 다시 도급을 받는 하수급자(下受給者)는 수급사업자의 지위를 갖게 된다. 하도급 또한 수급자에 의해 이루어지는 도급이라는 점에서 도급계약과 성격이 같으며 약정한 일을 완성하고 그 결과에 따라 대가가 지급되는 본질은 동일하다.

결국 도급계약 이후 수급자에 의해 다시 도급이 이루어지는 하도급, 하도급을 받은 사업자인 하수급자에 의해 재차 이루어지는 재하도급 등이 있을 수 있어 하도급은 여러 단계로 이루어질 수 있다. 다만, 건설업의 하도급은 건설산업기본법에 따라 도급받은 주요 부분의 대부분을 다른 건설사업자에게 하도급할 수는 없고 부분 하도급만 가능하다.

(2) 하도급거래의 의의

하도급거래는 하도급계약을 기초로 약정한 일이 완성되면 보수나 대가의 지급이 교차적으로 발생하여 재무상태에 변동을 가져오는 경제 상태를 지칭하는데 재위탁을 전제로 주문생산방식에 해당되는 건설업 등에서 유래한 개념이다. 하도급계약은 위탁이 이루어지고 목적물이 일정 기간 이후에 인도된 후 대가 지급이 이루어지는 점에서 재산권의 이전과 대금지급이 직접적이고 동시에 일어나는 '매매계약'와 구분되고, 재산권 이전이 없는 건설장비 등의 '임대계약'과도 구별이 된다.

하도급거래도 기본적으로는 계약의 일종이므로 원사업자와 수급자간의 의사의 합치에 의해 성립한다. 하도급거래와 관련된 판례로는, 하도급거래의 계약 성립 여부와 관련해서, 원사업자가 수급사업자로부터 제출받은 견적서를 가지

2) 건설산업기본법 제2조 제12호는 하도급 정의를 규정하고 있다.

고 입찰에 참여하여 낙찰을 받았으나, 추후에 수급사업자와의 의사의 불합치로 입찰계약에 이르지 못한 경우가 있었는데 법원은 의사의 합치가 없어서 원사업자와 수급사업자 간 하도급계약이 체결되었다고 보기는 어렵다는 [3]판시를 한 바 있다.

[4]'하도급거래 공정화에 관한 법률' 제2조 제1항에서는 하도급거래에 대해 원사업자가 수급사업자에게 목적물의 제조·건설 등을 위탁하거나 위탁받은 것을 다시 위탁한 경우 수급사업자는 이를 수행하여 납품·인도하고 그 대가를 수령하는 행위라고 정의함으로써 원도급과 재위탁에 의한 하도급을 모두 포함하고 있다.

건설업의 경우 [5]발주자인 도급자가 수급자인 원사업자에게 도급을 주면 원사업자가 수급사업자에게 하도급을 주는 방식으로 수행되고 있으며, 이때 발주자와 원사업자 간의 거래를 도급거래, 원사업자와 수급사업자 간의 관계를 하도급거래라고 한다. 건설이 아닌 제조업종은 원사업자가 수급사업자에게 최초로 도급을 주는 경우와 도급을 받은 수급사업자가 다시 도급을 주는 하도급의 단계로 나누어 질 수 있는데 최초의 도급인 원도급(原都給)도 하도급거래에 포함된다. 법원도 하도급거래의 개념을 [6]원도급거래까지 포함하는 것으로 보고 있는데, 하도급법에서의 하도급은 도급받은 것을 다시 위탁하는 경우뿐만 아니라 원사업자가 발주하여 수급사업자에게 위탁하는 경우도 포함되므로, 법률의 명칭과는 달리 일반적으로 흔히 말하는 하도급관계뿐만 아니라 원도급관계도 규제하는 것이라고 [7]판시하고 있다.

하도급거래는 다양한 분야에서 나타날 수 있으나 하도급법은 제조위탁, 수리위탁, 건설위탁, 용역위탁으로 하도급법 적용대상 거래를 규정하고 있고 이러한 위탁을 재위탁하는 거래도 하도급거래로 규정하고 있다. 하도급거래는 계약

---

3) 서울고등법원 2006. 6. 21. 선고 2005누22540 판결, 상고심(대법원 2006. 10. 13. 선고 2006두12470 판결)은 심리불속행 기각하였다.

4) 이하 하도급법이라고 약칭하기로 한다.

5) 하도급법은 제2조 제10항에서 '발주자'를 제조·수리·시공 또는 용역수행을 원사업자에게 도급하는 자를 말하고 재하도급의 경우에는 원사업자를 말한다고 정하고 있다.

6) 제조업종에서는 원사업자가 수급사업자에게 '최초로' 위탁하는 단계를 원도급이라 하고 있고 건설업종에서는 발주자가 원사업자에게 '최초로' 위탁하는 것을 도급이라 한다. 원도급이든 도급이든 민법상 도급에 해당하는 점은 차이가 없다.

7) 대법원 2003. 5. 16. 선고 2001다27470 판결, 대법원 2001. 10. 26. 선고 2000다61435 판결

체결, 계약수행, 납품, 대금지급 단계로 이루어지고 있고 하도급법은 각 단계별로 나타날 수 있는 불공정행위에 초점을 맞춰 규제를 하고 있다.

(3) 하도급거래의 효용성

하도급거래는 그 효용성 때문에 광범위하게 이루어지고 있다. 제조 하도급 분야를 예시로 설명하면, 제조업 완제품 생산과정에서 비용 절감을 위해 공정의 일부를 다른 기업에게 위탁하고 중간재를 납품받는 분업생산 방식으로 수행하게 되면 각 공정의 분담에 의한 기업 간에 생산이 특화됨에 따라 생산과정에서의 비용절감이 가능하게 되며 분업의 원리에 따라 기술축적도 용이하게 이루어지게 된다. 중간재를 조달하는 방식은 시장에서 구매하는 방식과 기업 자체적으로 내부 생산하는 방식도 있을 수 있으나 중간재 생산에 특화된 기업과 하도급거래를 하는 것이 비용 면에서 효율적이라고 알려져 있다.

하도급거래는 원사업자와 수급사업자 모두에게 이익이 될 수 있는 거래인데 원사업자 입장에서는 분업에 의해 특화된 전문 수급사업자가 지속적인 기술개발 등을 통해 원가 절감을 한 중간재 등을 공급하게 되면 자신이 직접 중간재를 생산할 때 소요되는 연구개발비 등 여러 비용을 절감할 수 있게 되고, 수급사업자 입장에서는 원사업자와 장기거래를 통해 지속적인 기술개발 등을 하여 경쟁력을 높일 수 있을 뿐 아니라 장기적이고 안정적인 구매선 확보로 영업비용 등을 크게 절감할 수 있는 장점이 있어서 하도급거래를 통해 원사업자와 수급사업자는 상호보완적이고 동반성장이 가능한 관계를 설정할 수 있게 된다.

2. 불공정 하도급거래의 규제

하도급거래가 가져올 수 있는 경제적 효율성이 원사업자와 수급사업자 모두에게 이득이 될 수 있으므로 원사업자와 수급사업자 관계는 상호보완적이어서 동반성장하는 방향으로 형성되어야 함에도 불구하고, 현실적으로는 원도급관계와 하도급관계를 불문하고 원사업자와 수급사업자 간 일방적인 지배와 복종관계가 성립되고 이에 바탕한 여러 불공정한 거래행태가 나타나고 있다.

하도급거래의 구조상 원사업자는 소수이고 수급사업자는 다수이며, 수급사업자는 원사업자와 장기간 하도급거래를 하면서 원사업자에게 매출의 대부분을 의존하게 되는 전속적(專屬的) 거래관계로 되기가 쉽다. 원사업자가 요구하는 중간재 등 생산을 장기적으로 수행하다 보면 효율적 생산을 위해 특정 원사업자에 특화된 [8]전속성 자산에 투자를 많이 하게 되고 일단 투자를 하게 되면 매몰비용 때문에 이후에는 거래선 전환이 어렵게 되어 협상력이 저하되게 된다.

원사업자와 수급사업자의 협상력의 차이는 거래상지위의 불균형을 가져와 현실의 하도급거래에 있어서는 많은 불공정 사례가 나타나고 있어서, 원래 하도급거래의 순기능인 분업에 의한 효율성 달성과 기술축적까지 저해하거나 저해할 우려가 커지고 있으므로 이에 대한 규제가 필요하게 되었다. 하도급거래에 대한 규제 필요성과 관련하여 당사자 간의 사적거래에 국가가 개입하는 것은 사적자치의 원칙과 시장경제 원리에 반한다는 견해도 있을 수 있으나, 하도급거래에서 원사업자의 불공정행위로 인해 수급사업자가 가격 등으로 인한 경쟁을 제대로 할 수 없게 되고 이로 인해 경제 전체의 자원배분 효율성을 저해한다면 이는 불공정한 사적거래가 공법적(公法的)인 질서에 영향을 미치는 경우에 해당하므로 이때에는 시장질서가 정상적으로 작동할 수 있도록 규제를 하는 것이 정당화된다.

실제 우리나라의 경우 중소기업중앙회의 중소기업 실태조사통계에 따르면 중소기업의 50% 이상이 하도급업체이고 하도급업체는 매출의 80% 이상을 원사업자에 대한 납품에 의존하는 것으로 나타나고 있고, 대기업과 거래하는 비대기업계열 중소기업은 대기업 계열회사와 비교했을 때 [9]영업이익률이 훨씬 낮은 것으로 나타나고 있어 거래상지위의 불균형이 큰 것으로 파악되고 있고, 실제 공정거래위원회의 사건처리 통계에 의하더라도 매년 시정조치되는 사건의 절반가량이 불공정 하도급거래 사건일 정도로 [10]빈번하게 법위반이 발생하고 있어서 불공정한 하도급거래에 대한 규제 필요성이 높다고 할 수 있다.

3. 하도급법의 성격

공정거래법은 거래상 지위남용을 불공정거래행위의 한 유형으로 정하여

8) 특정의 생산활동에만 사용되는 자산을 의미하며, 전속성 자산의 비중이 높을수록 더욱 전속적 거래에 의존할 수밖에 없다고 알려져 있다.

9) 산업연구원의 조사에 따르면 완성차 업체의 비계열사인 부품사 영업이익률은 완성차 업체 계열 부품사의 3분의 1 수준에 머무르는 것으로 나타나고 있다(2010년~2013년 기간)

10) 2020년도 공정거래위원회가 시정조치한 1,298건의 사건 중 불공정 하도급거래 행위에 대한 사건은 538건에 달하고 있다.

규제하고 있으나 공정거래법만으로는 하도급거래 원사업자와 수급사업자의 힘의 불균형에서 발생하는 지위남용행위를 효과적으로 규제하기에는 한계가 있었다. 이에 따라 불공정 하도급거래 행위를 효과적으로 규제하고 대·중소기업 관계에 있는 원사업자와 수급사업자가 상호보완적인 관계에서 균형 있게 발전할 수 있도록 공정거래법의 특별법으로서 하도급법이 제정되었다. 하도급법 제28조는 하도급법 적용을 받는 사항에 대해 전부개정 공정거래법 [11]제45조 제1항 제6호(거래상 지위남용)를 적용 배제하도록 규정하고 있다.

하도급법의 목적은 하도급거래를 통해 효율적인 분업생산으로 자원의 최적배분을 달성하면서 한편으로는 경제적으로 우월적 지위에 있는 사업자를 규제함으로써 분쟁과 관련한 사회적 비용을 최소화하는 데 있으므로, 하도급법은 사적인 거래관계에 국가가 개입하여 공익실현을 목적으로 하는 공법 내지는 경제법의 성격을 가지고 있다.

또한 하도급법은 도급을 규정하고 있는 민법과 작업 또는 노무의 도급·인수를 영업으로 하는 행위를 기본적 상행위로 규정하고 있는 상법과 같은 사적자치 원칙에 기반한 대등한 거래주체 사이의 관계를 규율하는 사법(私法)관계에 관한 법이 아니라, 부당한 하도급대금 결정·대금 감액 등에 있어서는 원사업자와 수급사업자 간 서로 합의했다는 사실만으로도 정당화되지 않고, 부당특약 금지 규정에서 보듯 양자 간의 합의내용도 부당하면 위법이 되며 [12]하도급법상의 지연이자가 민법 또는 상법의 법정이자율보다 우선 적용되는 등 민사특별법으로서의 성격을 가진다. 건설산업기본법, 대중소기업 상생협력 촉진에 관한 법률, 전기공사업법, 정보통신공사업법 등에도 하도급거래 관련 규정이 있어서 중복 적용이 가능하나 서로 내용이 일치하지 않는 경우에는 하도급법이 [13]우선 적용되는 점도 하도급법의 법적 성격과 관련하여 참고할 필요가 있다.

---

11) 종전 공정거래법 제23조 제1항 제4호에 해당한다.
12) 대법원 2010. 10. 28. 선고 2010두1561 판결
13) 하도급법 제34조(다른 법률과의 관계)에서 규정하고 있다.

Ⅱ. 적용대상 사업자와 적용대상 거래

1. 하도급법 적용대상

(1) 원사업자

원사업자에는 일반적인 대기업과 중견기업 이외에 [14]상호출자제한기업집단 소속기업과 수급사업자보다 [15]규모가 큰 중소기업이 포함된다. 하도급법은 제2조 제2항에서 원사업자를 정의하면서 ① [16]중소기업자가 아닌 사업자로서 중소기업자에게 [17]'제조 등'의 위탁을 한 자와 ② 중소기업자 중 직전 사업연도의 연간매출액이 제조 등의 위탁을 받은 다른 중소기업자의 연간매출액보다 많은 중소기업자로서 그 다른 중소기업자에게 제조 등의 위탁을 한 자로 규정하고 있다.

상호출자제한기업집단 소속기업은 설령 중소기업에 해당한다 하더라도 소속된 기업집단의 힘이 배경이 되어 통상적인 중소기업에 대해 거래상 지위가 있다고 볼 수 있기 때문에 하도급법 적용대상으로 포함하고 있다. 대기업인 사업자가 원사업자 요건에 해당하지 않는 계열회사에게 위탁을 하고 당해 계열회사가 중소기업에게 재위탁하는 방식으로 하도급거래를 하는 경우는 당해 계열회사를 원사업자로 보게 되는데 이는 대기업인 사업자가 원사업자가 영향력을 미칠 수 있는 중소 계열회사를 통해 하도급법 규제를 회피하는 것을 방지하기 위한 [18]규정이다.

---

14) 전부개정 공정거래법 제31조는 자산총액이 5조 원 이상인 기업집단을 공시대상기업집단으로 지정하고 지정된 공시대상기업집단 중 자산총액이 국내총생산액의 1천분의 5에 해당하는 금액(종전에는 10조 원) 이상인 기업집단을 상호출자제한기업집단으로 지정하고 있다.

15) 직전년도 매출액 또는 건설위탁의 경우 계약 체결 시 공시된 시공능력평가액이 수급사업자보다 많은 경우가 이에 해당되고, 연간 매출액이나 공시된 시공능력평가액이 없는 경우는 자산총액을 의미하게 된다.

16) 중소기업기본법과 동법 시행령은 중소기업자의 범위를 규정하고 있는데, ① 중소기업기본법 시행령 별표 1에서 정하고 있는 업종별 매출액 범위 내에 있으며 자산총액이 5천억 원 미만인 기업, ② 사회적기업 육성법에 의한 사회적 기업, ③ 협동조합 기본법에 의한 협동조합 등, ④ 소비자생활협동조합법에 의한 조합 등, ⑤ 중소기업협동조합법에 의한 협동조합 등이 포함된다. 중소기업기본법 시행령 별표 1은 이 장 말미에 참고로 첨부해 놓았다(687쪽 참조).

17) '제조 등'은 제조·수리·건설·용역을 포함하는 의미이다.

18) 하도급법 제2조 제4항에서 규정하고 있다.

중소기업의 경우에도 규모가 상대적으로 큰 중소기업은 작은 중소기업에 대해 거래상 우월적 지위를 남용할 가능성이 있기 때문에 하도급법상 원사업자에 포함시켜 2차 또는 3차 등 하위 단계의 수급사업자도 하도급법 보호대상이 될 수 있도록 하고 있다. 다만, 제조나 수리 위탁의 경우 연간 매출액이 30억 원 미만인 사업자, 건설위탁의 경우 시공능력평가액이 45억 원 미만인 사업자, 용역위탁의 경우 연간 매출액 10억 원 미만인 사업자는 원사업자에서 제외하고 있다.

(2) 수급사업자

중소기업기본법상 중소기업이 수급사업자가 된다. 하도급법은 제2조 제3항에서 하도급법상의 원사업자로부터 제조 등의 위탁을 받은 중소기업자를 수급사업자로 정의하고 있다. 중소기업에는 일정규모 이하의 영리를 목적으로 사업을 하는 기업 이외에도 영리를 주된 목적으로 하지 않는 사회적 기업, 협동조합, 중소기업협동조합 등이 있지만 일정규모 이하 영리를 목적으로 사업을 하는 기업이 대종을 이룬다.

하도급법상 수급사업자가 되려면 원사업자보다 규모가 작은 중소기업이어야 하고 업종별로 중소기업기본법 시행령상의 평균매출액 기준을 충족해야 하며 자산총액이 5천억 원 미만이어야 한다. 평균매출액은 제조업의 경우 업종에 따라 1,500억 원 이하, 1,000억 원 이하, 800억 원 이하 등으로 나누어지고 건설업은 평균매출액 1,000억 원 이하의 사업자가 해당된다. 2개 이상 업종 영위 시에는 업종 구분 없이 합산한 매출액과 자산총액이 기준이 된다.

소규모 중견기업도 하도금대금 지급 등에 있어 일정한 경우에는 수급사업자로서의 지위를 갖게 되는데, 매출액 3,000억 원 미만 [19]중견기업이 상호출자제한기업집단 소속 계열사로부터 제조 등 위탁을 받거나, [20]연간 매출액 2조 원을 초과하는 사업자로부터 위탁을 받는 경우는 수급사업자로 보는 규정이 2015년 신설되었다. 다만 상호출자제한기업집단 소속회사는 중소기업이라 하더라도

---

19) 중견기업 성장촉진 및 경쟁력 강화 특별법 제2조 제1호에는 중견기업을 중소기업, 공공기관 또는 상호출자제한기업집단에 속한 회사가 아닌 기업으로 정의하고 있다.

20) 전부개정 공정거래법 제9조와 동법 시행령 제18조에 의해 자산총액 또는 매출액의 규모가 2조 원 이상인 회사를 '대규모회사'로 정하고 있다.

제외되며, 자산총액 5천억 원 이상인 기업이 최다출자자로서 30% 이상의 지분을 직접적 또는 간접적으로 소유하고 있는 회사 또한 중소기업기본법령상 중소기업의 범위에 해당하지 않기 때문에 수급사업자에서 제외된다.

수급사업자가 다수일 경우 각각의 수급사업자별로 원사업자와 실질적으로 대등한 지위에 있는지 여부를 따져서 하도급법을 적용해야 하는지가 문제될 수 있다. 대보정보통신의 불공정하도급거래행위 건에서 법원은 시스원 등 125개 사업자들이 수급사업자에 해당하고, 수급사업자별로 원사업자와 실질적으로 대등한 지위에 있는지 하나하나 따진 후에 원사업자보다 열위에 있는 사업자에 대하여만 하도급법을 적용하는 것은 오히려 하도급법의 입법취지를 몰각시키거나 입법취지에만 매달려 이미 성립한 당해 법률의 해석을 지나치게 제한하는 것이 되어 받아들일 수 없다고 하면서, 하도급법의 구체적 적용과정에서 위반행위의 내용과 정도 등에 비추어 원사업자가 실질적으로 더 우월한 지위에 있는 수급사업자와 거래하는 경우가 있다면 과징금 부과 여부 및 액수를 결정함에 있어 그 같은 사정을 참작할 수 있다고 [21]판시한 바 있다.

(3) 하도급거래의 승계

공정거래위원회 [22]예규는 사업자가 합병, 영업양수 등을 통해 권리의무를 포괄적으로 승계하는 경우는 하도급거래에 따른 전(前)사업자의 제반 권리의무를 승계한 것으로 보고, 승계한 시점에서 당사자의 요건을 충족하지 아니하더라도 이미 성립한 하도급거래에 따른 당사자로 보고 있다. 건설산업기본법 등 건설관계 법령에 의하여 등록·지정을 받은 권한을 양수한 자는 양수 이전의 공사부분에 대해서도 하도급거래 당사자로 보고, 영업정지·등록 취소 등으로 자격을 상실한 사업자 등이 처분 전의 공사를 계속 시공하는 경우에는 같은 처분 이전의 공사부분은 물론 처분 이후의 공사부분에 대해서도 하도급거래 당사자로 보고 있다.

21) 서울고등법원 2016. 12. 21. 선고 2015누2040 판결, 고법 확정
22) 하도급거래공정화지침이 이에 해당한다.

2. 적용대상 거래

(1) 개요

하도급법 적용대상이 되는 하도급거래는 원도급을 포함한 하도급, 재하도급, 재재하도급 등 모든 단계를 포함하며, 원사업자가 수급사업자에게 제조위탁·수리위탁·건설위탁 또는 용역위탁을 하거나 원사업자가 다른 사업자로부터 제조위탁·수리위탁·건설위탁 또는 용역위탁을 받은 것을 수급사업자에게 다시 위탁한 경우가 이에 해당된다. 하도급법 적용대상이 되는 하도급거래는 사업자간 위탁행위이며 원사업자 자신의 업(業)에 따른 제조 등을 다른 사람에게 위탁하는 경우 성립하며, 건설 분야처럼 관련법에 따른 자격이 필요한 경우는 자격증 소지여부도 고려된다. 그리고 업무 범위는 반드시 주된 사업분야에 국한되는 것은 아니다.

하도급거래 중 제조위탁의 경우 하도급법상 위탁에 해당되는지 여부가 문제가 될 수 있다. 수급사업자가 단순히 표준품이나 범용품을 납품하는 경우는 하도급법상 위탁에 해당되지 않는 것으로 보고 있으며 원사업자가 사양(仕樣)을 지정하거나 사양지정이 없더라도 일정한 가공 등으로 쉽게 전용할 수 없는 제조가 이루어져야 제조위탁에 해당되게 된다. 수리위탁, 건설위탁 또는 용역위탁은 사양이 지정되는 것이 통상이므로 위탁 개념이 문제될 소지는 거의 없다.

(2) 제조위탁

(2)-1 의의

하도급법은 제2조 제6항에서 제조위탁을 ① 물품의 제조, ② 물품의 판매, ③ 물품의 수리, ④ 건설을 업으로 하는 사업자가 그 업에 따른 물품의 제조를 다른 사업자에게 위탁하는 것으로 정의하고 있다. 업(業)으로 한다는 의미는 경제적 대가를 목적으로 계속 반복적으로 해당 행위를 수행하는 것을 의미하고 ‘제조위탁의 대상이 되는 물품의 범위 고시’ 등에서 그 기준을 마련하여 고시하고 있다. ‘물품의 제조·판매·수리 사업자’는 고객의 주문을 받아 경제적 대가를 받고 제조·판매·수리를 계속적·반복적으로 행하는 사업자를 의미하고, ‘건설사업자’는 건설산업기본법, 전기공사업법, 정보통신공사업법, 소방시설공사업법 등에 따른 건설사업자를 의미한다.

제조위탁의 [23]특례로서 레미콘 제조위탁의 경우에는 수급사업자의 사업장 소재지가 대구광역시, 광주광역시, 대전광역시, 세종특별자치시, 강원도, 충청남도, 충청북도, 전라남도, 전라북도, 경상남도, 경상북도, 제주특별자치도에 있는 경우에 한하여 하도급법을 적용하고, 서울특별시, 경기도, 인천광역시, 부산광역시, 울산광역시에 소재한 레미콘 업체의 거래에 대해서는 하도급법을 적용하지 않는다.

(2)-2 제조위탁의 범위

제조·판매·수리사업자의 제조위탁은 제조·판매·수리의 대상이 되는 완제품(주문자상표 부착방식 제조 포함)을 제조위탁하는 경우, 물품의 제조·수리과정에서 투입되는 중간재(원자재, 부품, 반제품 등)를 규격 또는 품질 등을 지정하여 제조위탁하는 경우, 물품의 제조에 필요한 금형, 사형, 목형 등을 제조위탁하는 경우, 물품의 제조과정에서 도장, 가공, 조립, 주단조, 도금 등을 위탁하는 경우, 물품의 제조나 판매에 부속되는 포장용기, 라벨, 견본품 및 사용안내서 등을 제조위탁하는 경우가 포함된다. 제조위탁과 관련하여 위탁받은 사업자가 제조설비를 가지고 있지 않더라도 위탁받은 물품의 제조에 대해서 전(全)책임을 지고 있는 경우에는 제조위탁을 받은 것으로 보게 된다. 다만, 무역업자가 제조업자의 요청으로 단순히 수출을 대행하는 경우에는 제조위탁으로 보지 않는다.

공정거래위원회 고시인 '제조위탁의 대상이 되는 물품의 범위 고시'는 건설사업자와 관련된 제조위탁의 대상을 정하고 있는데 이에는 ① 건설공사에 소요되는 자재, 부품 또는 시설물로서 규격 또는 성능 등을 지정한 도면, 설계도, 시방서 등에 따라 주문 제작한 것(가드레일, 표지판, 밸브, 갑문, 엘리베이터 등), ② 건설공사에 투입되는 자재로서 거래관행상 별도의 시방서 등의 첨부 없이 규격 또는 품질을 지정하여 주문한 것(레미콘, 아스콘 등), ③ 건축공사에 설치되는 부속시설물로서 규격 등을 지정한 도면, 시방서 및 사양서 등에 의하여 주문한 것(신발장, 거실장, 창틀 등)이 포함된다.

제조위탁에 해당한다고 본 판례로는, 의류 제조업체가 원단의 규격 또는 품질 등을 지정하여 그 제조를 위탁하는 경우에는 위탁받은 목적물을 단순구매하여 납품한 것이라는 등의 특별한 사정이 없는 한 제조위탁에 해당하여 하도

23) 하도급법 제2조 제7항에서 규정하고 있다.

급법이 적용된다고 [24]판시한 사례와 김치냉장고의 플라스틱부품의 원재료로 사용될 목적의 물품에 대해 원사업자가 미리 샘플을 제시하거나 수급사업자가 샘플을 만들어 원사업자로부터 제품공급에 대한 사전승낙을 받는 방법으로 원사업자가 색상과 강도를 미리 지정한 점 등에 비추어 하도급법에서 규정한 제조위탁에 해당한다고 [25]판시한 사례를 들 수 있다.

제조위탁으로 보지 않은 사례로는, 단순 구매계약의 경우도 매도인은 매매계약에 따른 하자담보책임 등 각종 의무를 부담하고 있으므로 계약서에 하자보증 등의 의무가 부과되었다는 사실만으로는 제조위탁에 해당하여 하도급법의 적용대상이라고는 볼 수 없다고 [26]판시한 경우와 철근 주문과 관련하여 규격·표준화된 철근의 품명과 규격을 적시하고 있으나 이보다 더 상세하고 특화된 사양서, 도면, 시방서 또는 이에 준하는 문서에 의하여 주문이 이루어진 것이 아니므로 제조위탁에 해당하지 않는다는 [27]판례를 참조할 필요가 있다.

(3) 수리위탁

하도급법은 제2조 제8항에서 수리위탁을 사업자가 주문을 받아 물품을 수리하는 것을 업으로 하거나 자기가 사용하는 물품을 수리하는 것을 업으로 하는 경우에 그 수리행위의 전부 또는 일부를 다른 사업자에게 위탁하는 것으로 정의하고 있다. 수리위탁은 차량수리업자가 차량의 수리를, 선박수리업자가 선박의 수리를 다른 사업자에게 위탁하는 경우들처럼 수리업자가 위탁하는 경우에 한정되고 제조·판매사업자가 설비의 수리행위를 위탁하는 경우는 하도급법상의 수리위탁에 해당하지 않는다.

수리업은 고객 주문에 의한 물품의 수리를 업으로 하는 경우와 자가사용 물품의 수리를 업으로 하는 경우가 있을 수 있으나 자가사용 물품의 경우 업으로 보기 위해서는 수리를 직접적으로 수행하고 있을 것이 요구된다.

---

24) 다연에프비에스의 하도급법 위반행위 건(서울고등법원 2004. 7. 15. 선고 2003누5602 판결, 상고심은 심리불속행 기각하였다)

25) 대진정공의 하도급법위반행위 건(서울고등법원 2008. 7. 16. 선고, 2007누31661 판결, 고법 확정)

26) 포스코건설의 불공정하도급 거래행위에 대한 건(서울고등법원 2018. 12. 5. 선고 2018누38378 판결, 상고심은 심리불속행 기각하였다)

27) 이수건설의 불공정하도급 거래행위 건(서울고등법원 2019. 12. 19. 선고 2018누52756 판결, 상고심은 심리불속행 기각하였다)

(4) 건설위탁

하도급법은 제2조 제9항에서 건설위탁을 건설산업기본법에 의한 건설사업자, 전기공사업법에 의한 공사업자, 정보통신공사업법에 의한 정보통신공사업자, 소방시설공사업법에 의한 소방시설공사업의 등록을 한 자 등에 해당하는 사업자(이하 '건설업자'라 한다)가 그 업에 따른 건설공사의 전부 또는 일부를 다른 건설업자에게 위탁하거나 건설업자가 법령에 의한 경미한 공사를 다른 사업자에게 위탁하는 것으로 정의하고 있다.

경미한 공사가 아닌 한 무허가 건설업자와의 거래나 해당 면허가 없는 전문건설업자와의 거래, 포크레인 등 건설장비 임대차, 개인에게 위탁한 경우 등은 건설위탁에 해당하지 않지만, 건설산업기본법상의 부대공사를 도급받은 경우에는 해당 공종에 대한 시공자격이 없더라도 시공자격이 있는 전문건설업자에게 하도급을 주는 것이 가능하다.

건설위탁은 원사업자와 수급사업자가 관련법에 의한 등록이나 면허를 갖출 것을 요구하고 있고, 원사업자가 자신이 업으로 하고 있는 분야에 대한 건설위탁을 하는 경우에만 하도급거래로 인정하고 있다. 이와 관련한 판례로서 법원은 일반건설업자로서 '토목건축공사업'의 면허를 가지고 있는 원사업자가 구조물의 설치 및 해체공사를 전문건설업자에게 위탁한 것은 건설위탁에 해당한다고 [28]판시한 경우를 들 수 있다.

하도급법 제2조 제9항 제1호에서 제4호까지 열거하고 있는 사업자 이외에 건설위탁에 해당하는 경우는 주택법에 따른 등록사업자, 환경기술 및 환경산업지원법에 따른 등록업자, 하수도법 및 가축분뇨의 관리 및 이용에 관한 법률에 따른 등록업자, 에너지이용 합리화법에 따른 등록업자, 도시가스사업법에 따른 시공자, 액화석유가스의 안전관리 및 사업법에 따른 시공자 등이 포함되고 건설산업기본법·전기공사업법의 시행령에 따른 [29]경미한 공사의 경우에는 건설업자가 아닌 다른 일반 사업자에게 위탁하는 경우도 건설위탁에 포함되는 것으로 보게 된다.

---

28) 부영의 불공정하도급 거래행위 건(대법원 2008. 10. 9. 선고 2006두19617 판결)

29) 건설산업기본법 시행령 제8조는 일반건설공사 5천만 원 미만, 전문건설공사 1천 5백만 원 미만 공사를, 전기공사업법 시행령 제5조는 접속기, 소켓 기타 개폐기 보수 및 교환공사 등을 경미한 공사로 규정하고 있다.

(5) 용역위탁

하도급법은 제2조 제11항에서 용역위탁을 지식·정보성과물의 작성 또는 역무의 공급(이하 '용역'이라 한다)을 업으로 하는 사업자(이하 '용역업자'라 한다)가 그 업에 따른 용역 수행행위의 전부 또는 일부를 다른 용역업자에게 위탁하는 것으로 정의하고 있다. 용역위탁은 동일 업종 간의 위탁만을 인정하는 점에서 건설위탁과 유사한 점이 있긴 하나 관련법에서의 등록, 면허 등을 엄격하게 요구하지는 않는다는 점에서 차이가 있다.

용역위탁의 대상이 되는 '지식·정보성과물'은 소프트웨어 등 정보 프로그램, 영화, 방송 프로그램, 설계 등 주로 유형적 대상이 많고 인간의 창의성에 기반하는 성과물인 반면, '역무'는 [30]엔지니어링 활동, 화물자동차 운수, 건물유지관리 등 무형적 대상이 많고 지식·정보성과물에 비해 기계적인 노무활동의 성격을 갖고 있는 점에서 차이가 있다고 할 수 있다.

하도급법상 지식·정보성과물의 위탁은 소프트웨어산업 진흥법에 의한 소프트웨어 작성 위탁, 영화·방송 프로그램·영상광고 등의 제작 위탁, 건축사법에 의한 설계도서 작성 위탁, 엔지니어링산업 진흥법상 엔지니어링 활동 중 설계위탁 등이 포함되는데 공정거래위원회는 [31]고시를 통해 이를 상세히 규정하고 있다. 하도급법상 [32]역무의 공급 위탁은 엔지니어링 활동을 업으로 하는 자가 구조계산·감리·시설물 유지관리를 위탁, 화물자동차 운수사업법상 운수사업자가 화물자동차를 이용한 화물의 운송 또는 화물운송의 주선을 다른 사업자에게 위탁, 건축법상 건축물의 유지·관리를 업으로 하는 사업자가 건축물의 유지·보수·청소를 위탁, 경비를 업으로 하는 자가 시설 내 위험방지·신변보호 활동을 위탁, 물류를 업으로 하는 자가 화물운송·보관·포장 활동을 위탁, 소프트웨어사업을 업으로 하는 자가 시스템 통합·운영·유지·보수, 데이터 저장·검색 등을 위탁, 광고를 업으로 하는 자가 판촉·편집·조사·기획 등을 위탁, 방송·영상제작·영화제작·공연기획을 업으로 하는 자가 녹음·촬영·편집 등을 위탁, 분양사업자가 건축물 분양업무를 위탁하는 경우가 포함된다.

---

30) 과학기술의 지식을 응용하여 수행하는 사업이나 시설물에 대한 연구·기획·타당성조사·분석·설계·계약·구매·조달·시험·감리·시험운전·평가·검사·안전성 검토·관리·매뉴얼 작성·자문·지도·유지보수 활동 등을 의미한다.

31) 공정거래위원회 고시인 '용역위탁 중 지식·정보성과물의 범위 고시'가 이에 해당한다.

32) 공정거래위원회 고시인 '용역위탁 중 역무의 범위 고시'에서 상세히 규정하고 있다.

3. 하도급법 규제체계

(1) 법적용 사업자별 규제

하도급법은 원사업자의 거래상 우월한 지위의 남용에 따른 불공정한 하도급거래를 규제하고자 하는 것이 목적이므로 원사업자에 대한 규제가 주를 이루고 있고 원사업자에 대한 규제는 의무사항과 금지사항으로 나누어져 있다. 또한 하도급법은 이외에도 기타 수급사업자와 발주자의 의무사항에 대해서도 규정하고 있다.

'원사업자에 대한 의무'는 총 9개 사항으로 서면발급 및 서류보존 의무, 선급금 지급의무, 내국신용장 개설의무, 검사 및 검사결과 통지 의무, 하도급대금 지급의무, 건설하도급대금 지급보증 의무, 관세 등 환급금 지급의무, 설계변경 등에 따른 하도급대금 조정의무, 납품단가 조정협의 의무가 이에 해당한다. '원사업자에 대한 금지행위'로는 부당특약, 부당한 하도급대금 결정, 부당감액, 물품 등의 구매강제, 부당한 위탁취소 및 수령거부, 부당반품, 물품 구매대금 등의 부당결제 청구, 경제적 이익의 부당요구, 기술자료 제공 요구·유용, 부당한 대물변제, 부당한 경영간섭, 보복조치, 탈법행위 13개 행위에 대해 이를 금지하고 있다. '수급사업자에 대한 의무'와 관련해서는 서류보존, 건설의 경우 계약이행보증, 신의칙(信義則) 준수 및 원사업자의 위법행위에 대한 협조거부를 규정하고 있고 그 외 '발주자의 의무사항'으로 하도급대금 직접지급을 규정하고 있다.

(2) 거래 단계별 규제

하도급거래는 하도급계약의 체결, 하도급계약의 이행, 목적물의 인수 및 대금지급의 단계로 나누어지는데 하도급거래의 단계별로 하도급법에서 규정하고 있는 각종 의무와 금지사항을 살펴보는 것은 하도급법 규제체계를 전체적으로 이해하는데 도움이 된다. 또한 불공정하도급 거래를 규제하기 위한 공정거래위원회 조사도 하도급거래를 단계별로 체크하는 방식으로 이루어지기도 하지만 원사업자 등이 하도급 법규 위반을 스스로 확인하는 경우에도 단계별 점검이 필요하기 때문에 하도급거래 단계별 규제에 대한 이해가 중요하다고 할 수 있다. 이하에서 하도급법령상의 의무와 금지사항을 하도급거래 단계별로 상세히 살펴보기로 한다.

'계약체결 단계'에서는 서면발급과 서류보존이 제대로 이루어졌는지, 부당특약이 있는지, 부당한 하도급대금 결정이 있었는지, 물품 등의 구매강제행위가 있었는지를 중점적으로 살펴보게 된다.

'하도급계약의 이행단계'에서는 선급금이 제대로 지급되었는지, 내국신용장을 개설해 줬는지, 경제적 이익을 부당하게 요구하였는지, 기술자료 제공을 부당하게 요구하거나 유용했는지, 건설하도급의 경우 대금지급을 보증했는지, 설계변경 등에 따른 하도급대금을 결정했는지, 원재료 가격 변동에 따른 하도급대금 조정이 이루어졌는지를 살피게 된다.

'목적물 인수단계'에서는 부당하게 위탁 취소 또는 수령을 거부한 사실이 있는지, 검사 및 검사결과 통지가 적정하게 이루어졌는지, 부당하게 반품한 사실이 있는지가 규제의 주안점이 된다.

마지막으로 '대금지급 및 거래종료 단계'에서는 부당하게 감액한 사실이 있는지, 물품구매대금 등을 부당결제 청구한 사실이 있는지, 하도급대금을 제대로 지급했는지, 부당한 대물변제를 했는지, 부당하게 경영간섭을 한 사실이 있는지와 기타 보복조치나 탈법행위가 있었는지를 살펴보게 된다.

Ⅲ. 계약체결 단계에서의 규제

1. 서면발급 및 서류보존의 의무

(1) 서면발급 의무

(1)-1 의의

원사업자와 수급사업자간 구두(口頭)계약에 따른 하도급거래 조건에 관한 분쟁을 사전에 예방하고 사후 분쟁 발생 시에도 이를 효율적으로 해결하기 위해서는 하도급거래 시 서면에 의한 계약이 이루어지도록 하는 것이 필요한데, 하도급법은 제3조에서 원사업자가 수급사업자에게 제조 등의 위탁을 하는 경우 및 제조 등의 위탁을 한 이후에 해당 계약에 없는 위탁 또는 계약내역을 변경하는 위탁(이하 '추가·변경위탁'이라 한다)을 하는 경우에는 '법정사항'을 기재하고 양 당사자가 서명 또는 기명날인한 서면을 '정해진 기한' 내에 수급사업자에게 발급하도록 의무화하고 있다.

[33]'서면에 기재할 법정사항'은 하도급법 시행령 제3조에서 규정하고 있는데 ① 위탁일과 수급사업자가 위탁받은 것(이하 '목적물 등'이라 한다)의 내용, ② 목적물 등의 납품·인도 또는 제공하는 시기 및 장소, ③ 목적물 등의 검사방법 및 시기, ④ [34]하도급대금과 그 지급방법 및 지급기일, ⑤ 원사업자가 원재료 등을 제공하는 경우 그 원자재 등의 제공 및 대가 지급내용, ⑥ 원재료 등의 가격변동 등에 따른 하도급 대금조정의 요건·방법 및 절차가 이에 해당한다.

'정해진 기한'과 관련하여, 서면계약서 발급은 위탁받은 일의 작업에 착수하기 전에 이루어져야 하므로, 제조위탁의 경우는 물품 납품을 위한 작업을 시작하기 전에, 건설위탁은 착공하기 전에, 수리위탁은 수리행위를 시작하기 전에, 용역위탁은 용역수행 행위를 시작하기 전에 발급하여야 하며, 위탁한 일의 추가·변경의 경우에는 추가·변경과 관련된 서면을 작성하여 교부하여야 한다.

(1)-2 법위반 유형 및 관련 판례

서면에 기재할 법정사항 중 하나라도 빠지면 불완전 서면을 발급한 것이 되고 하도급법상의 서면발급 의무를 위반한 것이 된다. 위반을 예방하기 위해서는 공정거래위원회가 제정하여 권장하고 있는 [35]표준하도급계약서를 활용하는 것도 하나의 방법이 될 수 있다. 6가지 법정기재 사항 중 계약 시 확정하기 곤란한 사항이 있는 경우에는 해당사항이 미기재된 서면을 발급하는 것은 가능하나 이 경우에도 정당한 사유가 있는 경우에 한하여 인정되며, 미기재 사유와 미기재 사항의 확정 예정일은 기재하여야 하고, 확정시 그 사항을 적은 새로운 서면을 발급하여야 한다.

서면에 양 당사자의 기명날인이 없거나, 추가공사의 범위가 구분되고 금액이 상당함에도 추가계약서나 작업지시서 등을 발급하지 아니한 경우, 시공과정에서 추가 또는 변경된 공사물량이 입증되었는데도 정산의 다툼 등을 이유로 변경계약서나 정산서를 발급하지 않은 경우, 특별한 이유 없이 법정기재사항이

33) 서면은 종이문서뿐 아니라 정보처리시스템에 의하여 전자적 형태로 작성, 송신·수신 또는 저장된 정보를 담은 전자문서도 가능하다.

34) 하도급대금에는 선급금, 기성금 및 하도급대금 조정의 경우에는 그 조정된 금액을 모두 포함한다.

35) 하도급법 제3조의2에 의해 공정거래위원회는 하도급법의 적용대상인 사업자 또는 사업자단체에 표준하도급계약서의 작성 및 사용을 권장할 수 있다. 표준하도급계약서를 사용하는 경우에는 벌점 경감 등 인센티브를 주고 있다.

일부 누락된 서면을 발급한 경우, 실제의 하도급거래관계와 다른 허위사실을 기재한 경우 등은 서면미발급 또는 불완전 서면발급에 해당된다.

이하에서는 서면발급 의무와 관련된 판례를 살펴본다. 서면의 효력과 관련하여 엔아이텍의 불공정하도급거래행위 건에서 법원은 발주자가 원사업자에 대해 공사비를 증액하여 원사업자와 수급사업자간 정산합의서를 작성하고 일정 금액을 수급사업자에게 지급하기로 한 경우에 원사업자가 전화로 정산합의를 무효화하기로 했다고 주장했음에도 불구하고 이를 인정할 증거가 없는 이상 정산합의서가 유효하다고 [36]판시하였다.

서면발급과 관련하여 법원은 하도급대금 전액이 차질 없이 지급되었다는 사정만으로는 법정 기재사항이 포함된 계약서면을 수급사업자에게 교부하지 않은 것은 정당화할 수 없다고 [37]판시하였고, 발주자의 결정가액에 따라 하도급대금을 정하는 관행이 있어 원사업자가 서면계약서의 교부 없이 수급사업자에게 작업기간 등이 적시된 발주서만으로 제조위탁하였더라도 서면 미교부에 대한 정당한 이유가 되지 않는다고 [38]판시한 바 있다.

또한 법원은 원사업자가 수급사업자에게 건설위탁할 경우 늦어도 수급사업자가 공사에 착수하기 전까지는 계약서를 교부하여야 하고, 당초의 계약내용이 추가공사의 위탁 등으로 변경될 경우에도 추가서면을 작성·교부해야 한다고 [39]판시하였고, 계약연장과 관련하여 하도급거래 계약기간이 종료된 이후 동일한 내용으로 종전 계약기간을 연장하기로 합의한 경우에도 원사업자는 연장된 계약기간을 명시한 계약서면을 수급사업자에게 교부하여야 한다고 [40]판시하고 있다.

---

36) 서울고등법원 2016. 9. 8. 선고 2014누72233 판결, 상고심(대법원)은 심리불속행 기각하였다.

37) 진성이엔지의 불공정하도급거래행위에 대한 건(서울고등법원 2015. 12. 3. 선고 2015누32195 판결, 고법 확정)

38) 신일정공의 하도급법위반행위 건(서울고등법원 2004. 10. 7. 선고 2003누17773 판결; 상고심은 심리불속행 기각하였다)

39) 선경이엔씨의 하도급법위반행위 건(서울고등법원 2013. 6. 28. 선고 2012누38017 판결; 상고심은 심리불속행 기각하였다)

40) 서울고등법원 2008. 9. 13. 선고 2008누2554 판결

(2) 하도급계약 추정제도

하도급법 제3조 제5항은 원사업자가 제조 등의 위탁을 하면서 서면을 발급하지 않은 경우에 수급사업자가 위탁받은 작업의 내용 등 사항을 원사업자에게 서면으로 통지하여 위탁내용의 확인을 요청할 수 있도록 규정하고 있다. 이는 원사업자가 수급사업자의 위탁내용 확인 요청에 대하여 15일 이내에 인정 또는 부인의 회신이 없으면 수급사업자가 통지한 내용대로 하도급계약 성립을 추정하는 제도로 원사업자가 구두로 위탁하는 관행이 쉽게 근절되지 않는 현실에 대응하여 수급사업자의 피해를 효과적으로 구제하기 위해 2010년에 도입되었다.

하도급법 시행령 제4조에서는 위탁내용의 확인을 위한 서면 기재사항으로 ① 원사업자로부터 위탁받은 작업의 내용, ② 하도급대금, ③ 원사업자로부터 위탁받은 일시, ④ 원사업자와 수급사업자의 사업자명과 주소(법인 등기사항증명서상 주소, 사업장 주소를 포함한다)를 규정하고 있다. 수급사업자의 위탁내용 통지나 원사업자의 회신은 내용증명우편에 준하는 수단으로 하는 것이 바람직하며 전자문서에 의한 방식도 허용된다. 수급사업자가 위탁내용을 통지할 경우에는 수급사업자의 서명 또는 기명날인이 필요하고, 원사업자가 회신하는 경우에도 원사업자의 서명 또는 기명날인이 필요하다.

(3) 서류보존 의무

하도급법 제3조 제9항에 따른 서면보존 의무는 원사업자와 수급사업자 모두에게 부과되는데, 전자문서를 포함한 하도급거래 관련 서류를 거래 종료일로부터 3년간 보존하도록 규정하고 있다. 하도급법 시행령 제6조는 보존해야 할 서류를 상세히 규정하고 있는데, 보존대상 서류로는 하도급법 제3조 제1항에서 규정하는 [41]서면과 함께 ① 목적물 등의 수령증명서, ② 목적물 검사결과·검사종료일, ③ 대금지급일·지급액 및 지급수단, ④ 선급금 및 지연이자, 어음할인료, 수수료 및 지연이자 등, ⑤ 원사업자가 수급사업자에게 제공한 원재료 및 감액한 경우는 감액사유·금액, 기술자료 제공을 요구한 경우는 요구목적·권리귀속 관계, ⑥ 하도급대금 조정액수 및 조정사유, ⑦ 수급사업자 등이 하도급대

41) 제조 등의 위탁 또는 추가·변경위탁 시 발급해야 하는 서면으로서 앞서 설명한 6가지 법정사항이 기재된 서면을 의미한다.

금 조정을 신청한 경우에는 신청내용·조정금액 등, ⑧ 입찰명세서·낙찰자결정 품의서·견적서·현장설명서 등 하도급대금 결정과 관련된 서류가 포함된다.

2022. 2. 18. 시행된 개정 하도급법에서 원사업자의 비밀유지계약 체결이 의무화됨에 따라 하도급법 시행령 개정이 이루어져서 원사업자가 보존해야 하는 서류에 ① 비밀유지계약서와 ② 대금 산정기준 및 내역과 관련된 근거 서류가 포함되게 되었다.

2. 부당특약 금지

(1) 의의

하도급법 제3조의4 제1항은 원사업자가 수급사업자의 이익을 부당하게 침해하거나 제한하는 계약조건(이하 '부당한 특약'이라 한다)을 설정하는 것을 금지하고 있다. 원사업자는 거래상의 우월한 지위를 이용하여 수급사업자의 정당한 이익을 제한하는 내용의 약정체결을 요구하더라도 수급사업자의 입장에서는 전속투자 등으로 인한 거래상의 열위 때문에 원사업자의 요구를 거절할 수가 없는 것이 현실이다. 이러한 거래상의 지위의 남용을 방지하기 위한 것이 부당특약 금지 규제의 취지가 된다.

부당특약의 개념에 대해 공정거래원회 예규인 '부당특약 심사지침'은 원사업자가 수급사업자에게 제조 등을 위탁할 때 교부하거나 수령한 설계도면, 시방서, 유의서, 현장설명서, 제안요청서, 물량내역서, 계약 및 견적 일반조건·특수조건, 과업내용서, 특약조건, 도급업무내역서, 발주서, 견적서, 계약서, 약정서, 협약서, 합의서, 각서 등 그 명칭이나 형태를 불문하고 원사업자와 수급사업자간의 권리·의무관계에 영향을 미치는 약정을 통해 설정한 계약조건으로서 수급사업자의 이익을 부당하게 침해하거나 제한하는 것을 의미한다고 정의하고 있다.

부당특약의 금지는 수급사업자의 이익을 부당하게 침해하거나 제한하는 계약조건의 설정을 금지하는 것으로, 수급사업자의 이익은 수급사업자가 원사업자와 하도급거래를 함으로써 얻게 되는 이윤발생·기업성장·사업확대·종사원의 소득증대·기술축적 등 다양한 유무형의 경제적 혜택을 모두 포함하는 개념이며, 계약서 등 명칭이나 형태를 불문하고 위탁에 따른 원사업자와 수급사업자의 권리의무관계에 영향을 미치는 약정을 통해 설정한 모든 계약조건에 대해 적용된다.

(2) 부당특약의 유형

(2)-1 개요

하도급법 제3조의4 제2항은 부당특약으로 간주되는 행위 유형을 규정하고 있는데 ① 원사업자가 하도급법 제3조 제1항의 서면에 기재되지 않은 사항을 요구함에 따라 발생된 비용을 수급사업자에게 부담시키는 약정, ② 원사업자가 부담하여야 할 민원처리, 산업재해 등과 관련된 비용을 수급사업자에게 부담시키는 약정, ③ 원사업자가 입찰내역에 없는 사항을 요구함에 따라 발생된 비용을 수급사업자에게 부담시키는 약정, ④ 기타 대통령령으로 정하는 수급사업자의 이익을 제한하거나 원사업자에게 부과된 의무를 수급사업자에게 전가하는 등의 약정이 해당된다.

'원사업자가 부담하여야 할 비용이나 책임'에 대해 부당특약 심사지침은 제조 등의 위탁과 관련된 법령(고용보험 및 산업재해 보상보험의 보험료 징수에 관한 법률, 대기환경보전법, 건설산업기본법, 산업안전보건법 등), 발주자와 원사업자 간의 계약조건, 당해 업종의 통상적인 거래관행, 수급사업자가 위탁받은 것의 내용 및 특성 등으로 볼 때 원사업자가 부담하는 것이 타당한 비용이나 책임을 의미하는 것으로 규정하고 있다.

하도급법 시행령 제6조의2에서 규정하고 기타 부당특약 사례도 참고할 필요가 있는데 이에는 ① 관련 법령에 의한 환경관리비용, 품질관리비용, 원사업자가 설계나 작업내용을 변경함에 따라 발생하는 비용, 원사업자의 지시에 의한 재작업·추가작업·보수작업 비용, 관련 법령에 의한 하자담보책임 또는 손해배상책임 등을 수급사업자에게 부담시키는 약정 등이 해당될 수 있고 그 외에도 ② 천재지변, 매장문화재의 발견, 해킹·컴퓨터바이러스 발생 등 예측할 수 없는 사항에 대한 책임부담, ③ 간접비를 일률적으로 제한하는 약정, ④ 하도급대금 조정권리를 제한하는 약정, ⑤ 기타 이에 준하는 약정으로서 공정거래위원회가 고시하는 약정이 포함된다.

(2)-2 부당특약고시의 규정

하도급법 시행령 제6조의2에 따라 2019년 제정된 공정거래위원회의 부당특약고시는 부당특약의 유형을 크게 5가지로 구분하여 총 16가지의 유형을 상세히 규정하고 있는데 이를 개략적으로 살펴보기로 한다.

'하도급법에 규정된 하도급업체의 권리를 제한'하는 경우로서 수급사업자의 위탁내용 확인요청 권리를 제한하는 약정, 원사업자가 공사대금 지급보증을 할 필요가 없는 경우 등에 수급사업자가 계약이행보증을 아니할 수 있는 권리를 제한하는 약정, 수급사업자가 관계기관에 원사업자의 하도급법 위반사실을 신고하거나 조사에 협조하는 행위 등을 제한하는 약정이 해당된다.

'수급사업자의 기술자료 등에 대한 권리를 제한'하는 경우로서, 수급사업자가 취득한 정보, 자료, 물건 등의 권리를 정당한 사유 없이 원사업자에게 귀속시키는 약정, 정보·자료 등에 대한 비밀준수의무를 수급사업자에게만 부담시키는 약정이 해당된다.

'수급사업자의 의무를 하도급법이 정한 기준보다 높게 설정'하는 경우로서, 정당한 사유 없이 수급사업자의 계약이행보증금액의 비율을 하도급법상 기준보다 높이거나 보증기관 선택을 제한하는 약정, 계약이행보증에도 불구하고 별도의 연대보증을 하도록 하는 약정이 해당된다.

'원사업자의 의무를 수급사업자에게 전가'하는 경우로서, 원사업자가 부담할 안전조치, 보건조치 등 산업재해예방비용을 수급사업자에게 부담시키는 약정, 목적물의 검사비용을 수급사업자에게 부담시키는 약정, 검사결과 통지에 대한 수급사업자의 이의제기를 제한하는 약정이 해당된다.

'하도급업체의 계약상 책임을 가중'하는 경우로서 계약내용에 대한 이견이 있을 때 원사업자의 의사에 따라 정하도록 한 약정, 수급사업자에게 발주자와 원사업자 간 계약조건을 제공하지도 않고 이를 원사업자와 수급사업자간 계약에 적용하기로 한 약정, 원사업자의 손해배상책임을 관계법령, 표준하도급계약서 등의 기준에 비해 과도하게 경감하거나 수급사업자의 손해배상책임, 하자담보책임을 과도하게 가중하는 약정, 수급사업자의 책임 없는 사유로 발생한 자재 등의 멸실 등에 대한 책임을 부담시키는 약정, 계약해제·해지사유를 원사업자에 대해서는 넓게, 수급사업자에 대해서는 좁게 정하는 약정, 수급사업자의 책임 없는 사유로 발생한 추가비용, 지체책임을 부담시키는 약정이 해당된다.

(3) 위법성 판단기준

부당특약에 대한 위법성은 원사업자와 수급사업자 간에 제조 등의 위탁과 관련하여 체결한 하도급거래의 계약조건이 공정하고 타당한지 여부를 기준으로 판단하는데 제조 등의 위탁과 관련된 계약조건이 원사업자와 수급사업자가 서로 동등한 입장에서 충분한 협의과정을 거쳐 결정되었는지 여부, 원사업자가 수급사업자에게 목적물 등의 품명·내용·규격·수량·재질·공법 등 하도급대금을 결정하는 데 필요한 자료·정보를 성실하게 제공하였는지 여부, 당해 업종의 통상적인 거래관행에 부합하는지 여부, 하도급법 및 건설산업기본법 등 관계법령의 취지에 부합하는지 여부, 목적물 등의 내용 및 특성, 수급사업자가 입은 불이익의 정도 등을 종합적으로 고려하여 판단하게 된다.

하도급법 제3조의4 제2항에 따른 부당특약으로 간주되는 행위 유형과 관련하여 그 예시를 살펴보면, 자재의 하차비, 추가장비 사용료 등의 모든 비용은 수급사업자가 부담한다는 약정이 서면에는 기재되지 않고 현장설명서에만 기재된 경우, 하도급공사를 하는 도중에 발생하는 모든 민원을 수급사업자의 비용으로 처리하여야 한다는 약정, 현장설명서 등에 명기된 사항이 산출내역서에 없더라도 공사수행상 시공하여야 할 부분이 있는 경우 수급사업자가 전적으로 비용을 부담하여 시공한다는 약정 등을 들 수 있다.

하도급법 시행령 제6조의2에서 규정하고 있는 부당특약의 유형과 관련된 예시로, 관청으로부터 건축허가를 수급사업자의 비용으로 받아야 한다는 약정, 수급사업자가 설계변경에 따른 추가공사를 하였더라도 원사업자가 발주자로부터 설계변경에 대한 기성금을 받지 못한 경우 수급사업자에게 추가공사로 증액된 금액을 지급하지 않는다는 약정, 원사업자 소속 현장소장의 지시로 수급사업자가 재작업을 수행한 비용은 일체 인정하지 않는다는 약정, 수급사업자가 완성하여 소비자에게 판매된 제품의 하자처리와 관련한 모든 비용은 수급사업자의 부담으로 한다는 약정, 하도급 계약기간 중에 수해나 기타 자연재해가 발생하더라도 공사기간 연장은 없다는 약정, 수급사업자의 공과잡비는 직접공사비 대비 일정비율을 초과하지 못한다는 약정, 수급사업자는 원사업자에게 하도급계약기간 중 어떠한 사유로도 계약금액의 증액 등 조정을 일절 요구하지 못한다는 약정 등을 들 수 있다.

부당특약 심사지침상의 유형과 관련된 예시로서 수급사업자는 원사업자에게 어떠한 경우에도 위탁내용의 확인을 일절 요청하지 않기로 한다는 약정, 발주자인 동시에 원사업자에 해당하는 경우 하도급대금 직접 지급으로 원사업자의 공사대금 지급보증이 면제되고 수급사업자는 계약이행을 보증해야 한다는 약정, 담합행위로 원사업자에게 업무방해 및 명예훼손 등 불이익을 초래한 경우 계약의 전부 또는 일부를 해제 또는 해지할 수 있다는 약정, 수급사업자가 제조 등의 위탁을 수행하는 과정에서 취득한 지식재산권 등은 모두 원사업자에게 귀속된다는 약정, 수급사업자가 원사업자에게 서면 등을 통해 정보 등에 대한 비밀준수를 하도록 요청할 수 없다는 약정, 다른 보증기관에 비해 수급사업자에게 불리한 조건을 적용하고 있는 특정보증기관의 보증서를 발급받아야 한다는 약정, 수급사업자가 법인인 경우 법인의 실질지배자 등 제3자가 수급사업자의 모든 채무에 대하여 연대보증을 하여야 한다는 약정, 검사항목 등 납품한 제품의 검사방법을 미리 정하지 않고 검사에 소요되는 비용을 수급사업자에게 부담시키는 약정, 목적물에 대한 검사결과 불합격 통지를 받더라도 일절 이의를 제기하지 않기로 한다는 약정, 수급사업자가 현장을 관리하는 경우 작업을 수행하는 과정에서 발생할 수 있는 안전위해요소의 제거에 관한 모든 비용을 수급사업자가 부담한다는 약정, 하도급계약서에 기재되지 않은 사항은 원사업자의 규정 또는 지침에 따라 정한다는 약정, 계약보증금 등에 대한 구체적인 수치를 명시하지 않고 발주처와 원사업자 간 계약조건과 동일조건으로 한다는 약정, 수급사업자의 책임 있는 사유로 원사업자에게 손실이 발생할 경우에 표준하도급계약서상 손실범위를 초과하여 계약이행보증금 전액이 원사업자에게 귀속된다는 약정, 원사업자가 지급한 자재 등이 멸실 또는 훼손되는 경우 수급사업자의 책임여부와 관계없이 수급사업자가 변상해야 한다는 약정, 약정기한보다 지연될 경우 원사업자는 계약해지를 요청할 수 있으며 수급사업자는 이의없이 수용해야 한다는 약정, 원사업자가 공급한 자재 등이 불량으로 판정되더라도 납기일은 반드시 준수해야 한다는 약정 등을 들 수 있다.

(4) 관련 판례

두산건설의 불공정하도급거래행위 건에서 법원은 하도급법 제3조의4 제1항은 수급사업자의 이익을 부당하게 침해하거나 제한하는 계약조건을 설정하는 행위를 금지하고 있을 뿐이고, 부당한 특약의 효력의 유무, 부당한 특약에 따른 비용 전가 가능성 유무를 전제로 하고 있지 않다고 하면서, 당해 사건에서 안전관리 약정은 원사업자가 부담하여야 할 민원처리, 산업재해 등과 관련된 비용을 수급사업자에게 부담시키는 약정으로서 하도급법상의 부당특약에 해당된다고 [42]판시하였다.

대림산업의 불공정하도급거래행위 건에서도 법원은 현장설명서 계약조건에 포함된 인·허가와 민원해결 비용, 품질관리 시험 및 검사비용, 추가 작업수행 비용, 추가 장비투입 비용, 발주처가 요구하는 시험시공 비용 등은 모두 하도급법상의 부당특약에 해당한다고 하면서 수급사업자에게 실제로 비용이 전가된 사실이 없다고 하더라도 부당한 특약을 설정하는 행위 자체를 금지하는 하도급법 조항의 취지를 고려할 때 원사업자의 행위는 하도급법 위반이라고 [43]판시하였다.

부당특약을 부정한 경우로는 포스코아이씨티의 불공정하도급거래행위에 대한 건에서 법원은 원사업자와 수급사업자가 S/V(Supervision; 검사·감독) 업무수행이 필요하다고 판단하여 계약에 이를 규정하고 수행한 것에 대해서는 부당특약으로 보기 어렵다고 [44]판시한 바 있다.

3. 부당한 하도급대금 결정 금지

(1) 의의

하도급대금의 결정이라 함은 원사업자가 수급사업자에게 제조 등의 위탁을 할 때 수급사업자가 위탁받은 것을 제조·수리·시공 또는 용역수행하여 원사업자에게 납품·인도 또는 제공하고 수령할 대가를 정하는 행위를 의미한다. 신규 개발품 등과 같이 원사업자가 제조 등의 위탁을 할 때 하도급대금을 확정하지 못하여 임시단가(假單價)를 정해 위탁한 뒤 나중에 대금을 확정하기로 수급사업자와 합의한 경우에는 나중에 대금을 확정하는 것을 하도급대금의 결정으로 보게 된다.

하도급법 제4조는 원사업자가 수급사업자에게 제조 등의 위탁을 하는 경우 부당하게 목적물 등과 같거나 유사한 것에 대하여 일반적으로 지급되는 대가보다 낮은 수준으로 하도급대금을 결정(이하 '부당한 하도급대금의 결정'이라 한다)하

42) 서울고등법원 2017. 3. 30. 선고 2016누37753 판결, 상고심(대법원)은 심리불속행 기각하였다.

43) 서울고등법원 2019. 1. 31. 선고 2018누46386 판결, 상고심(대법원)은 심리불속행 기각하였다.

44) 서울고등법원 2018. 11. 16. 선고 2017누46556 판결, 상고심(대법원)은 심리불속행 기각하였다.

거나 하도급 받도록 강요하는 것을 금지하고 있는데 이는 원사업자가 거래상의 우월한 지위를 이용하여 부당하게 목적물 등에 대한 하도급대금을 일반적으로 지급되는 대가에 비해 낮은 수준으로 정하여 지급하는 것을 금지하는 데 그 취지가 있다.

'일반적으로 지급되는 대가보다 낮은 수준'에 대한 판단은 목적물 등과 같거나 유사한 것에 대해 정상적인 거래관계에서 일반적으로 지급되는 대가보다 낮은 수준인지 여부를 기준으로 판단하게 된다. 부당한 하도급대금 결정 금지를 위반하게 되면 공정거래위원회의 제재뿐 아니라 3배 손해배상의 적용대상이 되는 것에 주의해야 할 필요가 있다.

부당한 하도급대금 결정은 하도급거래 계약체결 단계에서 문제되는 행위이며 위탁업무 수행과정 중에 발생하는 부당한 단가인하나 대금지급 단계에서 발생하는 하도급대금 감액과는 구분된다. 계속적 거래계약의 경우 계약기간 중에 이미 발주한 수량과 상관없는 새로운 수량을 발주하면서 단가를 변경하는 것은 하도급대금의 결정에 해당하고, 이미 발주한 수량에 대해 단가를 인하하는 것은 하도급대금의 감액에 해당한다.

부당한 하도급대금 결정과 감액을 구체적으로 비교해 보면 행위에 대한 기준시점이 부당한 하도급대금 결정은 계약체결시점이 되고 감액은 위탁 후 대금지급 전이 된다. 비교가액은 부당한 하도급대금 결정은 일반적으로 지급되는 대가이고 감액은 이미 합의한 대가이다. 입증책임 면에서는 부당한 하도급대금 결정은 공정거래위원회가 입증책임을 지는 반면 감액은 원사업자가 감액의 정당성을 입증해야 한다. 부당한 하도급대금 결정은 부당할 경우에만 제재하는데 비해 감액의 경우는 정당한 경우에만 허용된다는 차이가 있다.

(2) 간주 유형

하도급법 제4조 제2항은 부당한 하도급대금 결정으로 간주되는 유형을 규정하고 있는데 이에는 ① 정당한 사유 없이 일률적인 비율로 단가를 인하하는 행위, ② 협조요청 등 명목 여하를 불문하고 일방적으로 일정금액을 할당한 후 당해 금액을 감하여 결정하는 행위, ③ [45]정당한 이유 없이 특정 수급사업자를

45) 정당한 사유에 해당되는지 여부는 수급사업자별 경영상황, 생산능력, 작업의 난이도, 거래규모, 거래의존도, 운송거리·납기·대금지급조건 등의 거래조건, 거래기간, 수급사업

차별 취급하여 결정하는 행위, ④ 수급사업자에게 발주량 등 거래조건에 대하여 착오를 일으키게 하거나 다른 사업자의 견적 또는 거짓견적을 내보이는 등의 방법으로 수급사업자를 속이고 결정하는 행위, ⑤ 원사업자가 일방적으로 낮은 단가로 결정하는 행위, ⑥ 수의계약으로 하도급계약 체결 시 정당한 사유 없이 [46]직접공사비 항목의 값을 합한 금액보다 낮은 금액으로 결정하는 행위, ⑦ 경쟁입찰에서 정당한 사유 없이 최저가로 입찰한 금액보다 낮은 금액으로 하도급대금을 결정하는 행위, ⑧ 계속적 거래계약에서 원사업자의 경영적자·판매가격 인하 등 수급사업자의 책임으로 돌릴 수 없는 사유로 수급사업자에게 불리하게 대금을 결정하는 행위가 포함된다.

(3) 위법성 판단기준

부당한 하도급대금 결정 금지와 관련해서 유의할 것은 해당 목적물의 평균가격 보다 단순히 낮게 대금이 결정되었다는 것만으로 위법한 것은 아니라는 점이다. 시장경제의 원리상 하도급대금은 평균값보다 낮게도 높게도 정해질 수 있다. 다만 '부당한' 수단으로 하도급대금이 결정되었다면 시장에서 당해 하도급대금보다 동일·유사한 목적물에 대해 더 낮은 수준의 대금이 지불되었어도 위법이 된다는 점에 주의할 필요가 있다. 즉, 부당성 유무가 문제가 될 뿐이다.

부당성을 판단하기 위해서는 원사업자와 수급사업자가 충분한 협의를 하였는지, 거래상의 지위를 이용하여 원사업자가 수급사업자의 자율적인 의사를 제약하였는지 여부, 정상적인 거래관행에 어긋나거나 사회통념상 올바르지 못한 것으로 인정되는 행위나 수단 등을 사용하였는지 등을 종합적으로 살펴서 판단하게 된다. 결국 부당성 판단은 수급사업자와의 합의가 수급사업자의 진정한 의사에 기초한 것인지가 핵심이 된다.

부당한 하도급대금의 결정의 기준이 되는 '일반적으로 지급되는 대가보다 낮은 수준'과 관련해서는 통상 최저가 경쟁입찰에서 최저가로 입찰한 금액보다 하도급대금이 낮은 경우, 계속적으로 거래해 오고 있는 수급사업자가 납품하는

자의 귀책사유 존부 등 객관적이고 합리적인 차별사유에 해당하는지 여부로 판단하게 된다.

46) 하도급법 시행령 제7조 제1항은 직접공사비를 원사업자의 도급내역상의 재료비, 직접 노무비 및 경비의 합계로 규정하고 있다.

목적물 등의 제조에 필요한 원자재 가격이나 인건비가 인상되었음에도 원사업자가 단가를 인하하는 경우 등은 위법 소지가 큰 것으로 보게 된다.

참고로, 공정거래위원회 예규인 '부당한 하도급대금 결정 및 감액행위에 대한 심사지침'은 부당한 하도급대금의 결정 행위의 부당성에 대한 판단은 원칙적으로 하도급대금의 결정과 관련하여 그 내용, 수단·방법 및 절차 등이 객관적이고 합리적이며 공정·타당한지 여부, 즉 하도급대금의 결정과정에서 원사업자가 수급사업자에게 목적물 등의 내용, 규격, 품질, 수량, 재질, 용도, 공법, 운송, 대금결제조건 등 가격결정에 필요한 자료·정보·시간 등을 성실하게 제공하였는지 여부, 수급사업자와 실질적이고 충분한 협의를 하였는지 여부와 거래상의 지위를 이용하여 수급사업자의 자율적인 의사를 제약하였는지 여부 또는 정상적인 거래관행에 어긋나거나 사회통념상 올바르지 못한 것으로 인정되는 행위나 수단 등을 사용하였는지 여부 등을 종합적으로 고려하여 판단한다고 규정하고 있다.

(4) 관련 판례

(4)-1 일률적 단가인하 관련

'일률적 비율'은 둘 이상의 수급사업자나 품목에 대해 수급사업자별 경영상황이나 시장상황, 목적물 등의 종류, 거래규모, 규격, 품질, 용도, 원재료, 제조공정, 공법 등의 특성이나 차이를 고려하지 않고 동일하거나 일정한 규칙에 따라 획일적으로 적용하는 비율을 의미하며, 일률적 단가인하 행위에 정당한 사유가 없으면 위법하게 된다. 또한 원사업자가 협조요청이나 상생협력 등의 명목여하 또는 수급사업자의 합의여부에 불문하고 일방적으로 일정금액을 할당하여 그 금액을 빼고 하도급대금을 결정하게 되면 위법소지가 있게 된다. 이하 관련 판례들을 살펴본다.

삼성전자의 불공정하도급거래행위 건에서 법원은 원사업자가 자신이 세운 원가절감 목표를 달성하기 위해 수급사업자별 거래규모가 현저히 다른데도 수급사업자별 경영상황, 시장상황, 거래규모, 규격, 품질 등의 특성을 고려하지 아니하고 일률적으로 단가를 인하한 것은 정당한 사유 없이 일률적인 비율로 단가를 인하하여 하도급대금을 결정하는 행위에 해당한다고 [47]판시하였다.

47) 서울고등법원 2009. 11. 12. 선고 2008누11237 판결, 상고심(대법원)에서 심리불속행 기

현대자동차의 불공정하도급거래행위 건에서 법원은 수급사업자의 경영상황, 목적물 등의 종류·특성 등 차이를 반영하지 아니한 일정한 구분에 따른 비율로 단가를 인하하는 것은 일률적 단가인하에 해당한다고 하면서, 결정된 인하율이 수급사업자에 따라 어느 정도 편차가 있다고 하더라도 전체적으로 동일하거나 일정한 구분에 따른 비율로 단가를 인하한 것으로 볼 수 있다면 일률적 단가인하에 해당한다고 [48]판시한 바 있다.

고성조선해양의 불공정하도급거래행위 건에서도 법원은 원사업자가 원가절감을 목적으로 수급사업자들의 유형별 단가를 거의 동일한 비율로 인하하였고, 단가인하 시 수급사업자별 세부공정내용, 작업량, 거래금액 등이 하도급대금 결정에 반영되었다는 사실을 인정하기에 부족한 점에 비추어 원사업자가 정당한 사유 없이 일률적인 비율로 단가를 인하하였다고 [49]판시하였다.

(4)-2 수급사업자에 대한 착오·기망 관련

하도급대금의 결정과정에서 수급사업자에게 착오를 일으키게 하거나 수급사업자를 속인 사실이 있는지 여부에 따라 위법성을 판단하게 되는데, 수급사업자를 속인 사실의 여부는 거래의 종류 및 상황, 상대방인 수급사업자의 업종, 규모, 거래경험, 원사업자와 수급사업자의 거래상 지위 등 행위 당시의 구체적 상황을 고려하여 개별적으로 판단하게 된다. 이하 관련 판례를 살펴본다.

기아자동차의 하도급법위반행위 건에서 법원은 원사업자가 납품대금 전액을 보전해 줄 의사가 없었음에도 비인기 차종의 납품단가를 인하하는 대신 추후 인기 차종부품의 납품단가를 인상함으로써 손실이 발생하지 않도록 보전하여 주겠다고 구두 약속 후 일부만 보전해준 행위는 수급사업자를 기만하고 이를 이용하여 하도급대금을 결정한 것이라고 [50]판시하였다.

한국에스엠씨공압의 하도급위반 건에서 법원은 원사업자가 수급사업자로부터 3개 부품을 다량 발주할 것처럼 하여 단가를 인하 받은 후 실제로는 40개 중 2개, 126개 중 14개 등 소량만을 발주한 행위는 수급사업자에게 발주량에 대하여 착오를 일으키게 하고 이를 이용하여 부당하게 하도급대금을 결정한 행위

각하였다.

48) 대법원 2011. 3. 10. 선고 2009두1990 판결

49) 서울고등법원 2014. 10. 17. 선고 2013누32252 판결, 고법 확정

50) 대법원 2010. 4. 29. 선고 2008두14296 판결

라고 [51]판시하였다.

(4)-3 일방적 낮은 단가 결정 관련

'일방적'은 원사업자가 하도급대금을 결정하는 과정에서 수급사업자와 실질적이고 충분한 협의를 거쳐 하도급대금을 결정하였는지 여부 및 이 과정에서 수급사업자가 의사표시의 자율성을 제약받지 않은 상태였는지 여부를 기준으로 보게 되며, '낮은 단가'는 원칙적으로 객관적이고 타당한 산출근거에 의하여 단가를 낮게 결정한 것인지 여부를 기준으로 부당성을 판단하되, 수급사업자 등이 제시한 견적가격, 목적물 등과 같거나 유사한 것에 대해 일반적으로 지급되는 대가, 목적물의 수량, 해당 목적물의 시장상황 등을 고려하여 판단하게 된다. 이와 관련된 판례를 살펴보기로 한다.

한국에스엠씨공압의 하도급법위반행위 건에서 법원은 원고 및 수급사업자 사이에 설령 형식적으로 합의가 있었다 하더라도, 원사업자와의 관계에서 열위적 지위에 있는 수급사업자로서는 원고의 단가인하 요구에 응하지 않을 수 없었을 것으로 보이는 점 등에 비추어 볼 때 수급사업자와의 진정한 합의에 의한 것으로 볼 수 없으므로 수급사업자와의 합의 없이 일방적으로 하도급대금을 인하한 것으로 봄이 상당하다고 [52]판시하였다.

신영프레시젼의 불공정하도급거래행위에 대한 건에서 법원은 원사업자가 단가인하 합의서를 일방적으로 먼저 작성하고 수급사업자에게 날인을 요구하는 방법으로 작성되었으며, 원사업자의 우월한 지위를 고려하면 수급사업자가 원고의 날인 요구를 거절하는 것은 사실상 어려웠다고 보아, 이 경우는 수급사업자와 합의 없이 일방적으로 하도급대금 결정행위가 이루어진 것에 해당한다고 [53]판시하였다.

반면, 대우조선해양의 불공정하도급거래행위에 대한 건에서 법원은 단가가 낮은지 여부에 대해 일반적으로 지급되는 대가보다 낮은 수준인지를 기준으로 판단하고, 일반적으로 지급되는 대가의 수준은 문제가 된 행위 당사자들 사이에 있었던 종전 거래의 내용, 비교의 대상이 되는 다른 거래들에서 형성된 대가

51) 서울고등법원 2013. 11. 14. 선고 2013누7171 판결, 상고심(대법원)은 심리불속행 기각하였다.

52) 서울고등법원 2013. 11. 14. 선고 2013누7171 판결, 상고심(대법원)은 심리불속행 기각하였다.

53) 대법원 2018. 3. 13. 선고 2016두59430 판결

수준의 정도와 편차, 비교대상 거래의 시점, 방식, 규모, 기간과 비교대상 거래 사업자들의 시장에서의 지위나 사업규모, 거래 당시의 물가 등 시장상황 등을 두루 고려하여야 한다고 [54]판시하면서도 하도급대금을 결정하는 요소 중 임률(賃率)과 시수(時數) 산정은 수급사업자들과 합의해서 정하고 '생산성 향상률' 한 가지에 대해서만 별다른 합의 없이 결정·적용한 사정만으로는 원사업자가 수급사업자와의 합의 없이 일방적으로 하도급대금을 결정한 것이라고는 보기 어렵다고 판시한 바 있다.

(4)-4 경쟁입찰 관련

정당한 이유 없이 경쟁입찰 최저가로 입찰한 금액보다 낮은 금액으로 하도급대금을 결정하게 되면 그 과정에서 부당한 방법을 이용하였는지, 하도급대금이 통상 지급되는 대가보다 낮은 수준으로 결정되었는지를 따질 필요 없이 부당한 하도급대금의 결정으로 [55]간주된다. 정당한 사유에 해당되는지 여부는 수급사업자의 귀책사유, 원사업자의 책임으로 돌릴 수 없는 사유 또는 수급사업자에게 유리한 경우인지 여부 등 최저가 입찰금액보다 낮게 결정할 객관적이고 합리적인 사유에 해당되는지 여부로 판단하게 되며, 원사업자에게 입증책임이 있다. 이와 관련된 판례를 살펴보기로 한다.

동일의 불공정하도급거래행위 건에서 법원은 원사업자가 입찰을 통해서 우선협상대상자를 선정한 후 발주물량이나 자재단가의 변경 등 사정변경이 없었음에도 추가협상을 통해 최저가로 입찰한 금액보다 낮은 금액으로 하도급대금을 결정하는 것은 현장설명서 배포 시 구두로 추가협상의 가능성을 고지했다 하더라도 정당한 사유로 볼 수 없다고 [56]판시하였고, 대경건설의 불공정하도급거래행위 건에서는 추가협상을 해서 직접공사비는 증가했더라도 전체 하도급대금이 감소했다면 실질적으로 수급사업자의 이익이 감소한 것으로 최저가 입찰가격보다 낮은 가격으로 계약을 체결한 것이 된다고 [57]판시하였다.

대우건설의 불공정하도급거래행위 건에서 법원은 원사업자가 수급사업자인 서영건설이 입찰에서 담합했다는 의심 하에 최저가 입찰금액보다 낮은 금액

54) 대법원 2017. 12. 7. 선고 2016두35540 판결
55) 요진건설산업의 불공정하도급거래행위 건(서울고등법원 2013. 12. 26. 선고 2012누19368 판결, 상고심은 심리불속행 기각하였다)
56) 대법원 2016. 3. 10. 선고 2013두19622 판결
57) 서울고등법원 2014. 9. 5. 선고 2013누33002 판결, 고법 확정

으로 하도급대금을 결정하는 행위를 한 것에 대해 입찰담합한 사실 자체가 명백하지 않고 입찰담합 시 통상 협력업체에서 제외하는 등 제재조치를 취하는 것이 일반 경험칙인데 그렇게 하지 않고 가격의 일부만을 감액하는 방식으로 하도급대금을 결정한 것은 원사업자의 행위를 정당화할 사유에 해당하지 않는다고 [58] 판시하였다. 또한 최저가 입찰자가 아닌 차순위 최저가 입찰자를 최종 낙찰자로 선정한 경우에는 차순위 입찰자의 입찰금액보다 낮은 금액으로 하도급대금을 결정했다고 하더라도 최저가로 입찰한 금액보다 높은 금액을 하도급대금으로 결정하였다면 부당한 하도급대금의 결정에 해당하지 않는다고 판시하였다.

에스케이건설의 하도급법위반행위 건에서 법원은 원사업자가 경쟁입찰을 시행하여 최저가로 입찰한 업체가 있는데도 곧바로 재입찰을 하여 당초 최저입찰가보다 낮은 금액으로 입찰한 업체를 낙찰자로 선정한 것 또한 경쟁입찰에서 정당한 사유 없이 최저가 입찰금액보다 낮은 금액으로 하도급대금을 결정하는 행위에 해당한다고 [59]판시하였다.

대성산업의 불공정하도급거래행위 건에서도 법원은 최저입찰금액 대비 3% 범위 내에 입찰한 업체들에 대해 재입찰을 실시한다는 원사업자의 관리규정은 내부적인 규정일 뿐이고 이를 수급사업자에게 미리 고지하지 않았으므로 정당한 사유 없이 최저가 입찰금액보다 낮은 금액으로 하도급대금을 결정하는 행위에 해당한다고 [60]판시하였다.

포스코아이씨티의 불공정하도급거래행위에 대한 건에서 법원은 재입찰부터 입찰에 참여하기 시작한 수급사업자가 낙찰자로 선정된 계약의 경우에도 최초입찰과 최종입찰시의 간격이 2~11일에 불과하고 참여 수급사업자의 변동 폭이 크다고 보기도 어려워 최초 입찰의 결과가 재입찰의 기준가격에 영향을 미쳐 최저입찰금액이 낮아졌다고 봐야 하므로, 공정거래위원회가 최초입찰과 최종 계약금액의 차액의 지급을 명한 것은 정당하다고 [61]판시하였다.

그러나 신안의 하도급법위반행위 건에서는 원사업자가 최저가로 입찰한

58) 대법원 2009. 4. 9. 선고 2008두21829 판결
59) 대법원 2012. 2. 23. 선고 2011두23337 판결
60) 서울고등법원 2012. 5. 17. 선고 2011누36687 판결, 상고심(대법원 2012. 11. 15. 선고 2012두13924 판결)도 이러한 원심 판결에 위법이 없다고 판시하였다.
61) 서울고등법원 2018. 11. 16. 선고 2017누46556 판결, 상고심(대법원)은 심리불속행 기각하였다.

금액보다 더 낮은 금액으로 하도급계약을 체결하였으나 사전에 입찰참가자들에게 종전 수급사업자가 기 시공한 부분에 대한 정산금액은 최저가 입찰가에서 공제한다고 설명하였고 이에 따라 하도급대금을 결정한 것에 대해서는 정당한 사유에 해당한다고 [62]판시한 사례가 있다.

4. 물품 등의 구매강제 금지

하도급법 제5조는 원사업자가 수급사업자에게 제조 등의 위탁을 하는 경우에 그 목적물 등에 대한 품질의 유지·개선 등 정당한 이유가 있는 경우 외에는 그가 지정하는 물품·장비 또는 역무의 공급 등을 수급사업자에게 매입 또는 사용(이용을 포함한다)하도록 강요하는 것을 규제하고 있다. 이에 따라 하도급계약 체결 단계에서 원사업자가 지정하는 물품·장비 또는 역무의 공급 등을 수급사업자에게 매입 또는 사용하도록 강요하는 행위는 금지되며, 목적물 등에 대한 품질의 유지·개선 등 정당한 사유가 있는 경우에만 허용된다. 이때 구매강제의 주체는 원사업자뿐만 아니라 원사업자가 지정하는 제3자도 포함된다.

강요하는 행위에 해당하는지를 판단함에 있어서는 매입 또는 사용 요청에 불응하는 경우 제재가 있음을 시사하였는지, 수급사업자와 충분한 협의를 거쳤는지, 하도급거래를 개시하는 시점에 수급사업자가 합리적으로 예상할 수 없는 물품·장비 등의 매입 또는 사용을 요청하였는지 등을 종합적으로 고려한다. '정당한 사유'와 관련해서는 발주자나 고객 등이 목적물의 제조 또는 시공의뢰시 특정물품 및 장비 등을 사용하도록 요구한 경우, 목적물 등의 품질 유지 등을 위해 원사업자가 지정하는 물품이나 장비의 사용을 계약의 조건으로 하고 제공하는 경우 등이 이에 해당할 수 있다.

Ⅳ. 계약이행 단계에서의 규제

1. 선급금 지급 의무

선급금은 작업 진행정도와 상관없이 작업의 원활한 진행을 위해 미리 지급하는 대금으로 기성금과 구분된다. 선급금은 발주자가 원사업자에게 선급금을

62) 서울고등법원 2012. 5. 16. 선고 2011누10340 판결, 상고심(대법원)은 심리불속행 기각하였다.

지급한 경우 원사업자도 수급사업자에게 일정 선급금을 지급하는 것이 공평의 원리에 부합하므로 하도급법에서 원사업자의 의무로 규정하고 있다. 그러나 발주자가 선급금을 원사업자에게 지급하지 않은 경우는 수급사업자에게 반드시 지급해야 하는 것은 아니다.

하도급법은 제6조에서 선급금 지급 의무와 관련하여 발주자로부터 원사업자가 선급금을 받은 경우 받은 내용과 비율에 따라 [63]받은 날로부터 15일 이내에 수급사업자에게 선급금을 지급하여야 하고, 15일을 초과하여 지급 시에는 초과기간에 대한 [64]15.5%의 지연이자를 지급해야 한다. 어음 또는 어음대체결제수단을 이용한 지급 시에는 만기일이 15일을 초과할 경우 7.5%의 할인료 또는 금융회사와 약정한 수수료를 지급하도록 규정하고 있다. 어음대체결제수단에 대해서는 하도급법 제2조 제14항에서 [65]기업구매전용카드, [66]외상매출채권 담보대출, [67]구매론(購買Loan) 등으로 규정하고 있다.

다만, 원사업자가 발주자로부터 선급금을 지급받은 후 수급사업자에게 선급금 반환을 보증하는 증서(선급금 보증서) 제출을 요청한 날로부터 수급사업자가 선급금 보증서를 제출한 날까지의 기간일수는 지연이자 계산 시 공제할 수 있다. 또한 선급금을 지급하지 않은 상태에서 기성금을 지급하는 경우에는 선급금의 일부가 당해 기성금에 포함된 것으로 간주하여 지급기일을 초과한 날로부터 당해 기성금 지급일까지의 기간에 대한 이자를 부과하게 된다.

선급금의 내용과 비율은 발주자가 선급금을 지급하면서 특정 공사나 품목을 지정한 경우는 지정하는 용도에 한정하여 지급하고, 지정하지 않은 경우는

---

63) 제조 등의 위탁 전에 받은 경우에는 위탁한 날로부터 15일 이내에 지급하여야 한다.

64) 하도급법 제6조는 지연이자에 대해 40% 이내로만 정하고 있고, 공정거래위원회 고시인 '선급금 등 지연지급 시 지연이율 고시'에서 연리 15.5%로 구체적으로 규정하고 있다.

65) 기업구매전용카드는 원사업자가 하도급대금을 지급하기 위하여 '여신전문금융업법'에 따른 신용카드업자로부터 발급받는 신용카드 또는 직불카드로서 일반적인 신용카드가맹점에서는 사용할 수 없고, 원사업자·수급사업자 및 신용카드업자 간의 계약에 따라 해당 수급사업자에 대한 하도급대금의 지급만을 목적으로 발급하는 것을 의미한다.

66) 외상매출채권 담보대출은 수급사업자가 하도급대금을 받기 위하여 원사업자에 대한 외상매출채권을 담보로 금융기관에서 대출을 받고, 원사업자가 하도급대금으로 수급사업자에 대한 금융기관의 대출금을 상환하는 것으로서 한국은행총재가 정한 조건에 따라 대출이 이루어지는 것을 의미한다.

67) 구매론은 원사업자가 금융기관과 대출한도를 약정하여 대출받은 금액으로 정보처리시스템을 이용하여 수급사업자에게 하도급대금을 결제하고 만기일에 대출금을 금융기관에 상환하는 것을 의미한다.

전체 공사대금 중 하도급계약 금액 비율에 따라 지급한다. 발주자가 원사업자에게 선급금을 지급한 경우, 원사업자는 반드시 수급사업자에게 선급금을 지급해야 하고 원사업자와 수급사업자가 선급금을 지급하지 아니하는 내용의 계약을 체결하였더라도 원사업자의 선급금 지급 의무가 면제되는 것은 아니다.

선급금 지급과 관련한 판례로는 보미종합건설의 하도급법위반행위 건에서 법원은 원사업자와 수급사업자가 선급금을 지급하지 아니하는 내용의 계약을 체결하였더라도 원사업자의 선급금 지급의무가 면제되는 것은 아니라고 [68]판시하였고, 갑을공영종합건설의 하도급법위반행위 건에서 법원은 선급금을 지급받지 못한 수급사업자가 그 받지 못한 선급금을 기성금으로 지급하기로 하는 합의를 원사업자와 하였을 경우라도 원사업자의 선급금 미지급에 대한 책임이 면제되는 것은 아니라고 [69]판시하였다.

2. 내국신용장 개설 의무

내국신용장(Local Credit)은 수출업자가 수취한 수출신용장을 근거로 수출이행에 필요한 원자재 또는 완제품을 국내에서 원활히 조달하기 위해 국내 공급업자를 수혜자로 하여 개설된 국내신용장을 의미한다. 하도급거래에서 내국신용장은 물품공급자인 수급사업자가 수혜자가 되고 물품공급을 받는 원사업자가 개설의뢰인이 되며 외국환은행이 물품대금 지급을 보장하는 지급보증서로서 발행된다.

하도급법 제7조에 따라 원사업자가 수출할 물품을 수급사업자에게 제조위탁 또는 용역위탁한 경우에 내국신용장은 위탁한 날로부터 15일 이내에 개설해야 하고 수출신용장을 받기 전 위탁을 한 경우는 수출신용장을 받은 날로부터 15일 이내에 개설해 주어야 한다. 다만, 내국신용장을 월 1회 이상 일괄개설하기로 합의한 경우는 그 정한 날에 개설하는 것이 가능하다.

수급사업자가 내국신용장의 개설을 원하지 아니한 사실이 명백한 경우와 원사업자가 내국신용장 개설은행에 연체 등 사유로 인해 대지급(代支給) 당한 상태에 있거나 개설한도 부족 등으로 인하여 내국신용장 개설이 불가능한 경우

68) 서울고등법원 2009. 11. 4. 선고 2009누7099 판결, 상고심(대법원)은 심리불속행 기각하였다.

69) 서울고등법원 2007. 8. 16. 선고 2006누12045 판결, 상고심(대법원)은 심리불속행 기각하였다.

에는 내국신용장을 미개설하더라도 정당한 사유가 있는 것으로 보게 된다. 원사업자의 정당한 사유로 인해 내국신용장 발급이 어려운 경우에는 구매확인서를 발급해 주어야 하고, 수급사업자도 구매확인서 발급을 요청할 수 있다. 구매확인서는 국내에서 외화 획득용 원료 등의 구매를 원활하게 하고자 외국환은행장이 내국신용장 취급규정에 준하여 수출용 공급임을 확인하는 증서를 말한다.

수급사업자가 제조위탁을 받은 날로부터 15일을 초과하여 물품매도확약서를 제출하는 경우 원사업자가 물품매도확약서를 제출 받은 후 지체 없이 내국신용장을 개설한 경우와 월 1회 이상 일괄하여 내국신용장을 개설하기로 원사업자와 수급사업자가 명백히 합의한 경우에는 그 정한 날에 내국신용장을 개설하면 위법한 것으로 보지 아니한다.

3. 경제적 이익의 부당요구 금지

(1) 의의

하도급법은 제12조의2에서 정당한 사유 없이 수급사업자에게 자기 또는 제3자를 위하여 금전, 물품, 용역, 그 밖의 경제적 이익을 제공하도록 하는 행위를 금지하고 있다. 그 예시로는 ① 하도급거래를 개시하면서 또는 다량 거래 등을 조건으로 협찬금·장려금·지원금 등 경제적 이익을 요구하는 경우, ② 원사업자의 수익 또는 경영여건 악화 등 불합리한 이유로 협찬금·장려금·지원금 등 경제적 이익을 요구하는 경우, ③ 기타 수급사업자가 부담하여야 할 법률상 의무가 없음에도 협찬금·장려금·지원금 등 경제적 이익을 요구하는 경우 등을 들 수 있다.

경제적 이익의 부당요구를 금지하는 취지는 원사업자가 협찬금, 장려금, 지원금 등의 명목으로 경제적 이익을 하도급계약 이행단계에서 부당하게 요구하더라도 수급사업자 입장에서는 거래상 지위의 열위 때문에 이를 거절하는 것은 현실적으로 어렵고, 그 결과 수급사업자의 자금운용 등에 악영향을 미치는 경우가 많기 때문에 이를 방지하는 데 있다.

(2) 관련 판례

남양건설의 불공정하도급거래행위 건에서 법원은 경제적 이익의 부당요구 금지는 수급사업자가 원사업자의 경제적 이익 제공 요구를 수용할 수밖에 없는 조건을 내세워 하도급계약을 체결하는 행위도 포함한다고 하면서, 원사업자가 입찰에 참가할 수급사업자를 지명하여 입찰이 이루어지는 상황에서 수급사업자에게 미분양 아파트 분양 및 수입차량 구매를 조건으로 하도급계약을 체결한 것은 경제적 이익의 부당한 요구에 해당한다고 [70]판시하였다.

대주건설의 하도급법위반행위 건에서 법원은 등록된 협력업체 중 원사업자가 지명하는 회사만 입찰에 참가할 수 있는 지명입찰제도를 운영하면서 하도급계약 수급사업자에게 저층 등 비선호된 미분양 아파트를 분양받는 것을 조건으로 한 행위는 경제적 이익을 부당하게 제공하도록 하는 행위라고 [71]판시한 바 있다.

신안의 하도급법위반행위 건에서 법원은 원사업자가 하도급계약을 체결하면서 수급사업자에게 선급금 지급조건으로 자신의 1대 주주가 소유한 미분양 오피스텔 2채를 구입하도록 한 행위는 경제적 이익을 부당하게 요구하는 행위라고 [72]판시하였다.

4. 기술자료 제공요구 및 유용 금지

(1) 기술자료 제공요구 행위

(1)-1 의의

하도급법은 제12조의3에서 원사업자가 수급사업자의 기술자료를 본인 또는 제3자에게 제공하도록 요구하는 행위를 금지하고 있으며, 정당한 사유가 있는 경우에만 서면으로 요구하는 것이 가능하고 정당한 사유에 대해서는 원사업자가 입증하도록 하고 있다. 원사업자가 수급사업자의 기술자료를 부당하게 취득하거나 유용하는 경우 중소 수급사업자의 기술개발 및 혁신에 걸림돌이 되어 중소기업 경쟁력의 악화를 가져오는 문제가 있어 이를 방지하기 위해 하도급법상 규제가 도입되었다.

공정거래위원회 예규인 '기술자료 제공요구·유용행위 심사지침'(이하 '기술유용 심사지침'이라 한다)은 기술자료 제공요구 행위를 원사업자가 수급사업자에게 자신 또는 제3자가 사용할 수 있도록 기술자료의 제출, 제시, 개시, 물리적 접근허용, 기술지도, 품질관리 등 그 방법을 불문하고 자신 또는 제3자가 기술자료의 내용에 접근할 수 있도록 요구하는 행위로 규정하고 있다.

---

70) 대법원 2010. 12. 9. 선고 2009두2368 판결

71) 대법원 2010. 12. 9. 선고 2008두22822 판결

72) 서울고등법원 2012. 5. 16. 선고 2011누10340 판결, 상고심(대법원)은 심리불속행 기각하였다.

기술자료 제공요구는 하도급계약 체결 이후는 물론이고 계약이 체결되는 과정에서 요구되는 경우도 포함하는데 예컨대 수의계약을 통해 하도급계약이 체결되는 경우 정당한 사유 없이 기술자료의 제공을 조건으로 하도급계약을 체결하고 그 기술자료를 제공받는 경우, 경쟁입찰을 통해 하도급계약이 체결되는 경우 입찰참가자로부터 제안서 등의 형태로 기술자료를 제공받는 경우 등을 들 수 있다. 또한 하도급 계약체결과 무관하게 기존 거래와 관련해서 기술자료 제공요구를 하거나 별도의 거래를 위해 기술자료 제공요구를 하는 경우가 계속적 거래에서 빈번히 발생하고 있는데 비록 하도급거래가 성립하지 않았더라도 기술자료 제공요구에 해당함에 유의할 필요가 있다.

(1)-2 기술자료의 개념

기술자료는 비밀로 유지된 제조·수리·시공 또는 용역 수행방법에 관한 자료, 그 밖에 영업활동에 유용하고 독립된 경제적 가치를 자료를 의미하며, 특허권·저작권 등 지식재산권 관련 정보 및 [73]시공 또는 제품개발 등을 위한 연구자료 등이 모두 포함된다. 종전 기술유용 심사지침에서는 '제조·수리·시공 또는 용역 수행방법에 관한 자료'의 예시로서 작업공정도, 작업표준서(지시서), 기계운용 매뉴얼, 기계조작 방법, 시방서, 원재료 성분표, 배합요령 및 비율, 소프트웨어의 테스트방법, 소스코드 또는 소스코드 관련 정보, 임상시험 계획서, 임상시험 방법 등을 예시로 들고 있었으나, 최근 개정된 기술유용 심사지침에서는 중소기업 기술자료를 두텁게 보호하기 위해 판례 등을 반영하여 '승인도, 설계도, 회로도'를 예시에 추가하였다.

하도급법상 기술자료에 해당하기 위해서는 ① 수급사업자에 의하여 [74]'비밀로 유지'되고 있어야 하고, ② 제조·수리·시공 또는 용역수행 방법에 관한 자료이거나 특허권 등 지식재산권과 관련되거나 기타 기술상·경영상 정보·자료로서 수급사업자의 기술개발·생산·영업활동에 '유용한 가치'를 지니는 자료이어야 한다. 이때 '제조·수리·시공 또는 용역수행 방법'은 원사업자가 수급사업자에게 위탁한 당해 업무에 관련된 것에 한정되지 않는다. 2021. 12. 30.부터

---

73) 시공프로세스 매뉴얼, 장비 제원, 설계도면, 연구자료, 연구개발보고서 등을 들 수 있다.

74) 종전에는 기술자료를 정의하면서 '합리적인 노력'에 의하여 비밀로 유지된 자료라고 표현하였으나 부경법 개정사항을 반영하고 기술자료를 두텁게 보호하기 위해 공정거래위원회 예규인 기술유용 심사지침도 이에 맞추어 개정되어 '합리적인 노력' 문구가 삭제되었다.

시행된 하도급법 개정으로 기술자료의 정의가 종전 '합리적인 노력에 의해 비밀로 유지된 자료'에서 '비밀로 관리되는 자료'로 완화되게 되어 비밀관리를 위한 충분한 인력·시설을 갖추기 어려운 중소기업의 경우도 비밀관리성 요건을 쉽게 충족할 수 있게 되었다.

참고로, '비밀관리성'은 비밀이라고 인식될 수 있는 표시를 하거나, 자료에 접근할 수 있는 대상자나 접근방법을 제한했거나, 자료 접근자에게 비밀유지준수 의무를 부과하였으면 객관적으로 비밀로 유지·관리되고 있는 것으로 인정하게 된다. 특히 최근에 개정된 기술유용 심사지침에서는 비밀관리성과 관련하여 기업 규모가 작은 [75]소(小)기업의 경우에는 비밀 관리에 한계가 있을 수 있다는 점을 고려하도록 명시함으로써 기술자료를 비밀로 관리할 인력·자원이 부족한 소기업에게는 더 완화된 기준을 적용할 수 있도록 하였다.

하도급법상의 기술자료와 부정경쟁방지 및 영업비밀보호에 관한 법률(이하 '부경법'이라 한다)상의 영업비밀의 관계가 문제될 수 있다. 부경법과 비교해 보면 하도급법상의 기술자료에는 부경법상의 '경영상 정보'는 포함되지 않으며 부경법상의 영업비밀이 되기 위한 3가지 요건인 비공지성, 경제적 유용성, 비밀관리성 중 '비공지성(非公知性)'을 요하지 않음을 유의해야 한다.

즉, 하도급법상으로는 특허출원 등으로 이미 공개된 지식재산권 관련 기술정보 같은 경우 비공지성을 상실하여 부경법상의 영업비밀에는 해당되지 않으나, 동종업계 종사자들 사이에 어느 정도 널리 사용되고 있는 정보·자료라 하더라도 세부사항에 있어서 고유기술과 노하우가 반영되어 있고 비공개 상태가 유지되며 세부사항이 유출될 경우 다른 사업자가 제품개발에 참고할 만한 가치가 있거나 생산 또는 영업활동에 도움이 될 만한 가치가 있다면 하도급법상 기술자료에 해당되어 보호받게 된다.

(1)-3 기술자료 요구의 법적 절차

'정당한 사유'가 있으면 기술자료 제공을 요구할 수 있지만, 하도급법 제12조의3 제2항에 따라 하도급법령에 정하는 사항을 해당 수급사업자와 미리 협의하여 정한 후 그 내용을 적은 서면(이하 '기술자료 요구서'라 한다)을 해당 수급사업자에게 교부하여야 하고 이를 이행하지 않으면 위법이 된다. 정당한 사유는

75) 중소기업기본법 시행령 제8조(소기업과 중기업의 구분) 별표 3 주된 업종별 평균매출액 등의 소기업 규모기준에 따른 기업을 의미한다.

제조 등의 위탁목적을 달성하기 위해 수급사업자의 기술자료가 절차적, 기술적으로 불가피하게 필요한 경우로 정당한 기술자료 제공요구라 하여도 요구목적 달성을 위해 필요한 최소한의 범위에 그쳐야 한다.

하도급법 시행령 제7조의3과 기술유용 심사지침은 기술자료 요구서와 관련하여 [76]서면 기재사항을 정하고 있다. 이때 서면에 기재해야 하는 사항으로는 ① 기술자료 내역, ② 요구목적, ③ 관련된 권리귀속 관계, ④ 대가 및 대가의 지급방법, ⑤ 인도일 및 인도방법, ⑥ 그 밖의 사항으로 기술자료 임차계약 체결여부, 기술자료 요구 시 양자 간 합의한 사항 등이 포함된다. 종전 규정에서 정하고 있던 기술자료 비밀유지에 관한 사항과 사용기간, 반환 또는 폐기방법 및 반환일 또는 폐기일 항목은 비밀유지계약 기재사항으로 이관하여 중복사항을 정리하게 되었다.

기술자료 요구서의 제공시기와 관련하여 종전에는 수급사업자와 협의한 후 그 내용을 적은 서면의 제공시기가 정해져 있지 않아서 기술자료 요구 후 수년이 경과한 후에 사후 기술자료 요구서를 발급하는 사례도 발생하기도 하였다. 이에 따라 개정 기술유용 심사지침에서는 기술자료 요구서 제공시기를 '기술자료 요구 시'로 명문화하게 되었다.

수급사업자가 원사업자에게 기술자료를 제공하는 경우 원사업자는 해당 기술자료를 제공받는 날까지 해당 기술자료의 명칭 및 범위, 기술자료를 제공받아 보유할 임직원의 명단, 비밀유지의무 및 목적 외 사용금지, 위반 시 배상 등 사항이 포함된 비밀유지계약을 수급사업자와 체결하여야 하고, 공정거래위원회는 표준 비밀유지계약서의 사용을 권장할 수 있다. 최근에는 종전 기술자료 요구서 기재항목 중 ① 기술자료 비밀유지에 관한 사항, ② 기술자료의 사용기간, ③ 반환(폐기)방법, ④ 반환(폐기)일은 이관하여 비밀유지계약서에서 기재하도록 하도급법 시행령이 개정되었다.

(1)-4 위법성 판단기준

원사업자가 수급사업자의 기술자료를 원사업자 또는 제3자에게 제공하도록 요구하는 행위는 원칙적으로 위법하며, 기술자료를 요구할 정당한 사유가 있음을 원사업자가 입증하는 경우에만 위법하지 않게 되는데 '기술자료 심사지

76) '기술유용 심사지침'은 기술자료 요구서 서식을 정해 놓고 있다. 이 장 말미에 참고로 첨부해 놓았다(689쪽 참조).

침'은 정당한 사유의 예시로서 ① 원사업자와 수급사업자가 공동으로 특허를 개발하는 과정에서 그 특허출원을 위하여 필요한 경우, ② 원사업자와 수급사업자가 공동으로 기술개발 약정을 체결하고 동 약정의 범위 내에서 기술개발에 필요한 기술자료를 요구하는 경우, ③ 제품 하자의 발생원인 규명을 위해 하자와 직접 관련된 경우 등을 들고 있다.

또한 정당한 사유가 있는 경우에도 요구 목적달성을 위한 필요한 최소한의 범위 내에서 이루어져야 하는데, 예시로 수급사업자가 기술자료를 제공하면서 관련 없는 내용을 삭제한 상태로 제출하였는데 원사업자가 이에 대해 완전한 상태의 기술자료 제공을 요구하는 경우에는 필요·최소한의 범위를 넘는 것으로 판단하게 된다.

정당한 기술자료 요구의 경우에는 양 당사자의 공정한 협의가 전제가 되어야 하는데, '기술유용 심사지침'은 공정한 협의를 판단하기 위한 사항으로 ① 원사업자가 기술자료의 제공을 요구함에 있어 수급사업자의 자율적인 의사를 제약하는 등 강제성이 있거나 수급사업자를 기망하여 착오를 일으키게 하는지 여부, ② 기술자료의 권리귀속 관계, 제공 및 활용범위 등을 반영한 정당한 대가에 대해 충분히 협의하였는지 여부, ③ 기타 정상적인 거래관행에 어긋나거나 사회통념상 올바르지 못한 것으로 인정되는 행위나 수단 등을 사용하여 기술자료를 요구하였는지 여부를 들고 있다.

(2) 기술자료 유용행위

(2)-1 의의

하도급법은 제12조의3 제3항에서 원사업자가 취득한 기술자료를 자기 또는 제3자를 위하여 유용(流用)하는 행위를 금지하고 있는데, 유용행위에는 정당하게 취득한 기술자료를 목적 외로 사용하거나, 기술자료를 부정취득한 후 임의로 사용하는 경우가 있다. [77]기술자료 유용행위는 입찰제안서에 포함된 기술자료를 유용하는 사례처럼 하도급거래 계약체결 단계에서 발생할 수도 있고, 하도급거래가 종료된 후 제공받은 기술자료를 이용하여 자신이 직접 생산하거나 제3자에게 전수하는 등의 형태로 사후에도 발생할 수 있지만, 계약이행단계

77) '기술자료 유용행위'는 하도급법 제12조의3에서 '부당한 기술자료의 사용·제공행위'로 규정하고 있다. 이하에서는 문맥에 따라 같은 의미로 혼용해서 사용하기로 한다.

에서 통상 많이 발생하는 것으로 나타나고 있다.

공정거래위원회 예규인 '기술유용 심사지침'은 기술자료의 유용이라 함은 원사업자가 수급사업자로부터 취득한 기술자료를 그 취득 목적 및 합의된 사용 범위(적용분야, 지역, 기간 등)를 벗어나 자신 또는 제3자가 이익을 얻거나 수급사업자에게 손해를 입힐 목적으로 사용하거나 자신의 계열회사, 수급사업자의 경쟁사업자 등 제3자에게 제공하는 행위를 의미한다고 규정하고 있다. 이때 기술자료의 범위는 하도급법에 의해 정당한 이유를 사유로 요구하여 취득한 기술자료뿐만 아니라 그 외의 방법으로 열람 등을 통해 취득한 기술자료를 임의로 사용하는 행위도 포함된다.

(2)-2 위법성 판단기준

기술자료 유용의 위법성은 기술자료 제공요구 시 사전협의를 거쳐 서면으로 제시한 기술자료의 사용목적과 범위를 벗어나 기술자료를 사용함으로써 하도급거래의 '공정성'을 침해하는지 여부를 위주로 판단하게 되며, 일정한 대가를 지불했다 하더라도 합의된 사용목적과 범위를 벗어나서 사용하는 경우는 위법하게 될 소지가 있는 점에 유의해야 한다.

'기술유용 심사지침'은 기술자료 사용의 '부당성' 여부에 대해 자세히 규정하고 있다. 부당성 여부는 ① 원사업자 및 제3자가 이익을 얻거나 수급사업자에게 손해를 입힐 목적과 의도로 기술자료를 사용하는 것인지 여부, ② 특허법 등 관련 법령을 위반하여 기술자료를 사용하거나 사용하도록 하였는지 여부, ③ 기술자료 사용의 범위가 기술의 특수성 등을 고려한 통상적인 업계관행에서 벗어나는지 여부, ④ 기술자료 사용에 대해 수급사업자와 충분한 협의를 거쳤는지 여부, 협의를 거쳤음에도 그 합의를 벗어나 사용하였는지 여부, ⑤ 원사업자의 기술자료 유용으로 수급사업자의 사업활동이 곤란하게 되는지 여부, ⑥ 정상적인 거래관행에서 어긋나거나 사회통념상 올바르지 못한 것으로 인정되는 행위나 수단을 사용했는지 여부 등을 종합적으로 고려하여 판단한다.

기술유용 심사시침은 기술자료 유용행위 유형을 예시로 들고 있는데 우선 '거래 이전 단계'에서는 ① 원사업자가 최저가로 낙찰 받은 수급사업자의 입찰 제안서에 포함된 기술자료를 자신이 유용하거나 자신의 계열회사나 수급사업자의 경쟁회사 등 제3자에게 유출하는 경우, ② 원사업자가 거래 개시 등을 위해 수급사업자가 제시한 제품의 독창적인 디자인을 단순 열람한 후 이를 도용하여 자신이 직접 제품을 생산하거나 제3자에게 해당 디자인을 제공하여 제품을 생산하도록 하는 경우 등을 들고 있다.

'거래 단계'와 관련된 기술자료 유용행위의 예시로는 ① 원사업자가 거래를 위한 부품 승인과정에서 수급사업자로부터 공정도, 회로도 등 기술자료를 넘겨 받아 납품가격을 경쟁시키기 위해 수급사업자의 경쟁회사에 그 기술을 제공하는 경우, ② 원사업자가 기술지도, 품질관리 명목으로 물품의 제조공법을 수급사업자로부터 습득한 후 자신이 직접 생산하거나 제3자에게 수급사업자의 제조공법을 전수하여 납품하도록 하는 경우, ③ 원사업자가 수급사업자와 기술이전 계약을 체결하고 기술관련 자료를 제공받아 필요한 기술을 취득한 후 일방적으로 계약을 파기하거나 계약 종료 후 위 계약상의 비밀유지의무에 위반하여 그 기술을 이용하여 독자적으로 또는 제3자를 통하여 제품을 상용화하거나 무단으로 다른 기업에 기술을 공여하는 경우, ④ 원사업자가 수급사업자와 공동으로 협력하여 기술개발을 하면서 수급사업자의 핵심기술을 탈취한 후 공동개발을 중단하고 자체적으로 제품을 생산하는 경우, ⑤ 원사업자가 수급사업자로부터 취득한 기술에 대해 수급사업자가 출원을 하기 전에 원사업자가 선출원(先出願)하여 해당 기술에 대한 특허권 등을 선점하거나 수급사업자가 제공한 기술을 일부 수정하여 원사업자가 선출원하는 경우, ⑥ 원사업자가 수급사업자가 자체적으로 개발한 기술에 대해 특허권 등을 자신과 공동으로 출원하도록 하는 경우, ⑦ 원사업자가 수급사업자의 기술자료를 사전에 정한 반환·폐기 기한이 도래하였거나 수급사업자가 반환·폐기를 요구하였음에도 불구하고 반환·폐기하지 않고 사용하는 경우, ⑧ 납품단가 인하 또는 수급사업자 변경을 위해 기존 수급사업자의 기술자료를 제3자에게 제공하고 동일 또는 유사제품을 제조·납품하도록 하는 행위 등을 들 수 있다. 그 외에 '거래 이후의 단계'에서 원사업자가 수급사업자로부터 기술자료를 제공받고 거래 종료 후 자신이 직접 생산하거나 제3자에게 전수하여 납품하도록 하는 경우도 기술유용의 예시로 들 수 있다.

(2)-3 위반에 대한 제재

기술자료 유용행위로 인정되면 하도급법상 시정명령, 과징금 부과 및 고발조치 등 행정적 제재 이외에 민사적 제재도 이루어지는데, 기술자료 제공 요구 관련 위반 시에는 통상의 손해배상이 되지만, 기술유용행위 금지의 경우에는 징벌적 성격을 가진 3배의 손해배상이 적용되며 통상의 민사상 불법행위로 인한 손해배상청구의 경우 가해자인 피고의 고의나 과실을 원고가 입증해야 하지만, 하도급법의 경우는 원사업자인 피고가 고의·과실이 없었음을 입증해야 한다.

5. 건설하도급대금 지급보증 의무

(1) 의의

건설공사의 경우 비교적 장기간에 걸쳐 이루어지는 특성 때문에 여러 요인에 의한 대금 미지급의 가능성이 커서 중소 수급사업자들이 자금난 또는 부실공사의 위험에 노출되어 있으므로 이를 방지하기 위해 대금 지급보증 의무를 두게 되었다. 하도급법은 제13조의2 제1항에서 건설공사 하도급의 경우 원사업자로 하여금 계약 체결일로부터 30일 이내에 하도급 공사대금 [78]지급보증을 하도록 하고, 수급사업자는 계약금액의 100분의 10에 해당하는 금액으로 계약이행을 보증하도록 하고 있다. 이때 원사업자의 하도급대금 지급보증 의무는 수급사업자와의 합의로도 면제되지 않고 원사업자가 지급보증을 하지 않으면 수급사업자에 대해 계약이행보증 청구권을 행사할 수 없다.

다만, ① 건당 공사금액이 1천만 원 이하의 영세한 공사, ② 발주자·원사업자·수급사업자 간 직접지급 합의가 이루어진 경우, ③ 하도급대금지급관리시스템을 통한 대금지급의 경우는 보증을 면제하지만 보증면제 사유가 소멸한 경우에는 소멸한 날로부터 30일 이내에 지급보증을 하여야 한다. 또한 하도급대금의 지급을 이미 보증한 사업자와 합병을 하거나 상속·영업양수 등을 통하여 그 지위를 승계한 원사업자는 수급사업자에게 동 하도급대금에 대하여 별도의 지급보증을 할 필요가 없으나 대금 지급보증 의무대상 사업자가 대금 지급보증 면제대상 사업자의 원사업자 지위를 승계한 경우에는 수급사업자에게 승계 당시 잔여공사에 대하여 하도급대금의 지급을 보증하여야 한다.

건설하도급대금 지급보증 의무와 관련된 판례로는 요진건설산업의 불공정하도급거래행위 건에서 법원은 수급사업자의 도피 등으로 지급보증서를 발급받는 것이 현실적으로 불가능하였는지가 명확하지 않고, 원사업자는 지급보증서 대신 현금이나 자기앞수표 등을 지급하는 방식으로 지급보증을 할 수 있었는데

---

78) 보증기간은 지급수단이 어음인 경우에는 만기일까지를, 어음대체결제수단인 경우에는 하도급대금의 상환기일까지로 하게 된다.

도 이를 하지 않았으므로 건설하도급대금 지급보증 의무를 이행하지 않았다고 [79]판시한 사례를 들 수 있다.

(2) 보증금액 산정과 지급

건설하도급대금 지급보증은 현금의 지급 또는 금융회사나 건설공제조합 등이 발행하는 [80]보증서를 교부하는 방식으로 이루어지며, 보증금액은 ① 공사기간이 4개월 이하인 경우는 '하도급계약금액에서 선급금을 뺀 금액(A)', ② [81]공사기간이 4개월을 초과하고 기성주기가 2개월 이내인 경우는 A를 공사개월 수로 나눈 후 그 값(B)에 4를 곱한 금액, ③ [82]공사기간이 4개월을 초과하고 기성주기가 2개월을 초과하는 경우는 B에 기성주기(월수)를 곱하고 그 값에 다시 2를 곱한 금액을 보증금액으로 하고 공동도급의 공동 원사업자는 지분비율에 의해 보증금액을 결정한다.

금융회사 등 지급보증기관은 수급사업자의 지급 요청 시 다음과 같은 특정 요건이 충족되면 30일 이내에 지급하여야 한다. 특정 요건은 ① 원사업자가 당좌거래정지 또는 금융거래 정지로 하도급대금을 지급할 수 없는 경우, ② 원사업자의 부도·파산·폐업 또는 회사 회생절차 개시신청 등으로 하도급대금을 지급할 수 없는 경우, ③ 원사업자의 해당사업에 관한 면허·등록 등이 취소·말소되거나 영업정지 등으로 하도급대금을 지급할 수 없는 경우, ④ 원사업자가 하도급대금을 2회 이상 지급하지 않은 경우, ⑤ 기타 발주자로부터 받을 대금 압류 등 원사업자의 [83]지급불능 등의 사유로 하도급대금을 지급할 수 없는 경우이다.

---

79) 서울고등법원 2013. 12. 26. 선고 2012누19368 판결, 상고심(대법원)은 심리불속행 기각하였다.

80) 보증서의 발행기관으로는 건설산업기본법에 따른 각 공제조합, 보험회사, 신용보증기금, 은행 등으로 정해져 있다.

81) $\text{보증금액} = \dfrac{\text{하도급계약금액} - \text{계약상 선급금}}{\text{공사기간(개월수)}} \times 4 = \dfrac{A}{\text{공사기간(개월수)}} \times 4 = B \times 4$

82) B×기성주기(개월 수)×2

83) 하도급법 시행령 제8조 제5항은 지급불능 등의 사유를 구체적으로 정하고 있다. 이에는 ① 원사업자가 관리절차 개시를 신청한 경우, ② 발주자에 대한 원사업자의 공사대금채권에 대해 제3채권자가 압류를 하였거나 원사업자가 해당 공사대금채권을 제3자에게 양도한 경우, ③ 어음대체결제수단으로 지급한 후 원사업자가 해당 금융회사에 하도급대금을 결제하지 않은 경우, ④ 원사업자가 지급한 어음이 부도처리된 경우, ⑤ 원사업자가 지급기일 이후 2회 이상 지급에 대한 최고를 받고도 이를 이행하지 않은 경우가 포함된다.

6. 관세 등 환급액의 지급 의무

관세 환급은 '수출용 원재료에 대한 관세 등 환급에 관한 특례법'에 따라 수출용 상품의 원재료를 수입할 때 관세를 거두었다가 제품을 만들어 수출하게 되면 관세의 일부나 전부를 되돌려 주는 제도로서, 원사업자는 수출용 원재료에 대한 관세 등을 환급받은 경우는 하도급법 제15조에 따라 15일 이내에 받은 내용에 따라 수급사업자에게 관세 환급액을 지급하여야 한다. 다만 수급사업자의 귀책사유 없이 목적물 등을 수령한 경우는 60일 이내에 관세 등 환급액을 지급하여야 한다. 원사업자가 관세 등을 환급받은 날로부터 15일이 되는 날과 목적물 등의 수령일로부터 60일이 되는 날 중 빠른 날이 수급사업자에 대한 관세 등 환급액의 지급기한이 되고, 기한이 지난 이후에 지급하는 경우에는 그 초과기간에 대해 지연이자 15.5%를 지급하여야 한다.

공정거래위원회 예규인 하도급거래공정화지침은 관세 등 환급액의 지연지급에 해당하지 않는 경우를 예시로 들고 있다. ① 수급사업자가 기초원재료납세증명서 등 관세 환급에 필요한 서류를 원사업자에게 인도하지 아니하거나 지연하여 인도한 경우, ② 기초원재료납세증명서 등 관세 환급에 필요한 서류상의 기재내용이 실거래와 상이하여 관세 환급을 받을 수 없는 경우, ③ 수급사업자가 직접 관세 등을 환급받는 경우로서 수급사업자로부터 관세 등 환급에 필요한 환급위임장의 발급을 요청받았을 때 원사업자가 이를 지체 없이 발급해 준 경우가 이에 해당한다.

7. 하도급대금 조정 의무

(1) 의의

하도급법 제16조에 따라 발주자로부터 설계변경, 목적물의 납품 등 시기의 변동 또는 경제상황의 변동 등의 이유로 계약금액이 증액된 경우에는 증액 받은 계약금액의 내용과 비율에 따라 하도급대금을 증액하여야 하고, 계약금액이 감액된 경우에는 그 내용과 비율에 따라 하도급대금을 감액할 수 있다. 이때 증액 또는 감액은 원사업자가 발주자로부터 계약금액을 증액 또는 감액 받은 날부터 30일 이내에 하여야 한다. 또한 원사업자는 발주자로부터 증액 또는 감액 받은 날로부터 15일 이내에 수급사업자에게 증액 또는 감액의 사유와 내용을 통지하여야 한다. 이때 발주자가 직접 수급사업자에게 통지한 경우는 원사업자의 통지의무는 면제된다.

원사업자는 발주자로부터 증액 받은 날로부터 30일 이내에 하도급대금을 조정하여야 하는데 감액의 경우는 반드시 조정해야 하는 것은 아니다. 증액에 따른 추가금액을 지급받은 경우는 그 날로부터 15일 이내에 지급해야 하며 이를 초과하면 지연이자를 지급해야 한다. 즉 발주자가 증액한 경우에만 공평의 원칙상 하도급대금 조정의무가 발생하게 된다고 보면 된다.

종전에는 설계변경 또는 경제상황의 변동의 경우에 증액하도록 되어 있었으나 2019년 하도급법 개정으로 설계변경 또는 경제상황의 변동으로 공사기간이 연장되거나 납품시기가 늦어져 목적물 등의 완성 또는 완료에 추가비용이 들게 되어 원사업자가 발주자로부터 원도급 금액을 증액 받은 경우에도 수급사업자에게 의무적으로 증액하도록 하였다.

공정거래위원회 예규인 하도급거래공정화지침에는 조정기준이 규정되어 있는데, 발주자로부터 조정 받은 금액의 내용과 비율이 명확한 경우는 그 내용과 비율에 따라 수급사업자에게 지급하여야 하고, 하도급계약체결 이후 발주자로부터 조정 받은 경우 그 시점 이후의 잔여공사에 대하여 하도급대금을 조정해 주면 적법하며, 발주자로부터 조정 받은 이후에 체결된 하도급계약에 대해서는 대금을 조정해 주지 않아도 적법하고, 물가변동조정 기준시점 이전에 지급한 선급금은 이미 하도급대금 지급이 이루어진 것으로 보아 조정 대상금액에서 제외할 수 있으며, 물가변동 조정을 받은 때 일부 공종에서 하도급금액이 원도급금액을 상회한 경우도 증액해 주어야 한다.

(2) 관련 판례

낙원건설의 불공정하도급거래행위 건에서 법원은 설계변경 등에 따라 하도급 공사대금을 정산하여야 하는 경우 공종별 개개 공사내역의 수량변동이 아니라 순공사비 총액을 기준으로 정산하기로 하는 특약은 사법상 유효한 효력을 지니는 계약이라고 [84]판시하였다.

현대건설 및 한신공영의 불공정하도급거래행위에 대한 건에서 법원은 공

84) 서울고등법원 2010. 10. 13. 선고 2009누31429 판결, 상고심(대법원 2012. 1. 27. 선고 2010두24050 판결)은 이러한 원심의 판결에 위법이 없다고 판시하였다.

동이행방식으로 도급을 받은 원사업자들이 대표자를 정해 업무를 수행한 경우 대표자뿐 아니라 나머지 원사업자도 하도급대금 증액의무 및 통지의무를 부담한다고 [85]판시하였다.

대림산업의 불공정하도급거래행위에 대한 건에서 법원은 원사업자의 통지의무의 취지는 발주자와 원사업자 사이에서 발생한 공사금액 변경 등의 내용을 수급사업자에게 알리라는 것이고 1차 도급변경계약으로 인한 총 도급 계약금액은 변동되지 않았다 하더라도 수급사업자와 직접적으로 관련이 있는 토목공사비 항목은 증액되었으므로 원사업자는 통지의무를 부담한다고 [86]판시하였다.

8. 납품단가 조정협의 의무

(1) 의의

하도급계약이 체결된 이후 원재료가격이 예상치 못하게 급등한 경우 원재료 가격상승 부담을 원사업자와 수급사업자가 합리적으로 분담하기 위해서 도입된 제도이다. 당초 중소 수급사업자들이 주장하였던 납품단가 연동제가 지나치게 사적자치를 제한한다는 우려에 따라 차선으로 도입된 제도라 할 수 있다. 하도급법 제16조의2에 따라 ① 목적물 등의 [87]공급원가의 변동 또는 ② 일정한 경우의 공급원가 외의 비용 변동으로 하도급대금 조정이 불가피한 경우 수급사업자는 원사업자에게 하도급대금 조정신청이 가능하다. 원사업자는 신청이 있은 날부터 10일 이내에 협의를 개시하여야 하고, 정당한 이유 없이 협의를 거부하거나 게을리하는 경우는 시정조치 등을 받을 수 있다.

'일정한 경우의 공급원가 외의 비용'이란 수급사업자의 책임으로 돌릴 수 없는 사유로 목적물 등의 납품 등 시기가 지연되어 관리비 등 공급원가 외의 비용을 말하는 것으로 2019년 하도급법 개정으로 추가된 사항이다. '정당한 이유 없이 협의를 거부하거나 게을리 하는 경우'의 예시로 수급사업자의 협의신청에 응답하지 않거나 협의를 개시하겠다고 통보한 후 회의개최·의견교환·단가조정

---

85) 서울고등법원 2019. 5. 30. 선고 2019누36966 판결, 상고심(대법원)은 심리불속행 기각하였다.

86) 서울고등법원 2019. 1. 31. 선고 2018누46386 판결, 상고심(대법원)은 심리불속행 기각하였다.

87) 하도급법 시행령 제9조의2는 '공급원가'를 재료비, 노무비, 경비 등 수급사업자가 목적물 등을 제조·수리·시공하거나 용역을 수행하는데 소요되는 비용으로 정하고 있다.

안 제시 등 실질적인 협의절차를 진행하지 않은 경우, 수급사업자가 협의를 신청한 후 30일이 경과하였음에도 불구하고 실질적인 단가조정 권한을 가지고 있는 책임자가 협의에 임하지 않은 경우, 단가조정을 위한 시장조사·원가산정 등 객관적 근거 없이 수급사업자가 수용할 수 없는 가격을 되풀이하여 제시하는 경우를 들 수 있다.

납품단가 조정협의의 실효성을 위해 발급의무 서면의 필수 기재사항으로 원재료 등의 가격변동 등에 따른 하도급 대금조정의 요건·방법 및 절차를 기재하도록 정하고 있고, 공정거래위원회가 제정하여 보급하고 있는 표준하도급계약서 항목에도 같은 내용이 포함되어 있다.

(2) 조합의 협의권

하도급법 제16조의2 제2항에 따라 원재료 가격의 급격한 변동으로 조합원인 수급사업자의 하도급대금 조정이 불가피한 경우에 수급사업자의 신청을 받아 중소기업협동조합이 조정협의를 하는 것이 가능한데 조합은 신청받은 날로부터 20일 이내에 원사업자에게 조정을 신청해야 하고 조합의 조정신청 시 수급사업자의 직접 신청은 중단되며, 조합의 납품중단 결의 등 부당하게 경쟁을 제한하거나 부당하게 사업자의 사업내용 또는 활동을 제한하는 행위는 금지된다.

'중소기업협동조합'의 납품단가 협의권 발동요건은 하도급법 시행령 제9조의2 제2항에서 정하고 있는데 이에는 ① 하도급 계약금액의 10% 이상 차지하는 원재료 가격이 10% 이상 변동된 경우, ② 원재료 가격 변동이 하도급대금의 3% 이상인 경우, ③ 노무비가 하도급 계약금액의 10% 이상 차지하고 [88]최저임금이 변동된 경우, ④ 임금상승에 따른 노무비 변동이 하도급 대금의 3% 이상인 경우, ⑤ 공공요금 등 [89]비용상승에 따른 경비 변동이 하도급대금의 3% 이상인 경우가 해당한다. 하도급업체의 협상력을 제고하기 위해 '중소기업중앙회'에도 조정 협의권을 부여하는 정부안이 마련되어 국회에 제출되어 있는 점도 참고할 필요가 있다.

88) 최근 3년간 평균 최저임금 상승률을 반영하되, 7%를 상한으로 한다.
89) 이에 해당하는 비용으로 공공요금, 운임, 임차료, 보험료, 수수료 및 이에 준하는 비용을 들고 있다.

(3) 하도급분쟁조정협의회 조정

하도급법 제16조의2 제8항은 [90]하도급분쟁조정협의회에 조정신청을 할 수 있는 경우를 규정하고 있다. 다만, 중소기업협동조합이 조정협의를 하는 경우에는 이해충돌 방지를 위해 중소기업중앙회에 설치된 하도급분쟁조정협의회에는 조정을 신청할 수 없도록 하고 있다. 하도급분쟁조정협의회의 분쟁조정 절차 등에 대한 상세한 내용은 후술하기로 한다.

하도급분쟁조정협의회에 즉시조정을 신청하여 신속처리절차로 진행할 수 있는 경우가 있다. 이에는 ① 조정신청일로부터 10일 경과 후에도 원사업자가 협의를 개시하지 않은 경우, ② 조정신청일로부터 30일 내에 합의가 되지 않은 경우, ③ 협의개시 후 합의에 도달하지 못할 것이 명백히 예상되는 경우로서 당사자가 협의중단 의사를 밝힌 경우, 조정금액이 상호간 2배 이상 차이 나는 경우, 합의 지연 시 영업활동의 심각한 곤란 등 중대한 손해가 예상되는 경우 등이 포함된다.

(4) 하도급대금 등 연동제 시행

근래에 들어와 세계적인 금리 인상 기조 및 이에 따른 각종 원재료 가격 상승이 급격하게 일어나 해당 원재료를 이용하여 제품 등을 생산하는 수급사업자 또는 수탁사업자가 생산비의 급격한 상승에도 불구하고 이를 대금으로 제대로 보전받지 못하는 경우가 많이 발생하여 큰 어려움을 겪게 되었다. 이에 대응하기 위해 최근 하도급대금 등에 대한 연동제 내용을 담은 공정거래위원회 소관 법률인 하도급법과 중소벤처기업부 소관 법률인 대중소기업상생협력 촉진에 관한 법률이 개정되어 2023. 10. 4.자로 시행되었다.

연동제의 주요 내용은 [91]주요 원재료의 가격이 10% 이내에서 원사업자와 수급사업자 또는 위탁기업과 수탁기업 등 양자가 협의한 비율 이상으로 변동하는 경우 그 변동분에 연동하여 하도급 대금 등을 조정할 수 있도록 하면서 양

90) 현재 하도급분쟁조정협의회는 한국공정거래조정원 및 9개 사업자단체인 중소기업중앙회, 대한건설협회·전문건설협회, 한국전기공사협회, 한국정보통신공사협회, 한국소방시설공사협회, 엔지니어링협회, 소프트웨어산업협회, 대한건축사협회, 광고단체연합회에 설치되어 있다.

91) 하도급법 등 관련 법에서는 주요 원재료에 대해 하도급 대금 등의 10% 이상을 차지하는 원재료로 정의하고 있다.

당사자 간 표준 연동계약서를 작성하고 특히 원사업자 또는 위탁사업자가 표준 연동계약서의 발급을 의무화하도록 하였다. 이때 구체적·개별적 사정을 반영하여 양 당사자 간 연동을 하지 않기로 하는 경우에도 표준 미연동계약서에 의해 진행이 되도록 하였다. 연동제는 모든 경우에 적용되는 것이 아니라 일정한 경우에는 적용이 제외되도록 예외를 두고 있는데 예컨대 원사업자 또는 위탁기업이 소기업인 경우 또는 양 당사자가 연동을 하지 않기로 합의한 경우 특히 하도급법의 경우에는 하도급거래 기간이 90일 이내의 단기이거나 하도급 대금이 1억 원 이하의 소액인 경우에는 연동제를 적용하지 않을 수 있도록 하고 있다.

당초 하도급계약 또는 위탁계약에 의해 이미 정해진 하도급 대금 등을 계약 진행 중 주요 원재료의 가격 변동을 반영하여 하도금 대금 등을 조정해야 하고 대체로 대금을 인상해 주어야 하는 상황이 많을 것이므로 하도급대금 등의 연동제는 원사업자 또는 위탁기업의 입장에서는 부담스러울 수 있는 제도이다. 이를 감안하여 하도급대금 등의 연동제를 시행하는 원사업자 등에 대해서는 각종 인센티브를 부여하고 있다. 연동제 시행 이후 다음 해 하도급거래 혹은 위탁거래 실태조사 면제, 공정거래협약 이행평가 시 연동계약 건 수·증액비율 등을 반영한 가점 부여, 하도급법상 벌점 경감, 동반성장 실적평가지표에 연동제 관련 실적 추가 등이 연동제 시행에 따른 인센티브에 해당한다고 할 수 있다.

연동제 관련 거래상 지위 남용행위가 있는 경우 또는 연동제를 회피하기 위한 탈법행위에 대해서는 과태료 5천만 원을 부과할 수 있도록 제재를 마련하고 있다. 연동제와 관련하여 유의할 사항으로는 하도급법 등의 주요 원재료에 대한 연동제 외에도 하도급법에서 정하고 있는 납품단가 조정협의제에 따른 의무는 그대로 유효하다는 점이다. 또한 연동제에서는 주요 원재료 비용의 변동만을 대상으로 대금 조정을 할 수 있는 반면 하도급법상의 납품단가 조정은 공급원가의 변동이 조정대상이므로 노무비 등 변동에 대해서도 협의가 가능한 점을 기억해 둘 필요가 있다.

Ⅴ. 목적물 인수단계에서의 규제

1. 부당 위탁취소 및 수령거부 금지

(1) 의의

하도급법 제8조에 따라 수급사업자의 책임으로 돌릴 사유가 없는 부당한 위탁 취소 및 수령거부 행위 금지하고 있다. ① 제조 등의 위탁을 임의로 취소하거나 변경하는 행위와 ② [92]목적물 등의 납품에 대한 수령 또는 인수를 거부하거나 지연하는 행위는 금지되며, 이를 위반하는 경우에는 행정적 제재뿐 아니라 3배 손해배상 적용대상이 된다.

제조 등의 위탁과 관련한 납품이 이루어지면 즉시 수령증명서를 발급해야 하는데 검수와 관계없이 발급하여야 하며, 건설위탁의 경우는 검수가 끝나는 즉시 인수하여야 한다. 수령은 수급사업자가 납품 등을 한 목적물을 받아 원사업자의 사실상 지배하에 두게 되는 것으로, 이전하기 곤란한 목적물 등이 경우에는 검사를 시작한 때를 수령한 때로 간주한다.

위탁에 대한 임의취소 여부는 수급사업자와 실질적이고 구체적인 협의가 있었는지에 따라 판단한다. 부당한 수령거부를 금지하는 이유는 위탁의 성격상 원사업자가 사양을 정하여 만들어지는 전속(專屬) 목적물이기 때문에 부당하게 수령을 거부하는 경우 다른 용도로 전용하거나 제3자에게 매매하는 것이 불가능하여 수급사업자가 큰 손실을 보기 때문이다. 다만 이때도 수급사업자의 책임으로 돌릴 사유는 없어야 한다.

'위탁의 취소'는 원사업자가 수급사업자에게 제조 등의 위탁을 한 후 그 위탁을 [93]취소하는 행위와 위탁을 할 때 정한 발주량, 사양 등 위탁한 내용을 [94]변경하는 행위를 의미하고, '수령의 거부'는 원사업자가 제조 등의 위탁을 한 후 수급사업자가 목적물 등을 원사업자에게 납품·인도 또는 제공하는 시기 및 장소에서 목적물 등의 수령 또는 인수를 거부하거나 지연하는 행위를 의미한다. 다만 용역위탁 중에서 역무의 공급을 위탁한 경우는 위탁의 성격상 위탁의 취소 또는 수령의 거부가 성립되지는 않는다.

---

92) 용역위탁 가운데 역무의 공급을 위탁한 경우에는 성격상 당해 행위가 적용되지 않는다.
93) 해제와 해지의 경우도 모두 포함된다.
94) 해제와 해지의 경우도 모두 포함된다.

위탁의 시점은 원칙적으로 원사업자가 수급사업자에게 제조 등의 위탁을 하는 시점이 되나, 계속적 거래계약처럼 하도급거래가 빈번하여 대금결제·운송·검수·반품 등의 거래조건, 규격·재질·제조공정 등과 관련된 일반적인 내용을 기본계약서에 담고, 납품 등의 수량·단가·시기·장소 등 직접적이고 구체적인 발주내용은 특약서 또는 발주서 등으로 위임하여 발주가 이루어지는 경우에는 해당 특약서 또는 발주서가 수급사업자에게 통지되는 시점을 위탁의 시점으로 보게 된다.

(2) 위법성 판단기준

'부당한 위탁취소' 행위의 위법성은 원사업자가 수급사업자의 책임으로 돌릴 사유가 없음에도 불구하고 제조 등의 위탁을 임의로 취소·변경한 것인지 여부를 중심으로 판단하되, 위탁계약 체결 및 위탁취소의 경위, 위탁계약의 내용 및 취소한 위탁계약의 범위, 계약이행 상황, 위탁취소의 방법·절차 등 여러 사정을 종합적으로 고려하여 판단하게 된다.

'수급사업자의 책임으로 돌릴 사유'는 수급사업자의 귀책사유로 인해 계약을 이행할 수 없는 경우 또는 수급사업자가 계약내용을 위반하여 계약목적을 달성할 수 없는 경우를 의미하고 '임의로' 취소한 것인지 여부는 위탁취소의 사유가 하도급계약서에서 정한 절차 등에 의한 것인지와 양 당사자 간 실질적 협의가 있었는지 여부, 취소로 인한 손실에 대한 정당한 보상여부 등을 종합적으로 고려하여 판단한다.

'부당한 수령거부' 행위의 위법성은 원사업자가 수급사업자의 책임으로 돌릴 사유가 없음에도 불구하고 위탁을 할 때 정한 납기 및 장소에서 수급사업자로부터 목적물 등을 수령 또는 인수하는 것을 거부하거나 지연했는지 여부를 중심으로 판단하되, 위탁계약 체결 및 수령거부의 경위, 위탁계약의 내용, 수령거부한 목적물 등의 범위, 계약이행 내용 등 여러 사정을 종합적으로 고려하여 판단한다. '수급사업자의 책임으로 돌릴 사유'는 앞서 언급한 부당한 위탁취소의 경우와 동일하다.

(3) 관련 판례

삼성전자의 불공정하도급거래행위 건에서 법원은 원사업자의 수령거부 사유가 수급사업자와는 거의 관련이 없고 설사 원사업자가 수급사업자들의 양해를 구하였거나 사후에 수급사업자들에게 금전보상이나 물량보전을 하였다고 하더라도 목적물 지연수령에 대해 정당한 사유는 될 수 없다고 [95]판시하였다.

반면, 국제종합토건의 불공정하도급거래행위 건에서 법원은 공사계약을 교섭하는 단계나 계약을 체결하는 단계에서 공사대금 등에 관한 의사의 불일치로 계약서를 작성하지 못하였다면, 원사업자와 수급사업자 실무자 사이에서 협의한 대략의 공사금액은 계약을 이루는 확정적 공사금액이라 볼 수가 없고, 수급사업자가 시공에 필요한 자재를 선주문한 것도 공사시공을 위한 준비행위로 수급사업자가 자기의 위험 판단과 책임하에 한 것이므로 건설위탁이 있었다고 보기는 어려워 이를 전제로 공정거래위원회가 위탁의 취소에 대해 처분한 것은 위법하다고 [96]판시하였다.

씨제이대한통운의 불공정하도급거래행위 건에서 법원은 발주자가 원사업자에게 도급계약 해제 통지를 한 후 원사업자가 수급사업자에게 하도급계약 해제 통지를 한 것과 관련하여 이는 원사업자의 귀책사유 없이 객관적으로 유지될 수 없음이 명백한 하도급계약의 해제 통지이므로 원사업자가 임의로 위탁을 취소한 것이라 보기는 어렵다고 [97]판시하였다.

2. 검사 및 검사결과 통지 의무

하도급법 제9조 제2항은 수급사업자로부터 목적물 등을 수령한 날로부터 10일 이내에 원사업자는 검사 결과를 수급사업자에게 서면으로 통지하도록 규정하고 있다. 목적물 등을 수령한 날과 관련하여 제조위탁은 기성부분 통지일을 포함하고, 건설위탁은 수급사업자로부터 공사의 준공 또는 기성부분을 통지받은 날이 된다. 검사결과 통지 의무를 부과하는 이유는 통상 [98]검사를 지연시켜 하도급대금의 지급을 미루거나, 검사 과정에서 하자를 이유로 하도급대금을

---

95) 서울고등법원 2009. 11. 12. 선고 2008누11237 판결, 상고심(대법원)은 심리불속행 기각하였다.

96) 서울고등법원 2004. 11. 3. 선고 2003누14699 판결, 고법 확정

97) 서울고등법원 2016. 11. 24. 선고 2015누57200 판결, 상고심(대법원)은 심리불속행 기각하였다.

98) 검사의 방법으로는 당사자 간의 합의가 있다는 전제하에 전수검사, 발췌검사, 제3자에 대한 검사의뢰, 수급사업자에게 검사위임, 무검사 합격 등이 있다.

감액하여 수급사업자가 불리한 상황에 처해지게 되는 경우가 많기 때문이다.

10일 이내에 통지하지 않으면 검사에 합격한 것으로 간주하며, 댐·교량공사·대단위 플랜트 공사 등 대규모 건설공사, 시스템 통합 용역 등 복잡·다양한 기술적 검사가 필요하여 장기간의 검사가 불가피하게 요구되는 경우 등 정당한 사유가 있으면 10일을 넘어서 통지하는 것이 가능하나 일일 평균 검사물량의 과다, 발주처에의 납기 준수 등 통상적인 사유는 정당화 사유에 해당하지 않는다. 이와 관련된 판례로서 동양에프씨의 불공정하도급거래행위 건에서 법원은 원사업자가 수급사업자에게 제조위탁한 가을·겨울용 남성 및 여성용 점퍼를 수령하고도 그 수령일로부터 10일 이내에 검사결과를 수급사업자에게 서면으로 통지하지 아니한 사실은 하도급법 규정상 검사에 합격한 것으로 봐야 하고 그로 인한 대금채무도 발생한 것으로 본다는 의미라고 [99]판시한 바 있다.

또한 하도급법은 제9조 제1항에서 수급사업자가 납품 등을 한 목적물 등에 대한 검사의 기준과 방법은 원사업자와 수급사업자가 협의를 통해 정하여야 하고 그 기준 및 방법은 객관적이고 공정·타당하여야 한다고 규정하고 있다. 검사비용은 별도의 약정이 없는 한 원사업자가 부담하는 것이 원칙이다.

3. 부당반품 금지

(1) 의의

하도급법은 제10조 제1항에서 원사업자가 수급사업자로부터 목적물 등의 납품 등을 받은 경우 수급사업자에게 책임을 돌릴 수 없는 [100]반품을 금지하고 있으며 이를 위반하면 행정적 제재와 함께 3배 손해배상 적용 대상이 된다. 부당반품을 금지하는 이유는 원사업자가 사양을 정하여 만들어지는 전속 목적물인 위탁 목적물을 부당하게 반품하는 경우 다른 용도로 전용하거나 제3자에게 매매하는 것이 불가능하여 수급사업자가 큰 손실을 보기 때문이다. 이때에도 수급사업자의 책임으로 돌릴 사유가 없어야 한다. '반품'은 원사업자가 수급사업자로부터 목적물 등을 수령 또는 인수한 후에 형식에 상관없이 수령

99) 서울고등법원 2008. 6. 18. 선고 2008누3816 판결, 상고심(대법원)은 심리불속행 기각하였다.

100) 다만, 용역위탁 가운데 역무의 공급을 위탁하는 경우에는 성격상 이를 적용하지 아니한다.

또는 인수한 목적물 등을 수급사업자에게 되돌려 보내는 모든 행위를 의미하며, 원사업자가 용역위탁한 역무의 공급 위탁의 경우는 성격상 적용대상이 되지 않는다.

하도급법 제10조 제2항은 부당반품으로 간주되는 행위를 규정하고 있는데 ① 거래 상대방으로부터의 발주취소 또는 경제상황의 변동 등을 이유로 한 반품, ② 불명확한 검사기준 등을 이용해 목적물 등을 부당하게 불합격으로 판정하여 반품하는 행위, ③ 원사업자가 공급한 원재료의 품질 불량으로 인하여 불합격 판정되었음에도 불구하고 반품하는 행위, ④ 원사업자의 원재료 공급지연으로 인하여 납기가 지연되었음에도 불구하고 반품하는 행위 등이 포함된다.

(2) 위법성 판단기준

부당반품의 위법성은 원사업자가 수급사업자에게 책임을 돌릴 만한 사유가 없음에도 불구하고 목적물 등을 반품한 것인지 여부를 중심으로 판단하되, 위탁계약 체결 및 반품의 경위, 반품한 목적물 등의 범위, 계약이행 내용과 위탁할 때의 반품조건, 검사방법, 반품에 따른 손실의 부담, 목적물 등의 수령부터 반품까지의 기간 등 여러 사정을 종합적으로 고려하여 판단한다. '수급사업자에게 책임을 돌릴 만한 사유'란 수급사업자의 귀책사유로 수급사업자가 납품 등을 한 목적물 등이 원사업자가 위탁한 내용과 다르거나 목적물 등에 하자 등이 있고 이로 인해 계약목적을 달성할 수 없는 경우를 의미한다.

Ⅵ. 대금지급 및 거래종료 단계에서의 규제

1. 감액금지

(1) 의의

하도급대금은 계약한 금액대로 전액 지급되어야 하나 실상은 원사업자가 각종 이유를 들어 하도급대금을 감액하는 경우가 빈번한데 수급사업자는 거래상 지위의 열위로 이를 어쩔 수 없이 받아들여야 하는 경우가 많아서 하도급법은 감액금지 규정을 두어 이를 규제하고 있다. 감액 금지를 위반하면 행정적 제재와 함께 3배 손해배상 적용 대상이 된다.

하도급법 제11조 제1항에 의해 하도급대금의 감액은 원칙적으로 금지되며 원사업자가 정당한 사유를 입증하는 경우에만 감액이 가능하다. 정당한 사유로 감액하는 경우에도 사전에 감액사유·기준·방법·대상물량·감액금액 등을 기재한 서면을 교부해야 하고, 정당한 사유 없이 감액한 금액을 목적물 수령일로부터 60일을 초과하여 지급한 경우에는 지연이자를 지급해야 한다.

하도급법 제11조 제2항은 정당한 사유에 의한 행위로 보지 않는 부당감액의 예시를 들고 있는데 ① 위탁 시 계약서에 감액조건 등을 명시하지 않고 위탁한 후 협조요청·경제상황 변동 등을 이유로 감액하는 경우, ② 수급사업자와 단가인하 합의 후에 합의 전 위탁부분을 소급하여 감액하는 경우, ③ 하도급대금의 현금지급 또는 지급기일전 지급을 이유로 [101]지나치게 감액하는 경우, ④ 원사업자의 손해발생에 실질적 영향이 없는 수급사업자의 과오를 이유로 감액하는 경우, ⑤ 물품 등을 자기로부터 사게 하거나 자기의 장비 등을 사용하게 한 경우 적정한 구매대금 사용대가 이상으로 금액을 공제하는 경우, ⑥ 하도급대금 지급 시점의 물가 등이 납품 시점에 비해 떨어진 것을 이유로 감액하는 경우, ⑦ 경영적자 또는 판매가격 인하 등 [102]불합리한 이유로 부당하게 감액하는 경우, ⑧ 고용보험료 징수 등에 관한 법률, 산업안전보건법 등에 따라 원사업자가 부담해야 할 고용보험료·산업안전보건관리비 등을 수급사업자에게 부담시키는 행위 등이 포함된다.

(2) 위법성 판단기준

감액의 정당성 여부는 하도급계약 체결 및 감액의 경위, 계약이행 내용, 목적물의 특성과 그 시장상황, 감액된 하도급대금의 정도, 감액방법과 수단, 수급사업자의 귀책사유 등 여러 사정을 종합적으로 고려하여 판단하게 되고, 감액은 명목이나 방법, 시점, 금액의 다소를 불문하고 원사업자가 수급사업자의 귀책사유 등 감액의 '정당한 사유를 입증'하지 못하는 경우에는 법위반으로 보게 된다. 제조 등의 위탁을 할 때 정한 하도급대금은 납품 등이 이루어지기 이전에

---

101) 감액규모, 지급조건 변경에 따른 수급사업자의 이익정도와 경영상황, 금리수준 등 금융시장 상황을 고려하여 판단하게 된다.

102) 원사업자의 경영실책이나 가격경쟁력 상실 등 자신의 귀책사유에 따른 손실을 수급사업자에게 전가하는 경우에 해당하는지 여부를 살피게 된다.

합리적 정당성을 가지는 이유에 의한 단가 등의 변경이 없는 한 '위탁 시에 정한 단가' 등에 의하여 산출된 하도급대금을 지급하는 것이 원칙이므로, 납품 등이 이루어진 이후에 발생한 사유를 들어 감액하는 것은 위법 소지가 있는 것으로 보게 된다.

위탁할 때 하도급대금을 '감액할 조건을 명시'한 경우에도 감액 조건이 수급사업자에게 일방적으로 불리한 것인지 여부, 객관적이고 합리적 정당성을 가지는 것인지 여부를 기준으로 위법성을 판단하게 되며, 수급사업자에게 일방적으로 불리하거나 객관적이고 합리적 정당성을 가지지 못하는 감액조건에 따른 감액은 위법할 가능성이 크게 된다. '단가인하에 관한 합의'가 있는 경우에도 단가인하에 관한 합의가 성립된 시점 또는 그 이후에, 해당 합의 성립 전에 위탁한 부분까지 합의한 단가를 소급 적용하여 하도급대금을 감액한 사실이 있는지를 따져 법위반 여부를 판단하게 된다. '수급사업자의 과오'로 감액하는 경우에도 그 과오가 원사업자의 손해발생에 실질적으로 영향을 미쳤는지 여부, 즉 수급사업자의 과오와 원사업자의 손해발생 간 직접적인 인과관계가 존재하는지 여부를 기준으로 위법성을 판단하게 된다.

(3) 관련 판례

동양에프씨의 불공정하도급거래행위 건과 유성정밀의 불공정하도급거래행위 건에서 법원은 공통적으로 원사업자가 10일 이내에 검사결과를 서면으로 통지하지 않은 경우에는 하도급대금 채무가 확정적으로 발생하는 것이므로 수급사업자의 귀책 등을 이유로 감액을 할 수는 없다고 [103]판시하였다.

낙원건설의 불공정하도급거래행위 건에서 법원은 원사업자가 하도급 공사에 해당하는 순공사비 총액에 85.95%를 적용해 산정한 금액을 기준으로 하도급대금을 정산하기로 한 특약은 감액에 해당하고, 감액행위의 부당성 여부는 하도급계약의 내용, 계약이행의 특성, 감액의 경위, 감액된 하도급대금의 정도, 감액방법과 수단 등 여러 사정을 종합적으로 고려하여 그것이 수급사업자에게 부당하게 불리한 감액인지 여부에 따라 판단하여야 한다고 [104]판시하였다.

---

103) 서울고등법원 2008. 6. 18. 선고 2008누3816 판결, 상고심(대법원)은 심리불속행 기각하였다. 서울고등법원 2009. 10. 15. 선고 2008누36847 판결, 고법 확정

104) 서울고등법원 2010. 10. 13. 선고 2009누31429 판결, 상고심(대법원 2012. 1. 27. 선고

그러나 법원은 부당 감액을 판단함에 있어 원사업자와 수급사업자 간 구체적인 합의의 내용과 하도급거래 목적물의 특성 등을 종합적으로 고려하여 구체적·개별적으로 부당 감액 여부를 판단하고 있는바, 이하에서는 부당감액을 부인한 사례들을 살펴본다.

삼양건설산업의 불공정하도급거래행위 건에서 법원은 수급사업자의 귀책사유로 인한 산재사고로 원사업자가 입을 손해에 대한 배상예정액을 기성금 지급 시 이를 공제할 수 있도록 한 안전약정은 수급사업자에게 일방적으로 불리하다 할 수 없는 유효한 계약이므로 부당 감액에 해당하지 않는다고 [105]판시하였다.

신일정공의 하도급위반행위 건에서 법원은 수급사업자가 이 사건 금형의 발주금액을 높게 책정받아 이에 따른 선급금을 많이 수령하는 대신 원사업자가 발주자와의 최종 제조가격 협상에 따라 제조가격이 조정될 경우 이에 따라 하도급대금도 조정하기로 합의하고 이를 발주서에 명기하였으므로 이 경우에는 하도급대금의 부당 감액으로 볼 수 없다고 [106]판시하였다.

현대엘리베이터의 하도급법위반행위에서 법원은 원사업자와 수급사업자가 원자재 가격 변동 등의 사유에 따른 단가인하를 합의하였고, 엘리베이터 제조위탁의 특성상 발주일과 목적물 제작시기 사이에 상당한 시간 간격이 발생하므로 철강 등 원자재 가격의 변동이 발생할 가능성이 커서 그러한 사정이 발생하면 이미 발주한 부분까지 포함하여 발주 시 정한 하도급대금을 조정할 필요성이 있고, 기존 거래에서 소급해서 제품단가를 인상해 준 경우가 인하한 경우보다 많은 사정을 종합적으로 고려하면 부당 감액에 해당한다고 보기는 어렵다고 [107]판시하였다.

중앙오션의 불공정하도급거래행위 건에서 법원은 원사업자가 발주자로부터 만기일 60일 어음을 대금으로 받은 상태에서 목적물 수령일로부터 60일 이

2010두24050 판결)은 이러한 원심판결에 위법이 없다고 판시하였다.

105) 서울고등법원 2010. 9. 15. 선고 2009누39300 판결, 상고심(대법원)은 심리불속행 기각하였다.

106) 서울고등법원 2004. 10. 7. 선고 2003누17773 판결, 상고심(대법원)은 심리불속행 기각하였다.

107) 서울고등법원 2009. 12. 30. 선고 2009누9675 판결, 상고심(대법원)은 심리불속행 기각하였다.

내에 지급하기로 한 하도급대금을 이보다 앞선 기일에 현금으로 지급하려면 발주자로부터 60일 어음을 받은 상태에서는 어음할인율을 공제한 금액을 현금으로 줄 수밖에 없어 이 경우에는 부당 감액에 해당하지 않는다고 [108]판시하였다.

2. 부당결제청구 금지

하도급법 제12조에 따라 원사업자가 수급사업자에게 하도급 계약수행에 필요한 물품 등을 자기로부터 사게 하거나 자기의 장비 등을 사용하게 한 경우 ① 해당 목적물 등에 대한 하도급대금의 지급기일 전에 구매대금이나 사용대가의 전부 또는 일부를 지급하게 하는 행위와 ② 자기가 구입·사용하거나 제3자에게 공급하는 조건보다 현저하게 불리한 조건으로 구매대금이나 사용대가를 지급하게 하는 행위는 '정당한 사유'가 없는 한 금지된다. 원사업자의 이러한 조기 결제요구나 고가 결제요구는 실질적으로 하도급대금을 감액하는 효과를 가져와 수급사업자의 경제적 상황을 악화시킬 우려가 있으므로 하도급법에서 규제하고 있다.

'정당한 사유'에 대해서는 하도급계약 체결과 물품·장비 등의 공급경위, 목적물의 특성과 물품·장비 등의 통상적인 가격수준, 조기 결제나 고가 결제요구에 따른 수급사업자의 손실 규모, 수급사업자의 귀책사유 여부 등을 종합적으로 고려하여 판단한다.

3. 하도급대금 지급의무

(1) 개요

(1)-1 의의

원사업자가 수급사업자에게 하도급대금을 제때에 지급하지 않으면 중소기업의 지위에 있는 수급사업자는 사업운영자금 및 종업원 보수지급 등에 문제가 바로 발생하여 심각한 경영난에 빠질 위험이 크다. 하도급법은 이를 방지하기 위해 원사업자에게 하도급대금 지급의무를 부과하고 있고, 하도급대금은 원사업자가 발주자로부터 대금을 수령했는지와 관계없이 당연히 지급하여야 한다. 하도급대금을 어음으로 지급하였으나 지급받은 어음이 부도처리 된 경우에는

108) 서울고등법원 2016. 11. 11. 선고 2016누38831 판결, 상고심(대법원)은 심리불속행 기각하였다.

하도급대금을 지급하지 아니한 것으로 본다.

이때 하도급대금 지급의무는 수급사업자의 목적물 등의 납품 또는 건설위탁의 경우 인수 등을 전제로 성립하는 것이다. 이와 관련된 판례로서 태아건설의 불공정하도급거래행위 건에서 법원은 수급사업자에게 위탁한 40mm 혼합골재를 납품받았다는 증거가 없어 하도급대금 지급의무가 성립하지 않는다고 [109]판시한 바 있다.

다만, 하도급계약이 원사업자와 수급자사업자 사이에 해제된 경우에는 하도급대금 지급의무가 발생하지 않으며 이때 하도급계약의 해제는 양 당사자의 실질적인 의사의 합치에 의해 이루어져야 한다. 하도급계약 해제와 관련된 판례로서, 완도어패럴의 하도급법위반행위 건에서 법원은 납품지연을 이유로 하도급계약을 해제할 수 있도록 약정하였더라도, 납품된 제품을 모두 수령한 경우에는 해제권이 소멸하여 하도급대금 지급의무가 있다고 [110]판시한 바 있다.

특정 사업자가 공동수급체를 대표하여 하도급계약을 체결한 경우에는 공동수급체의 구성원인 다른 회사들과 연대하여 수급사업자에게 하도급대금 전액을 지급할 의무를 지게 되며, 법원도 거산의 불공정하도급거래행위 건에서 같은 취지로 [111]판시하였고 지에스건설의 불공정하도급거래행위에 대한 건에서도 법원은 공동이행방식의 하도급계약 체결의 경우에 구성사업자 1인의 하도급법 위반행위에 대한 과징금 산정의 기초가 되는 하도급대금 역시 하도급계약에 따라 수급사업자에게 지급하여야 할 대금 전액이 기준이 된다고 [112]판시한 바 있다.

참고로 2023. 1. 12. 시행된 개정 하도급법에 따라 하도급대금의 결제조건 등에 관한 공시에 관한 규정 및 하도급대금의 결제조건 등에 관한 공시의무 위반사건에 관한 과태료 부과기준이 제정·시행되게 되었고 이에 따라 공시대상 기업집단 소속 원사업자는 하도급대금 지급수단, 지급금액, 지급기간, 자신의 회사 내에 설치하는 하도급대금 분쟁조정기구에 관한 사항을 공시해야 한다.

---

109) 서울고등법원 2014. 7. 16. 선고 2013누16700 판결, 상고심(대법원은 심리불속행 기각하였다.

110) 서울고등법원 2008. 7. 16. 선고 2007누27099 판결, 상고심(대법원)은 심리불속행 기각하였다.

111) 서울고등법원 2013. 10. 2. 선고 2013누7508 판결, 고법 확정

112) 대법원 2018. 12. 13. 선고 2018두51485 판결

하도급법 시행령은 공시사항, 공시 시기·방법 및 절차, 과태료 부과 등을 구체적으로 정하고 있는데 그 내용을 살펴보면 반기 중 지급된 하도급대금의 지급수단·기간별 지급금액과 그 비중, 하도급대금 분쟁조정기구를 매 반기가 끝난 후 45일 이내에 공시하도록 하고 있고 미공시하는 경우에는 500만 원의 과태료가, 주요 내용을 누락하거나 거짓으로 공시할 경우에는 최대 250만 원의 과태료가 부과될 수 있으므로 공시대상기업집단 소속 원사업자의 하도급 업무 담당자는 유의할 필요가 있다.

(1)-2 채권·채무관계가 있는 경우

원사업자와 수급사업자 간 채권·채무관계가 있는 경우 채권·채무와 하도급대금을 서로 상계할 수 있는지가 문제될 수 있다. 하도금대금 지급이 이루어진 후 수급사업자가 자발적으로 원사업자의 하도급대금 채무를 면제하는 것은 가능하다고 할 수 있고, 원칙적으로 채권·채무와 하도급대금 지급을 서로 상계하는 것과 관련해서 법원은 구체적·개별적으로 위법성을 판단하고 있다. 이하 관련 판례를 살펴보기로 한다.

하도금대금 지급이 이루어진 이후에 수급사업자가 원사업자에게 하도급대금의 일부에 대한 채무를 자발적으로 면제하는 것은 가능하다고 할 것이며, 법원도 디앤에스모드의 불공정하도급거래행위 건에서 수급사업자가 하도급채권에 대한 지급이 완료된 후 워크아웃 과정에 있는 원사업자에게 채무의 일부를 면제하는 행위에 대해 강행법규에 위반하는 것은 아니라고 [113]판시하였다.

원사업자가 수급사업자에 대해 채권을 가지고 있는 경우 이를 하도급대금과 서로 상계하는 것이 가능한지가 문제된다. 관련 판례로서 창경종합건설의 불공정하도급거래행위 건에서 법원은 수급사업자가 원사업자에게 하자보수보증금을 지급하지 않았다는 이유로 이 사건 시정명령의 위법성을 다툴 수는 없다고 하면서 수급사업자의 하자보수보증금 채무가 원사업자의 공사대금 지급채무와 서로 동시이행 관계에 있는 것은 아니라고 [114]판시한 바 있다.

진성텍스랜드의 하도급법위반행위 건에서 법원은 원사업자가 수급사업자에 대하여 손해배상채권을 가지고 있고 이를 자동채권으로 하여 하도급대금채무와 상계하였음을 이유로 이 사건 시정명령이 위법하다고 다툴 수는 없다고

113) 서울고등법원 2007. 1. 10. 선고 2005누10752 판결, 고법 확정
114) 서울고등법원 2004. 1. 29. 선고 2003누7790판결, 고법 확정

115)판시하였다.

완도어패럴의 하도급법위반행위건에서 법원은 원사업자가 하도급대금을 지급하지 아니한 이상, 공정거래위원회는 원사업자와 수급사업자 사이에 민사상 채권채무관계가 확정되지 않았다는 사유 등으로 원사업자가 그 지급을 미룰 만한 상당한 이유가 있는지 여부를 판단할 필요 없이 시정명령할 수 있다고 116)판시하였다.

(2) 하도급대금의 지급기일

(2)-1 지급기일 일반원칙

하도급법 제13조에 따라 원사업자가 수급사업자에게 제조 등의 위탁을 하는 경우에는 목적물 등의 수령일로부터 60일 이내에 하도급대금을 지급해야 하고 발주자로부터 기성금 등을 받은 경우에는 받은 날로부터 15일 이내에 수급사업자에게 일정 비율을 지급해야 한다. 건설위탁의 경우는 인수일이 목적물 수령일에 해당하므로 인수일, 용역위탁의 경우는 위탁받은 용역의 수행을 마친 날, 월 1회 이상 세금계산서의 발행일을 정한 경우에는 세금계산서 발행일로부터 60일 이내에 지급하여야 한다.

이 경우에도 목적물 등의 수령일로부터 60일이 되는 날에 대금을 주어야 한다는 의미가 아니고 60일 이내에서 가능한 짧은 기한으로 정한 지급기일까지 지급해야 한다는 의미이다. 60일을 초과해서 지급하는 경우는 지연일수에 따라 연 15.5%의 지연이자를 지급해야 하고 기간의 계산에 있어 초일은 불산입하고 기간 말일이 토요일·공휴일일 경우에는 그 익일을 만료일로 한다.

다만, ① 원사업자와 수급사업자가 대등한 지위에서 지급기일을 정한 것으로 인정되는 경우와 ② 해당 업종의 특수성과 경제여건에 비추어 그 지급기일이 정당한 것으로 인정되는 경우에는 60일이 지난 대금지급 기일도 허용된다. 그러나 실질적으로 그 경우에 해당하지 않은 상태에서 목적물 등 수령일로부터 60일이 되는 날을 넘어서 지급기일을 정하게 되면 무효가 되며 수령일로부터 60일이 되는 날을 하도급대금의 지급기일로 간주하게 된다.

115) 서울고등법원 2006. 1. 11. 선고 2005누9417 판결, 고법 확정

116) 서울고등법원 2008. 7. 16. 선고 2007누27099 판결, 상고심(대법원)은 심리불속행 기각하였다.

참고로, 2016년 하도급법 개정으로 하도급대금 지급과 관련해서 중소기업 이외에 ① 상호출자제한기업집단 계열사와 거래하는 매출액 3천억 원 미만의 '중견기업'과 ② 중소기업 매출액의 2배 이내인 '소규모 중견기업'이 매출액 2조 원을 초과하는 기업과 거래하는 경우에 중견기업 등도 하도급법의 적용대상에 포함시켜 수급사업자로서 보호를 받을 수 있게 되었다.

(2)-2 기타 지급기일

하도급법 제13조 제2항에 따라 하도급대금의 지급기일이 정하여져 있지 않은 경우에는 목적물 등의 수령일을 하도급대금의 지급기일로 보고, 목적물 등의 수령일로부터 60일이 지난 후에 하도급대금의 지급기일을 정한 경우에는 목적물 등의 수령일부터 60일이 되는 날을 하도급대금의 지급기일로 본다. 또한 하도급법 제13조 제3항에 따라 원사업자가 발주자로부터 준공금 또는 기성금을 받았을 때에는 수급사업자가 제조 등 또는 용역수행한 부분에 상응하는 금액을 준공금 또는 기성금을 지급받은 날로부터 15일(하도급대금의 지급기일이 그 전에 도래하는 경우에는 그 지급기일) 이내에 수급사업자에게 지급하여야 한다.

(2)-3 관련 판례

보배건설의 불공정하도급거래행위 건에서 법원은 건설위탁의 경우 인수일이 하도급대금 지연이자 산정의 기준일이 되며, 기성고에 따라 세금계산서를 발행했다 하더라도 납품 등이 잦아 원사업자와 수급사업자가 월 1회 이상 세금계산서의 발행일을 정한 경우에는 해당하지 않아, 인수일이 아닌 세금계산서 발행일을 기준으로 하도급대금 지연이자를 산정한 것은 위법이라고 [117]판시하였다.

포스코건설의 불공정하도급거래행위 건에서 법원은 수급사업자가 납품한 유수분리기의 대금을 법정기일 내에 지급하지 않은 것에 대해, 원사업자인 포스코건설이 유수분리기는 납품 이후에 브라질 현지에 설치된 압축공기 공급설비와 연동해야만 성능확인이 가능하므로 그 확인이 이루어질 때까지 지급을 미룬 것이라는 주장을 하였지만, 이는 하자이행보증금이나 문제 발생 시 무상 수리 등으로 해결할 수 있는 것이어서 법정기일 지급을 하지 않은 것에 대한 정당화는 될 수 없다고 [118]판시하였다.

---

117) 서울고등법원 2018. 7. 5. 선고 2018누30749 판결, 고법 확정

118) 서울고등법원 2018. 12. 5. 선고 2018누38378 판결, 상고심(대법원)은 심리불속행 기각하였다.

신고려의 불공정하도급거래행위 건에서 법원은 수급사업자가 원사업자에게 청구할 수 있는 지연손해금은 공정거래위원회가 정하여 고시한 이율에 의할 것이고 그 한도에서 민법 또는 상법상의 법정이율이나 그에 관한 보다 일반적인 특례인 소송촉진 등에 관한 특별법에서 정한 법정이율은 적용되지 않는다고 [119]판시하였다.

롯데알미늄의 불공정하도급거래행위 건에서 법원은 원사업자가 수급사업자에 대한 자동채권을 가지고 있었고 이 채권이 하도급대금 지급기일 이내에 상계적상에 있었던 이상, 비록 상계 의사표시가 하도급대금 지급기일 이후에 이루어졌다 하더라도 이는 적법한 의사표시로 하도급대금 지급기일 이전에 해당하는 각 상계적상일로 소급해서 소멸하므로 하도급법에서 금지하는 지급지연 행위라 볼 수 없다고 [120]판시하였다.

(3) 현금결제 관련

하도급법은 제13조 제4항에서 원사업자의 현금결제 비율을 규제하고 있는데 이는 원사업자가 발주자로부터 자신은 현금으로 대금을 받고 나서도 수급사업자에게는 장기어음을 지급할 경우 수급사업자는 어음부도 등 위험과 함께 상대적으로 경영 압박을 받게 되므로 이를 방지하기 위한 취지이다. 이에 따라 발주자로부터 받은 현금비율 미만으로 하도급대금을 지급하는 것은 금지되며 이 경우 현금결제로 인정되는 것은 현금·수표, 1일 만기 외상매출채권이 해당하고, 현금비율을 준수해야 하는 하도급대금에는 선급금, 기성금, 준공금이 모두 포함된다.

현금비율은 발주자와 원사업자간의 직전 현금결제비율에 따르는데, 하도급대금 결제 전에 2차례 이상의 현금결제가 발주자와 원사업자 간에 이루어진 경우는 그 평균비율을 기준으로 한다. 또한 원사업자가 다수의 발주자에게 납품하는 물품을 다수의 수급사업자에게 제조 등을 위탁하는 경우에 특정 수급사업자가 납품한 물품이 공급되는 발주자가 명확한 경우에는 당해 발주자로부터 원사업자가 받은 현금비율을 적용하고, 불명확할 경우에는 원사업자가 다수의 발

119) 대법원 2010. 10. 28. 선고 2010두16561 판결, 환송심(서울고등법원 2010. 12. 29. 선고 2010누37706 판결)은 이러한 대법원 판결의 취지대로 판단하였다.

120) 서울고등법원 2016. 9. 23. 선고 2014누70831 판결, 고법 확정

주자로부터 받은 현금비율을 산술평균하여 적용한다.

현금결제비율과 관련된 판례로서 두산건설의 불공정하도급거래행위 건에서 법원은 원사업자가 발주자로부터 제1회 도급대금을 받기 전에는 현금 수령액 자체가 존재하지 아니하므로 원사업자가 현금결제 비율을 위반했다고 보기는 어렵다고 [121]판시한 바 있다.

(4) 어음 및 어음대체 결제수단 지급 관련

(4)-1 의의

하도급법 제13조 제5항에 따라 발주자로부터 받은 어음의 지급기간을 초과하는 어음교부는 금지되며, 어음만기일 또는 어음대체 결제수단의 상환기일이 60일을 초과하는 경우는 연 [122]7.5%의 할인료 또는 금융회사와 약정한 수수료를 지연일수에 따라 지급하여야 한다. 할인가능어음은 공정거래위원회 예규인 '하도급거래공정화지침'에 정해져 있는데, 은행·종합금융회사·생명보험회사·상호저축은행·여신전문금융회사·새마을금고·팩토링업무 취급기관에 의하여 어음할인 대상업체로 선정된 사업자가 발행·배서한 어음 또는 신용보증기금 및 기술신용보증기금이 보증한 어음이 이에 해당한다.

하도급대금 지급기일을 지나서 어음을 지급하는 경우는 지급기일을 지난 시점부터 어음지급한 날까지 해당하는 지연이자와 어음 지급일로부터 어음 만기일까지의 어음할인료를 같이 지급하여야 한다. 외상매출채권 담보대출, [123]기업구매전용카드와 같은 어음대체 결제수단의 경우는 어음과 동일하게 처리가 되며, 이 경우는 어음할인료 대신 금융회사 등의 수수료를 지급하여야 한다.

원사업자가 발주자로부터 교부받은 어음의 지급기간이 일정하지 아니한 경우 수급사업자에게 하도급대금을 지급함에 있어서는 하도급대금을 지급하기 직전에 원사업자가 발주자로부터 교부받은 어음의 지급기간을 초과하는 어음으로 하도급대금을 지급해서는 아니 되고, 원사업자가 수급사업자에게 금회 하도

121) 서울고등법원 2017. 3. 30. 선고 2016누37753 판결, 상고심(대법원)은 심리불속행 기각하였다.

122) 공정거래위원회 고시인 '어음에 의한 하도급대금 지급시의 할인율 고시'에서 정하고 있다.

123) 원사업자가 하도급대금을 지급하기 위해 발급받는 신용카드 또는 직불카드로서 원사업자와 수급사업자, 신용카드사 간 예약에 따라 발급되는 카드이다.

급대금을 지급한 후 차회 하도급대금을 지급하기 전까지 발주자로부터 2회 이상 도급대금을 지급받은 경우에는 각각의 어음지급기간을 산술평균하여 적용하게 된다.

원사업자가 다수의 발주자에게 납품하는 물품을 다수의 수급사업자에게 제조 등 위탁하는 경우에 특정 수급사업자가 납품한 물품이 공급되는 발주자가 명확한 경우에는 당해 발주자로부터 원사업자가 받은 어음지급기간을 적용하고 불명확할 경우에는 원사업자가 다수의 발주자로부터 교부받은 어음지급기간을 산술평균하여 적용하게 된다.

(4)-2 관련 판례

한국고벨의 불공정하도급거래행위에 대한 건에서 법원은 하도급법의 취지는 하도급대금의 지급기일을 초과한 어음이나 어음대체 결제수단을 이용하여 하도급대금을 지급하는 경우 그 초과기간 동안의 어음할인료나 어음대체 결제수단 수수료 등을 지급하도록 함으로써 수급사업자에게 목적물의 수령일로부터 60일 이내에 하도급대금을 지급받은 것과 동일한 경제적 이익을 귀속시키려는 것이라고 하면서 하도급대금 어음할인료와 어음대체 결제수단 수수료 산정의 기준시점은 목적물 등의 수령일이라고 [124]판시하였다.

우양에이치씨의 불공정하도급거래행위 건에서 법원은 원사업자가 하도급대금을 지급하지 아니하거나 만기가 법정기일을 도과한 어음을 교부하면서 어음할인료를 지급하지 아니한 경우 그 자체가 하도급법 위반행위가 되어 시정조치 대상이 되는 것이고, 공정거래위원회가 원사업자가 그 지급을 거절하거나 그 지급을 미룰 만한 상당한 이유가 있는지 여부까지 판단할 필요는 없다고 [125]판시하였다.

창경종합건설의 불공정하도급거래행위 건에서 법원은 원사업자가 하도급계약 체결 당시 잔금 30%는 준공 후 1개월 이내에 지급하기로 약정하였다고 하더라도 공정별 기성고에 따른 하도급대금을 어음으로 지급한 이상 약정에서 정한 기한의 이익은 스스로 포기한 것이 되고 어음의 만기일이 법정지급기일인 목적물 수령일로부터 60일을 경과한 후에 도래하는 어음을 교부한 이상 할인료

124) 서울고등법원 2015. 10. 15. 선고 2014누8447 판결, 고법 확정

125) 서울고등법원 2009. 6. 10. 선고 2008누27744 판결, 상고심(대법원)은 심리불속행 기각하였다.

를 지급함이 상당하다고 [126]판시하였다.

삼광글라스의 불공정하도급거래행위 건에서 법원은 어음대체 결제수수료 미지급액이 관련 하도급대금 중 0.3%에 불과하더라도 비교적 장기간에 걸쳐 반복된 점을 볼 때 위반의 내용과 정도가 가볍다고 보기는 어렵다고 [127]판시하면서 공정거래위원회의 시정조치가 정당하다고 하였다.

4. 부당한 대물변제 금지

(1) 의의

하도급법 제17조 제1항은 수급사업자의 의사에 반하여 하도급대금을 토지·아파트·회원권 등 물품으로 지급하는 행위를 금지하고 있다. 하도급대금을 현금 또는 어음 등으로 결제하지 않고 물품 등으로 결제하게 되면, 수급사업자는 물품을 현금화하는 데 어려움을 겪을 수 있고 미분양 아파트같이 선호도가 떨어지는 물품의 경우 정상가격을 받지 못할 수도 있어 경제적 열위에 있는 수급사업자는 경영난에 직면할 수 있어서 이를 방지하고자 하는 것에 규제의 취지가 있다.

다만, 하도급법 제17조 제1항 단서에 따라 ① 원사업자가 발행한 어음 또는 수표가 부도로 되거나 은행과의 당좌거래가 정지 또는 금지된 경우, ② 원사업자가 파산신청, 회생절차개시 또는 간이회생절차의 신청이 있은 경우, ③ 기타 '기업구조조정 촉진법'에 따라 금융채권자협의회가 원사업자에 대하여 공동관리절차를 진행 중이고 수급사업자의 요청이 있는 경우에는 예외적으로 대물변제가 허용된다.

(2) 합의의 경우

수급사업자와 원사업자가 합의하는 경우에는 하도급대금의 대물변제가 가능하나 합의가 수급사업자의 진정한 의사에 기반하여 이루어졌는지는 나중에 문제가 될 소지가 있다. 통상 수급사업자는 지속적인 하도급거래를 위해 원사업자의 부당한 대물변제 요구에도 마지못해 승낙해야 하는 경우가 있을 수 있

126) 서울고등법원 2004. 1. 29. 선고 2003누7790 판결, 고법 확정

127) 서울고등법원 2018. 12. 13. 선고 2018누43417 판결, 상고심(대법원)은 심리불속행 기각하였다.

기 때문이다.

진정한 의사에 기반한 대물변제 합의의 경우에도 원사업자는 대물변제 전 소유권, 담보제공 등 물품의 권리·의무 관계를 확인할 수 있는 자료를 수급사업자에게 제시하여야 하고, 자료 제시 후에는 ① 원사업자가 자료를 제시한 날, ② 자료의 주요목차, ③ 수급사업자가 자료를 제시받았다는 사실, ④ 원사업자와 수급사업자의 상호명·사업장 소재지 및 전화번호, ⑤ 원사업자와 수급사업자의 서명 또는 기명날인을 적은 서면을 수급사업자에게 주어야 하고 원사업자와 수급사업자는 해당 서면을 보관하도록 되어 있다.

자료에는 부동산등기부등본, 자동차등록원부, 특허권등록원부 등 해당물품에 대한 공부(公簿) 또는 해당물품의 권리의무 관계가 명시된 [128]공정서류가 포함되며, 이러한 자료는 대면 또는 이메일로 송부가 가능하고, 자료 제시 후에 대물변제 전에 관련 권리·의무가 변동되면 수급사업자에게 지체 없이 통지하여야 한다.

5. 부당한 경영간섭 금지

(1) 의의

하도급법 제18조 제1항에 따라 원사업자가 하도급 거래량을 조절하는 방법 등을 이용하여 수급사업자의 경영을 간섭하는 행위는 금지된다. 수급사업자는 독립된 사업자로서 자신의 판단에 의해 사업체를 경영할 수 있어야 하나 하도급거래의 지속 등을 이유로 원사업자가 자신의 경영에 부당하게 간섭하는 경우가 빈번한 것이 현실이다. 부당한 경영간섭 금지는 이를 방지하기 위한 취지로 도입되었다.

경영간섭 행위의 '부당성'은 수급사업자가 자율적으로 결정할 수 있는 사안에 대해 간섭하는 원사업자의 행위로서 그 행위가 원사업자 자신이나 특정한 자의 사적 이득을 위한 것인지, 국민경제 발전 도모라는 공익을 위한 것인지, 수급사업자에게 불이익한 결과를 초래하는지, 비용절감·품질향상 등 효율성 증진효과 또는 수급사업자의 경영여건이나 수급사업자 소속 근로자의 근로조건 개선효과를 나타낼 수 있는지 여부 등을 종합적으로 고려하여 판단한다.

128) 공증인법에 따라 작성된 서류를 의미한다.

부당한 경영간섭과 관련된 판례로는 삼성전자의 불공정하도급거래행위 건에서 법원은 원사업자가 제조위탁한 휴대용 충전기를 납품하는 수급사업자의 2차 벤더까지 수급사업자가 구체적으로 관리하도록 하게 한 것은 품질유지라는 본래의 목적을 넘어 수급사업자의 재하도급 거래내용을 간섭한 행위로서 부당한 경영간섭에 해당한다고 129)판시한 사례를 들 수 있다.

(2) 법위반 유형

부당한 경영간섭 행위의 예시로는 ① 수급사업자가 임직원을 선임·해임함에 있어 자기의 지시 또는 승인을 받게 하거나 수급사업자의 의사에 반하여 특정인을 채용하게 하는 등의 방법으로 인사에 간섭하는 행위, ② 수급사업자의 생산품목·시설규모 등을 제한하는 행위, ③ 1차 수급사업자의 재하도급거래에 개입하여 자신의 위탁한 목적물의 품질유지 및 납기 내 납품여부 등 하도급거래의 목적달성과 관계없이 원사업자 자신이나 특정한 자의 사적 이득을 위해 2차 수급사업자의 선정·계약조건설정 등 재하도급 거래내용을 제한하는 행위, ④ 수급사업자가 정상적으로 공사를 시공 중에 있음에도 불구하고 수급사업자의 의사에 반하여 현장근로자를 동원하여 공사를 시공하게 하는 행위, ⑤ 수급사업자로 하여금 자신 또는 자신의 계열회사의 경쟁사업자와 거래하지 못하도록 하는 행위, ⑥ 원사업자가 자신이 위탁한 목적물의 품질유지 및 납기 내 납품여부 등 하도급거래의 목적달성과 관계없이 원사업자 자신이나 특정한 자의 사적 이득을 위해 수급사업자의 사업장에 출입하여 생산과정, 투입인력, 재료배합 등을 실사하는 행위 등이 포함된다.

그러나 ① 원사업자가 수급사업자와 체결한 협약에 따라 재수급자를 지원하게 하거나 이를 점검하는 행위와 공정한 하도급거래질서와 관련된 행위로서, ② 협약을 체결하지 않은 경우라도 수급사업자로 하여금 2차 또는 그 이하 수급사업자에게 표준하도급계약서를 사용하여 계약을 체결하게 하는 행위, ③ 하도급대금지급관리시스템을 통해 하도급대금을 지급하는 행위, ④ 하도급대금을 일정한 기한 내에 일정한 현금결제비율로 지급하는 행위, ⑤ 근로조건을 개선하는 행위 등은 부당한 경영간섭에 해당하지 않는다.

---

129) 서울고등법원 2009. 11. 12. 선고 2008누11237 판결, 상고심(대법원)은 심리불속행 기각하였다.

(3) 경영정보 요구행위

2018년 하도급법 개정에 따라 ① 원사업자의 수급사업자에 대한 기술수출 제한행위, ② 자기 또는 특정사업자와만 거래하도록 강제하는 행위, ③ 정당한 이유 없이 공정거래위원회가 고시하는 '경영정보 요구행위'를 하는 경우에는 부당한 경영간섭으로 간주하게 되고, 공정거래위원회 고시인 '하도급법상 요구가 금지되는 경영상 정보의 종류 고시'로 정하고 있는 경영정보에는 ① 수급사업자가 목적물 등의 납품을 위해 투입한 재료비, 노무비 등 [130]원가에 관한 정보, ② 수급사업자가 다른 사업자에게 납품하는 목적물 등의 [131]매출 관련 정보, ③ 수급사업자의 [132]경영전략 관련 정보, ④ 수급사업자의 [133]영업관련 정보, ⑤ 수급사업자가 다른 사업자와의 거래에서 사용하는 전자적 정보교환 전산망의 고유식별명칭, 비밀번호 등 해당 전산망에 접속하기 위한 정보가 포함된다.

경영정보 요구행위가 '정당한' 경우에 대해 하도급거래공정화지침은 상세히 규정하고 있다. 이에는 ① 원사업자가 관계 법령상 자신의 의무를 이행하기 위해 필요한 정보를 요구하는 경우, ② 원·수급사업자가 공동으로 입찰에 참여하는 과정에서 상호 공유할 필요가 있는 정보를 요구하는 경우, ③ 원·수급사업자가 공동으로 신제품을 개발하는 과정에서 필요한 세부정보를 요구하는 경우, ④ 양산되지 않거나 시장가격이 형성되지 않은 품목에 관한 하도급계약과 관련하여 정산 등 계약이행을 위해 필요한 정보를 요구하는 경우, ⑤ 원사업자가 하도급법에 의한 협약체결의 대상이 되는 수급사업자에게 2차 또는 그 이하 수급사업자에 대한 지원실적의 증빙자료를 요구하는 경우가 해당된다.

6. 보복조치 금지

원사업자의 부당한 하도급법 위반행위에 대해서는 당사자인 수급사업자가 공정거래위원회에 신고하고 조사에 협조하는 것이 하도급법 위반행위를 근절하

130) '원가에 관한 정보'에는 원가계산서, 원가내역서, 원가명세서, 원가산출내역서, 재료비·노무비 등의 세부지급 내역 등이 포함된다.

131) '매출 관련 정보'에는 매출계산서, 거래처별 매출명세서 등이 포함된다.

132) '경영전략 정보'에는 제품개발·생산계획, 판매계획, 신규투자 계획 등이 포함된다.

133) '영업관련 정보'에는 거래처 명부, 다른 사업자에게 납품하는 목적물 등의 납품가격 등 납품조건 등이 포함된다.

는 데 중요하다. 그러나 현실에서는 하도급거래관계의 단절 등 원사업자의 보복조치를 우려해서 신고를 기피하는 경우가 많이 발생하게 된다. 이에 따라 하도급법 제19조는 하도급법 집행의 실효성 확보를 위해 수급사업자 또는 조합의 신고·조정신청·서면실태조사 협조 등을 이유로 원사업자가 수주기회를 제한하거나 거래의 정지, 그 밖에 불이익을 주는 행위를 금지하고 있다.

신고 등을 이유로 불이익을 주는 행위 간에 인과관계가 있는지 여부는 해당 수급사업자가 신고, 조정신청 등을 한 시점과 원사업자의 수주기회 제한 등의 행위가 발생한 시점 간의 격차, 해당 수급사업자를 제외한 동종업계 다른 수급사업자들과 그 원사업자 간의 거래내용 및 상황, 해당 수급사업자와 그 원사업자 간의 거래이력, 발주자의 발주물량 축소 등의 거래여건의 변화 등 행위 당시의 구체적인 사정을 고려하여 판단하게 된다. 특히, 2016년 하도급법 시행령의 개정으로 보복조치 금지를 위반하여 고발된 원사업자는 공공분야 입찰에 참여할 수 없도록 원스트라이크 아웃제가 도입되었다.

보복조치 금지와 관련된 판례로, 고성조선해양의 불공정하도급거래행위 건에서 법원은 원사업자가 2010. 3월 이후 발주처로부터 추가물량을 주문받지 못해 하도급계약을 해지한 것이라는 주장에 대해 2010. 11. 1. 발주처가 마지막 제작 위탁을 한 사실이 확인되므로, 수급사업자가 공정거래위원회 등에 신고한 것에 대한 보복조치로 하도급계약을 해지한 것으로 봄이 상당하다고 [134]판시한 바 있다.

7. 탈법행위 금지

하도급법 제20조는 우회적인 방법으로 실질적으로는 하도급법 적용을 피하는 행위를 금지하고 있다. 예로서 ① 하도급법 위반으로 인한 시정조치에 따라 하도급대금 등을 수급사업자에게 지급한 후 이를 회수하거나 납품대금에서 공제하는 등의 방법으로 환수하는 행위, ② 어음할인료·지연이자 등을 수급사업자에게 지급한 후 이에 상응하는 금액만큼 일률적으로 단가를 인하하는 행위, ③ 수급사업자에게 선급금 포기각서 제출을 강요한 후 선급금을 지급하지 않는 행위 등을 들 수 있다.

---

134) 서울고등법원 2014. 10. 17. 선고 2013누32252 판결, 고법 확정

탈법행위 금지와 관련된 판례로서, 울트라건설의 하도급법위반행위 건에서 법원은 원사업자가 발주자로부터는 공사대금을 전액 현금으로 받았음에도 수급사업자에게는 하도급대금을 전액 어음으로 지급하였고, 하도급법상의 현금결제비율 유지규정 적용을 회피하기 위해 수급사업자에게 지급한 어음과 동일한 금액을 수급사업자 계좌에 입금한 후 즉시 수표로 출금하여 자신의 계좌로 재입금한 행위에 대해 탈법행위에 해당한다고 [135]판시한 바 있다.

Ⅶ. 발주자 및 수급자의 의무

1. 발주자의 하도급대금 직접 지급제도

(1) 직접 지급제도의 의의

원사업자의 파산 등으로 수급사업자가 하도급대금을 받지 못하게 되는 경우에는 중소기업에 해당하는 수급사업자의 경영난이 가중되어 거래하는 원자재업체에 대한 대금이 체불되는 등 경제적 여파가 클 수 있다. 이를 방지하기 위해 원사업자의 발주자에 대한 도급대금 채권 중 일반채권자들의 채권보다 하도급대금을 우선하여 발주자가 직접 지급하게 함으로써 수급사업자를 보호하고자 하는 것이 직접 지급제도의 취지라 할 수 있다.

하도급법 제14조는 수급사업자가 위탁 수행한 부분에 상당하는 하도급대금을 발주자가 직접 지급해야 하는 경우를 규정하고 있는데, ① 원사업자가 지급정지·파산 등으로 대금을 지급할 수 없게 된 경우로서 수급사업자가 직접 지급을 요청한 때, ② 발주자·원사업자·수급사업자가 직접 지급에 합의한 때, ③ 원사업자가 하도급대금을 2회분 이상 지급하지 않은 경우로서 수급사업자가 직접 지급을 요청한 때, ④ 원사업자가 하도급대금 지급보증의무를 이행하지 않은 경우로서 수급사업자가 직접 지급을 요청한 때이다.

직접 지급을 해야 하는 사유가 발생한 경우 원사업자에 대한 발주자의 대금지급채무와 수급사업자에 대한 원사업자의 하도급대금 지급채무는 그 범위 내에서 소멸한 것으로 보게 된다. 직접 지급하는 경우에 발주자가 원사업자에게 이미 지급한 하도급금액은 빼고 해당 수급사업자에게 대금을 지급한다.

135) 서울고등법원 2012. 4. 26. 선고 2011누38973 판결, 고법 확정

2019년 하도급법 개정으로 수급사업자가 임금이나 자재대금 등의 지급을 지체하고 있는 경우에 원사업자가 입증서류와 함께 발주자에게 직접 지급의 중지를 요청하면 발주자가 더 이상 하도급 대금을 직접 지급하지 못하도록 의무화하는 규정이 도입되었다. 다만 이 경우에도 수급사업자의 임금 등 지급 지체 책임이 원사업자에게 있는 경우는 제외된다.

(2) 관련 판례

우방의 불공정하도급거래행위에 대한 건에서 법원은 하도급법에 따른 직접지급제도는 직접지급 합의 또는 직접지급의 요청에 따라 도급인, 즉 발주자에게 하도급대금의 직접지급의무를 부담시킴으로써 하수급인, 즉 수급사업자를 수급인, 즉 원사업자와 그 일반채권자에 우선하여 보호하는 것이라고 [136]판시하였다.

거산의 불공정하도급거래행위 건에서 법원은 발주자가 공사대금을 수급사업자에게 직접 지불하는 것에 대해 원사업자가 동의했다고 해서 원사업자가 하도급대금 지급의무를 부담하지 않게 되는 것은 아니며, 원사업자가 발주자로부터 공사대금을 지급받지 못하였으므로 수급사업자에 대한 하도급공사대금 지급의무도 발생하지 않는다고 주장할 수는 없다고 [137]판시하였다.

2. 수급사업자의 의무

하도급법 제21조는 수급사업자의 준수사항으로서 ① 수급사업자가 원사업자로부터 받은 위탁의 내용을 신의에 따라 성실하게 이행하도록 하고 있고, ② 원사업자가 하도급법을 위반하는 행위를 하는 데에 협조해서는 아니 되며, ③ 수급사업자가 하도급법에 따른 신고를 한 경우에는 증거서류 등을 공정거래위원회에 지체 없이 제출하도록 의무를 규정하고 있다.

이와는 별도로 전자문서를 포함한 하도급거래 관련 서류는 원사업자와 수급사업자 모두 거래 종료일로부터 3년간 보존하도록 되어 있고 이를 위반하면 하도급대금의 2배 이하 과징금이 부과될 수 있다. 건설하도급의 경우 원사업자는 대금지급 보증의무를 지는 것과 연관되어 수급사업자는 원사업자에게 계약

---

136) 대법원 2017. 5. 11. 선고 2014두13966 판결

137) 서울고등법원 2013. 10. 2. 선고 2013누7508 판결, 고법 확정

금액의 100분의 10에 해당하는 금액의 계약이행을 보증하여야 하는 것도 수급사업자의 의무로 볼 수 있다. 장기계속공사의 경우 원사업자는 연차별 계약이 완료된 때에는 계약이행보증금 중 이행이 완료된 연차별 계약금액에 해당하는 보증금을 수급사업자에게 반환하여야 한다.

Ⅷ. 하도급법 위반에 대한 제재

1. 분쟁조정

(1) 의의

하도급법 위반행위에 대해 공정거래위원회가 조사하여 시정조치하기 전에 원사업자와 수급사업자간 자율적으로 분쟁을 조정할 수 있도록 하도급분쟁조정 제도를 운영하고 있다. [138]분쟁조정제도는 하도급법 위반에 대한 제재에 직접적으로 해당하는 것은 아니지만 분쟁조정이 성립되지 않은 경우에 공정거래위원회가 하도급법 위반 혐의에 대해 정식 조사를 하여 제재를 할 수 있으므로 편의상 여기서 분쟁조정 제도를 설명하고자 한다.

하도급법이 원사업자의 거래상 우월적인 지위 남용으로 인한 폐해를 시정하여 공정한 거래질서를 유지하기 위한 공법적인 성격을 지니고 있지만 기본적으로 하도급계약도 사적 계약관계의 일종으로 공권력이 개입하기 전 양 당사자간 조정으로 해결하는 것은 사적자치 측면에서 의미가 있다고 할 수 있다.

하도급법 제24조에 따라 [139]한국공정거래조정원(이하 '조정원'이라 한다)은 하도급분쟁조정협의회(이하 '협의회'라 한다)를 설치하도록 되어 있고, 사업자단체는 공정거래위원회의 승인을 받아 협의회를 설치할 수 있는데 이에 따라 현재 하도급분쟁조정협의회는 한국공정거래조정원 및 9개 사업자단체인 중소기업중앙회, 대한건설협회·전문건설협회, 전기공사협회, 한국정보통신공사협회, 소방시설공사협회, 엔지니어링협회, 소프트웨어산업협회, 대한건축사협회, 광고

---

138) 2020년 말 기준 하도급 분쟁조정은 총 955건이었으며 이 가운데서 472건의 조정이 성립되었다.

139) 한국공정거래조정원은 공정거래법 제72조에 근거하여 설립되어 공정거래법 및 하도급법 등 다른 법률에서 담당하도록 정한 분쟁의 조정 및 공정거래 관련 제도와 정책의 연구 및 건의 등 업무를 수행하기 위해 설립된 기관이다. 2020년 말 기준 총 2,972건의 분쟁조정을 처리하였으며 이 중 955건이 하도급 분쟁조정 관련이다.

단체연합회에 각각 설치되어 있다.

조정원에 설치하는 협의회는 9명의 위원으로 구성되어 있으며 위원은 [140]공익·원사업자·수급사업자를 각각 대표하는 동수(同數)의 위원으로 구성하도록 하고 있고, 사업자단체에 설치하는 협의회의 위원 수, 위원장, 임기 등은 공정거래위원회 승인을 받아 해당 협의회가 정하도록 되어 있다.

협의회 운영의 객관성과 중립성을 담보하기 위해 협의회 위원에 대한 제척사유를 규정하고 있는데, ① 위원 또는 그 배우자가 해당 조정사항의 분쟁당사자가 되거나 공동권리자 또는 의무자의 관계에 있는 경우, ② 위원이 해당 조정사항의 분쟁당사자와 친족관계에 있거나 있었던 경우, ③ 위원 또는 위원이 속한 법인이 분쟁당사자의 법률·경영 등에 대하여 자문이나 고문의 역할을 하고 있는 경우, ④ 위원 또는 위원이 속한 법인이 해당 조정사항에 대하여 분쟁당사자의 대리인으로 관여하거나 관여하였던 경우 및 증언 또는 감정을 한 경우가 이에 해당한다. 이 외에도 위원이 조정의 공정을 기하기 어려운 사정이 있는 경우 스스로 회피나 기피 신청을 할 수 있도록 규정하고 있다

(2) 분쟁조정 절차

분쟁조정은 원사업자, 수급사업자 및 [141]중소기업협동조합이 신청할 수 있고 공정거래위원회도 원사업자와 수급사업자 간의 하도급거래 분쟁에 대해 협의회에 조정을 의뢰할 수 있다. 하도급거래공정화지침은 분쟁조정 신청에도 불구하고 공정거래위원회가 직접 사건처리해야 하는 경우를 정하고 있는데 이에는 ① 피조사인이 과거 1년간 법위반 실적이 있고 과거 3년간 부여받은 벌점의 누계가 4점 이상인 경우, ② 피조사인이 과거 1년간 법위반 행위를 한 것으로 인정되어 협의회로부터 조정안을 제시받은 횟수가 3회 이상인 경우가 해당한다.

분쟁조정의 대상은 협의회에 원사업자나 수급사업자, 중소기업협동조합이 직접 조정신청한 사건과 공정거래위원회에 신고된 사건이다. 분쟁조정기간은

140) 공익을 대표하는 위원은 분쟁조정의 대상이 되는 업종에 속하는 사업을 영위하는 사람이나 해당 업종에 속하는 사업체의 임직원의 경우 맡을 수 없도록 규정되어 있다.

141) 수급사업자가 하도급법 제16조의2(공급원가 등의 변동에 따른 하도급대금의 조정) 제2항, 제3항에 따라 중소기업협동조합에 하도급대금의 조정을 위한 협의를 해 줄 것을 신청한 경우에 해당한다.

조정요청을 받은 날로부터 60일 이내이며 분쟁당사자가 동의하는 경우에는 90일까지 연장이 가능하다. 공정거래위원회는 하도급법 위반으로 조사 중인 사건을 제외하고는 조정절차가 진행 중인 건에 대해서는 분쟁조정절차가 종료될 때까지 원사업자에게 시정조치를 할 수 없다.

조정신청 또는 의뢰를 받은 협의회는 분쟁조정사항에 대해 스스로 합의하도록 권고하거나 조정안을 작성하여 제시할 수 있고 일정한 경우에는 조정신청을 각하하거나 조정절차를 종료하여야 하는데, 조정신청을 '각하'해야 하는 경우로는 ① 이해관계가 없는 자가 조정신청을 한 경우, ② 하도급법 적용대상이 아닌 사안에 대해 조정신청을 한 경우, ③ 공정거래위원회가 하도급법 위반사항에 대한 조사를 개시한 사건에 대해 조정신청을 한 경우가 이에 해당하고, 조정절차를 '종료'해야 하는 경우로는 ① 조정이 성립된 경우, ② 조정신청 또는 의뢰를 받은 날부터 [142]60일이 경과하여도 조정이 성립되지 않은 경우, ③ 분쟁당사자의 일방이 조정을 거부하거나 해당 분쟁조정사항에 대하여 법원에 소를 제기하는 등 조정절차를 진행할 실익이 없는 경우가 해당한다.

협의회가 조정신청을 각하하거나 조정절차를 종료한 경우에는 분쟁조정종료서를 작성하여 공정거래위원회에 보고하여야 하는데, 분쟁조정종료서에는 ① 분쟁당사자의 일반현황, ② 분쟁의 경위, ③ 조정의 쟁점, ④ 조정신청의 각하 또는 조정절차 종료의 사유를 기재하도록 되어 있다.

(3) 분쟁조정의 효과

하도급분쟁조정협의 결과 분쟁조정이 성립이 되면 공정거래위원회의 시정조치로 간주한다. 조정결과에 따라 분쟁당사자는 조정합의 이행사항을 공정거래위원회에 제출하고 공정거래위원회는 합의 이행결과를 확인한 후에 시정조치를 면제하게 된다. 만약 분쟁조정이 성립하지 않은 경우에는 공정거래위원회가 정식 절차에 따라 하도급사건 조사를 하여 처리하게 되는데 분쟁조정 신청인이 분쟁조정기관에 제출한 조정신청서를 공정거래위원회에 대한 불공정 하도급거래행위 신고서로 갈음하는 것이 가능하다.

분쟁조정이 성립되거나 협의회의 조정절차 개시 전 스스로 조정이 이루어

142) 분쟁당사자 쌍방이 기간연장에 동의한 경우에는 90일까지 연장 가능하다.

진 경우에 협의회는 조정조서를 작성하는데 협의회 위원과 분쟁당사자 간 서명 또는 기명날인한 조정조서에 따라 합의가 성립된 것으로 본다. 조정조서 작성 이후 분쟁당사자는 공정거래위원회에 조정 합의사항 이행 및 이행결과 제출 의무가 있고, 공정거래위원회는 합의 이행결과를 확인한 후에 시정조치나 시정권고를 면제하게 된다.

하도급분쟁조정의 효력으로는 분쟁조정 신청을 하게 되면 [143]시효가 중단되고, 분쟁조정 조서에 대해서는 재판상 화해의 효력이 부여되므로 원사업자가 조정결과를 이행하지 않을 경우 수급사업자는 별도의 소(訴)제기 없이 법원에 조정조서의 내용대로 강제집행을 청구할 수 있게 된다.

2. 행정적 제재

(1) 사건처리절차 개관

공정거래위원회는 하도급법 위반사항에 대해 신고 또는 직권으로 인지하게 되고 법위반 사항을 발견하면 시정조치, 과징금부과, 고발조치 등 행정적 제재를 하고 있으며 이러한 행정적 제재는 처분시효가 있어서 신고사건의 경우 신고일로부터 3년 이내, 직권조사의 경우는 조사개시일로부터 3년 이내에 이루어져야 한다. 원사업자와 수급사업자에게 3년간 서류보존 의무가 부과되고 있으므로 공정거래위원회는 실무적으로 조사개시 대상 하도급거래를 하도급거래가 종료된 날로부터 3년 이내로 한정하고 있다.

하도급법 제22조는 누구든지 하도급법에 위반되는 사실을 공정거래위원회에 신고할 수 있도록 규정하고 있고, 신고가 접수된 경우 공정거래위원회는 신고자가 동의한 경우에 원사업자에게 신고접수 사실을 [144]통지하도록 하고 있고 동조 제4항은 신고일로부터 3년, 조사개시일로부터 3년으로 별도의 처분시효를 규정하고 있다. 또한 하도급법 제27조는 하도급사건의 조사, 심의, 의결, 처분에 대한 이의신청, 소송의 제기 및 불복 소송의 전속관할에 관하여는 공정거래법을 준용하도록 규정하고 있다.

---

143) 분쟁조정이 성립되어 조정조서를 작성한 때와 분쟁조정이 성립되지 않고 조정절차가 종료된 때에는 중단된 시효가 새로 진행된다.

144) 하도급법 제22조 제3항에 따라 원사업자에게 통지한 때에는 민법에 따른 최고(催告)가 있는 것으로 보게 된다.

〈사건처리 절차〉[145]

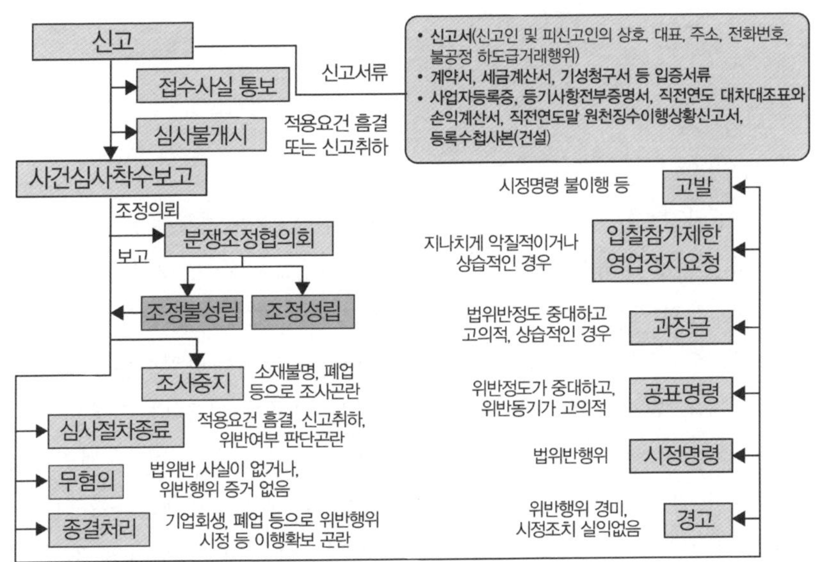

하도급법 위반에 대한 행정적 제재는 법 위반이라는 객관적 사실에 대해 부과하는 것이므로 고의나 과실을 요건으로 하는 형사처벌과는 성격을 달리하고 따라서 법규 내용을 몰랐다는 이유만으로는 면책될 수 없다. 이와 관련된 판례로서 대우건설의 불공정하도급거래행위 건에서 법원은 원사업자의 각 행위가 인정되고 원사업자가 소속 직원들의 업무처리 과정에서의 단순한 실수로 위반행위를 하게 되었다고 하더라도 공정거래위원회의 시정명령에는 잘못이 없다고 [146]판시한 바 있다.

또한 [147]하도급법은 공정거래위원회가 행정적 제재를 하는 경우 수급사업자에게 책임이 있는 경우는 시정조치·고발 또는 벌칙 적용을 할 때 이를 고려할 수 있도록 하고 있다. 이와 관련하여 진성텍스랜드의 하도급법위반행위 건에서 법원은 원사업자가 제출한 증거만으로는 원단 불량의 원인이 수급사업자의 책임임이 명확하지 않고, 수급사업자가 원단 불량과 관련하여 원사업자와

145) 공정거래위원회 하도급 관련 교육자료(2018년도)를 참고하였다.
146) 서울고등법원 2016. 9. 8. 선고 2014누72233 판결, 고법 확정
147) 하도급법 제33조(과실상계)가 이에 해당한다.

하도급대금의 감액에 합의하였는지도 불분명하므로, 하도급대금 지급을 명한 이 사건 시정명령이 과실상계를 규정한 하도급법의 규정취지에 위반된 것이라 볼 수 없다고 [148]판시한 바 있다.

(2) 시정조치

(2)-1 의의

공정거래위원회는 하도급법 제25조(시정조치)에 따라 하도급법을 위반한 발주자와 원사업자에 대하여 하도급대금 등의 지급, 법 위반 행위의 중지, 특약의 삭제나 수정, 향후 재발방지, 그 밖에 시정에 필요한 조치를 명할 수 있다. 하도급법 제25조의5는 '시정권고'를 규정하고 있는데, 공정거래위원회는 하도급법을 위반한 발주자와 원사업자에 대하여 시정방안을 정하여 이를 따를 것을 권고할 수 있고 발주자와 원사업자가 이 권고를 [149]수락한 때에는 공정거래위원회가 시정조치를 한 것으로 보게 된다. 그 외 시정조치와 관련하여 [150]하도급법과 공정거래위원회 예규 '공정거래위원회로부터 시정명령을 받은 사실의 공표에 관한 운영지침'에 의해 시정조치를 받은 원사업자에 대하여 시정조치를 받았다는 사실을 '공표'할 것을 명할 수 있다.

또한 공정거래위원회 회의운영 및 사건처리절차 등에 관한 규칙에 따라 경미한 하도급법 위반의 경우에는 '경고'조치를 할 수 있도록 하고 있는데, ① 피신고인의 직전 사업연도의 연간 매출액이 150억 원 미만인 경우, ② 위반금액의 비율(위반사건의 하도급대금 대비 관련 미지급 금액의 비율)이 10% 이하인 경우, ③ 위반행위가 신고인에게 한정된 피해구제적 사건인 경우, ④ 하도급 대금·선급금 미지급, 현금결제비율 미유지, 서면발급의무 미이행 등 수급사업자에게 발생한 피해가 미약하여 통상적·반복적으로 경고조치를 해 온 경우가 이에 해당한다.

하도급법 제33조는 원사업자의 하도급법 위반행위에 관하여 수급사업자에게 책임이 있는 경우에는 하도급법에 따른 시정조치·고발 또는 벌칙 적용을 할 때 이를 고려할 수 있도록 과실상계 규정을 두고 있고, 하도급거래공정화지침

---

148) 서울고등법원 2006. 1. 11. 선고 2005누9417 판결, 고법 확정

149) 하도급법 제25조의5 제1항에 따라 발주자와 원사업자는 시정권고를 통지받은 날부터 10일 이내에 그 수락여부를 공정거래위원회에 알리도록 되어 있다.

150) 하도급법 제25조(시정조치) 제3항이 이에 해당한다.

은 '수급사업자의 책임'을 이유로 참작할 수 있는 경우에 대해 ① 하도급대금에 관한 분쟁이 있어 의견이 일치된 부분의 대금에 대하여 원사업자가 수급사업자에게 지급하거나 공탁한 경우, ② 원사업자가 수급사업자에게 선급금에 대한 정당한 보상을 요구하였으나 이에 응하지 않거나 지연되어 선급금을 지급하지 않거나 지연 지급하는 경우, ③ 목적물을 납품·인도한 후 원사업자가 정당하게 수급사업자에게 요구한 하자보증의무 등을 수급사업자가 이행하지 않아 그 범위 내에서 대금지급이 지연된 경우, ④ 목적물의 시공 및 제조과정에서 수급사업자의 부실시공 등 수급사업자에게 책임을 돌릴 수 있는 사유가 있음이 명백하고 객관적인 증거에 의하여 [151]입증되어 수급사업자의 귀책부분에 대하여 하도급대금을 공제 또는 지연 지급하는 경우를 정하고 있다.

(2)-2 관련 판례

대성산업의 불공정하도급거래행위 건에서 법원은 부당한 하도급대금 결정의 경우 공정거래위원회는 원사업자에 대하여 하도급대금의 지급을 명하는 시정명령을 할 수 있다고 하면서 원사업자의 재입찰이 없었더라면 수급사업자는 원사업자와 당초의 입찰가를 공사금액으로 하는 계약을 체결하였을 것이므로 재입찰에 의해 하도급대금이 부당하게 결정된 경우 원사업자에게 최초 입찰금액과 재입찰금액 간의 차액의 지급을 명하는 처분을 하는 것은 비례원칙에 위반되는 것이 아니라고 [152]판시하였다.

신고려의 불공정하도급거래행위 건에서 법원은 공정거래위원회의 시정명령 중 고시이율에 의한 지연손해금의 지급을 명하는 부분과 관련하여 관련 민사판결에서 지연손해금의 이율이 공정거래위원회가 시정명령 당시 적용한 하도급법상 고시이율과 달리 확정되었다 하더라도, 원사업자가 시정명령 당시 하도급대금 지급의무를 이행하지 아니하였던 이상 하도급법상 고시이율에 의한 지연손해금의 지급을 명한 부분은 위법하지 않다고 [153]판시하였다.

향후 재발방지 시정명령과 관련하여 2011. 3. 29. 하도급법이 개정되기 이전에는 시정명령 당시 위반행위의 결과가 존재하지 않는다면, 재발방지를 위한

151) 재판의 결과 또는 수급사업자의 스스로의 인정 등으로 확인된 경우가 이에 해당한다.

152) 서울고등법원 2012. 5. 17. 선고 2011누36687 판결, 상고심(대법원 2012. 11. 15. 선고 2012두13924 판결)은 이러한 원심판결에 위법이 없다고 판시하였다.

153) 대법원 2010. 10. 28. 선고 2010두16561 판결, 환송심(서울고등법원 2010. 12. 29. 선고 2010누37706 판결)도 이러한 대법원 판결의 취지대로 판단하였다.

시정명령을 할 수 없다고 법원이 판시한 바 있었으나 법 개정으로 향후 재발방지 시정명령이 가능하게 되었다. 금광기업의 불공정하도급거래행위 건에서 법원은 하도급법 개정으로 향후 재발방지 그 밖에 시정에 필요한 조치를 명할 수 있도록 조문이 변경되었다고 하면서 법 위반 상태가 이미 소멸된 경우에도 법 위반행위의 재발방지에 필요하다고 인정되는 경우에는 시정에 필요한 조치 등을 의결할 수 있다고 [154]판시하였다.

영진약품의 불공정하도급행위에 대한 건에서도 법원은 개정 하도급법은 향후 재발방지를 명할 수 있도록 명시적 규정을 두었고 '그 밖에 해당 위반행위의 시정에 필요한 조치'를 '그 밖에 시정에 필요한 조치'로 개정함으로써 시정에 필요한 조치의 범위를 해당 위반행위의 시정에 필요한 조치에 한정하지 아니하고 향후 재발방지 등도 포함될 수 있도록 넓게 규정한 것으로 보인다고 [155]판시하였다.

반면, 에스티엑스조선해양의 불공정 하도급거래행위 건에서 법원은 정당한 사유 없이 일률적인 비율로 단가를 인하하여 하도급대금을 결정하는 행위에 대해 이를 하도급법 위반으로 보고 일률적 단가 인하의 기준이 된 가격과 실제 하도급대금의 차액의 지급을 명하는 공정거래위원회의 시정은 시정해야 하는 행위의 내용이 명확하고 구체적이지 않으므로 허용될 수 없다고 [156]판시하였다.

공정거래위원회가 시정명령을 하기 전에 수급사업자가 타인에게 하도급대금 채권을 양도하게 되면 시정명령의 상대방은 수급사업자가 아니라 양수인이 된다. 요진건설산업의 불공정하도급거래행위 건에서 법원은 공정거래위원회가 하도급대금 채권의 양도에도 불구하고 원사업자에게 수급사업자에 대하여 이 사건 공사대금 채권의 지급을 명하는 시정명령을 한 것은 재량권을 일탈·남용하여 위법하다고 [157]판시하였다.

154) 서울고등법원 2017. 3. 17. 선고 2016누38107 판결, 상고심(대법원)은 심리불속행 기각하였다.

155) 서울고등법원 2018. 7. 18. 선고 2018누36112 판결, 고법 확정

156) 대법원 2016. 2. 18. 선고 2012두1555 판결

157) 서울고등법원 2013. 12. 26. 선고 2012누19368 판결, 상고심(대법원)은 심리불속행 기각하였다.

(3) 과징금 부과

(3)-1 의의

하도급법 제25조의3에 의하여 공정거래위원회는 발주자, 원사업자 또는 수급사업자에 대하여 수급사업자에게 제조 등의 위탁을 한 하도급대금이나 발주자·원사업자로부터 제조 등의 위탁을 받은 하도급대금의 2배를 초과하지 않는 범위 내에서 과징금을 부과할 수 있다.[158]하도급법상의 과징금은 공정거래법상의 과징금과 동일하게 법 위반행위로 인해 얻은 경제적 이익을 박탈하는 부당이득환수의 성격과 법 위반행위의 위법성 정도 등을 고려한 제재적 성격을 동시에 갖게 되며 공정거래법의 과징금 관련 규정을 준용하게 된다.

하도급법을 위반한 사업자의 합병 등이 있는 경우에는 준용하고 있는 [159]공정거래법 규정에 따라 과징금 부과대상 회사를 존속회사, 분할신설회사, 합병회사 중 위반한 행위와 관련된 사업을 실제 영위하고 있는 회사를 선택하여 부과할 수 있도록 하고 있다.

하도급법 시행령 제13조는 과징금 부과기준과 관련하여 별표 2의 기준을 적용하도록 규정하고 있는데, 과징금 부과여부의 결정과 관련하여 원칙적으로 과징금을 부과하는 경우로서 ① 위반행위로 인하여 공정한 하도급 거래질서가 크게 저해된 경우, ② 큰 피해를 입은 수급사업자가 다수인 경우, ③ 기타 공정거래위원회가 '하도급법 위반사업자에 대한 과징금 부과기준에 관한 고시'(이하 '하도급 과징금고시'라 한다)에서 정하는 경우로 정하고 있다. 다만, 법위반 행위를 한 원사업자 또는 발주자(이하 '원사업자 등'이라 한다)가 공정거래위원회 조사가 개시된 날 또는 공정거래위원회로부터 [160]미지급금 등의 지급에 관한 요청을 받은 날부터 30일 이내에 수급사업자에게 지급한 경우에는 그 원사업자 등

158) 하도급법 제25조의3(과징금) 제1항은 과징금 부과의 근거를, 제2항은 전부개정 공정거래법 제102조부터 제107조까지 규정에 대한 준용을 규정하고 있다.

159) 공정거래법 제102조 ③ 공정거래위원회는 이 법을 위반한 회사인 사업자가 분할되거나 분할합병되는 경우 분할되는 사업자의 분할일 또는 분할합병일 이전의 위반행위를 다음 각 호의 어느 하나에 해당하는 회사로 보아 과징금을 부과·징수할 수 있다.

1. 분할되는 회사
2. 분할 또는 분할합병으로 설립되는 새로운 회사
3. 분할되는 회사의 일부가 다른 회사에 합병된 후 그 다른 회사가 존속하는 경우 그 다른 회사

160) 미지급금 등에는 선급금, 하도급대금, 관세 등의 환급금과 그 지연이자, 어음할인료, 수수료가 포함된다.

에 대하여 과징금을 부과하지 않을 수 있도록 하고 있다.

시행령 별표 2에서는 과징금의 산정기준도 정하고 있는데, 과징금은 위반행위의 내용 및 정도, 위반행위의 횟수 등과 이에 영향을 미치는 사항을 고려하여 산정하되, ① 기본 산정금액에 ② 위반행위의 횟수 및 위반행위에 따라 피해를 입은 수급사업자의 수에 따른 조정(1차 조정)과 ③ 위반사업자의 고의·과실에 따른 조정(2차 조정)을 거쳐 부과과징금을 정하도록 되어 있다. 후술하는 과징금 산정 절차에서 자세히 언급하기로 한다.

하도급법 시행령에 따라 공정거래위원회는 '하도급 과징금고시'에서도 하도급법 위반에 대한 과징금부과는 공정한 하도급거래질서 확립에 미치는 파급효과가 상당하거나, 피해 수급사업자의 수나 피해금액이 많은 경우, 위반행위의 수가 많거나 과거 법 위반전력이 많은 경우에는 부과하는 것을 원칙으로 하고 있다.

(3)-2 과징금 산정 절차

(3)-2-1 기본 산정금액

하도급법 위반에 대한 과징금 부과는 기본 산정기준에 의한 금액을 산정하고, 1·2차 조정을 하여 최종 부과과징금을 결정하여 부과하게 되는데, 기본 산정기준에 의한 금액은 하도급법에서 정한 상한인 하도급대금의 2배 중 위반금액 비율만큼의 금액에 위반행위의 중대성 기준에 따라 책정된 부과기준율을 곱해서 정하게 되고 위반금액 비율의 산정이 곤란한 경우에는 10억 원 이내에서 정액과징금을 부과할 수 있다.

관련 고시 별표의 세부평가기준은 위반행위의 유형, 피해발생의 범위, 수급사업자의 경영상황에 영향을 미치는 정도를 고려하여 매우 중대한 위반행위, 중해한 위반행위, 중대성이 약한 위반행위로 점수화하고 있고 과징금부과율은 각각 60% 이상 80% 이하, 40% 이상 60% 미만, 20% 이상 40% 미만으로 정하고 있다.

(3)-2-2 1차·2차 조정

위반행위의 횟수, 피해 수급사업자의 수를 반영한 1차 조정을 하게 되며, 기본 산정기준의 50% 범위 내에서 가중하거나 감경할 수 있다. 보복 조치 유무에 따른 가중, 자진시정, 수급사업자에 대한 피해구제 정도, 조사협력 등 감경요소 등을 반영한 2차 조정은 1차 조정된 산정금액의 50% 범위 내에서 가중하거나 감경할 수 있는데 다만, 가중하는 경우에도 부과되는 과징금 총액이 하도급대금의 2배를 초과할 수는 없도록 정해져 있다.

최근 하도급 과징금고시가 개정되어 2차 조정 시 감경사유 중 소회의 약식심의 결과를 수락한 경우에 10% 이내에서 과징금을 감경할 수 있도록 하였다. 이는 사건절차규칙에서 1억 원 이하의 소액 과징금 사건에 대해서도 약식절차를 확대적용할 수 있도록 한 것에 따른 것으로 하도급 과징금고시 이외에도 가맹사업법, 대규모유통업법, 대리점법, 표시광고법, 할부거래법, 방문판매법, 전자상거래소비자보호법에 의해 부과되는 과징금의 경우에도 동일하게 적용된다.

(3)-2-3 부과 과징금 결정

2차 조정까지 마치고 나서 위반사업자의 특수한 재정적 사정 또는 시장·경제 여건을 반영한 현실적 부담능력, 당해 위반행위가 시장에 미치는 효과 및 위반행위로 인해 취득한 이익의 규모 등을 감안하여 1차·2차 조정절차를 거쳐 산출된 금액의 '50% 범위 내'에서 감경을 할 수 있고 다만, 위반사업자의 과징금 납부능력의 현저한 부족, 위반사업자가 속한 시장·산업 여건의 현저한 변동 또는 지속적 악화, 경제위기 등의 사유로 불가피하다고 판단되는 경우에는 '50%를 초과'하여 감경할 수 있다. 또한 위반사업자가 채무 지급불능 또는 지급정지 상태에 있거나 부채의 총액이 자산의 총액을 초과하는 등의 사유로 인하여 위반사업자가 객관적으로 과징금을 납부할 능력이 없다고 인정되는 경우에는 '과징금을 면제'할 수 있다.

이러한 감경·면제에 대한 판단이 끝나게 되면 최종적으로 부과 과징금이 결정되고 1차·2차 조정절차 이후에 감경·면제 판단을 하는 경우에는 공정거래위원회의 의결서에 그 이유를 명시하도록 규정하고 있다.

(3)-3 관련 판례

에코로바의 불공정하도급거래행위에 대한 건에서 법원은 과징금 산정의 기준이 되는 하도급대금은 당해 법위반사건의 하도급거래에 있어서의 계약금액이므로, 원사업자와 수급사업자 사이에 하도급계약이 체결된 후 일부거래는 정상적으로 이행되고 일부 거래만 부당하게 위탁취소된 경우는 부당하게 위탁취소된 부분의 하도급대금이 과징금 산정의 기준이 된다고 [161]판시하였다.

161) 대법원 2018. 10. 4. 선고 2016두59126 판결

대우건설의 불공정하도급거래행위 건에서 법원은 과징금의 기본 산정기준에 의한 금액 결정 후 1차 조정 시에 하도급대금에 대한 부가가치세까지 포함하여 산정한 것과 관련하여, 부가가치세는 원사업자가 납부하여야 하는 세금이고 이 금액만큼 원사업자가 이득을 취할 수는 없는 것이므로 부당이득 환수적 성격도 가지고 있는 과징금의 산정에 부가가치세를 포함한 것은 합리적 근거가 없다고 [162]판시하였다.

코데즈컴바인의 불공정하도급거래행위 건에서 법원은 공정거래위원회가 위반사업자의 과징금납부능력이 부족하다고 해서 반드시 과징금을 면제하거나 최소 규모의 과징금만을 부과해야 할 의무를 부담하는 것은 아니라고 할바, 원사업자가 최근 3년간 당기 순손실이 누적되고 있는 등 사정은 있으나 같은 기간 매출액 및 매출총이익의 규모와 이 사건 위반행위로 인한 피해 수급사업자의 수 및 위반금액의 규모 등을 고려해 볼 때 공정거래위원회가 30%만 감경하여 부과과징금을 결정하였다고 하여 그것이 재량권을 일탈·남용한 것이라고는 보기 어렵다고 [163]판시하였다.

삼성공조의 불공정하도급거래행위 건에서 법원은 원사업자가 과징금 부과 전에 하도급대금 부당감액분, 하도급대금 미지급금 등을 모두 지급하여 위법행위를 자진 시정한 사정을 고려하지 않고 과징금을 부과한 것은 과징금이 그 위법성의 정도뿐 아니라 그로 인한 이득액의 규모와도 균형을 이루어야한다는 점에 비추어 볼 때 이 사건 과징금 납부명령은 지나치게 무거워 재량권을 일탈·남용한 것이라고 [164]판시하였다.

영조주택의 불공정하도급거래행위 건에서 법원은 과징금고시의 부칙에 '이 고시는 고시한 날부터 시행한다'라고 규정하고 있음에도 과징금고시 시행일 이전의 행위에 대해 과징금고시를 적용하여 과징금을 부과한 것은 법령의 근거가 없는 처분으로서 위법하다고 [165]판시하였다.

코아스의 불공정하도급거래행위 건에서 법원은 원사업자의 회사규모상 수급사업자들에게 일방적으로 불공정한 거래관행을 강요할 지위에 있다고 보기

---

162) 서울고등법원 2016. 9. 8. 선고 2014누72233 판결, 고법 확정
163) 서울고등법원 2016. 5. 13. 선고 2015누440 판결, 고법 확정
164) 대법원 2010. 1. 14. 선고 2009두11843 판결
165) 대법원 2013. 2. 15. 선고 2010두5288 판결

어려운 점을 볼 때 원사업자 행위의 위법성이 크다고 평가할 수 없고, 원사업자가 자진시정하였고 전체 하도급 금액 중 법 위반금액의 비율이 1.9%에 불과한 점 등을 종합해 볼 때 이 사건 과징금의 액수가 지나치게 무거워 균형을 상실하였다고 [166]판시하였다.

(4) 과태료 부과

하도급법 제30조의2는 사업자 또는 사업자단체와 그 소속 임원, 종업원과 그 밖의 이해관계자에 대하여 하도급법 위반과 관련한 과태료를 부과할 수 있도록 하고 있다. 과태료의 부과·징수 등의 절차에 관해서는 질서위반행위규제법에 의하며, 하도급법 시행령 별표 4에 따라 과태료의 부과기준을 정하고 있다.

과태료 금액은 위반 횟수에 따라 달라지나 최대 금액을 기준으로 유형별로 살펴보면, ① 하도급사건을 심의하기 위한 심판정에서 질서유지 명령을 따르지 않은 경우는 100만 원 이하, ② 하도급법 서면실태조사와 관련된 자료를 제출하지 않거나 허위의 자료를 제출한 경우는 500만 원 이하, ③ 원사업자가 수급사업자로 하여금 서면실태조사 관련 자료를 제출하지 않게 하거나 허위의 자료를 제출하도록 요구한 경우는 [167]5,000만 원 이하, ④ 공정거래위원회의 조사와 관련한 출석처분에 정당한 이유 없이 출석하지 않거나, 공정거래위원회의 조사와 관련한 자료를 제출하지 않거나 허위의 자료를 제출한 경우는 [168]1억 원 이하, ⑤ 공정거래위원회의 조사를 거부·방해·기피한 경우는 [169]2억 원 이하의 과태료를 부과할 수 있도록 규정하고 있다.

(5) 제재와 관련된 기타 제도

(5)-1 하도급 벌점제도

하도급 벌점제도는 하도급법을 반복적으로 위반하는 사업자에 대한 법집

166) 서울고등법원 2014. 5. 15. 선고 2013누3872 판결, 상고심(대법원)은 심리불속행 기각하였다.

167) 임원, 종업원과 그 밖의 이해관계인(이하 '임원' 등이라 한다)의 경우는 5백만 원 이하의 과태료가 부과된다.

168) 임원 등에게는 1천만 원 이하의 과태료가 부과된다.

169) 임원 등에게는 5천만 원 이하의 과태료가 부과된다

행 실효성을 높이고 공정한 하도급거래 질서를 확립하려는 목적 하에 운영되는 제도이다. 하도급법을 위반할 때마다 공정거래위원회가 부과한 행정제재의 수위에 따라 정한 벌점을 누산하여 그 점수를 과징금 부과를 가중하는 데 반영하고 있으며 일정한 행위를 한 경우는 점수를 감경하도록 하여 제재를 경감받을 수 있도록 하는 것을 주요내용으로 하고 있다.

부과기준을 살펴보면 공정거래위원회의 서면직권실태조사에서 발견된 법위반 혐의사항에 대해 자진시정을 하고 경고를 받은 경우는 0.25점 부과, 신고나 직권인지에 따라 경고처분을 받은 경우는 0.5점 부과, 시정권고나 법위반을 자진시정한 사업자에 대해 향후 재발방지를 명하는 시정명령을 받은 경우는 1점 부과, 시정명령을 받은 경우는 2점 부과, 과징금을 부과 받은 경우는 2.5점 부과, 고발 조치되면 3.0점을 받게 되며 하도급법상 보복 금지 규정을 위반하여 고발 조치되면 5.1점을 받게 된다.

하도급 벌점제도는 과징금 산정뿐 아니라 상습법위반사업자 명단공표나 입찰참가자격제한 요청 등에도 영향을 미치게 되는데, 하도급법 제26조는 관계 행정기관의 장의 협조에 대해서 규정하면서 하도급법 위반과 관련된 벌점이 일정 기준을 초과하는 경우 공정거래위원회가 관계 행정기관의 장에게 입찰참가자격의 제한, [170]건설산업기본법에 따른 영업정지 등을 요청하도록 규정하고 있다.

부과기준에 의해 산정된 벌점에 표준하도급계약서 사용, 현금성 결제비율 정도 등을 고려한 경감사유, 직전 3년 동안 관련 하도급법 규정을 반복적으로 위반했을 때 적용되는 가중사유을 가감하여 최종 누산점수를 산정한다. 최종 누산점수가 '5점 이상'이면 입찰참가자격 제한요청을 하게 되고, '10점 이상'이면 영업정지 요청을 하게 된다.

(5)-2 상습 법위반사업자 명단공표

상습 법위반사업자 명단공표 제도는 2010년 하도급법 개정으로 도입이 되었는데 하도급법을 상습적으로 위반하는 사업자를 효과적으로 제재하기 위해 명단공표 방식을 통해 사회적 비난과 명예·신용상의 불이익이라는 간접적 강

---

170) 건설산업기본법 제82조 제1항 제7호는 다른 법령에 따라 국가기관이 영업정지를 요청한 경우 국토부장관이 해당 건설사업자에게 6개월 이내의 기간을 정하여 영업을 정지하도록 규정하고 있다.

제수단을 활용하는 것을 내용으로 하고 있으며 권리의무 관계에 영향을 미치는 행정처분의 성격을 갖고 있다.

이와 관련하여 삼부토건의 하도급거래 상습 법위반사업자 명단공표 취소 건에서 법원은 공표로 인해 회사의 명예, 신용 등이 타격을 받게 되며, 실제로도 원사업자는 이 공표로 인하여 조달청의 신인도 평가에서 -7점을 받았고 심의위원회를 거쳐 공표대상자로 선정한다는 점에서 행정청의 행위가 개입되므로 행정권 내부에서의 행위나 사실상의 통지라고 보기 어려운 공법상 행위로서 항고소송의 대상이 되는 처분에 해당한다고 [171]판시한 바 있다.

하도급법 제25조의4는 직전 3년간 하도급법 위반으로 경고 이상의 [172]조치를 3회 이상 받은 사업자 중 벌점 누산점수가 '4점을 초과'하는 사업자를 상습법위반사업자로 정하고 그 명단을 공표하도록 규정하고 있다. 하도급법 시행령 제15조에 의한 별표 3에 따라 명단공표일이 속하는 연도 1월 1일을 기산일로 하여 과거 3년간 해당 사업자가 받은 모든 벌점을 더한 점수에서 해당 사업자가 받은 모든 경감점수와 가중점수를 더한 점수를 누산점수로 하고 있다.

상습 법위반사업자는 해당 업체의 소명절차와 현장확인 절차, 외부 전문가 3인을 포함한 총 7인으로 구성된 '상습 법위반사업자 명단공표 심의위원회'의 심의를 거쳐 매년 확정되며 확정된 명단은 관보 또는 공정거래위원회 홈페이지에 게시하고 조달청·중소기업부 등 유관기관에 통보하게 된다.

(5)-3 입찰참가자격제한 요청

[173]하도급법은 하도급 벌점의 누적점수가 5점을 넘는 경우에는 입찰참가자격제한, 10점을 넘는 경우에는 건설산업기본법에 따른 영업정지, 그 밖에 하도급거래의 공정화를 위하여 필요한 조치를 취할 것을 관계 행정기관의 장에 요청하도록 규정하고 있다. 입찰참가자격제한이나 영업정지 요청은 공정거래위원회의 행정처분에는 해당하지 않으나 그 요청에 따라 관계 행정기관이 관련

---

171) 서울고등법원 2017. 5. 17. 선고 2016누56594 판결, 상고심(대법원)은 심리불속행 기각하였다.

172) 하도급법 제25조의4 제1항 단서에 따라 이의신청 등 불복절차가 진행 중인 조치는 제외하고, 불복절차가 종료된 이후의 상습법위반사업자에 해당하는 명단을 추가로 공개하여야 한다.

173) 하도급법 제26조(관계 행정기관의 장의 협조)에서 규정하고 있다.

법령에 따라 제재를 하게 되므로 하도급법 위반에 대한 제재와 밀접한 관련이 있는 제도라 할 수 있다.

(6) 행정적 제재에 대한 불복

공정거래위원회의 시정명령, 과징금 납부명령, 과태료 납부명령, 시정명령을 받은 사실의 공표명령, 경고 등에 대해 불복하려는 자는 공정거래위원회에 이의신청을 하거나 이의신청 없이 바로 행정소송을 제기할 수 있다. 이의신청은 처분의 통지를 받은 날로부터 30일 이내에, 행정소송은 처분의 통지를 받은 날 또는 이의신청에 대한 재결서를 받은 날로부터 30일 이내에 제기하여야 하고 행정소송은 서울고등법원을 전속법원으로 하고 있다.

3. 민사적 제재

(1) 의의

하도급법 제35조는 손해배상 책임을 규정하면서 하도급법을 위반함으로써 손해를 입은 자가 있는 경우에는 그 발생한 손해에 대하여 배상책임을 지도록 하고 있다. 손해배상과 관련하여 수급사업자는 하도급법 위반행위와 피해사실 간 인과관계를 입증해야 하고, 원사업자는 고의나 과실이 없었음을 입증한 경우에만 책임을 면하도록 하고 있다.

2013년에 3배 손해배상 제도가 시행되었다. 종전에는 ① 기술유용 행위만 대상이던 것이 ② 부당한 하도급대금 결정, ③ 부당 감액, ④ 부당한 위탁취소, ⑤ 부당 반품의 경우에도 적용이 되게 되었고, 기타 나머지 하도급법 위반행위는 통상의 손해액 배상 대상이 된다.

(2) 손해배상 산정관련

법원이 하도급법 제35조 제2항에서 규정하고 있는 3배 배상액 산정 시에는 ① 고의 또는 손해발생의 우려를 인식한 정도, ② 수급사업자의 피해, ③ 원사업자가 얻은 경제적 이익, ④ 위반행위에 따른 벌금 및 과징금, ⑤ 위반행위의 기간·횟수 등, ⑥ 원사업자의 재산상태 등 배상능력, ⑦ 원사업자의 수급사업자에 대한 피해구제 노력의 정도를 고려하도록 되어 있다.

2022. 2. 18. 시행된 개정 하도급법 제35조의2는 손해배상청구와 관련한 자료의 제출을 규정하고 있는데, 법원은 하도급법 위반 행위로 인한 손해배상청

구 소송에서 당사자의 신청에 따라 상대방 당사자에게 손해의 증명 또는 손해액의 산정에 필요한 자료의 제출을 명할 수 있고, 자료제출 명령을 받은 자가 제출거부에 대한 정당한 이유를 주장하는 경우 그 주장의 당부를 판단하기 위한 자료의 제시를 명할 수 있도록 하여 손해배상액 산정의 실효성을 높이도록 하였다. 정당한 이유 없이 자료제출을 하지 않은 경우에는 신청인의 주장을 진실한 것으로 인정할 수 있게 된다.

제출대상 자료가 부경법에 의한 영업비밀에 해당하더라도 손해의 증명 등에 필요한 경우에는 제출거부의 정당화 사유로 인정하지 않으며, 당해 영업비밀이 해당 소송 수행 외의 목적으로 사용되거나 공개되면 당사자의 영업에 지장을 줄 우려가 있어 이를 제한할 필요가 있는 경우에는 당사자의 신청에 따라 법원은 [174]비밀유지명령을 내릴 수 있다. 다만 소송과정에서 영업비밀 유출을 최소화하기 위해 비밀유지명령 이외에도 비밀심리절차, 소송기록 열람청구 통지 등의 절차가 마련되어 있다.

4. 형사적 제재

하도급법 제30조는 하도급법 위반행위가 중대하고 명백하여 공정한 하도급거래 질서를 크게 저해하는 경우는 형사처벌인 벌금형을 부과할 수 있도록 규정하고 있고 법인의 대표자나 법인 또는 개인의 대리인, 사용인, 그 밖의 종업원이 하도급법 제30조의 위반행위를 하면 그 행위자를 벌하는 외에 그 법인 또는 개인에게도 벌금형을 부과하는 [175]양벌 규정을 두고 있다.

하도급법상 벌금형은 행위 유형에 따라 달라지는데 ① 원사업자의 의무사항 및 금지사항을 위반할 경우는 하도급대금 2배 이하의 벌금이, ② 시정명령 불이행, 경영간섭, 탈법행위를 위반한 자에 대해서는 1억 5,000만 원 이하의 벌금이, ③ 보복 조치 금지를 위반하는 경우는 3억 원 이하의 벌금이, ④ 감정을 거짓으로 한 자에 대해서는 3천만 원 이하의 벌금이 부과될 수 있다.

하도급법 제27조에 따라 준용하도록 되어있는 전부개정 공정거래법 제119조는 비밀엄수의 의무를 규정하고 있는데, 하도급법에 따른 직무에 종사하거나

---

174) 비밀유지명령을 위반하게 되면 개정 하도급법에 따라 2년 이하의 징역 또는 2천만 원 이하의 벌금에 처해질 수 있다.

175) 하도급법 제31조에서 규정하고 있다.

종사하였던 공정거래위원회의 위원 또는 공무원과 협의회에서 하도급분쟁조정 업무를 담당하였거나 담당하는 사람이 비밀엄수 의무를 위반하는 경우에는 2년 이하의 징역 또는 2천만 원 이하의 벌금에 처하도록 되어 있다.

하도급법은 또한 전속고발제를 두어 공정거래위원회의 고발이 있어야 공소를 제기할 수 있도록 하고 있는데 공정거래위원회는 하도급법 위반 3회 이상이거나 벌점 4점을 초과하는 위법행위에 대해서는 원칙적으로 고발을 하고 있으며, 검찰총장, 감사원장, 중소벤처기업부 장관은 고발요건에 해당하거나 사회적 파급효과·수급사업자에게 미친 피해 등을 고려하여 공정거래위원회에 고발을 요청할 수 있다. 2020년에는 하도급법 위반으로 인한 고발이 5건 이루어졌다.

Ⅸ. 기타 하도급 관련 제도

1. 포상금 제도와 익명제보센터

(1) 포상금 제도

하도급법은 제22조 제5항에서 하도급법 위반행위를 신고하거나 제보하고 그 위반행위를 입증할 수 있는 증거자료를 제출한 자에게 포상금을 지급할 수 있도록 규정하고 있는데 그 대상이 되는 하도급법 위반행위는 부당한 하도급대금의 결정, 부당한 위탁취소, 부당한 반품, 정당한 사유 없는 하도급대금 감액, 부당한 경제적 이익의 요구이다.

하도급법 시행령 제10조의2는 포상금 지급에 관한 구체적 내용을 규정하고 있는데, 포상금 지급대상자는 하도급법 위반행위를 신고하거나 제보하고 법 위반행위를 입증할 수 있는 증거자료를 최초로 제출한 자가 되며, 해당 법 위반행위를 한 원사업자와 해당 행위로 인해 피해를 입은 수급사업자는 객관적이고 중립적인 사건처리를 위해 포상금 지급대상자에서 제외하도록 하고 있다.

포상금 지급에 관한 사항을 심의하기 위해 공정거래위원회 내에 신고포상금심의위원회를 두며, 신고 또는 제보된 행위가 법위반으로 인정되어 해당 행위를 한 원사업자에게 시정조치 등의 처분을 하기로 의결한 날부터 3개월 이내에 포상금을 지급하도록 되어 있다.

(2) 익명제보 센터

이러한 포상제도가 있음에도 불구하고 하도급분야는 수급사업자의 위치에 있는 중소기업들이 원사업자인 대기업 등의 불공정한 하도급거래 행위로 인한 피해가 빈번함에도 거래단절 등을 두려워하여 신고를 기피하는 경향이 많았다. 2015년에 공정거래위원회는 제보자가 자신의 신원을 입력하지 않고도 대기업의 불공정하도급행위를 신고할 수 있는 익명제보센터를 공정거래위원회 홈페이지에 구축하여 운영을 시작하였고, 2020년 기준 제보건수는 287건에 달하고 있어 어느 정도 활성화되고 있는 것으로 평가된다.

제보자에 대한 익명성 확보를 위해 공정거래위원회는 제보자의 IP주소가 별도로 수집되지 않도록 시스템을 구축하였고, 제보된 사건을 조사·처리하는 방법에 있어서도 조사대상을 제보된 특정거래로 한정하지 않고 여러 수급사업자가 관련되도록 복수의 하도급거래 건을 묶어서 조사하는 방식으로 제보대상 대기업 등이 제보자의 신원을 추정하지 못하도록 하고 있으며, 익명제보사건을 전담으로 처리하기 위한 전문조직을 별도로 운영하고 있다.

2. 하도급거래 서면실태조사

(1) 의의

하도급거래 서면실태조사는 하도급법 준수의식을 확산시키고 불공정 하도급거래를 사전예방하기 위한 상시 감시체계를 구축하는 데 목적이 있으며, 공정거래위원회는 중소 하도급업체들이 거래단절 등을 우려하여 신고를 기피하는 문제를 해결하고 공정한 하도급거래 질서를 확립하기 위해 1999년도부터 서면실태조사를 매년 실시하고 있다.

2020년의 경우 제조·건설·용역업의 원사업자 1만 개, 수급사업자 9만 개 등 총 10만 개 사업자를 대상으로 서면실태조사가 이루어졌고, 서면실태조사결과 대금 미지급 등 법위반 혐의가 나타난 원사업자에 대해서는 신속한 자진시정을 유도하고, 그에 응하지 않는 업체에 대해서는 정식조사를 실시하여 법위반을 시정하고 있다. 2020년 하도급거래 서면실태조사에서 원사업자에 대한 조사결과 원사업자 중 하도급법을 위반한 업체의 비율은 11.7%였고, 현금성 결제비율은 93.5%에 이르는 것으로 나타나고 있다.

(2) 서면실태 조사절차

하도급법 제22조의2 제1항에 따라 공정거래위원회는 서면실태조사를 실시하고 그 조사결과를 공표하도록 되어 있고, 동조 제2항에 따라 서면실태 조사대상자에게 하도급거래 실태 등 조사에 필요한 자료를 요구할 수 있도록 되어 있으며, 특히 동조 제4항에서는 원사업자가 수급사업자로 하여금 서면실태 조사 관련 자료를 제출하지 아니하게 하거나 거짓자료를 제출하도록 요구하는 것을 금지하고 있다.

서면실태 조사개시 대상이 되는 하도급거래는 그 [176]'거래가 끝난 날'부터 3년이 지나지 않은 거래로 한정하지만, 거래가 끝난 날부터 처분시효인 3년 이내에 신고되거나 분쟁조정을 신청한 하도급거래의 경우에는 거래가 끝난 날부터 3년이 지난 이후에도 조사를 개시할 수 있도록 규정되어 있다.

3. 대·중소기업간 공정거래협약

(1) 의의

하도급법 제3조의3은 원사업자와 수급사업자가 하도급 관련 법령의 준수 및 상호 지원·협력을 약속하는 협약을 체결할 수 있도록 하고 있는데 기업자율에 의한 공정한 하도급거래 질서를 정착시키고, 원·수급사업자 간 상호 지원·협력으로 동반성장 실현과 중소기업의 경쟁력을 확보하는 데 그 목적이 있다. 대·중소기업 간 공정거래협약(이하 '협약'이라 한다)은 대·중소기업 간의 공정한 거래질서 유지와 상생협력을 위해 공정거래위원회의 감시와 함께, 기업이 스스로 법위반을 예방하는 노력을 기울일 수 있는 여건을 조성하고 상생협력의 문화를 적극 확산시키기 위한 목적으로 운영되는 중소기업·대기업·정부 간의 공조 프로그램이라고 할 수 있다.

협약은 대기업의 '자율적인 참여'를 전제로 대기업이 자신과 거래하고 있는 협력업체들과의 상생을 위한 각종 세부사항을 협약의 형태로 사전에 제시하

---

176) '거래가 끝난 날'이란 ① 제조위탁·수리위탁 및 용역위탁 중 지식·정보성과물의 작성위탁의 경우에는 수급사업자가 원사업자에게 위탁받은 목적물을 납품 또는 인도한 날, ② 용역위탁 중 역무의 공급위탁의 경우에는 원사업자가 수급사업자에게 위탁한 역무공급을 완료한 날, ③ 건설위탁의 경우에는 건설위탁한 공사가 완공된 날을 의미한다. ④ 다만, 하도급계약이 중도에 해지되거나 하도급거래가 중지된 경우에는 해지 또는 중지된 날을 말한다.

고 이행하면 공정거래위원회가 그 결과를 평가하는 제도로서 단순히 협력업체만 위한 것이 아니라 협약의 주체도 이로 인해 이득을 얻고 경쟁력이 향상되도록 하는 것에 그 목적을 두고 있다. 공정거래위원회는 협약체결, 협약내용, 협약이행평가 및 인센티브 제공 등에 대한 절차와 방법 등을 정하기 위해 예규로서 하도급분야의 '대·중소기업 간 공정거래협약 이행평가 등에 관한 기준'(이하 '협약절차기준'이라 한다)을 마련하여 운용하고 있다.

2007. 9월 공정거래협약 제도가 도입된 이래 2020년 말 기준 2,370개 대·중견기업이 약 48만여 개의 중소협력사·가맹점사업자·대리점과 협약을 맺고 있고 공정거래위원회의 평가 결과 공정거래협약제도가 현금성 결제비율을 높이는데 기여를 하고 있고 대기업이 중소 협력사의 기술개발자금 등을 지원한 금액도 약 7조 원에 달하는 등 상생협력 효과가 명시적인 것으로 나타나고 있다. 2021. 8월 개정된 하도급분야 공정거래협약 이행평가기준은 기술지원 및 보호, 산업안전 예방활동 지원, 탄소중립 추진활동에 대한 인센티브를 부여하고 중견·중소기업의 협약 참여를 적극 독려한 대기업에 점수를 부여할 수 있도록 함으로써 상생협력 문화의 하위 거래단계로의 확산을 꾀하고 있다.

(2) 협약체결과 협약서 작성

협약의 당사자는 하도급법에 의한 원사업자 및 원사업자와 거래 중에 있는 수급사업자가 되고, 비하도급 거래관계에 있는 대기업 및 중소기업 협력사도 협약의 당사자가 될 수 있다. 대기업은 협약 체결 후 새로이 하도급 등의 거래가 이루어지는 협력사와도 원칙적으로 협약을 체결하도록 되어 있다. 협약당사자는 협약서를 작성하게 되는데 협약서에는 협약당사자의 공정한 계약 체결·이행을 위한 사항, 법위반 예방 및 법준수 노력을 위한 사항, 상생협력 지원사항, 협약평가 기준준수 및 평가자료의 공정거래위원회 제출 등의 사항이 담기게 된다.

공정한 하도급계약 체결·이행을 위한 사항을 살펴보면, 우선 '하도급계약 체결과정의 공정성'과 관련된 ① 협력업체의 공정한 선정 또는 등록을 위한[177] 실천사항 준수, ② 계약 이전에 물량, 납기 등 주요정보를 협력사에게 미리

177) 협약절차기준은 별표 5 '협력업체의 공정한 선정(등록)을 위한 실천사항'에서 선정기준, 절차 및 결과의 공개, 선정기준의 구체성 및 명확성, 선정기준 및 절차의 공정성 등 선정

알릴 수 있는 사전알림시스템 구축 등의 항목과, '하도급 서면계약내용의 충실성·공정성'과 관련된 ① 표준하도급계약서 사용, ② 수급사업자의 [178]권익증진을 위한 조항 명시여부, ③ 하도급대금 지급조건 명시여부, ④ 당사자 간의 계약불이행에 대한 페널티 명시여부, ⑤ 정보서비스·통신업종에 있어서의 비밀유지계약 체결, ⑥ 광고업종 등에 있어서의 선수금 비율, ⑦ 입찰탈락사의 시안 등에 대한 대가지급 등의 항목, '계약 이행과정의 공정성'과 관련된 ① 대금지급조건에 대한 이행결과가 수급사업자의 권익을 증진시킨 정도, ② 계약불이행 페널티 부과의 이행결과가 적절한지 여부, ③ 분쟁조정절차 마련 및 운영, ④ 협력사 매출확대 도모 실적 등 항목이 있다.

법위반 예방 및 법준수 노력을 위한 사항으로는 '법위반 사전예방 시스템 구축'과 관련하여 ① 하도급거래 심의위원회 설치 및 운용을 위한 실천사항 준수, ② 바람직한 서면발급 및 보존을 위한 실천사항 준수, ③ 바람직한 계약체결을 위한 실천사항 준수, ④ 불공정 하도급거래행위 차단 시스템 구축 및 운영, ⑤ 사내 공정거래 추진부서 설치 항목이 있고, '법위반 사후감시 시스템 구축'과 관련하여 ① 하도급거래 적법성 사후검증절차 마련 및 운영, ② 법위반 임직원에 대한 인사상 불이익 제공 항목이 있다.

상생협력 지원사항과 관련하여 '대기업의 협력사에 대한 지원형태'로는 금융지원, 기술지원, 인력·채용지원, 효율성 증대, SW개발자의 유지보수 과업수행, 식품업종 경우의 위생지원, 교육지원, 광고업종 경우의 재하도급사에 대한 대금 직불, 협력사 대상 매입액의 적극적 조정, 주요 분야 일감 개방, 재난시 협력사 지원 등이 있고 기타 '2차 이하 협력사·[179]원물 생산자·대리점 지원 등을 위한 사항'이 협약서에 담길 수 있다.

(등록)의 단계별 사항을 구체적으로 정해 놓고 있다.

178) 관련사항으로는 기술자료 제공 요건 및 범위, 단가조정신청 절차, 특정업체 물품·장비 등을 사용하도록 요구할 수 있는 요건, 납품관련 운송비·검사비용 등의 부담주체, 목적물 검사 기준 및 방법, 수령 이후 하자에 대한 책임귀속주체 및 부담비율, 건설 추가공사 위탁 시 서면발급 및 원사업자 비용부담, 정보서비스 업종 등의 결과물에 대한 지식재산권 귀속주체 등이 있다.

179) 농·수산물 등 식품제품의 1차 원료 생산자 및 1차 원료 생산자의 협동조합을 포함한다.

(3) 협약 이행평가 및 인센티브

대기업은 협약체결 1년이 경과한 후에는 1년 경과일로부터 30일 이내에 공정거래위원회에 협약내용의 이행평가를 요청하게 되고 공정거래위원회는 대기업의 공정거래협약을 계약의 공정성, 법 준수 노력, 상생협력 지원, 법위반 등에 따른 감점 항목으로 나누어 평가하며 평가결과에 대해서는 등급을 부여하고 등급에 따라 직권조사면제·표창수여·벌점 감경 등 인센티브를 부여하고 있다.

공정거래위원회 예규인 협약절차기준 제15조는 협약이행 평가등급 및 인센티브 제공기준을 정하고 있다. '최우수 등급(95점 이상)'의 경우 ① 하도급 직권조사 2년간 면제, ② 하도급거래 모범업체 1년 지정 및 정부의 하도급정책협력네트워크에 의한 관계 부처 인센티브, ③ 법인·개인 표창수여를 할 수 있고, '우수 등급(90점 이상)'은 ① 하도급 직권조사 1년간 면제, ② 하도급거래 모범업체 1년 지정 및 정부의 하도급정책협력네트워크에 의한 관계 부처 인센티브, ③ 법인 표창수여를 할 수 있고, '양호 등급(85점 이상)'은 법인 표창을 수여할 수 있도록 하고 있다.

4. 표준하도급계약서

(1) 의의

180)하도급법은 하도급법의 적용을 받는 사업자 또는 사업자단체에게 표준하도급계약서의 사용을 권장할 수 있도록 규정하고 있고 이에 따라서 공정거래위원회는 1987년부터 표준하도급계약서를 제정하여 보급함으로써 원사업자와 수급사업자가 거래상의 분쟁을 사전에 예방할 수 있도록 하고 있다. 하도급법상 표준하도급계약서 사용은 의무사항이 아니므로 사업자가 자율적으로 그 사용여부를 정할 수 있으나, 공정거래위원회는 표준하도급계약서의 사용을 장려하기 위해 표준하도급계약서를 사용하는 업체가 하도급법을 위반할 경우 부과받은 하도급 벌점을 '2점 경감'해주는 인센티브를 제공하고 있다.

2020년 말 기준 표준하도급계약서는 총 48개 업종(건설업 7개, 제조업 23개, 용역업 18개)에 걸쳐 제정되어 사용되고 있으며 표준하도급계약서에 공통적으로 반영된 주요사항으로는 ① 원·수급사업자 간 불공평한 지연이자 부담 문제를

180) 하도급법 제3조의2(표준하도급계약서의 작성 및 사용)에서 규정하고 있다.

완화하기 위해 하도급법상 지급해야 할 지연배상금 이외에 손해배상, 대금 반환 등과 관련한 지연이자를 양자 간 사전에 합의하여 표지에 정하도록 규정하였고, ② 부당한 하도급대금 결정행위에 해당하는 경우 수급사업자가 부당하게 감액된 하도급대금의 지급을 청구할 수 있도록 명시하였고, ③ 개별약정에 수급사업자에게 유리한 내용이 있음에도 적용될 수 없었던 문제를 해결하기 위해 관련 법령이 개별약정보다 우선 적용된다고 규정했던 부분이 삭제되었다. 이하 최근에 제·개정된 내용 중 몇 가지 업종별 특기사항을 간략히 살펴본다.

(2) 주요 제·개정 내용

'승강기설치공사업종'에서는 공동수급의 형태로 하도급거래가 이루어지는 경우 원사업자가 공동수급체 구성원 모두에게 계약서를 교부하도록 하고, 구성원 각자에게 하도급대금을 직접 지급하도록 명시하고, 검사 완료된 승강기의 경우 원칙적으로 예정된 용도 이외에는 사용할 수 없도록 하였다. '방산업종'에서는 발주자·원사업자 간에 사후 정산하기로 한 방산물품에 대한 하도급계약은 원칙적으로 개산 계약으로 체결하도록 하면서 원·수급자사업자가 합의할 경우에 확정 계약으로 체결할 수 있도록 제정하였다.

'기계업·자동차업·전기업·전자업'에서는 수급사업자에 대한 부당한 금형비용 전가행위를 방지하기 위해 금형의 제작비용 및 관리비용의 부담주체·관리방법 등을 사전에 협의하여 구체적으로 정하도록 하였고, '기계업·의약품제조업·전기업·전자업'에서는 원사업자가 목적물에 대한 운송방법을 별도로 지정한 경우 이로 인해 추가적으로 발생되는 납품비용은 원사업자가 부담하도록 개정하였다.

'자동차업·전기업·전자업'에서는 수급사업자가 제조물책임법상 면책사유를 입증한 경우 원사업자가 소송비용·손해배상액 등을 수급사업자에게 구상할 수 없도록 하였으며, 품질의 유지·개선 등을 위해 수급사업자와 협의를 거쳐 사급재를 지급할 수 있도록 하면서 수급사업자가 직접 구매하여 사용하는 경우에 비해 공급대금을 불리하게 정할 수 없도록 개정하였다.

'건설업·승강기설치공사업'에서는 원사업자가 임차한 건설기계를 수급사업자가 사용하여 공사하는 경우 원사업자가 수급사업자에게 건설기계 가동시간·작업가능 여부 등의 정보를 명확히 제공하도록 하였고, '건설자재업종'의 경우 하자발생의 책임이 분명하지 아니한 경우 상호협의하여 전문기관에 조사를 의뢰할 수 있도록 하면서, 수급사업자의 귀책사유가 없는 경우에는 원사업자가 조사비용을 부담하도록 개정하였다.

'화물운송업'의 경우 화물위탁증에 기재된 화물과 실제 운송되는 화물이 서로 다를 경우 적재 및 운송방법은 화물위탁증에 기재된 화물을 기준으로 하면서, 화물의 상이로 인해 발생하는 손해에 대해서는 수급사업자는 면책되도록 하면서, 화물자동차 안전운임 미만으로 하도급대금을 결정하지 못하도록 하였고, '상용소프트웨어 유지관리·정보시스템유지관리업'의 경우 노후된 상용소프트웨어 또는 설비의 교체·수리 비용은 원사업자가 부담하도록 하고, 원사업자의 교체·수리 지시가 없거나 지시가 지연됨으로써 발생하는 손해에 대해서는 수급사업자가 면책되도록 개정하였다.

X. 공정거래위원회의 최근 법집행 동향

1. 개관

2022년에 공정거래위원회가 시정조치한 총 1,240건 중 하도급법 위반행위에 대한 시정조치는 469건에 이른다. 2021년도 556건에 비해 감소하긴 했지만 여전히 건수 측면에서는 공정거래위원회가 처리하는 사건 중 약 40%가량을 차지할 정도로 비중이 높음을 알 수 있다. 최근 몇 년간 공정거래위원회는 직접적인 사건처리 이외에도 여러 제도개선을 통해 불공정한 하도급거래 관행을 개선하려고 하고 있는데 그 예시로 2017. 2월에는 하도급거래 공정화 종합대책을 수립하였고 2017. 9월에는 기술유용 근절대책을, 2018. 5월에는 대·중소기업 상생협력 생태계 구축방안을 마련하여 시행하고 있는 것을 들 수 있다.

2014년 하도급법에 도입된 부당특약 금지의 경우 새로운 유형의 부당특약이 증가함에 따라 이를 효과적으로 규제하기 위해 공정거래위원회는 2019년에는 부당특약고시를 제정하여 부당특약의 세부유형을 명시적으로 규정하였고 이를 심사하기 위한 심사지침도 개정하였다. 2019. 12월에는 중소벤처기업부와 함께 대·중소기업 거래관행 개선 및 상생협력 확산대책을 발표하였고, 동 대책에는 대·중소기업이 동등하게 협상할 수 있는 환경을 조성하고 피해구제 절차를 개선하는 등 제도개선 추진과 함께 대기업이 중소기업과 자발적으로 성과를 공유하는 상생협력 문화를 지속적으로 확산하기 위한 정책목표 및 과제가 선정되어 추진 중에 있다.

2. 불공정 하도급 대표사례 고찰

(1) 한국조선해양 및 현대중공업의 불공정하도급거래행위 건(공정거래위원회 의결 제2020-106호)

(1)-1 행위사실 개요

원사업자는 202개 수급사업자에게 제조공사를 위탁하면서 위탁에 따른 작업을 시작한 후 최소 1일에서 최대 416일이 지난 후에 서면을 발급하였고, 특정부품을 납품하는 48개 수급사업자들의 단가를 10% 일률적인 비율로 인하하여 하도급대금을 결정하였으며, 임가공을 위탁하면서 수급사업자들이 수행한 추가공사 대금을 제조원가보다 낮은 수준으로 결정하여 지급하였다.

(1)-2 공정거래위원회 의결

공정거래위원회는 시정명령과 함께 과징금 208억 700만 원을 부과하였고, 원사업자를 검찰에 고발하였다. 원사업자는 소송을 제기하여 현재 소송이 진행 중에 있다.

(1)-3 주요 쟁점

서면 지연발급과 관련하여 원사업자는 작업착수 전 계약서를 발송하였으나 수급사업자가 전자승인을 지체하여 발급이 지연된 것은 수급사업자의 귀책이고, 서면 지연발급과 관련된 건 대부분이 빈번하게 이루어지는 추가공사와 관련된 것으로 서면발급 의무의 대상이 아니라고 주장하였다.

이에 대해 공정거래위원회는 서면은 원사업자와 수급사업자의 서명 또는 기명날인을 요구하고 있으므로 계약서 발송만으로는 계약 체결로 볼 수 없고, 하도급거래공정화 지침상의 경미하고 빈번한 추가작업으로 물량변동이 명백히 예상되는 공종은 엄격하게 해석해야 하는 것이 원칙이고 원사업자의 행위는 이에 해당하지 않는다고 하면서 그 주장을 배척하였다.

일률적 단가인가와 관련하여 원사업자는 2016년 상반기 단가인하는 하반기 단가회복을 전제로 한 것이므로 2016년 전체를 보아야 하고 상반기 단가인하도 수급사업자들이 자발적으로 협조한 것이라고 주장하였으나, 공정거래위원회는 2016년 상·하반기 단가계약은 별도로 체결된 것이고 수급사업자의 자발적 협조 주장은 받아들이지 않았다.

일방적인 낮은 단가결정과 관련하여 원사업자는 하도급대금이 정상적인 품셈기준을 통해 결정되었고 수급사업자들과 매월 정산합의를 진행하였으므로 일방적인 대금결정이 아니고 공정거래위원회가 낮은 단가의 판단기준으로 삼은 제조원가는 과도한 추정에 의해 산정된 것으로 위법성 판단기준이 될 수 없다고 주장하였으나, 공정거래위원회는 품셈기준은 원사업자의 내부기준이고 수급사업자는 이를 알지 못하며 하도급대금이 수급사업자의 의견과는 무관하게 원사업자가 내부적으로 배정한 예산에 따라 결정된 점을 들어 하도급대금이 일방적으로 결정되었고 제조원가 상당의 대가는 일반적으로 추정되는 대가보다 낮은 수준일 수밖에 없다는 점에서 제조원가보다 낮다면 이는 낮은 단가에 해당한다고 판단하였다.

원사업자는 특정 사업부가 PC 등을 교체한 것은 현장조사 개시 전의 행위이므로 조사방해에 해당되지 않는다고 주장하였으나, 공정거래위원회는 조사방해에 대해 형벌을 규정하고 있는 공정거래법이 조사방해 행위를 규정하면서 '조사 시'라는 단서를 달고 있는 반면 이 사건에 적용되는 하도급법은 조사방해에 대해 과태료 규정을 두면서 '조사를 거부·방해·기피한 자'로 규정하고 있음을 들어 조사방해에 해당한다고 판단하였다.

(1)-4 시사점

당해 사건은 서면교부 의무위반으로는 최대 규모에 해당하는데 특정 업종에서 설계변경 등이 빈번하게 이루어지는 사정을 이해 못 할 바는 아니지만 그런 상황을 이유로 만연된 선시공 후계약의 관행은 기본적인 계약서조차 없이 수급사업자에게 목적물 등을 위탁하게 하고 이러한 위탁이 수급사업자의 열악한 경제적 상황을 벗어나지 못하게 되는 악순환을 초래하는 점을 차단하였다는 데 의의가 있다.

일방적으로 낮은 단가로 하도급대금을 결정한 행위와 관련하여 기준이 되는 가격을 제조원가로 추정하는 방식을 도입했는데 추후 판례를 통해 그 추정의 적절성 여부가 판단될 것이며 그에 따라 향후 하도급법 집행에도 영향을 미칠 전망이다.

(2) 두산인프라코어의 불공정하도급거래행위에 대한 건(공정거래위원회 의결 제2018-339호)

(2)-1 행위사실 개요

원사업자는 자신이 제조하는 제품에 장착하는 에어 컴프레셔를 납품하는 수급사업자에게 제작도면을 제출할 것을 요구하여 받았고, 에어컴프레셔 납품 수급사업자와 냉각수 저장탱크 납품 수급사업자가 납품가격 인하요청을 거절하자 에어컴프레셔와 냉각수 저장탱크 제작도면을 새로운 공급업체에게 전달하여 해당제품을 각각 생산하게 하여 기존 수급업체와의 거래를 중단하거나, 그 제작도면을 새로운 공급업체가 생산할 수 있는지 여부 등을 확인하는 데 사용하고, 30개 수급사업자에게 기술자료를 요구하여 보관하면서 관련 서면을 발급하지 않았다.

(2)-2 공정거래위원회 의결

공정거래위원회는 기술자료 요구행위에 대해서는 시정명령을, 기술유용행위에 대해서는 시정명령과 과징금 3억 6,200만 원 부과 그리고 원사업자 법인과 직원 검찰고발, 기술자료 요구 시 서면 미교부 행위에 대해서는 시정명령과 정액과징금 2,000만 원을 부과하였다.

원사업자의 처분 취소소송에서 서울고등법원은 위법성 판단에 있어 공정거래위원회와 동일하게 판단하고 원사업자의 청구를 기각하였는데, 특히 냉각수 저장탱크의 경우 새로운 공급업체가 생산할 수 있는지 여부만을 위해 기술자료가 사용되고 실제 냉각수 저장탱크를 대체 개발하지 못했지만 제작도면을 받아 활용한 이상 기술유용에 해당한다고 판시하였다. 또한 기존 수급사업자가 공정거래위원회 조사 시 진술과는 다르게 검찰 조사과정에서는 제작도면을 타 업체에게 전달하는 것에 동의했다고 진술하여 원사업자 소속 일부 개인이 무혐의 처분을 받기도 했으나, 당해 수급자의 진술이 서로 배치되고, 원사업자와 거래를 지속하고 있음을 들어 검찰에서의 진술은 신뢰할 수 없다고 판시하였다.

(2)-3 주요 쟁점

제작도면이 기술자료에 해당하는지 여부와 관련하여 원사업자는 부경법상의 '영업비밀'에 관한 판단기준을 원용하여 당해 기술자료는 원사업자에게 객관적으로 비밀임을 인지시키지 않았고, 제조방법과 관련된 서면에 불과하여 독립된 경제적 가치가 없어서 기술자료에 해당하지 않는다고 주장하였다. 이에 대해 서울고등법원은 우선 비밀관리성에 대해 원사업자와 수급사업자가 명시적으로 비밀유지 의무를 부담하기로 약정한 경우뿐만 아니라 양자 간 신의칙상 또는 묵시적으로 그러한 의무를 부담하기로 했어도 비밀관리성이 인정된다고 판시하였다. 또한 경제적 가치와 관련하여 동종업계 종사자들 사이에 어느 정도 널리 사용되고 있는 정보나 자료라 하더라도 세부사항에 있어서 고유기술과 노하우가 반영되어 있고 비공개 상태가 유지되어 유출될 경우 다른 사업자가 제품개발에 참고할 만한 가치가 있거나 생산 또는 영업활동에 도움이 될 만한 가치가 있으면 경제적 유용성이 있다고 하면서, 원사업자가 기존 수급사업자의 기술자료를 다른 수급사업자에게 전달하여 사용하도록 한 자체가 해당 기술자료가 경제적 가치를 가진다는 점을 뒷받침한다고 판시하였다.

원사업자는 공정거래위원회가 승인도도 기술자료에 포함하여 처분한 것에 대해 승인도는 원사업자의 요구사항을 반영해서 수급사업자가 작성한 제품제작 관련 도면으로서 최종 승인된 자료여서 원사업자와 수급사업자 간의 공동의 결과물이고 이는 목적물의 확정 및 품질점검을 위한 문서이므로 기술자료가 아니라고 주장하였다. 이에 대해 법원은 승인도의 성격에 대해 원사업자 소속 직원들도 승인도의 작성주체와 개량기술을 기반으로 한 저작권 주체가 수급사업자임을 인식하고 있으며, 승인도를 활용하면 제품의 개발과 제작에 필요한 시간과 비용을 단축하는 데 도움이 되므로 경제적 유용성이 인정되어 하도급법상 기술자료에 해당한다고 판시하였다.

원사업자는 수급사업자에게 유용행위 혐의를 받는 기술자료를 요구한 것은 품질목표 준수협약을 위해 수급사업자에게 요구한 것이므로 기술자료 요구에 정당한 사유가 있다고 주장하였으나, 법원은 기술자료를 요구한 것은 새로운 공급처가 될 후보 사업자가 제품을 개발하는 데 지원하기 위한 것이라고 기록한 원사업자 내부자료와 기술자료 제출 이후 정작 품질점검 등이 이루어지지 않은 점 들을 볼 때 원사업자가 주장하는 정당한 사유는 해당될 수 없다고 판시하였다.

또한 원사업자는 유용은 단순히 유출이 아니라 부당하게 사용하는 것을 의미하므로 기술자료를 제3자에게 단순히 제공하는 행위는 유용에 포함되지 않는다고 주장하였으나, 법원은 2018. 4. 17. 하도급법이 개정되어 제3자에 대한 단순제공도 유용에 해당한다는 점을 명확히 하였고 원사업자의 제3자에 대한 기술자료 유출은 2016년과 2017년에 일어났다 하더라도 원사업자가 수급사업자와 합의한 취득목적 및 사용범위를 벗어난 것이므로 유용에 해당한다고 판시하였다.

(2)-4 시사점

당해 사건은 종래 하도급대금 미지급 등 기존 하도급법 위반 유형에서 벗어나 기술자료의 제공과 유용에 대한 위법성을 다투고 있다는 점에서 의미가 있다. 공정거래위원회 의결과 서울고등법원의 판결과정에서 하도급법상 기술유용행위 전 조항에 대한 판단이 이루어져서 향후 대법원 판단까지 마무리되게 되면 기술제공과 유용행위에 대한 위법성 판단에 대한 하나의 기준이 마련될 전망이다.

(3) 삼성전자의 불공정하도급거래행위에 대한 건(공정거래위원회 의결 제2008-113호)

(3)-1 행위사실 개요

원사업자는 6개 수급사업자에게 휴대폰 부품제조를 위한 신규 금형제작을 위탁하면서 서면을 작업 착수 전에 교부하지 않았고, 충전기 분야 원가절감 목표금액 달성을 위해 6개 수급사업자에 대해 2003년 상반기 6.6%, 하반기 9.8%의 일률적인 비율로 단가를 인하하였고, 46개 수급사업자에게 휴대폰 부품제조를 위탁한 후 자신의 생산계획 등을 이유로 부품의 당초 납기일보다 2개월에서 8개월 지연하여 수령하였고, 확정된 하도급대금의 10%를 공제한 금액만 지급하였고, 수급사업자의 핵심기술자료가 포함된 [181]승인원을 제공하도록 하고, 재수급사업자 관리를 위한 별도의 인력 운영 요구, 재수급사업자 선정 시 승인을 받도록 하는 등 경영에 관여하였다.

(3)-2 공정거래위원회 의결 및 법원 판결

공정거래위원회는 2005년 IT벤처분야 하도급거래 직권실태조사 과정에서 원사업자의 하도급법 위반행위를 인지하고 조사에 착수한 후 2008년 시정명령

181) 승인원(Specification Sheet)은 원사업자가 휴대폰 부품을 납품받기 전 수급사업자에게 부여한 사양과 기준대로 수급사업자들이 제조할 수 있는지 확인하기 위해 제공받는 자료로서, 개발이력서, 제품사양, 동작설명서, 회로도, 기구도면, 공정흐름도 등이 포함되어 있다.

과 함께 115억 7,500만 원의 과징금을 부과하였다.

서울고등법원은 서면교부 부당지연, 일률적 단가인하, 재고부담의 일방적 전가, 부당감액, 부당한 경영간섭을 이유로 원사업자의 청구를 기각하였고, 대법원도 공정거래위원회의 처분이 모두 적법하다고 [182]판결하였다.

(3)-3 주요 쟁점

서면 지연교부 행위와 관련하여 원사업자는 금형제조가 사출작업의 일부분이고 메인케이스와의 적합성이 확보될 때까지 지속적인 금형 수정작업이 이루어지므로 발주단계에서 미리 정확한 가격 확정이 어렵고, 금형 제작대금이 매출에서 차지하는 비중이 1% 정도로 작아서 수급사업자 입장에서는 사전에 확정하는 것이 크게 중요하지 않으며, 서면교부를 지연하더라도 작업착수 시점에 예상할 수 있는 가격에서 크게 벗어나지 않으므로 수급사업자에게 실질적 손해가 발생하지 않았다고 주장하였다. 이에 대해 법원은 서면의 교부시기는 대금지급기일의 연장 및 지연이자 책임여부와도 중요한 관련이 있는 점, 금형제작 발주도 사출과는 독립된 하도급계약인 점, 위탁 후 설계변경으로 그 대금도 변경된다 하더라도 새로이 서면을 발부하면 되는 점, 금형제작 거래대금이 수급사업자별로 각 4억 원대 내지 42억 원대에 이르는 적지 않은 액수인 점 등을 볼 때 원사업자의 주장은 받아들이지 않는다고 판시하였다.

일률적 단가인하와 관련해서는 원사업자는 일률적인 비율로 단가를 인하한 바가 없고 개별적인 협상에 의해 결정하였다고 주장하였으나, 법원은 원사업자가 작성한 '단가네고 결과보고'문건에 다른 품목과는 달리 충전기 품목에 대해서만 '전체 6.6%, 예상절감금액 106억 8,100만 원'으로 기재되어 있고, '2003년 하반기 전기물 통합네고 결과'문건에도 충전기의 경우 전체 업체에 대하여 9.8%의 인하율을 적용한다고 기재되어 있는 점 등을 종합해 볼 때 일정비율로 단가를 인하하였고 정당화할 객관적이고 타당한 사유가 없다고 판시하였다.

부당한 지연수령 행위에 대해 원사업자는 일부 불용자재에 대해 즉시 입고처리 하지 않은 것은 수급사업자들과 양해 하에 이루어졌고 불용자재에 대해서는 전액 금전보상 등을 하였으므로 수급사업자들과의 장기적인 거래관계를 고려하면 부당한 지연수령이 아니라고 주장하였으나, 법원은 대부분의 지연수령

182) 서울고등법원 2009. 11. 12. 선고 2008누11237 판결, 대법원 2010. 4. 8. 선고 2009두23303 판결

사유가 모델단종, 물량감소, 생산지연 등 수급사업자와는 관련 없는 것들이고 원사업자가 작성한 '03년 감사인터뷰 및 대응'자료에서 수급사업자가 생산 완료한 부품의 납기가 도래하였음에도 수령을 지연함에 따라 수급사업자들의 재고부담이 장기화되어 금융비용 손실 등의 피해가 발생하고 있다고 스스로 진단하고 있는 점 등을 고려할 때 수급사업자의 양해를 구했다거나 금전보상 등을 했을지라도 지연수령에 대한 정당한 사유가 없다고 판시하였다.

부당감액 행위에 대해 원사업자는 지급하지 않은 하도급대금을 수급사업자에게 나중에 지급하였다는 주장하였으나, 법원은 물품대금 전액을 지급하였음을 인정할 아무런 자료가 없으므로 원사업자의 주장을 받아들일 수 없다고 판시하였다.

부당한 경영간섭에 대해 원사업자는 승인원을 받는 것, 재수급사업자에 대한 점검과 지도, 재수급사업자에 대한 실사 요구 등은 품질유지를 위한 필수적이고 정당한 행위라고 주장하였으나, 법원은 승인원에는 회로도, 부품의 종류와 구체적인 기능, 원자재 구매처 및 제조공정 등이 기재되어 있어 독립된 경제적 가치를 부정할 수 없고, 재수급사업자에 대한 요구는 품질유지의 목적을 넘어서는 부당한 경영간섭행위에 해당한다고 판시하였다.

(3)-4 시사점

당해 하도급법 위반 사건은 115억여 원이라는 거액의 과징금이 부과된 사회적 관심이 큰 사건이었고, 법원을 통해서 서면교부 의무의 규정 취지와 그 위반에 있어 정당한 사유의 입증책임이 원사업자에 있음이 명백하게 되었고, 부당한 수령지연 행위에 대해서는 수급사업자에게 양해를 구했거나 사후에 금전보상 등을 하였다 하더라도 위법행위가 됨이 밝혀졌다는 점에서 향후 하도급법 집행에 크게 영향을 미쳤다.

(4) 삼성공조의 불공정하도급거래행위에 대한 건(공정거래위원회 의결 제2008-034호)

(4)-1 행위사실 개요

원사업자는 공정거래위원회의 하도급거래 서면실태조사 및 직권조사 과정에서 어음할인료 미지급행위가 적발되자 33개 수급사업자에게 이를 지급한 후 24개 수급사업자에게서는 다시 현금으로 회수하였고, 38개 수급사업자로부터 목적물을 수령한 후 일률적으로 5%씩 부당 감액하였다가 조사가 시작되자 이를 돌려주었지만 이에 대한 지연이자는 지급하지 않았으며, 목적물 수령 이후 일부 목적물은 자신의 제품생산에 투입하지 않고 전산재고로 관리하면서 이에 대한 대금을 지급하지 않았고, 23개 수급사업자에게는 법정지급기일을 초과한 어음을 지급하면서 지연이자를 지급하지 않았다.

(4)-2 공정거래위원회 심결 및 법원 판결

공정거래위원회는 원사업자의 하도급법 위반행위에 대해 시정명령과 과징금 30억 1,500만 원을 부과하고, 원사업자의 대표이사 등을 검찰에 고발하였다.

서울고등법원은 공정거래위원회가 시정명령을 하기 전에 원사업자가 수급사업자에게 회수한 어음할인료, 하도급대금 부당감액분, 전산재고분 하도급대금, 지연이자 등을 모두 지급하여 상당부분 위법상태를 자진시정한 점을 고려하지 않은 공정거래위원회의 처분은 재량권을 일탈·남용한 것이라 하여 시정명령과 과징금 납부명령을 취소하였고, 대법원도 같이 판단하였다.

(4)-3 주요 쟁점

원사업자는 일부 수급사업자와의 거래대상 목적물은 규격화된 제품이어서 하도급법 적용대상이 되는 제조위탁이 아니며, 수급사업자중 특정 회사는 원사업자가 지분을 50% 소유한 자회사라서 하도급법 적용대상이 되는 수급사업자가 아니라고 주장하였지만, 법원은 이러한 주장을 명시적인 설시 없이 배척하였다.

원사업자는 전산재고는 수급사업자들이 주문량보다 더 많이 생산한 다음 원사업자가 제공해 준 장소에 보관해 둔 것에 불과하므로 하도급대금 지급의무가 없으며 나아가 처분이 있기 전 미지급대금을 전액 지급하였으므로 시정명령이 위법하다고 주장하였고 이에 대해 법원은 전산재고 물량도 입고 시 원사업자에게 납품된 것이므로 하도급대금 지급의무가 발생한다고 하면서, 다만 미지급대금 전액이 지불된 상황에서는 위반행위의 결과가 더 이상 존재하지 않으므로 공정거래위원회의 시정명령은 위법하다고 판시하였다.

공정거래위원회는 시정명령이 위법하다는 원심의 판단에 대해 대법원에 상고하였으나, 대법원은 행정처분의 위법 여부는 행정처분이 있을 때의 법령과 사실상태를 기준으로 판단하여야 하며, 법원은 행정처분 당시 행정청이 알고 있었던 자료뿐만 아니라 사실심 변론종결시 까지 제출된 모든 자료를 종합하여 위법 여부를 판단할 수 있다고 하면서 원심의 판결은 정당하다고 판시하였다.

어음할인료 회수와 관련하여 원사업자는 공정거래위원회의 실태조사에 따라 하도급법 준수 차원에서 어음할인료를 자진하여 지급하였으나 원사업자가 수급사업자에게 경영상의 어려움에 대한 협조요청으로 수급사업자들이 자진하여 반환하였다고 주장하였으나, 법원은 원사업자가 반환실적을 보고하도록 하고 반환받은 금액을 영업비용으로 일부만 사용하고 보관한 사실과 수급사업자들의 경제적 지위 등을 고려할 때 자진해서 반납한 것이라고는 보기 어렵다고 판시하였다.

과징금 산정과 관련하여 원사업자는 전산재고분 하도급대금도 지급한 상황에서 이를 고려하지 않고 부과한 과징금이 과중하다고 주장하였고, 법원은 위반행위로 인한 결과가 시정된 경우에도 과징금 부과는 가능하다고 하면서도 원사업자가 하도급법 위반과 관련된 금액을 대부분 지급하였으므로 불법적으로 얻은 이익의 규모에 비해 공정거래위원회의 과징금 액수가 과다하여 재량권을 일탈·남용하였다고 판시하였다.

(4)-4 시사점

당해 하도급법 위반사건에 대한 법원의 판결과정에서 규격품이라 하더라도 하도급법 적용이 배제되는 것은 아니며 모자회사간에도 하도급법이 적용될 수 있고, 전산재고분도 하도급법상의 목적물이라는 점 등이 명백해졌다는 점에서 의의가 있다고 할 수 있다.

다만, 공정거래위원회 심의 후 의결서가 도달하는 시점까지 존재했던 객관적인 사실은 공정거래위원회가 몰랐다고 하더라도 법원의 판단자료가 된다고 하여, 공정거래위원회의 심의 후 원사업자가 자진시정하는 방법으로 공정거래위원회의 시정조치를 무력화할 수 있는 여지가 법원의 판시에 따라 생기게 되어 이에 실무상 문제점을 보완할 필요성이 나타나게 되었다.

중소기업기본법 시행령 [별표 1]

주된 업종별 평균매출액등의 중소기업 규모 기준(제3조제1항제1호가목 관련)

해당 기업의 주된 업종	분류기호	규모 기준
1. 의복, 의복액세서리 및 모피제품 제조업	C14	평균매출액등 1,500억원 이하
2. 가죽, 가방 및 신발 제조업	C15	
3. 펄프, 종이 및 종이제품 제조업	C17	
4. 1차 금속 제조업	C24	
5. 전기장비 제조업	C28	
6. 가구 제조업	C32	
7. 농업, 임업 및 어업	A	평균매출액등 1,000억원 이하
8. 광업	B	
9. 식료품 제조업	C10	
10. 담배 제조업	C12	
11. 섬유제품 제조업(의복 제조업은 제외한다)	C13	
12. 목재 및 나무제품 제조업(가구 제조업은 제외한다)	C16	
13. 코크스, 연탄 및 석유정제품 제조업	C19	
14. 화학물질 및 화학제품 제조업(의약품 제조업은 제외한다)	C20	
15. 고무제품 및 플라스틱제품 제조업	C22	
16. 금속가공제품 제조업(기계 및 가구 제조업은 제외한다)	C25	
17. 전자부품, 컴퓨터, 영상, 음향 및 통신장비 제조업	C26	
18. 그 밖의 기계 및 장비 제조업	C29	
19. 자동차 및 트레일러 제조업	C30	
20. 그 밖의 운송장비 제조업	C31	
21. 전기, 가스, 증기 및 공기조절 공급업	D	
22. 수도업	E36	
23. 건설업	F	
24. 도매 및 소매업	G	
25. 음료 제조업	C11	평균매출액등 800억원 이하
26. 인쇄 및 기록매체 복제업	C18	
27. 의료용 물질 및 의약품 제조업	C21	

28. 비금속 광물제품 제조업	C23	
29. 의료, 정밀, 광학기기 및 시계 제조업	C27	
30. 그 밖의 제품 제조업	C33	
31. 수도, 하수 및 폐기물 처리, 원료재생업 (수도업은 제외한다)	E (E36 제외)	
32. 운수 및 창고업	H	
33. 정보통신업	J	
34. 산업용 기계 및 장비 수리업	C34	평균매출액등 600억원 이하
35. 전문, 과학 및 기술 서비스업	M	
36. 사업시설관리, 사업지원 및 임대 서비스업(임대업은 제외한다)	N (N76 제외)	
37. 보건업 및 사회복지 서비스업	Q	
38. 예술, 스포츠 및 여가 관련 서비스업	R	
39. 수리(修理) 및 기타 개인 서비스업	S	
40. 숙박 및 음식점업	I	평균매출액등 400억원 이하
41. 금융 및 보험업	K	
42. 부동산업	L	
43. 임대업	N76	
44. 교육 서비스업	P	

비고

1. 해당 기업의 주된 업종의 분류 및 분류기호는 「통계법」 제22조에 따라 통계청장이 고시한 한국표준산업분류에 따른다.
2. 위 표 제19호 및 제20호에도 불구하고 자동차용 신품 의자 제조업(C30393), 철도 차량 부품 및 관련 장치물 제조업(C31202) 중 철도 차량용 의자 제조업, 항공기용 부품 제조업(C31322) 중 항공기용 의자 제조업의 규모 기준은 평균매출액등 1,500억원 이하로 한다.

[서식 1] 기술자료 요구서

<table>
<tr><td colspan="8">1. 원사업자와 수급사업자</td></tr>
<tr><td rowspan="4">원사업자</td><td>사업자명</td><td colspan="2"></td><td colspan="2">법인등록번호 또는 사업자등록번호</td><td colspan="2"></td></tr>
<tr><td>대표자성명</td><td colspan="2"></td><td colspan="2">전화번호</td><td colspan="2"></td></tr>
<tr><td>주 소</td><td colspan="6"></td></tr>
<tr><td>담당자</td><td>성명</td><td></td><td>소속</td><td></td><td>전화번호</td><td></td></tr>
<tr><td rowspan="4">수급사업자</td><td>사업자명</td><td colspan="2"></td><td colspan="2">법인등록번호 또는 사업자등록번호</td><td colspan="2"></td></tr>
<tr><td>대표자성명</td><td colspan="2"></td><td colspan="2">전화번호</td><td colspan="2"></td></tr>
<tr><td>주 소</td><td colspan="6"></td></tr>
<tr><td>담당자</td><td>성명</td><td></td><td>소속</td><td></td><td>전화번호</td><td></td></tr>
<tr><td colspan="8">2. 기술자료 요구 관련 사항 (증빙자료가 있는 경우 첨부)</td></tr>
<tr><td colspan="2">1) 기술자료 내역</td><td colspan="6">요구하는 기술정보・자료의 명칭과 범위 등 구체적 내역을 명시하여 기재(특허등본원부 등 기술자료에 대한 증빙자료 첨부)</td></tr>
<tr><td colspan="8"></td></tr>
<tr><td colspan="2">2) 요구 목적</td><td colspan="6">원사업자가 기술자료를 요구하는 정당한 사유 기재</td></tr>
<tr><td colspan="8"></td></tr>
</table>

3) 권리 귀속 관계	(ⅰ) 원사업자가 요구하는 기술자료의 현재 권리 귀속자, (ii) 상호 간 기술이전계약 체결 여부, (iii) 요구하는 기술이 공동개발한 기술인지 여부, (iv) 기술자료가 제공된 후 권리귀속관계에 대한 상호 합의 사항 등
4) 대 가	기술자료 제공에 따른 대가에 대한 구체적 사항
5) 인도일 및 인도방법	당해 기술자료의 인도일, 구체적인 인도방법 등을 기재
6) 그 밖의 사항	기술자료 임치계약 체결 여부, 기술자료 요구 시 원사업자와 수급사업자간 기타 합의한 사항 등

원사업자 ○○○ 와 수급사업자 ○○○는 원사업자의 기술자료 요구 시 위 사항을 상호 협의하여 정함을 확인하고, 위 사항이 기재된 본 서면을 교부하여 원사업자가 수급사업자에게 △△△ 기술자료를 요구하는 바입니다.

년 월 일

원 사 업 자 명______________ 대표자____________(인)
수급사업자명______________ 대표자____________(인)

제 7 장

공정거래 집행절차

Ⅰ. 사건심사 절차
Ⅱ. 심결 절차
Ⅲ. 자료 열람·복사 요구권
Ⅳ. 처분에 대한 불복절차
Ⅴ. 동의의결 절차
Ⅵ. 위반행위에 대한 제재

제 7 장

공정거래 집행절차

Ⅰ. 사건심사 절차

1. 심사절차의 의의

공정거래위원회 사건처리절차는 ① 사건의 인지·신고단계, ② 사건조사단계, ③ 공정거래위원회 각 회의 심의단계, ④ 공정거래위원회 의결 및 처분단계, ⑤ 불복단계로 크게 구분된다. 전부개정 공정거래법은 제10장에서 조사 등의 절차에 관한 규정들을 두고 있으며, 조사 등의 절차에 관한 구체적인 사항은 공정거래위원회 고시인 '공정거래위원회 회의운영 및 사건절차 등에 관한 규칙'(이하 '사건절차규칙'이라 한다)과 '공정거래위원회 조사절차에 관한 규칙'(이하 '조사절차규칙'이라 한다), 공정거래위원회 예규인 자료의 열람·복사업무지침을 통해 정하고 있으며 기타 여러 [1]규정을 통해 관련사항들을 상세하게 규정하고 있다.

---

1) 사건처리 각 단계별로 공정거래위원회는 고시·예규·훈령 등의 형태로 여러 규정을 운용하고 있는데 공정거래위원회 내부사무 처리에만 국한되는 것을 제외하고 피조사자인 기업체나 대리인 등이 숙지해야 할 중요한 것만 우선 간단히 살펴보면, ① 신고 등과 관련된 규정으로 '공정거래위원회 공익신고 처리 및 신고자보호 등에 관한 규정(훈령)', '재신고사건 처리지침(훈령)', '공정거래법 등 위반행위 신고자에 대한 포상금 지급에 관한 규정(고시)', ② 공정거래위원회 조사와 관련된 규정으로, '공정거래위원회 사건기록 관리규정(예규)', '디지털 증거의 수집·분석 및 관리 등에 관한 규칙(고시)', '피조사업체에서

[2]심사(審査) 절차는 사건의 인지·신고단계, 사건조사단계를 거쳐 법 위반 여부에 대한 심사를 하고 심사보고서를 작성하는 단계까지를 통상 의미하는데, 심사보고서는 [3]심사관이 조사 후에 법위반 혐의가 있다고 판단하여 공정거래위원회 각 회의에 상정하는 법위반에 대한 소추장(訴追狀) 또는 공소장의 성격을 가지고 있다. 이하에서 사건심사 절차를 단계별로 살펴보기로 한다.

2. 사건의 인지와 신고 단계

(1) 의의

(1)-1 조사개시의 단초

전부개정 공정거래법은 제80조에서 공정거래위원회가 직권으로 법 위반혐의에 대해 조사를 할 수 있도록 하고 있고, '누구든지' 법 위반사실을 공정거래위원회에 신고할 수 있도록 하고 있다. 공정거래위원회가 법 위반을 인지하는 경로는 직권인지와 신고로 대별된다고 할 수 있는데 통상 직권인지는 공정거래위원회가 시장분석이나 각종 동향·제보 등을 토대로 축적된 정보를 바탕으로 내부적으로 하게 되고 신고의 경우는 공정거래위원회 외부의 자에 의해 이루어지며 공정거래법 시행령에 따라 서면신고를 원칙으로 하고 있다.

사건절차규칙에는 직권인지 사항, 신고사항, 임시중지명령·침해정지요청, 심사청구를 받은 건에 대해서 심사절차를 개시하기 전에 사전심사를 할 수 있

수집한 디지털 자료의 관리 등에 관한 규정(예규)', '경제분석 의견서 등의 제출에 관한 규정(고시)', '독점규제 및 공정거래에 관한 법률 등의 위반여부 사전심사청구에 관한 운영지침(고시)', '자료의 열람·복사업무지침(예규)', '동의의결제도 운영 및 절차 등에 관한 규칙(고시)', ③ 공정거래위원회의 처분과 관련된 규정으로 '공정거래위원회의 시정조치 운영지침(예규)', '과징금부과 세부기준 등에 관한 고시(고시)', '과징금 납부기한 연장 및 분할납부 기준에 관한 고시(고시)', '공정거래위원회로부터 시정명령을 받은 사실의 공표에 관한 운영지침(예규)', '독점규제 및 공정거래에 관한 법률 등의 위반행위의 고발에 관한 공정거래위원회의 지침(예규)', ④ 불복 및 기타관련 규정으로 '공정거래위원회 소송사무 처리지침(훈령)', '공정거래 자율준수프로그램 운영 및 유인 부여 등에 관한 규정(예규)' 등을 들 수 있다. 이하 필요한 부분에서 순차적으로 설명하기로 한다.

2) 조사를 통해 행위사실을 구체적으로 파악한 후 심사과정을 통해 위법한 경우의 적용법조와 조치수준을 검토하게 되므로 심사 개념이 조사를 포함하는 넓은 개념이라 할 수 있다. 이에 따라 현장조사 등을 담당하는 공무원을 조사공무원이라 칭하고 조사공무원이 속한 부서장(통상은 국장)을 심사관이라 칭한다.

3) 사건절차규칙은 제10조 제6항에서 심사관을 당해 사건이 속하는 업무를 관장하는 국장, 심판관리관, 시장구조개선정책관, 유통정책관 또는 지방사무소장으로 정하고 있다.

도록 규정하고 있고, 사전심사를 한 결과 법 적용대상이 아닌 경우 등에는 [4]심사불개시를 하고 공정거래위원회 소관이 아닌 사항에 대해서는 이첩 등을 함으로써 관련 건을 종결하게 된다. 원칙적으로 재신고 사건을 포함한 신고사건은 신고사건 처리 전담조직인 지방공정거래사무소가 처리하도록 되어있고, 직권인지 사건은 공정거래위원회 본부에서 처리하도록 공정거래위원회 훈령인 '공정거래위원회 본부와 서울지방공정거래사무소간 사건처리지침'과 '지방사무소 업무처리지침'에서 규정하고 있다. 사건의 신고와 직권인지에 대한 상세한 내용은 후술하기로 한다.

(1)-2 서면실태조사

법위반에 대한 조사개시의 단초로서 직권인지와 신고 이외에도 서면실태조사에 의해 법위반 사항을 인지하는 경우도 있다. 공정거래위원회가 외부가 아닌 내부적인 경로로 법위반 관련 정보를 입수한다는 점에서는 직권인지와 유사한 점이 있으나 서면실태조사는 기본적으로 사전조사 또는 시장조사의 성격을 가지고 있으며 관련 분야의 거래행태·관행을 파악하고 제도개선을 위한 목적으로도 이루어질 수 있다는 점에서 법위반 인지에 중점을 둔 직권인지와는 그 차이가 있다고 할 수 있다.

공정거래위원회는 법 위반 혐의가 있는 경우 종전 공정거래법 [5]제50조에 따라 현장조사 등을 할 수 있고 동조에 근거하여 자료제출 등을 요구할 수 있었으나, 법 위반행위가 발생할 가능성이 큰 해당 거래분야에 대한 조사계획 수립 목적의 예비조사가 필요한 경우 근거가 [6]불분명한 문제점이 있었다. 전부개정 공정거래법은 제87조에 서면실태조사에 대한 명문의 규정을 두어 일정한 거래분야에 대한 서면실태조사를 실시할 수 있는 근거를 두었고, 서면실태조사와 관련하여 자료를 제출하지 않거나 허위자료를 제출하는 경우에 대한 [7]과태료

4) 사건절차규칙은 제12조에서 심사절차를 개시하지 아니할 수 있는 경우를 규정하고 있는데 공정거래법 등 공정거래위원회 소관법률상 요건에 해당하지 않거나 기간 도과, 적용제외 사항, 신고취하 등이 이에 해당하며 심사불개시를 하는 경우에는 신고인 또는 피조사인 등에게 서면으로 이를 통지하도록 하고 있다.

5) 전부개정 공정거래법 제81조에 해당한다.

6) 종전 공정거래법 제50조에 따른 자료제출명령 등 처분은 종전 공정거래법 제49조(위반행위의 인지·신고 등) 조항과 관계를 고려하여 해석할 때 자료제출명령은 법위반 혐의가 있는 경우로 한정된다고 보는 일부 견해가 있었다.

7) 전부개정 공정거래법 제130조는 서면실태조사와 관련한 자료제출 요구에 대하여 정당한

부과규정도 신설하게 되었고, 후속으로 전부개정된 공정거래법 시행령에서도 서면실태조사 관련자료 미제출 또는 거짓자료 제출 시 사업자 등에 대해 최대 1억 원, 임원 등에 대해 최대 1천만 원을 부과할 수 있도록 하되, 위반 횟수에 따라 그 금액을 차등화할 수 있도록 규정하게 되었다.

하도급·가맹·유통·대리점 등 특정 분야에서는 [8]소관 법률에 이미 서면실태조사 근거 규정이 있었고 이를 기초로 매년 실태조사를 실시하여 법 위반과 관련한 취약한 부분을 발굴하고 시정을 해 왔으며, 공정거래법에도 이제 서면실태조사 근거 규정이 마련되어 2021. 12. 30.부터 시행되었다. 예비조사로서의 서면실태조사가 오남용될 소지를 방지하기 위해 ① 서면실태조사계획 사전수립을 의무화하고, ② 서면실태조사와 관련된 자료제출 요청은 반드시 서면으로 하고, ③ 서면실태조사 결과 공표를 의무화하는 등의 사전·사후 통제장치도 마련해 놓고 있다.

(2) 사건의 신고

(2)-1 개요

전부개정 공정거래법 제80조와 시행령 제54조는 공정거래법 위반행위에 대한 신고를 규정하고 있는데 신고는 신고인의 인적사항, 피신고인의 주소·대표자성명 및 사업내용과 함께 피신고인의 위반행위 내용과 기타 위반행위의 내용을 명백히 할 수 있는 사항 등을 기재하여 신고하도록 되어 있다. 조사절차규칙에는 신고인의 인적사항에 대해 비공개를 원칙으로 하고 있고, 신고인 노출이 신고사건 처리에서 불가피한 경우에는 신고인의 동의를 별도의 확인서 양식을 통해 작성하도록 되어 있다. 공정거래위원회 사건처리시스템에는 신고인 가명(假名)처리시스템이 포함되어 있어 신고인이 비공개를 원하는 경우 가명으로 사건이 처리되도록 되어 있다. 조사공무원은 사건심사 착수보고를 한 신고사건의 경우 신고인의 의견을 구술·서면 등의 방식으로 청취하도록 되어 있으나 신고인은 원하지 않는 경우 의견을 제시하지 않아도 된다.

이유 없이 자료를 제출하지 않거나 허위의 자료를 제출하는 경우 사업자 및 사업자단체에 대해서 과태료를 부과할 수 있도록 하고 있다.

8) 하도급법 제22조의2, 가맹사업법 제32조의2, 대규모유통업법 제30조, 대리점법 제27조의2가 이에 해당한다.

신고는 공정거래위원회의 조사절차 개시의 직권발동을 촉구하는 단서에 불과하기 때문에 신고를 수리한 공정거래위원회가 신고내용을 분석하고 법위반 사건의 조사의 단서로 처리하는 경우에는 신고의 접수일이 조사개시일이 되나, 공정거래위원회가 합리적 재량의 판단결과 위반행위 내용 불특정 등을 이유로 조사의 단서로 처리하지 않는 경우에는 신고접수일이 바로 조사개시일이 되는 것은 아니다. 이는 제척기간인 공정거래위원회 조사시효와 관련된 문제로서 관련 판례는 후술하기로 한다.

사건의 신고는 신고대상인 사업자 등의 주된 사무소 소재지를 관할하는 지방공정거래사무소에 신고하여야 하고 지방공정거래사무소는 5개소로서 서울, 부산, 대전, 광주, 대구에 설치되어 있다. 지방공정거래사무소는 공정거래법, 표시광고법, 하도급법, 전자상거래법, 방문판매법, 할부거래법, 가맹사업법 위반사건을 처리하지만, 법위반행위 효과가 3개 이상의 시·도에 미치거나 불특정 다수의 경쟁사업자나 소비자 등에게 상당한 피해가 발생하였거나 발생할 우려가 있는 사건은 관할에도 불구하고 공정거래위원회 본부에서 당해 신고사건을 처리하도록 되어 있다. 또한 기업결합, 부당한 공동행위, 약관, 부당내부거래, 언론사(본사) 관련, 시장지배적지위 남용행위, 외국사업자 관련, 지식재산권 관련, 국회·감사원·중앙행정기관 등이 이첩하거나 신고한 사건, 재신고사건, 하도급법상 기술자료 제공요구 금지 관련 신고사건은 시장의 경쟁질서에 영향을 크게 미치는 점 등을 고려하여 공정거래위원회 본부에서 처리하도록 되어 있다.

기타 신고와 관련된 사항으로는 공정거래법 [9]등에 근거하여 최초로 신고 등을 하고 이를 입증할 수 있는 증거자료를 제출한 자에 대해서는 당해 법위반행위에 대한 의결이 있은 날로부터 3개월 이내에 포상금을 지급할 수 있도록 되어 있고, 지급을 심의하기 위한 신고포상금심의위원회를 둘 수 있도록 하고 있다. 공정거래위원회 고시인 '공정거래법 등 위반행위 신고자에 대한 포상금 지급에 관한 규정' 별표 1은 구체적인 신고포상금 지급액을 정하고 있다.

(2)-2 관련 판례

'신고요건의 성립'과 관련한 판례로는 서울시 발주 상수도 지리정보시스템 데이터베이스 정확도 개선사업 입찰관련 9개 사업자의 부당한 공동행위에 대한

9) 포상금 규정을 두고 있는 것은 공정거래법, 하도급법, 방문판매법, 대규모유통업법, 대리점법, 가맹사업법이다.

건에서 법원은 신고의 내용에 비추어 볼 때 (종전)공정거래법 시행령 제54조에서 정하고 있는 요건을 충족하고 있고 신고의 주체가 서울시로서 공신력이 높으며 공정거래위원회가 신고를 접수한 후부터 현장조사를 개시할 때까지 다른 단서를 확보하였다고 보이지 않는 점을 볼 때 서울시의 이 사건 신고는 공정거래법상의 신고요건을 갖춘 신고에 해당한다고 [10]판시하였다.

두산중공업의 한국가스공사 발주 천연가스 주배관 및 관리소 건설공사 입찰관련 23개 사업자의 부당한 공동행위 건에서 법원은 한국가스공사의 이 사건 공문은 위반행위자 및 입찰담합행위의 구체적인 내용이 전혀 포함되어 있지 않고 입찰담합의 정황을 뒷받침할 만한 자료도 첨부되어 있지 않아 공정거래법상의 신고로서 갖추어야 할 최소한의 내용이 특정되었다고 볼 수 없다고 [11]판시하였다.

신고사건의 제척기간 기산일인 조사개시일과 관련되어 대림산업 등 7개 한국가스공사 발주 천연가스 주배관 및 관리소 건설공사 입찰관련 23개 사업자의 부당한 공동행위에서 법원은 한국가스공사의 문의내용은 신고에 해당하지 않고 공정거래위원회가 사건의 조사단서로서 처리하지도 않았으므로 조사개시일이 진행되어 제척기간이 도과되었다고 볼 수는 없다고 [12]판시하였다.

'신고의 성격'과 관련된 판례로서 법원은 신고는 공정거래위원회의 조사권 발동과 관련된 단서에 해당하고 그 신고내용에 따를 적당한 조치를 취하여 줄 것을 요구하는 구체적인 청구권까지 있는 것은 아니며, 이에 따라 공정거래위원회가 신고내용에 따른 조치를 취하지 않고 무혐의 또는 각하하더라도 그러한 조치에 대해 항고소송의 대상이 되는 행정처분에 해당한다고는 할 수 없다고 [13]판시한 바 있다.

소프트온넷의 거래거절행위 등에 대한 건에서도 법원은 공정거래위원회가 신고에 따른 조치를 하지 않고 무혐의 또는 각하 처리한다는 내용의 회신을 한

---

10) 서울고등법원 2018. 12. 7. 선고 2018누38149 판결, 상고심(대법원 2019. 4. 25. 선고 2018두67589 판결)은 심리불속행 기각하였다.

11) 서울고등법원 2018. 8. 17. 선고 2016누31427 판결, 상고심(대법원 2019. 1. 17. 선고 2018두58691 판결)은 심리불속행 기각하였다.

12) 서울고등법원 2016. 10. 21. 선고 2016누31892 판결, 상고심(대법원 2017. 3. 9. 선고 2016두59881 판결)은 심리불속행 기각하였다.

13) 대법원 1989. 5. 9. 선고 88누4515 판결, 대법원 2000. 4. 11. 선고 98두5682 판결

것은 항고소송의 대상이 되는 행정처분에 해당하지 않으며 신고자에 불과한 원고에게 무혐의 등의 조치의 취소를 구할 원고적격이 인정되지 않는다고 [14)]판시하였다.

유의해야 할 사항으로, 신고에 청구권이 부여되어 있는 것은 아니나 공정거래위원회는 신고에 대해 자의적으로 무혐의, 심사불개시, 심의절차종료를 할 수는 없으며 무혐의, 심사불개시 심의절차종료는 공권력의 행사에 해당하고 자의적인 공권력 행사의 결과로 신고인의 평등권이 침해된 경우에는 헌법소원의 대상이 되게 된다. 헌법재판소는 불공정거래행위 무혐의 처분 취소 건, 현대오일뱅크의 인천정유에 대한 석유판매 대리점계약 해지 건, 하도급법위반 신고에 대한 심의절차종료결정 취소 건에서 동일한 취지로 각각 [15)]판시한 바 있다.

(3) 직권인지

공정거래위원회는 매년 주요 시장현황을 모니터링하고 빈번한 신고·언론 등을 통해 관련 시장 참여자들의 여러 위법 가능한 활동에 관한 정보를 축적하고 있고 이를 바탕으로 향후 실시하게 될 조사방향을 정하고 있다. 기업과 시장에 영향을 크게 미치는 대형 사건처리는 이러한 축적된 시장동향과 정보를 바탕으로 한 공정거래위원회의 직권인지를 통해 이루어지고 있다.

공정거래위원회의 직권인지 방향을 가늠하기 위해서 실무현장에서는 매년 초 발표되는 공정거래위원회 업무계획, 국회에 보고되는 공정거래위원회 중점 추진과제, 공정거래위원장 등 고위간부가 언론 등에 인터뷰 형식으로 밝히게 되는 역점사항, 언론 등 매체에서 빈번하게 보도되는 각종 불공정 사례 등을 분석하여 공정거래위원회의 조사방향에 대해 예측을 하고 있으며, 실제 대형 법무법인을 중심으로 이러한 정보를 사전에 분석하여 주요 기업체에게 법위반 사전예방을 위한 리스크 관리의 일환으로 컨설팅을 하는 경우가 많이 이루어지고 있다.

---

14) 서울고등법원 2016. 1. 27. 선고 2015누42611 판결, 고법에서 확정되었다.

15) 헌법재판소 2002. 6. 27. 선고 2001헌마381 결정, 2004. 6. 24. 선고 2002헌마496 결정, 2011. 12. 29. 선고 2011헌마100 결정

(4) 재신고

공정거래법령상 신고 횟수의 제한은 없으므로 공정거래위원회에 법위반을 신고하였지만 무혐의·심사불개시 등 종결처리가 난 경우에 다시 신고하는 것은 가능하다. 다만 불필요한 행정력의 낭비와 피신고인의 불편을 고려하여 재신고 사건의 경우에는 그 처리절차를 규정으로 정해 놓고 있다.

심사관은 이미 처리한 사건과 동일한 위반사실에 대한 신고가 있을 경우 이미 처리한 사건에 대해 ① 사실의 오인이 있었거나, ② 법령의 해석 또는 적용에 착오가 있는 경우, ③ 심사관의 심사종결이 있은 후 심사종결의 사유와 관련 있는 새로운 사실 또는 증거가 발생되는 경우 등에는 사건심사 착수보고를 하고 다시 심사를 하여야 하며, 이에 해당되지 않는 재신고의 경우는 심사에 착수할지 여부를 [16]재신고사건심사위원회(이하 '재심위'라고 한다)에 회부하여 그 결정에 따라야 한다.

재신고에 대해 사건심사에 착수하는 경우는 당초 신고를 처리한 조사공무원과 다른 조사공무원으로 하여금 심사절차 개시 전 사실관계 확인을 위한 조사와 사전심사를 하게 할 수 있다. 재심위 결정 이후에도 정당한 사유 없이 반복되는 신고에 대해서는 행정력 낭비를 방지하기 위해 재심위 심사를 요청하지 않고 심사불개시 결정을 할 수 있다.

(5) 자진신고

자진신고는 공정거래위원회 심사와 관련하여 직권인지나 신고의 형태가 아닌 별도의 신고로서 법위반에 관련된 사업자가 공정거래위원회에 스스로 법위반 사실을 신고하고 그 입증에 필요한 자료를 제공하는 등 공정거래위원회 조사 또는 심사에 협조하고 그 대가로 제재수준을 감면받는 제도이다. 자진신고도 신고요건을 갖추고 있는 이상 실질은 신고에 해당한다. 자진신고는 공정거래위원회 심사나 조사와 밀접한 관련이 있고 특히 부당한 공동행위와 같이 은밀히 이루어지는 법위반 행위를 시정하는 데 특별한 의미가 있는 제도에 해당한다. 자진신고 제도는 제1장에서 상세히 언급한 바 있다.

---

16) 공정거래위원회 훈령인 '재신고사건 처리지침'에는 재신고사건심사위원회 구성과 관련하여 그 위원을 공정거래위원회 상임위원 1인과 재신고사건민간심사위원단 중 2인의 민간위원으로 구성하도록 규정하고 있다.

3. 사건조사 단계

(1) 사건등록과 사건심사 착수보고

공정거래위원회가 인지하거나 신고를 받은 건에 대해 사전심사를 한 결과 법 위반 가능성이 있다고 판단하는 경우에는 본격적인 사건조사·심사 단계에 들어가게 된다. 사건조사·심사단계에 들어서기 전에 사건절차규칙에 따라 정해진 [17]기한 내에 '사건등록'과 '사건심사 착수보고'가 공정거래위원회 내부적으로 진행되며 이러한 절차는 인지나 신고된 건에 대해 조사공무원이 조사권을 발동하지 않거나, 공정거래위원회 조사공무원이 사적으로 조사권을 발동하는 것을 남용하기 위한 내부통제에 그 목적이 있다.

공정거래위원회는 사건등록과 사건심사 착수보고 후 법 위반 혐의가 있는 사항에 대해 사실관계 확인을 위한 조사를 하게 되고, 그 구체적인 조사절차에 대해서는 조사절차규칙에서 상세히 규정하고 있다. 조사결과 법 위반이 인정되게 되면 공정거래위원회 회의에서 심의를 하기 위한 심사보고서를 작성하게 되는데, 심사보고서는 앞서 언급한 것처럼 소추장 또는 공소장의 역할을 하게 되는 문서이다. 조사결과 법 위반이 아닌 것 등으로 확인되면 무혐의 조치를 하거나 심의절차 종료 등을 하게 된다. 무혐의나 심의절차 종료는 공정거래위원회 각 회의에서 결정하는 것이 원칙이고 일정한 경우에만 심사관이 전결(專決)로 결정하는 것이어서 사실상 사건조사·심사단계가 아닌 심의단계에 속하는 것으로 봐야 하므로 이에 대한 상세한 사항은 후술하기로 한다.

(2) 조사공문 교부

(2)-1 개요

현장조사 시에는 조사공문을 교부하도록 되어 있는데, 종전 공정거래법 제

---

17) 사건절차규칙 제10조의3에서는 신고사건의 경우 신고접수일로부터 15일 이내, 인지사건 또는 자진신고 사건은 최초 자료제출요청일, 당사자 등에 대한 최초 출석요청일, 최초 현장조사일 중 가장 빠른 날에 사건등록을 하도록 규정하고 있으며, 사건절차규칙 제11조에서는 사건심사 착수보고의 기한을 명시하면서, 신고사건의 경우 신고접수일로부터 15일 이내, 인지사건 또는 자진신고 사건은 공정거래법에 따른 최초 자료제출요청일, 당사자 등에 대한 최초 출석요청일, 최초 현장조사일 중 가장 빠른 날로부터 30일 이내에 하도록 규정하고 있다.

50조는 조사공무원이 현장조사 시 권한을 표시하는 증표를 제시하는 의무를 부과하고 있을 뿐, 구체적인 조사목적이나 조사기간 등을 적시하는 조사공문 제시 의무가 규정되어 있지 않았다. 다만, 공정거래위원회 고시인 조사절차규칙에서 공무원증과 함께 [18]조사기간 등을 기재한 조사공문을 제시하도록 규정하고 있을 뿐이었다.

공정거래위원회 조사는 행정조사의 일종이긴 하지만 현장조사 시 자료에 대한 접근거부, 자료의 은닉·폐기 등의 행위를 한 경우에는 과태료가 부과되고 고의적인 현장진입 저지·지연 등을 할 경우 형사벌까지 부과할 수 있어서 사실상 강제성을 갖는 조사에 해당한다. 사실상 강제성을 갖는 조사의 상대방인 기업체의 입장에서는 현장조사의 목적과 대상, 시기 등에 대해 명확히 인지한 상태에서 공정거래위원회의 현장조사에 대응할 수 있어야 하고 이를 통해 추후 심의과정이나 소송과정에서 방어권이 실질적으로 보장될 수 있다.

전부개정 공정거래법에서는 제81조에서 종전 고시로 규정되어 있던 조사공문의 교부의무를 법률로 명시하여 피심인(被審人)의 방어권 보장을 강화하고 조사공문에 기재할 사항은 공정거래법 시행령에서 구체적으로 정하도록 하였다. 개정내용은 [19]2021. 5. 20.부터 시행되었는데 종전 고시 규정에 의해 이미 시행되고 있는 내용이므로 상향입법 자체에 의미가 있고 시행일은 특별한 의미가 없다고 하겠다.

(2)-2 실무 참고사항

현장조사 시 조사공문의 교부의무와 관련해서 기업체들은 조사공문에 기재된 조사대상이 검·경의 수사 시 제시되는 영장에 비해 너무 넓게 되어 있고, 심지어 조사대상명이 비어있는 공문을 여러 장 가지고 와서 현장상황에 따라 필요한 조사대상명을 수기(手記)로 기재해 넣고 조사를 하기도 하는 등의 조사방식에 강한 불만을 가지고 있는 상황이다. 제한된 시간과 인력으로 조사목적

18) 조사공문에는 ① 조사기간, ② 조사목적, ③ 조사대상, ④ 조사방법, ⑤ 조사를 거부·방해 또는 기피하는 경우 공정거래위원회 소관 법률상의 제재내용, ⑥ ①~④를 벗어난 조사를 거부할 수 있다는 내용, ⑦ 조사단계에서 조사와 관련한 의견을 제시하거나 진술을 할 수 있다는 내용이 기재된다.

19) 전부개정 공정거래법은 2차례에 걸쳐 국회에서 의결되었는데 절차법제 관련 내용은 2021. 5. 20. 시행되었고, 나머지 내용은 2021. 12. 30. 시행되었다. 따라서 2021. 5. 20. 시행법과 2021. 12. 30. 시행법은 함께 전부개정 공정거래법을 이루게 된다.

을 수행해야 하는 공정거래위원회의 조사공무원의 고충은 충분히 이해되고 현장조사 진행 중 특이사항이 발견되었을 때 그 부분을 바로 확인해야 하는 등 불가피한 필요성도 인정이 되지만, 조사대상인 기업체의 입장에서는 공정거래위원회가 편의적으로 조사권을 운용한다는 인상을 받게 되어 장기적으로는 공정거래위원회의 위상과 신뢰성 문제가 생길 소지가 있다.

이를 해소하기 위해서는 조사공문 교부의무가 실질적으로 피심인의 방어권을 보장하는 방향으로 운용되어야 하는 것이 바람직한데 이를 위해서는 공정거래위원회 조사의 사실상 강제성을 감안하여 영장에 버금가는 수준으로 조사공문 상의 조사대상 등을 명확하고 한정적으로 특정할 필요가 있다고 생각한다. 이렇게 되면 장기적으로는 공정거래위원회 조사역량 강화에도 도움이 되고 피심인인 기업체들의 공정거래위원회 조사에 대한 신뢰성 제고에도 긍정적으로 작용할 것으로 생각된다.

최근 공정거래위원회의 조사절차규칙 개정으로 종전 현장조사 공문에 관련 법 조항만 단순히 기재하던 것을 구체적인 법 위반혐의와 관련하여 조사의 대상이 되는 기간의 범위와 거래분야·행위유형을 추가로 기재하도록 함으로써 조사의 대상을 피조사인이 명확히 알 수 있도록 개선되었다. 내외부의 우려를 반영한 조치로 적절한 개정이라고 생각된다.

(3) 변호인 조사과정 참여권

(3)-1 개요

조사과정에서의 절차적 권리 중 하나로 피조사 대상인 기업체는 선임한 변호사 또는 소속 변호사를 조사 과정에 참여하도록 공정거래위원회 조사공무원에게 요청할 수 있는데 이를 위해서는 기업체가 위임하는 대리권의 범위와 대리인이 표시된 위임장을 조사공무원에게 제출하여야 한다. 조사 과정부터 변호인이 참여하는 것은 피조사인의 방어권 차원에서도 중요할 뿐만 아니라 공정거래위원회 조사과정의 적법절차를 담보하는 차원에서도 의미가 있다. 다만, 변호인 조사과정 참여 요청이 시간을 끄는 방법 등으로 정당하게 진행되는 조사를 지연시키거나 방해하는 것으로 조사공무원이 판단되는 경우에는 이를 허용하지 않고 있으며, 참여한 변호사가 조사공무원의 정당한 직무수행에 승인 없이 개입하는 등의 행위도 금지되고 있다.

변호인의 조력을 받을 권리와 관련해 최근 공정거래법 전면개정을 통해 명문화가 이루어졌는데 이를 살펴보면, 종전 공정거래법에는 변호인의 조력을 받을 권리가 규정되어 있지 않고, 공정거래위원회의 고시인 [20]조사절차규칙에서 피조사업체의 신청이 있는 경우 변호인이 공정거래위원회의 조사과정에 참여하게 하여야 한다는 내용을 규정하고 있을 뿐이었다.

공정거래위원회의 조사는 형식적으로는 행정조사이자 임의조사로 되어 있으나, 조사를 기피·회피·방해하는 경우의 형사처벌 조항이 공정거래법에 규정되어 있고, 공정거래위원회의 처분에 따라 검찰고발이 이루어지는 경우 당해 행위에 가담한 법인 또는 임직원에 대한 수사에 따라 개인 등에 대한 형사처벌로 연결되는 경우가 있을 수 있으므로 단순한 임의적 행정조사라고 보기는 어려운 측면이 있고 일부 형사상 강제수사에 준하는 것으로 볼 여지도 있으므로 특히 '변호인의 조력을 받을 권리'가 중요한 의미를 갖는다고 할 수 있다.

'변호인의 조력을 받을 권리'가 피심인의 방어권 보장 및 적법절차 준수를 위한 핵심적인 권리임을 반영하여 전부개정 공정거래법은 제83조에서 위반행위의 조사 및 심의 시 조력을 받을 권리를 명문으로 규정하게 되었으며, 이는 2021. 12. 30.부터 시행되었다. 그러나 이는 기존 조사절차규칙에 규정되어 있는 사항이었으므로 시행일 자체는 큰 의미는 없다고 할 수 있고, 피조사인 등의 변호인 조력권을 상향입법한 것에 의의를 둘 수 있다.

참고로 최근 공정거래위원회의 조사절차규칙 개정으로 변호인 조력권의 실질적 보장과 관련되어 기업의 법무팀·컴플라이언스팀 등 준법지원부서에 대한 조사기준도 마련되었다. 개정된 조사절차규칙에 따라 종래 조사편의를 위한 준법지원부서 우선 조사관행을 원칙적으로 금지하였고 특별한 경우에만 조사를 할 수 있도록 제한하였다. 준법지원부서에 대한 조사를 할 수 있는 예외적 사유로는 ① 준법지원부서가 법위반 또는 증거인멸 행위에 직접 관여한 경우, ② 준법지원부서가 법위반 혐의와 관련된 업무도 직접 수행하는 경우, ③ 피조사업체의 준법지원부서가 현장진입 과정에서의 조사 거부·방해 행위에 관여한 정황이 있는 경우, ④ 기타 이에 준하는 사유가 있는 경우가 이에 해당된다.

20) 조사절차규칙 제4조(변호인의 조사과정 참여)에서 규정하고 있다.

(3)-2 실무 참고사항

공정거래위원회 조사절차규칙은 피조사업체의 변호인을 진술조서나 확인서 작성을 포함한 조사 전(全)과정에 참여할 수 있도록 하면서 일정한 경우에는 변호인 참여를 제한하고 있는데, ① 피조사업체의 변호인 참여요청이 조사의 개시 및 진행을 지연시키거나 방해하는 것으로 판단되는 경우, ② 조사공무원의 승인 없이 신문(訊問)에 개입하거나 모욕적인 언동 등을 행하는 경우, ③ 피조사업체를 대신하여 답변하거나 특정한 답변 또는 진술 번복을 유도하는 경우, ④ 신문내용을 촬영·녹음·기록하는 경우가 이에 해당한다. 다만, 기록의 경우 변호인이 피조사업체에 대한 법적 조언을 위해 기억환기용으로 간략히 메모하는 것은 허용하고 있다.

공정거래위원회의 조사절차규칙의 규정내용 자체는 수사기관의 조사·수사과정에서 변호인 조사과정 참여절차와 큰 차이를 보이지는 않고 있으나, 현실 조사과정에서는 피조사업체와 조사공무원이 서로 오해하는 상황들이 자주 발생한다. 예를 들어 현장조사를 위해 피조사 대상 기업체의 사업장(事業場) 등에 조사공무원이 도달하고 증표와 조사공문을 제시하였을 때, 피조사인이 변호인의 조력을 받을 권리를 내세워 변호인이 현장에 도착할 때까지 조사공무원의 현장 진입 등을 거부하는 경우가 빈번하게 발생하고 있다. 이 경우에 실제로 변호인의 도달 시점과 관련하여, 어느 정도의 시간소요가 조사지연이나 방해가 아닌 정상적인 상황인지에 대한 판단이 애매한 경우가 대부분이어서 현장에서는 조사공무원과 피조사인 사이에 필요 이상의 긴장관계가 일어나고 있다.

조사공무원은 피심인 소속 변호사가 아닌 별도로 선임된 외부 변호사의 경우에는 해당 지역에서 통상 소요되는 이동시간 정도는 양해하고, 기업체는 선임 변호사의 인적사항 및 현재 동선 등에 대한 정보를 조사공무원에게 수시로 제공하여 서로 불신하는 상황이 발생하지 않는 것이 바람직하다고 할 수 있겠다.

진술조사 과정에서는 실제로 피조사인의 대리인인 변호인이 조사공무원의 허락 없이 진술과정에 끼어들거나 답변을 거부 또는 유도하는 일도 종종 발생하곤 한다. 이러한 변호인의 부적절한 개입은 검·경 수사과정에서는 보기 힘든 상황이어서 공정거래위원회 조사공무원 입장에서는 권위에 손상을 받을 뿐만 아니라 공권력 집행에 부당히 개입하는 것으로 생각하고 민감하게 반응함으로써 불필요한 긴장이 조성되기도 한다. 따라서 진술조사 전에 기업체 관계자와 변호인 간 충분히 숙의를 하여 진술내용이나 방향을 정리하고, 일단 진술조사가 시작되면 변호인은 참관은 하되 진술내용과 조사상황을 정리하는 정도로 조력을 하게 되면 이 같은 불필요한 긴장상황은 피할 수 있을 것으로 생각된다.

조사절차규칙에는 담합조사와 같이 증거인멸의 우려로 조사의 시급을 요하는 경우에는 피조사업체의 변호사 참여요청과는 관계없이 조사개시를 할 수 있는 규정을 두고 있다. 담합을 입증하는 증거는 대개 법으로 보존을 정하고 있는 문서나 회사의 정식문서 형태가 아니기 때문에 조사가 지체되는 경우 그 확보를 담보할 수 있는 방법이 없어서 이 같은 예외를 허용하고 있는 것이며 담합조사의 실효성을 높이기 위해 대개는 피조사인이 예상하지 못하는 [21]급작스런 현장조사가 이루어지는 것이 보통이다.

미국 등에서는 증거수집(Discovery)제도가 발달해 있고 사법방해에 대한 제재 수위가 높기 때문에 공권력에 의한 조사과정 중에 증거를 인멸하거나 조사를 회피하는 것이 현실적으로 불가능하다. 반면, 우리나라는 아직 그러한 제도나 관행이 정착되어 있지 않아 조사현장에서 피조사인의 조사기피·방해나 증거인멸 등이 수시로 발생하고 있다. 해외지사를 두고 글로벌 경영을 하고 있는 국내의 대기업도 미국 등에서는 엄두도 낼 수 없는 조사지연·방해, 증거인멸 행위 등을 국내에서는 행하는 등 이중적인 태도를 보이고 있는 경우가 많아 공정거래위원회 현장조사는 사전에 피조사인에게 알리고 필요한 자료를 준비하도록 하는 방식으로는 성과를 달성할 수 없어 담합조사가 아닌 경우에도 피조사인이 예측할 수 없는 전격적인 현장조사를 불가피하게 하고 있는 실정이다.

미리 조사일정을 고지하고 준비하도록 한다면 변호인 선임과 조사 참여도 조사일정에 맞추어 이루어질 수 있는데 현실적으로는 전격적인 현장조사가 주로 이루어짐에 따라 변호인 참여 신청으로 인한 조사지연 문제도 당연히 발생할 수밖에 없게 된다. 정당한 공권력에 의한 조사에 대한 기업체의 인식전환과 이를 담보할 수 있는 제도가 마련되어 공정거래위원회의 현장조사도 담합을 제외하고는 피조사업체에게 사전에 고지한 후 충분한 시간을 주고 관련 자료를 준비하도록 하여 현장 확인이 이루어지는 방식으로 이루어질 필요가 있다.

21) 담합에 대한 현장조사는 이 같은 특성 때문에 통상 Dawn Raid라고 지칭하고 있다.

(4) 조사장소와 조사기간

(4)-1 개요

조사절차규칙에 의해 조사장소는 조사공문에 기재된 사무소 또는 사업장의 소재지에 한정하도록 되어 있으나, 조사목적에 부합되는 장소가 아닐 경우 별도의 공문을 제시하고 해당되는 다른 사무소 또는 사업장을 조사할 수 있도록 하고 있다. 조사시간 및 조사기간과 관련해서는, 종전 조사절차규칙에만 규정되어 있던 정규 근무시간 내 조사 및 조사공문에 기재된 조사기간 내 조사종료 의무를 전부개정 공정거래법에 상향 [22]신설함으로써 피조사업체의 방어권 보장을 강화하게 되었다.

2021. 5. 20.부터 시행된 공정거래법에 반영된 내용으로는 ① 조사시간과 관련하여 공정거래위원회의 현장조사는 원칙적으로 근무시간 내 실시하도록 하고, 증거인멸의 우려 등으로 근무시간 내의 조사로는 조사목적 달성이 불가능한 경우에 한해 피조사업체와 협의하여 연장할 수 있도록 하고, ② 조사기간과 관련하여 조사공문에 기재된 기간에 조사를 종료하되, 조사기간 내 조사목적 달성을 위한 충분한 조사가 이루어지지 못한 경우에 한해 연장할 수 있으며 연장기간이 명시된 공문을 반드시 교부하도록 규정하고 있다.

(4)-2 실무 참고사항

조사목적에 부합되는 장소가 아닐 경우 별도의 공문을 제시하고 해당되는 다른 사무소 또는 사업장을 조사할 수 있도록 되어 있는데 현장조사를 담당하는 조사공무원은 이 같은 상황을 상정하여 조사장소를 공란(空欄)으로 한 별도의 조사공문을 소지하고 있다가 상황이 발생하면 수기로 해당 현장을 기재하고 공문을 교부하기도 한다. 조사절차규칙에 의한 절차대로 업무를 수행한 것이라고도 볼 수 있지만 상대방인 피조사업체의 입장에서는 이 같은 수기방식의 공문교부는 조사권을 편의로 행사하는 느낌을 받게 되어 조사 후에 이러한 불만을 여러 경로에 표출하고 있다.

앞서 언급한 것처럼 조사공문은 영장에 준하여 조사대상 및 목적을 엄격히 특정하고 수기방식의 조사공문 교부는 지양함으로써 공정거래위원회 조사의 신뢰성을 높여나가는 것이 바람직해 보인다. 또한 정당하게 이루어지는 공권력

---

22) 전부개정 공정거래법 제82조에 해당한다.

행사에 대해서는 기업체도 존중하는 입장에서 조사에 응해야 하며 특히 증거인멸 등에 대한 엄격한 제재가 확립될 필요가 있다.

피조사대상자인 기업 입장에서 불만이 큰 사항 중 하나로 조사기간을 들 수 있다. 실제 기업체들은 조사기간이 기재된 최초의 조사공문은 아무런 의미가 없는 것으로 여기고 있는데 그 이유는 조사공무원이 필요하면 언제든지 임의로 조사를 연장하여 조사를 진행함으로써 전체 조사에 3~4년 이상 소요되는 경우가 빈번하게 발생하고 있기 때문이다. 또한 수년에 걸친 장기간의 조사기간 내에서 조사가 계속적으로 진행되는 것도 아니고 간헐적으로 급작스러운 현장조사와 함께 조사가 반복되는 경우가 많아 조사에 대응하는 기업체의 피로감이 높아지고 있는 상황이다.

공정거래위원회 조사인력이 제한되어 있고 조사에 필요한 자원이 절대적으로 부족한 상황에서 여러 사건을 처리하는 데 따른 조사기간의 연장 등은 충분히 이해할 만한 사정이기는 하나, 현장에서 피조사 대상자의 불만이 필요이상으로 고조되어 공정거래위원회 현장조사에 대한 부정적 인식이 확산되는 것은 주의해야 할 사항이라고 생각된다. 결국은 소통에서 해결의 실마리를 찾는 것이 바람직한데 피조사업체에 대해 조사기간의 연장이 필요함을 충분히 설명하여 납득을 시키는 것이 중요하고, 특히 조사 진행이 잘 안 되는 상황의 타개 또는 기업체의 조사 비협조에 대한 조사공무원의 불만을 보여주기 위한 방편으로 재차 불시 현장조사를 진행하는 경우 현장조사 권한을 남용한다는 오해를 불러일으킬 수 있으므로 조사기간 연장 또는 다시 현장조사를 실시하는 등의 경우에는 공정거래위원회의 책임 있는 관리자가 현장 조사관들을 잘 통제해야 하고 한편으로는 기업체의 조사대응 책임자에게 그 불가피성을 충분히 설명할 필요성이 있다.

다행스럽게도 최근 공정거래위원회 조사절차규칙이 개정되어 조사 연장과 관련한 개선이 있었다. 종전 현장조사 기간을 연장할 때 연장된 조사기간만 기재된 추가공문을 교부하던 것을 조사기간을 연장하는 사유까지 적시하도록 함으로써 단순히 조사 편의만을 위한 조사 기간 연장은 억제될 수 있도록 하였다.

(5) 현장조사 등에서의 자료제출

(5)-1 개요

사실관계 확인을 위한 조사자료 확보단계에서는 피조사업체의 협조를 먼저 구한 후 책상, 서랍, 캐비넷 등의 자료와 임직원들의 업무수첩 등을 조사하게 된다. 공정거래위원회의 조사가 사실상 강제조사의 성격을 지니고 있긴 하지만, 형식적으로는 임의조사이므로 협조 절차를 거치고 해당 자료 등에 접근하거나 조사할 수 있게 되는 것이다. 정당한 사유 없이 공정거래위원회 조사에 불응하는 경우는 과태료가 부과되고, 현장조사 시 폭언·폭행, 고의적인 저지·지연 등을 통한 조사 거부·방해·기피에 대해서는 형벌까지 부과되고 있으므로 이에 유의할 필요가 있다.

조사자료 확보단계는 조사·심사단계에서 가장 중요한 단계라고 할 수 있는데 확보된 관련 자료는 공정거래위원회 입장에서는 추후 법 위반 여부에 대한 심의 시에 위법성을 입증하는 증거가 될 수도 있고, 방어하는 피조사업체 입장에서는 조사관련 자료를 통해 당시 경영상황 등 정당성을 입증할 수 있는 증거도 동시에 될 수 있기 때문이다. 현실에서는 대개 피조사업체가 가급적 자신과 관련된 자료의 제출을 하지 않거나 최소한으로 제공하려는 시도를 하는 것이 보통이고, 조사공무원은 조사의 성패가 일차적으로는 자료 확보에 달려있기 때문에 이러한 피조사업체의 태도에 불만을 갖게 되어 조사자료 확보과정에서 양측의 마찰이 가장 많이 발생하게 된다.

최근에는 기업체의 자료가 서류 형태로 남아있기보다는 전자문서화되어 정보처리시스템 내에서 보존되는 경우가 대부분이어서 조사공무원의 입장에서는 서면자료와 함께 전자문서자료의 확보가 중요한 사항으로 되어 있다. 그러나 전자문서의 경우 정보처리시스템을 통해 확인을 하고 확보해야 하는데 정보처리시스템 내에는 조사와 관련된 자료 이외에 기업체의 영업비밀이나 기타 경영과 관련된 자료가 같이 포함되어 있어 이를 제외하는 기술적인 방법이 쉬운 것이 아니기 때문에 전자문서자료 열람·확보과정에서 마찰이 발생하고 있다.

조사공무원의 입장에서는 피조사업체 측에서 입회하더라도 정해진 조사기한 내에 정보처리시스템 내의 모든 문서를 하나씩 현장에서 확인해서 관련 전자문서자료만 복사하여 취득하는 것이 사실상 불가능하기 때문에 실무적으로는 정보처리시스템 내 저장장치 내용 전체를 복사하여 자료를 확보하고 있다. 조사와 관련 없는 영업상 비밀 등에 해당하는 자료까지 포함된 전산정보자료를 전체로 확보하는 것에 대한 피조사업체의 불안과 불만을 해소하기 위해 조사와 관련된 전자문서자료만 심의에 활용하고 나머지 자료 등에 대한 안전한 관리 등을 담보하기 위한 예규로서 공정거래위원회는 '피조사업체에서 수집한 디지털 자료의 관리 등에 관한 규정'을 제정하여 운용하고 있다.

(5)-2 자료의 일시보관과 반환

종전 공정거래법 제50조(위반행위의 조사)는 조사공무원의 자료 영치(領置) 권한만을 규정하고 영치조서의 작성이나 영치물의 반환에 대해서는 명문의 규정이 없었고, 공정거래위원회 고시인 (종전)사건절차규칙에서만 조사공무원의 영치조서의 작성·교부, 영치물의 반환 규정을 두고 있었다.

전부개정 공정거래법은 피조사업체 등의 절차적 권리를 강화하게 위해 종전 고시에 규정되어 있던 내용을 법률로 상향하고 용어도 영치에서 '일시보관', 영치조서는 '보관조서'로 순화하면서 조사공무원이 수집하거나 제출 받은 자료에 대해서는 추후 방어권 행사를 위해 그 수집·제출자료 목록을 피조사업체에게 제공하도록 하면서 보관조서 작성·교부 및 보관물 반환 관련 규정을 두게 되었다. 또한 보관조서 기재사항은 공정거래법 시행령에 담게 되었다. 보관조서 관련 규정은 2021. 5. 20.부터 시행되었으며, 그 이전 진행되던 사건도 2021. 5. 20. 이후에는 보관조서 작성 등을 하여야 한다.

기업체의 입장에서는 사업경영과 관련된 주요한 자료들을 공정거래위원회가 일시보관의 방법으로 가져가서 장기간 반환하지 않을 경우 경영활동에 막대한 지장을 받을 수 있다. 원본대조를 하였다는 전제로 기업의 주요자료에 대한 사본을 징구하면 이와 같은 문제는 발생하지 않겠으나, 원본을 일시보관의 방법으로 가져가게 되는 경우에는 조사목적 등이 달성되거나 불필요하다고 판단되는 자료를 최대한 빠른 시일 내에 반환하는 것이 피심인의 권익보호에 필요하다고 할 것이다. 다만, 전부개정 공정거래법에는 즉시 반환만 하도록 하고 있고 불필요성이나 목적달성과 관련한 구체적 내용 등에 대한 명확한 규정을 하고 있지 않아 추후 입법적 보완이 필요해 보인다.

(6) 진술조사 관련사항

(6)-1 진술조서의 작성

진술조사는 현장조사 시에도 이루어질 수 있으나 대개는 현장조사 이후 피조사업체로부터 확보한 조사 관련자료 분석이 끝나고 나서 피조사업체 관계자에게 출석요구서를 발송하면서 이루어지게 된다. 진술조사를 하게 되는 경우에는 진술조서를 작성하도록 되어 있고 피조사업체 관계자에게 진술을 강요할 수는 없도록 되어 있다. 진술조서는 진술자의 서명·날인을 받도록 되어 있고, 피조사인이 진술 거부 등으로 서명·날인을 거부한 때에는 그 내용을 진술조서에 기재하도록 되어 있다.

조사공무원이 조사목적 달성을 위해 현장조사 또는 현장조사 이후 공정거래위원회 조사실에서 진행하는 진술조사 시에는 진술조서 작성이 의무화되어 있는데, 종전 [23]공정거래법은 법 위반행위에 대한 조사방법 중 하나로 당사자, 이해관계인 또는 참고인을 출석하게 하여 의견 및 진술을 들을 수 있도록 하고 있지만 진술조서에 대한 명확한 규정을 두지 않고 있었고, 공정거래위원회 고시인 [24]사건절차규칙에 조사공무원 등의 '필요에 따라' 진술조서를 작성할 수 있도록 규정하고 있었다.

이해관계인 또는 참고인의 진술은 객관적 증거자료에 대한 분석 및 경제분석 등 심사를 위한 참고사항이 되는 경우가 대부분이나 당사자의 진술은 심의절차에서 법 위반 여부를 입증하는 증거자료가 될 수 있는 동시에 소송단계에서 당사자의 방어권 보장에도 중요한 역할을 하게 되므로 정당한 절차에 의한 진술조서 작성을 법률에 명시할 필요가 있어 법 개정이 이루어지게 되었다. 다만, 진술조서 작성이 의무화되는 진술의 대상자는 당사자에 국한되며, 이해관계인 또는 참고인에 대한 진술조서 작성은 조사효율성 등을 감안하여 의무화 대상에서 제외된다. 당사자의 진술 청취 시 진술조서 작성 의무화는 2021. 12. 30.부터 시행되었으며, 그 이전에 진행 중인 사건의 경우에도 2021. 12. 30. 이후 당사자의 진술을 청취하는 경우에는 진술조서를 반드시 작성하여야 한다.

---

23) 종전 공정거래법 제50조 제1항 제1호와 제2항 후단에 규정되어 있었으며, 전부개정법에서는 제81조(위반행위의 조사 등)에 제5항을 신설하여 진술조서 작성 의무화 내용을 포함하였다.

24) 구 사건절차규칙 제15조에 규정되어 있었으나, 2021. 5. 20. 시행된 새로운 사건절차규칙에서는 상향입법으로 인하여 삭제되었다.

(6)-2 피조사인의 진술권

피조사자의 의견제출권 및 진술권과 관련하여 최근에 법 개정이 이루어졌는데 이를 살펴보면, 종전 공정거래법은 '심의단계'에서 당사자나 이해관계인의 의견진술권은 규정하고 있으나 '조사단계'에서의 피조사인 의견진술권에 대한 명문의 규정을 두고 있지 않고, 공정거래위원회 고시인 조사절차규칙에 조사공문 제시에 대한 규정을 두면서 조사공문 기재사항 중 하나로 '조사와 관련한 의견제출 및 진술을 할 수 있다'고 하고 있었다.

전부개정 공정거래법은 종전 고시에 규정되어 있던 조사과정에서의 의견제출권 및 진술권을 피조사인의 방어권 강화 차원에서 법률에 명시함으로써 공정거래위원회 조사공무원이 조사와 관련해서 필요시 피조사인의 진술을 들을 수 있도록 하면서 동시에 조사공무원의 [25]진술요구가 없더라도 피조사인 스스로의 필요에 의해 진술을 요구할 수 있는 권리를 법률에 규정하게 되었다. 종전 고시로 규정된 내용을 상향 입법한 것에 불과하므로 2021. 5. 20. 시행일과는 관련 없이 이미 시행되고 있는 것이라고 보면 되겠다. 전부개정 공정거래법 시행령에서는 진술조서에 진술자의 성명·주소, 진술일시·장소·내용을 개재하도록 규정하고 있다.

그러나 조사대상인 기업체 임직원들이 사후에 책임이 따를 수 있는 조사부담 문제로 공정거래위원회 조사를 가급적 회피하고자 하는 성향을 보이는 상황에서 적극적으로 개인 진술을 하는 방법으로 방어권을 행사할지에 대해서는 의문이 있으며, 형식적인 진술권보다는 오히려 사업자의 경영상 필요성 등과 같은 사항에 대해 법인명의의 포괄적 의견제출을 서면으로 할 수 있는 방법이 활성화되는 것이 방어권 보장과 관련하여 효율적일 수 있다고 생각한다.

(6)-3 실무 참고사항

진술에 응하지 않더라도 조사공무원의 진술조서 작성은 그대로 이루어지며 조사공무원의 질문에 대한 답변란에 진술을 하지 않았다는 사실과 피조사인의 태도·정황 등이 진술조서에 기재되게 된다. 따라서 조사를 받는 기업체 관계자들은 진술조사에 응하지 않는 것이 반드시 유리한 것은 아니라는 점에 유의할 필요가 있다.

---

25) 공정거래위원회 조사공무원의 요구에 의해 진술을 하게 되는 경우에는 전부개정법 제81조 제5항에 따라 조사공무원은 진술조서를 작성하여야 한다.

법 위반을 입증하는 것은 진술조서에만 의존하는 것이 아니라 여러 증거에 의해 뒷받침되는 것이 보통이므로 명백한 증거가 있거나 다른 관계자의 진술에도 불구하고 부인하거나 진술을 거부하는 경우에는 향후의 심결이나 재판과정에서 오히려 불리해질 가능성을 주의할 필요가 있다. 따라서 진술조사에 협조하되 정당화 사유 등에 대해 최대한 설명을 하고 이를 진술조서에 명확히 기재해 두는 것이 향후 방어권 행사에 도움이 될 수 있다.

(7) 기타 참고사항

현장조사가 종료되면 조사절차규칙에서 정하고 있는 서식에 따라 조사과정확인서를 작성하여 피조사업체의 조사대상 부서책임자 또는 이에 준하는 임직원의 확인을 받도록 되어 있고, 조사과정에서의 애로사항이나 불만사항이 있는 경우에는 공정거래위원회 감사담당관실에 신고 또는 제보를 할 수 있으며 이를 위해 조사현장에서 조사공무원이 당해 신고서 양식을 피조사업체에게 교부하도록 되어 있다. 조사공무원은 조사과정에서 피조사업체 임직원에게 위압적이거나 모욕적인 언사를 사용할 수 없고, 어떠한 경우에도 특정 변호사 또는 법률사무소 등을 추천하거나 소개할 수 없도록 되어 있으므로, 이 같은 일이 발생하는 경우에는 공정거래위원회 감사담당관실에 신고·제보를 하여 이를 바로잡을 수 있다.

조사대상이 된 기업체의 입장에서 조사와 관련한 행동요령을 언급하고자 한다. 사전에 공문으로 조사일정을 통보하는 경우도 있을 수 있으나 대개 공정거래위원회의 현장조사는 불시에 이루어지는 경우가 많다. 일과시간 시작 무렵 조사공무원들이 기업체 영업소 또는 사무소에 도착하게 되면 기업체 관련 임직원들은 당황하기가 쉽고 이때 사무실 진입과 관련해서 크고 작은 마찰이 빚어지게 된다. 따라서 기업체는 공정거래위원회 조사와 관련한 사전 대응절차를 마련해 두는 것이 바람직하다.

당해 현장의 책임 있는 임원급 직원이 현장에 도착한 조사공무원의 조사증표와 조사공문을 바로 확인하고 어느 부서가 관련되어 있는지를 파악한 후 사내 변호사가 있으면 즉시 사내변호사가 조사에 참여하도록 조치하고 조사공무원을 현장 안으로 안내하는 것이 불필요한 충돌을 방지할 수 있다. 만약 사내변호사가 없는 상태에서 변호인 선임이 필요한 경우는 불가피하게 시간이 소요될 수밖에 없는데 이를 이유로 조사개시 자체를 거부하는 경우에는 부당하게 조사를 지연시키는 것으로 오해받을 소지가 있으므로 일단 현장진입은 허용하고 적절한 대기장소에 안내한 후에 조사시작 시점에 대한 절충과 타협을 조사공무원과 허심탄회하게 협의할 필요가 있다.

선임된 변호인 등이 도달할 때까지는 가급적 조사관련 부서의 임직원보다는 법무나 기획팀 임원이 대응을 하도록 하는 것이 바람직한데 조사와 관련된 부서의 임직원의 경우에는 자신의 일과 직접 관련이 있으므로 지나치게 방어적이거나 공격적인 성향을 보여서 역작용이 발생하기 쉽기 때문이다. 따라서 평소에 매뉴얼에 따라 대응할 전담임원을 지정해 두는 것이 바람직하다. 대개 조사방해 이슈가 발생하는 것은 현장진입이 지연되거나 불가능할 때 발생하게 되고 이런 경우 조사공무원은 정당한 공권력 행사가 방해받았다고 판단하게 되므로 빠른 시간 이내에 변호인 참관 문제를 해결하고 현장진입을 허용하는 것이 중요하고 조사개시는 다음의 문제가 된다.

변호인 등의 참관 하에 현장조사가 시작되면, 관련 부서에 조사공무원들이 들어가서 자료 확보나 진술·확인 조사 등을 하게 되는데, 이때 유의해야 할 사항은 기업체 관련 부서에 근무하는 직원들의 경우 급작스런 조사공무원의 출현에 감정적으로 고조되기가 쉽고, 현장에 진입한 조사공무원들도 긴장상태에 있으므로 여기서 마찰이 발생하기 쉽다. 이 경우에 조사대응 임원의 역할이 중요한데 관련부서 직원들이 차분하게 협조할 수 있도록 분위기를 유도하되, 조사공무원이 과도한 요구 등에 대해서는 차분하지만 분명하게 변호인 등의 조력을 받아 기업체의 입장을 전달해야 한다. 현장조사 시에는 피조사업체와 조사공무원간에 분명한 의사소통으로 서로 불필요한 오해를 최소화하는 것이 바람직하며 변호인 또는 공정거래 전문인력의 도움을 받아 매 단계마다 각자의 입장을 분명하고 존중하는 자세로 표명하는 것이 중요하다.

공정거래위원회 조사공무원의 현장조사 활동이나 피조사업체 임직원의 조사대응이나 각자의 분야에서 개인의 일이 아닌 공적인 업무를 수행하는 과정일 뿐이다. 불필요한 감정의 개입이 전혀 필요가 없으며 원칙과 절차가 보장하는 범위 내에서 사무적인 자세로 분명하게 서로의 일을 진행하는 것이 바람직하다.

최근 공정거래위원회 조사절차규칙이 개정되어 사건조사 단계에서 예비의견청취절차가 도입되었다. 원래 의견청취절차는 심의 단계에서 정식 심의 이전에 주심위원 등에 대해 대면 의견 진술을 할 수 있는 공식적인 절차로 이미 마련되어 있었으나 조사단계에서는 이와 같은 절차가 없었다. 그러나 조사단계에서도 피조사인의 대면 의견 진술이 필요한 경우가 있는 점을 감안하여 사건조사를 직접 담당하는 공정거래위원회 국장(심사관) 등이 공식적인 대면회의를 개최할 수 있도록 하였다. 예비의견청취절차를 개최할 수 있는 경우로는 ① 법 위반혐의 관련 기초 사실관계를 명확히 할 필요가 있는 경우, ② 사실관계가 복잡하거나 쟁점이 많은 경우, ③ 주요쟁점에 대한 심결례·판례 등이 확립되어 있지 않은 경우, ④ 전원회의·소회의 상정이 예상되는 경우 등이 이에 해당한다. 예비의견청취절차의 일시, 장소, 참석자, 피조사인 제출자료 등 주요내용은 기록과 함께 사건 기록물로 편철하여 관리함으로써 절차를 투명하게 운영하도록 하고 있다.

4. 사건심사 단계

(1) 심사보고서의 작성

현장조사 또는 자료제출 요구 등에 의해 인지된 사항 또는 신고사항에 대한 사실관계를 파악한 후 피조사업체의 특정 행위 등이 공정거래법 위반 혐의가 있다고 판단되는 경우에는 심사(審査)단계에 들어가게 된다. 심사는 파악된 행위사실 등 사실관계에 대해 위법 혐의와 관련된 법조를 적용하는 심사관(통상은 담당 '국장'이 맡게 된다)의 행위를 의미하며, 심사의 결과는 '심사보고서'라는 형태로 최종 정리가 된다.

심사보고서는 피조사업체의 행위가 법 위반 혐의가 있다고 보는 심사관의 주장이 담긴 문건으로서 소추장 또는 공소장의 성격을 가지고 있음을 앞서 언급한 바 있다. 사건절차규칙 제29조는 심사보고서에 기재되어야 할 내용을 규정하고 있는데, 구체적으로 살펴보면 ① 사건의 개요, ② 시장구조 및 실태, ③ 제도개선 사항의 유무, ④ 사실의 인정, ⑤ 위법성 판단 및 법령의 적용, ⑥ 자율준수 프로그램 또는 소비자중심경영 인증제도 운용상황의 조사여부, ⑦ 심사관의 조치의견(공표명령이 있는 경우에는 공표문안을 포함), ⑧ 피심인의 수락여부(전원회의 소관사건은 제외), ⑨ 첨부자료 등이 포함된다.

'사건의 개요'에는 직권인지 또는 신고 등 사건의 단서,[26]피심인·신고인의 인적사항 및 인지내용 및 심사경위 등을 기재한다. 다만, 신고를 이유로 피해를 입거나 입을 우려가 있다고 인정할 만한 상당한 이유가 있는 경우에는 신고인의 주소·성명 등 인적사항을 기재하지 않을 수 있다.

'시장구조 및 실태'에는 피심인 중 사업체(기업)의 일반현황, 피심인과 거래처와의 거래의존도, 객체별·단계별·지역별 관련시장의 존재 및 범위, 동종 및 유사사업자의 수·매출액·시장점유율, 시장에 대한 법령상의 규제 등의 사항을 기재하는데, 시장구조 및 실태를 파악하는 이유는 공정거래법 위반행위 유형에 대한 위법성판단 요소로서의 경쟁제한성을 판단하는 데 시장관련 사실관계가 필요하기 때문이며, 경쟁제한성 판단을 필요로 하지 않는 일부 일반불공정행위의 경우라도 거래내용이나 거래방법의 불공정성 등을 파악하기 위해서 시장구조나 거래구조 등에 대한 정보가 역시 필요하기 때문이다.

'제도개선사항'부분에서는 사건처리과정에서 인지하게 된 경쟁제한적인 법령, 지침, 관행 등을 적시해서 제도개선을 촉구하게 되는데, 공정거래법령 위반행위를 적발하고 시정하는 것 이외에도 경쟁친화적인 시장구조개선 내지는 불공정한 경쟁을 유발하는 제도개선을 통한 법위반 예방활동이 공정거래위원회의 주요한 업무분야로 되어 있기 때문이다.

'사실의 인정'은 현장조사나 자료제출 요구 등 조사활동을 통해 조사공무원이 확인한 피조사업체의 행위사실과 그 사실인정을 뒷받침할 수 있는 증거자료 등을 특정하여 기재하게 된다. '시장구조 및 실태' 부분에서도 시장점유율을 놓고 당해 관련시장에서의 유력한 사업자인지 여부 등에 대한 다툼이 있을 수 있으나 시장지배적지위 남용행위 등 특정 행위유형에 비교적 국한되는 다툼인 반면, 사실의 인정 부분은 공정거래위원회 심사관과 [27]피조사업체 또는 피심인과 그 대리인이 공정거래위원회 심의단계에서 위법여부를 놓고 첨예하게 다툼이 벌어지는 부분에 해당된다.

'위법성 판단 및 법령의 적용'부분은 법위반 성립요건별로 구분해서 기재하게 되는데, 이 부분도 심의과정에서 [28]양측 간에 가장 치열하게 다투어지는

---

26) 피심인은 해당 기업과 자연인인 해당 기업의 임직원이 모두 포함될 수 있다.

27) 공정거래위원회 조사단계에서는 조사대상인 기업체 등을 피조사업체 또는 피조사인이라 하고 심사보고서가 공정거래위원회에 상정되어 위법여부를 다투는 심의단계에서는 당사 기업체 등을 피심인이라고 부르고 있다.

28) 공정거래위원회 심의를 하게 되는 전원회의, 소회의 등 각 회의는 대심(對審)구조를 채택하고 있다. 법 위반을 주장하여 소추하는 심사관이 일방이 되고 피심인과 그 대리인 등

부분에 해당된다. 이에 대해서는 심의단계에 대한 서술에서 자세히 다루기로 한다.

'자율준수 프로그램 또는 소비자중심경영 인증제도 운용상황의 조사여부'에는 피심인의 자율준수 프로그램(CP: Compliance Program)의 도입·운용과 그 평가등급을 확인하여 모범적 운영과 관련한 [29]유인 제공에 해당되는지와 피심인이 소비자중심경영 인증제도(CCM: Customer Centered Management)를 운용하고 있는 경우에도 제재수준의 경감을 요구할 수 있으므로 그에 대한 판단을 위한 내용을 기재하게 된다. 피심인과 대리인 입장에서는 동 제도 등을 운영하고 있는 경우 이를 적극적으로 주장하여 위법이 인정될 경우 부과되는 제재수준에 이를 반영시킬 필요가 있다.

특히 최근 공정거래법 개정으로 자율준수 프로그램의 [30]법적 근거가 정식으로 마련되어 자율준수 프로그램 제도의 활성화를 기대할 수 있게 되었는데 종전 공정거래위원회 예규에 의해 시정명령을 받은 사실의 공표를 면제하거나 감경할 수 있도록 하던 것에 나아가 공정거래위원회의 시정조치나 과징금까지 감경받고 포상이나 지원까지 할 수 있도록 함으로써 제도의 인센티브를 대폭 확대하였고 공정거래위원회가 공정거래 자율준수 평가기관을 지정 또는 취소할 수 있는 법적 근거까지 마련하게 되었다. 향후 공정거래 자율준수 프로그램의 적극적인 도입과 확대가 예상된다.

'심사관의 조치의견'에는 당해 사건 심사결과 필요하다고 인정되는 조치의 내용을 기재하는데 쉽게 설명하자면 검사의 구형에 해당하는 부분이라고 할 수 있다. 조치의견에 과징금 납부명령이 포함되는 경우에는 관련 상품의 범위·위반행위의 시기·종기 등 관련매출액 산정기준, 위반행위의 중대성 정도, 부당이

이 다른 일방을 구성하여 양 방이 심결을 내리게 되는 공정거래위원회 위원들을 설득하기 위한 공방을 벌이게 된다. 공정거래위원회 심결이 형식적으로는 행정심판의 형태를 띠고 있지만 공정거래법에 의해 1심 기능을 하기 때문에 재판에 준하는 형식으로 진행되고 있으며, 공정거래위원회 심결에 불복하는 경우에는 서울고등법원에 취소소송을 구하게 된다.

29) 종전에는 공정거래위원회 예규인 '공정거래 자율준수프로그램 운영 및 유인 부여 등에 관한 규정'에 의해 CP를 모범적으로 운영하는 사업자에 대해서는 시정명령을 받은 사실의 공표를 면제하거나 감경하고 공정거래위원회의 직권조사를 면제할 수 있도록 유인을 부여하는 정도에 그쳤으나 최근 공정거래법 개정으로 공표에 대한 감경 이외에 시정조치 자체와 과징금 부과에 있어서까지 감경을 할 수 있도록 대폭적으로 유인이 확대되었다.

30) 공정거래법 제120조의2가 신설되었다.

득액이 있는 경우에는 그 부당이득액, 과거 3년간 법 위반 횟수 등 가중·감경 사유 및 기타 과징금 산정의 기초가 된 사실을 적시하도록 하고 있다. 과거에는 심사보고서 별지의 형태로 부과기준율, 부과기준금액, 가중·감경비율 및 심사관이 최종 산정한 부과금액을 작성하였으나 과징금액의 수준은 심의를 거쳐 공정거래위원회가 최종 산정하는 것이므로 심사관이 산정한 금액과 공정거래위원회에서 최종 부과하는 금액의 차이가 생기는 경우 발생하는 불필요한 오해를 피하기 위해 관련매출액과 산정에 필요한 기초사실만을 제시하는 것으로 변경되었다.

'피심인의 수락여부'는 시정권고 수준의 조치를 부과하거나 [31]약식절차의 경우 피심인이 수락하는 경우는 공정거래위원회 심의를 위해 심사보고서를 상정하지 않고 종결하게 되고 피심인이 심사관 조치를 불수락하는 경우에만 공정거래위원회 소회의에 상정하여 심의하게 된다. 마지막으로 '첨부자료'에는 사실의 인정이나 위법성 판단 등을 뒷받침할 수 있는 증거자료가 포함되게 되고 첨부자료의 세부목록도 작성하도록 되어 있다.

(2) 첨부자료 등의 열람·복사

(2)-1 종전의 문제점

심사보고서의 첨부자료와 관련해서 피심인 등과 직접적으로 관련되어 있는 사항은 첨부자료의 열람·복사 관련사항이다. 심사관이 공정거래위원회 심의에 부의하기 위해 심사보고서를 작성한 후에는 피심인에게도 심의 전에 심사보고서를 송부하게 되는데 이는 피심인이 심의에 출석해서 심사보고서 내용에 대해 충분히 다툴 수 있도록 하여 방어권을 보장하기 위함이다.

그런데 피심인에게 송부하는 심사보고서에는 심사관이 공정거래위원회에 상정하는 전체의 심사보고서의 내용이 아니라 피심인과 관계되는 부분만을 수록하게 되고 특히 조사단계에서 확보한 다른 경쟁사업자나 관련 사업자들의 자료나 진술 등이 포함되어 있는 첨부자료의 경우 당해 사업자들의 비공개의사

31) 사건절차규칙은 제67조에서 제72조까지 약식절차를 규정하고 있는데 공정거래위원회 소(小)회의 소관사건에서 피심인이 심사보고서상의 행위사실을 인정하고 심사관의 조치의견을 수락한 경우에 소회의에서 당해 사건을 심사관과 피심인의 출석 없이 서면으로 심의하고 확정하는 절차를 의미한다. 최근에 사건절차규칙이 개정되어 소액 과징금 사건 등에도 약식절차가 확대 도입되었다. 관련 내용은 후술하기로 한다.

등에 따라 피심인에게는 이를 제외한 일부의 첨부자료만 발송 심사보고서에 수록되게 되어 피심인이 방어에 필요한 전체 내용을 완전히 파악하지 못하는 문제가 있었다.

전체 내용을 인지하지 못하고 심의에 대응해야 하는 피심인들은 정당한 방어권을 침해받았다고 생각하고 자료열람 등과 관련해 공정거래위원회에 대해 소송을 제기하는 사례들이 발생하기도 하였다. 피심인이 받아보지 못한 첨부자료 중에 심사관에게만 [32]유리할 수 있는 자료가 있을 수도 있어서 이에 대한 열람·복사를 청구하면 공정거래위원회는 종전 공정거래법 규정에 근거하여 자료제출자의 동의 등이 없음을 이유로 자료에 대한 열람·복사를 허용하지 않는 경우가 있었는데 이와 같은 관행에 대해 여러 문제 제기가 있었다.

(2)-2 개선사항

최근에 이 같은 문제를 해결하기 위해 전부개정 공정거래법 내용에 피심인의 자료열람·복사 요구권을 명문화하는 등 제도개선이 이루어졌다. 종전 공정거래법이 피심인에게 처분과 관련된 자료의 열람·복사 요구권을 부여하되, 자료를 제출한 자의 동의가 있는 등 '예외적인 경우에만 이를 제한적으로 허용'함에 따라 실제 심의과정에서 당사자인 기업체의 입장에서는 대심구조의 상대방인 공정거래위원회 심사관 및 심의·의결을 하는 공정거래위원회 위원과 비교해서 심의되는 자료의 인지범위에서의 차이로 인한 불리함이 발생한다는 문제를 적극적으로 해소하기 위한 개정이다.

이 같은 무기(武器)대등의 원칙 또는 방어권 보장에 대한 기업체의 불만을 해소하기 위해 공정거래법 개정이 이루어져 피심인·신고인 등의 자료 열람·복사를 '원칙적으로 허용'하도록 된 것은 타당한 개선이라고 생각된다. 구체적으로는 영업비밀 자료, 자진신고 자료, 기타 법률의 규정에 의한 비공개자료를 제외하고는 원칙적으로 열람·복사를 허용하는 네거티브 방식으로 전환되었고 공정거래법 시행령에 구체적인 열람·복사 요구권자를 해당사건의 당사자, 해당사건의 신고인, 공정거래법에 따른 손해배상 청구소송을 제기한 자 등으로 구체적으로 규정하게 되었다.

---

32) 예를 들어 여러 기업체를 조사하여 관련 자료를 확보한 후에 심사관에게 유리한 기업체의 자료만 취사선택하여 심사보고서 첨부자료로 송부하게 되면 피심인의 입장에서는 자신에게 유리한 다른 자료를 고의로 누락시켰다고 의심할 소지가 있게 되는 것이다.

또한 종전 자료열람·복사 거부와 관련하여 피심인이 공정거래위원회에 대하여 소송을 제기한 사례 등을 감안하여 피심인이 취소소송을 제기한 경우에는 재판이 확정될 때까지 해당사건의 처분시효를 정지하는 규정도 신설하게 되었다. 자료의 열람·복사권 보장과 아울러 공익목적 실현의 공정거래법의 효율적 집행이라는 양 측면을 동시에 고려한 입법조치라고 생각된다.

개정된 공정거래법 내용은 2021. 5. 20. 시행되었으며, 그 이전에 공정거래위원회는 예규로서 '자료의 열람·복사 업무지침'을 마련하여 2020. 12. 3.부터 시행하게 되었다. 자료의 열람·복사 요구권은 방어권과 관련해서 중요한 사항이므로 그 구체적인 절차나 방법에 관해서 별도로 상세하게 후술하기로 한다.

(3) 사전심사제도

공정거래위원회의 조사·심사와 관련된 제도로서 사전심사제도를 들 수 있다. 사전심사제도는 사업자 등이 어떤 행위를 하기 전에 그 행위가 공정거래법, 하도급법 등의 [33]법률에 위반되는지 여부에 대해 공정거래위원회에 심사를 미리 청구하면 공정거래위원회가 관련 법률에 위반되는지 여부를 사전에 심사하여 확인해 주는 제도로서 위반행위가 발생했을 때 사후시정으로 인해 발생할 수 있는 사업자 등의 불이익을 방지하는 데 목적이 있다.

사전심사의 대상행위는 공정거래법 등의 적용대상이 되는 행위로서 청구인이 앞으로 실시하기로 계획하고 있는 구체적·개별적 행위이며, 기업결합의 경우에는 별도의 '임의적 사전심사' 요청제도를 운영하고 있으므로, 사전심사지침의 적용대상이 되는 행위에서는 제외하도록 되어 있다. 사전심사 청구는 사전심사 청구서 양식에 의해 관련 자료를 첨부하여 서면 또는 전자문서로 청구해야 하며 청구인은 공정거래위원회가 심사에 필요하다고 추가로 요청하는 자료를 제출하도록 되어 있다.

공정거래위원회는 청구 대상행위가 공정거래법 등에 위반되는지 여부를 검토하여 그 결과를 청구일로부터 30일 이내에 청구인에게 서면으로 회답하여

---

33) 공정거래위원회 고시인 '독점규제 및 공정거래에 관한 법률 등의 위반여부 사전심사청구에 관한 운영지침(이하 '사전심사지침'이라 한다)'에는 사전심사 청구의 대상인 법률로서 공정거래법, 하도급법 이외에 가맹사업법, 표시광고법, 전자상거래법, 방문판매법, 할부거래법, 대규모유통업법을 들고 있다.

야 하고 필요시 30일의 범위 안에서 기간을 연장할 수 있다. 공정거래위원회가 회답을 하지 않는 경우를 사전심사지침에서 규정하고 있는데 ① 장기간에 걸친 광범위한 조사, 시장분석 등이 필요한 경우, ② 검토에 필요한 자료를 청구인이 제출하지 않거나 허위자료를 제출한 경우, ③ 이미 공개한 사전심사의 내용과 동일 혹은 유사하여 별도의 검토가 필요하지 않은 경우, ④ 현 시점에서 위법여부 단정이 불가능한 경우, ⑤ 사적분쟁에 개입하게 되거나, 공정거래위원회의 조사·심결에 지장을 초래하는 경우 등이 이에 해당한다.

공정거래위원회가 사전심사 청구에 대해 법위반에 해당되지 않는다는 회답을 하는 경우 공정거래위원회는 사후에 해당 행위에 대해 법적 조치를 취하지 않는다. 다만, 청구인이 허위자료 등을 제출하였거나 시장상황에 변화가 생기는 등 검토의 근거가 된 사실관계에 현저한 변화가 생기는 경우 등에는 회답을 철회하고 조사나 심의에 착수할 수 있다.

Ⅱ. [34]심결 절차

1. [35]심의를 위한 사전 단계

(1) 피심인 의견서 제출

(1)-1 개요

심사관이 심사를 마치고 당해 사건이 법 위반에 해당한다고 판단하는 경우에는 심사보고서를 작성하고 이를 공정거래위원회 회의에 상정함으로써 심의가 시작된다. 심사관은 심사보고서를 공정거래원회에 상정하면서 피심인에게도 심의절차의 개시 사실과 함께 심사보고서를 송부하여야 하고 심사보고서에 대한 피심인의 의견을 4주의 기간 내에(소회의에 제출되는 심사보고서의 경우는 3주) 공정거래위원회 심판관리관실에 문서로 제출하도록 통지하여야 한다.

34) 심결, 심의, 의결 용어가 혼용되어 사용되는 경우가 많다. 그러나 심결은 심의와 의결을 합하여 부르는 의미로서 과정에 초점을 두고 있는 용어이고, 의결은 공정거래위원회 처분의 최종적인 형태로서 결과에 주안점이 있는 용어에 해당한다.

35) 공정거래법은 심의(제59조, 제67조, 제68조, 제94조 등)와 심리(제65조, 제69조 등) 용어를 혼용해서 사용하고 있으나 양자는 실제로는 같은 의미로 보아야 한다. 실무적으로는 심리라는 용어보다는 심의라는 용어를 더 빈번히 사용하고 있으므로 특별한 사정이 없는 한 '심의'라는 용어를 사용하기로 한다.

공정거래위원회 심의와 관련하여 피심인의 방어권을 보장하기 위해서는 사전에 송부하는 심사보고서에 심의에서 논의될 사항이 전부 포함되는 것이 바람직하나 심사보고서 송부 후에 심의관련 자료를 별도로 피심인에게 송부하는 경우도 있다. 이 경우와 관련된 판례를 살펴보면 고려그린믹스 외 9의 천안·아산지역 17개 레미콘제조사업자의 부당한 공동행위 건에서 법원은 공정거래위원회가 특정 사업자의 확인서를 심사보고서와 별도로 심의기일 이틀 전에 송부하였다고 하더라도 확인서에 대한 검토와 이에 대한 방어권 행사에 필요한 시간을 주었다고 볼 수 있으므로 위 확인서에 일련의 증거번호를 부여하지 않고 심사보고서와 별도로 교부하였다는 사정만으로는 이 사건 처분을 위한 절차에서 원고들의 방어권이 충분히 보장되지 않았다고 할 수는 없다고 [36]판시하였다.

사건절차규칙에서는 의견서 제출기한과 관련하여 긴급히 심의에 부의하여야 하는 경우, 피심인의 모기업이 외국에 소재하거나 사건의 내용이 복잡하여 의견제출에 4주 이상의 시간이 소요된다고 인정되는 경우 등이 있는 경우에는 기간을 달리 정할 수 있도록 규정하고 있다. 반면, 처분시효 임박 등 불가피한 사정이 있는 경우에는 의견제출 기간을 단축해서 부여하는 것도 가능하다. 포스코건설 등 공촌하수처리시설 증설·고도처리 시설공사 부당공동행위 건에서 법원은 공정거래위원회가 이 사건 공사합의와 관련한 처분시효 만료일이 2014. 4. 9.로 심사보고서 송부 당시 처분시효까지 약 2개월 남짓의 시간밖에 남지 않은 상태에서 긴급히 심의에 부의하여야 할 필요성이 있었다는 점에 비추어 볼 때 2주의 의견제출 기간만을 부여하였다고 하여 사건절차규칙을 위반하였다고 볼 수는 없다고 [37]판시하였다.

당해 행위에 대해 시정권고 수준의 조치를 부과하거나 약식절차의 경우 심사관은 피심인에게 심사보고서 상의 행위사실을 인정하고 심사관의 조치의견을 수락하는지 여부를 물어야 하며, 부분 수락을 포함하여 불수락하는 경우에는 이에 대한 의견을 제출할 것을 문서로 요청하여야 한다. 이를 소회의 사건의 수락여부 조회라고 한다. 피심인이 수락하는 경우는 공정거래위원회 심의를 위해

---

36) 서울고등법원 2019. 9. 19. 선고 2019누32117 판결, 원고의 상고포기로 고법에서 확정되었다.

37) 서울고등법원 2015. 3. 19. 선고 2014누48773 판결, 상고심(대법원 2015. 7. 23. 선고 2015두40880 판결)은 심리불속행 기각하였다.

심사보고서를 상정하지 않고 종결하게 되고 피심인이 심사관 조치를 불수락하는 경우에만 공정거래위원회 소회의에 상정하여 심의하게 된다. 다만, 심사관의 조치의견이 고발 또는 과징금 납부명령인 경우 등에는 수락여부를 묻지 않지만 최근 소액 과징금 사건의 경우에도 약식절차를 할 수 있도록 사건절차규칙이 개정되었음은 이미 언급한 바 있다.

추후에 전원회의 등 개최 시 심판정에서 피심인의 의견이나 주장을 구술로 제시할 수 있지만 심의절차의 효율성을 위해 회의를 주재하는 주심위원 등이 피심인 의견서에 기재된 내용과 중복되는 사항에 대한 구두변론 등을 제한하는 경우가 있을 수 있으므로 피심인 의견서가 최종이라는 생각으로 신중히 작성할 필요가 있다. 즉 피심인 의견서는 공정거래위원회 위원들이 심의 시 판단의 기초가 되는 중요한 자료에 해당하고 통상 형사사건 등에서의 변론서에 비견할 수 있으므로 피심인은 변호인 등의 조력을 받아 방어권을 충분히 행사할 수 있도록 그 내용을 충실히 작성하여야 한다.

(1)-2 통지 관련 개선사항

통지와 관련하여 공정거래법 개정으로 개선이 이루어진 사항이 있다. 종전 공정거래법 제49조 제3항은 공정거래위원회가 조사를 한 경우 그 결과를 당사자에게 서면으로 통지해 주도록 규정하고 있었으나, 무혐의 등으로 조사가 종결되어 처분을 하지 않은 경우에 대한 통지 규정이 없어서 조사를 받은 기업체 등 당사자는 불확정한 상태에 놓이게 되는 문제가 있었다. 2021. 5. 20. 공정거래법 개정으로 공정거래위원회는 조사를 한 결과 처분을 하거나 아니하는 경우(조사중지가 포함된다) 그 근거, 내용 및 사유를 기재한 서면을 [38]당사자에게 통지하도록 절차가 [39]개선되었다.

통지서면과 관련하여 의결서를 작성하는 경우에는 의결서 정본을 송부하도록 되어 있고, 2021. 5. 20. 전에 개시된 사건도 2021. 5. 20. 후에 조사가 종결되면 처분여부, 내용, 그 근거 등을 당사자에게 서면으로 통보하여야 한다. 사건종결은 공정거래위원회 심의단계뿐만 아니라 심사관 전결로 종결처리 또는 조사중지하는 경우에도 원칙적으로 서면 통지를 하도록 되어 있다.

---

38) 당사자는 조사나 심사단계에서는 피조사인을 의미하고, 공정거래위원회 심의단계에서는 피심인을 지칭한다.

39) 전부개정 공정거래법 제80조(위반행위의 인지·신고 등)에서 규정하고 있다.

(2) 주심위원 지정 및 심의부의

전원회의 의장은 심사보고서를 제출받은 경우 상임위원 1인을 당해 사건의 주심(主審)위원으로 지정하고, 소회의의 경우는 소회의의 의장이 주심위원 역할을 하게 된다. 주심위원 또는 소회의 의장(이하 '주심위원 등'이라 한다)은 사건의 심의부의 가능여부를 사전검토하고 전원회의의 경우 심의부의 일자를 주심위원이 직접 또는 의장과 협의하여 결정한다.

주심위원 등은 ① 피심인이 심사보고서의 사실관계 및 위법성 판단 등을 다투는 경우, ② 사실관계가 복잡하거나 쟁점이 많은 경우, ③ 전원회의 안건의 경우, ④ 피심인의 요청으로 피심인의 방어권 보장·심의의 효율적 진행을 위해 필요하다고 인정되는 경우 '의견청취절차'를 실시할 수 있다. 의견청취절차는 당해 사건의 주심위원 등과 심사관, 피심인, 심의·의결 업무를 보좌하는 공무원의 참석하에 이루어지며 주심위원 등은 심사관과 피심인의 의견을 청취하고 질의하는 방식으로 의견청취절차를 진행한다.

중요사건을 다루는 전원회의의 경우 의견청취절차가 매우 중요하다. 특히 피심인인 기업체 입장에서는 의견청취절차를 적극적으로 활용하여 심사관이 주장하는 내용의 핵심과 주심위원 등이 심사관과 피심인 양측에 대해 질의하는 내용을 통해 공정거래위원회가 문제로 보는 부분을 명확히 파악할 수 있고 이에 대한 대응계획을 수립할 수 있기 때문이다.

각 회의의 의장은 피심인의 의견서가 제출된 날, 의견청취절차를 종료한 날, 의견서가 제출되지 아니한 경우에는 그 정한 기간이 경과한 날로부터 30일 이내에 당해 사건을 심의에 부의해야 하며, 필요하다고 인정하는 때에는 그 기간을 연장할 수 있다. 심의부의일과 관련하여 피심인인 기업체 입장에서 심사보고서 검토시간이 부족하다고 판단되는 경우에는 공정거래위원회 심판관리관실에 심의부의일을 연장해 줄 것을 적극적으로 요청하는 것도 필요할 수 있다. 심의부의일이 정해지면 의장은 심의개최 10일 전에 피심인·신고인 등에게 심의개최의 일시, 장소 및 사건명, 심리공개 여부 등을 서면으로 통지하여야 한다.

(3) 경제분석 절차의 진행

(3)-1 경제분석의 의의

경제분석이란 사업자의 행위가 시장, 경쟁사업자, 소비자 등에 미치는 영향 및 정도에 대하여 경제학 등에 기초하여 이론적 또는 실증적으로 분석하는 것을 의미하며, 심사관 또는 피심인은 관련사건에 대한 법위반 여부 등에 대해 서로의 입장을 주장하거나 반박하는 방법의 하나로 심의 전에 '경제분석 의견서'를 공정거래위원회 각 회의에 제출하는 경우가 있다.

경제분석은 엄밀한 시장획정이 필요한 기업결합 사건을 비롯해, 부당성 요건으로 경쟁제한성이 문제가 되는 각종 유형의 행위에서 다양하게 이루어지고 있다. 특히 시장지배적지위 남용행위나 경쟁제한성이 문제되는 불공정거래행위, 부당지원행위 등의 심의와 관련하여 최근 경제분석이 활발히 이루어지고 있고, 경쟁제한성 이외에 효율성 및 소비자 후생 등이 쟁점이 되는 경우에도 경제분석이 적극적으로 활용될 소지가 많다고 하겠다.

경제분석은 경쟁법 집행에 있어 아주 중요한 의미를 가지고 있다. 행위사실의 유무 등 요건의 성립만으로 법조 적용을 하게 되는 형법 집행과는 달리, 경쟁법 집행은 관련시장에서 특정 행위가 있었다는 것만으로는 위법여부가 성립되지 않고 경쟁제한성, 시장과 소비자 등에 미치는 영향 등 경제분석과 경쟁영향 분석을 거쳐 특정한 행위의 위법 여부를 판단하기 때문에 고도의 전문적 영역에 해당되고 이러한 이유 때문에 대부분의 주요 국가들은 '전문 경쟁당국'을 설치하여 경쟁법을 운영·집행하고 있다. 여기서는 경제분석 의견서가 심의와 관련하여 이루어지는 경우의 절차 등에 대해서 살펴보기로 한다.

(3)-2 경제분석 절차

공정거래위원회 고시인 '경제분석 의견서 등의 제출에 관한 규정(이하 '경제분석규정'이라 한다)은 심사관 또는 피심인이 작성하게 될 경제분석 의견서 작성의 일반원칙으로서 적절성, 완결성, 명료성, 일관성을 제시하고 있다. 또한 견고성(robustness)분석을 경제분석 의견서에 게재하도록 규정함으로써 모형에 사용된 가정, 자료, 분석방법 등에 작은 변화를 주어도 그 결과가 일관되게 나타나도록 하여 경제분석 결과의 신뢰성을 확인하고 있다. 심사관과 피심인 양측에 의해 수행되는 경제분석과 이를 통한 치열한 법위반 여부의 다툼은 전문규제기관으로서 사실상 1심 전문법원의 역할을 수행하고 있는 공정거래위원회 심의의 질적 수준과 전문성 향상에 크게 기여하고 있다.

공정거래위원회 심의와 관련해서는 경제분석 의견서에 대한 충분한 검토시간을 양측이 사전에 확보하는 것이 중요하므로 경제분석 의견서 작성을 시작하는 시점에 심사관과 피심인은 상대방 또는 심의를 관리하는 공정거래위원회 심판관리관과 경제분석 의견서 제출계획을 서로 협의하는 것이 바람직하다. 경제분석 의견서를 작성하기 위해서는 양측 모두 자료에 대한 확보가 중요하므로 서로의 협조가 필요하다. 이를 위해 심사관이 경제분석 의견서 작성에 필요한 자료를 요청하는 경우 피심인은 이에 성실히 협조해야 하고, 반대로 피심인이 작성에 필요한 자료를 심사관에게 요청하는 경우에는 제3자의 영업비밀, 개인정보 등이 아닌 한 심사관은 성실히 협조하도록 되어 있다.

피심인이 작성하는 경제분석 의견서는 정해진 [40]양식을 이용해야 하며 경제분석 의견서 검증에 필요한 원(原)자료, 실제 분석자료, 자료분석에 사용된 응용프로그램 코드, 경제분석 의견서 작성자의 이력 및 연구실적 등을 첨부해서 제출하게 된다. 심사관이 경제분석 의견서를 작성하는 경우에는 심사보고서 발송 시 피심인에게 함께 이를 송부하도록 되어 있고, 피심인은 의견서 제출기한인 4주(소회의 사건의 경우 3주) 이내에 심사보고서와 경제분석 의견서에 대한 피심인 의견서를 제출해야 하는데 검토할 내용이 방대한 경우가 많으므로 대개는 그 제출기한을 연장해 줄 것을 요청하는 것이 일반적이다. 또한 피심인이 경제분석 의견서를 작성하는 경우에도 4주 이내로 정해진 의견서 제출기한이 촉박한 경우가 있을 수 있다. 이 경우에도 공정거래위원회와 긴밀히 의사소통을 해서 의견서 작성에 필요한 충분한 시간을 확보하여 방어권 행사에 지장이 없도록 하는 것이 중요하다.

경제분석 의견서가 제출되면 정식심의에서 검토를 하게 되고 주심위원 등이 필요하다고 인정되는 경우에는 심의 전에 경제분석 의견서 검토만을 위한 사전회의를 개최할 수 있으며 그 절차는 심의절차에 준해서 진행된다. 심의 시에는 경제분석 의견서의 작성자 또는 경제분석 전문가를 출석시켜 필요한 내용을 설명하게 하거나 증언할 사항을 서면으로 제출하게 하는 경우가 대부분이므로 피심인인 기업체 입장에서는 주요 대형사건인 경우에는 법리적으로 공방을 벌일 변호인 등과 함께 경제분석 전문가를 심의과정에 참여시켜 기업체 입장을 충분히 주장하거나 방어할 수 있도록 사전에 준비하는 것이 필요하다.

---

40) 경제분석규정 별지 제1호 서식에서 그 양식을 정하고 있다. 이 장 말미에 참고로 첨부해 놓았다(778쪽 참조).

2. 심의 단계

(1) 심의출석과 심의속개

공정거래위원회 심의와 의결은 [41]공개가 원칙이나 사업상의 비밀을 보호할 필요가 있는 경우 등에는 심의와 의결의 전부 또는 일부를 비공개로 할 수 있다. 공정거래위원회 심판정 안에서는 의장의 허가 없이 녹화·녹음·촬영·중계방송 등을 할 수 없음에 유의해야 한다. 주요 대형사건의 경우 후술할 심의속개 방식을 통해 심의가 여러 차례에 걸쳐 이루어질 수 있다. 이 경우에는 매 심의 시 심사관의 주장과 공정거래위원회 위원들의 질문 등을 잘 정리해서 후속되는 심의에 적절히 대응할 필요가 있다. 녹음 등의 제한 사항은 준수하되 피심인 관계자나 대리인을 통해 그 심의 내용과 심판정 분위기 등을 잘 기록해 둘 필요가 있다.

심의기일에는 당해 사건의 심사관 및 피심인이 출석하게 되고, 의안의 상정과 관련된 공정거래위원회 사무처 소속의 직원은 심사관을 보조하여 심의에 참가할 수 있으며 피심인의 경우 변호사 또는 피심인인 법인의 임원 등을 대리인으로 선임하여 위임장을 제출하고 각 회의 심의에 참석할 수 있다.

공정거래위원회 심의는 1회로 끝나는 경우가 많으나 ① 심사관 또는 피심인이 심사보고서의 내용, 의견청취절차, 심의과정에서 드러나지 않은 새로운 주장을 하거나 새로운 증거자료를 제출하여 이에 대한 확인이 필요한 경우, ② 참고인·이해관계인 진술의 진정성에 다툼이 있거나 사실관계가 복잡하고 쟁점이 많아 이에 대한 확인이 필요한 경우, ③ 기타 2회 이상의 심의가 필요한 경우 등에는 다음 심의기일을 지정하는 방법으로 심의를 속개할 수 있다. 심의는 모두(冒頭)절차, 질문절차, 참고인 신문절차(필요한 경우), 심사관의견 진술 및 피심인 최후진술 절차 순으로 이루어지는데 이하 상술하기로 한다.

(2) 모두절차 단계

(2)-1 의견제출 기회부여

공정거래위원회 심의의 적법절차 확보를 위해서는 심의에서 논의될 쟁점에 대해 미리 피심인에게 통지하고 의견제시 기회를 부여하여 방어권을 실질적

---

41) 통상 '심의의 공개'는 공정거래위원회 심판정을 외부에 개방하는 방식으로, '의결의 공개'는 의결서를 공정거래위원회 홈페이지에 게재하는 방식으로 이루어진다.

으로 보장할 수 있도록 하여야 한다. 이를 위해 심의 전에 심사보고서와 그 첨부자료 등 쟁점과 관련된 자료를 피심인에게도 통지하도록 하고 있음은 전술한 바와 같다. 공정거래위원회 심의가 준사법절차로서 사실상 1심의 역할을 하고 있음을 고려할 때 당연한 절차에 해당한다고 할 수 있다. 이와 관련한 판례를 예시로 들어보기로 한다.

피심인에게 통지할 범위와 의견진술 기회 부여에 대한 법원 판결이 있었다. 한국가스공사 발주 강관구매입찰 관련 8개 사업자의 부당한 공동행위 건에서 법원은 공동행위 감면신청 심의와 관련하여 공정거래위원회가 피심인에게 감면신청 기각의 조치의견을 서면으로 통지하고 그에 대한 의견진술의 기회를 부여하였다면 법해석이나 법적용에 관한 부분까지 사전에 통지하지 않았다거나 기각의 전제가 되는 법적 판단에 대해서까지 의견진술 기회를 부여하지 않았다고 해서 절차적 정당성이 결여되었다고 볼 수는 없다고 [42]판시하였다.

신세계의 대규모유통법 위반행위에 대한 건에서 법원은 공정거래위원회 심의·의결단계에서 심사보고서에 없던 처분사유를 추가로 인정한 것과 관련하여 공정거래위원회의 심의·의결절차는 일부 준사법절차의 성격을 가지고 있다고 하더라도 기본적으로 행정절차이고 위 절차에 형사법상의 불고불리의 원칙이 적용된다고 볼 수는 없으며, 심의·의결단계에서 어떠한 사실관계 및 그 위법성에 관하여 심리되었고 이에 대하여 피심인이 자신의 의견을 진술하였다면 심의·의결단계에서 심사보고서에 없던 처분사유를 추가로 인정하였다는 점만으로는 이를 위법하다고 볼 수는 없다고 [43]판시하였다.

(2)-2 모두절차

모두(冒頭)절차에서는 심사관이 심사보고서에 의한 심사결과의 요지를 진술하게 되고, 심사관의 진술 다음에는 그에 대한 피심인의 의견진술이 있게 된다. 모두절차는 본격적인 심의에 들어가는 첫 단계이고 이때 양측의 진술은 적극적이고 효과적으로 이루어질 필요가 있기 때문에 대개는 시각적 자료를 활용한 프리젠테이션 기법을 이용하여 서로 자신이 주장하는 바를 효과적으로

42) 서울고등법원 2018. 11. 21. 선고 2018누35263 판결, 상고심(대법원 2019. 4. 25. 선고 2019두31143 판결)은 심리불속행 기각하였다.

43) 서울고등법원 2018. 4. 19. 선고 2017누60071 판결, 상고심(대법원 2018. 8. 30. 선고 2018두42573 판결)은 심리불속행 기각하였다.

돋보이게 하려고 노력하게 된다. 피심인인 기업체 입장에서는 모두절차를 최대한 활용하여 기존에 제출했던 피심인 의견서 내용을 단순히 반복하는 방식보다는 간결하지만 핵심적인 사항을 프리젠테이션 단계에서 부각시켜 심의에 참여하는 공정거래위원회 위원들에게 자신의 입장을 선명히 각인시키는 것이 필요하다.

(3) 질문 단계

(3)-1 개요

다음으로 진행되는 질문절차에는 공정거래위원회 위원들이 의장의 허락을 받아 피심인 또는 심사관에게 사실의 인정 또는 법률의 적용에 관계되는 사항에 대해 질문을 하고 답변을 하는 절차가 진행된다. 이 단계는 공정거래위원들이 최종 판단을 하기 위해 각자 의문이 드는 사항 또는 확인이 필요한 사항 등을 질문을 통해 확인하는 매우 중요한 단계이다. 피심인의 경우 사실에 입각하여 정확하게 답변을 하되, 행위사실과 관련한 정당화 사유에 대해서는 명확한 근거를 들어 적극적으로 소명해야 한다.

대개 심의시간의 제한으로 인해 기존에 제출한 피심인 의견서에 담긴 내용에 대해 길게 부연 설명하는 것을 의장 또는 질문하는 위원들이 [44]제지를 하는 경우도 있으나, 중요한 사항으로서 석명(釋明)이 필요한 부분에 대해서는 의장의 양해를 적극적으로 구해서 방어권을 최대한으로 행사하는 것이 중요하다. 질문단계에서는 심사관과 피심인은 각 상대방의 진술한 것에 대해 의장의 허락을 얻어서 직접 상대방에게 질문할 수 있는 권리를 부여하고 있으므로 이러한 교차질문권을 적극 활용하는 것도 매우 중요하다.

심의과정에서 특정 사안에 대한 확인이 필요한 경우에는 피심인 또는 심사관이 증거조사를 신청할 수 있고, 각 회의가 직권으로 증거조사를 할 수도 있다. 심의에 참고인에 대한 신문이 필요한 경우에는 피심인과 심사관 모두 참고인을 신청할 수 있고 출석한 참고인에 대해 신청한 측이 먼저 신문을 하고 나면 다른 당사자도 참고인에 대해 신문을 할 수 있다. 심의단계에서 필요한 경우 이

44) 사건절차규칙은 제40조에서 심사관 또는 피심인이 행하는 질문이나 진술이 이미 행한 질문 또는 진술과 중복되거나 당해 사건과 관계가 없다고 인정할 때는 이를 제한할 수 있도록 규정하고 있다.

해관계인, 참고인, 감정인 등을 출석시켜 의견·증언·감정을 들을 수 있고 출석한 이해관계인, 참고인, 감정인 등에 대해서는 공정거래위원회 고시인 '독점규제 및 공정거래에 관한 법률 등에 의한 이해관계인 등에 대한 경비지급규정'에 따라 경비를 지급할 수 있도록 되어 있다.

종전에는 참고인으로 지정된 관계 행정기관 등이 심의에 참여하여 의견을 진술하는 규정은 있었으나 행정기관 등이 스스로의 판단에 의해 의견서를 제출할 수 있는 명시적 규정이 없었다. 최근 사건절차규칙이 개정되어 국가기관 및 지방자치단체가 공정거래위원회 사건처리에 고려되어야 할 정책적 의견이 있는 경우 사업자의 신청이나 공정거래위원회의 요청 없이도 의견서를 제출할 수 있는 근거 규정이 마련되었다. 이를 통해 심의과정에서 관계 부처의 의견을 수렴할 수 있는 공식절차가 마련되어 공정거래위원회가 산업 및 시장 상황에 대한 보다 정확하고 충실한 이해를 바탕으로 하여 현안사건을 처리해 나갈 수 있게 되었다. 또한 관계 부처 등에 대한 의견수렴 절차를 활성화하기 위해 시장에 미치는 영향이 큰 사건 등에 대해서는 공정거래위원회가 직권으로 관계 행정기관 등에 의견제출을 요청하는 근거도 명확히 하게 되었다.

(3)-2 실무 참고사항

공정거래위원회 심의·의결은 다른 정부 위원회 등에서 진행하고 있는 심판 등과는 본질적으로 차이가 있다. 금융·통신 및 각종 산업과 관련 있는 정부부처는 특정 산업에 대한 조장·지원 정책을 수행하면서 정책목적 달성에 지장을 초래할 수 있다고 판단하는 행위 유형을 억지하기 위해 해당 정부부처 내에 위원회를 두고 이를 통해 시업자 등을 제재하게 된다. 이때 특정 산업에 대한 조장·지원 정책을 집행하고 인·허가권한을 가지고 있는 해당 부처에 대해 사업자가 부처 소속 위원회의 처분이 있다 하더라도 행정소송을 제기하는 등 적극적으로 법률 다툼을 벌이기가 어려운 분명한 한계가 있다.

그러나 공정거래위원회는 특정 산업과는 아무런 관련이 없는 일반규제기관이자 독립적인 심결을 통해 제재를 하는 기관이므로 공정거래위원회 심사관측과 피심인인 사업자 간에는 대등한 당사자 관계에서 치열한 법리다툼이 심의단계부터 행정소송 단계까지 활발히 이루어지고 있고 심의와 소송 과정에서 정립된 법리를 기초로 다시 법 집행이 이루어지는 과정이 이루어지면서 공정거래분야는 고도로 전문화되고 체계화된 영역으로 정립되게 되었다.

심의과정에서 피심인이 행위사실과 법위반을 인정하는 상황이 아니라면 피심인은 심사관의 위법성과 관련된 주장에 대해 위법성을 부인하는 논리와 정당화 사유를 적극 주장할 필요가 있다. 이때 행위사실 자체도 인정하지 않고 법위반도 인정하지 않는 전면부인의 방식으로 심사관의 소추에 대응할 수도 있고, 행위사실은 인정하되 그 행위의 정당성 등을 내세워 위법하지 않음을 주장할 수도 있는데 이는 사안에 따라 피심인과 법률대리인 등이 신중히 판단하여 방향성을 선택하여야 한다.

심사보고서의 사실의 인정부분에 적시된 행위사실 자체를 심의과정에서 다투는 경우에 피심인인 기업체 또는 법률대리인 등은 공정거래위원회 조사공무원이 확인하여 기재한 '사실의 인정' 부분을 철저히 검토하여 사실과 다른 부분이 있는 경우 이를 공정거래위원회 심의과정에서 적극적으로 해명할 필요가 있다. 만약 사실의 인정부분에서 피심인이 주장하는 입장을 반영할 수 있게 되면 위법 판단까지 갈 필요 없이 심의가 종결될 가능성이 크기 때문이다. 이를 위해서는 사실관계의 파악이 일차적인데 법률대리인 등은 정확한 파악을 위해서 단순히 기업체가 제공하는 자료에만 의존하지 말고 적극적이고 전체적으로 행위관련 자료에 접근하여 사실의 실체를 정확히 파악할 수 있도록 의뢰인인 사업자 등을 잘 설득할 필요가 있다.

(4) 심사관의견과 최후진술 단계

다음으로 심사관의견 진술 단계에서는 심사관이 시정조치의 종류 및 내용, 과징금 부과, 고발 등에 관한 의견을 진술하게 되는데 형사재판에서 검사의 구형에 해당하는 부분이라고 보면 이해하기가 용이하다. 심사관의견 진술이 끝나면 피심인에 대한 최후진술의 기회가 부여되는데 이때는 마지막으로 발언할 수 있는 기회이므로 피심인의 입장과 주장내용을 간결하고 설득력있게 제시를 해야 한다.

심사관의견 진술 단계에서 제시되는 조치의견에 대해서는 상대방인 피심인 입장에서는 적극적으로 다툴 실익이 있다. 행위사실을 인정한다 하더라도 위법 행위의 의도·목적이 없었으며 경영상 필요성과 같은 정당화 사유를 주장해야 하고, 특히 공정거래위원회 처분에 관해서는 많은 판례가 축적되어 있는데 판례의 일관된 입장은 공정거래위원회 시정조치에 대한 광범한 재량을 인정하면서도 동시에 비례·평등의 원칙에 입각한 재량권 남용에 대해서는 엄격한 입장을 취하고 있으므로, 당해 행위로 인해 설령 얻은 이익에 비해 처분이 과중하다는 점과 과거 유사 사례에서 공정거래위원회가 부과한 처분수준에 비추어 형평을 잃었다는 점을 적극 주장할 필요성이 있다. 이를 위해서 사업자의 고유한 경영상황에서 발생한 정당화 사유의 발굴과 함께 과거 축적된 공정거래 관련 판례에 대한 치밀한 검토와 분석이 필요하다.

(5) 기타 심의와 관련된 사항

(5)-1 심의중지

사건절차규칙은 제49조에서 심의중지를 규정하고 있는데 그 사유로는 ① 부도 등으로 인한 영업중단, ② 일시적 폐업이라고 인정되는 경우, ③ 법인의 실체가 없는 경우, ④ 도피 등에 의한 소재불명, ⑤ 국외에 소재하는 외국인 사업자를 신고한 경우로서 조사 등이 현저히 곤란한 경우 등을 규정하고 있고 이러한 사유가 있는 경우에는 심의중지를 의결하게 되며, 당해 사건 심사관은 심의중지 의결 건에 대해서는 심의중지 사유를 점검·관리하고 6개월 경과 후 종결처리할 수 있게 된다. 심의중지에 따른 종결처리를 하는 경우에는 신고인에게 그 사실을 통지하도록 되어 있다.

심의단계에서 심사보고서에 없던 처분사유를 추가로 인정할 수 있는지와 관련해서는 공정거래위원회 심의과정에서 새로운 처분사유에 대해 피심인에게 자신의 의견을 진술할 수 있는 기회를 부여하고 각 위반행위의 내용에 대한 사실관계가 서로 동일하다는 전제가 충족되면 처분사유의 추가가 피심인에게 일방적으로 불리하다고 볼 수는 없기 때문에 처분사유의 추가 인정이 가능하다.

(5)-2 심의절차 개선사항

공정거래법 전면개정을 통해 심의단계에서 현장조사는 금지된다. 종전 공정거래법은 제50조의2(조사권의 남용금지) 규정을 두면서, 조사공무원은 필요최소한의 범위 안에서 조사를 행하여야 하고 다른 목적 등을 위하여 조사권을 남용할 수 없도록 하고 있었으나, 공정거래위원회 심의단계에서 공정거래위원회 심사관의 입장을 보완·강화하기 위한 방편으로 추가적인 현장조사를 하고 이를 통해 수집한 증거 등을 심의단계에서 활용함으로써 피심인인 기업체의 방어권을 침해하는 사례가 있었다.

이에 대한 비판에 따라 공정거래법 [45]개정이 이루어졌는데, 그 주요 내용은 심의단계에서 조사공무원이 현장조사를 하거나 당사자로부터 진술을 청취하는 것을 원칙적으로 금지하되, 심사관이나 피심인의 신청에 의해 공정거래위원회 전원회의 및 소회의가 필요하다고 인정하는 경우에는 가능하도록 예외 규정을 마련하였다. 심의단계에서 현장조사를 금지하는 규정은 2021. 5. 20.부터 시행되었으며, 그 이전에 진행된 사건이라 하더라도 2021. 5. 20. 이후에 심의절차가 개시되는 경우에는 개정조항이 적용되어 공정거래위원회의 현장조사가 금지된다.

참고로 전부개정 공정거래법에 의해 심의절차 개시 후 증거조사 규정도 도입되었다. 증거조사는 사실인정과 조치수준에 관한 심증을 얻기 위해 공정거래위원회가 사실인정의 근거가 되는 문서의 내용, 증언 등을 조사하여 그 내용을 탐지하는 행위를 의미하며, 증거조사는 피심인 또는 증인을 신문하거나, 검증·감정 또는 번역명령 등 다양한 형태로 이루어 질 수 있다.

종전에는 공정거래위원회 고시인 사건절차규칙에서 피심인 또는 심사관이 공정거래위원회 [46]각 회의에 증거조사를 신청할 수 있도록 규정하고 있을 뿐 공정거래법에는 명시적인 규정이 없었다. 공정거래법 개정으로 심의절차에서의 증거조사 조항이 신설되어 2021. 5. 20.부터 시행되었으나 이미 종전 사건절차규칙에 의하여 시행되고 있는 것의 상향입법에 불과하므로 시행일 자체에 특별한 의미는 없다고 하겠다. 2021. 12. 30. 시행된 전부개정 공정거래법에 제94조에 관련 내용이 규정되어 있다.

(5)-3 약식절차 개선사항

현행 공정거래위원회 심의 방식은 공정거래위원회 위원, 심사관 및 사업자 등이 심판정에 모여 법리적 쟁점을 다투는 구술(口述)심리와 당사자의 변론 등이 서면을 통하여 행해지는 서면(書面)심리로 구분되며 공정거래위원회 소(小)회의 사건 중에서 사업자가 행위 사실 및 심사관의 조치의견을 수락하는 경우에

---

45) 종전 공정거래법 제50조에 제10항을 신설하는 방법으로 개정되었으며 2021. 12. 30. 시행된 전부개정 공정거래법은 제81조(위반행위의 조사 등) 제4항에 해당한다.

46) 공정거래위원회 회의는 전부개정 공정거래법 제58조(회의의 구분)에 따라 전원회의와 소회의로 구분되고 있으며 동법 제59조는 전원회의 및 소회의의 관장사항을 규정하고 있다. 또한 공정거래위원회 고시인 사건절차규칙에서 전원회의 및 소회의의 심의 및 결정·의결사항에 대해 상세히 규정하고 있다.

는 서면으로 심리하여 신속히 의결하는 약식절차가 적용된다. 이 경우에도 심사관이 위반행위가 중대하여 과징금 부과명령 또는 고발이 필요하다고 판단한 사건의 경우에는 구술심리를 거치는 정식절차로 진행되는데 이때 대기사건 등으로 인해 절차에 상당한 기일이 소요되는 것이 현실이다.

이를 개선하기 위해 소회의 과징금 부과 사건 등에 대해서도 사업자의 수락여부를 물어 약식으로 신속히 의결할 수 있는 절차가 최근 사건절차규칙 개정을 통해 도입되었다. 심사관은 사업자의 '수락의사가 명백'하거나 예상되는 최대 과징금액이 '1억 원 이하'인 경우에는 소회의에 약식의결을 청구할 수 있고 사업자에게 심사보고서를 송부하면서 약식의결 청구 사실을 함께 고지하도록 되어 있다. 만약 사업자가 약식절차를 원하지 않는다고 의견을 제출할 경우에는 구술심리를 통한 정식절차가 진행된다.

소회의는 서면심리를 통해 과징금을 10% 감경 적용한 잠정 과징금을 결정하고 이를 사업자에게 통보하여 수락여부를 묻게 되고 사업자가 이를 수락하면 잠정 과징금액이 그대로 확정되어 약식의결되고, 사업자가 불수락하는 경우에는 10% 감경 적용한 과징금액은 적용하지 않고 정식절차로 들어가게 된다.

3. 의결 단계

(1) 합의

심의과정을 통해 공정거래위원회 각 회의가 심사관에게 [47]재심사(再審査) 명령을 내리거나 심의절차를 종료하는 경우가 아니면, 각 회의는 상정된 의안에 대한 공정거래위원회의 처분을 위한 의결절차에 들어가게 된다. 심판정에서 심의가 끝나면 심판에 참여했던 공정거래위원들이 별도의 장소에 모여 당해 사건에 대한 의결을 논의하게 되는데 이를 합의(合議)과정이라고 한다.

전부개정 공정거래법은 제64조에서 전원회의의 경우 재적위원 과반수의 찬성으로 의결하고 소회의는 구성위원 전원의 출석과 출석위원 전원의 찬성으로 의결하도록 규정하고 있으나, 전원회의의 경우 합의과정을 살펴보면 실제로는 공

---

47) 재심사명령은 ① 사실의 오인이 있는 경우, ② 법령의 해석 또는 적용에 착오가 있는 경우, ③ 심사관의 심사종결이 있은 후 심사종결 사유와 관련이 있는 새로운 사실 또는 증거가 발견되는 경우, ④ 기타 ①~③에 준하는 사유가 있는 경우로서 심사절차규칙 제45조에서 규정하고 있다.

정거래위원들 간의 토론을 거쳐 사실상 전원(全員)합의의 형태로 운영되고 있다. 심판정에서 심의과정은 공개가 원칙이나 합의과정은 비공개를 하도록 공정거래법은 [48]규정하고 있다. 합의과정을 비공개로 하는 이유는 심의에 참여한 공정거래 상임위원과 법학·경제학 분야에서 전문지식을 가진 비상임위원 간에 행위사실의 인정과 경쟁제한성 평가, 적용 법조를 포함한 위법성 판단 등에 있어 다양한 의견개진과 토론을 보장하여 가장 합리적인 결론을 도출하기 위한 것이다.

(2) 의결의 형태

(2)-1 개요

합의과정을 통해 피심인에 대해 시정명령을 내리는 의결을 하거나 심의절차종료 또는 무혐의 의결을 하게 된다. 공정거래위원회 각 회의는 법위반의 시정을 위하여 심의절차를 거쳐 시정명령, 과징금 납부명령 또는 과태료 납부명령의 의결을 할 수 있고 법위반 상태가 이미 소멸된 경우에도 법위반 행위의 재발방지를 위해 필요하다고 인정하는 경우에는 시정에 필요한 조치 등을 의결할 수 있다. 공정거래위원회의 시정조치 의결이 의결의 형태 중 가장 일반적이고 보편적인 형태라고 할 수 있으며, 이러한 시정조치 의결에 더하여 고발, 입찰참가자격 제한요청 또는 영업정지요청의 결정을 할 수도 있다.

일정한 경우에는 공정거래위원회 각 회의의 의결의 형태가 아닌 '심사관 전결'로 심의중지, 심의절차종료, 무혐의, 경고, 시정권고, 과태료 부과결정을 할 수도 있는데 이는 주로 행정의 효율성 확보를 위한 이유에 기인하고 있으며 사건절차규칙은 제53조의2에서 이를 상세히 규정하고 있다. 이하에서는 공정거래위원회의 시정조치 의결이 아닌 의결의 형태에 대해 살펴보기로 한다.

(2)-2 시정조치 이외의 의결

우선 '심의절차종료' 의결을 하는 경우는 사건절차규칙 제46조에서 규정을 하고 있는데, ① [49]심사불개시에 해당하는 경우, ② 약관의 규제에 관한 법률(이하 '약관법'이라 한다) 위반행위를 한 피심인이 사건의 조사 또는 심의과정에서 위반약관을 스스로 시정한 경우, ③ 재신고 사건으로 원사건과 같은 내용의 조

48) 전부개정 공정거래법 제65조(심리·의결의 공개 및 합의의 비공개)에서 규정하고 있다.

49) 심사불개시는 관련 행위가 공정거래법 등 소관법률의 요건에 해당하지 않거나 기간 도과, 신고취하 등의 경우에 하게 된다.

치를 하는 경우, ④ 사건의 사실관계에 대한 확인이 곤란하여 법위반 여부의 판단이 곤란한 경우 등이 이에 해당한다.

'무혐의' 의결을 하는 경우는 ① 피심인의 행위가 공정거래법, 표시·광고법, 하도급법, 약관법, 방문판매법, 전자상거래소비자보호법, 가맹사업법, 할부거래법, 대규모유통업법, 대리점법(이하 '공정거래법 등'이라 한다)의 위반행위로 인정되지 않거나, ② 위반행위에 대한 증거가 없는 경우 등이 해당된다.

공정거래위원회 각 회의는 '경고'를 의결할 수 있는데 ① 공정거래법 등의 위반정도가 경미한 경우, ② 공정거래법 등의 위반행위를 한 피심인이 사건심사 또는 심의과정에서 당해 위반행위를 스스로 시정한 경우, ③ 시정조치 등 명령에 응하지 않은 피심인이 심사 또는 심의과정에서 시정조치 등 명령을 이행한 경우 등이며 사건절차규칙 별표를 통해 [50]경고의 기준을 정하고 있다.

공정거래위원회의 각 회의는 의결을 통한 시정명령 등 시정조치, 심의절차종료, 무혐의, 경고 이외에 공정거래법 등의 위반행위를 한 사업자에게 일정한 경우 공정거래법에 따라 [51]'시정권고'를 할 수 있고, 사건절차규칙에는 시정권고를 할 수 있는 경우로서 ① 공정거래위원회의 심결을 거쳐 위반행위를 시정하기에는 시간적 여유가 없거나 시간이 경과되어 위반행위로 인한 피해가 크게 될 우려가 있는 경우, ② 위반행위자가 위반사실을 인정하고 당해 위반행위를 즉시 시정할 의사를 명백히 밝힌 경우, ③ 위반행위의 내용이 경미하거나 일정한 거래분야에서 경쟁을 제한하는 효과가 크지 않은 경우, ④ 공정거래 자율준수프로그램(CP)을 실질적으로 도입·운용하고 있는 사업자가 동 제도 도입 이후

50) 공정거래법 위반사항에 대한 경고기준을 우선 살펴보면, '부당한 공동행위'의 경우 ① 피신고인들 절반 이상의 연간 매출액이 각각 30억 원 이하인 경우, ② 위반행위의 파급효과가 1개 시나 군 또는 구지역에 한정된 경우이고, '불공정거래행위'의 경우 ① 피신고인의 연간매출액이 75억 원 미만인 경우, ② 위반행위의 파급효과가 1개 시나 군 또는 구지역에 한정된 경우, ③ 위반행위가 신고인에게 한정된 피해구제적 사건인 경우이다. '하도급법 위반사항'에 대한 경고기준은 ① 피신고인의 직전 사업연도의 연간매출액이 150억 원 미만인 경우, ② 위반금액의 비율(위반사건의 하도급대금 대비 관련 미지급금액의 비율)이 10% 이하인 경우, ③ 위반행위가 신고인에게 한정된 피해구제적 사건인 경우, ④ 하도급 대금·선급금 미지급, 현금결제비율 미유지, 서면발급 의무 미이행 등 하도급법 관련 위반행위로서 수급사업자에게 발생한 피해가 미약하여 통상적·반복적으로 경고조치가 이루어진 경우 등이다.

51) 전부개정 공정거래법 제88조는 위반행위의 시정권고를 규정하면서 권고를 받은 자는 10일 이내에 권고를 수락하는지 여부를 공정거래위원회에 통보하도록 하고 있고 해당 권고를 수락한 때에는 시정조치가 명하여진 것으로 본다고 규정하고 있다.

최초 법위반행위를 한 경우를 규정하고 있다. 심사관은 시정권고를 받은 사업자가 이를 수락하지 않거나 시정권고 통지를 받은 날로부터 10일 이내에 수락여부를 서면으로 통지하지 않은 경우에는 당해 사건에 대한 심사보고서를 작성하여 공정거래위원회 각 회의에 심의를 위해 제출하도록 되어 있다.

(3) 의결서 등의 작성

(3)-1 의결서 등의 통지

공정거래위원회 각 회의가 심의절차종료, 무혐의, 종결처리, 심의중지, 경고, 시정명령, 고발, 과징금 납부기한의 연장 또는 분할납부, 자진신고자 지위 등을 의결하거나 결정(이하 '의결 등'이라 한다)하는 경우에는 의결 등의 합의가 있은 날로부터 [52]35일 이내에 의결서 또는 결정서(이하 '의결서 등'이라 한다)를 작성하여야 하고, 40일 이내에 피심인 등에게는 의결서 등의 정본(正本)을, 심사관에게는 의결서의 사본(寫本)을 송부하도록 되어 있고, 해당 심사관은 신고인 또는 이해관계인 등에게 의결 등의 요지(要旨)를 통지하도록 되어 있다.

공정거래위원회 심의 결과에 따라 작성되어 피심인에게 통지된 의결서는 공정거래법 규정에 따라 공개하는 것이 원칙이나 사업상의 비밀 등을 이유로 공개를 제한할 필요가 있는지 여부에 대해 피심인에게 의결서 통지 시 2주의 기간 내에 의견을 문서로 제출하도록 하고 있고 피심인이 공개 제한해 줄 것을 요구하게 되면 공정거래위원회 심판관리관은 피심인의 의견을 고려하여 공개여부 및 범위를 결정하게 된다.

국내에 영업소 등이 없는 외국사업자에 대해 [53]의결서 등의 송부가 문제될 수 있다. 이와 관련하여 쇼와덴코 등 6개 사업자의 흑연전극봉 가격공동결정행위 건에서 법원은 공정거래위원회 사건절차규칙에서 문서의 송달방법의 하나로 우편송달을 규정하고 있고, 행정절차법에서도 외국에 거주 또는 체류하는 자에 대한 기간 및 기한은 행정청이 그 우편이나 통신에 소요되는 일수를 감안하여 정하여야 한다고 규정하고 있는 점 등에 비추어 공정거래위원회는 국내

---

52) 과징금 부과금액의 확정을 위해 필요한 자료의 제출을 명하는 경우에는 70일 이내에 의결서 등을 작성하고 피심인 등에 대해서는 75일 이내에 통지하도록 되어 있다.

53) 의결서뿐만 아니라 심사보고서나 심사보고서에 대한 의견제출 요구의 경우도 동일하게 적용된다.

에 주소·거소·영업소 또는 사무소가 없는 외국사업자에 대해서도 우편송달의 방법으로 문서를 송달할 수 있다고 [54]판시하였고 의결서의 경우에는 게시판 및 인터넷에 공고함으로써 적법한 송달에 해당한다고 하였다.

또한 외국사업자에 대해 의결서를 우편으로 송부할 때 의결서의 요지를 영어 또는 외국사업자의 본국어로 작성하고 한글로 작성된 의결서 전문(全文)을 첨부한 것에 대해 법원은 의결서 전문을 영어 또는 외국사업자의 본국어로 작성할 필요까지는 없다고 [55]판시한 사례도 참고할 만하다.

(3)-2 의결과 처분시효

공정거래위원회가 처분에 대한 의결을 하기 위해서는 처분시효 내에 이루어져야 하는데 공정거래법 전면개정을 통해 처분시효 규정에 대한 개정도 이루어지게 되었다. 종전 공정거래법 제49조 제4항은 처분시효와 관련하여 법 위반행위에 대하여 조사를 개시한 경우에는 조사 개시일로부터 5년, 조사를 개시하지 아니한 경우에는 해당 위반행위의 종료일부터 7년으로 처분시효를 규정하고 있는데, 위반행위의 종료일로부터 7년이 도래하기 직전에 공정거래위원회의 조사가 개시되는 경우 처분시효가 최장 12년까지 이르게 되는 문제가 있었다.

처분시효가 지나치게 길어지게 되면 조사 대상인 사업자의 입장에서는 처분의 결과에 따라 사업경영 등에 있어서 불확실성이 증가하는 문제가 있으므로 이를 해소하기 위한 공정거래법 개정이 이루어지게 되어, 카르텔 이외의 사건의 처분시효는 위반행위 종료일로부터 7년으로 일원화하였다. 새로운 처분시효 기준은 2021. 5. 20.부터 시행되었으며, 개정 공정거래법 부칙에 따라 2021. 5. 20.전에 조사를 개시한 사건에 대해서는 종전의 처분시효 규정을 적용한다.

카르텔 사건의 경우 사건의 인지·처리에 장기간이 소요되는 특성이 있으므로 최장 12년인 현행의 처분시효를 유지하되, 처분시효의 예측가능성을 제고하기 위해 조사개시일을 대통령령인 공정거래법 [56]시행령으로 규정하도록 하였고 이에 따라 부당한 공동행위의 조사개시일은 신고사건의 경우 '신고접수일', 직권인지 사건의 경우 '[57]처분 또는 조사를 실시한 날 중 가장 빠른 날'로

---

54) 대법원 2006. 3. 24. 선고 2004두11275 판결

55) 에프 호프만 라 로슈 등 6개사의 비타민 가격 등 공동행위 건(서울고등법원 2004. 11. 24. 선고 2003누9000 판결, 고법에서 확정되었다.)

56) 공정거래법 시행령 제73조(부당한 공동행위의 조사 개시일)에서 규정하고 있다.

57) 전부개정 공정거래법 제81조(위반행위의 조사 등)는 처분을 ① 당사자 또는 이해관계인

하고 다만, 해당 일에 위반행위가 계속 중인 경우에는 '법위반 행위가 종료된 날'을 조사개시일로 간주하도록 명확화 하였다.

처분시효의 효과로는 처분시효가 도과하게 되면 공정거래법에 따른 시정조치 또는 과징금을 부과할 수 없게 되는 효과가 발생한다. 다만, 법원의 판결에 따라 공정거래위원회의 처분이 취소되어 새로운 처분을 해야 하는 경우에는 처분시효 규정을 적용하지 않으며, 피심인의 자료 열람·복사 요구에 대한 공정거래위원회의 거부에 대해 피심인이 소를 제기한 경우에는 처분시효가 정지됨에 유의할 필요가 있다.

처분시효는 조사개시일과 밀접한 관련이 있으므로 조사개시일과 관련된 판례를 살펴본다. 포스코엔지니어링의 한국가스공사 발주 천연가스 주배관 및 관리소 건설공사 입찰관련 23개 사업자의 부당한 공동행위에 대한 건에서 법원은 처분시효의 기산점을 공정거래위원회의 조사개시일로 규정한 공정거래법은 구체적인 법의 해석과 관련하여 법원의 심사대상에 속하는 것이고 그 필요성과 합리성이 인정되므로 위 규정은 명확성 원칙, 실질적 법치주의, 법률유보의 원칙에 위배되지 않는다고 [58]판시하였다.

셰플러코리아의 4개 자동차용 베어링 제조·판매사업자의 부당한 공동행위에 대한 건에서 법원은 자진신고도 공정거래법상 신고와 성격 자체가 동일하므로 처분시한에 관한 해석에서 자진신고를 그 외의 신고와 다르게 취급할 것이 아니라고 판시하였다. 다만, 자진신고 이후 보정과정에서 공동행위의 존재를 공정거래위원회가 인식할 수 있을 정도로 구체적으로 특정하여 자진신고의 범위에 포함시킨 것으로 보이지 아니한 경우에는 자진신고일을 조사개시일로 볼 수는 없다고 [59]판시하였다. 자진신고도 공정거래법상 신고에 해당하여 자진신고일이 조사개시일이 된다고 한 경우로서 3개 가변밸브타이밍 제조판매 사업자의 부당한 공동행위에 대한 건에서도 법원은 동일한 취지의 [60]판시를 한 바 있다.

에 대한 출석요청, ② 감정인의 지정, ③ 피조사업체에 대한 자료제출 요청 등으로, 조사는 사무소 또는 사업장에 출입하여 행하는 현장조사로 규정하고 있다.

58) 서울고등법원 2018. 10. 5. 선고 2016누31878 판결, 고법에서 확정되었다.

59) 서울고등법원 2018. 10. 12. 선고 2017누62381 판결, 상고심(대법원 2018. 2. 28. 선고 2018두62430 판결)은 심리불속행 기각하였다.

60) 서울고등법원 2018. 11. 16. 선고 2017누85377 판결, 상고심(대법원 2019. 3. 14. 선고 2018두66180 판결)은 심리불속행 기각하였다.

(4) 기타 관련 판례

공정거래위원회 심의과정에서 피심인에게는 사전에 심사보고서 송부를 통하거나 심사보고서에 없는 내용일 경우에는 별도의 통지 등을 통해 의견제시 등 쟁점에 대해 충분히 다툴 기회를 제공하여 방어권이 보장되어야 한다. 이러한 절차를 거치지 않고 의결을 하게 되면 절차적으로 위법할 수가 있는데 이와 관련한 판례를 살펴본다.

충북레미콘협동조합 외 2의 관수레미콘 구매입찰 관련 충북지역 3개 레미콘조합의 부당한 공동행위에 대한 건에서 법원은 사전통지 및 의견제출 기회를 거치지 않고 심의에서 제외되었던 위반사실을 추가하여 처분하기로 의결한 것에 대해 절차적으로 위법하다고 [61]판시하였고, 포스틸 등 4개 강판제조업체의 부당한 공동행위 건에서도 심사보고서상에 언급되었던 운송비 합의와 시장점유율 합의 이외에 '판매가격 합의'를 추가하여 처분하였고 어떠한 통지나 의견제출 기회를 주지 않은 것은 절차적 하자에 해당한다고 [62]판시하였다.

괴산증평산림조합 외 9의 부당한 공동행위 건에서는 심의단계에서 심사관은 원고의 행위가 (종전)공정거래법 제19조 제1항 제8호에 위반되는 행위라고 주장하였는데 의결 시에는 동법 제19조 제1항 제1호를 적용하여 처분한 것에 대해 방어권이 침해되어 위법이라는 원고의 주장에 대해 법원은 공정거래위원회의 심결절차가 준사법절차의 성격을 갖고 있다고 하더라도 기본적으로 행정절차이고 법은 심결절차에서 피심인의 방어권을 보장하기 위하여 불고불리의 원칙을 채택하고 있다고 보이지 않는 점 등에 비추어 보면, 공정거래위원회가 심결절차에서 심사관이 주장한 것과 다른 조문을 적용하여 이 사건 처분을 하였다고 하더라도 원고들의 방어권이 침해되었다고 볼 수는 없다고 [63]판시하였다.

---

61) 서울고등법원 2018. 12. 27. 선고 2018누40531 판결, 고법에서 확정되었다.
62) 대법원 2001. 5. 8. 선고 2000두10212 판결
63) 서울고등법원 2008. 10. 23. 선고 2008누3465 판결, 상고심(대법원 2009. 2. 12. 선고 2008두21348 판결)은 심리불속행 기각하였다.

Ⅲ. [64]자료 열람·복사 요구권

1. 의의

열람·복사권은 공정거래위원회 심의 단계에서 피심인의 방어권을 보장하고 심결의 정당성을 확보하는 적법절차의 핵심에 해당한다. 대법원도 (종전)공정거래법 [65]제52조의2의 규정 취지를 헌법상 적법절차 원칙을 고려하여 살펴볼 때 특별한 사정이 없는 한 공정거래위원회가 피심인의 이러한 요구를 거부할 수 없음이 원칙이라고 하면서 자료열람 등을 규정하고 있는 취지는 공정거래위원회의 시정조치 등으로 불측의 피해를 받을 수 있는 당사자로 하여금 공정거래위원회의 심의에 출석하여 심사관의 심사결과에 대하여 효과적으로 방어권을 행사하도록 보장함으로써 심의절차의 적정성을 기함과 아울러 공정거래위원회로 하여금 적법한 심사절차를 거쳐 신중하게 처분을 하게 하는 데 있고, 열람·복사 요구권의 내용과 한계와 관련해서도 일률적으로 거부할 수는 없고 거부함으로써 보호되는 이익과 그로 인하여 침해되는 피심인의 방어권의 내용과 정도를 비교·형량하여 신중하게 판단하여야 한다고 [66]판시한 바 있다.

법원의 판시에서 보듯 열람·복사 요구권은 피심인이 심의단계에서 자신에게 불리한 증거를 탄핵하며 자신에게 유리한 진술을 충분히 개진하기 위해서 공정거래위원회가 사실인정 및 조치수준 결정의 근거로 삼는 자료를 확인하고 검토할 수 있도록 보장하는 것이며, 한편으로 공정거래위원회 입장에서는 관련 증거를 당사자에게 개시하고 의견진술의 기회를 부여함으로써 실체적 진실을 확인하고 심의절차의 투명성·엄밀성을 제고하여 적법한 처분을 도출하는 데 필수적인 절차에 해당한다고 할 수 있다.

2. 법적 근거

(1) 관련 근거

전술한 바와 같이 2021. 5. 20. 시행된 전부개정 공정거래법은 종전에 당사

64) 공정거래위원회가 발간한 열람·복사업무 매뉴얼(2021. 5)을 참조하였다.

65) 종전 공정거래법 제52조의2(자료열람요구 등)는 전부개정 공정거래법 제95조에 해당한다.

66) 대법원 2018. 12. 27. 선고 2015두44028 판결

자 또는 이해관계인이 처분과 관련된 자료의 열람·복사를 요구하는 경우 자료제출자의 동의가 있거나 공익상 필요가 있는 경우에 한해 예외적으로 허용하던 것을 영업비밀 자료, 자진신고 자료, 다른 법률에 따른 비공개자료인 경우를 제외하고는 허용하도록 하였다. 이에 따라 공정거래위원회의 예규인 자료의 열람·복사 업무지침은 피심인에 대한 열람·복사의 방법 및 절차를 상세히 규정하고 있다.

특히 한-미 자유무역협정 경쟁챕터는 행정심리에서 피심인이 판정의 근거가 되는 증거와 그 밖에 수집된 정보를 검토하고 반박할 수 있는 합리적인 기회를 가지는 것을 보장하도록 [67]규정하고 있는데 공정거래법에 대한 역외적용으로 인해 외국사업자에 대한 공정거래위원회의 심사 및 심의가 이루어지고 있는 상황에서 경쟁챕터의 규정은 외국사업자의 방어권과 관련된 것이지만 국내 기업의 방어권 보장과 관련해서도 동일하게 보아야 할 필요성을 갖는다는 점에서 의미를 갖고 있다고 할 수 있다.

자료의 열람·복사와 관련해서는 '공공기관의 정보공개에 관한 법률' 또는 '행정절차법'도 관련이 있을 수 있으나 공정거래위원회의 처분과 관련된 자료의 열람·복사의 경우에는 전부개정 공정거래법 제95조(종전 공정거래법 제52조의2)가 우선 적용되는데 심사보고서에 첨부된 자료의 공개와 관련하여 정보공개법에 따라 비공개 자료의 복사를 구하는 정보공개청구를 한 사안에 대해 서울행정법원은 공정거래법 및 절차규칙이 적용되어야 하는 사안이라고 [68]판시하였고, 대법원도 행정절차법은 공정거래법에 대하여 행정절차법의 적용이 배제되도록 규정하고 있다고 하면서 공정거래위원회 의결 절차상 인정되는 절차적 보장의 강도가 일반 행정절차보다 더 강화되어 있기 때문이라고 하면서 당사자에게 보장된 절차적 권리는 단순한 이해관계인이 보유하는 절차적 권리와 같을 수 없으며 공정거래위원회 전원회의나 소회의 등이 열리기를 전후하여 최종 의결에 이르기까지 피심인의 절차적 권리는 한층 더 보장되어야 하고 따라서 심의절차에서 피심인에게 원칙적으로 관련 자료를 열람·등사하여 주어 실질적으로 그 방어권이 보장되도록 하여야 한다고 [69]판시한 바 있다.

67) 한-미 자유무역협정 경쟁챕터 제16장 제1조 제3항 후단에서 규정하고 있다.
68) 서울행정법원 2018. 11. 9. 선고 2018구합67718 판결
69) 대법원 2018. 12. 27. 선고 2015두44028 판결

(2) 관련 판례

참고로 예외적으로 자료 열람·복사를 허용하던 종전 공정거래법 하에서 이루어진 법원의 판례를 살펴보면 열람·복사 요구권을 방어권의 실질적 보장을 담보할 수 있는 것으로 인정하면서도 종전 공정거래법상의 자료제출자의 동의여부 등을 이유로 대부분 피심인의 주장을 받아들이지 않고 있었다. 이하 간략히 살펴보기로 한다.

한진중공업의 부산지하철 1호선 연장 2공구 턴키공사 입찰담합 건에서 법원은 공정거래위원회가 자료제출자의 부동의를 이유로 원고의 자료 열람·복사 요구에 응하지 않은 채 이 사건 처분을 한 것을 두고 절차적 하자에 해당한다고 보기는 어렵고, 설령 절차적 하자에 해당한다고 하더라도 이 사건 처분 자체를 취소할 정도에 이르렀다고 판단되지는 않는다고 [70]판시하였다.

애플의 열람·복사 거부처분 취소소송에 대한 건에서 법원은 비공개자료의 공개에 대해 자료제공자의 동의가 없을 뿐 아니라 심사보고서에서 해당 내용을 구체적인 수치까지 포함하여 상세히 원용하여 피심인의 방어권을 보장하기 위한 조치를 하였으므로 비공개하기로 한 이 사건 거부처분은 적법하다고 [71]판시하였다.

씨제이제일제당의 고추장 행사할인율 공동결정행위 건에서는 열람·복사 요구의 대상이 되는 자료가 피심인에게 송부하는 심사보고서에 반영되어 있다는 이유로 공정거래위원회가 열람·복사를 거절한 것에 대해 법원은 실질적 방어권이 침해되었다고 볼 수 없다고 [72]판시한 바 있다.

포스코 건설의 대구 서부 하수처리장 총인시설 부당한 공동행위에 대한 건에서 법원은 원고의 열람·복사 신청에 대해 일부 자료를 제공하고 나머지는 거부한 사안에 대해 자료검토 시간이 충분했고 나머지 자료를 제공하지 않은 것에 대해 별도의 이의를 제기하지 않았으므로 공정거래위원회의 거부처분이 절차적 정당성이 상실되었다고는 볼 수 없다고 [73]판시하였다.

---

70) 서울고등법원 2015. 8. 19. 선고 2014누50790 판결, 고법에서 확정되었다.

71) 서울고등법원 2018. 10. 4. 선고 2018누47457 판결, 상고심(대법원 2019. 2. 14. 선고 2018두61840 판결)은 심리불속행 기각하였다.

72) 서울고등법원 2012. 4. 18. 선고 2011누29276 판결, 상고심(대법원 2012. 9. 13. 선고 2012두11485 판결)은 심리불속행 기각하였다.

73) 대법원 2018. 12. 27. 선고 2015두44028 판결

3. 열람·복사와 관련한 사례

(1) 거부처분에 대한 취소소송 사례

공정거래위원회 제재가 있기 전에 열람·복사 거부처분을 다툰 최초의 사례로서 애플코리아가 심사보고서에서 공개되지 않은 [74]29개 첨부자료에 대한 공정거래위원회의 열람·복사 거부결정에 불복하여 제기한 소에서 서울고등법원은 절차적 기본권인 자료열람요구권 등을 공정거래위원회가 거부하는 것은 원고의 방어권 행사 등 권리의무에 직접적으로 영향을 미치는 행위이므로 처분성을 인정하면서도, (종전)공정거래법 규정에 따라 자료제출자가 영업비밀 등을 이유로 비공개 의사를 밝히고 있어 공정거래위원회의 거부처분은 적법하다고 판시하였다. 또한 애플코리아가 공정거래위원장을 상대로 서울행정법원에 정보공개 거부처분 취소소송을 제기한 것에 대해 법원은 정보공개법에 의한 공개청구를 하였으나 공정거래법이 적용되어야 하는 사안이고 비공개 처분도 공정거래위원장이 아닌 공정거래위원회가 한 것이므로 피고적격이 인정되지 않음을 들어 각하한 바 있다.

하림·팜스코 등이 27개 첨부자료에 대해 제기한 열람·복사 청구 및 거부처분 취소소송에서 1, 2차에 걸친 소송 결과 1차 취소소송에서 제조사 가격자료, 사료첨가제 공급업체 진술조서상 신원자료 등 14개 자료에 대해서는 거부가 적법하다는 판결이 내려져 심사보고서에서 제외되었고, 2차 취소소송에서 1차에서 거부가 적법하다고 한 자료에 대해 4개 자료는 다시 일부 공개가 필요하다는 판시가 내려졌다. 법원이 공정거래위원회 열람·복사 청구 거부자료 중 부적합하다고 한 것은 부동의 의사 입증이 안되어 있거나 공개로 인한 불이익이 구체적으로 밝혀진 바가 없는 자료, 원고들의 방어권 행사를 위해 계산 등이 올바르게 이루어졌는지 여부를 살필 필요가 있는 가격차이·가격차이 비율·거래금액·거래금액 차이 등 자료가 이에 해당한다. 법원은 이에 더하여 열람·복사를 거부함으로써 보호되는 이익과 그로 인하여 침해되는 원고들의 방어권의 내용과 정도를 비교·형량하여 자료의 열람·복사 요구를 판단하여야 한다고 [75]판시하였다.

---

74) 아이폰 매출과 비용을 분석한 이동통신사 내부의 영업보고서, 이동통신사와 타 제조사간 단말기 매매 계약서 등이 이에 해당한다.

75) 서울고등법원 2019. 5. 16. 선고 2019누30500 판결, 상고심(대법원 2019. 10. 17. 선고

기업집단 금호아시아나가 심사보고서에 첨부된 자료가 아닌 2개 자료에 대해 공정거래위원회가 열람·복사청구를 거부한 것에 대해 제기한 취소소송에서 법원은 선고 전에 공정거래위원회가 처분과 관련된 서류를 원고들에게 열람시켜 주고 이 사건 위반행위에 대한 향후 처분과 관련하여 해당 자료를 증거로 사용할 계획이 없음을 명시적으로 밝혔고, 그 외 자료는 처분과의 관련성 등이 없어 원고들이 이미 공개된 심사보고서 및 그 첨부자료와 추가 공개된 자료를 가지고 위반행위를 다투는 데 어려움이 없어 보이므로 비공개 결정으로 인해 원고들의 방어권이 실질적으로 침해하지 않는다고 하면서 공정거래위원회의 거부처분은 적법하다고 판시하였다. 다만, 판결에서 열람·복사의 대상은 심사보고서에 첨부된 자료에 한정되지 않는다는 점을 명확히 하였다.

공정거래위원회가 탱크로리 물류거래의 정상가격 산정에 필요한 전체 경쟁사업자 7개의 운송단가 자료 중 4개 회사 자료는 심사보고서에 첨부하지 않자 이에 대해 한화솔루션이 요청한 해당 4개 회사의 운송단가 자료에 대해 공정거래위원회가 열람·복사를 거부한 것과 관련하여, 법원은 참고인 9, 10 회사 자료는 공정거래위원회가 보유하고 있지 않은 자료이므로 각하하고 참고인 7, 8 회사 자료의 경우에는 정상가격 산정의 적정성 여부를 판단함에 있어서 필요한 자료로 보이고 해당 자료의 열람·복사를 거부함으로써 보호되는 이익보다 허용하여 얻게 되는 이익이 크다고 하면서 공정거래위원회 거부가 부적합하다고 판시하였다. 특히 열람·복사 허용으로 공정거래위원회의 조사역량에 향후 부정적 영향을 끼칠 가능성이 크고 영업비밀 공개로 자료제출자의 불이익이 클 우려가 있다는 공정거래위원회 주장에 대해 지나치게 막연하고 추상적인 사정에 불과하다고 판시하였다.

(2) 절차적 하자로서 다툰 사례

포스코의 시정명령 등 취소소송에서 법원은 열람·복사와 관련하여 첨부자료의 열람·복사를 거부할 수는 있으나 이 경우에도 일률적으로 거부할 수는 없고 첨부자료의 열람·복사를 거부함으로써 보호되는 이익과 그로 인해 침해되는 피심인의 방어권의 내용과 정도를 비교·형량하여 신중하게 판단하여야 한

2019두44736 판결)은 심리불속행 기각하였다.

다고 판시하였다.

현대모비스가 불공정거래행위 사실을 부인하며 소송을 제기하자 공정거래위원회가 불공정행위의 근거로 작성자 부분을 삭제한 대리점주들의 확인서를 제출한 것과 관련하여 법원은 공정거래위원회가 제출한 확인서는 그 작성자를 알 수 없으므로 서증의 신청 시 제출하는 문서에 해당하지 않고, 문서에 해당하더라도 비공개 열람심사를 적용한다면 원고는 무삭제 원본을 확인할 기회를 충분히 보장받지 못하여 그 진정성립이나 내용의 진실성을 탄핵할 권리를 부당하게 침해당하는 결과가 발생한다고 [76]판시하였다.

퀄컴인코포레이티드 외 2가 제기한 열람·복사 거부 취소소송에서 법원은 심사보고서에 첨부된 자료이나 피심인 송부 심사보고서에는 첨부하지 않은 자료는 자료제출자가 부동의 의사를 명시적으로 밝혔고 방어권 행사에 실질적으로 지장이 초래되었다고 보이지 않고, 조사과정에서 수집하였으나 심사보고서에 미첨부한 자료에 대해서도 심의하는 공정거래위원들에게 제공되지 않아 처분의 전제사실이나 근거로 삼은 자료가 아니므로 공정거래위원회의 비공개는 적법하다고 판시하면서, 한-미 자유무역협정 관련 조항도 수집된 모든 자료를 제공할 의무를 부과하는 것이라거나 합리적 기회가 아닌 무한한 기회를 보장하라는 것으로 해석되지는 않는다고 하였고 유럽연합집행위원회가 비공식 수집자료에 대해 피심인에게 제공할 의무가 있다고 판결한 것에 대해서도 우리와는 법리가 다르다고 하면서 원고의 주장을 배척하였다.

4. 자료의 구분

(1) 자료의 범주

열람·복사의 대상이 되는 자료는 종전에는 주로 심사보고서에 첨부된 자료가 문제가 되었다. 심사보고서 첨부자료는 피심인의 법위반 행위를 직·간접적으로 입증하기 위해 증거로 채택한 자료이므로 피심인이 방어권 행사차원에서 당연히 열람·복사를 요구할 수 있는 자료에 해당된다. 다만 첨부자료 중 영업비밀 자료·자진신고 자료·기타 법률에 의한 비공개 자료는 공정거래법 규정에 따라 비공개로 하고 있다.

---

76) 서울고등법원 2019. 6. 12. 선고 2018누47631 판결, 상고심(대법원 2019. 10. 17. 선고 2019두46060 판결)은 심리불속행 기각하였다.

최근에는 심사보고서 첨부자료 이외에 조사과정에서 수집한 자료에 대한 열람·복사가 문제되고 있다. 이러한 자료에는 ① 조사·심사 과정에서 사건담당자가 작성한 문서, ② 현장조사에서 입수한 자료, ③ 피조사업체가 제출한 자료, ④ 신고인이 제출한 자료, ⑤ 공정거래위원회 내·외부 경제분석 결과자료, ⑥ 외국 경쟁당국 등 타 기관으로부터 입수한 자료 등이 포함된다. 심사보고서에 첨부된 자료와 마찬가지로 조사과정에서 수집·생산된 자료에 대해서도 동 자료가 심의나 처분과 완전히 무관하다고 볼 수는 없으므로 열람·복사가 원칙적으로 허용되는 것이 바람직하다고 생각된다. 최근의 판례나 국회에서의 입법 논의도 대체적으로 심사보고서 첨부자료 이외에 조사과정에서 수집된 자료 등에 대해서도 열람·복사 요구를 인정하거나 확대하는 방향으로 진행되고 있다.

(2) 공정거래법 제95조의 비공개 자료

(2)-1 영업비밀 자료

(2)-1-1 영업비밀의 의의

영업비밀은 해당 사업자의 경쟁사업자 및 거래상대방 등에게 공개될 경우 해당 사업자에게 피해를 끼칠 수 있는 정보이므로 비공개로서 보호되어야 하며, 전부개정 공정거래법 제65조는 심리·의결의 공개 및 합의의 비공개에 관하여 규정하면서, 사업자 등의 '사업상의 비밀'을 보호할 필요가 있다고 인정할 때에는 심리와 의결을 비공개한다고 하고 있는데, 이때 사업상의 비밀은 동법 제95조(자료열람 요구 등)에서 규정하고 있는 부경법상의 영업비밀과 동일한 개념이다.

부경법은 영업비밀을 정의하면서 생산방법 및 판매방법, 그 밖에 영업활동에 유용한 기술상 또는 경영상 정보를 대상으로 한다고 규정하고 있다. 영업비밀에 해당하기 위해서는 비공지성, 경제적 유용성, 비밀관리성 요건이 충족되어야 하고 이하에서는 해당 요건과 판례를 하나씩 살펴보기로 한다.

'비공지성'은 정보가 불특정 다수인에게 알려져 있지 않기 때문에 보유자를 통하지 않고는 그 정보를 통상 입수할 수 없다는 것을 의미한다고 [77]판례는 정의하고 있으며 비공지성 요건에 해당하기 위해서는 ① 특허법 등 다른 법률에

77) 대법원 2009. 10. 29. 선고 2007도6772 판결

따라 공개된 정보가 아닐 것, ② 간행물 등 일반에게 공개된 매체에 실리지 않았을 것, ③ 공개된 웹사이트, 제품의 사용설명서 등을 통해 공개되지 않아야 한다.

'경제적 유용성'과 관련하여 법원은 그 정보의 보유자가 그 정보의 사용을 통해 경쟁자에 대하여 경쟁상의 이익을 얻을 수 있거나 또는 그 정보의 취득이나 개발을 위해 상당한 비용이나 노력이 필요하다는 것을 의미한다고 [78]판시한 바 있으며, 다른 판례에서는 바로 영업활동에 이용될 있을 정도의 완성단계에 이르지 못했거나, 실제 제3자에게 아무런 도움을 준 바 없는 정보라 하더라도 독립된 가치를 가진 것이면 경제적 유용성이 충족된다고 [79]판시한 바 있다.

'비밀관리성'과 관련된 판례는 아직 없으나 현행 부경법은 그간 개정을 통해 비밀관리성 요건을 완화해 왔으므로 어떠한 형태든 비밀로 관리되기만 하면 비밀관리성 요건이 충족되는 것으로 이해되고 있다. 따라서 비밀로 관리되고 있다는 외관상 표식을 갖추거나 비밀에 접근할 수 있는 권한자를 지정하는 등 접근방법을 제한하거나, 정보의 복사·전송 제한, 반출금지를 위한 장치를 갖추었거나 정보접근자에게 비밀유지 준수의무를 부과하게 되면 비밀관리성이 성립한다고 보아야 한다.

(2)-1-2 하도급법상의 기술자료

하도급법상의 기술자료와 부경법상의 영업비밀의 관계가 문제될 수 있다. 하도급법은 기술자료에 대해 [80]'비밀로 유지'된 제조·수리·시공 또는 용역수행방법에 관한 자료, 그 밖에 영업활동에 유용하고 독립된 경제적 가치를 가지는 것으로 [81]대통령령으로 정하는 자료로 정의하고 있는데 부경법과 비교해 보면 하도급법상의 기술자료에는 부경법상의 '경영상 정보'는 포함되지 않으며 부경법상의 영업비밀이 되기 위한 3가지 요건 중 비공지성을 요하지 않음을 유의해야 한다.

---

78) 대법원 2009. 4. 9. 선고 2006도9022 판결

79) 대법원 2008. 2. 15. 선고 2005도6223 판결

80) 종전에는 '합리적인 노력에 의하여' 비밀로 유지된 자료로 기술자료를 정의하고 있었으나 2021. 12. 30. 시행된 개정 하도급법에 의해 '합리적인 노력에 의하여' 문구가 삭제되고 그냥 비밀로 유지된 자료로 정의하면서 기술자료 요건을 완화하고 있다.

81) 하도급법 시행령 제2조 제8항은 1. 특허권·실용신안권·디자인권·저작권 등의 지식재산권과 관련된 정보, 2. 시공 또는 제품개발을 위한 연구자료, 연구개발보고서 등 수급사업자의 생산·영업활동에 기술적으로 유용하고 독립된 경제적 가치가 있는 정보로 규정하고 있다.

즉, 하도급법상으로는 특허출원 등으로 이미 공개된 지식재산권 관련 기술정보는 비공지성을 상실하여 부경법상 영업비밀에는 해당되지 않으나, 동종업계 종사자들 사이에 어느 정도 널리 사용되고 있는 정보·자료라 하더라도 세부사항에 있어서 고유기술과 노하우가 반영되어 있고 비공개 상태가 유지되며 세부사항이 유출될 경우 다른 사업자가 제품개발에 참고할 만한 가치가 있거나 생산 또는 영업활동에 도움이 될 만한 가치가 있다면 하도급법상 기술자료에 해당되어 보호할 실익이 있게 되는 것이다.

기술자료 요구와 관련된 하도급사건에서 원사업자가 공정거래위원회에 신고인인 수급사업자가 제출한 기술자료 열람·복사를 청구하는 경우에 비공지성을 충족하지 않는다고 해서 부경법상 영업비밀에 해당하지 않음을 들어 청구를 허용하게 되면 수급사업자의 기술자료가 보호받지 못하는 결과가 생길 수 있다. 공정거래위원회는 실무적으로 비공지성을 충족하지 않은 하도급법상 기술자료라도 부경법상 영업비밀에 해당하는 것으로 탄력적으로 해석하여 열람·복사 청구를 허용하지 않고 있음을 참고할 필요가 있다.

(2)-2 자진신고 자료

전부개정 공정거래법 제44조는 자진신고자 등에 대한 감면 등을 규정하면서 제4항에서 공정거래위원회 및 그 소속 공무원에 대해 자진신고자 또는 공정거래위원회의 조사 및 심의·의결에 협조한 자의 신원·제보 내용 등 자신신고나 제보와 관련된 정보나 자료를 사건처리와 관계없는 자에게 제공하거나 누설하는 것을 금지하고 있다.

이때 자진신고 자료는 자진신고자의 신원정보 및 신고와 관련된 정보 및 자료를 의미하며, 자진신고 자료에 해당하는지 여부는 심사보고서에 첨부된 자료들을 전체적으로 고려하여 판단하되, 여러 증거자료를 조합하여 자진신고자가 특정될 여지가 있는 경우에는 자진신고 자료에 해당하는 것으로 보게 된다. 이러한 자진신고 자료는 자진신고자 보호를 통해 자진신고의 유인을 높이려는 정책적 목적 달성을 위해 [82]비공개하도록 되어 있다.

(2)-3 다른 법률에 따른 비공개 자료

'공익신고자보호법'은 신고사건에서의 신고인·자료제출자의 신원정보를

82) 실무적으로는 자진신고 자료의 경우 자진신고자와 협의하여 진술조서 등 공개 가능한 형태의 증거로 재작성되어 심사보고서에 첨부하는 방식이 많이 활용되고 있다.

당사자의 동의 없이 다른 사람에게 알려주거나 공개 또는 보도하는 것을 금지하고 있고 이를 위반하면 5년 이하의 징역 또는 5천만 원 이하의 벌금을 부과하도록 규정하고 있다.

공익신고자보호법 적용이 되는 신고사건에는 공정거래법 등 공정거래위원회 소관법률 관련 위반행위 신고도 포함되어 있는데, 피신고인 등이 각종 소송 또는 행정심판을 위해 공익신고 관련 문건에 대한 열람·복사 등을 공정거래위원회에 요청하는 경우가 문제될 수 있다. 신고자임을 알 수 있는 자료 등의 제공은 공익신고자보호법 위반이 되므로 비공개해야 하고, 다만 법원의 제출명령 또는 압수수색 영장에 의하여 요구하는 경우에는 신고자와 관련된 자료제공이 가능하다.

'개인정보보호법'은 개인정보를 정의하면서 개인정보의 수집·이용이나 개인정보의 제공 시에 정보주체의 동의를 받거나, 법령에 특별한 규정이 있거나, 공공기관의 소관업무 수행을 위해 불가피한 경우에 한하여 이를 허용하고 있으며 목적 외 범위를 초과하여 제3자에게 제공할 수 없도록 규정하고 있다.

공정거래위원회 사건심사·심의와 관련하여 심사보고서 증거자료 등에 적시된 개인 신상정보가 이와 관련하여 문제될 수 있다. 증거자료상의 개인 신상정보가 개인정보보호법상의 개인정보 정의에 해당하는 것이라면 이러한 신상정보도 개인정보보호법의 적용을 받으므로 비공개를 해야 한다. 개인정보의 주체는 자연인이므로 원칙적으로 법인 또는 단체에 관한 정보는 이에 해당하지 않으며, 법인 또는 단체에 관한 정보이면서 동시에 개인에 관한 정보인 대표자인 임원진과 업무담당자의 이름·주민번호·자택주소 및 개인 연락처, 사진 등 그 자체로 개인을 식별할 수 있는 정보는 개별 상황에 따라 법인 등의 정보에 그치지 않고 개인정보로 취급될 수 있음에 유의해야 한다.

'산업기술의 유출방지 및 보호에 관한 법률'은 국가핵심기술에 관한 기술을 국가기관, 지방자치단체, 공공기관 등이 공개하는 것을 금지하면서 국가안전보장 및 국가 경제발전에 악영향을 줄 우려가 없는 경우에 한하여 예외적으로 공개가 가능하다고 정하고 있다. 이에 따라 공정거래위원회는 반도체 등 핵심기술과 관련하여 외국인 등이 피심인인 경우의 사건 등에 대해서는 비공개 등을 통해 국가핵심기술이 공개되지 않도록 하고 있다.

5. 자료의 열람·복사 절차

자료의 열람·복사는 피심인의 요구에 따라 자료제출자에 대한 의견조회 후 당해사건의 주심위원의 열람·복사에 대한 허용여부 결정내용을 피심인과 자료제출자에게 지체 없이 통보하는 절차로 이루어져 있다.

(1) 열람·복사 요구서 제출

피심인은 공정거래위원회에 서면으로 자료의 열람·복사를 요구해야 하며, 공정거래위원회 예규인 '자료의 열람·복사 업무지침' [83]별지 1호 서식은 사건명, 피심인, 열람·복사요구 자료, 요구사유, 열람할 자의 인적사항 등을 기재하도록 되어 있다.

제출된 피심인의 열람·복사 요구서에 대해서는 공정거래위원회 심판관리관이 형식적 요건을 검토하여 기재 항목 누락 등에 대해서는 보완요청을 하게 된다. 원칙적으로 열람·복사 요구서는 피심인별로 제출되어야 하고 다수의 피심인을 특정 대리인이 대리를 하고 있더라도 요구서 작성·제출은 별도로 이루어져야 한다.

(2) 자료제출자 의견 검토

피심인의 서면요구가 있으면 당해 사건의 심사관은 자료제출자에게 피심인의 요구에 대한 [84]의견을 제출할 수 있는 기회를 1주의 시간을 주면서 부여해야 한다. 자료제출자가 영업비밀을 이유로 비동의하는 경우에는 영업비밀의 각 요건인 비공지성, 경제적 유용성, 비밀관리성 각각의 경우에 대한 근거를 의견서식에 적시하도록 되어 있다. 1주의 기한 내에 자료제출자의 회신이 없으면 의견이 없는 것으로 보아 처리한다. 자료제출자의 의견을 반영한 심사관의 검토의견 작성은 대개 2주 범위 내에서 이루어지게 된다.

---

83) 별지1호 서식은 이 장 말미에 첨부해 놓았다(780쪽 참조).

84) 자료제출자 의견서 양식은 자료의 열람·복사지침 별지 2호 서식으로 정해져 있으며 이 장 말미에 참고로 첨부해 놓았다(781쪽 참조).

(3) 자료의 열람·복사 결정

자료제출자의 의견제출 및 심사관 검토의견 작성과 관련된 절차가 마무리되면 주심위원은 피심인의 자료 열람·복사요구에 대한 허용여부를 결정해야 하는데 피심인의 요구가 있은 날로부터 30일 이내에 결정을 해야 하며 10일의 범위 내에서 연장이 가능하다. 주심위원이 허용여부를 결정하게 되면 이를 지체 없이 피심인과 자료제출자에게 통지하여야 한다.

열람·복사 요청에 대한 결정을 하기 위해 주심위원이 필요하다고 인정하는 경우에는 공정거래위원회 심판정에 [85]양측을 출석시켜 의견을 진술하도록 할 수 있다. 다만, 참석자 범위 결정 시에 해당자료가 자료제출자의 신원과 관련되는 등의 사유로 자료제출자가 출석을 원하지 않는 경우에는 이를 고려하도록 되어 있다.

(4) 열람·복사의 범위

(4)-1 개요

자료의 열람·복사 허용범위에 대해서는 ① 영업비밀자료에 대해서는 자료제출자의 동의가 있는 경우에는 완전공개하고, 동의를 하지 않는 경우에는 제한적 자료열람을 할 수 있게 된다. ② 자진신고 자료에 대해서는 자료제출자의 동의가 있는 경우에는 완전공개하고 동의를 하지 않는 경우에는 비공개한다. ③ 다른 법률에 따라 비공개하도록 되어 있는 자료는 비공개한다. ④ 그 외의 자료는 완전공개를 해야 한다. 자료의 완전공개를 결정하는 경우에는 10일 이내에 해당 자료를 요청한 피심인에게 송부하도록 되어 있다.

자료제출자의 동의는 별지 2호의 의견서에 해당자료의 피심인 공개에 동의한다는 의사를 자료제출자가 명백히 표명한 경우를 의미한다. 다만, 자료제출자의 동의가 있더라도 다른 법률에 따른 비공개 자료에 해당하는 경우에는 자료제출자의 동의에도 불구하고 열람·복사가 허용되지 않는다.

공정거래위원회의 자료의 열람·복사 요청에 대한 불허나 제한적 자료열람 결정에 대해서는 처분성이 인정되고 있으므로 이러한 공정거래위원회의 결정에

85) 주심위원 주재 하에 의견진술 청취절차가 이루어지며 피심인, 자료제출자, 공정거래위원회 심사담당자 및 그 부서장, 공정거래위원회 심결보좌 담당자 및 그 부서장 등이 참석자 범위에 해당한다.

피심인 등은 이의신청이나 소송을 통해 불복을 하는 것이 가능하고, 특히 제한적 자료열람의 경우에는 그 대상이 영업비밀에 해당하느냐가 법원 판결을 가르는 주요 쟁점이 되게 된다.

(4)-2 제한적 자료열람

제한적 자료열람은 피심인의 대리인(변호사)에 한해 2주 이내에의 범위에서 주심위원이 정한 일시에 제한적 자료열람실에 입실하여 자료를 열람하는 절차를 의미하며 영업비밀 유출을 방지하기 위해 피심인의 대리인에 대해서는 비밀유지의무가 부과되며 이를 위반하게 되면 5년간 공정거래위원회 소속 공무원과의 접촉 제한, 변호사협회 징계요구 등의 제재를 가하게 된다. 제한적 자료열람은 공정거래법 시행을 위한 목적 내 이용에 해당하므로 제한적 자료열람의 허용이 전부개정 공정거래법 제119조에서 규정하고 있는 비밀엄수의 의무 위반에 해당되는 것은 아니다.

제한적 자료열람 결정의 대상은 부경법상 영업비밀에 해당하는 자료이며, 제한적 자료열람자는 피심인의 대리인인 외부 변호사이며 이때 피심인 소속의 내부 변호사는 열람자가 될 수 없음에 유의해야 한다. 제한적 자료열람자는 제한적 자료열람실(공정거래위원회 내부적으로는 '데이터룸'이라 부르고 있다) 입실 전에 ① [86]제한적 자료열람실 이용규칙 준수 서약서, ② [87]비밀유지 서약서, ③ 자료제출자와 비밀유지계약을 체결한 경우에는 그 비밀유지 계약서를 제출하여야 한다.

제한적 자료열람실 이용규칙으로는 이용 중 외부통신이 금지되고 휴대폰·노트북 등 전자기기의 반입이 금지되며, 열람을 위한 메모와 출력은 가능하나 열람 종료 후 파기해야 하고 반출하는 것이 금지되어 있다. 이처럼 제한적 자료열람 방식을 통제하는 이유는 영업비밀 자료는 중대하게 보호되어야 할 자료임에도 피심인의 방어권 행사를 위해 예외적으로 허용하는 것이므로 그 열람 절차·방법에 있어 일정한 제한을 하는 것이 불가피하기 때문이다. 만약 피심인이 대리인을 통해 부적절하게 영업비밀을 취득할 경우에는 부경법에 따라 5년 이하의 징역 또는 그 재산상 이득액의 2배 이상 10배 이하에 상당하는 벌금에 처해질 수 있음에 유의해야 한다.

---

86) 별지 3 서식은 이 장 말미에 참고로 첨부해 놓았다(782쪽 참조).
87) 별지 4 서식은 이 장 말미에 참고로 첨부해 놓았다(783쪽 참조).

제한적 자료열람자는 영업비밀을 열람하면서 증거자료의 존재와 성립의 진정성, 심사관 증거채택의 적절성, 입증자료 분석의 정확성 등을 확인하고 의뢰한 피심인이 받아 볼 열람보고서를 작성하게 되는데 열람보고서에는 원칙적으로 영업비밀이 포함되어서는 안되고 대리인이 판단한 내용만을 기재하여야 한다. 대리인이 작성한 열람보고서는 공정거래위원회가 영업비밀이 포함되어 있는지에 대한 자체 검토 후 7일 이내에 피심인에게 발송하게 된다. 대리인이 영업비밀이 포함된 열람보고서를 작성하는 경우에는 비밀문서로 분류되고 동 보고서에 대해 심의에서 다투게 되면, 피심인을 퇴정시키고 [88]분리(分離)심리를 하게 된다.

Ⅳ. 처분에 대한 불복절차

1. 이의신청

(1) 처리기간

전부개정 공정거래법은 제96조에서 공정거래위원회의 의결에 의한 처분에 대해 불복하는 경우 처분의 통지를 받은 날로부터 30일 이내에 사유를 갖추어 이의(異議)신청을 [89]할 수 있도록 하고 있으며, 공정거래위원회는 60일 이내에 재결을 하여야 하고 부득이한 경우에는 30일의 범위에서 그 기간을 연장할 수 있도록 하고 있다.

공정거래법 [90]시행령은 재결 기간을 연장할 수 있는 부득이한 경우로 ① 처분의 위법 또는 부당여부를 판단하기 위하여 시장의 범위·구조·점유율·수출입 동향 등에 관한 조사·검토 등 별도의 경제적 분석이 필요한 경우, ② 처분의 위법 또는 부당여부를 판단하기 위하여 고도의 법리적 분석·검토가 필요한 경우, ③ 이의신청의 심의과정에서 새로운 주장 또는 자료가 제출되어 이에 대한 조사에 장기간이 소요되는 경우, ④ 당사자 또는 이해관계인 등이 묵비권을 행사하거나 자료를 적시에 제출하지 아니하는 등 조사에 협조하지 아니하는 경우

---

88) 분리심리는 피심인 퇴정 후에 대리인인 제한적 자료열람자에게 영업비밀이 포함된 열람보고서를 제공하고 변론을 마치게 되면 다시 이를 수거하는 절차로 진행이 된다.

89) 공정거래법상 이의신청은 임의적 절차에 해당한다.

90) 공정거래법 시행령 제83조(이의신청의 절차 및 처리기간 등)에서 규정하고 있다.

등이 포함된다.

(2) 이행결과 확인

시정명령 등의 이행완료 기간이 정해져 있는 경우 심사관은 이행완료 기간이 경과한 날로부터 10일 이내에 이행결과를 확인해야 하는데, 이의신청을 제기한 경우는 재결서 정본 송달일 익일로부터 기산하여 10일 이내에 확인하게 된다. 이행완료 기간이 정해져 있지 않은 경우에는 이의신청 기간인 30일이 경과한 날로부터 10일 이내에 이행결과를 확인하게 되고 이행명령을 이행하지 아니할 경우 30일 이내의 기간을 정하여 1차 독촉, 다시 30일 이내의 기간을 정하여 2차 독촉한 후 불이행시 고발조치할 수 있게 되어 있다.

(3) 이의신청 절차

이의신청사건 처리의 심사관은 공정거래위원회 심판관리관이 맡게 되고, 심판관리관은 이의신청 사건 심사보고서를 작성하여 공정거래위원회에 상정한다. 이의신청에 대한 재결은 구술심의로 하되, 이의신청인이 원처분시와는 다른 새로운 주장이나 자료를 제출하지 아니한 경우 등 전원회의 의장이 필요하다고 인정하는 사유가 있을 때에는 서면심의를 할 수 있다. 이의신청에 대한 심의 결과 이의신청 기간이 도과된 경우는 각하하고 이유가 없는 경우에는 기각하며, 이의신청이 이유가 있다고 인정하는 경우에는 원처분을 취소 또는 변경하게 된다.

시정조치를 부과 받은 자가 이의신청을 제기한 경우로서 그 시정조치의 이행 또는 절차의 속행으로 발생할 수 있는 회복하기 어려운 손해를 예방할 필요가 있다고 인정되는 경우 공정거래위원회는 당사자의 신청이나 직권으로 시정조치의 이행 또는 절차의 속행에 대한 정지를 결정할 수 있다.

2. 행정소송

(1) 제소기간

공정거래위원회 처분에 대한 불복소송은 서울고등법원을 전속관할로 하고 있는데 일반적인 행정소송과는 달리 공정거래위원회 심결이 대심구조에 입각한 준사법적 절차로 이루어지고 있어 사실상 1심의 역할을 하고 있는 이유로 소송은 서울고등법원을 거쳐 대법원으로 이루어지는 2심제를 채택하고 있다. 전부개정 공정거래법은 제99조에서 공정거래위원회의 처분에 대해 불복의 소를 제기하려는 자는 처분의 통지를 받은 날 또는 이의신청에 대한 재결서의 정본을 송달받은 날로부터 30일 이내에 소를 제기하도록 하고 있고 이 기간은 불변기간에 해당한다. 공정거래위원회 처분에 대한 소의 제기는 이의신청을 반드시 거칠 것을 요하는 것은 아니라는 점에 유의할 필요가 있다.

제소기간과 관련한 판례를 살펴보면, 디알비동일·동일고무벨트 등 3개 크롤러 제조·판매사업자의 부당한 공동행위 건에서 법원은 원고가 소를 제기한 날이 처분서를 송달받은 날로부터 30일이 지났음이 역수상 명백하므로 이 사건 시정명령의 취소를 구하는 부분은 제소기간이 도과하여 부적합하다고 [91]판시하였다.

케이씨씨건설의 호남고속철도 제2-1공구 등 최저가 낙찰제 참가 28개 사업자의 부당한 공동행위 건에서 법원은 선행처분인 과징금납부명령을 취소하는 소를 제기하였다가 과징금 감액처분의 취소를 구하는 청구를 추가하는 내용으로 청구취지를 변경한 경우 제소기간의 준수여부를 판단함에 있어서는 청구취지 변경 시가 아닌 최초의 소가 제기된 때를 기준으로 하는 것이 [92]타당하다고 판시하였다. 위 공동행위 참가자 중 에스케이건설에 대한 판결에서도 동일한 취지의 [93]판시가 있었다.

(2) 이의신청과 행정소송

이의신청을 거친 사건에 대해 피심인이 불복소송을 제기하면서 '이의신청의 재결'까지 취소를 할 실익이 문제될 수 있다. 이와 관련하여 태영건설의 청주하수처리장 여과시설 설치 및 소각로 증설공사 입찰관련 부당공동행위 건에서 법원은 이의신청을 거친 경우 이의신청에 대한 재결 자체에 고유한 위법이 있다면 그 재결의 취소를 구할 수 있지만 그와 같은 특별한 사정이 없다면 공정거래위원회를 피고로 하여 원처분인 시정조치와 과징금부과처분의 취소를 구하

---

91) 서울고등법원 2017. 1. 11. 선고 2015누64703 판결, 고법에서 확정되었다.

92) 서울고등법원 2016. 10. 28. 선고 2014누65945 판결, 상고심(대법원 2017. 3. 30. 선고 2016두62658 판결)은 심리불속행 기각하였다.

93) 대법원 2018. 11. 15. 선고 2016두48737 판결

여야 한다고 [94]판시한 바 있다. 태영건설의 충남도청 이전 신도시 하수처리시설 건설공사 입찰 부당공동행위 건에서도 동일한 취지의 [95]판시가 있었다.

이의신청 재결에서 원처분 중 '과징금 납부명령의 일부만 취소'하고 나머지 과징금 납부명령 부분과 시정명령 부분에 대한 이의신청을 기각하였을 경우에 취소소송을 제기하는 경우도 동일하다. 즉 재결에 대한 취소만으로 전체 원처분의 위법을 주장할 수는 없고 일부취소 후의 원처분의 위법은 원처분에 대한 취소소송에서 주장하여야 한다. 한양의 불공정하도급거래행위에 대한 건 관련 과징금 납부기한 연장 및 분할납부 변경처분에 대한 건에서 법원은 동일한 취지의 [96]판시를 한 바 있다.

이의신청 재결에서 '과징금을 감액'한 경우 이에 대한 행정소송을 청구할 수 있을지에 대해 7개 시멘트제조사의 부당한 공동행위에 대한 건에서 법원은 이의신청 재결이 당연무효가 아닌 한 이 사건 감액부분 과징금납부명령의 효력을 확정적으로 상실시키는 것이므로 감액부분 과징금납부명령의 취소를 구하는 청구부분은 존재하지 않는 처분에 대한 청구여서 소의 이익이 없어 부적법하다고 [97]판시하였다.

(3) 행정소송이 제한되는 경우

부당한 공동행위와 관련하여 자진신고 등에 따른 감면신청에 대해 공정거래위원회가 기각결정을 한 경우 '감면신청 기각결정'에 대해 취소를 구할 수 있는지도 실무적으로 문제될 수 있다. 이와 관련하여 고양 바이오매스 에너지시설 설치사업 공사 입찰관련 코오롱글로벌의 부당한 공동행위 감면신청에 대한 건에서 법원은 공정거래위원회의 시정명령 및 과징금부과처분의 취소소송과 별개로 감면신청 기각결정을 취소하는 소송을 허용하는 것은 사업자로 하여금 무용한 소송절차의 반복에 이르게 하는 것으로 부당하고 소의 이익이 없다고 [98]판시하였다.

---

94) 서울고등법원 2016. 6. 3. 선고 2015누45191 판결, 고법에서 확정되었다.

95) 서울고등법원 2016. 3. 17. 선고 2015누48763 판결, 고법에서 확정되었다.

96) 서울고등법원 2016. 5. 27. 선고 2014누67705 판결, 상고심(대법원 2016. 10. 27. 2016두45462 판결)은 심리불속행 기각하였다.

97) 서울고등법원 2017. 10. 25. 선고 2016누53748 판결, 상고심(대법원 2018. 3. 15. 선고 2017두72003 판결)은 심리불속행 기각하였다.

98) 서울고등법원 2015. 12. 3. 선고 2015누39370 판결, 고법에서 확정되었다.

마찬가지로 공정거래위원회 의결에 의한 '고발이나 입찰참가자격 제한요청' 등은 행정기관 상호간의 행위에 불과하고 항고소송의 대상이 되는 행정처분에는 해당되지 않음을 유의할 필요가 있다. 고발 관련 판례는 후술하는 위반행위에 대한 제재부분에서 상세히 다루도록 하고 입찰참가자격 제한요청과 관련된 판례를 살펴보면, 주성건설의 입찰관련 공동행위 건에서 법원은 입찰참가자격 제한요청은 행정기관 상호간의 행위에 불과하여 항고소송의 대상이 되는 행정처분이라 할 수 없고, 위 협조의뢰를 받은 각 행정기관은 독자적 판단에 따라 그에 따른 행정처분을 하고 이에 대하여는 별도의 불복절차로 다툴 수 있으므로 입찰참가자격 제한요청의 취소를 구하는 것은 부적법하다고 [99]판시하였다.

공정거래위원회로 하여금 '고발조치를 하도록 이행판결'을 구하는 소송이 가능한지에 대해서, 정음건설의 동일건설 하도급법 위반혐의사실 고발요청 건에서 법원은 고발조치라는 일정한 행정처분을 하도록 명하는 이행판결을 구하는 것은 법원으로 하여금 행정청이 일정한 행정처분을 행한 것과 같은 효과가 있는 행정처분을 직접 행하도록 하는 형성(形成)판결을 구하는 것이 되고 이는 행정소송법에 의하여 허용되지 않는 소송이므로 부적합하다고 [100]판시하였다.

공정거래위원회가 '처분을 변경'한 경우에 취소소송에는 어떤 영향을 미치게 되는지가 문제될 수 있다. 선경이엔씨의 하도급법 위반행위에 대한 건에서 법원은 공정거래위원회가 상계의 의사표시로 인해 지연손해금의 대부분이 소멸된 것을 이유로 이 사건 처분을 직권 취소한 것에 대한 취소소송은 소의 이익이 없어 부적합하다고 [101]판시하였다.

에쓰대시오일 등 5개 정유사들의 군납유류 입찰담합 건에서 법원은 공정거래위원회가 대법원 판결취지에 따라 파기환송심 단계에서 과징금을 일부 감액처분한 경우 감액된 부분에 대한 부과처분 취소청구는 이미 소멸하고 없는 부분에 대한 것으로서 소의 이익이 없어 부적법하다고 [102]판시하였고 에쓰대시오일의 군납유 입찰담합 과징금 재산정 건에서도 동일한 취지로 [103]판시하였다.

---

99) 서울고등법원 1998. 2. 18. 선고 97구7457 판결, 상고심(대법원 2000. 2. 11. 선고 98두5941 판결)은 이러한 원심판결에 위법이 없다고 판시하였다.

100) 서울고등법원 2016. 5. 26. 선고 2016누33003 판결

101) 서울고등법원 2016. 4. 22. 선고 2015누70913 판결, 고법에서 확정되었다.

102) 대법원 2008. 2. 15. 선고 2006두4226 판결

Ⅴ. 동의의결 절차

1. 개요

(1) 의의

동의의결(同意議決) 제도는 조사나 심의 단계에서 사업자가 신청하는 제도로서, 사업자의 관련행위에 대한 법위반 여부가 불분명하지 않거나 법위반을 판단하기 위해서는 많은 시간과 노력이 필요한 경우에 사업자가 관련행위를 중지하고 원상회복 등 경쟁질서 회복과 거래질서의 적극적 개선을 위한 방안과 소비자 및 다른 사업자 등의 피해를 구제 또는 예방하기 위한 방안들을 마련하여 제시하면 공정거래위원회가 이해관계자들의 의견수렴 등을 거쳐 위법 여부를 확정하지 않고 사건을 종결하는 제도를 의미한다.

전부개정 공정거래법은 제89조에서 동의의결의 신청과 시정방안을 규정하고 있고, 동법 제90조에서는 동의의결의 절차를, 동법 제92조에서는 동의의결의 취소를 규정하고 있으며 기타 여러 규정에서 동의의결 관련 내용을 규정하고 있다. 관련 내용은 후술하기로 한다.

(2) 제도의 효용성

사건의 조사나 심의 단계에서 위법여부에 대한 확정 없이 사건이 종결된다는 점에서 동의의결 제도는 공정거래위원회 사건 심사절차 또는 심의절차의 예외에 해당하는 제도라고 볼 수 있으며, 후술할 여러 장점들 때문에 미국 등 영미법계 국가에서는 이전부터 활용되어 왔고 점차 글로벌 스탠더드로 정착하면서 우리나라에도 도입되게 되었다.

동의의결 제도는 법위반 혐의를 받는 사업자와 경쟁법을 집행하는 공정거래위원회 양측 모두에게 효용이 있는 제도로서 제도 도입 이후 활발히 적용이 이루어지고 있다. 사업자의 입장에서는 동의의결 제도를 활용하여 제시된 시정방안이 받아들여지는 경우 실질적으로는 사업자의 관련 행위가 법위반이 아닌 것으로 되기 때문에 장래의 사업활동 불확실성 제거 등으로 인해 큰 이익이 될 수 있다. 특히 글로벌화된 다국적기업이나 해외부문에 대한 사업비중이 큰 사

103) 대법원 2008. 2. 15. 선고 2006두3957 판결

업자인 경우에는 특정국가에서 법위반으로 처벌받은 전력 등이 다른 국가에서의 사업활동에 큰 지장을 초래할 수 있으므로 글로벌 대기업일수록 평판 등을 고려해 동의의결 제도를 활용할 유인이 크다고 볼 수 있다.

한편, 법집행 당국인 공정거래위원회의 입장에서도 제한된 자원과 인력을 고려할 때 법위반 혐의가 있는 모든 사건을 조사하고 심의하여 시정한다는 것은 대단히 어려운 일이다. 특히 대규모 글로벌 사업자 등이 관련된 사건일 경우 투입해야 하는 시간과 인력 부담이 크고 법위반 여부에 대한 사업자와의 다툼이 치열할 수밖에 없는 상황에서 당해 사업자가 스스로 시정방안을 마련하여 우려되는 경쟁제한상태를 해소하고 소비자나 다른 사업자 등에 대한 피해구제조치까지 마련함으로써 법위반 시정조치와 별 차이가 없는 시정방안을 스스로 마련해 온다면 경쟁의 회복이라는 소기의 목적은 달성하게 되는 것이어서 효율성 면에서 볼 때 동의의결 제도는 법집행 당국에게도 꼭 필요한 제도라고 할 수 있다.

2. 동의의결 절차

(1) 동의의결 신청

전부개정 공정거래법 제89조는 공정거래위원회의 조사나 심의를 받고 있는 사업자 등이 동의의결을 신청할 수 있도록 규정하고 있으며 동의의결의 목적으로 조사나 심의의 대상이 되는 행위로 인한 경쟁제한상태 등의 자발적 해소, 소비자 피해구제, 거래질서의 개선 등을 들고 있다. 다만, [104]부당한 공동행위, [105]고발요건에 해당하는 행위 등에 대해서는 동의의결을 하지 않고 심의절차를 진행하도록 규정하고 있다. 동의의결 신청인은 서면으로 동의의결을 신청해야 하고 [106]신청서에는 ① 해당 행위를 특정할 수 있는 사실관계, ② 해당 행위의 중지, 원상회복 등 경쟁질서의 회복이나 거래질서의 적극적 개선을 위하여 필요한 시정방안, ③ 소비자 및 다른 사업자 등의 피해를 구제하거나 예방하

104) 전부개정 공정거래법 제40조에 규정하고 있으며, 종전 공정거래법 제19조에 해당한다.

105) 전부개정 공정거래법 제129조는 법위반 관련행위의 위반정도가 객관적으로 명백하고 중대하여 경쟁질서를 현저히 해친다고 인정하는 경우에는 검찰총장에게 고발하도록 규정하고 있다.

106) 공정거래위원회 고시인 '동의의결제도 운영 및 절차 등에 관한 규칙(이하 동의의결규칙이라 약칭한다)'은 별표로 '동의의결 신청서' 양식을 정해 놓고 있다. 이 장 말미에 참고로 첨부해 놓았다(786쪽 참조).

기 위하여 필요한 시정방안을 기재하도록 되어 있다.

동의의결규칙에는 동의의결 신청서 작성과 관련하여 구체적으로 작성할 사항을 상세히 규정하고 있는데 ① 명확한 시정방안의 내용과 제3자의 조력 없이 단독으로 실행가능하다는 소명자료를 기재해야 하나, 제3자의 조력이 시정방안 마련에 필수적인 경우에는 제3자의 조력을 입증할 수 있는 증거자료를 첨부해야 하며, ② 시정방안이 신속하고 실효성 있게 경쟁질서를 회복하거나 거래질서를 적극적으로 개선할 수 있다는 소명자료, ③ 금전적 피해가 발생하고 피해자 및 피해금액이 특정될 수 있는 경우 피해자의 범위 확정 및 피해액 산정의 방법과 절차, 피해보상에 사용될 비용의 계산액, 피해보상의 기간 등과 ④ 최소한 월 단위의 구체적인 시정방안 이행계획, 다만 이행기간이 1년 이상인 경우에는 분기 또는 반기단위의 이행계획 등을 포함하여 작성하도록 되어 있다.

공정거래위원회가 사건에 대한 조사를 마치고 심의를 위한 심사보고서를 작성하여 피조사인에게 송부하기 전에 관련 사업자 등이 동의의결을 신청한 경우에는 동의의결규칙에 따라서 공정거래위원회 심사관은 조사를 일단 완료하고 그 개략적인 조사결과를 서면으로 법위반 혐의 관련 사업자 등에게 통지를 하도록 되어있다. 동의의결 신청인의 신청서는 공정거래위원회 심의일 이전에 공정거래위원회에 도달하여야 한다.

공정거래위원회는 동의의결 신청인의 시정방안이 ① 해당 행위가 법 위반으로 판단될 경우에 예상되는 시정조치 및 그 밖의 제재와 균형을 이루고, ② 경쟁질서나 거래질서를 회복시키거나, 소비자·다른 사업자 등을 보호하기에 적절하다고 판단되면, 해당 행위 관련 심의를 중단하고 시정방안과 같은 취지의 의결을 할 수 있으며, 신청인과의 협의를 통해 시정방안을 수정할 수도 있다.

최근 공정거래법 [107]개정으로 동의의결 신청 시 처분시효가 정지되도록 하였는데 이는 동의의결 진행 중 동의의결 신청이 처분시효 기간 도과를 위한 수단으로 악용될 소지를 차단하기 위한 것이다. 법 개정에 따라 동의의결 신청 시 본 사건 처분시효가 정지되며 동의의결 절차가 종료되는 때부터 처분시효가 재개되게 되는데 동의의결 절차 종료는 ① 신청 취소, ② 절차 미개시, ③ 기각 결정, ④ 이행 완료, ⑤ 동의의결 취소의 경우가 이에 해당한다.

107) 개정 공정거래법에서 제90조 제10항을 신설하였다.

(2) 절차 개시여부 결정

공정거래위원회는 신속한 조치의 필요성, 소비자 피해의 직접보상 필요성 등을 종합적으로 [108]고려하여 동의의결 절차 개시여부를 결정하게 된다. 동의의결 신청이 있는 경우에는 심사관은 공정거래위원회의 각 회의에 서면으로 그 사실을 보고해야 하고 각 회의는 14일 이내에 동의절차 개시여부를 결정하도록 되어 있다.

심사관이 보고하는 서면에는 신청인에 대한 사항, 조사결과에 따른 행위사실, 당해 행위가 위법한 것으로 판단될 경우 적용 가능한 법 조항, 동의의결 타당성에 대한 심사관의 의견, 과징금 부과 사안의 경우 예상 과징금과 시정방안 이행에 소요되는 비용의 평가액을 기재해야 하고, 신청인의 동의의결 신청서를 첨부하도록 되어 있다. 또한 서면에는 부당한 공동행위나 형사처벌 대상 여부에 해당하는지에 대해서도 검토하여 기재하도록 되어 있다.

동의의결 개시가 결정되거나 동의의결 신청을 받아들이지 아니하는 경우에는 5일 이내에 서면으로 동의의결 신청인에게 통지하여야 하고 동의의결 신청을 받아들이지 아니하는 경우에는 그 이유를 통지하는 서면에 기재하도록 되어 있다.

동의의결 개시가 결정되면 해당 사건의 조사·심의절차는 중단되며, 동의의결 절차가 개시되더라도 신청인이 절차지연 등의 목적으로 동의의결 절차를 남용하거나 심사관 또는 신청인이 동의의결 절차를 중단하여 줄 것을 요청한 경우, 기타 동의의결 절차로 사건을 진행하는 것이 부적절하다고 판단되는 경우에는 동의의결 절차가 중단될 수 있다.

(3) 잠정안에 대한 의견수렴

동의의결 절차가 개시되면 심사관은 신청인과 협의를 거쳐 잠정 동의의결안을 작성하고 30일 이내에 신청인에게 송부하여야 하며, 잠정 동의의결안에는 ① 신청인의 명칭·주소·대표자에 관한 사항, ② 해당 사건의 개요, ③ 관련시

---

108) 동의의결규칙은 개시인용 여부 결정과 관련하여 해당 행위의 중대성, 증거의 명백성 여부 등 사건의 성격, 시간적 상황에 비추어 적절한 것인지 여부, 소비자 보호 등 공익에의 부합성 등을 고려하도록 규정하고 있고, 공정거래위원회의 각 회의가 법률·경제·정보통신 분야·소비자보호 관련분야 등 전문가로 구성된 자문회의의 자문을 구할 수 있도록 하고 있다.

장의 구조 및 실태, ④ 해당 행위가 위법한 것으로 판단될 경우에 적용되는 법조항, ⑤ 시정방안의 내용, ⑥ 시정방안의 이행계획을 기재하고 기타 동의의결 신청서, 이해관계인의 이해를 돕기 위한 정보, 해당 행위가 위법한 것으로 볼 경우 예상되는 제재수준, 시정방안에 대한 신청인의 동의, 이행강제금 관련 사항 등을 첨부하게 된다.

심사관은 잠정 동의의결안이 만들어지면 5일 이내에 신고인 및 관계행정기관의 장에게 통보하여 의견제출 기회를 주어야 하고, 의견수렴 시 의견제출 기한은 30일 이상 60일 이하의 기간 내에서 정하도록 되어 있다. 다만 이해관계인에 대해서는 관보 또는 공정거래위원회의 인터넷 홈페이지에 공고하는 방법으로 의견제출 기회를 줄 수 있다. 공정거래법 위반으로 인해 벌칙이 부과되는 행위와 관련된 경우에는 검찰총장과도 서면으로 협의하도록 되어 있다.

(4) 동의의결 확정 및 취소

공정거래위원회가 의견수렴 후 동의의결을 하고자 하는 경우에는 공정거래위원회의 심의와 의결을 거쳐서 확정하게 된다. 심사관은 의견수렴 기간이 만료된 날로부터 14일 이내에 최종 동의의결안을 공정거래위원회의 각 회의에 제출하도록 되어 있다. 공정거래위원회의 각 회의는 최종 동의의결안에 대해 필요시 자문회의 자문 등을 거칠 수도 있고 신청인의 동의가 있는 경우 동의의결을 수정할 수도 있다. 각 회의가 동의의결을 하는 경우에는 그 의결이 있은 날로부터 30일 이내에 동의의결서를 작성하여야 한다.

동의의결서가 작성되면 공정거래위원회 심판관리관은 동의의결이 있은 날로부터 40일 이내에 동의의결서의 정본을 신청인에게, 동의의결서의 사본을 심사관에게 송부하여야 하고 심사관은 동의의결서 공개를 통해 신고인 등 이해관계인 및 관계 행정기관의 장, 검찰총장에게 결정의 요지를 통지하게 된다.

공정거래위원회는 ① 동의의결의 기초가 된 시장상황 등 사실관계의 현저한 변경 등으로 시정방안이 적정하지 않게 된 경우, ② 신청인이 제공한 불완전하거나 부정확한 정보로 동의의결을 하게 되었거나, 신청인이 거짓 또는 그 밖의 부정한 방법으로 동의의결을 받은 경우, ③ 신청인이 정당한 이유 없이 동의의결을 이행하지 아니하는 경우에는 동의의결을 취소할 수 있고, 동의의결이 취소되면 중단된 해당 행위 관련 심의절차를 계속하여 진행하게 된다.

(5) 이행관리

확정된 동의의결에 대해서는 이행계획에 따라 이행관리를 하게 되며[109] 한국공정거래조정원 또는 한국소비자원에 이행관리 업무를[110] 위탁할 수 있도록 되어 있고, 전부개정 공정거래법 제92조에 따라 정당한 이유 없이 동의의결 시 정한 이행기간까지 동의의결을 이행하지 않은 사업자 등에게는 동의의결이 이행되거나 취소되기 전까지 이행기간이 지난 날로부터 1일당 200만 원 이하의 이행강제금을 부과할 수 있다. 이행강제금과 관련하여 공정거래위원회는 동의의결을 할 때 동의의결 신청 사업자 등에게 동의의결된 시정방안을 이행하지 않을 경우에 이행강제금이 부과·징수될 수 있다는 사실을 서면으로 알리도록 규정되어 있다.

전부개정 공정거래법은 제119조에서 비밀엄수 의무를 규정하면서 동의의결과 관련하여 동의의결 이행관리 업무를 담당하거나 담당하였던 사람은 그 직무상 알게 된 사업자 또는 사업자단체의 비밀을 누설하거나 공정거래법의 시행을 위한 목적 외에 이용을 할 수 없도록 규정하고 있고 이를 위반하는 경우에는 동법 제127조에 따라 2년 이하의 징역 또는 200만 원 이하의 벌금에 처하도록 하고 있다.

Ⅵ. 위반행위에 대한 제재

1. 시정조치

(1) 의의

시정조치는 위반행위의 중지명령, 주식처분명령, 계약조항 삭제명령, 시정명령을 받은 사실의 공표명령 등 공정거래법의 시정조치 규정에 근거하여 법에 위반되는 상태를 법에 합치하는 상태로 회복시키기 위한 행정처분을 의미한다. 시정조치는 현재의 법위반 행위를 중단시키고, 향후 유사행위의 재발을 방지·억지하며 왜곡된 경쟁질서를 회복시키고 공정하고 자유로운 경쟁을 촉진시키는

---

109) 전부개정 공정거래법은 제72조에서 한국공정거래조정원의 업무를 규정하면서 공정거래위원회로부터 위탁받은 동의의결의 이행관리도 그 업무의 하나로 규정하고 있다.

110) 전부개정 공정거래법에 따라 업무위탁 규정이 신설되었으며 2021. 5. 20.부터 시행되었다. 다만 부칙에 따라 개정법 시행 전에 동의의결을 신청한 건에 대해서는 개정 전 규정을 적용하게 된다.

것을 목적으로 하며 이러한 목적달성을 위해 시정조치는 실효성이 있어야 하고 관련행위와 연관성이 있어야 하며, 명확하고 구체적이어서 이행을 점검·확보할 수 있어야 하고, 위반행위의 내용과 정도에 비례하여 이루어지게 된다.

공정거래법상 규제대상 행위별 시정조치에 대한 근거조항으로는 전부개정 공정거래법 제7조에서 시장지배적지위 남용행위를, 동법 제14조에서 기업결합 제한 위반행위 및 그 탈법행위를, 동법 제37조에서 지주회사 행위제한 규정 위반행위, 상호출자제한기업집단의 지주회사 설립제한 규정 위반행위, 일반지주회사의 금융회사 주식 소유제한 규정 위반행위, 상호출자·순환출자 금지규정 위반행위, 순환출자에 대한 의결권 제한규정 위반행위, 계열회사에 대한 채무보증 금지규정 위반행위, 금융·보험회사 및 공익법인의 의결권 제한규정 위반행위, 대규모내부거래 이사회 의결 및 공시 위반행위, 비상장회사 등의 중요사항 공시 위반행위, 기업집단현황 등에 관한 공시 위반행위, 특수관계인인 공익법인의 이사회 의결 및 공시 위반행위 및 관련 탈법행위를, 동법 제42조에서 부당한 공동행위를, 동법 제49조에서 불공정거래행위, 재판매가격유지행위, 특수관계인에 대한 부당한 이익제공행위 및 관련된 보복조치 행위를, 동법 제52조에서 사업자단체 금지행위를 각각 규정하고 있다.

(2) 시정조치의 양태

시정조치는 양태에 따라 작위명령, 부작위명령, 보조적 명령으로 구별될 수 있는데 ① 작위명령은 주식처분명령, 임원의 사임명령, 채무보증 취소명령, 계약조항 수정·삭제명령, 합의파기명령, 거래개시·재개명령 등 피심인의 적극적인 행위를 요구하는 내용의 명령이고, ② 부작위명령은 당해 법위반행위의 중지명령, 향후 위반행위 금지명령 등 피심인의 소극적인 부작위를 요구하는 내용의 명령이며, ③ 보조적 명령은 관련 있는 자에게 시정명령을 받은 사실의 통지명령, 시정명령의 이행결과 보고명령, 일정기간 동안 가격변동 사실의 보고명령, 공정거래법에 관한 교육실시 명령, 관련자료 보관명령 등으로 주된 명령에 부가하여 명하는 시정조치를 의미한다.

이 중에서 부작위명령인 당해 행위 중지명령과 향후 위반행위 금지명령과 보조적 명령인 시정명령 받은 사실의 통지명령이 공정거래위원회 시정조치 중 가장 자주 이루어지는 형태의 명령이라고 할 수 있다. 이하 중요한 시정조치의 형태를 몇 가지 살펴보기로 한다.

'행위중지명령'은 법위반 행위가 최종 심의일에도 진행 중이거나 위반행위의 효과가 최종 심의일에도 지속되는 경우에 명할 수 있는 시정조치이다. 행위중지명령은 관련상품, 거래상대방, 위반행위의 내용 또는 방법 등 당해 위법사실을 최대한 반영하여 중지하여야 할 행위를 구체적으로 특정하고 시정조치 기간을 명확하게 정하여 명하게 된다.

'행위금지명령'은 법위반 행위가 최종 심의일에 이미 종료되었으나 가까운 장래에 다시 당해 법위반 행위와 동일 또는 유사한 행위가 반복될 우려가 있는 경우에 명하는 것으로 법위반 행위를 최대한 반영하여 유사행위가 발생할 경우 새로운 위법행위로 판단되지 않고 시정조치 불이행으로 판단할 수 있도록 구체화하여 명하게 된다. 다만, 지나치게 구체화하여 향후 발생가능성이 거의 없게 되는 상황은 피할 수 있도록 시정조치의 내용이 정해지게 된다.

'합의파기명령'은 부당한 공동행위에서 명백한 합의가 있고 최종 심의일까지 그 합의가 종료되지 않아 부당한 공동행위가 유지되고 있으며, 공동행위가 관행화되어 있어 합의파기라는 외형적 행위를 통해 법위반 행위를 효과적으로 종료시킬 필요가 있거나 법위반 행위를 억지할 필요가 있는 경우에 명하게 된다. 합의파기 방식은 피심인 각자가 이사회 등의 공식적인 최고의결기구의 의결을 통해 합의파기 의사를 결정하고 그 결과를 회의록에 기재하는 한편, 공동행위에 참가한 다른 피심인 및 관련 있는 자에게 통지하는 방법으로 이루어질 수도 있다.

'통지명령'은 거래상대방, 입찰실시기관, 구성사업자, 신규가입자 등 당해 위반행위에 의해 영향을 받았거나 향후 영향을 받을 가능성이 큰 자에게 공정거래위원회로부터 시정조치를 받았다는 사실 등을 통지하도록 하여 관련자가 피심인의 법위반 행위를 명확히 인식하게 되고 향후 피심인의 행위를 감시하게 됨으로써 향후 동일 또는 유사한 행위를 하지 못하도록 하는 데 목적이 있다.

(3) 공표명령

시정조치와 관련된 공표(公表)명령에 대해서 공정거래위원회는 예규인 '공정거래위원회로부터 시정명령을 받은 사실의 공표에 관한 운영지침(이하 '공표지침'이라 한다)'을 두어 공표제도에 관한 세부적인 집행기준을 마련하고 있다.

공표명령은 시정조치에도 불구하고 위법사실의 효과가 지속되고 피해가 계속될 것이 명백하고 다음의 요건에 해당하는 경우 명할 수 있게 되는데 그 요건으로는 ① 직접 피해를 입은 자가 불특정 다수인 경우, ② 공표를 통해 피해자가 자신의 권익구제를 위한 법적 조치를 취할 수 있도록 할 필요가 있다고 인정되는 경우, ③ 부당한 표시·광고로 인하여 소비자에게 남아있는 오인·기만적 효과를 제거할 필요가 있다고 인정되는 경우가 해당된다.

공표의 방법은 시정명령을 받은 날로부터 30일 이내에 시정명령을 받은 사실을 신문 등 간행물, 사업장 또는 전자매체에 공표하도록 할 수 있으며, 간행물 공표의 경우 공표크기·매체 수 및 게재횟수는 공표지침의 법위반 점수에 따라 정해지게 되고, 공표지침상의 [111]표준공표양식을 사용하여야 한다. 참고로 ① 공정거래 자율준수 프로그램(CP) 등급평가에서 AAA 등급을 받은 경우와 소비자중심경영 인증기업이 자진시정한 경우에는 공표를 면제할 수 있고, ② CP 등급 AA 또는 A 등급을 받은 경우와 소비자중심경영 인증기업에 대해서는 간행물 공표의 경우 공표크기 및 매체수를 1단계 하향 조정할 수 있고 사업장 공표 또는 전자매체 공표의 경우에는 공표기간을 추가로 단축해 주는 유인을 부여하고 있다.

2. 과징금 부과

(1) 개관

(1)-1 의의 및 관련 근거

[112]공정거래법은 시장지배적지위 남용행위, 경제력집중 억제규정 위반행위, 부당한 공동행위, 불공정거래행위 등에 대해, [113]하도급법은 불공정한 하도급거래 행위에 대해 과징금(課徵金)을 부과할 수 있도록 규정하고 있는데 경쟁법 위반과 관련된 사업자의 경제행위에 대해서는 시정조치와 함께 금전적 제재에 해당하는 과징금 부과가 법위반 억지 및 예방에 효과적인 것으로 알려져 있

111) 공표지침은 별표 1에서 표준공표양식을 정하고 있다. 이 장 말미에 참고로 첨부해 놓았다(787쪽 참조).

112) 전부개정 공정거래법상의 과징금부과 근거규정은 시장지배적지위 남용행위는 제8조, 경제력집중 억제와 관련된 규제는 제38조, 부당한 공동행위는 제43조, 불공정거래행위와 재판매가격유지행위는 제50조, 사업자단체 금지행위는 제53조이다.

113) 하도급법상 과징금 부과 근거조항은 제25조의3이다.

는데 근거를 두고 있다.

한편 공정거래법 위반사건에 대한 과징금 부과금액은 상당히 큰 편이기 때문에 과징금부과 처분을 받은 사업자는 공정거래위원회 심의나 법원 소송과정에서 과징금부과의 수준에 대해서 다투게 되는 경우가 빈번히 발생하고 있다. 관련된 판례로서 경남기업 등 호남고속철도 제1-2공구 노반시설 기타공사 입찰관련 13개 건설업자의 부당공동행위 건에서 법원은 원고가 이의신청을 하고 과징금납부명령이 적법하다고 인정될 것을 전제로 선납한 부분에 대해서도 과징금납부명령이 유효한지, 면책되었는지 여부 등에 따라 정산이나 부당이득 등이 문제될 수 있으므로 이 부분 과징금납부명령에 관하여 다툴 이익이 있다고 [114]판시한 바 있다.

전부개정 공정거래법에서는 제11장에서 과징금 부과 및 징수 등을 규정하면서 동법 제102조에서 위 각 행위에 대한 과징금을 부과하는 경우에는 위반행위의 내용 및 정도, 기간 및 횟수, 취득한 이익의 규모 등을 고려하도록 하고 있고 이하 조항에서 과징금 납부기한의 연기 및 분할납부, 과징금의 연대납부, 과징금 징수 및 체납처분, 과징금 환급가산금, 결손처분에 관한 규정을 두고 있다.

공정거래법 이외에도 공정거래법 시행령 제13조와 제85조에서 과징금 관련 조항을 두고 있으며, 특히 시행령 제61조와 관련한 별표 6 '위반행위의 과징금 부과기준'과 이를 근거로 마련된 '과징금부과 세부기준 등에 관한 고시'(이하 '과징금고시'라 한다)가 과징금의 산정과 부과와 관련된 주요한 근거라고 할 수 있다. 이 중 과징금고시는 변경이 잦기 때문에 구체적인 사건과 관련하여 다투는 경우에는 당해 행위와 직접적으로 관련된 시점의 규정을 정확히 파악하는 것이 매우 중요하다. 사건과 관련해서 과징금고시의 연혁을 잘 살피고 특히 부칙에서 정하고 있는 시행일, 소급효, 적용례 등을 정확히 검토해서 공정거래위원회 심의나 행정소송 등에 대응하는 것이 실무적으로 중요하다.

(1)-2 관련매출액

공정거래법 시행령은 제13조에서 과징금 산정의 기초가 되는 관련매출액을 정의하고 있는데, '관련매출액'이란 위반사업자가 위반기간 동안 일정한 거래분야에서 판매한 관련 상품이나 용역의 매출액을 의미한다고 하면서 위반행

---

114) 서울고등법원 2016. 11. 9. 선고 2015누33600 판결, 상고심(대법원 2017. 3. 16. 선고 2016두62412 판결)은 심리불속행 기각하였다.

위가 상품이나 용역의 구매와 관련하여 이루어진 경우에는 관련상품이나 용역의 매입액을 말하고 입찰담합 등의 경우에는 계약금액을 의미한다고 하고 있다. 또한 관련매출액은 해당 사업자의 직전 3개 사업연도의 평균매출액을 의미한다고 정하고 있다. 매출액은 총매출액에서 부가가치세, 매출에누리, 매출환입, 매출할인 등을 제외한 순매출액으로 산정하고, 위반행위로 인하여 발생한 매출액이 없는 경우에는 과거 실적, 관련사업자의 계획, 시장상황 등을 종합적으로 고려하여 매출액을 산정할 수 있다.

위반사업자가 회계 실무관행상 위반행위 종료일까지의 매출액 산정자료를 가지고 있지 않은 경우에는 해당 사업자가 보유하고 있는 가장 최근까지의 매출액 산정자료를 기초로, 사업개시 후 직전 사업연도 말일까지의 매출액 또는 사업개시일부터 위반행위일까지의 매출액을 연평균 매출액으로 환산한 금액으로 평균매출액을 산정하게 된다. 최근 과징금고시 개정으로 사업자가 매출액 세부자료를 갖고 있지 않거나 제출하지 않는 경우에는 [115]객관적인 다른 자료를 통해 매출액을 합리적으로 산정할 수 있는 근거가 마련되었고 다른 자료로도 매출액 산정이 불가능한 경우에만 예외적으로 정액과징금을 부과하도록 함으로써 매출규모가 큰 대기업에게만 정액과징금이 유리하다는 일부 비판을 반영하여 개선하였다.

최근 개정된 과징금고시에 따라 입찰담합의 관련매출액이 좀 더 구체적으로 규정되었다. 단가입찰 담합 시 관련매출액은 ① 낙찰이 되고 실제 계약체결에 이른 경우에는 공정거래위원회 심의일 현재 실제 발생한 매출액(실제 발생한 매출액이 불명인 경우에는 계약금액)이 되고, ② 낙찰은 되었으나 계약체결에 이르지 않은 경우에는 [116]낙찰금액이, ③ 낙찰이 되지 않았으나 예정가격이 있은 경우에는 [117]예정가격이, ④ 낙찰이 되지 않고 예정가격도 없는 경우에는 낙찰예정자의 응찰금액이 된다. ③의 경우에는 낙찰을 받은 제3자의 실제 매출액을 관련매출액으로 보지 않음을 주의할 필요가 있다.

---

115) 객관적인 다른 자료로는 위반행위 전후의 실적, 관련 사업자의 계획, 해당 기간의 총매출액 및 관련 상품의 매출비율, 시장상황 자료 등이 포함된다.

116) 낙찰금액은 낙찰단가에 예상물량을 곱한 값으로 정해진다.

117) 예정가격은 예정단가에 예상물량을 곱한 값으로 정해진다.

(1)-3 위반기간

과징금부과는 법위반 기간 동안의 매출액을 기준으로 부과되므로 위반기간의 확정이 중요하다. 위반기간은 위반행위의 개시일부터 종료일까지의 기간을 말하는데, 특히 평균매출액과 관련하여 직전 3개 사업연도 또는 당해 사업연도의 판정은 위반행위의 종료일을 기준으로 하게 되므로 실무적으로는 주로 종료일의 확정이 문제가 되는 경우가 많다.

위반행위가 공정거래위원회 심의일까지 종료되지 아니한 경우에는 당해 사건에 대한 공정거래위원회 심의일을 위반행위의 종료일로 보고, 위반행위가 2일 이상 행해지되 불연속적으로 이루어진 경우에는 당해 위반행위의 유형·목적·효과, 시장상황 등을 고려하여 경제적·사회적 사실관계가 동일하다고 인정되는 범위 내에서 이를 하나의 위반행위로 보아 마지막 위반행위의 종료일을 당해 행위의 종료일로 보게 되며, 위반행위의 실행은 종료되었으나 실행의 결과를 유지하면서 그로 인해 지속적으로 이득을 취득하거나 손해를 발생시키는 경우에는 이익의 취득 또는 손해의 발생이 종료된 날을 위반행위의 종료일로 보게 된다.

(2) 부과여부에 대한 원칙

과징금은 사업자의 경쟁관련 법위반 행위에 대해 부당한 이익을 환수하면서 당해 행위에 대한 억지의 목적으로 가하는 제재금이라는 이중의 성격을 지니고 있으며 관련 법위반 행위가 ① 경쟁질서를 크게 저해하거나, ② 소비자 등에 미치는 영향이 큰 경우, ③ 위반행위에 의해 부당이득이 발생한 경우 등에는 과징금이 원칙적으로 부과되게 된다. 특히 위반사업자가 과거 5년 간 1회 이상 법위반으로 조치를 받고 [118]위반횟수 가중치의 합산이 2점 이상인 경우에는 공정거래위원회 고시인 과징금고시에 의해 원칙적으로 과징금이 부과되게 된다.

또한 법위반 행위 유형별로 살펴볼 때 시장지배적지위 남용행위, 경제력집중 억제규정 위반행위, 부당한 공동행위, 일부 불공정거래행위(공동의 거래거절·계열회사를 위한 차별·집단적 차별행위), 상호출자제한기업집단에 속하는 사업자

118) 과징금고시는 위반횟수 가중치와 관련하여 경고(0.5), 시정권고(1.0), 시정명령(2.0), 과징금(2.5), 고발(3.0)로 점수를 정해 놓고 있다. 이때 경고는 경미한 법위반 등에 대한 시정조치의 일환으로 사건절차규칙에 따라 의결되는 경고를 의미한다.

의 부당지원행위, 특수관계인에게 부당한 이익을 제공하는 행위, [119]보복조치 금지규정에 위반되는 행위에 대해서는 특별한 사정이 없는 한 원칙적으로 과징금이 부과됨을 유의해야 한다.

(3) 과징금의 산정기준

(3)-1 개요

과징금 산정은 각 위반행위의 [120]내용 및 정도에 따라 '매우 중대한 위반행위', '중대한 위반행위', '중대성이 약한 위반행위'로 구분하고, 위반행위 기간 및 횟수에 따른 조정(1차 조정)과 고의·과실 등에 따른 조정(2차 조정)을 거쳐 산정하도록 되어 있다. 과징금의 기본 산정기준, 1차 조정, 2차 조정은 결국 전부개정 공정거래법 제102조의 3가지 고려요건을 구체화한 것이라고 볼 수 있다.

산정된 과징금을 감액이나 면제하는 기준도 정하고 있는데 위반사업자의 현실적 부담능력, 당해 시장·산업여건, 경제위기 등의 사유가 인정되는 경우에는 감액하여 의결할 수 있고, 위반사업자가 지급불능 또는 부채의 총액이 자산총액을 초과하는 등 사유로 객관적인 납부능력이 없는 경우에는 면제도 할 수 있도록 정하고 있고, 감액(면제를 포함한다)이 반영된 과징금액을 '부과과징금'이라 칭하고 있다.

(3)-2 유형별 기본 산정기준

'시장지배적지위 남용행위'의 과징금은 '관련매출액'에 부과기준율을 곱하여 기본 산정기준을 정하는데 과징금고시 별표의 '세부평가기준표'에 따라 산정된 점수를 기초로 하여 부과기준율이 나누어진다. 구체적인 부과기준율은 제3장에서 상세히 언급하였으니 참고하기 바란다. 공정거래법 전면개정에 따라 시장지배적지위 남용행위 과징금 상한이 종전 관련매출액의 3%에서 6%, 정액과징금 상한도 10억 원에서 20억 원을 초과하지 않도록 2배로 상향조정되었다.

'경제력집중 억제규정 위반행위'의 과징금은 '위반액'에 위반행위 중대성 정도별 부과기준율을 곱하여 기본 산정기준을 정하는데 그 구체적인 부과기준율은 제4장에서 상세히 언급하였으니 참고하기 바란다. 공정거래법 전면개정에

119) 전부개정 공정거래법은 제48조에서 불공정거래행위 등과 관련하여 신고·분쟁조정신청·조사협조를 한 사업자에 대해 불이익 등을 주는 행위에 대해서 이를 금지하고 있다.

120) 과징금고시는 위반행위의 중대성에 따라 3가지 형태로 구분하는 기준을 '기본 산정기준'이라 하고 있다.

따라서 경제력집중 억제규정 위반에 대한 과징금 상한이 종전 10%에서 20%로 상향되었다.

'부당한 공동행위'에 대한 과징금은 '관련매출액'에 위반행위 중대성의 정도별로 부과기준율을 곱하여 기본 산정기준을 정하는데, 그 구체적인 부과기준율은 제1장에서 상세히 언급하였으니 참고하기 바란다. 공정거래법 전면개정에 따라 부당한 공동행위 과징금 상한이 종전 관련매출액의 10%에서 20%로 정액 과징금 상한도 20억 원에서 40억 원을 초과하지 않도록 2배로 상향조정되었다.

'불공정거래행위'에 대한 과징금은 '관련매출액'에 위반행위 중대성의 정도별 부과기준율을 곱하여 기본 산정기준을 정하는데 그 구체적인 부과기준율은 제5장에서 상세히 언급하였으니 참고하기 바란다. 공정거래법 전면개정에 따라 불공정거래행위 과징금 상한이 종전 관련매출액의 2%에서 4%로 정액과징금 상한도 5억 원에서 10억 원을 초과하지 않도록 2배로 상향조정되었다.

'부당한 지원행위와 특수관계인에 대한 부당한 이익제공행위'의 과징금은 '위반액'에 중대성의 정도별 부과기준율을 곱하여 기본 산정기준을 정하는데 그 구체적 부과기준율은 제4장에서 상세히 언급하였으니 참고하기 바란다. 공정거래법 전면개정에 따라 과징금 상한이 관련매출액의 5%에서 10%로 매출액이 없는 경우 등에 부과하는 정액과징금은 20억 원에서 40억 원으로 2배 상향되었다.

(3)-3 1차 조정

과징금이 기본 산정기준에 의해 정해지면 전부개정 공정거래법 제102조 제1항 제2호에 따라 '위반행위의 기간과 횟수'를 반영하여 기본 산정기준에 따라 정해진 과징금을 조정하게 되는데 이를 '1차 조정'이라 하고, 1차 조정에서는 100% 범위 내에서 가산(加算)할 수 있다.

'위반행위의 기간'에 의한 조정은 ① 위반기간이 1년 이내의 경우는 기본 산정기준을 유지하고, ② 1년 초과 2년 이내인 경우는 기본 산정기준에서 10% 이상 20% 미만을, 2년 초과 3년 이내인 경우는 20% 이상 50% 미만에 해당하는 금액을 가산하고, ③ 3년을 초과하는 경우에는 50% 이상 80% 이하에 해당하는 금액을 가산한다.

'위반행위의 횟수'에 의한 조정은 과거 5년간 법위반으로 조치 받은 횟수를 반영하게 되는데 ① 법위반 횟수 1회 이상, 위반횟수 가중치 합산이 2점 이상인 경우는 10% 이상 20% 미만, ② 2회 이상, 3점 이상인 경우에는 20% 이상 40%

미만, ③ 3회 이상, 5점 이상인 경우에는 40% 이상 60% 미만, ④ 4회 이상, 7점 이상인 경우에는 60% 이상 80% 이하의 범위 내에서 가중한다. 최근 과징금고시 개정에 따라 검찰·중소기업벤처부·조달청 등의 고발 요청에 따른 고발도 가중치 산정에 포함되었고, 불기소처분 또는 무죄 판결 등의 경우에는 법위반 횟수 가중에서 제외하도록 된 점을 유의할 필요가 있다.

(3)-4 2차 조정

1차 조정이 끝나면 '행위자별로 가중 또는 감경사유'를 반영하는 과정인 2차 조정이 이루어지는데, 2차 조정은 각각의 가중비율의 합에서 감경비율의 합을 공제하여 산정된 비율을 1차 조정된 과징금액에 반영하여 정하고, 이때 가감(加減)되는 금액은 1차 조정된 금액의 50% 이내로 하도록 되어 있다.

법위반 사업자가 보복조치를 한 경우는 '가중사유'에 해당하여 1차 조정금액에서 10% 이상 30% 이내의 가중비율을 적용하고, '감경사유'로는 ① 부당한 공동행위 합의를 하고 이를 실행하지 않은 경우 50% 이내, ② 조사단계부터 심의종결 시까지 일관되게 행위사실을 인정하면서 위법성 판단에 도움이 되는 자료를 제출하는 등 적극 협력한 경우는 20% 이내, 조사 이후 심의종결 전에[121]조사·심의절차에 협력하는 경우 10% 이내, ③ 위반행위를 자진시정하면서 원상회복 등 위반행위의 효과를 실질적으로 제거한 경우 20% 이상 30% 이내, 위반행위의 효과를 상당부분 제거한 경우 10% 이상 20% 이내, 자진시정 노력을 적극적으로 하였으나 위반행위 효과는 제거되지 않은 경우 10% 이내에서 감경비율을 적용한다.

최근 과징금고시가 개정되어 2차 조정 시 감경사유 중 '소회의 약식심의 결과를 수락'한 경우에 10% 이내에서 과징금을 감경할 수 있도록 하였다. 이는 사건절차규칙에서 1억 원 이하의 소액 과징금 사건에 대해서도 약식절차를 확대 적용할 수 있도록 한 것에 따른 것으로 공정거래법상의 과징금고시 이외에도 하도급법, 가맹사업법, 대규모유통업법, 대리점법, 표시광고법, 할부거래법, 방문판매법, 전자상거래소비자보호법에 의해 부과되는 과징금의 경우에도 동일하게 적용된다. 또한 업무수행 중 명백한 경과실에 의한 법위반 행위에 대해서도 10% 감경을 할 수 있는 근거를 마련하였다.

---

121) 종전에는 조사협력 감경에 한정하였으나 최근 개정 과징금고시에서는 조사 이외에 심의절차 협조도 감경할 수 있도록 변경되었다.

(3)-5 부과과징금의 결정

2차 조정된 과징금에 대해 전부개정 공정거래법 제102조 제1항 제3호를 반영하여 위반사업자의 현실적 부담능력, 시장 또는 경제여건, 위반행위로 인해 취득한 이익의 규모, 회생절차 등을 고려하게 되는데, 이 과정을 통해서 과징금을 50% 이내에서 감액하거나 50%를 초과하거나 면제를 할 수 있게 된다. 이는 과징금 결정의 최종 단계로서 2차 조정된 금액에 대한 감액·면제가 끝나면 '부과과징금'이 정해지게 된다.

'50% 이내' 감액은 우선 '현실적 부담능력'과 관련하여 ① 의결일 직전 사업연도 사업보고서상 자본잠식 상태, ② 부채비율이 300%를 초과 또는 200%를 초과하면서 같은 업종 평균의 1.5배를 초과하고 당기순이익이 적자인 경우에는 2차 조정된 과징금의 50% 이내에서 할 수 있게 되고, ① 또는 ②에만 해당하는 경우에는 30% 이내에서 감액할 수 있다.

최근 과징금고시가 개정되어 '시장 또는 경제여건에 따른 조정과 위반행위로 인해 취득한 이익의 규모'를 고려한 감액 수준도 변경되었다. 종전에는 모두 합하여 10% 이내에서 감액할 수 있도록 되어 있었으나, 시장·경제여건 등의 악화 정도 또는 부당이득 대비 과징금 규모가 비례·평등의 원칙을 위배하는 정도가 ① 상당한 경우에는 30% 이내, ② 현저한 경우에는 50% 이내에서 감경할 수 있도록 감경 비율을 확대함으로써 과징금의 비례·평등 위반으로 법원에서 패소하게 되는 사례를 발생하지 않도록 개선되었다.

'50% 초과' 감액은 ① [122]의결일 직전 사업보고서상 자본잠식률이 50% 이상이면서 사업지속이 곤란한 경우이거나, ② 부채비율이 400%를 초과 또는 200%를 초과하면서 같은 업종 평균의 2배를 초과하고 최근 2년간 당기순이익이 적자이고 직전연도도 자본잠식인 경우에는 적용하며, '채무자회생 및 파산에 관한 법률'에 따른 회생절차 중에 있는 등 객관적으로 과징금을 납부할 능력이 없다고 인정되는 경우에는 과징금을 '면제(免除)'할 수 있다.

하나의 사업자가 여러 개의 위반행위를 하였고 이를 함께 심의하여 1건으로 의결하는 경우에는 각각의 위반행위에 대한 과징금을 합산한 금액을 과징금으로 부과하게 되며, 다만 위반효과가 동일한 거래분야에 미치는 경우로서 과

122) 종전에는 자본잠식률 50%만 요건으로 하고 있었으나 최근 개정 과징금고시는 자본잠식율 이외에 '사업지속이 곤란한지 여부'를 추가로 고려하도록 규정하였다.

징금 합산이 과다하다고 인정되는 경우에는 위 기준을 적용하여 감액할 수 있다. 또한 하나의 행위가 여러 개의 법 규정에 위반될 경우에는 각 위반행위 별로 산정된 과징금 중 가장 큰 금액을 기준으로 부과과징금을 결정하게 된다. 또한 부당한 공동행위와 관련하여 자진신고자 감면이 적용되는 경우는 결정된 부과과징금을 '다시 감경 또는 면제'하게 됨을 유의할 필요가 있다.

3. 고발

(1) 고발의 의의

전부개정 공정거래법은 제129조에서 공정거래위원회의 전속고발권, 고발요건, 검찰총장·감사원장·중소벤처기업부장관·조달청장의 고발요청권 등을 규정하고 있다. 또한 하도급법 제32조도 공정거래법과 동일하게 고발규정을 두고 있으며, 표시광고법 등의 공정거래위원회 [123]소관법률(이하 '공정거래법 등'이라고 한다)에서도 고발규정을 두고 있다.

공정거래위원회의 의결에 의한 고발은 수사의 단서에 불과하고 행정처분의 성격을 가지는 것은 아니다. 대한약사회 및 서울지부의 경쟁제한행위 건에서 법원은 공정거래위원회의 고발조치는 사법당국에 대하여 형벌권 행사를 요구하는 행정기관 상호 간의 행위에 불과하여 항고소송의 대상이 되는 행정처분이라 할 수 없으며, 더욱이 공정거래위원회의 고발의결은 행정청 내부의 의사결정에 불과할 뿐 최종적인 처분은 아닌 것이므로 이 역시 항고소송의 대상이 되는 행정처분은 되지 못한다고 [124]판시한 바 있다.

(2) [125]사업자(법인) 등 및 개인에 대한 고발 원칙

고발은 공정거래법 등의 위반행위에 대해 행정적 제재에 그치지 않고 형사적인 제재를 하게 하는 절차의 시발(始發)로서 형사책임이 인정되면 법인에 대해서는 벌금형이 부과되는 정도로 그치지만 고발의 대상이 개인인 경우에는 벌금 이외에 징역형까지 부과될 수 있다. 따라서 피조사자인 기업체의 대표를 포

---

123) 공정거래법, 하도급법, 표시광고법, 가맹사업법, 대규모유통업법, 대리점법이 고발규정을 각각 두고 있다.

124) 대법원 1995. 5. 12. 선고 94누13794 판결

125) '사업자 등'은 사업자와 사업자단체를 의미한다.

함한 임직원들은 공정거래위원회가 어떠한 경우에 고발을 원칙적으로 하는지에 대한 숙지가 필요하다.

'고발지침'은 고발을 원칙적으로 해야 하는 경우를 법인인 사업자 등과 그에 속한 개인에 대해 상세히 규정하고 있다. 고발은 기본적으로 법위반 점수를 기준으로 하게 되며, 조사방해 등 특별한 몇 가지 경우에 대해서는 그 행위의 효과적 억지를 위해 법위반 점수와 관련 없이 고발을 원칙으로 하고 있는 경우가 있다. 이하에서는 그 범주별로 살펴보기로 한다.

(2)-1 점수기준과 조사관련 고발

'법위반 점수기준'에 의한 고발은 공정거래법 등 각종 유형의 위반행위에 대해 일반적으로 적용되는 고발의 기본원칙이라고 할 수 있다. 공정거래법 등의 과징금고시 세부평가 기준표에 따라 산출한 법위반 점수가 1.8점 이상인 경우에는 사업자 등에 대해 원칙적으로 고발한다. 또한 1.8점 이상인 사업자에 속하는 [126]개인으로서 고발지침 [127]별표 1에서 정하고 있는 '개인의 법위반 행위 세부평가기준'에 의하여 산출한 법위반 점수가 2.2점 이상인 개인은 원칙적으로 고발한다. 과거 5년간 공정거래법 등 법률 위반으로 경고 이상 조치를 3회 이상 받고, 각 법률별 과징금고시에 따른 누적벌점이 6점 이상인 경우의 관련 사업자 등에 대해서도 원칙적으로 고발한다. 이 경우에는 개인고발은 해당사항이 없다.

'공정거래위원회 조사·시정조치' 등과 관련된 일정한 행위에 대해서는 고발을 하도록 되어 있는데 ① 공정거래법에 의한 위반행위의 조사와 관련한 자료를 제출하지 않거나 허위자료 등을 제출한 경우, ② 조사 시 폭언·폭행이나 고의적인 현장진입 저지·지연을 한 경우, ③ 자료를 은닉·폐기, 접근거부 또는 위조·변조 등을 통해 조사를 거부·방해 또는 기피한 경우, ④ 특별한 사유 없이 공정거래위원회의 시정조치 등에 응하지 않은 경우에는 당해 사업자 등과 속한 사업자 등의 위반행위에 실질적인 책임이 있는 개인에 대해서 원칙적으로 고발한다.

---

126) 공정거래법 등 위반행위와 관련된 자연인으로서 사업자 등의 대표자, 대리인, 사용인, 종업원, 특수관계인을 의미한다.

127) 고발지침의 별표 1 '개인의 법위반행위 세부평가기준'은 참고로 이 장 말미에 첨부해 놓았다(788쪽 참조).

(2)-2 특정규정 위반에 대한 고발

공정거래법상 특정규정에 대한 위반행위가 있는 경우에는 고발을 원칙으로 하고 있어서 주의가 필요하다. 관련되는 규정으로는 탈법행위·보복조치 금지규정과 일부 경제력집중 억제규정 등이 이에 해당한다.

먼저 탈법행위·보복조치 금지규정 위반과 관련하여 ① 공정거래법상의 경제력집중 억제와 하도급법상 금지되는 행위에 대한 [128]'탈법행위 금지' 규정을 고의·중대하게 위반한 경우, ② 불공정거래행위, 부당한 하도급거래행위 등과 관련하여 불이익 등 '보복조치 금지'를 위반한 경우의 관련 사업자 등과 속한 사업자 등의 위반행위에 실질적인 책임이 있는 개인은 원칙적으로 고발하도록 되어 있다.

경제력집중 억제규정 위반과 관련하여 ① 상호출자제한기업집단이 지주회사와 자회사간·지주회사와 다른 국내계열회사·자회사 상호간 등의 채무보증 해소 없이 지주회사를 설립하거나 지주회사로 전환한 경우, ② 금융·보험회사 의결권 제한규정에 위반하여 의결권을 행사하거나 경제력집중 억제규정 위반에 대한 시정조치로서 행사가 제한된 의결권을 행사하는 경우, ③ 공시대상기업집단이 공인회계사의 회계감사를 받지 않은 경우는 당해 사업자 등과 속한 사업자 등의 위반행위에 실질적인 책임이 있는 개인도 원칙적으로 고발하도록 되어 있다. 또한 [129]특수관계인에 대한 부당한 이익제공 금지규정과 관련하여 당해 행위를 하도록 지시하거나 관여한 개인에 대해서는 원칙적으로 고발하며, 행위의 성격상 사업자 등 법인은 해당이 없다.

하도급법상 기술유용행위, 부당한 하도급대금 결정, 부당감액 금지규정을 고의·중대하게 위반한 경우에도 관련 사업자 등과 속한 사업자 등의 위반행위에 실질적인 책임이 있는 개인에 대해서는 원칙적으로 고발하고 있음을 주의할 필요가 있다.

---

128) 전부개정 공정거래법은 제36조에서 하도급법은 제20조에서 각각 탈법행위을 금지하고 있다.

129) 전부개정 공정거래법 제47조에서 이를 규정하고 있다.

[별지 제1호 서식]

(앞면)

<table>
<tr><th colspan="5">경제분석 의견서 표제</th></tr>
<tr><td>제 목</td><td colspan="4"></td></tr>
<tr><td>사건명</td><td colspan="2"></td><td>사건번호</td><td></td></tr>
<tr><td rowspan="3">피심인</td><td>상호</td><td></td><td>법인번호</td><td></td></tr>
<tr><td>주소</td><td colspan="3"></td></tr>
<tr><td>담당자</td><td></td><td>연락처</td><td></td></tr>
<tr><td rowspan="2">의견서
작성자</td><td>성명</td><td></td><td>소속</td><td></td></tr>
<tr><td>작성일자</td><td></td><td>연락처</td><td></td></tr>
<tr><td colspan="5">1. 「경제분석 의견서 등의 제출에 관한 규정」(이하 '규정'이라 함)의 내용을 숙지하고, 규정에 따라 경제분석 의견서를 포함한 아래 첨부서류를 제출합니다.

2. 특히, 다음 사항에 대해서는 다시 확인합니다.

1) 경제분석 의견서 및 관련 첨부서류가 누락된 경우에는 이번 사건 심의에 제출된 경제분석 의견서의 일부 또는 전부가 인정되지 않을 수 있음

2) 경제분석 의견서의 제출기한 이후에 제출된 경우에는 이번 사건 심의에 제출된 경제분석 의견서가 인정되지 않을 수 있음

피심인: (서명 또는 인)

공정거래위원회 귀하</td></tr>
<tr><td>첨부
서류</td><td colspan="4">1. 심의에서 사용될 경제분석 의견서
2. 경제분석 의견서 작성자 이력사항
3. 원자료(raw data), 실제 분석에 사용된 자료, 자료 분석에 사용된 응용프로그램 코드의 전자파일</td></tr>
</table>

(뒷면)

세부항목별 목차

1. 경제분석 의견서

2. 경제분석 의견서 작성자 이력사항

<작성방법>

○ 세부항목별 목차는 경제분석 의견서에 포함되어야 할 내용을 신속하게 찾고 경제분석 의견서의 작성기준에 따라 작성하였는지 여부를 파악하기 위함

○ 세부항목별 목차의 페이지는 p00 위치에 표시할 것

○ 세부항목별 목차의 페이지에 해당사항이 없는 경우에는 해당 목차를 삭제하지 않고 해당사항이 없는 이유를 경제분석 의견서의 본문 또는 별지에 설명하고, 그에 해당하는 페이지를 표시할 것

■ 자료의 열람 · 복사 지침[별지 제1호 서식]

열람 · 복사 요구서

피 심 인	사업자명		사업자등록번호	
	대표자 성명		법인번호	(법인사업자만 기재)
	주소			
	전화번호			
관련 사건	사건명		사건번호	
요구 자료				
요구 사유				
제한적 자료 열람	열람 필요 기간		열람할 자의 성명	
	열람할 자의 소속		열람할 자와 피심인과의 관계	

「독점규제 및 공정거래에 관한 법률」 제52조의2 및 「자료의 열람·복사 업무지침」 제4조에 근거하여 위와 같이 자료의 열람·복사를 요구합니다.

년 월 일

피 심 인 :

(서명 또는 인)

대 리 인 :

(서명 또는 인)

공정거래위원회위원장 귀하

첨부 : 위임장 1부

■ 자료의 열람 · 복사 지침[별지 제2호 서식]

자료 제출자 의견서

<table>
<tr><td rowspan="5">자료
제출자</td><td>사업자명</td><td colspan="2"></td><td>사업자등록번호</td><td></td></tr>
<tr><td>대표자 성명</td><td colspan="2"></td><td>법인번호</td><td>(법인사업자만 기재)</td></tr>
<tr><td>주소</td><td colspan="4"></td></tr>
<tr><td rowspan="2">연락처</td><td>성명</td><td></td><td>전화번호
(휴대폰)</td><td></td></tr>
<tr><td>근 무
부서</td><td></td><td>이메일</td><td></td></tr>
<tr><td>동의
여부</td><td colspan="5">피심인의 열람 · 복사에 대한 동의 여부를 자료별로 작성하며,
하나의 자료에 동의 · 비동의 정보가 혼재되어 있는 경우에는 이를 구분하여 표기할 것</td></tr>
<tr><td>비동의
사유</td><td colspan="5">제출 자료가 영업비밀 자료나 자진신고 자료, 다른 법률에 따른 비공개 자료인 경우 세부 요건의 해당 여부를 구체적으로 소명할 것

열람 · 복사에 동의하지 않는 자료에 대해서만 작성</td></tr>
</table>

「독점규제 및 공정거래에 관한 법률」 제52조의2 및 「자료의 열람 · 복사 업무지침」에 의하여

(사건 명)과 관련하여 (피심인명) 이 요구한 자료의 열람 · 복사에 대한 의견을 제출합니다.

년 월 일

자료 제출자 : (서명 또는 인)
대 리 인 : (서명 또는 인)

공정거래위원회위원장 귀하

첨부 : 위임장 1부

■ 자료의 열람 · 복사 지침[별지 제3호 서식]

제한적 자료열람실 이용규칙 준수 서약서

사건명 :
관련 피심인 :
열람 기간 :

본인은 공정거래위원회로부터 제한적 자료열람을 허가받은 사람으로서 공정거래위원회 제한적 자료열람실을 이용함에 있어「자료의 열람·복사 업무지침」제9조의 제한적 자료열람실 이용규칙을 준수할 것을 서약합니다.

년 월 일

제한적 자료열람자 소속 :
성명 : (인)

공정거래위원회위원장 귀하

백상지(80g/㎡) 또는 중질지(80g/㎡)

■자료의 열람·복사 지침[별지 제4호 서식]

비 밀 유 지 서 약 서

사건명 :
관련 피심인 :
열람 기간 :

본인은 공정거래위원회로부터 제한적 자료열람을 허가받은 사람으로서 다음 사항을 엄숙히 서약합니다.

1. 본인은 열람하는 영업비밀 자료가 해당 자료를 제출한 사업자의 영업활동 및 기술, 경영에 관련된 중대한 사항임을 이해하고 제한적 열람 과정에서 알게 된 영업비밀을 피심인을 포함하여 다른 어떤 사람에게도 누설하거나 공개하지 않겠습니다.

2. 본인은 비밀유지 서약 이후 제한적 자료열람을 통해 알게 된 영업비밀을 누설하거나 공개할 경우 5년간 공정거래위원회 소속 공무원과 접촉이 제한되는 등 공정거래위원회의 제재조치를 수용하고 관련 법률에 따라 책임을 질 것을 서약합니다.

년 월 일

제한적 자료열람자 소속 :
성명 : (인)

공정거래위원회위원장 귀하

[별첨 1] **피심인 동의서**

피심인 (   ) 은 피심인의 대리인이 제한적 자료열람을 하기 위해 비밀유지의무의 준수를 서약하는 것에 동의하며 대리인에게 제한적 자료열람을 통해 알게 된 다른 사업자의 영업비밀을 요구하거나 제공받지 않겠습니다.

년 월 일

상호 :
전화번호 :
주소 :
대표자 성명 : (인)
사업자등록번호/법인번호 :

공정거래위원회위원장 귀하

첨부 : 위임장 1부

[별첨 2] **피심인 확인서**

피심인 (   ) 은 부정한 이익을 얻거나 영업비밀 보유자에 손해를 입힐 목적으로 영업비밀을 취득·사용·누설하거나 영업비밀을 지정된 장소 밖으로 무단으로 유출하는 경우 「부정경쟁방지 및 영업비밀보호에 관한 법률」 제18조 제2항에 따라 10년 이하의 징역 또는 5억원 이하의 벌금(위반행위로 인한 재산상 이득액의 10배에 해당하는 금액이 5억원을 초과하면 그 재산상 이득액의 2배 이상 10배 이하의 벌금)이 부과될 수 있다는 사실을 공정거래위원회로부터 고지받았음을 확인합니다.

년 월 일

상호 :
전화번호 :
주소 :
대표자 성명 : (인)
사업자등록번호/법인번호 :

공정거래위원회위원장 귀하

첨부 : 위임장 1부

[별지 제1호 서식]

<table>
<tr><th colspan="6">동의의결 신청서</th></tr>
<tr><td rowspan="6">신
청
인</td><td colspan="2">사 업 자 명</td><td></td><td>사 업 자
등록번호</td><td></td></tr>
<tr><td colspan="2">대표자 성명</td><td></td><td>법인번호</td><td>법인사업자만 기재</td></tr>
<tr><td colspan="2">주 소</td><td colspan="3"></td></tr>
<tr><td rowspan="3">연 락 처</td><td>성 명</td><td></td><td>전화번호
(휴대폰)</td><td></td></tr>
<tr><td>근무부서</td><td></td><td>직급</td><td></td></tr>
<tr><td>팩스번호</td><td></td><td>이 메 일</td><td></td></tr>
<tr><td>사실
관계</td><td colspan="5">동의의결 신청의 대상인 행위를 6하 원칙에 따라 기술

* 행위주체, 기간, 객체, 동기 등을 상세히 기술(필요시 별지 활용)
* 특정 상품·용역과 관련된 행위는 관련 상품·용역의 범위를 기재</td></tr>
<tr><td>시정
방안</td><td colspan="5">시정방안의 내용은 제4조 제3항 각호의 요건에 맞추어서 작성</td></tr>
<tr><td>별지
목록</td><td colspan="5">행위사실 등 신청서 기재사항을 별지에 기재하였거나, 기타 자료를 첨부한 경우 그 목록을 기재</td></tr>
<tr><td colspan="6">독점규제 및 공정거래에 관한 법률 제89조 제1항 <u>또는 표시 · 광고의 공정화에 관한 법률 제7조의 2 제1항</u> 및 동의의결제도 운영 및 절차 등에 관한 규칙에 의하여 위와 같이 동의의결을 신청합니다.

년 월 일
신 청 인 : (서명 또는 날인)
대 리 인 : (서명 또는 날인)</td></tr>
</table>

〔별표 1〕 표준공표양식

1. 표준공표문안

공정거래위원회로부터 시정명령을 받은 사실의 공표	공표제목
저희 **회사(△백화점, ○협회)**는 ○○기간 중 ○○에 대하여 ○○방식으로 ○○**행위**를 하여 **독점규제및공정거래에관한법률을** 위반하였다는 이유로 **공정거래위원회**로부터 **시정명령**을 받았습니다.	공표내용
○○○○년 ○월 ○일 **○○주식회사** **대표(이사)** ○○○	공 표 자

2. 글자크기

구 분 \ 글자 크기	공표제목	공표내용	공표자
신문 공표			
·5단 × 37cm	42P 이상	22P 이상	31P 이상
·5단 × 18.5cm	31P 이상	14P 이상	22P 이상
·5단 × 15cm	26P 이상	12P 이상	20P 이상
·5단 × 12cm	22P 이상	11P 이상	16P 이상
·3단 × 10cm	20P 이상	11P 이상	14P 이상
사업장 공표 全紙 크기 (78.8cm×109cm)	3.0cm×4.5cm 이상	2.5cm×3.5cm 이상	3.0cm×4.5cm 이상

[별표1]

개인의 법위반행위 세부평가기준

참작사항 (부과수준)	비중	상(3점)	중(2점)	하(1점)
의사결정 주도여부	0.3	지시·결재·사후승인·단독실행 등의 과정을 통해 의사를 확정시킨 경우(사후보고를 받은 후 묵시적으로 의사를 확정시킨 경우를 포함한다)	지시전달·중간결재·방안마련 등을 통해 의사결정을 보조하거나 의사를 구체화한 경우	의사 결정 과정에 미친 영향이 미미한 경우
위법성 인식정도	0.3	위법행위임을 확정적으로 인식한 경우	위법행위임을 개괄적으로 인식한 경우	행위의 위법 가능성을 인식한 경우
실행의 적극성 및 가담정도	0.3	위법행위의 실행을 주도하거나 적극 가담한 경우	위법행위의 실행에 단순 가담한 경우	위법행위의 실행에 가담한 정도가 경미한 경우
위반행위 가담기간	0.1	2년 이상	1년 이상 2년 미만	1년 미만

부 록

독점규제 및 공정거래에 관한 법률

하도급거래 공정화에 관한 법률

독점규제 및 공정거래에 관한 법률 (약칭: 공정거래법)

[시행 2024. 8. 7.] [법률 제20239호, 2024. 2. 6., 일부개정]

제1장 총칙

제1조(목적) 이 법은 사업자의 시장지배적지위의 남용과 과도한 경제력의 집중을 방지하고, 부당한 공동행위 및 불공정거래행위를 규제하여 공정하고 자유로운 경쟁을 촉진함으로써 창의적인 기업활동을 조성하고 소비자를 보호함과 아울러 국민경제의 균형 있는 발전을 도모함을 목적으로 한다.

제2조(정의) 이 법에서 사용하는 용어의 뜻은 다음과 같다.

1. "사업자"란 제조업, 서비스업 또는 그 밖의 사업을 하는 자를 말한다. 이 경우 사업자의 이익을 위한 행위를 하는 임원, 종업원(계속하여 회사의 업무에 종사하는 사람으로서 임원 외의 사람을 말한다. 이하 같다), 대리인 및 그 밖의 자는 사업자단체에 관한 규정을 적용할 때에는 사업자로 본다.
2. "사업자단체"란 그 형태가 무엇이든 상관없이 둘 이상의 사업자가 공동의 이익을 증진할 목적으로 조직한 결합체 또는 그 연합체를 말한다.
3. "시장지배적사업자"란 일정한 거래분야의 공급자나 수요자로서 단독으로 또는 다른 사업자와 함께 상품이나 용역의 가격, 수량, 품질, 그 밖의 거래조건을 결정·유지 또는 변경할 수 있는 시장지위를 가진 사업자를 말한다. 이 경우 시장지배적사업자를 판단할 때에는 시장점유율, 진입장벽의 존재 및 정도, 경쟁사업자의 상대적 규모 등을 종합적으로 고려한다.
4. "일정한 거래분야"란 거래의 객체별·단계별 또는 지역별로 경쟁관계에 있거나 경쟁관계가 성립될 수 있는 분야를 말한다.
5. "경쟁을 실질적으로 제한하는 행위"란 일정한 거래분야의 경쟁이 감소하여 특정 사업자 또는 사업자단체의 의사에 따라 어느 정도 자유로이 가격, 수량, 품질, 그 밖의 거래조건 등의 결정에 영향을 미치거나 미칠 우려가 있는 상태를 초래하는 행위를 말한다.
6. "임원"이란 다음 각 목의 어느 하나에 해당하는 사람을 말한다.

가. 이사
나. 대표이사
다. 업무집행을 하는 무한책임사원
라. 감사
마. 가목부터 라목까지의 규정 중 어느 하나에 준하는 사람
바. 지배인 등 본점이나 지점의 영업 전반을 총괄적으로 처리할 수 있는 상업 사용인

7. "지주회사"란 주식(지분을 포함한다. 이하 같다)의 소유를 통하여 국내 회사의 사업내용을 지배하는 것을 주된 사업으로 하는 회사로서 자산총액이 대통령령으로 정하는 금액 이상인 회사를 말한다. 이 경우 주된 사업의 기준은 대통령령으로 정한다.
8. "자회사"란 지주회사로부터 대통령령으로 정하는 기준에 따라 그 사업내용을 지배받는 국내 회사를 말한다.
9. "손자회사"란 자회사로부터 대통령령으로 정하는 기준에 따라 그 사업내용을 지배받는 국내 회사를 말한다.
10. "금융업 또는 보험업"이란 「통계법」 제22조제1항에 따라 통계청장이 고시하는 한국표준산업분류상 금융 및 보험업을 말한다. 다만, 제18조제2항제5호에 따른 일반지주회사는 금융업 또는 보험업을 영위하는 회사로 보지 아니한다.
11. "기업집단"이란 동일인이 다음 각 목의 구분에 따라 대통령령으로 정하는 기준에 따라 사실상 그 사업내용을 지배하는 회사의 집단을 말한다.
    가. 동일인이 회사인 경우: 그 동일인과 그 동일인이 지배하는 하나 이상의 회사의 집단
    나. 동일인이 회사가 아닌 경우: 그 동일인이 지배하는 둘 이상의 회사의 집단
12. "계열회사"란 둘 이상의 회사가 동일한 기업집단에 속하는 경우에 이들 각각의 회사를 서로 상대방의 계열회사라 한다.
13. "계열출자"란 기업집단 소속 회사가 계열회사의 주식을 취득 또는 소유하는 행위를 말한다.
14. "계열출자회사"란 계열출자를 통하여 다른 계열회사의 주식을 취득 또는 소유하는 계열회사를 말한다.
15. "계열출자대상회사"란 계열출자를 통하여 계열출자회사가 취득 또는 소유하는 계열회사 주식을 발행한 계열회사를 말한다.

16. “순환출자”란 세 개 이상의 계열출자로 연결된 계열회사 모두가 계열출자회사 및 계열출자대상회사가 되는 계열출자 관계를 말한다.
17. “순환출자회사집단”이란 기업집단 소속 회사 중 순환출자 관계에 있는 계열회사의 집단을 말한다.
18. “채무보증”이란 기업집단에 속하는 회사가 다음 각 목의 어느 하나에 해당하는 국내 금융기관의 여신과 관련하여 국내 계열회사에 대하여 하는 보증을 말한다.
    가. 「은행법」에 따른 은행
    나. 「한국산업은행법」에 따른 한국산업은행
    다. 「한국수출입은행법」에 따른 한국수출입은행
    라. 「중소기업은행법」에 따른 중소기업은행
    마. 「보험업법」에 따른 보험회사
    바. 「자본시장과 금융투자업에 관한 법률」에 따른 투자매매업자·투자중개업자 및 종합금융회사
    사. 그 밖에 대통령령으로 정하는 금융기관
19. “여신”이란 국내 금융기관이 하는 대출 및 회사채무의 보증 또는 인수를 말한다.
20. “재판매가격유지행위”란 사업자가 상품 또는 용역을 거래할 때 거래상대방인 사업자 또는 그 다음 거래단계별 사업자에 대하여 거래가격을 정하여 그 가격대로 판매 또는 제공할 것을 강제하거나 그 가격대로 판매 또는 제공하도록 그 밖의 구속조건을 붙여 거래하는 행위를 말한다.

제3조(국외에서의 행위에 대한 적용) 국외에서 이루어진 행위라도 그 행위가 국내 시장에 영향을 미치는 경우에는 이 법을 적용한다.

제2장 시장지배적지위의 남용금지

제4조(독과점적 시장구조의 개선 등) ① 공정거래위원회는 독과점적 시장구조가 장기간 유지되고 있는 상품이나 용역의 공급시장 또는 수요시장에 대하여 경쟁을 촉진하기 위한 시책을 수립·시행하여야 한다.

② 공정거래위원회는 제1항에 따른 시책을 추진하기 위하여 필요한 경우에는 관계 행정기관의 장에게 경쟁의 도입 또는 그 밖에 시장구조의 개선 등에 관하여 필요한 의견을 제시할 수 있다. 이 경우 관계 행정기관의 장은 공정거래위원회의 의견을 검

토한 후 검토결과를 공정거래위원회에 송부하여야 한다.

③ 공정거래위원회는 제1항에 따른 시책을 추진하기 위하여 다음 각 호의 업무를 수행할 수 있다.

1. 시장구조의 조사 및 공표
2. 특정 산업의 경쟁상황 분석, 규제현황 분석 및 경쟁촉진 방안 마련

④ 공정거래위원회는 사업자 및 사업자단체에 제3항 각 호의 업무를 수행하기 위하여 필요한 자료의 제출을 요청할 수 있다.

⑤ 공정거래위원회는 제3항 및 제4항의 사무를 대통령령으로 정하는 바에 따라 다른 기관에 위탁할 수 있다.

제5조(시장지배적지위의 남용금지) ① 시장지배적사업자는 다음 각 호의 어느 하나에 해당하는 행위(이하 "남용행위"라 한다)를 해서는 아니 된다.

1. 상품의 가격이나 용역의 대가(이하 "가격"이라 한다)를 부당하게 결정·유지 또는 변경하는 행위
2. 상품의 판매 또는 용역의 제공을 부당하게 조절하는 행위
3. 다른 사업자의 사업활동을 부당하게 방해하는 행위
4. 새로운 경쟁사업자의 참가를 부당하게 방해하는 행위
5. 부당하게 경쟁사업자를 배제하기 위하여 거래하거나 소비자의 이익을 현저히 해칠 우려가 있는 행위

② 남용행위의 유형 및 기준은 대통령령으로 정한다.

제6조(시장지배적사업자의 추정) 일정한 거래분야에서 시장점유율이 다음 각 호의 어느 하나에 해당하는 사업자(일정한 거래분야에서 연간 매출액 또는 구매액이 80억원 미만인 사업자는 제외한다)는 시장지배적사업자로 추정한다. 〈개정 2024. 2. 6.〉

1. 하나의 사업자의 시장점유율이 100분의 50 이상
2. 셋 이하의 사업자의 시장점유율의 합계가 100분의 75 이상. 이 경우 시장점유율이 100분의 10 미만인 사업자는 제외한다.

제7조(시정조치) ① 공정거래위원회는 남용행위가 있을 때에는 그 시장지배적사업자에게 가격의 인하, 해당 행위의 중지, 시정명령을 받은 사실의 공표 또는 그 밖에 필요한 시정조치를 명할 수 있다.

② 공정거래위원회는 남용행위를 한 회사인 시장지배적사업자가 합병으로 소멸한 경우에는 해당 회사가 한 남용행위를 합병 후 존속하거나 합병에 따라 설립된 회사가 한 행위로 보아 제1항의 시정조치를 명할 수 있다.

③ 공정거래위원회는 남용행위를 한 회사인 시장지배적사업자가 분할되거나 분할합병된 경우에는 분할되는 시장지배적사업자의 분할일 또는 분할합병일 이전의 남용행위를 다음 각 호의 어느 하나에 해당하는 회사의 행위로 보고 제1항의 시정조치를 명할 수 있다.

1. 분할되는 회사
2. 분할 또는 분할합병으로 설립되는 새로운 회사
3. 분할되는 회사의 일부가 다른 회사에 합병된 후 그 다른 회사가 존속하는 경우 그 다른 회사

④ 공정거래위원회는 남용행위를 한 회사인 시장지배적사업자가 「채무자 회생 및 파산에 관한 법률」 제215조에 따라 새로운 회사를 설립하는 경우에는 기존 회사 또는 새로운 회사 중 어느 하나의 행위로 보고 제1항의 시정조치를 명할 수 있다.

제8조(과징금) 공정거래위원회는 시장지배적사업자가 남용행위를 한 경우에는 그 사업자에게 대통령령으로 정하는 매출액(대통령령으로 정하는 사업자의 경우에는 영업수익을 말한다. 이하 같다)에 100분의 6을 곱한 금액을 초과하지 아니하는 범위에서 과징금을 부과할 수 있다. 다만, 매출액이 없거나 매출액의 산정이 곤란한 경우로서 대통령령으로 정하는 경우(이하 “매출액이 없는 경우등”이라 한다)에는 20억원을 초과하지 아니하는 범위에서 과징금을 부과할 수 있다.

제3장 기업결합의 제한

제9조(기업결합의 제한) ① 누구든지 직접 또는 대통령령으로 정하는 특수한 관계에 있는 자(이하 “특수관계인”이라 한다)를 통하여 다음 각 호의 어느 하나에 해당하는 행위(이하 “기업결합”이라 한다)로서 일정한 거래분야에서 경쟁을 실질적으로 제한하는 행위를 하여서는 아니 된다. 다만, 자산총액 또는 매출액의 규모가 대통령령으로 정하는 규모에 해당하는 회사(이하 “대규모회사”라 한다) 외의 자가 제2호에 해당하는 행위를 하는 경우에는 그러하지 아니하다.

1. 다른 회사 주식의 취득 또는 소유
2. 임원 또는 종업원에 의한 다른 회사의 임원 지위의 겸임(이하 “임원겸임”이라 한다)
3. 다른 회사와의 합병
4. 다른 회사의 영업의 전부 또는 주요 부분의 양수·임차 또는 경영의 수임이나 다른 회사의 영업용 고정자산의 전부 또는 주요 부분의 양수(이하 “영업양수”

라 한다)

5. 새로운 회사설립에의 참여. 다만, 다음 각 목의 어느 하나에 해당하는 경우는 제외한다.
   가. 특수관계인(대통령령으로 정하는 자는 제외한다) 외의 자는 참여하지 아니하는 경우
   나. 「상법」 제530조의2제1항에 따른 분할에 따른 회사설립에 참여하는 경우

② 다음 각 호의 어느 하나에 해당한다고 공정거래위원회가 인정하는 기업결합에 대해서는 제1항을 적용하지 아니한다. 이 경우 해당 요건을 충족하는지에 대한 입증은 해당 사업자가 하여야 한다.

1. 해당 기업결합 외의 방법으로는 달성하기 어려운 효율성 증대효과가 경쟁제한으로 인한 폐해보다 큰 경우
2. 상당한 기간 동안 대차대조표상의 자본총계가 납입자본금보다 작은 상태에 있는 등 회생이 불가능한 회사와의 기업결합으로서 대통령령으로 정하는 요건에 해당하는 경우

③ 기업결합이 다음 각 호의 어느 하나에 해당하는 경우에는 일정한 거래분야에서 경쟁을 실질적으로 제한하는 것으로 추정한다.

1. 기업결합의 당사회사(제1항제5호의 경우에는 회사설립에 참여하는 모든 회사를 말한다. 이하 같다)의 시장점유율(계열회사의 시장점유율을 합산한 점유율을 말한다. 이하 이 조에서 같다)의 합계가 다음 각 목의 요건을 갖춘 경우
   가. 시장점유율의 합계가 시장지배적사업자의 추정요건에 해당할 것
   나. 시장점유율의 합계가 해당 거래분야에서 제1위일 것
   다. 시장점유율의 합계와 시장점유율이 제2위인 회사(당사회사를 제외한 회사 중 제1위인 회사를 말한다)의 시장점유율과의 차이가 그 시장점유율의 합계의 100분의 25 이상일 것
2. 대규모회사가 직접 또는 특수관계인을 통하여 한 기업결합이 다음 각 목의 요건을 갖춘 경우
   가. 「중소기업기본법」에 따른 중소기업의 시장점유율이 3분의 2 이상인 거래분야에서의 기업결합일 것
   나. 해당 기업결합으로 100분의 5 이상의 시장점유율을 가지게 될 것

④ 제1항에 따른 일정한 거래분야에서 경쟁을 실질적으로 제한하는 기업결합과 제2항에 따라 제1항을 적용하지 아니하는 기업결합에 관한 기준은 공정거래위원회가

정하여 고시한다.

⑤ 제1항 각 호 외의 부분 단서에 따른 자산총액 또는 매출액의 규모는 기업결합일 전부터 기업결합일 이후까지 계속하여 계열회사의 지위를 유지하고 있는 회사의 자산총액 또는 매출액을 합산한 규모로 한다. 다만, 다음 각 호에 따른 회사의 자산총액 또는 매출액의 규모는 계열회사의 자산총액 또는 매출액을 합산하지 아니한 규모로 한다. 〈개정 2024. 2. 6.〉

1. 계열회사 간에 제1항제3호에 해당하는 행위를 하는 경우 다음 각 목의 구분에 따른 회사
   가. 제11조제1항에 따른 기업결합신고대상회사 또는 그 특수관계인이 같은 항에 따른 상대회사에 대하여 제1항제3호에 해당하는 행위를 하는 경우 해당 상대회사
   나. 제11조제1항에 따른 기업결합신고대상회사 외의 회사로서 상대회사의 규모에 해당하는 회사 또는 그 특수관계인이 같은 항에 따른 기업결합신고대상회사에 대하여 제1항제3호에 해당하는 행위를 하는 경우 해당 기업결합신고대상회사
2. 영업양수의 경우 영업을 양도(영업의 임대, 경영의 위임 및 영업용 고정자산의 양도를 포함한다)하는 회사

제10조(주식의 취득 또는 소유의 기준) 이 법에 따른 주식의 취득 또는 소유는 취득 또는 소유의 명의와 관계없이 실질적인 소유관계를 기준으로 한다.

제11조(기업결합의 신고) ① 자산총액 또는 매출액의 규모가 대통령령으로 정하는 기준에 해당하는 회사(제3호에 해당하는 기업결합을 하는 경우에는 대규모회사만을 말하며, 이하 이 조에서 "기업결합신고대상회사"라 한다) 또는 그 특수관계인이 자산총액 또는 매출액의 규모가 대통령령으로 정하는 기준에 해당하는 다른 회사(이하 이 조에서 "상대회사"라 한다)에 대하여 제1호부터 제4호까지의 규정 중 어느 하나에 해당하는 기업결합을 하거나 기업결합신고대상회사 또는 그 특수관계인이 상대회사 또는 그 특수관계인과 공동으로 제5호의 기업결합을 하는 경우와 기업결합신고대상회사 외의 회사로서 상대회사의 규모에 해당하는 회사 또는 그 특수관계인이 기업결합신고대상회사에 대하여 제1호부터 제4호까지의 규정 중 어느 하나에 해당하는 기업결합을 하거나 기업결합신고대상회사 외의 회사로서 상대회사의 규모에 해당하는 회사 또는 그 특수관계인이 기업결합신고대상회사 또는 그 특수관계인과 공동으로 제5호의 기업결합을 하는 경우에는 대통령령으로 정하는 바에 따라 공

정거래위원회에 신고하여야 한다. 〈개정 2024. 2. 6.〉

1. 다른 회사의 발행주식총수(「상법」 제344조의3제1항 및 제369조제2항 · 제3항의 의결권 없는 주식의 수는 제외한다. 이하 이 장에서 같다)의 100분의 20[「자본시장과 금융투자업에 관한 법률」에 따른 주권상장법인(이하 "상장법인"이라 한다)의 경우에는 100분의 15를 말한다] 이상을 소유하게 되는 경우
2. 다른 회사의 발행주식을 제1호에 따른 비율 이상으로 소유한 자가 그 회사의 주식을 추가로 취득하여 최다출자자가 되는 경우
3. 임원겸임의 경우. 다만, 다음 각 목의 경우는 제외한다.
   가. 계열회사의 임원을 겸임하는 경우
   나. 겸임하는 임원 수가 임원이 겸임되는 회사 임원 총수의 3분의 1 미만이면서 대표이사가 아닌 임원을 겸임하는 경우
4. 제9조제1항제3호 또는 제4호에 해당하는 행위를 하는 경우(「상법」 제342조의2에 따라 모회사와 자회사 간에 합병하거나 영업양수하는 경우는 제외한다)
5. 새로운 회사설립에 참여하여 그 회사의 최다출자자가 되는 경우

② 기업결합신고대상회사 또는 그 특수관계인이 상대회사의 자산총액 또는 매출액 규모에 해당하지 아니하는 회사(이하 이 조에서 "소규모피취득회사"라 한다)에 대하여 제1항제1호, 제2호 또는 제4호에 해당하는 기업결합을 하거나 기업결합신고대상회사 또는 그 특수관계인이 소규모피취득회사 또는 그 특수관계인과 공동으로 제1항제5호의 기업결합을 할 때에는 다음 각 호의 요건에 모두 해당하는 경우에만 대통령령으로 정하는 바에 따라 공정거래위원회에 신고하여야 한다.

1. 기업결합의 대가로 지급 또는 출자하는 가치의 총액(당사회사가 자신의 특수관계인을 통하여 지급 또는 출자하는 것을 포함한다)이 대통령령으로 정하는 금액 이상일 것
2. 소규모피취득회사 또는 그 특수관계인이 국내 시장에서 상품 또는 용역을 판매 · 제공하거나, 국내 연구시설 또는 연구인력을 보유 · 활용하는 등 대통령령으로 정하는 상당한 수준으로 활동할 것

③ 제1항 및 제2항에도 불구하고 다음 각 호의 어느 하나에 해당하는 경우에는 신고대상에서 제외한다. 〈개정 2021. 12. 28., 2023. 6. 20., 2024. 1. 9., 2024. 2. 6.〉

1. 「벤처투자 촉진에 관한 법률」 제2조제10호 또는 제11호에 따른 벤처투자회사 또는 벤처투자조합이 「중소기업창업 지원법」 제2조제3호에 따른 창업기업(이하 "창업기업"이라 한다) 또는 「벤처기업육성에 관한 특별법」 제2조제1항에 따

른 벤처기업(이하 "벤처기업"이라 한다)의 주식을 제1항제1호에 따른 비율 이상으로 소유하게 되거나 창업기업 또는 벤처기업의 설립에 다른 회사와 공동으로 참여하여 최다출자자가 되는 경우

2. 「여신전문금융업법」 제2조제14호의3 또는 제14호의5에 따른 신기술사업금융업자 또는 신기술사업투자조합이 「기술보증기금법」 제2조제1호에 따른 신기술사업자(이하 "신기술사업자"라 한다)의 주식을 제1항제1호에 따른 비율 이상으로 소유하게 되거나 신기술사업자의 설립에 다른 회사와 공동으로 참여하여 최다출자자가 되는 경우

3. 기업결합신고대상회사가 다음 각 목의 어느 하나에 해당하는 회사의 주식을 제1항제1호에 따른 비율 이상으로 소유하게 되거나 다음 각 목의 어느 하나에 해당하는 회사의 설립에 다른 회사와 공동으로 참여하여 최다출자자가 되는 경우

   가. 「자본시장과 금융투자업에 관한 법률」 제9조제18항제2호에 따른 투자회사

   나. 「사회기반시설에 대한 민간투자법」에 따라 사회기반시설 민간투자사업시행자로 지정된 회사

   다. 나목에 따른 회사에 대한 투자목적으로 설립된 투자회사(「법인세법」 제51조의2제1항제6호에 해당하는 회사로 한정한다)

   라. 「부동산투자회사법」 제2조제1호에 따른 부동산투자회사

4. 기업결합신고대상회사가 「자본시장과 금융투자업에 관한 법률」 제9조제19항에 따른 사모집합투자기구의 설립에 다른 회사와 공동으로 참여하여 최다출자자가 되는 경우

④ 제1항 및 제2항은 관계 중앙행정기관의 장이 다른 법률에 따라 미리 해당 기업결합에 관하여 공정거래위원회와 협의한 경우에는 적용하지 아니한다.

⑤ 제1항제1호, 제2호 또는 제5호에 따른 주식의 소유 또는 인수의 비율을 산정하거나 최다출자자가 되는지를 판단할 때에는 해당 회사의 특수관계인이 소유하고 있는 주식을 합산한다.

⑥ 제1항에 따른 기업결합의 신고는 해당 기업결합일부터 30일 이내에 하여야 한다. 다만, 다음 각 호의 어느 하나에 해당하는 기업결합은 합병계약을 체결한 날 등 대통령령으로 정하는 날부터 기업결합일 전까지의 기간 내에 신고하여야 한다.

1. 제1항제1호, 제2호, 제4호 또는 제5호에 따른 기업결합(대통령령으로 정하는 경우는 제외한다) 중 기업결합의 당사회사 중 하나 이상의 회사가 대규모회사

인 기업결합
2. 제2항에 따른 기업결합

⑦ 공정거래위원회는 제6항에 따라 신고를 받으면 신고일부터 30일 이내에 제9조에 해당하는지를 심사하고, 그 결과를 해당 신고자에게 통지하여야 한다. 다만, 공정거래위원회가 필요하다고 인정할 경우에는 90일의 범위에서 그 기간을 연장할 수 있다.

⑧ 제6항 각 호 외의 부분 단서에 따라 신고를 하여야 하는 자는 제7항에 따른 공정거래위원회의 심사결과를 통지받기 전까지 각각 주식소유, 합병등기, 영업양수계약의 이행행위 또는 주식인수행위를 하여서는 아니 된다.

⑨ 기업결합을 하려는 자는 제6항에 따른 신고기간 전이라도 그 행위가 경쟁을 실질적으로 제한하는 행위에 해당하는지에 대하여 공정거래위원회에 심사를 요청할 수 있다.

⑩ 공정거래위원회는 제9항에 따라 심사를 요청받은 경우에는 30일 이내에 그 심사결과를 요청한 자에게 통지하여야 한다. 다만, 공정거래위원회가 필요하다고 인정할 경우에는 90일의 범위에서 그 기간을 연장할 수 있다.

⑪ 제1항 및 제2항에 따른 신고의무자가 둘 이상인 경우에는 공동으로 신고하여야 한다. 다만, 공정거래위원회가 신고의무자가 소속된 기업집단에 속하는 회사 중 하나의 회사의 신청을 받아 대통령령으로 정하는 바에 따라 해당 회사를 기업결합신고 대리인으로 지정하는 경우에는 그 대리인이 신고할 수 있다.

⑫ 제1항에 따른 기업결합신고대상회사 및 상대회사의 자산총액 또는 매출액의 규모에 관하여는 제9조제5항을 준용한다.

제12조(기업결합 신고절차 등의 특례) ① 다음 각 호의 어느 하나에 해당하는 법인의 설립이나 합병 또는 최다액출자자 변경 등(이하 이 조에서 "법인설립등"이라 한다)에 관한 승인·변경승인 등(이하 이 조에서 "승인등"이라 한다)을 신청하는 자는 법인설립등이 제11조제1항 및 제2항에 따른 신고대상에 해당하는 경우에는 승인등의 주무관청(방송통신위원회를 포함한다. 이하 이 조에서 같다)에 승인등을 신청할 때 기업결합 신고서류를 함께 제출할 수 있다.

1. 「방송법」 제15조제1항제1호에 따른 법인(같은 법 제2조제3호나목에 따른 종합유선방송사업자인 법인으로 한정한다. 이하 이 조에서 "종합유선방송사업자"라 한다)의 합병
2. 「방송법」 제15조의2제1항에 따라 종합유선방송사업자의 최다액출자자가 되려고 하거나 종합유선방송사업자의 경영권을 실질적으로 지배하려는 경우

② 승인등의 신청인이 제1항에 따라 주무관청에 기업결합 신고서류를 제출하였을 때에는 그 서류가 주무관청에 접수된 날을 제11조제1항 및 제2항에 따른 신고를 한 날로 본다.
③ 주무관청은 제1항에 따라 기업결합 신고서류를 제출받았을 때에는 지체 없이 공정거래위원회에 기업결합 신고서류를 송부하여야 한다.
④ 제11조제6항 각 호 외의 부분 단서에 따라 기업결합 신고를 하여야 하는 자는 공정거래위원회에 기업결합 신고를 할 때에 법인설립등의 승인등에 관한 서류를 함께 제출할 수 있다.
⑤ 공정거래위원회는 제4항에 따라 법인설립등의 승인등에 관한 서류를 제출받았을 때에는 지체 없이 법인설립등의 승인등에 관한 서류를 주무관청에 송부하여야 한다.
제13조(탈법행위의 금지) ① 누구든지 제9조제1항의 적용을 회피하려는 행위를 하여서는 아니 된다.
② 제1항에 따른 탈법행위의 유형 및 기준은 대통령령으로 정한다.
제13조의2(시정방안의 제출) ① 제11조제1항 및 제2항에 따라 기업결합의 신고를 하여야 하는 자는 해당 신고 대상 기업결합으로 초래되는 경쟁제한의 우려를 해소하기 위하여 필요한 시정방안을 공정거래위원회에 제출할 수 있다.
② 제1항에 따라 시정방안을 제출하려는 자는 제11조제7항에 따른 심사 기간 내에 시정방안을 서면으로 제출하여야 한다.
③ 공정거래위원회는 제1항에 따라 제출된 시정방안이 다음 각 호의 요건을 갖추지 못하였다고 판단되는 경우에는 시정방안을 제출한 자에게 시정방안을 수정하여 다시 제출할 것을 요청할 수 있다.
  1. 기업결합으로 초래되는 경쟁제한의 우려가 있는 상태(이하 이 조에서 "경쟁제한우려상태"라 한다)를 해소하기에 충분할 것
  2. 경쟁제한우려상태를 효과적으로 해소하는 데 필요한 시정방안을 적정 기간 내에 이행할 수 있을 것
④ 제3항에 따른 시정방안의 수정에 걸리는 기간은 제11조제7항에 따른 심사 기간에 산입하지 아니한다.
⑤ 제1항부터 제4항까지에서 규정한 사항 외에 시정방안의 제출 방법 및 절차 등에 필요한 사항은 공정거래위원회가 정하여 고시한다.
[본조신설 2024. 2. 6.]
제14조(시정조치 등) ① 공정거래위원회는 제9조제1항 또는 제13조를 위반하거나 위

반할 우려가 있는 행위가 있을 때에는 해당 사업자[제9조제1항을 위반한 경우에는 기업결합 당사회사(기업결합 당사회사에 대한 시정조치만으로는 경쟁제한으로 인한 폐해를 시정하기 어렵거나 기업결합 당사회사의 특수관계인이 사업을 영위하는 거래분야의 경쟁제한으로 인한 폐해를 시정할 필요가 있는 경우에는 그 특수관계인을 포함한다)를 말한다] 또는 위반행위자에게 다음 각 호의 시정조치를 명할 수 있다. 이 경우 제11조제6항 각 호 외의 부분 단서에 따른 신고를 받았을 때에는 같은 조 제7항에 따른 기간 내에 시정조치를 명하여야 한다.

1. 해당 행위의 중지
2. 주식의 전부 또는 일부의 처분
3. 임원의 사임
4. 영업의 양도
5. 시정명령을 받은 사실의 공표
6. 기업결합에 따른 경쟁제한의 폐해를 방지할 수 있는 영업방식 또는 영업범위의 제한
7. 그 밖에 법 위반상태를 시정하기 위하여 필요한 조치

② 공정거래위원회는 제11조제1항 및 제2항에 따라 신고된 기업결합이 제9조제1항을 위반하거나 위반할 우려가 있는 행위에 해당하여 제1항에 따른 시정조치를 명하려는 경우로서 해당 기업결합에 대하여 제13조의2제1항에 따라 시정방안이 제출된 경우에는 그 시정방안(같은 조 제3항에 따라 시정방안이 수정되어 제출된 경우에는 그 수정된 시정방안을 포함한다)을 고려하여 제1항에 따른 시정조치를 명할 수 있다. 〈신설 2024. 2. 6.〉

③ 공정거래위원회는 제9조제1항 또는 제11조제8항을 위반한 회사의 합병 또는 설립이 있는 경우에는 해당 회사의 합병 또는 설립 무효의 소(訴)를 제기할 수 있다. 〈개정 2024. 2. 6.〉

④ 제9조제1항을 위반하는 행위에 대하여 제1항 각 호의 시정조치를 부과하기 위한 기준은 공정거래위원회가 정하여 고시한다. 〈개정 2024. 2. 6.〉

⑤ 합병, 분할, 분할합병 또는 새로운 회사의 설립 등에 따른 제1항 각 호의 시정조치에 관하여는 제7조제2항부터 제4항까지의 규정을 준용한다. 이 경우 "시장지배적 사업자"는 "사업자"로 본다. 〈개정 2024. 2. 6.〉

제15조(시정조치의 이행확보) 제14조제1항에 따른 주식처분명령을 받은 자는 그 명령을 받은 날부터 해당 주식에 대하여 의결권을 행사할 수 없다.

제16조(이행강제금) ① 공정거래위원회는 제9조제1항을 위반하여 제14조에 따라 시정조치를 부과받은 후 그 정한 기한 내에 이행을 하지 아니하는 자에게 이행기한이 지난 날부터 1일당 다음 각 호의 구분에 따른 금액에 1만분의 3을 곱한 금액을 초과하지 아니하는 범위에서 이행강제금을 부과할 수 있다. 다만, 제9조제1항제2호의 기업결합을 한 자에게는 이행기한이 지난 날부터 1일당 200만원의 범위에서 이행강제금을 부과할 수 있다.

1. 제9조제1항제1호 또는 제5호의 기업결합의 경우: 취득 또는 소유한 주식의 장부가격과 인수하는 채무의 합계액
2. 제9조제1항제3호의 기업결합의 경우: 합병의 대가로 지급하는 주식의 장부가격과 인수하는 채무의 합계액
3. 제9조제1항제4호의 기업결합의 경우: 영업양수금액

② 이행강제금의 부과·납부·징수·환급 등에 필요한 사항은 대통령령으로 정한다. 다만, 체납된 이행강제금은 국세체납처분의 예에 따라 징수한다.

③ 공정거래위원회는 제1항 및 제2항에 따른 이행강제금의 징수 또는 체납처분에 관한 업무를 대통령령으로 정하는 바에 따라 국세청장에게 위탁할 수 있다.

제4장 경제력 집중의 억제

제17조(지주회사 설립·전환의 신고) 지주회사를 설립하거나 지주회사로 전환한 자는 대통령령으로 정하는 바에 따라 공정거래위원회에 신고하여야 한다.

제18조(지주회사 등의 행위제한 등) ① 이 조에서 사용하는 용어의 뜻은 다음과 같다.

1. "공동출자법인"이란 경영에 영향을 미칠 수 있는 상당한 지분을 소유하고 있는 2인 이상의 출자자(특수관계인의 관계에 있는 출자자 중 대통령령으로 정하는 자 외의 자는 1인으로 본다)가 계약 또는 이에 준하는 방법으로 출자지분의 양도를 현저히 제한하고 있어 출자자 간 지분변동이 어려운 법인을 말한다.
2. "벤처지주회사"란 벤처기업 또는 대통령령으로 정하는 중소기업을 자회사로 하는 지주회사로서 대통령령으로 정하는 기준에 해당하는 지주회사를 말한다.

② 지주회사는 다음 각 호의 어느 하나에 해당하는 행위를 하여서는 아니 된다.

1. 자본총액(대차대조표상의 자산총액에서 부채액을 뺀 금액을 말한다. 이하 같다)의 2배를 초과하는 부채액을 보유하는 행위. 다만, 지주회사로 전환하거나 설립될 당시에 자본총액의 2배를 초과하는 부채액을 보유하고 있을 때에는 지

주회사로 전환하거나 설립된 날부터 2년간은 자본총액의 2배를 초과하는 부채액을 보유할 수 있다.

2. 자회사의 주식을 그 자회사 발행주식총수의 100분의 50[자회사가 상장법인인 경우, 주식 소유의 분산요건 등 상장요건이 「자본시장과 금융투자업에 관한 법률」에 따른 증권시장으로서 대통령령으로 정하는 국내 증권시장의 상장요건에 상당하는 것으로 공정거래위원회가 고시하는 국외 증권거래소에 상장된 법인(이하 "국외상장법인"이라 한다)인 경우 또는 공동출자법인인 경우에는 100분의 30으로 하고, 벤처지주회사의 자회사인 경우에는 100분의 20으로 한다. 이하 이 조에서 "자회사주식보유기준"이라 한다] 미만으로 소유하는 행위. 다만, 다음 각 목의 어느 하나에 해당하는 사유로 자회사주식보유기준에 미달하게 된 경우는 제외한다.
   가. 지주회사로 전환하거나 설립될 당시에 자회사의 주식을 자회사주식보유기준 미만으로 소유하고 있는 경우로서 지주회사로 전환하거나 설립된 날부터 2년 이내인 경우
   나. 상장법인 또는 국외상장법인이거나 공동출자법인이었던 자회사가 그에 해당하지 아니하게 되어 자회사주식보유기준에 미달하게 된 경우로서 그 해당하지 아니하게 된 날부터 1년 이내인 경우
   다. 벤처지주회사였던 회사가 그에 해당하지 아니하게 되어 자회사주식보유기준에 미달하게 된 경우로서 그 해당하지 아니하게 된 날부터 1년 이내인 경우
   라. 자회사가 주식을 모집하거나 매출하면서 「자본시장과 금융투자업에 관한 법률」 제165조의7에 따라 우리사주조합원에게 배정하거나 해당 자회사가 「상법」 제513조 또는 제516조의2에 따라 발행한 전환사채 또는 신주인수권부사채의 전환이 청구되거나 신주인수권이 행사되어 자회사주식보유기준에 미달하게 된 경우로서 그 미달하게 된 날부터 1년 이내인 경우
   마. 자회사가 아닌 회사가 자회사에 해당하게 되고 자회사주식보유기준에는 미달하는 경우로서 그 회사가 자회사에 해당하게 된 날부터 1년 이내인 경우
   바. 자회사를 자회사에 해당하지 아니하게 하는 과정에서 자회사주식보유기준에 미달하게 된 경우로서 그 미달하게 된 날부터 1년 이내인 경우(같은 기간 내에 자회사에 해당하지 아니하게 된 경우로 한정한다)
   사. 자회사가 다른 회사와 합병하여 자회사주식보유기준에 미달하게 된 경우

로서 그 미달하게 된 날부터 1년 이내인 경우

3. 계열회사가 아닌 국내 회사(「사회기반시설에 대한 민간투자법」 제4조제1호부터 제4호까지의 규정에서 정한 방식으로 민간투자사업을 영위하는 회사는 제외한다. 이하 이 호에서 같다)의 주식을 그 회사 발행주식총수의 100분의 5를 초과하여 소유하는 행위(벤처지주회사 또는 소유하고 있는 계열회사가 아닌 국내 회사의 주식가액의 합계액이 자회사의 주식가액의 합계액의 100분의 15 미만인 지주회사에는 적용하지 아니한다) 또는 자회사 외의 국내 계열회사의 주식을 소유하는 행위. 다만, 다음 각 목의 어느 하나에 해당하는 사유로 주식을 소유하고 있는 계열회사가 아닌 국내 회사나 국내 계열회사의 경우는 예외로 한다.
   가. 지주회사로 전환하거나 설립될 당시에 이 호 본문에서 규정하고 있는 행위에 해당하는 경우로서 지주회사로 전환하거나 설립된 날부터 2년 이내인 경우
   나. 계열회사가 아닌 회사를 자회사에 해당하게 하는 과정에서 이 호 본문에서 규정하고 있는 행위에 해당하게 된 날부터 1년 이내인 경우(같은 기간 내에 자회사에 해당하게 된 경우로 한정한다)
   다. 주식을 소유하고 있지 아니한 국내 계열회사를 자회사에 해당하게 하는 과정에서 그 국내 계열회사 주식을 소유하게 된 날부터 1년 이내인 경우(같은 기간 내에 자회사에 해당하게 된 경우로 한정한다)
   라. 자회사를 자회사에 해당하지 아니하게 하는 과정에서 그 자회사가 자회사에 해당하지 아니하게 된 날부터 1년 이내인 경우
4. 금융업 또는 보험업을 영위하는 자회사의 주식을 소유하는 지주회사(이하 "금융지주회사"라 한다)인 경우 금융업 또는 보험업을 영위하는 회사(금융업 또는 보험업과 밀접한 관련이 있는 등 대통령령으로 정하는 기준에 해당하는 회사를 포함한다) 외의 국내 회사의 주식을 소유하는 행위. 다만, 금융지주회사로 전환하거나 설립될 당시에 금융업 또는 보험업을 영위하는 회사 외의 국내 회사 주식을 소유하고 있을 때에는 금융지주회사로 전환하거나 설립된 날부터 2년간은 그 국내 회사의 주식을 소유할 수 있다.
5. 금융지주회사 외의 지주회사(이하 "일반지주회사"라 한다)인 경우 금융업 또는 보험업을 영위하는 국내 회사의 주식을 소유하는 행위. 다만, 일반지주회사로 전환하거나 설립될 당시에 금융업 또는 보험업을 영위하는 국내 회사의 주식

을 소유하고 있을 때에는 일반지주회사로 전환하거나 설립된 날부터 2년간은 그 국내 회사의 주식을 소유할 수 있다.

③ 일반지주회사의 자회사는 다음 각 호의 어느 하나에 해당하는 행위를 하여서는 아니 된다.

1. 손자회사의 주식을 그 손자회사 발행주식총수의 100분의 50[그 손자회사가 상장법인 또는 국외상장법인이거나 공동출자법인인 경우에는 100분의 30으로 하고, 벤처지주회사(일반지주회사의 자회사인 벤처지주회사로 한정한다)의 자회사인 경우에는 100분의 20으로 한다. 이하 이 조에서 "손자회사주식보유기준"이라 한다] 미만으로 소유하는 행위. 다만, 다음 각 목의 어느 하나에 해당하는 사유로 손자회사주식보유기준에 미달하게 된 경우는 예외로 한다.
   가. 자회사가 될 당시에 손자회사의 주식을 손자회사주식보유기준 미만으로 소유하고 있는 경우로서 자회사에 해당하게 된 날부터 2년 이내인 경우
   나. 상장법인 또는 국외상장법인이거나 공동출자법인이었던 손자회사가 그에 해당하지 아니하게 되어 손자회사주식보유기준에 미달하게 된 경우로서 그 해당하지 아니하게 된 날부터 1년 이내인 경우
   다. 일반지주회사의 자회사인 벤처지주회사였던 회사가 벤처지주회사에 해당하지 아니한 자회사가 됨에 따라 손자회사주식보유기준에 미달하게 된 경우로서 그 해당하지 아니한 자회사가 된 날부터 1년 이내인 경우
   라. 손자회사가 주식을 모집하거나 매출하면서 「자본시장과 금융투자업에 관한 법률」 제165조의7에 따라 우리사주조합에 우선 배정하거나 그 손자회사가 「상법」 제513조 또는 제516조의2에 따라 발행한 전환사채 또는 신주인수권부사채의 전환이 청구되거나 신주인수권이 행사되어 손자회사주식보유기준에 미달하게 된 경우로서 그 미달하게 된 날부터 1년 이내인 경우
   마. 손자회사가 아닌 회사가 손자회사에 해당하게 되고 손자회사주식보유기준에는 미달하는 경우로서 그 회사가 손자회사에 해당하게 된 날부터 1년 이내인 경우
   바. 손자회사를 손자회사에 해당하지 아니하게 하는 과정에서 손자회사주식보유기준에 미달하게 된 경우로서 그 미달하게 된 날부터 1년 이내인 경우(같은 기간 내에 손자회사에 해당하지 아니하게 된 경우로 한정한다)
   사. 손자회사가 다른 회사와 합병하여 손자회사주식보유기준에 미달하게 된 경우로서 그 미달하게 된 날부터 1년 이내인 경우

2. 손자회사가 아닌 국내 계열회사의 주식을 소유하는 행위. 다만, 다음 각 목의 어느 하나에 해당하는 사유로 주식을 소유하고 있는 국내 계열회사의 경우는 예외로 한다.
   가. 자회사가 될 당시에 주식을 소유하고 있는 국내 계열회사의 경우로서 자회사에 해당하게 된 날부터 2년 이내인 경우
   나. 계열회사가 아닌 회사를 손자회사에 해당하게 하는 과정에서 그 회사가 계열회사에 해당하게 된 날부터 1년 이내인 경우(같은 기간 내에 손자회사에 해당하게 된 경우로 한정한다)
   다. 주식을 소유하고 있지 아니한 국내 계열회사를 손자회사에 해당하게 하는 과정에서 그 국내 계열회사의 주식을 소유하게 된 날부터 1년 이내인 경우(같은 기간 내에 손자회사에 해당하게 된 경우로 한정한다)
   라. 손자회사를 손자회사에 해당하지 아니하게 하는 과정에서 그 손자회사가 손자회사에 해당하지 아니하게 된 날부터 1년 이내인 경우(같은 기간 내에 계열회사에 해당하지 아니하게 된 경우로 한정한다)
   마. 손자회사가 다른 자회사와 합병하여 그 다른 자회사의 주식을 소유하게 된 경우로서 주식을 소유한 날부터 1년 이내인 경우
   바. 자기주식을 보유하고 있는 자회사가 회사분할로 다른 국내 계열회사의 주식을 소유하게 된 경우로서 주식을 소유한 날부터 1년 이내인 경우
3. 금융업이나 보험업을 영위하는 회사를 손자회사로 지배하는 행위. 다만, 일반지주회사의 자회사가 될 당시에 금융업이나 보험업을 영위하는 회사를 손자회사로 지배하고 있는 경우에는 자회사에 해당하게 된 날부터 2년간 그 손자회사를 지배할 수 있다.

④ 일반지주회사의 손자회사는 국내 계열회사의 주식을 소유해서는 아니 된다. 다만, 다음 각 호의 어느 하나에 해당하는 경우에는 그러하지 아니하다.

1. 손자회사가 될 당시에 주식을 소유하고 있는 국내 계열회사의 경우로서 손자회사에 해당하게 된 날부터 2년 이내인 경우
2. 주식을 소유하고 있는 계열회사가 아닌 국내 회사가 계열회사에 해당하게 된 경우로서 그 회사가 계열회사에 해당하게 된 날부터 1년 이내인 경우
3. 자기주식을 소유하고 있는 손자회사가 회사분할로 다른 국내 계열회사의 주식을 소유하게 된 경우로서 주식을 소유한 날부터 1년 이내인 경우
4. 손자회사가 국내 계열회사(금융업 또는 보험업을 영위하는 회사는 제외한다)

발행주식총수를 소유하고 있는 경우

5. 손자회사가 벤처지주회사인 경우 그 손자회사가 국내 계열회사(금융업 또는 보험업을 영위하는 회사는 제외한다) 발행주식총수의 100분의 50 이상을 소유하는 경우

⑤ 제4항제4호 또는 제5호에 따라 손자회사가 주식을 소유하고 있는 회사(이하 "증손회사"라 한다)는 국내 계열회사의 주식을 소유해서는 아니 된다. 다만, 다음 각 호의 어느 하나에 해당하는 경우에는 그러하지 아니하다.

1. 증손회사가 될 당시에 주식을 소유하고 있는 국내 계열회사인 경우로서 증손회사에 해당하게 된 날부터 2년 이내인 경우
2. 주식을 소유하고 있는 계열회사가 아닌 국내 회사가 계열회사에 해당하게 된 경우로서 그 회사가 계열회사에 해당하게 된 날부터 1년 이내인 경우
3. 일반지주회사의 손자회사인 벤처지주회사였던 회사가 제1항제2호에 따른 기준에 해당하지 아니하게 되어 제4항제5호의 주식보유기준에 미달하게 된 경우로서 그 해당하지 아니하게 된 날부터 1년 이내인 경우

⑥ 제2항제1호 단서, 같은 항 제2호가목, 같은 항 제3호가목, 같은 항 제4호 단서, 같은 항 제5호 단서, 제3항제1호가목, 같은 항 제2호가목, 같은 항 제3호 단서, 제4항제1호 및 제5항제1호를 적용할 때 각 해당 규정의 유예기간은 주식가격의 급격한 변동 등 경제여건의 변화, 주식처분금지계약, 사업의 현저한 손실 또는 그 밖의 사유로 부채액을 감소시키거나 주식의 취득·처분 등이 곤란한 경우 공정거래위원회의 승인을 받아 2년을 연장할 수 있다.

⑦ 지주회사는 대통령령으로 정하는 바에 따라 해당 지주회사·자회사·손자회사 및 증손회사(이하 "지주회사등"이라 한다)의 주식소유 현황·재무상황 등 사업내용에 관한 보고서를 공정거래위원회에 제출하여야 한다.

제19조(상호출자제한기업집단의 지주회사 설립제한) 제31조제1항 전단에 따라 지정된 상호출자제한기업집단(이하 "상호출자제한기업집단"이라 한다)에 속하는 회사를 지배하는 동일인 또는 해당 동일인의 특수관계인이 지주회사를 설립하거나 지주회사로 전환하려는 경우에는 다음 각 호에 해당하는 채무보증을 해소하여야 한다.

1. 지주회사와 자회사 간의 채무보증
2. 지주회사와 다른 국내 계열회사(그 지주회사가 지배하는 자회사는 제외한다) 간의 채무보증
3. 자회사 상호 간의 채무보증

4. 자회사와 다른 국내 계열회사(그 자회사를 지배하는 지주회사 및 그 지주회사가 지배하는 다른 자회사는 제외한다) 간의 채무보증

제20조(일반지주회사의 금융회사 주식 소유 제한에 관한 특례) ① 일반지주회사는 제18조제2항제5호에도 불구하고 「벤처투자 촉진에 관한 법률」에 따른 벤처투자회사(이하 이 조에서 "벤처투자회사"라 한다) 및 「여신전문금융업법」에 따른 신기술사업금융전문회사(이하 이 조에서 "신기술사업금융전문회사"라 한다)의 주식을 소유할 수 있다. 〈개정 2023. 6. 20.〉

② 제1항에 따라 일반지주회사가 벤처투자회사 및 신기술사업금융전문회사의 주식을 소유하는 경우에는 벤처투자회사 및 신기술사업금융전문회사의 발행주식총수를 소유하여야 한다. 다만, 다음 각 호의 어느 하나에 해당하는 경우에는 그러하지 아니하다. 〈개정 2023. 6. 20.〉

1. 계열회사가 아닌 벤처투자회사 및 신기술사업금융전문회사를 자회사에 해당하게 하는 과정에서 해당 벤처투자회사 및 신기술사업금융전문회사 주식을 발행주식총수 미만으로 소유하고 있는 경우로서 해당 회사의 주식을 보유하게 된 날부터 1년 이내인 경우(1년 이내에 발행주식총수를 보유하게 되는 경우에 한정한다)
2. 자회사인 벤처투자회사 및 신기술사업금융전문회사를 자회사에 해당하지 아니하게 하는 과정에서 해당 벤처투자회사 및 신기술사업금융전문회사 주식을 발행주식총수 미만으로 소유하게 된 날부터 1년 이내인 경우(발행주식총수 미만으로 소유하게 된 날부터 1년 이내에 모든 주식을 처분한 경우에 한정한다)

③ 제1항에 따라 일반지주회사가 주식을 소유한 벤처투자회사 및 신기술사업금융전문회사는 다음 각 호의 어느 하나에 해당하는 행위를 하여서는 아니 된다. 다만, 제2항 각 호의 어느 하나에 해당하는 경우에는 제1호부터 제5호까지의 규정을 적용하지 아니한다. 〈개정 2023. 6. 20.〉

1. 자본총액의 2배를 초과하는 부채액을 보유하는 행위
2. 벤처투자회사인 경우 「벤처투자 촉진에 관한 법률」 제37조제1항 각 호 이외의 금융업 또는 보험업을 영위하는 행위
3. 신기술사업금융전문회사인 경우 「여신전문금융업법」 제41조제1항제1호, 제3호부터 제5호까지의 규정 이외의 금융업 또는 보험업을 영위하는 행위
4. 다음 각 목의 어느 하나에 해당하는 투자조합(「벤처투자 촉진에 관한 법률」 제2조제11호에 따른 벤처투자조합 및 「여신전문금융업법」 제2조제14호의5에 따

른 신기술사업투자조합을 말한다. 이하 이 조에서 같다)을 설립하는 행위

가. 자신이 소속된 기업집단 소속 회사가 아닌 자가 출자금 총액의 100분의 40 이내에서 대통령령으로 정하는 비율을 초과하여 출자한 투자조합

나. 자신이 소속된 기업집단 소속 회사 중 금융업 또는 보험업을 영위하는 회사가 출자한 투자조합

다. 자신의 특수관계인(동일인 및 그 친족에 한정한다)이 출자한 투자조합(동일인이 자연인인 기업집단에 한정한다)

5. 다음 각 목의 어느 하나에 해당하는 투자(「벤처투자 촉진에 관한 법률」 제2조 제1호 각 목의 어느 하나에 해당하는 것을 말한다)를 하는 행위(투자조합의 업무집행을 통한 투자를 포함한다)

가. 자신이 소속된 기업집단 소속 회사에 투자하는 행위

나. 자신의 특수관계인(동일인 및 그 친족에 한정한다)이 출자한 회사에 투자하는 행위

다. 공시대상기업집단 소속 회사에 투자하는 행위

라. 총자산(운용 중인 모든 투자조합의 출자금액을 포함한다)의 100분의 20을 초과하는 금액을 해외 기업에 투자하는 행위

6. 자신(자신이 업무를 집행하는 투자조합을 포함한다)이 투자한 회사의 주식, 채권 등을 자신의 특수관계인(동일인 및 그 친족에 한정한다) 및 특수관계인이 투자한 회사로서 지주회사 등이 아닌 계열회사가 취득 또는 소유하도록 하는 행위

④ 일반지주회사는 제1항에 따라 벤처투자회사 및 신기술사업금융전문회사의 주식을 소유하는 경우에 해당 주식을 취득 또는 소유한 날부터 4개월 이내에 그 사실을 공정거래위원회가 정하여 고시하는 바에 따라 공정거래위원회에 보고하여야 한다. 〈개정 2023. 6. 20.〉

⑤ 일반지주회사의 자회사인 벤처투자회사 및 신기술사업금융전문회사는 자신 및 자신이 운용중인 모든 투자조합의 투자 현황, 출자자 내역 등을 공정거래위원회가 정하여 고시하는 바에 따라 공정거래위원회에 보고하여야 한다. 〈개정 2023. 6. 20.〉

제21조(상호출자의 금지 등) ① 상호출자제한기업집단에 속하는 국내 회사는 자기의 주식을 취득 또는 소유하고 있는 국내 계열회사의 주식을 취득 또는 소유해서는 아니 된다. 다만, 다음 각 호의 어느 하나에 해당하는 경우에는 그러하지 아니하다.

1. 회사의 합병 또는 영업전부의 양수

2. 담보권의 실행 또는 대물변제의 수령

② 제1항 각 호 외의 부분 단서에 따라 출자를 한 회사는 그 주식을 취득 또는 소유한 날부터 6개월 이내에 처분하여야 한다. 다만, 자기의 주식을 취득 또는 소유하고 있는 국내 계열회사가 그 주식을 처분한 경우에는 그러하지 아니하다.

③ 상호출자제한기업집단에 속하는 국내 회사로서 「벤처투자 촉진에 관한 법률」에 따른 벤처투자회사는 국내 계열회사주식을 취득 또는 소유해서는 아니 된다. 〈개정 2023. 6. 20.〉

제22조(순환출자의 금지) ① 상호출자제한기업집단에 속하는 국내 회사는 순환출자를 형성하는 계열출자(국내 계열회사에 대한 계열출자로 한정한다. 이하 같다)를 하여서는 아니 되고, 상호출자제한기업집단 소속 회사 중 순환출자 관계에 있는 국내 계열회사는 계열출자대상회사에 대한 추가적인 계열출자[계열출자회사가 「상법」 제418조제1항에 따른 신주배정 또는 제462조의2제1항에 따른 주식배당(이하 "신주배정등"이라 한다)에 따라 취득 또는 소유한 주식 중에서 신주배정등이 있기 전 자신의 지분율 범위의 주식, 순환출자회사집단에 속하는 국내 계열회사 간 합병에 따른 계열출자는 제외한다]를 하여서는 아니 된다. 다만, 다음 각 호의 어느 하나에 해당하는 경우에는 그러하지 아니하다.

1. 회사의 합병·분할, 주식의 포괄적 교환·이전 또는 영업전부의 양수
2. 담보권의 실행 또는 대물변제의 수령
3. 계열출자회사가 신주배정등에 따라 취득 또는 소유한 주식 중에서 다른 주주의 실권(失權) 등에 따라 신주배정등이 있기 전 자신의 지분율 범위를 초과하여 취득 또는 소유한 계열출자대상회사의 주식이 있는 경우
4. 「기업구조조정 촉진법」 제8조제1항에 따라 부실징후기업의 관리절차를 개시한 회사에 대하여 같은 법 제24조제2항에 따라 금융채권자협의회가 의결하여 동일인(친족을 포함한다)의 재산출연 또는 부실징후기업의 주주인 계열출자회사의 유상증자 참여(채권의 출자전환을 포함한다)를 결정한 경우
5. 「기업구조조정 촉진법」 제2조제2호의 금융채권자가 같은 조 제7호에 따른 부실징후기업과 기업개선계획의 이행을 위한 약정을 체결하고 금융채권자협의회의 의결로 동일인(친족을 포함한다)의 재산출연 또는 부실징후기업의 주주인 계열출자회사의 유상증자 참여(채권의 출자전환을 포함한다)를 결정한 경우

② 제1항 각 호 외의 부분 단서에 따라 계열출자를 한 회사는 다음 각 호의 구분에 따른 기간 내에 취득 또는 소유한 해당 주식(제1항제3호부터 제5호까지의 규정에

따른 경우는 신주배정등의 결정, 재산출연 또는 유상증자 결정이 있기 전 지분율 초과분을 말한다)을 처분하여야 한다. 다만, 순환출자회사집단에 속한 다른 회사 중 하나가 취득 또는 소유하고 있는 계열출자대상회사의 주식을 처분하여 제1항에 따른 계열출자로 형성되거나 강화된 순환출자가 해소된 경우에는 그러하지 아니하다.

1. 제1항제1호 또는 제2호에 따라 계열출자를 한 회사: 해당 주식을 취득 또는 소유한 날부터 6개월
2. 제1항제3호에 따라 계열출자를 한 회사: 해당 주식을 취득 또는 소유한 날부터 1년
3. 제1항제4호 또는 제5호에 따라 계열출자를 한 회사: 해당 주식을 취득 또는 소유한 날부터 3년

제23조(순환출자에 대한 의결권 제한) ① 상호출자제한기업집단에 속하는 국내 회사로서 순환출자를 형성하는 계열출자를 한 회사는 상호출자제한기업집단 지정일 당시 취득 또는 소유하고 있는 순환출자회사집단 내의 계열출자대상회사 주식에 대하여 의결권을 행사할 수 없다.

② 순환출자회사집단에 속한 다른 국내 회사 중 하나가 취득 또는 소유하고 있는 계열출자대상회사의 주식을 처분함으로써 기존에 형성된 순환출자를 해소한 경우에는 제1항을 적용하지 아니한다.

제24조(계열회사에 대한 채무보증의 금지) 상호출자제한기업집단에 속하는 국내 회사(금융업 또는 보험업을 영위하는 회사는 제외한다)는 채무보증을 하여서는 아니 된다. 다만, 다음 각 호의 어느 하나에 해당하는 채무보증의 경우에는 그러하지 아니하다.

1. 「조세특례제한법」에 따른 합리화기준에 따라 인수되는 회사의 채무와 관련된 채무보증
2. 기업의 국제경쟁력 강화를 위하여 필요한 경우 등 대통령령으로 정하는 경우에 대한 채무보증

제25조(금융회사 · 보험회사 및 공익법인의 의결권 제한) ① 상호출자제한기업집단에 속하는 국내 회사로서 금융업 또는 보험업을 영위하는 회사는 취득 또는 소유하고 있는 국내 계열회사 주식에 대하여 의결권을 행사할 수 없다. 다만, 다음 각 호의 어느 하나에 해당하는 경우에는 그러하지 아니하다.

1. 금융업 또는 보험업을 영위하기 위하여 주식을 취득 또는 소유하는 경우
2. 보험자산의 효율적인 운용 · 관리를 위하여 「보험업법」 등에 따른 승인 등을 받

아 주식을 취득 또는 소유하는 경우

3. 해당 국내 계열회사(상장법인으로 한정한다)의 주주총회에서 다음 각 목의 어느 하나에 해당하는 사항을 결의하는 경우. 이 경우 그 계열회사의 주식 중 의결권을 행사할 수 있는 주식의 수는 그 계열회사에 대하여 특수관계인 중 대통령령으로 정하는 자를 제외한 자가 행사할 수 있는 주식수를 합하여 그 계열회사 발행주식총수(「상법」 제344조의3제1항 및 제369조제2항·제3항의 의결권 없는 주식의 수는 제외한다. 이하 이 조에서 같다)의 100분의 15를 초과할 수 없다.
   가. 임원의 선임 또는 해임
   나. 정관 변경
   다. 그 계열회사의 다른 회사로의 합병, 영업의 전부 또는 주요 부분의 다른 회사로의 양도. 다만, 그 다른 회사가 계열회사인 경우는 제외한다.

② 상호출자제한기업집단에 속하는 회사를 지배하는 동일인의 특수관계인에 해당하는 공익법인(「상속세 및 증여세법」 제16조에 따른 공익법인등을 말한다. 이하 같다)은 취득 또는 소유하고 있는 주식 중 그 동일인이 지배하는 국내 계열회사 주식에 대하여 의결권을 행사할 수 없다. 다만, 다음 각 호의 어느 하나에 해당하는 경우에는 그러하지 아니하다.

1. 공익법인이 해당 국내 계열회사 발행주식총수를 소유하고 있는 경우
2. 해당 국내 계열회사(상장법인으로 한정한다)의 주주총회에서 다음 각 목의 어느 하나에 해당하는 사항을 결의하는 경우. 이 경우 그 계열회사의 주식 중 의결권을 행사할 수 있는 주식의 수는 그 계열회사에 대하여 특수관계인 중 대통령령으로 정하는 자를 제외한 자가 행사할 수 있는 주식수를 합하여 그 계열회사 발행주식총수의 100분의 15를 초과할 수 없다.
   가. 임원의 선임 또는 해임
   나. 정관 변경
   다. 그 계열회사의 다른 회사로의 합병, 영업의 전부 또는 주요 부분의 다른 회사로의 양도. 다만, 그 다른 회사가 계열회사인 경우는 제외한다.

제26조(대규모내부거래의 이사회 의결 및 공시) ① 제31조제1항 전단에 따라 지정된 공시대상기업집단(이하 "공시대상기업집단"이라 한다)에 속하는 국내 회사는 특수관계인(국외 계열회사는 제외한다. 이하 이 조에서 같다)을 상대방으로 하거나 특수관계인을 위하여 대통령령으로 정하는 규모 이상의 다음 각 호의 어느 하나에 해당

하는 거래행위(이하 "대규모내부거래"라 한다)를 하려는 경우에는 미리 이사회의 의결을 거친 후 공시하여야 하며, 제2항에 따른 주요 내용을 변경하려는 경우에도 미리 이사회의 의결을 거친 후 공시하여야 한다.

1. 가지급금 또는 대여금 등의 자금을 제공 또는 거래하는 행위
2. 주식 또는 회사채 등의 유가증권을 제공 또는 거래하는 행위
3. 부동산 또는 무체재산권(無體財産權) 등의 자산을 제공 또는 거래하는 행위
4. 주주의 구성 등을 고려하여 대통령령으로 정하는 계열회사를 상대방으로 하거나 그 계열회사를 위하여 상품 또는 용역을 제공 또는 거래하는 행위

② 공시대상기업집단에 속하는 국내 회사는 제1항에 따라 공시를 할 때 거래의 목적·상대방·규모 및 조건 등 대통령령으로 정하는 주요 내용을 포함하여야 한다.

③ 제1항에 따른 공시는 「자본시장과 금융투자업에 관한 법률」 제161조에 따라 보고서를 제출받는 기관을 통하여 할 수 있다. 이 경우 공시의 방법, 절차 및 그 밖에 필요한 사항은 해당 기관과의 협의를 거쳐 공정거래위원회가 정한다.

④ 공시대상기업집단에 속하는 국내 회사 중 금융업 또는 보험업을 영위하는 회사가 약관에 따라 정형화된 거래로서 대통령령으로 정하는 기준에 해당하는 거래행위를 하는 경우에는 제1항에도 불구하고 이사회의 의결을 거치지 아니할 수 있다. 이 경우 그 거래내용은 공시하여야 한다.

⑤ 제1항의 경우에 상장법인이 「상법」 제393조의2에 따라 설치한 위원회(같은 법 제382조제3항에 따른 사외이사가 세 명 이상 포함되고, 사외이사의 수가 위원총수의 3분의 2 이상인 경우로 한정한다)에서 의결한 경우에는 이사회의 의결을 거친 것으로 본다.

제27조(비상장회사 등의 중요사항 공시) ① 공시대상기업집단에 속하는 국내 회사 중 자산총액 등이 대통령령으로 정하는 기준에 해당하는 회사(금융업 또는 보험업을 영위하는 회사는 제외한다)로서 상장법인을 제외한 회사는 다음 각 호의 어느 하나에 해당하는 사항을 공시하여야 한다. 다만, 제26조에 따라 공시되는 사항은 제외한다. 〈개정 2024. 2. 6.〉

1. 대통령령으로 정하는 최대주주와 주요주주의 주식소유 현황 및 그 변동사항 등 회사의 소유지배구조와 관련된 중요사항(임원 현황 및 그 변동사항은 제외한다)으로서 대통령령으로 정하는 사항
2. 자산·주식의 취득, 증여, 담보제공, 채무인수·면제 등 회사의 재무구조에 중요한 변동을 초래하는 사항으로서 대통령령으로 정하는 사항

3. 영업양도·양수, 합병·분할, 주식의 교환·이전 등 회사의 경영활동과 관련된 중요한 사항으로서 대통령령으로 정하는 사항

② 제1항의 공시에 관하여는 제26조제2항 및 제3항을 준용한다.

제28조(기업집단현황 등에 관한 공시) ① 공시대상기업집단에 속하는 국내 회사 중 자산총액 등이 대통령령으로 정하는 기준에 해당하는 회사는 그 기업집단의 다음 각 호의 어느 하나에 해당하는 사항으로서 대통령령으로 정하는 사항을 공시하여야 한다.

1. 일반 현황
2. 주식소유 현황
3. 지주회사등이 아닌 국내 계열회사 현황[지주회사등의 자산총액 합계액이 기업집단 소속 국내 회사의 자산총액(금융업 또는 보험업을 영위하는 회사의 경우에는 자본총액 또는 자본금 중 큰 금액으로 한다) 합계액의 100분의 50 이상인 경우로 한정한다]
4. 2개의 국내 계열회사가 서로의 주식을 취득 또는 소유하고 있는 상호출자 현황
5. 순환출자 현황
6. 채무보증 현황
7. 취득 또는 소유하고 있는 국내 계열회사 주식에 대한 의결권 행사(금융업 또는 보험업을 영위하는 회사의 주식에 대한 의결권 행사는 제외한다) 여부
8. 특수관계인과의 거래 현황

② 공시대상기업집단에 속하는 회사를 지배하는 동일인은 다음 각 호의 어느 하나에 해당하는 사항을 공시하여야 한다. 다만, 동일인이 의식불명 등 대통령령으로 정하는 사유로 공시할 수 없는 경우에는 그러하지 아니하다.

1. 특수관계인(자연인인 동일인 및 그 친족만을 말한다. 이하 이 호에서 같다)이 단독으로 또는 다른 특수관계인과 합하여 발행주식총수의 100분의 20 이상의 주식을 소유한 국외 계열회사의 주주 구성 등 대통령령으로 정하는 사항
2. 공시대상기업집단에 속하는 국내 회사의 주식을 직접 또는 대통령령으로 정하는 방법으로 소유하고 있는 국외 계열회사의 주식소유 현황 등에 관한 사항으로서 대통령령으로 정하는 사항 및 그 국외 계열회사가 하나 이상 포함된 순환출자 현황

③ 제1항 및 제2항에 따른 공시에 관하여는 제26조제2항 및 제3항을 준용한다.

④ 제1항 및 제2항에 따른 공시의 시기·방법 및 절차에 관하여 제3항에 규정된 것

외에 필요한 사항은 대통령령으로 정한다.

제29조(특수관계인인 공익법인의 이사회 의결 및 공시) ① 공시대상기업집단에 속하는 회사를 지배하는 동일인의 특수관계인에 해당하는 공익법인은 다음 각 호의 어느 하나에 해당하는 거래행위를 하거나 주요 내용을 변경하려는 경우에는 미리 이사회 의결을 거친 후 이를 공시하여야 한다.

1. 해당 공시대상기업집단에 속하는 국내 회사 주식의 취득 또는 처분
2. 해당 공시대상기업집단의 특수관계인(국외 계열회사는 제외한다. 이하 이 조에서 같다)을 상대방으로 하거나 특수관계인을 위하여 하는 대통령령으로 정하는 규모 이상의 다음 각 목의 어느 하나에 해당하는 거래
   가. 가지급금 또는 대여금 등의 자금을 제공 또는 거래하는 행위
   나. 주식 또는 회사채 등의 유가증권을 제공 또는 거래하는 행위
   다. 부동산 또는 무체재산권 등의 자산을 제공 또는 거래하는 행위
   라. 주주의 구성 등을 고려하여 대통령령으로 정하는 계열회사를 상대방으로 하거나 그 계열회사를 위하여 상품 또는 용역을 제공 또는 거래하는 행위

② 제1항의 공시에 관하여는 제26조제2항 및 제3항을 준용한다.

제30조(주식소유 현황 등의 신고) ① 공시대상기업집단에 속하는 국내 회사는 대통령령으로 정하는 바에 따라 해당 회사의 주주의 주식소유 현황·재무상황 및 다른 국내 회사 주식의 소유현황을 공정거래위원회에 신고하여야 한다.

② 상호출자제한기업집단에 속하는 국내 회사는 대통령령으로 정하는 바에 따라 채무보증 현황을 국내 금융기관의 확인을 받아 공정거래위원회에 신고하여야 한다.

③ 제1항 및 제2항의 신고에 관하여는 제11조제11항 단서를 준용한다.

제31조(상호출자제한기업집단 등의 지정 등) ① 공정거래위원회는 대통령령으로 정하는 바에 따라 산정한 자산총액이 5조원 이상인 기업집단을 대통령령으로 정하는 바에 따라 공시대상기업집단으로 지정하고, 지정된 공시대상기업집단 중 자산총액이 국내총생산액의 1천분의 5에 해당하는 금액 이상인 기업집단을 대통령령으로 정하는 바에 따라 상호출자제한기업집단으로 지정한다. 이 경우 공정거래위원회는 지정된 기업집단에 속하는 국내 회사와 그 회사를 지배하는 동일인의 특수관계인인 공익법인에 지정 사실을 대통령령으로 정하는 바에 따라 통지하여야 한다.

② 제21조부터 제30조까지 및 제47조는 제1항 후단에 따른 통지(제32조제4항에 따른 편입 통지를 포함한다)를 받은 날부터 적용한다.

③ 제2항에도 불구하고 제1항에 따라 상호출자제한기업집단으로 지정되어 상호출

자제한기업집단에 속하는 국내 회사로 통지를 받은 회사 또는 제32조제1항에 따라 상호출자제한기업집단의 국내 계열회사로 편입되어 상호출자제한기업집단에 속하는 국내 회사로 통지를 받은 회사가 통지받은 당시 제21조제1항·제3항 또는 제24조를 위반하고 있는 경우에는 다음 각 호의 구분에 따른다.

1. 제21조제1항 또는 제3항을 위반하고 있는 경우(취득 또는 소유하고 있는 주식을 발행한 회사가 새로 국내 계열회사로 편입되어 제21조제3항을 위반하게 되는 경우를 포함한다)에는 지정일 또는 편입일부터 1년간은 같은 항을 적용하지 아니한다.
2. 제24조를 위반하고 있는 경우(채무보증을 받고 있는 회사가 새로 계열회사로 편입되어 위반하게 되는 경우를 포함한다)에는 지정일 또는 편입일부터 2년간은 같은 조를 적용하지 아니한다. 다만, 이 항 각 호 외의 부분에 따른 회사에 「채무자 회생 및 파산에 관한 법률」에 따른 회생절차가 개시된 경우에는 회생절차의 종료일까지, 이 항 각 호 외의 부분에 따른 회사가 회생절차가 개시된 회사에 대하여 채무보증을 하고 있는 경우에는 그 채무보증에 한정하여 채무보증을 받고 있는 회사의 회생절차의 종료일까지는 제24조를 적용하지 아니한다.

④ 공정거래위원회는 회사 또는 해당 회사의 특수관계인에게 제1항에 따른 기업집단의 지정을 위하여 회사의 일반 현황, 회사의 주주 및 임원 구성, 특수관계인 현황, 주식소유 현황 등 대통령령으로 정하는 자료의 제출을 요청할 수 있다.

⑤ 공시대상기업집단에 속하는 국내 회사(청산 중에 있거나 1년 이상 휴업 중인 회사는 제외한다)는 공인회계사의 회계감사를 받아야 하며, 공정거래위원회는 공인회계사의 감사의견에 따라 수정한 대차대조표를 사용하여야 한다.

⑥ 제1항에 따른 국내총생산액의 1천분의 5에 해당하는 금액의 산정 기준 및 방법과 그 밖에 필요한 사항은 대통령령으로 정한다.

제32조(계열회사 등의 편입 및 제외 등) ① 공정거래위원회는 공시대상기업집단의 국내 계열회사로 편입하거나 국내 계열회사에서 제외하여야 할 사유가 발생한 경우에는 해당 회사(해당 회사의 특수관계인을 포함한다. 이하 이 조에서 같다)의 요청에 의하거나 직권으로 국내 계열회사에 해당하는지를 심사하여 국내 계열회사로 편입하거나 국내 계열회사에서 제외하고 그 내용을 해당 회사에 통지하여야 한다.

② 공정거래위원회는 공익법인을 공시대상기업집단에 속하는 회사를 지배하는 동일인의 특수관계인으로 편입하거나 제외하여야 할 사유가 발생한 경우에는 해당 공익법인(해당 공익법인의 특수관계인을 포함한다. 이하 이 조에서 같다)의 요청에 의

하거나 직권으로 특수관계인에 해당하는지를 심사하여 특수관계인으로 편입하거나 특수관계인에서 제외하고 그 내용을 해당 공익법인에 통지하여야 한다.

③ 공정거래위원회는 제1항 또는 제2항에 따른 심사를 위하여 필요하다고 인정하는 경우에는 해당 회사 또는 공익법인에 주주 및 임원의 구성, 채무보증관계, 자금대차관계, 거래관계, 그 밖에 필요한 자료의 제출을 요청할 수 있다.

④ 공정거래위원회는 제1항 또는 제2항에 따라 심사를 요청받은 경우에는 30일 이내에 그 심사결과를 요청한 자에게 통지하여야 한다. 다만, 공정거래위원회가 필요하다고 인정할 경우에는 60일의 범위에서 그 기간을 연장할 수 있다.

제33조(계열회사의 편입·통지일의 의제) 공정거래위원회는 제31조제4항 또는 제32조제3항에 따른 요청을 받은 자가 정당한 이유 없이 자료제출을 거부하거나 거짓의 자료를 제출함으로써 공시대상기업집단의 국내 계열회사 또는 공시대상기업집단의 국내 계열회사를 지배하는 동일인의 특수관계인으로 편입되어야 함에도 불구하고 편입되지 아니한 경우에는 공시대상기업집단에 속하여야 할 사유가 발생한 날 등을 고려하여 대통령령으로 정하는 날에 그 공시대상기업집단의 국내 계열회사 또는 특수관계인으로 편입·통지된 것으로 본다.

제34조(관계 기관에 대한 자료의 확인요구 등) 공정거래위원회는 제21조부터 제25조까지 또는 제30조부터 제32조까지의 규정을 시행하기 위하여 필요하다고 인정하는 경우에는 다음 각 호의 어느 하나에 해당하는 기관에 공시대상기업집단의 국내 계열회사 주주의 주식소유 현황, 채무보증 관련 자료, 가지급금·대여금 또는 담보의 제공에 관한 자료, 부동산의 거래 또는 제공에 관한 자료 등 필요한 자료의 확인 또는 조사를 대통령령으로 정하는 바에 따라 요청할 수 있다.

1. 국세청
2. 「금융위원회의 설치 등에 관한 법률」 제24조에 따른 금융감독원
3. 제2조제18호 각 목에 따른 국내 금융기관
4. 그 밖에 금융 또는 주식의 거래에 관련되는 기관으로서 대통령령으로 정하는 기관

제35조(공시대상기업집단의 현황 등에 관한 정보공개) ① 공정거래위원회는 과도한 경제력 집중을 방지하고 기업집단의 투명성 등을 제고하기 위하여 공시대상기업집단에 속하는 회사에 대한 다음 각 호의 정보를 공개할 수 있다.

1. 공시대상기업집단에 속하는 회사의 일반현황, 지배구조현황 등에 관한 정보로서 대통령령으로 정하는 정보

2. 공시대상기업집단에 속하는 회사 간 또는 공시대상기업집단에 속하는 회사와 그 특수관계인 간의 출자, 채무보증, 거래관계 등에 관한 정보로서 대통령령으로 정하는 정보

② 공정거래위원회는 제1항 각 호에 규정된 정보의 효율적 처리 및 공개를 위하여 정보시스템을 구축·운영할 수 있다.

③ 제1항 및 제2항에 규정된 사항 외의 정보공개에 관하여는 「공공기관의 정보공개에 관한 법률」에서 정하는 바에 따른다.

제36조(탈법행위의 금지) ① 누구든지 제18조제2항부터 제5항까지 및 제19조부터 제25조까지의 규정을 회피하려는 행위를 하여서는 아니 된다.

② 제1항에 따른 탈법행위의 유형 및 기준은 대통령령으로 정한다.

제37조(시정조치 등) ① 공정거래위원회는 제18조제2항부터 제5항까지, 제19조, 제20조제2항부터 제5항까지, 제21조부터 제29조까지 또는 제36조를 위반하거나 위반할 우려가 있는 행위가 있을 때에는 해당 사업자 또는 위반행위자에게 다음 각 호에 해당하는 시정조치를 명할 수 있다.

1. 해당 행위의 중지
2. 주식의 전부 또는 일부의 처분
3. 임원의 사임
4. 영업의 양도
5. 채무보증의 취소
6. 시정명령을 받은 사실의 공표
7. 공시의무의 이행 또는 공시내용의 정정
8. 그 밖에 법 위반상태를 시정하기 위하여 필요한 조치

② 공정거래위원회는 제19조를 위반한 회사의 합병 또는 설립이 있는 경우에는 해당 회사의 합병 또는 설립 무효의 소를 제기할 수 있다.

③ 합병, 분할, 분할합병 또는 새로운 회사의 설립 등에 따른 제1항 각 호의 시정조치에 관하여는 제7조제2항부터 제4항까지의 규정을 준용한다. 이 경우 "시장지배적사업자"는 "사업자"로 본다.

제38조(과징금) ① 공정거래위원회는 제21조 또는 제22조를 위반하여 주식을 취득 또는 소유한 회사에 위반행위로 취득 또는 소유한 주식의 취득가액에 100분의 20을 곱한 금액을 초과하지 아니하는 범위에서 과징금을 부과할 수 있다.

② 공정거래위원회는 제24조를 위반하여 채무보증을 한 회사에 해당 법위반 채무보

증액에 100분의 20을 곱한 금액을 초과하지 아니하는 범위에서 과징금을 부과할 수 있다.

③ 공정거래위원회는 제18조제2항부터 제5항까지, 제20조제2항 또는 제3항의 규정을 위반한 자에게 다음 각 호의 구분에 따른 금액에 100분의 20을 곱한 금액을 초과하지 아니하는 범위에서 과징금을 부과할 수 있다.

1. 제18조제2항제1호를 위반한 경우: 대통령령으로 정하는 대차대조표(이하 이 항에서 "기준대차대조표"라 한다)상 자본총액의 2배를 초과한 부채액
2. 제18조제2항제2호를 위반한 경우: 해당 자회사 주식의 기준대차대조표상 장부가액의 합계액에 다음 각 목의 비율에서 그 자회사 주식의 소유비율을 뺀 비율을 곱한 금액을 그 자회사 주식의 소유비율로 나누어 산출한 금액
   가. 해당 자회사가 상장법인 또는 국외상장법인이거나 공동출자법인인 경우에는 100분의 30
   나. 벤처지주회사의 자회사인 경우에는 100분의 20
   다. 가목 및 나목에 해당하지 아니하는 경우에는 100분의 50
3. 제18조제2항제3호부터 제5호까지, 같은 조 제3항제2호ㆍ제3호, 같은 조 제4항제1호부터 제4호까지 또는 같은 조 제5항을 위반한 경우: 위반하여 소유하는 주식의 기준대차대조표상 장부가액의 합계액
4. 제18조제3항제1호를 위반한 경우: 해당 손자회사 주식의 기준대차대조표상 장부가액의 합계액에 다음 각 목의 비율에서 그 손자회사 주식의 소유비율을 뺀 비율을 곱한 금액을 그 손자회사 주식의 소유비율로 나누어 산출한 금액
   가. 해당 손자회사가 상장법인 또는 국외상장법인이거나 공동출자법인인 경우에는 100분의 30
   나. 해당 손자회사가 벤처지주회사의 자회사인 경우에는 100분의 20
   다. 가목 및 나목에 해당하지 아니하는 손자회사의 경우에는 100분의 50
5. 제18조제4항제5호를 위반한 경우: 해당 손자회사인 벤처지주회사가 발행주식총수의 100분의 50 미만을 소유하고 있는 국내 계열회사 주식의 기준대차대조표상 장부가액의 합계액에 100분의 50의 비율에서 그 국내 계열회사 주식의 소유비율을 뺀 비율을 곱한 금액을 그 국내 계열회사 주식의 소유비율로 나누어 산출한 금액
6. 제20조제2항을 위반한 경우: 해당 자회사 주식의 기준대차대조표상 장부가액의 합계액을 그 자회사 주식의 소유비율로 나눈 금액에 해당 자회사 발행주식

중 자신이 보유하지 않은 주식의 비율을 곱하여 산출한 금액

7. 제20조제3항제1호를 위반한 경우: 기준대차대조표상 자본총액의 2배를 초과한 부채액
8. 제20조제3항제4호를 위반한 경우: 위반에 해당하는 만큼의 출자금액
9. 제20조제3항제5호를 위반한 경우: 위반하여 소유하는 주식, 채권 등의 기준대차대조표상 장부가액의 합계액
10. 제20조제3항제6호를 위반한 경우: 위반하여 소유하도록 한 주식, 채권 등의 기준대차대조표상 장부가액의 합계액

제39조(시정조치의 이행확보) ① 제21조 또는 제22조를 위반하여 상호출자 또는 순환출자를 한 주식에 대해서는 그 시정조치를 부과받은 날부터 법 위반상태가 해소될 때까지 해당 주식 전부에 대하여 의결권을 행사할 수 없다.

② 제37조제1항에 따른 주식처분명령을 받은 자는 그 명령을 받은 날부터 해당 주식에 대하여 의결권을 행사할 수 없다.

제5장 부당한 공동행위의 제한

제40조(부당한 공동행위의 금지) ① 사업자는 계약·협정·결의 또는 그 밖의 어떠한 방법으로도 다른 사업자와 공동으로 부당하게 경쟁을 제한하는 다음 각 호의 어느 하나에 해당하는 행위를 할 것을 합의(이하 "부당한 공동행위"라 한다)하거나 다른 사업자로 하여금 이를 하도록 하여서는 아니 된다.

1. 가격을 결정·유지 또는 변경하는 행위
2. 상품 또는 용역의 거래조건이나, 그 대금 또는 대가의 지급조건을 정하는 행위
3. 상품의 생산·출고·수송 또는 거래의 제한이나 용역의 거래를 제한하는 행위
4. 거래지역 또는 거래상대방을 제한하는 행위
5. 생산 또는 용역의 거래를 위한 설비의 신설 또는 증설이나 장비의 도입을 방해하거나 제한하는 행위
6. 상품 또는 용역의 생산·거래 시에 그 상품 또는 용역의 종류·규격을 제한하는 행위
7. 영업의 주요 부문을 공동으로 수행·관리하거나 수행·관리하기 위한 회사 등을 설립하는 행위
8. 입찰 또는 경매를 할 때 낙찰자, 경락자, 입찰가격, 낙찰가격 또는 경락가격, 그 밖에 대통령령으로 정하는 사항을 결정하는 행위

9. 그 밖의 행위로서 다른 사업자(그 행위를 한 사업자를 포함한다)의 사업활동 또는 사업내용을 방해·제한하거나 가격, 생산량, 그 밖에 대통령령으로 정하는 정보를 주고받음으로써 일정한 거래분야에서 경쟁을 실질적으로 제한하는 행위

② 제1항은 부당한 공동행위가 다음 각 호의 어느 하나에 해당하는 목적을 위하여 하는 경우로서 대통령령으로 정하는 요건에 해당하고 공정거래위원회의 인가를 받은 경우에는 적용하지 아니한다.

1. 불황극복을 위한 산업구조조정
2. 연구·기술개발
3. 거래조건의 합리화
4. 중소기업의 경쟁력향상

③ 제2항에 따른 인가의 기준·방법·절차 및 인가사항변경 등에 관하여 필요한 사항은 대통령령으로 정한다.

④ 부당한 공동행위를 할 것을 약정하는 계약 등은 해당 사업자 간에는 그 효력을 무효로 한다.

⑤ 제1항 각 호의 어느 하나에 해당하는 행위를 하는 둘 이상의 사업자가 다음 각 호의 어느 하나에 해당하는 경우에는 그 사업자들 사이에 공동으로 제1항 각 호의 어느 하나에 해당하는 행위를 할 것을 합의한 것으로 추정한다.

1. 해당 거래분야, 상품·용역의 특성, 해당 행위의 경제적 이유 및 파급효과, 사업자 간 접촉의 횟수·양태 등 제반 사정에 비추어 그 행위를 그 사업자들이 공동으로 한 것으로 볼 수 있는 상당한 개연성이 있을 때
2. 제1항 각 호의 행위(제9호의 행위 중 정보를 주고받음으로써 일정한 거래분야에서 경쟁을 실질적으로 제한하는 행위를 제외한다)에 필요한 정보를 주고받은 때

⑥ 부당한 공동행위에 관한 심사의 기준은 공정거래위원회가 정하여 고시한다.

제41조(공공부문 입찰 관련 부당한 공동행위를 방지하기 위한 조치) ① 공정거래위원회는 국가·지방자치단체, 「공공기관의 운영에 관한 법률」에 따른 공공기관 또는 「지방공기업법」에 따른 지방공기업이 발주하는 입찰과 관련된 부당한 공동행위를 적발하거나 방지하기 위하여 중앙행정기관·지방자치단체, 「공공기관의 운영에 관한 법률」에 따른 공공기관 또는 「지방공기업법」에 따른 지방공기업의 장(이하 "공공기관의 장"이라 한다)에게 입찰 관련 자료의 제출과 그 밖의 협조를 요청할 수 있다.

〈개정 2023. 6. 20.〉
② 대통령령으로 정하는 공공기관의 장은 입찰공고를 하거나 낙찰자가 결정되었을 때에는 입찰 관련 정보를 공정거래위원회에 제출하여야 한다.
③ 제2항에 따라 공정거래위원회에 제출하여야 하는 입찰 관련 정보의 범위 및 제출 절차에 관하여는 대통령령으로 정한다.
제42조(시정조치) ① 공정거래위원회는 부당한 공동행위가 있을 때에는 그 사업자에게 해당 행위의 중지, 시정명령을 받은 사실의 공표 또는 그 밖에 필요한 시정조치를 명할 수 있다.
② 합병, 분할, 분할합병 또는 새로운 회사의 설립 등에 따른 제1항의 시정조치에 관하여는 제7조제2항부터 제4항까지의 규정을 준용한다. 이 경우 “시장지배적사업자”는 “사업자”로 본다.
제43조(과징금) 공정거래위원회는 부당한 공동행위가 있을 때에는 그 사업자에게 대통령령으로 정하는 매출액에 100분의 20을 곱한 금액을 초과하지 아니하는 범위에서 과징금을 부과할 수 있다. 다만, 매출액이 없는 경우등에는 40억원을 초과하지 아니하는 범위에서 과징금을 부과할 수 있다.
제44조(자진신고자 등에 대한 감면 등) ① 다음 각 호의 어느 하나에 해당하는 자(소속 전·현직 임직원을 포함한다)에 대해서는 제42조에 따른 시정조치나 제43조에 따른 과징금을 감경 또는 면제할 수 있고, 제129조에 따른 고발을 면제할 수 있다.
1. 부당한 공동행위의 사실을 자진신고한 자
2. 증거제공 등의 방법으로 공정거래위원회의 조사 및 심의·의결에 협조한 자
② 제1항에 따라 시정조치 또는 과징금을 감경 또는 면제받은 자가 그 감경 또는 면제받은 날부터 5년 이내에 새롭게 제40조제1항을 위반하는 경우에는 제1항에 따른 감경 또는 면제를 하지 아니한다.
③ 제1항에 따라 시정조치나 과징금을 감경 또는 면제받은 자가 그 부당한 공동행위와 관련된 재판에서 조사과정에서 진술한 내용과 달리 진술하는 등 대통령령으로 정하는 경우에 해당하는 경우에는 제1항에 따른 시정조치나 과징금의 감경 또는 면제를 취소할 수 있다.
④ 공정거래위원회 및 그 소속 공무원은 사건처리를 위하여 필요한 경우 등 대통령령으로 정하는 경우를 제외하고는 자진신고자 또는 공정거래위원회의 조사 및 심의·의결에 협조한 자의 신원·제보 내용 등 자진신고나 제보와 관련된 정보 및 자료를 사건 처리와 관계없는 자에게 제공하거나 누설해서는 아니 된다.

⑤ 제1항에 따라 시정조치 또는 과징금이 감경 또는 면제되는 자의 범위와 감경 또는 면제의 기준·정도 등과 제4항에 따른 정보 및 자료의 제공·누설 금지에 관한 세부 사항은 대통령령으로 정한다.

제6장 불공정거래행위, 재판매가격유지행위 및 특수관계인에 대한 부당한 이익제공의 금지

제45조(불공정거래행위의 금지) ① 사업자는 다음 각 호의 어느 하나에 해당하는 행위로서 공정한 거래를 해칠 우려가 있는 행위(이하 “불공정거래행위”라 한다)를 하거나, 계열회사 또는 다른 사업자로 하여금 이를 하도록 하여서는 아니 된다.

1. 부당하게 거래를 거절하는 행위
2. 부당하게 거래의 상대방을 차별하여 취급하는 행위
3. 부당하게 경쟁자를 배제하는 행위
4. 부당하게 경쟁자의 고객을 자기와 거래하도록 유인하는 행위
5. 부당하게 경쟁자의 고객을 자기와 거래하도록 강제하는 행위
6. 자기의 거래상의 지위를 부당하게 이용하여 상대방과 거래하는 행위
7. 거래의 상대방의 사업활동을 부당하게 구속하는 조건으로 거래하는 행위
8. 부당하게 다른 사업자의 사업활동을 방해하는 행위
9. 부당하게 다음 각 목의 어느 하나에 해당하는 행위를 통하여 특수관계인 또는 다른 회사를 지원하는 행위
   가. 특수관계인 또는 다른 회사에 가지급금·대여금·인력·부동산·유가증권·상품·용역·무체재산권 등을 제공하거나 상당히 유리한 조건으로 거래하는 행위
   나. 다른 사업자와 직접 상품·용역을 거래하면 상당히 유리함에도 불구하고 거래상 실질적인 역할이 없는 특수관계인이나 다른 회사를 매개로 거래하는 행위
10. 그 밖의 행위로서 공정한 거래를 해칠 우려가 있는 행위

② 특수관계인 또는 회사는 다른 사업자로부터 제1항제9호에 해당할 우려가 있음에도 불구하고 해당 지원을 받는 행위를 하여서는 아니 된다.

③ 불공정거래행위의 유형 또는 기준은 대통령령으로 정한다.

④ 공정거래위원회는 제1항을 위반하는 행위를 예방하기 위하여 필요한 경우 사업자가 준수하여야 할 지침을 제정·고시할 수 있다.

⑤ 사업자 또는 사업자단체는 부당한 고객유인을 방지하기 위하여 자율적으로 규약(이하 "공정경쟁규약"이라 한다)을 정할 수 있다.

⑥ 사업자 또는 사업자단체는 공정거래위원회에 공정경쟁규약이 제1항제4호를 위반하는지에 대한 심사를 요청할 수 있다.

제46조(재판매가격유지행위의 금지) 사업자는 재판매가격유지행위를 하여서는 아니 된다. 다만, 다음 각 호의 어느 하나에 해당하는 경우에는 그러하지 아니하다.

1. 효율성 증대로 인한 소비자후생 증대효과가 경쟁제한으로 인한 폐해보다 큰 경우 등 재판매가격유지행위에 정당한 이유가 있는 경우
2. 「저작권법」 제2조제1호에 따른 저작물 중 관계 중앙행정기관의 장과의 협의를 거쳐 공정거래위원회가 고시하는 출판된 저작물(전자출판물을 포함한다)인 경우

제47조(특수관계인에 대한 부당한 이익제공 등 금지) ① 공시대상기업집단(동일인이 자연인인 기업집단으로 한정한다)에 속하는 국내 회사는 특수관계인(동일인 및 그 친족으로 한정한다. 이하 이 조에서 같다), 동일인이 단독으로 또는 다른 특수관계인과 합하여 발행주식총수의 100분의 20 이상의 주식을 소유한 국내 계열회사 또는 그 계열회사가 단독으로 발행주식총수의 100분의 50을 초과하는 주식을 소유한 국내 계열회사와 다음 각 호의 어느 하나에 해당하는 행위를 통하여 특수관계인에게 부당한 이익을 귀속시키는 행위를 하여서는 아니 된다. 이 경우 다음 각 호에 해당하는 행위의 유형 및 기준은 대통령령으로 정한다.

1. 정상적인 거래에서 적용되거나 적용될 것으로 판단되는 조건보다 상당히 유리한 조건으로 거래하는 행위
2. 회사가 직접 또는 자신이 지배하고 있는 회사를 통하여 수행할 경우 회사에 상당한 이익이 될 사업기회를 제공하는 행위
3. 특수관계인과 현금이나 그 밖의 금융상품을 상당히 유리한 조건으로 거래하는 행위
4. 사업능력, 재무상태, 신용도, 기술력, 품질, 가격 또는 거래조건 등에 대한 합리적인 고려나 다른 사업자와의 비교 없이 상당한 규모로 거래하는 행위

② 기업의 효율성 증대, 보안성, 긴급성 등 거래의 목적을 달성하기 위하여 불가피한 경우로서 대통령령으로 정하는 거래에는 제1항제4호를 적용하지 아니한다.

③ 제1항에 따른 거래 또는 사업기회 제공의 상대방은 제1항 각 호의 어느 하나에 해당할 우려가 있음에도 불구하고 해당 거래를 하거나 사업기회를 제공받는 행위를 하여서는 아니 된다.

④ 특수관계인은 누구에게든지 제1항 또는 제3항에 해당하는 행위를 하도록 지시하거나 해당 행위에 관여해서는 아니 된다.

제48조(보복조치의 금지) 사업자는 제45조제1항의 불공정거래행위 및 제46조의 재판매가격유지행위와 관련하여 다음 각 호의 어느 하나에 해당하는 행위를 한 사업자에게 그 행위를 한 것을 이유로 거래의 정지 또는 물량의 축소, 그 밖에 불이익을 주는 행위를 하거나 계열회사 또는 다른 사업자로 하여금 이를 하도록 하여서는 아니 된다.

1. 제76조제1항에 따른 분쟁조정 신청
2. 제80조제2항에 따른 신고
3. 제81조에 따른 공정거래위원회의 조사에 대한 협조

제49조(시정조치) ① 공정거래위원회는 제45조제1항·제2항, 제46조, 제47조 또는 제48조를 위반하는 행위가 있을 때에는 해당 사업자(제45조제2항 및 제47조의 경우에는 해당 특수관계인 또는 회사를 말한다)에게 해당 불공정거래행위, 재판매가격유지행위 또는 특수관계인에 대한 부당한 이익제공행위의 중지 및 재발방지를 위한 조치, 해당 보복조치의 금지, 계약조항의 삭제, 시정명령을 받은 사실의 공표, 그 밖에 필요한 시정조치를 명할 수 있다.

② 합병, 분할, 분할합병 또는 새로운 회사의 설립 등에 따른 제1항의 시정조치에 관하여는 제7조제2항부터 제4항까지의 규정을 준용한다. 이 경우 "시장지배적사업자"는 "사업자"로 본다.

제50조(과징금) ① 공정거래위원회는 제45조제1항(제9호는 제외한다), 제46조 또는 제48조를 위반하는 행위가 있을 때에는 해당 사업자에게 대통령령으로 정하는 매출액에 100분의 4를 곱한 금액을 초과하지 아니하는 범위에서 과징금을 부과할 수 있다. 다만, 매출액이 없는 경우등에는 10억원을 초과하지 아니하는 범위에서 과징금을 부과할 수 있다.

② 공정거래위원회는 제45조제1항제9호 또는 같은 조 제2항, 제47조제1항 또는 제3항을 위반하는 행위가 있을 때에는 해당 특수관계인 또는 회사에 대통령령으로 정하는 매출액에 100분의 10을 곱한 금액을 초과하지 아니하는 범위에서 과징금을 부과할 수 있다. 다만, 매출액이 없는 경우등에는 40억원을 초과하지 아니하는 범위에서 과징금을 부과할 수 있다.

제7장 사업자단체

제51조(사업자단체의 금지행위) ① 사업자단체는 다음 각 호의 어느 하나에 해당하는 행위를 하여서는 아니 된다.

1. 제40조제1항 각 호의 행위로 부당하게 경쟁을 제한하는 행위
2. 일정한 거래분야에서 현재 또는 장래의 사업자 수를 제한하는 행위
3. 구성사업자(사업자단체의 구성원인 사업자를 말한다. 이하 같다)의 사업내용 또는 활동을 부당하게 제한하는 행위
4. 사업자에게 제45조제1항에 따른 불공정거래행위 또는 제46조에 따른 재판매가격유지행위를 하게 하거나 이를 방조하는 행위

② 제1항제1호에 따른 행위의 인가에 관하여는 제40조제2항 및 제3항을 준용한다. 이 경우 "사업자"는 "사업자단체"로 본다.

③ 공정거래위원회는 제1항을 위반하는 행위를 예방하기 위하여 필요한 경우 사업자단체가 준수하여야 할 지침을 제정·고시할 수 있다.

④ 공정거래위원회는 제3항의 지침을 제정하려는 경우에는 관계 행정기관의 장의 의견을 들어야 한다.

제52조(시정조치) ① 공정거래위원회는 제51조를 위반하는 행위가 있을 때에는 그 사업자단체(필요한 경우 관련 구성사업자를 포함한다)에 해당 행위의 중지, 시정명령을 받은 사실의 공표, 그 밖에 필요한 시정조치를 명할 수 있다.

② 합병, 분할, 분할합병 또는 새로운 회사의 설립 등에 따른 제1항의 시정조치에 관하여는 제7조제2항부터 제4항까지의 규정을 준용한다. 이 경우 "시장지배적사업자"는 "사업자단체"로 본다.

제53조(과징금) ① 공정거래위원회는 제51조제1항을 위반하는 행위가 있을 때에는 해당 사업자단체에 10억원의 범위에서 과징금을 부과할 수 있다.

② 공정거래위원회는 제51조제1항제1호를 위반하는 행위에 참가한 사업자에게 대통령령으로 정하는 매출액에 100분의 20을 곱한 금액을 초과하지 아니하는 범위에서 과징금을 부과할 수 있다. 다만, 매출액이 없는 경우등에는 40억원을 초과하지 아니하는 범위에서 과징금을 부과할 수 있다.

③ 공정거래위원회는 제51조제1항제2호부터 제4호까지의 규정을 위반하는 행위에 참가한 사업자에게 대통령령으로 정하는 매출액에 100분의 10을 곱한 금액을 초과하지 아니하는 범위에서 과징금을 부과할 수 있다. 다만, 매출액이 없는 경우등에는 20억원을 초과하지 아니하는 범위에서 과징금을 부과할 수 있다.

제8장 전담기구

제54조(공정거래위원회의 설치) ① 이 법에 따른 사무를 독립적으로 수행하기 위하여 국무총리 소속으로 공정거래위원회를 둔다.

② 공정거래위원회는 「정부조직법」 제2조제2항에 따른 중앙행정기관으로서 소관 사무를 수행한다.

제55조(공정거래위원회의 소관 사무) 공정거래위원회의 소관 사무는 다음 각 호와 같다.

1. 시장지배적지위의 남용행위 규제에 관한 사항
2. 기업결합의 제한 및 경제력 집중의 억제에 관한 사항
3. 부당한 공동행위 및 사업자단체의 경쟁제한행위 규제에 관한 사항
4. 불공정거래행위, 재판매가격유지행위 및 특수관계인에 대한 부당한 이익제공의 금지행위 규제에 관한 사항
5. 경쟁제한적인 법령 및 행정처분의 협의·조정 등 경쟁촉진정책에 관한 사항
6. 다른 법령에서 공정거래위원회의 소관으로 규정한 사항

제56조(공정거래위원회의 국제협력) ① 정부는 대한민국의 법률 및 이익에 반하지 아니하는 범위에서 외국정부와 이 법의 집행을 위한 협정을 체결할 수 있다.

② 공정거래위원회는 제1항의 협정에 따라 외국정부의 법집행을 지원할 수 있다.

③ 공정거래위원회는 제1항의 협정이 체결되어 있지 아니한 경우에도 외국정부의 법집행 요청 시 동일하거나 유사한 사항에 관하여 대한민국의 지원요청에 따른다는 요청국의 보증이 있는 경우에는 지원할 수 있다.

제57조(공정거래위원회의 구성 등) ① 공정거래위원회는 위원장 1명, 부위원장 1명을 포함하여 9명의 위원으로 구성하며, 그 중 4명은 비상임위원으로 한다.

② 공정거래위원회의 위원은 독점규제 및 공정거래 또는 소비자분야에 경험이나 전문지식이 있는 사람으로서 다음 각 호의 어느 하나에 해당하는 사람 중에서 위원장과 부위원장은 국무총리의 제청으로 대통령이 임명하고, 그 밖의 위원은 위원장의 제청으로 대통령이 임명하거나 위촉한다. 이 경우 위원장은 국회의 인사청문을 거쳐야 한다.

1. 2급 이상 공무원(고위공무원단에 속하는 일반직공무원을 포함한다)의 직에 있었던 사람
2. 판사·검사 또는 변호사의 직에 15년 이상 있었던 사람
3. 법률·경제·경영 또는 소비자 관련 분야 학문을 전공하고 대학이나 공인된 연

구기관에서 15년 이상 근무한 자로서 부교수 이상 또는 이에 상당하는 직에 있었던 사람

4. 기업경영 및 소비자보호활동에 15년 이상 종사한 경력이 있는 사람

③ 위원장과 부위원장은 정무직으로 하고, 그 밖의 상임위원은 고위공무원단에 속하는 일반직공무원으로서 「국가공무원법」 제26조의5에 따른 임기제공무원으로 보(補)한다.

④ 위원장 · 부위원장 및 제70조에 따른 사무처의 장은 「정부조직법」 제10조에도 불구하고 정부위원이 된다.

第58條(회의의 구분) 공정거래위원회의 회의는 위원 전원으로 구성하는 회의(이하 "전원회의"라 한다)와 상임위원 1명을 포함하여 위원 3명으로 구성하는 회의(이하 "소회의"라 한다)로 구분한다.

第59條(전원회의 및 소회의 관장사항) ① 전원회의는 다음 각 호의 사항을 심의 · 의결한다.

1. 공정거래위원회 소관의 법령이나 규칙 · 고시 등의 해석 적용에 관한 사항
2. 제96조에 따른 이의신청
3. 소회의에서 의결되지 아니하거나 소회의가 전원회의에서 처리하도록 결정한 사항
4. 규칙 또는 고시의 제정 또는 변경
5. 경제적 파급효과가 중대한 사항
6. 그 밖에 전원회의에서 스스로 처리하는 것이 필요하다고 인정하는 사항

② 소회의는 제1항 각 호의 사항 외의 사항을 심의 · 의결한다.

第60條(위원장) ① 위원장은 공정거래위원회를 대표한다.

② 위원장은 국무회의에 출석하여 발언할 수 있다.

③ 위원장이 부득이한 사유로 직무를 수행할 수 없을 때에는 부위원장이 그 직무를 대행하며, 위원장과 부위원장이 모두 부득이한 사유로 직무를 수행할 수 없을 때에는 선임상임위원 순으로 그 직무를 대행한다.

第61條(위원의 임기) 공정거래위원회의 위원장, 부위원장 및 다른 위원의 임기는 3년으로 하고, 한 차례만 연임할 수 있다.

第62條(위원의 신분보장) 위원은 다음 각 호의 어느 하나에 해당하는 경우를 제외하고는 그 의사에 반하여 면직되거나 해촉(解囑)되지 아니한다.

1. 금고 이상의 형의 선고를 받은 경우

2. 장기간의 심신쇠약으로 직무를 수행할 수 없게 된 경우

제63조(위원의 정치운동 금지) 위원은 정당에 가입하거나 정치운동에 관여할 수 없다.

제64조(회의 의사정족수 및 의결정족수) ① 전원회의는 위원장이 주재하며, 재적위원 과반수의 찬성으로 의결한다.

② 소회의는 상임위원이 주재하며, 구성위원 전원의 출석과 출석위원 전원의 찬성으로 의결한다.

제65조(심리 · 의결의 공개 및 합의의 비공개) ① 공정거래위원회의 심리(審理)와 의결은 공개한다. 다만, 사업자 또는 사업자단체의 사업상의 비밀을 보호할 필요가 있다고 인정할 때에는 그러하지 아니하다.

② 공정거래위원회의 심리는 구술심리를 원칙으로 하되, 필요한 경우 서면심리로 할 수 있다.

③ 공정거래위원회의 사건에 관한 의결의 합의는 공개하지 아니한다.

제66조(심판정의 질서유지) 전원회의 및 소회의의 의장은 심판정에 출석하는 당사자 · 이해관계인 · 참고인 및 참관인 등에게 심판정의 질서유지를 위하여 필요한 조치를 명할 수 있다.

제67조(위원의 제척 · 기피 · 회피) ① 위원은 다음 각 호의 어느 하나에 해당하는 사건에 대한 심의 · 의결에서 제척(除斥)된다.

1. 자기나 배우자 또는 배우자였던 사람이 당사자이거나 공동권리자 또는 공동의무자인 사건
2. 자기가 당사자와 친족이거나 친족이었던 사건
3. 자기 또는 자기가 속한 법인이 당사자의 법률 · 경영 등에 대한 자문 · 고문 등으로 있는 사건
4. 자기 또는 자기가 속한 법인이 증언이나 감정(鑑定)을 한 사건
5. 자기 또는 자기가 속한 법인이 당사자의 대리인으로서 관여하거나 관여하였던 사건
6. 자기 또는 자기가 속한 법인이 사건의 대상이 된 처분 또는 부작위(不作爲)에 관여한 사건
7. 자기가 공정거래위원회 소속 공무원으로서 해당 사건의 조사 또는 심사를 한 사건

② 당사자는 위원에게 심의 · 의결의 공정을 기대하기 어려운 사정이 있는 경우에는

기피신청을 할 수 있다. 이 경우 위원장은 이 기피신청에 대하여 위원회의 의결을 거치지 아니하고 기피 여부를 결정한다.

③ 위원 본인이 제1항 각 호의 어느 하나 또는 제2항의 사유에 해당하는 경우에는 스스로 그 사건의 심의·의결을 회피할 수 있다.

제68조(의결서 작성 및 경정) ① 공정거래위원회가 이 법 위반 여부에 관한 사항을 심의·의결하는 경우에는 의결 내용 및 그 이유를 명시한 의결서로 하여야 하고, 의결에 참여한 위원이 그 의결서에 서명날인하여야 한다.

② 공정거래위원회는 의결서 등에 오기(誤記), 계산착오 또는 그 밖에 이와 유사한 오류가 있는 것이 명백한 경우에는 신청이나 직권으로 경정할 수 있다.

제69조(법 위반행위의 판단시점) 공정거래위원회가 이 법에 위반되는 사항에 대하여 의결하는 경우에는 그 사항에 관한 심리를 종결하는 날까지 발생한 사실을 기초로 판단한다.

제70조(사무처의 설치) 공정거래위원회의 사무를 처리하기 위하여 공정거래위원회에 사무처를 둔다.

제71조(조직에 관한 규정) ① 이 법에서 규정한 것 외에 공정거래위원회의 조직에 관하여 필요한 사항은 대통령령으로 정한다.

② 이 법에서 규정한 것 외에 공정거래위원회의 운영 등에 필요한 사항은 공정거래위원회의 규칙으로 정한다.

제9장 한국공정거래조정원의 설립 및 분쟁조정

제72조(한국공정거래조정원의 설립 등) ① 다음 각 호의 업무를 수행하기 위하여 한국공정거래조정원(이하 "조정원"이라 한다)을 설립한다. 〈개정 2023. 6. 20.〉

1. 제45조제1항을 위반한 혐의가 있는 행위와 관련된 분쟁의 조정
2. 다른 법률에서 조정원으로 하여금 담당하게 하는 분쟁의 조정
3. 시장 또는 산업의 동향과 공정경쟁에 관한 조사 및 분석
4. 사업자의 거래 관행과 행태의 조사 및 분석
5. 제90조제7항에 따라 공정거래위원회로부터 위탁받은 제89조제3항에 따른 동의의결의 이행관리
6. 제97조의2제2항에 따라 공정거래위원회로부터 위탁받은 시정조치의 이행관리
7. 공정거래와 관련된 제도와 정책의 연구 및 건의
8. 그 밖에 공정거래위원회로부터 위탁받은 사업

② 조정원은 법인으로 한다.

③ 조정원의 장은 제57조제2항 각 호의 어느 하나에 해당하는 자 중에서 공정거래위원회 위원장이 임명한다.

④ 정부는 조정원의 설립과 운영에 필요한 경비를 예산의 범위에서 출연하거나 보조할 수 있다.

⑤ 조정원에 관하여 이 법에서 규정한 것 외에는 「민법」 중 재단법인에 관한 규정을 준용한다.

제73조(공정거래분쟁조정협의회의 설치 및 구성) ① 제45조제1항을 위반한 혐의가 있는 행위와 관련된 분쟁을 조정하기 위하여 조정원에 공정거래분쟁조정협의회(이하 "협의회"라 한다)를 둔다.

② 협의회는 협의회 위원장 1명을 포함하여 9명 이내의 협의회 위원으로 구성하며, 위원장은 상임으로 한다. 〈개정 2023. 8. 8.〉

③ 협의회 위원장은 위원 중에서 조정원의 장의 제청으로 공정거래위원회 위원장이 위촉한다. 〈개정 2023. 8. 8.〉

④ 협의회 위원은 독점규제 및 공정거래 또는 소비자분야에 경험 또는 전문지식이 있는 사람으로서 다음 각 호의 어느 하나에 해당하는 사람 중에서 조정원의 장의 제청으로 공정거래위원회 위원장이 임명하거나 위촉한다. 이 경우 다음 각 호의 어느 하나에 해당하는 사람이 1명 이상 포함되어야 한다. 〈개정 2023. 8. 8.〉

1. 대통령령으로 정하는 요건을 갖춘 공무원의 직에 있었던 사람
2. 판사·검사 또는 변호사의 직에 대통령령으로 정하는 기간 이상 있었던 사람
3. 법률·경제·경영 또는 소비자 관련 분야 학문을 전공하고 대학이나 공인된 연구기관에서 대통령령으로 정하는 기간 이상 근무한 사람으로서 부교수 이상 또는 이에 상당하는 직에 있었던 사람
4. 기업경영, 소비자보호활동 및 분쟁조정활동에 대통령령으로 정하는 기간 이상 종사한 경력이 있는 사람

⑤ 협의회 위원의 임기는 3년으로 한다.

⑥ 협의회 위원 중 결원이 생긴 때에는 제4항에 따라 보궐위원을 위촉하여야 하며, 그 보궐위원의 임기는 전임자의 남은 임기로 한다.

⑦ 공정거래위원회 위원장은 협의회 위원이 직무와 관련된 비위사실이 있거나 직무태만, 품위손상 또는 그 밖의 사유로 위원으로 적합하지 아니하다고 인정되는 경우 그 직에서 해임 또는 해촉할 수 있다.

⑧ 협의회 위원장은 그 직무 외에 영리를 목적으로 하는 업무에 종사하지 못한다. 〈신설 2024. 2. 6.〉

⑨ 제8항에 따른 영리를 목적으로 하는 업무의 범위에 관하여는 「공공기관의 운영에 관한 법률」 제37조제3항을 준용한다. 〈신설 2024. 2. 6.〉

⑩ 협의회 위원장은 제9항에 따른 영리를 목적으로 하는 업무에 해당하는지에 대한 공정거래위원회 위원장의 심사를 거쳐 비영리 목적의 업무를 겸할 수 있다. 〈신설 2024. 2. 6.〉

제74조(협의회의 회의) ① 협의회 위원장은 협의회의 회의를 소집하고 그 의장이 된다.

② 협의회는 재적위원 과반수의 출석으로 개의(開議)하고, 출석위원 과반수의 찬성으로 의결한다.

③ 협의회 위원장이 부득이한 사유로 직무를 수행할 수 없을 때에는 공정거래위원회 위원장이 지명하는 협의회 위원이 그 직무를 대행한다.

④ 조정의 대상이 된 분쟁의 당사자인 사업자(이하 "분쟁당사자"라 한다)는 협의회에 출석하여 의견을 진술할 수 있다.

제75조(협의회 위원의 제척 · 기피 · 회피) ① 협의회 위원은 다음 각 호의 어느 하나에 해당하는 경우에는 해당 분쟁조정사항의 조정에서 제척된다.

1. 자기나 배우자 또는 배우자였던 사람이 분쟁조정사항의 분쟁당사자이거나 공동권리자 또는 공동의무자인 경우
2. 자기가 분쟁조정사항의 분쟁당사자와 친족이거나 친족이었던 경우
3. 자기 또는 자기가 속한 법인이 분쟁조정사항의 분쟁당사자의 법률 · 경영 등에 대한 자문 · 고문 등으로 있는 경우
4. 자기 또는 자기가 속한 법인이 증언이나 감정을 한 경우
5. 자기 또는 자기가 속한 법인이 분쟁조정사항의 분쟁당사자의 대리인으로서 관여하거나 관여하였던 경우

② 분쟁당사자는 협의회 위원에게 협의회의 조정에 공정을 기하기 어려운 사정이 있을 때에는 협의회에 해당 위원에 대한 기피신청을 할 수 있다.

③ 협의회 위원 본인이 제1항 각 호의 어느 하나 또는 제2항의 사유에 해당하는 경우에는 스스로 해당 분쟁조정사항의 조정에서 회피할 수 있다.

제76조(조정의 신청 등) ① 제45조제1항을 위반한 혐의가 있는 행위로 피해를 입은 사업자는 대통령령으로 정하는 사항을 기재한 서면(이하 "분쟁조정신청서"라 한다)

을 협의회에 제출함으로써 분쟁조정을 신청할 수 있다.

② 공정거래위원회는 제80조제2항에 따른 신고가 접수된 경우 협의회에 그 행위 또는 사건에 대한 분쟁조정을 의뢰할 수 있다.

③ 협의회는 제1항에 따라 분쟁조정 신청을 받거나 제2항에 따른 분쟁조정 의뢰를 받았을 때에는 즉시 그 접수사실 등을 대통령령으로 정하는 바에 따라 공정거래위원회 및 분쟁당사자에게 통지하여야 한다.

④ 제1항에 따른 분쟁조정의 신청은 시효중단의 효력이 있다. 다만, 신청이 취하되거나 각하(却下)된 경우에는 그러하지 아니하다.

⑤ 제4항 단서의 경우에 6개월 내에 재판상의 청구, 파산절차 참가, 압류 또는 가압류, 가처분을 하였을 때에는 시효는 최초의 분쟁조정의 신청으로 중단된 것으로 본다.

⑥ 제4항 본문에 따라 중단된 시효는 다음 각 호의 어느 하나에 해당하는 때부터 새로이 진행한다.

1. 분쟁조정이 이루어져 조정조서를 작성한 때
2. 분쟁조정이 이루어지지 아니하고 조정절차가 종료된 때

제77조(조정 등) ① 협의회는 분쟁당사자에게 분쟁조정사항에 대하여 스스로 합의하도록 권고하거나 조정안을 작성하여 제시할 수 있다.

② 협의회는 해당 분쟁조정사항에 관한 사실을 확인하기 위하여 필요한 경우 조사를 하거나 분쟁당사자에게 관련 자료의 제출이나 출석을 요구할 수 있다.

③ 협의회는 다음 각 호의 어느 하나에 해당하는 행위 또는 사건에 대해서는 조정신청을 각하하여야 한다. 이 경우 협의회는 분쟁조정이 신청된 행위 또는 사건이 제4호에 해당하는지에 대하여 공정거래위원회의 확인을 받아야 한다.

1. 조정신청의 내용과 직접적인 이해관계가 없는 자가 조정신청을 한 경우
2. 이 법의 적용대상이 아닌 사안에 관하여 조정신청을 한 경우
3. 위반혐의가 있는 행위의 내용·성격 및 정도 등을 고려하여 공정거래위원회가 직접 처리하는 것이 적합한 경우로서 대통령령으로 정하는 기준에 해당하는 행위
4. 조정신청이 있기 전에 공정거래위원회가 제80조에 따라 조사를 개시한 사건에 대하여 조정신청을 한 경우. 다만, 공정거래위원회로부터 시정조치 등의 처분을 받은 후 분쟁조정을 신청한 경우에는 그러하지 아니하다.

④ 협의회는 다음 각 호의 어느 하나에 해당되는 경우에는 조정절차를 종료하여야 한다. 〈개정 2023. 6. 20.〉

1. 분쟁당사자가 협의회의 권고 또는 조정안을 수락하거나 스스로 조정하는 등 조정이 성립된 경우
2. 제76조제1항에 따라 분쟁조정의 신청을 받은 날 또는 같은 조 제2항에 따라 공정거래위원회로부터 분쟁조정의 의뢰를 받은 날부터 60일(분쟁당사자 양쪽이 기간 연장에 동의한 경우에는 90일로 한다)이 지나도 조정이 성립하지 아니한 경우
3. 분쟁당사자의 어느 한쪽이 조정을 거부하는 등 조정절차를 진행할 실익이 없는 경우

⑤ 협의회는 조정신청을 각하하거나 조정절차를 종료한 경우에는 대통령령으로 정하는 바에 따라 공정거래위원회에 조정의 경위, 조정신청 각하 또는 조정절차 종료의 사유 등을 관계 서류와 함께 지체 없이 서면으로 보고하여야 하고, 분쟁당사자에게 그 사실을 통보하여야 한다.

⑥ 공정거래위원회는 조정절차 개시 전에 시정조치 등의 처분을 하지 아니한 분쟁조정사항에 관하여 조정절차가 종료될 때까지 해당 분쟁당사자에게 제49조제1항에 따른 시정조치 및 제88조제1항에 따른 시정권고를 하여서는 아니 된다.

제77조의2(소송과의 관계) ① 제76조제1항에 따라 분쟁조정이 신청된 사건에 대하여 신청 전 또는 신청 후 소가 제기되어 소송이 진행 중일 때에는 수소법원(受訴法院)은 조정이 있을 때까지 소송절차를 중지할 수 있다.

② 협의회는 제1항에 따라 소송절차가 중지되지 아니하는 경우에는 해당 사건의 조정절차를 중지하여야 한다.

③ 협의회는 조정이 신청된 사건과 동일한 원인으로 다수인이 관련되는 동종·유사사건에 대한 소송이 진행 중인 경우에는 협의회의 결정으로 조정절차를 중지할 수 있다.

[본조신설 2023. 6. 20.]

제78조(조정조서의 작성과 그 효력) ① 협의회는 분쟁조정사항에 대하여 조정이 성립된 경우 조정에 참가한 위원과 분쟁당사자가 기명날인하거나 서명한 조정조서를 작성한다.

② 협의회는 분쟁당사자가 조정절차를 개시하기 전에 분쟁조정사항을 스스로 조정하고 조정조서의 작성을 요청하는 경우에는 그 조정조서를 작성하여야 한다.

③ 분쟁당사자는 조정에서 합의된 사항의 이행결과를 공정거래위원회에 제출하여야 한다.

④ 공정거래위원회는 조정절차 개시 전에 시정조치 등의 처분을 하지 아니한 분쟁조정사항에 대하여 제1항에 따라 합의가 이루어지고, 그 합의된 사항을 이행한 경우에는 제49조제1항에 따른 시정조치 및 제88조제1항에 따른 시정권고를 하지 아니한다.

⑤ 제1항 또는 제2항에 따라 조정조서를 작성한 경우 조정조서는 재판상 화해와 동일한 효력을 갖는다.

제79조(협의회의 조직 · 운영 등) 제73조부터 제77조까지, 제77조의2 및 제78조에서 규정한 사항 외에 협의회의 조직 · 운영 · 조정절차 등에 관하여 필요한 사항은 대통령령으로 정한다. 〈개정 2023. 6. 20.〉

제10장 조사 등의 절차

제80조(위반행위의 인지 · 신고 등) ① 공정거래위원회는 이 법을 위반한 혐의가 있다고 인정할 때에는 직권으로 필요한 조사를 할 수 있다.

② 누구든지 이 법에 위반되는 사실을 공정거래위원회에 신고할 수 있다.

③ 공정거래위원회는 직권으로 또는 제2항에 따른 신고로 조사한 결과 이 법에 따른 처분을 하거나 처분을 하지 아니하는 경우에는 그 근거, 내용 및 사유 등을 기재한 서면을 해당 사건의 당사자에게 통지하여야 한다. 다만, 제68조에 따라 의결서를 작성하는 경우에는 해당 의결서 정본을 송부한다.

④ 공정거래위원회는 이 법 위반행위에 대하여 해당 위반행위의 종료일부터 7년이 지난 경우에는 이 법에 따른 시정조치를 명하거나 과징금을 부과할 수 없다.

⑤ 공정거래위원회는 제4항에도 불구하고 부당한 공동행위에 대하여 다음 각 호의 기간이 지난 경우에는 이 법에 따른 시정조치를 명하거나 과징금을 부과할 수 없다.

1. 공정거래위원회가 해당 위반행위에 대하여 조사를 개시한 경우 대통령령으로 정하는 조사 개시일부터 5년
2. 공정거래위원회가 해당 위반행위에 대하여 조사를 개시하지 아니한 경우 해당 위반행위의 종료일부터 7년

⑥ 제4항 및 제5항은 법원의 판결에 따라 시정조치 또는 과징금 부과처분이 취소된 경우로서 그 판결이유에 따라 새로운 처분을 하는 경우에는 적용하지 아니한다.

⑦ 제4항 및 제5항의 기간은 공정거래위원회가 제95조에 따른 자료의 열람 또는 복사 요구에 따르지 아니하여 당사자가 소를 제기한 경우 그 당사자 및 동일한 사건으로 심의를 받는 다른 당사자에 대하여 진행이 정지되고 그 재판이 확정된 때부터 진

행한다.

제81조(위반행위의 조사 등) ① 공정거래위원회는 이 법의 시행을 위하여 필요하다고 인정할 때에는 대통령령으로 정하는 바에 따라 다음 각 호의 처분을 할 수 있다.

1. 당사자, 이해관계인 또는 참고인의 출석 및 의견의 청취
2. 감정인의 지정 및 감정의 위촉
3. 사업자, 사업자단체 또는 이들의 임직원에게 원가 및 경영상황에 관한 보고, 그 밖에 필요한 자료나 물건의 제출 명령 또는 제출된 자료나 물건의 일시 보관

② 공정거래위원회는 이 법의 시행을 위하여 필요하다고 인정할 때에는 소속 공무원(제122조에 따른 위임을 받은 기관의 소속 공무원을 포함한다)으로 하여금 사업자 또는 사업자단체의 사무소 또는 사업장에 출입하여 업무 및 경영상황, 장부·서류, 전산자료·음성녹음자료·화상자료, 그 밖에 대통령령으로 정하는 자료나 물건을 조사하게 할 수 있다.

③ 제2항에 따른 조사를 하는 공무원은 대통령령으로 정하는 바에 따라 지정된 장소에서 당사자, 이해관계인 또는 참고인의 진술을 들을 수 있다.

④ 조사공무원은 제59조제1항 또는 제2항에 따른 심의·의결 절차가 진행 중인 경우에는 제2항에 따른 조사를 하거나 제3항에 따른 당사자의 진술을 들어서는 아니 된다. 다만, 조사공무원 또는 당사자의 신청에 대하여 전원회의 또는 소회의가 필요하다고 인정하는 경우에는 그러하지 아니하다.

⑤ 제1항제1호 및 제3항에 따라 당사자의 진술을 들었을 때에는 대통령령으로 정하는 바에 따라 진술조서를 작성하여야 한다.

⑥ 제2항에 따른 조사를 하는 공무원은 대통령령으로 정하는 바에 따라 사업자, 사업자단체 또는 이들의 임직원에게 조사에 필요한 자료나 물건의 제출을 명하거나 제출된 자료나 물건을 일시 보관할 수 있다.

⑦ 제1항제3호 및 제6항에 따라 사업자, 사업자단체 또는 이들의 임직원의 자료나 물건을 일시 보관할 때에는 대통령령으로 정하는 바에 따라 보관조서를 작성·발급하여야 한다.

⑧ 제1항제3호 및 제6항에 따라 보관한 자료나 물건이 다음 각 호의 어느 하나에 해당하는 경우에는 즉시 반환하여야 한다.

1. 보관한 자료나 물건을 검토한 결과 해당 조사와 관련이 없다고 인정되는 경우
2. 해당 조사 목적의 달성 등으로 자료나 물건을 보관할 필요가 없어진 경우

⑨ 제2항에 따른 조사를 하는 공무원은 그 권한을 표시하는 증표를 관계인에게 제

시하고, 조사목적 · 조사기간 및 조사방법 등 대통령령으로 정하는 사항이 기재된 문서를 발급하여야 한다.

⑩ 제1항에 따른 처분 또는 제2항에 따른 조사와 관련된 당사자, 이해관계인 또는 참고인은 의견을 제출하거나 진술할 수 있다.

제82조(조사시간 및 조사기간) ① 조사공무원은 제80조 및 제81조에 따른 조사를 하는 경우에는 조사를 받는 사업자 또는 사업자단체의 정규 근무시간 내에 조사를 진행하여야 한다. 다만, 증거인멸의 우려 등으로 정규 근무시간 내의 조사로는 조사의 목적을 달성하는 것이 불가능한 경우에는 피조사업체와 협의하여 정규 근무시간 외의 시간에도 조사를 진행할 수 있다.

② 조사공무원은 제81조제9항의 문서에 기재된 조사기간 내에 조사를 종료하여야 한다. 다만, 조사기간 내에 조사목적 달성을 위한 충분한 조사가 이루어지지 못한 경우에는 조사를 받는 사업자 또는 사업자단체의 업무 부담을 최소화할 수 있는 범위에서 조사기간을 연장할 수 있다.

③ 제2항 단서에 따라 조사기간을 연장하는 경우에는 해당 사업자 또는 사업자단체에 연장된 조사기간이 명시된 공문서를 발급하여야 한다.

제83조(위반행위 조사 및 심의 시 조력을 받을 권리) 공정거래위원회로부터 조사 및 심의를 받는 사업자, 사업자단체 또는 이들의 임직원은 변호사 등 변호인으로 하여금 조사 및 심의에 참여하게 하거나 의견을 진술하게 할 수 있다.

제84조(조사권의 남용금지) 조사공무원은 이 법의 시행을 위하여 필요한 최소한의 범위에서 조사를 하여야 하며, 다른 목적 등을 위하여 조사권을 남용해서는 아니 된다.

제85조(조사 등의 연기신청) ① 제81조제1항부터 제3항까지의 규정에 따라 공정거래위원회로부터 처분 또는 조사를 받게 된 사업자 또는 사업자단체가 천재지변이나 그 밖에 대통령령으로 정하는 사유로 처분을 이행하거나 조사를 받기가 곤란한 경우에는 대통령령으로 정하는 바에 따라 공정거래위원회에 처분 또는 조사를 연기하여 줄 것을 신청할 수 있다.

② 공정거래위원회는 제1항에 따라 처분 또는 조사의 연기신청을 받았을 때에는 그 사유를 검토하여 타당하다고 인정되는 경우에는 처분 또는 조사를 연기할 수 있다.

제86조(이행강제금 등) ① 공정거래위원회는 사업자 또는 사업자단체가 제81조제1항제3호 또는 같은 조 제6항에 따른 보고 또는 자료나 물건의 제출 명령을 이행하지 아니한 경우에 그 보고 또는 자료나 물건이 이 법 위반 여부를 확인하는 데 필요하

다고 인정할 때에는 소회의의 결정으로 이행기한을 정하여 그 보고 또는 자료나 물건의 제출을 다시 명령할 수 있으며, 이를 이행하지 아니한 자에게는 이행기한이 지난 날부터 1일당 대통령령으로 정하는 1일 평균매출액의 1천분의 3의 범위에서 이행강제금을 부과할 수 있다. 다만, 매출액이 없거나 매출액의 산정이 곤란한 경우에는 이행기한이 지난 날부터 1일당 200만원의 범위에서 이행강제금을 부과할 수 있다.

② 이행강제금의 부과 · 납부 · 징수 및 환급 등에 관하여는 제16조제2항 및 제3항을 준용한다.

제87조(서면실태조사) ① 공정거래위원회는 일정한 거래분야의 공정한 거래질서 확립을 위하여 해당 거래분야에 관한 서면실태조사를 실시하여 그 조사결과를 공표할 수 있다.

② 공정거래위원회가 제1항에 따라 서면실태조사를 실시하려는 경우에는 조사대상자의 범위, 조사기간, 조사내용, 조사방법, 조사절차 및 조사결과 공표범위 등에 관한 계획을 수립하여야 하고, 조사대상자에게 거래실태 등 조사에 필요한 자료의 제출을 요구할 수 있다.

③ 공정거래위원회가 제2항에 따라 자료의 제출을 요구하는 경우에는 조사대상자에게 자료의 범위와 내용, 요구사유, 제출기한 등을 분명하게 밝혀 서면으로 알려야 한다.

제88조(위반행위의 시정권고) ① 공정거래위원회는 이 법을 위반하는 행위가 있는 경우에 해당 사업자 또는 사업자단체에 시정방안을 정하여 이에 따를 것을 권고할 수 있다.

② 제1항에 따라 권고를 받은 자는 시정권고를 통지받은 날부터 10일 이내에 해당 권고를 수락하는지에 관하여 공정거래위원회에 통지하여야 한다.

③ 제1항에 따라 시정권고를 받은 자가 해당 권고를 수락한 때에는 이 법에 따른 시정조치가 명하여진 것으로 본다.

제89조(동의의결) ① 공정거래위원회의 조사나 심의를 받고 있는 사업자 또는 사업자단체(이하 이 조부터 제91조까지의 규정에서 "신청인"이라 한다)는 해당 조사나 심의의 대상이 되는 행위(이하 이 조부터 제91조까지의 규정에서 "해당 행위"라 한다)로 인한 경쟁제한상태 등의 자발적 해소, 소비자 피해구제, 거래질서의 개선 등을 위하여 제3항에 따른 동의의결을 하여 줄 것을 공정거래위원회에 신청할 수 있다. 다만, 해당 행위가 다음 각 호의 어느 하나에 해당하는 경우 공정거래위원회는

동의의결을 하지 아니하고 이 법에 따른 심의 절차를 진행하여야 한다.

1. 해당 행위가 제40조제1항에 따른 위반행위인 경우
2. 제129조제2항에 따른 고발요건에 해당하는 경우
3. 동의의결이 있기 전에 신청인이 신청을 취소하는 경우

② 신청인이 제1항에 따른 신청을 하는 경우 다음 각 호의 사항을 기재한 서면으로 하여야 한다.

1. 해당 행위를 특정할 수 있는 사실관계
2. 해당 행위의 중지, 원상회복 등 경쟁질서의 회복이나 거래질서의 적극적 개선을 위하여 필요한 시정방안
3. 소비자, 다른 사업자 등의 피해를 구제하거나 예방하기 위하여 필요한 시정방안

③ 공정거래위원회는 해당 행위의 사실관계에 대한 조사를 마친 후 제2항제2호 및 제3호에 따른 시정방안(이하 "시정방안"이라 한다)이 다음 각 호의 요건을 모두 갖추었다고 판단되는 경우에는 해당 행위 관련 심의 절차를 중단하고 시정방안과 같은 취지의 의결(이하 "동의의결"이라 한다)을 할 수 있다. 이 경우 신청인과의 협의를 거쳐 시정방안을 수정할 수 있다.

1. 해당 행위가 이 법을 위반한 것으로 판단될 경우에 예상되는 시정조치 및 그 밖의 제재와 균형을 이룰 것
2. 공정하고 자유로운 경쟁질서나 거래질서를 회복시키거나 소비자, 다른 사업자 등을 보호하기에 적절하다고 인정될 것

④ 공정거래위원회의 동의의결은 해당 행위가 이 법에 위반된다고 인정한 것을 의미하지 아니하며, 누구든지 신청인이 동의의결을 받은 사실을 들어 해당 행위가 이 법에 위반된다고 주장할 수 없다.

제90조(동의의결의 절차) ① 공정거래위원회는 신속한 조치의 필요성, 소비자 피해의 직접 보상 필요성 등을 종합적으로 고려하여 동의의결 절차의 개시 여부를 결정하여야 한다.

② 공정거래위원회는 동의의결을 하기 전에 30일 이상의 기간을 정하여 다음 각 호의 사항을 신고인 등 이해관계인에게 통지하거나, 관보 또는 공정거래위원회의 인터넷 홈페이지에 공고하는 등의 방법으로 의견을 제출할 기회를 주어야 한다.

1. 해당 행위의 개요
2. 관련 법령 조항
3. 시정방안(제89조제3항 각 호 외의 부분 후단에 따라 시정방안이 수정된 경우에

는 그 수정된 시정방안을 말한다)

4. 해당 행위와 관련하여 신고인 등 이해관계인의 이해를 돕는 그 밖의 정보. 다만, 사업상 또는 사생활의 비밀 보호나 그 밖에 공익상 공개하기에 적절하지 아니한 것은 제외한다.

③ 공정거래위원회는 제2항 각 호의 사항을 관계 행정기관의 장에게 통보하고 그 의견을 들어야 한다. 다만, 제124조부터 제127조까지의 규정이 적용되는 행위에 대해서는 검찰총장과 협의하여야 한다.

④ 공정거래위원회는 동의의결을 하거나 이를 취소하는 경우에는 제59조의 구분에 따른 회의의 심의·의결을 거쳐야 한다.

⑤ 동의의결을 받은 신청인은 제4항의 의결에 따라 동의의결의 이행계획과 이행결과를 공정거래위원회에 제출하여야 한다.

⑥ 공정거래위원회는 제5항에 따라 제출된 이행계획의 이행 여부를 점검할 수 있고, 동의의결을 받은 신청인에게 그 이행에 관련된 자료의 제출을 요청할 수 있다.

⑦ 공정거래위원회는 제6항에 따른 이행계획의 이행 여부 점검 등 동의의결의 이행관리에 관한 업무를 대통령령으로 정하는 바에 따라 조정원 또는 「소비자기본법」 제33조에 따른 한국소비자원(이하 "소비자원"이라 한다)에 위탁할 수 있다.

⑧ 제7항에 따른 위탁을 받은 기관의 장은 제5항에 따라 신청인이 제출한 동의의결의 이행계획과 이행결과에 대한 이행관리 현황을 분기별로 공정거래위원회에 보고하여야 한다. 다만, 공정거래위원회의 현황 보고 요구가 있는 경우 즉시 이에 따라야 한다.

⑨ 제7항에 따른 위탁을 받은 기관의 장은 동의의결을 받은 신청인이 그 이행을 게을리하거나 이행하지 아니하는 경우에는 지체 없이 그 사실을 공정거래위원회에 통보하여야 한다.

⑩ 제80조제4항 및 제5항의 기간은 신청인이 제89조제1항에 따라 동의의결을 신청한 경우 그 신청인 및 동일한 사건으로 심의를 받는 다른 당사자에 대하여 진행이 정지된다. 다만, 다음 각 호의 어느 하나에 해당하는 때부터 남은 기간이 진행한다. 〈신설 2023. 6. 20.〉

1. 신청인이 동의의결의 신청을 취소한 때
2. 공정거래위원회가 동의의결 절차를 개시하지 아니하기로 결정한 때
3. 공정거래위원회가 동의의결을 하지 아니하기로 결정한 때
4. 동의의결의 이행이 모두 완료된 때

5. 동의의결이 취소된 때

⑪ 제89조제2항에 따른 신청방법, 의견조회 방법, 심의·의결절차, 조정원 또는 소비자원에 대한 이행관리 업무의 위탁 절차 등 그 밖의 세부 사항은 공정거래위원회가 정하여 고시할 수 있다. 〈개정 2023. 6. 20.〉

제91조(동의의결의 취소) ① 공정거래위원회는 다음 각 호의 어느 하나에 해당하는 경우에는 동의의결을 취소할 수 있다.

1. 동의의결의 기초가 된 시장상황 등 사실관계의 현저한 변경 등으로 시정방안이 적정하지 아니하게 된 경우
2. 신청인이 제공한 불완전하거나 부정확한 정보로 동의의결을 하게 되었거나, 신청인이 거짓 또는 그 밖의 부정한 방법으로 동의의결을 받은 경우
3. 신청인이 정당한 이유 없이 동의의결을 이행하지 아니하는 경우

② 제1항제1호에 따라 동의의결을 취소한 경우 신청인이 제89조제1항에 따라 동의의결을 하여줄 것을 신청하면 공정거래위원회는 다시 동의의결을 할 수 있다. 이 경우 제89조부터 제92조까지의 규정을 적용한다.

③ 제1항제2호 또는 제3호에 따라 동의의결을 취소한 경우 공정거래위원회는 제89조제3항에 따라 중단된 해당 행위 관련 심의절차를 계속하여 진행할 수 있다.

제92조(이행강제금 등) ① 공정거래위원회는 정당한 이유 없이 동의의결 시 정한 이행기한까지 동의의결을 이행하지 아니한 자에게 동의의결이 이행되거나 취소되기 전까지 이행기한이 지난 날부터 1일당 200만원 이하의 이행강제금을 부과할 수 있다.

② 이행강제금의 부과·납부·징수 및 환급 등에 관하여는 제16조제2항 및 제3항을 준용한다.

제93조(의견진술기회의 부여) ① 공정거래위원회는 이 법에 위반되는 사항에 대하여 시정조치를 명하거나 과징금을 부과하기 전에 당사자 또는 이해관계인에게 의견을 진술할 기회를 주어야 한다.

② 당사자 또는 이해관계인은 공정거래위원회의 회의에 출석하여 그 의견을 진술하거나 필요한 자료를 제출할 수 있다.

제94조(심의절차에서의 증거조사) ① 공정거래위원회는 사건을 심의하기 위하여 필요하면 당사자의 신청이나 직권으로 증거조사를 할 수 있다.

② 전원회의 또는 소회의 의장은 당사자의 증거조사 신청을 채택하지 아니하는 경우 그 이유를 당사자에게 고지하여야 한다.

제95조(자료열람요구 등) 당사자 또는 신고인 등 대통령령으로 정하는 자는 공정거래위원회에 이 법에 따른 처분과 관련된 자료의 열람 또는 복사를 요구할 수 있다. 이 경우 공정거래위원회는 다음 각 호의 어느 하나에 해당하는 자료를 제외하고는 이에 따라야 한다.

1. 영업비밀(「부정경쟁방지 및 영업비밀보호에 관한 법률」 제2조제2호에 따른 영업비밀을 말한다. 이하 같다) 자료
2. 제44조제4항에 따른 자진신고 등과 관련된 자료
3. 다른 법률에 따른 비공개 자료

제96조(이의신청) ① 이 법에 따른 처분에 대하여 불복하는 자는 그 처분의 통지를 받은 날부터 30일 이내에 그 사유를 갖추어 공정거래위원회에 이의신청을 할 수 있다.

② 공정거래위원회는 제1항의 이의신청에 대하여 60일 이내에 재결(裁決)을 하여야 한다. 다만, 부득이한 사정으로 그 기간 내에 재결을 할 수 없을 경우에는 30일의 범위에서 결정으로 그 기간을 연장할 수 있다.

제97조(시정조치의 집행정지) ① 공정거래위원회는 이 법에 따른 시정조치를 부과받은 자가 제96조제1항에 따른 이의신청을 제기한 경우로서 그 시정조치의 이행 또는 절차의 계속 진행으로 발생할 수 있는 회복하기 어려운 손해를 예방하기 위하여 필요하다고 인정할 때에는 당사자의 신청이나 직권으로 그 시정조치의 이행 또는 절차의 계속 진행에 대한 정지(이하 "집행정지"라 한다)를 결정할 수 있다. 〈개정 2023. 6. 20.〉

② 공정거래위원회는 집행정지의 결정을 한 후에 집행정지의 사유가 없어진 경우에는 당사자의 신청이나 직권으로 집행정지의 결정을 취소할 수 있다.

제97조의2(시정조치의 이행관리) ① 공정거래위원회는 제7조, 제14조, 제37조, 제42조, 제49조 또는 제52조에 따른 시정조치의 이행 여부를 점검할 수 있고, 해당 사업자 또는 사업자단체에 그 이행에 관련된 자료의 제출을 요구할 수 있다.

② 공정거래위원회는 제1항에 따른 시정조치의 이행 여부 점검 등 시정조치의 이행관리에 관한 업무를 대통령령으로 정하는 바에 따라 조정원에 위탁할 수 있다.

[본조신설 2023. 6. 20.]

제98조(문서의 송달) ① 문서의 송달에 관하여는 「행정절차법」 제14조부터 제16조까지의 규정을 준용한다.

② 제1항에도 불구하고 국외에 주소·영업소 또는 사무소를 두고 있는 사업자 또는

사업자단체에 대해서는 국내에 대리인을 지정하도록 하여 그 대리인에게 송달한다.

③ 제2항에 따라 국내에 대리인을 지정하여야 하는 사업자 또는 사업자단체가 국내에 대리인을 지정하지 아니한 경우에는 제1항에 따른다.

제98조(문서의 송달) 문서의 송달에 관하여는 「행정절차법」 제14조부터 제16조까지를 준용한다.

[전문개정 2024. 2. 6.]

[시행일: 2027. 2. 7.] 제98조

제98조의2(전자정보처리조직을 통한 문서의 제출 및 송달) ① 당사자 등 대통령령으로 정하는 자(이하 이 조에서 "당사자등"이라 한다)는 이 법에 따른 심의에 필요한 문서와 그 밖에 대통령령으로 정하는 자료를 전자문서화하고 이를 정보통신망을 이용하여 공정거래위원회가 지정·운영하는 전자정보처리조직(이 법에 따른 심의에 필요한 전자문서를 작성·제출·송달할 수 있도록 하는 하드웨어, 소프트웨어, 데이터베이스, 네트워크, 보안요소 등을 결합하여 구축한 정보처리능력을 갖춘 전자적 장치를 말한다. 이하 같다)을 통하여 제출할 수 있다.

② 제1항에 따라 제출된 전자문서는 그 문서를 제출한 당사자등이 정보통신망을 통하여 전자정보처리조직에서 제공하는 접수번호를 확인하였을 때 전자정보처리조직에 기록된 내용으로 접수된 것으로 본다.

③ 공정거래위원회는 당사자등에게 전자정보처리조직과 그와 연계된 정보통신망을 이용하여 의결서 및 재결서와 그 밖에 이 법에 따른 심의에 필요한 문서를 송달할 수 있다. 다만, 당사자등이 동의하지 아니하는 경우에는 그러하지 아니하다.

④ 공정거래위원회는 제3항의 방법으로 문서를 송달하는 경우 해당 문서를 전자정보처리조직에 입력하여 등재한 후 그 등재 사실을 전자우편 등 대통령령으로 정하는 방법으로 당사자등에게 통지하여야 한다.

⑤ 제3항의 방법에 따른 문서의 송달은 당사자등이 제4항에 따라 등재된 전자문서를 확인하였을 때 전자정보처리조직에 기록된 내용으로 도달한 것으로 본다. 다만, 제4항에 따라 등재 사실이 통지된 날부터 2주 이내(의결서 및 재결서 외의 서류는 7일 이내)에 확인하지 아니하였을 때에는 그 등재 사실이 통지된 날부터 2주가 지난 날(의결서 및 재결서 외의 서류는 7일이 지난 날)에 도달한 것으로 본다.

⑥ 전자정보처리조직의 장애로 송달 또는 통지를 받을 자가 전자문서를 확인할 수 없는 기간은 제5항 단서의 기간에 산입하지 아니한다. 이 경우 전자문서를 확인할 수 없는 기간의 계산 방법은 대통령령으로 정한다.

[본조신설 2024. 2. 6.]

[시행일: 2027. 2. 7.] 제98조의2

제98조의3(국내 지정 대리인에 대한 문서의 송달) ① 제98조 및 제98조의2제3항부터 제6항까지에 따른 문서의 송달에 관한 규정에도 불구하고 국외에 주소·영업소 또는 사무소를 두고 있는 사업자 또는 사업자단체에 대해서는 국내에 대리인을 지정하도록 하여 그 대리인에게 송달한다.

② 제1항에 따라 국내에 대리인을 지정하여야 하는 사업자 또는 사업자단체가 국내에 대리인을 지정하지 아니한 경우 문서의 송달에 관하여는 제98조 및 제98조의2제3항부터 제6항까지에 따른다.

[본조신설 2024. 2. 6.]

[시행일: 2027. 2. 7.] 제98조의3

제99조(소의 제기) ① 이 법에 따른 처분에 대하여 불복의 소를 제기하려는 자는 처분의 통지를 받은 날 또는 이의신청에 대한 재결서의 정본을 송달받은 날부터 30일 이내에 이를 제기하여야 한다.

② 제1항의 기간은 불변기간으로 한다.

제100조(불복의 소의 전속관할) 제99조에 따른 불복의 소는 서울고등법원을 전속관할로 한다.

제101조(사건처리절차 등) 이 법에 위반하는 사건의 처리절차 등에 관하여 필요한 사항은 공정거래위원회가 정하여 고시한다.

제11장 과징금 부과 및 징수 등

제102조(과징금 부과) ① 공정거래위원회는 제8조, 제38조, 제43조, 제50조 및 제53조에 따라 과징금을 부과하는 경우 다음 각 호의 사항을 고려하여야 한다.

1. 위반행위의 내용 및 정도
2. 위반행위의 기간 및 횟수
3. 위반행위로 취득한 이익의 규모 등

② 공정거래위원회는 이 법을 위반한 회사인 사업자가 합병으로 소멸한 경우에는 해당 회사가 한 위반행위를 합병 후 존속하거나 합병에 따라 설립된 회사가 한 행위로 보아 과징금을 부과·징수할 수 있다.

③ 공정거래위원회는 이 법을 위반한 회사인 사업자가 분할되거나 분할합병된 경우에는 분할되는 사업자의 분할일 또는 분할합병일 이전의 위반행위를 다음 각 호의

어느 하나에 해당하는 회사의 행위로 보고 과징금을 부과·징수할 수 있다.

1. 분할되는 회사
2. 분할 또는 분할합병으로 설립되는 새로운 회사
3. 분할되는 회사의 일부가 다른 회사에 합병된 후 그 다른 회사가 존속하는 경우 그 다른 회사

④ 공정거래위원회는 이 법을 위반한 회사인 사업자가 「채무자 회생 및 파산에 관한 법률」 제215조에 따라 새로운 회사를 설립하는 경우에는 기존 회사 또는 새로운 회사 중 어느 하나의 행위로 보고 과징금을 부과·징수할 수 있다.

⑤ 제1항에 따른 과징금의 부과기준은 대통령령으로 정한다.

제103조(과징금 납부기한의 연기 및 분할납부) ① 공정거래위원회는 과징금의 금액이 대통령령으로 정하는 기준을 초과하는 경우로서 다음 각 호의 어느 하나에 해당하는 사유로 과징금을 부과받은 자(이하 "과징금납부의무자"라 한다)가 과징금의 전액을 일시에 납부하기가 어렵다고 인정될 때에는 그 납부기한을 연기하거나 분할납부하게 할 수 있다. 이 경우 필요하다고 인정할 때에는 담보를 제공하게 할 수 있다.

1. 재해 또는 도난 등으로 재산에 현저한 손실이 생긴 경우
2. 사업여건의 악화로 사업이 중대한 위기에 처한 경우
3. 과징금의 일시납부에 따라 자금사정에 현저한 어려움이 예상되는 경우
4. 그 밖에 제1호부터 제3호까지에 준하는 사유가 있는 경우

② 과징금납부의무자가 제1항에 따른 과징금 납부기한의 연기 또는 분할납부를 신청하려는 경우에는 과징금 납부를 통지받은 날부터 30일 이내에 공정거래위원회에 신청하여야 한다.

③ 공정거래위원회는 제1항에 따라 납부기한이 연기되거나 분할납부가 허용된 과징금납부의무자가 다음 각 호의 어느 하나에 해당하게 된 경우에는 그 납부기한의 연기 또는 분할납부 결정을 취소하고 일시에 징수할 수 있다.

1. 분할납부 결정된 과징금을 그 납부기한까지 납부하지 아니한 경우
2. 담보의 변경 또는 그 밖에 담보보전에 필요한 공정거래위원회의 명령을 이행하지 아니한 경우
3. 강제집행, 경매의 개시, 파산선고, 법인의 해산, 국세 또는 지방세의 체납처분 등으로 과징금의 전부 또는 잔여분을 징수할 수 없다고 인정되는 경우
4. 제1항에 따른 사유가 해소되어 과징금을 일시에 납부할 수 있다고 인정되는 경우

④ 제1항부터 제3항까지의 규정에 따른 과징금 납부기한의 연기 또는 분할납부 등에 필요한 사항은 대통령령으로 정한다.

제104조(과징금의 연대납부의무) ① 과징금을 부과받은 회사인 사업자가 분할 또는 분할합병되는 경우(부과일에 분할 또는 분할합병되는 경우를 포함한다) 그 과징금은 다음 각 호의 회사가 연대하여 납부할 책임을 진다.

1. 분할되는 회사
2. 분할 또는 분할합병으로 설립되는 회사
3. 분할되는 회사의 일부가 다른 회사에 합병된 후 그 다른 회사가 존속하는 경우 그 다른 회사

② 과징금을 부과받은 회사인 사업자가 분할 또는 분할합병으로 해산되는 경우(부과일에 해산되는 경우를 포함한다) 그 과징금은 다음 각 호의 회사가 연대하여 납부할 책임을 진다.

1. 분할 또는 분할합병으로 설립되는 회사
2. 분할되는 회사의 일부가 다른 회사에 합병된 후 그 다른 회사가 존속하는 경우 그 다른 회사

제105조(과징금 징수 및 체납처분) ① 공정거래위원회는 과징금납부의무자가 납부기한까지 과징금을 납부하지 아니한 경우에는 납부기한의 다음 날부터 납부한 날까지의 기간에 대하여 연 100분의 40의 범위에서 「은행법」에 따른 은행의 연체이자율을 고려하여 대통령령으로 정하는 바에 따라 가산금을 징수한다. 이 경우 가산금을 징수하는 기간은 60개월을 초과할 수 없다.

② 공정거래위원회는 과징금납부의무자가 납부기한까지 과징금을 납부하지 아니하였을 때에는 기간을 정하여 독촉을 하고, 그 기간 내에 과징금 및 제1항에 따른 가산금을 납부하지 아니하였을 때에는 국세체납처분의 예에 따라 이를 징수할 수 있다.

③ 공정거래위원회는 제1항 및 제2항에 따른 과징금 및 가산금의 징수 또는 체납처분에 관한 업무를 대통령령으로 정하는 바에 따라 국세청장에게 위탁할 수 있다.

④ 공정거래위원회는 체납된 과징금의 징수를 위하여 필요하다고 인정되는 경우에는 국세청장에게 과징금을 체납한 자에 대한 국세과세에 관한 정보의 제공을 요청할 수 있다.

⑤ 과징금 업무를 담당하는 공무원이 과징금의 징수를 위하여 필요할 때에는 등기소 또는 다른 관계 행정기관의 장에게 무료로 필요한 서류의 열람이나 복사 또는 그

등본이나 초본의 발급을 청구할 수 있다.

⑥ 제1항부터 제5항까지에서 규정한 사항 외에 과징금의 징수에 관하여 필요한 사항은 대통령령으로 정한다.

제106조(과징금 환급가산금) 공정거래위원회가 이의신청의 재결 또는 법원의 판결 등의 사유로 과징금을 환급하는 경우에는 과징금을 납부한 날부터 환급한 날까지의 기간에 대하여 대통령령으로 정하는 바에 따라 환급가산금을 지급하여야 한다. 다만, 법원의 판결에 따라 과징금 부과처분이 취소되어 그 판결이유에 따라 새로운 과징금을 부과하는 경우에는 당초 납부한 과징금에서 새로 부과하기로 결정한 과징금을 공제한 나머지 금액에 대해서만 환급가산금을 계산하여 지급한다.

제107조(결손처분) ① 공정거래위원회는 과징금·과태료, 그 밖에 이 법에 따른 징수금(이하 "징수금등"이라 한다)의 납부의무자에게 다음 각 호의 어느 하나에 해당하는 사유가 있는 경우에는 결손처분을 할 수 있다.

1. 체납처분이 끝나고 체납액에 충당된 배분금액이 체납액에 미치지 못하는 경우
2. 징수금등의 징수권에 대한 소멸시효가 완성된 경우
3. 체납자의 행방이 분명하지 아니하거나 재산이 없다는 것이 판명된 경우
4. 체납처분의 목적물인 총재산의 추산가액이 체납처분비에 충당하고 남을 여지가 없음이 확인된 경우
5. 체납처분의 목적물인 총재산이 징수금등보다 우선하는 국세, 지방세, 전세권·질권 또는 저당권으로 담보된 채권 등의 변제에 충당하고 남을 여지가 없음이 확인된 경우
6. 징수할 가능성이 없는 경우로서 대통령령으로 정하는 사유에 해당되는 경우

② 제1항에 따라 결손처분을 할 때에는 지방행정기관 등 관계 기관에 체납자의 행방 또는 재산의 유무를 조사하고 확인하여야 한다.

③ 제1항제4호 또는 제5호에 해당되어 결손처분을 할 때에는 체납처분을 중지하고 그 재산의 압류를 해제하여야 한다.

④ 공정거래위원회는 제1항에 따라 결손처분을 한 후 압류할 수 있는 다른 재산을 발견하였을 때에는 지체 없이 결손처분을 취소하고 체납처분을 하여야 한다. 다만, 제1항제2호에 해당하는 경우에는 그러하지 아니하다.

제12장 금지청구 및 손해배상

제108조(금지청구 등) ① 제45조제1항(제9호는 제외한다) 및 제51조제1항제4호[제45

조제1항(제9호는 제외한다)에 따른 불공정거래행위에 관한 부분으로 한정한다]를 위반한 행위로 피해를 입거나 피해를 입을 우려가 있는 자는 그 위반행위를 하거나 할 우려가 있는 사업자 또는 사업자단체에 자신에 대한 침해행위의 금지 또는 예방을 청구할 수 있다.

② 제1항에 따른 금지청구의 소를 제기하는 경우에는 「민사소송법」에 따라 관할권을 갖는 지방법원 외에 해당 지방법원 소재지를 관할하는 고등법원이 있는 곳의 지방법원에도 제기할 수 있다.

③ 법원은 제1항에 따른 금지청구의 소가 제기된 경우에 그로 인한 피고의 이익을 보호하기 위하여 필요하다고 인정하면 피고의 신청이나 직권으로 원고에게 상당한 담보의 제공을 명할 수 있다.

제109조(손해배상책임) ① 사업자 또는 사업자단체는 이 법을 위반함으로써 피해를 입은 자가 있는 경우에는 해당 피해자에 대하여 손해배상의 책임을 진다. 다만, 사업자 또는 사업자단체가 고의 또는 과실이 없음을 입증한 경우에는 그러하지 아니하다.

② 제1항에도 불구하고 사업자 또는 사업자단체는 제40조, 제48조 또는 제51조제1항제1호를 위반함으로써 손해를 입은 자가 있는 경우에는 그 자에게 발생한 손해의 3배를 넘지 아니하는 범위에서 손해배상의 책임을 진다. 다만, 사업자 또는 사업자단체가 고의 또는 과실이 없음을 입증한 경우에는 손해배상의 책임을 지지 아니하고, 사업자가 제44조제1항 각 호의 어느 하나에 해당하는 경우 그 배상액은 해당 사업자가 제40조를 위반하여 손해를 입은 자에게 발생한 손해를 초과해서는 아니된다.

③ 법원은 제2항의 배상액을 정할 때에는 다음 각 호의 사항을 고려하여야 한다.

1. 고의 또는 손해 발생의 우려를 인식한 정도
2. 위반행위로 인한 피해 규모
3. 위반행위로 사업자 또는 사업자단체가 취득한 경제적 이익
4. 위반행위에 따른 벌금 및 과징금
5. 위반행위의 기간·횟수 등
6. 사업자의 재산상태
7. 사업자 또는 사업자단체의 피해구제 노력의 정도

④ 제44조제1항 각 호의 어느 하나에 해당하는 사업자가 제2항에 따른 배상책임을 지는 경우에는 다른 사업자와 공동으로 제40조를 위반하여 손해를 입은 자에게 발

생한 손해를 초과하지 아니하는 범위에서 「민법」 제760조에 따른 공동불법행위자의 책임을 진다.

제110조(기록의 송부 등) 법원은 제109조에 따른 손해배상청구의 소가 제기되었을 때 필요한 경우 공정거래위원회에 대하여 해당 사건의 기록(사건관계인, 참고인 또는 감정인에 대한 심문조서, 속기록 및 그 밖에 재판상 증거가 되는 모든 것을 포함한다)의 송부를 요구할 수 있다.

제111조(자료의 제출) ① 법원은 제40조제1항, 제45조제1항(제9호는 제외한다) 또는 제51조제1항제1호를 위반한 행위로 인한 손해배상청구소송에서 당사자의 신청에 따라 상대방 당사자에게 해당 손해의 증명 또는 손해액의 산정에 필요한 자료(제44조제4항에 따른 자진신고 등과 관련된 자료는 제외한다)의 제출을 명할 수 있다. 다만, 그 자료의 소지자가 자료의 제출을 거절할 정당한 이유가 있으면 그러하지 아니하다.

② 법원은 자료의 소지자가 제1항에 따른 제출을 거부할 정당한 이유가 있다고 주장하는 경우에는 그 주장의 당부(當否)를 판단하기 위하여 자료의 제시를 명할 수 있다. 이 경우 법원은 그 자료를 다른 사람이 보게 하여서는 아니 된다.

③ 제1항에 따라 제출되어야 할 자료가 영업비밀에 해당하나 손해의 증명 또는 손해액의 산정에 반드시 필요한 경우에는 제1항 단서에 따른 정당한 이유로 보지 아니한다. 이 경우 법원은 제출명령의 목적 내에서 열람할 수 있는 범위 또는 열람할 수 있는 사람을 지정하여야 한다.

④ 법원은 당사자가 정당한 이유 없이 자료제출명령에 따르지 아니한 경우에는 자료의 기재에 대한 상대방의 주장을 진실한 것으로 인정할 수 있다.

⑤ 법원은 제4항에 해당하는 경우 자료의 제출을 신청한 당사자가 자료의 기재에 관하여 구체적으로 주장하기에 현저히 곤란한 사정이 있고 자료로 증명할 사실을 다른 증거로 증명하는 것을 기대하기도 어려운 경우에는 그 당사자가 자료의 기재로 증명하려는 사실에 관한 주장을 진실한 것으로 인정할 수 있다.

제112조(비밀유지명령) ① 법원은 제109조에 따라 제기된 손해배상청구소송에서 그 당사자가 보유한 영업비밀에 대하여 다음 각 호의 사유를 모두 소명한 경우에는 그 당사자의 신청에 따라 결정으로 다른 당사자(법인인 경우에는 그 대표자를 말한다), 당사자를 위하여 소송을 대리하는 자, 그 밖에 그 소송으로 영업비밀을 알게 된 자에게 그 영업비밀을 그 소송의 계속적인 수행 외의 목적으로 사용하거나 그 영업비밀에 관계된 이 항에 따른 명령을 받은 자 외의 자에게 공개하지 아니할 것을 명할

수 있다. 다만, 그 신청 시점까지 다른 당사자(법인인 경우에는 그 대표자를 말한다), 당사자를 위하여 소송을 대리하는 자, 그 밖에 그 소송으로 영업비밀을 알게 된 자가 제1호에 따른 준비서면의 열람이나 증거조사 외의 방법으로 그 영업비밀을 이미 취득하고 있는 경우에는 그러하지 아니하다.

1. 이미 제출하였거나 제출하여야 할 준비서면, 이미 조사하였거나 조사하여야 할 증거 또는 제111조제1항에 따라 제출하였거나 제출하여야 할 자료에 영업비밀이 포함되어 있다는 것
2. 제1호의 영업비밀이 해당 소송 수행 외의 목적으로 사용되거나 공개되면 당사자의 영업에 지장을 줄 우려가 있어 이를 방지하기 위하여 영업비밀의 사용 또는 공개를 제한할 필요가 있다는 것

② 당사자는 제1항에 따른 명령(이하 "비밀유지명령"이라 한다)을 신청하려면 다음 각 호의 사항을 적은 서면으로 하여야 한다.

1. 비밀유지명령을 받을 자
2. 비밀유지명령의 대상이 될 영업비밀을 특정하기에 충분한 사실
3. 제1항 각 호의 사유에 해당하는 사실

③ 법원은 비밀유지명령이 결정된 경우에는 그 결정서를 비밀유지명령을 받을 자에게 송달하여야 한다.

④ 비밀유지명령은 제3항의 결정서가 비밀유지명령을 받을 자에게 송달된 때부터 효력이 발생한다.

⑤ 비밀유지명령의 신청을 기각하거나 각하한 재판에 대해서는 즉시항고를 할 수 있다.

제113조(비밀유지명령의 취소) ① 비밀유지명령을 신청한 자 또는 비밀유지명령을 받은 자는 제112조제1항에 따른 요건을 갖추지 못하였거나 갖추지 못하게 된 경우 소송기록을 보관하고 있는 법원(소송기록을 보관하고 있는 법원이 없는 경우에는 비밀유지명령을 내린 법원을 말한다)에 비밀유지명령의 취소를 신청할 수 있다.

② 법원은 비밀유지명령의 취소신청에 대한 재판이 있는 경우에는 그 결정서를 그 신청을 한 자 및 상대방에게 송달하여야 한다.

③ 비밀유지명령의 취소신청에 대한 재판에 대해서는 즉시항고를 할 수 있다.

④ 비밀유지명령을 취소하는 재판은 확정되어야 효력이 발생한다.

⑤ 비밀유지명령을 취소하는 재판을 한 법원은 비밀유지명령의 취소신청을 한 자 또는 상대방 외에 해당 영업비밀에 관한 비밀유지명령을 받은 자가 있는 경우에는

그 자에게 즉시 비밀유지명령의 취소 재판을 한 사실을 알려야 한다.

제114조(소송기록 열람 등의 청구 통지 등) ① 비밀유지명령이 내려진 소송(모든 비밀유지명령이 취소된 소송은 제외한다)에 관한 소송기록에 대하여 「민사소송법」 제163조제1항의 결정이 있었던 경우에, 당사자가 같은 항에서 규정하는 비밀 기재부분의 열람 등의 청구를 하였으나 그 청구 절차를 해당 소송에서 비밀유지명령을 받지 아니한 자가 밟은 경우에는 법원서기관, 법원사무관, 법원주사 또는 법원주사보(이하 이 조에서 "법원사무관등"이라 한다)는 같은 항의 신청을 한 당사자(그 열람 등의 청구를 한 자는 제외한다. 이하 제3항에서 같다)에게 그 청구 직후에 그 열람 등의 청구가 있었다는 사실을 알려야 한다.

② 법원사무관등은 제1항의 청구가 있었던 날부터 2주일이 지날 때까지(그 청구 절차를 밟은 자에 대한 비밀유지명령 신청이 그 기간 내에 이루어진 경우에는 그 신청에 대한 재판이 확정되는 시점까지를 말한다) 그 청구 절차를 밟은 자에게 제1항의 비밀 기재부분의 열람 등을 하게 하여서는 아니 된다.

③ 제2항은 제1항의 열람 등의 청구를 한 자에게 제1항의 비밀 기재부분의 열람 등을 하게 하는 것에 대하여 「민사소송법」 제163조제1항의 신청을 한 당사자 모두가 동의하는 경우에는 적용되지 아니한다.

제115조(손해액의 인정) 법원은 이 법을 위반한 행위로 손해가 발생한 것은 인정되나 그 손해액을 입증하기 위하여 필요한 사실을 입증하는 것이 해당 사실의 성질상 매우 곤란한 경우에 변론 전체의 취지와 증거조사의 결과에 기초하여 상당한 손해액을 인정할 수 있다.

제13장 적용 제외

제116조(법령에 따른 정당한 행위) 이 법은 사업자 또는 사업자단체가 다른 법령에 따라 하는 정당한 행위에 대해서는 적용하지 아니한다.

제117조(무체재산권의 행사행위) 이 법은 「저작권법」, 「특허법」, 「실용신안법」, 「디자인보호법」 또는 「상표법」에 따른 권리의 정당한 행사라고 인정되는 행위에 대해서는 적용하지 아니한다.

제118조(일정한 조합의 행위) 이 법은 다음 각 호의 요건을 갖추어 설립된 조합(조합의 연합체를 포함한다)의 행위에 대해서는 적용하지 아니한다. 다만, 불공정거래행위 또는 부당하게 경쟁을 제한하여 가격을 인상하게 되는 경우에는 그러하지 아니하다.

1. 소규모의 사업자 또는 소비자의 상호부조(相互扶助)를 목적으로 할 것
2. 임의로 설립되고, 조합원이 임의로 가입하거나 탈퇴할 수 있을 것
3. 각 조합원이 평등한 의결권을 가질 것
4. 조합원에게 이익배분을 하는 경우에는 그 한도가 정관에 정하여져 있을 것

제14장 보칙

제119조(비밀엄수의 의무) 다음 각 호의 어느 하나에 해당하는 사람은 그 직무상 알게 된 사업자 또는 사업자단체의 비밀을 누설하거나 이 법의 시행을 위한 목적 외에 이를 이용해서는 아니 된다. 〈개정 2023. 6. 20.〉

1. 이 법에 따른 직무에 종사하거나 종사하였던 위원 또는 공무원
2. 제73조부터 제77조까지, 제77조의2, 제78조 및 제79조에 따른 분쟁의 조정업무를 담당하거나 담당하였던 사람
3. 제90조에 따른 동의의결 이행관리 업무를 담당하거나 담당하였던 사람
4. 제97조의2에 따른 시정조치 이행관리 업무를 담당하거나 담당하였던 사람

제120조(경쟁제한적인 법령 제정의 협의 등) ① 관계 행정기관의 장은 사업자의 가격·거래조건의 결정, 시장진입 또는 사업활동의 제한, 부당한 공동행위 또는 사업자단체의 금지행위 등 경쟁제한사항을 내용으로 하는 법령을 제정 또는 개정하거나, 사업자 또는 사업자단체에 경쟁제한사항을 내용으로 하는 승인 또는 그 밖의 처분을 하려는 경우에는 미리 공정거래위원회와 협의하여야 한다.

② 관계 행정기관의 장은 경쟁제한사항을 내용으로 하는 예규·고시 등을 제정하거나 개정하려는 경우에는 미리 공정거래위원회에 통보하여야 한다.

③ 관계 행정기관의 장은 제1항에 따른 경쟁제한사항을 내용으로 하는 승인 또는 그 밖의 처분을 한 경우에는 해당 승인 또는 그 밖의 처분의 내용을 공정거래위원회에 통보하여야 한다.

④ 공정거래위원회는 제2항에 따라 통보를 받은 경우에 해당 제정 또는 개정하려는 예규·고시 등에 경쟁제한사항이 포함되어 있다고 인정되는 경우에는 관계 행정기관의 장에게 해당 경쟁제한사항의 시정에 관한 의견을 제시할 수 있다.

⑤ 공정거래위원회는 제1항에 따른 협의 없이 제정 또는 개정된 법령과 통보 없이 제정 또는 개정된 예규·고시 등이나 통보 없이 한 승인 또는 그 밖의 처분에 경쟁제한사항이 포함되어 있다고 인정되는 경우에는 관계 행정기관의 장에게 해당 경쟁제한사항의 시정에 관한 의견을 제시할 수 있다.

제120조의2(공정거래 자율준수 문화의 확산) ① 공정거래위원회는 경쟁촉진의 일환으로 공정거래 자율준수 문화를 확산시키기 위한 시책을 마련하고 추진할 수 있다.
② 공정거래위원회는 공정거래위원회 소관 법령을 자율적으로 준수하기 위하여 내부준법제도(이하 "공정거래 자율준수제도"라 한다)를 운영하는 사업자를 대상으로 그 운영상황에 대하여 평가(이하 "공정거래 자율준수평가"라 한다)를 할 수 있다.
③ 공정거래 자율준수평가를 받으려는 사업자는 대통령령으로 정하는 바에 따라 공정거래위원회에 신청하여야 한다.
④ 공정거래위원회는 공정거래 자율준수제도를 활성화하기 위하여 공정거래 자율준수평가를 받은 사업자를 대상으로 대통령령으로 정하는 바에 따라 그 평가 결과 등에 근거하여 시정조치 또는 과징금 감경이나 포상 또는 지원 등을 할 수 있다.
⑤ 공정거래위원회는 공정거래 자율준수평가를 신청한 사업자에 대하여 대통령령으로 정하는 바에 따라 그 평가에 소요되는 비용을 부담하게 할 수 있다.
⑥ 제1항부터 제5항까지 외에 공정거래 자율준수평가의 기준 및 절차 등에 필요한 사항은 대통령령으로 정한다.
[본조신설 2023. 6. 20.]

제120조의3(자율준수평가기관의 지정 등) ① 공정거래위원회는 공정거래 관련 분야에 대하여 전문성이 있는 기관 또는 단체를 대통령령으로 정하는 바에 따라 공정거래 자율준수평가기관(이하 "평가기관"이라 한다)으로 지정하여 공정거래 자율준수평가에 관한 업무(이하 "평가업무"라 한다)를 수행하게 할 수 있다.
② 공정거래위원회는 평가기관이 다음 각 호의 어느 하나에 해당하는 경우에는 평가기관의 지정을 취소하거나 1년 이내의 기간을 정하여 업무의 정지를 명할 수 있다. 다만, 제1호 또는 제5호에 해당하면 그 지정을 취소하여야 한다.

1. 거짓이나 부정한 방법으로 지정을 받은 경우
2. 업무정지명령을 위반하여 그 정지 기간 중 평가업무를 행한 경우
3. 고의 또는 중대한 과실로 제120조의2제6항에 따른 공정거래 자율준수평가의 기준 및 절차를 위반한 경우
4. 정당한 사유 없이 평가업무를 거부한 경우
5. 파산 또는 폐업한 경우
6. 그 밖에 휴업 또는 부도 등으로 인하여 평가업무를 수행하기 어려운 경우

[본조신설 2023. 6. 20.]

제121조(관계 기관 등의 장의 협조) ① 공정거래위원회는 이 법의 시행을 위하여 필

요하다고 인정할 때에는 관계 행정기관의 장이나 그 밖의 기관 또는 단체의 장의 의견을 들을 수 있다.
② 공정거래위원회는 이 법의 시행을 위하여 필요하다고 인정할 때에는 관계 행정기관의 장이나 그 밖의 기관 또는 단체의 장에게 필요한 조사를 의뢰하거나 필요한 자료를 요청할 수 있다.
③ 공정거래위원회는 이 법에 따른 시정조치의 이행을 확보하기 위하여 필요하다고 인정하는 경우에는 관계 행정기관의 장이나 그 밖의 기관 또는 단체의 장에게 필요한 협조를 의뢰할 수 있다.

제122조(권한의 위임 · 위탁) 공정거래위원회는 이 법에 따른 권한의 일부를 대통령령으로 정하는 바에 따라 소속 기관의 장이나 특별시장 · 광역시장 · 특별자치시장 · 도지사 또는 특별자치도지사에게 위임하거나, 다른 행정기관의 장에게 위탁할 수 있다.

제123조(벌칙 적용 시의 공무원 의제) ① 공정거래위원회의 위원 중 공무원이 아닌 위원은 「형법」이나 그 밖의 법률에 따른 벌칙을 적용할 때에는 공무원으로 본다.
② 다음 각 호의 어느 하나에 해당하는 사람은 「형법」 제129조부터 제132조까지의 규정에 따른 벌칙을 적용할 때에는 공무원으로 본다. 〈개정 2023. 6. 20.〉

1. 제73조부터 제77조까지, 제77조의2, 제78조 및 제79조에 따른 분쟁의 조정업무를 담당하거나 담당하였던 사람
2. 제90조에 따른 동의의결 이행관리 업무를 담당하거나 담당하였던 사람
3. 제97조의2에 따른 시정조치 이행관리 업무를 담당하거나 담당하였던 사람

제15장 벌칙

제124조(벌칙) ① 다음 각 호의 어느 하나에 해당하는 자는 3년 이하의 징역 또는 2억원 이하의 벌금에 처한다.

1. 제5조를 위반하여 남용행위를 한 자
2. 제13조 또는 제36조를 위반하여 탈법행위를 한 자
3. 제15조, 제23조, 제25조 또는 제39조를 위반하여 의결권을 행사한 자
4. 제18조제2항부터 제5항까지의 규정을 위반한 자
5. 제19조를 위반하여 지주회사를 설립하거나 지주회사로 전환한 자
6. 제20조제2항 또는 제3항을 위반한 자
7. 제21조 또는 제22조를 위반하여 주식을 취득하거나 소유하고 있는 자

8. 제24조를 위반하여 채무보증을 하고 있는 자
9. 제40조제1항을 위반하여 부당한 공동행위를 한 자 또는 이를 하도록 한 자
10. 제45조제1항제9호, 제47조제1항 또는 제4항을 위반한 자
11. 제48조를 위반한 자
12. 제51조제1항제1호를 위반하여 사업자단체의 금지행위를 한 자
13. 제81조제2항에 따른 조사 시 폭언·폭행, 고의적인 현장진입 저지·지연 등을 통하여 조사를 거부·방해 또는 기피한 자

② 제1항의 징역형과 벌금형은 병과(倂科)할 수 있다.

제125조(벌칙) 다음 각 호의 어느 하나에 해당하는 자는 2년 이하의 징역 또는 1억5천만원 이하의 벌금에 처한다.

1. 제7조제1항, 제14조제1항, 제37조제1항, 제42조제1항, 제49조제1항 및 제52조제1항에 따른 시정조치에 따르지 아니한 자
2. 제31조제4항에 따른 자료제출 요청에 대하여 정당한 이유 없이 자료 제출을 거부하거나 거짓의 자료를 제출한 자
3. 제31조제5항을 위반하여 공인회계사의 회계감사를 받지 아니한 자
4. 제45조제1항(제1호·제2호·제3호·제7호 및 제9호는 제외한다)을 위반하여 불공정거래행위를 한 자
5. 제51조제1항제3호를 위반하여 사업자단체의 금지행위를 한 자
6. 제81조제1항제3호 또는 같은 조 제6항에 따른 보고 또는 필요한 자료나 물건을 제출하지 아니하거나 거짓의 보고 또는 자료나 물건을 제출한 자
7. 제81조제2항에 따른 조사 시 자료의 은닉·폐기, 접근 거부 또는 위조·변조 등을 통하여 조사를 거부·방해 또는 기피한 자

제126조(벌칙) 다음 각 호의 어느 하나에 해당하는 자는 1억원 이하의 벌금에 처한다.

1. 제17조를 위반하여 지주회사의 설립 또는 전환의 신고를 하지 아니하거나 거짓으로 신고한 자
2. 제18조제7항을 위반하여 해당 지주회사등의 사업내용에 관한 보고서를 제출하지 아니하거나 거짓으로 보고서를 제출한 자
3. 제30조제1항 및 제2항을 위반하여 주식소유 현황 또는 채무보증 현황의 신고를 하지 아니하거나 거짓으로 신고한 자
4. 거짓으로 감정을 한 제81조제1항제2호에 따른 감정인

제127조(벌칙) ① 국내외에서 정당한 이유 없이 제112조제1항에 따른 비밀유지명령을 위반한 자는 2년 이하의 징역 또는 2천만원 이하의 벌금에 처한다.

② 제1항의 죄는 비밀유지명령을 신청한 자의 고소가 없으면 공소를 제기할 수 없다.

③ 제119조를 위반한 자는 2년 이하의 징역 또는 200만원 이하의 벌금에 처한다.

제128조(양벌규정) 법인(법인격이 없는 단체를 포함한다. 이하 이 조에서 같다)의 대표자나 법인 또는 개인의 대리인, 사용인, 그 밖의 종업원이 그 법인 또는 개인의 업무에 관하여 제124조부터 제126조까지의 어느 하나에 해당하는 위반행위를 하면 그 행위자를 벌하는 외에 그 법인 또는 개인에게도 해당 조문의 벌금형을 과(科)한다. 다만, 법인 또는 개인이 그 위반행위를 방지하기 위하여 해당 업무에 관하여 상당한 주의와 감독을 게을리하지 아니한 경우에는 그러하지 아니하다.

제129조(고발) ① 제124조 및 제125조의 죄는 공정거래위원회의 고발이 있어야 공소를 제기할 수 있다.

② 공정거래위원회는 제124조 및 제125조의 죄 중 그 위반의 정도가 객관적으로 명백하고 중대하여 경쟁질서를 현저히 해친다고 인정하는 경우에는 검찰총장에게 고발하여야 한다.

③ 검찰총장은 제2항에 따른 고발요건에 해당하는 사실이 있음을 공정거래위원회에 통보하여 고발을 요청할 수 있다.

④ 공정거래위원회가 제2항에 따른 고발요건에 해당하지 아니한다고 결정하더라도 감사원장, 중소벤처기업부장관, 조달청장은 사회적 파급효과, 국가재정에 끼친 영향, 중소기업에 미친 피해 정도 등 다른 사정을 이유로 공정거래위원회에 고발을 요청할 수 있다.

⑤ 공정거래위원회는 제3항 또는 제4항에 따른 고발요청이 있을 때에는 검찰총장에게 고발하여야 한다.

⑥ 공정거래위원회는 공소가 제기된 후에는 고발을 취소할 수 없다.

제130조(과태료) ① 사업자, 사업자단체, 공시대상기업집단에 속하는 회사를 지배하는 동일인 또는 그 동일인의 특수관계인인 공익법인이 다음 각 호의 어느 하나에 해당하는 경우에는 1억원 이하, 회사 · 사업자단체 · 공익법인의 임원 또는 종업원, 그 밖의 이해관계인이 다음 각 호의 어느 하나에 해당하는 경우에는 1천만원 이하의 과태료를 부과한다.

1. 제11조제1항, 제2항 또는 제6항에 따른 기업결합의 신고를 하지 아니하거나 거짓의 신고를 한 자 또는 같은 조 제8항을 위반한 자

2. 제20조제3항제2호·제3호를 위반하여 금융업 또는 보험업을 영위한 자
3. 제20조제4항·제5항에 따른 보고를 하지 아니한 자 또는 주요내용을 누락하거나 거짓으로 보고를 한 자
4. 제26조부터 제29조까지의 규정에 따른 공시를 하는 경우에 이사회의 의결을 거치지 아니하거나 공시를 하지 아니한 자 또는 주요 내용을 누락하거나 거짓으로 공시한 자
5. 제32조제3항에 따른 자료제출 요청에 대하여 정당한 이유 없이 자료를 제출하지 아니하거나 거짓의 자료를 제출한 자
6. 제81조제1항제1호를 위반하여 정당한 이유 없이 출석을 하지 아니한 자
7. 제87조제2항에 따른 자료제출 요구에 대하여 정당한 이유 없이 자료를 제출하지 아니하거나 거짓의 자료를 제출한 자

② 제66조를 위반하여 질서유지의 명령을 따르지 아니한 사람에게는 100만원 이하의 과태료를 부과한다.

③ 제1항 또는 제2항에 따른 과태료는 대통령령으로 정하는 바에 따라 공정거래위원회가 부과·징수한다. 이 경우 제1항제4호에 따른 과태료는 공정거래위원회가 시정 여부, 위반의 정도, 위반의 동기 및 그 결과 등을 고려하여 대통령령으로 정하는 기준에 따라 면제할 수 있다. 〈개정 2024. 2. 6.〉

④ 제1항 또는 제2항에 따른 과태료의 부과·징수에 관하여는 제102조제2항부터 제4항까지의 규정을 준용한다. 이 경우 "과징금"은 "과태료"로 본다.

부 칙 〈제20239호, 2024. 2. 6.〉

제1조(시행일) 이 법은 공포 후 6개월이 경과한 날부터 시행한다. 다만, 제6조의 개정규정은 공포한 날부터 시행하고, 제73조의 개정규정은 2024년 2월 9일부터 시행하며, 제98조, 제98조의2 및 제98조의3의 개정규정은 공포 후 3년이 경과한 날부터 시행한다.

제2조(비상장회사 등의 중요사항 공시에 관한 적용례) 제27조제1항의 개정규정은 이 법 시행 이후 공시하는 경우부터 적용한다.

제3조(공정거래분쟁조정협의회 위원장의 겸직에 관한 적용례) 제73조제8항부터 제10항까지의 개정규정은 이 법 시행 이후 새로 구성되는 협의회의 위원장부터 적용한다.

제4조(기업결합 회사의 자산총액 또는 매출액 규모 산정에 관한 경과조치) 이 법 시행 전에 종전의 규정에 따라 신고 의무가 발생한 기업결합 회사의 자산총액 또는 매출

액 규모 산정에 관하여는 제9조제5항제1호의 개정규정에도 불구하고 종전의 규정에 따른다.

제5조(기업결합 신고대상 제외에 따른 기업결합의 신고에 관한 경과조치) 이 법 시행 전에 종전의 제11조제1항제3호·제4호 및 같은 조 제3항에 따라 기업결합의 신고사유가 발생한 경우 기업결합의 신고에 관하여는 제11조제1항제3호나목, 같은 항 제4호 및 같은 조 제3항제4호의 개정규정에도 불구하고 종전의 규정에 따른다.

제6조(다른 법률의 개정) ① 가맹사업거래의 공정화에 관한 법률 일부를 다음과 같이 개정한다.

제37조제3항 중 "「독점규제 및 공정거래에 관한 법률」 제96조, 제97조, 제99조 및 제100조"를 "「독점규제 및 공정거래에 관한 법률」 제96조, 제97조, 제98조의2, 제99조 및 제100조"로 한다.

② 대규모유통업에서의 거래 공정화에 관한 법률 일부를 다음과 같이 개정한다.

제38조제2항 중 "「독점규제 및 공정거래에 관한 법률」 제96조부터 제101조까지의 규정을"을 "「독점규제 및 공정거래에 관한 법률」 제96조부터 제98조까지, 제98조의2, 제98조의3 및 제99조부터 제101조까지를"로 한다.

③ 대리점거래의 공정화에 관한 법률 일부를 다음과 같이 개정한다.

제27조제3항 중 "「독점규제 및 공정거래에 관한 법률」 제96조부터 제101조까지의 규정을"을 "「독점규제 및 공정거래에 관한 법률」 제96조부터 제98조까지, 제98조의2, 제98조의3 및 제99조부터 제101조까지를"로 한다.

④ 방문판매 등에 관한 법률 일부를 다음과 같이 개정한다.

제57조제3항 중 "「독점규제 및 공정거래에 관한 법률」 제96조부터 제101조까지의 규정을"을 "「독점규제 및 공정거래에 관한 법률」 제96조부터 제98조까지, 제98조의2, 제98조의3 및 제99조부터 제101조까지를"로 한다.

⑤ 약관의 규제에 관한 법률 일부를 다음과 같이 개정한다.

제30조의2제2항 중 "「독점규제 및 공정거래에 관한 법률」 제96조부터 제101조까지의 규정을"을 "「독점규제 및 공정거래에 관한 법률」 제96조부터 제98조까지, 제98조의2, 제98조의3 및 제99조부터 제101조까지를"로 한다.

⑥ 전자상거래 등에서의 소비자보호에 관한 법률 일부를 다음과 같이 개정한다.

제39조제3항 중 "「독점규제 및 공정거래에 관한 법률」 제96조, 제97조 및 제99조부터 제101조까지의 규정을"을 "「독점규제 및 공정거래에 관한 법률」 제96조, 제97조, 제98조의2 및 제99조부터 제101조까지를"로 한다.

⑦ 표시·광고의 공정화에 관한 법률 일부를 다음과 같이 개정한다.
제16조제1항 중 "「독점규제 및 공정거래에 관한 법률」 제96조, 제97조, 제99조부터 제101조까지의 규정을"을 "「독점규제 및 공정거래에 관한 법률」 제96조, 제97조, 제98조의2 및 제99조부터 제101조까지를"로 한다.
⑧ 하도급거래 공정화에 관한 법률 일부를 다음과 같이 개정한다.
제27조제1항 중 "같은 법 제96조부터 제101조까지의 규정을"을 "같은 법 제96조부터 제98조까지, 제98조의2, 제98조의3 및 제99조부터 제101조까지를"로 한다.
⑨ 할부거래에 관한 법률 일부를 다음과 같이 개정한다.
제47조제3항 중 "「독점규제 및 공정거래에 관한 법률」 제96조, 제97조, 제99조부터 제101조까지의 규정을"을 "「독점규제 및 공정거래에 관한 법률」 제96조, 제97조, 제98조의2 및 제99조부터 제101조까지를"로 한다.

하도급거래 공정화에 관한 법률 (약칭: 하도급법)

[시행 2024. 2. 9.] [법률 제20241호, 2024. 2. 6., 일부개정]

제1장 총칙

제1조(목적) 이 법은 공정한 하도급거래질서를 확립하여 원사업자(原事業者)와 수급사업자(受給事業者)가 대등한 지위에서 상호보완하며 균형 있게 발전할 수 있도록 함으로써 국민경제의 건전한 발전에 이바지함을 목적으로 한다.

[전문개정 2009. 4. 1.]

제2조(정의) ① 이 법에서 "하도급거래"란 원사업자가 수급사업자에게 제조위탁(가공위탁을 포함한다. 이하 같다)·수리위탁·건설위탁 또는 용역위탁을 하거나 원사업자가 다른 사업자로부터 제조위탁·수리위탁·건설위탁 또는 용역위탁을 받은 것을 수급사업자에게 다시 위탁한 경우, 그 위탁(이하 "제조등의 위탁"이라 한다)을 받은 수급사업자가 위탁받은 것(이하 "목적물등"이라 한다)을 제조·수리·시공하거나 용역수행하여 원사업자에게 납품·인도 또는 제공(이하 "납품등"이라 한다)하고 그 대가(이하 "하도급대금"이라 한다)를 받는 행위를 말한다.

② 이 법에서 "원사업자"란 다음 각 호의 어느 하나에 해당하는 자를 말한다. 〈개정 2011. 3. 29., 2014. 5. 28., 2015. 7. 24.〉

1. 중소기업자(「중소기업기본법」 제2조제1항 또는 제3항에 따른 자를 말하며, 「중소기업협동조합법」에 따른 중소기업협동조합을 포함한다. 이하 같다)가 아닌 사업자로서 중소기업자에게 제조등의 위탁을 한 자
2. 중소기업자 중 직전 사업연도의 연간매출액[관계 법률에 따라 시공능력평가액을 적용받는 거래의 경우에는 하도급계약 체결 당시 공시된 시공능력평가액의 합계액(가장 최근에 공시된 것을 말한다)을 말하고, 연간매출액이나 시공능력평가액이 없는 경우에는 자산총액을 말한다. 이하 이 호에서 같다]이 제조등의 위탁을 받은 다른 중소기업자의 연간매출액보다 많은 중소기업자로서 그 다른 중소기업자에게 제조등의 위탁을 한 자. 다만, 대통령령으로 정하는 연간매출액에 해당하는 중소기업자는 제외한다.

③ 이 법에서 "수급사업자"란 제2항 각 호에 따른 원사업자로부터 제조등의 위탁을

받은 중소기업자를 말한다.

④ 사업자가 「독점규제 및 공정거래에 관한 법률」 제2조제12호에 따른 계열회사에 제조등의 위탁을 하고 그 계열회사가 위탁받은 제조ㆍ수리ㆍ시공 또는 용역수행행위의 전부 또는 상당 부분을 제3자에게 다시 위탁한 경우, 그 계열회사가 제2항 각 호의 어느 하나에 해당하지 아니하더라도 제3자가 그 계열회사에 위탁을 한 사업자로부터 직접 제조등의 위탁을 받는 것으로 하면 제3항에 해당하는 경우에는 그 계열회사와 제3자를 각각 이 법에 따른 원사업자와 수급사업자로 본다. 〈개정 2020. 12. 29.〉

⑤ 「독점규제 및 공정거래에 관한 법률」 제31조제1항에 따른 상호출자제한기업집단에 속하는 회사가 제조등의 위탁을 하거나 받는 경우에는 다음 각 호에 따른다. 〈개정 2020. 12. 29.〉

1. 제조등의 위탁을 한 회사가 제2항 각 호의 어느 하나에 해당하지 아니하더라도 이 법에 따른 원사업자로 본다.
2. 제조등의 위탁을 받은 회사가 제3항에 해당하더라도 이 법에 따른 수급사업자로 보지 아니한다.

⑥ 이 법에서 "제조위탁"이란 다음 각 호의 어느 하나에 해당하는 행위를 업(業)으로 하는 사업자가 그 업에 따른 물품의 제조를 다른 사업자에게 위탁하는 것을 말한다. 이 경우 그 업에 따른 물품의 범위는 공정거래위원회가 정하여 고시한다.

1. 물품의 제조
2. 물품의 판매
3. 물품의 수리
4. 건설

⑦ 제6항에도 불구하고 대통령령으로 정하는 물품에 대하여는 대통령령으로 정하는 특별시, 광역시 등의 지역에 한하여 제6항을 적용한다.

⑧ 이 법에서 "수리위탁"이란 사업자가 주문을 받아 물품을 수리하는 것을 업으로 하거나 자기가 사용하는 물품을 수리하는 것을 업으로 하는 경우에 그 수리행위의 전부 또는 일부를 다른 사업자에게 위탁하는 것을 말한다.

⑨ 이 법에서 "건설위탁"이란 다음 각 호의 어느 하나에 해당하는 사업자(이하 "건설업자"라 한다)가 그 업에 따른 건설공사의 전부 또는 일부를 다른 건설업자에게 위탁하거나 건설업자가 대통령령으로 정하는 건설공사를 다른 사업자에게 위탁하는 것을 말한다. 〈개정 2011. 5. 24., 2019. 4. 30.〉

1. 「건설산업기본법」 제2조제7호에 따른 건설사업자
2. 「전기공사업법」 제2조제3호에 따른 공사업자
3. 「정보통신공사업법」 제2조제4호에 따른 정보통신공사업자
4. 「소방시설공사업법」 제4조제1항에 따라 소방시설공사업의 등록을 한 자
5. 그 밖에 대통령령으로 정하는 사업자

⑩ 이 법에서 "발주자"란 제조·수리·시공 또는 용역수행을 원사업자에게 도급하는 자를 말한다. 다만, 재하도급(再下都給)의 경우에는 원사업자를 말한다.

⑪ 이 법에서 "용역위탁"이란 지식·정보성과물의 작성 또는 역무(役務)의 공급(이하 "용역"이라 한다)을 업으로 하는 사업자(이하 "용역업자"라 한다)가 그 업에 따른 용역수행행위의 전부 또는 일부를 다른 용역업자에게 위탁하는 것을 말한다.

⑫ 이 법에서 "지식·정보성과물"이란 다음 각 호의 어느 하나에 해당하는 것을 말한다. 〈개정 2010. 4. 12., 2020. 6. 9.〉

1. 정보프로그램(「소프트웨어 진흥법」 제2조제1호에 따른 소프트웨어, 특정한 결과를 얻기 위하여 컴퓨터·전자계산기 등 정보처리능력을 가진 장치에 내재된 일련의 지시·명령으로 조합된 것을 말한다)
2. 영화, 방송프로그램, 그 밖에 영상·음성 또는 음향으로 구성되는 성과물
3. 문자·도형·기호의 결합 또는 문자·도형·기호와 색채의 결합으로 구성되는 성과물(「건축사법」 제2조제3호에 따른 설계 및 「엔지니어링산업 진흥법」 제2조제1호에 따른 엔지니어링활동 중 설계를 포함한다)
4. 그 밖에 제1호부터 제3호까지의 규정에 준하는 것으로서 공정거래위원회가 정하여 고시하는 것

⑬ 이 법에서 "역무"란 다음 각 호의 어느 하나에 해당하는 활동을 말한다. 〈개정 2010. 4. 12.〉

1. 「엔지니어링산업 진흥법」 제2조제1호에 따른 엔지니어링활동(설계는 제외한다)
2. 「화물자동차 운수사업법」에 따라 화물자동차를 이용하여 화물을 운송 또는 주선하는 활동
3. 「건축법」에 따라 건축물을 유지·관리하는 활동
4. 「경비업법」에 따라 시설·장소·물건 등에 대한 위험발생 등을 방지하거나 사람의 생명 또는 신체에 대한 위해(危害)의 발생을 방지하고 그 신변을 보호하기 위하여 하는 활동
5. 그 밖에 원사업자로부터 위탁받은 사무를 완성하기 위하여 노무를 제공하는

활동으로서 공정거래위원회가 정하여 고시하는 활동

⑭ 이 법에서 “어음대체결제수단”이란 원사업자가 하도급대금을 지급할 때 어음을 대체하여 사용하는 결제수단으로서 다음 각 호의 어느 하나에 해당하는 것을 말한다.

1. 기업구매전용카드: 원사업자가 하도급대금을 지급하기 위하여 「여신전문금융업법」에 따른 신용카드업자로부터 발급받는 신용카드 또는 직불카드로서 일반적인 신용카드가맹점에서는 사용할 수 없고, 원사업자 · 수급사업자 및 신용카드업자 간의 계약에 따라 해당 수급사업자에 대한 하도급대금의 지급만을 목적으로 발급하는 것
2. 외상매출채권 담보대출: 수급사업자가 하도급대금을 받기 위하여 원사업자에 대한 외상매출채권을 담보로 금융기관에서 대출을 받고, 원사업자가 하도급대금으로 수급사업자에 대한 금융기관의 대출금을 상환하는 것으로서 한국은행 총재가 정한 조건에 따라 대출이 이루어지는 것
3. 구매론: 원사업자가 금융기관과 대출한도를 약정하여 대출받은 금액으로 정보처리시스템을 이용하여 수급사업자에게 하도급대금을 결제하고 만기일에 대출금을 금융기관에 상환하는 것
4. 그 밖에 하도급대금을 지급할 때 어음을 대체하여 사용되는 결제수단으로서 공정거래위원회가 정하여 고시하는 것

⑮ 이 법에서 “기술자료”란 비밀로 관리되는 제조 · 수리 · 시공 또는 용역수행 방법에 관한 자료, 그 밖에 영업활동에 유용하고 독립된 경제적 가치를 가지는 것으로서 대통령령으로 정하는 자료를 말한다. 〈신설 2010. 1. 25., 2018. 1. 16., 2021. 8. 17.〉

⑯ 이 법에서 “주요 원재료”란 하도급거래에서 목적물등의 제조 · 수리 · 시공 또는 용역수행에 사용되는 원재료로서 그 비용이 하도급대금의 100분의 10 이상인 원재료를 말한다. 〈신설 2023. 7. 18.〉

⑰ 이 법에서 “하도급대금 연동”이란 주요 원재료의 가격이 원사업자와 수급사업자가 100분의 10 이내의 범위에서 협의하여 정한 비율 이상 변동하는 경우 그 변동분에 연동하여 하도급대금을 조정하는 것을 말한다. 〈신설 2023. 7. 18.〉

[전문개정 2009. 4. 1.]

제3조(서면의 발급 및 서류의 보존) ① 원사업자가 수급사업자에게 제조등의 위탁을 하는 경우 및 제조등의 위탁을 한 이후에 해당 계약내역에 없는 제조등의 위탁 또는 계약내역을 변경하는 위탁(이하 이 항에서 “추가 · 변경위탁”이라 한다)을 하는 경우에는 제2항의 사항을 적은 서면(「전자문서 및 전자거래 기본법」 제2조제1호에 따른

전자문서를 포함한다. 이하 이 조에서 같다)을 다음 각 호의 구분에 따른 기한까지 수급사업자에게 발급하여야 한다. 〈개정 2016. 3. 29.〉

1. 제조위탁의 경우: 수급사업자가 제조등의 위탁 및 추가·변경위탁에 따른 물품 납품을 위한 작업을 시작하기 전
2. 수리위탁의 경우: 수급사업자가 제조등의 위탁 및 추가·변경위탁에 따른 수리 행위를 시작하기 전
3. 건설위탁의 경우: 수급사업자가 제조등의 위탁 및 추가·변경위탁에 따른 계약 공사를 착공하기 전
4. 용역위탁의 경우: 수급사업자가 제조등의 위탁 및 추가·변경위탁에 따른 용역 수행행위를 시작하기 전

② 제1항의 서면에는 다음 각 호의 사항을 적고 원사업자와 수급사업자가 서명[「전자서명법」 제2조제2호에 따른 전자서명(서명자의 실지명의를 확인할 수 있는 것을 말한다)을 포함한다. 이하 이 조에서 같다] 또는 기명날인하여야 한다. 〈개정 2010. 1. 25., 2018. 1. 16., 2019. 11. 26., 2020. 6. 9., 2023. 7. 18.〉

1. 하도급대금과 그 지급방법 등 하도급계약의 내용
2. 제16조의2제1항에 따른 하도급대금의 조정요건, 방법 및 절차
3. 하도급대금 연동의 대상 목적물등의 명칭, 주요 원재료, 조정요건, 기준 지표 및 산식 등 하도급대금 연동에 관한 사항으로서 대통령령으로 정하는 사항
4. 그 밖에 서면에 적어야 할 사항으로서 대통령령으로 정하는 사항

③ 원사업자는 제2항제3호에 따른 사항을 적을 때 수급사업자의 이익에 반하는 불공정한 내용이 되지 아니하도록 수급사업자와 성실히 협의하여야 한다. 〈신설 2023. 7. 18.〉

④ 다음 각 호의 어느 하나에 해당하는 경우에는 원사업자는 서면에 제2항제3호에 따른 사항을 적지 아니할 수 있다. 다만, 제4호의 경우에는 원사업자와 수급사업자가 그 취지와 사유를 서면에 분명하게 적어야 한다. 〈신설 2023. 7. 18.〉

1. 원사업자가 「중소기업기본법」 제2조제2항에 따른 소기업에 해당하는 경우
2. 하도급거래 기간이 90일 이내의 범위에서 대통령령으로 정하는 기간 이내인 경우
3. 하도급대금이 1억 원 이하의 범위에서 대통령령으로 정하는 금액 이하인 경우
4. 원사업자와 수급사업자가 하도급대금 연동을 하지 아니하기로 합의한 경우

⑤ 원사업자는 하도급대금 연동과 관련하여 하도급거래에 관한 거래상 지위를 남용

하거나 거짓 또는 그 밖의 부정한 방법으로 이 조의 적용을 피하려는 행위를 하여서는 아니 된다. 〈신설 2023. 7. 18.〉

⑥ 원사업자는 제2항에도 불구하고 위탁시점에 확정하기 곤란한 사항에 대하여는 재해·사고로 인한 긴급복구공사를 하는 경우 등 정당한 사유가 있는 경우에는 해당 사항을 적지 아니한 서면을 발급할 수 있다. 이 경우 해당 사항이 정하여지지 아니한 이유와 그 사항을 정하게 되는 예정기일을 서면에 적어야 한다. 〈신설 2010. 1. 25., 2023. 7. 18.〉

⑦ 원사업자는 제6항에 따라 일부 사항을 적지 아니한 서면을 발급한 경우에는 해당 사항이 확정되는 때에 지체 없이 그 사항을 적은 새로운 서면을 발급하여야 한다. 〈신설 2010. 1. 25., 2023. 7. 18.〉

⑧ 원사업자가 제조등의 위탁을 하면서 제2항의 사항을 적은 서면(제6항에 따라 일부 사항을 적지 아니한 서면을 포함한다)을 발급하지 아니한 경우에는 수급사업자는 위탁받은 작업의 내용, 하도급대금 등 대통령령으로 정하는 사항을 원사업자에게 서면으로 통지하여 위탁내용의 확인을 요청할 수 있다. 〈신설 2010. 1. 25., 2023. 7. 18.〉

⑨ 원사업자는 제8항의 통지를 받은 날부터 15일 이내에 그 내용에 대한 인정 또는 부인(否認)의 의사를 수급사업자에게 서면으로 회신을 발송하여야 하며, 이 기간 내에 회신을 발송하지 아니한 경우에는 원래 수급사업자가 통지한 내용대로 위탁이 있었던 것으로 추정한다. 다만, 천재나 그 밖의 사변으로 회신이 불가능한 경우에는 그러하지 아니하다. 〈신설 2010. 1. 25., 2023. 7. 18.〉

⑩ 제8항의 통지에는 수급사업자가, 제9항의 회신에는 원사업자가 서명 또는 기명날인하여야 한다. 〈신설 2010. 1. 25., 2023. 7. 18.〉

⑪ 제8항의 통지 및 제9항의 회신과 관련하여 필요한 사항은 대통령령으로 정한다. 〈신설 2010. 1. 25., 2023. 7. 18.〉

⑫ 원사업자와 수급사업자는 대통령령으로 정하는 바에 따라 하도급거래에 관한 서류를 보존하여야 한다. 〈개정 2010. 1. 25., 2023. 7. 18.〉

[전문개정 2009. 4. 1.]

제3조의2(표준하도급계약서의 제정 · 개정 및 사용) ① 공정거래위원회는 표준하도급계약서를 제정 또는 개정하여 이 법의 적용대상이 되는 사업자 또는 사업자단체(이하 이 조에서 "사업자등"이라 한다)에 그 사용을 권장할 수 있다.

② 제1항에도 불구하고 공정거래위원회는 제3조제2항제3호 및 같은 조 제4항 각 호

외의 부분 단서에 관한 표준하도급계약서를 제정 또는 개정하여 사업자등에게 그 사용을 권장하여야 한다. 〈신설 2023. 7. 18.〉

③ 사업자등은 건전한 하도급거래질서를 확립하고 불공정한 내용의 계약이 통용되는 것을 방지하기 위하여 일정한 하도급 거래분야에서 통용될 수 있는 표준하도급계약서의 제정·개정안을 마련하여 그 내용이 이 법에 위반되는지 여부에 관하여 공정거래위원회에 심사를 청구할 수 있다. 〈개정 2023. 7. 18.〉

④ 공정거래위원회는 다음 각 호의 어느 하나에 해당하는 경우 사업자등에 대하여 표준하도급계약서의 제정·개정안을 마련하여 심사를 청구할 것을 권고할 수 있다. 〈개정 2023. 7. 18.〉

1. 일정한 하도급 거래분야에서 여러 수급사업자에게 피해가 발생하거나 발생할 우려가 있는 경우
2. 이 법의 개정 등으로 인하여 표준하도급계약서를 정비할 필요가 발생한 경우

⑤ 공정거래위원회는 사업자등이 제4항의 권고를 받은 날부터 상당한 기간 이내에 필요한 조치를 하지 아니하는 경우 표준하도급계약서를 제정 또는 개정하여 사업자등에게 그 사용을 권장할 수 있다. 〈개정 2023. 7. 18.〉

⑥ 공정거래위원회는 표준하도급계약서를 제정 또는 개정하는 경우에는 관련 분야의 거래당사자인 사업자등의 의견을 들어야 한다. 〈개정 2023. 7. 18.〉

⑦ 공정거래위원회는 표준하도급계약서 제정·개정과 관련된 업무를 수행하기 위하여 필요하다고 인정하면 자문위원을 위촉할 수 있다. 〈개정 2023. 7. 18.〉

⑧ 제7항에 따른 자문위원의 위촉과 그 밖에 필요한 사항은 대통령령으로 정한다. 〈개정 2023. 7. 18.〉

[전문개정 2022. 1. 11.]

제3조의3(원사업자와 수급사업자 간 협약체결) ① 공정거래위원회는 원사업자와 수급사업자가 하도급 관련 법령의 준수 및 상호 지원·협력을 약속하는 협약을 체결하도록 권장할 수 있다.

② 공정거래위원회는 원사업자와 수급사업자가 제1항의 협약을 체결하는 경우 그 이행을 독려하기 위하여 포상 등 지원시책을 마련하여 시행한다.

③ 공정거래위원회는 제1항에 따른 협약의 내용·체결절차·이행실적평가 및 지원시책 등에 필요한 사항을 정한다.

[본조신설 2011. 3. 29.]

제3조의4(부당한 특약의 금지) ① 원사업자는 수급사업자의 이익을 부당하게 침해하

거나 제한하는 계약조건(이하 "부당한 특약"이라 한다)을 설정하여서는 아니 된다.
② 다음 각 호의 어느 하나에 해당하는 약정은 부당한 특약으로 본다.

1. 원사업자가 제3조제1항의 서면에 기재되지 아니한 사항을 요구함에 따라 발생된 비용을 수급사업자에게 부담시키는 약정
2. 원사업자가 부담하여야 할 민원처리, 산업재해 등과 관련된 비용을 수급사업자에게 부담시키는 약정
3. 원사업자가 입찰내역에 없는 사항을 요구함에 따라 발생된 비용을 수급사업자에게 부담시키는 약정
4. 그 밖에 이 법에서 보호하는 수급사업자의 이익을 제한하거나 원사업자에게 부과된 의무를 수급사업자에게 전가하는 등 대통령령으로 정하는 약정

[본조신설 2013. 8. 13.]

제3조의5(건설하도급 입찰결과의 공개) 국가 또는 「공공기관의 운영에 관한 법률」 제5조에 따른 공기업 및 준정부기관이 발주하는 공사입찰로서 「국가를 당사자로 하는 계약에 관한 법률」 제10조제2항에 따라 각 입찰자의 입찰가격, 공사수행능력 및 사회적 책임 등을 종합 심사할 필요가 있는 대통령령으로 정하는 건설공사를 위탁받은 사업자는 경쟁입찰에 의하여 하도급계약을 체결하려는 경우 건설하도급 입찰에 관한 다음 각 호의 사항을 대통령령으로 정하는 바에 따라 입찰참가자에게 알려야 한다.

1. 입찰금액
2. 낙찰금액 및 낙찰자(상호, 대표자 및 영업소 소재지를 포함한다)
3. 유찰된 경우 유찰 사유

[본조신설 2022. 1. 11.]

제3조의6(하도급대금 연동 우수기업의 선정 · 지원) ① 공정거래위원회는 하도급대금 연동의 확산을 위하여 하도급대금 연동 우수기업 및 하도급대금 연동 확산에 기여한 자(이하 "하도급대금 연동 우수기업등"이라 한다)를 선정하고 포상하는 등 지원시책을 수립하여 추진할 수 있다.
② 하도급대금 연동 우수기업등의 선정 방법, 절차 및 지원시책 등에 관하여 필요한 사항은 대통령령으로 정한다.
[본조신설 2023. 7. 18.]

제3조의7(하도급대금 연동 확산 지원본부의 지정 등) ① 공정거래위원회는 하도급대금 연동의 확산을 지원하기 위하여 관련 기관이나 단체를 하도급대금 연동 확산 지

원 본부(이하 “연동지원본부”라 한다)로 지정할 수 있다.
② 연동지원본부는 다음 각 호의 사업을 한다.
1. 원재료 가격 및 주요 물가지수 정보 제공
2. 하도급대금 연동의 도입 및 조정 실적 확인
3. 하도급대금 연동 관련 교육 및 컨설팅
4. 그 밖에 하도급대금 연동의 확산을 위하여 필요한 사항으로서 대통령령으로 정하는 사항

③ 공정거래위원회는 연동지원본부가 제2항 각 호의 사업을 추진하는 데 필요한 지원을 할 수 있다.
④ 공정거래위원회는 연동지원본부가 다음 각 호의 어느 하나에 해당하면 지정을 취소하거나 6개월 이내의 기간을 정하여 그 업무의 전부 또는 일부의 정지를 명할 수 있다. 다만, 제1호에 해당하는 경우에는 그 지정을 취소하여야 한다.
1. 거짓이나 그 밖의 부정한 방법으로 지정을 받은 경우
2. 제5항에 따른 지정 기준을 충족하지 못하는 경우
3. 정당한 사유 없이 제2항 각 호의 사업을 1개월 이상 수행하지 아니한 경우

⑤ 연동지원본부의 지정 및 지정 취소의 기준 및 절차 등에 관한 세부사항은 대통령령으로 정한다.
[본조신설 2023. 7. 18.]
제4조(부당한 하도급대금의 결정 금지) ① 원사업자는 수급사업자에게 제조등의 위탁을 하는 경우 부당하게 목적물등과 같거나 유사한 것에 대하여 일반적으로 지급되는 대가보다 낮은 수준으로 하도급대금을 결정(이하 “부당한 하도급대금의 결정”이라 한다)하거나 하도급받도록 강요하여서는 아니 된다. 〈개정 2013. 5. 28.〉
② 다음 각 호의 어느 하나에 해당하는 원사업자의 행위는 부당한 하도급대금의 결정으로 본다. 〈개정 2013. 5. 28.〉
1. 정당한 사유 없이 일률적인 비율로 단가를 인하하여 하도급대금을 결정하는 행위
2. 협조요청 등 어떠한 명목으로든 일방적으로 일정 금액을 할당한 후 그 금액을 빼고 하도급대금을 결정하는 행위
3. 정당한 사유 없이 특정 수급사업자를 차별 취급하여 하도급대금을 결정하는 행위
4. 수급사업자에게 발주량 등 거래조건에 대하여 착오를 일으키게 하거나 다른

사업자의 견적 또는 거짓 견적을 내보이는 등의 방법으로 수급사업자를 속이고 이를 이용하여 하도급대금을 결정하는 행위

5. 원사업자가 일방적으로 낮은 단가에 의하여 하도급대금을 결정하는 행위
6. 수의계약(隨意契約)으로 하도급계약을 체결할 때 정당한 사유 없이 대통령령으로 정하는 바에 따른 직접공사비 항목의 값을 합한 금액보다 낮은 금액으로 하도급대금을 결정하는 행위
7. 경쟁입찰에 의하여 하도급계약을 체결할 때 정당한 사유 없이 최저가로 입찰한 금액보다 낮은 금액으로 하도급대금을 결정하는 행위
8. 계속적 거래계약에서 원사업자의 경영적자, 판매가격 인하 등 수급사업자의 책임으로 돌릴 수 없는 사유로 수급사업자에게 불리하게 하도급대금을 결정하는 행위

[전문개정 2009. 4. 1.]

제5조(물품 등의 구매강제 금지) 원사업자는 수급사업자에게 제조등의 위탁을 하는 경우에 그 목적물등에 대한 품질의 유지·개선 등 정당한 사유가 있는 경우 외에는 그가 지정하는 물품·장비 또는 역무의 공급 등을 수급사업자에게 매입 또는 사용(이용을 포함한다. 이하 같다)하도록 강요하여서는 아니 된다.

[전문개정 2009. 4. 1.]

제6조(선급금의 지급) ① 수급사업자에게 제조등의 위탁을 한 원사업자가 발주자로부터 선급금을 받은 경우에는 수급사업자가 제조·수리·시공 또는 용역수행을 시작할 수 있도록 그가 받은 선급금의 내용과 비율에 따라 선급금을 받은 날(제조등의 위탁을 하기 전에 선급금을 받은 경우에는 제조등의 위탁을 한 날)부터 15일 이내에 선급금을 수급사업자에게 지급하여야 한다.

② 원사업자가 발주자로부터 받은 선급금을 제1항에 따른 기한이 지난 후에 지급하는 경우에는 그 초과기간에 대하여 연 100분의 40 이내에서 「은행법」에 따른 은행이 적용하는 연체금리 등 경제사정을 고려하여 공정거래위원회가 정하여 고시하는 이율에 따른 이자를 지급하여야 한다. 〈개정 2010. 5. 17.〉

③ 원사업자가 제1항에 따른 선급금을 어음 또는 어음대체결제수단을 이용하여 지급하는 경우의 어음할인료·수수료의 지급 및 어음할인율·수수료율에 관하여는 제13조제6항·제7항·제9항 및 제10항을 준용한다. 이 경우 "목적물등의 수령일부터 60일"은 "원사업자가 발주자로부터 선급금을 받은 날부터 15일"로 본다.

[전문개정 2009. 4. 1.]

제7조(내국신용장의 개설) ① 원사업자는 수출할 물품을 수급사업자에게 제조위탁 또는 용역위탁한 경우에 정당한 사유가 있는 경우 외에는 위탁한 날부터 15일 이내에 내국신용장(內國信用狀)을 수급사업자에게 개설하여 주어야 한다. 다만, 신용장에 의한 수출의 경우 원사업자가 원신용장(原信用狀)을 받기 전에 제조위탁 또는 용역위탁을 하는 경우에는 원신용장을 받은 날부터 15일 이내에 내국신용장을 개설하여 주어야 한다. 〈개정 2017. 10. 31.〉

② 원사업자는 수출할 물품·용역을 수급사업자에게 제조위탁 또는 용역위탁한 경우 다음 각 호의 요건을 모두 갖춘 때에는 사전 또는 사후 구매확인서를 수급사업자에게 발급하여 주어야 한다. 〈신설 2017. 10. 31.〉

1. 원사업자가 개설한도 부족 등 정당한 사유로 인하여 내국신용장 발급이 어려운 경우
2. 수급사업자의 구매확인서 발급 요청이 있는 경우

[전문개정 2009. 4. 1.]

제8조(부당한 위탁취소의 금지 등) ① 원사업자는 제조등의 위탁을 한 후 수급사업자의 책임으로 돌릴 사유가 없는 경우에는 다음 각 호의 어느 하나에 해당하는 행위를 하여서는 아니 된다. 다만, 용역위탁 가운데 역무의 공급을 위탁한 경우에는 제2호를 적용하지 아니한다.

1. 제조등의 위탁을 임의로 취소하거나 변경하는 행위
2. 목적물등의 납품등에 대한 수령 또는 인수를 거부하거나 지연하는 행위

② 원사업자는 목적물등의 납품등이 있는 때에는 역무의 공급을 위탁한 경우 외에는 그 목적물등에 대한 검사 전이라도 즉시(제7조에 따라 내국신용장을 개설한 경우에는 검사 완료 즉시) 수령증명서를 수급사업자에게 발급하여야 한다. 다만, 건설위탁의 경우에는 검사가 끝나는 즉시 그 목적물을 인수하여야 한다.

③ 제1항제2호에서 "수령"이란 수급사업자가 납품등을 한 목적물등을 받아 원사업자의 사실상 지배하에 두게 되는 것을 말한다. 다만, 이전(移轉)하기 곤란한 목적물등의 경우에는 검사를 시작한 때를 수령한 때로 본다.

[전문개정 2009. 4. 1.]

제9조(검사의 기준·방법 및 시기) ① 수급사업자가 납품등을 한 목적물등에 대한 검사의 기준 및 방법은 원사업자와 수급사업자가 협의하여 객관적이고 공정·타당하게 정하여야 한다.

② 원사업자는 정당한 사유가 있는 경우 외에는 수급사업자로부터 목적물등을 수령

한 날[제조위탁의 경우에는 기성부분(旣成部分)을 통지받은 날을 포함하고, 건설위탁의 경우에는 수급사업자로부터 공사의 준공 또는 기성부분을 통지받은 날을 말한다]부터 10일 이내에 검사 결과를 수급사업자에게 서면으로 통지하여야 하며, 이 기간 내에 통지하지 아니한 경우에는 검사에 합격한 것으로 본다. 다만, 용역위탁 가운데 역무의 공급을 위탁하는 경우에는 이를 적용하지 아니한다.

[전문개정 2009. 4. 1.]

제10조(부당반품의 금지) ① 원사업자는 수급사업자로부터 목적물등의 납품등을 받은 경우 수급사업자에게 책임을 돌릴 사유가 없으면 그 목적물등을 수급사업자에게 반품(이하 "부당반품"이라 한다)하여서는 아니 된다. 다만, 용역위탁 가운데 역무의 공급을 위탁하는 경우에는 이를 적용하지 아니한다.

② 다음 각 호의 어느 하나에 해당하는 원사업자의 행위는 부당반품으로 본다.

1. 거래 상대방으로부터의 발주취소 또는 경제상황의 변동 등을 이유로 목적물등을 반품하는 행위
2. 검사의 기준 및 방법을 불명확하게 정함으로써 목적물등을 부당하게 불합격으로 판정하여 이를 반품하는 행위
3. 원사업자가 공급한 원재료의 품질불량으로 인하여 목적물등이 불합격품으로 판정되었음에도 불구하고 이를 반품하는 행위
4. 원사업자의 원재료 공급 지연으로 인하여 납기가 지연되었음에도 불구하고 이를 이유로 목적물등을 반품하는 행위

[전문개정 2009. 4. 1.]

제11조(감액금지) ① 원사업자는 제조등의 위탁을 할 때 정한 하도급대금을 감액하여서는 아니 된다. 다만, 원사업자가 정당한 사유를 입증한 경우에는 하도급대금을 감액할 수 있다. 〈개정 2011. 3. 29.〉

② 다음 각 호의 어느 하나에 해당하는 원사업자의 행위는 정당한 사유에 의한 행위로 보지 아니한다. 〈개정 2011. 3. 29., 2013. 5. 28.〉

1. 위탁할 때 하도급대금을 감액할 조건 등을 명시하지 아니하고 위탁 후 협조요청 또는 거래 상대방으로부터의 발주취소, 경제상황의 변동 등 불합리한 이유를 들어 하도급대금을 감액하는 행위
2. 수급사업자와 단가 인하에 관한 합의가 성립된 경우 그 합의 성립 전에 위탁한 부분에 대하여도 합의 내용을 소급하여 적용하는 방법으로 하도급대금을 감액하는 행위

3. 하도급대금을 현금으로 지급하거나 지급기일 전에 지급하는 것을 이유로 하도급대금을 지나치게 감액하는 행위
4. 원사업자에 대한 손해발생에 실질적 영향을 미치지 아니하는 수급사업자의 과오를 이유로 하도급대금을 감액하는 행위
5. 목적물등의 제조·수리·시공 또는 용역수행에 필요한 물품 등을 자기로부터 사게 하거나 자기의 장비 등을 사용하게 한 경우에 적정한 구매대금 또는 적정한 사용대가 이상의 금액을 하도급대금에서 공제하는 행위
6. 하도급대금 지급 시점의 물가나 자재가격 등이 납품등의 시점에 비하여 떨어진 것을 이유로 하도급대금을 감액하는 행위
7. 경영적자 또는 판매가격 인하 등 불합리한 이유로 부당하게 하도급대금을 감액하는 행위
8. 「고용보험 및 산업재해보상보험의 보험료징수 등에 관한 법률」, 「산업안전보건법」 등에 따라 원사업자가 부담하여야 하는 고용보험료, 산업안전보건관리비, 그 밖의 경비 등을 수급사업자에게 부담시키는 행위
9. 그 밖에 제1호부터 제8호까지의 규정에 준하는 것으로서 대통령령으로 정하는 행위

③ 원사업자가 제1항 단서에 따라 하도급대금을 감액할 경우에는 감액사유와 기준 등 대통령령으로 정하는 사항을 적은 서면을 해당 수급사업자에게 미리 주어야 한다. 〈신설 2011. 3. 29.〉

④ 원사업자가 정당한 사유 없이 감액한 금액을 목적물등의 수령일부터 60일이 지난 후에 지급하는 경우에는 그 초과기간에 대하여 연 100분의 40 이내에서 「은행법」에 따른 은행이 적용하는 연체금리 등 경제사정을 고려하여 공정거래위원회가 정하여 고시하는 이율에 따른 이자를 지급하여야 한다. 〈개정 2010. 5. 17., 2011. 3. 29.〉

[전문개정 2009. 4. 1.]

[제목개정 2011. 3. 29.]

제12조(물품구매대금 등의 부당결제 청구의 금지) 원사업자는 수급사업자에게 목적물등의 제조·수리·시공 또는 용역수행에 필요한 물품 등을 자기로부터 사게 하거나 자기의 장비 등을 사용하게 한 경우 정당한 사유 없이 다음 각 호의 어느 하나에 해당하는 행위를 하여서는 아니 된다.

1. 해당 목적물등에 대한 하도급대금의 지급기일 전에 구매대금이나 사용대가의 전부 또는 일부를 지급하게 하는 행위

2. 자기가 구입·사용하거나 제3자에게 공급하는 조건보다 현저하게 불리한 조건으로 구매대금이나 사용대가를 지급하게 하는 행위

[전문개정 2009. 4. 1.]

제12조의2(경제적 이익의 부당요구 금지) 원사업자는 정당한 사유 없이 수급사업자에게 자기 또는 제3자를 위하여 금전, 물품, 용역, 그 밖의 경제적 이익을 제공하도록 하는 행위를 하여서는 아니 된다.

[전문개정 2009. 4. 1.]

제12조의3(기술자료 제공 요구 금지 등) ① 원사업자는 수급사업자의 기술자료를 본인 또는 제3자에게 제공하도록 요구하여서는 아니 된다. 다만, 원사업자가 정당한 사유를 입증한 경우에는 요구할 수 있다. 〈개정 2011. 3. 29.〉

② 원사업자는 제1항 단서에 따라 수급사업자에게 기술자료를 요구할 경우에는 요구목적, 권리귀속 관계, 대가 등 대통령령으로 정하는 사항을 해당 수급사업자와 미리 협의하여 정한 후 그 내용을 적은 서면을 해당 수급사업자에게 주어야 한다. 〈신설 2011. 3. 29., 2021. 8. 17.〉

③ 수급사업자가 원사업자에게 기술자료를 제공하는 경우 원사업자는 해당 기술자료를 제공받는 날까지 해당 기술자료의 범위, 기술자료를 제공받아 보유할 임직원의 명단, 비밀유지의무 및 목적 외 사용금지, 위반 시 배상 등 대통령령으로 정하는 사항이 포함된 비밀유지계약을 수급사업자와 체결하여야 한다. 〈신설 2021. 8. 17.〉

④ 원사업자는 취득한 수급사업자의 기술자료에 관하여 부당하게 다음 각 호의 어느 하나에 해당하는 행위(하도급계약 체결 전 행한 행위를 포함한다)를 하여서는 아니 된다. 〈개정 2018. 4. 17., 2021. 8. 17., 2022. 1. 11.〉

1. 자기 또는 제3자를 위하여 사용하는 행위
2. 제3자에게 제공하는 행위

⑤ 공정거래위원회는 제3항에 따른 비밀유지계약 체결에 표준이 되는 계약서의 작성 및 사용을 권장할 수 있다. 〈신설 2021. 8. 17.〉

[본조신설 2010. 1. 25.]

[제목개정 2011. 3. 29.]

제13조(하도급대금의 지급 등) ① 원사업자가 수급사업자에게 제조등의 위탁을 하는 경우에는 목적물등의 수령일(건설위탁의 경우에는 인수일을, 용역위탁의 경우에는 수급사업자가 위탁받은 용역의 수행을 마친 날을, 납품등이 잦아 원사업자와 수급사업자가 월 1회 이상 세금계산서의 발행일을 정한 경우에는 그 정한 날을 말한다.

이하 같다)부터 60일 이내의 가능한 짧은 기한으로 정한 지급기일까지 하도급대금을 지급하여야 한다. 다만, 다음 각 호의 어느 하나에 해당하는 경우에는 그러하지 아니하다.

1. 원사업자와 수급사업자가 대등한 지위에서 지급기일을 정한 것으로 인정되는 경우
2. 해당 업종의 특수성과 경제여건에 비추어 그 지급기일이 정당한 것으로 인정되는 경우

② 하도급대금의 지급기일이 정하여져 있지 아니한 경우에는 목적물등의 수령일을 하도급대금의 지급기일로 보고, 목적물등의 수령일부터 60일이 지난 후에 하도급대금의 지급기일을 정한 경우(제1항 단서에 해당되는 경우는 제외한다)에는 목적물등의 수령일부터 60일이 되는 날을 하도급대금의 지급기일로 본다.

③ 원사업자는 수급사업자에게 제조등의 위탁을 한 경우 원사업자가 발주자로부터 제조·수리·시공 또는 용역수행행위의 완료에 따라 준공금 등을 받았을 때에는 하도급대금을, 제조·수리·시공 또는 용역수행행위의 진척에 따라 기성금 등을 받았을 때에는 수급사업자가 제조·수리·시공 또는 용역수행한 부분에 상당하는 금액을 그 준공금이나 기성금 등을 지급받은 날부터 15일(하도급대금의 지급기일이 그 전에 도래하는 경우에는 그 지급기일) 이내에 수급사업자에게 지급하여야 한다.

④ 원사업자가 수급사업자에게 하도급대금을 지급할 때에는 원사업자가 발주자로부터 해당 제조등의 위탁과 관련하여 받은 현금비율 미만으로 지급하여서는 아니 된다.

⑤ 원사업자가 하도급대금을 어음으로 지급하는 경우에는 해당 제조등의 위탁과 관련하여 발주자로부터 원사업자가 받은 어음의 지급기간(발행일부터 만기일까지)을 초과하는 어음을 지급하여서는 아니 된다.

⑥ 원사업자가 하도급대금을 어음으로 지급하는 경우에 그 어음은 법률에 근거하여 설립된 금융기관에서 할인이 가능한 것이어야 하며, 어음을 교부한 날부터 어음의 만기일까지의 기간에 대한 할인료를 어음을 교부하는 날에 수급사업자에게 지급하여야 한다. 다만, 목적물등의 수령일부터 60일(제1항 단서에 따라 지급기일이 정하여진 경우에는 그 지급기일을, 발주자로부터 준공금이나 기성금 등을 받은 경우에는 제3항에서 정한 기일을 말한다. 이하 이 조에서 같다) 이내에 어음을 교부하는 경우에는 목적물등의 수령일부터 60일이 지난 날 이후부터 어음의 만기일까지의 기간에 대한 할인료를 목적물등의 수령일부터 60일 이내에 수급사업자에게 지급하여

야 한다.

⑦ 원사업자는 하도급대금을 어음대체결제수단을 이용하여 지급하는 경우에는 지급일(기업구매전용카드의 경우는 카드결제 승인일을, 외상매출채권 담보대출의 경우는 납품등의 명세 전송일을, 구매론의 경우는 구매자금 결제일을 말한다. 이하 같다)부터 하도급대금 상환기일까지의 기간에 대한 수수료(대출이자를 포함한다. 이하 같다)를 지급일에 수급사업자에게 지급하여야 한다. 다만, 목적물등의 수령일부터 60일 이내에 어음대체결제수단을 이용하여 지급하는 경우에는 목적물등의 수령일부터 60일이 지난 날 이후부터 하도급대금 상환기일까지의 기간에 대한 수수료를 목적물등의 수령일부터 60일 이내에 수급사업자에게 지급하여야 한다.

⑧ 원사업자가 하도급대금을 목적물등의 수령일부터 60일이 지난 후에 지급하는 경우에는 그 초과기간에 대하여 연 100분의 40 이내에서 「은행법」에 따른 은행이 적용하는 연체금리 등 경제사정을 고려하여 공정거래위원회가 정하여 고시하는 이율에 따른 이자를 지급하여야 한다. 〈개정 2010. 5. 17.〉

⑨ 제6항에서 적용하는 할인율은 연 100분의 40 이내에서 법률에 근거하여 설립된 금융기관에서 적용되는 상업어음할인율을 고려하여 공정거래위원회가 정하여 고시한다.

⑩ 제7항에서 적용하는 수수료율은 원사업자가 금융기관(「여신전문금융업법」 제2조제2호의2에 따른 신용카드업자를 포함한다)과 체결한 어음대체결제수단의 약정상 수수료율로 한다. 〈개정 2015. 7. 24.〉

⑪ 제1항부터 제10항까지의 규정은 「중견기업 성장촉진 및 경쟁력 강화에 관한 특별법」 제2조제1호에 따른 중견기업으로 연간매출액이 대통령령으로 정하는 금액(제1호의 회사와 거래하는 경우에는 3천억원으로 한다) 미만인 중견기업이 다음 각 호의 어느 하나에 해당하는 자로부터 제조등의 위탁을 받은 경우에도 적용한다. 이 경우 제조등의 위탁을 한 자는 제1항부터 제10항까지, 제19조, 제20조, 제23조제2항, 제24조의4제1항, 제24조의5제6항, 제25조제1항 및 제3항, 제25조의2, 제25조의3제1항, 제25조의5제1항, 제26조제2항, 제30조제1항, 제33조, 제35조제1항을 적용할 때에는 원사업자로 보고, 제조등의 위탁을 받은 중견기업은 제1항부터 제10항까지, 제19조, 제21조, 제23조제2항, 제24조의4제1항, 제25조의2, 제33조를 적용할 때에는 수급사업자로 본다. 〈신설 2015. 7. 24., 2016. 3. 29., 2018. 1. 16., 2020. 12. 29.〉

1. 「독점규제 및 공정거래에 관한 법률」 제31조제1항에 따른 상호출자제한기업집단에 속하는 회사

2. 제1호에 따른 회사가 아닌 사업자로서 연간매출액이 대통령령으로 정하는 금액을 초과하는 사업자

[전문개정 2009. 4. 1.]

제13조의2(건설하도급 계약이행 및 대금지급 보증) ① 건설위탁의 경우 원사업자는 계약체결일부터 30일 이내에 수급사업자에게 다음 각 호의 구분에 따라 해당 금액의 공사대금 지급을 보증(지급수단이 어음인 경우에는 만기일까지를, 어음대체결제수단인 경우에는 하도급대금 상환기일까지를 보증기간으로 한다)하고, 수급사업자는 원사업자에게 계약금액의 100분의 10에 해당하는 금액의 계약이행을 보증하여야 한다. 다만, 원사업자의 재무구조와 공사의 규모 등을 고려하여 보증이 필요하지 아니하거나 보증이 적합하지 아니하다고 인정되는 경우로서 대통령령으로 정하는 경우에는 그러하지 아니하다. 〈개정 2014. 5. 28.〉

1. 공사기간이 4개월 이하인 경우: 계약금액에서 선급금을 뺀 금액
2. 공사기간이 4개월을 초과하는 경우로서 기성부분에 대한 대가의 지급 주기가 2개월 이내인 경우: 다음의 계산식에 따라 산출한 금액

$$\text{보증금액} = \frac{\text{하도급계약금액} - \text{계약상 선급금}}{\text{공사기간(개월 수)}} \times 4$$

3. 공사기간이 4개월을 초과하는 경우로서 기성부분에 대한 대가의 지급 주기가 2개월을 초과하는 경우: 다음의 계산식에 따라 산출한 금액

$$\text{보증금액} = \frac{\text{하도급계약금액} - \text{계약상 선급금}}{\text{공사기간(개월 수)}} \times \frac{\text{기성부분에 대한 대가의}}{\text{지급주기(개월 수)}} \times 2$$

② 원사업자는 제1항 각 호 외의 부분 단서에 따른 공사대금 지급의 보증이 필요하지 아니하거나 적합하지 아니하다고 인정된 사유가 소멸한 경우에는 그 사유가 소멸한 날부터 30일 이내에 제1항에 따른 공사대금 지급보증을 하여야 한다. 다만, 계약의 잔여기간, 위탁사무의 기성률, 잔여대금의 금액 등을 고려하여 보증이 필요하지 아니하다고 인정되는 경우로서 대통령령으로 정하는 경우에는 그러하지 아니하다. 〈신설 2014. 5. 28.〉

③ 다음 각 호의 어느 하나에 해당하는 자와 건설공사에 관하여 장기계속계약(총액으로 입찰하여 각 회계연도 예산의 범위에서 낙찰된 금액의 일부에 대하여 연차별로 계약을 체결하는 계약으로서 「국가를 당사자로 하는 계약에 관한 법률」 제21조

또는 「지방자치단체를 당사자로 하는 계약에 관한 법률」 제24조에 따른 장기계속계약을 말한다. 이하 이 조에서 "장기계속건설계약"이라 한다)을 체결한 원사업자가 해당 건설공사를 장기계속건설하도급계약을 통하여 건설위탁하는 경우 원사업자는 최초의 장기계속건설하도급계약 체결일부터 30일 이내에 수급사업자에게 제1항 각 호 외의 부분 본문에 따라 공사대금 지급을 보증하고, 수급사업자는 원사업자에게 최초 장기계속건설하도급계약 시 약정한 총 공사금액의 100분의 10에 해당하는 금액으로 계약이행을 보증하여야 한다. 〈신설 2016. 12. 20.〉

1. 국가 또는 지방자치단체
2. 「공공기관의 운영에 관한 법률」에 따른 공기업, 준정부기관 또는 「지방공기업법」에 따른 지방공사, 지방공단

④ 제3항에 따라 수급사업자로부터 계약이행 보증을 받은 원사업자는 장기계속건설계약의 연차별 계약의 이행이 완료되어 이에 해당하는 계약보증금을 같은 항 각 호의 어느 하나에 해당하는 자로부터 반환받을 수 있는 날부터 30일 이내에 수급사업자에게 해당 수급사업자가 이행을 완료한 연차별 장기계속건설하도급계약에 해당하는 하도급 계약이행보증금을 반환하여야 한다. 이 경우 이행이 완료된 부분에 해당하는 계약이행 보증의 효력은 상실되는 것으로 본다. 〈신설 2016. 12. 20.〉

⑤ 제1항부터 제3항까지의 규정에 따른 원사업자와 수급사업자 간의 보증은 현금(체신관서 또는 「은행법」에 따른 은행이 발행한 자기앞수표를 포함한다)의 지급 또는 다음 각 호의 어느 하나의 기관이 발행하는 보증서의 교부에 의하여 한다. 〈개정 2010. 5. 17., 2014. 5. 28., 2016. 12. 20.〉

1. 「건설산업기본법」에 따른 각 공제조합
2. 「보험업법」에 따른 보험회사
3. 「신용보증기금법」에 따른 신용보증기금
4. 「은행법」에 따른 금융기관
5. 그 밖에 대통령령으로 정하는 보증기관

⑥ 제5항에 따른 기관은 다음 각 호의 어느 하나에 해당하는 사유로 수급사업자가 보증약관상 필요한 청구서류를 갖추어 보증금 지급을 요청한 경우 30일 이내에 제1항의 보증금액을 수급사업자에게 지급하여야 한다. 다만, 보증금 지급요건 충족 여부, 지급액에 대한 이견 등 대통령령으로 정하는 불가피한 사유가 있는 경우 보증기관은 수급사업자에게 통지하고 대통령령으로 정하는 기간 동안 보증금 지급을 보류할 수 있다. 〈신설 2013. 8. 13., 2014. 5. 28., 2016. 12. 20.〉

1. 원사업자가 당좌거래정지 또는 금융거래정지로 하도급대금을 지급할 수 없는 경우
2. 원사업자의 부도·파산·폐업 또는 회사회생절차 개시 신청 등으로 하도급대금을 지급할 수 없는 경우
3. 원사업자의 해당 사업에 관한 면허·등록 등이 취소·말소되거나 영업정지 등으로 하도급대금을 지급할 수 없는 경우
4. 원사업자가 제13조에 따라 지급하여야 할 하도급대금을 2회 이상 수급사업자에게 지급하지 아니한 경우
5. 그 밖에 원사업자가 제1호부터 제4호까지에 준하는 지급불능 등 대통령령으로 정하는 사유로 인하여 하도급대금을 지급할 수 없는 경우

⑦ 원사업자는 제5항에 따라 지급보증서를 교부할 때 그 공사기간 중에 건설위탁하는 모든 공사에 대한 공사대금의 지급보증이나 1회계연도에 건설위탁하는 모든 공사에 대한 공사대금의 지급보증을 하나의 지급보증서의 교부에 의하여 할 수 있다. 〈개정 2013. 8. 13., 2014. 5. 28., 2016. 12. 20.〉

⑧ 제1항부터 제7항까지에서 규정한 것 외에 하도급계약 이행보증 및 하도급대금 지급보증에 관하여 필요한 사항은 대통령령으로 정한다. 〈개정 2013. 8. 13., 2014. 5. 28., 2016. 12. 20.〉

⑨ 원사업자가 제1항 각 호 외의 부분 본문, 제2항 본문 또는 제3항 각 호 외의 부분에 따른 공사대금 지급보증을 하지 아니하는 경우에는 수급사업자는 계약이행을 보증하지 아니할 수 있다. 〈개정 2013. 8. 13., 2014. 5. 28., 2016. 12. 20.〉

⑩ 제1항 또는 제3항에 따른 수급사업자의 계약이행 보증에 대한 원사업자의 청구권은 해당 원사업자가 제1항부터 제3항까지의 규정에 따른 공사대금 지급을 보증한 후가 아니면 이를 행사할 수 없다. 다만, 제1항 각 호 외의 부분 단서 또는 제2항 단서에 따라 공사대금 지급을 보증하지 아니하는 경우에는 그러하지 아니하다. 〈신설 2014. 5. 28., 2016. 12. 20.〉

[전문개정 2009. 4. 1.]

제13조의3(하도급대금의 결제조건 등에 관한 공시) ①「독점규제 및 공정거래에 관한 법률」 제31조제1항 전단에 따라 지정된 공시대상기업집단에 속하는 원사업자는 하도급대금 지급수단, 지급금액, 지급기간(원사업자가 목적물등을 수령한 날부터 수급사업자에게 하도급대금을 지급한 날까지의 기간을 말한다) 및 하도급대금과 관련하여 수급사업자로부터 제기되는 분쟁 등을 처리하기 위하여 원사업자가 자신의 회사

에 설치하는 하도급대금 분쟁조정기구 등에 관한 사항으로서 대통령령으로 정하는 사항을 공시하여야 한다.

② 제1항에 따른 공시는 「자본시장과 금융투자업에 관한 법률」 제161조에 따라 보고서를 제출받는 기관을 통하여 할 수 있다. 이 경우 공시의 방법 · 절차, 그 밖에 필요한 사항은 해당 기관과의 협의를 거쳐 공정거래위원회가 정한다.

③ 제1항에 따른 공시의 시기 · 방법 및 절차에 관하여 필요한 사항은 대통령령으로 정한다.

[본조신설 2022. 1. 11.]

제14조(하도급대금의 직접 지급) ① 발주자는 다음 각 호의 어느 하나에 해당하는 사유가 발생한 때에는 수급사업자가 제조 · 수리 · 시공 또는 용역수행을 한 부분에 상당하는 하도급대금을 그 수급사업자에게 직접 지급하여야 한다. 〈개정 2014. 5. 28.〉

1. 원사업자의 지급정지 · 파산, 그 밖에 이와 유사한 사유가 있거나 사업에 관한 허가 · 인가 · 면허 · 등록 등이 취소되어 원사업자가 하도급대금을 지급할 수 없게 된 경우로서 수급사업자가 하도급대금의 직접 지급을 요청한 때
2. 발주자가 하도급대금을 직접 수급사업자에게 지급하기로 발주자 · 원사업자 및 수급사업자 간에 합의한 때
3. 원사업자가 제13조제1항 또는 제3항에 따라 지급하여야 하는 하도급대금의 2회분 이상을 해당 수급사업자에게 지급하지 아니한 경우로서 수급사업자가 하도급대금의 직접 지급을 요청한 때
4. 원사업자가 제13조의2제1항 또는 제2항에 따른 하도급대금 지급보증 의무를 이행하지 아니한 경우로서 수급사업자가 하도급대금의 직접 지급을 요청한 때

② 제1항에 따른 사유가 발생한 경우 원사업자에 대한 발주자의 대금지급채무와 수급사업자에 대한 원사업자의 하도급대금 지급채무는 그 범위에서 소멸한 것으로 본다.

③ 원사업자가 발주자에게 해당 하도급 계약과 관련된 수급사업자의 임금, 자재대금 등의 지급 지체 사실(원사업자의 귀책사유로 그 지급 지체가 발생한 경우는 제외한다)을 입증할 수 있는 서류를 첨부하여 해당 하도급대금의 직접 지급 중지를 요청한 경우, 발주자는 제1항에도 불구하고 그 하도급대금을 직접 지급하여서는 아니 된다. 〈개정 2019. 4. 30.〉

④ 제1항에 따라 발주자가 해당 수급사업자에게 하도급대금을 직접 지급할 때에 발주자가 원사업자에게 이미 지급한 하도급금액은 빼고 지급한다.

⑤ 제1항에 따라 수급사업자가 발주자로부터 하도급대금을 직접 받기 위하여 기성부분의 확인 등이 필요한 경우 원사업자는 지체 없이 이에 필요한 조치를 이행하여야 한다.

⑥ 제1항에 따라 하도급대금을 직접 지급하는 경우의 지급 방법 및 절차 등에 관하여 필요한 사항은 대통령령으로 정한다.

[전문개정 2009. 4. 1.]

제15조(관세 등 환급액의 지급) ① 원사업자가 수출할 물품을 수급사업자에게 제조위탁하거나 용역위탁한 경우 「수출용원재료에 대한 관세 등 환급에 관한 특례법」에 따라 관세 등을 환급받은 경우에는 환급받은 날부터 15일 이내에 그 받은 내용에 따라 이를 수급사업자에게 지급하여야 한다.

② 제1항에도 불구하고 수급사업자에게 책임을 돌릴 사유가 없으면 목적물등의 수령일부터 60일 이내에 수급사업자에게 관세 등 환급상당액을 지급하여야 한다.

③ 원사업자가 관세 등 환급상당액을 제1항과 제2항에서 정한 기한이 지난 후에 지급하는 경우에는 그 초과기간에 대하여 연 100분의 40 이내에서 「은행법」에 따른 은행이 적용하는 연체금리 등 경제사정을 고려하여 공정거래위원회가 정하여 고시하는 이율에 따른 이자를 지급하여야 한다. 〈개정 2010. 5. 17.〉

[전문개정 2009. 4. 1.]

제16조(설계변경 등에 따른 하도급대금의 조정) ① 원사업자는 제조등의 위탁을 한 후에 다음 각 호의 경우에 모두 해당하는 때에는 그가 발주자로부터 증액받은 계약금액의 내용과 비율에 따라 하도급대금을 증액하여야 한다. 다만, 원사업자가 발주자로부터 계약금액을 감액받은 경우에는 그 내용과 비율에 따라 하도급대금을 감액할 수 있다. 〈개정 2010. 1. 25., 2019. 11. 26.〉

1. 설계변경, 목적물등의 납품등 시기의 변동 또는 경제상황의 변동 등을 이유로 계약금액이 증액되는 경우
2. 제1호와 같은 이유로 목적물등의 완성 또는 완료에 추가비용이 들 경우

② 제1항에 따라 하도급대금을 증액 또는 감액할 경우, 원사업자는 발주자로부터 계약금액을 증액 또는 감액받은 날부터 15일 이내에 발주자로부터 증액 또는 감액받은 사유와 내용을 해당 수급사업자에게 통지하여야 한다. 다만, 발주자가 그 사유와 내용을 해당 수급사업자에게 직접 통지한 경우에는 그러하지 아니하다. 〈신설 2010. 1. 25.〉

③ 제1항에 따른 하도급대금의 증액 또는 감액은 원사업자가 발주자로부터 계약금

액을 증액 또는 감액받은 날부터 30일 이내에 하여야 한다. 〈개정 2010. 1. 25.〉
④ 원사업자가 제1항의 계약금액 증액에 따라 발주자로부터 추가금액을 지급받은 날부터 15일이 지난 후에 추가 하도급대금을 지급하는 경우의 이자에 관하여는 제13조제8항을 준용하고, 추가 하도급대금을 어음 또는 어음대체결제수단을 이용하여 지급하는 경우의 어음할인료·수수료의 지급 및 어음할인율·수수료율에 관하여는 제13조제6항·제7항·제9항 및 제10항을 준용한다. 이 경우 "목적물등의 수령일부터 60일"은 "추가금액을 받은 날부터 15일"로 본다. 〈개정 2010. 1. 25.〉
[전문개정 2009. 4. 1.]

제16조의2(공급원가 등의 변동에 따른 하도급대금의 조정) ① 수급사업자는 제조등의 위탁을 받은 후 다음 각 호의 어느 하나에 해당하여 하도급대금의 조정(調整)이 불가피한 경우에는 원사업자에게 하도급대금의 조정을 신청할 수 있다. 〈개정 2018. 1. 16., 2019. 11. 26., 2022. 1. 11.〉

1. 목적물등의 공급원가가 변동되는 경우
2. 수급사업자의 책임으로 돌릴 수 없는 사유로 목적물등의 납품등 시기가 지연되어 관리비 등 공급원가 외의 비용이 변동되는 경우
3. 목적물등의 공급원가 또는 그 밖의 비용이 하락할 것으로 예상하여 계약기간 경과에 따라 단계적으로 하도급대금을 인하하는 내용의 계약을 체결하였으나 원사업자가 목적물등의 물량이나 규모를 축소하는 등 수급사업자의 책임이 없는 사유로 공급원가 또는 그 밖의 비용이 하락하지 아니하거나 그 하락률이 하도급대금 인하 비율보다 낮은 경우

② 「중소기업협동조합법」 제3조제1항제1호 또는 제2호에 따른 중소기업협동조합(이하 "조합"이라 한다)은 목적물등의 공급원가가 변동된 경우에는 조합원인 수급사업자의 신청을 받아 대통령령으로 정하는 원사업자와 하도급대금의 조정을 위한 협의를 할 수 있다. 다만, 원사업자와 수급사업자가 같은 조합의 조합원인 경우에는 그러하지 아니하다. 〈개정 2013. 5. 28., 2018. 1. 16., 2022. 1. 11., 2023. 7. 18.〉
③ 제2항 본문에 따른 신청을 받은 조합은 신청받은 날부터 20일 이내에 원사업자에게 하도급대금의 조정을 신청하여야 한다. 다만, 조합이 해당 기간 내에 제4항에 따라 「중소기업협동조합법」 제3조제1항제4호에 따른 중소기업중앙회(이하 "중앙회"라 한다)에 조정을 위한 협의를 신청한 경우에는 그러하지 아니하다. 〈개정 2013. 5. 28., 2016. 3. 29., 2022. 1. 11.〉
④ 조합은 제3항 본문에 따라 원사업자에게 하도급대금의 조정을 신청하기 전이나

신청한 후에 필요하다고 인정되면 수급사업자의 동의를 받아 중앙회에 원사업자와 하도급대금 조정을 위한 협의를 하여 줄 것을 신청할 수 있다. 〈신설 2022. 1. 11.〉

⑤ 제4항에 따른 신청을 받은 중앙회는 그 신청을 받은 날부터 15일 이내에 원사업자에게 하도급대금의 조정을 신청하여야 한다. 〈신설 2022. 1. 11.〉

⑥ 제1항에 따라 하도급대금 조정을 신청한 수급사업자가 제2항에 따른 조정협의를 신청한 경우 제1항에 따른 신청은 철회된 것으로 보며, 제3항 본문에 따라 하도급대금 조정을 신청한 조합이 제4항에 따른 조정협의를 신청한 경우 제3항 본문에 따른 신청은 철회된 것으로 본다. 〈신설 2022. 1. 11.〉

⑦ 제1항, 제3항 본문 또는 제5항에 따른 조정협의가 완료된 경우 수급사업자, 조합 또는 중앙회는 사정변경이 없는 한 동일한 사유를 들어 제1항부터 제5항까지의 규정에 따른 조정 신청을 다시 할 수 없다. 〈개정 2013. 5. 28., 2022. 1. 11.〉

⑧ 제2항 또는 제4항에 따른 신청을 받은 조합 또는 중앙회는 납품 중단을 결의하는 등 부당하게 경쟁을 제한하거나 부당하게 사업자의 사업내용 또는 활동을 제한하는 행위를 하여서는 아니 된다 〈개정 2013. 5. 28., 2022. 1. 11.〉

⑨ 제2항 본문 및 제3항 본문에 따른 수급사업자의 신청 및 조합의 협의 절차·방법, 제4항 및 제5항에 따른 조합의 신청 및 중앙회의 협의 절차·방법 등에 관하여 필요한 사항은 대통령령으로 정한다. 〈개정 2022. 1. 11.〉

⑩ 원사업자는 제1항, 제3항 본문 또는 제5항에 따른 신청이 있은 날부터 10일 안에 조정을 신청한 수급사업자, 조합 또는 중앙회와 하도급대금 조정을 위한 협의를 개시하여야 하며, 정당한 사유 없이 협의를 거부하거나 게을리하여서는 아니 된다. 〈신설 2013. 5. 28., 2022. 1. 11.〉

⑪ 원사업자 또는 수급사업자(제3항 본문 또는 제5항에 따른 조정협의의 경우 조합 또는 중앙회를 포함한다. 이하 이 항에서 같다)는 다음 각 호의 어느 하나에 해당하는 경우 제24조에 따른 하도급분쟁조정협의회에 조정을 신청할 수 있다. 다만, 조합 또는 중앙회는 중앙회에 설치된 하도급분쟁조정협의회에 조정을 신청할 수 없다. 〈신설 2013. 5. 28., 2022. 1. 11.〉

1. 제1항, 제3항 본문 또는 제5항에 따른 신청이 있은 날부터 10일이 지난 후에도 원사업자가 하도급대금의 조정을 위한 협의를 개시하지 아니한 경우
2. 제1항, 제3항 본문 또는 제5항에 따른 신청이 있은 날부터 30일 안에 하도급대금의 조정에 관한 합의에 도달하지 아니한 경우
3. 제1항, 제3항 본문 또는 제5항에 따른 신청으로 인한 협의개시 후 원사업자 또

는 수급사업자가 협의 중단의 의사를 밝힌 경우 등 대통령령으로 정하는 사유로 합의에 도달하지 못할 것이 명백히 예상되는 경우

[본조신설 2009. 4. 1.]

[제목개정 2018. 1. 16., 2019. 11. 26.]

제17조(부당한 대물변제의 금지) ①원사업자는 하도급대금을 물품으로 지급하여서는 아니 된다. 다만, 다음 각 호의 어느 하나에 해당하는 사유가 있는 경우에는 그러하지 아니하다. 〈개정 2013. 8. 13., 2017. 4. 18.〉

1. 원사업자가 발행한 어음 또는 수표가 부도로 되거나 은행과의 당좌거래가 정지 또는 금지된 경우
2. 원사업자에 대한 「채무자 회생 및 파산에 관한 법률」에 따른 파산신청, 회생절차개시 또는 간이회생절차개시의 신청이 있은 경우
3. 그 밖에 원사업자가 하도급대금을 물품으로 지급할 수밖에 없다고 인정되는 대통령령으로 정하는 사유가 발생하고, 수급사업자의 요청이 있는 경우

② 원사업자는 제1항 단서에 따른 대물변제를 하기 전에 소유권, 담보제공 등 물품의 권리ㆍ의무 관계를 확인할 수 있는 자료를 수급사업자에게 제시하여야 한다. 〈신설 2013. 8. 13., 2017. 4. 18.〉

③ 물품의 종류에 따라 제시하여야 할 자료, 자료제시의 방법 및 절차 등 그 밖에 필요한 사항은 대통령령으로 정한다. 〈신설 2013. 8. 13.〉

[전문개정 2009. 4. 1.]

제18조(부당한 경영간섭의 금지) ① 원사업자는 하도급거래량을 조절하는 방법 등을 이용하여 수급사업자의 경영에 간섭하여서는 아니 된다. 〈개정 2018. 1. 16.〉

② 다음 각 호의 어느 하나에 해당하는 원사업자의 행위는 부당한 경영간섭으로 본다. 〈신설 2018. 1. 16.〉

1. 정당한 사유 없이 수급사업자가 기술자료를 해외에 수출하는 행위를 제한하거나 기술자료의 수출을 이유로 거래를 제한하는 행위
2. 정당한 사유 없이 수급사업자로 하여금 자기 또는 자기가 지정하는 사업자와 거래하도록 구속하는 행위
3. 정당한 사유 없이 수급사업자에게 원가자료 등 공정거래위원회가 고시하는 경영상의 정보를 요구하는 행위

[전문개정 2009. 4. 1.]

제19조(보복조치의 금지) 원사업자는 수급사업자, 조합 또는 중앙회가 다음 각 호의

어느 하나에 해당하는 행위를 한 것을 이유로 그 수급사업자에 대하여 수주기회(受注機會)를 제한하거나 거래의 정지, 그 밖에 불이익을 주는 행위를 하여서는 아니 된다. 〈개정 2011. 3. 29., 2013. 5. 28., 2015. 7. 24., 2018. 1. 16., 2022. 1. 11.〉

1. 원사업자가 이 법을 위반하였음을 관계 기관 등에 신고한 행위
2. 제16조의2제1항부터 제5항까지의 규정에 따른 신청 또는 같은 조 제11항의 하도급분쟁조정협의회에 대한 조정신청

2의2. 관계 기관의 조사에 협조한 행위

3. 제22조의2제2항에 따라 하도급거래 서면실태조사를 위하여 공정거래위원회가 요구한 자료를 제출한 행위

[전문개정 2009. 4. 1.]

제20조(탈법행위의 금지) ① 원사업자는 하도급거래(제13조제11항이 적용되는 거래를 포함한다)와 관련하여 우회적인 방법에 의하여 실질적으로 이 법의 적용을 피하려는 행위를 하여서는 아니 된다. 〈개정 2015. 7. 24., 2023. 7. 18.〉

② 원사업자가 하도급대금 연동과 관련하여 거래상 지위를 남용하거나 거짓 또는 그 밖의 부정한 방법으로 제3조의 적용을 피하려는 행위에 대해서는 제1항에도 불구하고 제3조제5항을 우선 적용한다. 〈신설 2023. 7. 18.〉

[전문개정 2009. 4. 1.]

제21조(수급사업자의 준수 사항) ① 수급사업자는 원사업자로부터 제조등의 위탁을 받은 경우에는 그 위탁의 내용을 신의(信義)에 따라 성실하게 이행하여야 한다.

② 수급사업자는 원사업자가 이 법을 위반하는 행위를 하는 데에 협조하여서는 아니 된다.

③ 수급사업자는 이 법에 따른 신고를 한 경우에는 증거서류 등을 공정거래위원회에 지체 없이 제출하여야 한다.

[전문개정 2009. 4. 1.]

제22조(위반행위의 신고 등) ① 누구든지 이 법에 위반되는 사실이 있다고 인정할 때에는 그 사실을 공정거래위원회에 신고할 수 있다. 이 경우 공정거래위원회는 대통령령으로 정하는 바에 따라 신고자가 동의한 경우에는 원사업자에게 신고가 접수된 사실을 통지하여야 한다. 〈개정 2016. 3. 29.〉

② 공정거래위원회는 제1항 전단에 따른 신고가 있거나 이 법에 위반되는 사실이 있다고 인정할 때에는 필요한 조사를 할 수 있다. 〈개정 2016. 3. 29.〉

③ 제1항 후단에 따라 공정거래위원회가 원사업자에게 통지한 때에는 「민법」 제174

조에 따른 최고(催告)가 있은 것으로 본다. 다만, 신고된 사실이 이 법의 적용대상이 아니거나 제23조제1항 본문에 따른 조사대상 거래의 제한 기한을 경과하여 공정거래위원회가 심의절차를 진행하지 아니하기로 한 경우, 신고된 사실에 대하여 공정거래위원회가 무혐의로 조치한 경우 또는 신고인이 신고를 취하한 경우에는 그러하지 아니하다. 〈개정 2016. 3. 29.〉

④ 공정거래위원회는 다음 각 호의 구분에 따른 기간이 경과한 경우에는 이 법 위반행위에 대하여 제25조제1항에 따른 시정조치를 명하거나 제25조의3에 따른 과징금을 부과하지 아니한다. 다만, 법원의 판결에 따라 시정조치 또는 과징금 부과처분이 취소된 경우로서 그 판결이유에 따라 새로운 처분을 하는 경우에는 그러하지 아니하다. 〈신설 2015. 7. 24., 2016. 3. 29.〉

1. 공정거래위원회가 이 법 위반행위에 대하여 제1항 전단에 따른 신고를 받고 제2항에 따라 조사를 개시한 경우: 신고일부터 3년
2. 제1호 외의 경우로서 공정거래위원회가 이 법 위반행위에 대하여제2항에 따라 조사를 개시한 경우: 조사개시일부터 3년

⑤ 공정거래위원회는 제4조, 제8조제1항, 제10조, 제11조제1항ㆍ제2항 또는 제12조의3제4항을 위반한 행위를 신고하거나 제보하고 그 위반행위를 입증할 수 있는 증거자료를 제출한 자에게 예산의 범위에서 포상금을 지급할 수 있다. 〈신설 2015. 7. 24., 2021. 8. 17.〉

⑥ 제5항에 따른 포상금 지급대상자의 범위 및 포상금 지급의 기준ㆍ절차 등에 필요한 사항은 대통령령으로 정한다. 〈신설 2015. 7. 24.〉

⑦ 공정거래위원회는 제5항에 따라 포상금을 지급한 후 다음 각 호의 어느 하나에 해당하는 사실이 발견된 경우에는 해당 포상금을 지급받은 자에게 반환할 금액을 통지하여야 하고, 해당 포상금을 지급받은 자는 그 통지를 받은 날부터 30일 이내에 이를 납부하여야 한다. 〈신설 2015. 7. 24.〉

1. 위법 또는 부당한 방법의 증거수집, 거짓신고, 거짓진술, 증거위조 등 부정한 방법으로 포상금을 지급받은 경우
2. 동일한 원인으로 다른 법령에 따라 포상금 등을 지급받은 경우
3. 그 밖에 착오 등의 사유로 포상금이 잘못 지급된 경우

⑧ 공정거래위원회는 제7항에 따라 포상금을 반환하여야 할 자가 납부 기한까지 그 금액을 납부하지 아니한 때에는 국세 체납처분의 예에 따라 징수할 수 있다. 〈신설 2015. 7. 24.〉

[전문개정 2009. 4. 1.]

제22조의2(하도급거래 서면실태조사) ① 공정거래위원회는 공정한 하도급거래질서 확립을 위하여 하도급거래에 관한 서면실태조사를 실시하여 그 조사결과를 공표하여야 한다. 〈개정 2011. 3. 29.〉

② 공정거래위원회는 제1항에 따른 서면실태조사를 실시하려는 경우에는 조사대상자의 범위, 조사기간, 조사내용, 조사방법 및 조사절차, 조사결과 공표범위 등에 관한 계획을 수립하여야 하고, 조사대상자에게 하도급거래 실태 등 조사에 필요한 자료의 제출을 요구할 수 있다. 〈개정 2011. 3. 29.〉

③ 공정거래위원회는 제2항에 따라 자료의 제출을 요구하는 경우에는 조사대상자에게 자료의 범위와 내용, 요구사유, 제출기한 등을 명시하여 서면으로 통지하여야 한다.

④ 원사업자는 수급사업자로 하여금 제2항에 따른 자료를 제출하지 아니하게 하거나 거짓 자료를 제출하도록 요구해서는 아니 된다. 〈신설 2018. 4. 17.〉

[본조신설 2010. 1. 25.]

제23조(조사대상 거래의 제한) ①제22조제2항에 따라 공정거래위원회의 조사개시 대상이 되는 하도급거래(제13조제11항이 적용되는 거래를 포함한다. 이하 이 조에서 같다)는 그 거래가 끝난 날부터 3년(제12조의3을 위반하는 경우에는 그 거래가 끝난 날부터 7년으로 한다. 이하 이 조에서 같다)이 지나지 아니한 것으로 한정한다. 다만, 거래가 끝난 날부터 3년 이내에 제22조제1항 전단에 따라 신고되거나 제24조의4 제1항제1호 또는 제2호의 분쟁당사자가 분쟁조정을 신청한 하도급거래의 경우에는 거래가 끝난 날부터 3년이 지난 경우에도 조사를 개시할 수 있다. 〈개정 2010. 1. 25., 2015. 7. 24., 2018. 1. 16., 2018. 4. 17.〉

② 제1항에서 “거래가 끝난 날”이란 제조위탁 · 수리위탁 및 용역위탁 중 지식 · 정보성과물의 작성위탁의 경우에는 수급사업자가 원사업자에게 위탁받은 목적물을 납품 또는 인도한 날을, 용역위탁 중 역무의 공급위탁의 경우에는 원사업자가 수급사업자에게 위탁한 역무공급을 완료한 날을 말하며, 건설위탁의 경우에는 원사업자가 수급사업자에게 건설위탁한 공사가 완공된 날을 말한다. 다만, 하도급계약이 중도에 해지되거나 하도급거래가 중지된 경우에는 해지 또는 중지된 날을 말한다. 〈신설 2010. 1. 25.〉

[전문개정 2009. 4. 1.]

제24조(하도급분쟁조정협의회의 설치 및 구성 등) ①「독점규제 및 공정거래에 관한

법률」 제72조에 따른 한국공정거래조정원(이하 "조정원"이라 한다)은 하도급분쟁조정협의회(이하 "협의회"라 한다)를 설치하여야 한다. 〈개정 2011. 3. 29., 2015. 7. 24., 2020. 12. 29.〉

② 사업자단체는 공정거래위원회의 승인을 받아 협의회를 설치할 수 있다. 〈신설 2015. 7. 24.〉

③ 조정원에 설치하는 협의회(이하 "조정원 협의회"라 한다)는 위원장 1명을 포함하여 9명 이내의 위원으로 구성하되 공익을 대표하는 위원, 원사업자를 대표하는 위원과 수급사업자를 대표하는 위원이 각각 같은 수가 되도록 하고, 조정원 협의회의 위원장은 상임으로 한다. 〈개정 2015. 7. 24., 2023. 8. 8.〉

④ 사업자단체에 설치하는 협의회의 위원의 수는 공정거래위원회의 승인을 받아 해당 협의회가 정한다. 〈신설 2023. 8. 8.〉

⑤ 조정원 협의회의 위원장은 공익을 대표하는 위원 중에서 공정거래위원회 위원장이 위촉하고, 사업자단체에 설치하는 협의회의 위원장은 위원 중에서 협의회가 선출한다. 협의회의 위원장은 해당 협의회를 대표한다. 〈개정 2015. 7. 24., 2023. 8. 8.〉

⑥ 조정원 협의회의 위원의 임기는 3년으로 하고, 사업자단체에 설치하는 협의회의 위원의 임기는 공정거래위원회의 승인을 받아 해당 협의회가 정한다. 〈개정 2015. 7. 24., 2023. 8. 8.〉

⑦ 조정원 협의회의 위원은 다음 각 호의 어느 하나에 해당하는 사람 중에서 조정원의 장의 제청으로 공정거래위원회 위원장이 임명하거나 위촉한다. 〈신설 2011. 3. 29., 2015. 7. 24., 2023. 8. 8.〉

1. 대학에서 법률학·경제학 또는 경영학을 전공한 사람으로서 「고등교육법」 제2조제1호·제2호 또는 제5호에 따른 학교나 공인된 연구기관에서 부교수 이상의 직 또는 이에 상당하는 직에 있거나 있었던 사람
2. 판사·검사 직에 있거나 있었던 사람 또는 변호사의 자격이 있는 사람
3. 독점금지 및 공정거래 업무에 관한 경험이 있는 4급 이상 공무원(고위공무원단에 속하는 일반직공무원을 포함한다)의 직에 있거나 있었던 사람
4. 하도급거래 및 분쟁조정에 관한 학식과 경험이 풍부한 사람

⑧ 사업자단체에 설치하는 협의회의 위원은 협의회를 설치한 각 사업자단체의 장이 위촉하되 미리 공정거래위원회에 보고하여야 한다. 다만, 사업자단체가 공동으로 협의회를 설치하려는 경우에는 해당 사업자단체의 장들이 공동으로 위촉한다. 〈개정 2011. 3. 29., 2015. 7. 24., 2023. 8. 8.〉

⑨ 공익을 대표하는 위원은 하도급거래에 관한 학식과 경험이 풍부한 사람 중에서 위촉하되 분쟁조정의 대상이 되는 업종에 속하는 사업을 영위하는 사람이나 해당 업종에 속하는 사업체의 임직원은 공익을 대표하는 위원이 될 수 없다. 〈개정 2011. 3. 29., 2015. 7. 24., 2023. 8. 8.〉

⑩ 공정거래위원회 위원장은 공익을 대표하는 위원으로 위촉받은 자가 분쟁조정의 대상이 되는 업종에 속하는 사업을 영위하는 사람이나 해당 업종에 속하는 사업체의 임직원으로 된 때에는 즉시 해촉하여야 한다. 〈개정 2011. 3. 29., 2015. 7. 24., 2023. 8. 8.〉

⑪ 국가는 협의회의 운영에 필요한 경비의 전부 또는 일부를 예산의 범위에서 보조할 수 있다. 〈신설 2014. 5. 28., 2015. 7. 24., 2023. 8. 8.〉

⑫ 조정원 협의회의 위원장은 그 직무 외에 영리를 목적으로 하는 업무에 종사하지 못한다. 〈신설 2024. 2. 6.〉

⑬ 제12항에 따른 영리를 목적으로 하는 업무의 범위에 관하여는 「공공기관의 운영에 관한 법률」 제37조제3항을 준용한다. 〈신설 2024. 2. 6.〉

⑭ 조정원 협의회의 위원장은 제13항에 따른 영리를 목적으로 하는 업무에 해당하는지에 대한 공정거래위원회 위원장의 심사를 거쳐 비영리 목적의 업무를 겸할 수 있다. 〈신설 2024. 2. 6.〉

[전문개정 2010. 1. 25.]

[제목개정 2014. 5. 28.]

제24조의2(위원의 제척 · 기피 · 회피) ① 위원은 다음 각 호의 어느 하나에 해당하는 경우에는 해당 조정사항의 조정에서 제척된다.

1. 위원 또는 그 배우자나 배우자이었던 자가 해당 조정사항의 분쟁당사자가 되거나 공동 권리자 또는 의무자의 관계에 있는 경우
2. 위원이 해당 조정사항의 분쟁당사자와 친족관계에 있거나 있었던 경우
3. 위원 또는 위원이 속한 법인이 분쟁당사자의 법률 · 경영 등에 대하여 자문이나 고문의 역할을 하고 있는 경우
4. 위원 또는 위원이 속한 법인이 해당 조정사항에 대하여 분쟁당사자의 대리인으로 관여하거나 관여하였던 경우 및 증언 또는 감정을 한 경우

② 분쟁당사자는 위원에게 협의회의 조정에 공정을 기하기 어려운 사정이 있는 때에 협의회에 해당 위원에 대한 기피신청을 할 수 있다.

③ 위원이 제1항 또는 제2항의 사유에 해당하는 경우에는 스스로 해당 조정사항의

조정에서 회피할 수 있다.
[본조신설 2010. 1. 25.]

제24조의3(협의회의 회의) ① 협의회의 회의는 위원 전원으로 구성되는 회의(이하 “전체회의”라 한다)와 공익을 대표하는 위원, 원사업자를 대표하는 위원, 수급사업자를 대표하는 위원 각 1인으로 구성되는 회의(이하 “소회의”라 한다)로 구분한다. 다만, 사업자단체에 설치하는 협의회는 소회의를 구성하지 아니할 수 있다.
② 소회의는 전체회의로부터 위임받은 사항에 관하여 심의 · 의결한다.
③ 협의회의 전체회의는 위원장이 주재하며, 재적위원 과반수의 출석으로 개의하고, 출석위원 과반수의 찬성으로 의결한다.
④ 협의회의 소회의는 공익을 대표하는 위원이 주재하며, 구성위원 전원의 출석과 출석위원 전원의 찬성으로 의결한다. 이 경우 소회의의 의결은 협의회의 의결로 보되, 회의의 결과를 전체회의에 보고하여야 한다.
⑤ 위원장이 사고로 직무를 수행할 수 없을 때에는 공익을 대표하는 위원 중에서 공정거래위원회 위원장이 지명하는 위원이 그 직무를 대행한다.
[전문개정 2016. 3. 29.]

제24조의4(분쟁조정의 신청 등) ① 다음 각 호의 어느 하나에 해당하는 분쟁당사자는 원사업자와 수급사업자 간의 하도급거래의 분쟁에 대하여 협의회에 조정을 신청할 수 있다. 이 경우 분쟁당사자가 각각 다른 협의회에 분쟁조정을 신청한 때에는 수급사업자, 조합 또는 중앙회가 분쟁조정을 신청한 협의회가 이를 담당한다. 〈개정 2022. 1. 11.〉

1. 원사업자
2. 수급사업자
3. 제16조의2제11항에 따라 협의회에 조정을 신청한 조합 또는 중앙회

② 공정거래위원회는 원사업자와 수급사업자 간의 하도급거래의 분쟁에 대하여 협의회에 그 조정을 의뢰할 수 있다.
③ 협의회는 제1항에 따라 분쟁당사자로부터 분쟁조정을 신청받은 때에는 지체 없이 그 내용을 공정거래위원회에 보고하여야 한다.
④ 제1항에 따른 분쟁조정의 신청은 시효중단의 효력이 있다. 다만, 신청이 취하되거나 제24조의5제3항에 따라 각하된 경우에는 그러하지 아니하다.
⑤ 제4항 본문에 따라 중단된 시효는 다음 각 호의 어느 하나에 해당하는 때부터 새로 진행한다.

1. 분쟁조정이 성립되어 조정조서를 작성한 때
2. 분쟁조정이 성립되지 아니하고 조정절차가 종료된 때

⑥ 제4항 단서의 경우에 6개월 내에 재판상의 청구, 파산절차참가, 압류 또는 가압류, 가처분을 한 때에는 시효는 최초의 분쟁조정의 신청으로 인하여 중단된 것으로 본다.

[전문개정 2018. 1. 16.]

제24조의5(조정 등) ① 협의회는 분쟁당사자에게 분쟁조정사항에 대하여 스스로 합의하도록 권고하거나 조정안을 작성하여 제시할 수 있다.

② 협의회는 해당 분쟁조정사항에 관한 사실을 확인하기 위하여 필요한 경우 조사를 하거나 분쟁당사자에게 관련 자료의 제출이나 출석을 요구할 수 있다.

③ 협의회는 다음 각 호의 어느 하나에 해당되는 경우에는 조정신청을 각하하여야 한다.

1. 조정신청의 내용과 직접적인 이해관계가 없는 자가 조정신청을 한 경우
2. 이 법의 적용대상이 아닌 사안에 관하여 조정신청을 한 경우
3. 조정신청이 있기 전에 공정거래위원회가 제22조제2항에 따라 조사를 개시한 사건에 대하여 조정신청을 한 경우

④ 협의회는 다음 각 호의 어느 하나에 해당되는 경우에는 조정절차를 종료하여야 한다. 〈개정 2022. 1. 11.〉

1. 분쟁당사자가 협의회의 권고 또는 조정안을 수락하거나 스스로 조정하는 등 조정이 성립된 경우
2. 제24조의4제1항에 따른 조정의 신청을 받은 날 또는 같은 조 제2항에 따른 의뢰를 받은 날부터 60일(분쟁당사자 쌍방이 기간연장에 동의한 경우에는 90일)이 경과하여도 조정이 성립되지 아니한 경우
3. 분쟁당사자의 일방이 조정을 거부하는 등 조정절차를 진행할 실익이 없는 경우

⑤ 협의회는 조정신청을 각하하거나 조정절차를 종료한 경우에는 대통령령으로 정하는 바에 따라 공정거래위원회에 조정의 경위, 조정신청 각하 또는 조정절차 종료의 사유 등을 관계 서류와 함께 지체 없이 서면으로 보고하여야 하고, 분쟁당사자에게 그 사실을 통보하여야 한다.

⑥ 공정거래위원회는 분쟁조정사항에 관하여 조정절차가 종료될 때까지는 해당 분쟁의 당사자인 원사업자에게 제25조제1항에 따른 시정조치를 명하거나 제25조의5

제1항에 따른 시정권고를 해서는 아니 된다. 다만, 공정거래위원회가 제22조제2항에 따라 조사 중인 사건에 대해서는 그러하지 아니하다.
[본조신설 2018. 1. 16.]
[종전 제24조의5는 제24조의6으로 이동 〈2018. 1. 16.〉]

제24조의6(조정조서의 작성과 그 효력) ① 협의회는 조정사항에 대하여 조정이 성립된 경우 조정에 참가한 위원과 분쟁당사자가 서명 또는 기명날인한 조정조서를 작성한다. 〈개정 2018. 1. 16.〉
② 협의회는 분쟁당사자가 조정절차를 개시하기 전에 조정사항을 스스로 조정하고 조정조서의 작성을 요구하는 경우에는 그 조정조서를 작성하여야 한다. 〈개정 2018. 1. 16.〉
③ 분쟁당사자는 제1항 또는 제2항에 따라 작성된 조정조서의 내용을 이행하여야 하고, 이행결과를 공정거래위원회에 제출하여야 한다. 〈신설 2016. 3. 29., 2018. 1. 16.〉
④ 공정거래위원회는 제1항 또는 제2항에 따라 조정조서가 작성되고, 분쟁당사자가 조정조서에 기재된 사항을 이행한 경우에는 제25조제1항에 따른 시정조치 및 제25조의5제1항에 따른 시정권고를 하지 아니한다. 〈신설 2016. 3. 29., 2018. 1. 16.〉
⑤ 제1항 또는 제2항에 따라 조정조서가 작성된 경우 조정조서는 재판상 화해와 동일한 효력을 갖는다. 〈신설 2018. 1. 16.〉
[본조신설 2010. 1. 25.]
[제24조의5에서 이동, 종전 제24조의6은 제24조의7로 이동 〈2018. 1. 16.〉]

제24조의7(협의회의 운영세칙) 이 법에서 규정한 사항 외에 협의회의 운영과 조직에 관하여 필요한 사항은 공정거래위원회의 승인을 받아 협의회가 정한다.
[본조신설 2010. 1. 25.]
[제24조의6에서 이동 〈2018. 1. 16.〉]

제24조의8(소송과의 관계) ① 조정이 신청된 사건에 대하여 신청 전 또는 신청 후 소가 제기되어 소송이 진행 중일 때에는 수소법원(受訴法院)은 조정이 있을 때까지 소송절차를 중지할 수 있다.
② 협의회는 제1항에 따라 소송절차가 중지되지 아니하는 경우에는 해당 사건의 조정절차를 중지하여야 한다.
③ 협의회는 조정이 신청된 사건과 동일한 원인으로 다수인이 관련되는 동종·유사 사건에 대한 소송이 진행 중인 경우에는 협의회의 결정으로 조정절차를 중지할 수

있다.
[본조신설 2022. 1. 11.]

제24조의9(동의의결) ① 공정거래위원회의 조사나 심의를 받고 있는 원사업자 등(이하 이 조에서 "신청인"이라 한다)은 해당 조사나 심의의 대상이 되는 행위(이하 이 조에서 "해당 행위"라 한다)로 인한 불공정한 거래내용 등의 자발적 해결, 수급사업자의 피해구제 및 거래질서의 개선 등을 위하여 제3항에 따른 동의의결을 하여 줄 것을 공정거래위원회에 신청할 수 있다. 다만, 해당 행위가 다음 각 호의 어느 하나에 해당하는 경우 공정거래위원회는 동의의결을 하지 아니하고 이 법에 따른 심의절차를 진행하여야 한다.

1. 제32조제2항에 따른 고발요건에 해당하는 경우
2. 동의의결이 있기 전 신청인이 신청을 취소하는 경우

② 신청인이 제1항에 따른 신청을 하는 경우 다음 각 호의 사항을 기재한 서면으로 하여야 한다.

1. 해당 행위를 특정할 수 있는 사실관계
2. 해당 행위의 중지, 원상회복 등 경쟁질서의 회복이나 하도급거래질서의 적극적 개선을 위하여 필요한 시정방안
3. 그 밖에 수급사업자, 다른 사업자 등의 피해를 구제하거나 예방하기 위하여 필요한 시정방안

③ 공정거래위원회는 해당 행위의 사실관계에 대한 조사를 마친 후 제2항제2호 및 제3호에 따른 시정방안(이하 "시정방안"이라 한다)이 다음 각 호의 요건을 모두 충족한다고 판단되는 경우에는 해당 행위 관련 심의 절차를 중단하고 시정방안과 같은 취지의 의결(이하 "동의의결"이라 한다)을 할 수 있다. 이 경우 신청인과의 협의를 거쳐 시정방안을 수정할 수 있다.

1. 해당 행위가 이 법을 위반한 것으로 판단될 경우에 예상되는 시정조치 및 그 밖의 제재와 균형을 이룰 것
2. 공정하고 자유로운 경쟁질서나 하도급거래질서를 회복시키거나 수급사업자 등을 보호하기에 적절하다고 인정될 것

④ 공정거래위원회의 동의의결은 해당 행위가 이 법에 위반된다고 인정한 것을 의미하지 아니하며, 누구든지 신청인이 동의의결을 받은 사실을 들어 해당 행위가 이 법에 위반된다고 주장할 수 없다.
[본조신설 2022. 1. 11.]

제24조의10(동의의결의 절차 및 취소) 동의의결의 절차 및 취소에 관하여는 「독점규제 및 공정거래에 관한 법률」 제90조 및 제91조를 준용한다. 이 경우 같은 법 제90조제1항 중 "소비자"는 "수급사업자"로, 같은 조 제3항 단서 중 "제124조부터 제127조까지의 규정"은 "이 법 제29조 및 제30조"로 본다.

[본조신설 2022. 1. 11.]

제24조의11(이행강제금) ① 공정거래위원회는 정당한 이유 없이 동의의결 시 정한 이행기한까지 동의의결을 이행하지 아니한 자에게 동의의결이 이행되거나 취소되기 전까지 이행기한이 지난 날부터 1일당 200만원 이하의 이행강제금을 부과할 수 있다.

② 이행강제금의 부과·납부·징수 및 환급 등에 관하여는 「독점규제 및 공정거래에 관한 법률」 제16조제2항 및 제3항을 준용한다.

[본조신설 2022. 1. 11.]

제25조(시정조치) ① 공정거래위원회는 제3조제1항부터 제7항까지 및 제12항, 제3조의4, 제3조의5, 제4조부터 제12조까지, 제12조의2, 제12조의3, 제13조, 제13조의2, 제13조의3, 제14조부터 제16조까지, 제16조의2제10항 및 제17조부터 제20조까지의 규정을 위반한 발주자와 원사업자에 대하여 하도급대금 등의 지급, 공시의무의 이행 또는 공시내용의 정정, 법 위반행위의 중지, 특약의 삭제나 수정, 향후 재발방지, 그 밖에 시정에 필요한 조치를 명할 수 있다. 〈개정 2010. 1. 25., 2011. 3. 29., 2013. 5. 28., 2013. 8. 13., 2016. 3. 29., 2022. 1. 11., 2023. 7. 18.〉

② 삭제 〈2016. 3. 29.〉

③ 공정거래위원회는 제1항에 따라 시정조치를 한 경우에는 시정조치를 받은 원사업자에 대하여 시정조치를 받았다는 사실을 공표할 것을 명할 수 있다. 〈개정 2016. 3. 29.〉

[전문개정 2009. 4. 1.]

제25조의2(공탁) 제25조제1항에 따른 시정명령을 받거나 제25조의5제1항에 따른 시정권고를 수락한 발주자와 원사업자는 수급사업자가 변제를 받지 아니하거나 변제를 받을 수 없는 경우에는 수급사업자를 위하여 변제의 목적물을 공탁(供託)하여 그 시정조치 또는 시정권고의 이행 의무를 면할 수 있다. 발주자와 원사업자가 과실이 없이 수급사업자를 알 수 없는 경우에도 또한 같다. 〈개정 2016. 3. 29.〉

[전문개정 2009. 4. 1.]

제25조의3(과징금) ① 공정거래위원회는 다음 각 호의 어느 하나에 해당하는 발주

자·원사업자 또는 수급사업자에 대하여 수급사업자에게 제조등의 위탁을 한 하도급대금이나 발주자·원사업자로부터 제조등의 위탁을 받은 하도급대금의 2배를 초과하지 아니하는 범위에서 과징금을 부과할 수 있다. 〈개정 2010. 1. 25., 2011. 3. 29., 2013. 5. 28., 2013. 8. 13., 2019. 4. 30., 2022. 1. 11., 2023. 7. 18.〉

1. 제3조제1항, 제2항(제3호는 제외한다), 제6항, 제7항을 위반한 원사업자
2. 제3조제12항을 위반하여 서류를 보존하지 아니한 자 또는 하도급거래에 관한 서류를 거짓으로 작성·발급한 원사업자나 수급사업자
3. 제3조의4, 제4조부터 제12조까지, 제12조의2, 제12조의3, 제13조 및 제13조의2를 위반한 원사업자
4. 제14조제1항 및 제3항을 위반한 발주자
5. 제14조제5항을 위반한 원사업자
6. 제15조, 제16조, 제16조의2제10항 및 제17조부터 제20조까지의 규정을 위반한 원사업자

② 공정거래위원회는 대통령령으로 정하는 금액을 초과하는 과징금을 부과받은 자가 다음 각 호의 어느 하나에 해당하는 사유로 과징금의 전액을 일시에 납부하기 어렵다고 인정되면 그 납부기한을 연기하거나 분할하여 납부하게 할 수 있다. 이 경우 필요하다고 인정되면 담보를 제공하게 할 수 있다. 〈신설 2022. 1. 11.〉

1. 재해 또는 도난 등으로 재산에 현저한 손실을 입은 경우
2. 사업여건의 악화로 사업이 중대한 위기에 처한 경우
3. 과징금의 일시납부에 따라 자금사정에 현저한 어려움이 예상되는 경우
4. 그 밖에 제1호부터 제3호까지의 규정에 준하는 사유가 있는 경우

③ 공정거래위원회는 제2항에 따라 과징금 납부기한을 연기하거나 분할납부하게 하려는 경우에는 다음 각 호의 사항에 관하여 대통령령으로 정하는 사항을 고려하여야 한다. 〈신설 2022. 1. 11.〉

1. 당기순손실
2. 부채비율
3. 그 밖에 재무상태를 확인하기 위하여 필요한 사항

④ 제1항의 과징금에 관하여는 「독점규제 및 공정거래에 관한 법률」 제102조, 제103조(제1항은 제외한다) 및 제104조부터 제107조까지의 규정을 준용한다. 〈개정 2020. 12. 29., 2022. 1. 11.〉

[전문개정 2009. 4. 1.]

제25조의4(상습법위반사업자 명단공표) ① 공정거래위원회 위원장은 제27조제3항에 따라 준용되는 「독점규제 및 공정거래에 관한 법률」 제119조에도 불구하고 직전연도부터 과거 3년간 이 법 위반을 이유로 공정거래위원회로부터 경고, 제25조제1항에 따른 시정조치 또는 제25조의5제1항에 따른 시정권고를 3회 이상 받은 사업자 중 제26조제2항에 따른 벌점이 대통령령으로 정하는 기준을 초과하는 사업자(이하 이 조에서 "상습법위반사업자"라 한다)의 명단을 공표하여야 한다. 다만, 이의신청 등 불복절차가 진행 중인 조치는 제외한다. 〈개정 2016. 3. 29., 2020. 12. 29.〉

② 공정거래위원회 위원장은 제1항 단서의 불복절차가 종료된 경우, 다음 각 호에 모두 해당하는 자의 명단을 추가로 공개하여야 한다.

1. 경고 또는 시정조치가 취소되지 아니한 자
2. 경고 또는 시정조치에 불복하지 아니하였으면 상습법위반사업자에 해당하는 자

③ 제1항 및 제2항에 따른 상습법위반사업자 명단의 공표 여부를 심의하기 위하여 공정거래위원회에 공무원인 위원과 공무원이 아닌 위원으로 구성되는 상습법위반사업자명단공표심의위원회(이하 이 조에서 "심의위원회"라 한다)를 둔다. 〈개정 2018. 1. 16.〉

④ 공정거래위원회는 심의위원회의 심의를 거친 공표대상 사업자에게 명단공표대상자임을 통지하여 소명기회를 부여하여야 하며, 통지일부터 1개월이 지난 후 심의위원회로 하여금 명단공표 여부를 재심의하게 하여 공표대상자를 선정한다.

⑤ 제1항 및 제2항에 따른 공표는 관보 또는 공정거래위원회 인터넷 홈페이지에 게시하는 방법에 의한다.

⑥ 심의위원회의 구성, 그 밖에 상습법위반사업자 명단공표와 관련하여 필요한 사항은 대통령령으로 정한다. 〈개정 2018. 1. 16.〉

[본조신설 2010. 1. 25.]

제25조의5(시정권고) ① 공정거래위원회는 이 법을 위반한 발주자와 원사업자에 대하여 시정방안을 정하여 이에 따를 것을 권고할 수 있다. 이 경우 발주자와 원사업자가 해당 권고를 수락한 때에는 공정거래위원회가 시정조치를 한 것으로 본다는 뜻을 함께 알려야 한다.

② 제1항에 따른 권고를 받은 발주자와 원사업자는 그 권고를 통지받은 날부터 10일 이내에 그 수락 여부를 공정거래위원회에 알려야 한다.

③ 제1항에 따른 권고를 받은 발주자와 원사업자가 그 권고를 수락하였을 때에는 제25조제1항에 따른 시정조치를 받은 것으로 본다.

[본조신설 2016. 3. 29.]

제26조(관계 행정기관의 장의 협조) ① 공정거래위원회는 이 법을 시행하기 위하여 필요하다고 인정할 때에는 관계 행정기관의 장의 의견을 듣거나 관계 행정기관의 장에게 조사를 위한 인원의 지원이나 그 밖에 필요한 협조를 요청할 수 있다.

② 공정거래위원회는 제3조제1항부터 제7항까지 및 제12항, 제3조의4, 제4조부터 제12조까지, 제12조의2, 제12조의3, 제13조, 제13조의2, 제14조부터 제16조까지, 제16조의2제10항 및 제17조부터 제20조까지의 규정을 위반한 원사업자 또는 수급사업자에 대하여 그 위반 및 피해의 정도를 고려하여 대통령령으로 정하는 벌점을 부과하고, 그 벌점이 대통령령으로 정하는 기준을 초과하는 경우에는 관계 행정기관의 장에게 입찰참가자격의 제한, 「건설산업기본법」 제82조제1항제7호에 따른 영업정지, 그 밖에 하도급거래의 공정화를 위하여 필요한 조치를 취할 것을 요청하여야 한다. 〈개정 2010. 1. 25., 2011. 3. 29., 2011. 5. 24., 2013. 5. 28., 2013. 8. 13., 2022. 1. 11., 2023. 7. 18.〉

[전문개정 2009. 4. 1.]

제27조(「독점규제 및 공정거래에 관한 법률」의 준용) ① 이 법에 따른 공정거래위원회의 심의·의결에 관하여는 「독점규제 및 공정거래에 관한 법률」 제64조부터 제68조까지 및 제93조를 준용하고, 이 법에 따른 공정거래위원회의 처분에 대한 이의신청, 소송의 제기 및 불복의 소송의 전속관할에 관하여는 같은 법 제96조부터 제101조까지의 규정을 준용한다. 〈개정 2020. 12. 29.〉

② 이 법을 시행하기 위하여 필요한 공정거래위원회의 조사, 의견청취 등에 관하여는 「독점규제 및 공정거래에 관한 법률」 제81조, 제84조 및 제98조을 준용한다. 〈개정 2016. 3. 29., 2020. 12. 29.〉

③ 다음 각 호의 자에 대하여는 「독점규제 및 공정거래에 관한 법률」 제119조를 준용한다. 〈개정 2020. 12. 29.〉

1. 이 법에 따른 직무에 종사하거나 종사하였던 공정거래위원회의 위원 또는 공무원
2. 협의회에서 하도급거래에 관한 분쟁의 조정 업무를 담당하거나 담당하였던 사람

[전문개정 2009. 4. 1.]

제27조(「독점규제 및 공정거래에 관한 법률」의 준용) ① 이 법에 따른 공정거래위원회의 심의·의결에 관하여는 「독점규제 및 공정거래에 관한 법률」 제64조부터 제68

조까지 및 제93조를 준용하고, 이 법에 따른 공정거래위원회의 처분에 대한 이의신청, 소송의 제기 및 불복의 소송의 전속관할에 관하여는 같은 법 제96조부터 제98조까지, 제98조의2, 제98조의3 및 제99조부터 제101조까지를 준용한다. 〈개정 2020. 12. 29., 2024. 2. 6.〉

② 이 법을 시행하기 위하여 필요한 공정거래위원회의 조사, 의견청취 등에 관하여는 「독점규제 및 공정거래에 관한 법률」 제81조, 제84조 및 제98조을 준용한다. 〈개정 2016. 3. 29., 2020. 12. 29.〉

③ 다음 각 호의 자에 대하여는 「독점규제 및 공정거래에 관한 법률」 제119조를 준용한다. 〈개정 2020. 12. 29.〉

1. 이 법에 따른 직무에 종사하거나 종사하였던 공정거래위원회의 위원 또는 공무원
2. 협의회에서 하도급거래에 관한 분쟁의 조정 업무를 담당하거나 담당하였던 사람

[전문개정 2009. 4. 1.]

[시행일: 2024. 8. 7.] 제27조

제28조(「독점규제 및 공정거래에 관한 법률」과의 관계) 하도급거래에 관하여 이 법의 적용을 받는 사항에 대하여는 「독점규제 및 공정거래에 관한 법률」 제45조제1항제6호를 적용하지 아니한다. 〈개정 2020. 12. 29.〉

[전문개정 2009. 4. 1.]

제29조(벌칙) ① 다음 각 호의 어느 하나에 해당하는 자는 2년 이하의 징역 또는 2천만원 이하의 벌금에 처한다.

1. 국내외에서 정당한 사유 없이 제35조의3제1항에 따른 명령을 위반한 자
2. 제27조제3항에 따라 준용되는 「독점규제 및 공정거래에 관한 법률」 제119조를 위반한 자

② 제1항제1호의 죄는 제35조의3제1항에 따른 명령을 신청한 자의 고소가 없으면 공소를 제기할 수 없다.

[전문개정 2021. 8. 17.]

제30조(벌칙) ① 다음 각 호의 어느 하나에 해당하는 원사업자는 수급사업자에게 제조등의 위탁을 한 하도급대금의 2배에 상당하는 금액 이하의 벌금에 처한다. 〈개정 2010. 1. 25., 2011. 3. 29., 2013. 5. 28., 2013. 8. 13., 2014. 5. 28., 2016. 12. 20., 2022. 1. 11., 2023. 7. 18.〉

1. 제3조제1항, 제2항(제3호는 제외한다), 제6항, 제7항 및 제12항, 제3조의4, 제4조부터 제12조까지, 제12조의2, 제12조의3 및 제13조를 위반한 자
2. 제13조의2제1항부터 제3항까지의 규정을 위반하여 공사대금 지급을 보증하지 아니한 자
3. 제15조, 제16조제1항 · 제3항 · 제4항 및 제17조를 위반한 자
4. 제16조의2제10항을 위반하여 정당한 사유 없이 협의를 거부한 자

② 다음 각 호 중 제1호에 해당하는 자는 3억원 이하, 제2호 및 제3호에 해당하는 자는 1억 5천만원 이하의 벌금에 처한다. 〈개정 2013. 5. 28.〉

1. 제19조를 위반하여 불이익을 주는 행위를 한 자
2. 제18조 및 제20조를 위반한 자
3. 제25조에 따른 명령에 따르지 아니한 자

③ 제27조제2항에 따라 준용되는「독점규제 및 공정거래에 관한 법률」제81조제1항제2호에 따른 감정을 거짓으로 한 자는 3천만원 이하의 벌금에 처한다. 〈개정 2020. 12. 29.〉

[전문개정 2009. 4. 1.]

제30조의2(과태료) ① 다음 각 호의 어느 하나에 해당하는 자에게는 사업자 또는 사업자단체의 경우 1억원 이하, 사업자 또는 사업자단체의 임원, 종업원과 그 밖의 이해관계인의 경우 1천만원 이하의 과태료를 부과한다. 〈개정 2010. 1. 25., 2020. 12. 29., 2022. 1. 11.〉

1. 제13조의3에 따른 공시를 하지 아니하거나 주요 내용을 누락 또는 거짓으로 공시한 자
2. 제27조제2항에 따라 준용되는「독점규제 및 공정거래에 관한 법률」제81조제1항제1호에 따른 출석처분을 위반하여 정당한 사유 없이 출석하지 아니한 자
3. 제27조제2항에 따라 준용되는「독점규제 및 공정거래에 관한 법률」제81조제1항제3호 또는 같은 조 제6항에 따른 보고 또는 필요한 자료나 물건의 제출을 하지 아니하거나 거짓으로 보고 또는 자료나 물건을 제출한 자

② 제27조제2항에 따라 준용되는「독점규제 및 공정거래에 관한 법률」제81조제2항 및 제3항에 따른 조사를 거부 · 방해 · 기피한 자에게는 사업자 또는 사업자단체의 경우 2억원 이하, 사업자 또는 사업자단체의 임원, 종업원과 그 밖의 이해관계인의 경우 5천만원 이하의 과태료를 부과한다. 〈신설 2010. 1. 25., 2020. 12. 29.〉

③ 제22조의2제4항을 위반하여 수급사업자로 하여금 자료를 제출하지 아니하게 하

거나 거짓 자료를 제출하도록 요구한 원사업자에게는 5천만원 이하, 그 원사업자의 임원, 종업원과 그 밖의 이해관계인에게는 500만원 이하의 과태료를 부과한다. 〈신설 2018. 4. 17.〉

④ 제3조제5항을 위반하여 거래상 지위를 남용하거나 거짓 또는 그 밖의 부정한 방법으로 같은 조의 적용을 피하려는 행위를 한 원사업자에게는 5천만원 이하의 과태료를 부과한다. 〈신설 2023. 7. 18.〉

⑤ 다음 각 호의 어느 하나에 해당하는 자에게는 1천만원 이하의 과태료를 부과한다. 〈신설 2022. 1. 11., 2023. 7. 18.〉

1. 제3조제2항제3호를 위반하여 하도급대금 연동에 관한 사항을 적지 아니한 사업자
2. 제3조의5를 위반하여 같은 조 각 호의 사항을 알리지 아니하거나 거짓으로 알린 사업자

⑥ 제22조의2제2항에 따른 자료를 제출하지 아니하거나 거짓으로 자료를 제출한 원사업자에게는 500만원 이하의 과태료를 부과한다. 〈신설 2010. 1. 25., 2018. 4. 17., 2022. 1. 11., 2023. 7. 18.〉

⑦ 제27조제1항에 따라 준용되는 「독점규제 및 공정거래에 관한 법률」 제66조에 따른 질서유지의 명령을 따르지 아니한 자에게는 100만원 이하의 과태료를 부과한다. 〈개정 2010. 1. 25., 2018. 4. 17., 2020. 12. 29., 2022. 1. 11., 2023. 7. 18.〉

⑧ 제1항부터 제7항까지의 규정에 따른 과태료는 대통령령으로 정하는 기준에 따라 공정거래위원회가 부과·징수한다. 〈개정 2010. 1. 25., 2017. 10. 31., 2018. 4. 17., 2022. 1. 11., 2023. 7. 18.〉

[전문개정 2009. 4. 1.]

제31조(양벌규정) 법인의 대표자나 법인 또는 개인의 대리인, 사용인, 그 밖의 종업원이 그 법인 또는 개인의 업무에 관하여 제30조의 위반행위를 하면 그 행위자를 벌하는 외에 그 법인 또는 개인에게도 해당 조문의 벌금형을 과(科)한다. 다만, 법인 또는 개인이 그 위반행위를 방지하기 위하여 해당 업무에 관하여 상당한 주의와 감독을 게을리하지 아니한 경우에는 그러하지 아니하다.

[전문개정 2009. 4. 1.]

제32조(고발) ①제30조의 죄는 공정거래위원회의 고발이 있어야 공소를 제기할 수 있다. 〈개정 2011. 3. 29.〉

② 공정거래위원회는 제30조의 죄 중 위반정도가 객관적으로 명백하고 중대하여 하

도급거래 질서를 현저히 저해한다고 인정하는 경우에는 검찰총장에게 고발하여야 한다. 〈신설 2011. 3. 29.〉

③ 검찰총장은 제2항에 따른 고발요건에 해당하는 사실이 있음을 공정거래위원회에 통보하여 고발을 요청할 수 있다. 〈신설 2011. 3. 29.〉

④ 공정거래위원회가 제2항에 따른 고발요건에 해당하지 아니한다고 결정하더라도 감사원장, 중소벤처기업부장관은 사회적 파급효과, 수급사업자에게 미친 피해 정도 등 다른 사정을 이유로 공정거래위원회에 고발을 요청할 수 있다. 〈신설 2013. 7. 16., 2017. 7. 26.〉

⑤ 제3항 또는 제4항에 따른 고발요청이 있는 때에는 공정거래위원회 위원장은 검찰총장에게 고발하여야 한다. 〈신설 2013. 7. 16.〉

⑥ 공정거래위원회는 공소가 제기된 후에는 고발을 취소할 수 없다. 〈신설 2011. 3. 29., 2013. 7. 16.〉

[전문개정 2009. 4. 1.]

제33조(과실상계) 원사업자의 이 법 위반행위에 관하여 수급사업자에게 책임이 있는 경우에는 이 법에 따른 시정조치·고발 또는 벌칙 적용을 할 때 이를 고려할 수 있다.

[전문개정 2009. 4. 1.]

제34조(다른 법률과의 관계) 「대·중소기업 상생협력 촉진에 관한 법률」, 「전기공사업법」, 「건설산업기본법」, 「정보통신공사업법」이 이 법에 어긋나는 경우에는 이 법에 따른다.

[전문개정 2009. 4. 1.]

제35조(손해배상 책임) ① 원사업자가 이 법의 규정을 위반함으로써 손해를 입은 자가 있는 경우에는 그 자에게 발생한 손해에 대하여 배상책임을 진다. 다만, 원사업자가 고의 또는 과실이 없음을 입증한 경우에는 그러하지 아니하다. 〈개정 2013. 5. 28.〉

② 원사업자가 제4조, 제8조제1항, 제10조, 제11조제1항·제2항, 제12조의3제4항 및 제19조를 위반함으로써 손해를 입은 자가 있는 경우에는 그 자에게 발생한 손해의 3배를 넘지 아니하는 범위에서 배상책임을 진다. 다만, 원사업자가 고의 또는 과실이 없음을 입증한 경우에는 그러하지 아니하다. 〈개정 2013. 5. 28., 2018. 1. 16., 2021. 8. 17.〉

③ 법원은 제2항의 배상액을 정할 때에는 다음 각 호의 사항을 고려하여야 한다. 〈신설 2013. 5. 28.〉

1. 고의 또는 손해 발생의 우려를 인식한 정도
2. 위반행위로 인하여 수급사업자와 다른 사람이 입은 피해규모
3. 위법행위로 인하여 원사업자가 취득한 경제적 이익
4. 위반행위에 따른 벌금 및 과징금
5. 위반행위의 기간·횟수 등
6. 원사업자의 재산상태
7. 원사업자의 피해구제 노력의 정도

④ 제1항 또는 제2항에 따라 손해배상청구의 소가 제기된 경우 「독점규제 및 공정거래에 관한 법률」 제110조 및 제115조를 준용한다. 〈개정 2013. 5. 28., 2020. 12. 29.〉

[본조신설 2011. 3. 29.]

제35조의2(자료의 제출) ① 법원은 이 법을 위반한 행위로 인한 손해배상청구소송에서 당사자의 신청에 따라 상대방 당사자에게 해당 손해의 증명 또는 손해액의 산정에 필요한 자료의 제출을 명할 수 있다. 다만, 제출명령을 받은 자가 그 자료의 제출을 거부할 정당한 이유가 있으면 그러하지 아니하다.

② 법원은 제1항에 따른 제출명령을 받은 자가 그 자료의 제출을 거부할 정당한 이유가 있다고 주장하는 경우에는 그 주장의 당부(當否)를 판단하기 위하여 자료의 제시를 명할 수 있다. 이 경우 법원은 그 자료를 다른 사람이 보게 하여서는 아니 된다.

③ 제1항에 따른 제출 대상이 되는 자료가 「부정경쟁방지 및 영업비밀보호에 관한 법률」 제2조제2호에 따른 영업비밀(이하 "영업비밀"이라 한다)에 해당하더라도 손해의 증명 또는 손해액의 산정에 반드시 필요한 경우에는 제1항 단서에 따른 정당한 이유가 있는 것으로 보지 아니한다. 이 경우 법원은 제출명령의 목적을 벗어나지 아니하는 범위에서 열람할 수 있는 범위 또는 열람할 수 있는 사람을 지정하여야 한다.

④ 법원은 제1항에 따른 제출명령을 받은 자가 정당한 이유 없이 그 명령에 따르지 아니한 경우 자료의 기재에 대한 신청인의 주장을 진실한 것으로 인정할 수 있다. 이 경우 신청인이 자료의 기재를 구체적으로 주장하기에 현저히 곤란한 사정이 있고 그 자료로 증명하려는 사실을 다른 증거로 증명하는 것을 기대하기도 어려운 때에는 신청인이 자료의 기재로 증명하려는 사실에 관한 주장을 진실한 것으로 인정할 수 있다.

[본조신설 2021. 8. 17.]

제35조의3(비밀유지명령) ① 법원은 이 법을 위반한 행위로 인한 손해배상청구소송에서 당사자의 신청에 따른 결정으로 다음 각 호의 자에게 그 당사자가 보유한 영업

비밀을 해당 소송의 계속적인 수행 외의 목적으로 사용하거나 그 영업비밀에 관계된 명령으로서 이 항에 따른 명령을 받지 아니한 자에게 공개하지 아니할 것을 명할 수 있다. 다만, 그 신청 이전에 다음 각 호의 자가 준비서면의 열람이나 증거조사 외의 방법으로 그 영업비밀을 취득하고 있는 경우에는 그러하지 아니하다.

1. 다른 당사자(법인인 경우에는 그 대표자를 말한다)
2. 당사자를 위하여 해당 소송을 대리하는 자
3. 그 밖에 해당 소송으로 영업비밀을 알게 된 자

② 제1항에 따른 명령(이하 "비밀유지명령"이라 한다)을 신청하는 자는 다음 각 호의 사유를 모두 소명하여야 한다.

1. 다음 각 목의 어느 하나에 해당하는 자료에 영업비밀이 포함되어 있다는 점
   가. 이미 제출하였거나 제출하여야 할 준비서면
   나. 이미 조사하였거나 조사하여야 할 증거
   다. 제35조의2제1항에 따라 제출하였거나 제출하여야 할 자료
2. 제1호 각 목의 자료에 포함된 영업비밀이 해당 소송 수행 외의 목적으로 사용되거나 공개되면 당사자의 영업에 지장을 줄 우려가 있어 이를 방지하기 위하여 영업비밀의 사용이나 공개를 제한할 필요가 있다는 점

③ 비밀유지명령의 신청은 다음 각 호의 사항을 적은 서면으로 하여야 한다.

1. 비밀유지명령을 받을 자
2. 비밀유지명령의 대상이 될 영업비밀을 특정하기에 충분한 사실
3. 제2항 각 호의 사유에 해당하는 사실

④ 법원은 비밀유지명령이 결정된 경우에는 그 결정서를 비밀유지명령을 받을 자에게 송달하여야 한다.

⑤ 비밀유지명령은 제4항에 따른 결정서가 송달된 때부터 효력이 발생한다.

⑥ 비밀유지명령의 신청을 기각하거나 각하한 재판에 대해서는 즉시항고를 할 수 있다.

[본조신설 2021. 8. 17.]

제35조의4(비밀유지명령의 취소) ① 비밀유지명령을 신청한 자 또는 비밀유지명령을 받은 자는 제35조의3제2항 각 호의 사유에 부합하지 아니하는 사실이나 사정이 있는 경우에는 소송기록을 보관하고 있는 법원(소송기록을 보관하고 있는 법원이 없는 경우에는 비밀유지명령을 내린 법원을 말한다)에 비밀유지명령의 취소를 신청할 수 있다.

② 법원은 비밀유지명령의 취소신청에 대한 결정을 한 경우에는 그 결정서를 그 신청을 한 자 및 상대방에게 송달하여야 한다.
③ 비밀유지명령의 취소신청에 대한 법원의 결정에 대해서는 즉시항고를 할 수 있다.
④ 비밀유지명령을 취소하는 법원의 결정은 확정되어야 효력이 발생한다.
⑤ 비밀유지명령을 취소하는 결정을 한 법원은 비밀유지명령의 취소를 신청한 자 또는 상대방 외에 해당 영업비밀에 관한 비밀유지명령을 받은 자가 있으면 그 자에게 즉시 그 취소결정을 한 사실을 알려야 한다.
[본조신설 2021. 8. 17.]

제35조의5(소송기록 열람 등의 청구 통지 등) ① 비밀유지명령이 내려진 소송(비밀유지명령이 모두 취소된 소송은 제외한다)에 관한 소송기록에 대하여 「민사소송법」 제163조제1항에 따라 열람 등의 신청인을 당사자로 제한하는 결정이 있었던 경우로서 당사자가 그 열람 등을 신청하였으나 그 절차를 비밀유지명령을 받지 아니한 자를 통하여 밟은 때에는 법원서기관, 법원사무관, 법원주사 또는 법원주사보(이하 이 조에서 "법원사무관등"이라 한다)는 즉시 같은 항에 따라 그 열람 등의 제한을 신청한 당사자(그 열람 등의 신청을 한 자는 제외한다. 이하 제2항 단서에서 같다)에게 그 열람 등의 신청이 있었다는 사실을 알려야 한다.
② 법원사무관등은 제1항에 따른 열람 등의 신청이 있었던 날부터 2주일이 지날 때까지(그 열람 등의 신청 절차를 밟은 자에 대한 비밀유지명령 신청이 해당 기간 내에 이루어진 경우에는 비밀유지명령 신청에 대한 재판이 확정되는 시점까지를 말한다) 그 열람 등의 신청 절차를 밟은 자에게 영업비밀이 적혀 있는 부분의 열람 등을 하게 하여서는 아니 된다. 다만, 그 열람 등의 신청 절차를 밟은 자가 영업비밀이 적혀 있는 부분의 열람 등을 하는 것에 대하여 「민사소송법」 제163조제1항에 따른 열람 등의 제한을 신청한 당사자 모두가 동의하는 경우에는 본문에 따른 기한이 지나기 전이라도 열람 등을 하게 할 수 있다.
[본조신설 2021. 8. 17.]

제36조(벌칙 적용에서 공무원 의제) 제24조의10에 따른 이행관리 업무를 담당하거나 담당하였던 사람 및 제25조의4제3항에 따른 심의위원회 위원 중 공무원이 아닌 위원은 「형법」 제127조 및 제129조부터 제132조까지의 규정을 적용할 때에는 공무원으로 본다. 〈개정 2022. 1. 11.〉
[본조신설 2018. 1. 16.]

부 칙 〈제20241호, 2024. 2. 6.〉

제1조(시행일) 이 법은 2024년 2월 9일부터 시행한다.

제2조(적용례) 이 법은 이 법 시행 이후 새로 구성되는 조정원 협의회의 위원장부터 적용한다.

참고문헌

권오승·홍명수, 경제법(제15판), 법문사, 2024

권오승·서정, 독점규제법 이론과 실무(제6판), 법문사, 2023

권오승·이봉의·홍대식·홍명수·조성국·신영수·황태희, 독점규제법(제7판), 법문사, 2020

정호열, 경제법(전정판7판), 박영사, 2022최정표, 산업조직경제학(제5판), 형설출판사, 2016

신현윤, 경제법(제8판), 법문사, 2020

공정거래위원회, 공정거래위원회 40년사(1981-2020), 2021

공정거래위원회, 판례요지집(제10판), 2022

공정거래위원회, 심결사례 20선(2011-2021), 2021

공정거래위원회, 심결사례 30선(1981-2010), 2011

공정거래위원회, 2023년판 공정거래백서, 2023

공정거래위원회, 2022년판 공정거래백서, 2022

공정거래위원회, 기업결합신고 가이드북, 2019

공정거래위원회, 알기쉬운 공정거래 경제분석, 2012

공정거래위원회, 2023년 공정거래위원회 주요업무 추진계획, 2023

공정거래위원회, 열람·복사 업무 매뉴얼, 2021

독점규제 및 공정거래에 관한 법률(제20239호) [시행 2024. 8. 7.] [2024. 2. 6., 일부개정]

독점규제 및 공정거래에 관한 법률 시행령(제33494호) [시행 2024. 1. 1.] [2023. 5. 30., 일부개정]

공동행위 심사기준(예규 제390호)

입찰에 있어서의 부당한 공동행위 심사지침(예규 제392호)

행정지도가 개입된 부당한 공동행위에 대한 심사지침(예규 제391호)

부당한 공동행위 자진신고자 등에 대한 시정조치 등 감면제도 운영고시(고시 제2024-3호)

공동행위 및 경쟁제한 행위의 인가신청 요령(고시 제2021-34호)

기업결합 심사기준(고시 제2023-20호)
기업결합의 신고요령(고시 제2022-23호)
기업결합 시정조치 부과기준(고시 제2021-26호)
기업결합 관련 시정조치 불이행에 따른 이행강제금 부과기준(고시 제2021-27호)
기업결합 신고규정 위반사건에 대한 과태료 부과기준(고시 제2021-28호)

시장지배적지위 남용행위 심사기준(고시 제2021-18호)
지식재산권의 부당한 행사에 대한 심사지침(예규 제389호)
신문업에 있어서의 불공정거래행위 및 시장지배적지위 남용행위의 유형 및 기준(고시 제2021-22호)

불공정거래행위 심사지침(예규 제387호)
계속적 재판매거래 등에 있어서의 거래상지위 남용행위 세부유형 지정고시(고시 제2021-23호)
병행수입에 있어서의 불공정거래행위의 유형고시(고시 제2021-20호)

부당한 지원행위의 심사지침(예규 제415호)
특수관계인에 대한 부당한 이익제공행위 심사지침(예규 제435호)
독립경영 인정제도 운영지침(예규 제440호)
합병 관련 순환출자 금지 규정 해석지침(예규 제394호)
공시대상기업집단 소속회사의 중요사항 공시 등에 관한 규정(고시 제2023-3호)
대규모내부거래에 대한 이사회 의결 및 공시에 관한 규정(고시 제2024-1호)
지주회사 관련규정에 관한 해석지침(예규 제410호)
지주회사의 설립·전환의 신고 및 지주회사 등의 사업내용 등의 보고에 관한 요령(고시 제2023-17호)
기업집단 관련 신고 및 자료제출 의무 위반행위에 대한 고발지침(예규 제439호)

공정거래위원회본부와 서울지방공정거래사무소간 사건처리지침(훈령 제347호)
지방사무소 업무처리지침(훈령 제348호)
공정거래위원회 공익신고 처리 및 신고자보호 등에 관한 규정(훈령 제326호)
독점규제 및 공정거래에 관한 법률 등의 위반여부 사전심사청구에 관한 운영지침(고시 제2015-15호)
재신고사건 처리지침(훈령 제339호)
공정거래법 등 위반행위 신고자에 대한 포상금 지급에 관한 규정(고시 제2023-19호)

공정거래위원회의 시정조치 운영지침(예규 제457호)
공정거래위원회로부터 시정명령을 받은 사실의 공표에 관한 운영지침(예규 제378호)
동의의결제도 운영 및 절차 등에 관한 규칙(고시 제2023-27호)
과징금부과 세부기준 등에 관한 고시(고시 제2021-50호)
과징금 납부기한 연장 및 분할납부 기준에 관한 고시(고시 제2016-4호)
독점규제 및 공정거래에 관한 법률 등의 위반행위의 고발에 관한 공정거래위원회의 지침(예규 제450호)
공정거래위원회 조사절차에 관한 규칙(고시 제2023-11호)
공정거래위원회 사건기록 관리 규정(예규 제423호)
경제분석 의견서 등의 제출에 관한 규정(고시 제2024-2호)
자료의 열람·복사 업무지침(예규 제456호)
공정거래 자율준수프로그램 운영 및 유인 부여 등에 관한 규정(예규 제406호)
디지털 증거의 수집·분석 및 관리 등에 관한 규칙(고시 제2023-8호)
공정거래위원회 회의 운영 및 사건절차 등에 관한 규칙(고시 제2023-26호)
공정거래위원회 심판정의 질서유지를 위한 규칙(예규 제381호)
공정거래위원회 의결 등의 공개에 관한 지침(예규 제382호)
독점규제 및 공정거래에 관한 법률 등에 의한 이해관계인 등의 경비지급규정(고시 제2021-17호)
공정거래위원회 소송사무 처리지침(훈령 제340호)

하도급거래 공정화에 관한 법률(제20241호) [시행 2024. 2. 9.] [2024. 2. 6., 일부개정]
하도급거래 공정화에 관한 법률 시행령(제33770호) [시행 2023. 10. 4.] [2023. 9. 26., 일부개정]
하도급거래공정화지침(예규 제421호)
제조위탁의 대상이 되는 물품의 범위 고시(고시 제2015-15호)
용역위탁 중 역무의 범위 고시(고시 제2023-23호)
용역위탁 중 지식·정보성과물의 범위 고시(고시 제2018-21호)
부당특약 심사지침(예규 제413호)
부당특약 고시(고시 제2019-4호)
기술자료 제공 요구·유용행위 심사지침(예규 제444호)
기술심사자문위원회의 설치 및 운영에 관한 규정(훈령 제303호)
부당한 위탁취소, 수령거부 및 반품행위에 대한 심사지침(예규 제412호)
부당한 하도급대금 결정 및 감액행위에 대한 심사지침(예규 제411호)
하도급대금 지급관리시스템 지정고시(고시 제2017-8호)

선급금 등 지연지급 시의 지연이율 고시(고시 제2018-21호)
어음에 의한 하도급대금 지급 시의 할인율 고시(고시 제2015-15호)
하도급법상 요구가 금지되는 경영상 정보의 종류 고시(고시 제2018-12호)
하도급법 위반사업자에 대한 과징금 부과기준에 관한 고시(고시 제2023-22호)
대·중소기업간 공정거래협약 이행평가 등에 관한 기준(하도급분야)(예규 제452호)

사항색인

ㄴ

ㄷ

ㅇ

기타

저자 주요 약력

김준하
서울대학교 경제학과 졸업
서울대학교 행정대학원 졸업
제37회 행정고시 합격
공정거래위원회 공동행위과 등
공정거래위원회 기업결합과장, 제조업감시과장 등
공정거래위원회 기획조정관
현재 법무법인 더킴로펌 고문

김형석
고려대학교 법학과 졸업
제47회 사법고시 합격
사법연수원 제38기 수료
현재 경남공정거래법학회장
　　법무법인 더킴로펌 대표변호사

개정판
공정거래·하도급법 집행

초판발행　2022년 2월 28일
개정판발행　2024년 2월 28일

지은이　김준하·김형석
펴낸이　안종만·안상준

편　집　양수정
기획/마케팅　허승훈
표지디자인　유지수
제　작　고철민·조영환

펴낸곳　(주) 박영사
서울특별시 금천구 가산디지털2로 53, 210호(가산동, 한라시그마밸리)
등록　1959. 3. 11.　제300-1959-1호(倫)
전　화　02)733-6771
f a x　02)736-4818
e-mail　pys@pybook.co.kr
homepage　www.pybook.co.kr
ISBN　979-11-303-4706-6　93360

정　가　52,000원